난중
일기

1594일의 분노와 눈물, 한숨, 불패의 기록
임진장초·서한집·이충무공행록까지 완역

난중일기

이순신 지음 | 박종평 옮김

글항아리

이순신 친필 시, 강릉시립박물관 소장

바다에 맹세하니 용과 물고기가 감동하고 誓海魚龍動

산에 맹세하니 나무와 풀도 알아주는구나 盟山草木知

_『이충무공전서』

이순신 장군 순국 7주갑, 420주년을 맞이하며

2018년은 이순신 장군이 노량에서 순국하신 지 420주년, 7주갑周甲이 되는 해입니다. 이 책을 고귀한 불멸의 장군 영전에 바칩니다.

이 책은 국보 제76호로 이순신 장군의 7년 전쟁의 기록인 『난중일기』와 『임진장초』『서한집』 및 이순신 장군의 조카 이분이 저술한 최초의 전기인 『이충무공행록』 등을 번역한 것입니다. 이순신 장군을 공부한 지 이제 10년 이 되어갑니다. 그중 이 번역을 위해서만 오로지 7년을 매달렸습니다. 이순 신 장군 자신과 그 시대를 알기 위해 21세기가 아닌 16세기로 돌아가 살고 자 했습니다. 때로는 크고 작은 오점과 오류도 있었지만, 대부분은 맑은 정 신으로 이순신 장군의 마음과 삶의 자세를 갖고 버틴 결과물입니다.

한문 원문과 그 시대 사람들의 일기, 『조선왕조실록』을 비롯한 사료, 현 대 연구자들의 각종 논문과 책을 읽으며 이순신 장군이 쓴 일기와 장계의 한 글자 한 글자에 담긴 의미를 파악하고, 이순신 장군의 온전한 모습을 찾으려고 했습니다. 이 번역본은 단순히 한문을 한글로 옮긴 것이 아니라 일기의 맥락, 번역의 근거 등을 고증考證을 통해 확인한 것입니다. 때문에 다양한 사료를 활용한 각주를 달았습니다.

이순신 장군이 자주 쓴 글자인 '다할 진盡'의 자세로 온 마음과 정성을 다했다고 생각하지만, 여전히 부족하고 마음에 들지 않는 것도 많습니다. 그러나 이순신 장군이 하늘을 움직여 만든 기적과 같은 승리인 명량해전 직전의 마음처럼, 제 스스로 하늘을 우러러 티끌만 한 부끄러움이 없도록 노력했습니다.

이 책을 이순신 장군 자신과 이 땅을 지켜온 유·무명의 선조들, 지금 이 땅에서 고통받거나 아파하는 분들, 도전과 혁신에 목마른 분들께 바칩니다. 또한 이 지난한 작업을 끝낼 수 있도록 버텨주고, 묵묵히 지지해주신 부모님과 가족에게 한없는 감사의 마음을 담아 바칩니다.

마지막으로 우리 사회가, 우리 역사가 잊지 말아야 할 분들에게 바치고자 합니다. 지난 30여 년을 자신들의 전공과 본업인 원자핵공학 분야와 무관하게 틈틈이 짬을 내 이순신 장군의『친필본 난중일기』를 한 글자 한 글자 정성을 다해 판독한 서울대 원자핵공학과의 고故 박혜일 교수님, 고 배영덕 박사님, 최희동 교수님, 김명섭 박사님은 관련 분야의 전공자도 아니고 게다가 문과 계통도 아닌 분들입니다. 심지어 한 분도 아니고 네 분입니다. 30여 년을 아무런 사심 없이, 국가 등의 지원 없이『난중일기』를 매개로 시간과 공간을 넘나들며 그 누구도 알아주지 않는 초서 판독 작업에 혼신을 다했습니다. 그 책들을 보면서, 기적이라는 생각밖에 들지 않습니다. 저는 그들과는 인연이 없습니다. 번역 작업을 하면서 책들을 접하고, 그들이 참다운 학자, 기본을 갖춘 진정한 선비라는 생각이 들었습니다. 지금 이 땅에는 이순신 장군과 관련된 수많은 책이 나와 있고, 다양한『난중일기』번역본이 있지만, 저에겐 서울대 교수님들의 책이 가장 인상 깊었습니다. 그들의 작업이 우리 시대는 물론이요, 미래에도 이순신을 연구하는 분들을 위해 가장 중요한 초석을 놓았다고 생각합니다. 진심으로 감사드립니다.

이순신 장군을 공부하고, 『난중일기』를 번역하면서 느낀 점은 거짓은 진실을 덮거나 이길 수 없다는 것입니다. 지나친 사심과 사익 추구는 결국 자신과 공동체, 국가를 파멸시킵니다. 사심과 사익, 이념과 당파를 넘어선 공심公心과 공익共益, 公益의 자세가 후손들에게 부끄럽지 않을 역사를 쓰는 선조, 부모, 선배가 될 수 있는 길이었습니다.

이 『난중일기』의 번역 대본이 된 원문은 문화재청 국가기록유산 홈페이지(http://www.memorykorea.go.kr/)에 게재된 초서 판독문(2017년 7월 10일 기준), 일제강점기인 1935년 조선사편수회가 발간한 『조선사료총간 제6집-난중일기초, 임진장초-』, 『이충무공전서』 속 「난중일기」, 『충무공유사』 속 「일기초」, 박혜일·최희동·배영덕·김명섭 선생의 『이순신의 일기』(2016)를 바탕으로 했습니다. 각 자료에서 판독한 글자가 다른 경우는 친필본 영인본·사진 자료와 대조해 가장 근접한 것을 사용했습니다.

이 책을 옮긴이의 눈과 마음이 아니라, 420여 년 전, 이순신 장군의 눈과 마음으로 읽어주셨으면 좋겠습니다.

이순신 장군 순국 420주년, 2018년 봄
이순신 장군 탄일 즈음에

박종평

차 례

일러두기

1. 이순신의 일기는 현재 세 종류가 전해온다. 현충사 소장 『친필본 일기』(7책), 『이충무공전서』 속에 편집되어 실려 있는 「난중일기」, 『충무공유사』에 발췌되어 옮겨 적힌 「일기초」다. 각 일기에는 크고 작은 차이가 있다. 현충사 소장 『친필본 일기』는 1962년 12월 20일, 『임진장초』『서간첩』과 함께 국보 제76호로 지정되었다.

『친필본 일기』는 이순신 자신이 직접 쓴 것이다. 그러나 1795년 정조의 명으로 『친필본 일기』를 바탕으로 편찬된 『이충무공전서』 속 「난중일기」에 실려 있는 「친필본 을미년(1595) 일기」는 현재 사라진 상태다. 『이충무공전서』 속 「난중일기」는 『이충무공전서』를 간행할 때, 『친필본 일기』를 편집해 일기 전체를 「난중일기」라고 통합 명칭을 붙인 것이다. 편집으로 인해 『친필본 일기』와는 크고 작은 차이가 있다. 그러나 현재는 사라진 「친필본 을미년(1595) 일기」가 수록되어 있어 이순신의 7년 동안의 삶 전체를 보여주는 데 큰 역할을 하고 있다. 『충무공유사』 속 「일기초」는 『친필본 일기』에서 발췌해 옮겨 적은 것이다. 『친필본 일기』와 「난중일기」에 없는 유일한 일기도 들어 있다. 현재는 사라진 『친필본 일기』의 흔적이다. 따라서 이 세 종류의 일기는 각각 유일한 일기가 실린 경우와 중복된 사례가 있다.

이 번역본은 세 종류에 나오는 모든 일기를 날짜순으로 번역했다. 그러나 일기가 완전히 중복되는 경우는 번역에서 제외했다. 특히 이순신이 직접 쓴 『친필본 일기』는 『이충무공전서』 속 「난중일기」와 달리 편집되지 않은 온전한 것이기에 『친필본 일기』를 중심으로 했다. 『이충무공전서』『충무공유사』에만 있는 경우는 『친필본 일기』의 해당 날짜 부분에 추가하고 출처를 밝혔다.

2. 『친필본 일기』는 초서 혹은 행서로 기록되어 있다. 이를 판독한 문화재청 국가기록유산 홈페이지(http://www.memorykorea.go.kr/, 2017년 7월 10일 기준 데이터)에 있는 판독문을 번역을 위한 한문 원문으로 활용했다. 그러나 판독문에 오탈자와 문장 누락이 많았다. 이를 비교·검증하

기 위해 조선사편수회의 『조선사료총간 제6집-난중일기초, 임진장초-』, 박혜일·최희동·배영덕·
김명섭의 『이순신의 일기』(2016), 최희동 교수에게 2017년 하반기에 받은 『이순신의 일기』(2016년
시와진실판의 부록 CD)의 「오자 수정 별지」, 2017년 12월 24일에 받은 「'친필본 난중일기 판독' 재
검토.hwp」(2017.12.18.), 2018년 1월 8일에 받은 「'친필본 난중일기 판독' 재검토.hwp」
(2018.01.08.), 2017년 5월경에 국사편찬위원회의 전자사료관에 게시된 『조선사료총간 제6집-난
중일기초, 임진장초-』의 원고본인 『난중일기초본亂中日記草本』, 2019년 7월에 입수한 北島万次의
『亂中日記』(일본, 平凡社, 2001)를 주요 비교 검토 자료로 사용했다. 글자에서 분명한 차이가 있는
경우에는 『친필본 일기』(영인본 혹은 사진 자료)의 글자 모양과 직접 비교해 검증했다. 본문에서는
『친필본 일기』(영인본 혹은 사진 자료)는 「친필본」으로, 문화재청 국가기록유산 홈페이지에 있는 판
독문은 「문화재청본」으로, 『조선사료총간 제6집-난중일기초, 임진장초-』는 「편수회본」, 『이순신
의 일기』(2016)는 「박혜일·최희동본」, 최희동 교수에게 받은 파일은 「최희동본」으로, 『난중일기초
본』(국사편찬위원회 소장)은 「편수회 초본」, 北島万次의 『亂中日記』는 「北島万次본」으로 약칭했다.

3. 『친필본 일기』 중에서 「1597년 일기」는 어떤 이유에서인지 두 번 쓰였고, 두 권으로 존재한다.
이 두 권에는 일부 날짜가 중복된 경우와 각각에만 유일하게 기록된 일기도 있다. 중복된 경우
에도 내용에 크고 작은 차이가 있다. 기존의 「난중일기」 번역 관례에 따라 각각 『1597(정유년 I)』
과 『1597(정유년 II)』로 표시하고, 별개의 일기로 다루어 번역했다.

4. 『친필본 일기』에는 일기장 맨 앞, 맨 뒤에 별도로 메모한 편지·장계·감결·독후감 및 습작으
로 쓴 시와 같은 메모 등이 있다. 일부 메모는 일기장 본래 위치가 아닌 다른 연도의 일기장에
붙어 있기도 한 듯하다. 이 메모들은 일기와는 목적과 형식이 다른 사례다. 이 번역에서는 일기
번역문 뒤에 별도의 장으로 만들어 종류별로 묶어 번역해 넣었다.

5. 번역을 위해 사용한 각종 자료는 다음과 같다.
  1) 『친필본』 원문
  『난중일기』(문화재관리국, 50질 한정판 영인본, 1968)
  문화재청 국가기록유산에 있는 원문 사진

  2) 『친필본』 판독문
  문화재청 국가기록유산에 있는 판독문
  『난중일기초본』(조선사편수회, 임경호 등사·홍희 교정·나카무라 히데타카 검열, 1930)
  『조선사료총간 제6집-난중일기초, 임진장초-』(조선사편수회 엮음, 조선총독부, 1935)
  『이충무공 난중일기-문화재연구자료 제1집-』(문교부, 1960)

『이순신의 일기』(박혜일·최희동·배영덕·김명섭 엮음, 서울대출판부, 2005)

『이순신의 일기(부록 CD)』(박혜일·최희동·배영덕·김명섭 엮음, 시와진실, 2016)

『亂中日記』(北島万次, 일본어 번역판, 平凡社, 2001)

3) 『이충무공전서』 속 일기 원문

고전번역원 한국고전종합DB(http://db.itkc.or.kr/)

『李舜臣全集 全』(靑柳綱太郞, 朝鮮硏究會, 京城, 1917)

『조선사료총간 제6집-난중일기초, 임진장초-』(조선사편수회 엮음, 조선총독부, 1935)

『이충무공전서』(성문각, 영인본, 1992)

『국역 주해 이충무공전서(상·하)』(이은상, 충무공기념사업회, 1960)

4) 『충무공유사』 원문

『재조번방지초』(문화재관리국, 50질 한정판 영인본, 1968)

『충무공유사 국역·영인 합본』(노승석 옮김, 문화재청 현충사관리소, 2008)

5) 『충무공유사』 판독문

「'이순신의 일기' 「일기초」의 내용 평가와 친필초본 결손부분에 대한 복원」(박혜일 외, 『정신문화연구』 봄호 23권 1호, 2000년)

『충무공유사 국역·영인 합본』(노승석 옮김, 문화재청 현충사관리소, 2008)

『이순신의 일기(부록 CD)』(박혜일·최희동·배영덕·김명섭 엮음, 시와진실, 2016)

6. 번역 시 참고한 기존의 『난중일기』 번역본은 다음과 같다.

『민족의 태양』(설의식·이충무공기념사업회 엮음, 교문사, 1951)

『난중일기초』(설의식, 수도문화사, 1953)

『리순신장군전집』(홍기문, 국립출판사, 1955)

『리순신장군전집』(홍기문, 국립문학예술서적출판사, 1959)

『국역 주해 이충무공전서(상·하)』(이은상, 충무공기념사업회, 1960)

『난중일기』(이은상 역주, 현암사, 1968)

『난중일기』(이석호, 지문각, 1968)

『NANJUNG ILGI』(하태형 영역, 손보기 엮음, 연세대출판부, 1977)

『새번역 난중일기』(최두환, 학민사, 1996)

『충무공 이순신 전집(2)』(최두환, 우석출판사, 1999)

『이순신의 일기』(박혜일·최희동·배영덕·김명섭 엮음, 서울대출판부, 1998)

『난중일기』(송찬섭, 서해문집, 2004)

『난중일기 완역본』(노승석 역, 동아일보사, 2005)

『이순신의 일기』(박혜일·최희동·배영덕·김명섭 엮음, 서울대출판부, 2005)

『충무공 이순신 전서(1~4)』(박기봉 엮음, 비봉출판사, 2006)

『교감완역 난중일기』(노승석 역, 민음사, 2010)

『이충무공 진중일기(1, 2)』(임기봉 역주해, 범우사, 2007, 2010)

『평역 난중일기』(김경수 엮음, 돋을새김, 2011)

『난중일기』(고정일 역해, 동서문화사, 2014)

『이순신의 일기』(박혜일·최희동·배영덕·김명섭 엮음, 시와진실, 2016)

7. 인물 정보 및 주요 고전 용어 설명 출처

고전번역원 한국고전종합DB http://db.itkc.or.kr/itkcdb/

국사편찬위원회 한국사 데이터베이스 http://db.history.go.kr/

한국금석문 종합영상정보시스템 http://gsm.nricp.go.kr/

한국민족문화대백과사전 http://encykorea.aks.ac.kr/

한국 역대 인물 종합정보시스템 http://people.aks.ac.kr/index.aks

「선무공신녹권」

「선무원종공신녹권」

「호성공신녹권」

「호성원종공신녹권」

8. 난중일기 현황 설명

〈일기현황표〉

구분	1월	2월	3월	4월	5월	6월	7월	8월	9월	10월	11월	12월	기록일합계
1592년	1~30일	1~29일	1~29일	1~22일	1~4일.29일	1~10일		24~28일					
	30	29	29	22	5	10		5					130
1593년		1~30일	1~22일		1~30일	1~29일	1~29일	1~30일	1~15일				
		30	22		30	29	29	30	15				185
1594년	1~30일	1~22일.28~29일	1~30일	1~29일	1~30일	1~29일	1~29일	1~30일	1~29일	1~30일	1~28일		
	30	24	30	29일	30	29	29	30	29	30	28		318
1595년	1~30일	1~30일	1~29일	1~30일	1~29일	1~30일	1~29일	1~29일	1~30일	1~29일	1~30일	1~20일	
	30	30	29	30	29	30	29	29	30	29	30	20	345
1596년	1~30일	1~30일	1~29일	1~30일	1~30일	1~29일	1~30일	1~29일 윤1~윤29일	1~30일	1~11일			
	30	30	29	30	30	29	30	29/29	30	11			307
1597-Ⅰ				1~30일	1~29일	1~30일	1~29일	1~30일	1~29일	1~8일			
				30	29	30	29	30	29	8			
1597-Ⅱ								4~30일	1~29일	1~30일	1~29일	1~30일	
								27	29	30	29	30	
1597 소계				30	29	30	29	30	29	30	29	30	266
1598년	1~4일						24일		15~30일	1~7일/7~12일	8~17일		
	4						1		16	7/5	10		43
합계													1594

* 중복을 제외한 일기 날짜 수를 출처별로 표시했다. 『친필본』(검은색), 『이충무공전서』(파란색), 『충무공유사』(회색)다.

일기가 처음 시작되는 1592년 1월 1일부터 전사한 날인 1598년 11월 18일까지 날짜 수는 총 2506일이다. 중복된 일기 날짜를 제외하면 일기 전체는 1594일 치가 있다. 1592년 130일, 1593년 185일, 1594년 289일, 1595년 345일, 1596년 266일, 1597년 43일이다. 1595년은 일기가 미기록 혹은 멸실된 기간인 12월 21일에서 29일까지 9일을 제외한 345일 전체 일기가 있다.

1598년 11월 17일은 일기의 마지막 날이다. 19일에 있었던 노량해전 이틀 전이다. 11월 18일 밤, 이순신은 일기를 쓸 틈도 없이 노량으로 출전했고 19일 아침에 전사했다.

9. 번역 방법

1) 『친필본 일기』에는 수정·삭제·추가한 사례가 많다. 수정·삭제된 것 가운데 글자가 확인된 경우는 번역하고, 본래의 일기처럼 수정·삭제 표시를 했다. 예를 들면, 1592년 5월 4일 일기 중에 "상주포尙州浦, ~~어어서~~ 미조항彌助項을 지났다"의 '~~어어서~~'처럼 표시했다. 수정 혹은 삭제 된 글자 역시 일기를 쓰는 이순신의 자세를 보여주기 때문이다. 또한 일기에는 일기의 날짜 바로 위에 추가로 적은 메모 형태의 짧은 기록도 있다. 그런 기록은 해당 날짜 일기 바로 위에 번역해 넣었다. 그러나 일기 본문 중의 추가된 것은 일기 본문에 삽입했다.

2) 용어나 호칭 등은 한문 원문 표현을 최대한 반영했다. 그러나 위계관계를 반영한 다양한 '공문' 표현은 현대인들이 이해하기 어렵고 복잡해 '장계'를 비롯해 일부 특수 사례를 제외하고 는 '공문'으로 단순화했다. 역사적 사실과 무관한 개인적인 감정과 관련된 감정은 그 표현이 다 양할 뿐 아니라 현재 잘 사용하지 않는 단어 혹은 오늘날 익숙하지 않은 표현도 많다. 관련 표 현을 모두 뽑아 비교했고, (국역) 조선왕조실록·한국고전DB·한국역사정보통합시스템·한국 민족문화대백과를 비롯해 그 시대의 여러 인물의 일기 번역본들과도 비교해 각 표현의 뉘앙스 를 반영할 수 있도록 했다. 그 경우 일부는 자연스럽게 의역했다. 또한 일기 원문은 오늘날의 문장과 달리 마침표가 없어 지나치게 문장이 길어지기도 해 맥락을 고려해 문장을 끊어 간결 한 문체로 바꾸기도 했다.

3) 일기의 날짜는 음력이다. 독자의 이해를 돕기 위해 양력 날짜를 병기했다. 양력 날짜는 천 문우주지식정보(http://astro.kasi.re.kr)의 음양력 변환 계산을 활용했다. 시간은 2시간 간격의 '십이시十二時'가 대부분이나, 일기 속 상황과 문맥을 고려해 가능한 범위에서 오늘날 24시간 단위로 세분화했다.
장계에는 원문에서 정확한 날짜를 확인할 수 없거나 원문에 날짜가 표기되지 않는 사례가 많 다. 날짜를 특정할 수 없을 경우 "1594년 1월 일"처럼 확인되지 않는 날짜를 비워두었다.

십이시 十二時	자子	축丑	인寅	묘卯	진辰	사巳	오午	미未	신申	유酉	술戌	해亥
오경 五更	삼경 三更	사경 四更	오경 五更								초경 初更	이경 二更
24시 기준	23-01	01-03	03-05	05-07	07-09	09-11	11-13	13-15	15-17	17-19	19-21	21-23
기타	夜	曉頭	曉	朝	晝	午	晝	晚	夕	暮	夜	
	한밤중	이른 새벽	새벽	이른 아침	아침	오전	정오	낮	저녁 무렵	저녁	초저녁	밤

일기 자체의 십이시에 '초初·말末'이 붙어 있으면 24시간으로 환산했고, 붙어 있지 않으면 해당 시간의 중간을 기준 시간으로 삼았다. 그러나 오시午時와 오후로만 기록한 경우는 "낮 12시쯤"으로 번역했다. 오경五更을 이용해 기록했더라도 '미未·초初·말末'이 있는 경우에는 '미未'는 해당 시간의 직전 시간, '말末'은 해당 시간이 끝나는 시간 직전 30분을 기준으로 번역했다. 그 외에는 중간을 기준 시간으로 삼았다. 또한 원문에서 새벽과 저녁을 표현하는 한문이 다양하다. 이럴 때 같은 한자는 한글 표현을 똑같이 해서 번역 전체에 일관되게 적용했다. 예를 들어 새벽 표현에는 '평명平明·질명質明·미명未明'이 있다. 그 경우 '평명'은 '동틀 무렵', '질명'은 '먼동이 틀 때', '미명'은 '날이 채 밝지 않았을 때'처럼 번역했다. '석夕·모暮·혼昏'의 경우에는 '석'은 '저녁', '모'는 '해질 무렵', '혼'은 '어두울 무렵'처럼 번역했다. 또한 관련 표현들인 '승석乘夕·승모乘暮·승혼乘昏·승월乘月' 등은 한편으로는 시간 표현이지만, 다른 한편으로는 시인詩人 이순신의 마음이 담긴 표현으로도 볼 수 있기에 '승석'은 '석양을 타다', '승모'는 '지는 해를 타다', '승월'은 '달을 타다'로 번역했다.

4) 『난중일기』에서 이순신은 관직이 없는 사람은 인명으로 기록했지만, 관직이 있는 사람은 관직과 인명을 병기하는 경우가 많지 않다. 대부분 "광양 쉬"처럼 특정 지명과 보편적인 수령 칭호인 '쉬倅'를 함께 기록하는 방식으로 특정인을 명시하거나 "광양光陽"처럼 지명만 사용해 해당 지역의 수령을 특정했다. 또한 고을의 크기에 따라 달라지는 수령의 호칭인 현감·현령 등을 기록한 경우가 있지만, 기록하지 않은 경우가 훨씬 많다. 이 번역본에서는 지명과 직책이 명시되어 있으면 "광양光陽 현감縣監" "방답防踏 첨사僉使"처럼 지명과 해당 직책을 한자로 넣었다. 그러나 지명만 언급한 경우, 예를 들어 "광양光陽"이나 "방답防踏"은 "광양光陽 현감" "방답防踏 첨사"로 지명에만 한자를 넣고 한글로 직책을 표시했다. 또한 해당 인물의 이름을 확인할 수 있으면 "광양 현감(어영담)" "방답 첨사(이순신李純信)"처럼 ( )에 인명을 넣었다. 또한 "발포鉢浦"처럼 지명으로 책임자를 표시해놓았지만, 책임자를 확인할 수 없다면 "발포 만호"로 표시해 지명이 아니라, 특정 인물임을 나타냈다. 「편수회본」에서는 인명을 주석해놓은 경우가 많다. 그러나 착오도 다수 발견된다. 이 번역본에서는 일기 자체, 장계 기록 혹은 실록이나, 각종 사료를 바탕으로 재확인해 인명을 넣었다. 따라서 「편수회본」이나 기존의 번역본과 차이가 생기기도 한다. 일기 본문에는 약칭도 많다. "경상慶尙 수사水使"를 "경慶 수水", "원元

수사水使(수사 원균)"를 "원元 수水"로 표기했다. 이때도 원문 자체를 반영해 "경慶 수水(경상 수사)", "원元 수水(원 수사, 원균)"처럼 표기했다. 이순신의 약칭에는 이순신의 속마음이 담긴 뉘앙스가 들어 있는 듯 보이기 때문이다. 또한 우리 시대와 다른 각종 단위가 등장하는데, 이 역시 최대한 원문을 반영했다. 단위가 기록되어 있지 않으면 그 자체로 남겨두었다.

5) 주석은 이순신의 일기를 고증하는 과정과 같다. 이순신 자신 혹은 그 시대에 대한 이해 없이 일기의 맥락을 파악할 수 없기에 실록과 각종 사료를 참고해 일기의 맥락에 대한 이해를 돕고자 가능한 한 세세하게 관련 자료를 주석에 넣었다. 그 과정에서 각종 문헌 등을 참고했다. 그러나 일부는 수정과 확인 과정에서 누락되었을 수 있다. 이해와 협조를 부탁드린다.

6) 기존 번역본들도 참고했다. 그러나 필자가 여러 번역본을 비교해본 결과, 우리말 번역본은 홍기문 번역의 『리순신장군전집』(1955)과 이은상의 『난중일기』(1968)가 대부분 번역본의 근간이었다. 이에 따라 홍기문과 이은상의 번역본을 비교 대상으로 삼았다.

7) 이 번역본은 그동안의 이순신 연구의 결과물을 정리하고, 조금 더 확인한 것이다. 게다가 한 개인의 작업이기에 한계도 많다. 이 번역본을 검증하고 비판하는 과정을 통해 이순신 연구를 한 단계 올려놓을 수 있기를 바란다.

8) 이 책은 초판(2018년 3월 30일), 2쇄(2018년 8월 14일), 3쇄(2019년 7월 29일)를 발행하며 본문과 각주의 일부 내용을 수정 및 보완했다. 그 이후 또다시 살핀 결과 몇몇 오류를 발견했고, 각주는 보완해야 할 부분을 추가했다. 각주를 추가로 더 보완하고 싶은 마음이 있었으나 분량이 너무 많아 현 체제를 유지하는 선에서 최대한으로 수정, 보완하는 데서 멈췄다. 훗날 전면개정판을 펴낼 날을 기약한다. 그러므로 이 4쇄본은 현재 할 수 있는 범위에서 가장 최신의 정보를 업데이트하고 정확성을 기한 결과물이다. 이 두꺼운 책을 주석 하나하나까지 읽어준 독자분들에게 진심으로 감사의 인사를 전한다.

이순신의 일기

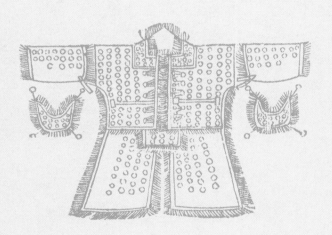

I.

난중
일기

1592년(임진년)
『이충무공전서』「친필본」

◎ **1월: 『이충무공전서』**

1월 1일[양력 2월 13일, 임술]1 맑았다. 새벽에 동생_{舍弟}2 여필汝弼3과 조카 봉^苓,4

1 『난중일기』의 날짜는 음력 기준이다. 따라서 일기의 날짜 수가 29일 혹은 30일로 되어 있고, 윤달도 나온다. 이날은 일기 내용처럼 설날이다. 차례를 지냈을 것으로 추정되나, 차례를 지냈다는 명확한 내용은 없다.

2 '동생'의 원문은 '舍弟'이다. 자신의 동생에 대한 겸칭으로 '가제家弟'라고도 한다. 편지 등에서는 동생이 형에 대해 '자신'을 지칭하는 말로도 사용한다.

3 여필은 이순신의 동생 이우신李禹臣(?~?)의 자字이다. 이순신의 형제로는 맏형 이희신李羲臣(1535~1587), 둘째 형 이요신李堯臣(1542~1580)과 변기卞騏와 결혼한 누이가 있다. 이순신 형제들의 이름은 고대 중국의 전설상 임금들의 이름을 딴 것이다. 이희신은 고대 중국의 삼황오제 중 최고의 제왕으로 팔괘八卦를 처음 만들고, 그물을 발명하여 어업과 사냥술을 알려주었다는 복희伏羲의 이름을 딴 것이다. 이요신은 이순신의 이름과 관계된 순임금과 함께 '요순의 치治'를 한 요堯임금의 이름을 딴 것이다. 요임금은 역법曆法을 제정했고, 효행으로 이름이 높았다. 이순신은 요임금의 뒤를 이어 황하 범람 문제를 해결한 치수治水의 업적을 남긴 순舜임금의 이름을 땄다. 동생 이우신은 중국 전설상의 하夏 왕조 시조인 우임금의 이름을 딴 것이다. 우임금은 순임금의 명을 받아 치수 사업을 성공시켰다. "여필汝弼"은 『서경書經』「익직益稷」에 나온다. 순임금이 우임금에게 "내가 잘못하면 그대가 도와 바로잡아야 한다. 내 앞에서는 따르는 척하고 물러나서는 뒷말을 하지 말라子違汝弼 爾無面從 退有後言"고 했다.

4 '조카 봉'의 원문은 '苓姪'이다. 『난중일기』에서는 이 사례처럼 '조카'라고 명시한 것도 있지만, 명시하지 않고 이름만 쓰기도 했다. 이날 일기의 조카 봉은 이봉李苓(1563~1650)이다. 이순신의 둘째 형 이요신의 아들이다. 1585년 무과에 급제했고, 임진왜란 때는 이순신 막하에서 종군했

아들 회薈[5]가 와서 이야기했다. 어머님天只[6]과 떨어져 남쪽에서 두 번이나 설을 쇠니 가슴에 맺힌 큰 응어리가 풀리지 않았다. 병사兵使[7]의 군관軍官[8] 이

다. 경상 감사, 평안 감사, 포도대장을 역임했다. 형제로는 이해李荄(1566~1645)가 있다.
5 '아들 회'의 원문은 '豚薈'이다. 여기서 '돈豚'은 '돼지'가 아니라, '아들'을 겸손하게 표현하는 말이다. 자신의 아들을 표현하는 말로는 돈아豚兒·가돈家豚·미돈迷豚·미식迷息·돈견 등이 있다. 『난중일기』에서는 자신의 아들들에 대해서 '돈'을 붙여 표현하기도 하고 이름만 표시하기도 한다. 아들 회는 이순신의 장남 이회李薈(1567~1625)다. 이회는 이순신 막하에서 종군했고, 이순신이 전사한 노량해전에도 참전했다. 훗날 선무원종공신에 책봉되고, 임실 현감에 임명되기도 했다.
6 '어머니'의 원문은 '天只'이다. 『시경』의 「백주柏舟(잣나무배)」에 나오는 표현으로 '하늘'이란 뜻이다. 『난중일기』 원문에서는 몇 차례를 제외하고 대부분 '天只'라고 썼다. 반면 동시대 인물인 오희문의 일기인 『쇄미록』에서는 대부분 '母'로 썼고, '天只'는 드물다. 이순신의 어머니 초계 변씨卞氏(1515~1597)는 변수림卞守琳의 장녀로, 이순신의 아버지 정貞(1511~1583)과 결혼해 4남 1녀를 낳았다. 친정은 아산이다. 1819년경에 이순신의 후손 이호빈이 저술한 『신정아주지新定牙州誌』(서울대 규장각 소장)에 따르면, 이순신의 외고조부 변자호卞自浩는 현감을 역임했고, 외증조부 변홍조卞弘祖와 외조부 변수림은 무과武科 급제자로 각각 첨사와 현감을 역임했다. 변자호부터 아산 백암에 정착했다. 임진왜란이 일어났을 때는 『난중일기』 1595년 1월 4일자의 80세 기준으로 77세였다. 이순신은 셋째 아들이다.

「백주」
잣나무 배 둥실둥실 강 속에 떠 있네 汎彼柏舟 在彼中河
더벅머리 그 총각이 진짜 제 짝이에요 髧彼兩髦 實維我儀
죽어도 다른 곳엔 시집 안 가요 之死矢靡他
어머님은 하늘이신데 어찌 제 마음 모르시나요 母也天只 不諒人只

잣나무 배 둥실둥실 강가에 떠 있네 汎彼柏舟 在彼河側
더벅머리 그 총각이 오직 제 짝이에요 髧彼兩髦 實維我特
죽어도 한눈팔지 않아요 之死矢靡慝
어머니는 하늘이신데 어찌 제 마음 모르시나요 母也天只 不諒人只
7 병사는 병마절도사兵馬節度使의 약칭이다. 병마兵馬는 군병과 군마를 합친 말로 오늘날의 육군이다. 조선시대 각 도道의 군사적 지휘를 효율적으로 하기 위해 설치한 종2품 무관 관직이다. 관찰사가 겸임하는 경우와 전임專任 병사가 있는 경우로 나뉜다. 겸임 관찰사를 '겸兼 관찰사'라고 한다. 조선시대에는 관직 임명 시 당연직으로 관직을 겸임하는 경우와 공석 중인 관직에 같은 직급의 관리를 임시로 겸임시켜 직무에 차질이 없도록 조치하는 임시 겸직 제도가 있었다. 『난중일기』와 장계에서도 당연직과 임시직이 나온다. 또한 『대전속록』에 따르면, 각 도에서 정2품 이상의 관찰사는 경직京職을 겸임했다.

경신[9]이 왔다. 병사의 편지와 설 지낼 선물,[10] 장전長箭과 편전片箭[11] 등 여러 물건을 바쳤다.

2일[14일, 계해] 맑았다. 나라의 제삿날[12]이라 좌기坐하지 않았다.[13] 김인보金仁甫와 함께 이야기했다.

3일[15일, 갑자] 맑았다. 동헌東軒[14]으로 나갔다.[15] 별방別防[16]을 점검하고 검

8 군관은 지방 각급 진영에 배속된 하급 장교다. 군사의 무예와 전술 훈련을 교육하고, 중앙군으로 상경하는 병력의 호송 등을 담당했다. 『경국대전』에서는 무과시험 합격자 혹은 군 복무 중인 별시위나 갑사를 진영 장수가 병조에 추천하고, 병조에서 심사해 임금에게 건의해 임명했다. 또한 전라도의 주진에는 주진별로 5명씩 총 20명이 있었고, 거진에는 거진별로 3명씩 총 26명, 제진에는 제진별로 2명씩 총 132명이 있었다. 경상도는 주진에 25명, 거진에 24명, 제진에 160명이 있었다. 1543년에 간행된 『대전후속록』에 따르면, 6냥궁을 90보 거리에서 세 발을 쏘아 1발을 명중시키거나 기사騎射 1차에서 2중中한 사람 중에서 병조에서 왕명을 받아 직접 임명한다고 한다.

9 이경신李敬信(1558~?)은 조선 중기의 무신이다. 1583년 무과 별시에 급제했다. 「선무원종공신녹권」에서는 주부主簿로 나오고, 선무원종공신 2등이다.

10 '세물歲物(설 지낼 선물)'로는 떡과 같은 음식이나 역서曆書·세화歲畫 같은 물건이 있다.

11 장전과 편전은 화살이다. 장전은 철전鐵箭의 한 종류로 무게는 1냥부터 1냥 5~6돈까지 있고, 전투용이다. 편전은 화살이 작아 '아기살'이라고도 부르며 대나무 통에 넣어 발사했다. 갑옷을 꿰뚫을 정도로 위력이 강했다.

12 '나라 제삿날'의 원문은 '國忌'다. 왕이나 왕비 또는 대비가 사망해 나라에서 제사를 지내는 날이다. 이날은 명종의 왕비인 인순왕후 심씨의 제삿날로 관리들이 나라 제삿날에는 출근을 하지 않거나 사무를 보지 않았다. 술과 고기를 마시고 먹거나, 노래를 부르거나 들어서도 안 되는 날이다.

13 '부좌不坐(좌기하지 않았다)'의 '좌기'는 공식적인 업무 장소, 즉 동헌과 같은 곳에 나가 하급 관리들을 모아놓고 정식 절차를 밟아 사무를 보는 것 혹은 일상 근무를 뜻하는 용어다. 이 번역에서 원문 '좌坐'는 전후 문맥으로 볼 때 신체의 움직임으로서의 '앉았다'는 의미로 쓸 수 있는 경우 외에는 '좌기'를 뜻하는 것으로 번역했다.

14 동헌은 지방 관아에서 관찰사(감사)·병마사·수사·수령 등이 일반 행정 업무와 재판 등의 정무를 돌보는 정청政廳이다. 일기 속의 동헌은 전남 여수시 군자동 진남관 뒤쪽에 있었다.

15 『경국대전』에 따르면, 모든 관청의 관리들은 묘시에 출근하고 유시에 퇴근했다. 다만 해가 짧은 계절에는 진시에 출근하고 신시에 퇴근했다.

16 별방은 부대의 한 부류로 별조방군別助防軍이라고도 한다.

열했다. 각 고을과 포浦[17]에 제송공문[18]을 써 보냈다.

4일[16일, 을축] 맑았다. 동헌에서 좌기했다. 공무를 처리했다.

5일[17일, 병인] 맑았다. 그대로 있다가 뒤에 동헌에서[19] 공무를 처리했다.

6일[18일, 정묘] 맑았다. 동헌으로 나갔다. 공무를 처리했다.

7일[19일, 무진] 아침에는 맑았다. 늦게부터 비[20]와 눈이 번갈아 내내 내렸다. 조카 봉이 아산牙山[21]으로 갔다. 전문箋文[22]을 받들고 갈 남원南原 유생儒生[23]이 들어왔다.

8일[20일, 기사] 맑았다. 객사客舍[24]로 나갔다. 동헌에서 공무를 처리했다.

17　이 시기 전라 좌수사 이순신이 관할하던 곳은 직접 관할하는 전라 좌수영(여수)과 5관五官·5포五浦다. 5관은 순천·보성·광양·낙안·흥양이고, 5포는 방답(여수시 돌산읍 군내리)·사도(고흥군 영남면 금사리)·발포(고흥군 도화면 발포리)·여도(고흥군 점암면 여호리)·녹도(고흥군 도양읍 봉암리)다. 흥양의 사도(첨사)·녹도(만호)·발포(만호)·여도(만호)에는 수군 지휘관이 배치되어 있었다.

18　제송공문은 하급자가 상급자에게 어떤 보고서를 제출했을 때, 그 보고서에 자신의 의견과 지시 사항을 기록해 하급자에게 되돌려 보내는 결재 형식의 서류다. 상급자는 하급자가 올려 보낸 문서 내용을 상급 기관에 보고해야 했다.

19　'그대로 있다가 뒤에 동헌에서'의 원문은 '仍在後東軒'이다. 일부 번역본에서는 동헌을 앞의 '후後'와 연결시켜 "뒷동헌後東軒"으로 보기도 한다. 홍기문은 『리순신장군전집』에서 뒷동헌으로 보고, 주석에서는 "사무를 보는 동헌이 아니라, 관리가 사적으로 거처하는 곳을 말한다. 내동헌內東軒이라고도 한다"고 했다. 필자도 그동안 그렇게 보았으나, 『난중일기』에서 이것 외에는 용례가 없고, 한국고전종합DB에서도 사례를 찾을 수 없었다. 이 번역본에서는 원문 문장을 기준으로 "뒤에 동헌에서"로 번역했다.

20　『난중일기』 원문을 읽다보면 비에 관한 다양한 표현을 알 수 있다. 비의 형태나 굵기, 내리는 시점, 기상의 변화까지 자세히 기록하고 있다.

21　당시 아산에는 이순신의 어머니를 비롯해 형제 및 이순신 자신의 가족들이 살고 있었다.

22　전문은 명절(설날, 동지)과 국왕 탄일 등에 왕에게 인사를 올리거나 혹은 나라에 길흉이 있을 때 관리들이 왕에게 바치는 글이다. 황제에게 보내는 글은 '표문表文'이라고 한다.

23　유생은 유학儒學을 공부하는 사람이다. 생원과 진사는 물론 관직에 있는 사람도 포함된다.

24　객사는 객관이라고도 한다. 지방에서 임금의 초상 대신, 임금을 상징하는 '전殿' 자를 새긴 목패木牌를 만들어 안치해놓은 건물이다. 매월 초하루와 보름에 대궐을 바라보며 임금에게 인사를 올리는 망궐례를 하는 장소 혹은 사신의 숙소로 사용되었다.

9일[21일, 경오] 맑았다. 일찍 식사를 한 뒤, 객사로 나갔다. 동헌에서 전문을 봉해 올려 보냈다.

10일[22일, 신미] 비가 내내 내렸다. 방답防踏[25]의 새 첨사(이순신李純信)[26]가 들어왔다.

11일[23일, 임신] 이슬비가 내내 내렸다. 늦게 동헌으로 나갔다. 공무를 처리했다. 이봉수李鳳壽[27]가 선생원先生院[28]에 있는 석재로 쓰기 위한 돌을 뜨는 곳에 가서 보았다. 와서 보고하기를, "이미 큰 돌 17덩어리에 구멍을 뚫었다"고 했다. 서문西門 밖 호자壕子[29]가 네 발把(4제곱미터)쯤 무너졌다. 심사립沈士立과 이야기했다.

12일[24일, 계유] 궂은비가 내렸고, 개지 않았다. 식사를 한 뒤, 객사로 나갔다. 동헌에서 본영本營(전라 좌수영)과 각 포 진무鎭撫[30]의 활쏘기 시험을

25 방답은 전남 여수시 돌산 군내·동내 마을 일대다. 5관 5포의 한 곳이다.
26 신임 첨사는 전라 좌수사 이순신李舜臣과 한글 음이 같은 '이순신李純信(1554~1611)'이다. 태종의 맏아들 양녕대군의 후손이다. 자는 입부立夫, 시호는 무의武毅다. 1577년에 무과 별시에서 급제했다. 임진왜란 때 첫 번째 해전인 옥포해전에서 중위장中衛將으로 참전했다. 한산대첩 때는 견내량에 있던 일본군을 유인하는 선봉장으로 일본군을 유인, 한산대첩을 이끌었다. 뛰어난 공로에도 불구하고 합당한 포상을 받지 못하자, 이순신이 별도로 포상 요청 장계를 올려 승진할 수 있게 해주었다. 1594년에는 충청 수사에 임명되었다. 1597년, 명량대첩 후 경상 우수사에 임명되었고, 노량해전에서는 이순신의 중위장으로 참전했다. 전쟁 후 선무공신 3등이 되었다.
27 이봉수(1553~?)는 조선 중기의 무신이다. 『난중일기』에서는 전라 좌수영과 돌산도 사이에 쇠사슬을 설치하고, 북봉에 연대를 구축했으며, 화약 제조를 위한 염초를 개발하기도 했다고 나와 있다. 특히 염초 1000근을 3개월 동안 만들어냈다고 이순신이 장계로 보고했다. 「선무원종공신녹권」에서는 첨정으로 나오고, 선무원종공신 2등이다.
28 선생원의 '원院'은 여행자를 위한 숙박 시설이다. 성생원·성성원이라고도 불린다.
29 호자는 '해자垓字·垓子'라고도 한다. 성을 방어하기 위해 적이 접근하기 어렵도록 성 밖에 물길을 파고 물을 채워놓는 곳이다. 『난중일기』 1592년 2월 4일과 3월 4일에는 '해갱垓坑', 1592년 2월 15일에는 '포갱浦坑'이 나온다.
30 진무는 병영·수영·진영 등에 소속된 중견급 군사 실무 담당관이다. 중앙에서는 정3품 당하관(어모장군)부터 종6품 참상관에서 임명했다. 지방에서는 전선 감독, 해도海島 순시 등의 직무를 띤 군관이다.

보아 우등優等한 사람을 뽑았다.[31]

13일[25일, 갑술] 아침에 흐렸다. 동헌으로 나갔다. 공무를 처리했다.

14일[26일, 을해] 맑았다. 동헌으로 나갔다. 공무를 처리한 뒤, 훈련용 화살을 쏘았다.[32]

15일[33][27일, 병자] 흐렸으나 비는 내리지 않았다. 새벽에 망궐례望闕禮[34]를 했다.

16일[28일, 정축] 맑았다. 동헌으로 나갔다. 공무를 처리했다. 각 관청의 품

---

31 조선시대 무인의 가장 중요한 무예는 활쏘기였다. 이순신 역시 어렸을 때부터 활쏘기를 즐겨했고, 명궁이었다. 1586년 녹둔도를 기습한 여진족 수십 명을 활로 사살했다는 일화도 전한다. 1592년 1월부터 임진왜란이 일어나기 직전까지 이순신이 활을 쏜 기록을 살펴보면, 1592년 2월 5일 18순을 쏜 것부터 4월 14일까지 10일간 총 109순을 쏘았다. 1회 평균 약 2시간, 10.9순, 약 55발을 쏘았다. 『성종실록』 성종 4년(1473) 10월 15일 기록에 따르면, 수군의 활쏘기는 배 위에서 시험하도록 규정되어 있었다.

32 활쏘기의 원문은 대부분 '사후射帿'다. 후帿는 우리말로 '솔' 혹은 '솔포'라고 하는 베로 만든 과녁이다. 철전과 편전을 별도로 기록하는 것으로 볼 때, 사후는 훈련용 화살을 쏜 것을 의미하는 듯하다. 여기서는 "훈련용 화살을 쏘았다"로 번역했다.

33 정월 대보름날이다. 이날에는 약식藥食 혹은 약반藥飯, 약밥을 먹었다. 『난중일기』에는 대보름에 약식을 먹었다는 기록은 없으나, 대보름날이 아닌 1598년 1월 8일에는 약식을 먹었다는 기록이 나온다.

34 망궐례는 두 가지가 있다. 첫째는 각 지방의 수령이 매월 1일과 15일 또는 왕과 왕비의 생일, 혹은 설날과 동지에 임금을 상징하는 '전' 자를 새긴 목패에 절을 올리는 의식이나 임금이 있는 서울을 향해 절을 올리는 의식이다. 둘째는 명나라와 사대 관계에 있던 왕도 대궐에서 명나라 황제에 대해 설날·동지 또는 황제나 태자의 생일날에 망궐례를 했다. 이때는 망궁례望宮禮라고 부르기도 한다. 유희춘의 『미암일기』 1568년 1월 1일에는 관복을 입고 망궐례를 하는 모습이 나온다. 유희춘은 동쪽에서, 부사府使는 서쪽에 서서 12번 절을 하고 산호山呼(천세를 부르는 것)를 했다고 한다. 1573년 11월 12일에는 동지에 명나라 황제에게 선조가 망궐례를 하는 기록도 나온다. 조응록의 『죽계일기竹溪日記』 1595년 8월 17일에는 선조가 남별궁南別宮에서 (명나라 황제를 향해) 망궐례를 했다는 기록이 나온다. 『난중일기』에는 '망하望賀·망례望禮'로 나오기도 한다.

관품관品官35과 색리色吏36 등이 찾아와 인사를 했다. 방답의 병선兵船37 담당 군

관과 색리들이 병선의 낡고 잘못된 것을 고치지 않았기에 장杖38에 처했다.

우후虞候(이몽구)39 40가 임시 책임자假守였는데도, 점검하고 바로잡지 않아不

35　품관은 품계를 갖고 있는 관원을 총칭하는 말이다. 조선시대에는 정1품에서 종9품까지 모
두 18품계가 있었다.

36　색리는 감영監營 혹은 고을의 아전으로 특정 업무를 담당했다.

37　병선은 전투에 사용하는 배로 대맹선인 전선戰船에 대하여 소맹선을 지칭한다. 임진왜란
때 전선은 판옥선이었다. 『난중일기』에서는 전선과 병선이 혼용되기도 한다. 『경국대전』에서는 대
맹선은 1척당 수군 80명, 중맹선은 60명, 소맹선은 30명이 정원이라고 나와 있다. 1598년 8월,
흥양 현감 최희량이 이순신에게 새로 건조한 배와 각종 군대 기물 등을 보고한 내용인 「새로 건
조한 전선 및 기타 물건에 대한 보고新造戰船什物報牒, 1598년 8월」에 따르면, 흥양현에서는 전
선 1척, 군량선 1척, 협선 1척을 새로 건조했다. 또한 군대 기물 중 무기 관련 종류로는 장전·편
전·상각궁常角弓·교자궁交子弓·통아筒兒·별대전刑大箭·장창長槍·환도環刀·왜도倭刀·머리를
베는 도끼斬斧·대쟁大錚·현자玄字총통·승자승통, 현자총통전·대철환·중철환·소철환·소소철
환·곡방팸曲防牌·왜조총가구倭鳥銃家俱·현자 철정玄字鐵丁·승자철정勝字鐵丁·철추鐵鎚·중·
소약선藥線·편전과 장전의 족본鏃本·새 활줄新弓弦·흑각·깃을 붙이지 않은未附羽 장전·깃을
붙이지 않은 편전·갈고리要釣·화약이 있다. 신호 도구로는 방울鐸·푸른 깃발靑旗·북이 있다.
배와 관련된 물품으로는 풍석風席·붙집게伐之乙介·자귀耆耳·끌錯·톱鉅·장도리藏道里·초둔
草芚·중건둔中件芚·파둔破芚·정주碇注·용층주龍層注·환입주還入注, 대·소 닻碇, 지주산마
旨注山麻·신주新注·구주舊注·노·솥鼎, 대·소 물통水桶, 근피착橓皮着이 있다. 군량은 정조正
租 20섬과 가미可米 4섬을 배에 실어놓았다고 한다. 최희량의 보고서에 나오는 각종 무기와 물
건, 군량이 당시 전선에 일반적으로 실린 물건들로 보인다.

38　장은 처벌의 일종이다. 곤장棍杖과는 처벌 도구가 다르다. 곤장은 조선 후기에 많이 등장하
며, 『난중일기』에서는 1598년 9월 23일자에 단 한 번 나온다. 이순신이 처벌한 것이 아니고 명나
라 도독都督 진린이 우리나라 장수에게 곤장을 쳤다. 이 시기까지는 곤장이 우리나라가 아닌 명
나라의 처벌 방식으로 보인다. 장형은 가벼운 죄를 범한 사람에게 치는 태형笞刑보다 조금 더 중
한 죄를 저지른 사람을 대상으로 하여 태형보다는 큰 몽둥이로 볼기와 대퇴부를 친다. 최저
60대에서 최고 100대까지 10대 단위로 5등급이 있다. 『난중일기』에 태형을 친 기록도 나온다.

39　우후는 육군의 병마절도사나 수군의 첨사僉使 아래 직급의 무관이다. 병마절도사(병사)나
수군절도사(수사)가 부재할 때에는 병마절도사나 수군절도사 대신 군대 일을 처리했고, 관할 지
역을 순찰하면서 군사 배치, 훈련, 군기물 정비 등을 점검하는 중요한 역할을 했다. 이 당시 전라
좌수영의 우후는 이몽구, 전라 우수영의 우후는 이정충이었다.

40　이몽구李夢龜(1554~1597)는 조선 중기의 무신이다. 1583년에 무과에 급제했다. 1591년에 이
순신 막하의 전라 좌수영 우후에 임명되었다. 임진왜란 때 각종 해전에 참전해 활약했고,

檢飭 이렇게까지 되었다. 아주 터무니없었다. 제 몸 살찔 일만 하며 이같이 돌보지 않으니, 앞으로의 일도 알 수 있겠다徒事肥己 如是不顧 他日之事 亦可知矣. 성城 아래 사는 토병土兵[41] 박몽세朴夢世가 석수石手로 선생원의 쇠사슬鐵鎖을 설치할 돌을 뜨는 곳에 가서 근처 이웃 사람의 강아지에게 해를 끼쳤기에, 장 80에 처했다.[42]

17일[29일. 무인] 맑았다. 한겨울처럼 추웠다. 아침에 순사(순찰사 이광)[43]와 남원의 반자半刺[44]에게 편지를 보냈다. 저녁에는 쇠사슬을 통과시킬 돌을 실어오는 일로 선생원에 배 4(척)[45]을 보냈다. 김효성金孝誠[46]이 이끌고 갔다.

18일[양력 3월 1일. 기묘] 맑았다. 동헌으로 나갔다. 공무를 처리했다. 여도呂島[47]의 천자선(제1호선)[48]이 돌아갔다. 「우등한 사람을 임금님께 보고하는

1597년 노량해전에서 전사했다. 이몽구는 1592년 6월 2일 당포해전에서 도요토미 히데요시가 가메이 고레노리에게 준 황금부채를 노획했다.

41 토병은 비정규군이다. 『경국대전』에도 기록되어 있지 않으며, 변방 지역민으로 구성된 특수 군인이다.

42 조선시대 법률집인 『전율통보』 「형전」에 따르면, 가축을 훔친 사람은 절도죄로 장 100에 도徒 (소금 굽기 등과 같은 중노동) 3년형에 처했다.

43 '순사巡使'는 순찰사의 약칭이다. 전시에 두었던 임시직으로 각 도의 최고 행정 책임자이면 서 군사 부문까지 관할했던 관찰사(종2품)가 겸직했다. '방백方伯·감사監司·도신道臣·도백道伯' 으로 불리기도 한다. 『난중일기』에도 방백·감사라는 표현이 나온다.

44 반자는 고을 수령을 보좌하는 아전의 별칭이다. '통판通判'이라고도 한다.

45 "배 4(척)"의 원문은 "四船"이다. 배의 번호를 뜻할 수도 있고, 배의 척 수를 뜻할 수도 있다. 『임진장초』에는 "興陽三船(흥양 3호선)"처럼 배 번호의 사례가 있다. 여기서는 배의 척 수로 보았 다. 『난중일기』의 다른 사례에서도 척 수를 뜻하는 경우가 많다.

46 김효성(?~?)은 조선 중기의 무신이다. 이순신의 군관으로 활약했다. 1592년 5월 7일 옥포해 전에서 변존서와 함께 일본군 대선 1척을 깨부쉈다. 합포해전에서 변존서·송희립·이설 등과 함 께 일본군 대선 1척을 깨부쉈다. 1592년 6월의 2차 출전 때에도 활약했다. 「선무원종공신녹권」 에서는 첨정僉正으로 나오고, 선무원종공신 2등이다.

47 여도는 전남 고흥군 점암면 여호다.

48 천자선天字船은 '제1호선'처럼 배 번호다. 1492년에 인간된 『대전속록』 「공전」에는 경강선의 경우 매년 대·중·소 크기를 재고, 자호字號를 낙인하도록 되어 있다. 자호는 천자문 글자 순서

글優等啓聞」[49]과 「대가단자代加單子」[50]를 봉해 순영巡營(순찰사영)[51]으로 보냈다.

19일[2일, 경진] 맑았다. 동헌에서 공무를 처리한 뒤, 각 군사를 점검하고 검열했다.

20일[3일, 신사] 맑았으나 큰 바람[52]이 불었다. 동헌에 좌기했다. 공무를 처리했다.

21일[4일, 임오] 맑았다. 동헌으로 나갔다. 공무를 처리했다. 감목관監牧官[53]이 와서 묵었다.

다. 또한 『문화재대관 보물 지도·천문·무기』(문화재청 유형문화재과, 2014, 302쪽)에 따르면, "천자문 순서에 따라 사물이나 일의 순서를 표기하는 것은 조선 초기부터 나타난다. 예컨대, 1396년(태조 5)에 전국의 백성을 동원해 성을 쌓을 때 작업 구역을 천자문의 순서대로 天字(천자)부터 弔字(조자)까지 나누어 배정한 것이 있고, 세금을 부과하기 위해 농토 번호를 매길 때, 화포의 크기에 따라 호칭할 때" 같은 경우다. 화포도 천자문의 글자 순서에 따라 천자총통, 지자총통, 현자총통, 황자총통 같은 경우가 있다. 『난중일기』와 이순신의 장계에는 1호선·2호선과 같은 표현이 등장하나, 천자선은 이날 일기에만 나온다.

49 "우등계문優等啓聞(우등한 사람을 임금님께 보고하는 글)"은 무예 성적이 뛰어난 사람을 기록해 보고하는 문서다. 계문啓聞은 관찰사·어사·절도사 등이 임금에게 보고하는 문서다. 수군의 경우, 수사가 순행 중에 활쏘기 시험을 보아 잘 쏘는 사람을 대장에 기록해놓았다가 연말에 성적이 우수한 사람을 선정해 임금에게 보고해 등용케 했다.

50 대가단자는 조선시대 승진제도와 관련된 문서로 '대신가자를 한 사람들의 명단'이다. 관직은 1품에서 9품까지 있는데, 상위 계급으로 진급하는 것을 가자加子라고 한다. '대신가자'는 공적을 세워 승진할 때, 공적을 세운 사람이 자기 대신 아들이나 친족을 진급시키는 것이다. 단자單子는 인명이나 물품명 등을 열거해 기록한 문서다.

51 '순영'은 순찰사가 근무하던 곳으로 순찰사영이라고 한다. 순영은 별도로 설치되진 않았고 관찰사영에 위치한다. 감영과도 같다. 순찰사의 상위 품계는 도순찰사都巡察使(정2품)다.

52 처음으로 바람이 등장했다. 『난중일기』에 기록된 바람은 상세하다. 이순신은 바람이 부는 강도와 방향도 각각 기록했다. 바람의 세기에 따라 대풍大風·광풍狂風·미풍微風, 불어오는 방향에 따라 동풍·서풍·남풍·북풍, 배가 이동하는 방향과 관련해 순풍順風과 역풍逆風으로 기록했다. 또 바람이 불었던 때도 기록했다. 이순신 시대에는 태풍이란 말이 없었다. 태풍은 『난중일기』 이후에 등장하는 용어다.

53 감목관은 각 도에 있는 나라의 말과 목장을 관리하는 감독관으로 사복시에서 임명했다. 종6품이다. 전라도에는 흥양·순천·나주·진도에 감목관이 배치되어 있었다.

22일[5일, 계미] 맑았다. 아침에 광양光陽 쉬倅(현감 어영담)[54] [55] [56]가 와서 인사했다.

23일[6일, 갑신] 맑았다. 둘째 형님仲兄(이요신)[57]의 제삿날이라 좌기하지 않았다. 사복시司僕寺[58]에서 받아와 키운 말을 올려 보냈다.[59]

24일[7일, 을유] 맑았다. 맏형님伯兄(이희신)[60]의 제삿날이라 좌기하지 않았

---

54 '쉬'는 고을의 수령을 뜻한다. '졸'이 아니라 '쉬'로 읽는다. 『난중일기』에서는 '수守'라는 표현도 나온다.

55 현감縣監은 종6품으로, 종5품 현령縣令이 관할하는 현縣보다 규모가 작은 현의 수령이다. 지방 수령 중에서 직급이 가장 낮았다. 이순신은 45세 때인 1589년에 정읍 현감으로 임명되었다.

56 어영담魚泳潭(1532~1594)은 함안 출신으로 조선 중기의 무신이다. 이순신이 정읍 현감에 임명되었을 무렵 광양 현감에 임명되었다. 임진왜란이 일어난 뒤 광양 현감으로 이순신 막하에서 크게 활약했다. 1593년 암행어사의 오해로 파직되었을 때, 이순신이 구명을 위해 올린 탄원서를 보면 영남의 여러 진에서 오랫동안 활약했기에 남해안 바닷길에 능통한 사람이었다. 유희춘의 『미암일기』에 따르면, 어영담은 유희춘의 부인 송덕봉의 친척이다. 1574년 1월 22일 일기에는 감찰監察로 나온다. 9월 20일에는 어영담에 대해 재주와 행동이 아주 쓸 만하다고 평가했고, 유희춘이 어영담을 광양 현감에 임명되도록 추천하는 장면이 나온다. 1576년에는 고령 수령으로도 나온다. 18세기 학자 성대중은 『청성잡기』에서 "바닷가의 진에서 여러 번 장수를 지낸 어영담은 물길의 요해처를 잘 알았기 때문에 공(이순신)을 많이 도왔다. 견내량해전(한산대첩)과 명량해전은 다만 지형의 이점을 활용해 승리한 것"이라며, 어영담의 기여를 높이 평가했다. 이순신은 탄원에도 불구하고 어영담이 복직되지 않자 다시 조정에 조방장으로 임명해줄 것을 요청해 자신의 조방장으로 삼았다. 1594년 4월 9일 일기에는 어영담이 전염병으로 사망한 이야기를 듣고 애석해하는 이순신의 모습이 나온다.

57 이요신은 이순신의 둘째 형이다. 1580년, 39세로 사망했다. 류성룡과 친구였고 이황 문하에서 공부했다. 진사시험까지 합격했다. 이순신의 조카 봉·해蔘 등이 그의 아들들이다. 김유동의 『조선각도읍지朝鮮各道邑誌』에 따르면, 자는 여흠汝欽, 호는 율리栗里다. 여흠은 『서경』 「순전舜典」에 나오는 "가서, 몸을 삼가며 행하라往欽哉" "너희 22명은 맡은 일을 삼가며 행하라汝二十有二人欽哉"에서 따온 듯하다. 순임금이 하늘에 제사를 지내는 것을 관장할 인재를 찾자, 사람들이 백이伯夷가 잘할 수 있다고 했기에 순임금은 백이에게 맡기며, "가서, 몸을 삼가며 행하라"고 했다. 또한 순임금이 22명의 신하에게 "너희 22명은 맡은 일을 삼가며 행하라"고 했다.

58 사복시는 임금의 가마와 외양간과 목장을 관장하는 관청이다.

59 『속대전』에 따르면, 임금의 탄일, 설, 동지에 말을 진상하게 되어 있다.

60 이희신은 이순신의 맏형이다. 자는 여익汝翼이다. 1587년, 53세로 사망했다. 이순신의 조카

다. 순사(순찰사 이광)[61]의 답장荅狀을 읽었는데, "「고부古阜 군수郡守 이숭고李
崇古를 유임케 하려는 장계狀啓」[62][63]를 올렸다가 거듭 비판을 받아 사직서辭
狀를 냈다"고 했다.

25일[8일, 병술] 맑았다. 동헌으로 나갔다. 공무를 처리한 뒤, 훈련용 화살
을 쏘았다.

26일[9일, 정해] 맑았다. 동헌으로 나갔다. 공무를 처리한 뒤, 흥양興陽(현감
배흥립)[64]과 순천順天(부사 권준)[65]의 두 쉬와 함께 이야기했다.

뇌蕾(1561~1648), 분芬(1566~1619), 번蕃(1575~1668), 완莞(1579~1627)이 그의 아들들이다. 딸도
둘이 있었다. 분은 이순신 곁을 왕래했고, 후에 이순신의 최초 전기인 『이충무공행록』을 저술했
다. 사위 중 한 명인 정제鄭霽도 『난중일기』에 나온다.
61 이광李洸(1541~1607)은 조선 중기의 문신 겸 학자다. 1574년 문과 별시에 급제했다. 1584년
함경도 암행어사, 영흥 부사에 임명되었다. 1586년 함경 관찰사, 1588년 12월 전라 관찰사에 임
명되었다. 1589년 2월, 45세의 이순신을 군관 겸 조방장으로 특별 채용했다. 1592년 6월, 관군
을 이끌고 북상해 용인에서 와키자카 야스하루가 이끈 왜적과 맞서 싸웠으나 패전한 뒤 8월경
파직, 백의종군 처벌을 받았다. 이광의 후임 관찰사는 당시 광주 목사였던 권율이다. 『난중일기』
에는 이광에게 보낸 듯한 편지 초고도 나온다.
62 장계狀啓는 지방에 있는 신하나 왕명을 수행 중인 신하가 관할 구역의 중요한 일을 왕에게
보고하던 문서 형식의 하나다. 계장啓狀이라고도 한다. 『난중일기』에서는 계장으로 기록하기도
했다.
63 이숭고는 『선조실록』 선조 24년(1591) 12월 8일에 따르면, 노비의 신공身貢 납부가 가장 저조
했기 때문에 파직되었다.
64 배흥립裵興立(1546~1608)은 조선 중기의 무신이다. 자는 백기伯起다. 『난중일기』에는 백기
로도 나온다. 1572년 무과 별시에 급제했고 선전관을 거쳐 결성·장흥·흥양 등의 현감을 역임
했다. 이순신이 정읍 현감으로 임명되었을 때 흥양 현감에 임명되었다. 임진왜란 당시에는 이순
신 막하에서 흥양 현감으로 1차 출전 대인 옥포·합포·적진포 등의 해전에서 전부장前部將으로
참전했다. 2차 출전 때인 사천해전에서는 후부장後部將으로 참전했다. 한산대첩·부산대첩 등에
도 참전했다. 1595년에는 흥양에 설치된 둔전을 경영하기도 했다. 1597년 경상 우수사 배설에
의해 조방장에 임명되었고, 원균이 주도한 칠천량해전, 9월의 이순신이 주도한 명량대첩, 이순신
이 전사한 1598년 노량대첩에도 참전했다. 『선조실록』 선조 30년(1597) 1월 27일 기록에는 다섯
아들, 즉 최측근으로 지목되어 나온다. "다섯 아들이란 권준·배흥립·김득광 등"이다.
65 권준權俊(1541~1611)은 조선 중기의 문신 겸 무신이다. 자는 언경彦卿이다. 이순신이 정읍
현감에 임명되었을 때 순천 부사에 임명되었다. 이순신의 1차 출전 때에는 전라 순찰사의 명령으

27일[10일. 무자] 맑았다. 오후에 광양 쉬(현감 어영담)가 왔다.

28일[11일. 기축] 맑았다. 동헌으로 나갔다. 공무를 처리했다.

29일[12일. 경인] 맑았다. 동헌으로 나갔다. 공무를 처리했다.

30일[13일. 신묘] 흐렸으나 비는 내리지 않았다. 초여름처럼 따뜻했다. 동헌으로 나갔다. 공무를 처리한 뒤 훈련용 화살을 쏘았다.

◎ 1592년 2월: 『이충무공전서』

2월 1일[양력 3월 14일. 임진] 새벽에 망궐례를 했다. 안개비가 잠깐 부슬부슬 내렸다. 늦게 갰다. 선창船滄[66]으로 나갔다. 쓸 만한 판자板子[67]를 점검하고 가려냈다. 때마침 수장水場[68] 안에 조어鯈魚[69]가 구름처럼 모였다. 그물을

로 육군 중위장으로 선발되어 참전하지 못했다. 2차 출전 때부터 전라 좌수군의 중위장으로 참전해 전공을 세웠다. 1592년 6월 2일의 당포해전에서는 일본군 대선大船을 지휘하는 적장을 활로 쏘아 맞혔다. 1597년 7월 칠천량해전에서 전사한 충청 수사 최호의 뒤를 이어 충청 수사에 임명되었다.

66 『전라우수영지』에 의하면, 선창은 배를 매어두는 시설이다.

67 판자는 판옥선 혹은 거북선 건조에 사용하려는 것으로 보인다. 거북선이나 판옥선이 나무 판자로 건조되기 때문이다. 특히 2월 8일, 3월 27일 일기를 보면 거북선에 사용하려는 판자인 듯하다. 『대전속록』에 따르면, 배를 만드는 장인인 선장船匠은 전함사典艦司 소속이었다.

68 수장은 번역자에 따라 '물목' '선창 근처' '망천' '방천' 등으로 다양하게 옮겨진다. 정약용의 『경세유표』 「어세魚稅」 부분에 유추할 만한 내용이 있다. "바닷가에서 물고기를 잡는 것에는 그 명칭이 네 가지가 있다. 첫째 어홍漁篊, 둘째 어수漁隧, 셋째 어장漁場, 넷째 어종漁艁이다. 어홍은 대나무 울타리를 만들어 길을 잃은 물고기를 잡는 것이다. 어수는 고기떼 길목에 배를 대고 그물을 쳐 잡는 것이다. 어장은 바다 가운데 고기떼가 모인 곳에서 그물을 치는 것이다. 어종은 고기잡이에 적당한 곳에 모선母船을 띄우고 모선 왼쪽과 오른쪽에 배를 날개처럼 펼친 것이다." 이순신 일기의 정황으로 보면, 정약용이 말한 어장보다는 어홍에 가깝다고 여겨진다.

69 조어는 '조鯈'의 한문 본래 뜻인 '피라미'나 '숭어의 새끼'로 번역하기도 한다. 수어秀魚(숭어)는 『난중일기』 1596년 2월 6일에도 나온다. 오희문의 『쇄미록』에는 다양한 물고기가 나오는데, 1593년 6월 28일 일기에는 노어蘆魚(농어), 위어葦魚(웅어)와 함께 조어가 나온다. 조어는 물고기 일반 혹은 숭어 새끼로 볼 수도 있으나, 어떤 종류의 물고기인지 정확히 알 수 없다. 원문 그대로 번역했다.

쳐 2000여 마리箇[70]를 잡았다. 장관이었다. 그대로 전선[71] 위에 앉았다. 우

70 '마리'의 원문은 '箇'이다. 물건을 세는 단위이나, 여기서는 물고기 수로 나온다. 『난중일기』에서 물고기를 세는 다른 단위로는 '마리'를 뜻하는 '미尾', 한 줄에 10마리씩 두 줄로 엮어 20마리씩 묶어놓은 것을 뜻하는 '급級·두름冬音(이두어)'도 있다. 멧돼지·사슴·노루는 '구口', 소는 '척隻', 닭은 '척' 또는 '수首'라는 단위를 쓰기도 했다.

71 전선은 전투에 사용하는 선박이다. 『선조실록』 선조 4년(1571) 11월 29일에는 유희춘이 전라 관찰사로 있을 때 본 수군의 전선 실태에 대해, "『대전大典(경국대전)』에는 '각 포에 대맹선·중맹선·소맹선 약간씩을 둔다'고 했는데, 지금은 을묘왜변 이후로 적을 방어하기 위해 판옥선板屋船·방배선防排船·협선夾船 등이 긴요하게 쓰인다. 그러나 군사가 없어 그대로 둔 상태에서도 배를 정해진 숫자에 따라 계속 만들고 있고, 만들고 난 뒤 3~4년이 지나면 썩어 못쓰게 된다"라고 했다. 이를 보면 을묘왜변 이후 맹선이 판옥선 등으로 대체됐던 듯하다. 유희춘의 『미암일기』 1571년 4월 15일에는 전라 관찰사 시절에 실제로 판옥선에 올라가본 기록도 나온다. 배가 높았고, 배 안의 누樓에 올라갔을 때는 사방이 시원하게 잘 보였다고 한다. 또한 1571년 11월 22일 일기에는 판옥선 1척을 만드는 것이 50칸間 집을 짓는 것과 맞먹는다. 1573년 8월 1일에는 낙안 군수 고경유가 판옥선을 건조한다는 핑계로 소나무 100여 그루를 베어냈다는 내용도 나온다. 유희춘의 기록으로 보면, 판옥선 1척은 50칸 집을 짓는 노력과 소나무 100여 그루가 소요된 것으로 추정된다. 이산해의 『아계유고』 「1598년, 시폐를 진달하는 차자陳弊箚」에서는 판옥거함板屋巨艦으로 인해 일본군의 첨가尖舸(뾰족한 배)와 소선小船이 당할 수 없었고, "신포神砲와 비포飛礮 소리는 천둥을 치는 것 같고, 한 발로 배를 부수어 바다를 피로 물들게 한다. 적의 단총短銃(조총)과 편환片丸(조총 탄환)은 대적할 수 없다"고 했다. 그는 또한 "이른바 전선이라고 하는 것은 지금의 판옥선이다. 제도가 정교하며 붙잡고 기어오를 수 없을 만큼 높고, 부술 수 없을 만큼 견고하며, 많은 사람을 실을 수 있을 만큼 넓고, 적을 막기 위한 많은 사람이 탈 수 있어 참으로 바다 싸움에 좋은 기구다"라고 했다. 조경趙絅이 1643년 통신사로 일본에 갈 때 쓴 기행문인 「동차록東槎錄」 「화루선설畫樓船說」에 따르면, 그가 탄 통신사 판옥선의 길이와 너비는 각각 40척과 15척 정도였고, 저판底板은 6개가 연결되어 있고, 삼판杉板은 10개로 만들어져 있으며, 그 높이는 한 자 정도 되는 것이 12개였으며, 갑판 위에 노櫓가 좌우 모두 16개가 설치되어 있었다고 한다. 판옥선에는 나무나 쇠로 된 방패가 좌우에 부착되어 있었던 듯하다. 이항복의 『백사집』 「경자년(1600년), 도체찰사都體察使로 전라도에서 올린 차자」에서는 "우리나라의 전선은 위에 판옥板屋을 설치하고, 방패防牌를 둘렀는데, 인부 100여 명이 쓰인다. 엄연히 하나의 작은 성보城堡가 된다"고 했다. 『선조실록』 선조 39년(1606) 12월 24일에는 삼도통제사 이운룡이 나대용의 창선鎗船 건조 건의를 보고하면서, 창선은 큰 배인 판옥선과 달리 선체가 협소해 화살과 돌을 막을 수 있는 좌우 방판防板을 설치하기 어렵다는 내용이 나온다. 조익趙翊(1579~1655)은 「수군을 논하며 어떤 사람에게 쓴 글論舟師與人書」에서 예전의 전선은 두꺼운 널빤지全木로 만들었기 때문에 두텁고 단단했으며, 방패도 아주 두터워 철환이 뚫지 못했기에 왜적이 어쩔 수 없으나, 최근에는 방패를 매년 새로 색칠하기 위해 깎아내 얇아져 철환을 막을 수 없다고 비판하는 내용이 나온다. 이항복·이운룡의 언급에 나오는 방패는 나무인지 쇠인지 알 수 없다. 조익의 기록에

후(이몽구)와 술을 마셨다. 더불어 새 봄의 경치를 구경했다.[72]

2일[15일, 계사] 맑았다. 동헌에서 공무를 처리했다. 쇠사슬을 가로로 설치하기 위한 큰 돌덩어리와 중간 돌덩어리 80여 개를 실어왔다. 훈련용 화살 10순巡[73]을 쏘았다.

3일[16일, 갑오] 맑았다. 새벽에 우후(이몽구)가 각 포의 잘못을 조사하는 일로 배를 타고 나갔다. 공무를 처리한 뒤, 훈련용 화살을 쏘았다. 탐라耽羅(제주)[74] 사람이 자녀를 포함해 6구[75]를 이끌고 도망쳐 나와[76] 금오도金鰲島[77]에 정박해 있었다. 방답의 순환선循環船(경비선)이 그들을 붙잡아 올려보냈기에 진술을 받았다. 승평昇平(순천)으로 보내 가둬놓게 했다. 공문을

서는 나무 방패였다. 그러나 민유중(1630~1687)은 「송희립 후손을 등용할 것을 요청하는 장계請宋希立後孫錄用事狀」에서 전라 좌수영을 점검할 때 보았던 전선에 대해 "방판 밖에 쇠밧줄로 매달아놓은 철방패鐵防牌(쇠방패)가 없거나 제대로 설치되어 있지 않아 불랑기포의 구멍을 막고 있어 포를 사용하기 어렵다"고 했는데, 민유중의 기록 속의 방패는 쇠방패다. 결국 판옥선에는 나무나 쇠방패로 된 방어 장치가 설치되어 있었던 듯하다.

72 이 시기 사람들은 바닷물고기는 물론 민물고기도 회 혹은 탕으로 먹었다. 이를 보면 회는 근대 일본에서 들어온 것이 아니다.

73 활 1순은 화살 5대를 말한다.

74 당시 제주 목사는 양대수楊大樹(?~1592)였다. 무과에 급제했고, 1588년 1월 이순신이 백의종군 중에 우화열장으로 참전한 여진족 시진부락토벌작전에서 이순신과 같은 우위에서 '위장 통정대부 온성도호부사'로 참전했다(강신엽, 「조선 중기 이일의 관방정책」, 『육군박물관 학예지』 제5집, 육군사관학교 육군박물관, 1997, 116쪽). 또한 『이매창 평전』(김준형, 한겨레출판, 2013, 71~73쪽)에 따르면, 1592년 6월 성곽 순시 중 낙마 사고로 사망했다고 한다.

75 사람의 수를 세는 단위인 '명名' 대신 원문에서는 '구'를 사용했다. 『난중일기』에서는 노비 수를 표현할 때 '구'를 사용했다. 류성룡의 「馳啓賊情狀」(1593년 3월 27일), 이문건의 『묵재일기』 1552년 9월 5일에도 노비 수는 '구'로 나온다. 이날 일기에서 '구'라고 쓴 것을 보면, 제주도에서 나온 사람들의 신분이 낮았던 것으로 추측된다.

76 제주에서 도망쳐 나온 사람들을 보통 포작鮑作(보자기)으로 불렀다. 『성종실록』 성종 16년(1485) 윤4월 19일에 따르면, 이들은 대부분 가족과 함께 유랑했다. 1543년에 간행된 『대전후속록』 「형전」에 따르면, 제주 사람이 다른 지방으로 도망치면 처벌하고 즉시 제주로 돌려보내도록 되어 있다.

77 금오도는 전남 여수시 남면에 속하는 섬이다. 여수시에서 돌산도 다음으로 큰 섬이다.

써서 보냈다.[78] 이날 저녁, 밤에 화대석火臺石(불을 밝히는 관솔불을 놓는 돌)[79] 4개를 운반해 올렸다.

4일[17일. 을미] 맑았다. 동헌으로 나갔다. 공무를 처리한 뒤, 북봉北峰의 연대煙臺(봉수)[80] 쌓는 곳에 올라갔다. 쌓는 자리가 아주 좋았다. 허물어질 까닭이 전혀 없었다. 이봉수가 부지런히 일한 것을 알 수 있었다. 내내 자세히 살펴보며 바라보았다觀望. 저녁이 되어 내려왔다. 해갱垓坑(해자)[81]을 돌아보았다巡視.

5일[18일. 병신] 맑았다. 동헌으로 나갔다. 공무를 처리한 뒤, 훈련용 화살 18순을 쏘았다.

6일[19일. 정유] 맑았다. 내내 큰 바람이 불었다. 동헌으로 나갔다. 공무를 처리했다. 순사(순찰사 이광)의 편지 2통度[82]이 왔다.

---

78 이순신이 제주 출신 가족을 순천부로 보낸 것은 당시에는 군사와 민간 행정이 이원화되어 있었기 때문이다. 민간인 죄인은 순천부에서 관할했다. 이순신은 전라 좌수영의 5관·5포의 군사 행정만 총괄했다.

79 현재 전남 여수 진남관 뜰에도 석주화대石柱火臺 2개가 남아 있다. 1492년에 인간된 『대전속록』 「예전」에 따르면, 횃불의 한 종류로 유거杻炬(싸리나무 횃불)가 있다.

80 북봉 연대는 전남 여수시 군자동 산100번지 종고산에 위치한 봉수대다. 봉수대는 변경의 급한 상황을 중앙이나 기지로 알리기 위한 군사적 목적으로 주로 이용되었다. 봉수대 간의 거리는 대략 40~50리(10킬로미터)로 산 위에 설치하여 밤에는 횃불烽火로, 낮에는 연기燧로 알렸다.

81 해갱은 해자와 같은 것으로 보인다.

82 '통'의 원문 '도度'는 번역본에 따라 '번·장·통'으로 번역되고 있다. 『난중일기』의 다른 사례를 보면, 여기에서는 '통'이 타당하다. 본래 도의 쓰임새는 ① '통·건'의 뜻으로 문서나 편지를 셀 때, '道·通·宗·紙'와 같은 뜻이다. ② 낙복지落幞紙(생원이나 진사 시험에서 낙방한 사람의 글)를 셀 때 쓰는 단위다. 1도는 2장이다. 1축軸은 20장이다. 유희춘의 『미암일기』 1568년 4월 20일에는 낙폭지 2도가 나온다. ③ '번'의 뜻으로 일의 횟수를 셀 때 사용했다. ④ '대'의 뜻으로 매를 때리는 횟수다. 『난중일기』에서는 문서의 단위인 '통'과 일의 횟수를 뜻하는 '번', 장의 횟수로도 나온다. 그러나 장의 경우 두어 번의 사례 외에는 단위를 기록하지 않았다. 다만 1598년 9월 23일 일기에는 '개'라고 쓰기도 했다. 1596년 7월 30일 일기에서는 '유지有旨 2통道'이라고 '度' 대신 '道'를 쓰기도 했다.

7일[20일. 무술] 맑았으나 큰 바람이 불었다. 동헌으로 나갔다. 공무를 처리했다. 「발포鉢浦[83] 만호가 부임 인사를 하러 오겠다」는 편지到任公狀[84]가 왔다.

8일[21일. 기해] 맑았으나 또 큰 바람이 불었다. 동헌으로 나갔다. 공무를

83　발포는 현재 전남 고흥군 도화면 발포리다.

84　"부임 인사를 하러 오겠다는 편지到任公狀"에서 '공장公狀'은 조선시대 수령이나 찰방 등이 관찰사·병마절도사·수군절도사를 공식적으로 만날 때 미리 보내는 관직명을 적은 편지다.

85　『난중일기』에 기록된 거북선龜船에 대한 최초의 기록이다. 이순신의 「당포에서 왜적을 처부순 일을 임금님께 보고하는 장계唐浦破倭兵狀」(1592년 6월 14일)에는, "신臣이 일찍이 섬나라 오랑캐에 의한 전란을 걱정해 특별히 거북선을 만들었습니다. 앞에는 용머리를 설치해 입에서 대포를 쏘고, 등에는 쇠 화살촉을 꽂았고, 안에서는 밖을 잘 살필 수 있으나, 밖에서는 안을 살필 수 없습니다. 적선이 비록 수백 척일지라도, 안으로 돌격해 들어가 포를 쏠 수 있는데, 이번에 출동할 때, 돌격장이 타도록 했습니다. 먼저 거북선에 명령해 그 적선에 돌진하게 해 먼저 천자·지자·현자·황자의 각종 총통을 쏘게 했습니다"라고 나온다. 이순신의 조카 이분이 저술한 『이충무공행록』에 따르면, "(이순신이) 전선을 창작했다. 판옥선 크기이고, 위에 판자를 덮었다. 판자 위에 열십자十字 형태의 좁은 길을 내고 사람이 올라가 다닐 수 있게 했다. 그 외는 칼과 송곳을 꽂아 어디에도 발을 붙일 곳이 없게 했다. 앞에는 용머리를 두었는데, 입에는 총을 쏘는 구멍이 있다. 뒤는 거북의 꼬리처럼 생겼는데, 그 꼬리 아래에도 총을 쏘는 구멍이 있다. 왼쪽과 오른쪽에 각기 6개의 총을 쏘는 구멍이 있다. 대개 그 모습이 거북이처럼 생겼기에 거북선이라고 불렀다"는 내용이 나온다. 「1597년 류성룡柳成龍 대통력大統曆 정유丁酉」(『고문서집성 18』, 국학진흥연구사업운영위원회, 한국정신문화연구원, 1994, 564쪽)에 있는 메모에서는 "순신이 거북선을 만들었다. 그 배는 배 위에 판자를 펼쳐 활등처럼 휘어져 거북이 모습 같았다. 사람은 그 아래에 있다. 천자·지자 대포를 안에 넣고 전후좌우에 구멍을 뚫어놓았다. 적진賊陣을 종횡으로 드나들며 포화砲火를 쏘니, 소리가 하늘과 땅을 흔들었기 때문에 적이 버틸 수 없었다舜臣創龜船 其船以板鋪船上 穹窿如龜狀 人在其下 左右前後 鑿穴以安天地大砲 縱橫出入賊陣 砲火放發 聲震天地 賊不能支", 『징비록』(1604년경 집필 초본)에서는 "순신이 거북선을 창조했다. 그 위에는 판자를 펼쳐 놓아 그 모습이 활등처럼 휘어져 거북이 같았다. 싸우는 군사와 노를 젓는 사람櫂夫이 무릇 모두 그 안에 있었다. 전후좌우에 화포를 많이 실었다. 종횡으로 드나드는 것이 북梭 같았다. 적선을 만나면 잇달아 대포로 부수었다舜臣創造龜船 以板鋪其上 其形穹窿如龜 戰士櫂夫皆在其內 左右前後 多載火砲 縱橫出入如梭 遇賊船 連以大砲碎之"는 내용이 나온다. 『선조실록』 선조 29년 (1596) 11월 7일에는 "유영경이 말하기를, '왜선은 졸렬해 우리나라 배의 건조 방식과 같지 않기에 가볍고 빠르나, 우리나라 배와 부딪치면 여지없이 부서집니다'라고 했다. 남이공은 '우리나라 대선이 적선에 부딪치면 항상 2~3척을 부숩니다'라고 했다. 선조가 '거북선은 어떻게 만드는가?'라고 묻자, 남이공이 '네 면을 판옥으로 장치했고, 모양은 거북이 등처럼 생겼고, 쇠못을 옆과 머리 두 개에 꽂았는데, 왜선을 만나면 부딪쳐 모두 부숩니다. 바다 싸움의 도구로 이것보다 좋은 것

처리했다. 이날 귀선龜船(거북선)[85]의 돛帆으로 쓸 베布 29필疋[86]을 받았다.

이 없습니다四面飾以板屋 狀若龜背 以鐵釘揷於傍兩頭 若與倭船遇 則所觸皆破 水戰之具 莫良於玆"라는 내용이 나온다. 거북선은 이순신의 2차 출동인 1592년 5월 29일부터 활약했다. 3차 출동인 한산대첩과 부산대첩에도 참전했다. 거북선은 돌격선으로 함대의 선봉으로 활약했다. 일본 측 기록인 『고려선전기高麗船戰記』(東京大學駒場圖書館, 『大日本海志編纂資料』『第四部門 外交·海防』「一 外交」, http://gazo.dl.itc.u-tokyo.ac.jp/kaishi/pages/4-1-13.html)에는 안골포해전 부분에서 "(조선 수군의) 대선 가운데 3척은 눈이 먼 배目クラテ舟로 쇠로 요해要害(방어 장치)되어 있었다鉄ニラ要害シ"라고 나온다. 그런데 이항복의 『백사집』「경자년(1600년), 도체찰사로 전라도에서 올린 차자」의 판옥선 방패 언급, 『선조실록』 선조 39년(1606) 12월 24일의 삼도통제사 이운룡의 창선 방패 문제 언급, 조익의 「수군을 논하며 어떤 사람에게 쓴 글論舟師與人書」에서의 나무 방패 언급 등을 보면, 판옥선을 개량한 거북선에도 방패가 있었고 방패는 나무 재질일 가능성이 높다. 반면에 민유중의 「송희립 후손을 등용할 것을 요청하는 장계請宋希立後孫錄用事狀」로 보면 철방패鐵防牌(쇠방패)도 설치되었을 가능성이 있다. 쇠방패가 거북선을 보호하고 있었다면 『고려선전기』의 기록도 타당하다. 임진왜란 당시의 거북선 수에 대해서는 최소 2척에서 최대 5척으로 보인다. 정경운의 『고대일록』 1592년 7월 19일에는 "전라 좌수사 이순신이 방답 첨사 모某를 수군 전부장으로 삼고, 통선通船 4척과 거북선 1척을 정비해 비상사태에 대비했다. 7월 6일 전라 좌·우도, 경상도의 여러 장수가 세력을 합쳐 적선 59척을 공격해 사로잡거나 깨부수었다. 이 싸움에서 300여 급을 베었고, 바다에 뛰어들어 빠져 죽은 왜적은 셀 수 없었다. 우리 수군이 달아나는 적선 10여 척에 탄 왜적 200여 명을 뒤쫓아갔다"로 1척이 나온다. 박동량의 『기재사초 하寄齋史草 下』「임진일록3壬辰日錄三」의 1592년 7월 기록에는 한산대첩 당시 3척의 거북선이 있었던 것으로 나온다. 그 후 거북선은 다른 지역에서도 건조된 듯하다. 류성룡이 쓴 「심 유격이 왜적 속에서 나온 것을 보고하는 장계沈遊擊自賊中出來狀, 1593년 3월 19일」에 따르면, 서울을 수복하기 위해 류성룡은 "도원수 김명원과 의논해 여러 장수와 약속하고, 정걸·이빈·김천일 등으로 하여금 수군이 한강 입구를 가로막고 밤 사이에 조류를 타고 각 진陣에서 건조한 거북선에 화포를 싣고 한강의 부교浮橋를 공격해 부수어 왜적들이 마음대로 오가지 못하게" 한 뒤에 용산을 공격하려고 했다고 한다. 거북선의 등은 나무로 만들어진 듯하다. 송규빈이 1778년 저술한 『풍천유향』에서는 전선을 개혁 방법으로 "당시 각도의 수영水營에 있는 전선을 거북선 제조 방식에 따라 단단한 나무로 된 두꺼운 판자로 위에 덮개를 씌우고今以各道水營戰船 一依龜船制樣 以堅木厚板 上覆以蓋, 형체는 높고 넓게 만들지 말고 50명 정도를 수용할 수 있게 하고, 머리와 꼬리에는 각각 천자·지자 대포를 설치하고, 양쪽 옆에는 불랑기를 각각 3문씩 설치하자首尾各架天地大砲 兩傍列置佛狼機各三座"고 주장했기 때문이다. 거북선의 내부는 조선 후기 실학자 조재삼趙在三(1808~1866)의 『송남잡지松南雜識』「거북선龜船」의 기록, "삼층으로 되어 있는데, 위는 군사를 지휘하는 장수가 위치한 장대將臺(누대), 가운데는 전사戰士가 숨어 있는 곳, 아래는 노군이 위치한 곳이다一艦三層 上爲將臺 中藏戰士 下居檣軍"라고 한 것을 보면 조선 후기의 거북선은 내부가 3층이다. 그러나 이순신 시대의 거북선은 몇 층인지 불확실하다.

86 필은 옷감의 치수를 세는 단위 또는 말·소를 세는 단위다. 옷감의 단위로 쓸 때 1필은 40자

낮 12시쯤에 훈련용 화살을 쏘았다. 조이립趙而立과 변존서卞存緒[87]가 으뜸을 겨루었다. 조趙(조이립)가 이기지 못했다. 우후(이몽구)가 방답에서 돌아왔다. "방답 첨사(이순신)가 온 정성을 다해盡心[88] 방어 준비를 하는 일"을 다 말했다. 동헌 마당에 석주화대石柱火臺(돌기둥으로 만든 화대)[89]를 세웠다.

9일[22일. 경자] 맑았다. 새벽에 쇠사슬을 꿸 긴 나무를 베는 일로 이원룡李元龍[90]에게 군사를 거느리게 해 두산도斗山島(돌산도)로 보냈다.

10일[23일. 신축] 안개비가 내렸다. 맑았다 흐렸다 했다. 동헌으로 나갔다. 공무를 처리했다. 김인문金仁問[91]이 순영巡營(순찰사영)에서 돌아왔다. 순사(순찰사 이광)의 편지를 읽어봤더니, "통사通事(통역관)[92] 등이 뇌물을 많이 받고, 중국 조정中朝(명나라 조정)에 허위 사실을 알리며 군사를 요청하기에 이르렀다. 그뿐만이 아니었다. 중원中原(명나라)으로 하여금 우리나라와 일본日本[93]이 다른 의도가 있는 것처럼 의심케 했다. 그것은 흉악하고 이치에 어

尺(1자는 30.3센티미터)다.
87 변존서는 이순신의 외삼촌 변오卞鰲의 아들이다. 이순신과는 외사촌 관계다. 자는 흥백興伯이다. 『난중일기』에는 변흥백, 변 주부卞主簿로 나오기도 한다. 이순신 막하에서 공을 세웠다. 「선무원종공신녹권」에서는 부장部將으로 나오고, 선무원종공신 2등이다.
88 "온 정성을 다하다"란 원문 "盡心"은 이순신의 삶의 자세나 사람에 대한 평가와 관련된 말이다.
89 "돌기둥으로 만든 화대石柱火臺"는 2월 3일 일기에서는 "火臺石(화대석)"으로 나온다.
90 이원룡은 「선무원종공신녹권」에서는 주부로 나오고, 선무원종공신 2등이다.
91 김인문(?~?)은 조선 중기의 무신이다. 1602년에 급제했다.
92 통사(통역관)는 사역원司譯院에 소속되어 있었다. 의주와 동래 등지에서 중국 사신과 일본 사신 등과의 사이에서 통역을 담당했다. 이순신의 5대조 할아버지 이변李邊(1391~1473)은 사대부 출신으로 명나라와 외교관계 업무를 담당하면서 중국어에도 능통해 통역관에게 중국어를 가르치기도 했다.
93 『난중일기』에는 명나라와 일본에 대한 표현도 상황에 따라 다르게 나온다. 명나라는 위의 경우처럼 '중원'이라고 한 경우와 '당唐'이라고 한 표현이 나온다. 특히 '당'이 많이 나온다. 명나라 조정에 대해서는 '중조中朝·천조天朝', 명나라 장수에 대해서는 '천장天將·당장唐將', 명나라 군사에 대해서는 '천병天兵·당병唐兵', 명나라 사람에 대해서는 '당인唐人'이라고 기록하기도 했다.

굿난 것이다[재후]. 아주 잘못된 것이었다. 통사 등을 이미 붙잡아 가두었다"

고 했다.[94] 터무니없어 원통하고 분한 마음을 이길 수 없었다.

  11일[24일, 임인] 맑았다. 식사를 한 뒤, 배 위로 나갔다. 새로 뽑은 군사를

점검하고 검열했다.[95]

  12일[25일, 계묘] 맑았고 바람도 고요했다. 식사를 한 뒤, 동헌으로 나갔다.

공무를 처리했다. 해운대海雲臺[96]로 옮겨 앉았다. 훈련용 화살을 쏘았다.

매로 꿩 사냥을 하는 것을 자세히 살펴보았다.[97] 아주 조용했다. 군관 무

일본에 대해서는 위의 경우처럼 '일본'이라고 한 사례는 몇 번 없고, 대부분 '왜倭'로 썼다. 일본인
에 대해서는 '왜노倭奴·왜인倭人·왜'라고 썼다.
94 『대전후속록』 「형전」에 따르면, 명나라에 가는 사람들이 본국의 비밀을 누설한 경우 장 1백,
도 3년형에 처하고, 그중 국가에 관련된 중요한 일을 누설한 자는 교형絞刑에 처했다. 류성룡의
『난후잡록』에는 비밀 누설에 따른 처벌 사례가 나온다. 명나라에 가던 조선 사신단이 요동을 지
날 때 전쟁이 일어날 것이라고 말해 요동 사람들이 조선을 의심하게 만들었다는 이유로 조정에
서는 역관 몇 명을 체포해 조사하고, 고문했다는 이야기가 나온다.
95 이때 이순신이 점검하고 검열했던 것은 입대자가 직접 장만해야 하는 갑옷·무기·식량이었
을 것이다.
96 해운대는 여수시 동북쪽에 있는 작은 반도다. 여수 외항을 건설할 때 파괴되어 없어졌다.
97 "매로 꿩 사냥을 하는 것을 자세히 살펴보았다觀沈獵雉"의 번역은 번역자마다 차이가 있다.
홍기문은 "사냥한 꿩을 바다에 잠그는 것을 구경하였는데 아주 절차가 그럴듯하였다"라고 하면
서 주석에는 "사냥한 꿩을 잠근다는 것이 무슨 민속인지 미상하다"고 했다. 이은상은 "침렵치를
구경하는데 무척 조용했다"라고 하면서 주석으로 "무사들의 놀이인 듯한데 미상하다"라고 했다.
이 일기가 『친필본』이 없어 확신할 수는 없지만, 필자는 『이충무공전서』의 편집 당시 『친필본』의
"鷹"을 "沈"으로 오독했을 가능성이 있다고 보고 위와 같이 번역했다. 『이충무공전서』에서는 『친
필본』과 다른 오자가 발견되기 때문이다. 정경달의 『반곡유고』 1595년 9월 23일에는 "명나라 사
신天使이 꿩 사냥獵雉을 했는데 이익이 없어 화를 냈다"는 내용이 나온다.
권재명 남해매사냥보전회 지도위원은 「난중일기의 수수께끼 '침렵치'(하)」 『경남도민일보』(2018년
4월 18일)에서 바닷가에서 매로 꿩 사냥을 할 때, 매가 바다로 도망친 꿩의 등짝을 꿰찼으나, "제
몸보다 더 무거운 꿩을 매달고 해안까지 돌아오지는 못한다. 꿩과 함께 땅으로 떨어지면 그 자리
에서 뜯지만 물에 떨어지면 헤어 나와야 한다. 매는 물갈퀴가 없으니 물에 잠긴 꿩을 의지 삼아
한쪽 죽(날개)을 물 밖으로 내세워 돛으로 삼아 바람을 타고 해안으로 나온다. 이순신은 이 장면
을 보고 '관침렵치觀沈獵雉'라고 적은 것이다"라고 했다. 그는 그 근거로 "해안도서지방인 남해에
서는 매가 바다에 뛰어들어 꿩을 사냥하던 일화를 노인들께 심심찮게 들을 수 있다"고 했다. 즉

리도 모두 일어나 춤을 추었다.[98] 조이립은 시를 읊었다.[99] 석양을 타고乘夕
돌아왔다.

　　13일[26일, 갑진] 맑았다. 우수사右水使(전라 우수사 이억기)[100]의 군관이 왔다.
대大·중中 전죽箭竹[101] 100개[102], 쇠 50근斤[103]을 보냈다.

'관침렵치'는 "바다로 달아난 꿩을 매가 물속까지 뛰어들어 잡아오는 것을 보았다"는 말이다. 권
위원은 결론적으로 이날 일기를 "바다로 달아난 꿩을 매가 물속까지 뛰어들어 잡아오는 것을 보
았다"라고 번역했다.
98　양반 사대부가 춤을 춘 기록은 다음과 같은 사례도 있다. 조헌의 『조천일기』 1574년 6월
16일에 따르면, 조헌이 명나라 사신으로 의주에서 압록강을 건너는 배에서 춤을 추었다. "선전관
박퇴가 크게 취해 일어서서 춤을 추었고, 나를 붙들고 함께 같이 추었다가 대강 추고 돌아와 앉
았는데 미숙美叔(허봉) 또한 일어나 서로 끌어당기기에 어쩔 수 없이 잠시 춤을 추었다." 이문건
의 『묵재일기』 1551년 11월 16일에도 이문건을 비롯해 양반들이 춤을 추었다는 내용이 나온다.
99　'시'의 원문은 '絶句'이다. 네 구句로 이루어지는 한시漢詩의 한 형식이다. 한 구가 다섯 글자
면 오언절구五言絶句, 일곱 글자면 칠언절구七言絶句라고 한다.
100　우수사右水使의 '수사'는 수군 절도사의 약칭이다. 수사는 조선시대 각 도의 수군을 효율적
으로 지휘·감독하기 위하여 두었던 정3품 무관 관직이다. 각 도의 해안에 위치한 진·포·보堡에
소속된 전선과 주요 장수들인 첨절제사(종3품)·우후(정4품)·동첨절제사(종4품)·만호(종4품)·권관
(종9품) 등을 지휘·통솔했다. 경상·전라·함경도에 각 3인, 경기·충청·평안도에 각 2인, 황해·강
원도에 각 1인씩 배정되었다. 실제로는 경상·전라도에 각 2인, 경기·충청도에 각 1인씩 모두 6인
만이 배정되고 나머지는 해당 도의 관찰사나 병마 절도사가 겸임했다. 전라 우수사가 관할하는
수군 지휘관이 배치된 곳은 함평의 임치(첨사), 제주(목사), 부안의 검모포(만호), 영광의 법성포(만
호), 무안의 목포(만호), 어란포(만호), 옥구의 군산포(만호), 진도의 남도포(만호)·금갑도(만호) 등
이 있다. 당시 우수사는 이억기다. 『난중일기』에서는 수사水使를 다양하게 기록했다. '수백·수상
水相·수수·영공슈公·영슈·사使'처럼 쓴 경우도 많다. 또한 때로는 '경慶(경상도)·충청忠淸'처럼
표현한 경우도 있다. 경상 우수사 원균의 경우에는 '원수元水'처럼 기록하기도 했다. 체찰사體察
使의 경우도 '체찰體察·체사體使·체상'으로 약칭하기도 했다. '수백水伯'의 경우 '백伯'은 '장長·
우두머리'를 뜻한다.
101　원문은 '箭竹大中'이다. 이는 일반 화살矢이 아니라, 천자·지자·현자·황자총통으로 발사하
는 대장군전·장군전·차대전·피령목전·피령차중전 등과 같은 전箭을 만드는 데 사용되는 대나
무로 보인다.
102　개箇는 물건을 세는 단위로 '낱'의 뜻 혹은 대나무를 세는 단위다.
103　근은 무게 단위다. 1근은 약 600그램, 16냥이다.

14일104 [27일, 을사] 맑았다. 아산으로 (어머니 등의) 안부를 여쭈게 나장羅將105 2명을 내보냈다.

15일[28일, 병오] 비바람이 크게 불었다. 동헌으로 나갔다. 공무를 처리했다. 새로 쌓은 포갱106이 많이 허물어졌기에 석수 등을 벌주었다. 다시 쌓게 했다.

16일[29일, 정미] 맑았다. 동헌으로 나갔다. 공무를 처리한 뒤, 훈련용 화살 6순을 쏘았다. 신번新番(군 복무를 시작할 군사)과 구번舊番(복무가 끝난 군사)을 점검하고 검열했다.107

17일[30일, 무신] 맑았다. 나라 제삿날108이라 좌기하지 않았다.

18일[31일, 기유] 흐렸다.

19일[4월 1일, 경술] 맑았다. 순시巡를 떠났다. 백야곶白也串109의 감목관110에

104 이순신의 증조부 이거의 제삿날이다. 부모의 제삿날은 좌기하지 않은 것이 원칙이다. 증조부도 마찬가지다. 그러나 이날 일기 내용에서는 좌기했는지 여부를 알 수 없다.

105 나장은 나졸羅卒이라고도 한다. 의금부·형조·병조·사헌부·사간원·오위도총부·전옥서·평시서 등 중앙의 사정司正·형사 업무를 맡는 관서에 배속되어 죄인을 문초할 때 매를 때리거나 귀양 가는 죄인을 압송하는 일 등을 맡았다. 지방관서에서는 주로 각 급의 진에 배속되기도 했다. 임무는 비슷하다. 『경국대전』에 따르면, 전라도 주진에는 30명, 거진에는 20명, 제진에는 10명씩 배속되어 있었다.

106 포갱은 1592년 1월 11일의 호자, 1592년 2월 4일과 3월 4일의 해갱과 같은 것일 수도 있고, 호자(해갱, 해자)와 전혀 다른 '선거船渠(뱃도랑, 선박의 건조나 수리 또는 짐을 싣고 부리기 위한 설비)·굴강'일 수도 있다. 좌수영 앞바다에 있던 굴강은 현재 매립된 상태다.

107 번번은 순번이란 뜻으로 교대로 근무하거나 복무하는 것을 뜻한다. 조선은 부병제府兵制, 즉 병농일치제로 16세 이상 60세 이하의 양인 남자는 병역 의무가 있었다. 병역 의무자들이 2개월 단위로 1년 동안 6번 서로 교대 근무를 했다. 새로 군 복무를 시작하는 군사를 신번, 복무가 끝난 군사를 구번이라고 하고, 신구번新舊番은 이를 합친 말이다.

108 세종의 제삿날이다.

109 백야곶은 현재 전남 여수시 화양면 장수리 봉화산에 있다. 19세기 『호남도서』(국립중앙박물관 소장) 그림 중 백야곶 부분을 보면, 백야곶에는 사복시의 목장이 있었다.

110 이날 일기의 백야곶 감목관은 순천 감목관인 조정趙玎인 듯하다. 순천 부사 권준이 와서 기다린다고 했고, 1592년 9월 17일 부산대첩을 보고한 장계에 따르면 순천 감목관 조정이 나오

게 도착했더니, 승평(순천) 부백府伯(부사 권준)[111]이 그의 동생을 데리고 와서 기다리고 있었다. 기생妓生도 왔다. 비가 내린 뒤, 산에는 꽃이 활짝 피어 있었다. 아름다운 경치를 말로 표현하기 어려웠다. 해 질 무렵 이목구미梨木龜尾[112]에 도착했다. 배를 탔다. 여도에 도착했더니, 영주瀛州(흥양)[113] 쉬(현감 배흥립)와 여도 권관權管(김인영)[114]이 나와서 맞이했다. 방어 준비를 하나하나 확인하고 점검했다. 흥양興陽 현감(배흥립)은 그가 내일 지낼 제사 때문에 먼저 갔다.

20일[2일. 신해] 맑았다. 아침에 각 항목의 방어 준비와 전선을 점검했는데, 모두 새로 만들었다.[115] 군기물軍器[116] 또한 모두 조금은 완전했다. 늦게 출발했다. 영주에 도착했다. 좌우의 산에 핀 꽃과 들판의 싱그러운 풀은 그림 같았다. 옛날에 있었다는 영주瀛洲도 이런 경치와 같았을까.

기 때문이다.

111 부백은 순천 부사를 존칭한 것이다. 수사를 수백이라고 한 경우와 같다.

112 이목구미는 전라남도 여수시 화양면 이목리다.

113 영주는 현재의 전남 고흥이다. 당시는 흥양이 정식 명칭이었으나, 경치가 아름다워 신선이 산다고 하는 전설의 고장인 영주라고도 불렀다.

114 「편수회본」에서는 여도 권관을 "황옥천黃玉千"으로 보았으나, 오류이다. 황옥천은 5월 3일 일기에 따르면, 여도 수군이다. 권관은 경상도·함경도·평안도의 변경 진이나 보에 두었던 임기 2년의 종9품 무관직이다. 1543년에 간행된 『대전후속록』에 따르면, 각 진보의 권관은 겸사복·내금위·훈련원의 권지權知(실무 수습 기간 동안 그 직명 앞에 붙임) 및 전직자로서 무재武才가 있는 사람을 선발해 임명한다고 했다. 이순신도 1576년 32세에 무과에 급제한 직후에는 함경도 동구비보童仇非堡(압록강과 두만강변에서 여진족을 막던 전진기지. 함경도 삼수에 위치) 권관에 임명되었다.

115 『경국대전』에 따르면, 배는 건조된 지 8년이 되면 수리하고, 그 후 6년이 지나면 다시 수리하며, 그 후 8년이 지나면 새로 건조해야 한다고 규정했다.

116 군기물은 군대에서 사용하는 각종 무기 등을 말한다. 『경국대전』에 따르면, 군기물은 서울에서는 군기시에서, 지방에서는 각 진에서 규정에 따라 정교하게 제조하고, 전에 만든 것도 항상 수리·정비하도록 했다. 『세종실록』 세종 19년(1437) 4월 4일에 따르면, 화포·화약·징錚·기旗·북鼓·각角(소라) 등을 말한다. 『각사등록』「충청수영계록」, 고종 5년(1868) 12월 1일에는 화약·연환鉛丸·화전火箭·화전죽火箭竹·화전기火箭機·조총鳥銃이 군기물로 나온다.

21일[3일. 임자] 맑았다. 공무를 처리한 뒤, 주인主人(홍양 현감 배흥립)이 자리를 깔아놓아 훈련용 화살을 쏘았다. 정 조방장丁助防將(정걸)[117][118]도 와서 만났다. 황숙도黃叔度(능성 현령 황승헌)[119]도 왔다. 같이 취했다. 배수립裵秀立[120]이 나와 같이 술잔을 나누었다. 아주 즐거웠다. 밤이 깊어 파했다. 신홍헌申弘憲을 시켜 빚어놓은 술을 전날 심부름했던 삼반하인三班下人[121] 등에게 나누어 마시게 했다.

22일[4일. 계축] 아침에 공무를 처리한 뒤, 녹도鹿島[122]로 갔다. 황숙도도 같

117 　조방장은 조전절제사助戰節制使에서 바뀐 호칭이다. 조전장이라고도 한다. 주장主將을 도와서 적의 침입을 방어하는 장수이다. 『실록』 기록을 보면, 국방에 중요한 일이 있을 때 중앙에서 파견하거나, 혹은 지방의 수령 중에서 무예와 지략이 있는 수령을 조방장에 임명하기도 했다. 이순신은 자신의 관할 현감 등이 파직된 경우, 조정에 요청해 자신의 조방장으로 삼아 그들의 능력을 활용했다.

118 　정걸丁傑(1514~1597)은 고흥 출신으로 조선 중기의 무신이다. 1544년 무과에 급제했다. 1555년 을묘왜변 때 전라도 도순찰사 이준경의 막하에서 군관으로 달량포 전투에서 일본군을 격퇴했고, 1556년 남도포 만호, 1568년 선전관, 1569년 부안 현감, 온성 부사로 왜구와 여진족 토벌했다. 1572년 경상 우도 수사·경상 병사, 1575년 창원 부사, 1577년 전라 좌수사, 1579년 경상 좌수사, 1582년 장흥 부사, 1583년 전라 병사 등을 역임했다. 조선 수군의 주력 전선인 판옥선을 만들었고 화전·철령전 등의 무기도 개발했다. 왜구와 여진족과의 실전 경험이 풍부했고, 수군 경험도 많은 백전노장이다. 1591년에는 은퇴해 고향에 있던 정걸이 79세의 고령에도 불구하고 이순신의 조방장으로 활약했다. 임진왜란 때 첫 해전인 옥포해전부터 부산대첩까지 참전해 공을 세웠다. 1593년에는 충청 수사로 경기 수사 이빈과 함께 행주대첩에도 참전했다. 배에 화살을 싣고 달려가 권율의 행주대첩에 큰 기여를 하기도 했다. 1593년 6월, 이순신의 요청으로 다시 이순신을 도왔고, 12월에는 전라 방어사로 부임했다. 1595년 사직한 뒤 1597년 84세로 병사했다.

119 　황숙도(1540~?)는 황승헌黃承憲이다. 자는 숙도다. 1576년 식년 문과에 급제했다. 이순신과 같은 해에 무과에 급제했다. 『난중일기』에 삼가 현감으로 1594년 한산도 무과시험 참시관으로 참석한 고상안도 황승헌과 함께 합격했다. 능성은 전라남도 화순군 능주면을 중심으로 하는 옛 행정 구역이다.

120 　배수립은 당시 홍양 현감이었던 배흥립의 동생이다.

121 　삼반하인은 지방 관아에 딸린 아전·군교軍校·관노官奴·사령使令의 총칭이다.

122 　녹도는 전남 고흥군 도양읍 봉암리 녹동이다.

이 갔다. 먼저 흥양 전선소戰船所(전선을 건조하는 곳)에 도착했다. 직접 배와 배에 필요한 물건들을 점검했다. 그대로 녹도로 갔다. 바로 봉우리 꼭대기 峯頭에 새로 건축한 문루門樓로 올라갔다. 경치는 관할하는 땅에서 최고구나. 만호萬戶(정운)[123] [124]가 온 정성을 다한盡心 것이 모든 곳에 있었다. 흥양 현감(배흥립)과 황 능성黃綾城(현령 황숙도), 만호(정운)와 취하도록 마셨다. 더불어 포砲[125]를 쏘는 것을 자세히 살펴보았다.[126] 한동안 촛불을 밝히고 있다

123　만호萬戶는 조선시대 각 도의 진에 딸린 종4품 무관직이다. 이순신은 36세인 1580년에 발포 만호에 임명되었다가 1581년 군기경차관 서익에 의해 파직되었다. 이순신은 또한 아버지의 3년상을 마친 42세 때인 1586년에는 함경도 조산보 만호 겸 녹둔도 둔전관에 임명되었다. 발포와 조산보는 모두 수군과 밀접한 곳이다. 특히 발포 만호직은 수군직이다.

124　정운鄭運(1543~1592)은 조선 중기의 무신이다. 유희춘이 해남에 머물던 시기에 쓴 『미암일기』 1571년 1월 5일에는 "새로 무과에 급제한 정운이 왔다 갔다"는 기록이 나온다. 웅천 현감, 제주 판관을 역임했다. 제주 판관 재임 중에 제주 목사와 불화로 파직되었다. 1591년, 류성룡의 천거로 녹도 만호가 되었다. 임진왜란이 일어나자 전라 좌수군 선봉장으로 옥포해전·당포해전·한산대첩 등의 여러 해전에서 큰 공을 세웠다. 1592년 9월 부산대첩에서 전사했다. 이순신은 그를 위해 직접 제문을 쓰고, 이대원 장군의 사당에 함께 배향할 수 있도록 조정에 요청했다.

125　당시의 대포로는 천자天字·지자地字·현자玄字·황자黃字총통이 있었고, 개인용 화기로는 승자勝字총통이 있었다. 천·지·현·황의 순서는 천자문 순서다.

임진왜란 당시 대형 화포

화포명	길이(cm)	구경(mm)	발사물(『화포식언해』)	사거리(보)	무게	이순신 장계(『請下納鐵公文兼賜硫黃狀, 1593년 윤11월 17일』)
천자	130~136	118~130	대장군전 1발, 조란탄 100발	900	300kg	
지자	89~89.5	105	장군전 1발, 조란탄 100발	800	100kg	150근(90kg)
현자	79~83.8	60~75	차대전 1발, 조란탄 100발	800, 1500	59kg	50여근(30kg)
황자	50.4	40	피령차중전 1발, 조란탄 40발	1100	53kg	
별황자	88.8~89.2	58~59	피령목전 1발, 조란탄 40발	1000		

이들 화포에 대장군전·장군전·차대전·피령목전·피령차중전 등 크고 작은 화살을 넣고 발사해 적선을 깨부수거나, 조란탄을 발사해 적선에 탄 적들을 살상했다.

126　류성룡이 쓴 「請軍人試才優等 及大砲能中者 論賞勸勵狀, 1597년 8월경」에 따르면, 류성룡이 경기도를 순시하면서 대포를 쏘는 것을 시험 보게 했는데, 당시에는 "서울과 지방에서 조총 쏘는 것만 익힐 뿐 대포를 쏘는 것을 익히지 않아 군기시의 파진군이 있어도 대포를 시험 삼아 쏠 때에 가슴이 두근거리고 간담이 졸아 단단히 쥐고 반드시 맞추겠다는 생각이 없어 소리의 위세는 웅장하나 적을 명중시키는 것은 어렵다. (…) 진 안의 포수들은 포루의 포혈에서 불랑기를 쏘게 했는데, 성 밖 산기슭 먼 곳에 방패를 세워놓고 명중하는지 보도록 했더니 잘 쏘는 사람이

가 파했다.

23일[5일, 갑인] 흐렸다. 늦게 배를 출발시켜 발포에 도착했다. 역풍이 크게 불었다. 배가 나아갈 수 없었다. 어렵게 성두城頭[127]에 도착했다. 배에서 내렸다. 말을 탔다. 비가 아주 많이 쏟아졌다. 모든 일행이 다 꽃비花雨에 젖었다. 발포[128]에 들어갔다. 해는 이미 저물었다.

24일[6일, 을묘] 가랑비가 온 산에 내렸다. 눈앞[129]도 분간할 수 없었다. 비를 무릅쓰고 길을 떠났다. 마북산馬北山[130] 아래 사량沙梁에 도착했다. 배를 타고 노질櫓을 재촉했다. 사도蛇渡[131]에 도착했더니, 흥양 현감(배흥립)도 이미 와 있었다. 전선을 점검하고 검열했다. 해가 저물어, 그대로 묵었다.

25일[7일, 병진] 흐렸다. 각 항목의 전쟁 준비에 탈頉[132] 난 곳이 많았다. 군관과 색리들의 죄를 처벌했다. 첨사僉使(김완)[133]는 잡아들였고, 교수敎授[134]는 내보냈다. 방어 준비가 5포[135] 중에서 최하였으나, 순사(순찰사 이광)가

없었다. 그들 중에서 3명이 명중시켰는데, 한 명은 한 번 쏠 때 철환 두 개를 쏘아 명중시켜 방패를 뚫고 나가며 다 부수었다. 사람들로 하여금 익히게 한다면 성을 지키는 데 도움이 적지 않을 것이다"라는 내용이 나온다.

127 성두는 특정 지명으로 보는 견해와 한자 뜻 그대로 '성의 머리' 부분으로 보는 견해가 있다.
128 발포는 전남 고흥군 도화면 발포리다.
129 '눈앞'의 원문은 '咫尺'이다. 24~33센티미터로 아주 가까운 거리를 뜻한다.
130 마북산은 전라남도 고흥군의 포두면 옥강리에 위치한 현재의 마복산馬伏山이다.
131 사도는 전남 고흥군 영남면 금사리 사도다.
132 탈은 이두 표현으로 '사고·핑계·까닭' 등의 뜻이다.
133 사도 첨사는 김완金浣(1546~1607)이다. 조선 중기의 무신이다. 1591년에 사도 첨사로 임명되었다. 옥포해전과 당포해전에서 우척후장, 한산대첩과 부산대첩에서는 척후장으로 전공을 세웠다. 1596년 2월 조도어사의 장계로 파면되었고, 3월에 이순신의 조방장으로 임명된 듯하다. 1597년 칠천량해전에서 조방장으로 참전했다가 일본군 포로가 되었다. 1598년 4월 탈출해 돌아왔다.
134 교수에 대해 다수의 번역본에서는 고을 수령을 보좌하고 지방 향교에서 학생을 가르치던 종6품 문관직으로 본다. 설의식은 "敎授(一種訓戒)"라고 직책이 아닌 훈계 형태로 보았다.
135 다섯 포는 방답·사도·발포·녹도·여도다.

"임금님께 상을 주어야 할 사람이라고 보고하는 글"¹³⁶을 올렸기에 죄를 조사할 수 없었다. 우스운 일이다. 역풍이 크게 불었다. 배를 출발시킬 수 없었다. 그대로 묵었다.

26일[8일, 정사] 이른 아침에 배를 출발했다. 개이도介伊島¹³⁷에 도착했더니, 여도 배와 방답의 마중 나온 배가 나와서 기다리고 있었다. 해가 저물어 방답에 도착했다. 공례公禮와 사례私禮¹³⁸를 마친 뒤, 군기물을 점검하고 검열했는데, 장전長과 편전은 쓸 만한 것이 한 부部¹³⁹도 없었다. 가슴만 탔다. 전선은 두 번째로 우수했다. 기쁘다.

27일[9일, 무외] 흐렸다. 아침에 점검을 마쳤다. 점심을 먹은 뒤, 북봉北峰¹⁴⁰에 올랐다. 형세를 자세히 살피고 둘러보았더니, 외롭고 위태롭게 단절된 섬이다. 모든 방향에서 적을 맞을 수 있었다孤危絕島 四面受敵. 성과 못池(해자) 또한 아주 엉망이었다. 걱정이다. 걱정이다. 첨사(방답 첨사 이순신)가 온

---

136 "임금님께 상을 주어야 할 사람이라고 보고하는 글褒啓"은 관찰사·어사가 고을 수령의 선정善政을 왕에게 보고한 문서다.

137 "개이도"를 『편수회본』에서는 "추도楸島"로 주석했다.

138 '공례와 사례'의 원문은 '公私禮'이다. 조선시대에 관리들이 서로 만날 때 하는 공식적인 인사인 공례와 사적인 인사인 사례를 말한다. 『경국대전』에 따르면, 공례는 공복 차림으로 최상급 관리는 북쪽, 그다음 직급에 따라 동쪽, 서쪽 순서로 자리를 정하고 앉는 것으로 시작한다. 이후 품계가 낮은 사람이 높은 사람에게 나아가 두 번 절하고 상급자는 맞절을 하지 않는다. 유희춘의 『미암일기』 1568년 8월 16일, 1571년 7월 23일, 1574년 7월 18일, 1574년 8월 13일을 종합해보면, 공례公禮는 관료들이 공복公服을 입고 아랫사람이 윗사람에게 절을 두 번 하는 것이고, 사례는 평상복(사복)으로 갈아입고 읍揖을 하는 것이다.

139 '부'는 장전과 편전 같은 화살을 세는 단위다. 류성룡의 「大同等江氷合 軍糧輸入安州 及弓矢加出途狀」(1592년 11월)에 나온 단위를 보면, 활은 "장張", 장전과 편전은 "부"로 나온다. 또한 국립중앙도서관이 2014년 7월 공개한 함경도 길주목의 해유문서를 공개하면서, "무기를 세는 단위도 포탄은 개介로, 조총과 칼, 창은 병柄(자루)으로, 화살의 경우 짧은 화살은 부로, 긴 화살은 개로, 활은 장으로 부르는 등 매우 다양한 단위의 명칭이 있었음을 알 수 있다"고 했다(한겨레, 「조선 정조 때 북방 군사기지 '업무 인수인계' 고문서 공개」, 2014. 7. 21).

140 북봉은 방답진 봉수(현 여수시 돌산읍 둔전리 봉수마을 뒤 봉화산)로 추정된다.

정성을 다했으나盡心, 시설이 미치지 못했다. 어찌하랴. 어찌하랴. 늦게 배를 탔다. 경도京島에 도착했다. 여필汝弼(동생 이우신)과 이립而立(조이립), 군관과 우후(이몽구)가 술을 싣고 나와 맞이했다. 함께 즐겼다. 해가 저물어, 관아衙로 돌아왔다.

28일[10일. 기미] 흐렸으나 비는 내리지 않았다. 동헌으로 나갔다. 공무를 처리한 뒤, 훈련용 화살을 쏘았다.

29일[11일. 경신] 맑았으나 큰 바람이 불었다. 동헌으로 나갔다. 공무를 처리했다. 순사(순찰사 이광)의 공문이 왔는데, "중위장141을 순천 부사(권준)로 바꾸어 정했다"고 했다. 한숨이 났다.

◎ 1592년 3월: 『이충무공전서』

3월 1일[양력 4월 12일. 신유] 망궐례를 했다. 식사를 한 뒤, 별군別軍142과 정병正兵143을 점검했다. 복무가 끝난 군사들下番軍은 점검하고 풀어주었다. 공무를 처리한 뒤, 훈련용 화살 10순을 쏘았다.

---

141 중위장은 문종 때 만든 군사제도인 오위五衛 중 하나인 중위를 지휘하는 장수다. 국가 전체의 오위는 전위前衛(충좌위, 전라도 관할), 후위後衛(충무위, 함경도 관할), 중위中衛(의흥위, 경기·충청·강원·황해 관할), 좌위左衛(용양위, 경상도 관할), 우위右衛(호분위, 평안도 관할)로 구성된다. 『경국대전』에 따르면 전위인 충좌위도 다시 5부로 나뉘는데, 수도 남부 및 전라도 전주 진관의 군사는 중부, 순천 진관은 좌부, 나주 진관은 우부, 장흥·제주 진관은 전부, 남원 진관은 후부를 이룬다. 이에 따르면, 순천 부사는 좌부에 소속되어야 한다. 이순신이 한숨을 쉰 것은 순천 부사 권준이 육군으로 차출되었기에 중위장 권준의 빈자리에 대한 부담 때문이다.
142 별군은 최초에는 1404년(태종 4) 함경도 출신 군사를 우대하기 위하여 설치한 병종兵種으로 군기시軍器寺에 소속되어 화포를 주특기로 하는 부대였다. 그러나 1445년(세종 27) 화포 부대인 총통위銃筒衛가 설치되면서 각종 잡역에 동원되는 부대가 되었다.
143 정병은 조선의 정규군으로 일반 양인 농민이 의무병으로 복무했다. 서울로 올라가 일정 기간 의무 복무를 하는 번상정병番上正兵과 출신 지역의 군사상 중요한 진에 배치되어 복무하는 유방정병留防正兵으로 크게 구분된다.

2일[13일, 임술] 흐렸고 바람도 불었다. 나라 제삿날[144]이라 좌기하지 않았다. 승군僧軍[145] 100명이 돌을 모았다.

3일[14일, 계해] 저녁까지 비가 계속 내렸다. 이날은 삼짇날[146]이다. 그런데도 비가 이렇게 내린다면, 답청踏靑(들풀을 밟고 걷는 풍습)을 할 수 없을 것이다. 조이립과 우후(이몽구), 군관 무리와 동헌에서 함께 이야기하며 술잔을 나눴다.

4일[15일, 갑자] 맑았다. 아침에 조이립의 이별 잔치를 했다. 객사로 나갔다. 대청大廳[147] 가운데에서 공무를 처리한 뒤, 서문의 해갱垓坑(해자)과 성을 추가로 쌓는 곳을 돌아보았다. 승군의 돌 모으는 것이 부실했기에, 승려 우두머리首僧(수승)를 장에 처했다.[148] 아산으로 (어머니 등의) 안부를 여쭈기 위해 갔던 나장羅將[149]이 들어왔다. 들으니, 어머님께서 평안하셨다. 다행이

---

144 중종의 첫째 계비, 장경왕후 윤씨 제삿날이다.

145 임진왜란 당시 이순신 장군 휘하에 육지의 승려 의병과 구별되는 수군 승병이 있었다. 이 수군 승병 조직은 임진왜란 후 200여 년 동안 존속했다. 여수 흥국사는 임진왜란 때 이순신의 요청으로 수군으로 참전해 웅천해전 등에서 돌격대로 활약했던 자운慈雲 스님이 주석했다. 오희문의 『쇄미록』에는 임진왜란 발발 전에 승병을 동원해 성을 쌓고 해자를 파는 모습이 나온다.

146 원문은 "佳節"로 명절과 같다. 이날의 명절은 삼짇날(음력 3월 3일)이다. 이날에는 들에 나가 꽃놀이를 하고 새로 난 풀을 밟으며 봄을 즐기기 때문에 답청절踏靑節이라고도 한다. 각종 민속놀이를 하고, 다양한 음식을 만들어 먹기도 했다. 이문건의 『묵재일기』 1537년 3월 3일에는 화전花煎과 송편이 나온다. 조응록의 『죽계일기』 1605년 3월 3일에는 서쪽 언덕에서 답청을 했다는 내용이 나온다.

147 대청은 서윤영의 『집宇 집宙』에 따르면, 난방이 되지 않는 '마루'를 뜻하기도 하지만, 공적인 일과 행사를 하는 지배 공간 내지는 행정 기관을 뜻한다. 지금도 시청·도청·군청·병무청 등과 같은 관청 명칭에 '청廳'을 사용하는 것이 그것이다(서윤영, 『집宇 집宙』, 궁리출판, 2005, 157~161쪽). 『난중일기』의 대청은 관아 동헌의 사무 공간인 대청을 말한다.

148 승군이 평상시에도 각종 부역에 동원된 모습은 유희춘의 『미암일기』에도 나온다. 1576년 5월 10일에는 영암 수령이 승군을 보내 유희춘 첩 집의 기와를 굽게 해주겠다고 하는 내용이 나온다.

149 이 나장은 2월 14일 전라 좌수영을 출발해 아산에 다녀온 것이다.

다. 다행이다.

　　5일[16일. 을축] 맑았다. 동헌으로 나갔다 공무를 처리했다. 군관 등은 훈련용 화살을 쏘았다. 해 질 무렵 서울[150]로 올라갔던 진무가 들어왔다. 좌의정左台(류성룡)[151]이 편지와 『증손전수방략增損戰守方略』[152]이라는 책을 보내왔다. 읽었더니, 바다 싸움과 육지 싸움, 불로 공격하는 것 등의 일을 하나하나 논의했다. 진실로 세상 그 무엇에도 비교할 수 없을 만큼 탁월한 이론이구나.

150　서울의 원문은 '京'이다. 『난중일기』와 이순신의 장계에서는 서울을 '京·京城·京都·京師·京洛·王城·漢陽'으로도 썼다. 대부분 '京' 혹은 '京城'으로 썼다. 서울을 둘러싼 경기도는 '畿甸·京畿로 썼다.

151　류성룡柳成龍(1542~1607)은 조선 중기의 문신이다. 호는 서애西厓, 시호는 문충文忠이다. 25세에 별시 문과에 급제한 후 승진하기 시작해, 1588년(47세)에는 대제학, 1589년 대사헌·병조 판서, 1590년(49세) 우의정 겸 이조 판서·좌의정 겸 이조 판서, 1592년 영의정, 1593년 도체찰사 등으로 전쟁 시기의 조정을 총괄했다. 1598년 11월 19일 이순신이 전사한 날 파직되었고, 12월 5일 삭탈관직당했다. 1600년에 복권되었으나, 안동 하회에서 은거했다. 임진왜란의 전말을 기록한 『징비록』 등을 남겼다. 1591년 정읍 현감 이순신을 전라 좌수사, 형조 정랑 권율을 의주 목사로 천거했다. 전쟁 중에는 민심 안정과 재원 확보를 위해 둔전 개발, 염전 개발, 중강진 시장 개설 등을 추진했다. 이순신이 전쟁 전에 읽고 감탄했던 『증손전수방략』은 류성룡이 편집해 이순신에게 전해준 책이다. 또한 『난중일기』에 기록한 메모 중의 하나는 류성룡이 1585년 왕명으로 편찬한 중국 송나라의 명장 악비의 전기인 『정충록』 발문跋文의 일부이기도 하다. 류성룡의 가장 큰 공헌은 정조도 언급했듯 이순신과 권율을 알아보고 추천한 것이다. 이순신과 류성룡이 만난 시점에 대한 기록은 확실한 것이 없다. 관련된 기록으로는 류성룡 자신과 관련 기록인 『징비록』과 『선조실록』의 기록, 이순신의 조카 이분의 『이충무공행록』, 『홍길동전』을 지은 허균의 기록 등이 있으나 시점은 불분명하다. 허균에 따르면 허균의 친가가 건천동에 있었는데, 건천동의 인물로 당대에는 류성룡, 자신의 형인 허봉, 이순신, 원균을 들고 있다. 이순신의 사위인 홍비의 아버지, 홍가신(1541~1615)도 류성룡과 친구다.

152　『증손전수방략』은 병법서다. 류성룡의 『서애집』에 나오는 「전수기의십조(전투하고 지키는 중요한 업무 10가지)」에 따르면, 1591년 여름에 선조가 「전수도」를 비변사에 내려 보냈고, 류성룡이 내용을 늘리거나 줄여서 만든 책이다. 또한 류성룡의 「進軍國機務十條」(1594년 겨울)에는 「전수도」를 20조목으로 만들었다는 내용이 나오는데, 당시 선조에게 보고를 하지 못했고, 전쟁이 일어난 뒤에는 분실했다고 한다. 이순신이 류성룡에게 받은 『증손전수방략』은 류성룡이 「전수도」를 처음 정리한 20조목의 책으로 보인다.

6일[17일, 병인] 맑았다. 아침을 먹은 뒤, 나가 좌기했다. 군기물을 하나하나 확인하고 점검했다. 활과 갑옷, 두무兜鍪(투구)와 용아甬兒(화살통), 환도[153]는 깨지고 훼손된 물건이 많이 있었다. 제 모양을 갖추지 못한 놈도 아주 많았다. 색리와 궁장弓匠,[154] 감고監考[155] 등의 죄를 따졌다.

7일[18일, 정묘] 맑았다. 동헌으로 나갔다. 공무를 처리했다. 훈련용 화살을 쏘았다.

8일[19일, 무진][156] 비가 내내 계속 내렸다.

9일[20일, 기사] 비가 내내 계속 내렸다. 동헌으로 나갔다. 공무를 처리했다.

10일[21일, 경오] 맑았으나 바람이 불었다. 동헌으로 나갔다. 공무를 처리한 뒤, 훈련용 화살을 쏘았다.

11일[22일, 신미] 맑았다.

12일[23일, 임신] 맑았다. 식사를 한 뒤 나갔다. 배 위로 갔다. 경강선京江

---

153 환도는 검의 한 종류다. 조선시대 검은 일반적으로 도刀와 검劍으로 구분된다. 도는 날이 한쪽에만 있어 주로 베는 것을 하고, 검은 날이 양쪽에 있으며 찌르는 것을 주로 하는 칼이다. 『경국대전』에 따르면, 칼을 만드는 장인刀子匠은 상의원에 6명이 소속되어 있다. 지방관청에는 칼을 만드는 장인은 없었다.

154 궁장은 활과 화살을 만드는 장인이다. 『난중일기』에는 궁장 혹은 궁전장弓箭匠이라고도 나온다. 『경국대전』에 따르면, 중앙관청에는 군기시에 활을 만드는 궁장 90명, 화살을 만드는 시인 矢人 150명이 있고, 상의원에는 각각 18명과 21명이 있었다. 지방관청에도 궁장과 시인이 있었다. 오늘날은 활을 만드는 궁장과 화살을 만드는 시장矢匠으로 나뉘어 국가무형문화재 47호로 지정되어 있다.

155 감고는 봉수대에 배치해 봉수군의 근무 상황과 봉수대를 감독하는 임무를 맡은 하급 관리 혹은 각 관청에서 금·은, 곡식 출납이나 물품을 보살피며 잡무도 맡아보는 사람이다. 이순신의 장계 속 사례로 보면, 『난중일기』 속 감고는 봉수를 감독하는 관원으로 보인다.

156 이순신의 생일이다. 『난중일기』에는 이순신이 자신의 생일이라고 명시한 사례는 없다. 다만 1593년과 1596년의 3월 8일자에는 이순신의 생일 기념으로 부하 장수들이 음식을 가져온 듯한 모습이 나온다.

船[157]을 점검했다. 배를 탔다. 소포召浦로 나아갔을 때, 동풍이 크게 불었다. 격군格[158]이 없었기에 되돌아왔다. 바로 동헌에 좌기했다. 훈련용 화살 10순을 쏘았다.

13일[24일. 계유] 아침에 흐렸다. 순사(순찰사 이광)의 편지가 왔다.

14일[25일. 갑술] 큰비가 내내 내렸다. 이른 아침에 순사(순찰사 이광)와 서로 만날 일로 순천에 갔다.[159] 비가 크게 내렸다. 가는 길을 구별할 수 없었다. 선생원에 간신히 도착했다. 말에게 여물을 먹이고,[160] 가서 해농창평海農倉坪에 도착했다. 길에는 물 깊이가 거의 3자(주척 기준 63.1센티미터)[161]나 되는 곳도 있었다. 길이 엉망이었다.[162] 부府(순천부)에 도착했다. 저녁에 순사(순찰

---

157 '경강선'에 대해서는 두 가지 번역이 있다. 첫째는 경강을 『옛편지 낱말사전』(하영휘 외 엮음. 돌베개, 2011, 55쪽)처럼 "서울 뚝섬에서 양화도 사이의 한강"으로 보고 서울 한강에 근거를 두고 각 지방을 왕래하는 배로 보는 경우, 둘째는 경강을 노기욱의 『이순신의 조선수군재건과 남도해상 진출 양상』(21쪽)처럼 "전남 여수시 봉산동"으로 보는 경우다. 첫째는 "경강선을 점검했다"로 번역되고, 둘째는 "경강에서 배를 점검했다"로 번역된다. 어느 것인지 정확히 알 수 없다. 첫째 설이 다수이기에 다수설을 취했다.

158 격군軍은 배의 노를 젓거나, 얕은 곳에서는 삿대질을 하거나 돛을 펴는 일 등을 하는 군사다. '결군'을 한자음으로 쓴 것이 격군이다.

159 이순신은 이날 14일 순천에 갔다가 17일에 좌수영으로 돌아왔다.

160 "말에게 여물을 먹이다秣馬"를 홍기문은 "점심참을 지나고"라고 번역했다. 그러나 이는 "말에게 여물·꼴을 먹이다"이다. 이탁영의 『정만록』 1592년 5월 17일에도 "계수역에서 말에게 여물을 먹였다", 오희문의 『쇄미록』 「임진남행일록」에서도 "말에게 여물을 먹였다"로 나온다. 박취문의 『부북일기』 1645년 1월 5일에 따르면, 말 먹이로 "조租 1두, 콩太 1두, 죽좁쌀粥小米 5승을 주었다"는 기록이 나온다.

161 조선시대의 자로는 주척·포백척·영조척이 있다. 용도에 따라 사용하는 자가 달랐다. 주척周尺은 거리·토지·활터, 포백척布帛尺은 옷감이나 성 건축(『성종실록』), 영조척은 배 건조(『명종실록』)에 사용했다. 『경국대전』 시의 주척 1척은 21.04센티미터, 영조척 1척은 31.5센티미터, 포백척 1척은 약 46센티미터라고 한다. 이로 보면 "석 자"는 주척 63.1센티미터, 영조척 94.5센티미터, 포백척 138센티미터이다. 거리 개념이 있는 상황에서 보면 주척으로 석 자인 듯하다.

162 『경국대전』의 도로 규격은 대로는 56자, 중로는 16자, 소로는 11자이고, 도로 양측의 배수로 폭은 각각 2자였다. 주척 21.04센티미터 기준으로 환산해보면 각각 11.78미터, 3.37미터, 2.32미터가 된다.

사)와 해결하기 어려운 일에 대해 이야기했다.

15일[26일, 을해] 흐렸고 가랑비가 내렸다. 늦게 그쳤다. 수루163 위에 앉았다. 훈련용 화살을 쏘았다. 군관 등은 편을 나누어 쏘았다.

16일[27일, 병자] 맑았다. 순천 부사(권준)가 환선정喚仙亭164에 술자리를 만들었다. 더불어 훈련용 화살을 쏘았다.

17일[28일, 정축] 맑았다. 새벽에 순사(순찰사)에게 보고하고 돌아왔다.165 선생원에 도착했다. 말에게 여물을 먹인 뒤, 영營(전라 좌수영)으로 돌아왔다.

18일[29일, 무인] 맑았다. 동헌으로 나갔다. 공무를 처리했다.

19일[30일, 기묘] 맑았다. 동헌으로 나갔다. 공무를 처리했다.

20일[5월 1일, 경진] 비가 크게 쏟아졌다. 늦게 동헌으로 나갔다. 공무를 처리했다. 각 방房166이 물건 출납 현황을 보고했다會計.167 순천 부사(권준)가 수색·토벌하는 것을 기한에 미치지 못했기에, 대장代將168 및 색리, 도훈도

---

163 누樓는 수루·누각이다. 이상배의 『서울의 누정』에 따르면, 사방을 바라볼 수 있도록 마룻바닥을 땅에서 한층 높게 지은 다락 형태의 집인 누각은 누관樓觀, 대각臺閣, 누대樓臺라고도 부른다(이상배, 『서울의 누정』, 서울시시사편찬위원회, 2012, 16쪽). 신영훈은 『증보 한옥의 정심』에서 규모에 따라 단간인 것을 정亭이라고 하고, 여러 간인 대규모의 경우를 누라고 정의했다(신영훈, 『증보 한옥의 정심』, 광우당, 1985, 89쪽).

164 환선정은 순천시 동외동 동천변에 있었다. 정유재란 때 소실되었다가 1614년 유순익이 중건했고, 1962년 8월 수재로 인해 유실되었다. 현재 순천시 조곡동 278-25번지 죽도봉 공원 내에 있는 국궁장은 환선정의 이름을 딴 것이다.

165 "보고하고 돌아왔다"의 원문 '告歸'는 한자 자체로는 '알리고(보고하고) 돌아가거나 온 것'이란 뜻이고, 고전 용어로는 "관료가 임금에게 고하고 고향으로 돌아가거나, 휴가를 얻어 자신의 집으로 돌아가는 것을 뜻"한다. 이순신은 14일에 순천에 갔다가 이날 17일에 좌수영으로 돌아왔다. 이 번역에서는 앞뒤 정황을 살펴 그에 맞추어 번역했다.

166 방은 수령을 보좌하던 행정 부서로 이방吏房·호방戶房·예방禮房·병방兵房·형방刑房·공방工房이 있다.

167 "물건 출납 현황을 보고했다"의 원문 '會計'는 『경국대전』에 따르면 물건의 출납을 정리해 보고하는 것이다. 중앙의 경우는 1·4·7·10월에, 지방에서는 연말에 임금에게 보고했다.

168 대장은 '대리代理 혹은 대신 출전한 장수'다.

都訓導[169] 등에게 이유를 추궁했다. 사도 첨사(김완)도 기한을 정해 모일 일을 공문으로 보냈는데도, "홀로 수색·토벌하고, 또한 반나절 안에 내·외나로도內外羅老島와 대·소평두大小平斗를 수색·토벌하고, 같은 날 포로 돌아왔다"고 했다. 일이 아주 거짓된 것이다. 이를 자세히 따지고 살필 일로 흥양현감(배흥립)과 사도 첨사(김완)에게 공문을 보냈다.[170] 몸이 아주 불편해 일찍 들어왔다.

21일[2일, 신사] 맑았다. 몸이 불편했다. 아침 내내 누워 앓았다. 늦게 동헌으로 나갔다. 공무를 처리했다.

22일[3일, 임오] 맑았다. 성 북봉 아래에 수거水渠(물길)를 파내는 일로 우후(이몽구)와 군관 10인을 나누어 보냈다. 식사를 한 뒤, 동헌으로 나갔다. 공무를 처리했다.

23일[4일, 계미] 아침에는 흐렸고 늦게 맑아졌다. 식사를 한 뒤, 동헌에서 공무를 처리했다. 보성寶城 군수(김득광)[171]가 판자를 제때에 실어다 바치지

---

169 도훈도는 각 군영에 소속된 하급 군인 중 선임병 혹은 지방 향리로 군무를 담당하는 장이다. 김성일의 『학봉속집』 「傳令列邑將領等」에 따르면, "지금 이후로는 통장統將·도훈도·영장領將의 명단을 작성해서 보고하되, 10명의 군사 가운데에서 도망치는 자가 있을 경우에는 통장을 참수하고, 통장 가운데에서 도망치는 자가 있을 경우에는 도훈도를 참수하며, 전군全軍이 모두 도망칠 경우에는 영장을 참수하라"는 내용이 나온다. 『난중일기』에서는 두 가지 사례 모두가 사용된 듯하다.

170 수색·토벌을 했던 이유는 왜구 때문으로 보인다. 유희춘의 『미암일기』 1571년 3월 17일에는 2월 27일 순천의 포작이 해산물 채취를 위해 바다로 나갔다가 금오도에 정박했다가 왜인들이 공격했다는 기록이 나온다. 1576년 4월 10일에는 포작이 해산물을 채취하기 위해 추자도에 갔다가 왜구를 만나 남녀 10여 명이 사로잡혔다는 내용이 나온다. 1576년 4월 21일에는 사위 윤관중이 사슴 사냥을 위해 섬에 들어갔다가 왜구에게 쫓겨 급히 도망쳤다는 내용도 나온다. 왜구가 나타나는 시기에 대해 『성종실록』 성종 21년(1490) 12월 13일에서는, 왜적이 동풍을 이용해 매년 봄에 왔다가 5월 그믐에 들어가며, 8월에 왔다가 10월 그믐에 들어간다고 했다. 같은 내용이 『연산군일기』·『중종실록』에도 나온다. 전라도 지역에 왜구가 빈번히 출몰했던 듯하다.

171 당시 보성 군수는 김득광金得光(?~1606)이다. 1592년 보성 군수로 옥포해전에서는 우부장

않았다. 색리에게 다시 공문을 보내發關 찾아내 붙잡아오게 했다.[172] 순천 부사(권준)가 소국진蘇國進[173]을 붙잡아 보냈다. 장 80에 처했다. 순사(순찰사 이광)가 편지를 보냈다. 말하기를, "발포 권관은 군사를 이끌 인재로 적합하지 않으니 처리하라"고 했기에, "잠시라도 해직시켜 교체하지 말고, 그대로 남겨 방어 준비 일을 하게 해달라"고 답장을 보냈다.

24일[5일. 갑신] 나라 제삿날[174]이라 좌기하지 않았다. 우후(이몽구)가 수색·토벌했는데 무사히 돌아왔다. 순사(순찰사 이광)와 도사都事[175]의 답장 편지를 송희립[176]이 함께 갖고 왔다. 순사(이광)의 편지 중에, "영남嶺南 방백(경상 우도

으로 참전했다. 『선조실록』 선조 30년(1597) 1월 27일에 따르면, 원균에 의해 이순신의 다섯 아들의 한 명으로 평가를 받았을 만큼 이순신의 최측근이다. 오희문의 『쇄미록』 1592년 8월 25일 기록에 따르면, "순창 군수는 김예국인데 서울 출신이고, 보성 군수는 김득광인데 연안延安 출신이다. 그들은 다만 강직해 젊었을 때는 일마다 뜻대로 되지 않았다. 다른 사람 아래에 있어도 윗사람이 사랑해주지 않았다. (…) 지금 보성 군수가 복병하고 있는 용담 송현은 근처에 있다"는 기록이 있고, 또한 같은 해 8월 26일 기록에는 김득광이 일본군과 내통해 조선군과 의병들에게 큰 피해를 입힌 성택이란 매국 승려를 사로잡았다는 기록도 나온다. 그러면서 오희문은 김득광의 공로에 대해 "사람들이 왜적 30명을 죽여도 이 중 하나를 죽이는 것만 못하다고 했다. 유쾌한 일이다"라고 기록했다. 조응록의 『죽계일기』 1604년 7월 18일에는 삭주 부사로 임명된 것으로 나온다.

172 "공문을 보냈다發關"는 한국고전용어사전에 따르면, 상관上官이 하관下官에게 관문關文을 보낸다는 용어다.

173 소국진은 1596년 윤8월 26일에는 한자가 동일하게 나오나, 1596년 3월 12일에는 소국진蘇國秦으로 '진'자가 다르다. 소국진이 등장하는 일기를 보면, 이순신 막하에서 이순신을 도왔던 전라 좌수영 영리로 보인다. 「선무원종공신녹권」에서는 면역免役 소국진으로 나오고, 선무원종공신 2등이다.

174 세종의 왕비, 소헌왕후 심씨의 제삿날이다.

175 도사는 조선시대에 주로 관리의 감찰과 규탄을 맡아보는 종5품의 관직이다.

176 송희립(1553~?)은 전남 고흥 출신, 조선 중기의 무신이다. 1583년에 무과 급제했다. 임진왜란이 일어나자 녹도 만호 정운의 군관으로서 경상도 지원군 파견을 강력히 주장했고, 형 송대립, 동생 송정립과 함께 이순신의 막하에서 활약했다. 친척인 송두남도 이순신 막하에서 활약했다. 송희립은 1598년 노량해전에서 적에게 포위된 명나라의 제독 진린을 구출했고, 이순신이 노량에서 전사했을 때, 큰아들 이회와 조카 이완이 소리 내어 울자 송희립이 곡을 못 하게 하고 이순신의 갑옷과 투구를 벗겨 자신이 입고 전투를 독려했다. 1611년 전라 좌도 수군절도사에 임명되었

순찰사 김수)[177] [178]의 편지가 왔는데 말하기를, '도주島主(대마도주 소 요시토시)의 서계書契[179]에 '일찍이 배 1척을 내보냈으나, 만약 귀국貴國(조선)에 도착하지 않았다면, 반드시 바람 때문에 부서졌기 때문입니다'라고 했습니다. 그 말은 아주 흉악한 거짓입니다. 동래東萊에서 서로 바라볼 수 있는 바다에서 이 같은 일이 일어날 까닭이 없습니다. 그런데도 이처럼 말을 지어내고 있습니다. 그들의 간사한 꾀를 헤아리기 어렵습니다"라고 했다.

25일[6일, 을유] 맑았으나 큰 바람이 불었다. 동헌으로 나갔다. 공무를 처리한 뒤, 훈련용 화살 10순을 쏘았다. "경상慶尙 병사(조대곤)[180]가 평산포平山浦에 도착하지 않고, 바로 남해南海로 향했다"고 했다. 나는 "서로 얼굴을 뵐수 없어 한恨입니다"라는 뜻의 답장을 보냈다. 새로 쌓은 성을 돌아보았는데, 남쪽 편이 9발(9제곱미터)쯤 무너졌다.

26일[7일, 병술] 맑았다. 우후(이몽구)와 송희립이 남해로 갔다. 늦게 동헌으로 나갔다. 공무를 처리한 뒤, 훈련용 화살 15순을 쏘았다.

다. 『선무원종공신녹권』에서는 정正으로 선무원종공신 1등이다.

177　방백은 순찰사·관찰사의 옛 호칭이다. 감사라고도 부른다. 문관 종2품으로 도의 최고 책임자다. 민정·군정·재정·형정 등을 총괄했다. 소관 관료들인 부사·부윤·목사·군수·현감 등을 지휘 통솔했다. 『난중일기』에서는 순찰사·순사巡使로도 나온다.

178　김수金睟(1547~1615)는 조선 중기의 문신이다. 1573년 문과 알성시에 급제했다. 1583년 여진족이 침해 경원부가 함락되자 이조 정랑으로 도순찰사 정언신의 종사관이 되었다. 1591년 경상도 관찰사에 임명되었다. 1592년 8월 한성판윤·지중추부사·우참찬 등을 역임했다. 1596년 호조 판서로 전라도와 충청도에서 명나라 군대의 군량 확보에 노력했다.

179　서계는 조선의 예조과 일본의 막부를 대신한 대마도주가 주고받던 공식 외교문서 형식이다.

180　이탁영의 『정만록』을 보면, 경상 병사는 경상 우병사 조대곤 혹은 관찰사로 병마절도사를 겸임했던 김수다. 『난중일기』의 다른 일기를 보면 김수의 경우는 영남 방백으로 나온다. 이로 보면 경상 병사는 조대곤일 가능성이 높다. 정경달의 『반곡유고』 1592년 4월 15일에는 "양사兩使(경상 관찰사 김수와 경상 우병사 조대곤)와 같이 공무를 보았다", 1592년 4월 17일에는 "신임 병사 김성일이 뜻하지 않게 달려와서 군대의 이동이 빠르지 않으면, 잡아들이라고 엄히 명령했다"는 내용이 나온다. 이를 봐도 이 시기의 경상 병사는 조대곤으로 보인다.

27일[8일, 정해] 맑았고 바람도 없었다. 일찍 식사를 한 뒤, 배를 탔다. 소포에 도착했다. 쇠사슬을 가로로 설치하는 것을 감독했다. 내내 나무 기둥을 세우는 것을 자세히 살펴보았다. 더불어 거북선에서 포를 쏘는 것을 시험했다.

28일[9일, 무자] 맑았다. 동헌으로 나갔다. 공무를 처리했다. 훈련용 화살 10순을 쏘았더니, 5순은 연달아 명중했고, 2순은 네 번 명중했고, 3순은 세 번 명중했다.[181]

29일[10일, 기축] 맑았다. 나라 제삿날[182]이라 좌기하지 않았다. 아산으로 안부를 여쭙게 보냈던 나장이 돌아왔다. 들으니, 어머님께서 평안하셨다. 다행이다. 다행이다.

◎ 1592년 4월: 『이충무공전서』

4월 1일[양력 5월 11일, 경인] 흐렸다. 새벽에 망궐례를 했다. 공무를 처리한 뒤, 훈련용 화살 15순을 쏘았다. 별조방別助防을 점검하고 검열했다.

2일[12일, 신묘] 맑았다. 식사를 한 뒤, 몸이 아주 불편했다. 점점 더 아팠다. 밤새 끙끙 앓았다.

3일[13일, 임진] 맑았다. 몸과 마음이 모두 어지러웠다. 밤새 고통스러웠다.

4일[14일, 계사] 맑았다. 아침에야 점차 가라앉기 시작한 듯했다.

5일[15일, 갑오] 맑았다. 늦게 이슬비가 내렸다. 동헌으로 나갔다. 공무를 처리했다.

181 이날의 이순신의 활 성적을 보면, 총 50발 중 42발을 명중시켰다. 80.4퍼센트의 명중률이다. 유희춘의 『미암일기』 1574년 11월 24일에는 선조가 활쏘기를 즐기고, 50발을 쏘면 45발을 명중시킨다며 무예가 아주 뛰어나다고 감탄하는 모습이 나온다.
182 세조의 왕비, 정희왕후 윤씨의 제삿날이다.

6일[16일, 을미] 맑았다. 진해루鎭海樓[183]로 나갔다. 공무를 처리한 뒤, 군관을 시켜 훈련용 화살을 쏘게 했다. 동생 여필의 이별 잔치를 했다.

7일[17일, 병신] 나라 제삿날[184]이라 좌기하지 않았다. 오전 10시[185]에 비변사備邊司[186]에서 보낸 비밀 공문이 도착했다. 영남 방백(경상 우도 순찰사 김수)과 우병사右兵使(조대곤)[187]가 「임금님께 글을 올려 보고啓聞」한 것에 근거한 공문이구나.

8일[18일, 정유][188] 흐렸으나 비는 내리지 않았다. 아침에 어머님께 보낼 물건을 봉했다. 늦게 여필汝弼(동생 이우신)이 떠나갔다. 홀로 나그네가 잠시 머무는 집에 앉아 있었다. 가슴에 품은 생각이 만 갈래나 되는구나獨坐客窓 懷思萬端也.

9일[19일, 무술] 아침부터 흐렸다. 늦게 맑아졌다. 동헌으로 나갔다. 공무를

183 진해루는 1599년 정유재란 때 불탔고, 그 자리에 전라 좌수사 이시언이 진남관을 건립했으나 1716년 화재로 불탔고, 1718년에 다시 건립되었다. 진남루는 2001년 국보 제304호로 지정되었다.
184 중종의 둘째 계비, 문정왕후 윤씨의 제삿날이다.
185 이문건의 『묵재일기』를 보면, 이 시기의 시계로는 일영구日影具(해시계의 일종)가 사용되었다.
186 비변사는 조선 중·후기에 법제상 조선왕조의 최고 정무기관이었던 의정부議政府를 대신해 국정 전반을 총괄한 실질적인 최고 관청이다. 성종 때 이후 왜구와 여진의 침입이 끊이지 않자 대책 기구로 비변사가 등장했다. 1555년 을묘왜변이 발생하자 의정부의 3정승 이하 중요 고위관료들을 망라해 구성한 상설기관이다. 변방의 군사 문제를 주관했고, 1592년 임진왜란이 일어나자 국난을 수습, 타개하기 위해 비변사를 전쟁 수행을 위한 최고 기관으로 확대·강화했다.
187 설의식은 우병사를 김성일로 보았다. 그러나 이 시기는 교체 직전이었기에 조대곤일 가능성이 높다. 정경달의 『반곡유고』 1592년 4월 17일에는 정경달이 "신임 병사新兵使 김성일"을 만난 내용이 나오고, 4월 18일에는 "들으니, 신임 병사(김성일)는 초계로 향했다. 우병사(조대곤)은 김해의 노현에 있었다"는 내용이 나온다. 1588년 1월, 여진족 토벌 작전인 시전부락 전투 상황을 그린 「장양공정토시전부호도」에는 조대곤이 "조전장 급제"로 나온다. 당시 이순신은 우위에서 우화열장으로 참전했다.
188 석가탄신일이다. 등불놀이觀燈 풍속이 있다. 『난중일기』에도 등불놀이를 한 기록이 있다.

처리했다. 방응원方應元[189]의 도방공문到防公事[190]을 작성해 수결을 하고 관인官印을 찍어 보냈다. 군관 등은 훈련용 화살을 쏘았다. 광양 현감(어영담)이 수색·토벌할 일로 배를 타고 왔다. 어두울 무렵 보고하고 돌아갔다.

10일[20일, 기해] 맑았다. 식사를 한 뒤, 동헌으로 나갔다. 공무를 처리했다. 훈련용 화살 10순을 쏘았다.

11일[21일, 경자] 아침부터 흐렸다. 늦게 맑아졌다. 공무를 처리한 뒤, 훈련용 화살을 쏘았다. 군관 남한南僩이 순사(순찰사 이광)의 편지와 「따로 첨부한 글別錄」[191]을 갖고 왔다. 처음으로 베로 만든 돛布帆[192]을 만들었다.

12일[22일, 신축] 맑았다. 식사를 한 뒤, 배를 탔다. 거북선에서 지자地와 현자포玄字砲를 쏘았다.[193] 순사(순찰사 이광)의 군관 남 공南公(남한)이 자세

189 방응원(1553~?)은 온양 출신의 조선 중기 무신이다. 1583년에 무과 별시에서 급제했다. 정유재란 때 낙안 군수로 활약한 방덕룡方德龍의 사촌 동생이다. 방덕룡은 노량해전에서 전사했다. 이순신의 「바닷가의 군사와 군량, 군대 기물을 수군에 전속시켜주시기를 임금님께 청하는 장계請沿海軍兵糧器全屬舟師狀」(1593년 윤11월 17일)에서는 이순신의 "군관 부장部將 방응원"으로 나온다. 「선무원종공신녹권」에서는 부정副正으로 나오고, 선무원종공신 2등이다.

190 도방공문은 군 입대를 했으나 정식 배치를 받기 전에 대기 중 상태인 도방군到防軍으로 각종 부역을 하고 있다는 대기병 증명 문서다.

191 "따로 첨부한 글"의 원문은 "別錄"이다. 별지에 적은 것이다.

192 2월 8일 일기에 "이날 거북선의 돛으로 사용할 베 29필을 받았다"는 기록으로 보아 거북선의 베돛을 말하는 듯하다. 명나라의 화옥이 지은 「해방의」에 따르면, "조선의 거북선은 베로 만든 돛을 세우고 눕히는 것을 마음대로 할 수가 있어서, 바람이 거꾸로 불거나 조수가 얕아져도 갈 수가 있다"는 이야기가 나온다.

193 임진왜란이 발발한 1592년 4월 13일 이전의 거북선과 관련된 「난중일기」 기록은 2월 8일의 "이날 거북선의 돛으로 사용할 베 29필을 받았다", 3월 27일의 "거북선에서 포를 쏘는 것을 시험했다", 4월 11일의 "이제야 베로 만든 돛이 만들어졌다"와 이날인 12일 일기가 있다. 이순신은 전쟁을 대비해 거북선을 만들기 시작했고, 사실상 이날 완성된 것이다. 그러나 제1차 출전 때에는 참전하지 않았고, 제2차 출전 때부터 참전했다. 이에 대해 김주식은 「바다에서 역사를 보다」(「해양담론」, 창간호, 2014. 6. 39쪽)에서 "거북선이 완성되었지만, 함정 요원을 배치하고, 운용술을 익히고, 무장을 하고 삭구와 식량 등 군수물자를 확보하고 비치하기 위한 시간이 필요했기 때문"으로 보고 있다. 이순신의 거북선과 같이 전쟁 발발 직전에 전함을 확보해 역사의 흐름을

히 살펴보고 갔다.[194] 낮 12시쯤 이동했다. 동헌에 좌기했다. 훈련용 화살 10순을 쏘았다. 관아에 오를 때, 노대석路臺石(노둣돌)[195]을 보았다.

13일[23일, 임인][196] 맑았다. 동헌으로 나갔다. 공무를 처리한 뒤, 훈련용 화살 15순을 쏘았다.

14일[24일, 계묘][197] 맑았다. 동헌으로 나갔다. 공무를 처리한 뒤, 훈련용 화살 10순을 쏘았다.

15일[25일, 갑진][198] 맑았다. 나라 제삿날[199]이라 좌기하지 않았다. 순사(순찰사)

바꾼 다른 사례도 있다. 바로 6·25 때다. 우리나라 해군이 창설된 직후 전투함이 없었으나, 그 후 미국 해군 함정 PC-823호를 1949년 10월 구입, 태평양을 건너 1950년 4월 10일 진해항에 입항했다. 백두산함으로 명명된 이 함정이 1950년 6월 26일, 부산 앞바다에서 북한의 특수부대 요원 600명과 무기, 탄약 등의 군수물자 등을 실은 1000톤급 무장수송선을 격침했다. 이를 대한해협해전이라고 부른다. 노먼 존슨Norman Johnson은 『6·25비사』에서 "701함의 대한해협해전은 6·25전쟁의 분수령"이라고 평가했다.

194 "순사의 군관 남 공(남한)이 자세히 살펴보고 갔다"의 원문은 "巡使軍官南公審去"이다. 이를 '순사의 군관 남공심南公審이 갔다'로 보는 번역본들이 있다. 그러나 4월 11일 일기에, "군관 남한"이 나온다. 때문에 "군관 남공심"으로 보기 어렵다.

195 "노대석"은 관청이나 양반집 앞에 놓은 큰 돌로 말을 타고 내릴 때 쓰는 돌이다.

196 4월 13일은 임진왜란이 일어난 날이다. 이순신은 2일 후인 15일에 경상 우수사 원균의 공문을 받고 전쟁이 일어난 것을 알게 된다. 침략군은 고니시 유키나가小西行長와 가토 기요마사加藤清正, 구로다 나가마사黑田長政를 중심으로 한 9개 부대 약 16만 명, 후방 지원군 10개 부대 약 1만 명이었다. 1차 침략군인 고니시 유키나가가 약 1만8000명을 이끌고 4월 13일 대마도에서 700여 척의 배를 타고 오후 4시경 부산 앞바다에 도착했다. 4월 18일에는 가토 기요마사가 이끄는 침략군 2진 2만2000명이 부산에 상륙했고, 19일에는 언양, 21일에는 경주를 점령했다. 4월 19일, 구로다 나가마사가 이끄는 침략군 3진 1만1000명이 낙동강 하구 죽도에 상륙해 김해로 향했고, 20일 김해성이 함락되었다.

197 4월 14일은 부산진 수군 첨사 정발鄭撥(1553~1592) 지휘하의 1000여 명이 지키던 부산진성이 몇 시간 동안의 사투 끝에 고니시 유키나가의 일본군 1진에 함락당한 날이다. 곧이어 인접 지역인 다대포진에서도 첨사 윤흥신이 방어하다 전사하면서 함락되었다.

198 4월 15일은 동래 부사 송상현이 지키던 동래성이 함락한 날이다. 일본군은 송상현에게 "싸우고 싶으면 싸우고, 싸우지 않으려면 길을 비켜달라戰則戰矣 不戰則假道"고 했으나, 송상현은 "죽기는 쉬우나 길을 비키기는 어렵다戰死易假道難"라며 전투를 시작했고, 함락당한 뒤 전사했다.

199 성종의 원비, 공혜왕후 한씨의 제삿날이다.

의 편지에 대한 답장과 「따로 첨부한 글別錄」을 수정했다. 곧바로 역자驛子200로 하여금 달려가 보내게 했다. 해 질 무렵 영남 우수사右水使(원균)201가 보낸 전통傳通202 안에, "왜선倭船 90여 척이 나와서 부산釜山 앞 절영도絕影島에 머물러 정박했다"고 했다. 같은 시간에 또 수사(원균)203의 공문이 도착했다. "왜적倭賊204 350여 척이 이미 부산포釜山浦 건너편에 도착했다"고 했다.205 그래서 곧바로 「임금님께 올리는 긴급 보고서馳啓」206를 써 보냈다.207 더불어 순사(전라 순찰사 이광)와 병사(전라 병사 최원), 우수사(전라 우수사 이억기)208에게도 공문을 보냈다. 영남 방백(경상 우도 순찰사 김수)의 공

200 역자는 역驛에 소속된 관원으로 연락·통신 임무를 담당했다.
201 경상 우수영은 거제의 가배량에 있었다. 당시 수사는 원균이었다. 수군 지휘관이 배치된 곳은 웅천의 제포(첨사)·안골포(만호), 거제의 옥포(만호)·지세포(만호)·영등포(만호)·조라포(만호), 남해의 평산포(만호), 고성의 사량(만호)·당포(만호), 진주의 적량(만호)이다.
202 전통은 '전언통신문'의 줄임말이다. 공적인 소식을 긴급히 알리는 문서다.
203 '수사'를 경상 좌수사 박홍 혹은 경상 우수사 원균으로 보는 번역본이 있다. 이순신이 이날 술시에 쓴 「왜적 출현 경보에 따른 비상사태에 대비하는 일을 임금님께 보고하는 장계(1)因倭警待變狀一」(1592년 4월 15일 술시)를 보면, 원균의 공문이 잇달아 도착했다고 했고, 경상 좌수사 박홍에게는 공문을 받지 않았다는 것을 보면, 수사는 경상 우수사 원균이다.
204 『대명률』에 따르면, "왜적"의 "적賊"은 "사람을 죽이는 자"를 뜻한다. '원수 혹은 상대'를 뜻하는 '적'과는 의미가 다르다.
205 「왜적 출현 경보에 따른 비상사태에 대비하는 일을 임금님께 보고하는 장계(1)」에는 "150척"으로 나온다.
206 「임금님께 올리는 긴급 보고서」는 긴급한 장계 혹은 급히 달려가 보고하는 장계를 뜻한다. 『난중일기』에는 비슷한 뜻의 치보馳報도 자주 나온다. 치보는 긴급보고(서) 혹은 '급히 달려와 알리다(보고하다)'란 뜻이다.
207 이 장계는 「왜적 출현 경보에 따른 비상사태에 대비하는 일을 임금님께 보고하는 장계(1)」다.
208 이억기李億祺(1561~1597)는 조선 중기의 무신이다. 자는 경수景受이고, 시호는 의민毅愍이다. 왕실의 후손으로 무예에 탁월한 소질이 있었다. 17세에 사복시 내승에 임명되었고, 곧이어 무과에 급제했다. 1581년, 21세에 경흥 부사(종3품), 26세인 1586년에 온성 부사를 역임했다. 1587년 첫째 형 이억복이 경원 부사로 있으면서 여진인의 침입으로 전사하자, 적을 추격하여 시신을 거두기도 했다. 같은 해 이순신이 조산보 만호로 있을 때, 여진족이 침입해 이순신이 패전

문도 도착했는데 그와 같았다.

16일[26일, 을사] 밤 10시에 영남 우수사(원균)[209]의 공문이 왔다.[210] "부산의 거진巨鎭[211]이 이미 그 성을 함락당했다"고 했다. 울분이 치밀어 올라오는

장수라는 누명을 쓰고 사형의 위기에 처하자 이순신을 변호했다. 1591년에는 순천 부사, 전라 우수사로 임명되었다. 임진왜란 때, 이순신의 2차 출전 중인 1592년 6월 5일 당항포해전부터 참전했다. 1597년 이순신이 삼도 수군통제사에서 파직되었을 때에도 구명운동을 했다. 1597년 정유재란 때 통제사 원균과 함께 칠천량해전에 참전했다가 통제사 원균·충청 수사 최호 등과 함께 전사했으나 시신을 수습하지 못했다. 『난중일기』에는 '경수'로 언급되기도 했다. 1602년 여수 충민사에 이순신과 함께 배향되었으며, 1616년 해남 충무사에도 배향되었다. 경기도 양주 아차산(현재의 구리시 아천동) 밑에 시신이 없는 상태에서 의관으로 장사지냈다. 최근 하남시 배알미동에 후손들이 세운 신도비가 있다.

209 원균元均(1540~1597)은 조선 중기의 무신이다. 자는 평중平仲이다. 1567년 식년 무과에 을과乙科 2위, 즉 전체 5등으로 급제했다. 무과 급제 동기로는 이지시李之詩·신립申砬·신호申浩·원호元豪(1533~1592) 등이 있다. 1567년 선전관이 되었다. 급제 동기들 중 장원 이지시는 1592년 6월, 전라도 관찰사 이광이 이끈 근왕군의 좌군선봉장으로 용인 전투에 참전했다가 전사했다. 신립은 삼도순변사로 탄금대 전투에서 전사했고, 신호는 이순신 막하에서 낙안 군수로 활약하다가 1597년 8월 남원성 전투에서 전사했다. 원호는 여진족 이탕개 난 때에는 경원 부사로 온성 부사였던 신립, 조산보 만호 원균, 백의종군 중인 이순신 등과 함께 참전했고, 후에 전라 우수사도 역임했다. 원균은 1583년 1월, 함경도 조산보 만호에 임명되었고, 2월에는 여진족 이탕개 반란사건 소탕 작전에 참전했다. 그 전공으로 부령 부사로 특진했다. 1587년 종성 부사에 임명되었다. 1588년 1월의 여진족 섬멸 작전인 시전부락 작전에서는 종성 부사로 우위 일계원장 역할로 참전했다. 당시 이순신은 1587년 녹둔도 사건으로 백의종군하면서 우위 우화열장으로 참전했다. 원균은 1591년 2월 전라 좌수사에 임명되었으나, 사간원에서 "전에 수령으로 있을 때 근무평가가 낮았는데, 겨우 반년이 지난 오늘 좌수사에 임명하니 상벌이 바르지 않다"는 탄핵을 받아 취소되었다. 그 후 1592년 2월, 경상 우수사에 임명되었다. 이순신과 함께 각종 전투를 승리로 이끌다가 이순신과의 갈등 속에서 1595년 초 충청 병사에 임명되어 청주에 상당산성을 축성했다. 1596년 7월, 전라 병사에 임명되었다. 1597년 2월 이순신이 삼도 수군통제사에서 파직될 때 이순신 대신 삼도 수군통제사에 임명되었고, 7월 칠천량해전에서 전사했다.

210 원균의 공문은 이순신이 이날 해시에 쓴 「왜적 출현 경보에 따른 비상사태에 대비하는 일을 임금님께 보고하는 장계(3)因倭警待變狀(三)」(1592년 4월 16일 해시)에 따르면, 원균이 15일 유시에 보낸 공문으로 이순신은 16일 해시亥時에 받았다.

211 거진은 군사 조직 단위인 주진主鎭과 제진諸鎭 사이에 위치하는 중간급 진이다. 주진은 감사와 좌우 병영에 파견한 병마절도사(종2품), 거진은 종3품 첨절제사, 제진은 병마첨절제사(종4품)가 지휘했다. 『경국대전』에 따르면, 주진의 진장·우후·군관 등은 군수물자에서 봉급을 받았

것을 이길 수 없었다. 곧바로 「임금님께 올리는 긴급 보고서」[212]를 써 보냈다. 또한 3도三道(전라 순찰사 이광, 전라 병사 최원, 전라 우수사 이억기)[213]에 공문을 보냈다.

17일[27일. 병오] 궂은비가 내렸다. 늦게 맑아졌다. 영남 우병사(조대곤)[214]가 보낸 공문에, "적왜賊倭가 부산의 성을 함락시킨 뒤에도 그대로 머물면서 물러가지 않고 있다"고 했다. 늦게 훈련용 화살 5순을 쏘았다. 이로 인해 이미 복무하고 있는 수군番水軍(번수군)[215]과 새로 복무를 하기 위해 입대한 수군奔赴水軍(분부수군)이 잇따라 방어를 위해 도착했다.

18일[28일. 정미] 아침부터 흐렸다. 이른 아침에 동헌으로 나갔다. 공무를 처리했다. 순사(순찰사 이광)의 공문이 도착했다. "발포 권관은 이미 직책에서 내쫓았으니汰去,[216] 임시로 대리할 장수假將를 정해 보내라"고 했기에, 나대용羅大用[217]을 곧바로 정해 보냈다. 오후 2시에 영남 우수사(원균)의 공문

고, 제진의 진장은 해당 고을의 녹봉 몫의 토지에서 받았다.

212 이날 이순신이 쓴 장계는 두 통이다. 「왜적 출현 경보에 따른 비상사태에 대비하는 일을 임금님께 보고하는 장계(2)因倭警待變狀(二)」(1592년 4월 16일 진시)와 「왜적 출현 경보에 따른 비상사태에 대비하는 일을 임금님께 보고하는 장계(3)」이다.

213 "3통三道(삼도)"에 대해 홍기문과 이은상은 "전라도 순찰사, 병사, 우수사"를 뜻하는 것으로, 송찬섭은 "경상·전라·충청"으로 보았다. 「왜적 출현 경보에 따른 비상사태에 대비하는 일을 임금님께 보고하는 장계(3)」을 보면, 전라 순찰사 이광, 전라 병사 최원, 전라 우수사 이억기에게 보낸 것이다.

214 "영남 우병사(조대곤)"를 「편수회본」에서는 김성일로 주석했다.

215 『경국대전』에 따르면, 수군水軍은 항상 둥근 패쪽을 찬다. 한쪽 면에는 소속 포, 이름, 연령, 용모, 거주지를 쓰고, 다른 한쪽 면에는 연월일을 쓰며 양쪽 면에 불도장을 찍었다. 수군은 다른 신역은 담당하지 않았다. 조선시대 수군은 열악한 근무 조건으로 천역이 되었다. 1년씩 근무하고 2년에 한 번씩 교대했다.

216 "직책에서 내쫓았으니"의 원문은 "汰去"이다. 汰去는 잘못을 저질렀거나 불필요한 하급 관리를 파면하는 것이다.

217 나대용(1556~1612)은 전남 나주 출신, 조선 중기의 무신이다. 1583년 무과에 급제했다. 훈련원 봉사를 지냈다. 『선조실록』 선조 39년(1606) 12월 24일 기사에 따르면, 나주 출신으로 급제

이 도착했다. "동래도 함락되었고, 양산梁山(조영규)²¹⁸과 울산蔚山(이언함)²¹⁹ 두 수령²²⁰ 또한 조방장²²¹으로 성城(동래성)에 들어갔다가 모두 패배를 당했습니다"라고 했다.²²² 울분이 치밀어 오르는 것을 이루 다 말할 수 없다其

후 6년 동안은 북쪽에서 방어했고, 7년 동안은 남쪽에서 방어했으며, 1591년에는 이순신의 감조전선출납군병군관監造戰船出納軍兵軍官이 되었다. 이때 이순신 막하에서 거북선 건조를 담당했던 듯하다. 전쟁 중에는 여러 해전에 참전해 공을 세웠다. 이순신이 어깨에 관통상을 당했던 사천해전에서 나대용은 왼쪽 다리에 관통상을 입었다. 전쟁 후 거북선을 대체할 창선을 만들었고, 광해군 때는 해추선海鰍船이라는 쾌속선을 창안해 건조했다.

218 조영규趙英珪(1535~1592)는 임진왜란 발발 당시 양산 군수로 중위장이 되어 송상현이 방어하던 동래성에 들어가 전투 중 순절했다.

219 이언함李彦諴(?~?)은 임진왜란 발발 당시 울산 군수로 좌위장左衛將이었다. 이순신 막하에서 나대용과 함께 거북선을 만들었고, 각종 해전에서 활약했던 이설(1554~1598)과는 5촌 관계다. 조경남의 『난중잡록』에는 '이언성李彦誠'으로 나온다. 『선조실록』 등 다른 기록에는 이언함이다.

220 '수령'의 원문은 '守'이다. '守令'의 약칭이다. 수령은 지방 행정관의 별칭으로 부윤府尹·목사牧使·부사·군수·현령·현감을 통칭한다. 그러나 관찰사는 수령으로 호칭하지 않는다.

221 "조방장"을 『편수회본』에서는 홍윤관으로 주석했다.

222 "양산과 울산 두 수령 또한 조방장으로"의 원문은 "梁山蔚山兩守亦以助防將"이다. 정사성鄭士誠의 『지헌집芝軒集』 「임진일록壬辰日錄」 1592년 4월 16일에는 "감사가 양산·울산 수령을 조방장으로 정해 보냈는데 모두 싸우다 죽었다"고 나온다. 양산 군수 조영규와 울산 군수 이언함이 경상도 감사(김수)에 의해 조방장에 임명되어 동래성에 들어갔다가 죽었다는 것이다. 그런데 이들 조영규와 이언함 외에 동래성에는 별도의 조방장이 있었다. 홍윤관洪允寬(?~1592)이다. 임진왜란 발발 시 조방장으로 동래성 전투에서 전사했다. 『기재잡기』에 따르면, 홍윤관은 위태로운 상황을 보고 송상현에게 동래성보다 지키기 쉬운 험한 곳인 소산蘇山으로 가서 방어하자고 했는데, 송상현이 반대하면서 송상현의 의견을 따라 함께 전투하다가 순절했다고 한다. 조경남의 『난중잡록』 1592년 4월 14일의 기록은 다음과 같다. "경상도 겸 순찰사 김수가 자신의 군관 중 조방장을 겸했던 인원을 경상좌·우도로 각 1명씩 파견했다. 경상 좌도에는 홍윤관이, 경상 우도에는 김경로가 파견되었다." 또한 "조방장 홍윤관, 중위장 양산 군수 조영규, 대장 송봉수, 교수 노개방 등이 모두 이 싸움에 죽었다"라고 나온다. 이탁영의 『정만록』 1592년 4월 16일에서는 "부사 송상현, 교수 노개방, 양산 군수 조영규, 조방장 홍윤관, 대장 송봉수 등은 모두 죽임을 당했고, 울산군수 이언성은 죽음을 가장하여 겨우 살아 돌아왔다"고 했다. 김종의 『임진일록』 1592년 4월 19일에는 "송상현·조영규·이언성, 조방장 홍윤관이 어디로 갔는지 알 수 없다는 계본이 들어왔다"고 나온다. 김종의 기록에서 이언성은 이언함의 오기다. 이를 종합해보면, 경상 감사 김수가 일본군이 침입했다는 소식을 듣고 양산 군수 조영규와 울산 군수 이언함을 조방장

爲憤惋 不可勝言. "병사(경상 좌병사, 이각)와 수사(경상 좌수사, 박홍)[223]가 군사를 이끌고 동래 뒤쪽에 도착했다가 급히 곧바로 군사를 뒤돌렸다"고 했다.[224] 더욱 가슴이 아프구나. 저녁에 순천의 군사를 이끄는 병방[225]이 석보창石堡倉[226]에 머물러 있으면서 군사를 인솔해 배속시키지 않았기에, 붙잡아 가둬놓게 했다.[227]

19일[29일, 무신] 맑았다. 아침에 품방品防[228]을 파는 일로 군관을 정해 보냈다. 일찍 식사를 한 뒤 나갔다. 동문東門 위에서 직접 품방 파는 공사를 독려했다. 오후에 상격대上隔臺를 둘러보았다. 이날 새로 복무하기 위해 입대한 군사奔赴軍 700명이 점검과 검열을 받은 뒤에 일했다.

에 임명해 보냈고, 본래 동래성에 있던 홍윤관과 함께 싸웠던 듯하다.

223 경상 좌수영은 동래에 있었다. 수군 지휘관이 배치된 곳은 동래의 부산포(첨사)·두모포(만호)·포이포(만호), 경주의 감포(만호), 동래의 해운포(만호)·다대포(만호), 흥해의 칠포(만호), 영덕의 오포(만호), 울산의 서생포(만호)·남포(만호), 영해의 축산포(만호)다.

224 이날 일기의 "병사와 수사가 군사를 이끌고 동래 뒤쪽까지 갔다가 급히 곧바로 군사를 되돌렸다"는 것은 도망친 것으로 볼 수 있기도 하다. 그러나 '관찰사·병마사의 입성 금지 조치' 때문으로도 볼 수 있다. 김병륜의 「절제방략과 제승방략」(『육군박물관 학예지』 제19집, 육군사관학교 육군박물관, 2012, 123쪽)에서는 "『묵재일기』를 보면, '우리나라의 제승방략에는 감·병사는 모두 성에 들어가지 않고 밖에서 책응해야 한다고 되어 있다'는 구절이 나온다"면서 "당시 방어 계획상 관찰사와 병마사가 성 안에 들어가서 수성전을 하는 것을 허용하지 않았음을 알 수 있다"고 한다.

225 병방은 각 지방에서 군사 관계의 사무를 담당한 아전이다.

226 석보창은 현 전남 여수시 석창네거리 석창성지石倉城址에 위치했다. 16세기 중반 이후 환곡을 관리하는 창고로 사용되면서 석보창이라고 불렸다고 한다.

227 『경국대전』에 따르면, "붙잡아 가둬놓게 했다囚禁"는 장형杖刑 이상에 해당되는 죄를 범한 사람을 붙잡아 가두는 것이다. 죄인을 수금할 수 있는 권한은 형조와 중앙 7개 관사, 지방 관찰사와 수령 등에게만 부여되었다.

228 품방은 성 밖 해자에 부속된 함정이다. 『선조실록』 선조 39년(1606) 5월 20일에 따르면 "해자 언덕에 연달아서 품방을 팠다." 이시발李時發의 「수성조약守城條約」에는 "성 밑 1장 밖에 해자를 파고, (…) 해자 양쪽 언덕에 품방을 만들어 오랑캐 말이 빠지게 한다"는 내용이 있다. 이로 보면 품방은 성 밖의 해자에 부속된 별도의 방어 시설이다.

20일[30일, 기위] 맑았다. 동헌으로 나갔다. 공무를 처리했다. 영남 방백(경상 우도 순찰사 김수)의 공문이 왔다. "대규모 적의 기세가 활활 불타올라 그 칼날을 막을 수 없고, 적 놈들이 승리한 기세를 타고 몰아치는 모습長驅乘勝이 마치 사람이 없는 땅無人之境에 들어와 있는 듯합니다"라고 했다. 그리고 "(전라 좌수사 이순신이) 전함戰艦229을 정비해 구원하러 올 일을 「임금님께 보고하는 글啓」로 요청했습니다"라고 했다.230

21일[31일, 경술] 맑았다. 과녁터帿基231에 좌기해 "성 머리城頭에 군사를 줄지어 세울 일"로 명령을 내보냈다. 오후에 순천 부사(권준)가 달려왔다. 약속을 듣고 갔다.

22일[6월 1일, 신해] 새벽에 정찰하는 것과 높은 곳에서 적을 감시하는 것232 및 부정한 일을 조사하는 일摘奸事로 군관을 출발시켜 보냈다. 배응록裵應

---

229 원문 "戰艦"은 전선이다. 『경국대전주해 후집』(안위, 1555)에서는 '함艦은 싸움배戰船'라고 했다. 『난중일기』에서는 이 「전서본」 일기의 '전함' 사례를 제외하고 대부분 '전선戰船'으로 썼다.

230 조선시대 진관체제는 도 단위 책임방어체계였기에 병마절도사나 수사가 자의적으로 관할 지역 이외로 출동할 수 없게 되어 있다. 『성종실록』 성종 19년(1488) 5월 10일에 따르면, "진을 설치하고 군사를 배치하는 것은 모두 스스로 지키고 스스로 싸우게自守自戰 하려는 것으로 다른 진의 도움을 의지해서는 안 된다不必皆藉他鎭之助"라고 자수자전의 원칙이 나온다.

231 "과녁터"를 설의식은 "帿基" 그 자체로 옮기면서, 주석으로 "활쏘기의 장령대將領臺니 말하자면 연병장의 주장석主將席이다"라고 했다.

232 "정찰하는 것과 높은 곳에서 적을 감시하는 것"의 원문은 "候望"이다. 척후斥候와 요망瞭望을 합친 말 혹은 후망 그 자체다. 『선조실록』 선조 26년(1593) 윤11월 2일에는 류성룡이 "행군할 때 먼저 선봉을 보내 험한 곳이 있으면 급히 달려와 보고하는 사람은 척후이고, 높은 곳에 올라 적을 감시해候望 적의 소리 같은 것이 있으면 급히 달려와 보고하는 사람은 요망이다. 만약 달리기를 잘하는 사람을 뽑아 척후와 요망을 하게 하여 그 일을 잘하면 적의 머리를 벤 것과 같이 큰 상을 주어야 한다"라고 척후와 후망을 구분한 내용도 나온다. 『난중일기』에는 척후와 후망, 요망과 비슷한 체탐體探도 나온다. 『난중일기』에는 체탐인은 한 번 나오는 반면, 척후는 자주 등장한다. 이 번역본에서는 척후와 후망으로 각각 구분했다.

祿[233]은 절갑도折甲島,[234] 송일성宋日成은 금오도[235]로 갔다. 또한 이경복李景福과 송한련宋漢連,[236] 김인문 등으로 하여금 두산도(돌산도)에서 적대敵臺[237]에 쓸 나무를 운반해올 일로 각각 군인 50명을 거느려 보냈다. 나머지 군사는 품방을 만드는 일을 했다.

1592년 4월 23일~4월 30일. 미기록 혹은 멸실 상태. 4월 30일은 4월의 마지막 날짜.[238]

● 참고: 1592년 4월 23일~ 4월 30일의 역사적 상황

4월 23일[양력 6월 2일] 4월 17일에 경상도 순변사로 임명된 이일이 상주에 도착했다. 상주 목사 김해는 지원군을 이끌고 대구로 이동하다 도망쳤고, 판관 권길만이 빈 성을 지켰다. 이일은 군사가 없다는 이유로 권길을 처형하려고 했다가 군사를 모아오겠다는 권길의 요청을 받아들였고, 권길은 수백 명의 농민을 모았다.

233 배응록(1552~?). 조선 중기의 무신이다. 1592년 이순신이 1차 출전할 때 이순신 막하에서 참퇴장斬退將으로 활약했다. 「선무원종공신녹권」에는 주부로 나오고, 선무원종공신 2등이다.
234 절갑도는 전남 고흥군 금산면 거금도다.
235 금오도는 전남 여수시 남면에 속하는 섬이다.
236 송한련은 이순신의 군관으로 활약했다. 전투는 물론 군량을 확보하기 위해 어부 일까지도 했다. 「선무원종공신녹권」에는 판관判官으로 나오고, 선무원종공신 2등이다.
237 "적대"는 성문을 공격하는 적군의 접근을 막기 위해 성문 좌우편에 설치한 방어 시설이다. 성보다 높게 쌓아 적군의 동향을 파악하는 망대望臺 역할도 했다.
238 설의식은 일기가 빠진 이유를 전쟁 발발 이후 각종 방비와 감독에 분주했기 때문에 "아마 붓을 잡을 틈도 없었던 모양이다. 국사國事는 그같이 다급하였고, 영내營內는 이처럼 총총하였다"고 설명하고 있다. 그러나 4월 27일에는 「경상도를 구원하기 위해 출전할 일을 임금님께 보고하는 장계(1)赴援慶尙道狀一」(1592년 4월 27일), 4월 30일에는 「경상도를 구원하기 위해 출전할 일을 임금님께 보고하는 장계(2)赴援慶尙道狀(二)」(1592년 4월 30일 미시)를 썼다. 장계를 쓴 것을 보면, 「이충무공전서」 편찬 당시 누락했을 가능성도 있다.

24일[3일] 백성 한 사람이 일본군 선발 부대가 이미 상주의 남쪽 선산에 진출했다고 이일에게 정보를 보고했으나, 이일은 믿지 않고 척후도 내보내지 않았으며, 허위 보고라고 그를 죽이려 했다.

25일[4일] 아침에 이일은 그 백성을 처형했으나, 그 얼마 뒤에 일본군이 이일 부대를 기습, 이일은 패전했다. 이일은 탈출해 문경에 도착해 패전을 보고했다. 이일은 조방장 변기가 지키던 조령으로 가서 같이 조령을 방어하려다, 삼도 순변사 신립[239]이 충주에 주둔하고 있다는 소식을 듣고 충주로 이동했다.

26일[5일] 삼도 순변사 신립이 충주 남쪽 단월역에 진영을 설치했다. 종사관 김여물[240]과 이일은 조령의 험준한 지형을 활용하자고 했지만, 신립은 들판에서 기병으로 보병인 일본군을 공격하기 위해 28일, 탄금대에 배수진을 쳤다.

28일[7일] 신립의 조선군 8000여 명을 고니시 유키나가의 일본군 1만 5000여 명이 삼면 포위했다. 신립은 기병 1진 1000여 명으로 1차, 2진 2000여 명으로 2차 공격을 해 일본군 격퇴했다. 그러나 저습지인 탄금대가 악재가 되어 기병의 움직임이 둔화되면서 패전했다.

239   신립申砬(1546~1592)은 조선 중기의 무신이다. 1567년 무과에 급제했다. 1583년 여진족 이탕개의 난을 격퇴하고 두만강을 건너가 여진족을 소탕한 뒤 함경도 북병사에 임명되었다. 임진왜란 때 삼도 도순변사에 임명되어 충주 달천강 탄금대에서 배수진을 치고 전투를 하다가 패배해 부하 김여물과 함께 강물에 투신 자결했다.
240   김여물金汝岉(1548~1592)은 조선 중기의 문신 겸 무신이다. 1567년 진사시에 합격했고, 1577년 알성 문과에서 장원 급제했으며 문무를 겸비했다. 충주 도사, 담양 부사를 거쳐 1591년 의주 목사에 임명되었으나 서인 정철의 당으로 몰려 파직되고 의금부에 투옥되었다. 1592년 임진왜란이 일어나자 도체찰사 류성룡이 능력을 인정해 감옥에서 풀어주고 막하에 두고자 했다. 그러나 도순변사 신립이 김여물을 자신의 종사관으로 임명해줄 것을 간청했기에 류성룡은 김여물을 신립의 종사관으로 보내주었는데, 신립과 함께 출전했다가 탄금대 전투에서 전사했다.

30일[9일] 선조는 신립의 패전 보고를 받고 서울을 포기한 채 피란길에 올랐다.

◎ 1592년 5월: 「친필본」

5월 1일[양력 6월 10일, 경신]241 수군이 앞바다에 모두 모였다. 이날은 흐렸으나 비는 내리지 않았다. 남풍이 크게 불었다. 진해루에 좌기했다. 방답 첨사(이순신)와 흥양 쉬(배흥립), 녹도 만호(정운)를 불렀다. 모두 아주 분노하고 성내며 자신의 몸을 잊고 있었다皆憤激忘身.242 참으로 의로운 선비들이로구나 可謂義士也.

2일[11일, 신유]243 맑았다. 삼도三道 순변사巡邊使(이일)244 245와 우수사(이억

---

241 「친필본」에는 이날 5월 1일부터 8월 28일까지 간지가 기록되어 있지 않다. 이 번역본에서는 간지를 넣었다.

242 "몸을 잊고 있다忘身"는 병법서 『위료자』 「병교하」에 나오는 장수의 다섯 가지 자세 중 하나다. "장수로 임명되면 가정을 잊고爲將忘家, 국경을 넘어 출정하면 부모를 잊고踰垠忘親, 적과 대결할 때는 자기 몸을 잊으며指敵忘身, 전투가 벌어졌을 때는 반드시 죽고자 하면 살고必死則生, 급하게 승리하려는 태도를 하책으로 삼아야 한다急勝爲下."

243 4월 30일 선조는 피란을 위해 서울을 떠났고, 5월 2일 일본군이 서울을 점령했다.

244 순변사는 변방의 군사와 정무를 돌아보고 조사하기 위해 왕이 파견한 특사다.

245 이일李鎰(1538~1601)은 조선 중기 무신이다. 1558년 무과에 급제했다. 전라 수사로 있다가 1583년 여진족 이탕개의 난 때 경원 부사에 임명되어 이를 격퇴했다. 1586년 이탕개가 다시 회령을 공격하자 회령 부사로 그 본거지를 소탕한 뒤 함경도 북병사가 되었다. 1592년에는 순변사로 상주와 충주에서 일본에 패배했다. 신립이 패전할 때 살아나 서울로 다시 올라갔다. 그 후 임진 강과 평양을 방어하고 동변방어사에 임명되었다. 1593년 평안도 병마절도사로 명나라 군대와 함께 평양을 수복했다. 『이충무공행록』에 따르면, 1587년에 이순신이 여진족의 기습을 미리 대비하려고 했으나 이일이 지원해 주지 않았고, 기습을 당하자 이순신에게 패전 책임을 씌워 죽이려고 했다. 이로 인해 이순신은 첫 번째 파직을 겪고 백의종군하게 되었다고 한다. 그러나 이일의 문집인 『도곡집陶谷集』 「순변사장양공신도비명」에는 이일이 "이순신의 재주와 용감성을 높이 평가하고 있었으므로 그에 대한 처벌 중지를 조정에 청했다"고 하는 정반대 기록이 있다.

기)²⁴⁶의 공문이 도착했다.²⁴⁷ 송한련이 남해에서 돌아왔다. "남해 쉬(현령 기효근)와 미조항彌助項 첨사(김승룡),²⁴⁸ 상주포尙州浦 권관과 곡포曲浦 권관, 평산포 권관(김축)²⁴⁹ 등이 왜적에 대한 소문을 한번 듣고는 순식간에 도망쳤고, 군기물 등도 다 흩어져 남은 것이 없다"고 했다.²⁵⁰ 기가 막힐 일이다. 기가 막힐 일이다. 낮 12시쯤에 배를 타고 바다로 나가 진을 쳤다.²⁵¹ 여러

246 "우수사"를 '경상 우수사 원균'으로 보는 번역본들이 있다. 「편수회본」도 원균으로 주석했다. 그런데 5월 3일에 경상 우수사 원균의 답장이 왔다는 내용과 일기를 보면 이순신과 연합해 출전하려던 전라 우수사 이억기가 맞는 듯하다.

247 「경상도를 구원하기 위해 출전할 일을 임금님께 보고하는 장계(2)赴援慶尙道狀(二)」(1592년 4월 30일 미시)에 따르면, 이억기는 4월 30일에 출발한다고 했다.

248 이순신의 「옥포에서 왜적을 쳐부순 일을 임금님께 보고하는 장계玉浦破倭兵狀」(1592년 5월 15일)에 따르면 김승룡金勝龍은 경상 우수사 원균 막하의 미조항 첨사로 출전했다. 또한 「당항포에서 왜적을 쳐부순 일을 임금님께 보고하는 장계唐項浦破倭兵狀」(1594년 3월 10일)에서도 미조항 첨사로 나온다.

249 상주포와 곡포, 평산포는 당시에는 권관이 진장鎭將이었던 듯하다. 「중종실록」 중종 21년 (1526) 4월 29일과 「난중일기」 1594년 5월 18일에는 '상주포 권관'이 나온다. 「난중일기」 1595년 11월 24일과 1596년 6월 20일에는 '곡포 권관'이 나온다. 그러나 곡포는 「선조실록」 선조 37년 (1604) 3월 29일에서는 '곡포 만호'로 나온다. 곡포는 임진왜란 당시에는 권관직이었다가 뒤에 만호직으로 바뀐 듯하다. 평산포는 이순신의 「옥포에서 왜적을 쳐부순 일을 임금님께 보고하는 장계玉浦破倭兵狀」(1592년 5월 15일)에서는 '평산포 권관'으로 나온다. 「난중일기」 1592년 8월 25일과 「당항포에서 왜적을 쳐부순 일을 임금님께 보고하는 장계, 1594년 3월 10일, 唐項浦破倭兵狀」, 「선조실록」 선조 30년(1597) 6월 29일에서는 '평산포 만호'로 나온다. 평산포는 초기에는 권관이었다가 전쟁 중에 만호직으로 바뀐 듯하다. 평산포 권관·만호는 김축金軸(1553~?)이었다.

250 송한련의 보고 내용은 착오였다. 「선조실록」 선조 25년(1592) 6월 28일에 나오는 경상도 초유사 김성일의 보고에 따르면, 남해 현령 기효근은 전라 좌수사 이순신에게 남해현이 적진과 가깝고 군량이 많아 왜적이 함락시키면 오래 주둔하면서 호남을 침범할 것이라고 통지하고, 자신은 그 때문에 바다에 나갔다고 한다. 기효근이 도망을 친 것은 아니었다. 또한 이순신의 「옥포에서 왜적을 쳐부순 일을 임금님께 보고하는 장계」를 보면, 경상 우수영의 원균 막하 장수들인 이들, 기효근(남해 현령), 김승룡(미조항 첨사), 김축(평산포 권관), 이여념(사량 만호), 이영남(소비포 권관), 우치적(영등포 만호), 한백록(지세포 만호), 이운룡(옥포 만호) 등은 이순신과 원균 연합 함대의 구성원으로 이순신·원균 연합 함대의 1차 출전에도 참여했기 때문이다.

251 「경국대전」에 따르면, 서울에서는 매달 초2일과 16일에 진법 연습을 하게 되어 있다. 지방의 제진에서는 매달 16일에 진법을 연습하고, 2월과 10월에는 거진 전체 군사들이 2일 혹은

장수와 함께 약속했더니, 모두들 즐겁게 달려갈 뜻이 있었으나, 낙안樂安 군수(신호)[252]는 피하고 싶은 생각이 있는 듯했다. 한탄스러웠다. 그러나 군법軍法이 있으니, 비록 물러나 피하려고 해도 그렇게 할 수 있겠나. 저녁에 방답의 첩입선疊入船[253] 3척이 앞바다로 돌아와 정박했다. 비변사에서 온 3장丈의 공문을 받았다.[254] 창평昌平 현령이 와서 공식 부임장到任公狀을 바쳤다. 저녁의 군호軍號(암호)는 용龍과 호랑이虎, 복병伏兵은 산山과 물水이다.[255]

3일[12일. 임술] 아침 내내 가랑비가 내렸다. 새벽에 경상 우수사(원균)의 답

10여 일 분의 식량을 지참하고 진을 바꿔 연습한다.

252 신호申浩(1539~1597)는 조선 중기의 무신이다. 1567년에 원균·신립 등과 함께 무과에 급제했다. 이순신도 경험했던 조산보 만호도 역임했다. 이순신이 정읍 현감에 임명된 1591년에 낙안 군수로 임명되었다. 임진왜란 발발 직후의 경상도 구원 출전 여부에 대해 반대했지만, 출전 결정된 후에는 적극 참여했다. 이순신 휘하에서 전공을 세웠고, 1595년에는 조방장으로 이순신을 도왔다. 정유재란이 일어난 1597년 8월 남원성 전투에서 전사했다.

253 "첩입선"에서 '첩입疊入'은 김성일의 『북정일록』 1579년 10월 기록에 따르면, 국경 지역에 거주하는 백성을 외적의 침입이 우려가 될 때, 혹은 침입 시 보호하기 위해 성 안으로 불러들여 대피시키는 것이다. 그러므로 첩입선은 백성을 보호하기 위해 실어 옮기는 배로 볼 수 있다. 이 경우 5월 3일 일기의 "첩입군"은 "불러들인 군사"다.

254 "받았다"의 원문은 '到付'이다. 「문화재청본」에서는 '到'를 누락했다.

255 "산과 물"의 원문은 '山水'이나, 「문화재청본」「편수회 초본」은 '水山'으로 보았다. 「편수회본」은 '山水'이다. 「박혜일·최희동본」은 '水山'이나, '山' 옆에 ▲를 표기했다. '水山'이 '山水'로 글자 위치가 바뀌었다는 이순신의 표시라고 보았다. 「친필본」에는 '水'와 '山' 옆에 각각 ▼과 ▲를 뜻하는 표식이 있다. 이 번역본에서는 그 표식을 반영해 '水山'을 '山水'로 보고 번역했다. 암호의 원문은 '軍號'이다. 야간에 아군과 적을 구별하는 수단으로, 사전에 아군 사이에 정해놓은 문답식 비밀 단어, 즉 암구호다. 속칭으로는 '언적言的'이라 한다. 문종이 저술한 『신진법』에 따르면, 군호를 모르는 자는 머리를 벤다. 『병학지남연의』(국방군사연구소, 『병학지남연의(III)』, 1997, 100쪽)에 따르면, "한 글자만 사용하고 때에 따라 정한다. 한 글자는 한 가지 암호를 사용함"을 이른다. 『무비지』에서는 다음과 같이 말하고 있다. "매일 유시에 암호를 전달하되 암호는 대장이 뜻에 따라 정한다. 윗 글자上字는 앉아서 큰소리로 말하고 아랫 글자下字는 가면서 답하는바, 이것이 그 대강이다"라는 사용 방법이 나온다.

장이 왔다. 오후에 광양 현감(어영담)과 흥양 현감(배흥립)256을 불러왔다. 함께 이야기하는 사이에 모두 크게 분노하고 있었다.257 본도本道(전라도) 우수사(이억기)가 수군을 이끌고 오기로 함께258 약속했었다. 그런데 방답의 판옥선이 첩입군疊入軍259을 싣고 오는 것을 보고, 우수사가 오는 것으로 생각하고 기뻐했다. 군관을 보내 확인해보니, 즉 방답의 배였구나. 놀라움을 이길 수 없었다. 얼마 뒤에260 녹도鹿島 만호(정운)가 접견을 요청했다. 불러들여 물었더니, "우수사는 오지 않고, 적의 세력이 서울 근처畿甸261에 점점 가까워지고262 있습니다. 아프고 답답한 마음을 이길 수 없습니다. 아프고 답답할 뿐입니다. 기회를 놓친다면 나중에 아무리 후회해도 어쩔 수 없습니다"라고 했다. 이에 곧바로 중위장(이순신)을 불러, 내일 새벽에 길을 떠날 것을 약속했다. 곧바로 「임금님께 보고하는 글聞」을 수정해 내보냈다.263 이날, 여도 수군 황옥천이 적에 대한 소문을 듣고 자기 집으로 도망간 것

---

256 "흥양 현감(배흥립)"의 원문은 '興陽'이다. 「친필본」에서는 글자가 훼손되어 있고, 「전서본」에는 나오지 않는다. 그러나 「편수회본」「박혜일·최희동본」「문화재청본」에서는 '興陽'으로 보았다. 「충무공유사」에서도 '興陽'으로 나온다.

257 "크게 분노하고 있었다發憤"는 「논어」「술이」의 "發憤忘食 樂以忘憂 不知老之將至"에 나온다.

258 "함께"의 원문 "共"은 「친필본」에서는 글자가 훼손되어 있고, 「전서본」에는 나오지 않으나, 「편수회본」「박혜일·최희동본」「문화재청본」에서는 '共'으로 보았다. 「충무공유사」에서도 '共'으로 나온다.

259 첩입군은 「선조실록」 선조 25년(1592) 6월 28일에 나오는 경상도 초유사 김성일의 보고로 보면, 특정 지역으로 들어온 인근 지역의 군사들이다.

260 "얼마 뒤에"의 원문 "有頃"은 글자가 일부 훼손되었고, 「전서본」에는 나오지 않으나, 「편수회본」「박혜일·최희동본」「문화재청본」에서는 '有頃'으로 보았다. 「충무공유사」에서도 '有頃'으로 나온다.

261 "서울 근처"의 원문은 "畿甸"이다. 서울을 둘러싼 경기도를 뜻한다.

262 "가까워지고"의 원문 '近'을 「문화재청본」은 '迫'로 보았다. 「충무공유사」는 '迫'이다.

263 이 장계는 「경상도를 구원하기 위해 출전할 일을 임금님께 보고하는 장계(3)赴援慶尙道狀(三)」(1592년 5월 4일)다.

을 붙잡아와 머리를 베고 효시했다.264

4일[13일, 계해]265 맑았다. 먼동이 틀 때質明에 배를 출발했다.266 곧바로 미
조항 앞바다에 도착해 다시 약속했다更爲約束. 우척후右斥候(김완)와 우부장
右部將(김득광), 중부장中部將(어영담)과 후부장後部將(정운)267 등은 오른쪽에서

---

264 "머리를 베고 효시斬首梟示했다" 중에서 「문화재청본」은 '首'를 누락했다. 이순신의 「경상도
를 구원하기 위해 출전할 일을 임금님께 보고하는 장계(2)赴援慶尙道狀(二)」(1592년 4월 30일 미시)
에 따르면, 탈영병 2명의 머리를 이미 베어 효시했다. 황옥천은 이날 별도로 효시한 것이다. 효시
梟示는 처형의 한 종류로 특히 군사상의 중범죄자나 부모 형제를 죽이거나, 주인을 죽인 노비에
대한 처벌이다. 목을 베고 머리를 높은 장대 또는 나무에 달아 사람들에게 보게 했다. 조선시대
법률집인 「전율통보」에 따르면, 도망친 장수와 군사는 장 50, 재범은 80, 3범은 효시했다. 다만 평
시에는 임금의 승인을 받아야 했다. 이날 일기처럼 전시에는 적용하지 않는다. 또한 평시에는 태
형 이하는 장수가 처벌할 수 있지만, 장형 이상은 임금에게 보고하고 처벌해야 했다.
265 이순신의 어머니 초계 변씨의 생신날이다. 1593년, 1595년, 1596년, 1597년에는 생신을
맞아 그리워하는 이야기가 나오기도 한다. 이날은 출전으로 정신없이 바빠 어머니 생각을 할 틈
도 없었던 듯하다.
266 이순신에게 조정의 출전 명령이 전해진 것은 4월 26일이다. 이순신의 「옥포에서 왜적을 쳐
부순 일을 임금님께 보고하는 장계」(1592년 5월 15일)에 따르면, 이순신은 축시에 경상도 바다를
향해 출발했다. 이순신 함대는 3000여 명으로, 판옥선 24척, 협선 15척, 포작선 46척, 총 85척
으로 구성되었다. 6일 합류한 원균 함대는 판옥선 4척, 협선 3척이었다. 이순신은 전쟁 발발
21일, 경상도 출동 명령을 받고 9일 만에 출동했다. 전 해군사관학교 교수 장학근은 출동 지연
사유를 전투 인원의 절대 부족 문제로 보았다(장학근, 「조선시대해양방위사」, 창미사, 1989, 167쪽).
267 「경상도를 구원하기 위해 출전할 일을 임금님께 보고하는 장계(2)赴援慶尙道狀(二)」(1592년
4월 30일 미시)에 따르면, 우척후는 김완, 좌척후는 김인영, 우부장은 김득광, 중부장은 어영담,
후부장은 정운이다. 「편수회본」에서는 우척후를 김인영으로 주석했으나, 오류다.

개이도로 들어가서 수색·토벌하게 했다.268 그 외의 나머지269 대장선大將船 은 함께 평산平山과 곡포, 상주포, ~~이어서~~ 미조항을 지났다.

1592년 5월 5일~5월 28일.270 미기록 혹은 멸실 상태.

29일[양력 7월 8일, 무자]271 맑았다. 우수사(이억기)가 오지 않았다. 홀로 여러 장수를 이끌고 새벽에 출발했다. 곧바로 노량露梁에 도착했더니,272 경상 우수사(원균)가 만나기로 약속한 곳273에 와서 만났다. 함께 의논했다. 도

---

268 김병륜의 「절제방략과 제승방략」(131쪽)에 따르면, "이순신은 임진왜란 개전 초반 1위衛 −5부 체제에 맞춘 전투 편성을 했다. 여기에 유군장, 좌·우 척후장, 한후장, 참퇴장, 돌격장 등 임무별 지휘관을 추가로 편성했다. 선봉장은 말 그대로 선봉에서 과감하게 공격하는 임무를 맡은 지휘관이고, 돌격장은 필요 시 과감한 공격 임무를 부여받은 지휘관으로 보인다. 유군장은 진형에 상대적으로 덜 구애받으면서 변칙적인 작전을 구사하는 부대를 지휘하는 지휘관을 의미할 것이다. 척후장은 말 그대로 정찰 부대를 지휘하는 것이고, 한후장은 후방에 잔류하는 예비대의 지휘관으로 전장에서 이탈하는 병사들을 통제하는 것도 한후장의 임무였던 것으로 보인다. 참퇴장은 일종의 독전 역할을 맡은 지휘관이며, 계원장은 최초 전투에 참여하지는 않으나 주력 부대의 뒤를 따르면서 긴급 지원이 필요한 경우에 즉시 투입이 가능한 일종의 기동예비대를 지휘하는 장수였다. 16세기 조선군 분군법의 본질 중 하나는 '오위진법에 따른 전투 편성'이라고 볼 수 있다"고 한다.
269 "그 외의 나머지"의 「친필본」「박혜일·최희동본」은 '其余(기여)', 「편수회본」「문화재청본」은 '其餘(기여)'다. 「친필본」에서 '余'는 '나'를 뜻하는 것이 아니라, '餘(나머지 여)'를 뜻하는 속자다.
270 1592년 5월 4일~5월 10일의 상황은 「옥포에서 왜적을 쳐부순 일을 임금님께 보고하는 장계玉浦破倭兵狀」(1592년 5월 15일)에 자세히 나온다.
271 5월 29일은 이순신의 장모 제삿날이다. 1594년과 1596년에는 "장모聘母 제삿날이라 좌기하지 않았다"고 했다. 그러나 이날은 전투를 위해 출전해야 했다. 이순신의 장모는 남양 홍씨, 홍윤필의 딸이다. 1592년 5월 29일~6월 10일의 상황은 「당포에서 왜적을 쳐부순 일을 임금님께 보고하는 장계唐浦破倭兵狀」(1592년 6월 14일)에도 자세히 나온다.
272 「당포에서 왜적을 쳐부순 일을 임금님께 보고하는 장계唐浦破倭兵狀」(1592년 6월 14일)에 따르면, 이순신은 전라 우수사 이억기와 6월 3일에 출전하려고 했으나, 경상 우수사 원균이 긴급 공문을 받고 이순신 홀로 먼저 출전했다.
273 이순신이 1592년 6월 14일에 쓴 「당포에서 왜적을 쳐부순 일을 임금님께 보고하는 장계唐

둑 왜인賊倭들이 정박해 있는 곳을 물었더니, "적의 무리가 지금 사천泗川 선창船艙274에 있다"고 했다. 그래서 바로 그곳으로 갔더니, 왜인들은 이미 육지에 상륙해 산봉우리에 진을 치고 산 아래에 그들의 배를 줄지어 정박해놓고 있었다. 막아 싸우려는 자세가 빠르고 단단했다. 나는 여러275 장수를 독려하며 명령해督令 한꺼번에 달려 들어갔다一時馳突. 화살을 빗발치듯 쏘았다射矢如雨. 각종 총통을 바람과 천둥이 치듯 어지럽게 쏘았다放各樣 銃筒 亂如風雷. 적의 무리가 겁먹고 물러났다. 전에 맞은 놈이 몇백 명인지 셀 수도 없었다.276 왜의 머리도 많이 베었다. 군관 나대용이 철환에 맞았다.277 나도 왼쪽 어깨 위를 철환에 맞았다. 등으로 뚫고 나갔으나 중상까지는 아니었다余亦左肩上中丸 貫于背 而不至重傷. 사부射와 격군 중에서도 철환

浦破倭兵狀」에 따르면, 원균은 전선 3척을 이끌고 하동 선창에 있었다.

274 사천 선창은 사천시 용현면 선진과 통양 사이 조금마을 부근(이웅재, 「"거북선 최초 출전 지는 모자랑포": 이우상 국제대 교수 '성역화사업' 토론회서 주장」, 경남일보, 2014.09.04) 혹은 사천군 읍남면 선진리(이민웅, 『임진왜란 해전사』, 청어람미디어, 2014, 84쪽)라는 설이 있다. 다만, 읍남면은 오늘날 용현면이다.

275 「문화재청본」에서는 "여러諸"가 누락되었다.

276 류성룡이 1592년 9월 14일에 쓴 「請收學田寺位田差海澤田稅 以補軍餉 且多造火車 以備戰 用狀」에 따르면, 류성룡은 기존에 존재했던 화차火車를 개조해 "수레車마다 승자총통 15개를 싣고 시험 발사를 했더니, 어지럽게 날아가는 철환이 빗발치듯 했고, 소리가 산과 들을 흔들었고 철환이 날아간 곳에는 사람이 서 있을 수 없다"며 그와 같은 화차를 제작해 보급하자고 건의했다. 그는 또한 승자총통이 부족한 경우에는 주자宙字·측자昃字·피령전皮翎箭으로 서로 섞어 편성하면 된다고 했다. 정탁의 『약포집』「명나라 유생 호환에게與明儒胡煥」에 따르면, "바다 싸움에서 승자총통이 이롭다"고 했고, "(일본군이) 육지 전투를 좋아하나 바다 싸움을 싫어하는데, (조선 수군의 배는) 순판楯板(방패 모양의 판자)으로 에워싸여 (조총으로) 철환을 쏘아도 이로움이 없고, (조선 수군이) 쇠갈고리로 그들의 배를 걸고 총과 화살을 한 발 쏘면 (일본군의 배가) 즉시 쪼개져 물에 빠져 죽게 된다"고 했다. 이순신이 기존의 화차를 배에 실어 활용했을 수도 있고, 또 승자총통을 비롯한 각종 총통을 주요 무기로 활용했고, 활도 주력 무기로 함께 사용했던 듯하다.

277 「이충무공전서」에 따르면, 나대용은 이때 왼쪽 다리에 관통상을 입었다고 한다.

을 맞은 사람이 또한 많았다.[278] 13척[279]을 불태워 없애고焚滅[280] 물러나와 주둔했다.[281]

● 참고: 이순신의 첫 총상

이순신의 부상에 대해, 류성룡의 『징비록』에서는 "하루는 이순신이 싸움을 독려하다가 날아오는 철환에 그의 왼쪽 어깨를 맞아서 피가 발꿈치까지 흘러내렸으나, 이순신은 아무 말도 하지 않았다. 그는 싸움이 끝난 뒤에야 비로소 칼로써 살을 베고 총알을 꺼내니 두어 치나 깊이 박혀 보는 사람들은 얼굴이 까맣게 질렸으나, 이순신은 말하고 웃고 하는 것이 태연

278 조총 사정거리는 100~200미터였으나, 실전에서 유효사거리는 50미터였다(舊參謀本部 編纂, 『日本の戰史 ─朝鮮の役─』, 德間文庫一, 1995, 327쪽). 3발 이상 연속으로 쏠 수 없었다(『선조실록』 선조 26년 1월 7일). 류성룡의 「論報賊勢狀」(1592년 11월)에 따르면 "활과 화살은 참으로 편리한 무기이나 100보 밖에서는 조총 철환을 당할 수 없다"고 했다. 또한 정탁의 『약포집』 「명나라 유생 호환에게與明儒胡煥」의 "(조선 수군이) 쇠갈고리로 그들의 배를 걸고 총과 화살을 한 발 쏘면 (일본군의 배가) 즉시 쪼개져 물에 빠져 죽게 된다"는 기록 등을 보면, 최소 100미터 이내에서 일본군과 싸웠던 듯하다. 「당포에서 왜적을 쳐부순 일을 임금님께 보고하는 장계唐浦破倭兵狀」(1592년 6월 14일)에 따르면 5월 29일의 사천해전에서 명확히 언급된 부상자는 일기처럼 이순신 자신과 나대용, 그리고 前前 봉사 이설만 나온다. 일기 속 다수의 사상자라고 할 수 있는 사부와 격군은 언급되어 있지 않다. 다만 장계 마지막 부분에는 5월 29일의 사천해전, 6월 2일 당포해전, 6월 5일과 6일의 당항포해전, 6월 7일의 율포해전을 포함한 전체 사상자 명단이 나오는데, 총 42명이다. 철환 사망 10명, 철환 부상 8명, 화살 사망 2명, 부상 21명, 칼에 의한 사망 1명이다. 5월 29일 부상당한 이순신·나대용·이설은 부상자 명단에는 빠져 있다.
279 「당포에서 왜적을 쳐부순 일을 임금님께 보고하는 장계唐浦破倭兵狀」(1592년 6월 14일)에서는 13척에 대해 "배 1척과 누각이 있는 배 12척"으로 기록했고, 1593년 3월 22일 일기 이후에 있는 메모에는 "대선 7척, 중선 5척"으로 나온다.
280 불화살을 이용한 듯하다. 불화살은 철화시鐵火矢라고 하고, 가운데 구멍이 뚫려 있어 그 구멍에 불연재를 끼워 불을 붙여 쏘았던 듯하다. 독일 라이프치히 그라시 민속박물관에 철화시가 소장되어 있다.
281 이날 이순신의 전라 좌수영 소속 판옥선 24척, 원균의 경상 우수영 소속 판옥선 4척이 출전했다. 협선(사후선) 혹은 포작선은 알 수 없다. 거북선도 처음 출전했다. 1차 출전 때 이순신 부대는 협선 15척, 포작선 46척이 있었고, 원균은 협선 1척이 있었다. 비슷한 수준으로 추정된다.

하여 보통 때와 같았다"고 했다. 이항복은 「고故 통제사統制使 이공李公의 유사遺事」에서 "한창 싸울 적에 적의 철환이 공의 왼쪽 어깨를 적중하여 등쪽까지 관통하였는데, 공은 그래도 활을 잡고 화살을 쏘면서 싸움을 독책하여 마지않았다. 그러다가 싸움이 끝난 뒤에 공이 사람을 시켜 칼끝으로 철환을 후벼 빼내게 하자, 온 군중이 그제야 비로소 공이 철환을 맞은 사실을 알고 모두 깜짝 놀랐다"고 기록했다. 이순신 자신의 기록으로는 1592년 5월 29일 일기, 당시 전투 결과를 보고한 「당포에서 왜적을 쳐부순 일을 임금님께 보고하는 장계唐浦破倭兵狀」(1592년 6월 14일), 『난중일기』 1593년 3월 22일 이후의 메모가 있다.

◎ 1592년 6월: 「친필본」

6월 1일[양력 7월 9일, 기축] 맑았다. 사량蛇梁 뒷바다[282]에 진을 치고 밤을 보냈다.[283]

2일[10일, 경인] 맑았다. 아침에 출발했다. 곧바로 당진唐津[284] 앞 선창[285]에

---

282 일기의 "사량 뒷바다"의 구체적 위치가 「당포에서 왜적을 쳐부순 일을 임금님께 보고하는 장계」에서는 "사천 땅 모자랑포毛自郎浦"이고, 『난중일기』 1593년 3월 22일 뒤에 기록된 1592년 5월 사천해전 경과가 기록된 편지 초고에는 "고성 땅 모사랑포毛思郎浦"다. 또한 "모자랑포"는 『난중일기』 1592년 8월 24일에는 "사천 땅 모사랑포"로 나오기도 한다. 모사랑포는 현재 사천시 남양동에 위치한다. 『사천시사(하)』(사천시사편찬위원회, 2003, 4182쪽)에서는 모자랑개毛自浦, 毛思郎浦를 사천시 남양동 미룡마을 앞바다 일대라고 하면서 모충공원 남쪽의 광포는 잘못 비정된 것이라고 한다. 최근의 행정구역으로는 노룡동 미룡마을에서 송포동 모충공원에 이르는 바닷가 지역이다.
283 「당포에서 왜적을 쳐부순 일을 임금님께 보고하는 장계唐浦破倭兵狀」(1592년 6월 14일)에 따르면, 이날 원균은 전날 이순신이 의도적으로 남겨둔 일본군 소선 2척을 불태웠다고 한다.
284 「친필본」 「편수회본」에서 '唐津'을 「전서본」 「문화재청본」 「박혜일·최희동본」은 '唐浦'로 보았다. 「당포에서 왜적을 쳐부순 일을 임금님께 보고하는 장계唐浦破倭兵狀」(1592년 6월 14일)에는 2일 사시에 당포唐浦에 도착했다고 나온다.
285 "선창"을 「문화재청본」은 "船滄(선창)"으로 보았다. 滄은 오자다.

도착했더니, 왜적 20여 (척)²⁸⁶이 줄지어 정박해 있었다. 둘러싼 뒤 서로 싸웠다回擁相戰.²⁸⁷ (적의) 대선 1척은 크기가 우리나라의 판옥선 같았다.²⁸⁸ 배위에 화려한 누각粧樓이 있었다. 높이는 2장二丈²⁸⁹ 정도였고, 왜장倭將이 누각 위에 당당히 앉아 꼼짝도 하지 않았다. 편전과 대·중 승자총통勝字銃筒²⁹⁰을 빗발치듯 어지럽게 쏘았다如雨亂射. 왜장이 전에 맞아 높은 곳에서 떨어졌다.²⁹¹ 여러 왜가 한꺼번에 깜짝 놀라 흩어졌다. 여러 장수와 군사가 한꺼번에 집중해 화살을 쏘았다諸將卒一時攢射.²⁹² 전에 맞아 거꾸러진 놈이 얼마나 많은지 셀 수 없었다. 다 죽이고 남겨두지 않았다. 잠시 뒤에 왜의

286 (척)은 원문에는 없다. 문맥상 배를 세는 단위로 넣었다. 그런데 『문화재청본』에는 원문에 없는 【隻】을 넣었다.
287 「당포에서 왜적을 쳐부순 일을 임금님께 보고하는 장계唐浦破倭兵狀」에 따르면, 6월 2일 진시에 사량에서 출발해 사시에 당포 앞 선창에 도착했다. 적선은 판옥선 크기의 대선이 9척, 중·소선이 12척 있었다.
288 『경국대전』에 따르면, 바다에서 운행되는 배는 영조척으로 대선은 길이 42척(약 13.2미터), 너비 18척 9촌(5.9미터) 이상, 중선은 길이 33척 6촌(10.6미터), 너비 13척 6촌(4.3미터) 이상, 소선은 18척 9촌(6미터), 너비 6척 3촌(2미터) 이상이라고 한다.
289 「당포에서 왜적을 쳐부순 일을 임금님께 보고하는 장계」에서는 3·4장으로 나온다. 1장은 약 10척尺이다. 2장은 주척 1척(약 21센티미터) 기준 4.2미터, 영조척 1척(약 31.5센티미터) 기준 6.3미터, 포백척 1척(46센티미터) 기준 9.2미터이다.
290 승자총통은 개인화기다. 길이 56센티미터, 구경 2.2센티미터, 무게 3~4킬로그램이다. 1575년부터 1578년까지 전라 좌수사와 경상 병사를 역임한 김지金墀가 세종 때 만든 개인용 총통을 개량해 사정거리와 명중률을 높인 것이다. 화약 1냥으로 철환 15개 발사했고, 사거리는 600보다. 철환은 류성룡의 「體察使意從事官啓」(1596년 2월 11일)에 따르면, 연鉛(납)으로 만들었다.
291 「당포에서 왜적을 쳐부순 일을 임금님께 보고하는 장계」에 따르면, 중위장 순천 부사 권준이 활을 쏘아 떨어뜨렸다. 이 장계에서 이몽구가 왜장선에서 발견한 황금부채에 서명된 기록, 즉 "龜井琉求守殿(구정유구수전)"을 바탕으로 가메이 고레노리龜井兹矩가 활에 맞아 떨어진 것으로 볼 수 있으나, 가메이 고레노리는 살아서 도망쳤다. 이 왜장에 대해 노기욱은 『명량 이순신』에서 『近世日本國民史-豊臣時代 丁篇 高麗船記』를 인용해 "구루지마 미치유키來島通之"라고 보았다.
292 "한꺼번에 집중해 활을 쏘았다一時攢射"는 항우의 고사에서 유래한 표현이다. 이익의 『성호사설』「십인공사일인十人共射一人」에서는 승리할 수 있는 전술로 '攢射(찬사)', 즉 "10인이 집중으로 1인을 쏜다十人共射一人"를 거론하고 있다.

대선 20여 척이 부산에서 열을 지어 들어왔다. 우리 수군을 멀리서 바라보고는 물러나[293] 개도介島[294]로 도망쳐 들어갔다.[295]

3일[11일. 신묘] 맑았다. 아침에 다시 여러 장수를 격려했다. 개도를 협공挾攻[296]했더니,[297] 이미 달아나 흩어졌기에 사방에 남은 무리가 없었다. 고성固城 등지로 가려고 했으나, 군사의 위세가 외롭고 약했다兵勢孤弱. 억울하고 분노한 채 바다에 머물러 묵었다.[298] 우수사(우수사 이억기)가 수군을 이끌고

---

293 "물러나退"를 「문화재청본」은 누락했다.

294 "개도"를 「편수회본」에서는 "추도"로 주석했다.

295 이날 이순신은 사천에서 이동하여 한산도 서쪽 포구인 당포에서 왜장 가메이 고레노리가 지휘하는 수군의 정박한 함선 중 대선 9척과 중·소선 12척 등 모두 21척을 격파했다. 이때 일본군의 수군 지휘관 가메이 고레노리가 육지로 급히 도망치면서 히데요시가 써준 "가메이 고레노리 유구 영주에게龜井琉求守殿"라고 쓰인 금부채를 잃고 도망쳤는데 이몽구가 획득해 이순신에게 바쳤고, 이순신은 선조에게 보냈다. 이몽구가 노획해 이순신에게 보낸 히데요시의 황금부채는 『선조실록』에도 나온다. 이순신이 "노획한 병기와 왜적의 배에 실려 있던 황금병풍金屛과 황금부채金扇 등의 물건을 행조에 보고했다(1603년 4월 21일)"는 것이다. 그 후 우리나라의 역사 기록에서 사라졌고, 잊혔다가 1909년에 갑자기 다시 등장했다. 『황성신문』 1909년 9월 23일의 「금선발견金扇發見」이란 기사다. "구舊 탁지부 안에 있던 비밀 창고는 옛날부터 이를 열면 나라에 흉변이 생긴다고 전해져 이를 범하는 사람이 없었다. 그런데 이번에 일본인 관야박사關野博士(세키노 다다시)가 이를 열었다. 그 안에 저장된 것은 도요토미 히데요시가 지녔던 원형의 황금부채圓形黃金軍扇 □개와 기타 수백 가지의 진귀한 보물 등인데, 황금부채 중 한 개를 일본 황실로 가져 갔다고 한다." 같은 날 3면 기사에는 "원형황금부채 2개가 있었는데, 도요토미 히데요시의 부채가 우리나라 창고에 있는 이유는 추측할 수 있는 일"이라고 부연 설명했다. 『황성신문』 3면의 기사는 이순신이 당포해전에서 노획한 그 황금부채라고 간접적으로 말하고 있다. 특히 그 황금부채가 히데요시의 부채란 근거는 황현黃玹의 『매천야록』에 나온다. 히데요시의 낙관落款이 있었기 때문이다. 탁지부 안에 있던 황금부채의 수는 당시 언론 기사에 따르면 2개 혹은 3개로 나온다. 그중 하나에는 히데요시의 서명 혹은 낙관이 있었다. 이순신이 노획한 그 황금부채다. 세키노 다다시는 탁지부 창고에서 발견한 그 황금부채를 일본 황실로 보냈다고 한다.

296 "협공"을 「문화재청본」은 "挾功"으로 보았다. '功'은 '攻'의 오자다.

297 「당포에서 왜적을 쳐부순 일을 임금님께 보고하는 장계唐浦破倭兵狀」에서는 '개도'가 나오지 않는다. 다만, 3일에 "3일, 이른 새벽에 추도를 향해 출발하면서 인근의 크고 작은 섬을 협공해 수색·토벌했으나, 적의 자취가 없었습니다"라는 내용이 나온다.

298 이날 이순신이 머문 곳은 「당포에서 왜적을 쳐부순 일을 임금님께 보고하는 장계, 唐浦破倭兵狀」에 따르면, 고성 고둔포이다.

돛을 펼치고 왔다.299 장수와 군사들은 기뻐서 펄쩍펄쩍 뛰지 않은 사람이 없었다. 군사들을 합치기로 약속했다. 다음 날……에서 묵었다.300

4일[12일, 임진] 맑았다. 우수사(이억기)가 오는지 간절히 바라보며, 이리저리 거닐며徘徊 둘러보고 살펴보았다. 낮 12시쯤에 우수사가 여러 장수를 이끌고 돛을 펼치고 왔다.301 진의 모든 장수와 군사는 기뻐서 펄쩍펄쩍 뛰지 않은 사람이 없었다. 군사들을 합치기로 거듭 명확히 약속했다申明約束. 착포량鑿浦梁302에서 묵었다.

5일[13일, 계사] 아침에 출발했다. 고성 당항포唐項浦에 도착했더니, 왜 대선 1척은 크기가 판옥선 같았다.303 배 위에는 높고 당당한 누각樓閣이 있었다. 장수란 놈이 그 위에 앉아 있었다. 중선中船 12척과 소선 20척304을 한꺼번에 깨부수려—時撞破,305 화살을 빗발치듯 쏘았다. 전에 맞은 놈이 얼마

299 "머물러 묵었다. 우수사(우수사 이억기)가 수군을 이끌고 돛을 펼치고"는 「친필본」에서는 "留宿 右水使領舟師懸帆"이다. "留宿"은 "右水"를 썼다가 지우고 그 위에 쓴 글이다.
300 "다음 날……에서 묵었다"의 원문은 "翌日宿于"로 "翌日宿"은 삭제한 문장이다. 「편수회본」, 「문화재청본」은 '翌宿'으로, 「박혜일·최희동본」은 '翌日宿于'이다. 「친필본」을 보면, '日'이 있다. 이순신의 장계, 「당포에서 왜적을 쳐부순 일을 임금님께 보고하는 장계」에 따르면, 전라 우수사 이억기는 4일 일기처럼 4일 정오쯤에 도착했다. 이순신이 일기를 쓸 때 착각을 했던 듯하다. 그래서 바로잡기 위해 삭제한 듯하다.
301 이억기는 전라 우수영의 판옥선 25척을 이끌고 왔다. 이억기 부대의 판옥선은 이억기가 탄 배를 포함해 26척이다.
302 「당포에서 왜적을 쳐부순 일을 임금님께 보고하는 장계」에서는 "착포량"이 "착량"으로 나온다.
303 '왜 대선 1척은 크기가 판옥선 같았다'의 「친필본」은 '倭舡大一隻如板屋舡'이나, 「문화재청본」은 '大'를 누락했다.
304 이 일기에서는 대선 1척, 중선 12척, 소선 21척으로 총 33척이나, 「당포에서 왜적을 쳐부순 일을 임금님께 보고하는 장계」에서는 "대선 9척, 중선 4척, 소선 13척" 총 26척으로 나온다.
305 "깨부수려撞破"는 이순신의 「옥포에서 왜적을 쳐부순 일을 임금님께 보고하는 장계」(1592년 5월 15일) 등을 통해 보면, 천자포·지자포 등의 총통에서 발하는 철환 혹은 대장군전·장군전으로 나무로 만들어진 적선을 "깨부수는" 것이다. 조선의 판옥선이나 거북선을 일본 전선과 충돌시켜 파괴하는 것이 아니다.

나 많은지 셀 수 없었다. 왜장과 더불어 7급[306]의 머리를 베었다. 나머지 왜는 육지에 상륙해 달아나, 남은 것이[307] 아주 적었다. 우리 군사의 함성이 천지를 들썩였다.[308]

6일[14일, 갑오][309] 맑았다. 적선賊船을 찾았다. 같은 곳에서 묵었다.[310]

7일[15일, 을미] 맑았다. 아침에 출발했다. 영등永登 앞바다에 도착했다. "적선이 율포栗浦에 있다"고 듣고, 복병선伏兵舡을 시켜 확인케 했더니, 적선은 5척이었다.[311] 우리 수군을 먼저 알아보고는 남쪽 큰 바다로 바삐 달아나자, 여러 배가 한꺼번에 추격해 따라잡았다. 사도 첨사 김완金浣이 1척을 완전히 붙잡고全捕, 우후(이몽구)[312]가 1척을 완전히 붙잡고, 녹도 만호 정운이 1척을 완전히 붙잡았다. 합친 왜의 머리는 36급이었다.[313]

---

306   여기에서 "급"은 사람의 머리를 자른 것을 세는 단위이다. 『사기』에서 진나라 제도에 전쟁터에서 적의 머리를 베는 것을 공로 기준으로 삼았기에 머리 한 개에 벼슬 1급씩 주었다고 해서 유래한 단위다. 급은 또한 물고기를 세는 단위로 한 줄에 10마리씩 두 줄로 엮어 20마리씩 묶어놓은 것을 뜻하기도 한다.

307   "남은 것이"의 원문은 "所餘"이나 「문화재청본」에는 "所餘數"로 원문에 없는 '數'가 들어 있다.

308   "우리 군사의 함성이 천지를 들썩였다軍聲大振"는 「통감절요」 권42 「당기唐紀」 「숙종肅宗」 「십오재十五載」에 나온다. 당나라에서 안녹산의 반란 때, 장순張巡이 반란군과 싸워 승리하고 추격해 반란군 2000명을 사로잡고 돌아왔을 때, "우리 군사의 함성이 천지를 들썩였다軍聲大振"고 했다.

309   6월 6일은 육지에서는 용인 전투가 벌어진 날이다. 전라도 순찰사 이광, 전라 방어사 곽영, 충청도 순찰사 윤선각, 경상도 순찰사 김수, 광주 목사 권율이 5만 명을 이끌고 서울을 탈환하기 위해 진군하던 중, 이날 용인에서 와키자카 야스하루脇坂安治의 1600여 명의 일본군에 참패해 조방장 백광언·이지시, 고부 군수 이광인, 함열 현감 정연 등이 전사했다. 이후 전라 감사 이광은 전주로, 충청 감사 윤국형은 공주로, 경상 감사 김수는 진주로 흩어졌다.

310   「당포에서 왜적을 쳐부순 일을 임금님께 보고하는 장계」에 따르면, 이날 새벽 방답 첨사 이순신李純信은 전날 남겨둔 일본군 배를 공격하기 위해 당항포에 갔다가 왜선 1척을 격파하고, 일본군 배에서 일본군 3040여 명이 피를 발라 서명한 '분군기分軍記(군대 편성 기록)'를 노획했다.

311   「당포에서 왜적을 쳐부순 일을 임금님께 보고하는 장계」에는 "대선 5척, 중선 2척"으로 나온다. 「문화재청본」에서는 '5'를 누락했다.

312   '우후'는 「충무공유사」에서 "우후 이몽구"로 나온다.

313   「당포에서 왜적을 쳐부순 일을 임금님께 보고하는 장계」에 따르면, 우후 이몽구 7급, 사도

8일[16일. 병신] 맑았다. 우수사(이억기)와 같이 의논했다. 바다 가운데에 머물러 정박했다.

9일[17일. 정유]314 맑았다. 곧바로 천성天城과 가덕加德에 도착했더니, 1척의 적선도 없었다. 두 번 세 번 거듭 수색해보았다. 군사를 되돌려 당포로 돌아와 밤을 보냈다. 새벽이 되기 전에 배를 출발했다. 미조항 앞바다에 도착했다. 우수사(이억기)와 이야기했다. 바로 파했다.

10일이구나.[18일. 무술]315 맑았다晴.316

1592년 6월 11일~8월 23일. 미기록 혹은 멸실 상태.317

첨사 김완 20급, 녹도 만호 정운 9급, 가리포 첨사 구사직은 2급, 여도 권관 김인영은 1급, 소비포 권관 이영남은 2급을 베었다. 총 41급이고, 이순신의 전라 좌수영 부대는 그 중 37급을 베었다.

314 이순신의 동생 이우신(여필)의 생일이다.

315 이 10일자는 「친필본」에서는 '初十日也 晴'로 나오는데, 「친필본」을 보면 이것은 10일 자체의 일기가 아니라, 전날인 9일 일기 끝의 '乃'와 연결된 것으로 보인다. 다만, 10일 일기가 독자적으로 보이는 것은 이것이 개행법을 사용했기 때문이다. 10일 일기를 9일 일기의 '乃'와 연결해 보면, 9일에 우수사와 이야기하다가 파했는데, 그때가 바로 10일이 되었다는 맥락인 듯하다. 이순신이 10일 새벽에 9일 일기를 쓰면서 뒤이어 10일의 날씨까지 쓴 듯하다. 그럼에도 이 번역본에서는 '晴' 한 글자를 기준으로 10일 일기로 분류했다.

316 「당포에서 왜적을 쳐부순 일을 임금님께 보고하는 장계」에 따르면, 이순신은 이날 6월 10일에 미조항 앞바다에서 전라 우수사 이억기와 경상 우수사 원균 등의 연합 함대를 해산하고 각기 자신의 진영으로 돌아갔다. 이순신·원균 연합 함대는 5월 29일 사천에서 일본군 13척을 격파하는 것을 시작으로, 6월 2일 당포에서 21척을 격파했고, 이억기가 합류한 뒤인 6월 5일 당항포에서 30척, 6월 7일 율포에서 8척, 총 72척을 격파했다. 사천에서는 거북선이 처음 출동했고, 이순신은 조총 철환에 어깨 관통상을 입었다. 전라 좌수군의 경우 전사 13명, 부상 37명이 발생했다. 이 전투 이후 일본군은 수군을 재편하여 웅포에 수군 기지를 설치하고, 수군 1군 사령관으로 와키자카 야스하루를 임명하고 군선 70척을 배치했고, 제2군에는 구키 요시타카, 제3군에는 가토 요시아키를 배치하고 조선 수군에 대응하기 시작했다. 조익趙翊(1579~1655)의 「진사일기辰巳日記」 1592년 6월 20일에서는 '들으니, 전라 수군절도사 이순신과 우수사 이억기, 경상 우수사 원균 등이 군대를 합쳐 거제 견내량에서 적선을 만나 크게 부수었다고 한다. 장쾌할 뿐만 아니라, 적이 처음에 바다와 육지에서 합세해 장차 힘을 합쳐 서쪽으로 내려올 계획이었으나, 이 한 번의 싸움으로 전세가 바뀌었다고 하니 이 어찌 하늘의 힘이 아니겠는가"라며 2차 출전의 의의를 기록하고 있다.

317 1592년 7월 4일~7월 15일까지는 「견내량에서 왜적을 쳐부순 일을 임금님께 보고하는 장계

4차[318]

8월 24일[양력 9월 29일, 신해][319] 맑았다. 아침을 객사 동헌에서 정 영공丁令公 (정걸)[320]과 마주해 먹었다. 곧바로 침벽정侵碧亭으로 옮겨 마주했다. 우수백 右水伯(전라 우수사 이억기)과 마주해 점심點心[321]을 먹었다. 정 조방丁助防(조방 장 정걸)[322]도 함께했다. 오후 4시에 배를 출발시켜 노질을 재촉했다. 노량露 梁 뒷바다[323]에 도착했다. 돌닻矴[324]을 내렸다. 밤 12시에 달을 타고乘月 배

見乃梁破倭兵狀」(1592년 7월 15일)의 기록으로 이순신의 활동을 알 수 있다. 7월 16일에는 「군량 을 필요한 곳으로 옮기기 위해 임금님께 보고하는 장계移劃軍糧狀」(1592년 7월 16일)를 작성했 다. 8월 1일~8월 8일, 8월 24일~9월 2일은 「부산에서 왜적을 쳐부순 일을 임금님께 보고하는 장계釜山破倭兵狀」(1592년 9월 17일)로 이순신의 활동을 알 수 있다.

318 "4차四度"는 1592년 8월 24일에 이순신이 네 번째로 출전한 것을 뜻한다. 「부산에서 왜적 을 쳐부순 일을 임금님께 보고하는 장계」(1592년 9월 17일)에 그 경과가 자세하다. 「부산에서 왜 적을 쳐부순 일을 임금님께 보고하는 장계」(1592년 9월 17일)의 「임진장초」의 제목도 「제4차 부산 포 승첩을 임금님께 보고하는 계본四度釜山浦勝捷啓本」으로 되어 있다.

319 이날 8월 24일 선조는 이순신을 정2품 하위 품계인 자헌대부에서 정2품 상급 품계인 정헌 대부에 제수했다(「정헌대부에 임명하는 교서授正憲大夫教書, 1592년 8월 24일」). 그러나 이순신이 9월에 쓴 여러 장계를 보면, 9월 중순까지 정헌대부에 임명한 교서를 받지 못한 듯하다.

320 '영공令公'은 정3품과 종2품 관직에 있는 사람에 대한 존칭이다. '영감令監'이라고도 한다.

321 『조선시대 사람들은 어떻게 살았을까 1』(한국역사연구회, 청년사, 2003, 234쪽)에 따르면 '점 심'은 본래 중국의 스님들이 새벽이나 저녁 공양 전에 문자 그대로 '뱃속에 점을 찍을 정도로' 간 단히 먹는 음식을 가리키는 말로 조선시대에도 먹어도 되고 먹지 않아도 되는 간식의 개념이었다 고 한다. 『난중일기』에서는 '點'으로 나오기도 한다. 현재의 세끼 기준의 점심 식사와 같은 푸짐한 점심 식사는 '晝飯'이라고 칭하며 점심과 구분했다. '中火'는 길을 가다가 먹는 점심을 뜻한다. 점 심이 간식 개념이었기에 이문건의 『묵재일기』 1545년 1월 15일에는 점심을 먹고, 그 후에 다시 오 점심午點心을 먹었다는 내용이 나온다. 1545년 윤1월 14일에는 오점심과 석점심夕點心, 1552년 9월 29일에는 "해 질 때 점심을 차렸기에 먹었다"는 내용이 나온다.

322 "정 조방(조방장 정걸)"의 '조방'은 '조방장'의 약칭이다.

323 「부산에서 왜적을 쳐부순 일을 임금님께 보고하는 장계」(1592년 9월 17일)에서는 '남해 경계 관음포觀音浦'로 나온다.

324 돌닻인 '矴'은 '나무닻碇'과는 다른 닻이다. 『난중일기』 「정유년 Ⅰ」 4월 12일에는 '나무닻'이 별도로 나온다. 『선조실록』 선조 39년(1606) 11월 14일에는 황해 감사 유몽인柳夢寅의 서장 내용

를 몰았다行船. 사천 모사랑포325에 도착했다. 동녘이 이미 밝았다. 새벽에 안개가 사방에 끼어 눈앞도 구별할 수 없었다.

25일[30일. 임자] 맑았다. 아침 8시에 안개가 걷혔다. 삼천三千 앞바다에 도착했다. 평산포 만호(김축)가 만나줄 것을 요청하는 공장空狀326을 바쳤다. 당포 언저리에 도착했다. 경상 우수백(경상 우수사 원균)과 배를 매어놓고 서로 이야기했다繫舟相話. 오후 4시에 당포에 정박해 묵었다. 밤 12시에 잠시 비가 내렸다.

26일[10월 1일. 계축] 맑았다. 견내량見乃梁에 도착했다.327 배를 머물게 했다. 우수백(이억기)과 이야기했다. 순천 부사(권준)도 도착했다. 저녁에 배를 옮겼다. 거제巨濟 경계328 각호사角呼寺 앞바다에 도착했다. 묵었다.

27일[2일. 갑인] 맑았다. 영嶺(영남) 우수백(우수사 원균)과 같이 의논했다. 배를 옮겼다. 거제 칠내도漆乃島에 도착했다. 웅천熊川 쉬(현감) 이종인329이 와

에 표류한 중국인 호유충胡惟忠의 배에 실려 있는 물건 중에 "수마석水磨石과 우리나라의 목정木碇(나무닻) 등이 있어 의심스러운 것 같다"는 기록이 나온다. 「문화재청본」에서는 '矴'을 '碇'로 보았다. '矴'과 '碇'은 이체자다.

325 '모사랑포'는 「당포에서 왜적을 쳐부순 일을 임금님께 보고하는 장계」에는 "사천 땅 모자랑포毛自郞浦", 「난중일기」 1593년 3월 22일 뒤에 기록된 1592년 5월 사천해전 경과가 기록된 편지 초고에는 "6월 1일, 고성 땅 모사랑포"로 나온다.

326 '공장'은 고을 수령이나 색리들이 감사·병사·수사를 정식으로 찾아가 만나기 전에 미리 전하는 관직명을 적은 문서다.

327 「부산에서 왜적을 쳐부순 일을 임금님께 보고하는 장계」(1592년 9월 17일)에서는 "26일에는 바람과 비가 교대로 일어 출발할 수 없었는데, 해 저문 뒤 거제도 자을우적資乙于赤에 이르러 밤을 틈타 몰래 건넜습니다"라고 해가 진 뒤에 출발했다고 한다.

328 「문화재청본」은 "거제 경계巨濟境"를 누락했다.

329 이종인李宗仁(1556~1593)은 조선 중기의 무신이다. 1580년 무과에 급제했다. 1583년 여진족 정벌에 참전했다. 1592년 4월, 임진왜란이 일어났을 때 경상 우병사 김성일의 아장牙將으로 금가면을 쓴 적장을 활을 쏘아 죽여 적을 후퇴하게 만들었다. 임진왜란 발생 후 웅천 현감 허일을 대신해 이 시기에 웅천 현감에 임명되었던 듯하다. 1593년 4월 김해 부사에 임명되었다. 1593년 7월 진주성 전투에 참전했다가 전사했다. 이순신도 참전했던 1588년 1월, 여진족 토벌작

서 이야기했다. 들으니, "왜를 벤 것이 35급"이라고 했다. 해 질 무렵 제포

濟浦[330]를 건너 서쪽 원포院浦[331]에 이르니, 이미 밤 10시였다. 묵었다. 서풍

이 차갑게 불었다. 나그네 마음이 불편했다客思不平. 이날 밤, 꿈도 많이 어

지러웠다.

　　28일[3일, 을묘] 맑았다. 새벽에 앉아 꿈을 기억해보았더니, 처음에는 운수

가 나쁜 듯했으나, 도리어 운수가 길했다.[332] 가덕에 도착했다.

　　1592년 8월 29일~12월 29일. 미기록 혹은 멸실 상태, 12월 29일은 1592년 마지

　　막 날짜.[333]

전인 시전부락 전투 상황을 그린 「장양공정토시전부호도」에는 '호구도장虎衄都將 전 현감 전주인
全州人'으로 좌위 부대에 참전했다. 당시 이순신은 우위에서 우화열장으로 참전했다.

330　"제포"를 다른 일기에는 "薺浦"로 썼다. 대부분 "薺浦"로 나온다.

331　"제포를 건너 서쪽 원포"의 원문은 "暮渡濟浦西院浦"다. 대부분의 번역본에서 "제포와 서
원포西院浦를 건너"로 번역하고 있다. "원포"를 "서원포"로 보고 있다. 그러나 「부산에서 왜적을
쳐부순 일을 임금님께 보고하는 장계」(1592년 9월 17일)에서는 "제포薺浦 뒷바다에 있는 원포에서
밤을 보냈다"고 나온다. 1593년 2월 18일에도 원포가 나온다. 또한 "제포 뒷바다에 있는 원포"는
제포를 기준으로 보면 서쪽에 있다. 때문에 "서원포"가 아니라, "서쪽의 원포"로 보아야 한다.

332　8월 27일과 28일의 꿈 기록은 「정유년(1597년) Ⅱ」 9월 13일 일기에 "꿈에 특별한 것이 있었
다. 임진壬辰(1592년)에 크게 승리大捷했을 때와 거의 같았다. 이것이 무슨 조짐인지 모르겠다"라
고 언급된다. 8월 27일과 28일은 이순신의 4차 출전 때로 9월 1일의 부산대첩 직전이다.

333　8월 29일~9월 2일은 「부산에서 왜적을 쳐부순 일을 임금님께 보고하는 장계」에서 이순신
의 활동을 알 수 있다. 8월 29일 장림포해전, 9월 1일 화준구미·다대포·서평포·절영도 해전, 부
산대첩이 있었다. 9월 10일에는 「포위당했던 왜적이 도망쳐 돌아간 일을 임금님께 보고하는 장계
被圍倭兵逃還狀」(1592년 9월 10일), 9월 11일에는 「녹도 만호 정운을 이대원 사당에 함께 배향해
주시기를 임금님께 청하는 장계請鄭運追配李大源祠狀」(1592년 9월 11일), 9월 17일에는 부산대
첩 장계, 9월 18일에는 「각종 종이를 봉해 올려 보내는 일을 임금님께 보고하는 장계封進紙地
狀」(1592년 9월 18일), 9월 25일에는 「전쟁을 위한 곡식을 꾸려 보내는 일을 임금님께 보고하는
장계裝送戰穀狀」(1592년 9월 25일), 12월 10일에는 「나라에 대한 의무를 하지 않은 사람의 죄를
가족과 친척에게 연대 책임을 지우는 것을 면제하라는 명령'을 취소해주시기를 임금님께 청하는
장계請反汗一族勿侵之命狀」(1592년 12월 10일), 12월 25일에는 「전쟁을 위한 곡식과 방물 진상품
을 꾸려 보내는 일을 임금님께 보고하는 장계裝送戰穀及方物狀」(1592년 12월 25일)를 작성했다.

1593년(계사년)
「친필본」

1593년 1월 1일~1월 30일. 미기록 혹은 멸실 상태. 30일은 1월 마지막 날짜.[1]

◎ **1593년 2월**

계사(1593년) 2월은 크게 길하다.[2]

2월 1일 계축

1 1593년 1월 22일에는 「왜적이 돌아갈 길을 끊고 죽이라」는 임금님의 분부를 받았음을 보고하는 장계」(1593년 1월 22일), 1월 25일에는 「왜적이 돌아갈 길을 막고 바다 싸움으로 남김없이 죽여 나라의 수치를 씻으라」는 임금님의 분부를 받았음을 보고하는 장계」(1593년 1월 25일), 1월 26일에는 「유황을 내려 주시기를 임금님께 청하는 장계請賜硫黃狀」(1593년 1월 26일)와 「의승병을 나누어 보내 요해처를 경계하고 지키게 한 일을 임금님께 보고하는 장계分送義僧把守要害狀」(1593년 1월 26일), 「떠도는 백성을 돌산도에 들어가 살게 하고 논밭을 갈고 씨를 뿌릴 수 있도록 명령을 내려주시기를 임금님께 청하는 장계請令流民入接突山島耕種狀」(1593년 1월 26일)를 작성했다. 1월 30일은 「바다와 육지의 장수들이 웅천을 곧바로 공격하도록 임금님께 청하는 장계令水陸諸將直擣熊川狀」(1593년 2월 17일)에 따르면, 일본군을 공격하기 위해 출전한 날이다.
2 "계사(1593년) 2월은 크게 길하다"의 원문은 "昭陽大荒落令月大吉"이다. 이 부분은 1593년 2월 1일 정식 일기 전 쪽에 있는 메모 형태다. '昭陽'과 '大荒落'은 고갑자로 각각 '癸'와 '巳'이고, 이는 계사년(1593년)을 뜻한다. "令月大吉"에서 '令月'은 음력 2월의 다른 명칭이고, 2월은 길한 달이라고 한다. 그래서 "2월은 크게 길하다"로 쓴 것이다. 1월은 端月, 3월은 嘉月, 4월은 陰月이라고 부르기도 한다. 그런데 다른 해 2월을 살펴보면, 1593년 2월처럼 기록한 경우는 없다.

2월 2일 갑인3

계사 **2월 1일**[양력 3월 3일, 병술]4 비가 내내 계속 내렸다. 발포 만호(황정
록)5와 여도 권관(김인영)6, 순천 부사(권준)가 와서 만났다. 발포 진무 최이
崔已7가 군율을 위반한 죄를 다시 범했기에 처형했다.8

2일[4일, 정해]9 늦게 맑아졌다. 녹도의 임시 장수假將(윤사공)10와 사도 첨사

3 "2월 1일 癸丑 2월 2일 갑인"은 위의 "昭陽大荒落令月大吉"처럼 1593년 2월 1일 정식 일기 전
쪽에 있는 메모 형태다. 간지干支를 썼다가 삭제했다.

4 "계사 2월"의 원문은 "昭陽大荒落令月 乙卯"이다. '乙卯'는 '令月', 즉 1593년 2월의 월 간지다.

5 황정록黃廷祿(?~?)은 조선 중기의 무신이다. 발포 만호를 거쳐 1600년에 전라 우수사, 용천
군수·황해도 병마절도사·덕원 부사·강계 부사·원주 목사를 역임했다. 『선조실록』 선조 29년
(1596) 6월 12일에 따르면, 1596년 봄에 발포 만호에서 교체된 듯하다.

6 김인영金仁英(?~?)은 전남 보성 출신의 무신이다. 1592년에는 여도 권관으로 옥포해전에서
는 좌척후장, 당항포해전에서는 우별도장으로 활약했다. 한산대첩 이후 당항포해전까지는 척후
장으로 참전했다. 공로에 비해 포상이 내려오지 않자 이순신은 김인영을 위해 포상을 요청한 장
계, 「여도 만호 김인영에게 상을 주시기를 임금님께 청하는 장계請賞呂島萬戶金仁英狀」를 써서
포상을 요청할 정도로 공로가 많았다. 1597년 명량대첩에도 참전했다.

7 "최이"를 「문화재청본」, 「편수회본」에서는 "최기崔己"로 보았다.

8 "발포 진무 최이가 군율을 위반한 죄를 다시 범했기에"의 원문은 "鉢浦鎭撫崔已 再犯軍律"이
다. 「편수회본」에서는 "鉢浦鎭撫崔已, 再犯軍律"로 '최기崔己'로 보았다. 홍기문은 "최이재崔已再
가 군율을 범해서", 설의식은 "발포 진무 최이가 두 번이나 군율을 범하였기", 이은상은 "발포 진
무 최이가 두 번이나 군법을 범했으므로"라고 번역했다.

9 이순신의 「왜적이 돌아갈 길을 끊고 죽이라'는 임금님의 분부를 받았음을 보고하는 장계」
(1593년 1월 22일)와 「왜적이 돌아갈 길을 막고 바다 싸움으로 남김없이 죽여 나라의 수치를 씻으
라'는 임금님의 분부를 받았음을 보고하는 장계」(1593년 1월 25일)에 따르면, 선조가 이순신에게
웅천 출전을 명령했고, 그에 따라 2월 2일 출전했다. 「바다와 육지의 장수들이 웅천을 곧바로 공
격하도록 임금님께 청하는 장계水陸諸將直擣熊川狀」(1593년 2월 17일)에 따르면 1월 30일에 출
전하려다 바람이 심해 연기했고, 이날 웅천으로 출전했다.

10 「부산에서 왜적을 쳐부순 일을 임금님께 보고하는 장계釜山破倭兵狀」(1592년 9월 17일)에서
는 녹도 만호 정운이 부산대첩에서 전사하자 이순신이 윤사공尹思恭을 임시 녹도 만호로 정했
다는 기록이 나온다. 그러나 「수군에 소속된 고을의 수령들을 바다 싸움에 전속시켜주기를 임금
님께 청하는 장계請舟師屬邑守令專屬水戰狀」(1593년 4월 6일)에서는 송여종이 녹도 만호로 나온
다. 송여종이 녹도 만호로 임명되기 전까지 윤사공이 대신했던 듯하다.

(김완), 흥양 현감(배흥립) 등의 배가 들어왔다. 낙안 군수(신호)도 왔다.

　3일[5일. 무자] 맑았다. 여러 장수가 정확히 모였으나, 보성 군수(김득광)는 도착하지 않았다. 동쪽 상방上房[11]으로 나가 좌기했다. 순천 부사(권준)와 낙안 군수(신호), 광양 현감(어영담)과 한동안 의논하고 약속했다. 이날 영남嶺南에서 옮겨온 향화인向化人[12] 김호걸金浩乞과 나장 김수남金水男 등은 '명부에 기재된 수군 80여 명이 도망갔다'고 보고했으면서도 많은 뇌물을 받고는 붙잡아오지 않았다. 그래서 군관 이봉수와 정사립鄭思立[13] 등을 몰래 파견해 70여 명을 찾아 붙잡아 각 배에 나누어 배치했다. 호걸과 김수남 등은 곧바로 그날 처형했다. 저녁 7시부터 비바람이 크게 불었다. 여러 배를 간신히 보호했다.

　4일[6일. 기축] 늦게 맑아졌다. 성 동쪽 편이 9발(9제곱미터)이나 무너졌다. 객사 동헌으로 나가 좌기했다. 저녁 6시에 비가 크게 내렸다. 밤새 그치지 않았다. 바람도 아주 사나웠다. 각 배를 간신히 보호했다.

11　"상방"은 유희춘의 『미암일기』 1573년 12월 21일와 이탁영의 『정만록』 1592년 5월 21일, 오희문의 『쇄미록』 1593년 6월 19일의 기록을 보면, 공통적으로 관청에 있는 상방을 이야기하고 있다. 이날 일기 속 상방은 관청마다 있던 특정한 건물로 숙박도 할 수 있었던 방 혹은 관청의 최고 책임자가 직무를 보던 방으로 볼 수도 있다.

12　향화인은 여진족이나 일본인 등의 이민족으로 귀화한 사람이다. 『경국대전주해』에는 "향화向化는 바로 왜·야인野人으로 우리나라에 귀화한國投化한 자"로 정의되어 있다. 향화인은 향화를 한 사람이다. 일본인 향화자는 조선시대는 물론이고 고려시대에도 있었다. 한문종의 연구에 따르면, 향화왜인에 대한 최초 기록은 999년(고려 목종 2)에 일본인 20호가 귀화하자 이천군에 살게 했다는 것이다(한문종, 「조선전기 향화·수직왜인 연구」, 국학자료원, 2001, 23쪽)

13　정사립(1564~?)은 조선 중기의 무신이다. 훈련원 주부로 임진왜란 때 이순신 막하에 종군했다. 형 정사준, 동생 정사횡, 조카 정빈, 정선도 이순신 막하에서 활약했다. 정사준은 특히 조총 개발에 기여해, 이순신이 그 공로를 선조에게 장계로 보고하기도 했다. 윤휴의 『백호전서』 「제장전諸將傳」에 따르면, 문재文才가 뛰어나 글을 잘 지었다고 한다. 『난중일기』에는 이순신이 정사립을 시켜 글을 정서하게 하는 모습도 나온다.

5일[7일. 경인] 경칩驚蟄[14]이기에 둑제纛祭[15]를 지냈다. 비가 퍼붓는 듯 내렸다. 늦게 맑아졌다. 아침을 먹은 뒤, 대청 가운데로 나갔다. 보성 수守(군수 김득광)가 밤새 육지로 달려왔다. 마당에 붙잡아놓고 '기한을 넘긴 죄後期之罪'[16]를 조사하기 위해 심문했더니, "순찰사巡察使(권율)[17]와 도사 등이 명나라 군사天兵에게 물품과 음식물을 제공하는 차사원差使員[18] 임무를 주어 강

---

14 경칩은 우수雨水 다음의 절기로, 양력으로는 3월 6일경부터 춘분春分(3월 21일경) 전까지다. 날씨가 따뜻해서 초목의 싹이 돋고, 동면하던 동물이 땅속에서 깨어 꿈틀거리기 시작한다는 뜻이다.

15 둑제를 지내고 이튿날인 2월 6일 이순신의 수군은 다시 출전했다. 둑제는 군대가 출전하기 전이나, 봄의 경칩과 가을의 상강霜降에 군대에서 군령권을 상징하는 둑纛에 제사를 지내는 것이다. 둑은 대장 앞에 세우는 깃발로 큰 삼지창에 붉은 삭모槊毛를 매어놓은 것으로, 전쟁의 신 치우를 상징한다. 출전 전의 둑제의 경우에는 둑제를 지낸 뒤에 장수와 군사를 모아놓고 군령을 전하는 군령식을 거행했다. 『난중일기』에서 둑제의 다른 기록은 1594년 9월 8일, "9일에 치를 둑제를 위해 재계했다"는 기록이 있다. 9월 9일의 둑제는 가을철이 상강에 지내는 둑제다. 또한 1595년 9월 20일의 둑제도 상강 때의 둑제다.

16 「기한을 넘긴 죄」는 이순신이 부하 장수들을 처벌했던 주요한 사유 중 하나다. 이순신의 장계, 「바다와 육지의 장수들이 웅천을 곧바로 공격하도록 임금님께 청하는 장계水陸諸將直擣熊川狀」(1593년 2월 17일)에 따르면, 1월 30일에 출전하려다 바람이 심해 연기해 2월 2일에 출전했다.

17 권율權慄(1537~1599)은 조선 중기의 문신 겸 무신이다. 시호는 충장忠莊이다. 1582년 문과 식년시에서 급제했다. 승문원 정자·전적을 거쳐, 1587년 전라도 도사, 1588년 예조 정랑·호조 정랑·경성 판관, 1591년 의주 목사에 임명되었다. 1592년 임진왜란이 일어나 서울이 함락당한 뒤에 전라도 순찰사 이광과 방어사 곽영이 4만여 명의 군사를 모집할 때, 광주 목사로서 곽영의 휘하에 들어가 중위장으로 참전했다. 그 후 남원에 주둔해 1000여 명의 군사를 모아 금산 이치 전투에서 왜장 고바야카와 다카카게小早川隆景의 정예부대를 대파하고 전라도 순찰사로 승진했다. 또 북진 중에 수원의 독왕산성에서 우키타 히데이에宇喜多秀家 부대를 격퇴했다. 1593년에는 행주산성에서 3만 명의 일본군과 싸워 승리했고, 공로로 1593년 6월 7일에 김명원을 대신해 도원수에 임명되었다. 탈영병을 처형했다는 이유로 파직되었다가 한성 판윤에 임명되었고, 1596년에는 충청도 순찰사에 임명되었고, 곧이어 다시 도원수가 되었다. 1597년 정유재란 때는 명나라 제독 마귀麻貴와 함께 울산 전투에 참전했다. 1599년 노환으로 관직을 사임했다.

18 차사원은 다양한 특수 임무를 수행하기 위해 임시로 차출·임명된 정3품 이하의 당하관 관리다. 이순신도 차사원을 했었다. 1589년 45세에 전라 순찰사 이광의 군관 겸 조방장이었다가 11월에 차사원으로 상경했고, 곧이어 선전관에 임명되었으며, 12월에는 정읍 현감에 임명되었다.

진·해남 등의 고을로 불려갔다"고 했다. 이 또한 공무였기에, 대장과 도훈 도[19], 색리 등의 잘못만 따졌다. 이날 저녁, 서울 친구 이언형李彦亨의 이별 잔치로 술잔을 나눴다.

6일[8일. 신묘] 아침부터 흐렸다가 늦게 맑아졌다. 밤 2시에 첫 소라를 불고 初吹,[20] 동틀 무렵에 두 번째와 세 번째 소라를 불었다二吹三吹. 배를 띄우고 돛을 걸었다.[21] 낮 12시쯤에 역풍이 잠깐 불었다. 해 질 무렵 사량에 도착했 다. 묵었다.

7일[9일. 무오 임진] 맑았다. 새벽에 출발했다. 곧바로 견내량에 도착했다. 우 수사 원평중元平仲(원균)[22]은 이미 먼저 도착해 있었다. 함께 서로 이야기했 다. 기숙흠奇叔欽(남해 현령 기효근)[23]이 와서 만났다. 이영남李英男[24]과 이여념

---

19 "도훈도"를 「문화재청본」은 "都訓都"로 보았다. 오자다.

20 "첫 소라를 불고"의 원문은 "初吹"이다. "첫 번째 각(소라)을 부는 것"이다. 『난중일기』의 당 포해전과 관련된 메모, 1593년 3월 일기 이후에 나오는 메모에서 '부는 도구'로 '나각螺角'이 나온 다. 또한 명량해전 전후 일기에서는 "각角(소라)"으로 나오기도 한다. 정탁의 『용사일기』 1592년 9월 3일 이후의 「부附」에도 나각이 나온다. 또한 같은 일기 1593년 1월 7일자에 나오는 도원수의 긴급 보고문에는 "행군 절차는 당일 사경四更에 초취初吹(첫 소라를 불다)해 미명시未明時에 출 동할 것"이라는 내용이 있다. 이로 보면, 출동할 때 처음에 부는 첫 소라 신호를 초취라고 하는 듯하다.

21 「바다와 육지의 장수들이 웅천을 곧바로 공격하도록 임금님께 청하는 장계水陸諸將直擣 熊川狀」(1593년 2월 17일)에 따르면 2월 2일 전라 좌수영을 출발했으나, 날씨가 좋지 않았다. 「왜 적을 무찌른 일을 임금님께 보고하는 장계討賊狀」(1593년 4월 6일)에 따르면, 2월 6일에야 경상도 로 출전했고, 4월 3일에 전라 좌수영으로 돌아왔다.

22 평중平仲은 경상 우수사 원균의 자다.

23 기효근(1542~1597)은 조선 중기의 문신 겸 무신이다. 자는 숙흠叔欽이다. 1590년 남해 현령 에 임명되었고, 임진왜란이 일어난 뒤 원균 막하에서 활약했다. 1597년 정유재란 때 병으로 사 직하고 고향으로 돌아가는 길에 적병을 만나 어머니와 함께 바다에 몸을 던져 자결했다고 한다.

24 이영남(1563~1598)은 조선 중기 무신이다. 18세에 무과에 급제했고, 1591년 가덕 첨사, 1592년 경상 우수사 원균 막하의 소비포 권관으로 원균-이순신 연합함대를 구성하는 데 공로 를 세웠다. 옥포해전에서는 일본군 전선 5척을 불태워 없앴다. 1593년 2차 당항포해전에서는 좌 선봉장으로 참전했다 이순신과의 친밀한 관계로 인해 원균에게 미움을 받아 장 30대를 맞기도

李汝恬[25]도 왔다.

8일[10일, 커버 계사] 맑았다. 아침에 영남 우수백(우수사 원균)이 배로 왔다. "전라全羅 우수백(우수사 이억기)이 '기한을 넘겨 기회를 잃었다'며 심하게 비난했다. 지금 즉각 먼저 출발하겠다"고 했다. 나는 힘써 멈추게 하고 기다리게 하면서, "오늘 낮에는 마땅히 도착할 것"이라고 약속했다. 낮 12시쯤에 정말로 돛을 펼치고 와서 만났다. 모두들 멀리서 바라보고 기뻐하며 날뛰지 않는 사람이 없었다. 기뻐 날뛰었는데, 이끌고 온 것이 40척이 채 안 되었다.[26] 바로 이날 오후 4시에 배를 출발했다. 저녁 8시에 온천도溫川島[27]에 도착했다. 본영(전라 좌수영)에 편지를 보냈다.

9일[11일, 갑오] 첫 번째와 두 번째 소라를 불었다初吹二吹. 다시 날씨를 자세히 살펴보았더니, 많은 비가 내릴 징후였다.[28] 그래서 출발하지 않았다. 큰 비가 내내 내렸다. 그대로 머물렀다. 출발하지 않았다.

10일[12일, 을미] 아침부터 흐렸다가 늦게 맑았다. 아침 6시에 배를 출발했다. 곧바로 웅천의 웅포熊浦로 갔더니, 적선들이 전처럼 열을 지어 정박해

했다. 1598년에는 가리포 첨사로 노량해전에 참전했다가 전사했다.
25 이여념(1561~?)은 조선 중기의 무신이다. 1584년 무과 별시에서 급제했다. 임진왜란 당시 사량 만호로 첫 해전인 옥포해전부터 경상 우수영 소속 원균 막하 장수로 참전했다. 이순신의 「당항포에서 왜적을 쳐부순 일을 임금님께 보고하는 장계唐項浦破倭兵狀」(1594년 3월 10일)에도 사량 만호로 나온다.
26 「바다와 육지의 장수들이 웅천을 곧바로 공격하도록 임금님께 청하는 장계水陸諸將直擣熊川狀」(1593년 2월 17일)과 「왜적을 무찌른 일을 임금님께 보고하는 장계討賊狀」(1593년 4월 6일)에 따르면, 이순신은 2월 7일 거제 견내량에 도착해 원균을 만나고, 8일에 이억기 부대가 합류했다. 그 뒤 4월 3일 해산해 전라 좌수영에 돌아올 때까지 경상도 바다에 있었다.
27 "온천도"를 「편수회본」에서는 "칠천도"로 주석했다.
28 유중림의 「증보산림경제」에 따르면 햇무리가 지거나 해 뜰 때 먹구름이 가려 어둡거나, 봄에 남풍이 불거나 여름에 북풍이 불거나 하면 비가 온다고 한다. 「난중일기」에는 이날의 날씨 예측처럼 비가 내릴 징후에 따라 실제로 비가 내린 사례들이 나온다.

있었다. 거듭 유인했으나再度誘引, 이미29 겁을 먹고 있었다. 우리 군사가 나아갔다 돌아왔다 했으나 끝내 붙잡고 다 죽이지 못했다. 원통하고 분했다. 원통하고 분했다.30 밤 10시에 영등 뒤를 돌아 소진포蘇秦浦로 들어가 정박하고 밤을 보냈다. 바로 병신일丙申日(11일)이었다. 아침에 순천31 탐후선探候船32이 돌아가기에 본영(전라 좌수영)으로 편지를 썼다.

11일[13일, 병신] 흐렸다. 군사를 쉬게 했다. 그대로 머물렀다.

12일[14일, 정유]33 아침부터 흐렸다가 늦게 맑았다. 새벽에 삼도가 한꺼번에 출발했다. 한달음에 웅천의 웅포에 이르니, 적의 무리는 어제와 같았다. 나가고 물러나며 유인했으나進退誘引, 끝까지 바다로 나오지 않았다. 두 번이나 쫓아갔으나 모두 붙잡아 없애지 못했으니 어찌하랴. 어찌하랴. 원통하고 분했다. 원통하고 분했다. 이날 저녁에 도사가 우후(이몽구)에게 공문을 보냈는데, "명나라 장수天將에게 주기 위한 군대 물품이 부과되었다"고 했다. 저녁 8시에 칠천漆川34에 도착했더니, 비가 크게 내렸다. 밤새 그치지 않았다.

13일[15일, 무술] 비가 계속 퍼부었다. 저녁 8시에 그쳤다. 무찌르기 위해 토

---

29 "이미曾"를 「문화재청본」 「이충무공전서」에서는 '曾'으로, 「편수회본」 「박혜일·최희동본」은 '爭'으로 보았다. 그런데 「친필본」을 보면, 1593년 2월 14일의 "曾祖艮"의 '曾'과 비슷하다. 이 번역본에서는 '曾'으로 보았다.

30 「왜적을 무찌른 일을 임금님께 보고하는 장계討賊狀」(1593년 4월 6일)에 따르면, 이날인 2월 10일, 12일, 18일, 20일, 22일, 28일, 3월 6일, 3월 22일에 일본군을 공격했다.

31 "아침에 순천朝順天"을 「문화재청본」은 누락했다.

32 탐후선은 출전한 부대와의 연락을 위해 왕래하는 배다.

33 이날 전라도 순찰사 권율은 서울 탈환을 위한 교두보였던 행주산성에서 승병 500명을 포함한 2500명으로 일본군 3만 명과 대적해 승리했다.

34 "칠천七川"을 「편수회본」에서는 "칠천도"로 주석했다.

의할 일로35 순천 부사(권준)와 광양 현감(어영담), 방답 첨사(이순신)를 불러 이야기했다. 정담수鄭聃壽(어란포 만호)36가 와서 만났다. 궁전장 대방大邦과 옥지玉只37 등이 되돌아갔다.

14일[16일, 기해] 증조부님(이거)의 제삿날이다. 맑았다. 이른 아침에 영(전라 좌수영) 탐후선이 왔다. 아침을 먹은 뒤 삼도가 모여 약속할 때, 영남 수백 (수사 원균)은 병에 걸려 참석하지 못했다. 홀로 전라 좌左(좌도)·우右(우도)의 여러 장수와 모여 약속했다. 다만 우후(이몽구)가 술을 마시고 함부로 말을 했다. 그 기막힌 모양을 어찌 다 말하랴. 어란於蘭 만호 정담수와 남도포南 桃浦 만호 강응표姜應彪도 같았다. 이처럼 대규모의 적을 맞아 무찌르기 위 해 약속하는 때인데, 어지럽게 마신 것이 이러니, 그들의 사람됨은 더 말할 필요도 없구나. 원통하고 분한 것을 이길 수 없었다. 원통하고 분했다. 저 녁에 파하고 진을 친 곳으로 돌아왔다. 가덕 첨사 전응린田應麟38이 와서 만

35 "무찌르기 위해 토의할 일로"의 「문화재청본」은 "以議討事"이나, 「편수회본」, 「박혜일·최희동 본」은 '以討議事'이다. 「친필본」도 '以討議事'이다. 「문화재청본」은 글자 위치가 바뀌었다. 오자다.
36 정담수(1550~1604)는 조선 중기의 무신이다. 경기도 평택시 팽성읍 근내리에서 출토된 「鄭 聃壽墓表」(1899)에 따르면, 훈련 판관·전라도 어란포 만호를 역임했다. 이순신 막하에서 좌응양 장으로 활약했다.
37 이날 일기에서 옥지는 궁전장 대방과 함께 언급되고 있는데, 다른 날에도 전箭(화살)을 만들 어 바치는 장면이 나온다. 궁전장은 활과 전을 만드는 장인이다.
38 전응린은 가덕진 첨사로 1592년 4월 13일 응봉 봉수 감고 이등과 연대 감고 서건 등에게 일 본군의 출현을 보고받고, 이를 경상 우수사 원균과 경상 좌수사 박홍에게 최초로 긴급히 보고한 인물이다. 「선조실록」 선조 25년(1592) 6월 28일에 따르면, 전쟁 발발후 진주에 머물던 경상 우도 초유사 김성일 앞에 나타났고, 김성일은 전응린에게 곽재우와 함께 정암진을 방어하라고 했다고 한다. 「편수회본」, 「문화재청본」, 「박혜일·최희동본」은 모두 '田應獜'으로 보았다. '麟(기린 린·인)'과 '獜(튼튼할 린·인)', 부수 '犭'와 '鹿'의 차이다. 「친필본」에서는 '獜'으로 보이나, 초서로 쓸 때, 부수 '鹿'를 '犭'로 쓰기도 했던 듯하다. 그러나 1598년 일기 중의 메모에 있는 "千總文麟"의 '麟'은 다른 '獜' 자와 달리 분명히 '麟'으로 쓴 경우다. 이 번역본에서 '田應獜'을 전응린田應麟으로 보는 이유 는 이순신의 「왜적 출현 경보에 따른 비상사태에 대비하는 일을 임금님께 보고하는 장계(1)」 속 "가덕진 첨절제사 전응린田應麟", 「선조실록」 선조 25년(1592) 6월 28일, 경상 우도 초유사 김성

낫다.

15일[17일. 경자] 아침에 맑았다. 저녁에 비가 내렸다. 날씨는 부드럽고 따뜻했다. 바람도 불지 않았다. 베로 만든 과녁帿을 걸고 활을 쏘았다.[39] 순천 부사(권준)와 광양 현감(어영담), 사량 만호 이여념과 소비포所非浦 권관 이영남, 영등 만호 우치적禹致績[40]도 왔다. 이날 순사(순찰사 권율)의 공문이 왔다. "명나라 조정天朝에서 또 수군을 파견하니, 미리 알고 대처하라"고 했다. 또한 순사(순찰사) 영리營吏[41]의 고목告目[42] 안에는, "명나라 군사가 2월 1일, 서울에 들어가 적의 무리[43]를 모두 다 죽였다"고 했다. 해 질 무렵 원

일이 보고한 내용의 "가덕 첨사 전응린田應麟", 「친필본」을 판독한 『이충무공전서』 속 같은 날 일기도 "전응린田應麟"이기 때문이다. 게다가 「친필본」의 '獜'으로 보이는 글자의 여러 사례를 『이충무공전서』에서는 모두 '獜'이 아니라, '麟'으로 보았다. 이 번역본에서는 「편수회본」, 「문화재청본」에서 '獜'으로 판독한 글자를 장계와 실록, 『이충무공전서』를 기준으로 '麟'로 보았다. '魚應獜'은 '魚應麟'으로, '玄德獜'은 '玄德麟'으로, '文獜壽'는 '文麟壽'로, '金德獜'은 '金德麟'으로 보았다.

39 『승정원일기』 인조 3년(1625) 8월 21일의 「과녁의 규례에 대해 보고하는 병조의 계」에 따르면, 과녁의 거리는 후전帿箭은 문신은 140보, 무신은 150~160보, 철전은 130보라고 한다.

40 우치적(1560~1628)은 조선 중기의 무신이다. 1592년 영등포 만호가 되었다. 임진왜란 발발 직후 원균 지휘 하에 적선 10여 척을 부수는 데 공을 세웠다. 이순신과 원균 연합함대에서 선봉장으로 돌격해 일본 전선에 올라가 일본군과 싸웠다. 1596년, 순천 부사에 임명되었다. 1597년 칠천량해전에 참전해 원균과 함께 탈출하려 원균은 전사했고, 우치적은 구사일생으로 살아 돌아왔다. 1598년 노량해전에도 참전했다. 1611년에는 삼도 수군통제사에 임명되었다. 정경운의 『고대일록』 1593년 10월 7일에는 "거창 수령으로 우치적이 부임했다"는 내용이 나온다. 『선조실록』 선조 27년(1594) 6월 17일에는 거창 현감 우치적을 파직시켰고, 『선조실록』 선조 29년(1596) 12월 22일에는 순천 부사에 임명하는 내용이 나온다.

41 영리는 오종록의 『여말선초 지방군제 연구』에 따르면, 병영에 속한 아전의 한 부류로 병마절도사가 관할하는 각 고을의 향리가 역을 지며 그 직무를 담당했다고 한다(오종록, 『여말선초 지방군제 연구』, 국학자료원, 2014, 160~161쪽). 수사가 관할하던 수영에도 영리가 있었다.

42 고목은 중앙 관청의 서리 및 지방 관아의 향리가 상관에게 공적인 일을 알리거나 문안할 때 올리던 간단한 문서 혹은 아랫사람이 윗사람에게 쓰는 보고서나 편지를 뜻하기도 한다. 『난중일기』 1593년 2월 24일 일기에는 "牌字"로도 나온다.

43 "적의 무리"의 원문은 "賊徒"이다. 「편수회본」, 「박혜일·최희동본」도 '賊徒', 「친필본」을 보아도 같다. 그러나 「문화재청본」은 "賊倭"이다. 1593년 2월 18일의 '倭'와 '徒'를 비교해도 이날 일기

평중 영공元平仲 令公(원균)이 와서 만났다.

16일[18일, 신축] 맑았다. 아침 늦게 큰 바람이 불었다. 들으니, "정 상鄭相(정철)[44]이 사은사[45]가 되어 서울[46]로 간다"고 했기에, 노비단자路費單子[47]를 정원명鄭元明에게 부쳐 보냈다. 지녔다가[48] "그 <s>사使(사은사)의</s> 행차하는 일에 전달하라"고 일러 보냈다. 오후에 우수백(이억기)이 와서 만났다. 같이 식사를 하고 갔다. 순천 부사(권준)와 방답 첨사(이순신)도 와서 만났다. 밤 10시에 신

는 '倭'가 아니라 '徒'이다. 오자다.

44　"정 상(정상)"을 홍기문은 "령의정"이라고 했고, 주석에 "령의정은 곧 정철"이라고 보았다. 이은상은 "영의정(*정철)"이라고 했다. '相'은 성이나 직위 뒤에 붙여 그 직위가 각료閣僚임을 나타내는 말로 '정승'을 뜻한다. 영의정은 영상領相·수상首相, 좌의정은 좌상左相, 우의정은 우상右相, 체찰사는 체상體相으로 약칭으로 표현하기도 한다. "정 상"은 당시 도체찰사였던 정철이다. 정철은 1589년 우의정, 1590년 좌의정을 역임했고, 1592년 7월 21일에는 충청·전라 도체찰사에 임명되었다. 때문에 '相'은 우의정과 좌의정을 역임했기에 '정승', 혹은 체찰사직에 있었기에 체찰사를 호칭하는 것으로 볼 수 있다. 영의정이라고는 볼 수 없다. 오희문의 『쇄미록』 1592년 8월 27일에는 "정 상공 철鄭 相公 澈이 이제 충청과 호남의 체찰사에 임명"되었다는 기록도 있다. 『난중일기』에는 "정 상"과 같은 사례로 "류 상柳相"이 있다. '정승 류성룡'을 지칭하는 표현이다. 도체찰사 정철은 『선조실록』 선조 26년(1593) 1월 11일 기록에 따르면, 그날 사은사謝恩使에 임명되었다. 도체찰사는 정1품, 체찰사는 종1품이다. 사은사에 임명된 정철 대신 류성룡이 도체찰사에 임명되었다.

45　사은사는 조선이 사대관계에 있는 명·청에 보냈던 사절단의 한 종류다. 특히 명·청이 조선에 도움을 준 경우, 감사의 뜻을 전하기 위해 파견했던 사절이다.

46　"서울"의 원문은 "京"이다. 홍기문과 이은상 등을 비롯한 대부분의 번역본에서는 명나라의 수도인 "북경北京"으로 보았다. 그러나 『난중일기』에서 "京"은 명나라 수도 북경이 아니라 조선의 서울, 즉 경성京城이다. 정경운의 『고대일록』 1593년 2월 25일에 따르면, "체찰사 정철이 사은사로 경성으로 부임함에 따라 풍원부원군 류성룡이 대신 체찰사가 되었다"고 나온다. 조익의 『진사일기』 1593년 2월 6일에는 체찰사(정철)가 전통을 보내 임금이 사은사로 임명하고 급히 올라오라고 했다고 했고, 체찰사가 가까운 날에 강화를 향해 출발할 것이라는 기록이 나온다. 북경은 명나라 태종(영락제, 재위 1402~1424)이 1421년 북평北平으로 수도를 옮기면서 북경이 되었다.

47　노비단자는 지방 관리들이 사신의 여행에 필요한 물품과 비용을 올려 보낼 때 그 물품 내용을 기록한 명세서다.

48　"지녔다가"의 원문은 "持"이다. 「문화재청본」은 '特'이다. 「편수회본」 「박혜일·최희동본」 「친필본」은 '持'로 보인다.

환愼環[49]과 김대복金大福[50]이 왔다. 임금님의 전서傳書[51]와 교서敎書[52] 2통 및 부찰사副察使(부체찰사 김찬)[53]의 공문을 갖고 왔다. 그로 인해 들으니, "명나라 군사들이 곧바로 송도松都(개성)를 쳤고, 이달 6일에는 경성(서울)에 있는 적을 함락시켰다"는 이야기를 들었다.

17일[19일, 임인][54] 흐렸으나 비는 내리지 않았다. 내내 동풍이 불었다. 새벽에 재계齋했다.[55] 이영남과 허정은許廷誾,[56] 정담수와 강응표 등이 만나러 왔다. 오후에 우수백(우수사 이억기)에게 가서 만났다. 또한 새로 부임한 진

---

49 신환은 『선무원종공신녹권』에서는 사복司僕 신환愼譞으로 나오고, 선무원종공신 2등이다.

50 김대복(1558~?)은 전남 강진 출신의 조선 중기 무신이다. 1583년 무과 별시에서 급제했다. 이순신 막하에서 큰 활약을 했다. 『호남절의록』에 따르면, 정유재란 당시 전라 우수사 김억추의 재종 동생으로, 왜장 2명을 껴안고서 바다에 뛰어들어 전사했다고 한다.

51 전서는 임금이 서면으로 내린 지시나 명령 등을 말하는 전교傳敎다.

52 교서는 임금이 내리는 문서로 교문敎文이라고도 한다. 개인에게 내리는 경우는 군사권을 가진 각 도의 관찰사·절도사·방어사 등에게 관직 임명, 공신 책봉 시 직무에 힘쓸 것을 당부하거나 공로를 치하하는 내용이다. 백성에게 내리는 경우는 임금이 즉위했을 때 반포하는 '즉위 교서', 왕비나 세자 등을 책봉했을 때 반포하는 '책봉 교서', 천재지변이 일어났을 때 조언을 구하는 '구언 교서' 등으로 국가에 일어난 큰일을 알리고 사면령을 시행하는 내용이다.

53 부찰사는 부체찰사副體察使·체찰부사體察副使의 준말이다. 도체찰사보다 1급 아래 직위이다. 부찰사는 『충무공유사』에서는 "부원수副元帥"로 나온다. 『선조실록』 선조 26년(1593) 3월 8일에는 도체찰사 류성룡, 체찰부사 김찬金瓚이 나온다. 당시 김찬은 이미 체찰부사였고, 류성룡이 새로 도체찰사에 임명될 때, 체찰부사에 유임시키려는 내용이 나온다.

54 세종의 제삿날이다.

55 "새벽에 재계曉齋했다"는 "새벽에 목욕재계를 했다"는 뜻이다. 세종의 제삿날이라 목욕재계를 했던 듯하다. 유희춘의 『미암일기』 1568년 4월 7일에는 "문정왕후의 제삿날이기에 재계를 하고 고기를 먹지 않았다"는 내용이 나온다. 또 1568년 6월 4일에는 "이날 재계와 고기를 먹지 않는 것을 시작했다"고 나온다. 이문건의 『묵재일기』에도 재개齋戒(목욕재계), 재소齋素(목욕재계 및 고기 먹지 않는 것)라는 표현이 자주 나온다.

56 허정은(1561~?)은 조선 중기의 무신이다. 1583년 무과 알성시에서 급제했다. 『全鮮名勝古蹟(全)』(김유동 엮음)에 따르면 고흥군 초도는 전라도 우후 허정은이 일본군과 싸웠던 곳이라고 한다.

도진도珍島 군수 성언길成彦吉[57]을 만났다. 우수백(이억기)을 만났다. 같이 영남 수백(수사 원균)의 배에 갔다. 들으니, "선전관宣傳官[58]이 임금님의 유지宥旨[59]를 갖고 온다"고 했다. 해 질 무렵 돌아올 때, 길에서 들으니, "선전宣傳(선전관)이 왔다"고 했다. 노질을 재촉해 진으로 돌아올 때, 선전표신宣傳表信[60]을 만났다. 배로 맞아들였다.[61] 받은 임금님의 유지는, "(적이) 돌아가는 길로 급히 나아가, 달아나 숨는 적의 길을 끊고 죽일 일"이었다. 곧바로 유지를 받았다는 지수유지祗受宥旨[62]를 수정해주었다. 밤은 이미 3시가 넘었다.

18일[20일, 계묘] 맑았다. 이른 아침에 군사를 움직였다. 웅천에 도착했다.

57　성언길은 성천지成天祉(1553~1593)다. 자가 언길이다. 조선 중기 무신이다. 1572년 무과 별시에서 급제했다. 1589년 비변사에서 무신을 발탁할 때, 이산해와 정언신에 의해 이순신·손인갑과 함께 추천되었다. 1588년 1월, 여진족 토벌작전인 시전부락 전투 상황을 그린 「장양공정토시전부호도」에는 '우위 좌화열장'으로 참전했다. 이순신은 '우위 우화열장'으로 참전했다.

58　선전관은 왕의 시위侍衛·전령傳令·부신符信의 출납과 군사의 진퇴를 호령하는 형명形名 등을 맡아본 일종의 무직 승지武職承旨의 구실을 한 무관武官이다. 9품부터 정3품까지 있었다. 이순신은 1589년 11월 선전관이 되었다가 12월에 정읍 현감이 되었다. 『경국대전』에 따르면, 화살 4발 이상 명중시키거나, 『병정』 『진법』 『병장설』의 1책을 강론해 합격한 사람에서 선발했다.

59　"유지宥旨"는 "죄인罪人을 특사特赦하던 명령서命令書"이고, "유지有旨"는 승정원의 담당 승지를 통하여 전달되는 왕명서王命書다. "宥旨"와 "有旨"는 성격이 다른 문서다. 그러나 「난중일기」에서는 대부분 "유지宥旨"로 나오고, "유지有旨"의 의미로 사용했다. 때로는 "유지宥旨"의 본래 의미, 즉 특사 명령서로 쓴 경우도 있다.

60　"표신表信"은 '표신標信'과 같다. 『이충무공전서』에서는 "標信"으로 나온다. 나라의 급한 일을 전할 때 신호로 사용하는 깃발이나 궁궐문을 드나들 때 지녔던 신분증이다. 선전관 표신은 원형으로 앞면에는 '宣傳'이라는 글자를 새기고 그 오른쪽에 '昭信'을 낙인하고, 왼쪽에는 일천一天부터 일황一黃까지 번호를 새겼다. 뒷면에는 임금의 수결御押을 새겨넣었다.

61　이때의 선전관은 「바다와 육지의 장수들이 웅천을 곧바로 공격하도록 임금님께 청하는 장계水陸諸將直擣熊川狀」(1593년 2월 17일)에 따르면, "李"다. 이 유지를 이순신은 "술시에 경상도 거제도 칠천량柒川梁 앞바다"에서 받았다. 장계에는 선전관의 이름은 나오지 않는다.

62　「친필본」에서는 "지수유지"이나, 『이충무공전서』에서는 "祗受單子"로 나온다. 같은 형식의 문서다. 왕의 유지를 받았다고 확인하는 문서다. 이날 이순신이 쓴 지수유지는 「바다와 육지의 장수들이 웅천을 곧바로 공격하도록 임금님께 청하는 장계水陸諸將直擣熊川狀」(1593년 2월 17일)다.

적의 형세는 전과 같았다. 사도 첨사(김완)를 복병장伏兵將으로 임시로 임명했다.[63] 여도 만호(김인영), 녹도 임시 장수假將(윤사공), 좌별도장左別都將(이설), 좌별도장(이기남)과 좌돌격장左突擊將(거북선장 이언량), 우돌격장左右突擊將,[64] 광양 2호선과 홍양 대장, 방답 2호선 등을 송도松島에 매복하게 했다. 여러 배를 시켜 유인했더니, 적선 10여 척이 뒤를 쫓아 나왔다. 경상 복병 5척이 재빨리 쫓아갈 때, 복선伏船(매복해 있던 배)이 돌격해 들어가 둘러싸고, 활을 많이 쏘았다突入回擁 多數放射. 셀 수도 없을 만큼 많은 왜인이 죽었다. 머리 1급을 베자,[65] 적의 무리는 사기가 크게 꺾였다一級斬首 賊徒大挫. 끝내는 따라오지 못했다. 해가 저물기 전에 여러 배를 이끌고 원포에 도착했다. 물을 길었다.[66] 어둠을 타고乘昏 영등 뒷바다로 되돌아왔다. 사화랑沙火郎에 진을 치고 밤을 지냈다.

19일[21일, 갑진] 맑았다. 서풍이 크게 불었다. 배를 띄울 수 없었다. 그대로 머물며 출발하지 않았다. 남해 현령(기효근)에게 붓과 먹을 보냈다.[67] 저녁

---

63 "임시로 정하고差定"는 관직을 정식으로 임명하는 '除授'에 상대되는 말이다.

64 「왜적을 무찌른 일을 임금님께 보고하는 장계討賊狀」(1593년 4월 6일)에 따르면, 좌별도장은 이순신의 군관 이설, 우별도장은 이순신의 군관 이기남, 좌돌격장은 거북선장龜船將(귀선장) 이언량이었다. 18일 이설과 이언량 등은 적선 3척을 끝까지 쫓아가 3척에 탄 100여 명의 적을 거의 다 사살했다고 한다.

65 「왜적을 무찌른 일을 임금님께 보고하는 장계」에 따르면, "금빛 투구金冑와 붉은 갑옷紅甲을 입은 자가 크게 외치며 노질을 재촉했는데, 역시 피령전에 맞자 곧바로 배 안에 엎어졌습니다"라는 내용이 나온다.

66 물을 운반할 때는 양피 주머니나 대나무 통, 큰 호리병박을 사용하면 용기가 가벼워 편리했다(국사편찬위원회 편, 『전쟁의 기원에서 상흔까지』, 두산동아, 2006, 79쪽).

67 붓은 먹과 함께 글씨나 그림을 그릴 때 사용하는 도구다. 붓과 먹, 벼루와 종이를 문방사우文房四友라고 한다. 붓은 재료에 따라 족제비털·양털·사슴털·수달피털·토끼털·여우털 등으로 만들었다. 그중 족제비털붓黃毛이 가장 좋다고 한다. 류성룡이 서울에서 살았던 묵사동(지금의 묵정동)은 이순신이 살았던 건천동 근처다. 허균이 자신의 동네, 즉 건천동의 인물로 이순신과 류성룡, 원균, 자신의 형 허봉을 언급했는데, 이는 허균 시대에는 묵사동까지도 건천동으로 크게

에 남해 현령이 와서 감사 인사를 했다. 고여우高汝友와 이효가李孝可[68]도 와서 만났다. 그대로 사화랑의 진에 있었다.

20일[22일, 을새] 맑았다. 새벽에 배를 출발했다. 동풍이 잠시 불었다. 낮부터, 적과 서로 싸웠는데 갑자기 큰 바람이 불었다. 각 배가 서로 부딪쳐 깨질觸破 지경이었다. 배를 조종할 수도 없었다. 즉시 (명령을 내린다는 의미의) 각(소라)을 불게 하고, (장수들을 불러모으는 신호로) 초요招搖(초요기)[69]를 세우게 해 싸움을 멈추게 했다吹角立招搖止戰.[70] 모두들 다행히도 심하게 파손되지는 않았다. 그러나 흥양 1척과 방답 1척, 순천 1척과 영(전라 좌수영) 1척은 구멍이 나서 깨졌다衝破. 해가 저물기 전에 소진포에 도착했다. 물을 길었

보았기 때문인 듯하다. 묵사동의 명칭은 조선시대 남산에 있던 절, '묵사墨寺'에서 유래했다. 한 승려가 호구지책으로 먹을 만들어 팔아 생계를 이었다고 해서 그 절을 '먹절', 즉 '묵사'라고 했고, 그 때문에 묵사동이라는 명칭이 생겼다고 한다. 또한 이 먹절에서 먹을 만들어 팔자, 아랫동네에서는 붓을 만드는 사람들이 모여 붓을 만들어 팔았기 때문에 '붓골'이라 불리기 시작했고, 8·15 광복 후 '필동筆洞'이라고 명명하게 되었다고 한다. 조응록의 『죽계일기』 1604년 3월 15일에는 소나무를 그을려 만든 먹인 '송인묵松烟墨'이 나온다.

68 이효가는 「선무원종공신녹권」에서는 正으로 나오고, 선무원종공신 2등이다.

69 원문 "招搖"는 '초요기招搖旗'다. 군기의 하나로 대장이 장수를 부르고 지휘하고 호령하는 기의 하나다. 북두칠성이 그려져 있고, 대장의 직품에 따라 크기나 색깔이 다르다.

70 "(명령을 내린다는 의미의) 각(소라)을 불게 하고, (장수들을 불러모으는 신호로) 초요(초요기)를 세우게 해 싸움을 멈추게 했다"는 신호 방법을 보여준다. 문종의 『신진법新陣法』에는 각종 신호 수단과 방법이 나온다. 대장은 大標旗·龍大旗, 5색의 大麾, 大招搖旗, 大角·小角으로 위장을 지휘한다. 기를 사용한 신호 방법은 점點(땅에 대지 않고 다시 일으키는 동작), 지指(땅까지 대었다가 다시 일으키는 동작), 휘揮(휘두르는 동작) 등이 있고, 휘麾의 경우는 점·지·휘·언偃(누인 상태)·거擧(들어 올린 상태)가 있다. 초요기를 사용하는 신호에는 언과 입立(세운 상태로 장수들을 불러모으는 신호)이 있다. 각(소라) 신호를 위한 각 종류로는 대각大角과 소각小角이 있고, 소라 신호에는 영令(명령)·전戰(전투)·촉促(재촉) 등이 있다. 대각은 영(명령) 신호를 위해 먼저 불어 주목하게 할 때, 촉(빠른 박자로 부는 것) 신호 중에서 진퇴進退 신호를 할 때 사용한다. 소각은 전(전투) 신호를 하거나 촉으로 교전交戰 신호를 할 때 사용한다. 이날 일기의 '吹角'은 대각을 불어 명령을 내린다는 신호를 먼저 했다는 것이고, '立招搖'는 휘하 장수들을 불러모으기 위한 신호 방법으로 초요기를 세웠다는 의미다.

다. 밤을 지냈다. 이날 사슴 떼가 동쪽과 서쪽으로 달려갔다. 순천 부사(권준)가 노루獐71 1(마리)를 잡아 보내왔다.

21일[23일. 병오] 흐렸고 큰 바람도 불었다. 이영남과 이여념이 와서 만났다. 또한 우수백(우수사) 원 영공元令公(원균)과 순천 부사(권준)와 광양 현감(어영담)도 와서 만났다. 저녁에 비가 내리기 시작했다. 밤 12시에 비가 그쳤다.

22일[24일. 정미] 새벽에 구름이 끼어 어두웠다. 동풍이 크게 불었다. 그러나 적을 무찌를 일이 급했다. 길을 떠났다. 사화랑에 도착했다. 바람이 자기를 기다렸다待風.72 바람이 잔잔해질 듯했다. 길을 재촉해 웅천에 도착했다. 두 승병장僧將(삼혜·의능)73과 성 의병成義兵(의병장 성응지)을 제포74로 보냈다. 장차 육지에 상륙하려는 모습처럼 하게 했다欲將下陸之形. 우도右道의 여러 장수의 배에서 부실한 것을 뽑아 동쪽 편으로 보냈다擇不實送于東邊. 또한 장차 육지에 상륙하려는 모습처럼 하게 했다亦將下陸之狀. 왜적들이 분주히 뛰어다닐 때, 전선이 모여 곧바로 뚫고 들어갔더니倭賊奔遑之際 合戰船直衝, 즉 적의 세력은 나뉘어 힘이 약해졌다. 거의 다 죽였다賊勢分力弱 幾爲殲盡.75

71 노루는 유희춘의 『미암일기』에도 자주 언급된다. 『미암일기』에는 멧돼지山猪·돼지·소고기·닭·꿩 등도 언급되고 있으나, 노루와 멧돼지, 꿩고기가 상대적으로 많이 나온다. 오희문의 『쇄미록』에도 노루 고기가 많이 언급된다.
72 "바람이 자기를 기다렸다"의 원문 "待風"은 이두 표현이다. 홍기문은 "조금 기다리여 바람이 자는 것 같으매", 설의식은 "바람이 자기를 기다리다"로 번역했다.
73 두 승병장은 '삼혜三惠·의능義能'으로 보인다. 「의승병을 나누어 보내 요해처를 경계하고 지키게 한 일을 임금님께 보고하는 장계分送義僧把守要害狀」(1593년 1월 26일)에는 "의병장義將 성응지, 승병장 삼혜와 의능"이 나오기 때문이다.
74 "제포"의 원문 "濟浦"는 "薺浦"다. 몇몇 사례를 제외하고 대부분 "薺浦"로 나온다.
75 「왜적을 무찌른 일을 임금님께 보고하는 장계」에 따르면, 22일, 이순신은 한편으로는 삼도 수군에서 각각 경완선輕完船(가볍고 튼튼한 배) 5척, 총 15척을 뽑아 돌격시켜 지자·현자총통으로 일본군 배를 부수었고, 다른 한편으로는 의승병義僧兵과 삼도의 날쌔고 용감한 사부射夫 등을 배 10여 척에 태워 동쪽으로 안골포安骨浦, 서쪽으로 제포에 상륙해 공격하게 했다.

그런데 발포 2호선(통선장, 발포 군관 이응개)과 가리포加里浦 2호선(통선장, 이경집)이 명령 없이 돌격해 들어가 얕고 좁은 곳에서 얹히고 걸려 적이 올라타게 되었다.[76] 그것이 원통하고 분했다. 분한 마음에 간담이 찢어지고 또 찢어지는 듯했다. 얼마 뒤에 진도의 상선上船(지휘선)[77]이 적에게 싸여 거의 구출할 수 없게 되자 우후(이몽구)가 곧바로 들어가 구출했다. 경상 좌위장[78]

76 「왜적을 무찌른 일을 임금님께 보고하는 장계」에 따르면, 전라 좌도左道의 발포 통선장統船將(이응개)과 전라 우도의 가리포 통선장(이경집)이 돌격했다가 돌아올 때 서로 부딪치고, 배가 뒤집히는 사고가 발생했다고 한다. 「통선統船 1척이 전복된 죄에 대해 임금님의 처벌을 기다리는 장계統船一艘傾覆後待罪狀」(1593년 4월 6일)에도 이 사고가 나온다. 그러나 전복된 배가 발포 통선인지 가리포 통선인지는 나오지 않는다.

77 "上船"은 수사, 고을 수령급이 타던 배였던 듯하다. 이순신이 탔던 배도 상선이라고 나온다. 『난중일기』 1595년 3월 17일에는 배에서 불이나 충청 수사 이계훈은 물에 빠져 죽고, 군관과 격군 140여 명이 불타 죽었다는 이야기가 나온다. 충청 수사의 배라는 점에서 수사가 타던 상선으로 볼 수 있고, 수사가 탔던 상선은 140명 이상이 승선했음을 알 수 있다. 『선조실록』 선조 30년 (1597) 2월 25일에는 노직盧稷이 부체찰사 한효순이 말한 이야기가 나오는데, 한효순에 따르면, "배(병선) 한 척에 사수射手와 격군이 136명"이라는 내용이 나온다. 또한 『선조실록』 선조 30년 (1597) 3월 18일에는 경상 감사 이용순의 장계가 인용되어 있는데, 고성 현령이 고성 판옥선에 사부, 격군 등 하솔 140여 명을 싣고 바다로 나갔다가 3월 9일 조라포 경계 고다포에서 왜적과 접전하다가 고성현령이 전사했다는 내용이 나온다. 『선조실록』 선조 39년(1606) 11월 12일에는 통제사 이운룡이 대마도에 보내는 사신선의 상선과 관련해 "상사·부사가 타고 갈 배는 체제가 상당히 커서 좌우 노 각각 9개에 노 하나당 격군 3명씩 배정한다(54명)"는 내용이 나온다. 격군 교대자를 고려하면 통신사 상선의 격군은 108명이 된다. 김재근의 『거북선』(정우사, 1997, 104~106쪽)에 따르면, "조선 후기에 판옥선은 크기에 따라 세 종류가 있었다. 가장 큰 것은 통영 상선統營上船으로 통제사가 타던 조선 함대의 기함, 다음 크기는 각 도의 수사나 그들과 동격인 사령관들이 탑승하는 것이다. 가장 작은 것은 각 읍진의 수령이나 첨사, 만호 등이 타는 것"이라고 한다. 이런 사례와 상선으로 기록한 것을 보면, 각 도의 수사는 지휘자로 일반 장수들이 탔던 배보다는 큰 배였던 듯하다. 『난중일기』와 『임진장초』의 여러 기록을 분석해보면, 판옥선의 승선 인원은 최소 130명이었던 듯하다. 또한 조선 후기에 남태량南泰良(1695~1752)의 『대동휘찬大東彙纂』 「전선」에는 『비국등록備局謄錄』을 인용한 전선의 인원 현황이 나오는데, "각 포 전선의 노는 좌우 합쳐 20자루, 1자루에 각 4명, 사공沙工과 무상舞上은 각 1명으로 합쳐서 82명이고, 사포수射砲手는 40명이다"라는 기록이 있다. 『전선』의 기록에 따르면 전선 1척당 총 122명이 정원이었음을 알 수 있다.

78 "좌위장左衛將"은 「충무공유사」에서는 "左翊將"으로 나온다.

과 우부장은 보고도 못 본 체하고, 끝까지 배를 되돌려 구하지 않았다. 그들의 행동은 말로 다 할 수 없다. 원통하고 분했다. 원통하고 분했다. 이일을 수백(수사 원균)에게 따졌다. 한탄스러웠다. 오늘의 분노를 어찌 다 말하랴. 모두 경상 수백(수사 원균) 때문에 일어난 것이구나. 돛을 펼치고 소진포로 돌아왔다. 묵었다. 아산의 뇌[79]와 분[80]의 편지가 웅천의 싸움터로 왔다. 어머님의 편지도 왔다.[81]

23일[25일, 무신] 흐렸으나 비는 내리지 않았다. 아침에 우수백(이억기)이 와서 만났다. 식사를 한 뒤, 원 수사元水使(원균)가 왔다. 또한 순천 부사(권준)와 광양 현감(어영담), 가덕 첨사(전응린)와 방답 첨사(이순신)도 왔다. 새벽에는 소비포 권관(이영남)과 영등 만호(우치적), 와량臥梁 첨사 등이 와서 만났다. 원 수사(원균)는 그 흉악하고 음험한 것兇險이 제멋대로이고 엉망이다. 제멋대로이고 엉망이다. 최천보崔天寶[82]가 양화陽花[83]에서 내려왔다. '명나라

---

79 이뇌李蕾는 이순신의 맏형 이희신의 장남이다. 형제로는 분·번·완이 있다.
80 이분李芬(1566~1619)은 이순신의 맏형 이희신의 둘째 아들이다. 형제로는 형인 뇌, 동생인 번과 완이 있다. 임진왜란 때 이순신 막하에서 행정과 명나라 군대 접대를 담당했다. 1608년 문과에 급제했다. 형조 좌랑, 병조 좌랑, 비변사 낭청 등을 역임했다. 이순신에 대한 최초의 전기인 『이충무공행록』을 저술했다.
81 이분의 『이충무공행록』에는 2월 22일의 전투가 나온다. "22일, 공은 이억기와 여러 장수와 의논하며 말하기를, '적들이 우리 군대의 위세를 무서워해 나오지 않으니 며칠을 서로 싸웠어도 반드시 다 죽일 수 없다. 만약 바다와 육지에서 함께 공격한다면 적의 사기를 꺾을 수 있다'고 했다. 즉시 삼도의 수군에 명령해 각각 가볍고 완전한 배輕完船 5척을 뽑아서 적선이 열 지어 정박해 있는 곳으로 돌격해 싸우게 했다."
82 최천보(?~1594)는 조선 중기의 무신이다. 대정 현감을 역임했다가 1592년 한산대첩 때 흥양 통장으로 참전해 왜적 수급 3개를 베었다. 『이충무공전서』 속 부록에 있는 「흥양현지」에 따르면, 1592년 한산대첩에서 전사했다고 되어 있으나, 『난중일기』에는 1594년 4월 5일 사망했다는 기록이 나온다.
83 양화를 홍기문은 양화, 이은상은 "고양 양화"로 보았다.

군사唐兵 소식'을 자세히 전했다. 더불어 조도어사調度御史[84]의 편지와 공문을 전했다. 바로 그날 밤에 곧바로 되돌아갔다.

24일[26일. 기유] 맑았다. 새벽에 아산과 온양[85]에 보낼 편지, 집에 보낼 편지를 함께 수정해 보냈다. 아침에 길을 떠났다. 영등 앞바다에 도착했다. 비가 크게 내렸다. 한달음에 갈 수 없는 형편이었다. 뱃길을 돌려 칠천량漆川梁으로 돌아왔다. 비가 그쳤다. 우수백(우수사) 이 영공李令公(이억기)과 순천 부사(권준), 가리포 첨사(구사직),[86] 성成(성언길) 진도珍島(진도 군수)와 널뛰기를 하며[87] 정답게 이야기했다. 저녁 8시에 배를 건조하는 기구를 들여보낼 일로 패자牌字[88]와 흥양에 보낼 공문에 관인을 찍어 보냈다. 양식 90되升[89]

---

84 조도어사는 어떤 특정한 일을 처리하기 위해 중앙에서 파견된 관리다.
85 "아산과 온양"의 「문화재청본」은 "溫牙"이나, 「편수회본」「박혜일·최희동본」은 "牙溫"으로 보았다. 「친필본」도 같다. '牙'는 아산, '溫'은 온양을 약칭한 것이다. 「문화재청본」은 글자 위치가 바뀌었다.
86 구사직具思稷(1549~?)은 조선 중기의 무신이다. 자는 우경虞卿이다. 『난중일기』에는 우경으로도 나온다. 이순신이 1576년 무과 식년시에서 합격했을 때, 『난중일기』에 나오는 인물들인 박종남·이경록·윤사공·김성업·박대남·신호의·남치온과 함께 합격했다. 당시 구사직은 충의위 소속 군인 출신으로 28세였다. 1592년, 가리포 첨사로 부임했고, 1594년에는 충청 수사로 이순신과 함께 활약하다가 1595년 7월 황해 병사가 되었다.
87 "널뛰기를 하며"의 「친필본」은 "蕩花"이다. 홍기문은 "꽃을 흩으며", 이은상은 "뱃놀이를 하면서"로 번역했다. 일본군과 전투 전후의 상황이라는 점, 양력으로 3월 말이라는 점에서 볼 때 잠시 봄꽃을 즐기며 휴식을 취하는 모습으로 볼 수 있다. 특히 「왜적을 무찌른 일을 임금님께 보고하는 장계」에 따르면, 이순신과 조선 수군은 일기처럼 2월 22일 전투를 하고, 23일과 24일에는 휴식을 취했던 듯하다. 장계에는 2월 28일 다시 출전했다고 나온다. "蕩花"는 봄날의 꽃구경인 "賞花"를 오기한 것 일 수도 있다. 정경달의 『반곡유고』 1593년 2월 27일에는 정경달이 진을 치고 일본군과 대치하면서도, "빗속에서 꽃을 구경하니 눈물이 흘러내렸다看花"고 하는 모습이 나온다. 그러나 이현석李玄錫의 『유재집游齋集』 중 「蕩花板詩 幷序」에서 우리나라 널뛰기를 "蕩花板戱"라고 소개하는 것을 보면, 널뛰기일 가능성도 있다. 이 번역본에서는 널뛰기로 보았다.
88 패자는 牌子 혹은 牌旨라고도 하며, 한글로는 '배지·배자'라고도 한다. 윗사람이 아랫사람에게 글을 써서 전달하는 것을 뜻한다.
89 「문화재청본」「편수회본」의 "九十升"은 「친필본」에서는 "九斗十升"으로 되어 있다. 즉, '斗'를 '十'으로 수정한 것이다.

를 자염雌鹽[90]으로 바꿔 보냈다.

25일[27일, 경술] 맑았다. 바람이 순하지 않았기에 칠천량에 머물렀다.

26일[28일, 신해] 큰 바람이 내내 불었다. 머물렀다.

27일[29일, 임자] 맑았으나 큰 바람이 불었다. 우수백(우수사) 이 영공李令公 (이억기)과 만나 이야기했다.

28일[30일, 계축] 맑았고 바람도 없었다. 새벽에 출발해 가덕에 도착했더니, 웅천의 적은 지키고 물러서며 조금이라도 나와 싸우지 않을 계획이었다擁縮略無出抗之計. 우리 배는 곧바로 김해강金海江 아래 끝에 있는 독사리항禿沙伊項[91]으로 향했는데, 우부右部에서 비상사태를 보고했다. 바로 여러 배가 돛을 펼치고 곧바로 가서 작은 섬을 둘러쌌더니, 경상 수사(원균)의 군관과 가덕 첨사의 사후선伺候船[92] 모두 2척이 크고 작은 섬 사이에서 나타났다 없어졌다 하고 있었다. 그 정황이 아주[93] 수상했기에 묶어와 영남 수사(원균)[94]에게 보냈더니, 수사가 크게 화를 냈다. 그 진짜 의도는 모두 군관을

---

90 "雌鹽"에 대해 홍기문은 "雌鹽"이라고 그대로 옮기면서 "무슨 물건인지 모르겠다"고 주석했다. 이은상 등은 "雌鹽"이라고 그대로 옮겼으나 설명은 하지 않았다. 고정일(2012), 박광순(1998), 김경수(2004)는 "말갈기"로 보았다. 그러나 말갈기라면 실록과 대부분의 고전에서처럼 "馬鬣"으로 기록되어야 한다. 구인환(2004)도 "자염"이라고 하면서 주석에서는 "바닷물을 졸여서 소금을 만드는 것"이라고 했는데, 근거는 제시하지 않았다. 이 자염은 「친필본」 판독에 오류가 있거나, 홍기문 등의 번역처럼 "雌鹽" 그 자체로 보아야 할 듯하다.
91 독사리항은 오늘날 부산시 강서구 녹산동이다.
92 사후선은 대형 전선(판옥선)과 중형 전선인 병선(소맹선)의 부속선으로 사공 1명과 격군 4명이 탑승하는 소형 선박으로 3명이 승선하는 협선보다는 크다. 척후에 주로 활용했다. 「선조실록」 선조 30년(1597) 3월 20일에는 미조항 사후선에 격군 5명이 탑승한 기록이 있다.
93 "아주"의 원문은 "極"이다. 「문화재청본」은 "態"로 보았다. 「편수회본」, 「박혜일·최희동본」은 '極'으로 보았다.
94 "영남 수사(원균)"를 「문화재청본」은 "원 수사"로 보았다. 오자다. 「편수회본」, 「박혜일·최희동본」, 「충무공유사」도 "영남 수사"로 보았다. 그러나 「전서본」은 「문화재청본」처럼 '원 수사'로 보았다.

보내 물고기를 잡고 해산물을 채취하는 사람漁採人의 우두머리를 찾아내려
는 까닭이었기 때문이구나.[95] 저녁 8시에 아들 염苒[96]이 왔다. 사화랑에서

95 "물고기를 잡고 해산물을 채취하는 사람의 우두머리를 찾아내려는 까닭이었기 때문이구나
搜得漁採人首故也"는 번역본마다 큰 차이가 있다. 설의식은 『난중일기초』에서 "왜적의 머리를 얻
으려는 것이 본심이었던 모양이다", 홍기문은 "고기 잡는 사람들의 목을 잘라가려고 한 것이다"
라고 하면서 3월 2일의 일기 중에 "원령공의 옳지 못한 일을 들었다"에 대한 주석으로 "경상 우
수사 원균이 공을 탐하여 무고한 인민의 머리를 베어다가 왜적의 머리로 보고하던 것이다. 전자
그의 군관들이 섬 사이를 들락날락한 것도 그러한 목적을 위한 것이거니와 지금 리영남의 이야
기로 살아왔다고 하는 사람도 원균의 부하에게 죽을 뻔하다가 살아 온 사람들이다"라고 했다.
이은상은 "고기 잡는 사람들의 머리를 베어오자는 데에 있었던 때문이다", 박혜일은 "어부들을
찾아내어 그 머리를 베어오자는 데 있었기 때문이다", 고정일은 "어부들이 건져낸 사람 머리를
찾아 얻는 데 있었기 때문이다"라고 번역했다. 이들 번역본을 살펴보면, 크게는 죽은 왜적의 머
리와 어부의 머리가 그 대상이다. 각각 완전히 다른 관점이다. 이날 일기 앞의 상황으로 추정해
보면, 2월의 전투는 10일, 12일, 18일, 20일, 22일에 있었다. 이날 일기 속의 장소와는 거리가 있
다. 사람들의 글이나 말이나 그 사람의 평상시 사용하는 단어가 주로 활용된다. 그런 관점에서
『난중일기』와 이순신의 각종 보고서 속의 "搜得" 용례를 살펴보면, 이순신의 보고서 등에는 모
두 "찾아 얻다"는 의미가 많다. 대부분 일본군의 배에서 어떤 물건을 수색해 얻거나, 우리나라
사람으로 일본군의 포로가 된 사람을 일본군 배에서 찾아냈을 때 등장한다. 그와 달리 수색해
머리를 벴다는 것은 "搜斬"이라 하고 있다. 또한 "首"를 사용한 경우를 살펴보면, "머리를 자른
다"는 표현은 1592년 6월 5일과 1593년 2월 18일 등처럼 "斬首"로 쓰거나, 1592년 5월 29일의
"왜적의 머리頭도 많이 베었다斬", 1597년 11월 7일 "본영의 박주생朴注生이 벤 왜적의 머리 2급
를 갖고 왔다" 등이 있다. 「당포에서 왜적을 쳐부순 일을 임금님께 보고하는 장계唐浦破倭兵狀」
(1592년 6월 14일)에서 "왜인을 찾아내어搜覓 머리를 베는 일을 담당"했다는 것처럼 "斬頭"로 썼
다. 또한 "首" 표현은 머리 그 자체로 사용하는 경우도 있지만, 『난중일기』 1592년 3월 4일 "우두
머리 승려首僧", 1594년 2월 16일의 "탐관오리의 우두머리貪汚首", 1594년 7월 26일의 "괴수魁
首", 1596년 6월 13일의 "김대복이 1등이었다居首"처럼 "우두머리 혹은 최고"의 뜻으로 썼다. 이
로 보면 "漁採人首"는 "어부의 우두머리"라고도 볼 수 있다. "漁採人"도 『선조실록』 선조 31년
(1598) 4월 15일에도 나오는데, 이순신의 수군에서 활약했던 포작과 같은 성격의 사람들이다. 이
순신보다 한 세대 후의 인물인 박취문도 『부북일기』 1645년 1월 5일과 7일에서 어부를 "海夫"라
고 표현한 것으로 보면 어부 혹은 포작이다. 이와 같이 이날 번역은 엄청나게 다른 평가가 있을 수
있는 해석이다. "搜得"과 관련해 류성룡이 1592년 7월경에 쓴 것으로 추정되는 「糧餉漕運船
隻措置啓」에도 "하류의 배를 갖가지로 찾아 얻고, 격군을 정돈하다以下流船隻 多般搜得 整齊格
軍"라는 표현이 나온다.
96 이은상에 따르면, 염은 이순신의 막내아들 이면李葂(1577~1597)으로 후에 이름을 면葂으로
바꾸었다고 한다. 그러나 근거는 제시하지 않았다. 이면은 1597년 21세 때 어머니와 함께 아산에

묵었다.

29일[31일. 갑인] 흐렸다. 바람이 사나워질까 걱정했다. 배를 칠천량으로 옮겼다. 우수백(우수사) 이 영공(이억기)이 와서 만났다. 순천 부사(권준)와 광양 현감(어영담)도 왔다. 영남 수백(수사 원균)이 와서 만났다.

30일[4월 1일. 을묘] 내내 비가 계속 내렸다. 배의 뜸篷⁹⁷ 아래 웅크리고 앉아 있었다縮坐篷下.

◎ 1593년 3월

3월 1일[양력 4월 2일. 병진]⁹⁸ 잠깐 맑았으나, 저녁에 비가 내렸다. 방답 첨사(이순신)가 왔다. 순천 부사(권준)는 병으로 오지 못했다.

2일[3일. 정사]⁹⁹ 비가 내내 계속 내렸다. 배의 뜸 아래 웅크리고 앉아 있었다縮坐篷下. 온갖 생각이 가슴을 쳤다百念攻中. 가슴에 품은 생각으로 어지러웠다懷思煩亂. 이응화李應華¹⁰⁰를 불러 한동안 이야기하다가 순천 부사(권준)

있다가 약탈하던 일본군과 싸우다 사망했다. 『난중일기』에는 이면의 사망 소식을 듣고 고통스러워하는 기록이 나온다.

97　"뜸"의 원문은 "篷"이다. 정약용은 『다산시문집』「해좌께 올리는 글」에서는 "대나무로 엮어서 배를 덮는 기구"라고 했다. 반면 『병학지남연의(Ⅲ)』(국방군사연구소, 1997, 201쪽)에서는 "뜸은 대나무를 엮어 만드는데, 바람을 받아 배를 빨리 가게 하는 물건이다. 풀로 만든 것을 뜸, 포布로 만든 것을 범帆이라 한다"고 했다. 전혀 다른 도구다.

98　"3월"은 「친필본」에서는 "2월二月"로 나온다. 이순신이 잘못 기록한 것이다. 「편수회본」에서는 "二月"로 「친필본」처럼 적고 옆에 (三)으로 수정해놓았다. 「문화재청본」은 "三月"로 수정해놓았다. 「박혜일·최희동본」에서는 「친필본」처럼 "二月"로 해놓았다.

99　중종의 첫째 계비, 장경왕후 윤씨의 제삿날이다.

100　이응화는 전직 첨사다. 임진왜란 초기에 귀양살이 중 합포해전, 한산대첩에 참전했다. 전공을 세워 훈련원 첨정에 임명되었다. 인조 때 영의정을 지낸 오윤겸의 장인, 『쇄미록』을 쓴 오희문과 사돈이다. 오희문의 『쇄미록』 1592년 9월 11일에는 "전날에 첨사 이언실李彦實이 귀양 가서 방답의 진에 있다가 적선 한 척을 그대로 사로잡았다"라고 이언실로 나온다. 이순신의 장계에는 합포해전에서 "방답진에서 귀양살이하던 전 첨사 이응화는 왜 소선 1척을 격파"했다고 나온다.

의 배로 보내며, "병세를 자세히 살펴보라"고 했다. 이영남과 이여념이 왔다. 그로 인해 "원 영공(원균)의 도리에 어긋난 일"을 들었다. 한탄만 더욱더 심해질 뿐이다. 이영남이 왜의 작은 칼小刀을 놓고 갔다. 이영남에게 듣기를, "강진康津의 두 사람이 살아 돌아왔는데, 고성으로 붙잡혀가 심문을 받고 자신의 죄를 자세히 말하고 갔다"고 했다.

3일[4일, 무외] 아침에 비가 내렸다. 오늘은 곧 답청절101이다. 그러나 흉악한 적兇賊이 물러가지 않았기에 군사들을 이끌고 바다에 떠 있었다擁兵浮海.102 '명나라 군사들이 서울에 들어갔는지 어떤지' 들을 수 없구나. 가슴만 태우는 것을 어찌 다 말하랴. 가슴만 태우는 것을 어찌 다 말하랴. 내내 비가 계속 내렸다.

4일[5일, 기미] 비로소 맑아졌다. 우수백(우수사) 이 영공(이억기)이 왔다. 내내 이야기했다. 원 영공(원균)도 왔다. "순천 부사(권준)가 병으로 심하게 아프다"고 했다. "명나라 장수 이여송李如松103이, '북로北路(함경도)에 있던 적

한산대첩 때는 참퇴장으로 참전했다.
101 답청절은 삼짇날이다. 이날에는 들에 나가 꽃놀이를 하고 새로 난 풀을 밟으며 봄을 즐기기 때문에 답청절이라고도 한다. 각종 민속놀이를 하고, 다양한 음식을 만들어 먹기도 한다.
102 "군사들을 이끌고 바다에 떠 있었다擁兵浮海" 중 "浮海"는 『논어』 「공야장公冶長」에 나온다. "도가 행해지지 않으니, 뗏목을 타고 바다에 떠 있을까나道不行 乘桴浮于海"라고 탄식한 공자의 말이다.
103 "이여송"의 원문은 "李汝松"이다. 이순신이 '如'를 '汝'로 알고 기록한 듯하다. 이여송李如松(1549~1598)은 요령성 철령 출신의 명나라 장수다. 조선 사람이었던 그의 고조 이영이 명나라로 망명해 철령위 지휘첨사가 된 후, 명나라에 정착했다. 아버지 이성량(1526~1615)은 요동총병으로 요동 지역 방위에 큰 공헌을 했고, 여진족 누르하치의 할아버지와 아버지를 죽였다. 이여송은 철령위 지휘첨사의 직위를 세습했고, 1583년에 산서 총병관이 되었다. 1592년 초 명나라 영하에서 귀화 몽골인 장군으로 부총병이었던 보바이哱拜가 반란을 일으키자 제독군무로 토벌군을 이끌고 참전해 진압에 공헌했다. 이여송은 그 공로로 도독으로 승진했고, 임진왜란이 일어나자 방해어왜총병관으로 임명되어 조선에 파병되었다. 이여송은 조선의 관군 등과 연합해 1593년 1월 고니시 유키나가의 일본군을 기습해 평양성을 함락시켰다. 퇴각하는 일본군을 추격해 평안도와 황

이 설한령雪寒嶺을 넘었다'는 말을 전해 듣고는 송경松京(개성)에 도착했다가 서관西關(평안도)으로 되돌아간 일"에 대한 기별寄[104]이 도착했다. 아픈 마음, 타는 가슴을 이길 수 없었다.

5일[6일. 경신] 맑았다. 바람결이 아주 사나웠다. 순천 부사(권준)가 병 때문에 되돌아가기에, 아침에 직접 만나고 보냈다. 탐후선이 왔다. '내일 적을 무찌를 일'을 서로 약속했다.

6일[7일. 신유] 맑았다. 새벽에 길을 떠났다. 웅천에 도착했더니, 적 무리는 육지에서 정신없이 도망치며 산허리에 진을 쳤다. 관군官軍[105] 등이 철환鐵丸과 편전을 빗발치듯 어지럽게 쏘았다鐵丸片箭 如雨亂射. 죽은 놈이 아주 많았다. 그들에게 잡혀 있던 사천 여인 1명을 빼앗아 왔다. 칠천량에서 묵었다.

7일[8일. 임술] 맑았다. 우 영공右令公(전라 우수사 이억기)과 이야기했다. 초저녁에 배를 출발했다. 거을망포巨乙望浦[106]에 도착했더니, 날은 이미 새벽

해도, 개성 일대를 회복했으나 서울 근처 벽제관에서 일본군에 패해 개성으로 후퇴했다. 함경도에 있던 가토 기요마사가 평양성을 공격한다는 말을 듣고 다시 평양성으로 후퇴했다. 이후 전투에는 적극 참여하지 않고 강화협상에만 주력하다가 1593년 말 유정劉綎(1558~1619) 부대만 남기고 철군했다. 귀국 후 요동총병이 되었으나, 1598년 타타르의 토만 정벌에 나섰다가 복병을 만나 전사했다. 정경운의 『고대일록』 1593년 1월 23일에 인용된 선전관의 방문에 따르면, 도독 이여송이 대장 3명, 유격장군 40여 명, 천총과 파총 100여 명, 선봉군 10만 명을 이끌고 (1592년) 12월 28일에 군사를 움직이기로 했다고 한다. 또한 같은 날 인용한 창의사의 전통에는 (1593년) 1월 10일에 명나라 군사 10만 명, 포수 2000명, 포차 3000대, 군량 8만 섬, 마초 12만 짐이 왔고, 도원수는 이여송, 대장은 4명, 유격장은 40명, 위부장衛部將은 2000명이라고 나온다. 조익의 「진사일기」 1593년 1월 21일에는 "명나라 대장은 2명이고, 유격장은 40명, 위부장은 2000여 명이다. 두 대장은 시랑 송응창과 총병 이여송이다. 유격장은 전세정, 오유충, 심유경, 조승훈, 도사는 장삼장, 총병은 왕필적이다"라고 나온다.

104 "기별"은 승정원에서 처리한 일을 알려주는 것 또는 그것을 적은 종이다.

105 "관군"을 「문화재청본」에서는 "軍官"으로 보았다. 글자 위치가 바뀌었다.

106 "거을망포"를 「문화재청본」은 "乞望浦"로 보았다. 오자다.

이었다.

8일[9일, 계해]107 맑았다. 한산도閑山島로 되돌아왔다. 아침을 먹은 뒤, 광양 현감(어영담)과 낙안 군수(신호), 방답 첨사(이순신)가 왔는데, 방답 첨사와 광양 현감(어영담)은 술과 안주를 많이 준비해 왔다. 우수백(우수사 이억기)도 왔다. 어란 만호(정담수)도 소고기桃林108와 몇몇 음식물을 보냈다. 저녁에 비가 계속 내렸다.

9일[10일, 갑자] 궂은비가 내내 내렸다. 원식元埴109이 와서 만나고 돌아갔다.

10일[11일, 을축] 맑았다. 아침을 먹은 뒤, 길을 떠났다. 사량으로 갔다. 낙안樂安 사람이 행재소行在所110에서 왔다. 전하며 말하기를, "명나라 군사가 일찍이 송경(개성)에 도착했는데, 날마다 비가 내려 도로가 진흙탕이라 군대를 이동하기가 어려운 형편이라 맑아질 때를 기다려 서울로 들어간다고 약속을 맺었다"고 했다. 이 말을 들으니, 한없이 기뻐 춤이 절로 일어났다. 첨사 이홍명李弘明111이 와서 만났다.112

---

107 이순신의 생일이다. 그러나 『난중일기』에는 이순신이 자신의 생일이라고 명시한 사례는 없다. 이날 일기에서 우수사와 부하 장수들이 오고, 술과 안주을 갖고 온 이유는 이순신의 생일 때문인 듯하다.
108 '소고기'의 원문은 "桃林"이다. 『서경』에서 유래했다. 중국 주나라 무왕이 폭정을 했던 상나라의 주왕을 무력으로 멸망시킨 뒤 전쟁에 쓰인 "말은 화산의 남쪽 기슭으로 풀어 보내고歸馬于華山之陽, 소는 도림의 들에 풀어놓아放牛于桃林之野" 다시는 전쟁을 일으키지 않겠다고 한 것에서 유래했다.
109 원식은 원균의 사촌이다. 원균의 아버지 원준량의 형인 원국량元國良의 아들이다. 원식의 아들인 원사진元士震도 『난중일기』에 등장한다.
110 행재소는 임금이 교외에서 사냥 또는 군사 훈련, 지방 능묘 제사 등을 위해 궁궐을 떠나 임시로 머무르던 곳이다. 이때 전쟁으로 선조가 피란한 의주에 있었다.
111 이홍명(1538~?)은 조선 중기의 무신이다. 1583년 무과 별시에서 급제했다. 여대로呂大老(1552~1619)의 『감호집』「비지碑誌」에 따르면, 사량 첨사를 역임했다.
112 「왜적을 무찌른 일을 임금님께 보고하는 장계」(1593년 4월 6일)에 따르면, 2월 28일과 3월 6일에 재차 일본군을 공격했으나, 일본군이 전투를 회피해 화공火攻을 하려고 3월 10일에 화선

11일[12일. 병인] 맑았다. 아침을 먹은 뒤, 원 수사(원균)와 이 수사李水使(이억기)도 왔다. 함께 이야기하며, 술도 마셨다. 원 수사는 아주 많이 취해서 동헌으로 돌아갔다. 영(전라 좌수영)의 탐후선이 왔다. 멧돼지猪[113] 3마리□를 잡아 왔다.

12일[13일. 정묘] 맑았다. 아침에 각 고을에 제송공문을 써 보냈다. 영(전라 좌수영) 병방 이응춘李應春[114]은 사부斜付[115]를 끝내고 갔다. 염과 나대용, 덕민德敏과 김인문金仁問도 영(전라 좌수영)으로 돌아갔다. 식사를 한 뒤, 우 영공(우수사 이억기)이 임시 머무는 방下處房[116]에서 바둑手談[117]을 두었다. 광양

火船을 준비해 공격하려다, 배만 태울 경우 일본군이 궁지에 몰려 재앙을 초래할 듯해 화공을 중단했다고 한다.

113　'멧돼지'의 원문은 "猪"이다. 일기 중의 "잡아 왔다捉來"는 기록을 보면, 사육하는 돼지가 아니라 야생의 멧돼지로 보인다. 이문건의 『묵재일기』 1552년 9월 30일에는 산에서 멧돼지를 사냥했다는 내용이 나온다. 이문건의 일기에서는 '山猪'보다는 대부분 '猪'로 나온다. 오희문의 『쇄미록』 1594년 1월 9일에서는 "山猪"가 나오고, 1598년 12월 21일에는 마을 사람들이 "뒷산에서 저猪를 사냥한다"고 한 기록이 나온다. 또한 1594년 12월 20일과 1599년 10월 12일에는 가저家猪(집돼지)도 언급된다. 『미암일기』에는 산저山猪(멧돼지)와 토저土猪(오소리)가 나온다. 그러나 1488년 명나라 사신 동월이 조선을 방문하고 남긴 『조선부』에 나오는, "알 수 없는 것으로 집에서 돼지를 기르지 않는다", "시골 백성은 늙도록 한 번도 돼지고기 맛을 본 사람이 없다. 관청에서는 양이나 돼지가 있어 잔치 때에 혹 쓰기도 한다"는 것을 보면, 당시에는 일반적으로 돼지를 사육하지 않던 듯하다.

114　이응춘(?~1598)은 『호남절의록』에 따르면, 이순신 막하에서 옥포·당포·노량해전에 참전했고, 노량해전에서 전사했다. 「선무원종공신녹권」에서는 면역으로 나오고, 선무원종공신 2등이다.

115　사부는 『한국고전용어사전』에 따르면, 노비 등을 본래 소속에서 빼내어 다른 역役에 종사시키는 것을 의미한다.

116　"임시 머무는 방"의 원문은 "下處房"이다. '손님이 묵는 방'으로 우리말로는 '사첫방'이라고 한다. 홍기문·이은상은 "사처방"이라고 번역했다. 홍대용의 『을병연행록』 1765년 12월 27일에는 "샹ㅅ上使의 햐쳐下處요, 그 뒤흔 부ㅅ副使의 샤쳐"라고 하처와 사처가 모두 나온다.

117　바둑의 원문은 "手談"이다. 허균의 『성소부부고』에는 『미공비급』이라는 책을 인용해 "왕낭중은 바둑 두는 것을 '좌은坐隱(앉아서 숨는 것)'이라 하였고, 지공은 바둑圍棋을 '손으로 말하는 것手談'이라고 했다"는 기록이 나온다. 이문건의 『묵재일기』 1546년 4월 27일에서는 바둑碁과 수

현감(어영담)이 술을 마련해 왔다. 밤 12시쯤에 비가 내렸다.

13일[14일, 무진] 비가 크게 내렸다. 아침 늦게 맑았다. 이 영공(전라 우수사 이억기)과 첨사 이홍명은 바둑을 두었다.

14일[15일, 기사] 맑았다. 각 배를 뽑아 보내 배에 쓸 목재를 운반하는 일을 하고 왔다.[118]

15일[16일, 경오] 맑았다. 우수백(전라 우수사 이억기)이 이곳에 도착했다. 여러 장수가 훈련용 화살을 쏘고 덕德을 관찰했다射帿觀德.[119] 우리의 여러 장수가 66푼分[120] 이겼다. 우수백이 떡餠[121]을 찌고 아울러 술을 빚어 왔다. 해 질 무렵 비가 크게 내렸다. 밤새 퍼부었다.

16일[17일, 신미] 늦게 맑아졌다. 여러 장수 등이 또 훈련용 화살을 쏘았다. 우리의(전라 좌도) 여러 장수가 30여 푼 이겼다. 원 영공(경상 우수사 원균)도

담을 각각 기록했는데, 문맥으로는 같다.

118 "운반하는 일을 하고 왔다"의 원문은 "運役而來"이다. 「편수회본」 「문화재청본」은 "運後而來"이다. 「편수회 초본」 「박혜일·최희동본」도 "運役而來"이다.

119 "훈련용 화살을 쏘고 덕을 관찰했다"의 원문은 "射帿觀德"이다. '觀德'을 관덕정觀德亭이라는 활쏘기 장소로 볼 수도 있다. 서울 창덕궁 뒤편에 있는 관덕정이라는 활터 정자도 있다. 그러나 활쏘기 자체를 관덕觀德이라고 표현하기도 한다. 이날 일기의 "射帿觀德"은 활쏘기 과정에서 활 쏘는 사람의 태도를 살펴보는 것을 뜻하는 듯 보인다. 이문건의 「묵재일기」 1551년 4월 21일에도 "射帿觀德"으로 나온다. 1552년 3월 13일에는 "향교 정자校亭에서 관덕을 할 만하다"고 했다. 이때의 관덕은 활쏘기 자체다. 3월 15일에는 "사단射壇에서 활을 쏘았다射帿"고 나온다. 『난중일기』에서 관덕이라는 표현은 이 일기 외에 없고, 활 쏘는 공간에 있는 정자는 '射亭'을 사용하기 때문이다. 이날 일기에서 관덕은 '활쏘기 자체' 혹은 활 쏠 때의 행동을 살피는 모습 모두 가능하다. 그러나 '관덕정'처럼 특정한 공간이라고는 볼 수 없다.

120 분分은 활쏘기를 할 때 점수를 계산하는 단위로 '푼'으로 읽는다. 과녁의 중앙에 그려진 정곡正鵠을 맞히면 '貫'이라 칭하고 2푼, 정곡 바깥인 '邊'을 맞추면 1푼으로 점수를 매긴다.

121 『난중일기』에는 "餠"이 자주 나온다. '떡'이다. 우리나라에서 떡에 관한 기록은 신라 유리왕 원년(서기 24)에 나오는 태자 유리와 석탈해가 서로 왕위를 사양하다가 마침내 떡을 깨물어 여기에 나타나는 잇자국으로 이빨의 수를 헤아려 유리가 왕위에 올랐다는 기록에서부터 볼 수 있다. 우리나라에서는 쌀가루로 만든 떡을 "餠"으로 쓰지만, 중국에서 "餠"은 밀가루로 만든 음식을 말한다.

왔다. 많이 취해 돌아갔다. 낙안 군수(신호)가 아침에 왔다. 고부告阜 군수
에게 보내는 편지를 주어 보냈다.

17일[18일] 맑았다.[임신]122 광풍이 내내 불었다. 우수백(전라 우수사 이억기)
과 함께 훈련용 화살을 쏘았다. 자세가 엉성했다. 우스웠다. 신경황申景潢123
이 왔다. 전하기를, "임금님의 유지를 전하는 선전관124이 영(전라 좌수영)에
왔다"고 했다. 곧바로 되돌려 보냈다.

18일[양력 19일, 계유] 맑았다. 광풍이 내내 불었다. 사람도 드나들기 어려웠
다. 소비포 권관(이영남)과 아침을 먹었다朝飯.125 우수백(이억기)과 혁奕126을

---

122 간지와 날씨가 위치를 바꾸어 기록되어 있다.

123 신경황(1571~?)은 조선 중기의 무신이다. 임진왜란 때 의주에서 선조를 호종했고, 이순신
막하에서 활약했다. 『동의록』(조정, 동의록중역간위원회, 1978)에 따르면, 1571년에 출생했고, 임진
왜란 발발 후 선조를 의주까지 호종했다. 1593년에는 왕명을 육로를 통해 이순신에게 전달했다.
모두 여섯 차례 왕명을 이순신에게 전달했다고 한다. 「선무원종공신녹권」에서는 출신出身으로
나오고, 선무원종공신 2등이다.

124 "선전관"을 「편수회본」에서는 채진과 안세걸로 주석했다.

125 이 시기의 아침 식사는 김종의 『임진일록』 1592년 1월 28일, 2월 4일, 2월 19일, 3월 12일,
3월 16일, 3월 26일, 4월 5일 등의 경우에서 보면, 물에 밥을 말아 먹는水飯 경우가 많았다. 『조
선시대의 중앙과 지방』에 따르면 한 끼 식사량은 성인 남자의 경우 7홉, 성인 여자는 5홉, 어린아
이들은 3홉이었다. 예전의 1홉은 지금의 0.3홉에 해당되므로 한 끼 7홉은 지금의 2.1홉, 420시
시에 해당한다. 전기밥솥 계량컵으로 1인분 160시시의 약 3배다. 어린이의 3홉은 180cc로 지금
의 어른 1인분보다 많다. 결국 남자, 여자, 어린이를 합쳐 평균 5홉이고, 이를 지금의 도량형으로
환산하면 1.5홉, 300시시 정도라고 한다(국립제주박물관 편, 『조선시대의 중앙과 지방』, 서경, 2004,
233쪽). 오희문의 『쇄미록』 1593년 8월 19일에서도 "어머니가 5홉 밥을 겨우 삼분의 일을 드시고"
라는 기록이 나온다.

126 "혁"은 번역자에 따라 바둑이나 장기로 번역하고 있다. 그러나 『난중일기』 속 "혁"은 바둑인
지 장기인지 혹은 다른 어떤 놀이인지 확실치 않다. 유희춘의 『미암일기』 1569년 11월 27일과 이
순신과 같은 시대 인물인 오희문의 『쇄미록』 1593년 7월 22일에서는 혁과 바둑(기창圍碁·기棋)을
구분했다. 『미암일기』 1573년 7월 8일에는 전날에 혁을 겨루기 위해 모이기로 약속했는데, 이날
여러 사람이 모여 상희象戲를 했다고 한다. 류성룡이 1595년 1월에 선조에게 올린 「措置沿江屯
堡箚」에는 "혁을 잘하는 사람은 먼저 몇 개를 두어 전체 국면의 형세를 이미 다 갖춘다. 그러고
는 차츰 넓게 배치한 다음에야 승리할 수 있다"고 나온다. 류성룡의 「因備忘記 論練兵節目啓」

겨루었는데 이겼다. 기축 남해(남해 현령 기효근)도 왔다. 저녁에 멧돼지 한 마리를 잡아 왔다. 밤 10시에 비가 내렸다.

19일[양력 20일. 갑술] 비가 계속 내렸다. 우수백(전라 우수사 이억기)과 이야기했다.

20일[양력 21일. 을해] 맑았다. 우수백(이억기)과 같이 이야기했다. 오후에 들으니, "선전관이 임금님의 유지를 갖고 온다"고 했다.

21일[양력 22일. 을해 병술자][127] 맑았다.

22일[양력 23일. 정축][128] [129] 맑았다.[130]

1593년 3월 23일~4월 29일. 미기록 혹은 멸실 상태. 4월 29일은 4월 마지막 날짜.[131]

(1594년 3월)에는 "장수를 훈련하는 것은 군사를 훈련하는 것보다 더욱 중요하다. 이를 상희象戱에 비교하면, 군사를 훈련하는 것은 알子을 늘어놓은 것이고, 장수를 훈련하는 것은 전체 국면을 만드는 것에 해당된다"라고 했다. 유희춘·류성룡·오희문의 기록으로 미루어, 혁은 상희이고, 장기로 볼 수 있다. 이문건의 『묵재일기』 1551년 1월 3일에는 "혁기奕碁를 하고 싶다고 했기에 곧바로 기자碁子와 국局을 보냈다"는 내용이 나온다. 이 기록으로는 바둑에 가깝다. 이문건은 또한 1551년 1월 14일 일기에서는 장기將棊, 1월 24일에는 장기將棋를 두었다고 기록하기도 했다.

127 날짜의 간지를 수정했다. 본래 "병자"인데, 처음에는 "을해"로 썼다가 지우고, 다시 "병술"로 썼다가 "병자"로 고쳤다.

128 「왜적을 무찌른 일을 임금님께 보고하는 장계討賊狀」(1593년 4월 6일)에 따르면, 이순신은 2월 6일 일본군 토벌을 위해 출전했고, 4월 3일에 전라 좌수영으로 복귀했다. 3월 22일에는 전라도와 경상도 복병선장이 사로잡은 일본군 2명을 전라 좌수영 진무 공태원을 시켜 심문했다.

129 '3월 22일'의 「친필본」은 '二日'이다. '二十二日'에서 '二十'이 빠진 것이다.

130 이날 「친필」 일기의 원문은 간지인 "丁丑"만 나오나, 『이충무공전서』에서는 "丁丑" 뒤에 "晴"이 나온다.

131 「왜적을 무찌른 일을 임금님께 보고하는 장계」에 따르면, 4월 3일까지 경상도 바다에 출전했다가 3일에 좌수영으로 복귀했다. 4월 6일에는 위의 장계 외에 「통선 1척이 전복된 죄에 대해 임금님의 처벌을 기다리는 장계統船一艘傾覆後待罪狀」(1593년 4월 6일), 「수군에 소속된 고을의 수령들을 바다 싸움에 전속시켜 주기를 임금님께 청하는 장계請舟師屬邑守令專屬水戰狀」(1593년 4월 6일)를 썼다. 4월 8일에는 「광양 현감 어영담의 유임을 임금님께서 청하는 장계請光

● 참고: 1593년 3~4월의 역사적 상황

1593년 3월 23일. 의주에 있던 선조가 평양성으로 돌아왔다.

1593년 4월 18일. 일본군이 서울에서 철수하기 시작했다.

1593년 4월 29일. 초유사 겸 경상 우도 감사 김성일이 전염병으로 사망했다.

◎ 1593년 5월

1593년 5월 1일 일기 앞 메모

기록할 생각이 있었으나, 바다와 육지에서 아주 바빴고, 또한 휴식도 할 수 없어 잊고 손 놓은 지 오래되었다. 이제부터 이어간다意於筆硯 而奔忙海陸 亦不休息. 置之忘域久矣 承此.

5월 1일[양력 5월 30일, 갑인] 맑았다. 새벽에 망례(망궐례)를 했다.

2일[31일, 을묘] 맑았다. 선전관 이춘영李春榮132이 임금님의 유지를 갖고 왔는데, 대략의 줄거리는 "숨어 있는 적의 길을 끊고 죽이는 일"이었다.133 이 날 보성 군수(김득광)와 발포 만호(황정록) 두 장수가 와서 모였다. 나머지 여러 장수는 정한 기일을 미루었기에 모이지 않았다.

陽縣監魚泳潭仍任狀」(1593년 4월 8일), 4월 10일에는 「나라에 대한 의무를 하지 않은 사람의 죄를 가족과 친척에게 연대 책임을 지우는 것을 면제하라는 명령'을 취소해주시기를 임금님께 거듭 청하는 장계申請反汗一族勿侵之命狀」(1593년 4월 10일)를 작성했다.
132 선전관 이춘영이 이 시기에 영남 지방을 다녀간 기록은 『선조실록』 선조 26년(1593) 5월 22일에 나온다.
133 이때 이순신이 쓴 지수장계는 「부산과 동래의 왜적을 공격하라'는 명령을 받은 것을 임금님께 보고하는 장계」(1593년 5월 2일)다.

3일[6월 1일] 맑았다.[병진]134 우수상右水相(우수사 이억기)이 수군을 이끌고 오기로 약속했으나, 수군이 많이 뒤처져 있었다. 한탄스러웠다. 이춘영이 되돌아갔다. 이순일李純一135이 또 왔다.

4일[2일, 정사] 맑았다. 이날은 곧 어머님의 생신날이다. 그런데도 이렇게 적을 무찌르고 저지할 일 때문에, 찾아뵙고 오래 사시라고 축하드리는 술 잔獻壽杯136을 올릴 수 없으니, 평생 응어리가 되겠구나平生之恨也. 우수백(전라 우수사 이억기)과 군관 등과 진해루에서 훈련용 화살을 쏘았다. 순천 부사(권준)도 모여 약속했다.

5일[3일, 무오]137 맑았다. 선전관 이순일이 영남에서 돌아왔다. 아침을 대접했다. 전하기를, "명나라 조정에서 은청금자광록대부銀淸金紫光祿大夫138로 가자加139 한 작위를 내렸다"고 했다. 그러나 이는 잘못 전해진 듯하다. 해질 무렵 우수상(우수사)과 순천 부사(권준), 광양 현감(어영담)140과 낙안 군

---

134 날씨와 간지를 바꿔 쓴 경우다.

135 이순일은 5월 5일 일기, 류성룡의 『징비록』에서도 선전관으로 나온다. 『징비록』에서는 1593년 평양에서 후퇴해 남쪽으로 내려가는 일본군에 대해 류성룡이 황해도 방어사 이시언과 김경로에게 퇴로를 차단하라고 명령했는데, 김경로가 명령을 실행하지 않아 류성룡이 김경로의 처형을 건의했고, 그에 따라 조정에서는 이순일을 파견해 김경로를 처형하려고 했었다.

136 원문 "獻壽杯"는 조부모나 부모가 오래 살기를 축원하며 술잔을 올리는 것이다.

137 5월 5일은 조선시대 명절의 하나인 단옷날이다.

138 은청금자광록대부는 중국의 직품으로 은청銀淸과 금자金紫는 각각 다른 것이다. 우리나라에서는 고려 때 관직이다. 금자광록대부는 종2품 문관, 은청광록대부는 정3품 문관이다. 그런데 「창양부원군 운곡 진사문 묘비」(http://blog.daum.net/dldml2xhd/15919546)에는 "銀淸金資光祿大"라는 단일 관직으로 나온 사례가 있다. 또한 한국금석문 종합영상정보시스템에 실린 조선시대 인물 「김하은 묘지명金夏殷 墓誌銘」(1612)의 판독문에는 "壁上功臣銀淸光祿大夫渭翁後也"라고 "은청광록대부"만 나온 사례도 있다.

139 "가자"의 원문은 "加"이다. "加資" 혹은 "加階"를 뜻한다. 가자는 당상관을 대상으로, 가계는 당하관을 대상으로 품계를 올려주는 것이다. 이순신은 이미 당상관이었기에 "가자"로 볼 수 있다.

140 「광양 현감 어영담의 유임을 임금님께서 청하는 장계請光陽縣監魚泳潭仍任狀」(1593년 4월

수(신호), 여러 영공과 같이 앉아 술을 마시며 이야기했다. 또한 군관 등을 편을 나누어 훈련용 화살을 쏘게 했다.

6일[4일. 기미] 아침에 신정씨慎定氏[141]와 조카 봉이 해포蟹浦[142]에서 왔다. 늦게 큰비가 퍼붓는 듯 내렸다. 내내 그치지 않았다. 냇가와 도랑에 물이 넘친다고 했다. 농사짓는 사람들의 소원을 갑작스럽게 가득 채웠다. 행복하다. 행복하다遽滿農人之望 可幸可幸. 저녁 내내 친척 신씨 어른慎戚丈[143]과 같이 이야기했다.

7일[5일] 흐렸으나 비는 내리지 않았다.[경신][144] 우수상(우수사 이억기)과 아침을 같이 먹었다. 진해루로 옮겨 좌기했다. 공무를 처리한 뒤, 배에 올라 출발할 때[145] 발포의 도망친 수군에 대해 법을 집행했다行法. 순천 이방吏

8일)에 따르면, 광양 현감 어영담은 4월경에 파직된 것으로 나오나, 일기 1593년 5월 28일에는 비변사에서 어영담을 유임한다는 공문이 내려왔다. 그러나 「어영담을 조방장으로 삼게 해주실 것을 임금님께 청하는 장계請以魚泳潭爲助防將狀」(1593년 윤11월 17일)에 따르면, 1593년 윤11월 초에 파직된 광양 현감 어영담 대신 김극성金克惺이 임시 수령에 임명되었다는 내용이 나온다. 일기 1593년 9월 9일에 광양 현감이 언급되는 것으로 보아 그 후 다시 파직되었던 듯하다.
141 다른 사람에 대한 호칭으로 오늘날에도 익숙한 "씨氏"가 나온다. 오희문의 『쇄미록』 1592년 10월 27일에는 '남신 회씨' '남신 온씨', 1593년 9월 10일에는 "유공 원씨柳公 愿氏"라는 표현이 나온다.
142 해포를 「편수회본」에서는 아산에 있는 지명으로 추정했다.
143 戚丈은 친척 어른을 뜻한다.
144 날씨와 간지를 바꿔 쓴 경우다.
145 이때 이순신은 거북선도 함께 출동시켰던 듯하다. 『선조실록』 선조 26년(1593) 6월 29일에는 명나라 경략이 명나라 병부에 올린 보고서 내용이 나온다. 경략은 자신이 후퇴하는 일본군을 추격하도록 이여송을 시켜 이여백과 장세작의 명나라 대군을 보냈고 선조에게도 공문을 보내, "전라도 등의 수군과 거북선을 뽑아 바다를 포위하게 하니, 왜놈들은 쥐 죽은 듯 지키기만 하고 감히 움직이지 못했다." 그러나 이순신의 「충청도 수군이 뒤따라 와서 지원할 수 있도록 임금님께 청하는 장계(2)請湖西舟師繼援狀(二)」(1593년 5월 14일)에는 전선 42척과 사후소선伺候小船 52척, 이억기는 전선 54척과 사후소선 54척만 언급되고, 거북선은 명시되지 않는다. 전선에 거북선이 포함된 듯하다. 원균 부대는 『난중일기』 1593년 8월 30일자에 따르면 25척이 참전했다.

房[146]은 급히 달려오지 않았기에 회부해 법을 집행하려다 잠시 멈췄다. 가서 미조항에 이르는 동안 동풍이 크게 불었다. 파도가 산더미 같았다. 간신히 도착해 묵었다.[147]

8일[6일. 신유] 흐렸으나 비는 내리지 않았다. 이른 새벽에 길을 떠났다. 사량 바다 가운데에 도착했다. 만호(이여념)가 나왔다. "우수사(원균)는 어디에 있는가?"라고 물었더니, "지금 창신도昌信島[148]에 있습니다"라고 했다. "그러나 군사를 모으지 못해 배를 타지 못하고 있습니다"라고 했다.[149] 곧바로 당포에 도착했더니, 이영남이 와서 만났다. "수사(원균)의 많은 헛된 짓"을 상세히 말했다. 묵었다.

9일[7일. 임술] 흐렸다. 아침에 출발해 거을망포[150]에 도착했다. 바람이 순조롭지 않았다. 우수상(우수사 이억기), 가리포 첨사(구사직)와 함께 앉아 이야기하며 논의했다. 저녁에 원 수사(원균)가 전선 2척을 이끌고 와서 모였다.

---

146 이방은 인사·비서書 등의 일을 담당했던 아전이다.
147 "간신히 도착해 묵었다"의 원문은 "難艱到宿"이다. 그런데 홍기문은 "겨우 배를 대고 잤다", 이은상은 "간신히 배를 대고 잤다"로 번역했다.
148 "창신도"를 「편수회본」에서는 "昌信島(昌善島인 듯)"로 추정했다. 「당포에서 왜적을 처부순 일을 임금님께 보고하는 장계唐浦破倭兵狀」(1592년 6월 14일)에는 昌信島, 「견내량에서 왜적을 처부순 일을 임금님께 보고하는 장계見乃梁破倭兵狀」(1592년 7월 15일)에는 倡信島로 나온다. 「충무공계본」에 실린 같은 장계에는 "昌善島"로 나온다.
149 「충청도 수군이 뒤따라와서 지원할 수 있도록 임금님께 요청하는 장계(1)請湖西舟師繼援狀一」(1593년 5월 10일)에 따르면, 이순신은 5월 8일 견내량에 도착했다. 「충청도 수군이 뒤따라와서 지원할 수 있도록 임금님께 청하는 장계(2)請湖西舟師繼援狀(二)」(1593년 5월 14일)에 따르면, 이순신은 전선 42척과 사후소선 52척을 거느렸고, 전라 우수사 이억기는 전선 54척과 사후소선 54척을 거느렸다. 반면 원균의 경상 우수군은 「충청도 수군이 뒤따라와서 지원할 수 있도록 임금님께 요청하는 장계(1)」(1593년 5월 10일)에 따르면, 경상도는 재물이 다 없어졌고, 명나라 군사의 뒷바라지로 격군이 없었고, 정비한 전선도 사부와 격군이 다 굶주리고 지친 상태로, 5월 9일 일기에 따르면, 원균은 전선 2척을 이끌고 왔다.
150 거을망포는 「난중일기」에서 걸망포乞望浦·거망포巨望浦·거망포巨網浦로 기록하기도 했다.

10일[8일. 계해][151] 흐렸으나 비는 내리지 않았다. 아침에 배를 출발해 견내량에 도착했다. 늦게 작은 산봉우리 위로 올라가 좌기했다. 흥양 군사를 하나하나 확인하고 점검했다. 뒤처진 여러 장수의 죄를 처벌했다. 우수백(이억기)과 가리포 첨사(구사직)도 모여 함께 이야기했다. 얼마 뒤에 선전관 고세충高世忠[152]이 임금님의 유지를 갖고 와서 전했는데, "부산으로 가서 돌아가는 왜적을 무찌르라"고 하는 것이구나.[153] 부찰사(부체찰사 김찬)의 군관 민종의閔宗義[154]가 공문을 갖고 왔다. 저녁에 영남 우후 이의득李義得[155]과 이영남이 와서 만났다. 앉아 이야기하다가 밤이 깊어 파하고 돌아갔다. "봉사奉事[156] 윤제현尹齊賢[157]이 영(전라 좌수영)에 도착했다"는 편지가 왔다. 곧바로 답장을 보냈다. "잠시 영(전라 좌수영)에 머물러 있을 일"이라는 편지다.

11일[9일. 갑자] 맑았다. 선전관(고세충)이 되돌아갔다. 해 질 무렵 우수백(전라 우수사 이억기)이 진을 친 곳에 갔더니, 이홍명과 가리포 첨사(구사직)

---

151 태종의 제삿날이다. 『난중일기』 1597년 5월 10일에 따르면, 이날은 옛날부터 비가 내렸다고 했다. 이 비를 태종우太宗雨라 불렀다. 1593년·1595년·1596년 5월 10일은 맑았고, 1594년·1597년 5월 10일에는 비가 내렸다. 1595년 5월 11일에는 비가 내렸다.

152 고세충(?~?)은 조선 중기의 무신이다. 임진왜란 때 가동 30여 명을 인솔하고 군량 20석을 마련해 도원수 권율 막하에 들어가 행주대첩에 참가했다(화순전통문화진흥회·조선대학교 한국학자료센터, 『화순충의록』, 화순군, 2014). "고세충"은 선전관 옆에 추가로 써넣은 것이다.

153 선조의 유지는 「충청도 수군이 뒤따라와서 지원할 수 있도록 임금님께 요청하는 장계(1)」(1593년 5월 10일)에 나온다.

154 민종의(?~?)는 「여흥 민씨 인명사전」에 따르면, 문과에 급제했으나 무신으로 활약했고, 부정·첨사를 역임했다.

155 이의득(1544~?)은 조선 중기의 무신이다. 고령 출신으로 1584년 무과 별시에서 급제했다. 『난중일기』에는 경상 우후로 활약하는 모습이 나온다.

156 봉사는 돈녕부敦寧府와 각 시寺·사司·서署·원院·감監·창倉·고庫·궁宮에 설치된 종8품 문관직이다. 무관으로는 훈련원 봉사직도 있다.

157 윤제현(1545~?)은 조선 중기의 문신이다. 이순신과는 사돈이다. 이순신 누이의 딸이 윤제현의 아들 윤간에게 시집을 갔다. 윤제현의 동생은 윤영현으로 광해군의 스승이었고, 1596년 홍산 현감으로 이몽학의 반란 때 사로잡히기도 했다. 『난중일기』에는 윤영현도 나온다.

도 도착했다. 바둑을 두기도 했다. 순천 부사(권준)가 또 왔고, 광양 현감 (어영담)도 잇따라 왔다. 가리포 첨사(구사직)가 술과 고기를 바쳤다. 얼마 뒤 영등에서 적을 살폈던 사람探賊人 등이 되돌아와 보고하며 말하기를, "가덕 바깥 바다에 적선이 자그마치 200여 척이나 머물러 정박해 있으면 서 나타났다 없어졌다 하고, 웅천도 전날과 같다"고 했다. 선전관이 돌아 갈 때, 이유를 적은 서장書狀[158]과 도원수都元帥(김명원), 체찰사(류성룡)[159]에 게 보내는 3통[160]의 공문을 1장으로 만들었다. 3통을 의논하고 윗분들에 게 여쭈어 결정할 수 있는 사람도 같이 보냈다. 이날 남해 현령(기효근)도 와서 만났다.

12일[10일, 을축] 맑았다. 본영(전라 좌수영) 탐후선이 들어왔는데, 순찰사(권 율)의 공문과 송 시랑宋侍郎(명나라 송응창)[161]의 패문牌文[162]을 갖고 왔다. "사

158 서장은 「충청도 수군이 뒤따라와서 지원할 수 있도록 임금님께 요청하는 장계(1)」(1593년 5월 10일)이다.

159 당시 체찰사는 류성룡이다. 류성룡은 1593년 1월, 사은사로 명나라에 가는 정철 대신 충 청·전라·경상 삼도 도체찰사三道都體察使에 임명되어 활약하다가 10월에 다시 영의정에 임명되 었다.

160 「충청도 수군이 뒤따라와서 지원할 수 있도록 임금님께 요청하는 장계(1)」(1593년 5월 10일) 에는 "체찰사(류성룡)와 순찰사(권율)"에게 공문을 보낸 것으로 나온다. 일기와 장계를 종합해보 면, 3통은 도원수, 체찰사, 순찰사에게 각각 보낸 것이다.

161 송 시랑은 송응창宋應昌(1536~1606)이다. 중국 절강성 항주 출신의 명나라 문신이다. 팡즈위 안의 「임진왜란 참여 명군의 將士와 군대 계통」(『충무공 이순신과 한국해양』, 해군사관학교 충무공연 구소, 2015, 131쪽)에 따르면, 그가 관직을 경험한 곳이 모두 왜구의 침입이 있거나 왜구와 교류를 했던 곳이었기에 일본의 사정과 일본인의 특성을 잘 알았다고 한다. 또한 1589년, 산동순무직에 있을 때에는 명 조정에 왜란 조짐과 그에 따른 전쟁을 대비 주장하는 보고를 했다. 임진왜란 초 기 명나라 지원군으로 들어온 조승훈과 사유가 패전하자 명 조정에서는 병부 우시랑이었던 송 응창을 총사령관으로 임명하고, '경략經略'이라는 새로운 계급을 부여했다고 한다. 경략은 국경 에서 외적의 침입이 생길 경우, 중앙에서 파견해 군무를 총괄하게 했던 임시직 총사령관이다. 송 응창은 '송 시랑' 혹은 '송 경략'으로 약칭해 불렸다. 조선의 김응서 장군과 함께 평양성을 탈환했 으나, 그 후 명나라 병부 상서 석성石星과의 불화로 1593년에 명나라로 소환되었다.

162 류성룡의 『징비록』에 따르면, 송응창의 패문은 조선인의 일본군 공격을 금지하는 명령이었

복(사복시)의 말 5필을 명나라에 가는 사신이 명나라에 바칠 수 있도록進獻[163] 보낼 일이라는 공문"도 도착했다. 그래서 병방 진무를 뽑아 보냈다. 늦게 영남(경상 우수사 원균)이 왔다. 선전관 성문개成文漑가 와서 만났다. '피란 중인 조정行朝의 일'을 자세히 전했다. 소리 높여 슬피 울부짖는 것을 이길 수 없었다. 소리 높여 슬피 울부짖는 것을 이길 수 없구나不勝痛哭 不勝痛哭也. 새로 만든 정철총통正鐵銃筒[164]을 비변사로 보냈다. 흑각궁黑角弓[165]과

다. 류성룡은 이 패문을 받고는 그 패문과 함께 있던 명나라 황제를 상징하는 깃발에 참배하지 않았다. 이를 보고받은 명나라 제독 이여송은 명나라 황제를 무시한다며 분노해 류성룡을 명나라 군법으로 처벌하려고 했으나, 류성룡이 송응창의 패문에 분노했기 때문이라고 설명해 오해를 풀었다고 한다. 오희문의 『쇄미록』 1593년 4월 24일에는 「天將下帖書」(명나라 장수가 내린 명령서)가 나온다. 송응창의 명령에 따라 조선군과 조선인은 일본인을 공격하지 말라는 내용이다. 이에 대해 오희문은 명나라가 일본과 강화하려고 하고, 명나라 사신이 일본군을 호위해 갔다며 분해 죽고 싶다고 토로했다. 그러나 이 시기에는 송응창의 입장이 바뀐 듯하다. 「충청도 수군이 뒤따라와서 지원할 수 있도록 임금님께 청하는 장계(2)」(1593년 5월 14일)에는 선전관 박진종이 갖고 온 서장 내용이 나오는데, "명나라 장수가 왜적을 죽이지 말라"고 했다가, "송宋 경략經略(명나라 경략 송응창)의 명령에 근거해, 양쪽 남쪽(경상도와 전라도) 수군과 전선을 한꺼번에 모두 모아 먼저 부산 등지에 머물러 정박해 있는 적선을 불태워 없애라. 또한 거느린 수군과 전선, 전투 도구가 얼마인지 먼저 명나라 장수에게 보고하라. 조각배 한 척도 돌려보내지 않게 하되, 만일 형세가 불편해 불태워 없애지 못해도 거짓 보고는 하지 말라"는 내용이 나온다. 명나라의 입장이 전투 금지에서 전투 재개로 바뀌었다.

163　"명나라에 가는 사신이 명나라에 바칠 수 있도록"의 원문은 "進獻"이다. 홍기문은 "중국에 보내기 위해서 올려 보내라", 이은상은 "중국에 보내기 위해서 올려 보내라"로 번역했다. 『경국대전』에서는 진헌과 진상을 구분했다. 중국 황제에게 보내는 공물은 진헌, 우리나라 임금에게 바치는 예물은 진상이다. 『경국대전주해』「호전」「진헌」에 "특별한 말別馬" 규정이 있다. "특별한 말은 성절·천추·정조(동지)의 3대 절三大節을 제외하고 사은사 등과 같이 특별히 파견하는 사신이 명나라 조정에 헌납하는 말이다." 진헌은 때로는 우리나라 임금에게 바치는 진상처럼 사용되기도 했다.

164　정철正鐵은 시우쇠·참쇠라고도 한다. 잡철에 들어 있는 탄소·규소·망간·유황·인 등과 같은 것을 제거해 순도를 높인 것이다. 『한국사 24』(국사편찬위원회, 탐구당, 2013, 233쪽·249쪽)에 따르면, 조선시대 철의 종류는 크게 생철生鐵, 水鐵(무쇠)과 숙철熟鐵(시우쇠)로 구분되고, 생철은 주로 솥이나 농기구를 제조하고, 정철은 창검이나 전촉과 같은 무기 제조에 사용했으며, 군기감에서는 정철만 납부 받았다고 한다.

165　정진명의 『우리 활 이야기』(학민사, 2013)에 따르면, 흑각궁은 수입산 물소 뿔로 만든 활이

과녁·화살도 주어 보냈다. 성(성문개)은 이일李鎰(순변사)의 사위라고 했기 때문이구나.[166] 저녁에 이영남李英男과 윤동구尹東耉가 와서 만났다. 고성 현령 조응도趙應道[167]도 와서 만났다. 이날 새벽, 좌·우도左右道의 체탐인體探人(정탐꾼)[168]을 영등 등지로 정해 보냈다.

13일[11일, 병인] 맑았다. 식사를 한 뒤, 작은 봉우리 꼭대기에 베로 만든 과녁을 펼쳤다. 순천 부사(권준)와 광양 현감(어영담), 방답 첨사(이순신)와 사도 첨사(김완), 우후(이몽구)와 발포 만호(황정록)와 편을 나누어 활쏘기 으뜸을 겨루었다. 해가 저물어 배로 내려왔다. 밤에 들으니, "영남 우수사(원균)가 머문 곳에 선전관 도언량都彦良이 왔다"고 했다. 이날 저녁, 배에 바다 달빛이 가득 찼다. 홀로 앉아 이리저리 뒤척였다. 온갖 시름이 가슴을 쳤다. 자려고 해도 잠들 수 없었다. 닭이 울 때에야 풋잠이 들었다是夕 海月滿船 獨坐轉展 百憂攻中 寢不能寐 鷄鳴假寐.

다. 반면에 우리나라 한우 뿔로 만든 각궁은 향각궁鄕角弓으로 불렸다.
166　성문개는 일기에서 보듯 이일의 사위다. 강신엽의 「조선중기 이일의 관방정책」(『육군박물관 학예지』 제5집, 육군사관학교 육군박물관, 1997, 206쪽)에 따르면, 이일과 대흥령을 지낸 대춘大春의 딸 사이에서 낳은 딸이 성문개의 부인이다.
167　조응도趙凝道(1555~1597)다. 『난중일기』에도 "趙凝道"로 나오기도 한다. 조선 중기의 무신이다. 고성 현령 재직시에 임진왜란이 일어났다. 진주 목사 김시민이 지휘했던 1차 진주성 전투에도 참전했다. 1597년 정유재란 때 전사했다. 『선조실록』 선조 30년(1597) 3월 24일 기록에 따르면, 1597년 3월 8일 거제 기문포에 정박하고 상륙한 일본군을 회유해 항복 받고, 돌려보내던 중에 조라포 경계 고다포에서 원균이 일본군을 기습 공격했고, 그때 조응도가 일본군 전선을 공격하다가, 일본군이 조응도의 전선에 올라타 싸우는 과정에서 전사했다고 한다. 임진왜란 초기의 고성 현령은 『선조실록』 선조 25년(1592) 6월 28일, 경상 우도 초유사 김성일이 보고한 내용에는 '김현金絢'이었다. 김현은 전쟁 발발 후 진주 수성장에 임명되었다. 조응도가 고성 현령에 임명된 시기는 그 이후인 듯하다.
168　체탐인은 정탐꾼이다. 조선 초기에는 주로 함경도와 평안도의 국경 지역에서 여진족의 동향 파악에 크게 활약했다. 이순신도 일본군의 동향 파악을 위해 체탐인을 적극 활용했다. 세종은 사형수를 체탐인으로 삼아 여진족 지역에 보내 정탐하게 해 속죄하도록 했다(『세종실록』 세종 20년(1438) 2월 23일).

14일[12일. 정묘]169 맑았다. 선전관 박진종朴振宗170이 왔다.171 같은 때 선전관 영산령寧山令 예윤禮胤172이 또 임금님의 유지를 갖고 왔다. 그들로 인해, "피란 중인 조정의 일과 명나라 군사들이 하는 짓"을 들었다. 아프고 답답했다. 아프고 답답했다. 나도 우수사(이억기)의 배에 옮겨 탔다. 선전관과 마주하고 이야기했고, 술을 몇 잔 돌렸다. 영남 수백(수사) 원평중(원균)이 왔다. 술주정을 심하게 했다. 배 안의 장수와 군사가 괴로워하면서 분노하지 않는 사람이 없었다. 그렇게 있지도 않은 일을 꾸미며 속이는 것을 어찌 다 말하랴. 영산령이 취해 쓰러져 인사불성이 되었다. 우스운 일이다. 저녁에 곧바로 두 선전(선전관)이 되돌아갔다.

15일[13일. 무진] 맑았다. 아침에 낙안 군수(신호)가 와서 만났다. 얼마 뒤, 윤동구가 그의 장수(원균) 장계를 베낀 것狀啓草173을 갖고 왔는데, 그가 거짓으로 속이는 것을 이루 다 말할 수 없구나. 순천 부사(권준)와 광양 현감(어영담)이 와서 만났다. 아침 늦게 해와 울蔚,174 봉사 윤제현이 모두 도착했다. 낮 12시쯤에 활 쏘는 곳에 도착했다. 순천 부사(권준)와 광양 현감(어영

---

169 문종의 제삿날이다.

170 박진종(1543~?)은 조선 중기의 무신이다. 1595년에 명나라 누국안婁國安과 함께 일본군으로 가서 그곳의 실정을 파악하여 보고했다. 1597년 영광 군수에 임명되었다.

171 박진종이 갖고 온 선조의 유지는 「충청도 수군이 뒤따라와서 지원할 수 있도록 임금님께 청하는 장계(2)請湖西舟師繼援狀(二)」(1593년 5월 14일)에 나온다.

172 『후광세첩』에 따르면, 영산령 예윤은 왕실의 후손 이예윤李禮胤이다. 영산령의 영산寧山은 이예윤에 대한 개별 칭호이고, 영은 관직을 표시하는 칭호다. 『임진장초』 1593년 5월 14일 장계에는 "福胤"으로 나온다. 「호성원종공신녹권」에서는 영산 부령副令 예윤禮胤으로 나오고, 호성원종공신 1등이다.

173 "장계를 베낀 것狀啓草"은 "임금에게 올리는 계문의 초고草稿"로 번역할 수 있는 경우도 있다.

174 이순신의 둘째 아들 이울李蔚(1571~1631)이다. 1597년 5월 3일 일기에는 울의 이름을 열菀로 바꿨다는 기록이 나온다. 이울(열)은 선조 때 관직에 있다가, 광해군에 반대해 물러났다. 인조 때 다시 충훈부 도사, 형조 정랑에 올랐다.

담), 사도 첨사(김완)와 방답 첨사(이순신) 등이 활쏘기 으뜸을 겨루었고, 나도 쏘았다. 저녁에 배 위로 되돌아와 윤 봉사尹奉事(윤제현)와 자세히 이야기했다.

16일[14일, 기사] 맑았다. 아침에 적량赤梁 만호 고여우와 감목관 이효가李孝可, 이응화와 강응표 등이 와서 만났다. 각 고을의 공문과 소지所志175를 처결하거나 판결해 내려보냈다. 해176와 회는 되돌아갔다. 몸이 아주 불편해 드러누워 끙끙 앓았다. 그들로 인해 "명나라 장수가 길 중간에 오래 머무는 것은 교묘한 계략이 조금은 있기 때문"이라고 들었다. 나라 걱정이 많은데 일마다 이와 같이 걱정이다. 더욱더 탄식이 일어나 펑펑 쏟아지는 눈물에 잠길 뿐이구나爲國多慮慮事事如是 尤極興嘆而潛淚也. 점심때 윤 봉사(윤제현)에게 전해 듣기를, "관동舘洞177 숙모님叔母主178께서 피란 가셨던 양주楊州 천천泉川179에서 세상을 뜨셨다別世"고 했다. 소리 높여 슬피 울부짖는 것을 이길 수 없었다. 소리 높여 슬피 울부짖는 것을 이길 수 없었다. 세상사가 어떻게 이리도 가혹할까. 누가 그 주인의 장사 지내는 것을 맡았을까. "대진大進은 이미 먼저 세상을 떴다"고 했다. 더욱더 슬펐다. 슬펐다.

17일[15일, 경외] 맑았다. 새벽에 바람이 아주 미친 듯 불었다. 아침에 순천

---

175 소지는 관청에 올리는 소장訴狀·고발장告狀·발괄白活 등이다. 소송문서·청원서·진정서와 같은 것이다.

176 이해는 이순신의 둘째 형 이요신의 아들이다. 『난중일기』에도 나오는 이봉의 동생이다. 무과에 급제했고, 훈련원 주부를 역임했다.

177 관동은 현재 종로구 명륜동 3가쯤이다. 오희문의 『쇄미록』 1592년 8월 19일에는 "관동 성균관"이라는 기록이 있다.

178 숙모님을 뜻하는 원문 '숙모주叔母主'에서 '主'는 『옛편지 낱말사전』(하영휘 외 엮음, 돌베개, 2011)에 따르면 "항렬이 높은 일가 유복친을 지칭하는 말 뒤에 붙여 존경을 표하는 접미사"라고 한다. 유창돈의 『이조어사전』(연세대출판부, 1964)에서는 "님 쥬主"로 나온다. 즉 주主는 '님'이다.

179 양주 천천은 오늘날 경기도 양주시 회천동이다.

부사(권준)와 광양 현감(어영담), 보성 군수(김득광)와 발포 만호(황정록), 이응화가 와서 만났다. 변존서는 병 때문에 되돌아갔다. 영남 우수백(원균)이 군관을 보냈다. 갖고 온 진양晉陽(진주)의 긴급 보고서를 읽어보았더니, "이 제독李提督(이여송)은 현재 충주忠州에 있다"고 했다. 그런데도 적의 무리가 사방으로 흩어져 불 지르고 노략질하고 있으니, 원통하고 분했다. 원통하고 분했다. 내내 큰 바람이 불었다. 마음 또한 괴롭고 어지러웠다. 괴롭고 어지러웠다. 고성 쉬(현령 조응도)가 군관을 보내 안부를 물었다. 또한 "추로 秋露[180]와 소 다리 한 짝枝, 벌통蜂筒[181]을 보냈다"고 했으나, 상喪을 당한 중이었기에 받아놓기 미안했다. 그러나 간곡한 마음으로 보낸 것이기에 의리로 되돌려 보낼 수 없었기에懇情所致 義不可還送, 군관 등에게 주었다. 몸이 아주 불편했다. 일찍 배에 있는 방船房으로 들어갔다.

18일[16일, 신미] 맑았다. 이른 아침에 몸이 아주 불편했다. 온백원溫白元[182] 4알 丸을 삼켰다. 아침을 먹은 뒤, 우수백(이억기)과 가리포 첨사(구사직)가 와서 만났다. 얼마 뒤, 시원하게 설사를 했다. 기운이 평안[183]해진 듯했다. 사내종奴[184]

---

180 추로는 추로주다. 추로주는 『산림경제』에 따르면, 가을에 이슬이 많이 내릴 때 그 이슬을 받아 빚은 술이다.
181 벌통을 보냈다는 것은 이 시기에 양봉을 했음을 보여주는 사례다. 오희문의 『쇄미록』 1598년 5월 6일에는 벌통蜂桶을 이용해 벌을 기르는 모습이 나온다.
182 온백원은 종양·황달·소화불량·위염, 몸이 붓거나 가슴이 아픈 증세, 정신 안정, 임질 등 성병, 학질 등에 쓰는 약이다. 이순신의 경우는 정신적인 스트레스로 위염이 악화된 것으로 추정할 수 있다. 『난중일기』에서 언급된 약은 온백원이 유일하다. 『묵재일기』 1536년 9월 29일에는 이문건이 온백원 4알을 먹고 설사를 세 번 했다는 내용이 나온다. 이 일기에는 온백원을 비롯해 많은 한약이 나온다.
183 "평안"의 원문은 "平安"이나, 「문화재청본」은 '不安'으로 나온다. 오자다.
184 노비奴婢는 남자는 노奴, 여자는 비婢로 구분한다. 매매와 상속을 할 수 있었다. 이태진에 따르면 조선시대 노비 수는 정확히 파악되지 않으나, 전 인구의 3분의 1 정도였다는 언급이 기록에 자주 나오고, 노비 소유의 폐단이 심할 때는 인구의 반이었다는 표현도 나온다면서, 16세기 중반의 인구를 1000만 정도로 추정하기에 당시 노비는 330여 만이었고, 그중 공노비는 30만, 사

목년木年[185]이 해포에서 왔다. 그에게 듣기를, "어머님께서는 평안하시다"고 했다. 곧바로 답장을 써 되돌려 보냈다. 감곽甘藿(해태)[186] 5동同[187]을 집으로 보냈다. 이날 접반사接伴使[188]에게 「적 세력의 어려운 점과 쉬운 점」에 대한 공문 3통을 1장으로 작성해 보냈다. 전주全州 부윤(최립)[189]의 공문 안에, "지금은 순사(순찰사 권율)가 절제사(도원수)까지 겸직하게 되었다"고 했다.[190] 그

노비는 300만 정도로 보았다(이태진, 『새 한국사』, 까치글방, 2012, 305쪽). 조원래는 『난중일기』에 기록된 이순신의 노비 중에서 이름이 기록된 경우만 53구라고 하면서, "16세기 말의 상황에서 노비만 50구 이상 소유하고 있었다는 것은 상당한 경제력이었음을 부인할 수 없다. 요직의 문관이 아닌, 변방의 무장이었다는 점에서 더욱 그러하다"고 이순신의 경제력을 높게 평가했다(조원래, 『남도의 백성이 지킨 나라』, 국립순천대박물관, 2016, 38~40쪽 참조).
185 손병규에 따르면, 조선시대 호적에서 성씨를 갖는 호는 17세기 말에 50퍼센트에서 19세기 전반에 99퍼센트에 이른다고 한다(손병규, 『호적』, 휴머니스트, 2007, 18쪽). 목년의 경우는 성씨가 없었던 노비인 듯하다.
186 해태의 원문은 "甘藿"이다. 정약용의 『경세유표』에 따르면, "곽藿은 해대海帶(방언으로 미역), 태苔는 해태海苔로 감곽·감태甘苔라고도 한다. 태苔는 종류도 많아 자태紫苔, 海衣(방언으로는 김)·청태靑苔가 있다"고 했다. 『난중일기』에는 미역을 뜻하는 '藿'도 별도로 나온다.
187 '동'은 해태나 미역을 세는 단위다. 정약용의 『경세유표』에 따르면, "50조條(줄기)를 1속束(줌)으로 하고, 50속(줌)이 1동(2500조)"이라고 했다. 그런데 오희문의 『쇄미록』 1593년 7월 25일에는 "미역藿 1동이 겨우 한 주먹"이라고 했다.
188 접반사는 외국 사신을 영접 및 접대하는 일을 담당한 임시 관직이다. 이때의 접반사는 정확히 누구인지 알 수 없다. 이순신의 「부산과 동래의 왜적을 공격하라」는 명령을 받은 것을 임금님께 보고하는 장계」(1593년 5월 2일)에는 "접반사 이덕형李德馨", 「충청도 수군이 뒤따라 와서 지원할 수 있도록 임금님께 요청하는 장계(1)」(1593년 5월 10일)에는 "접반사 윤근수尹根壽", 정경달의 「반곡유고」 1593년 5월 24일에는 "접반관接伴官 서성徐渻"이 나온다.
189 이때의 전주 부윤은 최립崔岦이었다(『선조실록』 선조 26년(1593) 3월 21일). 조응록의 『죽계일기』 1592년 11월 11일에 신임 전주 부윤 최립崔岦이 나온다.
190 선조는 1593년 3월 20일, 행주대첩의 공로를 세운 권율權慄을 도원수로 임명하고자 했다. 실제 임명된 것은 6월 7일이다. 권율이 임명되기 전까지 도원수는 김명원金命元이었다. 권율이 도원수에 임명될 때, 전라 관찰사는 이정암, 전주 부윤은 황섬이 임명되었다. 조응록의 『죽계일기』 1593년 6월 16일에, "김명원 대신 권율을 도원수로 임명했다는 이야기를 들었다"는 내용이 나온다. 또한 도원수 권율이 "관군과 의병이 합쳐 7007명이기에 일본군 한 개 부대의 군사도 당할 수 없어 손을 쓸 수 없다"고 보고하는 내용도 있다. 당시 조선군의 병력 상황을 보여주는 기록이다.

런데 인신印信(관인)이 찍혀 있지 않았다. 그 까닭을 모르겠구나.[191] 방답 첨사(이순신)가 와서 만났다. 대금산大金山[192]과 영등의 높은 곳에서 적을 감시하는 군사曅 등이 와서 보고하기를, "왜적들이 나타났다 없어졌다 하고 있으나, 특별히 대단히 흉악한 음모兇謀는 없다"고 했다. "새로 건조하는 협선挾船[193] 2척에 못釘[194]이 없다"고 했다.

19일[17일, 임신] 맑았다. 아침 식사를 윤 봉사(윤제현)와 같이 먹었다. 여러 장수가 애써 권유했기에, 기력도 평안치 않았으나 억지로 먼저 맛을 보았다. 더욱더 슬프고 서럽구나. 순사(순찰사)의 공문 안에, "명나라 장수 유劉원외 員外(유황상)[195]의 패문에 따라, '부산 바다 입구는 이미 가서 길을 끊었다'"고 했다. 곧바로 "공문을 받았다"고 작성해 보냈다. 또한 공문으로 보고할 것도 작성해 보성 사람이 갖고 가게 했다. 순천 부사(권준)가 소고기 일곱 종류를 보내왔다. 방답 첨사(이순신)와 이홍명이 와서 만났다. 기숙흠(기효근)도 와서 만났다. 영등의 높은 곳에서 적을 감시하는 군사가 와서 보

---

191 이순신이 관인을 찍지 않은 공문에 대한 의혹을 기록한 것이다. 『명종실록』 명종 21년 (1566) 4월 10일에 따르면, 명종은 관인을 찍지 않고 상급관서에서 하급관서에 지시 문서를 보내는 제도를 금지시켰다.

192 대금산은 경상남도 거제시 장목면 대금리 일대에 있는 해발 438미터의 산이다. 정상에 오르면 부산, 창원은 물론 대마도까지 보인다.

193 협선은 1555년(명종 10) 대형 전투함인 판옥선이 개발된 뒤 판옥선의 부속선으로 사용된 소형 군용선으로 격군은 3명 정도다.

194 이 못이 나무못인지 쇠못인지 알 수 없으나 참나무로 만든 나무못인 듯하다. 조선의 배는 대부분 쇠못鐵釘 대신 나무못을 사용했기 때문이다(김재근, 『우리 배의 역사』, 서울대출판부, 1989, 21쪽).

195 "유 원외劉員外"를 「문화재청본」에서는 "劉員"으로 보았다. "外"를 누락했다. 「편수회본」에서도 "유 원외"다. '員外'는 명나라 관직인 '흠차경략어왜欽差經略禦倭 병부兵部 원외랑員外郞'의 약칭이다. 유 원외의 이름은 유황상劉黃裳이다. 임진왜란 때 송응창과 이여송의 군대를 감독하는 감군監軍으로 조선에 들어왔다. 류성룡의 「再乞練兵 且倣浙江器械 多造火砲諸具 以備後用狀」 (1593년 5월 25일)에도 유 원외라고 나온다.

고하기를, "다른 변화는 특별히 없다"고 했다.

20일[18일. 계유] 맑았다. 새벽에 대금산의 높은 곳에서 적을 감시하는 군사가 와서 보고했는데, 영등의 높은 곳에서 적을 감시하는 군사와 같았다. 늦게 순천 부사(권준)가 왔다. 소비포 권관(이영남)도 왔다. 오후에 높은 곳에서 적을 감시하는 군사가 와서 보고해 말하기를, "왜선의 자취가 없다"고 했다. 그래서 본영(전라 좌수영) 군관 등에게, '왜의 물건을 실어올 일을 일러보내는 편지'를 써서, 흥양 사람이 갖고 가게 했다.

21일[19일. 갑술] 새벽에 배를 몰았다. 거제 유자도柚子島 가운데 바다에 도착했다. 대금산의 높은 곳에서 적을 감시하는 군사가 나와서 보고하기를, "적의 출입은 전과 같다"고 했다. 우수右水(우수사 이억기)와 저녁 내내 이야기했다. 이홍명도 왔다. 오후 2시에 비가 내렸다. 농민의 바람에 조금 생기가 돌게 되었다. 이영남이 와서 만났다. 원 수사(원균)가 거짓말로 공문을 보냈기에 대군大軍이 동요했다. 군대 안에서 거짓으로 꾸며 속이는 것이 이러하니, 그 사납고 이치에 어긋난 것兇悖을 어찌 다 말하랴. 밤새 광풍이 불었고 비도 내렸다. 이른 새벽에 거제 선창에 도착했다. 곧 22일이구나.

22일[20일. 을해] 비가 계속 내렸다. 사람들의 소망을 크게 적셔주었다. 아침 늦게 나대용이 본영(전라 좌수영)에서 왔는데, 송 시랑(명나라 송응창)의 패문196을 갖고 왔다. 차원差員(수행원)과 본도(전라도)의 도사, 행行 상호군上

---

196 이 패문과 관련하여 『선조실록』 선조 26년(1593) 5월 1일에는 명나라 경략 송응창이 자문咨文과 패문을 보냈다는 기록이 나온다. 송응창은 선조에게 조선 수군을 양산·동래·부산과 낙동강 하류로 보내 일본군 전선을 불태우고, 바다 입구를 지키게 하라고 했다. 「충청도 수군이 뒤따라와서 지원할 수 있도록 임금님께 청하는 장계(2)」(1593년 5월 14일)에는 "경략(송응창)이 「'제독提督에게 추격하라'고 명령한 글」을 보고는 기운을 가다듬고 용기 내, 감히 죽기를 결심하고 보복하려 했습니다"라는 내용이 나온다.

護軍 선전관(목광흠)197 한 사람員이 온다는 선문先文198이 왔는데, "송 시랑의 차원(양보)은 전선을 상세히 빠짐없이 생각하며 살필 일로 온다"고 했다. 곧바로 우후(이몽구)를 지정해 맞아오게 내보냈다. 오후에 칠천량으로 배를 옮겨 정박했다. 예우하는 일을 묻도록 나대용을 내보냈다. 저녁에 방답 첨사(이순신)가 와서 명나라 사람唐人 접대 일을 설명했다. 영남 우수백(원균)의 군관 김준계金遵繼가 왔다. 그의 장수(원균)의 뜻을 전했다. 비가 내내 그치지 않았다. 들으니, "흥양 군관 이호李琥가 죽었다"고 했다.

23일[21일, 병자] 흐렸으나 비는 내리지 않았다. 늦게 비가 내리다 ~~버카 내리~~
~~다~~ 맑았다 했다. 우수백(이억기)이 왔다. 이홍명도 왔다. 영남 우병사(최경회)199의 군관이 와서 '적의 일'을 전했다. 본도(전라도) 병사(선거이)200의 편

---

197 '행 상호군 선전관'은 행수법行守法에 따른 칭호로 '상호군 출신의 선전관'을 뜻한다. 행수법은 품계가 높은 사람을 낮은 관직에 임명할 때 '행'을 관직 앞에 붙이고, 품계가 낮은 사람을 높은 관직에 임명할 때는 관직 앞에 '수'를 붙이는 제도다. 이 일기의 '행 상호군 선전관'에서 '상호군'은 오위 소속의 정3품 무관이고, 선전관은 정3품부터 종9품까지 있었다. 이로 보면, 정3품 상호군이 정3품 이하의 직위로 선전관직을 수행하고 있다는 의미다.

198 "선문"은 중앙 관서의 관리가 지방에 출장 혹은 휴가를 갈 때 이동 중에 해당 지역의 관청에서 편의를 제공받기 위해 목적과 날짜, 출장지를 기록해 미리 보내는 공문이다. 노문路文이라고도 한다.

199 영남 우병사는 최경회崔慶會(1532~1593)다. 『선조실록』 선조 26년(1593) 4월 21일에 따르면, 이광악李光岳을 대신해 의병장 최경회가 임명되었다. 최경회는 1567년 식년 문과에 급제했다. 임진왜란 중에 의병장으로 활약했다. 조헌과 고경명의 금산 전투 후 금산에서 퇴각하는 일본군을 추격해 크게 격파했다. 그 공로로 1593년 4월, 경상 우병사에 임명되었다. 1593년 6월, 제2차 진주성 전투에서 창의군 김천일, 충청 병사 황진, 복수의병장 고종후 등과 함께 진주성을 사수하다가 9일 만에 성이 함락되자 남강에 투신 자결했다.

200 선거이宣居怡(1550~1598)는 전남 보성 출신의 무신이다. 1570년, 무과에서 장원 급제했다. 1586년 함경북도 병마절도사 이일의 군관이었고, 1587년 이순신이 조산보 만호 겸 녹둔도 둔전관이었을 때, 이순신과 함께 녹둔도에서 여진족을 막았다. 1588년 1월 여진족 토벌전인 시전부락 전투에 참전했다. 같은 우위 부대에는 이순신, 원균 등도 있었다. 1588년 거제 현령을 거쳐 성주 목사, 1591년에는 진도 군수에 임명되었다. 『선조실록』 선조 26년(1593) 1월 5일에는 전라 병사에 임명된 기록이 나온다. 그 후 전라 병사로서 경기도 오산의 독산산성 전투에서 전라 순찰사

지와 공문이 이곳에 도착했는데, "창원의 적을 다 무찌르려고 했으나, 적 세력의 기세가 활활 불타올라 가벼이 나아갈 수 없다"고 했다. 저녁에 아들 회가 와서, "명나라 관원唐官이 영(전라 좌수영)에 도착해 배를 타고 출발해 오는 일"을 전했다. 어두울 무렵 영남 수사(원균)가 왔다. '명나라 관원을 접대하는 일'을 의논했다.

24일[22일, 정축]201 비가 내리다 맑았다 했다. 아침에 진을 거제 앞 칠천량 바다 입구로 옮겼다. 나대용이 사량 뒷바다에서 명나라 관원을 찾아 만나고 먼저 와서 전하기를, "명나라 관원과 통사(통역관) 표헌表憲,202 선전관 목광흠睦光欽이 오고 있다"고 했다. 오후 2시未時에 명나라 관원 양보楊甫203가 진문陣門에 도착했다. 우별도장右別都 이설204을 보내 맞이해 배로 데려오게

권율과 함께 승리했으나, 크게 부상당했다. 1593년 2월에는 전라 병사로 행주대첩에도 참전했다. 5월에는 도원수 김명원과 함께 후퇴하는 일본군을 추격해 경상도까지 내려갔다가, 6월 2차 진주성 전투 때 운봉에서 진을 치고 일본군을 방어했다. 9월에는 함안에 주둔한 일본군을 공격하다가 다리에 총탄을 맞았고, 후에 충청 병사에 임명되었다. 1594년 9월에는 이순신, 김덕령, 곽재우 등과 함께 거제도 장문포해전에 참전했다. 1595년에는 충청 수사에 임명되었다. 1597년 정유재란 때는 남해·상주 등지에서 활약했다. 1598년 제2차 울산성 전투에 참전했다가 전사했다. 이순신은 1595년 9월 14일 일기에 「수사 선거이와 작별하면서 드림贈別宣水使居怡」이라는 시를 남기기도 했다.

201 태조의 제삿날이다.

202 표헌(1545~?)은 잡과인 역과譯科에 급제했다. 명나라 통역관으로 크게 활약했다. 『선조실록』 선조 26년(1593) 3월 27일 기록에는 표헌이 명나라에서 화약 원료의 하나인 염초를 굽는 방법을 배워왔다고 한다. 임진왜란 당시 염초를 굽는 방법은 대부분 귀순한 일본인들에 의한 것이 많았는데, 표헌은 명나라의 기술을 가져온 경우다. 통역관으로 임진왜란 때 명나라와 조선 사이에 일어나는 문제를 해소하려고 노력했다. 특히 1598년 명나라 병부 주사 정응태가 조선이 일본군을 끌어들여 명나라를 공격하려고 허위 보고를 한 사건의 진실을 규명하는 데 노력했다.

203 양보는 5월 25일 일기에는 정탐 역할로 왔고, 6월 1일 일기에 따르면 직책은 명나라唐 차관差官이다.

204 이설李渫(1554~1598)은 조선 중기의 무인이다. 1579년 무과 급제했다. 훈련원 봉사로 있다가 임진왜란 때 이순신 막하에서 활약했다. 유진장·좌별도장·훈련원 판관·만호로 여러 해전에 참여해 전공을 세웠다. 1598년 노량해전에서 전사했다. 「선무원종공신녹권」에서는 부정으로 나

했다. 많이 기뻐하는 얼굴빛이었다. 내 배에 오르기를 청하고, 황제의 은혜에 두 번 세 번 거듭 감사 인사를 했다. 함께 마주 앉자고 했더니, 한사코 사양하며 앉지 않았다. 일어서서 한동안 이야기했다. 배의 위용이 성대하다며 많이 칭찬했다. 예물단자禮單를 주었더니 처음에는 사양했으나, 받고는 기뻐하며 거듭 고맙다고 했다. 선전관이 표신[205]을 상 위에 놓은 뒤, 또 한 조용히 이야기했다. 아들 회가 밤에 본영(전라 좌수영)으로 돌아갔다.

25일[23일. 乙卯 무인] 맑았다. 명나라 관원과 선전관은 어제 마신 술이 덜 깼다. 아침에 역관譯官(통역관) 표헌을 다시 청해와 명나라 장수의 목적이 무엇인지 물었더니, "명나라 장수의 뜻은 알 수 없으나, 다만 왜적을 쫓아 보내고자 한다"고 했다. 보고하며 말하기를, "송 시랑이 수군의 허실虛實을 자세히 살피려고 그가 거느리고 있는 야불수夜不收[206] 양보를 보내온 것인데, 수군의 위용이 이처럼 성대하니 한없이 기쁘다" 등등이라고 했다. 늦게 본영으로 되돌아가기에 첩帖(물품 수령을 위한 증서)[207]을 주기도 했다. 낮 12시쯤, 거제현巨濟縣 앞 유자도 앞바다 가운데로 진을 옮겼다. 우수상(우수사 이억기)과 군사 일을 한동안 의논했다. 광양 현감(어영담)이 왔고, 최천보와 이홍명이 와서 바둑을 두다가 파했다. 저녁에 조붕趙鵬[208]이 왔기에 만났다. 이야기하고 보냈다. 저녁 9시가 지나서 영남에서 온 명나라 사람 2명

오고, 선무원종공신 1등이다.
205 「친필본」「편수회본」은 모두 "票信"으로 나온다. 이는 "標信"이다.
206 야불수는 명나라 군대에 있던 정보 담당 군사다. 밤을 새워가며 밖에서 활동한다고 해서 붙은 이름이다. 류성룡이 1592년 6월 13일에 쓴 「馳啟賊兵形止 及請抄發軍卒 馳救平壤狀」에도 명나라 군대와 관련해 야불수가 나온다.
207 "첩"은 관공서에서 곡식이나 물건을 받을 수 있는 증명서를 주는 것이다.
208 조붕(?~?)은 「선조실록」 선조 24년(1591) 4월 4일에 따르면, 전주 판관이었는데 사헌부의 탄핵으로 파직당한 것으로 나온다. 임진왜란 때는 경상도에서 의병으로 활약했다.

과 우방백右方伯(경상 우도 순찰사 김륵)209의 영리 1, 접반사의 군관 1원員이 진문에 도착했으나, 밤이 깊어 들이지 않았다.

26일[24일] 비가 계속 내렸다.[기묘]210 아침. 명나라 사람은 곧 절강浙江 포수炮手 왕경득王敬得이었다. 글자를 대강 알고 있어 한동안 마주하고 이야기했으나 알아들을 수 없었다. 한숨이 났다. 한숨이 났다. 순천 부사(권준)가 개고기家獐211를 준비했다. 광양 현감(어영담)도 왔다. 우수백 영공(이억기)과 함께 이야기했다. 가리포 첨사(구사직)는 불렀으나 오지 않았다. 비가 저녁까지 그치지 않았다. 밤새 퍼부었다. 밤 9시부터 광풍이 불었다. 각 배를 고정시킬 수 없었다. 처음에는 우수상(우수사 이억기)의 배와 서로 맞부딪치려相搏 했기에 간신히 구했는데, 도리어 또 발포 만호(황정록)가 타는 배와 부딪치기도 했다搏. 구멍이 뚫리는 손상을 입고攻觸傷 부서지려다 겨우 면했다. "송한련宋漢連이 타는 협선은 발포 배와 부딪쳐 손상된 곳이 많다"고 했다. 아침 늦게 영남 수백(원균)이 와서 만나고 돌아갔다. 순변사巡邊使 이

---

209 경상 우도 관찰사는 김륵金玏(1540~1616)이다. 조선 중기의 문신이다. 1576년 문과 식년시에서 급제했다. 그해 이순신은 무과에 급제했다. 『난중일기』에 나오는 고상안은 김륵과 급제 동기이다. 1593년 4월 경상 우도 관찰사 김성일이 사망하자 후임에 임명되었다. 도승지·대사간·한성우윤·대사성을 거쳐, 1594년 동지의금부사·이조 참판·부제학 등을 역임했다. 1595년 7월경에는 체찰사 이원익의 부체찰사에 임명되었다. 1599년 명나라 장수를 접반했고, 형조 참판, 충청도 관찰사, 1600년대에는 안동 부사로 수재 예방을 위해 낙동강에 제방을 쌓았다. 정경달의 『반곡유고』 1593년 6월 14일에는 "우감사右監司 김륵"이 나온다. 5월 23일에는 "안집사安集使"로 나왔었다.

210 날씨와 간지를 바꿔 쓴 경우다.

211 개고기의 원문은 "家獐"이다. 『쇄미록』 1598년 7월 7일 말복에는 (아들 오윤겸이) 개고기 익힌 것 75꼬치를 보냈다고 했고, 8일에는 아침을 먹은 뒤에 개고기를 구워 식구들과 먹었다는 내용이 나온다. 오희문의 기록은 말복 때 개고기를 먹는 풍습을 보여준다. 『묵재일기』 1546년 4월 6일에는 '家獐', 4월 9일에는 '家鹿'으로 나온다.

빈李濱212이 공문을 보냈다. 지나친 말이 많았다.213 우스운 일이다.

　　27일[25일. 경진] 비바람으로 배들이 부딪칠까觸 우려해, 유자도로 진을 옮겼다. 협선 3척이 없어졌다가 늦게 돌아왔다. 순천 부사(권준)와 광양 현감(어영담)이 노루고기獐를 마련해 왔다. 영남 우병사(최경회)214의 답장이 왔는데, "원 수사(원균)가 송 경략(송응창)이 보낸 화전215을 혼자 쓸 계획을 꾸몄다"고 했다. 우스운 일이다. 우스운 일이다. 전라 병사(선거이)의 편지도 왔는데, "창원昌原의 적을 오늘 다 무찔러 평정하려 했으나, 궂은비가 내리고 개지 않아 이루지 못했다"고 했다.

　　28일[26일. 신사] 비가 내내 계속 내렸다. 순천 부사(권준)와 이홍명이 와서

212　원문은 "李濱"이나, 이빈李薲(1537~1603)이다. 『이충무공전서』와 당시 실록, 류성룡의 『징비록』에서도 모두 "李薲"으로 나온다. 1570년 무과 급제했고, 회령 부사를 역임한 뒤, 1592년 임진왜란이 일어나자 경상 좌도 병사로 신립 막하로 출전했다. 1593년 명나라 도독 이여송과 함께 평양성을 탈환했다. 이여송의 요청으로 순변사에 임명되었고, 권율의 행주대첩에 참전했다. 1593년 2차 진주성 전투 패전 책임 문제로 탄핵당해 백의종군했고, 1594년 경상도 순변사에 복직되었다. 1595년 이후에는 관직에서 물러나 있었다.
213　『선조실록』 선조 26년(1593) 5월 3일에 따르면, 명나라 이여송 부대가 서울에서 후퇴하는 일본군을 추격하려는 조선군을 방해했다고 한다. 순변사 이빈도 방해를 받았으며, 이빈의 중위 선봉장인 변양준을 명나라 군사가 목에 칼을 씌워 끌고 갔고, 이빈도 억류당하기도 했다. 이빈이 이순신에게 보낸 공문은 명나라 군대의 지나친 방해를 언급한 것으로 보인다.
214　"우병사"에서 '右'가 「문화재청본」에서는 누락되었다.
215　명나라의 화전은 당시 조총과 맞설 수 있는 무기로 평가되었다. 『선조실록』 선조 26년(1593) 윤11월 20일에 따르면 명나라 총병 유정이 자신들의 "화전은 한 번 쏘면 천만 명도 당할 수 없다"며 일본군의 조총보다 우월한 무기라고 주장했다. 또한 윤11월 28일에는 경주 전투 때, 명나라 군사 한 명이 화전을 쏘아 일본군을 맞히자 온몸에 불이 붙었다는데, 여러 일본군이 구하려다 불이 붙어 물에 뛰어들려고 하다가 가지 못하고 중간에 쓰러져 죽었다면서 화전을 많이 만들자고 건의한 내용이 나온다. 류성룡의 「論京城賊勢 且節制諸將 各有通屬 處處激載 仍乞請宋 經略 送南方精卒于忠淸等道 使先剿滅漢江以南屯聚之賊 以斷賊歸路狀」(1593년 3월 5일)에는 서울에 주둔한 일본군의 곡식 창고로 활용된 용산창龍山倉을 충청 수사 정걸, 경기 수사 이빈, 창의사 김천일로 하여금 불태우도록 류성룡이 명나라 장수에게 화전 수십(부 혹은 개)을 빌려 정걸에게 보냈다는 내용이 나온다.

이야기했다. 광양 사람이 「임금님께 보고하는 글」을 갖고 돌아왔는데, 독운督運[216] 임발영任發英[217]은 임금께서도 아주 나쁘게 여겼다. 더불어 죄의 유무를 조사해 처벌하라는 명령이었다. 「나라에 대한 의무를 하지 않은 수군에 대해서는 가족과 친척 등에게 연대 책임 지우는 일水軍一族之事」도 전례대로 하라는 명령이었다. 비변사의 공문을 받았다. "광양 현감(어영담)은 그대로 유임한다"고 했다. 모든 조보朝報[218]도 갖고 왔기에 보았더니, 나도 모르게 아프고 답답하구나. 용호장龍虎將[219] 성응지成應祉가 그의 배를 바꿔 탈 수 있도록 전령[220]을 갖게 해 본영(전라 좌수영)으로 내보냈다.

29일[27일, 임오][221] 비가 계속 내렸다. 방답 첨사(이순신)와 영등 만호 우치적이 와서 만났다. 접반사(윤근수)[222]와 도원수(김명원), 순변巡邊(순변사 이빈)과 순찰사(전라 순찰사 권율), 병사(전라 병사 선거이)와 방어사防禦使(전라 방어

216 독운은 독운어사督運御使의 약칭이다. 사람이나 물자를 징발하기 위해 중앙에서 파견된 관리이다.
217 임발영(1539~?)은 조선 중기의 무신이다. 이 시기 정식 직책은 조도사調度使, 즉 조도 어사였다. 전라도 지방에 파견되어 군량을 확보하는 임무를 했으나, 부진해 비판받았다. 명나라 군대에서는 군량 부족 원인을 담당자였던 임발영 책임이라며 야불수를 보내 잡아갈 정도였다. 1592년 임진왜란 때에는 종묘서령宗廟署令으로 종묘의 신주神主를 받들어 모시고 왕을 따라 의주까지 호종했다. 그 공로로 임발영만을 위한 특별무과를 실시해 무과에 급제할 수 있도록 배려했다.
218 조보는 우리나라 신문의 효시와도 같다. 조선 초기에는 예문춘추관, 16세기 이후에는 승정원에서 그날의 인사 기록이나 상소문, 연석에서 있었던 주요 내용을 정리해 매일 아침 발행하는 관보官報였다. 각 관사에서 베낀 뒤 다시 이를 베껴 서울과 지방의 소속 관청 및 전·현직 관료, 양반들에게 다시 배포했다. 조응록의 『죽계일기』 1593년 윤11월 15일에는 "윤근수가 임금에게 명나라中原 조보朝報를 올렸다"는 내용이 나온다. 명나라에도 조보가 있었던 듯하다.
219 용호장은 의병장인 성응지에게 준 특수 칭호다.
220 전령은 관원이 관하의 관리 등에게 내리는 명령서다.
221 이순신 장모의 제삿날이다. 1594년과 1596년에는 "장모님의 제삿날이라 좌기하지 않았다"고 나온다.
222 접반사는 「충청도 수군이 뒤따라 와서 지원할 수 있도록 임금님께 요청하는 장계(1)請湖西舟師繼援狀一」(1593년 5월 10일)에 따르면, 윤근수다.

사 이복남)[223] 등에게 공문을 작성해 보냈다. 밤 10시에 변유헌卞有憲[224]과 이수李鍫 등이 왔다.

30일[28일. 계미] 내내 비가 계속 내렸다. 오후 4시에 잠깐 맑다가, 다시 비가 내렸다. 아침에 윤 봉사(윤제현)와 변유헌에게 적에 관한 일을 물었다. 이홍명이 와서 만났다. 원 수사(원균)는 송 경략(송응창)이 보낸 그 화전을 혼자 쓸 속셈이었기에 병사(영남 우병사 최경회)의 공문을 근거로 나누어 보내라고 했더니, 공문 내용에 대해 심히 무시하며 이치에 닿지 않는 말을 많이 했다. 우스운 일이다. 명나라 조정의 관리가 보낸 불로 공격하는 무기인 화전 1530개를 나누어 보내지 않고 혼자 다 쓰려고 한다.[225] 그 속셈은 이루 다 말할 수 없었다. 이루 다 말할 수 없었다.[226] 저녁에 조붕이 와서 이야기했다. 남해 현령 기효근奇孝謹의 배가 내 배 곁에 정박했다.[227] 그런데 그 배에 어린 아가씨小娘를 태워놓고는 사람들이 알까 두려워하고 있었다.

223 방어사는 『한국민족문화대백과사전』에 따르면, 무신 종2품 외관직이다. 정식 명칭은 병마방어사 혹은 수군 방어사였으나, 지방 수령을 겸임하게 했기 때문에 겸방어사라고도 부른다.
224 변유헌은 이순신 누이의 아들이다. 조정의 일기 1592년 4월 24일에는 순변사 이일의 비장 변유헌卞有獻이 나온다. 한자가 다르지만, 작자 미상의 『응천일록』에는 "卞有憲·卞有獻"이 모두 나오고, 등장하는 맥락을 보면 동일인으로 보인다. 임진왜란 초기에 변유헌은 이일 막하에서 종군하고 있었던 듯하다. 조응록의 『죽계일기』 1605년 6월 5일에는 사헌부에서 "도감都監 장관長官 변유헌卞有憲이 개인적으로 목수를 광주廣州에 있는 자신의 집으로 보냈다"고 파직을 건의한 내용이 나온다. 「선무원종공신녹권」에서는 경력經歷 변유헌으로 나오고, 선무원종공신 2등이다.
225 류성룡의 「天兵退駐平壤後 條列軍中事宜狀」(1593년 3월 3일)에 따르면, "왜적은 전부 철환으로 오랫동안 승리하는 도구로 삼았는데, 우리나라의 활과 화살은 서로 비교조차 할 수 없어 여러 번 패배한 원인이 되었다. 최근에 가만히 살펴보니 중원(명나라) 군대 또한 오직 절강성 부대의 포수砲手가 화전·화차·호준포虎蹲砲·낭선筤筅 등의 기계로 왜적을 제압하고 있다. 지난번에 사총병査摠兵, 사대수査大受가 화전 600개를 전라도 진영에 나눠 보냈다"고 하는 내용이 나온다.
226 "아주 이루 다 말할 수 없었다. 이루 다 말할 수 없었다"의 「친필본」은 '極無謂〃〃'이다. 「문화재청본」은 極無謂極無謂로 보았다. '〃〃'을 고려하면, '極無謂無謂'가 타당하다."
227 "정박했다"의 원문은 "在泊"인데, '在'를 이순신이 썼다가 삭제했다.

우스운 일이다. 국가國家(조정)228가 이처럼 위급한 때에 예쁜 여자美女를 태워놓고 있으니, 그의 마음 씀씀이가 제멋대로이고 엉망이다. 제멋대로이고 엉망이다當此國家危急之時 至載美女 其爲用心 無狀無狀. 그러나 그의 대장大將 원수사(원균)도 이와 같으니 어찌하랴. 어찌하랴. 윤 봉사(윤제현)가 일 때문에 영(전라 좌수영)으로 돌아갔다. 군량미 14섬을 실어 왔다.

---

228 현재 보편적으로 사용하는 "국가", 즉 '일정한 영토와 그곳에 사는 사람들, 그 구성원들을 다스리는 정치·사회·제도를 갖춘 단체'라는 국가에 대한 정의와 달리 조선시대 혹은 그 이전 시대의 우리나라에서 사용된 국가의 의미는 크게 차이가 있는 듯하다. 또한 우리나라와 고대 중국에서 사용했던 국가의 의미에도 차이가 있다. 이한수(『세종시대 '家'와 '國家'』, 한국학술정보, 2006, 25쪽)에 따르면 "조선시대 '국가'는 '家'를 바탕으로 성립되었다. 이때 '국가'라는 말은 '국인國人'이라는 말과 마찬가지로 '國을 구성하는 여러 家'라는 의미를 갖는다", "국가라는 용어는 유교 경전 및 고려시대 문헌에서도 나타난다. 대체로 고전 유학의 경전에 나타난 국가라는 용어가 국과 가의 병렬적 형태였다면 고려 중기 이후 국가라는 용어는 하나의 정치공동체를 지칭하는 용어로 사용되고 있다." 이한수의 언급을 종합해보면, 국가는 國을 구성하는 여러 家의 정치 공동체다. 그러나 명나라 사신 동월董越이 1488년 조선에 왔다가 쓴 견문록인 『조선부朝鮮賦』에서는 이한수의 정의와 차원이 다른 표현이 나온다. 즉 동월은 조선에서는 명나라와 달리 "조정朝廷을 국가"로 바꿔 부른다고 했다. 즉 명나라에서 사용하는 조정이라는 표현 대신, 조선에서는 조정을 국가라고 부른다는 것이다. 조선시대 혹은 고대 동양에서 국가는 임금(황제)이 정치를 논의하거나 집행하는 곳 혹은 관련 기구를 뜻하는 조정의 의미다. 동월의 이야기는 이한수의 정의와는 확연한 차이가 있다. 『난중일기』를 살펴보아도 이한수가 말하는 "國을 구성하는 여러 家"라기보다 조정의 의미가 강한 듯하다. 따라서 이 번역에서는 동월의 국가=조정론에 근거해 '국가'는 '국가(조정)', '國'은 '나라'로 번역했다. 중국 고전에서 국가가 처음 나오는 사례로는 『주역』 「계사전하繫辭傳下」에 나오는, "군자는 평안할지라도 위기가 닥칠 수 있음을 잊지 않고, 유지될지라도 망할 수 있음을 잊지 않는다. 다스릴 수 있어도 어지러울 수 있음을 잊지 않는다. 이런 이유로 몸이 평안해지고, 국가를 지킬 수 있는 것이다是故君子安而不忘危 存而不忘亡 治而不忘亂 是以身安而國家可保也"이다. 『중용장구』 24장에는 "국가가 장차 흥성할 때는 반드시 좋은 조짐이 나타나고, 국가가 장차 멸망할 때는 반드시 이상한 일이 일어난다國家將興 必有禎祥 國家將亡 必有妖孽"라는 표현이 나온다.

◎ 1593년 6월

6월 1일[양력 6월 29일, 갑신] 아침에 탐후선이 들어왔다. 어머님의 편지도 왔는데, "평안하시다"고 했다. 다행이다. 다행이다. 아들의 편지와 봉의 편지도 함께 왔는데, "명나라 차관 양보가 왜의 물건을 보고 기뻐 날뛰었다"고 했다. "왜 말안장 1개를 갖고 갔다"고 했다. 순천 부사(권준)와 광양 현감(어영담)이 와서 만났다. 탐후선이 왜의 물건을 갖고 왔다. 충청 수사 정영공丁令公(정걸)229이 왔다.230 나대용과 김인문, 방응원과 조카 봉도 왔다. 그로 인해 어머님께서 평안하신지 자세히 살필 수 있었다. 다행이다. 다행이다. 충청 수사와 조용히 이야기했고, 저녁을 대접했다. 그에게 듣기를 "황정욱黃廷彧231과 이영李瑛이 나가서 강가에 이르러 같이 이야기했다"고 했다. 탄식이 나오는 것을 이길 수 없구나. 이날은 맑았다.

2일[30일, 을유] 맑았다. 아침에 본영(전라 좌수영)에 제송공문을 써 보냈다.

---

229 충청 수영은 충청남도 보령에 있었다. 수군 지휘관이 배치된 곳은 태안의 소근포(첨사), 비인의 마량(첨사), 당진의 당진포(만호), 서산의 파지도(만호), 서천의 서천포(만호)다.

230 「왜적의 정황을 임금님께 보고하는 장계陳倭情狀」(1593년 8월 19일)에 충청 수사 정걸이 도착한 내용이 나온다. 이는 이순신의 「충청도 수군이 뒤따라와서 지원할 수 있도록 임금님께 요청하는 장계(1)」(1593년 5월 10일)와 「충청도 수군이 뒤따라와서 지원할 수 있도록 임금님께 청하는 장계(2)」(1593년 5월 14일)에 따른 충청 수군의 합류다. 「충청도 수군이 뒤따라와서 지원할 수 있도록 임금님께 청하는 장계(2)」(1593년 5월 14일)에 따르면, 이순신은 전선 42척, 전라 우수사 이억기는 전선 54척이다. 5월 9일 일기에 따르면, 원균은 전선 2척을 이끌고 왔다. 「왜적의 정황을 임금님께 보고하는 장계」(1593년 8월 19일)에 삼도의 수군 판옥전선이 100여 척이라고 한 것을 보면, 충청 수군은 10척 미만인 듯하다.

231 황정욱(1532~1607)은 조선 중기의 문신이다. 1558년 식년 문과에 급제했다. 1584년, 종계변무 주청사로 명나라에 갔다 돌아왔다. 1589년에 정여립 사건에 연좌되어 파직되었다가 복직했다. 임진왜란이 일어났을 때, 왕자 순화군을 수행해 함경도로 피란 갔다가 국경인의 반란으로 왕자와 함께 포로가 되었다. 가토 기요마사가 선조에게 보내는 항복 권유문을 쓰도록 강요받았다. 손자와 왕자를 죽이겠다는 협박으로 아들 혁이 대신 썼다. 일본군이 부산으로 후퇴할 때 석방되었다. 항복 권유문 작성 때문에 탄핵당해 길주에 유배되었다.

온양陽의 강용수姜龍壽[232]가 진에 도착해 명함을 들여보냈는데[233], 먼저 경상 본영으로 갔다. 판옥(판옥선) 및 군관 송두남宋斗男[234], 이경조李景祚, 정사립 등이 영(전라 좌수영)으로 돌아갔다. 아침을 먹은 뒤 순사(순찰사 권율)의 군관이 공문을 갖고 왔다. 적의 형세를 살피고 돌아갔다. 우수백(이억기)과 서로 의논해 답장을 보냈다. 강용수도 왔다. 양식 5말을 주어 보냈다. "원현元均도 같이 왔다"고 했다. 정영공(충청 수사 정걸)도 배에 와서 같이 이야기했다. 가리포 첨사 구우경具虞卿(구사직)과 함께 잠시 이야기했다. 저녁에 송아지犢를 잡아 나누었다.

3일[7월 1일, 병술] 새벽에는 맑았다. 늦게 큰비가 내렸다. 상선(지휘선)에 연

232 강용수는 조정의 일기, 1593년 2월 11일에도 나온다. "(온양) 강용수 군을 찾아갔다. 강은 장모의 사촌 동생이고, 진산 군수 봉수의 아우다."

233 "명함을 들여보내다"의 원문은 "通刺"이다. 관리를 만나기 전에 미리 자신을 알리는 명함을 들여보내는 것이다. 조선시대 명함은 두꺼운 종잇조각에 이름을 쓴 것으로 대개 명자名刺·자서刺書·자지刺紙·명함名銜이라고도 불렸다. 일본에서는 지금도 명함을 메이시名刺라고 부른다. 명함은 오늘날처럼 상대방을 만난 자리에서 주고받는 것이 아니라, 상대방 집을 찾아가 면회를 청할 때나 정월 초하룻날 세배 갈 때에 그 집 청지기 종을 통해 안에 들여보냈기에, 통자通刺·투자投刺·납자納刺라고도 한다.

234 송두남(1556~?)은 홍양 출신의 조선 중기 무신이다. 1583년 무과 별시에서 급제했다. 형인 송전宋荃도 『난중일기』에 나온다. 「宋大立墓碣」에는 1597년 일본이 재침했을 때, 송대립은 지도 만호로 있던 동생 송희립에게 편지를 보내 대의를 깨우쳐주고 함께 이순신 막하로 들어갔고, 그때 막냇동생인 주부 정립廷立으로 하여금 어머니를 동복 군수 송두남에게 의탁하게 했는데, 두남은 그의 친척이라고 했다는 내용이 나온다. 「柳成龍 大統曆 甲午」(1594)에 기록된 류성룡의 3월 26일자 메모에 "전라 좌수 군관 송두남이 왔다. 여해汝諧(이순신의 자)의 편지를 보았다全羅左水軍官 宋斗南來 見汝偕至"는 내용이 나온다. 당시 이순신의 군관이었던 듯하다. 송두남의 친척들인 송대립宋大立(1550~1597), 송희립宋希立(1553~?), 송정립宋廷立은 모두 이순신 막하에서 활약했던 인물이다. 조응록의 『죽계일기』 1602년 12월 15일에는 온성 판관으로 나온다.

기를 그을리는 일煙薰235로 좌별선左別船236으로 옮겨 탔다. 마침 훈련용 화살을 쏘려고 할 때에 비가 크게 내렸다. 배 전체에 비가 새지 않는 곳이 없었다. 앉을 만한 마른 곳이 없었다. 한숨이 났다.237 평산포 만호(김축)와 소비포 권관(이영남), 방답 첨사(이순신)가 함께 와서 만났다. 해 질 무렵 순사(순찰사 권율)와 변사邊使(순변사 이빈), 병사(선거이)와 방사防使(방어사 이복남)의 답신 공문이 왔는데, 어려운 일이 많았다. "각 도와 군마軍馬는 많아도 5000을 넘지 못한다"고 했다. 게다가 "군량도 거의 끊겼다"고 했다. 적 무리의 독기毒가 날로 더욱 커지는데, 일마다 이러니 어찌하랴. 어찌하랴. 저녁 8시에 상선上舡(지휘선)으로 돌아와 곧 잠자는 방寢房으로 갔다. 비는 밤새 내렸다.

4일[2일. 정해] 비가 내내 내렸는데, 밤에도 내렸다. 아침을 먹기 전에 순천 부사(권준)가 왔다. 식사를 한 뒤, 충청 수사 정영공(정걸)과 이홍명, 광양 현감(어영담)이 왔다. 내내 군사에 대한 이야기를 했다.

---

235 "연기를 그을리는 일"은 나무로 만들어진 배가 바닷물과 각종 벌레로 인해 썩지 않도록 연기로 그을리는 일이다. 태종 때 전 도총제都摠制 김을우金乙雨가 제안했다. 세종 때는 한 달에 두 번씩 연훈을 하도록 강제했다. 『경국대전』에서도 매월 15일과 30일에 배를 육지에 올려놓고 연훈을 하도록 규정했다. 『배 이야기』(헨드릭 빌럼 판론, 이덕열 옮김, 아이필드, 2006, 131쪽)에 따르면 유럽에서는 루이 14세 때 배 안에 숨어 외국으로 도망치는 신교도를 끌어내기 위해 "황훈증黃燻蒸(sulfur fumigation)"을 했고, 그 후에는 배에 있는 쥐나 해충을 없애기 위해 황훈증을 했다고 한다.
236 『만기요람』에 따르면, 삼도통제영에는 "전선 3척, 좌우별선左右別船 2척, 거북선 1척, 좌우방선左右防船 2척, 병선 7척, 사후선 21척"이 소속된다고 한다.
237 노인의 『금계일기』 1599년 3월 21~22일에 따르면, 그가 탄 명나라 배는 나무판 틈에 석탄을 발라 비가 내리거나 파도가 험해도 빗물이나 바닷물이 배 안으로 들어오지 않는다며 우리나라 배와의 차이를 이야기했다. 또한 『배와 항해의 역사』(김성준, 도서출판 혜안, 2010, 139~140쪽)에 따르면, 당시 조선의 배는 누수가 심했고, 19세기에 일본에서 만들어진 한국어 교습서의 하나인 『표민대화』에도 조선 배는 물이 새지 않는 배가 없는데, "소금을 실을 때는 어떻게 할 수 있을까"라고 걱정하는 기록이 나온다고 한다.

5일[3일. 무자] 비가 내내 내렸다. 퍼붓는 듯 내렸다. 사람들이 머리를 내밀 수조차 없었다. 오후에 우수상(우수사 이억기)이 왔다. 해가 저문 뒤 되돌아갔다. 해 질 무렵 바람이 불었다. 바람이 아주 사납게 불었다. 각 배를 간신히 보호했다.[238] 이홍명이 왔다. 저녁을 먹은 뒤에 되돌아갔다. 경상 수백(원균)은, "웅천의 적이 혹시라도 감동포甘同浦에 들어올 수 있다"고 했다. 공문으로 "들어가 무찌르겠다"고 했다. 우습다. 그건 흉악한 계획兇計이구나.

6일[4일. 기축] 맑았다 비가 내리다 했다. 순천 부사(권준)가 와서 만났다. 보성 군수(김득광)가 교체되어 떠났다. "김의검金義儉[239]이 대신하게 되었다"고 했다. 충청 수사(정걸)가 배에 와서 이야기했다. 이홍명이 왔다. 방답 첨사(이순신)도 왔다가 곧바로 돌아갔다. 저녁에 영(전라 좌수영) 탐후인探候人[240]이 왔는데, "어머님께서 평안하시다"고 했다. 또한 듣기를, "흥양의 말이 낙안에 도착해 넘어져 죽었다"고 했다. 놀랐고, 놀랄 일이 끝이 없었다.

7일[5일. 경인] 흐렸으나 비는 내리지 않았다. 순천 부사(권준)와 광양 현감(어영담)이 왔다. 우수상(우수사 이억기)과 충청 수상(수사 정걸)도 왔다. 이홍명도 왔다. 내내 서로 이야기했다. 본도(전라도) 우수(우수사 이억기)의 우후(이정충)가 저녁에 와서 만났다. 서울의 일을 모두 전했다. 더욱더 탄식이 터

---

238 바람이 불어 배들을 보호했다는 것은 폭풍이 몰아칠 때 배를 육지로 끌어올렸다는 것을 말하는 듯하다. 『길에서 남도를 만나다』(광주광역시립민속박물관, 2013, 75쪽)에 따르면, 전남 신안군 흑산면 가거도에는 배를 끌어올리는 '배발올리기'라는 풍습이 있었다고 한다.

239 김의검(1550~1619)은 조선 중기의 무신이다. 1580년 무과 별시에서 급제했다. 『선조실록』 선조 28년(1595) 10월 13일에는 강서 현령으로 언급되어 있고, 『인조실록』 인조 8년(1630) 7월 3일에 따르면, 김의검은 아버지 김덕수와 숙부 김덕봉과 함께 1619년 2월 도원수 강홍립이 후금을 공격했던 심하深河의 전투에서 전사했다고 한다.

240 탐후인은 탐후선을 타고 다니며 현지 연락을 담당하는 사람이다.

지는 것을 이길 수 없었다.

8일[6일. 신묘] 잠깐 맑았다. 바람도 부드럽지 않았다. 아침에 영남[241] 수사 (원균)의 우후(이의득)가 군관을 보내 살아 있는 전복生鰒[242]을 보냈기에, 구슬玉 30(개)를 상賞으로 보냈다. 나대용이 병에 걸려 영(전라 좌수영)으로 돌아갔다. 병선 진무 류충서柳忠恕[243]도 병에 걸렸기에 교체해 육지로 올려 보냈다. 광양 현감(어영담)이 왔다. 소비포 권관(이영남)도 왔다. 광양 현감이 소고기를 내놓아 함께 먹었다.[244] 탐후선이 들어왔다. 각 고을의 색리 11명을 처벌했다.[245] 옥과玉果 향소鄕所는 작년부터 군사를 다스리는 일을 부지런히 하지 않았다. 거의 100여 명이 비었어도 매번 거짓으로 대응했기에 이날, 사형에 처하고 효시했다. 광풍이 멈추지 않았다. 마음이 괴롭고 어지러웠다.

9일[7일. 임신진][246] 맑았다. 20여 일이나 연달아 괴롭히던 비가 비로소 잦아들기 시작했다. 진의 모든 장수와 군사가 기뻐했다. 순천 부사(권준)와 광양 현감(어영담)이 와서 개고기를 내놓았다. 몸이 불편한 듯해 내내 배에 누

241 "嶺南"을 「문화재청본」에서는 "領南"으로 보았다. 오자다.
242 『난중일기』에는 "말리지 않은 생전복", "전복全鰒"도 나온다. 살아 있는 전복을 보관·유통하는 방법에 대해 『음식디미방』(이숙인 외, 『선비의 멋 규방의 맛』, 글항아리, 2012, 307쪽)에서는 생복에 참기름을 발라 단지에 가득 넣고, 그 위에 참기름 한 잔을 부어두면 된다고 한다.
243 류충서는 조선 중기의 무신이다. 『난중일기』에 기록되어 있는 류충신이 그의 형이다. 「선무원종공신녹권」에서는 부장으로 나오고, 선무원종공신 2등이다.
244 소고기를 먹는 방법으로는 조선시대에 "난로회煖爐會"라는 풍습이 있었다. 홍석모의 『동국세시기』에는 화로 주변에 둘러앉아 숯불을 피우고, 그 위에 무쇠 솥뚜껑과 같은 쇠그릇 놓고, 기름·간장·파·마늘·고춧가루로 양념한 소고기를 구워 먹는 것을 난로회라고 했다.
245 『경국대전』에 따르면, 색리 처벌 사유에는 수령을 조종해 권세를 부리며 폐단을 일으키거나, 뇌물을 받고 부역을 불평등하게 부과하거나, 세금 징수를 불성실하게 하거나, 신역을 회피하거나, 양인의 딸이나 관청 여자 노비를 첩을 삼는 경우 등이 있다.
246 이순신의 동생 이우신(여필)의 생일이다.

위 있었다. 접반관이 공문을 받아 올린 것을 들으니, "이 제독(이여송)이 충주에 도착했다"고 했다. 향의병鄕義兵(지역 의병) 성응지가 돌아올 때 영(전라 좌수영)의 군량미 50섬을 실어 왔다.

10일[8일. 계유새] 맑았다. 우수백(이억기)과[247] 가리포 첨사(구사직)가 이곳에 왔다. 군사에 대한 계책을 상세하게 논의했다. 순천 부사(권준)도 왔다. 뜸草芚[248] 20닢을 만들어 묶었다. 저녁에 영등의 높은 곳에서 적을 감시하는 군사가 나와서 보고하는 내용에, "웅천 적 4척이 본토本土(일본)로 들어가 돌아갔고, 또한 김해 입구에 적선 150여 척이 나왔는데, 19척은 본토(일본)로 들어가 돌아갔고, 그 나머지는 부산으로 향했다"고 했다. 밤 2시에 온 영남 원 수사(원균)의 공문 안에, "내일 새벽에 나아가 싸우자"고 했다. 그 흉악하고 음험하며 시기하는 것猜愍이 이루 다 말할 수 없으니, 밤이라 곧 바로 답하지 않았다. 네 고을(순천·낙안·보성·흥양)[249]의 군량에 대한 공문을 작성해 보냈다.

11일[9일. 갑술오] 비가 내리다 맑았다 했다. 아침에 적을 무찌를 일에 대한 공문을 작성해 영남 수백(수사 원균)에게 보냈더니, 술에 취해 정신이 없다며 답장을 보내지 않았다. 낮 12시쯤에 충청 수상(수사 정걸)의 배로 가려고 했더니, 충청 수상(정걸)이 내 배로 와서 앉았다. 잠깐 이야기하다가 파했다. 그대로 우수백(이억기)의 배로 갔더니, 가리포 첨사(구사직)와 진도 군

---

247 "우수백과"의 원문은 "右水伯及"이다. 「문화재청본」에서는 "右水伯來及"이나, '來'는 없는 글자다.

248 뜸은 띠·부들 같은 풀로 거적처럼 엮어 만든 것이다. 비올 때 물건을 덮거나 볕 가리는 데 쓴다.

249 「왜적의 정황을 임금님께 보고하는 장계陳倭情狀」(1593년 8월 19일)에 따르면, 순천·낙안·보성·흥양 등의 고을에 있던 군량 680여 섬을 6월에 날라와 나누어 먹었다고 한다.

수(성언길)250, 해남海南251 현감(이안계)252 등이 수백(이억기)과 함께 술자리를 차려놓고 있었다. 나도 몇 잔 마시다가 돌아왔다. 탐후인이 왔다. 고목을 바치고 갔다.

12일[10일, 을해미] 비가 내리다 맑았다 했다. 아침에 흰 머리카락 10여 가 닥을 뽑았다. 희어지는 것을 어찌 꺼릴까. 다만 위로 늙으신 어머님老堂이 계시기 때문이구나朝拔白十餘莖 然白者何厭 但上有老堂故也.253 내내 홀로 앉아 있 었다. 사량 만호(이여념)가 와서 만나고 돌아갔다. 밤 10시에 변존서와 김양 간金良幹254이 들어왔다. 행궁行宮255의 기별別을 읽어보았더니, 동궁東宮(광해 군)께서 안녕치 못하다. 걱정하며 가슴 태우는 것이 한이 없다. 걱정하며

250 진도 군수(성언길)를 「편수회본」에서는 김만수로 보았다. 그러나 1593년 2월 17일에 "새로 부임한 진도 군수 성언길을 만났다"는 내용이 나온다. 이 시기에는 김만수가 아니라 성언길이 진 도 군수인 듯하다.
251 "海南"의 「친필본」은 "南海"이나, '南'과 '海' 옆에 '▼'과 '▲' 같은 글자 위치 수정 표시가 있 다. 수정을 반영해 '海南'으로 번역했다.
252 당시 해남 현감은 이안계李安繼(1551~?)로 추정된다. 조선 중기의 무신이다. 해남의 「선생 안」을 정리한 내용을 기록한 「해남군지(하)」(해남문화원 군지편찬위원회, 해남군, 2015, 427쪽)에 따 르면, 이안계는 1593년 12월 14일에 임명된 것으로 나온다. 그런데 「선조실록」에 따르면, 1593년 12월 16일 관곡을 훔친 죄로 사형 명령이 내려졌다. 실록 기록으로 보면, 「해남군지」와 달리 그 전에 임명된 듯하다. 「해남군지」에는 이안계 직전 해남군수로 1592년 7월 웅치 전투에 서 전사한 변응정으로 나온다. 이안계의 후임은 위대기다. 「편수회본」에서는 위대기를 해남 현 감으로 보았다.
253 김종의 「임진일록」 1593년 4월 10일자에도 "머리를 빗고 새치를 뽑았다"는 기록이 나온다. 혼자 새치를 뽑기 위해 거울을 사용했던 듯하다. 「쇄미록」 1599년 5월 7일에는 "작은 거울小鏡" 이 나온다.
254 김양간은 이순신의 「전쟁을 위한 곡식과 방물 진상품을 꾸려 보내는 일을 임금님께 보고 하는 장계裝送戰穀及方物狀」(1592년 12월 10일)에 따르면, "영 진무"다. 「난중일기」에 나오는 "金 良看"과 동일 인물로 보인다. 「선무원종공신녹권」에서는 면역 김양간으로 나오고, 선무원종공신 2등이다.
255 행궁은 서울에 있는 궁전 외의 지방에 있는 궁전을 말한다. 여기서는 당시 전주에 있던 광 해군 숙소를 뜻한다.

가슴 태우는 것이 한이 없다. 류 상(정승 류성룡)의 편지와 윤 지사尹知事(윤 우신)의 편지도 왔다. 들으니, "사내종 갓동加吡同과 사내종 철매哲毎 등이 병으로 죽었다"고 했다. 참으로 불쌍하구나. 승려 해당海棠도 왔다. 밤에, "명나라 군인唐兵 5명이 들어온 일"을 원 수사(원균)의 군관이 와서 전하고 갔다.

13일[11일, 병자신] 맑았다. 늦게 잠깐 비가 내리다 그쳤다. 명나라 사람 왕 경王敬256과 이요李堯257가 왔다. 수군이 성대한지 어떤지 보았다. 그들에게 들으니, "이 제독(이여송)이 나아가 무찌르지 않아 명나라 조정에서 견책을 당했다"고 했다. 조용히 의논하고 이야기했다. 탄식이 나는 일이 많았다. 저녁에 거제 땅 세포細浦로 진을 옮겨 머물렀다.

14일[12일, 정축유] 비가 내리다 맑았다 했다. 아침을 먹은 뒤,258 낙안 군수 (신호)가 와서 만났다. 가리포 첨사(구사직)를 불러 같이 아침을 먹었다. 순 천 부사(권준)와 광양 현감(어영담)이 왔다. 광양 현감(어영담)이 노루 고기를 내놓았다. 전운사轉運使259 박충간朴忠侃260의 공문과 편지가 왔다. 경상 좌

256 왕경은 이순신의 「왜적의 배를 쫓아낸 것을 임금님께 보고하는 장계逐倭船狀」(1593년 7월 1일)에서는 "당보아塘報兒 왕경王景"으로 나온다. 팡즈위안의 「임진왜란 참여 명군의 將士와 군 대 계통」(174쪽)에 따르면, 명나라 도독 유정 막하에서 수영사독隨營査督으로 유정 휘하의 토한 군土漢軍을 감독했다고 한다.

257 이요는 명나라 장수 '이배근李培根'인 듯하다. 팡즈위안의 「임진왜란 참여 명군의 將士와 군 대 계통」(174쪽)에 따르면, 이배근은 왕경과 마찬가지로 유정 막하에서 수영사독이었기 때문이다. 「왜적의 배를 쫓아낸 것을 임금님께 보고하는 장계」(1593년 7월 1일)에도 왕경과 함께 유정의 당보 아로 이순신 진영에 온 것으로 나온다.

258 "아침을 먹은 뒤"의 원문은 "朝食後"이다. 「문화재청본」에서는 '後'가 누락되었다.

259 전운사는 세곡의 운반을 주관하는 전운서轉運署의 관원이다.

260 박충간(?~1601)은 조선 중기의 문신이다. 1589년 재령 군수였을 때, 한준韓準·이축李軸· 한응인韓應寅과 함께 정여립의 반역 음모를 고발했다. 그 공로로 형조 참판에 임명되었다. 1592년에는 경성 순검사였으나, 일본군과 전투하다 도망친 죄로 파면되었다. 1593년에는 황해도 군량 공급을 위한 검거조치사로 호남 지방에서 군량을 조달했다. 정경달의 「반곡유고」 1593년

수사左水使(이수일)261의 공문과 같은 도(경상도) 우수사(원균)의 공문이 왔다. 해 질 무렵 비바람이 크게 불었다. 잠시 그쳤다.

15일[13일, 무인술]262 비가 내리다 맑았다 했다. 우수상(이억기)과 충청 수백(정걸), 순천 부사(권준)와 낙안 군수(신호), 방답 첨사(이순신)를 청해 왔다. 명절 음식時物263을 함께 먹으며 이야기했다. 해가 저문 뒤에 파했다.

16일[14일, 기묘해] 비가 잠깐 내렸다. 해 질 무렵 낙안 쉬(군수 신호)를 통해, 진해鎭海의 고목을 얻어 읽어보았더니, "함안咸安에 있는 각 도 대장이, '왜놈들이 나가 황산동黃山洞에 진을 쳤'다는 야야기를 듣고 모두 후퇴해 진양(진주)과 의령宜寧을 지킨다"고 했다. 놀랐고, 놀라지 않을 수 없었다. 순천 부사(권준)와 광양 현감(어영담), 낙안 군수(신호)가 왔다. 저녁 8시쯤에 영등

5월 17일에는 전운사 박충간이 정경달의 선산부에 도착했다는 내용이 나온다. 정경운의 『고대일록』 1593년 6월 11일에는 전운사 박충간이 곡식을 모으기 위해 심하게 행동했기에, 어사 윤경립이 선조에게 보고해 파직되었다는 이야기가 나온다.

261　이수일李守一(1554~1632)은 조선 중기의 무신이다. 1583년 무과에 급제했다. 1590년 선전관, 1591년 장기 현감에 임명되었다. 1592년 임진왜란이 일어나자 의병을 일으켰다. 1593년 밀양 부사, 경상 좌도 수군첨절제사가 되어 울산에서 일본군을 격퇴한 공으로 경상 좌도 수군절도사에 임명되었다. 1593년 회령 부사 재직 중에 정유재란이 일어나 일본군이 전라도 쪽으로 진격하자 4도 체찰사 이원익의 요청으로 성주 목사에 임명되었다. 대구의 김응서, 밀양의 이영과 협력해 일본군에 대항했으나, 명령을 어겨 장형을 받고 종군하다가 1599년 북도 방어사, 북도 병마절도사에 임명되었다. 1624년 이괄의 난 때 평안도 병마절도사 겸 부원수로 반란군을 진압했다. 1628년 형조 판서에 임명되었다. 시호는 이순신과 같은 충무忠武다. 아들은 효종 때 우의정을 역임하고 송시열宋時烈과 함께 북벌을 추진했던 이완李浣이다.

262　조선시대 명절의 하나인 유두절이다. 정동유는 『주영편晝永編』에서 우리나라 명절 중에 오직 유두만이 고유의 풍속이고, 그 밖의 것은 다 중국의 명절이라고 하기도 했다. 오희문의 『쇄미록』 1597년 6월 15일에서는 "속절俗節", 1598년 6월 15일에는 "오늘은 유두속절流頭俗節"이라고 했다. 『쇄미록』에는 또한 유두절 풍속도 나온다. 1595년 6월 14일, "내일이 유두속절이라 음식을 갖추어 신주께 바치련다." 6월 15일, "수단과 어육구이 및 육탕 1가지, 술 1그릇을 마련해 신주에 제사 지낸 뒤에 어머님께 드리고 나머지는 처자들과 같이 먹었다."

263　"명절 음식"의 원문은 時物이다. 이날은 유두날이기에 유두 음식으로 볼 수 있다. 오희문의 일기를 보면 유두절에 명절 음식을 만들어 먹었다.

의 높은 곳에서 적을 감시하는 군사인 광양 사람이 와서 보고하는 내용에, "김해金海와 부산에 있던 자그마치 500여 척의 적선이 안골포와 웅포, 제포 등지로 들어왔다"고 했다.[264] 다 믿을 수는 없었으나, 적의 무리가 세력을 합쳐 이동해 침범할 계획도 없지 않았기에 우수백(전라 우수사 이억기)과 정 수백丁水伯(충청 수사 정걸)에게 통지했다. 밤 10시에 대금산의 높은 곳에서 적을 감시하는 군사가 나와서 보고한 내용도 같았다. 밤 12시에 송희립을 경상 우수백(원균)에게 보내 의논하게 했더니, "내일 새벽에 수군을 이끌고 나오겠다"고 했다. 적의 모략을 예측하기 어렵다. 적의 모략을 예측하기 어렵다賊謀難測 賊謀難測.[265]

17일 초복初伏[15일. 경진자] 비가 내리거나 맑거나 했다. 아침 일찍 원 수사(원균)와 우수사(이억기), 정 수사(충청 수사 정걸)가 와서 의논했다. 함안에 있던 각 도 여러 장수가 물러나 진주晉州를 지킨다는 말은 사실이었다.[266] 식사를 한 뒤, 경수(이억기)[267] 영공의 배에 도착해서 앉을 자리를 수리하게 했다. 우선右船(우수사의 배)에서 내내 이야기하고 논의했다. 조붕이 창원에서 와서 적의 세력을 전했는데, "아주 사납고 크다"고 했다.

---

264 「왜적의 배를 쫓아낸 것을 임금님께 보고하는 장계」(1593년 7월 1일)에서는 "800여 척", 「왜적의 정황을 임금님께 보고하는 장계」(1593년 8월 19일)에서는 "700~800여 척"으로 나온다.
265 이순신은 일본군의 전략전술에 늘 고심했다. 조재삼의 『송남잡지』에는 이순신이 철저히 경계하는 장면이 나온다. 달 밝은 밤에 이순신이 배 위에 앉아 있다가 앞산에서 나무를 잘라내는 소리를 듣고는 장수와 군사들에게 한편으로는 칼로 뱃머리를 치면서 노래하게 했고, 다른 한편으로는 자루가 긴 낫으로 배 아래를 휘젓게 했다. 아침에 배 주위를 살펴보니 잘린 손들이 있었다. 일본군들은 한편으로는 산에서 나무를 자르는 소리를 내면서 다른 한편으로는 몰래 헤엄쳐와 조선 수군의 배를 기어오르거나, 배 밑창을 뚫는 것을 감추려고 했던 것이다. 이를 이순신이 간파하고 낫으로 물속을 휘젓게 해 일본군의 손을 자른 것이었다.
266 "사실이었다"의 원문은 實이다. 「문화재청본」은 '果'로 나온다. 오자다.
267 "경수"는 이억기의 자다.

18일[16일, 신사축] 비가 내리거나 이따금 맑거나 했다. 아침에 탐후선이 들어왔는데, 5일 만에 왔다. 이는 아주 잘못된 것이기에 장을 치고 보냈다. 오후에 경상 우수백(원균)의 배로 갔다. 함께 앉아 군사 일을 이야기했다. 연달아 한 잔 한 잔 마셔 많이 취해 돌아왔다. 부안扶安의 용인龍仁268이 왔다. 전하기를, "그의 어미가 갇혔다가 도로 풀려났다"고 했다.

19일[17일, 임오인] 비가 내리거나 이따금 맑거나 했다. 큰 바람이 불었고 그치지 않았다. 오양역烏揚驛269 앞으로 진을 옮겼다. 바람이 불어 배를 고정시킬 수 없었다. 고성 역포亦浦로 진을 옮겼다. 봉과 유헌有憲(변유헌) 두 조카를 본영(전라 좌수영)으로 되돌려 보냈다. 어머님의 안부를 자세히 살피고 오게 했다. 왜의 물건과 명나라 장수가 선물한 물건, 유물油物을 함께 실어 영(전라 좌수영)으로 보냈다. 각 도의 공문을 끝냈다.

20일[18일, 계머묘] 흐렸고 큰 바람이 불었다. 제삿날룬270이라 내내 홀로 앉아 있었다. 저녁에 방답 첨사(이순신)와 순천 부사(권준), 광양 현감(어영담)이 와서 만났다. 조붕과 그의 조카 조응도가 와서 만났다. 이날은 배를 건조할 재료船材를 운반해 내렸고, 그 때문에 역포에서 묵었다. 밤에 바람이 잦아들었다.

---

268 "부안의 용인"의 원문은 "扶安龍仁"이다. 홍기문과 이은상은 "부안의 용인", 「편수회본」은 "扶安·龍仁"으로, 고정일은 "부안 군수와 용인 현감"으로 보았다. 전혀 다른 번역이 가능한 부분이다.
269 조선시대 역은 오늘날과 달리 관리들의 여행 시 숙박 장소이기도 했고, 또 중앙에 상납하는 공물貢物의 수송을 돕던 시설이다. 오양역은 경상도 소촌도召村道에 속하는 역참이다. 「경국대전」에는 오양역烏壤驛으로 나온다. 오늘날 경남 거제시 사등면 오량리에 있었다.
270 누구의 제삿날인지는 알 수 없다.

21일[19일, 갑진] 맑았다. 새벽에 진을 한산도韓山島[271] 망하응포望何應浦[272]로 옮겼다.[273] 점심때, 원연元埏[274]이 왔다. 우 영공(우수사)도 불러 같이 앉아 술을 몇 차례 돌리고 파했다. 아침에 아들 회가 들어왔기에, "어머님께서 평안하시다"는 이야기를 들었다. 행복하다. 행복하다.

22일[20일, 을사][275] 맑았다. 전선을 만들기 위한 본판을 제작하기 전에 본판 밑 땅 위에 굄목을 설치하기 시작했다始坐塊.[276] 목수耳匠는 214명[277]이

---

271 「친필본」은 "韓山島"다. 「문화재청본」은 '閑山島'다. '閑'과 "韓"의 차이다. 한산도의 본래 한문 글자는 '閑山島·開山島'로 쓴다. 이때의 '閑'과 '開'은 모두 '한가로울 한'으로 같은 글자의 다른 형태다. 이순신도 이날 일기를 제외하고는 '閑山島'로 썼다. 「편수회본」에서는 "韓(閑)"처럼 韓을 閑으로 주석했다. 조경남의 『난중잡록』 1593년 10월 27일에는 "이순신이 한산도에서 20운韻을 노래했는데, 그중에 '바다에 맹세하니 용과 물고기가 감동하고誓海魚龍動 산에 맹세하니 나무와 풀도 알아주는구나盟山草木知' 등의 구절이 있었다"고 한다. 이 구절이 이후에 『이충무공전서』에 실린 듯하다.
272 망하응포를 이순신 연구가 겸 전 독도박물관장 이종학은 지명이 아니라 "한산도에서 마주 바라보는 포구"로 보았다. 망하응포를 통영 한산도 하포리로 보는 견해도 있다.
273 이순신이 좌수영을 한산도로 옮기는 것에 대해서는 『선조수정실록』 선조 26년(1593) 7월 1일 기록에도 나온다.
274 원연(1543~?)은 원균의 친동생이다. 원균의 작은아버지 원수량에게 양자로 갔다. 1567년에 진사가 되었다. 조경남의 『난중잡록』에는 "경기도 진사 원연이 군사를 일으켰는데, 용인 금령에서 패했다. 원연은 경상 우수사 원균의 동생"이라는 기록이 나온다. 의병 활동 공로로 연기 현감에 임명되기도 했다.
275 6월 22일은 이순신 할머님의 제삿날이다. 제삿날이기에 공무를 보지 않은 경우도 있었다.
276 "전선을 만들기 위한 본판을 제작하기 전에 본판 밑 땅 위에 굄목을 설치하기 시작했다"의 원문은 "戰船始坐塊"이다. 이 부분의 번역은 번역자마다 크고 작은 차이가 있다. "자귀질을 시작하다", "처음으로 전선을 건조하기 시작하다" "저판을 깔고 조여 맸다" "좌괴坐塊를 시작했다" "배를 제작할 때 본판 아래 굴림목 통나무를 설치하는 일을 시작하다"와 같은 사례가 있다. 『전통선박 조선기술Ⅲ-강진 옹기배』(국립해양문화재연구소, 2011, 95~101쪽)와 『배와 항해의 역사』(김성준, 도서출판 혜안, 2010, 80쪽)에 따르면, 우리나라 전통적인 배 건조 순서는 땅 위에서 목재를 깎아 저판을 만드는 것부터 시작한다. 그 후 외판, 선수미판, 갑판을 차례로 만들어 완성한 뒤 물로 옮겨 띄운다. 『쇄미록』 1598년 5월 19일 기록에도 "조선소에 갔다. 배가 이미 건조되어 있어서 지금 물속으로 끌어내리려고 했기 때문에 가서 본 것이다"라는 내용이 나온다. 이날 일기에 나오는 240여 명의 "운반하는 일꾼", 이튿날인 23일에는 "배의 본판本板을 만드는 것을 끝냈다"는 내용이 나오는 것을 보아도, 육지에서 배를 건조할 때 첫 단계로 통나무 굄목을 설치하는 것

다. 운반하는 일꾼으로는 영(전라 좌수영) 72명, 방답 35명, 사도 25명, 녹도 15명, 발포 12명, 여도 15명, 순천 10명, 낙안 5명, 흥양과 보성 각 10명이었다. 방답에서는 처음에 15명을 보냈기에 군관과 색리의 죄를 따졌다. 그 정황이 아주 거짓이었기 때문이다. 들으니, "제2호 상선二上船의 무상無上278 손걸孫乞을 본영(전라 좌수영)으로 되돌려 보냈는데, 나쁜 짓을 많이 해서 붙잡혀 갇혀 있다"고 했다. 그래서 찾아내 붙잡아 오게 했더니, 이미 들어와 있다가 자수했다現身.279 마음대로 나가고 들어온 죄를 따져 처벌했다. 더불

으로 추정된다. 김재근도 경기 지방의 뱃노래를 기준으로 배를 건조하는 첫 단계를 배를 건조할 자리를 선정하고 배가 건조된 뒤에 진수할 때 롤러 역할을 하는 고임목을 적당한 간격으로 설치하는 것으로 설명한다. 그 상태에서 두 번째 단계로 저판을 조립한다고 했다(김재근, 『우리 배의 역사』, 서울대출판부, 1989, 105~106쪽). 이로 보면 굄목을 설치하는 것이라 할 수 있어 위와 같이 번역했다. 또한 이날 일기의 "戰船始坐塊"와 달리, 1598년 1월 2일자에는 "新船落塊"라는 표현이 나온다. "新船落塊"를 이 번역본에서는 "새로 건조한 배를 굄목에서 떼어내 바다에 진수했다"로 번역했다.

277 "214명"을 「문화재청본」에서는 240명으로 보았다. 오자다. 목수는 원문처럼 214명이었고, 목재를 운반하는 사람을 일기의 숫자로 계산해보면 224명이다. 이로 보면, 이때 전선(판옥선)을 만드는 인력은 목수 214명과 목재 운반 224명, 총 438명이 동원되었다. 7월 6일에 한산도에서 새로 건조한 배를 끌고 오려고 했다는 것을 보면, 전선 1척을 만드는 데 438명이 12일 만에 완성한 것으로 보인다.

278 "무상"을 홍기문은 "부대 내에서 나무를 하거나 물을 긷는 등 하급 직책을 맡은 사람, 즉 무자이水尺와 같은 말", 이은상은 "급수군"으로 보았다. 무상·무자이는 다른 한편으로 백정白丁, 즉 짐승을 도살하는 사람들을 의미하기도 한다. 그런데 『만기요람』에는 "舵手·繚手·椗手·船直" 등과 함께 나온다. 이로 보면, 배와 관계된 일을 하는 사람이다. 남태량南泰良(1695~1752)이 1774년에 저술한 『대동휘찬』 「전선」에는 "각 포 전선의 노는 좌우 합쳐 20자루, 1자루에 각 4명, 사공과 무상은 각 1명으로 합쳐서 82명이고, 사포수는 40명이다"라고 했는데, 이때 무상은 『난중일기』의 무상無上과 같다. 『임진장초』에도 무상舞上 혹은 무상無上으로 나오기 때문이다. 「전선」에서 사공과 무상이 함께 등장한 것, 인원수를 보아도 배를 운행하는 일을 담당하는 사람임을 알 수 있다.

279 "자수했다"의 원문 "現身"은 한국학중앙연구원의 「옛편지 낱말사전DB」에 따르면, 아랫사람이 윗사람에게 처음으로 인사하러 가는 일이나 도망한 노비나 죄인이 관官에 자수하는 것을 뜻한다. 여기서는 정황상 '자수'를 뜻하는 것으로 보인다.

어 우후(이몽구)의 군관 류경남柳景男의 죄도 따져 처벌했다. 오후에 가리포 첨사(구사직)가 왔다. 적량 만호 고여우와 이효가도 왔다. 저녁에 소비포 권관 이영남이 와서 만났다. 저녁 8시에 영등의 높은 곳에서 적을 감시하는 군사가 나와서 보고하는 내용에, "다른 특별한 소식은 없고, 적 2척만이 온천溫川280에 들어와 돌아다니며 정찰하고 되돌아갔다"고 했다.

23일[21일, 병오]281 맑았다. "아침 일찍 목수 등을 점검했는데, 한 명도 빠지지 않았다"고 했다. 새로 건조하는 배의 본판을 만드는 것을 끝냈다.282

24일[22일, 정미] 식사를 한 뒤에 큰비가 내렸고, 광풍이 불었다. 저녁까지 그치지 않았다. 저녁에 영등의 높은 곳에서 적을 감시하는 군사가 와서 보고하기를, "적선 500여 척이 23일 밤중에 소진포로 들어와 모였고, 선봉은 칠천량에 도착했다"고 했다.283 저녁 8시에 또 대금산大金山의 높은 곳에서 적을 감시하는 군사와 영등의 높은 곳에서 적을 감시하는 군사가 와서 보고한 내용도 같았다.

25일[23일, 무신] 큰비가 내내 내렸다. 아침을 먹은 뒤, 우수백(이억기)과 함께 앉아 "적을 무찌를 수 있는지" 의논했다. 가리포 첨사(구사직)도 왔다. 영남 수백(원균)이 도착해 일을 의논했다. 들으니, "진양성晉陽城(진주성)이 포위당했으나, 감히 나아가 가까이 가지 못하고 있다"고 했다. 연일 비가 내

---

280 "온천"을 『편수회본』에서는 칠천도七川島로 주석했다.
281 『왜적의 정황을 임금님께 보고하는 장계』(1593년 8월 19일)에 따르면, 23일에 한산도를 지키고 있던 이순신의 조선 수군은 견내량으로 접근해온 일본군을 격퇴했다.
282 본판은 『이충무공전서』의 거북선 설명에 따르면, "속명俗名을 본판이라 하는 저판"이라는 내용이 나온다. 배의 밑바닥을 이루는 나무 판이다.
283 『왜적의 배를 쫓아낸 것을 임금님께 보고하는 장계』(1593년 7월 1일)에 따르면, 6월 23일 밤사이에 웅천·제포에 나누어 정박했던 일본군 전선이 영등포永登浦·송진포松津浦·하청河淸·가이加耳 등지로 옮겨 정박했다고 한다.

려 적이 물에 막혀 독기를 부리지 못하고 있다. 자세히 살펴보니, 이는 하느님[284]께서 호남湖南을 지극히 돕고 있는 것이다天祐湖南極矣. 다행이다. 다행이다. 낙안 군수(신호)에게 군량 130섬 9말을 나눠주었다. 또한 "순천 부사(권준)가 군량 200섬을 가져와 바쳤는데 조미造米[285](오늘날의 현미)"라고 했다.

26일[24일, 기위] 큰비가 내렸다. 큰비가 내렸다. 남풍도 크게 불었다. 아침을 먹을 때, 복병선伏兵船이 나와 변방의 움직임을 보고하며 말하기를, "적의 중선과 소선 각 1척[286]이 오양역[287] 앞까지 왔다"고 했다. 각(소라)을 불게 하고 돌닻[288]을 들어올려 함께 적도赤島[289]에 도착해 진을 쳤다. 순천 부사(권준)에게 군량 150섬 9말을 받아 의능宜能의 배에 실었다. 저녁에 김붕

284　원문 "天祐"와 관련해 "天"을 "하느님"이라고 번역했다. 남평 조씨의 『병자일기』, 1637년 11월 22일과 1638년 4월 17일에는 "하ᄂᆞ님"(하느님)이라는 표현이 나온다. 숙종 때의 관료 유명천의 부인 한산 이씨(1659~1727)가 쓴 『고힝녹』에는 "하늘이 슬퍼셔", "하늘이 도으셔"라는 표현도 나온다. 홍대용의 『담헌연행록』 1765년 11월 27일에는 "하늘이 사름을 나매"라는 표현도 나온다. 이 번역에서는 문맥에 따라 "天"을 "하느님" 혹은 "하늘"로 번역했다.

285　"조미"를 다수의 번역본에서는 "벼를 찧어 쌀을 만든다" 혹은 "벼를 찧는다"처럼 번역하고 있다. 그러나 "造米"는 벼를 갈아 왕겨만 벗기고 속겨는 남겨놓은 매조미쌀 혹은 오늘날 표현으로는 현미玄米를 지칭하는 표현이다. 유희춘의 『미암일기』 1567년 10월 9일에서는 "정미正米, 조미 각 2섬, 콩 2곡, 중조中租 2곡을 보내왔다"는 기록이 있다.

286　「왜적의 배를 쫓아낸 것을 임금님께 보고하는 장계逐倭船狀」(1593년 7월 1일)에는 "선봉 적선 10여 척"으로 나온다.

287　"오양역"을 『문화재청본』에서는 "鳥揚驛"으로 보았다. 오자다.

288　돌닻은 나무닻인 "碇"이 아니다. 『배와 항해의 역사』(김성준, 도서출판 혜안, 2010, 308쪽)에 따르면, "矴"은 넝쿨과 같은 천연 식물로 만든 줄에 돌을 묶어서 만든 닻이다. 또한 전통적으로 중국에는 세 가지 종류의 닻이 있었는데, 서양의 anchor와 유사한 철제 닻인 錨, 이날 일기에 나오는 矴, 나무와 돌을 함께 묶어 만든 닻인 椗이 있었다. 또한 같은 책 320쪽에 따르면, "최부의 『표해록』에는 '새끼줄로 돌 네 개를 얽어매어 합쳐서 돌닻을 만들었다'는 기록"이 있다고 한다. 『난중일기』 1592년 8월 24일에는 나무닻인 "碇"도 나온다.

289　적도는 경남 거제시 둔덕면 술역리에 있는 화도花島다. 조선시대에는 적도·화도火島·화도花島·각도角島 등으로도 불렸다.

만金鵬萬[290]이 진양(진주)에서 적의 세력을 자세히 살펴보고 와서 보고하기를, "적의 무리가 진양 동문 밖에 셀 수 없이 많이 모여 진을 쳤습니다. 연일 큰비가 내려 물에 막히자 독기를 부리며 맞붙어 싸우고 있습니다. 곧 큰물이 적진을 잠기게 할 것이기에 적들은 외부에서 군량과 지원을 계속 받을 길이 없습니다. 만일 대군이 힘을 합쳐 공격한다면, 한 번에 다 죽일 수 있습니다"라고 했다. 이미 식량이 떨어졌으니, 우리 군대는 편안히 있으면서 피로한 적을 상대하게 되었다我軍則以逸待勞.[291] 그 형세로는 마땅히 백 번이라도 이길 수 있다其勢當可百勝. 하느님께서도 순리로 도와주니天且助順, 물길에 있는 적이 비록 합쳐서 500~600척이 되어도 우리 군대를 당할 수 없다.

27일[25일. 경술][292] 비가 내리다 맑았다 했다. 낮 12시쯤에, "적선 2척이 견내량에 모습을 나타냈다"고 했다.[293] 진을 움직여 나왔더니, 이미 달아나 숨었다. 그래서 불을도弗乙島 바깥쪽에 진을 쳤다. 아침에 순천 부사(권준)와 광양 현감(어영담)을 불러와 군사 문제를 이야기했다. 충청 수사(정걸)가 그의 군관을 시켜 전하기를, "흥양의 군량이 끊어져 없으니, 3섬을 꾸어달

---

290 김붕만(?~?)은 고흥 출신으로 조선 중기의 무신이다. 이순신 막하에서 활약했다. 1593년 7월 8일 일기에는 사도 군관으로 나온다. 『호남절의록』에는 한산대첩(1592)에서 전사했다고 기록되어 있으나, 『난중일기』에는 1598년에도 등장한다. 「선무원종공신녹권」에서는 판관으로 나오고, 선무원종공신 2등이다.

291 "편안히 있으면서 피로한 적을 상대하게 되었다以逸待勞"는 이순신의 「왜적의 배를 쫓아낸 것을 임금님께 보고하는 장계」(1593년 7월 1일)에도 나온다. 『손자병법』 『오자병법』 『이위공문대』 등에서는 "逸"이 모두 "佚"로 나온다. 같은 뜻과 음이나 글자만 다르다. 그런데 『삼국지』 『삼국지연의』 『역대병요』에는 이순신의 기록처럼 "逸"로 나온다.

292 6월 27일은 중복이다.

293 「왜적의 배를 쫓아낸 것을 임금님께 보고하는 장계」에는 26일에 선봉 적선 10여 척이 왔다고 나온다.

라"고 했기에 꿔줬다. 듣기에, "강진의 배가 적과 싸우고 있다"고 했기 때문이다.

28일[26일, 신해] 비가 내리다 맑았다 했다.[294] 어제 저녁에[295] 들으니, "강진의 망선望船(정찰선)이 적과 서로 싸우고 있다"고 했기에, 진을 움직여 출발했다. 견내량에 도착했다. 적의 무리가 우리 수군을 멀리서 바라보고, 놀라서 황급히 달아났다. 물결과 바람이 반대 방향이었기에[296] 들어올 수 없었다. 그대로 머물러 밤을 지냈다. 밤 2시에 불을도로 돌아왔다. 오늘이 곧 명묘明廟(명종 임금)[297]의 제삿날이기 때문이구나.[298] 사내종 봉손奉孫과 애수愛守[299] 등이 들어왔다. 묘소가 있는 산墳山에 대한 소식을 상세히 물었다. 다행이다. 다행이다. 원 수사(원균)와 우수백(이억기)이 같이 도착해 군사 일을 의논했다.

29일[27일, 임자][300] 맑았다. 서풍이 잠깐 불었다. 날이 갠 뒤 환하게 빛났다.

---

294 「문화재청본」에는 날씨 다음에 "國忌不坐"가 있으나, 원문에는 없는 글자다.

295 '어제 저녁에昨夕'를 「문화재청본」은 누락했다.

296 "물결과 바람이 반대 방향이었기에"의 원문은 "水勢及風逆"이다. 「문화재청본」은 "風水俱逆"이다. 원문과 다르다.

297 명묘(명종 임금)는 명종明宗을 뜻한다. '明'은 묘호廟號이고, '廟'는 '사당·종묘·묘당·조정'의 뜻이다. 7월 1일 일기의 '인묘仁廟'는 인종을 뜻한다.

298 명종의 제삿날이다. 이날 이순신의 일기에도 명종 임금의 제삿날이라고 나온다. 유희춘의 「미암일기」 1570년 6월 28일에도 "명종 임금의 나라 제삿날이다. 재계를 하고 고기를 먹지 않았다"는 내용이 나온다.

299 '愛守'는 1596년 1월 23일에는 '愛壽'로도 나온다.

300 6월 29일은 6월 21일부터 시작된 제2차 진주성 전투가 끝난 날이다. 1593년 6월 15일, 일본군 약 10만 명이 진주성을 공격하기 위해 김해와 창원에서 이동했다. 일본군은 6월 21일 진주 남강에 도착해 봉쇄했다. 6월 29일 진주성 신북문 방어선이 뚫리면서 진주성이 함락되었다. 일본군은 진주성 안에 있던 군관민 6만여 명을 학살했다. 그러나 일본군도 막대한 손실을 입고, 전라도 진출을 포기했다. 류성룡이 쓴 「馳啓晉州城陷曲折狀」(1593년 7월 15일)에는 당시 진주성에서 김해 부사 이종인 막하에 있었던 주의수朱義壽가 목격한 기록이 나온다. 제2차 진주성 전투 전에 우리나라 장수들이 천자·지자 총통을 함안으로 실어갔기에 사용할 수 없었고, 이종인

순천 부사(권준)와 광양 현감(어영담)이 와서 만났다. 어란 만호(정담수)와 소비포 권관(이영남) 등이[301] 왔다. 사내종 봉손 등이 아산으로 가는 길에, 홍洪(홍군우)과 이李(이숙도)[302] 두 선비, 윤선각尹先覺[303] 명문明聞[304]에게 쓴 편지를 수정해 보냈다. "진양晉陽(진주)이 결딴났다. 황명보黃明甫(충청 병사 황진)[305]와 최경회(경상 우병사),[306] 서예원徐禮元(진주 목사, 정3품)[307]과 김천일金千鎰(의병

은 활로 일본군 7명을 쏘아 죽였고, 충청 병사 황진이 철환에 맞아 전사한 뒤에 일본군이 큰 나무판자로 관棺 모습의 궤짝을 만들어 겉에는 생소가죽을 몇 겹 두르고, 동차童車 위에 싣고 왜적이 그 속에 들어가 곧바로 성 밑까지 와서 쇠로 된 물건으로 성을 훼손하면서 성을 무너뜨렸다고 한다. 『日本の戦史 −朝鮮の役−』(舊參謀本部 編纂, 德間文庫−, 1995, 327쪽)에서는 주의수가 묘사한 일본군의 활용 무기가 '귀갑차龜甲車'라고 나온다.

301 "소비포 권관 (이영남) 등이"의 원문은 "所非浦等亦"이다. '等亦'는 이두 표현으로 '들이·등이'를 뜻한다. 일기 원문에 '等亦'가 나오는 경우에는 "등이"로 번역했다.

302 "홍과 이"는 1594년 2월 7일 일기에 따르면, 홍군우洪君遇와 이숙도李叔道로 보인다.

303 윤선각은 윤국형尹國馨(1543~1611)이다. 초명이 "선각先覺"이다. 조선 중기의 문신이다. 1589년 상주 목사, 충청도 관찰사를 역임했다. 1592년 충청도 관찰사로 용인 전투에 참전했다가 패전해 관직을 삭탈당했다. 1594년 병조 참판·대사헌 등에 임명되었다. 그 후 한성 우윤 겸 형조 참판이 되었으나, 영의정 류성룡과 친밀한 관계 때문에 류성룡이 파직될 때 함께 파직되었다. 『난중일기』에는 1597년 명량대첩 직전, 이순신의 수군 재건 일행으로 나온다. 아들 윤경립은 조도어사로 활약했고, 『난중일기』에 나온다.

304 명문은 윤선각의 호 혹은 자인 듯하다.

305 황명보(1550~1593)는 황진黃進이다. 자가 명보明甫다. 이순신의 무과 급제 동기다. 1583년 여진족 이탕개의 난 진압 작전에 참전했다. 1588년 1월의 여진족 토벌전인 시전부락 전투에서도 이순신과 같은 우위에서 표화도장으로 참전했다. 1591년 조선통신사 황윤길을 따라 일본에 다녀와 일본이 침략할 것이라고 보고했다. 1592년 동복 현감으로 전라 관찰사 이광이 주도한 용인 전투에 참전했다. 그 후 권율이 주도한 이치 전투에서 참전했다. 그 공로로 익산 군수 겸 충청도 조방장이 되었다. 제2차 진주성 전투에서 충청 병마절도사로 참전했다가 전사했다.

306 최경회(1532~1593)는 조선 중기의 문신이자 의병장이다. 1592년, 금산과 무주 등지에서 전공을 세웠고, 1593년 6월 경상 우병사에 임명되었다. 제2차 진주성 전투에서 성이 함락되자 남강에 투신 자결했다. 그의 소실이 진주성 전투에서 왜장 게야무라 로쿠스케毛谷村六助를 껴안고 남강에 투신 자결한 논개다. 임진왜란 때의 관료였던 유몽인은 『어우야담』에서 논개를 "진주 관청 기생"으로 보았지만(『유몽인 작품집−조선고전문학선집 74−』, 문학예술출판사, 2010), 1922년 저술된 장지연의 『일사유사』에는 논개가 기생이 아니라 몰락한 신안 주씨 후손이며 최경회의 소실이라고 했다.

장),308 이종인李宗仁(김해 부사)과 김준민金俊民(거제 현령)309이 전사했다"고 했다.310

◎ 1593년 7월

7월 1일[양력 7월 28일. 계축] 맑았다. 인묘(인종 임금)의 나라 제삿날이다.311

307 서예원(?~1593)은 조선 중기의 무신이다. 1585년 회령 보을하진 첨사로 두망강 건너 여진족 땅에 침투했다가 부하를 잃고 패주한 죄로 수감되었다가 석방되었다. 이순신도 참전했던 1588년 여진족 토벌전인 시전부락 전투에서 좌위의 '좌골격장'으로 참전했다. 1592년 김해 부사로 임진왜란이 일어났을 때, 성을 수비하다가 패전했다. 제1차 진주성 전투에 참전해 승리에 기여했다. 진주 목사 김시민이 사망한 뒤, 그 후임에 임명되었다. 제2차 진주성 전투에서 전사했다.
308 김천일(1537~1593)은 전라도 나주 출신의 조선 중기의 문신이며 의병장이다. 고경명·최경회 등에게 의병을 일으킬 것을 제안했고, 나주에서 의병 300명을 모아 수원에 도착, 독성산성을 거점으로 활동하며 금령 전투에서 승전했다. 창의사倡義使라는 군호를 받았다. 관군과 함께 강화도 전투에 참전·승리했고, 1593년 2월 권율의 행주대첩에도 참전했다. 제2차 진주성 전투에서 전사했다.
309 김준민(?~1593)은 조선 중기의 무신이다. 1583년 여진족 정벌에 참전했다. 임진왜란 초기에는 거제 현령이었다. 관군이 패해 흩어지자 의병을 이끌고 무계현에서 모리 데루모토毛利輝元의 부대를 격파했다. 제2차 진주성 전투에서 전사했다. 정경운의 『고대일록』 1592년 4월 23일에 "거제 현령 김준민이 다양한 전략으로 있는 힘을 다해 방어했다. 세 번이나 일본군이 성 아래까지 도달했지만, 이기지 못했다. 김준민은 조금도 두려워하지 않고, 갑옷과 병기를 수리했고, 방어 계책을 마련했다. 늠름한 모습은 파도가 밀려와도 조금도 꿈쩍하지 않는 지주砥柱 같았다. 군대를 이끄는 장수들이 조금만이라도 준민과 같았다면, 이토록 무인지경처럼 될 수 있었겠는가. 준민은 서울 사람이다"라고 극찬했다.
310 이탁영의 『정만록』 1593년 6월 21일에 따르면, 진주성 함락 후 "성의 동서남북 40여 리에 시체가 산더미 같았다고 한다. 장수 전사자는 우병사 최경회, 우후 성영달, 충청 병사 황진, 창의사 김천일, 김해 부사 이종인, 진주 목사 서예원, 판관 성수경, 전 군수 고득빈, 거제 현령 김준민, 태안 군수 윤구수, 의병장 고종후, 해미 현감 정명세" 등이 있었다고 한다. 조익의 「진사일기」 1593년 7월 4일에는 "진양이 포위당해 8일 만에 성이 함락되었고, 피해자는 병사 및 달관達官 20여 명, 군졸 5000~6000명으로 경상도와 호남의 정예 군사였다"고 한다. 조응록의 「죽계일기」 1593년 7월 16일에 따르면, 진주성 전투에서 사망한 장수가 24명이며, 군사와 선비, 여자들의 피해자는 이루 다 셀 수 없다고 한다.
311 유희춘의 『미암일기』 1571년 7월 1일에는 "인종 임금의 제삿날이라 전날 밤부터 재계했다. 기생을 멀리해 가까이하지 않았다遠妓而不近"는 기록이 나온다. 인종(1515~1545)은 조선 제12대

밤공기가 몹시 서늘했다. 자려 해도 잠들 수 없었다. 나라를 걱정하는 마음이 한시도 떠나지 않았다憂國之念 未嘗小弛. 홀로 배의 뜸 아래 앉아 있었다. 가슴에 품은 생각이 만 갈래다. "선전관(류형)이 내려왔다"고 들었다.[312] 저녁 8시에 임금님의 유지를 갖고 왔다.[313]

2일[29일. 갑인][314] 맑았다. 해 질 무렵 우수백(이억기)이 내 배로 왔다. 같이 선전관(류형)[315]을 대했다. 점심을 먹은 뒤 파하고 돌아갔다. 해가 저문 뒤 김득룡金得龍[316]이 와서 전하기를, "진양(진주)이 불리하다"고 했다. 놀라서

왕이다. 중종의 장남이다.

312 오희문의 『쇄미록』 1593년 7월 14일에는 오희문이 임피-전주 신창진-김제-부안으로 이동했는데, 이날 선전관 류형을 만났다고 한다. 류형은 영암에서 오는 길이었다고 한다. 또한 1594년 11월 27일에 따르면, 오희문의 임천집으로 선전관 류형이 찾아왔다. 임천 태수 이구순의 사위였기 때문이라는 내용도 나온다.

313 선전관 류형과 관계된 내용은 「왜적의 배를 쫓아낸 것을 임금님께 보고하는 장계逐倭船狀」(1593년 7월 1일)에 나온다.

314 이순신의 아버지 이정의 생신날이다. 다른 해에는 아버지에 대한 그리움을 기록하기도 했다. 오희문의 『쇄미록』 1597년 7월 8일에 따르면, 이 시기에는 아버지의 생신날에도 차례를 지냈다.

315 류형柳珩(1566~1615)은 조선 중기의 무신이다. 김천일이 의병을 거병하자 종군했다. 1593년 의주에 피란해 있던 선조를 만나 선전관에 임명되었다. 그 이후 선전관이 되어 이순신을 찾아왔다. 1594년에 무과 급제를 한 뒤 선조를 만난 것에 감격해 "충성을 다하여 나라에 은혜를 갚겠다"는 뜻의 '진충보국盡忠報國' 네 자를 등에 새겼다. 신설된 훈련도감에 있다가 해남 현감에 임명되어 이순신 막하에서 활약했다. 『난중일기』 1596년 3월 1일에는 류형이 해남 현감으로 부임했다는 기록이 나온다. 1597년 정유재란 때 이순신의 막하에서 수군 재건에 노력했고, 1598년 노량해전에서는 적탄에 맞아 부상당했다. 1597년 칠천량해전 후 이순신이 수군을 재건할 때, 피란민을 섬에 안정시켜 활용하자고 이순신에게 건의해 수군의 재건에 기여했다. 이순신이 전사한 뒤에는 "이순신의 비가 서지 않으면 내 무덤에도 비를 세우지 말라"고 할 정도로 이순신을 존경했다. 삼도 수군통제사·충청 병사·회령 부사·함경도 북병사·경상도 절도사·평안도 절도사·황해도 절도사 등을 역임했다.

316 김득룡(?~1598)은 조선 중기의 무신이다. 1584년 무과에 급제했다. 『호남절의록』에 따르면, 이순신 막하에서 활약했고, 1598년 노량해전에서 전사했다고 한다. 「선무원종공신녹권」에서는 첨정으로 나오고, 선무원종공신 2등이다.

걱정을 이길 수 없었다. 그러나 그럴 리가 전혀 없다. 이는 반드시 미친 사람이 잘못 전한 말이겠구나. 저녁 어두워질 때 원연과 원식 등이 이곳에 도착했다. 군사 일을 심하게 비난했다. 우스운 일이다. 우스운 일이다.

3일[30일, 을묘] 맑았다. 적의 무리 몇 척이 견내량을 넘어왔다. 육지 한편에서도 나왔다. 원통하고 분했다. 우리 배들이 바다로 나가 추격했더니, 달아나 되돌아갔다. 물러나와 묵었다.

4일[31일, 병진] 맑았다. 흉악한 적, 몇만여 대가리가 줄지어 서서 기세를 과시했다. 원통하고 분했다. 원통하고 분했다. 저녁에 진을 거을망포로 물렸다. 묵었다.

5일[8월 1일, 정사] 맑았다. 새벽에 높은 곳에서 적을 감시하는 군사가 나와서 보고하는 내용에, "적선 10여 척이 견내량을 넘어왔다"고 했다. 그래서 여러 배를 한꺼번에 출발시켜 견내량에 도착했다. 적선은 정신없이 도망쳐 달아났다. 거제 땅 적도에 말만 있고 사람은 없었기에 실어 왔다. 늦게 변존서가 영(전라 좌수영)으로 갔다. 진양(진주)이 함락되었다는 긴급 보고가 광양에서 또 왔다. 두치豆恥의 복병하는 곳으로 성응지, 이승서李承緒[317]를 내보냈다.[318] 저녁에 거을망포로 되돌아왔다. 진을 치고 밤을 지냈다.

6일[2일, 무오] 맑았다. 아침에 방답 첨사(이순신)가 와서 만났다. 소비포 권관(이영남)이 와서 만났다. 한산도에서 새로 건조한 배를 끌고 오기 위해 중위장이 여러 장수를 이끌고 나갔다가 끌고 왔다. 공방[319] 곽언수郭彦壽[320]가

---

317 이승서(1560~?)는 조선 중기의 무신이다. 광양 출신이다. 1591년 무과 별시에서 급제했다.
318 "두치의 복병하는 곳으로 성응지, 이승서를 내보냈다豆恥伏兵處 成應祉李承緒出送"가 「문화재청본」에서는 누락되었다.
319 공방은 조선시대 지방관아의 실무를 담당한 6방 가운데 하나다. 산림·토목·영선營繕·천택川澤·광산·공장 등의 실무를 담당했던 부서나 그 책임자를 뜻한다.
320 "곽언수郭彦壽"는 「난중일기」에서 "郭彦守" 혹은 "郭彦水"로도 나온다. 물건 제조 등을 담

행재소行朝에서 왔다. 도승지都承旨(정3품)[321] 심희수沈喜壽[322]와 윤자신尹自新,[323] 좌의정 윤두수尹斗壽[324]의 답장도 갖고 왔다. 윤기헌尹耆獻[325]도 안부를 묻는 편지를 보냈다. 여러 가지[326] 기별[327]도 함께 왔다. 읽어보니, 한숨이 나고 탄식할 만한 사정이 많았다. 흥양의 군량을 실어 왔다.[328]

7일[3일, 기미][329] 맑았다. 아침에[330] 순천 부사(권준)와 가리포 첨사(구사직), 광양 현감(어영담)이 와서 만났다. 군사 일을 의논할 때, 각각 가볍고 빠른 輕銳 15척을 뽑아 견내량 등지를 자세히 살펴보게 했다. 위장衛將[331]이 이끌

당했다. 「선무원종공신녹권」에서는 주부 곽언수郭彦水로 나오고, 선무원종공신 1등이다.

321   도승지는 왕명의 출납을 담당하는 승정원의 6명의 승지(정3품) 가운데 우두머리다.

322   심희수(1548~1622)는 조선 중기의 문신이다. 1589년 정여립 사건 때, 옥사의 확대를 방지하려다 한때 사임했었다. 1591년에는 선위사로 동래에서 일본 사신을 맞기도 했다. 1592년 임진왜란 때는 선조를 호종해 도승지로 승진하고, 대사헌이 되었다. 중국어를 잘했고, 명나라 경략 송응창의 접반사로도 활약했다.

323   윤자신(1529~1601)은 조선 중기의 문신이다. 1589년 정여립 사건 때, 전주 부윤으로 정여립의 조카 정즙을 체포했다. 당시 이순신은 전라 관찰사 이광의 조방장이었다. 1592년 임진왜란이 일어났을 때는 우승지로서 선조를 호종했다. 1594년에는 지돈녕 부사·형조 참판, 1595년에는 지의금부사·원접사, 1597년 정유재란 때는 한성 판윤·공조 판서, 1598년에는 지중추부사·호조 판서를 역임했다. 같은 날 일기에 나오는 윤기헌은 아들이다.

324   윤두수(1533~1601)는 조선 중기의 문신이다. 1591년 세자 책봉을 주장하던 정철과 함께 파직, 유배되었다가 1592년 임진왜란이 발발하자 다시 기용되었다. 1593년 삼도도체찰사, 1595년 판중추부사, 1597년 정유재란 때에는 영의정 류성룡과 함께 난국을 수습했다. 당파는 서인이다. 『난중일기』에는 윤두수의 동생 윤근수도 나온다. 또한 이순신이 윤두수와 서신 접촉을 한 기록도 나온다. 원균과는 인척관계이다.

325   윤기헌(1548~?)은 조선 중기의 문신이다. 『난중일기』의 같은 날 일기에 나오는 윤자신의 아들이다.

326   "여러 가지"는 「문화재청본」에서는 '各', 「박혜일·최희동본」은 '水'로 나온다. '各'이 타당한 듯하다.

327   기별은 『이충무공전서』에서는 "邸報"로 나온다. 조보다.

328   "흥양의 군량을 실어 왔다興陽軍糧載來"가 「문화재청본」에서는 누락되었다.

329   7월 7일은 칠석 명절이다. 다른 해에는 부하들과 모여 활을 쏘기도 했다.

330   "아침에朝"가 「문화재청본」에서는 누락되었다.

331   문종이 저술한 『신진법』에 따르면, 대장은 5위를 보유하고, 각 위는 각각 5부를 보유한다.

고 갔는데, "적의 흔적이 없다"고 했다. 거제에서 포로가 되었던 한 사람을 데려왔다. 적의 행동을 상세하게 물었더니, "흉악한 적들이 우리 수군의 위용을 보고 물러나 돌아가려 했다"고 했다. 또한 "진양(진주)이 이미 함락되었지만, 전라까지 어찌 넘어 오겠습니까?"라고 했다. 이 말은 꾸며낸 것이구나. 우 영공(이억기)이 배로 와서 함께 이야기했다.

8일[4일, 경신] 맑았다. 남해를 왕래하는 사람인 조붕에게 듣기를, "적이 광양을 침범할 것이라는 이야기를 듣고 광양 사람들이 이미 관청 건물과 창고倉庫를 불 지르고 약탈했다"고 했다. 해괴함을 이길 수 없었다. 순천 부사(권준)와 광양 현감(어영담)을 곧바로 출발시켜 보내려고 했다. 그러나 길위에 떠도는 말이라 믿을 수 없어 정지시켰다. 자세히 살펴 알아보도록 사도 군관 김붕만을 보냈다.

9일[5일, 신유] 맑았다. 남해 현령이 또 와서 전하며 말하기를, "광양과 순천이 이미 불타고 약탈당했다"고 했다. 그래서 광양 현감(어영담)과 순천 부사(권준), 송희립과 김득룡, 정사립 등을 출발시켜 보냈다. 이설李渫은 어제 먼저 보냈다.[332] 들려오는 것에 아픔이 뼛속에 사무쳐 말문이 막혔다聞來痛入骨髓 不能措語. 우 영공(전라 우수사 이억기)과 및 경상 영공(원균)과 함께 일을 논의했다. 이날 밤, 바다 달은 맑고 밝았고, 티끌 하나 날리지 않았다. 물과 하늘은 한 빛이고, 이따금 차가운 바람이 불었다. 홀로 뱃전에 앉으니, 온갖 시름이 가슴을 쳤다是夜 海月淸明 一塵不起 水天一色 涼風乍至 獨坐船舷 百憂攻

부 아래로 통統-여旅-대隊-오伍 순서로 세부 편성된다. 1오(오장伍長)는 5명, 1대隊(대장隊長, 대정隊正)는 5오(25명), 1여旅(여사旅師)는 5대(125명), 1통統(통장統長, 統將)은 5여(625명), 1부部(부장部將)는 4통(2500명), 1위衛(위장衛將)는 5부(1만2500명)로 구성된다.
332 "정사립 등을 출발시켜 보냈다. 이설李渫은 어제 먼저 보냈다"의 「친필본」은 '鄭思立等 發送李渫'이다. 「문화재청본」은 '鄭思立李渫等 發送李渫'로 보았으나, 앞의 '李渫'은 없는 글자이다.

中. 밤 1시에 영(전라 좌수영) 탐후선이 들어와서 적의 소식을 전했는데, "실제는 왜적이 아니었고, 영남 피란민들이 왜적 옷을 입고 가장해 광양으로 돌격해 들어가 마을을 불 지르고 약탈했다"고 했다. 그렇다니 기쁘고 행복함을 이길 수 없었다.³³³ "진양(진주) 일도 헛소문"이라고 했다. 그러나 진양의 일은 전혀 그럴 리 없다. 닭이 이미 울었다鷄已鳴矣.

10일[6일, 임술] 맑았다. 늦게 김붕만이 두치에서 와서 말하기를, "광양의 일은 사실입니다. 그런데 다만 왜적 100여 명이 도탄陶灘³³⁴에서 몰래 넘어와 광양을 이미 침범했습니다"라고 했다. "그런데 그들이 한 짓을 자세히 살펴보았는데, 총통銃筒을 한 번도 쏘지 않았습니다"라고 했다. 그러나 왜적이었다면 포炮를 쏘지 않았을 까닭이 전혀 없다. 영남 우수사(원균)와 본도(전라도) 우 영공(전라 우수사 이억기)이 왔다. 원연도 왔다. 어두울 무렵 오수吳水³³⁵가 거제 가참도加參島에서 와서 보고하며 말하기를, "안팎에서 적선을 볼 수 없습니다"라고 했다. 또 말하기를, "포로였다가 도망쳐온 사람이 말하는 내용에 '셀 수 없이 많은 적의 무리가 창원 등지를 향해 돌아갔다'고 했습니다"라고 했다. 그러나 사람의 말이라고 다 믿을 수는 없다人言未可信矣.³³⁶ 저녁 8시에 한산도 끄트머리에 있는 세포로 진을 옮겼다.

11일[7일, 계해] 맑았다. 아침에 ~~뒤떨어져~~ 명령을 어겼던 이상록李詳祿이 먼

---

333 정경달의 『반곡유고』 1593년 6월 20일에도 "적이 광양을 침범했다는 것은 헛소문이었다"는 내용이 나온다.

334 도탄은 섬진강 줄기인 경상남도 하동군 화개면 덕은리에 있던 여울이다. 진주와 경계다. 조경남의 『난중잡록』에는 "남원 진사 방처인이 군사를 모집하여 광양의 도탄에 매복했다"는 내용이 나온다.

335 "吳水"는 다른 일기에서는 "吳壽·吳守"로도 나온다. 「선무원종공신녹권」에서는 판관으로 나오고, 선무원종공신 1등이다.

336 「진필본」「편수회본」「박혜일·최희동본」은 "未可信矣", 「문화재청본」 "不可信矣"로 보았다. "未可信矣"가 맞다.

저 간 여러 장수에게 명령을 전할 일로 나갔다. 돌아와서 보고하기를, "적선 10여 척이 견내량에서 내려오고 있습니다"라고 했다. 돌닻을 올려 바다로 나갔더니, 적선 5~6척이 이미 진을 친 곳 앞에 도착해 있었다. 추격했더니 재빨리 도로 넘어갔다. 오후 4시에 거을망포로 되돌아와 물을 길었다. 사도 첨사(김완)가 돌아와서 말하는 내용에, "왜적이 두치를 건너왔다는 것은 헛소문이고, 광양 사람들이 왜적의 옷을 바꿔 입고 자기들끼리 난리친 것"이라고 했다. 또한 "순천과 낙안이 이미 다 불타고 약탈당했다"고 했다. 원통하고 분한 마음을 이길 수 없었다. 원통하고 분한 마음을 이길 수 없었다. 저녁에 오수성吳壽成이 광양에서 와서 보고하며 말하기를, "광양의 적 일은 모두 진주와 현(광양현) 사람들이 흉악한 계획을 꾸민 것이고, 관청 창고官庫와 마을은 쓸쓸히 텅 비었습니다. 내내 둘러보며 자세히 살펴보아도 한 사람도 없었습니다. 순천이 가장 심하고, 낙안이 다음이었습니다"337라고 했다. 달을 타고 우 영공(전라 우수사 이억기)의 배에 이르렀다. 원 수사(원균)와 직장直長338 원연 등이 먼저 와 있었다. 군사 일을 논의하고 파했다.

12일[8일, 갑자] 맑았다. (아침을) 먹기 전에 울과 송두남·오수성이 돌아갔다. 늦게 가리포 첨사(구사직)와 낙안 군수(신호)를 불러와서 일을 의논했다. 같이 점심을 먹고 돌아갔다. 가리포 군량軍糧 진무가 와서 전하기를, "사량 앞바다에 와서 묵을 때, 왜인들이 우리 옷으로 바꿔 입고, 우리나라 소선을 타고 돌격해 들어와 포를 쏘면서 약탈해가려고 합니다"라고 했다. 그래서 곧바로 가벼운 배輕船 각각 3척씩 정해, 모두 9척을 급히 보냈다. 붙잡

---

337 오희문의 『쇄미록』 1593년 7월 14일에도 같은 이야기가 나온다.
338 직장은 각 관아에 두었던 종7품 관직이다.

아 올 일을 거듭 명령해申令 보냈다. 또한 각각 배 3척을 정해 착량鑿梁으로 보냈다. 침입하지 못하게 하고 오도록 했다. 고목이 왔다. 또 말하기를, "광양 일은 헛소문"이라고 했다.

13일[9일. 을축] 맑았다. 늦게 영(전라 좌수영) 탐후선이 들어왔는데, "광양의 두치 등지에 적의 자취가 없다"고 했다. 우 영공(이억기)도 왔다. 순천 거북선339 격군인 경상 사람의 사내종 태수太守가 도망치다 붙잡혔기에 처형했다. 늦게 가리포 첨사(구사직)가 와서 만났다. 흥양 쉬(현감 배흥립)도 들어왔다. 전하기를, "두치 일은 잘못된 헛소문인데, 장흥長興 부사 류희선柳希先이 경솔히 겁을 집어먹었다"고 했다. 또 말하기를, "그가 관할하는 현(장흥현)의 산성山城 창고 곡식을 남김없이 나누어주었다"고 했다.340 "해포에 흰콩白菽과 중간 콩中菽을 합쳐 40을 보냈다"고 했다. 또한 "행주幸州의 대승리"341에 대해 이야기했다. 저녁 8시에 우 영공(이억기)이 청했기에 초청에 응해서 배에

---

339 "순천 거북선順天龜船"이라는 이날 일기를 보면, 순천 소속 거북선이 있었던 듯하다. 일기와 장계에 명시된 다른 거북선으로는 본영과 방답의 거북선이 있다.

340 류희선에 대해서는 이순신의 「왜적의 정황을 임금님께 보고하는 장계陳倭情狀」(1593년 8월 19일)에도 나온다. 류성룡의 『서애집』에 따르면, 장흥 부사 류희선은 섬진강을 지키다가 진주성이 함락당했다는 말을 듣고, 광양·순천 등지를 거쳐 도망치면서 일본군이 침입해온다고 소문을 내 백성이 흩어지게 했고, 그 틈에 난민亂民들이 노략질하게 만들었기에 류성룡이 도원수 권율에게 공문을 보내 참형케 했다고 한다. 『선조실록』 선조 26년(1593) 9월 6일에도 도체찰사 류성룡이 8월 22일에 보고한 내용이 나온다. 장흥 부사 류희선은 전라도 복병장으로 진주성이 함락되었을 때, 두치진豆恥津을 지키고 있었는데, 일본군이 온다는 소문만 듣고 도망치면서 광양·순천을 지날 때 일본군이 온다고 크게 외쳐 광양·순천이 일시에 무너졌고, 그로 인해 난민들이 창고에 불 지르고 노략질하게 만들었고, 그 영향으로 낙안·강진·구례·곡성까지도 동요시켜 잿더미가 되도록 만들었기 때문에 도원수에게 공문을 보내 군율을 시행케 했다고 한다. 조응록의 『죽계일기』 1593년 9월 7일에 따르면, 장흥 부사 류희선을 처형하는 일로 선전관이 나갔다고 나온다. 도체찰사 류성룡과 별도로 중앙에서 선전관을 파견한 듯하다.

341 행주대첩幸州大捷은 1593년 2월 12일 경에 전라 관찰사 겸 순찰사 권율이 지휘한 조선군이 경기도 행주산성에서 일본에 대승한 임진왜란 3대 대첩의 하나다.

도착했더니, 가리포 영공(구사직)이 몇 가지 탐스러운 빛깔의 먹거리를 차려 놓았다. 밤 2시에야 파했다.

14일[10일, 병인] 맑았으나, 늦게 이슬비가 내렸다. 한산도 두을포豆乙浦로 진을 옮겼다.342 먼지를 적실 만큼 비가 내렸다. 몸이 아주 불편해 온종일 끙끙 앓았다. 순천 부사(권준)가 들어와서 전하기를, "장흥 부사(류희선)가 본부本府(장흥부)의 일을 거짓으로 보고한 것은 말로 다 할 수 없다"고 했다. 같이 먹었다 점심을 했다. 한산도 두을포로 진을 옮겨 그대로 머물렀다.343

---

342 두을포는 현재 경남 통영시 한산면 두억리, 한산도 제승당 근처다. 「편수회본」에서는 '한산도 두억리 의항'으로 보았다. 이순신 시대에는 통제영의 참모본부로 활용되었고, 이순신이 거처했던 운주당이 있었다. 이 한산도에서 이순신은 1597년 2월 파직될 때까지 약 3년 8개월 동안 머물렀다. 이순신이 한산도로 좌수영 본영을 옮긴 것은 「현덕승에게 보내는 편지(3)」(1593년 7월 16일)에도 나온다. 이순신은 편지에서 "호남은 국가(조정)를 지키는 최후의 보루입니다湖南國家之保障. 만약 호남이 없어진다면 이는 국가(조정)가 없어지게 되는 것입니다若無湖南 是無國家. 이 때문에 어제 한산도로 나아가 진을 쳤고, 바닷길을 끊고 저지할 계획입니다"라고 했다. 이항복의 『백사집白沙集』「故統制使李公遺事」에서는 "공公(이순신)은 국가의 군수물자를 모두 호남에 기대고 있어, 만약 호남이 없어진다면, 이는 국가가 없어지는 것公以 國家軍儲 皆靠湖南 若無湖南 是無國家也. 癸巳七月十五日 進陣于閑山島 遮遏海路"이라고 하면서 계사년(1593) 7월 15일, "나아가 한산도에 진을 치고 바닷길을 막았다"고 나온다. 『선조실록』 선조 26년(1593) 7월 15일에는 원균이 이순신과 서로 약속하고 한산도 등지에 진을 치고 있다고 장계로 보고한 내용이 나온다.

343 박혜일은 이날 이순신의 전라 좌도 본영이 한산도로 옮긴 날이라고 보았다. 그는 또한 이순신의 「한산도가」 "閑山섬 달 밝은 밤에 戌樓에 홀로 앉아 큰 칼 옆에 차고 깊이 시름하는 차에 어디서 일성호가가 남의 애를 끊나니閑山島月明夜 上戌樓 撫大刀 深愁時 何處一聲羌茄 更添愁"도 이즈음에 지어졌다고 보았다. 그런데 「한산도가」의 작시 시기와 위치는 논란이 있다. 박기봉(『충무공 이순신 전서(2)』, 353쪽)은 1594년 6월 11일, 설의식(『난중일기초-충무공 이순신 수록-』, 수도문화사, 1953, 4쪽)과 이은상(『태양이 비치는 길로』(하), 170~174쪽), 최영희(『한국사기행-그 터-』, 일조각, 1987, 248쪽)는 1595년 8월 15일에 한산도에서 지어졌다고 보았다. 이종학은 1597년 8월 15일 전남 보성 열선루列仙樓에서 지었다고 보았다. 이응표의 족보에 실린 이순신의 시와 답시를 기준으로 한다면 1595년 8월 15일 또는 1595년 10월 25일 둘 중 하나일 가능성도 있으나(합천 이씨 영일문중, 『수군절도사 이응표공기전』, 125쪽), 10월 25일의 일기를 보면 1595년 8월 15일일 가능성이 더 높다.

15일[11일, 정묘]344 아주 맑았다. 늦게 사량의 수색·토벌선搜討船과 여도 만호 김인영, 순천 상선(지휘선) 소속 김대복이 들어왔다. 가을 기운 바다에 스며드니, 나그네 마음 어지러워秋氣入海 客懷撩亂,345 배의 뜸 아래 홀로 앉으니, 온갖 생각에 어지럽구나獨坐篷下 心緒極煩. 달빛이 뱃전에 드니, 신비로운 기운이 맑고 서늘해져月入船舷 神氣淸冷 자려고 해도 잠들 수 없었는데, 어느새 닭이 우는구나寢不能寐 鷄已鳴矣.346

16일[12일, 무진] 아침에는 맑았으나 늦게 구름이 끼었다. 저녁에 소나기가 내렸다. 농민의 바람을 적셔주었다. 몸이 몹시 불편했다. ~~흥양 현감(배흥립)이 들어왔다.~~

17일[13일, 기사] 비가 계속 내렸다. 몸이 몹시 불편했다. 광양 현감(어영담)이 왔다.

18일[14일, 경오] 맑았다. 몸이 불편했다. 앉았다 누웠다 했다. 정사립 등이 되돌아왔다. 우 영공(이억기)이 와서 만났다. 신경황이 두치에서 와서 적에 대한 헛소문을 전했다.

19일[15일, 신미] 맑았다. 이경복李景福이 병사에게 전할 편지를 갖고 나갔다. 순천 부사(권준)와 이영남이 와서 전하기를, "진주와 하동河東, 사천과 고성 등의 적은 이미 다 도망쳐 돌아갔다"고 했다. 저녁에 '진주에서 죽임을 당한 장수와 군사의 명단'을 광양 현감(어영담)이 보내 전했다. 읽어보니,

---

344 7월 15일은 중원절이다. 백중百中이라고도 한다. 돌아가신 부모님에 대한 제사를 지냈다. 이 시기에 이순신은 한산도로 진영을 옮겼기에 제사를 지낼 수 없는 형편이어서 홀로 있었던 듯하다.
345 "어지러워撩亂"를 「문화재청본」은 "擾亂"으로 보았다. 「친필본」을 보면, '撩亂'으로 보인다. 「편수회본」 「박혜일·최희동본」도 '撩亂'으로 보았다.
346 "가을 기운 바다에 스며드니~어느새 닭이 우는구나"는 번역자에 따라 산문 혹은 시로 번역하고 있다.

비참하고 슬픈 마음을 이길 수 없구나.347

20일[16일, 임신] 맑았다. 탐후선이 영(전라 좌수영)에서 들어왔는데, 병사의 편지와 공문, 명나라 장수唐將348의 보고문報文을 갖고 왔다. 그 보고문의 내용이 이상하다. 이상하다. "두치의 적이 명나라 군사에게 쫓겨 물러나 도망쳤다"고 했다. 그토록 있지도 않은 일을 꾸며 속이는 것을 어찌 다 말하랴. 상국上國(명나라)이 이러하니 다른 것이야 따진들 무엇하랴. 한탄스러웠다. 한탄스러웠다. 또한 충청 수사(정걸)와 순천 부사(권준)와 방답 첨사(이순신), 광양 현감(어영담)과 발포 만호(황정록)가 함께 왔다. 남해 현령(기효근)도 와서 만났다. 이해와 윤소인尹素仁이 영(전라 좌수영)으로 돌아갔다.

21일[17일, [계유]349 맑았다. 경상 수사(원균)와 우수사(이억기), 정 수사(충청 수사 정걸)가 더불어 와서 같이 적을 무찌를 일을 함께 의논했다同議.350 원수사의 말은 흉악하고 속이는 것이 지독했다兇譎. 이토록 제멋대로이고 엉망인데 같이 일을 해야 하니, 뒤에 걱정거리가 되지 않을 수 있을까. 그의 동생 연埏도 뒤따라왔다. 군량을 구해 돌아갔다. 저녁에 흥양 현감(배흥립)도 왔다. 초저녁에 돌아갔다. 저녁 8시에 오수 등이 거제에서 정찰하고 와서 보고하기를, "영등의 적선은 아직도 머물러 있으며, 제멋대로 논다"고 했다.

---

347 『선조실록』 선조 26년(1593) 8월 8일에 따르면, 예조에서 진주성 전투에서 전사한 장수와 군사들 등에게 제사를 지낼 것을 건의했다.
348 『난중일기』에는 명나라 장수와 군사, 사람을 "당장, 당병, 당인"으로 표현하는 경우가 많다. 이수광은 『지봉유설』에서 "우리나라 사람들은 중국中朝을 당으로 부른다. 대개 이것은 당의 위령威令이 온 천하에 오랫동안 행해왔기 때문이다"라고 하기도 했다.
349 간지와 날씨를 바꿔 쓴 경우이다.
350 "同議"를 「편수회본」, 「문화재청본」은 "同謀", 「박혜일·최희동본」은 "同議"로 보았다.

22일[18일, 갑술]351 맑았다. 오수가 포로가 되었다가 도망쳐온 사람을 실어 오려고 나갔다. 울이 들어왔다. "어머님께서는 평안하시고, 염의 병이 나아지고 있다"고 상세히 이야기했다.

23일[19일, 을해] 맑았다. 울이 돌아갔다. 정 수사(충청 수사 정걸)를 청해 같이 점심을 먹었다. 울이 되돌아왔다.

24일[20일, 병자]352 맑았다. 순천 부사(권준)와 광양 현감(어영담), 흥양 현감(배흥립)이 왔다. 저녁에 방답 첨사(이순신)와 이응화가 와서 만났다. 저녁 8시에 오수가 되돌아왔다. 전하기를, "적이 물러갔습니다"라고 했다. 그런데 장문포場門浦는 전과 같았다. 내 자식 울迷豚蔚353은 영(전라 좌수영)으로 들어갔다고 했다.

25일[21일, 정축] 맑았다. 우수백(이억기)이 와서 이야기했다. 조붕도 도착해 말하기를, "체찰사(류성룡)354가 영남에 내려보낸 공문이 수사(원균)에게 도착했는데, 캐묻는 말이 많다"고 했다.

26일[22일, 무인] 맑았다. 순천 부사(권준)와 광양 현감(어영담), 방답 첨사(이순신)가 왔다. 우수백(이억기)도 같이 이야기했다. 가리포 첨사(구사직)도 더불어 왔다.

27일[23일, 기묘] 맑았다. 우영右營(전라 우수영)의 우후(이정충)가 본영(우수영)에서 왔다. 우도(전라 우도)의 일을 전했다. 기가 막힌 일이 많았다. 체찰(체찰사 류성룡) 앞으로 보낼 편지와 공문을 썼다. 경상 우수(우수사) 영리가 체

---

351 7월 22일에 명나라와 일본의 강화회담이 본격화되면서 도요토미 히데요시는 인질로 잡은 두 왕자를 석방하게 했다.
352 문종의 왕비, 현덕왕후 권씨의 제삿날이다.
353 "내 자식 울"의 원문은 "迷豚蔚"이다. "미돈迷豚"은 자기 아들에 대한 겸칭이다. 조조曹操가 "유경승劉景升의 아들은 돈견豚犬과 같다"라고 말한 데서 유래했다고 한다.
354 이 시기에 류성룡은 경상도에 있었다.

찰(류성룡) 앞으로 보내는 공문을 베껴 쓴 것을 갖고 와 보고했다.

28일[24일, 경진] 맑았다. 아침에 체사(체찰사 류성룡) 앞으로 보내는 편지를 수정했다. 경상 우수백(우수사 원균)과 충청 수백(수사 정걸), 본도 우수백(전라 우수사 이억기)이 함께 와서 약속했는데, 원 수백元水伯(수사 원균)은 흉악하고 속이는 것이兇譎 제멋대로이고 엉망이다. 제멋대로이고 엉망이다. 정여흥鄭汝興이 공문과 편지를 갖고 체찰사(류성룡)에게 갔다. 순천 부사(권준)와 광양 현감(어영담)이 와서 만나고 곧바로 되돌아갔다. 사도 첨사(김완)가 복병했을 때, 사로잡은 포작(보자기)355 10명은 왜인의 옷으로 바꿔 입고 있어 빈틈없이 꼼꼼히 준비했다絪緼.356 그래서 추궁해 물었더니, 흔적 같은 것이 있었다. 그런데 "경상 수사(원균)가 시켰기 때문"이라고 했다. 발바닥에 장을 10여 대度 치고357 풀어주었다.

29일[25일, 신사] 맑았다. 새벽에 남자아이를 얻는 꿈을 꾸었는데, 포로였던 아이兒人를 얻을 점괘로구나. 순천 부사(권준)와 광양 현감(어영담), 사도 첨사(김완)와 흥양 현감(배흥립), 방답 첨사(이순신)를 불러와 함께 이야기했다. 흥양 현감(배흥립)은 학질瘧에 걸려 아팠기에 곧 돌아갔다. 남은 사람들은 조용히 앉았는데, 방답 첨사(이순신)는 복병하기 위해 돌아갔다. 본영(전

---

355 포작은 주로 제주 출신 유랑민이다. 일정한 거처 없이 바다 위를 떠돌며 조개·미역을 채취하거나 고기잡이로 생계를 유지하던 천민 신분의 어부로 바닷길을 안내하기도 했고, 배를 조종하기도 했고, 전투병이나 정보원으로 활약하기도 했다. 이들이 타는 배가 포작선이다. 이순신이 출전을 할 때 포작선도 동원했었다.

356 "빈틈없이 꼼꼼히 준비하다絪緼"는 『시경』 「치효편」에 나오는 말이다.

357 발바닥을 때리는 것은 조금 심한 처벌이었던 듯하다. 오희문의 『쇄미록』 1593년 6월 23일에는 주인의 명령을 듣지 않고 불손한 노비의 발바닥을 때리려 했고, 1597년 6월 26일 일기에서는 노비가 말을 훔치고 여자 노비를 데리고 도망쳤기에 "발바닥을 대장大杖으로 70~80여 대를 때렸다"고 했다. 『미암일기』 1576년 1월 16일자에서는 집안 노비들에게 경계하며 말하기를 "볼기를 때리고, 종아리를 때릴 뿐만 아니라 발바닥까지 치겠다"고 했다.

라 좌수영) 탐후인이 왔다. "염(아들 면)의 병이 차도가 없다"고 했다. 가슴이 지독히 탔다. 가슴이 지독히 탔다. 저녁에 보성 군수(김의검)[358]가 왔다. 소비포 권관(이영남)이 왔다. "낙안 군수(신호)가 들어왔다"고 했다.

◎ 1593년 8월

8월 1일[양력 8월 26일. 임외] 맑았다. 새벽꿈을 꾸었다. "큰 대궐에 도착했다. 경도京都(서울)와 같은 모양이었다. 신기한 일이 많았다. 영상(영의정)[359]이 와서 인사했다拜. 나는 ■■[360] 답례로 인사했다答拜.[361] 임금님께서 피란하신 일을 이야기할 때에 이르러서는 펑펑 눈물을 뿌리고 한숨을 쉬며 탄식했다. 적의 기세는 즉 이미 꺾였다고 했다. 서로 함께 정情을 나눌 때,[362] 좌우에서 셀 수 없이 많은 사람이 구름처럼 모였다." 아침에 우후(이몽구)가

358 보성 군수(김의검) 「편수회본」에서는 김득광으로 보았다. 그러나 6월 6일 일기에 따르면, 보성 군수가 교체되어 떠났고, 김의검이 대신했다는 내용이 나온다.
359 이 시기의 영의정은 최홍원이다. 1592년 5월 1~2일 사이에 영의정 이산해·좌의정 류성룡이 전쟁 책임으로 파직되었고, 류성룡이 곧바로 영의정에 임명되었으나 당일 다시 탄핵당해 파직되었다. 영의정에 최홍원이 임명되었다. 최홍원은 1593년 10월 25일에 사직했고, 10월 27일 류성룡이 영의정에 임명되었다. 조응록의 「죽계일기」 1593년 11월 4일에는 영의정 최홍원이 병으로 물러나고, 류성룡이 대신했다는 이야기가 나온다. 「난중일기」에서 류성룡에 대한 표현을 살펴보면, 1594년 2월 9일 이전에는 류성룡이 체찰사로 활약했기에 체찰사 직위 자체만 사용해 기록했다. 그러나 일기 내용으로 보면 이순신의 후견인이었던 류성룡일 가능성도 있다. 영의정을 역임했기 때문이다.
360 "■■"는 판독 불가능한 글자다. 상급자인 영의정이 하급자인 통제사인 이순신에게 절을 한 것은 관례상 맞지 않다. 이순신이 답례를 했다는 것을 보면, "■■"는 아마도 '깜짝 놀랐다' 혹은 '당황하다'라는 의미의 글자인 듯하다.
361 「경국대전」의 관원의 상견례 의식에 따르면, 관원이 서로 만났을 때 2품계 아래의 관리는 상관 앞에 나아가 두 번 절하고, 상관은 답배를 하지 않는다. 1품계 아래의 관리에게는 답배를 한다.
362 "정을 나눌 때"의 원문은 "論情之際"다. 「문화재청본」은 "論事之際"로 보았다. 「친필본」은 '情'이다.

와서 만나고 돌아갔다.

2일[27일, 계미]363 맑았다. 아침을 먹은 뒤 마음이 답답하고 응어리져서 돌닻을 들어올리고 포구浦口에서 나갔다. 정 수사(충청 수사 정걸)가 따라왔다. 순천 부사(권준)와 광양 현감(어영담)이 와서 만났다. 소비포 권관(이영남)도 왔다. 저녁에 진 친 곳으로 되돌아왔다. 이홍명이 와서 같이 저녁 식사夕食 을 했다. 어두울 무렵 우 영공(이억기)이 배에 도착해 이야기했다. 말하기를, "방답 첨사(이순신)가 부모님을 찾아뵙기 위해 돌아가고 싶다고 간절히 요청했으나, '아직은 여러 장수를 내보낼 수 없다'고 답했습니다"라고 했다. 또 말하기를, '원 사元使(수사 원균)가 나에 대해 헛된 말을 했다'고 했다. 도리에 어긋나는364 일이 많이 있을 것이나, 모두 헛되니 따진들 무엇하랴皆妄何關乎. 아침부터 염의 병이 어떤지 알 수 없었고, 또 적에 관한 일도 지연되고 있다. 마음속 근심도 무거워365 마음을 달래려고 밖으로 나갔는데, 탐선探船이 들어왔다. "염의 아픈 곳에 종기癰가 생겨, 침針으로 뚫었더니 고름이 흘러나왔고,366 며칠 늦었으면 바로 구하기 어려웠을 것"이라고 했다. 놀랐고 탄식이 나는 것을 견딜 수 없었다. 놀랐고 탄식이 나는 것을 견딜

---

363 곽수지의 『호재진사일록』 1594년 8월 2일에 따르면, 이날 곽수지는 석전제釋奠祭를 지냈다. 석전제는 공자의 사당인 문묘文廟에서 공자에게 제사를 지내는 날이다. 음력 2월과 8월의 상정일上丁日에 석전제를 지냈다. 무신이었던 이순신은 석전제를 지내지 않았던 듯하다.

364 "도리에 어긋나는不道"을 「문화재청본」은 "不好"로 보았다.

365 "무거워"의 원문은 "重"이나, 「문화재청본」은 '中'으로 보았다. 「친필본」을 보면 重이다. 「편수회본」 「박혜일·최희동본」도 '重'이다.

366 종기는 몸에 염증이 생기고 고름이 나는 질병이다. 『한의학에 미친 조선의 지식인들』에 따르면, 침으로 종기를 치료하는 것은 뿌리가 깊은 종기를 대침大鍼을 써서 환부를 찢어 독을 제거하고 뿌리를 뽑아 치료하는 방식이다(김남일, 『한의학에 미친 조선의 지식인들』, 들녘, 2011, 221~223쪽). 오희문의 『쇄미록』 1596년 5월 28일에도 의녀醫女 복지가 침으로 종기를 치료했다는 기록이 나온다.

수 없었다. 지금은 조금 살아났다고 했다. 기쁘고 행복한 것을 어찌 다 말하랴. 기쁘고 행복한 것을 어찌 다 말하랴. 의인醫人(의사)367 정종鄭宗368의 은혜가 매우 크다.

3일[28일, 갑신] 맑았다. 이경복과 양응원梁應元, 영리 강기경姜起敬 등이 들어왔다. 염의 종기를 침으로 뚫은 일을 전했는데, 놀랐고 놀라움을 이길 수 없었다. "며칠 더 지났다면, 바로 구하지 못했을 것"369이라고 했다.

4일[29일, 을유] 맑았다. 순천 부사(권준)와 광양 현감(어영담)이 와서 만나고 돌아갔다. 저녁에 도원수(권율)의 군관 이완李緩이 진에 도착했다. 「삼도의 적 형세에 대한 긴급 보고서馳報狀」를 보내지 않은 군관과 색리를 찾아내 붙잡으려는 것이다. 우스운 일이다. 우스운 일이다.

5일[30일, 병술] 맑았다. 조붕과 이홍명이 왔다. 우 영공(이억기)이 왔다. 우후(이몽구)도 왔다. 밤이 깊어 되돌아갔다. 소비포 권관(이영남)도 밤에 돌아갔다. 이완이 술에 취해 내 배에서 머물렀다. 소고기를 얻어 각 배에 나누어 보냈다. 아산의 이예李禮가 밤에 왔다.

6일[31일, 정해] 맑았다. 아침에 이완과 송한련, 여여충呂汝忠370이 한꺼번에 도

---

367 의인(의사)은 이문건의 『묵재일기』 1545년 2월 13일에도 나온다. 이문건의 일기에는 의생醫生이라는 표현도 자주 나온다.

368 정종은 정확히 누구인지 확인할 수 없다. 그러나 정작鄭碏(1533~1603)일 가능성도 있다. 『선조수정실록』 선조 36년(1603) 7월 1일의 정작 졸기에 따르면, 정순붕의 아들이며 정염의 아우로 의약에 재주가 뛰어났다. 아버지 정순붕이 일으킨 을사사화로 인해 술에 의탁해 외지를 떠돌았다. 정작은 선조의 명에 따라 양예수·허준·정예남·이명원 등과 함께 1596년부터 『동의보감』 편찬에 참여하기도 했다.

369 "바로 구하지 못했을 것"의 「문화재청본」, 「편수회본」은 "未及 ■救矣"이다. 미판독 글자 '■'가 있다. 그러나 「친필본」을 보면, '■'는 '救'다. 별도의 판독 불능 글자는 없다.

370 여여충(?~?)은 '디지털남원문화대전'에 따르면, 전북 남원 출신의 의병이다. 1592년 임진왜란 때 부역으로 노역을 나갔다가 한산대첩에서 공을 세워 조정의 특명으로 부역을 면제받았다. 노기욱은 여여충이 전남 곡성 향리로 이순신이 전라 좌수사로 부임할 때 목면을 지원했다고 한다.

원수(권율)에게 갔다. 식사를 한 뒤, 순천 부사(권준)와 보성 군수(김의검), 광양 현감(어영담)과 발포 만호(황정록), 이응화李應華 등이 와서 만났다. 저녁에 원 수사(원균)가 왔다. 이경수李景受(이억기) 영공과 정 수사(충청 수사 정걸)도 와서 의논하는 사이에, 원 수사(원균)의 주장은 모두 앞뒤가 맞지 않았다. 우스운 일이다. 우스운 일이다. 해 질 무렵 비가 잠깐 내리다 그쳤다.

7일[9월 1일, 무자] 아침에는 맑았고 해 질 무렵 비가 내렸다. 농민의 바람을 크게 적셔주었다大治農望. 가리포 첨사(구사직)가 왔다. 소비포 권관(이영남), 이효가도 와서 만났다. 당포 만호371가 그의 소선을 찾아가려고 왔다. "사량 만호(이여념)에게 주어 보내라"고 일렀다. 가리포(첨사 구사직) 영공은 같이 점심을 먹고 갔다. 저녁에 경상 수사(원균)의 군관 박치공朴致恭372이 와서 전하기를, "적선들이 물러갔다"고 했으나, 원 수사(원균)와 그의 군관은 평소에 헛소문을 가까이하는 사람들이기에素善373 믿을 수 없구나.

8일[2일, 기축] 맑았다. 식사를 한 뒤, 순천 부사(권준)와 광양 현감(어영담), 방답 첨사(이순신)와 흥양 현감(배흥립) 등을 불러 복병을 들여보내는 등의

---

371 당포 만호는 「당항포에서 왜적을 쳐부순 일을 임금님께 보고하는 장계唐項浦破倭兵狀」 (1594년 3월 10일)로 보면, 하종해河宗海일 가능성이 높다.

372 「문화재청본」은 "朴致召"이다. 같은 「문화재청본」 8월 18일에는 "朴致公"으로 나온다. 또한 1594년 6월 20일에는 "朴致恭"으로 나온다. 이날 일기의 「친필본」을 보면, "朴致召"가 아니라 "朴致公"이다. 또한 "朴致公"은 "朴致恭"을 이순신이 오기한 듯하다. 박치공은 원균의 군관으로, 「선조실록」 선조 25년(1592) 8월 24일에는 원균이 작성한 한산대첩 장계를 갖고 선조에게 올라간 인물이고, 「선조실록」 선조 26년(1593) 12월 30일에도 원균의 군관으로 나온다. 「난중일기」 1593년 8월 18일자에서도 장계를 갖고 조정에 올라간 인물로 나온다. 「선무원종공신녹권」에서는 사복 박치공으로 나오고, 선무원종공신 2등이다.

373 "평소에 가까이하다"의 원문 "素善"은 「사기」 「항우본기項羽本紀」에, "항백은 항우의 작은아버지인데, 평소에 유후인 장량과 가까이했다項伯者 項羽季父也 素善留侯張良"라는 말에 나오는 표현이다.

일을 함께 의논했다.[374] "충청 수사(정걸)의 전선 2척이 들어왔는데, 1척은 쓸 수 없다"고 했다. 김덕인金德仁이 그 도(충청도)의 군관으로 왔다. 본도(전라도) 순사(순찰사 이정암)[375]의 아병牙兵[376] 2명이 적의 형세를 살핀 공문을 갖고 왔다. 우수백(이억기)은 구석진 포구幽浦(유포)[377]로 가서 원 수사(원균)를 만났다. 우스운 일이다.

9일[3일, 경인] 맑았다. 아침에 아들 회가 들어왔다. 어머님께서 평안하신 것을 알았다. 또한 염의 병이 좋아지고 있다는 것을 알았다. 기쁘고 행복하다. 기쁘고 행복하다. 점심을 먹은 뒤, 우수사(이억기)의 배에 도착했다. 충청 영공(충청 수사 정걸)도 도착했다. "영남 수사(원균)는 복병군伏兵軍을 한꺼번에 보내 복병시키기로 약속했는데, 먼저 보냈다"고 했다. 괴롭다. 괴롭다.

10일[4일, 신묘] 맑았다. 아침에 방답의 탐선이 들어왔다. 임금님의 유지와 비변사의 공문, 감사(순찰사)의 공문도 함께 도착했다. 해남 현감(이안계)[378]

374 「왜적의 정황을 임금님께 보고하는 장계陳倭情狀」(1593년 8월 19일)에 따르면, 이날 이순신은 육지로 김해·웅천의 적 형세를 초탐哨探하도록 순천 군관 김중윤金仲胤과 흥양 군관 이진李珍, 우도 각 포 군관 등 8명을 정해 보냈다고 한다.
375 이정암李廷馣(1541~1600)은 조선 중기의 문신이다. 1561년 문과 식년시에서 급제한 뒤, 전라도 도사, 형조 좌랑, 함경도 도사, 경기도 도사, 병조 정랑, 강원도 암행어사, 사헌부 지평, 경기도 경차관, 연안 부사, 양주 목사, 동래 부사, 공조 참의, 병조 참의, 이조 참의 등 다양한 관직을 역임했다. 임진왜란 때 황해도 초토사로 의병을 모집했고, 구로다 나가마사가 공격한 연안성을 지켜냈다. 그 공로로 황해도 관찰사 겸 순찰사로 임명되었다. 1593년 병조 참판, 전주 부윤, 1593년 6월 도원수에 임명된 권율을 대신해 전라도 관찰사에 임명되었다. 1596년 충청도 관찰사로 이몽학의 반란을 평정하는 데 기여했다. 정경운의 『고대일록』 1593년 6월 27일에는 "이정암을 전라 순찰사에 임명했다"는 내용이 나온다.
376 아병은 "아하친병牙下親兵"의 약칭이다. 대장 휘하에서 군무를 수행하는 군사 중 하나다.
377 "구석진 포구"의 원문 "幽浦"를 지명으로 보는 번역본도 있다. 이순신의 「왜적의 정황을 임금님께 보고하는 장계」(1593년 8월 10일)에는 "幽深內洋"이 나온다. 여기서 "幽浦"의 "幽"는 "구석지다"는 의미로 사용된 것으로 볼 수 있다. 이 번역에서는 문맥으로 보아 "구석진 포구"로 번역했다.
378 "해남 현감(이안계)"을 「편수회본」에서는 위대기로 보았다.

과 이 첨사李僉使(방답 첨사 이순신)가 왔다. 순천 부사(권준)와 광양 현감(어영담)이 왔다. 우 영공(이억기)이 청했기에 그의 배로 갔더니, 해남 현감(이안계)이 술자리를 차렸다. 그러나 몸이 불편했다. 간신히 앉아 이야기하다 되돌아왔다.

11일[5일, 임선진] 늦게 소나기가 아주 많이 내렸다. 바람도 아주 사납게 불었다. 오후에 비는 그쳤으나, 바람은 그치지 않았다. 몸이 너무 불편했다. 내내 앉았다 누웠다 했다. 격군을 붙잡아올 일로 여도呂島 만호(김인영)에게 3일을 기한으로 다녀오도록 일러 보냈다.

12일[6일, 계유세] ~~맑았다.~~ 몸이 너무 불편했다. 내내 누워서 앓았다. 식은 땀이 시도 때도 없이 났다. 옷이 젖었기에 억지로 앉았다. ~~13일 갑술甲戌.~~ 늦게 비가 계속 내리다 이따금 맑았다. 순천 부사(권준)가 와서 만났다. 우 영공(이억기)이 와서 만났다. 이 첨사(방답 첨사 이순신)도 왔다. 내내 박博379

---

379 박을 번역본에 따라 장기 혹은 바둑으로 번역했다. 그러나 『난중일기』에 나오는 수담手談은 바둑이고, 혁은 장기일 가능성이 높은 데 반해, 이날 일기 등에 나오는 박은 정확히 어떤 놀이인지 알 수 없다. 『논어』「양화陽貨」에는 "내내 배불리 먹기만 하고 마음 쓰는 곳이 없다면 곤란하다. 박·혁도 있지 않는가. 그것이라도 하는 것이 오히려 현명할 것飽食終日 無所用心 難矣哉 不有博奕者乎 爲之猶賢乎已"이라 나오고, 율곡 이이의 「학교모범學校模範」 제3조에서는 "책을 읽다가 한가한 틈에 때때로 금琴을 타거나 활을 쏘거나 투호를 하는 일과 같이 예기藝를 즐겨도 된다. 그러나 그 각각은 예절과 규칙이 있으니 적당한 때가 아니면 놀지 말라. 박과 혁 등 같은 잡스런 놀이는 실제 힘을 써야 할 것에 방해가 되니 마음에 두어서는 안 된다讀書之暇 時或游藝 如彈琴習射投壺等事 各有儀矩 非時勿弄 若博奕等雜戲 則不可寓目以妨實功"처럼 박과 혁奕을 구분했다. 『난중일기』에서도 박과 혁이 각각 나온다. 또한 조헌의 『조천일기』 1574년 6월 17일에는 조헌이 명나라 사신으로 갈 때 압록강 건너에 살고 있는 우리나라 사람 집에서 숙박할 때 그들 형제 네 명이 박을 겨루는爭博 모습을 보았다고 한다. 1488년 명나라 사신 동월이 조선을 방문하고 남긴 『조선부』에서는 "(조선에서는) 집에 박구博具를 지니게 허락하지 않았다. 바둑판棋局이나 쌍륙雙陸 같은 것은 백성 자제 모두 배우는 것을 허락하지 않았다"는 내용이 나온다. 박구는 『조선부』에서는 바둑이나 쌍륙까지 포함한 놀이 도구다. 『광해군일기』 광해 14년(1622) 5월 4일에는 박승종朴承宗이 말하기를 "사안謝安은 전쟁 속에서도 바둑을 두었고圍棋, 구준寇準은 술을 마시고 박을 했다謝安圍棋 寇準飮博"는 내용이 나온다. 바둑을 뜻하는 "圍棋"와 "博"을 구

을 겨루었다. 몸이 너무 불편했다. 가리포 첨사(구사직)도 왔다. 영(전라 좌수영) 탐후선이 들어왔는데, "어머님께서 평안하시다"고 했다.

13일[7일. 갑술오] 영(전라 좌수영)에서 온 문서를 처리해 보냈다. 몸이 너무 불편했다. 홀로 배의 뜸 아래에 앉아 있었다. 가슴에 품은 생각이 만 갈래나 되는구나. 이경복이 「임금님께 보고하는 글」을 갖고 가도록 해서 내보냈다. 경庚의 어미에게 행자첩行資帖(여행 비용으로 쓸 물품 수령을 위한 증서)을 보냈다. 송두남이 군량미 300섬과 콩 300섬을 실어 왔다.

14일[8일. 을해미] 맑았다. 방답 첨사(이순신)가 햇과일酸物380을 갖고 왔다. 우수백(이억기)과 충청 수백(수사 정걸), 순천 부사(권준)도 와서 함께 했다.381

15일[9일. 병자신] 맑았다. 오늘은 곧 추석秋夕이다. 우수백(이억기)과 충청(수사 정걸), 순천 부사(권준)와 광양 현감(어영담), 낙안 군수(신호)와 방답 첨사(이순신), 사도 첨사(김완)와 흥양 현감(배흥립), 녹도 만호(송여종)와 이응화, 이홍명과 좌·우(도)의 모든 영공382이 함께 모여 이야기했다. 저녁에 회는 영(전라 좌수영)으로 갔다.383

분했다. "博"은 바둑도 장기도 아닌 다른 놀이인 듯하다.
380 "햇과일"의 원문은 "酸物"이다. "햇과일" 혹은 "맛이 신 과일"의 뜻이다. 이은상은 이순신이 준물餕物을 산물酸物로 잘못 쓴 것이라고 하면서 "명절 제사 음식"이라고 번역했다. 준물과 산물에 따라 뜻이 크게 다르다. 홍기문은 "酸物"의 뜻인 "신 것", 박기봉은 "막걸리"로 번역했다. 『조선왕조실록』에서는 산물의 사례로 감귤을 언급한다. 이튿날 8월 15일이 추석이라는 점에서 제사 음식이라고도 볼 수 있으나, 산물은 8월 16일과 26일에도 나오는 것으로 보아 정황상 햇과일이 맞는 듯하다. 『묵재일기』 1546년 7월 14일에도 산물이 나온다.
381 8월 8일에 육지로 정탐을 보냈던 군관 8명이 복귀해 일본군 상황을 이순신에게 보고했다.
382 "좌·우(도)의 모든 영공"의 원문은 "左右都令公"이다. 홍기문은 "좌우도 별장", 이은상은 "좌우 도령공都令公"으로 번역했다. 그런데 『옛편지 낱말사전』에 따르면 도영공都令公은 미혼 남자를 높여서 이르는 말이라고 한다(하영휘 외 엮음, 『옛편지 낱말사전』, 돌베개, 2011, 153쪽). 이 일기의 문맥에서는 도영공이 맞지 않다. "모든 영공"이 맞다.
383 이날 조정에서 충청·전라·경상도 수군을 총괄하는 삼도 수군통제사직을 신설해 이순신을 통제사로 임명했다. 통제사 임명장인 「삼도통제사에 임명하는 교서授三道統制使教書」는

16일[10일. 정축] 맑았다. 광양 현감(어영담)이 햇과일을 준비해 왔다. 우수백(이억기)과 충청(수사 정걸), 순천 부사(권준)와 방답 첨사(이순신)도 왔다. 가리포 첨사(구사직)와 이응화도 함께 왔다. 아침에 들으니, "제만춘諸萬春[384]이 일본에서 어제 나왔다"고 했다.

17일[11일. 무인술] 맑았다. 상선(지휘선)을 연기로 그을리기 위해 좌별도左別都(좌별도장 이설)[385]의 배로 옮겨 탔다. 늦게 우수백(이억기)의 배로 갔다. 충청 수백(정걸)도 왔다. 제만춘[386]을 불러와 진술을 받았다. 화가 나고 분한 이야기가 많았다. 내내 이야기하고 논의한 뒤 파했다. 저녁 6시에 돌아와 상선(지휘선)에 탔다. 이날 밤, 달빛은 낮과 같이 밝았다. 출렁이는 물빛은 하얀 비단 같았다. 마음을 가눌 수 없구나月色如畫 波光如練 懷不自勝也.[387] 새로 건조한 배를 바다에 띄웠다. 제만춘에게 진술을 받았는데, 화가 나고

1593년 9월 12일에 작성된 것이다. 이 임명장에서 선조는 이순신에 대해 "경卿(이순신)은 평생 동안 굳은 절의로 만리장성이 되었다卿一生苦節 萬里長城"고 평가했다. 통제사 임명장은 장계, 「수군 소속 고을을 육군에 배정하지 말도록 임금님께 청하는 장계請舟師所屬邑勿定陸軍狀」(1593년 윤11월 21일)에 따르면, 1593년 10월 1일에 받은 것으로 나온다. 이순신은 그 후 1597년 2월에 파직되었다가 원균의 칠천량 패전 이후 8월에 재임명되었다.

384 "諸萬春"에 대해 「문화재청본」에서는 "齊諸萬春"로 해놓았다. 그러나 「친필본」은 '齊'를 삭제하고, 그 옆에 '諸'를 수정해 넣은 것이다. 「편수회본」에서는 「친필본」처럼 '齊'에 삭제 표시를 하고 옆에 諸를 써놓았다. 제만춘(?~?)은 조선 중기의 무신이다. 1592년 임진왜란 발발 당시 경상 우수사 원균 막하의 경상 우수영 군교였다. 원균의 명령으로 웅천의 일본군을 정탐하고 돌아오다가 일본군에게 붙잡혀 일본 나고야성까지 끌려갔다가 이 시기에 탈출해 돌아왔다. 「脇坂記」(塙保己一 編, 『統群書類從(第20輯ノ下 合戰部)』, 続群書類従完成会, 大正12)에는 제만춘이 와키자카 야스하루에게 붙잡힌 내용으로 보이는 장면이 나온다.

385 「왜적을 무찌른 일을 임금님께 보고하는 장계討賊狀」(1593년 4월 6일)에 따르면 좌별도장은 이설이다.

386 「친필본」에는 "齊萬春"으로 되어 있다. 「편수회본」에서는 '齊'를 '諸'로 수정해 주석했다. '諸'가 맞다. 이날 일기 끝에도 '諸'로 나온다.

387 "달빛은 낮과 같이 밝았다. 출렁이는 물빛은 하얀 비단 같았다海月如畫 波光如練"는 임제 林悌(1549~1587)의 『원생몽유록』에서는 "月色如畫 波光如練", 김시습의 『금오신화』 「취유부벽정기」에서는 "時月色如海 波光如練"로도 나온다.

분한 이야기가 많았다.

18일[12일, 기묘해] 맑았다. 우 영공(전라 우수사 이억기)과 정영공(충청 수사 정걸)도 같이 이야기했다. 순천 부사(권준)와 광양 현감(어영담)도 와서 만났다. 조붕이 와서 말하기를, "박치공(원균의 군관)388이 「임금님께 보고하는 글」을 갖고 조정으로 갔다"고 했다.

19일[13일, 경재] 맑았다. 아침을 먹은 뒤, 원 수사(원균)에게 가서 내 배로 옮겨 탈 것을 청했다. 우수백(이억기)과 정 수사(충청 수사 정걸)도 왔다. 원연 또한 같이 이야기했다. 말하고 논의하는 사이, 원 수사(원균)의 말에는 사납고 이치에 어긋난 일이 많았다. 그렇게 있지도 않은 일을 꾸며 속이는 것을 어찌 다 말하랴. 원 공元公(원균) 형제가 떠난 뒤 천천히 노를 저어 진으로 돌아왔다. 우수사(이억기), 정 수사(충청 수사 정걸)와 같이 앉아 상세히 이야기했다.389

20일[14일, 신축] 아침을 먹은 뒤, 순천 부사(권준)와 광양 현감(어영담), 홍양 현감(배흥립)이 왔다. 이응화도 왔다. 송희립을 보내 순사(순찰사 이정암)에게 안부를 묻게 했다. 제만춘에게 진술받은 공문을 갖고 가게 했다. 방답 첨사(이순신)와 사도 첨사(김완)로 하여금 돌산도突山島 근처로 흘러들어와 떼를 지어 재물을 약탈한 놈들을 좌우로 나누어 막고 잡아오게 했다. 저녁에 적량 만호 고여우가 왔다. 밤이 깊어 돌아갔다.

21일[15일, 임인]390 맑았다.

22일[16일, 계묘]391 맑았다.

---

388 원문은 "朴致公"이나, 이순신이 "朴致恭"을 오기한 것이다.
389 이순신은 이날 「왜적의 정황을 임금님께 보고하는 장계陳倭情狀」(1593년 8월 19일)를 썼다.
390 1594년에는 외가의 제삿날이라고 좌기하지 않았다고 한다.
391 1596년 8월 22일 일기에 따르면, 8월 22일은 이순신의 외할머니 제삿날이다. 이날은 또한

23일[17일. 갑진] 맑았다. 윤간尹侃,392 이뇌와 해가 왔다. 전하기를, "어머님께서 평안하시다"고 했다. 또한 들으니, "아들 울이 학질을 앓고 있다"고 했다.

24일[18일. 을사] 맑았다. 이해가 되돌아갔다.

25일[19일. 병오] 맑았다. 꿈속에 적의 모습이 있었기에, 새벽에 각 도의 대장에게 통지해 바깥 바다로 나가 진을 치게 했다. 해가 저문 뒤 한산도 내량內梁393으로 되돌아왔다.394

26일[20일. 정미] 맑거나 이따금 비가 내리거나 했다. 원 수사(원균)가 왔다. 얼마 뒤, 우영右令(전라 우수사 이억기)과 정영丁令(충청 수사 정걸)을 함께 만났다. 순천 부사(권준)와 광양 현감(어영담), 가리포 첨사(구사직)는 곧바로 돌아갔다. 흥양 현감(배흥립)이 왔다. 햇과일을 권했더니, 원 공(원균)은 술을 마시고 싶다고 했다. 조금 권했더니, 곤드레만드레 취해 잘못된 행동을 했다. 말도 사납고 이치에 어긋났다怳悖. 놀랄 일이다. 놀랄 일이다. 낙안 군수(신호)가 「도요토미 히데요시가 명나라 조정皇朝에게 보낸 상서上書를 베껴 쓴 것」과 「명나라 사람이 군郡(낙안군)에 도착해 기록한 것」을 보내왔다.

성종의 계비 정현왕후 윤씨의 제삿날이기도 하다.
392 윤간(1561~?)은 조선 중기의 문신이다. 이순신 누이의 사위다. 자는 사행士行이다. 『난중일기』에 윤사행으로도 나온다. 아버지는 『난중일기』에도 나오는 윤제현이다. 작은아버지는 이몽학의 반란 때 포로가 되었던 홍산 현감 윤영현이다. 『난중일기』에 윤영현도 나온다.
393 "내량"을 「편수회본」에서는 한산면으로 보았다.
394 이순신과 비슷한 사례는 정경달의 『반곡유고』에도 나온다. 1592년 11월 20일, "건지산에 머물렀는데, 꿈을 점쳤는데 불길했기에 그 마을 사람을 멀리 피하게 했다." 1593년 2월 20일, "꿈이 어지러워 (진을) 울리현으로 옮겼다. 그날 적이 과연 천하川下를 에워쌌기에 사람들이 아주 기이하게 여겼다." 1593년 2월 23일, "꿈이 사나워 (진을) 보현으로 옮겼는데, 그날 저녁 적이 과연 이르렀다." 1593년 5월 7일, "꿈을 점치니 불길했다. 한밤중에 군인에게 말에 안장을 채워놓게 하고 아침을 기다렸다."

원통하고 분한 마음을 이길 수 없었다. 원통하고 분한 마음을 이길 수 없었다.

27일[21일. 무신] 맑았다.

28일[22일. 기유] 맑았다. 원 수사(원균)가 왔다. 흉악하고 속이는 말兇譎을 많이 했다. 아주 놀랄 일이다.

29일[23일. 경술] 맑았다. 여필(동생 이우신)과 아들 울, 변존서가 한꺼번에 도착해 왔다.

30일[24일. 신해] 맑았다. 원 수사(원균)가 또 왔다. 영등으로 가자고 재촉했다. 정말로 흉악하구나可謂凶矣. 그가 거느린 배 25척은 다 내보내고, 7~8척뿐인데 이렇게 함부로 말한다. 그 마음먹은 것과 하는 일이 모두 이런 식이다.

◎ 1593년 9월

9월 1일[양력 9월 25일. 임자] 맑았다. 원 수사가 왔다. 공문을 작성해 도원수(권율)와 순변사에게 보냈다. 여필(동생 이우신)과 변존서, 이뇌 등이 되돌아갔다. 우 영공(이억기)과 정영공(정걸)도 모여 이야기했다.

2일[26일. 계축] 맑았다. 「임금님께 보고하는 글」의 초고를 써서 내려줬다. 경상 우후 이의득과 이여념395 등이 와서 만났다. 어두울 무렵 이영남이 와서 만났다. 또한 전하기를, "선 병사宣兵使(선거이)가 곤양昆陽에 도착해 있다"고 했다. "공로를 세운 일과 남해 현령(기효근)이 도체찰사396에게 꾸지람을

---

395 "이의득과 이여념"의 원문은 "李義得及李汝恬"이나 「문화재청본」에서는 '及'과 '汝'가 누락되었다.
396 도체찰사가 누구인지는 불분명하다. 정경운의 「고대일록」 1593년 7월 25일에는 체찰사 류성룡이 행재소의 부름을 받고 조정으로 돌아가게 되어 있다고 나온다. 조익의 「진사일기」 1593년

받기 위해 불려갔는데 공손하지 않았다"고 했다. 우스운 일이다. 효근孝謹
(기효근)의 형편없는 모습을 반드시 이미 알고 있었을 것이다.

3일[27일, 갑인]397 맑았다. 아침에 조카 봉이 들어왔다. 그로 인해 어머님께
서 평안하신 것을 자세히 살필 수 있었다. 또 영(전라 좌수영) 안의 일도 들
었다. 「임금님께 보고하는 글」을 봉해 보내는 일로 초고를 써 내려보냈다.
순사(순찰사 이정암)의 공문도 왔는데, "모든 군사의 가족과 친척 등에게는
나라에 대한 의무를 하지 않은 사람의 죄를 연대 책임 지우는 일에 대해
연대 책임을 모두 면제하라는 일凡軍士一族等事 一切勿侵事"398이었다. 새로 부
임해 일을 빠짐없이 생각하며 살피지 못했기 때문이구나.

4일[28일, 을묘] 맑았다. 「잘못된 것이거나 해로운 일에 대해 임금님께 보고
하는 글陳弊啓聞」399 「총통을 올려보내는 일銃筒上送事」400 「제만춘의 진술을
받은 일諸萬春招辭捧上事」401과 함께 3통을 봉해 올려보냈다. 이경복이 갖고

7월 27일에도 서애西厓 상공相公이 도체찰사로 합천에 내려와 있다가 오늘 임금님의 부름을 받
아 행재소로 되돌아갔다고 나온다. 윤두수는 1594년 8월 6일, 류성룡을 대신해 좌의정 겸 삼도
체찰사에 임명되었다. 그러나 일기 내용으로 보면, 류성룡일 가능성이 높다.
397 정경운의 『고대일록』에 따르면, 이날 "우리나라의 모든 백성에게 명나라 군대의 통제에 복
종하라는 명령이 내려졌다"고 한다.
398 『선조실록』 선조 26년(1593) 8월 3일에는 비변사가 아전들이 법규를 임의로 적용해 집에 있
는 사람들을 면제蠲免시키기도 하고, 그와 반대로 이미 전쟁에 나간 사람에 대해서도 그 가족들
에게 요역이나 병역의 의무를 지우고 있다며, 공사公私 관적官籍 이외에는 일체 침학하지 말라고
평안·황해·경기·충청도 관찰사에게 하유하라고 권했고, 선조는 이에 동의했다.
399 「잘못된 것이거나 해로운 일에 대해 임금님께 보고하는 글陳弊啓聞」은 「바다와 육지 전투
일을 조목별로 임금님께 보고하는 장계條陳水陸戰事狀」(1593년 9월 일)로 추정된다.
400 「총통을 올려보내는 일銃筒上送事」은 「화포(조총)를 봉해 보내는 일을 임금님께 보고하는 장
계封進火砲狀」(1593년 8월 일)로 추정된다. 정사준이 대장장이와 노비 등을 데리고 만든 정철총
통을 올려보내는 장계.
401 「제만춘의 진술을 받은 일諸萬春招辭捧上事」은 「적에게 붙잡혀갔던 사람이 보고하는 왜
적의 정세에 대해 중요한 사실'을 임금님께 보고하는 장계登聞被擄人所告倭情狀」(1593년 8월 일)
로 추정된다.

떠났다. 류 상(정승 류성룡)과 참판參判(종2품) 윤자신, 지사知事(정2품) 윤우신尹又新[402]과 도승지(정3품) 심희수, 지사 이일과 안습지安習之[403], 윤기헌에게 편지를 썼고, 전복으로 마음을 표현해 보냈다. 봉과 윤간이 되돌아갔다.

5일[29일, 병진] 맑았다. 식사를 한 뒤 나가 정 수사(충청 수사 정걸)의 배 옆에 정박시켰다. 내내 논의하고 이야기했다終日論話. 광양 현감(어영담)과 흥양 현감(배흥립), 우후(이몽구)가 와서 만나고 돌아갔다.

6일[30일, 정사] 맑았다. 새벽에 배를 건조할 목재를 운반해 올 일로 여러 배를 내보냈다. 식사를 한 뒤, 나는 우 영공(이억기)의 배로 갔다. 내내 이야기했다. 그로 인해, "원공元公(원균)의 사납고 이치에 어긋난狼悖 일"에 대해 들었다. 또한 "정담수가 헛된 말을 지어내고 있다"는 정황도 들었다. 우스운 일이다. 바둑을 두고 물러나왔다. 배에 쓸 목재를 여러 배가 끌고 왔다.

7일[양력 10월 1일, 무오] 맑았다. 아침에 목재를 거두어 들였다. 아침에 방답 첨사(이순신)가 와서 만났다. 순사(순찰사 이정암)에게 「잘못된 것이거나 해로운 일을 보고하는 공문陳弊公事」과 「군사 배치를 개편하는 일에 대한 공문改分軍公事」을 써서 보냈다. 내내 홀로 앉아 있었다. 마음이 불편했다. 저녁이 되었는데도 간절히 기다렸던 탐후선이 오지 않았다. 어두울 무렵, 마음이 어지럽고 몸에 열이 나서 창문을 닫지 않고 잤다. 머리에 바람을 많이 쐬었

---

402 윤우신(1534~1594)은 조선 중기의 문신이다. 1573년 함흥 판관, 1581년 창원 부사, 1592년 임진왜란 때에는 지중추 부사와 호조 참판이 되었다. 1594년 6월 15일의 『난중일기』에 윤우신의 사망 소식을 기록해놓았다. 이순신의 사촌 누이의 남편인 윤극신의 동생이다. 이순신과는 사돈이다. 『난중일기』에 나오는 윤엽과 윤돈의 작은아버지다.

403 안습지는 안민학安敏學(1542~1601)이다. 자가 습지習之다. 조선 중기의 문신이다. 사헌부 감찰과 소모사를 역임했다. 1580년, 이이의 추천으로 희릉 참봉이 되었다. 사헌부 감찰, 대흥·아산·현풍·태인 등의 현감도 역임했다. 임진왜란 때 소모사로 임명되어 군사와 군량과 전투용 말을 모았다.

더니 많이 아플 듯했다. 걱정되는구나.

8일[2일. 기미]404 맑았다. 바람이 어지럽게 불었다. 새벽에 송희립 등을 내보냈다. 당포의 산에서 사슴鹿을 잡아 왔다. 우수백(이억기)과 충청 수백(정걸)이 왔다.

9일[3일. 경신]405 맑았다. 식사를 한 뒤, 모여서 산마루에 올라갔다. 훈련용 화살 3순을 쏘았다. 우수백(이억기)과 정 수백(정걸), 여러 장수가 모였으나, 광양 현감(어영담)은 병에 걸려 참석하지 못했다. 해가 질 때 비가 내렸다.

10일[4일. 신유] 맑았다. 제송공문을 써서 탐후선으로 보냈다. 해 질 무렵 우수백(이억기)의 배가 도착했다. 주둔하고 있는 곳으로 오기를 청했다. 방답 첨사(이순신)와 같이 술을 마시고 파했다. 체찰사(윤두수)406의 비밀 공문이 들어왔다. 보성 군수(김의검)407도 왔다가 되돌아갔다.

11일[5일. 임술] 맑았다. 정 수사(충청 수사 정걸)가 술을 차려 와서 만났다. 우수백(이억기)도 왔다. 낙안 군수(신호), 방답 첨사(이순신)와 함께 마셨다. 흥양 쉬(현감 배흥립)는 휴가를 얻어408 돌아갔다. 서몽남徐夢男에게도 휴가

404 세조의 제삿날이다.
405 9월 9일은 중양절이다. 중양절이라 장수들과 모여 잔치를 한 듯하다. 또한 산마루에 올라가 활을 쏜 것도 중양절 등고登高 풍속에 따른 등고연登高宴인 듯하다. 등고연은 높은 곳에 올라가 단풍이 든 풍경을 보고 즐기며 시와 술을 나누는 풍속이다.
406 윤두수는 1594년 8월 6일, 류성룡을 대신해 좌의정 겸 삼도체찰사에 임명되었다.
407 보성 군수(김의검)를 「편수회본」에서는 김득광으로 보았다.
408 "휴가를 얻다"의 원문은 "受由"다. 휴가를 줄 때 수유증을 발행했다. 수유증에는 선문처럼 근무지에서 휴가를 가는 곳까지의 여정과 동반자, 말 등도 기록되어 있다. 『경국대전』에는 휴가 규정이 있다. 급가給假라고 하는데, 부모를 보러 가거나(3년에 1차), 조상의 묘를 보러 가거나(5년에 1차), 부모를 영광스럽게 하거나榮親, 혼례가 있을 때는 7일, 아내·장인·장모의 장사는 15일을 준다. 부모의 병환이면 먼 거리는 70일, 가까운 거리는 50일, 경기는 30일, 기한이 넘도록 돌아오지 않으면 해직시킨다. 또한 철 따라 지내는 제사의 경우, 제사를 주관하는 사람과 아들들에게 모두 이틀간의 휴가를 주었다. 『쇄미록』 1593년 9월 24일에 따르면 노비에게도 휴가를 주는 모습이 나온다.

를 주었다.[409] 같이 나갔다.

12일[6일, 계해] 맑았다. 식사를 한 뒤, 소비포 권관(이영남)과 류충신柳忠信,[410] 김 만호金萬戶(여도 만호 김인영) 등을 불러 술을 권했다. 발포 만호(황정록)가 되돌아왔다.

13일[7일, 갑자] 맑았다. 새벽에 사내종 한경漢京과 돌세㐗世,[411] 연석年石과 자모종自募終이 되돌아왔다. 저녁에 사내종 금이金伊[412]와 연석, 돌세 등이 되돌아갔다. 양정언梁廷彦[413]도 같이 돌아갔다. 그런데 저녁에 비바람이 크게 불었다. 밤새 그치지 않았다. 어찌 갔는지 모르겠구나.

14일[8일, 을축] 비가 내내 내렸고, 큰 바람도 불었다. 홀로 봉창蓬窓(배 위의 작은 창)[414] 아래 앉아 있었다. 가슴에 품은 생각이 만 갈래나 되는구나. 순천 부사(권준)가 되돌아왔다.

---

409 "휴가를 주었다"의 원문은 "給由"이다. 급가給暇라고도 한다.
410 류충신(1530~?)은 조선 중기의 무신이다. 매도 만호, 군기시 주부를 역임했다. 임진왜란 때 이순신 막하에서 활약했다. 『난중일기』 1593년 6월 8일자에 등장하는 병선 진무 류충서는 류충신의 동생이다.
411 "돌세"는 순우리말 이름을 한자로 표시하기 위해 한자의 음과 훈을 차용했다. "돌"을 뜻하는 석石 자 아래에 ㄹ음인 "을乙"을 붙여 "돌㐗" 자를 만들었다. 조선 말기 의병장인 신돌석申㐗石 장군의 한자 표기도 같은 사례다.
412 사내종 금이는 이순신의 최측근에서 이순신을 도왔던 노비다. 『이충무공행록』에 따르면, 1598년 노량해전에서 이순신이 전사할 때도 이순신의 맏아들 회와 조카 완과 함께 이순신 곁에 있었던 인물이다. 노량해전에도 참전했고, 1597년 9월 20일의 "황득중과 사내종 금이 등에게 노비 윤금을 찾아서 잡아오게 보냈다. 과연 위도 바깥 쪽에 있었기에 묶어 배에 실어놓게 했다"는 것 등으로 보아 무예에도 뛰어났던 듯하다. 금이에 대한 다른 일기 기록도 많다.
413 양정언은 「선무원종공신녹권」에서는 사복으로 나오고, 선무원종공신 2등이다.
414 봉창은 "거적을 씌운 배船의 창문"이다. 윤선도尹善道(1587~1671)의 「어부사시사漁父四時詞」에도 봉창이 나온다. 「봄노래春詞」 중에는 "낚싯줄 걸어놓고 봉창의 달을 보자. 닻 지어라, 닻 지어라. 하마 밤 들거냐. 자규 소리 맑게 난다. 지국총, 지국총, 어사와. 남은 흥이 무궁하니 갈 길을 잊었땃다"가 나온다.

15일[양력 9일] (병인, 맑았다)[415]

1593년 9월 16일~12월 30일. 미기록 혹은 멸실 상태. 12월 30일은 1593년 마지막 날짜.[416]

1594년(갑오년)
「친필본」

◎ **1594년 1월**

1월 1일[양력 2월 20일. 경진] 비가 퍼붓는 듯 내렸다. 어머님을 모시고, 같이 한 살을 더했다.1 이는 전쟁 중이라도 행복한 일이구나此亂中之幸也. 늦게 군사 훈련과 전쟁 준비 때문에 영(전라 좌수영)으로 돌아왔다. 비는 그치지 않았다. 신 사과愼司果2에게 안부를 물었다.

2일[21일. 신사] 비는 그쳤으나 흐렸다. 나라 제삿날3이라 좌기하지 않았다. 신 사과를 초대해 같이 이야기했다. 첨지僉知 배경남裵慶南4도 왔다.

1 「진으로 돌아가는 일을 임금님께 보고하는 장계(2)還陣狀(二)」(1594년 1월 17일)에 따르면, 이순신은 1593년 12월 12일 전라 좌수영으로 복귀했었다. 그 후에 여수로 피란 내려온 어머니를 찾아뵈었던 듯하다. 좌수영에 머물던 이순신은 『난중일기』에 따르면, 1월 17일에 다시 한산도 진영으로 복귀했다.
2 사과司果는 오위 소속의 종6품 군대 관직이다. 현직에 종사하지 않은 문관과 무관, 음관蔭官이 많았다. 오위는 세조 3년부터 설치되기 시작해 문종 때 완성된 중앙 군사 조직이다.
3 명종의 왕비, 인순왕후 심씨의 제삿날이다.
4 배경남(?~1597)은 조선 중기의 무신이다. 임진왜란 발발 직후 부산진 첨사 정발의 후임으로 임명되었지만, 일본군이 점령하고 있어 부임하지 못하고 경상도 유격장遊擊將이 되었다. 후에 이순신 막하에 종군해 좌별도장으로 임명되었다. 1594년 제2차 당항포해전에 참전해 활약했다. 후

3일[22일, 임오] 맑았다. 동헌으로 나갔다. 제송공문을 써 보냈다. 해가 저문 뒤 관아로 들어왔다. 여러 조카와 이야기했다.

4일[23일, 계미] 맑았다. 동헌으로 나갔다. 제송공문을 써 보냈다.5 저녁에 신 사과, 배 첨지裵僉知(배경남)와 이야기했다. 남홍점南鴻漸6이 영(전라 좌수영)에 도착했기에 그의 가족들이 달아나 숨은 일을 물었다.

5일[24일, 갑신] 비가 계속 내렸다. 신 사과가 와서 이야기했다.

6일[25일, 을유] 비가 내렸다. 동헌으로 나갔다. 남평南平7의 도병방都兵房을 처형했다. 저녁 내내 공문서를 처리하거나 판결해 내려보냈다.

7일[26일, 병술] 비가 내렸다. 동헌에 좌기했다. 제송공문을 써 보냈다. 저녁에 남의길8이 들어왔다. 마주하고 이야기했다. 밤이 깊어 파했다.

8일[27일, 정해] 맑았다. 동헌방東軒房에 앉았다. 배 첨지(배경남), 남의길과 내내 대화했다. 늦게 공무를 처리했다. 남원의 도병방을 처형했다.9

에는 이순신의 조방장으로 활약했다. 배경남을 만난 이후에 쓴 것으로 보이는 이순신의 「배경남을 수군에 소속시켜주시기를 임금님께 청하는 장계請以裵慶男屬舟師狀」(1594년 1월 일)에는 배경남을 수군에 배속시켜줄 것을 요청하는 내용이 나온다.

5 「왜적의 정황을 동궁께 보고하는 장달陳倭情狀」(1594년 1월 5일)에는 원균이 일본군 정세를 보고한 내용이 나온다. 또한 같은 날 「나라에 대한 의무를 하지 않은 사람의 죄를 가족과 친척에게 연대 책임을 지우는 것을 면제하라는 명령'을 취소해주시기를 동궁께 다시 청하는 장달更請反汗一族勿侵之命狀」(1594년 1월 5일)을 작성했다. 1월 4일과 5일의 제송공문은 그와 관계된 것인 듯하다.

6 남홍점은 이순신의 사촌 누이의 남편이다. 조익(1556~1613)이 공주에서 유배생활을 하면서 쓴 일기인 「공산일기」 1606년 6월 30일에서는 감찰로 나온다. 「광해군일기」 광해 7년(1615) 12월 18일에는 동몽교관으로 나온다. 이날 이후 일기에 「난중일기」에 나오는 남의길南宜吉은 일기의 문맥을 통해 살펴보면, 남홍점과 동일인이고, 의길은 남홍점의 자인 듯하다.

7 남평은 현 나주시 남평읍이다.

8 남의길은 1월 4일 일기에 언급된 남홍점으로 보인다.

9 남원의 도병방을 처형한 것은 『선조실록』 선조 30년(1597) 1월 27일에, 윤두수가 "신이 남원에 있을 때, 이순신이 군관을 남원에 보내 군사를 모집하다가 그곳 병방을 참하기까지 하여 백성이 잇따라 소란하고 곡성이 하늘에까지 사무쳤습니다. 군관을 불러서 물어보았더니, 그들의 멀고

9일[28일, 무자] 맑았다. 아침에 남의길과 이야기했다.

10일[양력 3월 1일, 기축] 맑았다. 아침에 남의길을 불러 이야기했다. 피란 때 일에 미치자, 고생했던 상황을 자세히 말했다. 의로운 분노가 북받쳐 탄식이 나는 것을 견딜 수 없구나.

11일[2일, 경인] 흐렸으나 비는 내리지 않았다. 아침에 어머님을 찾아뵈려고 覲 배를 탔다. 바람 따라 한달음에 고음천古音川[10]에 이르렀다. 남의길과 윤사행尹士行,[11] 조카 분이 같이 갔다. 어머님을 뵙고 인사를 드리려 했더니, 어머님께서는 여전히 깊은 잠에 빠져 계셨다. 큰소리로 불렀더니, 놀라 깨어 일어나셨다. 숨이 곧 끊어지실 듯, 해가 서산에 이른 듯했다氣息奄奄 日薄西山.[12] 남몰래 눈물만 펑펑 흘릴 뿐이다只下隱淚. 하시는 말씀은 어긋남이 없었다. 적을 무찌를 일이 급해 오래 머물 수 없었다. 이날 저녁, "손수약孫守約의 아내가 죽었다는 소식訃"을 들었다.

12일[3일, 신묘] 맑았다. 아침을 먹은 뒤, 어머님께 돌아가겠다고 인사를 올렸더니, 이르시기를 "잘 가서, 나라의 치욕을 크게 씻어라大雪國辱"라고 두 번 세 번 거듭 깨우치고 타이르셨다. 이별하는 슬픔으로는 조금도 탄식하지 않으시는구나. 선창[13]으로 되돌아왔다. 몸이 불편한 듯했다. 곧바로 북쪽 방北房으로 들어갔다.

가까운 친척까지 붙잡아 갔기 때문이라고 하였습니다. 이로 보건대 군사를 모을 즈음에 상서롭지 못한 일이 많았습니다"라는 기록으로도 나온다. 당시 윤두수는 선조의 명령으로 남부 지방을 위무하는 역할을 맡아 남부 지역을 시찰하고 있었다.

10 고음천은 현재 여수시 웅천동 송현마을로 우리말 "곰내"의 한자 표기다.

11 윤사행은 윤간尹侃(1561~?)이다. 조선 중기의 문신으로 이순신 누이의 사위다. 사행은 자다.

12 "숨이 곧 끊어지실 듯, 해가 서산에 이른 듯했다"는 「진서」 「이밀열전」과 「고문진보」 등에 수록된 「晉 李密의 陳情表」에 나온다.

13 "선창"의 원문 "船倉"은 「전서본」에서는 '船滄', 「충무공유사」에서는 '船倉'으로 나온다.

13일[4일. 임진] 맑았으나 큰 바람이 불었다. 몸이 아주 불편했다. 자리에 누워 땀을 냈다.[14] 사내종 팽수彭壽와 평세平世 등이 와서 만났다.

14일[5일. 계사] 흐렸고, 큰 바람이 불었다. 아침에 조카 뇌의 편지를 읽더니, "아산의 묘소가 있는 산에서 설날 아침 제사正旦祭[15]를 지낼 때, 떼 지어 몰려든 무리들이 자그마치 200여 명이나 되었는데, 산을 둘러싸고 음식을 구걸했기에 제사를 취소했다"[16]고 했다. 기가 막힐 일이다. 기가 막힐 일이다. 늦게 동헌으로 나가 「임금님께 보고하는 글」[17]에 수결을 하고 관인을 찍었다. 「의능[18]의 천민 신분을 면제해주는 공문免賤公文」도 함께 봉해 올려보냈다.[19]

15일[6일. 갑오] 맑았다. 이른 아침에 남의길과 여러 조카와 같이 대화한

---

14 "땀을 냈다"는 것은 감기 기운이 있었기 때문인 듯하다. 오희문의 『쇄미록』 1593년 1월 6일에는 "어제부터 감기가 들어 밤에 온돌에 누워 땀을 냈더니臥溫突發汗 덜해진 듯했다"고 나온다. 이순신도 온돌에서 땀을 낸 듯하다.

15 『난중일기』의 "설날 아침 제사正旦祭"와 같은 사례로 이문건의 『묵재일기』 1536년 1월 1일, 남평 조씨의 『병자일기』 1637년 12월 20일에는 "正朝祭"라는 표현이 나온다. 이문건은 1537년 1월 1일에는 "元朝祭"라고 하기도 했다.

16 "산을 둘러싸고 음식을 구걸했기에 제사를 취소했다"는 「문화재청본」에서는 "圍山乞食登退"이다. 『충무공유사』에서는 "圍山乞食祭退"로 나온다. 「친필본」의 글자도 "祭"로 보이기도 한다. "登"이 아니라 "祭"가 타당한 듯하다. 「편수회 초본」에서는 '祭'로 보았다.

17 "임금님께 보고하는 글"은 「배경남을 수군에 소속시켜주시기를 임금님께 청하는 장계請以裵慶男屬舟師狀」(1594년 1월 일), 「수군과 육군을 맞바꾸어 방어하게 하는 일을 헤아려 조치해주시기를 임금님께 청하는 장계量請處水陸換防事狀」(1594년 1월 일), 「군 복무 기피자들이 많은 곳의 수령을 군법으로 처벌해주실 것을 임금님께 청하는 장계關防守令依軍法決罪狀」(1594년 1월 일), 「승장의 위조문서를 임금님께 봉해 올리는 장계封進僧將僞帖狀」(1594년 1월 일)인 듯하다.

18 의능은 의승장이다. 『난중일기』 1593년 6월 26일, 1594년 1월 14일, 1594년 10월 22일, 1596년 8월 8일에 나온다. 그러나 1594년 7월 28일에는 "義能"으로 나온다. 『임진장초』에서는 "宜能"으로, 『이충무공전서』에서는 "義能"으로 나온다. "宜能"과 "義能"은 동일인이다.

19 「의능의 천민 신분을 면제해주는 공문免賤公文」은 「승장의 위조문서를 임금님께 봉해 올리는 장계封進僧將僞帖狀」(1594년 1월 일)에 따르면, 위조문서 원본이다. 이순신이 승장 위조문서 관련 장계를 작성하고 첨부했다.

뒤, 동헌으로 나갔다. 남의길은 영광靈光으로 돌아가고자 했다. 계집종20 진辰을 찾는 일에 대한 공문을 썼다.21 동궁(광해군)의 명령은 "군사를 감독하고 인솔해 적을 무찌를 일"이었다.22

16일[7일. 을미] 맑았다. 아침에 남의길을 청해 와서 이별 잔치를 했다. 나도 아주 많이 취했다. 늦게 동헌으로 나갔다. 황득중黃得中23이 들어왔다. 또 듣기를, "문학文學24 유몽인25이 암행暗行(암행어사)26으로 흥현興縣(흥양현)27에 들어와 모든 문서를 압수했다"고 했다. 어두울 무렵 방답 첨사(이순신)와 배 첨지(배경남)가 와서 이야기했다.

17일[8일. 병신] 새벽에 눈이 내렸다. 늦게 비가 내렸다.28 이른 아침에 배에

---

20 "계집종"의 원문은 "婢"이다. 대부분의 탈초본에서는 "奴(사내종)"로 보았으나, '婢'이다. 최희동 교수의 「친필본 난중일기 판독」 재검토.hwp」(2018.01.08)에서는 '婢'로 수정했다.

21 이순신이 노비를 찾는 것에 대해 공문을 썼다는 것은 당시 도망친 노비를 찾는 방법의 하나였다. 도망간 노비 연고지 관리에게 편지를 해서 연고지로 도망친 노비를 찾아내는 방식이다.

22 광해군의 명령은 「적을 무찌르라」는 명령을 동궁께 받았음을 보고하는 장달」(1594년 1월 15일)에 나온다.

23 황득중(1556~1598)은 조선 중기의 무신이다. 임진왜란이 일어난 뒤 이순신 막하로 들어가 전투는 물론 물고기를 잡아 군량을 확보하고, 총통을 만들 쇠를 모아오기도 하는 등 다양한 활약을 하다가 1598년 정유재란 때 전사했다. 「선무원종공신녹권」에서는 판관으로 나오고, 선무원종공신 1등이다.

24 문학은 세자시강원世子侍講院에 소속된 정5품~정6품 관직이다. 세자에게 글을 가르쳤다.

25 유몽인(1559~1623)은 조선 중기의 문신이다. 호는 어우당於于堂이다. 1589년 문과 증광시에서 장원으로 급제했다. 임진왜란이 일어났을 때, 평양까지 선조를 호종했다. 인조반정 때 광해군의 복위 음모를 꾸민다는 모함을 받아 아들과 함께 사형되었다. 야담을 집대성한 「어우야담」과 시문집 「어우집」이 있다.

26 암행어사는 당하관 중에서 임금이 비밀 특명으로 지방에 파견해 지방관의 행동과 백성의 살림살이를 살폈다. 수의繡衣, 직지直指라고도 불렀다. 퇴계 이황도 42세에 암행어사로 충청도로 파견 나가 흉년의 상황과 구제 작업을 살폈고, 공주 판관 인귀손의 탐욕과 흉년 구제 무능을 비판하며 죄줄 것을 건의했었다. 조선시대에 가장 널리 알려진 암행어사는 박문수다.

27 "흥양현"의 원문은 "興縣"이다. 「난중일기」 1596년 윤8월 20일에는 "興府"가 나온다. 興府는 장흥부다.

28 오희문의 「쇄미록」 1594년 1월 15일에는, "지난밤에 큰 눈이 내렸다. 3~4치寸 쌓였고, 아침

올랐다. 여필(동생 이우신), 여러 조카, 아들豚 등과 헤어져 보냈다. 분과 울 만 거느리고 배를 띄웠다.²⁹ 이날 「임금님께 보고하는 글」³⁰을 내보냈다. 오후 4시에 와두瓦頭에 도착했다. 역풍이 불었고, 썰물이라 배를 움직일 수 없었 다. 돌닻을 내리고 잠깐 쉬었다. 저녁 6시에 돌닻을 들어올려, 건너가 노량 에 도착했다. 여도 만호(김인영), 순천 부사(권준), 이감李瑊³¹과 우후(이몽구) 도 도착했다. 묵었다.

18일[9일, 정유] 맑았다. 새벽에 길을 떠났다. 역풍이 거세게 일었다. 창신昌 信에 도착했더니, 바람이 편리하게 순하게 불었다. 돛을 들어올리고, 사량 에 도착했다. 바람이 다시 거꾸로 불었고, 비가 많이 내렸다. 만호(이여념)와 수사(원균)의 군관 전윤田允이 와서 만났다. 전田(전윤)이 말하기를, "거창居昌 에서 수군을 붙잡아 왔다"고 했다. 그로 인해 듣기를, "원수元帥(권율)가 헐 뜯어 해치려고 한다"고 했다. 우스운 일이다. 옛날부터 공로를 시기하는 것 은 이와 같다. 무엇을 한탄하랴自古忌功如是 何恨焉. 그대로 묵었다.

19일[10일, 무술] 흐렸으나 늦게 맑아졌다. 큰 바람이 불었다. 해가 저문 뒤 더욱 나빠졌다. 아침에 출발해 당포 바깥 바다에 도착했다. 바람을 따라

에도 그치지 않다가 늦게 처음으로 갰다", 1월 17일에는 "흐렸고 바람이 불고 또 눈이 내리다가 아침 늦게 갰다." 1월 19일, "밤부터 비가 내리다 잇따라 큰 눈大雪으로 변했다. 아침에 일어나 보니 거의 4~5치나 쌓였다. 만약 녹지 않으면 반드시 한 자가 넘을 것이다. 사람들은 최근에 이 같이 큰 눈은 없었다고 말했다"라며 당시 눈이 온 일기를 남겼다.
29 「진으로 돌아가는 일을 동궁께 보고하는 장달還陣狀一」(1594년 1월 17일)과 「진으로 돌아가 는 일을 임금님께 보고하는 장계(2)還陣狀(二)」(1594년 1월 17일)에 따르면, 이순신은 1월 17일, 18척을 이끌고 한산도로 출발했다.
30 「임금님께 보고하는 글」은 「바닷가 고을에 대해 수군과 육군이 번갈아 침해하는 폐단에 대 한 일을 금지시켜주시기를 임금님께 청하는 장계請禁沿邑水陸交侵之弊事狀」(1594년 1월 16일), 「진으로 돌아가는 일을 임금님께 보고하는 장계(2)還陣狀(二)」(1594년 1월 17일)로 추정된다.
31 이감(1546~?)은 순천 출신의 조선 중기의 무신이다. 1584년 무과 별시에서 급제했다. 『난중 일기』 1596년 2월 25일에 나오는 이진李璡은 이감의 형으로 추정된다.

돛을 절반 펼치자, 순식간에 벌써 한산도에 도착했다. 활터 정자射亭에서 좌기했다. 여러 장수와 마주하고 이야기했다. 저녁에 원 수사(원균)도 왔다.[32] 또한 소비포 권관(이영남)에게 듣기를, "영남의 여러 배 사부와 격군이 거의 다 굶어 죽는다"고 했다. 참혹해서 차마 들을 수 없었다慘不忍聞. "원 수元水(수사 원균)와 공연수孔連水, 이극함李克誠[33]이 좋아하는 여자所眄[34]와 함께 모두들 관계했다"고 했다.

20일[11일, 기해] 맑았으나 큰 바람이 불었다. 추위가 칼로 살을 베어내는 듯했다. 각각의 배에서 옷을 입지 못한 사람들이 거북이처럼 웅크리고 추위에 신음했다. 차마 들을 수 없구나不忍聞也. 낙안 군수樂安(신호)와 우우후 右虞候(전라 우수영 우후 이정충)가 와서 만났다. 늦게 소비포 권관(이영남)과 웅천 현감(이운룡),[35] 진해 쉬(현감 정항)도 왔다. 진해(정항)는 거절하고 즉시

---

32 "원 수사(원균)도 왔다"는 『문화재청본』에서는 "元水使來亦來"로 나온다. 첫 번째 '來'는 일기에 없는 글자다.

33 이극함(1558~?)은 1594년 무과 별시에서 급제했다. 『선조실록』 선조 27년(1594) 10월 1일에는 경상도 병마절도사 고언백의 군관으로 나온다. 이극함을 "이극성李克誠"으로 본 번역본도 있다.

34 "좋아하는 여자小眄"는 "소면所眄" 그 자체로 쓰기도 한다. 소면을 조선시대 인물들의 기록에서 살펴보면 대부분 양반들이 사귀었던 기생들이다. 조선시대 법률집인 『전율통보』 「형전」에 따르면, 화간和姦(부부가 아닌 남자와 여자가 뜻이 맞아 관계한 경우)한 자는 장 80, 조간기姦(여자를 꾀어내서 간통하는 것)한 자는 장 100, 강간은 교형, 강간 미수자는 장 100에 유형 3000리에 처했다. 화간이나 조간한 남자나 여자는 같은 죄로 처벌했다.

35 이운룡李雲龍(1562~1610)은 조선 중기의 무신이다. 1585년 무과 급제했고, 1587년 선전관, 1589년 옥포 만호로 임명되었다. 임진왜란 발발 후 경상 우수사 원균도 육지로 도망치려고 하자, 이운룡은 원균의 도망을 만류하고 이순신과 협력해 일본군을 공격하자고 강력히 요청했다. 원균은 이운룡의 주장을 받아들여 소비포 권관 이영남을 전라 좌수영으로 보내 이순신에게 구원 요청케 했다. 이순신과 원균의 연합함대의 첫 해전인 옥포해전에서 선봉장으로 활약했다. 1594년 웅천 현감, 1596년 경상 좌수사에 승진했다. 전쟁이 끝난 뒤 삼도 수군통제사에도 임명되었다. 『선조실록』 선조 32년(1599) 10월 2일에 따르면, 명나라 유격 모국기는 선조에게 "수로 총병 이운룡과 육로 총병 정기룡은 훌륭한 장수로 몸을 돌보지 않고 나아가 싸우는 것이 이 두 사람보다 더한 사람은 없습니다"라고 평가했다.

오지 않았었다. 죄의 유무를 조사할 계획이었기에 만나지 않았다. 바람이 쉬는 듯했으나, 순천 부사(권준)가 들어오기에 많이 걱정되었다. 군량도 도착하지 않았다. 이 또한 가슴이 타는 일이구나是亦悶也. 병으로 죽은 사람들의 시신을 거두어 묻을 차사원으로 녹도 만호(송여종)[36]를 정해 보냈다.

21일[12일, 경자] 맑았다. 아침에 영(전라 좌수영)의 격군 742명에게 술을 권했다.[37] 광양 현감[38]이 들어왔다. 저녁에 녹도 만호(송여종)가 와서, "병들어 죽은 214명의 시신을 거두어 묻었다"고 했다. 포로가 되었다가 도망쳐 돌아온 2명이 원 수(원균)에게서 왔다. 적의 정황을 상세히 말했으나 믿을 수 없었다.

22일[13일, 신축] 맑았다. 날씨가 따뜻하고 바람도 없었다. 활터 정자로 올라가 좌기했다. 진해 현감(정항)에게 임금님께서 내리신 교서에 숙배례肅拜禮[39]를 하게 했다. 내내 훈련용 화살을 쏘았다. 녹도 만호(송여종)가 "병들어 죽은 217명을 거두어 묻었다"고 했다.

순천 부사(권준)가 왔다.

36 송여종宋汝悰(1553~1609)은 태인 출신의 조선 중기 무신이다. 낙안 군수 신호의 막하 출신이었다. 전쟁이 일어난 뒤 이순신 막하에서 활약했다. 이순신이 부산포 승첩 장계를 갖고 조정으로 올라갈 수 있게 했을 정도로 공로가 많았다. 선조는 부산 승첩 장계를 갖고 온 송여종을 녹도 만호 정운이 전사해 비어 있었던 녹도 만호에 임명했다. 1594년 한산도 진중과거에서 합격했다. 1597년 7월의 칠천량해전과 9월의 명량대첩에도 참전했다. 1598년 7월 19일의 고흥 절이도해전에서 조선 수군이 50여 척의 일본 전선을 격침시켰는데, 그중 6척을 송여종이 사로잡고, 일본군 수급 69급을 획득했다. 1598년 노량해전에도 참전했다.
37 이날은 봄철 경칩에 하는 둑제를 하고, 잔치를 벌인 듯하다.
38 광양 현감 어영담은 1593년 윤11월에 파직되었고, 임시 현감으로 김극성이 임명되었다. 이순신은 파직된 어영담을 조방장으로 임명해달라고 「어영담을 조방장으로 삼계 해주실 것을 임금님께 청하는 장계請以魚泳潭爲助防將狀」(1593년 윤11월 17일)를 써서 임금에게 올려보냈다.
39 숙배례는 사은숙배謝恩肅拜를 말한다. 단령團領(공복의 일종)을 입고, 임금의 은혜를 감사히 여겨 경건하게 머리가 땅에 닿도록 고개를 숙여 네 번 절을 한다. 숙배는 국왕에 대하여 표시하는 일종의 충성과 복종의 서약 의식이다.

23일[14일, 임인]40 맑았다. 낙안 군수(신호)가 보고하고 돌아갔다. 흥양의 전선 2척이 들어왔다. 최천보와 류황柳滉,41 류충신과 정량丁良 등이 들어왔다. 늦게 순천 부사(권준)가 들어왔다.

24일[15일, 계묘]42 맑았고 따뜻했다. 아침에 송덕일宋德馹43이 산에서 나무를 베는 일로 이장耳匠(목수) 41명을 거느리고 갔다. 영남 원 수(원균)44가 군관을 보내, "좌도(경상 좌도)45에 있는 왜적 300여 명의 머리를 베어 죽였다"고 했다. 아주 기쁘다. 아주 기쁘다. "평의지平義智46가 지금은 웅천에 있다"고 했다. 확실치는 않구나. 류황을 불러, 암행(암행어사)이 붙잡아 갔던 이유를 물었더니, "문서가 엉망이었기 때문입니다"라고 했다. 기가 막힐 일이다. 기가 막힐 일이다. 또 격군의 일을 들었는데, 현(흥양)의 리吏(색리)들의 간사한 짓을 어찌 다 말할 수 있을까.47 전령을 보내 징집해야 할 군사召募軍 144명

40 이순신의 둘째 형, 이요신의 제삿날이다.
41 류황(1562~?)은 조선 중기의 무신이다. 흥양 출신이다.
42 이순신의 맏형, 이희신의 제삿날이다.
43 송덕일(1565~?)은 흥양 출신의 조선 중기의 무신이다. 1585년 무과에 급제했다. 1592년 임진왜란 때 훈련원 첨정으로 선조를 의주까지 호종했고, 1597년 정유재란 때는 진도 군수로 전공을 세웠다. 후에 부령 부사에 임명되어 여진족의 기습을 격퇴했으나, 여진족 잔당에게 습격당해 전사했다. 『난중일기』 1595년 4월 28일에는 "宋德一"로 나오기도 한다. 『호남절의록』에서는 송덕일이 정유재란 때 진도 군수로 장선사裝船使 겸 주사 전부장舟師前部將으로 거북선 제작과 수군 훈련을 담당했고, 명량대첩에서도 전공을 세웠으며, 임진왜란 이후 신여량과 함께 1604년 6월 14일의 당포해전에서도 활약했다고 한다. 1604년의 당포해전을 그린 「당포전양승첩도唐浦勝前洋勝捷圖」에는 임치 첨사로 출전한 기록이 나온다.
44 "원 수"의 원문 "元水"는 「충무공유사」에서는 '水伯', 「전서본」에서는 '元水使'로 나온다.
45 이중환의 『택리지』에 따르면, 낙동강 동쪽을 좌도, 서쪽을 우도라고 한다.
46 평의지(1568~1615)는 대마도주 소 요시토시宗義智다.
47 『경국대전』에 명시한 향리의 악덕惡德 행위로는 1) 수령을 조종 또는 농락하여 권력을 제멋대로 부려서 폐단을 일으키는 행위, 2) 은밀히 뇌물을 받고 부역을 불공평하게 배정하는 행위, 3) 세금을 과다하게 징수하여 남용하는 행위, 4) 양민을 불법으로 동원해 사역을 시키는 행위, 5) 농토를 많이 소유하고, 농민을 동원해 경작시키는 행위, 6) 남의 재물을 침탈하는 행위, 7) 권문세가에 아부하면서 부여된 의무를 기피하는 행위, 8) 향리의 의무를 기피해 숨는 행위, 9) 관

을 붙잡게 찾아내 붙잡게 했다. 또한 현감(배흥립)에게 독촉하는 전령을 내보냈다.

25일[16일, 갑진] 흐렸다. 늦게 맑아졌다. 송두남과 이상록李尚祿48 등이 새로 건조한 배를 돌아가 정박시키려고 사부와 격군 132명을 거느리고 갔다. 아침에 우우후(전라우수영 우후 이정충)가 이곳에 왔다. 같이 아침을 먹었다. 늦게 훈련용 화살을 쏘았다. 우우후(이정충)와 여도 만호(김인영)가 활쏘기 시합을 했다. 여呂(여도 만호 김인영)가 7푼 이겼다. 나는 10순을 쏘았고, 나머지 사람들은 모두 20순을 쏘았다. 저녁에 사내종 허산許山49이 술병을 훔치다가 붙잡혔기에 장에 처했다.

26일[17일, 을사] 맑았다. 아침에 활터 정자로 올라갔다. 순천 부사(권준)에게 '약속 기한을 넘긴 죄'를 따지는 제송공문을 써 보냈다. 훈련용 화살 10순을 쏘았다. 오후에 "진주 여인 1명, 고성 여인 1명, 서울 사람 2인人이 사로잡혔다가 도망쳐 돌아왔는데, 서울 사람은 곧 정창연鄭昌衍50과 김명원 金命元51의 집안 사내종奴子52"이라고 했다. 또한 "스스로 항복해 온 왜놈 1명

청의 위세를 빙자하여 민간인을 학대하는 행위, 10) 양가의 여자나 관비를 첩으로 삼는 행위다. 향리의 악덕 행위를 알고도 방치한 수령도 처벌했다.

48 이상록을 「문화재청본」에서는 "李祥祿"으로 보았으나, '祥'은 '尙'의 오자다. 이상록李尙祿은 「선무원종공신녹권」에서는 첨정으로 나오고, 선무원종공신 1등이다.

49 허산은 「선무원종공신녹권」에서는 면천免賤으로 나오고, 선무원종공신 2등이다.

50 정창연(1552~1636)은 조선 중기의 문신이다. 광해군 때 우의정·좌의정을 역임했다. 정탁의 「용사일기」 1592년 10월 7일자 이후에 나오는 「부附」에는 지중추부사로 되어 있다.

51 김명원(1534~1602)은 조선 중기의 문신이다. 1589년 정여립의 난을 수습한 공으로 평난공신에 책록되어 경림군에 봉해졌다. 임진왜란 때 팔도 도원수로서 임진강 방어전을 수행했다. 1597년 정유재란 때 병조 판서, 1601년 부원군·좌의정에 임명되었다.

52 「난중일기」에서 노비를 표현할 때, 노비 혹은 노(사내종)·비(계집종)가 주로 나온다. 노자奴子는 몇 차례 나오지 않는다. 이 번역본에서는 '노자'를 '집안 사내종' 혹은 문맥에 따라 '사내종'으로 구분해 번역했다.

의 일이 있다"고 와서 보고했다.

27일[18일, 병오] 맑았다. 새벽에 배를 건조할 목재를 실어올 일로 우후(이 몽구)가 나갔다. 새벽에 보고하기를, "변유헌과 이경복이 들어왔다"고 했다. 아침에 충청 수사(구사직)의 답장이 왔다. 어머님의 편지와 여필(동생 이우 신)의 편지가 왔는데, "어머님께서 평안하시다"고 했다. 다행이다. 그러나 "동문 밖 해운대 옆에 횃불을 든 강도明火賊[53]가 있었고, 미평未坪에도 횃불 을 든 강도가 들었다"고 했다. 기가 막힐 일이다. 기가 막힐 일이다. 늦게 미조항 첨사(김승룡)와 순천 부사(권준)가 같이 왔다. 아침에 소지와 잡다한 제송공문을 처리해 보냈다. 스스로 항복해와 사로잡힌 왜인에게 진술을 받았다. 원 수(원 수사)의 군관 양밀梁蜜이 제濟(제주) 판관[54]의 편지와 말 장 식馬飾과 해산물海産, 감귤柑橘[55]·감자柑子(귤의 한 종류)[56]를 갖고 왔다. 곧바

53 실학자 이익은 조선의 3대 도적으로 연산군 때의 홍길동, 명종 때의 임꺽정, 숙종 때의 장길 산을 꼽았다. '횃불을 든 강도'는 조선시대 법률집인 『전율통보』 「형전」에 따르면, 참형의 처벌을 받았다.
54 판관은 종5품이다.
55 "감귤"은 "감귤" 혹은 "감자와 귤"을 각각 뜻한다. 그러나 이어지는 일기에 감자가 나온 것으 로 미루어 감귤로도 볼 수 있다. 감자와 귤로 각각 볼 수 있는 사례로는 유희춘의 『미암일기』 1567년 12월 8일의 기록이다. "함평댁에서 감柑·귤橘 각 10여 목牧씩 보내왔다"는 기록이 나온 다. 서호수의 『해동농서』에 따르면, 귤橘은 제주에서 생산되는데, 녹귤·홍귤·금귤이 있다. 감柑 은 제주에서 생산되는 감자나무 열매로 귤나무와 잎이 비슷하나 가시가 없고 열매 역시 귤과 비 슷하지만 약간 크며, 주감朱柑·황감黃柑·유감乳柑 등의 명칭이 있다고 한다. 1488년 명나라 사 신 동월이 조선을 방문하고 남긴 『조선부』에서는 조선의 과일로 감귤을 언급하고 있는데, 감귤은 전라도에서 생산된다고 했다.
56 "감자"는 귤의 한 종류다. 허균은 「도문대작屠門大嚼」에서 제주에서 생산되는 귤로 "金橘· 甘橘·靑橘·柚柑·柑子·柚子"로 구분하고 특징을 기록했다. 허목許穆의 「탐라지耽羅誌」에도 제 주 특산 과일로 "橘·柚子·橙子·柑子"를 언급하고 있다. 유희춘의 『미암일기』 1569년 12월 21일 에는 제주 목사가 보내준 것에 감자가 나온다. 정희득의 『호산만사록』 1598년 2월 12일에는 일본 에서 본 감자가 나온다. 『난중일기』에서도 이날의 감귤과 감자를 별도로 언급한 것처럼 유자도 별도로 나온다. 『대전속록』에는 제주도의 희귀한 과일 나무로 唐柑子·唐柚子·柚柑·洞庭橘이 나온다.

로 어머님께 보냈다. 저녁에, "녹도 만호(송여종)가 매복한 곳에서 왜적 5명이 거리낌 없이 멋대로 다니며 포를 쏠 때, 활을 쏘아 왜 하나의 머리를 베었고, 그 나머지는 전에 맞은 채 도망갔다"고 했다. 해 질 무렵 소비포 권관(이영남)이 왔다. 우후(이몽구)가 배를 건조할 목재를 싣고 왔다.

28일[19일, 정미] 맑았다. 아침에 우후(이몽구)가 와서 만났다. 종사관從事官에게 보낼 절목節目[57]과 공문을 써서, 강진 영리(전라 병마절도사 영리)에게 주어 보냈다. 늦게 "원식이 서울로 올라간다"고 했다. 왔기에 술을 권한 뒤 보냈다. 경(경상) 우후(이의득)의 보고 내용에, "유 제독劉提督(명나라 제독 유정)[58]이 군사를 돌려 이달(1월) 25~26일 사이에 올라갔다"고 했다. 또한 "위무사慰撫使[59]인 홍문관弘文 교리校理 권權(권협)[60]이 도 안을 돌며 위로한

---

57 절목은 법률이나 규정 등의 개별 조항을 뜻한다.

58 유정劉綎(?~1619)은 명나라 장수다. 중국 장시성江西省 출신이다. 1593년 부총병副總兵으로 명나라 군사 5000명을 이끌고 참전했다. 1597년 정유재란 때 남원성이 일본군에게 함락되자 다시 조선에 들어와 전세를 확인한 뒤 귀국했다가 1598년, 제독한토관병어왜총병관提督漢土官兵禦倭總兵官으로 다시 조선에 들어왔다. 순천 예교曳橋에서 일본군에게 패했고, 일본군이 철수한 뒤 귀국했다. 1619년 조선·명나라 연합군이 후금 군사와 싸운 싸얼후 산 전투에서 전사했다. 이수광의 『지봉유설』에는 유정이 우리나라에 처음 들어올 때, 그의 부대에는 피부가 검은 사람들인 '해귀海鬼'를 데리고 왔다고 한다. 풍산 김씨의 내력이 수록된 『세전서화첩』에도 해귀 4명이 그려져 있다. 정경운의 『고대일록』 1598년 7월 9일에는 "유정이 명나라 군사를 이끌고 전주에 도착했는데, '달자獺子와 해귀가 같이 왔는데, 해귀는 교지남만인交趾南蠻人으로 물속에 10여 일이 있어도 죽지 않는다고 한다"고 기록했다. 해귀는 포르투갈 출신의 흑인으로 추정된다.

59 위무사는 각 부대의 장병을 위로하기 위해 파견된 관리다.

60 "권협權悏"의 『문화재청본』은 "權【悏】"이다. 그러나 『편수회본』은 "權 (悏)"으로 나온다. 이는 『친필본』에서는 "悏"이 있지 않고 비어 있는데, 이 빈칸을 추정한 글자란 의미다. 권협(1553~1618)은 조선 중기의 문신이다. 『명종실록』 편찬에 참여했고, 임진왜란이 일어났을 때는 장령으로서 서울을 지킬 것을 주장했다. 1597년 정유재란 때는 지원병을 요청하러 명나라에 파견되기도 했다. 권협이 위무사로 활동하는 모습은 『선조실록』 선조 26년(1593) 12월 30일과 정경운의 『고대일록』 1594년 2월 17일에도 나온다. 류성룡의 『진구기민장賑救飢民狀』(1593년 3월 5일)에는 권협이 전 집의執義로 군량사軍糧使 권징權徵의 종사관으로 류성룡이 머문 곳에 있었다.

뒤 수군으로 들어온다"고 했다. 또한 "도적질을 한 이산겸李山謙[61] 등이 붙잡혀 갇혔고, 아산과 온양 등지에서 거리낌 없이 멋대로 다니던 큰 도적 90여 명이 체포되어 머리가 베어졌다"고 했다. 또한 "호익장虎翼將(김덕령)[62]이 가까운 날에 들어온다"고 했다.[63] 해 질 무렵 비가 오더니 밤새 부슬부슬 내렸다. 전선을 건조하는 일을 시작했다.

29일[20일, 무신] 비가 내내 계속 내렸다. 밤새 계속 내렸다. 새벽에 보고하기를, "각 배가 아무 탈 없다"고 했다. 몸이 불편해 저녁 내내 누워서 앓았다. 큰 바람과 파도로 배를 안정시킬 수 없었다. 마음이 아주 괴로웠다心懷極煩. 미조항 첨사(김승룡)가 배를 꾸밀粧 일을 보고하고 돌아갔다.

61　이산겸(?~1594)은 『토정비결』의 저자로 알려진 토정 이지함의 서자다. 임진왜란 직전 영의정이었던 이산해李山海(1539~1609)와는 사촌지간이다. 이산겸은 임진왜란 초기에는 의병장 조헌 막하에서 활약했고, 조헌이 전사하자 조헌의 남은 의병을 모아 의병장으로 충청도에서 활약했다. 송유진의 반란 사건 때 주모자로 모략당해 고문을 당했고, 그 후유증으로 감옥에서 죽었다. 『이충무공전서』에서는 "李謙"으로 나온다. 『이충무공전서』가 오자다.

62　김덕령金德齡(1567~1596)은 임진왜란 때 의병장이다. 형인 김덕홍이 고경명의 참모로 금산 전투에서 전사한 뒤 담양에서 의병을 일으켰다. 광해군에게 익호장翼虎將, 비변사에서는 충용장忠勇將이라는 군호를 받았다. 곽재우와 함께 권율의 막하에서 활약했고, 1594년 10월 거제 장문포에서 이순신 부대와 함께 일본군을 수륙 양면으로 공격할 때 선봉장으로 활약했다. 1596년 7월, 이몽학의 반란에 가담했다는 모함을 받아 체포되어 조사·고문을 받다가 30세로 사망했다. 국가기록유산 DB 『보물 제160-10호 류성룡비망기입대통력 병신柳成龍備忘記入大統曆 丙申, (1596)』 중 8월 21일의 류성룡 메모에는 "김덕령이 형刑을 6차례 당하고 죽었다金德齡刑六次死" 고 나온다. 『쇄미록』 1596년 8월 25일에도 "김덕령이 형刑 6차례를 당하고 끝내 불복해 어제 죽었다"는 내용이 나온다. 조응록의 『죽계일기』 1593년 12월 22일에는 조응록이 김덕령을 만났는데, 철갑옷을 입고 장검을 들었는데, 갑옷은 아주 무거워 사람들이 들 수 없었고, 옛날(고려) 장군 정지鄭地의 갑옷이라고 했다고 한다. 검 또한 길이가 8척으로 사람들은 휘두를 수 없었으나, 김 장사(김덕령)는 작은 칼을 쓰듯 했으니 진짜 장군이었는데, 이날 동궁(광해군)을 찾아뵈었다고 한다.

63　『쇄미록』 1594년 1월 1일에는 "광주 유생 김덕령이 이달 안에 군사를 거느리고 영남으로 향할 것이라고 한다", 정경운의 『고대일록』 1594년 1월 24일에는 "익호 장군 김덕령의 선문이 군에 도착했다. '수길秀吉(도요토미 히데요시)의 본거지를 바로 공격하겠다'고 했다"는 내용이 나온다.

30일[21일. 기유] 흐렸으나 큰 바람이 불었다. 늦게 갰다. 바람이 조금 잠잠해졌다. 순천 부사(권준)와 우우후(전라 우수영 우후 이정충), 강진 현감(류해)[64]이 왔다. 미조항 첨사(김승룡)가 와서 보고하고 나가 돌아가기에, 평산포의 도망병 3명을 잡아와 맡겨 보냈다. 나는 몸이 아주 불편했다. 내내 땀이 흘러내렸다. 군관과 여러 장수는 훈련용 화살을 쏘았다.

◎ 1594년 2월

사도 첨사(김완)가 들어왔다.

2월 1일[양력 3월 22일. 경술] 맑았다. 늦게 활터 정자로 올라가 제송공문을 써 보냈다. 청주淸州에 사는 겸사복兼司僕[65] 이상李祥이 임금님의 유지를 갖고 왔다. 그 내용은, "경상 감사 한효순韓孝純[66]의 긴급 보고서 안에 '좌도(경상 좌도)의 적이 합쳐 거제로 들어가 장차 전라를 침범할 계획'이라고 하니, 경(이순신)[67]은 그들과 합쳐 삼도 수군으로 무찔러 없앨 일"이라는 것이

---

64 이순신의 「당항포에서 왜적을 쳐부순 일을 임금님께 보고하는 장계唐項浦破倭兵狀」(1594년 3월 10일)에 따르면, 강진 현감은 류해柳瀣다.

65 겸사복은 1409년에 만들어진 조선시대 최고 정예 기병 중심의 친위군으로 왕의 호위를 담당했다. 정원 50명이 교대 없이 장기간 복무했다. 지방군의 첨사와 만호직에 시험 없이 임용되는 특례를 받았다.

66 한효순(1543~1621)은 조선 중기의 문신이다. 이순신과는 같은 해인 1576년 문과 식년시에서 급제했다. 1592년 8월, 영해(지금의 영덕) 부사로 일본군을 격파한 뒤, 경상 좌도 관찰사·순찰사에 임명되었다. 1594년 병조 참판, 1596년 8월에는 우의정이었던 이원익이 경상도·전라도·충청도 체찰사에 임명되었을 때, 부체찰사에 임명되었다. 1596년 윤8월, 이순신의 한산도 진영에서 치른 무과시험 시험관으로 참여하기도 했다. 1598년 전라 관찰사 겸 병마수군절도사, 1599년에는 이순신 막하에서 거북선 건조에 참여했던 나대용의 건의를 받아들여 거북선 모양의 소형 무장선인 창선 25척을 건조했다. 『신기비결』『진설』을 저술했다. 정경운의 『고대일록』 1593년 11월 1일에는 "한효순을 좌·우도 순찰사를 겸임시키고, 김륵을 도승지로 삼았다"는 내용이 나온다.

67 경은 왕이 종2품 이상 관료에 대해 부르는 명칭이다.

었다.[68] 오후에 우우후(전라 우수영 우후 이정충)를 불렀다. 훈련용 화살을 쏘았다. 저녁 8시에 사도 첨사(김완)가 전선 3척을 거느리고 진에 도착했다. 이경복과 노윤발盧潤發[69], 윤백년尹百年[70] 등이 도망치는 군사를 싣고 육지로 가던 배 8척을 붙잡아 왔다. 저녁에 비가 가늘게 내렸다. 잠시 뒤 그쳤다.

2일[23일, 신해] 맑았다. 아침에 도망치는 군사를 싣고 나가던 사람 등의 죄를 처벌했다. 사도 첨사(김완)가 와서 전하기를, "낙안 군수(신호)가 파면되었다"고 했다. 늦게 활터 정자로 올라갔다. 「동궁(광해군)께 보고한 글[71]에 대한 회답回下」[72]이 도착했다. 각 고을과 포에 제송공문을 써 보냈다. 훈련용 화살 10순을 쏘았다. 바람이 어지럽고 안정되지 않았다.[73] 사도 첨사(김완)가 약속한 기한에 오지 않았기에, 죄의 유무를 조사했다.

3일[24일, 임자] 맑았다. 새벽꿈에 눈 하나가 먼 말을 보았다. 무슨 징조인지 모르겠구나. 식사를 한 뒤, 활터 정자로 올라갔다. 훈련용 화살을 쏘았다. 광풍이 크게 일었다. 우조방장右助防將(어영담)이 도착했다. 그로 인해 반역한 도적들의 소식을 들었다. 걱정되는 것은 물론이고 원통하고 분한 마음을 이길 수 없구나. 우우후(전라 우수영 우후 이정충)가 여러 장수에게 물

---

68 "청주에 사는 겸사복~이라는 것이었다"는 「충무공유사」에서는 2월 1일 일기로 나온다.
69 노윤발(1548~1593)은 조선 중기의 문신이다. 주로로 이순신 막하에서 활약하다 전사했다.
70 윤백년(?~?)은 조선 중기의 무신이다. 1604년 임진왜란 때 공을 세운 선무원종공신들의 명단인 「선무원종공신녹권宣武原從功臣錄券」에는 판관으로 나온다.
71 「동궁(광해군)께 보고한 글」의 원문은 "達本"이다. 대리청정代理聽政하는 왕세자에게 올리는 중요한 사안에 대한 문서 양식이다. 임금에게 올리는 중요한 사안에 대한 문서 양식은 계본啓本(임금님께 직접 보고하는 글)이다.
72 "회하回下"는 임금(왕세자)이 신하가 올린 안건에 대해 검토한 후 답변을 내린 것을 말한다.
73 "바람이 어지럽고 안정되지 않았다"의 「친필본」·「편수회 초본」·「박혜일·최희동본」은 "風亂不穩"이다. 「편수회본」·「문화재청본」은 "風形不穩"이다.

건을 져 보냈다. 원식과 원전元城[74]이 와서 보고하고 서울로 갔다. 원식은 남해 현령에게 「쇠를 바치고 천민 신분을 면제시켜주는 공문免賤公文」 한 장을 받아 갔다. 해가 저문 뒤 막幕으로 내려왔다.

4일[25일, 계축] 맑았다. 큰 바람이 불었다. 아침을 먹은 뒤, 순천 부사(권준)와 우조방장(어영담)을 불러와 이야기했다. 늦게 영(전라 좌수영) 전선과 거북선이 들어왔다. 조카 봉과 이설, 이언량李彦良[75]과 이상록李尙祿 등이 강돌천姜乭千[76]을 이끌고 왔다. 「동궁(광해군)께서 회답한 문서達下」[77]를 갖고 왔다. 정 이상鄭二相(정탁)[78]의 편지도 왔다. 각 고을과 포에 제송공문을 써 보냈다. 순천에서 온 보고에는, "무군사撫軍司[79]의 공문에 근거한 순찰사(이정암)

---

74 원전(?~1597)은 조선 중기의 무신이다. 원균의 동생이다. 임진왜란이 일어난 1592년에는 원균 휘하에서 주부로 있었다. 한산대첩 직후에는 원균의 장계를 갖고 행재소로 올라가 선조에게 보고하기도 했다. 1597년 칠천량해전에서 원균과 함께 전사한 것으로 전해진다.

75 이언량(?~1598)은 조선 중기의 무신이다. 1588년 무과에 급제했다. 나대용 등과 함께 거북선을 만들었다. 1592년 5월 7일 옥포해전에서는 돌격장, 5월 29일 사천해전, 6월 2일 당포해전에서 거북선 돌격장으로 활약했다. 노량해전에서 이순신의 군관으로 참전했고, 명나라 진린 도독의 배가 일본군에 포위되었을 때 진린을 구출하려고 들어갔다가 포위된 상태에서 투신 자결했다.

76 강돌천(?~?)은 조선 중기의 무신이다. 임진왜란 후 선무원종공신 2등으로 책록되었다.

77 「동궁(광해군)께서 회답한 문서」의 원문은 "達下"이다. 왕세자가 신하가 올린 보고서인 달본達本을 보고 판단·결정한 것을 기록해 다시 신하에게 내려보내던 문서다. 임금에게 계문한 일을 임금이 당해 관서에 검토하도록 내려보내는 것은 계하啓下라고 한다.

78 정탁鄭琢(1526~1605)은 조선 중기의 문신이다. 호는 약포藥圃다. 조식·이황·이이에게 학문을 배웠다. 천문·지리·상수·병법까지 섭렵했다. 대사헌·예조 판서·형조 판서·이조 판서·좌의정 등을 역임했다. 특히 이조 판서를 3번, 대사헌을 8번이나 역임할 정도로 탁월한 관료였다. 임진왜란 때는 좌찬성(종1품)으로 선조를 의주까지 호종했다. 1591년, 선조가 일본군의 침략에 대비하고자 무인들을 추천하라고 했을 때 정탁은 이순신·곽재우·김덕령을 천거하기도 했다. 1595년에 우의정에 임명되었다. 1597년 2월, 이순신이 파직된 후 감옥에 갇혔을 때 이순신을 변호하는 「신구차」를 선조에게 올려 이순신의 구명을 호소했다. 1596년 김덕령이 이몽학 반란에 연루되었을 때도 김덕령을 변호하기도 했다. 「난중일기」에서 이순신이 칭한 "이상二相"은 의정부의 종1품 좌·우찬성을 가리키는 것으로, 정탁이 1592년 좌찬성이었기 때문이다.

79 무군사는 세자 광해군이 있던 행영行營이다. 류성룡의 「往視順安軍 還到永柔 馳啟狀」

의 공문에, 「진중에서 과거시험[80]을 치르게 해달라고 동궁께 여쭈는 장달狀達[81]」을 올린 것이 아주 어긋난 것이니, 죄의 유무를 조사할 것"이라고 했다. 우스운 일이다. 우스운 일이다. 조카 봉에게 듣기를, "어머님께서 평안하시다"고 했다. 기쁘고 행복하다. 기쁘고 행복하다.

5일[26일, 갑인] 맑았다. 새벽에 꿈을 꾸었다. "좋은 말을 타고, 곧바로 바위가 겹겹이 쌓인 큰 고개에 올라갔더니, 산봉우리는 빼어나게 아름다웠고, 서쪽에서 동쪽으로 굽이쳐 흘렀다. 또한 봉우리 위에는 평평하고 넓은 곳이 있었다. 앉을 만한 곳을 찾으려고 하다가 깼다." 그것이 어떤 조짐인지 알 수 없구나. "아름다운 여인 한 사람이 있었다. 혼자 앉아 불렀으나, 나는 옷소매를 뿌리치며 들어주지 않았다." 우스운 일이다. 아침에 군기시[82]에서 받아온 흑각黑角[83] 100장[84]을 세어보고 서명했다. 화피樺皮(자작나무 껍질)[85]

(1592년 11월)에 따르면, "이때 동궁이 성천에 주둔하고 있었는데, 무군사라고 호칭했다"라는 내용이 나온다. 무군사는 처음에는 분비변사分備邊司였다가 무군사로 명칭을 바꾸었다. 광해군을 중심으로 군사와 관련된 재정 등을 관장했으나, 점차 업무가 확대되어 사실상 조정의 기능을 수행하는 별도의 조정 기능, 즉 분조分朝 역할을 했다.

80　과거 제도는 중앙집권적인 문치주의 국가에서 황제나 왕을 도울 관리를 선발하는 시험이다. 우리나라에서는 중국에서 과거 제도를 수입해 958년부터 1894년까지 936년 동안 실시했다. 과거의 원조 국가인 중국은 1300년, 베트남은 840년 동안 실시했다. 일본은 도쿠가와 막부에서 한때 실시했었다. 문반 관료를 선발하는 문과, 무반 관원을 선발하는 무과, 기술 관원을 선발하는 잡과가 있었다.

81　장달은 왕에게 올리는 장계와 성격이 같지만, 관찰사·병사·수사 등이 세자에게 그 관할 지역의 중요한 일을 보고하거나 청하는 문서다.

82　군기시는 무기의 제조와 군대 용품을 관리하는 관청이다.

83　흑각은 무소뿔로, 활을 만드는 데 사용한다.

84　"장張"은 활을 세는 단위로 "개"와 같다. 류성룡의 「大同等江氷合 軍糧輸入安州 及弓矢加出送狀」(1592년 11월)에 나온 단위를 보면, 활은 "장", 장전과 편전은 "부部"로 나온다.

85　화피는 활을 만드는 데 쓰는 자작나무 껍질이다. 활의 표면에 붙여 습기를 차단할 목적으로 사용했다. 우다가와 다케히사의 「조선시대 활의 제작과 궁재의 확보」(서영식 옮김, 『학예지』 제7집, 육군사관학교 육군박물관, 2000, 119~122쪽)에 따르면, 『세종지리지』와 성종 12년(1481)에 편찬된 『동국여지승람』, 중종 25년(1530)에 증정된 『신증동국여지승람』에 나타난 "궁시弓矢의 재료의 하

89장도 서명하고 도장을 찍었다.[86] 발포 만호(황정록)와 우우후(전라 우수영 우후 이정충)가 와서 만났다. 같이 식사했다. 늦게 활터 정자로 올라갔다. 순창淳昌과 광주光州의 색리들의 죄를 처벌했다. 우조방장(어영담)과 우우후(전라 우수영 우후 이정충), 여도 만호(김인영) 등은 훈련용 화살을 쏘았다. 아침에[87] 원수(권율)가 보낸 답장이 도착했는데, "심 유격沈遊擊(심유경)[88]이 이미 화해를 결정했다"고 했다. 그러나 간사한 모략과 교묘한 계교를 예측할 수 없다. 전에도 그들의 술수에 빠졌는데, 또 이렇게 걸려들었다. 한숨이 났다. 저녁 날씨가 찌는 듯했다. 초여름과 비슷했다. 밤 9시에 비가 내렸다.

6일[27일, 을묘] 비가 계속 내렸다. 오후에 맑게 개었다. 순천 부사(권준)와 조방장, 웅천 현감(이운룡)과 사도 첨사(김완)가 와서 만났다. 어두울 무렵 흥양 현감(배흥립)과 김방제金邦濟[89]가 왔다. 황향黃香(귤)[90] 30개를 갖고 왔

나인 화피는 한반도 최북단인 함경도·양강도·자강도에서 생산되고 있다"고 한다. 류성룡이 쓴 「移南道兵使文」(1596년 5월 8일)에는 함경남도 병마절도사에게 "활을 만드는 데 사용할 화피가 나올 길이 없어 공명고신 5장을 내려보내니 (화피가) 생산되는 각 고을에서 편의에 따라 많은 수량을 사라"는 내용이 나온다. 1488년 명나라 사신 동월이 조선을 방문하고 남긴 『조선부』에서는 조선의 무인이 숭상하는 것은 "화피로 만든 활樺皮之弓"이라고 했다.

86 오희문의 『쇄미록』 1595년 3월 2일에 따르면 도장은 황양목黃楊木으로 만들었다.

87 "아침에"는 「친필본」에는 나오지 않고, 『충무공유사』에 나온다.

88 심유경沈惟敬(?~1600)은 임진왜란 당시 명나라에서 파견된 관리다. 일본의 사정을 알고 있어 명나라 병부 상서 석성의 추천으로, 1592년 명나라 조승훈이 이끈 명나라 지원군의 유격장군으로 조선에 들어왔다. 평양에서 고니시 유키나가와 만나 강화협상을 했다. 1596년에는 강화협상단으로 일본에 건너가 도요토미 히데요시와 회담을 했다. 그 후 명나라로 돌아가 강화협상을 보고했으나, 허위로 보고한 사실이 드러나 명나라 장수 양원에게 체포되어 사형당했다. 유격장군遊擊將軍은 명나라 3대영三大營(경영京營을 구성하는 五軍營, 神機營, 神樞營)에 소속된 각 소영小營(2000~3000명으로 조직)의 통어관統御官이다. 각 지방의 진무鎮戌에 있던 총병관總兵官 아래의 직책에도 유격장군을 두었다. 『선조실록』 선조 25년 8월 갑신조를 보면, 심유경은 경영첨주유격經營添住遊擊이라는 직함을 갖고 의주에 도착했다.

89 김방제(1556~?)는 조선 중기의 무신이다. 만호를 역임했다.

90 "황향(귤)"에 대해 박지원의 「영대정잉묵」에서는 "귤橘은 황향을 가리킨다"고 했다.

다. 새로 딴 것 같았다.

　7일[28일, 병진] 맑았다. 서풍이 크게 불었다. 아침에 우조방장(어영담)이 와서 만났다. 또 말하기를, "부지휘선次船을 타고 싶다"고 했다. 어머님과 홍군우[91], 이숙도[92]와 강인중姜仁仲 등에게 문안 편지를 써서 조카 분이 가는 길에 부쳤다. 봉과 분이 나갔다. 봉은 나주羅州로, 분은 온양으로 갔다. 가슴에 품은 생각으로 불편했다. 각 배에서 보내온 소지 200여 장을 처리해 나누어주었다. 고성 현령(조응도)이 급히 보고한 내용에, "적선 50여 척이 춘원포春院浦에 도착했다"고 했다. 삼천 권관과 가배량加背梁 권관 제만춘이 와서 서울 소식을 말했다. 이경복으로 하여금 자리를 비운 격군을 잡아오도록 내보냈다. 이날 군사 배치를 개편改分軍하고, 격군을 각각의 배로 옮겨 태웠다. 방답 첨사(이순신)에게 전령을 보내 찾아내 붙잡게 했다. 낙안 군수

91　홍군우는 홍익현洪翼賢(?~?)이다. 아산 출신의 선비다. 자가 군우君友다. 호는 송곡松谷이다. 홍군우는 『이충무공전서』에 나오는 이순신의 조카 이분이 저술한 「이순신 행록行錄」 외의 다른 한 편의 「행록」을 저술했다. 이순신의 멘토였던 류성룡, 이순신의 사돈이었던 홍가신과도 지인 관계였다. 1597년 이순신이 백의종군하던 중, 아산에 갔을 때 이순신을 위로하고, 모친상을 당하자 장례를 적극 도왔다. 과거시험 대신 학문에 열중했다. 『신정아주지』에 따르면 시흥始興 찰방察訪, 수운판관水運判官에 발탁되었으나 관직에 나가지 않았다. 이순신이 높은 지위에 올라 이름을 드날리지 않을 때 한준겸韓浚謙과 류성룡柳成龍에게 "이모李某(이순신)가 너그럽고 엄격한 것이 서로 조화를 이루기에 마땅히 대성할 것"이라고 했다고 한다. 『난중일기』에서는 '홍 찰방'으로 나오기도 한다. 같은 날 일기에 나오는 이숙도(이사민)의 동생 이덕민과도 교류했다. 18세기 학자 성대중成大中이 지은 『청성잡기』에 언급된 이순신의 숨은 지낭이었던 듯하다. 『청성잡기』에 따르면, "충무忠武(이순신)에게는 도 닦는 친구가 있었는데, 세상을 떠나 숨어 살았다. 사람들이 그를 알아주지 않았지만 충무가 홀로 알아주었고, 큰일이 있을 때는 함께 의논했다. 왜적이 침략하자, 공(이순신)은 편지를 보내 함께 나랏일을 하자고 요청했다. 그러나 그는 부모가 늙으셔서 갈 수 없었기에 함께하지는 않았다. 다만 나관중의 『삼국지연의』를 공에게 보내며, '이 책을 열심히 읽고 익히면 일을 마치는 데 충분하다'고 했다. 공은 '이 책에서 많은 힘을 얻었다'고 했다"고 한다. 『선조실록』 선조 2년(1569) 6월 20일에는 기대승이 경연에서 위의 『청성잡기』의 관점과 달리, "나온 지 얼마 되지 않아 보지는 못했으나, 허망하고 터무니없는 말이 많다" 또한 "그 뒤에 보았는데 의리를 해치는 책"이라고 혹평하는 모습이 나온다.

92　이숙도는 이사민李思敏(1541~?)이다. 숙도叔道는 자다. 아산에 거주했던 선비다.

(신호)의 편지가 왔는데, "새로운 군수로 김준계가 내려왔다"고 했기에 붙잡아 오도록 전령했다. 보성의 전선 2척이 들어왔다. 소비포 권관(이영남)이 와서 만났다.

8일[29일. 정사] 맑았다. 동풍이 크게 불었다. 날씨가 아주 차가워 걱정이 많았다. 봉과 분 등이 배를 타고 갔기에 밤새 애태웠다.[93] 아침에 순천 부사(권준)가 와서, "고성 소소포召所浦[94]에 적선 50여 척이 드나든다"고 했다. 곧바로 제만춘을 불러, 지형의 편안함과 불리함地形便否 등을 물었다. 늦게 활터 정자로 올라갔다. 제송공문을 써 보냈다. 경상 우병사의 군관이 편지를 갖고 왔다. 자기 장수 방인房人[95]의 천민 신분을 면제免賤하는 일에 대해 말했다. 진주에서 피란 온 전 좌랑佐郎 이유함李惟誠[96]이 와서 이야기했다. 저녁에 돌아갔다. 바다 달빛이 맑았고 서늘했다. 자려 해도 잠들 수 없었

93 "애태우다"의 원문은 "耿耿"이다. 『시경詩經』 「패풍邶風」・「백주柏舟」에 나오는 "애타는 마음으로 잠들 수 없어, 숨은 근심이 있는 듯하구나耿耿不寐 如有隱憂"에서 나온 표현이다.
94 "소소포"를 「문화재청본」은 "召所非浦"로 보았다. '非'는 원문에 없는 글자다.
95 "방인"을 일부 번역본에서는 "첩" 혹은 "소실"로 번역하고 있으나, 방인은 가족을 떠나 변경에서 근무하는 군관 이상의 지휘관들의 현지 생활을 돕던 여자다. 보통 기생 출신 혹은 관청 소속의 계집종官婢 또는 개인 소속 계집종私婢들이 그 역할을 했다. 기생 출신은 '房直妓生・房直妓・房妓'라고 불렸고, 노비 출신은 '房直婢・房婢'라고 불렸다. 정경달의 『반곡유고』 1592년 9월 27일에는 "기생 생유生蕤란 사람이 상암에 있었는데, 서로 거리가 아주 가까웠다. 날마다 와서 만나고는 옷을 짓고 빨아주었다. 저녁에는 즉시 되돌려 보냈다. 오늘 저녁에는 머물러 묵고 가기를 원했는데 알아듣게 타일러 물리쳤다"와 같은 사례가 나온다. 조헌의 『조천일기』 1574년 5월 27일에는 조헌이 명나라 사신으로 갈 때 평양에서 정주 기생과 그녀의 아들 충근을 만나는 내용이 나온다. 정주 기생은 조헌이 과거에 정주 교수를 할 때 가까이한 기생이고, 충근은 조헌과 정주 교생 사이에서 낳은 아들이다. "정주 기생이 충근을 이끌고 왔다. 3일이나 먼저 와서 기다리고 있었다. 아비와 아들이 만났으니 그 마음이 어떨까."
96 이유함(1557~1613)은 조선 중기의 문신이다. 정여립 사건에 연루되어 옥사한 수우당 최영경의 문인이다. 단성에서 김면金沔(1541~1593)이 의병을 봉기하자 참여했다. 1595년 경상 우도 도사, 1596년 호조 정랑, 1598년 영천 군수에 임명되었다. 조익의 『진사일기』 1592년 10월 6일에는 좌랑 이유함이 관동으로 피란 갔다가 집으로 돌아가는 길에 은진현에서 조익을 만났다는 이야기가 나온다.

다海月淸爽 寢不能寐. 순천 부사(권준)와 우조방장(어영담)이 와서 이야기했다. 밤 10시에 파했다. 변존서가 당포에 가서 꿩 7마리笛를 사냥해 왔다.[97]

9일[30일. 무오] 맑았다. 새벽에 우후(이몽구)가 2호선과 3호선을 거느리고 소비포 뒤쪽으로 띠풀을 베러 나갔다. 아침에 고성 현령(조응도)이 왔다. 돼지고기[98]도 갖고 왔다. 그에게 당항포에 적선이 오가는지 물었다. 또한 "백성이 굶주려 서로 죽여 잡아먹는 참담한 상황[99]에서 앞으로 어떻게 보호하고 살 수 있게 할 것인가?"를 물었다問民生飢餓 相殺食之慘 將何保活. 늦게 활터 정자로 올라가 훈련용 화살 10여 순을 쏘았다. 이유함 또한 와서 인사하고 돌아갔다. 그의 자를 물었더니, "여실汝實"이라고 했다. 순천 부사(권준)와 우조방장(어영담), 우우후(전라 우수영 우후 이정충)와 사도 첨사(김완), 여도 만호(김인영)와 녹도 만호(송여종), 강진 현감(류해)과 사천 현감(기직남),[100] 하

97 조선시대에는 꿩사냥 전문 군대도 있었다. 정조는 민폐를 이유로 강릉에 있던 꿩사냥 부대인 엽치군獵雉軍을 폐지했다(『정조실록』 정조 12년(1788) 6월 9일).

98 "돼지고기"의 원문은 "猪口"다. 홍기문은 "猪口" 그 자체로 보면서 "의미를 모르겠다"고 주석했다. 송찬섭은 "돼지고기"로 보았다. 『난중일기』 1593년 3월 18일에는 "멧돼지 한 마리猪一口"가 나온다. 『숙종실록』 숙종 37년(1711) 4월 17일과 이항복의 「庚子 以都體察使 在全羅道箚」에도 '저구'가 나온다. 멧돼지(고기) 혹은 돼지(고기)를 뜻한다.

99 전쟁이 일어난 지 1~2년 사이의 처참한 풍경이다. 전쟁 3년째인 1594년 봄에는 더욱더 심각했다. 『선조실록』 1594년 3월 20일에는 "굶은 백성이 사람 시체의 살을 베어 먹은 뒤에 남은 흰 뼈가 성 높이처럼 쌓였다. 살아 있는 사람까지 서로 잡아먹었다. 심하게는 아버지와 아들, 형제들이 서로를 잡아먹고 있다"는 기록이 나온다. 또한 류성룡의 『난후잡록』에는 선조가 서울로 돌아온 뒤에 성안의 기근이 심해 죽은 사람이 태반이었고, 길 위에 있는 시신을 다투어 잘라갔기에 흰 뼈가 길에 널려 있었으며, 그 시신들을 동대문 밖에 오간수구五間水口에 쌓아놓는데 성 높이에 이르는 것이 두세 곳이었다고 한다. 또 사람이 서로를 잡아먹었는데, 아버지와 아들, 부부가 서로를 가리지 않았고, 죽은 사람이 있으면 순식간에 살을 베어갔기에 피와 살이 낭자했다고 한다. 『쇄미록』 1594년 4월 3일에는 "영남과 경기에서는 사람들이 서로 잡아먹는 일이 많아 6촌의 친척까지도 죽이고 씹어먹는다. 최근에는 혼자 길을 가는 사람을 쫓아가 죽이고 먹는다"는 이야기가 나온다.

100 사천 현감에 대해 『여지도서』 「사천현 읍지」에서는 1594년 1월부터 7월까지는 현즙玄楫, 1594년 7월부터 1595년 10월까지는 기직남奇直男으로 나온다. 그러나 이순신의 「당항포에서 왜

동 현감(성천유)[101]과 소비포 권관(이영남) 등도 왔다. 해 질 무렵 보성 군수(김의검)가 들어왔다. 무군사의 공문을 갖고 왔는데, "시위군侍衛軍[102]이 쓸 긴 창 수십 자루柄[103]를 만들어 보내라"고 했다. 이날 「동궁(광해군)께서 죄의 유무를 조사하는 일」에 대한 답변을 써 보냈다.

10일[31일, 기미] 가랑비가 내렸다. 큰 바람이 내내 그치지 않았다. 오후에 조방장과 순천 부사(권준)가 왔다. 저녁까지 서로 이야기하며, 적을 무찌를 일을 논의했다.

11일[양력 4월 1일, 경신] 맑았다. 아침에 미조항 첨사(김승룡)가 와서 만났다. 술 3잔을 권하고 보냈다. 종사관의 공문 3통을 처리해 보냈다. 식사를 한 뒤, 활터 정자로 올라갔는데, 경상 수사(원균)가 와서 만났다. 술 10잔에 취해 미친 듯한 말을 많이 했다. 우스웠다. 우조방장(어영담)도 도착해 같이 취했다. 해 질 무렵 훈련용 화살 3순을 쏘았다.

12일[2일, 신유] 맑았다. 아침 일찍 영(전라 좌수영) 탐선이 들어왔는데, 조카 분의 편지 안에, "선전관 송경령宋慶苓이 수군을 자세히 살펴볼 일로 들어온다"고 했다. 오전 10시에 적도로 진을 옮겼다. 오후 2시에 선전관(송경령)이 진에 도착했다. 임금님의 유지 2통과 비밀 문서 1통, 모두 3통을 갖고 왔다. 한 통은, "명나라 군사 10만과 은 300만 냥兩이 나왔다"는 것이었다. 한 통은, "흉악한 적의 목적이 호남에 있으니, 온 정성을 다해 군사적으로

적을 쳐부순 일을 임금님께 보고하는 장계唐項浦破倭兵狀(1594년 3월 10일)에는 기직남이 사천 현감으로 나온다. 전투 보고서라는 점에서 이순신의 장계가 정확한 듯하다. 또한 「난중일기」 1594년 8월 16일에 이순신이 사천 선창에 갔을 때, 기직남이 와 있었다는 내용도 나온다.
101 「당항포에서 왜적을 쳐부순 일을 임금님께 보고하는 장계唐項浦破倭兵狀(1594년 3월 10일)에 따르면, 하동 현감은 성천유成天裕다.
102 시위군은 세자인 광해군을 호위하는 군대다.
103 "柄"은 조총과 칼, 창을 세는 단위다.

중요한 지역을 지키고 경비하고, 형세를 살펴 공격해 무찌를 일"이었다. 임금님의 관직 임명 특명에 대한 비밀 유지[104]는, "바다에서 해를 넘기면서도 나라를 위해 부지런히 일한 것을 내가 항상 잊지 않고 있다. 공로를 세운 장수와 군사로 아직까지 두터운 상을 받지 못한 사람들에 대해 「긴급 보고서」를 올릴 일"[105] 등이었다. 또한 서울에서의 여러 소식을 물었고, 또 역적들의 일도 들었다. 영의정領台(류성룡)의 편지도 갖고 왔다. 임금님[106]께서 밤낮 걱정하며 부지런히 일하신다는 것을 들으니, 슬퍼하며 탄식하는 마음이 어찌 끝이 있으랴.

13일[3일. 임술] 맑았고 따뜻했다. 아침에 영의정(류성룡)에게 편지를 썼다. 식사를 한 뒤, 선전(선전관 송경령)을 불러 다시 이야기를 하고 늦게 작별했다. 내내 배에 머물렀다. 오후 4시에 소비포 권관(이영남)과 사량 만호(이여념), 영등 만호(조계종)[107]가 왔다. 저녁 6시에 첫 소라를 불고 배를 출발했

---

104 "임금님의 관직 임명 특명에 대한 비밀 유지"에서 '임금의 관직 임명 특명內出'은 『세종실록』 세종 25년(1443) 8월 13일에 나온다.
105 이 유지는 『이충무공전서』에 「遣宣傳官勞軍教書」로 나온다. 선조가 선전관 송경령을 보내 군사들을 위로하는 교서다.
106 "임금님"의 원문 "上"을 홍기문·고정일은 "임금", 이은상은 "위"라고 번역했다. "上"은 임금을 뜻하기도 한다. 류성룡의 『난후잡록』에는 "임금이 동궁에게 명령하다上命東宮"라는 표현이 나온다. 이날 일기의 '上'은 표기법으로 보면, '임금'으로 보아야 한다. 이날의 「친필본」 일기를 보면, 上 자에 존경을 표시하는 표기법인 대두법擡頭法이 사용되고 있다. 대두법은 존경하는 사람에 대해서 글의 행을 바꾸고, 일기의 다른 글자보다 한 글자 이상의 높이에서 글을 시작하는 방식이다. 「친필본」에는 또한 간자법間字法과 개행법改行法도 사용하고 있다. 간자법과 개행법도 존경하는 대상에 대해 존경을 표시하는 방식이다. 간자법은 한두 글자 이상을 띄어 쓰고, 개행법은 행을 바꾸는 방식이다. 「친필본」에서는 임금이나 어머니 등과 관련된 일기에서는 대부분 대두법 혹은 간자법, 개행법이 사용되고 있다. 같은 날 일기의 "임금님의 관직 임명 특명에 대한 비밀유지內出秘旨"도 대두법이 사용되었다.
107 이때 영등포 만호가 누구인지는 불확실하다. 우치적은 『고대일록』 1593년 10월 7일에서 "거창 수령으로 우치적이 부임했다", 『선조실록』 선조 27년(1594) 6월 17일에는 "거창 현감 우치적을 파직"이 나오기 때문이다. 우치적이 교체된 이후에 『난중일기』에 기록된 다른 영등포 만호는

다. 한산도로 되돌아왔다. 그때 경상 군관 제諸[108]가 삼봉三峯에서 와서 말하기를, "적선 8척이 춘원포에 들어와 정박했는데, 들어가 공격할 만합니다"라고 했다. 그래서 곧바로 나대용을 시켜 원 수사(원균)에게 보내 상의케 했다. "작은 이익을 보고 들어가 무찌르면 큰 이익을 얻을 수 없으니見小利入勦 大利不成, 잠시 멈춰 있다가 적선이 다시 많이 나오는 것을 자세히 살펴 기회를 틈타 무찌르고 다 죽일 일을 서로 정하자姑用停之 更觀賊船多出 乘機勦殲事相定"라고 전하게 했다. 미조항 첨사(김승룡)와 순천 부사(권준), 조방장이 왔다. 밤이 깊어 되돌아갔다. 박영남朴永男[109]과 송덕일도 되돌아갔다.

방답 첨사(이순신)와 흥양 현감(배흥립)이 들어왔다.

14일[4일, 계해][110] 맑았고, 따뜻했다. 바람이 부드러웠다. 경상의 남해와 하동, 사천과 고성 등에는 송희립과 변존서, 류황柳滉과 노윤발盧閏發[111]을, 우도(전라 우도)에는 변유헌과 나대용 등을 점검하고 검열하도록 내보냈다. 해 질 무렵 방답 첨사(이순신)와 배 첨지(배경남)가 영(전라 좌수영)에 왔다. 군량 20섬을 실어왔다. 정종과 배춘복裵春福도 왔다. 장언춘張彦春의 「천민 신분을 면제하는 공문」을 작성해주었다. 흥양 현감(배흥립)이 들어왔다.

1595년 4월 22일부터 이름이 언급되는 조계종趙繼宗 외에는 다른 인물이 없다. 이 시기부터 영등포 만호는 조계종으로 보인다. 그러나 「편수회본」에서는 우치적으로 보았다.

108 "제"의 「문화재청본」은 "諸【弘祿】", 「편수회본」은 "諸 (弘祿)"로 나온다. 그러나 「친필본」에서는 "諸"만 나온다. 이후의 일기를 살펴보면, 제홍록 혹은 제한국이다.

109 박영남(1556~?)은 조선 중기의 무신이다. 1584년 무과 별시에서 급제했다. 임진왜란 초기부터 이순신 막하에서 활약했다. 「선무원종공신녹권」에서는 副正으로 나오고, 선무원종공신 2등이다.

110 이순신의 증조부 이거의 제삿날이다.

111 "盧閏發"을 「문화재청본」은 "盧潤發"로 보았다. 원문 기준으로는 '閏'이 맞다. 그러나 다른 일기에서는 '潤'으로 나온다.

15일[5일. 갑자] 맑았다. 새벽에 거북선 2척[112]과 보성 1척 등을 멍에駕木[113]로 쓸 나무 자르는 곳으로 보냈다. 저녁 8시에 실어왔다. 아침을 먹은 뒤, 활터 정자로 올라가서 좌조방장左助防將(배흥립)이 '약속한 기한보다 늦게 온 죄後來之罪'를 심문했다. 흥양 배의 부정 여부를 조사했더니, 허술하고 부실한 일이 많았다. 또 순천 부사(권준)와 우조右助(우조방장 어영담), 우우후(전라 우수영 우후 이정충)와 발포 만호(황정록), 여도 만호(김인영),[114] 강진 현감(류해)이 함께 와서 훈련용 화살을 쏘았다. 해가 저문 뒤 순사(순찰사 이정암)가 보낸 공문에, "조도어사 박홍로朴弘老[115]가 「임금님께 보고하는 글」이 있었습니다. 순천과 광양의 두치에 군사를 복병시켜 경계하여 지키는 일에 대해 임금님께 직접 보고한 것이었습니다. 그런데 '수군과 수령을 함께 옮기는 것은 합당하지 않은 일'이라고 임금님의 물음에 자세히 답변한 글이었습니다"라고 했다.

16일[6일. 을축] 맑았다. 아침에 흥양 현감(배흥립)과 순천 부사(권준)가 왔다. 흥양 현감(배흥립)은 암행(암행어사 유몽인)이 「비밀리에 임금님께 보고하는 글密啓」을 베낀 것을 갖고 왔는데, "임실任實 현감 이몽상李夢祥[116]과 무장

112　거북선 2척이라고 명시한 것으로 보면, 이 시기에는 거북선이 최소 2척 이상 있었던 듯하다.

113　멍에는 배를 만들 때 배가 좌우 양쪽으로 벌어지려는 것과 바닷물의 압력으로 안으로 오그라드는 것을 잡아주며 배 전체의 횡강력을 보강해주는 대들보 역할을 하도록 설치하는 아름드리 통나무다.

114　"여도 만호呂島萬戶"를 「문화재청본」은 누락했다.

115　박홍로(1552~1624)는 조선 중기의 문신이다. 1594년에는 암행어사·전라도 조도어사로 파견되었다. 『쇄미록』 1594년 8월 26일에는 "전라도 조도어사 박홍로가 이 도(충청)의 아사亞使를 시켜 내가 있는 곳으로 문안을 보냈다"는 내용이 나온다. 1595년 충청 순찰사, 1597년 병조 참판, 1598년 평안도 관찰사, 1601년 대사헌·호조 참판, 1603년 행 대사헌·지중추부사, 1604년 이조 판서, 1605년 형조 판서, 1606년 상호군에 임명되었다. 1618년 우의정, 1619년 좌의정, 1623년 인조반정으로 삭탈관직당했다.

116　이몽상(?~1602)은 조선 중기의 무신이다. 1560년에 무과에 급제했다. 1591년 임실 현감에

茂長 현감 이충길李忠吉,[117] 영암靈巖 군수 김성헌金聲憲과 낙안 군수 신호를 파면해 내보냈고, 순천 부사(권준)는 탐관오리의 우두머리"라고 거론했다. "기타 담양潭陽 부사 이경로李景老와 진원珍原 현감 조공근趙公瑾, 나주 목(목사) 이용순李用淳과 장성長城 현감 이귀李貴, 창평 현령 백유항白惟恒[118] 등의 수령들에 대해서는 나쁜 행동을 덮고 임금님께 상을 주어야 할 사람"이라고 보고했다. 임금님天聽[119]을 속이는 것[120]이 이토록 심하구나. 나랏일이 이렇다면 전란을 평정할 방법이 전혀 없다. 천장만 바라볼 뿐이다. 또한 "나라에 대한 의무를 하지 않은 수군에 대한 가족과 친척 등에게 연대 책임을 지우는 일水軍一族과 4정四丁 중 2정二丁이 전쟁에 나가는 일은 심히 잘못된 것"이라고 했다. 암행(암행어사) 유몽인柳夢寅은 국가(조정)의 위급한 난리는 생각지도 않고, 눈앞의 임시 땜질에만 힘을 쓴다暗行柳夢寅 不念國家之急亂 徒務目前之姑息. 남쪽 지방 사람들의 억울하다는 변명만 한쪽 귀로 들으

임명되었고, 1594년 암행어사가 파직시켰다. 영춘 현감·사헌부 감찰을 역임했다. 『난중일기』에 "이몽상李夢象"이라는 동명의 인물도 나오는데, 같은 인물인지는 알 수 없다.
117 이충길(1561~1624)은 조선 중기의 무신이다. 1593년 선전관, 1594년에는 무장 현감에서 파직되었다. 이몽학의 난 때는 서산 군수였다. 1624년, 이괄 반란 때 내응했다고 하여 사형당했다.
118 『문화재청본』에서는 "이몽상, 이충길, 김성헌, 신호, 이경로, 조공근, 이용순, 이귀, 백유항"이 누락되었다.
119 "임금님"의 원문은 天聽이다. 유희춘의 『미암일기』 1568년 4월 11일에도 "天聽"은 임금을 뜻한다. 그러나 『서경』 「태서중泰誓中」에서는 "하늘이 보는 것은 내 백성의 눈을 통해 보며, 하늘이 듣는 것은 내 백성의 귀를 통해 듣는다天視自我民視 天聽自我民聽"라고 했는데, 이때는 "하늘"이다. 『친필본』에서 대두법이 사용되었기에 이 번역본에서는 '임금'으로 보았다.
120 "속이는 것罔"의 『친필본』은 '罔欺'이나, '罔'과 '欺' 옆에 '▼'과 '▲' 같은 글자 위치 수정 표시가 있다. 수정을 반영해 번역했다. 『편수회본』은 수정을 반영했고, 『박혜일·최희동본』은 『친필본』처럼 '罔▼'과 '欺▲'로 해놓았다.

니,[121] 나라를 잘못되게 하는 교활하고 간사한 말이 진회秦檜[122]가 무목武穆 (악비)[123]에게 한 짓과 같구나. 나라를 위한 아픔이 더욱 심해질 뿐이다爲國 之痛愈甚. 늦게 활터 정자로 올라갔다. 순천 부사(권준)와 흥양 현감(배흥립), 우조방右助防(우조방장 어영담)과 우우후(전라 우수영 우후 이정충), 사도 첨사 (김완)와 발포 만호(황정록), 여도 만호(김인영)와 녹도 만호(송여종), 강진 현감 (류해)과 광양 현감 등과 훈련용 화살 12순을 쏘았다. 순천 감목관이 진에 왔다가 되돌아갔다. "우수사(이억기)가 당포에 도착했다"고 했다.

17일[7일. 병인][124] 맑았다. 따뜻하기가 초여름 같았다. 아침에 상선(지휘선) 을 연기 그을리는 일 때문에 활터 정자로 올라갔다. 여러 곳에 제송공문을 써 보냈다. 오전 10시에 우수사(이억기)가 들어왔다. (우수사의 기한 위반과 관 련해 우수사의) 행수군관行首軍官[125] 정홍수鄭弘壽[126]와 도훈도를 군령에 따라 장 90에 처했다. 이홍명과 임희진任希璡[127]의 손자도 왔다. 대나무 총통竹銃 筒을 만들어 왔기에 시험으로 쏘았다. 소리는 비슷했으나 특별히 쓸 만하

---

121   "한쪽 귀로 듣다偏聽"는 『예기집설禮記集說』에 나오는, "한쪽 귀로만 들으면 간악한 사람 들이 생기고, 독단적으로 임하면 어지러움을 만든다偏聽生奸 獨任成亂"에서 온 말이다.
122   진회(1090~1155)는 중국 남송의 정치가다. 고종의 신임을 받아 19년간 국정을 다스렸는데, 금나라가 침략해왔을 때 악비岳飛를 죽이고 금나라와 굴욕적인 강화를 맺어 중국 간신의 상징 으로 여겨졌다.
123   무목은 악비(1103~1141)의 시호다. 중국 남송 때의 금나라의 침략을 막은 명장이다. 강화 를 주장하던 진회에 의해 독살되었다. 첫 시호는 충무忠武였고, 후에 무목으로 다시 바뀌었다. 『난중일기』에는 악비와 관련된 메모가 나온다.
124   세종의 제삿날이다.
125   행수군관은 수석首席 군관이다.
126   정홍수는 김유동의 『조선각도읍지朝鮮各道邑誌』에 따르면, 보성 출신으로 무과에 급제했 고, 주부이며, 임진왜란 때 순절했다고 한다.
127   임희진(?~1593)은 선조 때 의병장이다. 1592년 임진왜란이 일어나자 해남에서 의병 봉기를 하고, 1593년 6월, 2차 진주성 전투에서 김천일 등과 함께 전사했다. 『난중일기』와 정경운의 『고 대일록』에는 '任希璡'으로 나오나, 『호남절의록』에는 '任希進'으로 나온다.

지는 않다. 우습다. 우수사(이억기)가 이끌고 온 전선이 단지 20척이었다.[128] 더욱 한스럽구나. 순천 부사(권준)와 우조방장(어영담)이 와서 훈련용 화살 5순을 쏘았다.

18일[8일, 정묘] 맑았다. 아침에 배 첨지(배경남)가 왔다. 가리포 첨사 이응표李應彪[129]가 왔다. 식사를 한 뒤, 활터 정자로 올라가 해남 현감 위대기魏大器[130]를 '전령 거역죄傳令拒逆之罪'로 처벌했다.[131] 우도(전라 우도)의 여러 장수가 새로 부임한 뒤, 훈련용 화살 몇 순을 쏘았다.[132] 오후에 우수사(이억기)가 왔다. 원 수사(원균)와 함께 일찍 심하게 취해 한두 순도 쏠 수 없었다. 저녁 8시부터 가랑비가 내리더니, 밤새 내렸다.

19일[9일, 무진] 내내 비가 가늘게 내렸다. 날씨가 찌는 듯했다. 활터 정자

128　이날 일기 내용 중 행수군관 정홍수와 도훈도를 처벌한 것과 전라 우수사 이억기가 이끌고 온 전선에 대해서는 이순신의 「충청도 수군절도사가 진에 도착하도록 독촉해주시기를 임금님께 청하는 장계請忠淸水軍節度使催促到陣狀」(1594년 2월 25일)에 상세히 나온다. 본래 이억기는 1월 25일까지 이순신 진영에 도착하기로 했는데, 격군 부족으로 이날에야 22척을 거느리고 도착했다. 행수군관과 도훈도를 처벌한 것은 격군 모집을 하지 못했기 때문이었다.
129　이응표(1556~?)는 조선 중기의 무신이다. 1580년 무과 별시에 급제했다. 전라 우수영 소속 가리포 첨사로 임진왜란 때 활약했다. 이날 일기 이전의 가리포 첨사 기록으로는 이순신의 「전라 좌수영으로 돌아가는 것을 임금님께 보고하는 장계還營狀」(1593년 윤11월 17일)가 있다. 1597년 7월 칠천량해전에 참전했다. 『선조실록』 선조 35년(1602) 7월 18일의 기록에 따르면, 전라 우수사 이억기의 부하 장수로, 칠천량해전에서 도망쳤다고 한다. 그 후 경상 우수사·순천 부사·전라 우수사·경상 좌수사를 역임했다.
130　위대기(1555~?)는 조선 중기의 무신이다. 1592년 임진왜란이 일어나자 이순신 막하에서 조전장으로 옥포·적진포·율포 전투에서 전공을 세웠다. 후에 광주 목사 권율이 지휘하던 이치 전투에도 참전했다. 1594년 해남 현감, 1597년 정유재란 때에는 고향 장흥에서 군사를 일으켜 전공을 세웠다.
131　『선조실록』 선조 27년(1594) 1월 5일 기록으로 보면, 해남 현감 위대기가 이순신의 지휘를 받지 않고 의병장 김덕령 막하에서 활동하려고 했기 때문으로 보인다.
132　"여러 장수가 새로 부임한 뒤, 훈련용 화살 몇 순을 쏘았다"의 원문은 "右道諸將 受仕後 射帿數巡"이나, 「문화재청본」은 "右道諸將 受仕後 來現後 射帿數巡"이다. 그중 '來現後'는 원문에 없는 글자다.

로 올라갔다. 홀로 한동안 앉아 있을 때, 우조(우조방장 어영담)와 순천 부사 (권준)가 왔다. 이홍명도 왔다. 얼마 후에 손충갑孫忠甲[133]이 왔다고 보고하기에 불러들였다. 적을 무찔렀던 일을 물었더니, 분개하며 탄식이 나오는 것을 이길 수 없었다. 내내 논의하고 이야기했다終日論話. 해 질 무렵 잠자는 방宿房으로 내려왔다. 변존서가 영(전라 좌수영)으로 갔다.

20일[10일, 기사] 안개비가 걷히지 않았다. 오전 10시에야 상쾌하게 맑아졌다. 몸이 불편했다. 내내 나가지 않았다. 우조방(우조방장 어영담)과 배 첨지 (배경남)가 와서 이야기했다. 울이 우 영공(이억기)의 배에 갔다. 아주 많이 취해 돌아왔다.

21일[11일, 경오] 맑았고 온화했다. 몸이 아주 불편했다. 내내 끙끙 앓았다. 순천 부사(권준)와 우조방(우조방장) 어 영공魚令公(어영담)이 와서 보고하기를, "견내량의 복병한 곳으로 가서 자세히 살펴보겠다"고 했다. 청주 의병장義兵將 이李[134]가 순변사(이빈)가 있는 곳에서 와서 육지의 사정을 자세히 말했다. 우공右公(이봉)은 청주 영공 부夫[135]다. 해가 저물 때 보고하고 돌아갔

133 손충갑(1548~?)은 조선 중기의 무신이다. 1584년 무과 별시에서 급제했다. 「선무원종공신 녹권」에서는 첨정으로 나오고, 선무원종공신 2등이다.
134 「문화재청본」은 "李"로 되어 있다. 「편수회본」은 " "로 빈칸으로 처리하고, "逢(봉)"으로 주석 했다. "李"는 「편수회본」의 주석처럼 "이봉李逢"으로 추정된다. 류성룡의 「징비록」에도 「난중일기」의 기록처럼 충청도에서 활약한 의병으로 조헌·이산겸, 승려 영규, '청주 사람 이봉李逢'이 나온다. 정경달의 「반곡유고」 1593년 1월 19일에는 '창의장昌義將 이봉'으로 나온다. 이봉李逢(?~?)은 선비 출신 의병장이다. 임진왜란이 일어나자 조헌·정경세 등과 의병을 모집, 충청도에서 의병장으로 활약했다. 1593년 옥천 군수, 1595년 감찰, 1596년 괴산 군수로 임명되었다. 조선 중기의 여류 시인 이옥봉(?~1592)은 이봉의 얼녀孼女다.
135 "영공 부"에 대해 홍기문은 "우령공은 청주 령공의 ㅁㅁ 남편"으로 번역하고, 주석에서는 "원문에는 '우령공은 청주 령공의 남편이다'로 되어 있으나, 남편 우의 고모 또는 누이의 글자가 빠진 것일 것이다"라고 했다. 이은상은 "청주 영공의 ㅁㅁ이다"라면서 초고 원문에 "부만 있으니, 매부인지 고모부인지 불분명한 것임"이라고 주석했다. 이석호는 "ㅇㅇ"이라 해놓고는 이은상의 주석으로 설명했다. 송찬섭은 "우수사는 청주 목사의 인척이다"라고 하면서 주석으로 "원문에 '부'

다. 저녁 6시에 벽방碧方[136]의 높은 곳에서 정탐하는 장수望將(제한국)가 와서 보고하기를, "구화역仇化驛 앞바다에 왜선 8척이 와서 정박했다"고 했다. 그래서 배에 풀어 삼도에 진격할 약속을 전령하게 하고, 제홍록諸弘祿[137]이 와서 보고하기를 기다렸다.

　　22일[12일. 신미] 밤 1시에 제홍록이 와서 말하는 내용에, "왜선 10척이 구화역에 도착했고, 6척은 춘원春原에 도착했다"고 했다. 그러나 날이 이미 밝아오고 있었다. 따라가 무찌를 수 없어, "엿보고 빠짐없이 생각하며 살피라候察"고 다시 명령해 되돌려 보냈다. 아침에 순천 부사(권준), 우右.[138]

　　1594년 2월 23일~2월 27일. 미기록 혹은 멸실 상태.[139]

자만 있어서 확실한 관계를 알 수 없고 인척인 듯하다"고 했다.

136　벽방은 경남 통영시와 고성군에 걸쳐 있는 벽방산碧芳山(650.5미터)이다. 부산 앞바다와 대마도가 보인다.

137　제홍록(1558~1597)은 조선 중기의 무신이다. 1581년 무과에 급제했다. 1592년 임진왜란이 일어나자 고성에서 숙부 제말과 의병을 봉기했다. 김해·웅천·정암 등지에서 싸웠다. 원균 막하에서 활약했다. 1597년 정유재란 때 일본군에게 포위된 진주를 지원하기 위하여 출전했다가 전사했다. 「선무원종공신녹권」에서는 부장으로 나오고, 선무원종공신 3등이다. 신대봉의 「거제 선무원종공신록」(「경남향토사사료총3」, 1994, 경남향도사연구협의회)에서는 1573년생으로 1597년 진주성 전투에서 사망했다고 한다.

138　"우右"는 무엇을 의미하는지 알 수 없다. 그러나 순천 부사와 함께 언급된 것으로 보면, 2월 19일의 "우조(우조방장)"처럼 우조방장을 뜻하는 것으로 보인다.

139　「친필본」을 보면, 2월 22일 일기는 "右"자로 1장이 끝나고, 다음 장이 2월 28일자 위에 메모된 "장흥 부사가 들어왔다"로 시작하고 있다. 이는 "右"자와 연결되는 22일 내용이 더 있었고, 28일 이전인 27일까지의 일기가 본래 존재했다가 멸실된 증거로 보인다. 멸실된 시기는 이 당시 일기가 「이충무공전서」에도 없는 것으로 보아 「전서본」 편찬 이전인 듯하다. 「편수회본」에서도 "右"자 뒤에 "이하 원본에서 1장이 빠졌다"고 주석했다. 이 시기의 일기는 일기가 사라진 다른 경우와 달리 명백히 일기가 멸실된 사례로 보인다. 이 시기에 이순신은 출전해 있었고, 「충청도 수군절도사가 진에 도착하도록 독촉해주시기를 임금님께 청하는 장계請忠清水軍節度使催促到陣狀」(1594년 2월 25일)와 「지체해 머물러 있는 여러 장수를 처벌해 주시기를 임금님께 청하는 장계請罪遲留諸將狀」(1594년 2월 25일)를 작성했다.

장흥 부사(황세득)[140]가 들어왔다.

28일[18일, 정축] 맑았다. 아침에 활터 정자로 올라가 종사관(정경달)[141]과 내내 이야기했다. 장흥 부사(황세득)가 들어왔다. 우수사(이억기)가 처벌했다.[142]

---

140 황세득黃世得(1537~1598)은 조선 중기의 무신이다. 특히 이순신의 아내 상주 방씨 부인의 큰아버지인 방인方寅의 사위로 이순신과는 사촌동서다. 1564년 무과에 급제했다. 선전관·순천 부사·장흥 부사 등을 역임했다. 1592년 임진왜란 때는 장흥 부사로, 1596년 사도 첨사로 이순신 막하에서 활약했고, 명량대첩에도 참전했다. 1598년 10월 2일, 조명 연합 수군의 예교 전투에서 선봉에서 활약하다 전사했다. 『직산현지』 등에는 이순신의 「한산도가」의 원작자로 되어 있어 몇 차례 논쟁이 있었다.

141 정경달丁景達(1542~1602)은 조선 중기의 문신이다. 1570년 문과 식년시에서 급제했다. 1592년 전쟁이 일어났을 때 선산 부사로 활약했다. 1593년 윤11월 17일에 이순신이 정경달을 종사관으로 임명해달라고 요청해 이순신의 종사관에 임명되었으며, 출전 중인 이순신을 대신해 각종 군무를 담당했고, 군량 확보와 둔전 관리를 했다. 1595년 남원 부사로 임명될 때까지 이순신을 보좌했다. 정경달의 종사관 임명은 이순신의 「문신 종사관을 임명해주시기를 임금님께 청하는 장계請以文臣差從事官狀」(1593년 윤11월 17일)에 따른 것이다. 이순신은 삼도 수군통제사이고, 경상도 바다에 있기에 업무가 어렵다며, 자신 대신 관리하고 둔전을 관리하며, 군량을 확보하는 일을 담당하게 하기 위해 문신 종사관을 파견해줄 것을 요청했다. 그런데 『선조실록』 선조 27년(1594) 6월 18일 기록을 보면, 선조가 이순신에게 종사관을 보내는 것이 어떠냐고 물었고, 류성룡은 이미 정경달을 보냈다는 기록이 나온다. 이순신의 1593년 윤11월 17일 장계 이후 즉시 류성룡에 의해 정경달이 종사관으로 임명되어 내려간 듯하다. 『난중일기』에 나오는 정명열은 정경달의 아들이다. 정경달의 『반곡유고』 1595년 2월 2일에 따르면, 이날 정경달이 나주에 있던 중에 남원 부사에 임명되었다는 소식을 받고, 18일에 남원에 도착했다고 나온다. 또한 정경달의 1594년 1월 13일 기록에 따르면, 이순신이 정경달을 종사관으로 삼았고, 2월 23일에 순천의 좌수영 앞바다에서 배를 타고 26일에 한산도에 도착했다고 한다. 그때 정경달은 이순신에게 자신이 선산 부사로 있었을 때 실시했던 도청都廳을 여러 고을에 설치하자고 건의했고, 이순신이 이를 수락했다고 한다.

142 이 부분에 대해 홍기문은 "장흥 부사가 들어온 것을 우수사가 처벌하였다". 이은상은 "장흥 부사(황세득)가 들어왔다. 우수사를 처벌하였다." 고정일은 "장흥 부사 황세득이 들어왔다. 우수사의 죄를 좌단했다"로 번역하고 있다. 그러나 이순신의 「충청도 수군절도사가 진에 도착하도록 독촉해주시기를 임금님께 청하는 장계請忠淸水軍節度使催促到陣狀」(1594년 2월 25일)와 「지체해 머물러 있는 여러 장수를 처벌해주시기를 임금님께 청하는 장계請罪遲留諸將狀」(1594년

29일[19일, 무인] 맑았다. 종사관(정경달)과 아침을 같이 먹고 전별주를 마시며, 내내 이야기했다. 장흥 부사(황세득)도 같이 있었다. 벽방의 높은 곳에서 정탐하는 장수 제한국諸漢國[143]이 급히 달려와 보고하기를, "왜선 16척이 소소포에 들어갔다"고 했기에, 각 도에 전령해 알렸다.

◎ 1594년 3월

3월 1일[양력 4월 20일, 기묘] 맑았다. 망궐례를 했다. 그대로 활터 정자에 좌기했다. 검모포黔毛浦 만호를 심문하고, 만호를 장에 처했다. 도훈도는 처형했다. 종사관(정경달)이 되돌아갔다. 초저녁에 배를 출발하려고 할 때, 제한국이 긴급히 보고하기를, "왜선이 이미 다 도망쳤다"고 했기에 이동을 멈췄다. 저녁 8시에 장흥의 2호선에 불이 나 다 탔다.

2일[21일, 경진][144] 맑았다. 아침에 방답 첨사(이순신)와 순천 부사(권준), 우조방장(어영담)이 왔다. 늦게 활터 정자로 올라가 좌·우 조방左右助防(조방장 어영담과 배흥립), 순천 부사(권준)와 방답 첨사(이순신)와 훈련용 화살을 쏘았다. 이날 저녁에 장흥 부사(황세득)가 와서 이야기했다. 저녁 8시에 강진의 둔屯을 쌓아둔 곳[145]에 불이 났다. 다 탔다.

2월 25일)의 내용을 살펴보면, 이순신이 우수사 이억기를 처벌한 것이 아니다. 기한보다 늦게 온 우수사 관할의 장흥 부사를 우수사 이억기가 처벌한 것으로 볼 수 있다.
143 제한국(?~?)은 조선 중기의 무신이다. 정탐장수로 활약했다. 조선 후기 실학자 서유구가 쓴 제홍록 행적에 대한 글 「與思潁南相國論諸弘祿行蹟書」에서는 『난중일기』를 인용하면서 제홍록의 활약을 기록했지만, 제한국에 대해서는 제홍록과 친척 관계 여부는 알 수 없다고 기록하고 있다. 「편수회 초본」에서는 '제근국諸謹國'으로 보았다. 「전서본」「편수회본」「박혜일·최희동본」은 '諸漢國'으로 보았다.
144 중종의 첫째 계비, 장경왕후 윤씨 제삿날이다.
145 "둔"은 초둔이나 유둔油屯과 같은 것으로 보인다. "둔을 쌓아둔 곳"의 원문은 "芚積處"이다. 『이충무공전서』에서는 "屯柴處"로 보았다. 「문화재청본」은 "屯積處"이나, 「친필본」을 보면,

3일[22일, 신사]146 맑았다. 아침에 전문을 올려보냈다. 그대로 활터 정자에 좌기했다. 경상 우후 이의득147이 와서 말하기를, "수군을 많이 잡아 오지 못한 일로 그의 수사(원균)에게 장을 맞았는데, 또 발바닥에까지 장을 치려고 했다"고 했다.148 기가 막힐 일이다. 기가 막힐 일이다. 늦게 순천 부사(권준), 우조(우조방장 어영담)와 좌조左助(좌조방장 배흥립), 방답 첨사(이순신), 가리포 첨사(이응표)와 좌·우 우후左右虞候(이몽구·이정충) 등과 훈련용 화살을 쏘았다. 저녁 6시에 벽방의 정탐군望(제한국)이 긴급히 보고하는 내용에, "왜선 6척이 오리량五里梁(진해)과 당항포(고성) 등지에 들어와 나누어 정박했다"고 했다.149 그래서 곧바로 전령해 수군의 대군을 모았다. 바로 흉도胸島 앞바다에 진을 치고, 정예선 30척을 곧 우조방(우조방장) 어영담이 이끌고 가서 적을 무찌르게 했다.150 이어서 초저녁151에 배를 몰았다. 지도紙島에 도착해 밤을 지냈다. 밤 2시에 배를 출발했다.

4일[23일, 임오] 맑았다. 밤 2시에 배를 출발했다. 진해 앞바다에 도착했다.

"屯積處"가 분명하다. 그런데 『선조실록』 선조 26년 7월 19일에는 "둔적屯積", 오희문의 『쇄미록』 1596년 9월 15일에는 "둔화처屯禾處"(둔전 벼가 있는 곳)이라는 표현도 각각 나온다.
146 삼짇날이다. 이날에는 들에 나가 꽃놀이를 하고 새로 난 풀을 밟으며 봄을 즐기기 때문에 답청절이라고도 한다. 각종 민속놀이를 하고, 다양한 음식을 만들어 먹기도 한다.
147 "이의득李義得"을 「문화재청본」에서는 "이의신李義臣"으로 보았다. 「편수회본」은 '臣'으로 보고 '得'으로 수정해놓았다. 그러나 『난중일기』의 다른 사례와 비교해보면 '得' 자가 맞다. 「편수회본」이 오독한 것이다. 『이충무공전서』 「편수회 초본」 「박혜일·최희동본」에서는 "이의득"으로 나온다.
148 『쇄미록』 「임진남행일록壬辰南行日錄」에는 해남 수령 변응정이 순찰사 처소에서 장을 맞는 기록이 나온다. 수령들도 상급자들에게 장을 맞곤 했다.
149 「당항포에서 왜적을 쳐부순 일을 임금님께 보고하는 장계唐項浦破倭兵狀」(1594년 3월 10일)에 당시 상황이 나온다.
150 "적을 무찌르게 했다勦賊"는 「충무공유사」에서는 "勦滅"로 나온다.
151 「당항포에서 왜적을 쳐부순 일을 임금님께 보고하는 장계唐項浦破倭兵狀」(1594년 3월 10일)에서는 "술시"로 나온다.

왜선 6척을 추격해 붙잡아 불태워 없앴다. 저도猪島에서 2척을 불태워 없앴
다.[152] "소소강召所江[153]에 14척이 들어와 정박하고 있다"고 했기에, 조방장
(어영담)과 원 수사(원균)에게 나아가 무찌를 일을 전령했다. 고성 땅 아자음
포阿自音浦에 진을 쳤다. 밤을 보냈다.

5일[24일, 계미] 맑았다. 새벽에 겸사복(윤붕)을 당항포로 보내, "적선을 깨
뜨리고 불태웠는지 자세히 살펴보게" 했더니, 우조방(우조방장) 어영담이 긴
급히 보고한 내용에, "적의 무리가 우리 군대의 위세를 두려워해 밤을 틈
타 달아나 숨었기에, 빈 배 17척을 남김없이 불태워 없앴다"고 했다. 경(경
상) 수사(원균)의 긴급 보고도 같았다. 우수백(이억기)이 와서 만날 때, 비가
크게 내렸고 바람도 심하게 미친 듯 불었다. 곧바로 그의 배로 되돌아갔다.
이날 아침, 순변사(이빈)에게도 '적을 무찌르는 것을 독촉하는 공문'을 보냈
다. 우조방장(어영담)과 순천 부사(권준)와 방답 첨사(이순신), 배 첨사裵僉使
(배경남)도 왔다. 서로 이야기하는 사이에 원 수사(원균)가 배에 도착했다.
여러 장수는 각기 돌아갔다.[154] 이날 저녁에 광양에서 새로 건조한 배가 들
어왔다.

152 「당항포에서 왜적을 처부순 일을 임금님께 보고하는 장계唐項浦破倭兵狀」(1594년 3월
10일)에는 "진해 선창에서 나와 기슭을 끼고 배를 모는 것을 조방장 어영담이 여러 장수 등을 이
끌고 한꺼번에 돌격해 나아가, 좌우에서 협공했더니, 6척은 진해 경계 읍전포邑前浦, 2척은 고성
경계 어선포於善浦, 2척은 진해 경계 시굿포柴仇叱浦에서 모두 배를 버리고 육지로 올라갔습니
다. 모든 배를 남김없이 깨부수고 불태웠습니다"라고 나온다.
153 소소강은 경남 고성군 마암면 두호리에 있던 하천이다.
154 「수군 소속 여러 장수에게 최전방 복무를 쉬게 한 일에 대해 동궁께 보고하는 장달舟師所
屬諸將休番狀」(1594년 4월 20일)에는 "3월 5일에 고성 경계 당항포 등지에서 적선 31척을 세력을
합쳐 깨뜨리고 불태운 뒤, 즉시 순천·광양·흥양·보성·강진·해남·진도 등의 고을 수령 등은 다
른 사람으로 대리 장수代將를 정하게 하고, 농사를 권장하고, 굶주린 백성을 구제하는 등의 일
을 온 정성을 다해 단속하면서 다시 전령을 기다렸다가 달려오라고 해서 이미 내보냈습니다"라
는 내용이 나온다.

6일[25일, 갑신] 맑았다. 새벽에 높은 곳에서 적을 감시하는 군사가 보았더니, "적선 40여 척이 청슬靑膝로 건너오고 있다"고 했다. "당항포의 왜선 21척을 다 불태운 일"을 긴급히 보고했다. 늦게 거제로 향할 때 맞바람이 불었다. 간신히 흉도에 도착했더니, 남해 현령(기효근)[155]이 긴급히 보고한 내용에, "명나라 군사 2인과 왜놈 8명이 패문을 갖고 들어왔기에, 패문과 명나라 군사를 올려보낸다"고 했다. 가져와 일일이 조사하고 살폈더니, 명나라 도사부都司府 담종인譚宗仁[156]이 쓴, 「적을 무찌르는 것을 금지하는 패문禁討牌文」[157]이었다.[158] 나는 몸이 아주 불편했다. 앉고 눕는 것도 어려웠다.[159] 해 질 무렵 우수백(이억기)과 같이 명나라 군사를 만나고, ~~패문을 호~~

---

155 "현령"을 「문화재청본」은 현감으로 보았다. 오자다. 법률상 남해의 수령은 현감이 아니라 현령이다.

156 담종인은 명나라 장수 이여송 막하의 인물로 일본군 진영으로 가서 강화협상을 했다. 조경남의 「난중잡록」 1593년 7월 5일에 따르면, 명나라 시랑 고양겸이 일본군을 정탐케 했는데, 인질이 되었다고 한다. 정경달의 「반곡유고」 1595년 5월 19일에 따르면, "담 도사가 왜적의 진영에서 들어왔는데, 유 참장劉維藩과 담종인이 온갖 폐단을 저질러 견딜 수 없었다"는 내용도 나온다. 정경운의 「고대일록」 1595년 5월 17일에는 "명나라 장수 담종인이 군에 왔다. 3년 동안 왜적의 진영에 인질로 잡혀 있었기에 왜적의 정세를 잘 알았다. 사람이 청렴하고 검소했는데 무리를 아주 엄하게 거느렸다"는 내용이 나온다.

157 패문은 상급 관청에서 하급 관청에 내리는 통문通文 혹은 중국에서 조선에 사신을 파견할 때, 사신 파견 목적과 일정 등에 관한 사항을 기록해 사전에 보냈던 통지문을 뜻한다. 여기서는 명나라 측에서 조선 측에 보낸 통지문을 뜻한다. 이 패문의 내용은 이순신의 「왜적의 정황을 임금님께 보고하는 장계陳情狀」(1594년 3월 10일)에 나온다.

158 「선조실록」 선조 27년(1594) 4월 2일에는 접반사 김찬이 이순신 수군이 웅천 적선 31척을 격파한 내용과 그에 대해 명나라 담종인이 전투 금지 명령을 내렸다는 내용이 나온다. 「당항포에서 왜적을 쳐부순 일을 임금님께 보고하는 장계唐項浦破倭兵狀」(1594년 3월 10일)에도 같은 내용이 나온다.

159 이때의 이순신의 병은 당시 유행했던 전염병 때문으로 보인다. 일기를 보면, 이순신은 이날부터 25일까지 13일 동안 병으로 고생했다. 이순신의 몸 상태가 좋지 않았던 모습은 8일부터 26일까지 간지가 잘못 기록되고, 수정한 모습에서도 엿볼 수 있다. 이순신의 막하 장수 어영담도 4월 9일 전염병으로 사망했다.

送解^{송해} 보냈다.¹⁶⁰

7일[양력 26일. 을유] 맑았다. 몸이 아주 불편했다. 꼼짝하기도 어려웠다. 아랫사람을 시켜 패문에 대한 공문을 작성하게 했더니, 격식과 체면이 없었다. 원 수사가 손의갑孫義甲¹⁶¹으로 하여금 글을 지어 보내왔으나, 또한 아주 적합치 않았다. 나는 억지로 병든 몸을 일으켜 앉아 글을 썼다余强病起坐作文. 정사립을 시켜 정서해 보냈다. 오후 2시에 배를 출발했다. 밤 10시에 한산도 진에 도착했다.

8일[양력 27일. 갑병술]¹⁶² 맑았다. 병세는 특별히 더하지도 덜하지도 않았다. 몸 또한 지쳐 있었다. 내내 고통스러웠다.

9일[양력 28일. 을정해] 맑았다. 몸을 잠시 쉴 수 있게 할 듯해 온돌방溫房¹⁶³으로 옮겨 누웠다. 아팠으나, 다른 증세¹⁶⁴는 없었다.

10일[양력 29일. 병무자] 맑았다. 병세가 점차 가라앉았으나, 열이 후끈하게 나서 차가운 것을 마시고 싶은 생각뿐이었다. 저녁에 비가 내리더니, 밤새 그치지 않았다.¹⁶⁵

---

160 "보냈다"의 「문화재청본」은 "牌文管送(패문을 관송했다)"이나, "牌文管"는 썼다가 삭제한 부분이다.

161 손의갑(1547~?)은 조선 중기의 선비다. 『난중일기』에는 그의 형, 손인갑孫仁甲도 나온다.

162 이순신의 생일이다. 『난중일기』에서는 이순신이 자신의 생일이라고 명시한 사례는 없다.

163 「친필본」, 「문화재청본」, 『이충무공전서』, 「박혜일·최희동본」, 「편수회 초본」은 "온방溫房"으로 판독했다. 「편수회본」에서는 "습방濕房"으로 나온다. 「편수회본」이 오자다. 이문건의 『묵재일기』 1545년 1월 15일에도 온방이 나온다.

164 "증세"의 원문은 "證"이다. 「편수회본」, 「박혜일·최희동본」도 같다. 「문화재청본」은 "症"으로 보았으나, 오자다.

165 이날 이순신은 「여러 의병장에게 상을 주시기를 임금님께 청하는 장계請賞義兵諸將狀」(1594년 3월 10일), 「군량을 조처해 주시기를 임금님께 청하는 장계請措劃軍粮狀」(1594년 3월 10일), 「왜적의 정황을 임금님께 보고하는 장계陳倭情狀」(1594년 3월 10일), 「당항포에서 왜적을 쳐부순 일을 임금님께 보고하는 장계唐項浦破倭兵狀」(1594년 3월 10일)를 작성했다.

11일[양력 30일. 정기축] 큰비가 내내 내렸다. 어두울 무렵 맑아지기 시작했다. 병세가 크게 덜해졌다. 열 또한 내렸다. 다행이다. 다행이다.

12일[양력 5월 1일. 무경인] 맑았으나 큰 바람이 불었다. 몸이 아주 불편했다. 영의정領台(류성룡)에게 편지를 썼다.[166] 「임금님께 보고하는 글」을 정서正書[167]하는 것도 마쳤다.

13일[2일. 커신묘] 맑았다. 아침에 「임금님께 보고하는 글」을 봉해 보냈다.[168] 몸은 점차 나아지는 듯했으나, 기력이 심하게 피곤했다. 회와 송두남을 내보냈다. 오후에 원 수사(원균)가 왔다. 그가 잘못한 것과 속인 일을 말하기에, 「임금님께 보고하는 글」을 다시 갖고 오게 했다. 원사진[169]과 이응원李應元[170] 등이 가짜 왜적假倭[171]의 머리를 베어 바친 일을 고쳐 보냈다.[172]

---

166 「류성룡 대통력大統曆 갑오(1594년)」에 기록된 류성룡의 초서 메모를 판독한 국사편찬위원회 전자도서관에 소장된 조선사편수회의 中村榮孝 검열본 3월 26일자에는 "全羅左水軍官 宋斗南來 見汝偕至(전라 좌수 군관 송두남이 왔다. 여해(이순신의 자)의 편지를 보았다)"는 내용이 나온다. 3월 12일에 쓴 편지를 이순신은 3월 13일에 송두남에게 쥐어 보냈고, 3월 26일에 류성룡에게 전해졌다.

167 정서는 또박또박 깨끗하게 쓰는 것이다. 홍기문은 "초안을 놓고 정식으로 베끼어 쓰는 일"로 번역했다.

168 3월 10일에 작성한 장계를 보낸 듯하다.

169 원사진은 원균의 사촌 원식의 아들이다. 아버지 원식도 『난중일기』에 나온다.

170 이응원(?~?)은 조선 중기의 무신이다. 1599년 급제했다. 이곤원李坤元으로 개명했다.

171 일본군처럼 변장한 사람들에 대해 『선조실록』 선조 28년(1595) 6월 23일 경상 우도 관찰사 서성이 보고한 내용에 나온다. 선조 때 문신 윤국형의 『문소만록』에는 우리나라 풍속에 남녀 모두 어릴 때 귀를 뚫어 귀고리를 했는데 선조 초년에 금지시켰으나, 여자아이들은 여전히 귀를 뚫고 귀고리를 했다고 한다. 이런 풍속으로 인해 임진왜란 당시에 귀를 뚫은 자국을 확인해 조선인과 일본인을 구별하기도 했다.

172 이날 일기의 "아침에 「임금님께 보고하는 글」을 봉해 보냈다. 오후에 원 수사가 왔다. 그가 잘못한 것과 속인 일을 말하기에, 「임금님께 보고하는 글」을 다시 갖고 오게 했다. 원사진과 이응원 등이 가짜 왜적의 머리를 베어 바친 일을 고쳐 보냈다"는 『충무공유사』에서는 3월 15일 일기로 나온다. 「당항포에서 왜적을 쳐부순 일을 임금님께 보고하는 장계唐項浦破倭兵狀」(1594년 3월 10일)에 따르면, 당항포 전투에서 원균 부대만이 홀로 싸워 31척을 격파했다고 공문을 작성했다

14일[3일. 경임진] 비가 계속 내렸다. 몸은 덜한 듯했으나, 머리가 무겁고 맑지 않았다. 저녁에 광양 쉬(현감)[173]와 강진 쉬(현감 류해), 배 첨사(배경남)가 같이 갔다. 들으니, "충청 수사(구사직)가 이미 신장新場에 이르렀다"고 했다. 내내 몸이 불편했다.

15일[4일. 신계사] 비는 그쳤으나 바람이 크게 불었다. 미조항 첨사(김승룡)가 보고하고 돌아갔다. 내내 끙끙 앓았다.

16일[5일. 웜갑오] 맑았다. 몸이 아주 불편했다. 우수백(이억기)이 와서 만났다. 충청 수사(구사직)가 전선 9척을 이끌고 진에 도착했다.[174]

17일[6일. 꼐을미] 맑았다. 몸이 완전히 회복되지 않았다. 변유헌은 영(전라좌수영)으로 돌아갔고, 순천 부사(권준)도 돌아갔다. 해남 현감(위대기)은 신임 쉬(현감)[175]와 교대하는 일로 나갔다. 황득중 등이 복병하는 일로 거제도巨濟島로 들어갔다. 탐선이 들어왔다.

남해 현령이 나갔다.

18일[7일. 꽙병신] 맑았다. 몸이 많이 불편했다. 남해 현령 기효근과 소비포 권관(이영남), 적량 만호(고여우)와 보성 군수(김의검)가 와서 만났다. 기(기효근)는 씨앗 뿌리는播種 일 때문에 현(남해현)으로 돌아갔다. 보성 군수는 말을 하려 하다가, 제대로 말하지 않고 돌아갔다. 낙안 유위장留衛將과 향소

고 한다. 이순신과 이억기 부대의 전공을 제외한 기록이었는데, 이를 이순신이 알았던 것이다.

173 "광양 쉬(현감)"를 「편수회본」은 송전宋詮으로 주석했으나, 광양 현감이 송전 혹은 송전宋銓인지 불분명하다. 1593년 7월 8일 일기에는 "광양의 송전", 7월 10일과 13일 일기에는 "宋荃"으로 나오기도 한다.

174 「기한을 넘긴 여러 장수를 처벌해주실 것을 임금님께 청하는 장계請罪過期諸將狀」(1594년 4월 2일)에 따르면, 충청 수사 구사직은 2월 5일까지 도착해야 했으나, 3월 16일에야 10척을 이끌고 도착했다.

175 1594년 8월 30일 일기에 "아침에 해남 현감 현즙이 와서 만났다"는 것으로 보면, 위대기 대신 현즙이 임명되어 부임했던 듯하다.

등을 붙잡아 가두었다.

19일[8일. 을정유] 맑았다. 몸이 불편했다. 내내 끙끙 앓았다.

20일[9일. 병무술] 맑았다. 몸이 불편했다.

21일[10일. 쩡기해] 맑았다. 몸이 불편했다. 녹명관錄名官[176]으로 여도 만호(김인영)와 남도南桃 만호(강응표), 소비포 권관(이영남)을 정했다差定.

22일[11일. 무경자] 맑았다. 몸이 조금 편해진 듯했다. 원수(권율)의 공문이 되돌아왔는데, "담 지휘譚指揮(담종인)가 자문[177]을 보낸 것과 왜장의 서계를 조 파총曹把摠[178]이 갖고 갔다"고 했다.

23일[12일. 커신축] 맑았다. 몸은 전처럼 불편했다. 방답 첨사(이순신)[179]와 흥양 현감(배흥립), 조방장(어영담)이 와서 만났다. 견내량에서 감곽(해태) 53동을 따왔다. 발포 만호(황정록)도 와서 만났다.

24일[13일. 경임인][180] 맑았다. 몸이 조금 편해진 듯했다. 해태甘藿 60동을 캐왔다. 정사립이 왜적의 머리를 베어 왔다.

25일[14일. 신계묘] 맑았다. 흥양 현감(배흥립)과 보성 군수(김의검)가 나갔다. 포로였던 아이[181]로 왜 속에서 명나라 장수(담종인)의 패문을 갖고 왔던 놈(정희순)을 흥양으로 보냈다. 늦게 활터 정자로 올라갔다. 몸이 아주 불편했

---

176 녹명관은 과거시험을 보는 사람들의 명단을 작성하고 과거시험과 관련한 사무를 담당하는 관리다.
177 자문은 조선과 명나라가 외교적 교섭이나 통보, 조회할 일이 있을 때 주고받던 공식 외교 문서다.
178 파총把摠은 명나라 3대영大營의 무관 관직으로 위관급尉官級이다. 우리나라에서는 임진 왜란 이후 속오법에 따라 각 군영軍營의 종4품 무관이다.
179 방답 첨사 이순신은 4월 8일 일기에 따르면, 충청 수사에 임명되었다.
180 세종의 왕비, 소헌왕후 심씨의 제삿날이다.
181 '포로였던 아이'는 「왜적의 정황을 임금님께 보고하는 장계陳倭情狀」(1594년 3월 10일)에 따르면, 상주 출신의 사내종 정희순이다.

다. 일찍 잠자는 방으로 내려왔다. 저녁에 여필(동생 이우신)과 회, 변존서와 신경황이 왔다. '어머님께서 평안'하신지 자세히 들었다. 다만, "묘소가 있는 산까지 들불이 번져 다 탈 때까지도 불을 끌 사람이 없었다"고 했다. 마음이 아주 아팠다. 마음이 아주 아팠다.

26일[15일, 쉴갑진] 맑았으나 따뜻하기가 여름날과 같았다. 조방장(어영담)과 방답 첨사(이순신)가 와서 만났다. 발포 만호(황정록)가 휴가를 얻어 돌아갔다. 늦게 마량馬梁 첨사(강응호)[182]와 사량 만호(이여념), 사도 첨사(김완)와 소비포 권관(이영남)이 함께 와서 만났다. 경상 우후(이의득)와 영등 만호(조계종)도 왔다가 보고하고 창신도로 돌아갔다.

27일[16일, 을사] 흐렸으나 비는 내리지 않았다. 우수백(이억기)이 와서 만났다. 몸이 조금 편해진 듯했다. 저녁 8시에 비가 내렸다. 조카 봉이 저녁에 "몸이 불편하다"고 했다.

28일[17일, 병오] 비가 내내 계속 내렸다. "조카 봉의 병세가 아주 심하다"고 했다. 가슴이 지독히 탔다. 가슴이 지독히 탔다.

29일[18일, 정미][183] 맑았다. 탐선이 들어왔는데, 어머님께서 평안하셨다. 웅천 현감(이운룡)과 하동 현감(성천유), 소비포 권관(이영남) 등이 와서 만났다. 장흥 부사(황세득)와 방답 첨사(이순신)도 와서 만났다. 저녁에 여필(동생 이우신)과 봉이 같이 돌아갔다. 봉은 병이 심한 상태에서 되돌아갔다. 밤새 걱정했다. 걱정했다. 어두울 무렵 방충서方忠恕와 조 서방趙西房의 사위 김감

---

182 이순신의 「기한을 넘긴 여러 장수를 처벌해주실 것을 임금님께 청하는 장계請罪過期諸將狀」(1594년 4월 2일)에는 마량 첨사 강응호姜應虎가 나온다. 『선조실록』 선조 30년(1597) 6월 17일에는 도총부 도사都摠府都事 강응호가 미천한 출신이라는 이유로 탄핵당하는 내용이 나온다.
183 세조의 왕비, 정희왕후 윤씨의 제삿날이다.

金珹이 왔다.184

30일[19일, 무신] 맑았다. 식사를 한 뒤, 활터 정자로 올라가 충청 군관과 도훈도, 낙안 유위장留衛將과 도병방 등을 처벌했다. 늦게 삼가三嘉 쉬(현감) 고상안高尙顏185이 와서 만났다. 저녁에 잠자는 방으로 내려왔다.

◎ 1594년 4월

4월 1일[양력 5월 20일, 기유] 맑았다. 일식日食날이다. 일식이 일어나야 하는

---

184 "조 서방의 사위 김감"의 원문은 "趙西房壻郞金珹"이다. 西房과 壻郞 모두 '사위'를 뜻한다. 西房은 사위를 서쪽 방에 묵게 했기 때문에 서방이라고 한다. '조 서방'은 이순신의 손아래 친척인 듯하다.

185 고상안(1553~1623)은 조선 중기의 문신이다. 이순신이 무과에 급제했던 1576년에 문과에 급제했다. 임진왜란 초기에는 고향에서 의병장으로 활약했다. 1594년 3월경에는 삼가 현감이었다. 농사에 밝아 농사에 관한 저술도 남겼다. 현재 학계에서는 「농가월령가」를 그의 작품으로 추정하고 있다. 1594년 3월 30일부터 4월 12일까지 한산도에서 치르는 무과시험의 참시관으로 머물렀다. 그의 문집인 『태촌집』에 따르면, 이순신은 한산도에서 무과 별시가 끝난 뒤 고상안에게 「閑山島夜吟」이란 시를 주었고, 자신도 화답했다고 한다. 이순신의 시는 "水國秋光暮 驚寒鴈陣高 憂心輾轉夜 殘月照弓刀(바다 나라에 가을빛 저무는데, 찬바람에 놀란 기러기, 외로운 수군 위에 높이 떴구나. 시름에 겨워 밤새 뒤척였는데, 어느덧 지는 조각 달빛이 활과 칼을 비추는구나)"이다. 시험관으로 한산도에서 만났던 이순신과 원균, 이억기 등의 인물을 품평한 기록도 남겼다. 이순신에 대해서는 "통제사 이순신은 같은 해 과거에 합격했다. 며칠을 함께 지냈다. 그의 말솜씨와 말하는 방법은 지혜로웠다. 참으로 난리를 평정할 만한 재능이 있었다. 그러나 살집이 없고, 덕스럽게 보이지는 않았다. 관상은 또한 입술이 뒤집어져 있었다. 나는 마음으로 '복이 있는 장수가 되지는 않을 것이구나'라고 생각했다. 그런데 불행히도 붙잡아 죄를 조사하라는 임금님의 명령이 있었고, 복직했으나, 1년이 지나지 않아 철환에 맞아 제대로 운명을 마치지 못했다. 한탄할 일이다"라고 했다. 류성룡은 "순신의 사람됨은 말을 많이 하거나 많이 웃지는 않았다. 단정하고 삼가는 용모였기에 수양하는 선비 같았다. 그러나 마음속에는 담력과 용기가 있었다"고 했다. 「한산도야음閑山島夜吟」을 지은 시기는 고상안의 『태촌집』「시詩」「甲午四月」에 따르면 4월이며, 무과시험을 마친 뒤의 어느 날이다. 9일 시험이 끝났고, 12일에 고상안이 한산도를 떠났기에 9일에서 12일 사이이다. 시험이 끝난 9일과 고상안이 돌아간 12일이 가장 가능성 있다. 그러나 시 속의 "희미한 새벽달殘月"이라는 표현을 고려해보면, 이순신과 고상안이 처음 만난 3월 30일로도 볼 수 있다.

데, 일어나지 않았다.186 장흥 부사(황세득)와 진도 군수(김만수),187 녹도 만
호(송여종)가 여제厲祭188 일을 보고하고 돌아갔다. 충청 수사(구사직)가 와서

186 '일식'은 '日蝕'과 같다. 일식은 달이 태양과 지구 사이에 있으면서 태양의 일부 또는 전부가
보이지 않게 되는 자연 현상이다. 이순신은 "일식이 일어나야 하는데, 일어나지 않았다當食不食"
고 했으나, 국가기록유산 DB 「보물 제160-10호 류성룡비망기입대통력 갑오柳成龍備忘記入大統
曆 甲午(1594년)」의 같은 날 메모에는 "일식이 있었다日食"고 나온다. 이순신의 기록과 차이가 있
다. 「선조실록」에는 4월 1일에는 일식 기록이 없고 17일에 일식이 있었다는 기록이 있다.
187 진도 군수는 이순신의 「당항포에서 왜적을 쳐부순 일을 임금님께 보고하는 장계唐項浦破
倭兵狀」(1594년 3월 10일)에 따르면 김만수金萬壽다. 「선조실록」 선조 39년(1606) 7월 24일에는 황
해도 출신으로 전 부호군副護軍으로 나오고, 과거에 진도 군수를 역임했던 것으로 나온다. 「선조
실록」 선조 25년(1592) 7월 29일에는 선조가 비변사에 황해도의 의병장으로 김만수 등을 임명할
것을 명령하는 모습이 나온다.
188 여제는 「경국대전」에 따르면, 전염병 귀신에게 지내는 제사다. 청명淸明, 7월 15일, 10월
1일에 지낸다. 송여종이 지낸 여제는 청명에 지낸 여제로 보인다. 「군 복무 기피자들이 많은 여러
장수의 죄에 대해 처벌을 임금님께 청하는 장계請罪闕防諸將狀」(1594년 4월 20일)에 따르면,
1594년 1월 처음으로 진에 여역癘疫(전염병)이 크게 번져 많은 사망자와 환자가 발생했다고 한다.
1594년 1월부터 4월까지 전라 좌도 사망자 606명, 환자 1373명 발생, 전라 우도는 사망자
603명, 환자 1878명, 경상 우도는 사망자 344명, 환자 222명, 충청도는 사망자 351명, 환자
286명으로 총 사망자는 1904명, 환자는 3759명이었다. 전체 수군의 약 10퍼센트가 사망했고,
약 20퍼센트가 병에 걸린 상태였기에 여제를 지낸 듯하다. 오희문의 「쇄미록」 1594년 4월 3일에
는 "역질이 막 번져 곳곳에서 옮아 이 마을에서도 앞뒤 이웃집에 누어 앓는 자가 연잇고 죽었다
는 소식이 날마다 들린다"는 내용이 나온다. 또한 1594년 5월 18일에는 이탁李晫이란 사람이 전
염병으로 죽었는데, 그의 아우와 조카, 두 아들은 일본군에게 죽임을 당했고, 그의 아버지와 아
들 하나, 두 딸, 그의 장인은 전염병으로 죽었다고 한다. 1594년 8월 10일에는 이탁의 아내도 죽
었다는 내용이 나온다. 이탁의 사례로 보면, 전쟁과 전염병으로 한 가족이 얼마나 큰 피해를 당
했는지 알 수 있다. 이태진은 16세기 후반 실제 인구가 900만 명 내지 1000만 명이었으나
1592년 임진왜란을 계기로 급감해 17세기 중후반에는 700만까지 내려갔다고 한다. 중종 때의
평균 호수(1519년, 1541년 기준)는 약 80만, 평균 인구(1519년, 1531년, 1541년 기준)는 약 396만 명
이었으나, 인조 때인 1639년의 호수는 44만1827호, 152만1165명으로 호수는 35만, 인구는
244만 명이 급감했다(이태진, 「새 한국사」, 까치글방, 2012, 388~391쪽). 이로 보면 임진왜란 직전
추정 인구 1000만 명도 임진왜란과 호란을 거치면서 30~50퍼센트 정도 감소한 것으로 추정할
수 있다. 또한 1541년에 조사된 인구 수와 같은 규모로 조사된 것이 1666년(현종 7)이라는 점을
볼 때 125년이 걸렸다. 강응천 등에 따르면, 임진왜란 당시 피해 규모는 조선은 26만 명, 명나라
3만 명, 일본 17만 명이었고, 전쟁 직전 정부가 파악한 인구는 1000만, 토지는 500만 결에서 전
쟁 직후에는 인구 150만, 토지 50여만 결로 감소했다(강응천 외, 「16세기-성리학 유토피아-」, 민음

만났다.

2일[21일. 경술] 맑았다. 아침을 먹은 뒤, 활터 정자로 올라갔다. 삼가 현감 (고상안)과 충청 수사(구사직)와 함께 내내 이야기했다. 조카 해가 들어왔 다.[189]

3일[22일. 신해] 맑았다. 이날 여제를 지내고, 삼도의 전투병戰軍에게 술 1080동이盆[190]를 주어 마시게 했다. 우수사(이억기)와 충청 수사(구사직)가 같이 앉아 군사들을 먹였다. 해가 진 뒤, 방으로 내려왔다.

4일[23일. 임자] 흐렸고 어두울 무렵에 비가 내렸다. 아침에 원수의 군관 송 홍득宋弘得[191]과 변홍달卞弘達[192]이 새로 급제한 사람들의 홍패紅牌[193]를 갖고

사, 2014, 261쪽). 전쟁 전의 10퍼센트 수준에 불과하다. 결국 임진왜란으로 인한 인명 피해는 전
사자, 전염병 사망자, 아사자, 일본군 포로가 되어 일본에 끌려간 사람의 숫자까지 고려해보면,
최소 100만~200만 명 이상으로 추정할 수 있다. 『경국대전주해 후집』(안위, 1555)에서는 여제란
제사를 받지 못하는 귀신에게 지내는 제사로, 귀신이 돌아갈 곳이 없으면 사람에게 해를 끼치기
에 제사를 지낸다고 했다.
189 「수군 소속 여러 장수에게 최전방 복무를 쉬게 한 일에 대해 동궁께 보고하는 장달舟師所
屬諸將休番狀」(1594년 4월 20일)에 따르면, 4월 2일에 이순신은 광해군에게 장수들을 쉬게 하라
는 명령을 받았다. 또한 그날 이순신은 「기한을 넘긴 여러 장수를 처벌해주실 것을 임금님께 청
하는 장계請罪過期諸將狀」(1594년 4월 2일)를 작성했다.
190 「친필본」, 「문화재청본」의 "盆(분, 동이)"은 『충무공유사』에서는 "盃(배, 대접)"로 나온다. 류성
룡이 1592년 7월 17일에 쓴 「天兵過安州事 及預備牛酒 犒餉天兵狀」에 따르면, "술 1000여 동이
는 쌀 30섬에 미치지 못한다"고 한다. 이로 보면, 1080동이는 쌀 30섬 정도로 추정된다.
191 송홍득(1549~1618)은 조선 중기의 무신이다. 도원수 권율의 막하에서 활약했다. 이순신 막
하에서는 군관으로 활약했고, 1598년 노량해전에도 참전했다. 1588년 1월, 여진족 토벌 작전인
시전부락 전투 상황을 그린 「장양공정토시전부호도」에는 좌위에서 '우골격장 어모장군 도총부
경력(자는 백실)'으로 참전한 것으로 나온다. 당시 이순신은 우위에서 우화열장으로 참전했다.
192 변홍달(1559~?)은 조선 중기의 무신이다. 충청 수사 변국간의 아들이다. 도원수 권율의 막
하에서 활약했다. 흑면장군黑面將軍으로 불렸다. 「선무원종공신녹권」에서는 절충折衝으로 나오
고, 선무원종공신 2등이다.
193 홍패는 문·무과의 대과大科에 합격한 사람에게 급제 시기와 급제자 성명, 성적 등급(갑·
을·병)을 붉은 종이에 기록하고 「과거지보科擧之寶」를 찍어 수여한 과거 합격증서다.

왔다. 경상 우병사(박진)의 군관으로 공주公州 박창령朴昌齡의 아들인 의영義
英이 왔다. 전하기를, "그의 대장이 안부를 물었다"고 했다. 식사를 한 뒤,
삼가 현감(고상안)이 왔다. 늦게 활터 정자로 올라갔다. 장흥 부사(황세득)가
술과 음식을 내왔다. 내내 정답게 이야기했다.

5일[24일. 계축] 흐렸다. 새벽에 최천보가 세상을 떠났다.

6일[25일. 갑인] 맑았다. 별시別試194 시험장을 열었다.195 시험관試官은 나와
우수백(이억기), 충청 수사(구사직)였고, 시험 감독관參試官196은 장흥 부사(황
세득)와 고성 현령(조응도), 삼가 현감(고상안)과 웅천 현감(이운룡)이었다. 시
험해 뽑는 것을 감독했다.197

7일[26일. 을묘]198 맑았다. 일찍 모여 시험을 보게 했다.

8일[27일. 병진]199 맑았다. 몸이 불편했다. 저녁 때 시험장으로 올라갔다.

194　별시는 3년마다 치르는 정기 시험인 식년시 외에 별도로 실시하는 과거시험이다. 주로 나라
에 경사가 있을 때, 예를 들어 왕세자 책봉시, 임금의 병환이 나았을 때 혹은 특별히 인재를 선
발할 필요가 있을 때 실시했다.

195　「무과 별시를 치른 것을 임금님께 보고하는 장계設武科別試狀」(1594년 4월 11일)에는 당시
한산도에서 무과시험을 치른 과정이 나온다.

196　문과와 무과 전시는 왕 주관으로 치러지는 시험이다. 본래 전시의 최종 시험관은 왕이고, 전
시 시관은 참시관, 참고관 등으로 불렀다. 문과 전시는 독권관·대독관이라고 했고, 무과 전시의
시관은 참시관·참고관이라고 했다. 곽수지의 『호재진사일록』 1594년 8월 7일에는 8월 6일 영천
에서 시행된 문과시험에 대한 기록이 나오는데, 당시 문과시험의 시험관과 선비들이 융복戎服(군
복의 일종)을 입고 있었다고 한다. 전쟁 중이라 문관과 선비조차 군복인 융복을 입고 있었던 듯하
다. 무관인 이순신도 이 시험장에서는 갑옷이나 관복이 아닌 융복을 입고 있었을 듯하다.

197　『경국대전』에 따르면, 무관 선발 시험에 다른 사람을 대신 응시시키거나, 대리로 시험을 치
는 사람은 모두 장형 100대에 처하고, 수군으로 강제 입영시켰다. 곽수지의 『호재진사일록』
1594년 8월 7일에는 8월 6일 영천에서 시행된 문과 시험에 대한 기록이 나오는데, 당시 문과 시
험의 시험관과 선비들이 융복戎服(군복의 일종)을 입고 있었다고 했다. 전쟁 중이라 문관과 선비
조차 군복인 융복을 입고 있었던 듯하다. 무관인 이순신도 이 시험장에서는 갑옷이나 관복이 아
닌 융복을 입고 있었을 것이다.

198　중종의 둘째 계비, 문정왕후 윤씨의 제삿날이다.

199　석가탄신일이다. 등불놀이 풍속이 있다. 『난중일기』에도 등불놀이를 한 기록이 있다.

9일[28일, 정사] 맑았다. 아침에 시험을 끝내고, 합격자 명단 초방草榜200을 게시했다. 큰비가 왔다. 어 조방장魚助防將(어영담)이 세상을 떴다. 아프고 탄식이 나오는 마음을 어찌 다 말하랴.201

10일[29일, 무오] 흐렸다. "순무어사巡撫御史(서성)202가 진으로 온다"는 선문이 왔다.203

11일[30일, 기미] 맑았다. "순무巡撫(순무어사 서성)가 들어오고 있다"고 했다. 찾도록 배를 내보냈다.

12일[31일, 경신] 맑았다. 순무(순무어사) 서성204이 내 배로 와서 이야기했다. 우수사(이억기)와 경상 수사(원균), 충청 수사(구사직)도 함께 도착했다. 술잔이 세 번 돈 뒤, 원 수사(원균)가 취한 척하면서 미친 듯 날뛰며 억지를 부렸다. 순무(서성)도 이상하게 여기지 않을 수 없었다.205 (원균의) 의도가

---

200 초방草榜은 과거시험 결과를 평가해 합격한 사람 명단의 초본을 작성하는 일이다. 「무과 별시를 치른 것을 임금님께 보고하는 장계設武科別試狀」(1594년 4월 11일)에 따르면, 4월 6일에 과거시험장을 열고, 철전 5시 2순(총 10발)에 두 발 이상 명중한 사람과 편전 5시 1순(5발)에 한 발 이상 명중한 사람을 합격자로 정했는데, 100명을 선발했다고 한다.

201 「방답 첨사를 선발해 임명해주시기를 임금님께 청하는 장계請防踏僉使擇差狀」에는 방답 첨사에 새로 임명된 어영담이 4월 10일에 전염병으로 사망했다고 나온다.

202 순무어사는 지방에 변란이나 재해가 일어났을 때 돌아다니며 군대 또는 백성을 순찰하고 진정시키기 위해 중앙에서 파견한 관리다.

203 정경운의 『고대일록』 1594년 4월 3일에도 순무어사 서성이 시찰하는 모습이 나온다.

204 서성(1558~1631)은 조선 중기의 문신이다. 대제학 서거정의 후손이다. 병조 좌랑을 거쳐 1592년 임진왜란 때 선조를 호종하다가 황정욱의 요청으로 그의 종사관이 되어, 함경도로 갔다가 국경인에 의해 임해군·순화군·황정욱 등과 함께 붙잡혀 가토 기요마사의 포로가 되었다가 탈출했다. 다시 사헌부 지평·병조 정랑을 역임하고 명나라 장수 유정을 접대했다. 충청·전라·경상도에 암행어사로 파견되기도 했고, 경상 우도 감사에 발탁되기도 했다.

205 이때의 원균의 태도를 알 수 있는 것으로는 『선조실록』 선조 30년(1597) 1월 27일의 기록이다. 김수가 "서성이 술잔치를 베풀고, (이순신과 원균) 두 사람이 화해하게 했는데, 원균이 이순신에게 '너에게는 다섯 아들이 있다【다섯 아들이란 권준·배흥립·김득광 등을 말한다】고 했으니, 그가 분노하고 불평했던 것을 알 수 있습니다"라고 했다.

지독히 흉악했다. 삼가 현감(고상안)이 돌아갔다.

13일[양력 6월 1일. 신유] 맑았다. "순무(순무어사 서성)가 전투 훈련習戰을 보고 싶다"고 했기에, 죽도竹島 바다 가운데로 나가 교대로 훈련했다. 선전관 원사표元士彪와 금오랑金吾郞(의금부 도사)206 김제남金悌男207이 충청 수백(구사직)을 잡아갈 일로 도착했다.208

14일[2일. 임술] 맑았다. 아침에 김제남과 자세히 이야기했다. 늦게 순무(순무어사 서성)의 배로 가서, 전쟁 전략을 자세히 논의했다. 얼마 뒤 우수사(이억기)가 왔다. 이정충李廷忠(전라 우수영 우후)209도 불러왔다. 순천 부사(권준)와 방답 첨사, 사도 첨사(김완)도 함께 왔다. 아주 많이 취했다. 보고하고 헤어져 배로 돌아왔다. 저녁에 충청(수사 구사직)의 배에 가서 이별주를 마셨다.

206 금오랑은 종5품으로 의금부의 도사다. 금오는 의금부의 별칭이다. 왕부·금부라고도 불렀다. 일반인의 재판을 다루는 형조나 한성부와 달리 조정의 관원이나 양반만을 위한 특별 재판 기관이다. 조정의 관원이 범죄를 저질러 형조나 사헌부, 사간원에 잡힌 경우, 모두 왕에게 보고하고 의금부로 이송했다. 특히 양반 중에서 문·무과 급제자 및 문·무과 관리만 다루었고, 납속納贖이나 군공을 세워 양반 신분을 얻은 경우는 대상이 아니다. 본래 의금부에서 주로 다루는 범죄는 반역 사건이었지만, 의금부의 역할이 커지면서 관료들의 범죄까지 다루게 되었다. 『난중일기』에는 위의 일기처럼 관리들을 잡아가기 위해 중앙에서 파견된 금오랑(의금부 도사)이 이순신의 진영에 온 기록이 자주 등장하고, 이순신 역시 백의종군 과정에서 금오랑이 이순신을 이송시키는 모습을 볼 수 있다.

207 김제남(1562~1613)은 조선 중기의 문신이다. 1594년 의금부 도사·공조 좌랑, 1596년 연천 현감, 1601년 이조 좌랑에 임명되었다. 1602년 둘째 딸이 선조의 계비(인목왕후)가 되었다. 1613년 이이첨 등이 김제남이 인목왕후의 소생 영창대군을 추대하려 한다고 무고를 당해 사사賜死되었다. 1616년에는 폐모론이 일어나면서 다시 부관참시되었다. 1623년 인조반정 후에 관작이 복구되었다.

208 『전율통보』「형전」에 따르면, 정2품 이상은 의금부 도사가 압송하고, 종2품 이상은 서리가 압송하며, 당하관은 나장이 압송했다. 구사직은 충청 수사로 정3품 이상이었다.

209 이정충(1553~?)은 조선 중기의 무신이다. 『경진별시문무과방목庚辰別試文武科榜目』에 따르면, 1580년 무과 별시에 급제했다. 임진왜란 당시 전라 우수사 이억기 소속의 우후로 활약했다.

15일[3일, 계해]210 맑았다. 금오랑(김제남)과 함께 마주해 아침을 먹었다. 늦게 충청 수사(구사직)와 선전관(원사표), 우수사(이억기)가 함께 이르렀다. 구우경(구사직)과 작별했다.211 해 질 무렵 이경사李景思가 그의 형 헌憲의 편지를 갖고 왔다.

16일[4일, 갑자] 맑았다. 아침을 먹은 뒤, 활터 정자로 올라갔다. 쌓여 있던 공문들을 처리해 내보냈다. 경상 수사(원균)의 군관 고경운高景雲과 도훈도, 대변색待變色212과 영리를 잡아오게 했다. 지휘를 따르지 않았고指麾不應, 적의 변고에 대한 긴급 보고를 신속히 보고하지 않은 죄213로 장에 처했다. 저녁에 송두남이 서울에서 내려왔다. "모든 「임금님께 보고하는 글」은 하나하나 임금님의 물음에 자세히 답변하는 글을 올리고 시행하라"고 했다.

17일[5일, 을축] 맑았다. 늦게 활터 정자로 올라갔다. 제송공문을 처리했다. 우수백(이억기)이 만나러 왔다. 거제 현령(안위)214의 긴급 보고 내용에, "왜선 100여 척이 처음으로 본토(일본)에서 나와 절영도로 향했다"고 했다.215

---

210 성종의 원비, 공혜왕후 한씨의 제삿날이다.

211 구사직은 이때 충청 수사에서 파직된 듯하다. 「충청도 전선이 기한 안에 돌아와 정박할 수 있도록 임금님께 청하는 장계請忠清刻期回泊狀」에 따르면, 신임 충청 수사로 이순신李純信이 임명되었다고 했고, 『난중일기』 4월 18일에는 신임 충청 수사 이순신이 나오기 때문이다.

212 대변색은 비상사태變故에 대비하는 관리待變色다.

213 "신속히 보고하지 않은 죄不爲飛報罪"를 「문화재청본」은 "不爲飛報"로, '罪'를 누락시켰다.

214 안위安衛(1563~?)는 조선 중기의 무신이다. 정여립의 5촌 조카로 1589년 정여립 사건 때 평안도에 유배되었다가 임진왜란이 일어나면서 풀려났다. 무과에 급제한 뒤, 1593년 이항복의 천거로 거제 현령이 되었다. 1594년 제2차 당항포해전 때 이순신의 막하에서 전부장으로 참전했다. 1597년 칠천량해전에서는 경상 우수사 배설 휘하로 참전했다. 명량대첩에서는 이순신의 공격 명령을 받고 가장 먼저 돌격전을 펼쳐 승리의 발판을 만들었다. 1601년 전라도 병마절도사가 되었으나, 역적 정여립의 조카라는 이유로 대간의 탄핵을 받아 파직됐다. 뒤에 전라 좌수사, 충청 수사 등을 역임했다. 이순신의 「당항포에서 왜적을 쳐부순 일을 임금님께 보고하는 장계唐項浦破倭兵狀」(1594년 3월 10일)에 '거제 현령 안위'가 나온다.

215 「왜적을 정찰한 것을 임금님께 보고하는 장계哨探倭兵狀」(1594년 4월 19일)에는 4월 18일

해 질 무렵 거제의 포로가 되었던 사람,216 남녀 16명이 도망쳐 돌아왔다.217

18일[6일, 병인] 맑았다. 새벽에 도망쳐 돌아온 사람들에게 적의 정세를 상세히 물었더니, "평의지(소 요시토시)는 웅천 땅 입암笠巖에 있고, 평행장平行長(고니시 유키나가)은 웅포에 있다"고 했다.218 충청의 신임 수사(이순신)219와 순천 부사(권준), 우우후(전라우수영 우후 이정충)가 왔다. 늦게 거제 현령(안위)도 왔다. 저녁에 비가 내렸다. 밤새 부슬부슬 내렸다.

19일[7일, 정묘] 비가 계속 내렸다. 첨지 김경로金敬老220가 원수부元帥府에서 왔다. 적을 무찌를 계책을 세워 대응하는 등의 일을 논의했다. 그대로 같은 배에서 묵었다.221

20일[8일, 무진] 내내 가랑비가 내렸고 개지 않았다. 우수사(이억기)와 충청 수사(이순신), 장흥 부사(황세득)와 마량馬梁 첨사(강응호)도 왔다. 바둑을 두

에 안위가 보고한 것으로 나온다.

216 "포로가 되었던 사람"의 원문은 "被擄人"이다. 「문화재청본」에서는 '人'을 누락시켰다.

217 이 16명에 대해서는 이순신의 「왜적의 정황을 임금님께 보고하는 장계, 1594년 4월 20일, 陳倭情狀」에 자세히 나온다. 『충무공유사』에서는 4월 18일 일기로 나온다.

218 「왜적의 정황을 임금님께 보고하는 장계陳倭情狀」(1594년 4월 20일)에는 견내량 복병장 진도 대장 이세희李世熙가 붙잡은 일본군 진영에서 탈출한 16명의 이야기가 나온다.

219 「충청도 전선이 기한 안에 돌아와 정박할 수 있도록 임금님께 청하는 장계請忠淸刻期回泊狀」에는 장계 작성 날짜는 알 수 없으나, 신임 충청 수사 이순신의 임명장이 아직 내려오지 않았다는 내용이 나온다.

220 김경로(1548~1597)는 조선 중기의 무신이다. 자가 성숙惺叔이다. 1587년 경성 판관으로 여진족 토벌에 전공을 세웠다. 1592년 임진왜란이 일어났을 때, 김해 부사로 경상 관찰사 김수의 막하에서 활약했다. 1594년 첨지중추부사로서 도원수 권율의 막하에서 전라도 방어를 담당했다. 1597년 정유재란이 일어나자 조방장으로 남원성을 방어하다 전사했다.

221 이날 「왜적을 정찰한 것을 임금님께 보고하는 장계哨探倭兵狀」(1594년 4월 19일)를 작성했다.

었고, 군사 일도 의논했다.222

방답 첨사가 돌아가고 흥양 현감(배흥립)이 들어왔다.

21일[9일, 기사] 비가 내리거나 이따금 맑거나 했다. 홀로 배의 뜸 아래 앉아 있었다. 저녁 무렵까지 아무도 오지 않았다. 방답 첨사가 충청 수사(이순신)의 장부重記223를 수정하는 일로 보고하고 돌아갔다. 저녁에 김성숙金惺叔(김경로)과 곤양 군수 이광악224이 와서 만났다. 해 질 무렵 흥양 현감(배흥립)이 들어왔다. 영(전라 좌수영) 탐선도 도착했는데, 어머님께서 평안하셨다. 다행이다. 다행이다.

22일[10일, 경오] 맑았다. 바람결이 시원해 가을秋天 같았다. 김 첨지金僉知(김경로)가 돌아갔다. 「임금님께 보고하는 글」을 봉했고, 조총과 동궁(광해군)께 바칠 긴 창을 봉해 올렸다.225 장흥 부사(황세득)가 왔다.226 저녁에 흥

---

222 이날 「왜적의 정황을 임금님께 보고하는 장계陳倭情狀」(1594년 4월 20일), 「수군 소속 여러 장수에게 최전방 복무를 쉬게 한 일에 대해 동궁께 보고하는 장달舟師所屬諸將休番狀」(1594년 4월 20일), 「군 복무 기피자들이 많은 여러 장수의 죄에 대해 처벌을 임금님께 청하는 장계請罪關防諸將狀」(1594년 4월 20일)를 작성했다.

223 중기重記는 관청의 재산 목록으로, 수령이 교체될 때마다 사무를 인계하는 문서다.

224 이광악(1557~1608)은 조선 중기의 무신이다. 1584년 무과 급제, 1592년 곤양 군수, 1592년 1차 진주성 전투에 좌익장으로 참전해 승리했다. 1594년 의병대장 곽재우의 부장으로 활동했다. 1598년 전라도 병마절도사로서 명나라 군대와 금산·함양 등지에서 일본군을 격파했다. 박계숙의 『부북일기』1606년 12월 9일에는 "홍원현에 도착하니 남병사 이광악이 함흥으로부터 와서 도착해 있는즉 바로 들어가 배알했다"는 기록도 나온다.

225 이날 「왜적의 조총을 봉해 올려보내는 일을 임금님께 보고하는 장계封進鳥銃狀」를 작성한 듯하다. 조총이 우리나라에 처음 들어온 것은, 『선조수정실록』 선조 22년(1589) 7월 1일에 따르면, "평의지 등이 공작孔雀 1쌍과 조총 수삼 정을 바쳤는데, 공작은 남양南陽 해도로 놓아 보내고 조총은 군기시에 간직하도록 명했다. 우리나라가 조총이 있게 된 것은 이때부터다"라고 1589년으로 기록하고 있는데, 류성룡의 『징비록』에서는 선조 23년(1590) 3월 통신사로 파견된 황윤길과 김성일이 평의지와 일본에서 돌아올 때 갖고 온 것으로 기록하고 있다.

226 『선조실록』 선조 27년(1594) 4월 23일 기록에 따르면, 이 시기에 원균도 조총 70여 자루를 아들 원사웅元士雄(1575~?)을 시켜 올려보냈다.

양 현감(배흥립)도 왔다.

23일[11일. 신미] 맑았다. 아침에 순천 부사(권준)와 흥양 현감(배흥립)이 왔다. 늦게 곤양 군수 이광악이 술을 갖고 왔다. 장흥 부사(황세득)도 왔다. 임치臨淄 첨사[227]도 같이 왔다. 곤양 군수가 아주 많이 취해 가끔 미친 듯 말을 했다. 우스운 일이다. 나도 잠시 취했다.

24일[12일. 임신] 맑았다. 아침에 서울로 보낼 편지를 썼다. 늦게 영암 군수(박홍장)[228]와 마량 첨사(강응호)가 와서 만났다. 순천 부사(권준)가 보고하고 돌아갔다. 각 항목의 「임금님께 보고하는 글」[229]을 봉해 보냈다. "경상 우수사(원균)가 있는 곳에 순찰사의 종사관이 들어왔다"고 했다.

25일[13일. 계유] 맑았다. 이른 새벽부터 몸이 아주 불편했다. 내내 아팠다. 아침에 보성 군수(김의검)가 와서 만났다. 밤새 앉아서 앓았다.

26일[14일. 갑술] 맑았다. 아픔이 아주 심했다. 거의 깨어나지 못할 뻔했다. 곤양 군수(이광악)가 보고하고 돌아갔다.

---

227 "임치臨淄 첨사"를 「편수회본」에서는 홍견洪堅으로 보았다. 그런데 임치 첨사 홍견은 「난중일기」에서는 1596년 3월 1일자에 처음 등장한다. 이 시기에 홍견이 임치 첨사였는지는 불확실하다.

228 박홍장(1558~1598)은 조선 중기의 무신이다. 1580년에 무과에 급제했다. 북병사 이일의 군관, 선전관을 역임했다. 1589년 제주 판관, 임진왜란이 일어났을 때는 제주 조방장으로 전란을 지원했다. 1594년에는 영암 군수, 대구 부사에 임명되어 대구를 지켰다. 1596년, 황신과 함께 통신사로 일본에 파견되었다. 11월 귀국한 뒤 순천 부사, 1598년 상주 목사 겸 상주 첨사에 임명되었으나 병으로 부임치 못하다가 사망했다. 1588년 1월, 여진족 토벌 작전인 시전부락 전투 상황을 그린 「장양공정토시전부호도」에는 '조전장 병절교위 훈련원 참군(무안인)'으로 참전한 것으로 나온다. 당시 이순신은 우위에서 우화열장으로 참전했다.

229 이때 「이충무공전서」에 나오는 날짜 미상의 장계들, 「여도 만호 김인영에게 상을 주시기를 임금님께 청하는 장계請賞呂島萬戶金仁英狀」, 「왜적의 조총을 봉해 올려보내는 일을 임금님께 보고하는 장계封進鳥銃狀」, 「방답 첨사를 선발해 임명해주시기를 임금님께 청하는 장계請防踏僉使擇差狀」, 「충청도 전선이 기한 안에 돌아와 정박할 수 있도록 임금님께 청하는 장계請忠清刻期回泊狀」를 한꺼번에 올려보낸 듯하다.

27일[15일. 을해]230 맑았다. 아픔이 잠시 덜해졌다. 잠자는 방으로 내려갔다.

28일[16일. 병자] 맑았다. 몸이 아픈 것이 크게 덜해졌다. 경상 수사(원균)와 좌랑(정6품) 이유함李惟諴이 와서 만났다. 울이 들어왔다.

29일[17일. 정축] 맑았다. 몸이 가볍고 평안해진 듯했다. ~~아들 면이 들어왔다. 또 계집종 넷과 관청 계집종이 들어왔다.~~231 이날 우도에서 음식을 차려 삼도의 전투병에게 술을 내놓았다.

◎ 1594년 5월

4 5월 1일[양력 6월 18일. 무인]232 맑았다. 아침을 먹은 뒤, 활터 정자의 방으로 올라갔더니, 날씨가 아주 맑았고 시원했다. 내내 비가 쏟아지듯 땀이 났다. 몸은 조금 나아진 듯했다. 아침에 아들 면과 집안 계집종 4,233 관청 계집종 4구234가 병중에 심부름을 할 일로 들어왔다. 덕235은 곧 머물게 했으나, "나머지는 내일 되돌려 보내라"고 일렀다.

2일[19일. 기묘] 맑았다. 새벽에 회와 계집종236 등이 어머님의 생신에 쓸 물

---

230 덕종의 왕비, 소혜왕후의 제삿날이다.
231 "또 계집종 넷과 관청 계집종이 들어왔다"를 「박혜일·최희동본」은 "婢四官婢"로 보았다. 「문화재청본」은 「편수회본」과 똑같이 "州四官州"로 보았다. '州'를 5월 19일의 '婢'와 비교해보면 다른 글자다. "婢"가 타당하고, 「문화재청본」, 「편수회본」이 오자다.
232 「친필본」을 보면, 4월로 썼다가 5월로 수정한 것을 확인할 수 있다.
233 인원수를 뜻하는 단위를 기록하지 않았다.
234 "口"는 노비를 세는 단위다. 『경국대전』에 따르면, 노비는 수군절도사 진마다 120명씩, 6개 진에 총 720명의 노비가 소속되어 있었다. 병마절도사 진은 200명씩, 총 1400명이 소속되어 있었다.
235 덕은 일기의 내용으로 보면 계집종인 듯하다. 1597년 4월 11일자에도 나온다. 그러나 동일 인물인지는 확증할 수 없다.
236 "계집종女奴"은 「문화재청본」에서는 "如奴"이나, 「친필본」, 「편수회본」, 「박혜일·최희동본」은 "女奴"이다. 「문화재청본」이 오자다. 『충무공유사』에서는 "노비奴婢(사내종과 계집종)"로 나온다.

건을 바칠 일로 되돌아갔다. 우수사(이억기)와 흥양 현감(배흥립), 사도 첨사(김완)와 소근所斤 첨사(박윤)[237]가 와서 만났다. 몸이 점차 나아졌다.

흥양 현감(배흥립)이 돌아갔다.

3일[20일, 경진] 맑았다. 아침에 흥양 현감(배흥립)이 휴가를 보고하고 돌아갔다. 늦게 발포 만호(황정록)가 와서 만났다. 장흥 부사(황세득)도 왔다. 군량을 준비할 계책으로 쓸 '이름을 적지 않은 관직 임명장'[238] 300여 장과 임금님의 유지 2통이 내려왔다.[239]

4일[21일, 신사][240] 흐렸다. 광풍과 큰비가 내내 그치지 않았다. 밤새 더 사나워졌다. 경상 우수사(원균)의 군관이 와서, "왜적 3명이 중선을 타고 추도에 이르렀는데, 서로 마주쳤기에 붙잡아 왔다"고 했다. 죄를 조사하기 위해 심문한 뒤 압송해 오라고 일러 보냈다. 저녁에 공태원孔太元[241]에게 물었

---

237 이순신의 「기한을 넘긴 여러 장수를 처벌해주실 것을 임금님께 청하는 장계請罪過期諸將狀」(1594년 4월 2일)에는 소근 첨사 박윤朴潤이 나온다. 1588년 1월, 여진족 토벌 작전인 시전부락 전투 상황을 그린 「장양공정토시전부호도」에는 좌위 부대에서 한후장 현신교위 영건보 병마만호(영암인)로 참전했다. 이순신은 우위에서 우화열장으로 참전했다.

238 "이름을 적지 않은 관직 임명장空名告身"에서 "告身"은 관료에게 관직을 내리는 문서로 임명장이다. 공명고신空名告身은 발급하는 사람이 현장에서 임의로 발급할 수 있도록 받는 사람의 이름을 기록해놓지 않은 백지 임명장인 공명첩空名帖의 하나다. 임진왜란 당시 군공을 세운 사람, 군량을 기부하거나 운반에 도움을 준 사람에게 주었다. 아전이나 관청 노비, 개인 노비, 군사들까지도 천인 신분을 벗거나 부역을 면제받기 위해 군량을 바치거나 운반에 참여해 공명고신을 받았다.

239 정경운의 『고대일록』 1593년 5월 29일에는 독운어사 윤경립尹景立이 전한 유지 내용이 나온다. "군량 40섬을 60리 정도 떨어진 곳으로 보내는 사람에게는 문반 6품, 20석은 종6품 이상의 영직影職, 15석은 훈도訓導(정9품 관직)에 임명한다"는 내용이었다.

240 이순신 어머니의 생신날이다.

241 "공태원"을 「문화재청본」에서는 "공대원孔大元"으로 보았고, 「친필본」도 '공대원'으로 볼 수 있으나, 공태원이다. 공태원은 이순신 진영의 진무이다. 『난중일기』의 다른 일기에서도 공태원으로 나온다. 또한 이순신이 1593년 웅포해전 후 쓴 보고서인 「왜적을 무찌른 일을 임금님께 보고하는 장계討賊狀」(1593년 4월 6일)에 따르면, "정해년(1587)에 왜구에게 잡혀갔다가 돌아온 사람으로 일본어를 할 줄 아는 사람"이다. 『선조실록』 선조 33년(1600) 1월 28일에는 이항복이

더니, "왜 등이 바람을 따라 배를 띄워 본토(일본)로 향했다가 바다 가운데서 강한 회오리바람颶風[242]으로 배를 제어할 수가 없어 이 섬에 표류해 도착했다"고 했다. 그러나 교활하게 속이는 말이라 믿을 수 없었다. 이설과 이상록[243]이 돌아갔다. 영(전라 좌수영) 탐선이 들어왔다.

5일[22일, 임오][244] 비바람이 크게 불었다. 지붕이 3겹이나 벗겨져 조각조각 높이 날아갔다.[245] 삼대 같은 빗발이 쏟아졌다. 몸뚱이조차 비바람을 피할 수 없었다. 우스운 일이다. 사도 첨사(김완)가 와서 안부를 묻고 갔다. 큰 비바람이 오후 2시에 조금 멈췄다. 발포 만호(황정록)가 떡을 쪄 보냈다. 탐선이 들어왔다. 어머님께서 평안하신 것을 알았다. 행복하다. 행복하다. 행복하다.

6일[23일, 계미] 흐렸다가 늦게 맑았다. 사도 첨사(김완)와 보성 군수(김의검), 낙안 군수(김준계)와 여도 만호(김인영), 소근 첨사(박윤) 등이 와서 만났다. 오후에 원 수사(원균)가 사로잡은 왜 3명을 이끌고 왔다. 진술을 받았는데, 이리저리 속이는 것이 끝이 없었다. 곧바로 "원 수사에게 머리를 베고 보고

1590년 일본 측에서 통신사 파송을 요청하면서 일본에 망명했던 사화동과 우리나라를 침입했던 왜구 신삼보라·긴요시라·망고시라 등 세 명과 왜구에게 포로로 잡혀갔던 130여 명을 돌려보낼 때, 공태원도 돌아왔다고 한다. 공태원 등은 일본어를 알고 있었고, 그들이 잡혀가 있던 오도五島에 대한 자세한 정보를 전했다고 한다. 「선무원종공신녹권」에서는 수군으로 나오고, 선무원종공신 3등이다.

242 이날 일기의 구풍颶風은 회오리바람이다. 이 구풍을 아라비아의 뱃사람들은 회오리라는 뜻이 담긴 tūfān이라고 부르면서 영어로 Typhoon이라는 단어가 생겨났다. 그러나 오늘날 우리가 익히 알고 있는 태풍颱風은 「난중일기」에는 나오지 않는다. 중국에서도 태풍은 「난중일기」가 쓰인 이후인 1634년에 편집된 「복건통지福建通志」에 처음 나온다.

243 "李尙祿"을 「문화재청본」에서는 "李祥祿"으로 보았으나, '祥'은 '尙'의 오자다.

244 5월 5일은 조선시대 명절의 하나인 단옷날이다.

245 "지붕이 3겹이나 벗겨졌다"는 기록으로 보아 이순신이 머문 집은 기와집이 아니라 초가집으로 보인다. 같은 상황이 8월 11일에도 나타난다. 1597년 11월 6일의 일기에도 "새집의 지붕을 풀로 덮었다"는 기록이 나온다.

하라"고 했다. 우수사(이억기)도 도착했다. 술잔을 세 번 연이어 돌리고 돌아갔다.

7일[24일, 갑신] 맑았다. 날씨가 평온한 듯했다. 16곳에 침246을 맞았다.

8일[25일, 을유] 맑았다. 원수(권율)의 군관 변응각邊應慤이 원수의 공문과 「임금님께 보고한 글」을 베껴 쓴 것啓草, 임금님의 유지를 갖고 왔다. "수군을 거제로 나아가게 해, 적이 겁을 먹고 물러나 숨게 하라는 일"이었다. 경상 우수사(원균)와 전술(전라) 우수사(이억기)를 불러 의논해 결정했다. 충청 수사(이순신)가 들어왔다. 밤에 큰비가 내렸다.

9일[26일, 병술] 비가 계속 내렸다. 내내 홀로 빈 정자에 앉아 있었다. 온갖 생각이 가슴을 쳤다. 가슴에 품은 생각으로 어지러웠다. 어찌 다 말하랴. 어찌 다 말하랴. 정신이 아주 아득해 술에 취한 듯, 꿈속인 듯했다. 바보가 된 듯, 미친 듯했다. 바보가 된 듯, 미친 듯했다獨坐空亭 百念攻中 懷思煩亂 如何可言 如何可言 昏昏醉夢 如癡如狂 如癡如狂.

10일[27일, 정해]247 비가 계속 내렸다. 새벽에 일어나 창을 열고 멀리 바라보았더니, 많은 배가 바다를 가득 뒤덮고 있었다. 적이 쳐들어와도 충분히 다 죽여 없앨 수 있겠다. 늦게248 우우후(전라 우수영 우후 이정충)와 충청 수사(이순신)가 왔다. 둘이서 박을 겨루었다.249 원수의 군관 변응각도 같이

---

246 "針"을 「문화재청본」은 "鍼"으로 보았다. 같은 자다.
247 태종의 제삿날이다. 『난중일기』 1597년 5월 10일에 따르면, 이날은 옛날부터 비가 내렸다고 했다. 이 비를 태종우라고 불렀다. 1593년·1595년·1596년 5월 10일은 맑았고, 1594년·1597년 5월 10일에는 비가 내렸다. 1595년 5월 11일에는 비가 내렸다.
248 "늦게晩"를 「문화재청본」에서는 누락했다.
249 원문은 "兩爭手博"이다. 『이충무공전서』에서는 "博"으로 나온다. "博"이 언급된 다른 일기인 1593년 8월 12일, 1594년 7월 14일, 1595년 1월 21일, 1595년 3월 25일, 1595년 5월 20일을 보면, 비가 내리는 날에는 방에서 했다. 이로 보면 실내에서 할 수 있는 쌍륙이나 장기 같은 놀이로 보인다. 이날도 비가 내렸다. 수박手博은 바둑을 수담이라고 한 것과 같은 표현으로 보인다.

점심을 먹었다. 보성 군수(김의검)가 해 질 무렵 도착했다. 비가 내내 쉬지 않았다. 걱정은[250] 아들 회가 바다로 나간 것이다. 소비포 권관(이영남)이 약물藥物을 보내왔다.[251]

11일[28일, 무자] 비가 저녁까지 계속 내렸다. 3월부터 쌓여 밀린 공문들을 하나하나 처리해 내려 보냈다. 저녁에 낙안 군수(김준계)가 와서 이야기했다. 큰비가 퍼붓는 듯 내렸다. 밤낮 그치지 않았다.

12일[29일, 기축] 큰비가 내내 내렸다. 저녁에야 조금 그쳤다. 우수사(이억기)가 와서 만났다.

13일[30일, 경인] 맑았다. 이날, 검모포[252] 만호의 보고에, "경상 우수사(원균) 소속의 포작 등이 격군을 싣고 도망치려고 했습니다. 포작이 발각되어 붙잡히게 되자, 바로 원 수사(원균)가 주둔한 곳으로 숨었습니다"라고 했기에, 사복 등을 보내 찾아내 붙잡을 때, "원 수사가 크게 화를 내며 사복 등을 묶었다"고 했다. 그래서 노윤발을 보내 풀어주게 했다. 밤 10시에 비가 내렸다.

14일[7월 1일, 신묘][253] 비가 내내 계속 내렸다. 충청 수사(이순신)와 낙안 군수(김준계), 임치 첨사와 목포木浦 만호(전희광)[254] 등이 와서 만났다. 영리營吏

『세조실록』 세조 10년(1464) 5월 19일에는 충청도 굴암사의 승려인 처의, 요여, 상혜가 수박을 서로 놀다가手搏相戲, 그로 인해 도끼와 낫으로 상혜를 죽였다는 내용이 나온다. 「北島万次본」에서는 "수박手搏은 무예의 한 종류다"라고 무술로 보았다.

250　"걱정은念"을 「문화재청본」에서는 누락했다.

251　"소비포 권관이 약물을 보내왔다所非浦藥物送來"를 「문화재청본」은 누락했다.

252　"검모포"의 원문 "黔毛浦"는 「충무공유사」에서는 "點毛浦"로 나온다. 「전서본」에서는 "黔毛浦"로 나온다.

253　문종의 제삿날이다.

254　이순신의 「당항포에서 왜적을 쳐부순 일을 임금님께 보고하는 장계唐項浦破倭兵狀」(1594년 3월 10일)에는 목포 만호 전희광田希光이 나온다.

를 시켜 종정도從政圖255를 그리게 했다.

15일[2일. 임진] 비가 내내 계속 내렸다. 이(색리)를 시켜 정도(종정도)를 그리게 했다.

16일[3일. 계사] 흐렸고 가랑비가 내렸다. 저녁 큰비가 내리기 시작해 밤새 내렸다. 집이 새서 마른 곳이 없었다. 걱정이 많았다. 각 배의 사람들이 지내는 데 고생이겠구나. 곤양 쉬(군수 이광악)가 편지를 보내왔다. 더불어 유정惟政256이 적 속을 오가며 문답한 것을 임금께 보고하는 초기草記257도 왔다. 읽어보니, 분하고 원통한 마음을 이길 수 없구나.

17일[4일. 갑오] 비가 퍼붓는 듯 내렸다. 바다의 안개도 짙게 끼어 눈앞도 구별할 수 없었다. 저녁까지 그치지 않았다.

보성 군수(김의검)가 돌아갔다.

18일[5일. 을미] 비가 내내 내렸다. 미조항 첨사(김승룡)가 와서 만났다. 저녁

---

255 종정도는 종경도從卿圖 혹은 승경도陞卿圖라고도 한다. 『난중일기』에서는 "정도政圖" 혹은 "도圖"라고 쓰기도 했다. 성현이 지은 『용재총화』에 따르면, 정승 하륜(1347~1416)이 만든 놀이다. 관직을 표로 그리고, 6면으로 된 윤목을 던지며 논다.

256 "유정"의 원문은 "惟精"이다. 그러나 "惟政"이 정확하다. 이순신은 "惟精"으로 알았던 듯하다. 유정(1544~1610)은 조선 중기의 승려다. 임진왜란 때 스승 휴정休靜(서산대사)과 함께 승병을 모집해 일본군과 싸웠다. 평양성 전투, 의령 전투에도 참전했다. 정유재란 때는 울산과 순천 예교 전투에도 참전했다. 1604년 일본으로 건너가 도쿠가와 이에야스를 만나 강화를 맺고, 1605년에 조선인 포로 3000여 명을 인솔하여 귀국했다. 밀양 표충사와 묘향산의 수충사에 배향되어 있다. 이순신의 이날 일기는 유정이 명나라 총병摠兵 유정과 함께 가토 기요마사와 강화 회담을 할 때의 이야기다. 유정은 총 4차례 울산 서생포에서 강화 회담에 참여했다. 1594년 4월 9일~16일, 1594년 7월 6일~16일, 1594년 12월 21일~27일, 1597년 3월 15일이다. 그중 1차 회담 직후, 이순신이 사명당의 회담 기록을 보고 쓴 것이 이 일기다. 당시 일본의 강화 조건은 1) 명의 공주를 일본의 후비後妃로 삼고, 2) 조선의 길을 통해 일본과 명나라의 무역 허용하며, 3) 조선 8도 중 남쪽 지방 4도를 나눠주고, 4) 조선 왕자 및 대신 12인을 인질로 보낼 것, 5) 일본 관백을 왕으로 봉해 줄 것이었다. 그런 조건을 본 이순신이 분노한 것이다.

257 초기는 간단한 형식으로 각 관청에서 임금에게 보고·요청·문의하는 내용의 문서다. 이날 일기의 초기 내용은 『선조실록』 선조 27년(1594) 5월 6일에도 나온다.

에 상주포 권관이 와서 만났다. 저녁에 보성 군수(김의검)가 돌아갔다.

19일[6일. 병신] 맑았다. 장맛비霖雨가 잠깐 그쳤다.258 기분이 아주 상쾌했다. 회와 면, 계집종 등을 돌려보낼 때 바람이 순하지 않았다. 이날, 송희립과 회가 같이 착량에 가서 노루를 잡을 때 비바람이 크게 불었고, 구름과 안개가 사방에 가득 끼어 있었다. 저녁 8시에 돌아왔을 때도 훤히 걷히지 않았다.

20일[7일. 정유] 비가 내렸으나 광풍은 조금 그쳤다. 웅천 현감(이운룡)과 소비포 권관(이영남)이 와서 만났다. 홀로 내내 앉아 있었다. 온갖 생각이 가슴을 치밀었다獨坐終日 百念攻中. 호남 방백(전라 순찰사 이정암)이 국가(조정)를 저버리는 듯해 많이 유감스럽구나.259

21일[8일. 무술] 비가 계속 내렸다. 웅천 현감(이운룡)과 소비포 권관(이영남)이 와서 종정도를 놀았다.260 거제 장문포長門浦에서 적에게 포로가 되었던 변사안卞師顔이 도망쳐 돌아와 말하는 내용에, "적의 세력이 성대하지는 않다"고 했다. 큰 바람이 밤낮 불었다.

22일[9일. 기해] 비가 내렸고 큰 바람도 불었다. 29일이 장모님妻母261의 제삿날이라 아들 회와 면을 내보냈다. 계집종 등도 내보냈다. 순사에게 편지

---

258 『성종실록』 성종 9년(1478) 6월 13일에는 장마가 오래 지속되자 성종이 장마의 원인으로 사족士族 처녀가 집이 가난해 제때 시집을 가지 못한 한 때문인 듯하다고 예조에 명해 혼수품을 주어 시집갈 시기를 놓치지 않게 하라고 명하는 기록도 있다.

259 이순신이 전라 관찰사 이정암에 대해 유감을 표시한 것은 『선조실록』 선조 27년(1594) 5월 22일의 기록에 따르면, 이정암이 일본군과의 강화를 건의했기 때문으로 보인다. 박이장朴而章(1547~1622)의 『용담집』 「호남 방백이 강화를 청하는 것을 배척하는 소斥湖南伯請和疏」(1594)에도 이정암이 강화를 주장한 것을 비판하는 내용이 나온다.

260 오희문의 『쇄미록』 1592년 11월 29일에도 종정도를 논 기록이 나오는데, 꼴찌에 대해 두 눈에 먹으로 그림을 그렸다고 한다.

261 이순신의 장모는 남양 홍씨로, 홍윤필의 딸이다.

를 보냈고, 순변사에게도 보내게 내보냈다. 황득중과 박주하朴注河, 오수 등을 격군을 찾아내 붙잡는 일로 내보냈다.

23일[10일, 경자] 비가 내렸다. 웅천 현감(이운룡)과 소비포 권관(이영남)이 왔다. 늦게 해남 쉬(현감 현즙)가 술과 안주를 갖고 왔다. 충청 수백(이순신)을 불러왔다. 밤 10시에 파했다.

24일[11일, 신축]262 잠시 맑았다. 저녁에 비가 내렸다. 웅천 현감(이운룡)과 소비포 권관(이영남)이 왔다. 정도(종정도)를 겨루었다. 해남 현감(현즙)도 왔다. 오후에 우수백(이억기)과 충청 수사(이순신)가 왔다. 내내 이야기했다. 「구사직에 대해 임금님께 보고하는 글」을 갖고 갔던 진무가 들어왔다. 조카 해가 들어왔다.

25일[12일, 임인] 비가 계속 내렸다. 충청 수사(이순신)가 와서 이야기하고 돌아갔다. 소비포 권관(이영남)도 왔다. 밤이 깊어 돌아갔다. 비가 조금도 그치지 않았다. 전투병들의 애타는 마음이 어떨까戰軍之懷悶如何. 조카 해가 되돌아갔다.

26일[13일, 계묘]263 ~~비가 내렸다.~~ 비가 잦아들거나, 이따금 비가 내려거나 했다. 청에 앉았다. 서쪽 벽이 무너졌다. 바라지破羅之264를 수리해 바람이 들어오게 했다. 맑은 공기가 아주 좋았다. 과녁판貫革板265을 정자 앞으로 옮겨 세웠다. 이날 이인원李仁元266과 토병 23명을 본영(전라 좌수영)으로 보

---

262 태조의 제삿날이다.
263 『선조실록』에 따르면, 이날 서울에는 지진이 있었다.
264 "파라지破羅之"는 우리말로 "바라지"다. 햇빛을 받아들이기 위하여 벽에 내는 자그마한 창을 말한다.
265 과녁판은 베로 만든 후가 아니라 가죽革으로 만든 과녁판이다. 한문으로는 관혁貫革이지만, 우리말로는 과녁이 된다. 주로 센 활을 쏠 때 쓰는 표적이다.
266 이인원은 「선무원종공신녹권」에서는 수문장守門將으로 나오고, 선무원종공신 2등이다.

냈다. "보리를 수확하는 일"을 일러 보냈다.[267]

27일[14일, 갑진] 맑거나 이따금 비가 내리거나 했다. 사도 첨사(김완)가 술을 ~~바치거에~~ 우수사(어억기)와, 충忠(충청) 수사(이순신), 발포 만호(황정록), 여(여도) 만호(김인영), 녹鹿(녹도) 만호(송여종)와 함께 훈련용 화살을 쏘았다. 이날, "소비포 권관(이영남)이 누워 앓고 있다"고 했다.

28일[15일, 을사] 잠깐 맑았다. 사도 첨사(김완)와 여도 만호(김인영)가 와서, "훈련용 화살을 쏘겠다"고 하기에, 우수사(이억기)와 충(충청) 수사(이순신)를 불러왔다. 내내 훈련용 화살을 쏘고, 술에 취해 이야기하다가 파했다. 광양 4호선의 부정 사실을 조사했다.

29일[16일, 병오] 아침에 비가 내렸다. 늦게 맑아졌다. 장모님聘母의 제삿날이라 좌기하지 않았다. 저녁에 진도 군수(김만수)가 보고하고 돌아갔다. 웅천熊川 현감(이운룡)과 거제 현령(안위), 적량 만호(고여우) 등이 와서 만나고 돌아갔다. 어두울 무렵 정사립이 보고하기를, "남해 사람이 배를 갖고, 순천 격군을 실어 나른다"고 했기에 붙잡아 가두게 했다.

30일[17일, 정미] 흐렸으나 비는 내리지 않았다. 아침에 적 등과 도망쳐 돌아가자고 꾄 광양 1호선[268] 군사인 경상 포작 3명을 처벌했다. 경상 우후(이의득)가 와서 만났다. 충청 수사(이순신)가 왔다.

---

267 이 시기는 보리 수확기였다. 남평 조씨의 『병자일기』 1639년 6월 2일과 4일에도 보리를 수확하는 내용이 나온다.
268 1593년 2월 22일 일기에 발포 2호선, 가리포 2호선이 나오는데, 「왜적을 무찌른 일을 임금님께 보고하는 장계討賊狀」(1593년 4월 6일)에서는 같은 배를 통선이라고 부르고 있다. 일기나 장계 기록에 등장하는 2호선은 통선과 통용되고, 반면 수사나 만호, 첨사 등이 타는 배는 상선(지휘선) 혹은 1호선과 통용되는 듯하다.

◎ 1594년 6월

6월 1일[양력 7월 18일, 무신]269 맑았다. 배 첨사(배경남)와 같이 아침을 먹었다. 충청(수사 이순신)이 와서 이야기했다. 늦게 훈련용 화살을 쏘았다.

2일[19일, 기유]270 맑았다. 배 첨사(배경남)와 같이 아침을 먹었다. 충청(수사 이순신)도 왔다. 늦게 우수사(이억기)의 진으로 갔다. 강진 현감이 술을 바쳤다. 훈련용 화살을 몇 순 쏘았다. 원 수사(원균)도 도착했다. 나는 몸이 불편해 일찍 돌아왔다. 누워서 충청(수사 이순신)과 배문길裵門吉(배경남)이 박내기로 승부를 겨루는 것을 구경했다.

3일[20일, 경술] 초복.271 아침에 맑았다. 오후에 소나기가 크게 내렸다. 내내 내려 밤에도 그치지 않았다. 바닷물이 뿌옇게 변했다. 그리 오래지 않은 옛날 이래 드문 일이었다.272 충청 수사(이순신)와 배 첨사(배경남)가 왔

---

269 『선조실록』에 따르면, 이날 지진이 있었다.

270 『선조실록』에 따르면, 이날 지진이 있었다.

271 초복은 삼복의 첫째. 음력 6월과 7월 사이에 세 번 드는 절기로 초복은 하지 후 세 번째 경일庚日, 중복은 네 번째 경일, 말복은 입추 후 첫 번째 경일이다. 『난중일기』에도 초복·중복·말복이 모두 나온다.

272 『선조실록』에 따르면, 이날 지진이 있었다. "바닷물도 뿌옇게 변했다. 그리 오래지 않은 옛날 이래 드문 일이었다"는 지진과 관련된 현상 혹은 적조 현상으로 보인다. 지진에 따른 영향으로 볼 수 있는 근거는 이날 일기 전후의 여러 기록에서 확인할 수 있다. 1594년 5월 14일부터 6월 3일까지 지진이 발생했다. 특히 6월 3일에는 서울을 포함해 전국적으로 발생했다. 『선조실록』 1594년 5월 14일에는 경상도에서 지진이 일어났고, 5월 26일 서울, 6월 2일 서울, 6월 3일 서울, 충청도, 경상도, 전주, 6월 7일 충청도 홍주, 6월 14일, 경상도에서 지진이 일어났다. 반면 적조 현상으로 볼 수 있는 경우는 이 시기의 기록은 아니지만, 조익趙翊(1556~1613)이 공주에서 유배생활을 하면서 쓴 『공산일기公山日記』에 나온다. 1603년 3월 4일자에는 함경도 관찰사의 장계에 북청·홍원·함양 등지의 바닷물이 붉어졌다는 기록을 보았다고 한다. 적조 기록은 그 이후 빈번히 기록되었다. 3월 19일자에는 통천에서 평해까지 붉었고, 3월 24일에는 통천 아래의 여러 고을의 바다까지 붉어졌고, 3월 26일에는 붉고 혼탁한 바다에서는 고깃배가 노를 젓는 데 어려울 정도가 된다고 했다. 적조 색깔에 대해 바다 깊은 곳은 붉기가 피와 같고, 가까운 바다는 붉기가 조금 엷지만, 그것을 취하여 색을 들이면 담홍색이라고 했다. 그는 또한 홍문관 박사의 말을 인용해 우리나라 역사 속의 적조 기록도 적었다. 『선조실록』에도 이 시기의 적조 현상 기록이 나온

다. 혁을 겨루었다.

4일[21일, 신해] 맑았다. 충청 수사(이순신)와 미조항 첨사(김승룡), 웅천 현감 (이운룡)이 와서 만났다. 그대로 도(종정도)를 겨루게 했다. 저녁에 겸사복이 임금님의 유지를 갖고 왔는데, 그 글 내용에서 말하기를, "수군의 여러 장수와 경주慶州[273]의 여러 장수가 협력하지 않는다니, 이제부터는 과거의 습관을 다 혁신하라"고 했다. 아프고 탄식이 나오는 것에 어찌 끝이 있으랴. 이는 원균이 술 취해 미친 짓을 했기 때문이구나.[274]

5일[22일, 임자] 맑았다. 충청 수사(이순신)가 와서 이야기했다. 사도 첨사(김완)와 여도 만호(김인영), 녹도 만호(송여종)가 함께 와서 훈련용 화살을 쏘았다. 밤 10시에 급창及唱[275] 금산金山과 그의 아내와 아이, 모두 3명이 여역(전염병)으로 죽었다. 3년 동안 눈앞에 두고 믿고 일을 시킨 자들이다. 하루 저녁에 죽었다. 참담하다. 참담하다可慘可慘. 무밭을 갈았다耕菁. 송희립이 낙안과 흥양, 보성의 군량을 독촉할 일로 나갔다.

6일[23일, 계축] 맑았다. 충청 수사(이순신)와 여도 만호(김인영)와 함께 훈련용 화살 15순을 쏘았다. 경상 우우후(이의득)가 와서 만났다. 소나기가 내

다(선조 36년(1603) 3월 10일). 바닷물 자체가 흐려졌다는 다른 기록으로는 『승정원일기』 헌종 8년 (1842) 8월 8일이 있다.

273 「문화재청본」에서는 "慶州"이나, 『충무공유사』에서는 "慶尙"이다. 『이충무공전서』에는 나오지 않는다. 『선조실록』 선조 27년(1594) 4월 28일에는 비변사에서 수군과 경주의 여러 장수가 반목하고 있다는 이야기를 하는 내용이 나온다. 이로 보면 '경주'가 맞다.

274 4월 12일 순무어사 서성이 왔을 때 원균이 술에 취해 무리한 말을 많이 했었다. 서성은 14일 돌아갔고, 그 후 『선조실록』 선조 27년(1594) 4월 28일 기록에는 이날 일기와 비슷한 내용이 나온다.

275 급창은 조선시대 관아에 소속되어 수령의 명령을 받아 큰소리로 전달하는 일을 맡아보던 남자 노비다. 「편수회본」 「문화재청본」 「박혜일·최희동본」은 '及昌'이나, 「친필본」 「편수회 초본」은 '及唱'이다. '唱'이 맞다.

렸다.

7일[24일. 갑인] 맑았다. 충청 수사(이순신)와 배 첨사(배경남)가 와서 이야기
했다. 남해의 군관과 색리 등의 죄를 처벌했다. 송덕일이 되돌아와 말하는
내용에, "임금님의 유지가 들어온다"고 했다. 이날 무씨 2되 5홉을 뿌렸다
種菁.[276]

8일[25일. 을묘] 맑았다. 더위가 찌는 듯했다. 우우후(전라 우수영 우후 이정
충)가 왔다. 충청 수사(이순신)와 같이 훈련용 화살 20순을 쏘았다. 저녁에
사내종 한경이 들어와, 어머님께서 평안하신 것을 알았다. 기쁘고 행복하
다. 기쁘고 행복하다. 미조항 첨사(김승룡)가 보고하고 돌아갔다. 회령포會
寧浦 만호(민정붕)가 진에 도착했다. 「군공軍功에 따라 관직을 포상하는 관교
官敎」[277]도 왔다.

9일[26일. 병진][278] 맑았다. 충청 수사(이순신)와 우우후(전라 우수영 우후 이정
충)가 와서 활을 쏘았다. 우수사(이억기)가 왔다. 함께 이야기했다. 밤이 깊
을 때까지 해海[279]의 적[280] 소리와 영수永壽[281]의 금[282] 타는 소리를 들으며,

276 『쇄미록』1597년 9월 26일에는 무를 뽑았는데, 항아리가 없어 침沉(김치)을 담을 수 없다는
내용이 나온다. 또한 1599년 10월 11일에는 김치 독沈菜瓮을 묻었다는 내용이 나온다. 이 시기
의 무김치에는 고추가 들어가지 않았다. 고추는 1613년 『지봉유설』에 등장하고, 1715년 『산림경
제』에 고추 재배법, 1766년 『증보산림경제』에 김치에 고추를 넣은 것이 나온다.
277 관교는 교지敎旨와 같은 말이다. 4품 이상의 관직을 내려주는 임명장으로 임금의 도장이
찍혀 있다.
278 이순신의 동생 이우신(여필)의 생일이다.
279 해는 누구인지 불분명하다. 그러나 1595년 8월 13일에도 이순신이 적笛을 불게 했던 인물
이다.
280 적은 통소와 단소 등과 함께 대나무 피리의 한 종류다. 이수광의 『지봉유설』에는 "옆으로
부는 것은 적이다. 이것은 강羌에서 생겼기 때문에 강적羌笛이라고 한다"라는 내용이 나온다.
281 영수는 1595년 5월 13일 일기에서도 금을 탔는데, "배영수裵永壽"라고 나온다. 1595년
7월 8일자를 보면, 우수사의 군관이다.
282 금은 거문고의 일종이다. 「난중일기」에는 13줄의 쟁箏, 12줄의 가야금伽倻琴도 나온다.

정답게 이야기하다가 파했다.

10일[27일, 정사] 맑았다. 뜨거운 날씨가 찌는 듯했다. 훈련용 화살 5순을 쏘았다.

11일[28일, 무오] 맑았다. 더위가 쇠도 녹일 듯했다. 아침에 울이 영(전라 좌수영)으로 갔다. 헤어져 섭섭한 마음이 하염없이 밀려왔다. 홀로 빈 동헌에 앉아 있었다. 정 때문에 마음을 가눌 수 없구나. 늦게 바람이 아주 거칠었다. 걱정이 더욱더 심해진다. 걱정이 더욱더 심해진다. 충(충청) 수사(이순신)가 와서 활을 쏘았다. 그대로 같이 저녁을 먹었다. 달 아래서 함께 이야기했다. 옥적 소리가 맑고 깨끗했다月下共談 玉笛寥亮.[283] 오랫동안 앉아 있다가 파했다.[284]

12일[29일, 기미] 큰 바람이 불었으나 비는 내리지 않았다. 가뭄이 아주 심했다. 농사가 걱정이다. 더욱더 걱정이다農事之慮 尤可虞矣.[285] 이날 어두울 무렵, 영선營船(전라 좌수영 전선) 격군 7명이 도망갔다.

13일[30일, 경신][286] 바람이 아주 사나웠다. 뜨거운 날씨가 찌는 듯했다.

『묵재일기』에는 금, 현금玄琴(1551년 5월 16일), 가금伽琴(1551년 11월 1일)이 나오고, 1552년 4월 26일에는 "단금短琴·단가금短伽琴"이 나온다.

283 달 아래에서 이야기하고 술을 마시고 음악을 듣는 것은 조선시대 사대부 문화였다. 『묵재일기』 1551년 2월 15일과 1552년 10월 14일에도 달 아래에서 술을 마시고, 시를 짓고, 기생을 불러 노래를 듣는 장면이 나온다.

284 박기봉은 『충무공 이순신 전서(2)』에서 이순신이 이날 「한산도가」를 지은 것이라고 보았다. 그러나 박혜일은 1593년 7월 14일, 설의식·이은상·최영희는 1595년 8월 15일, 이종학은 1597년 8월 15일 전남 보성 열선루에서 「한산도가」가 지어졌다고 보았다. 이응표의 족보에 실린 이순신의 시와 답시를 기준으로 한다면 1595년 8월 15일 또는 1595년 10월 25일 둘 중 하나일 가능성도 있으나(합천 이씨 영일문중, 『수군절도사 이응표공기전』, 125쪽), 10월 25일의 일기를 보면 1595년 8월 15일일 가능성이 더 높다.

285 『쇄미록』 1594년 7월 4일에는 6월 초부터 비가 한 달 동안 내리지 않아 논밭이 상해 걱정하는 모습이 나온다.

286 6월 13일은 중복이다.

14일[31일, 신유]287 더위와 가뭄이 아주 심하다. 바다 섬도 찌기는 마찬가지였다. 농사가 아주 걱정되는구나農事極可慮也. 충청 영공(수사 이순신)과 사도 첨사(김완), 여도 만호(김인영)와 녹도 만호(송여종)와 함께 훈련용 화살 20순을 쏘았다. 충청(수사 이순신)이 가장 잘 쏘았다極中.288 이날 "경상 수백(원균)이 활 쏘는 군관射官을 이끌고 우수백(이억기)에게 갔다가 크게 지고 돌아갔다"고 했다.

15일[양력 8월 1일, 임술]289 맑았다. 오후에 보슬비가 내렸다. 신경황이 들어왔다. 영의정(류성룡)의 편지를 갖고 왔다. 이 분(류성룡)을 뛰어넘어 나라를 걱정하는 사람은 없다. 들으니, "윤우신이 돌아가셨다"고 했다. 슬픈 마음이 그지없었다.290 순천 부사(권준)와 보성 군수(김의검)가 보고한 내용에, "명나라 총병관摠兵官 장홍유張鴻儒291가 100여 명을 이끌고 호선虎船292을

---

287 『선조실록』에 따르면, 이날 서울에 지진이 있었다.
288 박계숙의 『부북일기』 1606년 4월 14일에는 병마 우후 우치적과 부하 장수들이 활쏘기 시합을 한 장면이 나오는데, 박계숙이 50발을 다 맞췄기에 우치적이 회령 부사로 하여금 박계숙에게 상을 주라고 한 내용이 나온다.
289 조선시대 명절의 하나인 유두절이다.
290 윤우신은 오희문의 『쇄미록』 1594년 6월 28일에서는 전염병에 걸려 사망한 것으로 나온다.
291 『선조실록』 선조 27년(1594) 6월 10일에는 장홍유가 선조를 만난 기록이 나온다. 장홍유는 선조에게 조선에 온 목적을 "산동을 위무하고 안정시키라는 황제의 명령을 받았고, 물길의 험난하고 평이한 곳을 알아보며, 또 일본군의 정황을 정탐하는 일" 때문이라고 했다. 그 뒤에 이순신에게 온 것이다. 곽수지의 『호재진사일록』 1594년 7월 21일에는 "적정을 정탐할 일로 장홍유가 군사를 거느리고 방금 전라도 발포에 정박했다고 했는데, 이 말은 순찰사 영리의 고목에서 나온 말이다"라는 기록이 나온다.
292 "호선"은 『이충무공전서』에서는 "號船"으로 나온다. 『난중일기』 7월 17일자와 1598년 10월 3일자에는 "唬船"으로도 나온다. 호선은 절강성과 복건성에서 사용된 바닥이 ∨자형인 작은 전선으로 속력이 빠르다. 명나라에서는 왜구를 토벌할 때 이 호선을 많이 활용했다. 당시 명나라의 전선 종류로는 『선조실록』 선조 26년(1593) 7월 16일에 "鳥尾福船·樓船·栢艕·龍艕·沙船·艍船·銅銚·小艄·海舠·叭喇唬船·八獎船" 등이 나온다. 팔라호선叭喇唬船이 『난중일기』에 나오는 호선으로 보인다. 또한 『난중일기』에는 우리나라의 판옥선과 같은 형태인 "사선沙船"도 등장한다.

타고, 바닷길을 거쳐 진도 벽파정碧波亭에 이미 도착했다"고 했다. 날짜를 계산해보았더니, 오늘이나 내일 도착할 것이다. 그러나 바람이 거꾸로 불어 배를 뜻대로 조종할 수 없는 상황이 5일이나 계속되고 있다. 이날 밤, 소나기가 마음에 흡족하게 내렸다. 이 어찌 하느님께서 백성을 보살피려는 것이 아니겠는가是夜驟雨洽意, 豈天恤民也. 아들의 편지가 도착했는데, "잘 돌아갔다"고 했다. 또 한글 편지諺書293에는, "면이 여름철 더위병暑證294으로 심하게 아프다"고 했다. 벤 듯 아프고 가슴만 탔다. 벤 듯 아프고 가슴만 탔다剪悶剪悶.

16일[2일, 계해] 아침부터 비가 계속 내렸다. 저녁에 맑아졌다. 충청 수사(이순신)와 훈련용 화살을 쏘았다.

17일[3일, 갑자] 맑았다. 늦게 우수사(이억기)와 충청 수사(이순신)가 와서 조용히 이야기했다. 탐선이 들어왔는데, "어머님께서 평안하시다"고 했다. 그러나 "면은 많이 아프다"고 했다. 가슴이 지독히 탔다. 가슴이 지독히 탔다悶極悶極.

18일[4일, 을축] 맑았다. 아침에 원수(권율)의 군관 조추趙擎295가 전령을 갖

---

293 "한글 편지諺書"는 "언간諺簡"이라고도 했다. 당시 한글을 여성들이 주로 썼고, 아들 면의 이야기로 보아 이순신의 아내 방씨 부인이 쓴 편지로 보인다. 류성룡의 『馳啟賊情狀』(1593년 3월 27일)에서는 일본군 진영에 붙잡혀 있던 임해군과 함께 있던 황혁이 한글 편지로 비밀리에 정보를 전한 내용이 나온다. 임진왜란 당시에 한글은 비밀 유지를 위한 수단으로도 사용되었던 듯하다. 유희춘의 『미암일기』 1568년 4월 3일에도 유희춘의 부인이 보낸 "한글 편지를 보았다"는 내용이 나온다. 정탁의 『약포일기』 1592년 7월 22일에는 작은 어머니叔母에게 한글 편지諺簡를 받았다는 내용이 나온다.

294 더위병(서중暑證)은 여름에 날씨가 몹시 더워 생기는 병으로 여름철 더위병이라는 뜻의 서병暑病이라고도 한다. 고열로 목이 마르고 땀이 많이 나며 거품 섞인 대변을 본다. 오희문의 『쇄미록』 1593년 7월 1일에는 더위병에 오미자를 약으로 쓰려는 모습이 나온다.

295 「문화재청본」 「이충무공전서」 「박혜일·최희동본」의 "조추년趙秋年"은 「친필본」과 「충무공유사」에서는 "조추"로 나온다.

고 왔다. "원수가 두치에 도착해서 들으니, '광양 쉬(현감)가 수군을 재배치해 복병을 정할 때, 개인적인 감정을 이용했다'고 했기에, 군관을 보내 그 이유를 물을 일"이었다. 기가 막힐 일이다. 기가 막힐 일이다. 원수가 그의 처妻의 서얼 남동생妻孽男 조대항曺大恒[296]의 말을 듣고 개인적으로 행동하는 것이 이러니, 이보다 더 큰 아픔이 없구나. 이날 경상 수사(원균)가 초청했으나 가지 않았다.

19일[5일, 병인] 맑았다. 원수의 군관과 배응록이 원수가 있는 곳으로 돌아갔다. 변존서와 윤사공,[297] 하천수河千壽[298] 등이 들어왔다. 충청 수사(이순신)가 와서 만났는데, 그의 어머니大夫人[299]의 병환 때문에 곧바로 임시로 머무는 곳에 돌아갔다. 돌아갔다.

20일[6일, 정묘][300] 맑았다. 충청 수사(이순신)가 와서 만났다. 훈련용 화살

296 조대항(?~?)은 권율의 처남, 이항복의 처삼촌이다. 권율의 행주대첩을 기리는 「행주대첩비」에는 권율 막하에서 활약한 전 판관으로 기록되어 있다. 그러나 오희문의 『쇄미록』 1595년 4월 2일에는 조대항의 형 조대림曺大臨이 판관으로 나온다. 그 일기 중에도 "조曺(조대림)는 원수 권율의 얼남孽娚"으로 나오고, 1596년 3월 13일 일기에서는 도원수 권율이 조대림의 적매부嫡妹夫라고 되어 있다. 조대림의 1599년 무과시험 방목인 『기해춘정시용호방목己亥春庭試龍虎榜目』에는 조대항이 조대림의 동생으로 나온다.

297 윤사공(1549~?)은 조선 중기의 무신이다. 이순신이 1576년 무과 식년시에서 급제할 때 같이 합격했다. 『난중일기』에 나오는 이순신과 윤사공의 급제 동기로는 구사직·박종남·김성업·박대남·신호의·남치온·이경록이 있다.

298 하천수는 일기에서 "河千守" 혹은 "河天水" "河天壽"로 나오기도 한다. 대부분은 "河千壽"다. 이순신 막하에서 군사 일은 물론이고, 장계 및 편지를 전달하는 등의 일을 했다. 1594년 7월 25일 하천수河千守가 장계를 갖고 올라갔고, 9월 13일에 하천수가 돌아왔다고 한 것을 보면, 河千壽·河千守·河天水·河天壽는 모두 같은 인물로 보인다. 그런데 「선무원종공신녹권」 선무원종공신 2등에는 수문장 하천수와 면역 하천수河千水가 나온다. 수문장 하천수가 『난중일기』의 하천수로 보인다.

299 대부인大夫人은 다른 사람의 살아계신 어머니를 높여 부르는 말이다. 같은 뜻으로 자당慈堂이 있다.

300 1593년 6월 20일 일기에는 "제삿날이라 내내 홀로 앉아 있었다"고 나온다. 누구의 제삿날인지는 알 수 없다.

을 쏘았다. 박치공[301]이 와서 말하기를 "서울로 올라간다"고 했다. 마량 첨사(강응호)도 왔다. 저녁에 영등 만호(조계종)가 물러나 본포本浦(영등포)에 머문 죄를 다스렸다. 탐선의 이인원이 들어왔다.

21일[7일. 무진] 맑았다. 충청 수사(이순신)가 와서 활을 쏘았다. 마량 첨사(강응호)가 와서 만났다. "명나라 장수(장홍유)가 물길로 벽파정에 이미 도착했다는 것은 잘못 전해진 것"이라고 했다.

22일[8일. 기사] 맑았다. 할머님의 제삿날祖母忌이라 나가지 않았다. 이날 불꽃같은 삼복더위가 전보다 배나 더했다. 큰 섬도 찌는 듯했다. 사람들이 그 괴로움을 참을 수 없었다.[302] 저녁에 몸이 아주 불편했다. 두 끼[303]를 먹지 못했다. 저녁 8시에 소나기가 내렸다.

23일[9일. 경외] 맑았다. 늦게 소나기가 계속 내렸다. 순천 부사(권준)와 충청 수사(이순신), 우우후(전라 우수영 우후 이정충)와 가리포 첨사(이응표)가 함께 와서 만났다. 우후(전라 좌수영 우후 이몽구)가 군량을 독촉할 일로 나갔다. 견내량[304]에서 사로잡은 왜놈에게 적의 정세와 형편을 조사하기 위해 심문했고, 또 잘하는 일도 물었더니, "염초焰硝[305] 굽는 일과 총銃 쏘는 것을 함께 잘할 수 있다"고 했다.

---

301 박치공은 원균의 군관이다. 앞의 일기에서는 "朴致公"으로 나오기도 했다.
302 "사람들이 그 괴로움을 참을 수 없었다"의 원문은 "人不不堪其苦"이다. '不不'에서 중복된 '不' 한 글자는 연문衍文(군더더기 글자 또는 문장)이다. "人不堪其苦"는 『논어』 「옹야雍也」의 "한 그릇의 밥을 먹고, 한 바가지 물을 마시는 것을 사람들은 그 걱정으로 참지 못하나, 회(안회)는 벗어나지 않고 즐기는구나. 어질구나 회는一簞食 一瓢飮 在陋巷 人不堪其憂 回也不改其樂 賢哉回也"에도 나온다.
303 "두 끼二時"는 하루에 두 끼를 먹던 당시 식습관이다. 아침과 저녁에만 정식으로 식사를 했다. "조석朝夕"이라고도 표현한다.
304 "見乃梁"을 「문화재청본」에서는 "見及梁"으로 보았으나, 오자다.
305 염초焰硝, gunpowder는 화약을 만드는 주요 성분의 하나다.

24일[10일, 신미] 맑았다. 순천 부사(권준)와 충(충청) 수사(이순신)가 와서 활 20순을 쏘았다.

25일[11일, 임신] 맑았다. 충청[306] 수사(이순신)와 함께 훈련용 화살 10순을 쏘았다. 이여념도 와서 쏘았다. 종사관(정경달)이 부리는 아전이 편지를 갖고 들어왔는데, 조도調度(조도어사 박홍로)의 말이 아주 기가 막혔다. 아주 기가 막혔다. 임금님께 진상할 부채扇子[307]를 봉했다.

26일[12일, 계유][308] 맑았다. 충청 수사(이순신)와 순천 부사(권준), 사도 첨사(김완)와 여도 만호(김인영), 고성 현령(조응도) 등이 훈련용 화살을 쏘았다. 일찍 김양간金良幹을 시켜 단오端午 진상品進上을 봉한 것을 보냈다. 마량 첨사(강응호)와 영등 만호(조계종)가 이곳에 도착했다가 곧바로 돌아갔다.

27일[13일, 갑술] 맑았다. 훈련용 화살 15순을 쏘았다.

28일[14일, 을해] 맑았다. 뜨겁기가 찌는 듯했다. 나라 제삿날[309]이라 내내 홀로 앉아 있었다. 진무성陳武晟[310]이 벽방의 높은 곳에서 적을 감시하고 살

---

306 원문은 "忠淸"이나, 『문화재청본』에서는 '淸'을 누락했다.

307 우리나라에서 가장 최초의 부채 기록은 『삼국사기』에 나온다. 후백제의 견훤이 태조 왕건이 즉위한 뒤 공작선孔雀扇과 죽전竹箭을 예물로 바쳤다는 기록이다. 조선시대에는 단오 전에 전라도와 경상도의 감영 및 통제영에서 부채를 진상품으로 올렸다. 『다시보는 민족과학 이야기』에 따르면, 중국 과학사의 세계적 권위자인 영국인 조지프 니덤은 부채 중에서 접는 부채인 '쥘부채(접부채)'는 고려에서 처음 만들어져 중국에 전파되었다고 한다(박성래, 『다시 보는 민족과학 이야기』, 두산동아, 2002, 224쪽). 『쇄미록』 1596년 6월 12일에 따르면, 단선團扇에 산수화를 그려넣기도 했다.

308 6월 26일은 순천 부사 권준의 생일이다(1595년 6월 26일 일기).

309 명종의 제삿날이다.

310 진무성(1566~?)은 조선 중기의 무신이다. 1592년, 이순신 막하에서 당포해전에 참전했다. 「당포에서 왜적을 쳐부순 일을 임금님께 보고하는 장계唐浦破倭兵狀」(1592년 6월 14일)에 따르면, 진무성은 사도 1호선의 군관으로 참전해 화살을 맞아 부상당했다. 1593년 6월 제2차 진주성 전투 때는 이순신의 명령을 받고 일본군의 포위를 뚫고 진주성에 들어가, 진주성의 상황을 파악하고 돌아올 정도로 기민하고 담력이 센 장수였다. 노량해전에서는 이순신에게 화공 전술을

펴보고 돌아와, "적선이 없다"고 보고했다.

29일[15일, 병자] 맑았다. 순천 부사(권준)가 술과 음식을 바쳤다. 충청(수사
이순신)과 우수사(이억기)가 같이 도착했다. 훈련용 화살을 쏘았다. 윤동구
尹東耈의 아버지가 와서 만났다. 울이 들어왔다. 어머님께서 평안하셨다.

◎ 1594년 7월

7월 1일[양력 8월 16일, 정축]311 맑았다. 배응록이 원수가 있는 곳에서312 들
어왔다. "원수(권율)가 뉘우치는 말"을 해서 보냈다. 우스운 일이다. 이날은
인묘(인종 임금)의 제삿날이다. 홀로 내내 앉아 있었다. 저녁에 충청 수사(이
순신)가 이곳으로 도착했다. 서로 이야기했다.

2일[17일, 무인]313 맑았다. 늦더위가 찌는 듯했다. 이날, 순천의 도청314과
색리, 광양의 색리 등의 죄를 다스렸다. 좌도(전라 좌도) 사부 등을 활쏘기
시험을 하고, 적에게 빼앗은 물건을 나누어주었다. 늦게 순천 부사(권준)와
충청 수사(이순신)와 함께 훈련용 화살을 쏘았다. 배 첨지(배경남)가 휴가를
얻어 돌아갔다. 노윤발에게 흥양 군관 이심李深과 병선 담당 색리兵船色, 군

건의해 일본군에게 큰 타격을 입혔다. 박계숙의 『부북일기』 1606년 6월 18일에는 "(박계숙이) 유
원진柔遠鎭에 도착해 첨사 진무성을 뵙고 점심을 먹은 뒤에 온성으로 돌아와서 최언의 집에 묵
었다"는 기록이 나온다. 전란 후에도 북방에서 여진족을 방비하고 있었던 듯하다.
311 『미암일기』 1571년 7월 1일자에도 "인종仁宗의 제삿날이라 전날 밤부터 재계하고 기생을
멀리하고 가까이하지 않았다"는 내용이 나온다.
312 "원수가 있는 곳에서"의 「친필본」과 「박혜일·최희동본」은 "自元師處"이다. 그 중 "師"와
"處"에는 위치 수정 표시가 있다. 수정한 것을 반영하면 "自元處師"가 된다. 그러나 일기의 맥락
을 보면, '師'는 '帥'의 오자로 보인다. 또한 위치의 수정 표시도 이순신이 착각한 듯하다. 일기 맥
락으로 보면 "自元帥處"가 타당하다. '師'는 1594년 9월 26일의 '舟師'의 '師'와 같다. 「친필본」의
'師處'를 「문화재청본」은 '帥處'로 보았다.
313 이순신의 아버지 이정의 생신날이다.
314 도청은 고을 수령을 도와 전체 사무를 총괄하는 아전이다.

사 모집 담당 색리括軍色315 등을 붙잡아 올 일로 전령을 주어 내보냈다.

3일[18일, 기묘] 맑았다. 충청 수사(이순신)와 순천 부사(권준)가 훈련용 화살을 쏘았다. 웅천 현감 이운룡李雲龍이 휴가를 보고하고 미조항으로 돌아갔다. 음란한 여자淫女를 처벌했다. 각 배에서 몇 차례 양식을 훔친 사람을 처형했다. 저녁에 나가 새로 지은 수루新樓316를 보았다.

4일[19일, 경진] 맑았다. 아침에 충청 수사(이순신)가 왔다. 같이 아침을 먹은 뒤, 마량 첨사(강응호)와 소비포 권관(이영남)도 왔다. 같이 점심을 먹었다. "적인賊人 5명과 지금 도착한 도망 군사 1명을 함께 처형하라"고 명령했다. 충청(수사 이순신)과 함께 훈련용 화살 10순을 쏘았다. 옥과의 군량을 모아 지원하는 역할을 담당하는 책임자(계원유사繼援有司317) 조응복曹應福에게 참봉參奉318 임명장319을 주어 보냈다.

5일[20일, 신사] 맑았다. 새벽에 탐선이 들어왔다. 어머님께서 평안하신지 자세히 살폈다. 행복하다. 행복하다. 심약審藥320이 내려왔다. 재주가 아주

---

315 병선 담당 색리兵船色는 전선에 관한 일을 담당하는 아전이다. 군사 모집 담당 색리括軍色는 군사를 모병하는 일을 담당하는 아전이다.

316 류성룡의 『징비록』에 따르면, 이순신은 한산도에 있을 때 운주당運籌堂을 짓고, 그곳에서 밤낮없이 장수들과 군사 일을 토론했고, 말단 병졸들에게도 문을 활짝 열어놓았다. 운주運籌는 본래 사마천의 『사기』에 나오는 말이다. 한나라를 세운 유방劉邦이 장량을 평가하면서 "무릇 본진의 군막 안에서 계책을 짜내夫運籌策帷幄之中 천 리 밖에서 승리를 결정짓는 것決勝於千里之外은 내가 장량張良만 못하다"고 한 데서 유래한 말이다. 운주당은 원균이 칠천량에서 패전한 후 후퇴하던 배설이 불태웠고, 1739년(영조 15) 107대 통제사 조경이 운주당 터에 제승당制勝堂을 새로 지었다.

317 유사有司는 어느 단체나 모임의 사무를 담당하는 일 혹은 사람을 뜻한다.

318 참봉은 종9품의 문관이다.

319 "임명장"의 원문은 "朝謝"이다. 금군禁軍이나 처음으로 말직 벼슬을 하는 사람에게 주는 임명장이다.

320 심약은 전의감과 혜민서 소속의 의관醫官으로 각 도에 파견되어 약재를 채취하거나 심사했던 종9품의 관리다.

부실했다. 한숨이 났다. 우수사(이억기)와 충(충청) 수사(이순신)가 함께 왔다. 여도 만호(김인영)가 술을 내왔기에 같이 마셨다. 훈련용 화살 10여 순을 쏘았다. 다 취해 수루에 있다가 밤이 깊어 파했다.

6일[21일, 임오] 내내 궂은비가 내렸다. 몸이 불편해 좌기하지 않았다. 최귀석崔貴石이 큰 도둑大偸 3명을 잡아왔다. 박춘양朴春陽[321] 등을 또 보내 그들의 우두머리魁首로 왼쪽 귀가 잘린[322] 놈을 잡아오게 했다. 아침에 정원명鄭元溟 등을 "격군을 정비하지 않은 일"로 가두었다. 저녁에 "보성 군수(김의검)가 들어왔다"고 했다. "어머님께서 평안하시다"고 들었다. 밤 11시에 소나기가 크게 내렸다. 삼대 같은 빗발이 쏟아졌다. 비가 새지 않는 곳이 없었다. 촛불을 밝히고 홀로 앉아 있었다.[323] 온갖 시름이 가슴을 치는구나明燭獨坐百憂攻中也. 이영남이 와서 만났다.

보성 군수(김의검)가 되돌아왔다.

7일[22일, 계미] 저녁에 보슬비가 내렸다. 충청(수사 이순신)은 그의 어머니母夫人[324]의 병환이 심하다고 보고하고 모임에 오지 않았다. 우수사(이억기)와 순천 부사(권준), 사도 첨사(김완)와 가리포 첨사(이응표), 발포 만호(황정록)와 녹도 만호(송여종)와 함께 활을 쏘았다.[325] "이영남이 배를 이끌 일로 곤

---

321 박춘양(1561~?)은 조선 중기의 무신이다. 1599년 별시에 급제했다. 이순신 막하에서 활동했고, 물고기를 잡아 군량을 마련하는 역할도 했다. 『선무원종공신녹권』에서는 부정으로 나오고, 선무원종공신 1등이다.
322 "왼쪽 귀가 잘린" 것은 오희문의 『쇄미록』 1593년 12월 30일 이후에 채록된 명나라의 『經略兵部約法牌文』 기록을 보면, 명나라 군법으로 백성의 재물이나 술, 음식을 강탈한 자에 대한 처벌이다.
323 오희문의 『쇄미록』 1594년 7월 일기를 보면, 이 시기에 비가 많이 내린 것을 확인할 수 있다.
324 "모부인母夫人"은 다른 사람의 어머니를 높이는 말이다. 『난중일기』에서는 "대부인大夫人"이라고 표현하기도 했다.
325 7월 7일은 칠석 명절이다. 이날 장수들이 모인 것은 칠석에 따른 모임을 위한 것으로 보인다.

양으로 간다"고 보고하고 돌아갔다. 포로가 되었다 돌아온 고성의 보인保
人³²⁶에게 진술을 받았다. 보성 군수(김의검)가 왔다.

8일[23일. 갑신] 흐렸으나 비는 내리지 않았다. 내내 큰 바람이 불었다. 몸
이 피곤해 여러 장수를 만나지 못했다. 각 고을과 포에 제송공문을 써 보
냈다. 오후에 충청 수사(이순신)를 만나러 갔다. 저녁에 포로가 되었다가 도
망쳐 돌아온 고성 사람을 직접 문초했다. 광양의 송전³²⁷이 그의 장수인 병
사(이시언)³²⁸의 편지를 갖고 이곳에 왔다. "낙안 군수(김준계)와 충청 우후(원
유남)가 온다"고 했다.

9일[24일. 을유] 큰 바람이 불었다. 아침에 충청 우후(원유남)가 임금님께서
내리신 교서에 숙배했다. 늦게 순천과 낙안, 보성의 군관과 색리에 대해 '격
군 관리 소홀不謹格軍'과 '기한을 넘긴 죄'로 책임을 물었다. 가리포 첨사(이
응표)와 임치 첨사, 소근포所斤浦 첨사(박윤)와 마량 첨사(강응호), 고성 현령
(조응도)이 함께 왔다. 낙안에서 군량인 정조³²⁹ 200섬을 받아 나누었다.

10일[25일. 병술] 맑았다. 저녁에 이슬비가 내렸다. 아침에 낙안의 견본 벼樣

---

326 보인은 현역 복무 중인 군사를 돕기 위해 배정하는 장정이다. 자신은 병역을 면제받는 대
신에 입대한 군사의 생계를 돕는 사람이다. 이순신도 무과시험 당시에는 신분이 보인이었다.

327 원문 "宋銓"을 「편수회본」은 "宋詮"으로 보았다. 그러나 宋銓과 宋詮은 『난중일기』 7월
10일과 13일자에 "宋荃"으로 나온다. "宋詮"은 『선조실록』 등에도 나오지 않는다. 반면 "宋荃"은
1576년 무과 별시에서 급제했다. 송전의 동생, 송두남도 『난중일기』에 나온다.

328 이시언李時言(?~1624)은 조선 중기의 무신이다. 1592년 인천 부사로 전공을 세운 뒤
1593년 황해 방어사, 1594년 전라 병마절도사로 이순신과 함께 전라도를 방어했다. 이어 해주
목사·장흥 부사를 역임했고, 1596년 충청 병마절도사로 경주 탈환전에 출전했다. 1598년 이순
신이 노량해전에서 전사한 뒤, 이순신의 뒤를 이어 삼도 수군통제사로 임명되었다. 이순신의 사
당인 여수 충민사를 건립했다.

329 원문 "租"는 전세田稅 혹은 벼稻다. 정조도 "조세로 납부한 벼" 혹은 "타작을 끝낸 뒤 방아
를 찧지 않은 벼"라는 뜻이 있다. 이 번역에서는 정황과 문맥에 따라 조세 성격의 "조" 혹은 "벼"
그 자체로 번역했다.

租를 방아 찧은 것과 광양의 벼 100섬을 되질해 수량을 확인했다.[330] 신홍헌이 들어왔다. 늦게 송전과 군관이 훈련용 화살 15순을 쏘았다. 아침에 들으니, "면의 병이 다시 심해졌고, 또 피를 토하는 증세까지 있다"고 했다. 그래서 울과 심약, 신경황과 정사립, 배응록[331]을 함께 내보냈다.

11일[26일, 정해] 궂은비와 큰 바람이 불었다. 내내 그치지 않았다. 울이 가는 길이 험해 많이 걱정했다. 또 면의 병이 어떤지 궁금했다. 「임금님께 보고하는 글」의 초고를 직접 수정했다. 경상 순무(서성)의 공문이 이곳에 도착했다. 말하기를, "원 수사(원균)가 투덜거리는 말이 많다"고 했다. 오후에 군관 등에게 훈련용 화살을 쏘게 했다. 봉학奉鶴도 같이 쏘았다. 윤언침尹彦忱이 점고를 받으러 이곳에 도착했기에, 점심을 권한 뒤 되돌려 보냈다. 해 질 무렵 비바람이 아주 크게 불었다. 밤새 계속되었다. 충청 수(수사 이순신)가 와서 만났다.

12일[27일, 무자] 맑았다. 아침에 소근 첨사(박윤)가 와서 만났다. 후시帿矢[332] 54개를 제조해 납부했다. 공문을 써서 나누어주었다. 충청(수사 이순신)과 순천 부사(권준), 사도 첨사(김완)와 발포 만호(황정록), 충(충청) 우후(원유남)가 함께 와서 훈련용 화살을 쏘았다. 저녁에 탐선이 들어왔기에, 어머

---

330 "되질해 수량을 확인했다"의 원문은 "斗量"이다. 승升(되)이나 두斗(말)와 같은 용기로 수량을 확인하는 것이다. 말은 세종 때의 신영조척新營造尺 기준으로 길이 7촌, 너비 7촌, 깊이 4촌, 용적은 196촌 크기였다. 이순신이 다시 되질을 한 이유는 도량형 기준의 차이 혹은 오희문의 『쇄미록』 1593년 4월 6일과 11월 12일 일기처럼 운반하는 사람이 훔쳐가거나, 벼가 오래되어 말라 줄어든 경우 때문이다. 『세종실록』 세종 20년(1438) 7월 21일에 따르면, 전석 1섬石은 20말, 평석 1섬은 15말이다.

331 "배응록"의 원문은 "裵應"이다. 7월 1일 일기를 보면, "배응록"이다. 이순신이 "祿" 자를 빠뜨렸다.

332 "후시"는 훈련 혹은 연습용 목전을 말하는 듯하다. 관혁과 화살로 따로 번역할 경우 54개와 문맥이 연결되지 않는다.

님께서 평안하신지 자세히 살폈다. 또한 면의 병은 심했다. 가슴이 지독히 타지만 어찌하랴. "류 상(정승 류성룡)이 돌아가셨다는 소식$辛音$도 순변사[333]에게서 도착했다"고 했다.[334] 이는 시기하는 놈들이 말을 지어내 비방하는 것이다. 원통하고 분한 마음을 이길 수 없었다. 원통하고 분한 마음을 이길 수 없었다. 이날 어두울 무렵, 마음이 지독히 어지러웠다. 홀로 아무도 없는 동헌에 앉아 있었다. 마음을 가눌 수 없었다. 염려로 더욱 괴로웠다. 밤이 깊도록 잠들 수 없었다$心緒極亂 獨坐空軒 懷不自勝 念慮尤煩 夜闌不寐$. 류 상(정승 류성룡)이 만약 일찍 죽었다면[335] 나랏일을 어찌하랴. 어찌하랴.

13일[28일, 기축] 비가 계속 내렸다. 홀로 앉아 아들 면$兒$의 병세가 어떨까 생각하다가 척자점$擲字占$을 쳤더니,[336] "임금을 만난 것과 같다$如見君王$"는 괘

---

333 "순변사"를 「편수회본」에서는 이일로 보았다.

334 류성룡이 병들어 죽었다는 소문에 대해 정경운의 『고대일록』 1594년 7월 15일에는 "영의정 류성룡이 전염병에 걸려 죽다가 살아났다"는 이야기가 나온다. 이 시기에 류성룡도 전염병으로 위독했기 때문이다. 류성룡이 쓴 「有旨祗受狀」(1593년 4월 23일)에 따르면, 류성룡은 1593년 3월 24일부터 20여 일 동안 병으로 위중해 인사불성이었다가 22일에 처음 의식을 되찾았다는 내용도 나온다.

335 "류 상이 만약 일찍 죽었다면柳相若不稱"에서 "不稱"을 한국고전종합DB(고전번역원)에서 찾아보면, "목숨이 일찍 끊어진다"는 의미로 사용한 것이 많다.

336 홍기문은 이날의 점친 기록을 비롯해 이순신이 친 다른 점들을 모두 번역하지 않았다. 척자점을 이은상·송찬섭은 "글자를 짚어 점을 쳐 보니"로 번역했는데, 척자점은 점치는 방식의 하나다. 오희문의 『쇄미록』 1596년 4월 22일에는 돈을 던져 점을 치는 척전점擲錢占이 나온다. 박취문의 『부북일기』 1646년 1월 22일에는 『자미두수』라는 점치는 책이 나온다. 정탁의 『용사일기』 1593년 1월 8일 이후의 『부附』에는 명나라 제독 이여송이 평양성을 탈환할 때, 점을 쳤다는 내용이 나온다. 정경달의 『반곡유고』 1592년 9월 29일에서는 관매觀梅로 점을 쳤다는 내용이 나온다. 또한 1593년 5월 3일에는 "진을 무등곡으로 옮기고 '小刀'라는 두 글자로 점을 치니小刀二字筮之, 아주 불길했다", 1593년 7월 7일에는 "싸움을 점쳤는데筮戰, 동인지혁同人之革 괘가 나왔다. 무을동으로 돌아왔다", 1593년 7월 10일에는 "적을 평정할 것을 점쳤는데筮賊平, 익지이益之頤가 나왔다. (…) 류 상공(류성룡)이 임금님께 장계를 올리는 일을 점쳤는데, 가인지기제家人之旣濟가 나왔다"는 기록이 나온다. 정경달의 1593년 7월 7일과 10일 점사로 보면, 주역점으로 이순신의 척자점과는 점사 내용이 다르다. 이문건의 『묵재일기』 1551년 1월 4일에는 맹인 김자수

를 얻었다. 아주 길했다. 다시 던져보니, "밤에 등불을 얻은 것과 같다如夜
得燈"였다. 두 괘가 모두 길했다. 걱정을 덜었다. 걱정을 덜었다. 또한 류 상
(정승 류성룡)에 대해 점을 쳤다. 결과는, "바다에서 배를 얻은 것과 같다如
海得船"는 괘를 얻었다. 다시 점을 치니, "의심했어도 기쁜 일이 생긴 것과
같다如疑得喜"는 괘를 얻었다. 아주 길했다. 아주 길했다. 저녁 내내 비가 내
렸다. 홀로 앉아 있으니, 정 때문에 마음을 가눌 수 없었다. 늦게 송전이
되돌아갈 때, 소금海雪337 1곡斛338을 주어 보냈다. 오후에 마량 첨사(강응호)
와 순천 부사(권준)가 와서 만났다. 어둠을 타고 되돌아갔다. 비가 올지 맑
을지 점을 쳤더니, "뱀이 독을 토하는 것과 같다如蛇吐毒"는 괘를 얻었다. 장
차 큰비가 내릴 것이다. 농사가 걱정이다. 농사가 걱정이다農事可慮 農事可
慮.339 밤에 비가 퍼붓는 듯 내렸다. 저녁 8시에 발포 탐선이 편지를 받아
갖고 돌아갔다.

14일[29일. 경인] 비가 계속 내렸다. 어제 저녁부터 삼대 같은 빗발이 쏟아
졌다. 집이 새어 마른 곳이 없었다. 간신히 밤을 보냈다. 점괘를 얻은 결과
그대로였다. 아주 묘하다. 아주 묘하다. 충청 수사(이순신)와 순천 부사(권

가 이문건이 부른 글자呼字로 점을 친 내용이 나온다. 김자수는 이문건이 '手'와 '風' 자 등을 부
르자, 점괘가 풍뢰익風雷益으로 7효가 동효라고 하면서 점괘 내용을 설명하는 내용이 나오나, 정
경달의 경우처럼 주역점으로 이순신의 척자점과는 다르다. 또한 1545년 10월 19일에는 김자수
가 관매점觀梅占을 쳤다. 이문건은 대개는 특정한 글자를 지정해 그 글자를 활용해 점을 쳤다.
337   "해설海雪"(소금)은 오희문의 『쇄미록』 1597년 6월 13일에도 나온다.
338   도량형 단위로 곡斛은 섬石과도 같이 사용된다. 1곡은 15말斗이다. 유형원의 『반계수록』
권1, 「전제상田制上」「分田定稅節目」에 따르면, 유형원 시대의 조선에는 관청에서는 15말을 평석
平石 혹은 곡, 20말을 전석全石 혹은 대곡大斛이라 했고, 민간에서는 피곡皮穀 20말을 1섬이라
했다고 한다.
339   『쇄미록』 1594년 7월 13일에 따르면, "4월부터 5월까지 큰비가 계속 내렸다가, 6월에는 비
가 전혀 오지 않았고, 7월 초부터 비가 계속 내려 지금까지 개지 않고 있다"는 내용이 나온다.

준)를 청해 와 박을 겨루게 하고, 자세히 살펴보며 시간을 보냈다. 그러나 뱃속에 근심과 걱정이 있으니, 어찌 조금이라도 평안하랴然憂慮在肚 其能小安乎. 같이 점심을 먹었다. 저녁에 수루 위로 걸어 나가 몇 바퀴 이리저리 거닐다 돌아왔다. 탐선이 오지 않았다. 그 이유를 알 수 없구나. 밤 12시에 또 비가 내렸다.

15일[30일, 신묘]340 비가 계속 내렸다. 늦게 맑았다. 아침에 조카 해와 사내 종 경京이 들어왔다. "면의 병이 나아진다는 소식"을 자세히 들었다. 기쁨에 어찌 끝이 있으랴. 기쁨이 어찌 끝이 있으랴爲喜曷極 爲喜曷極. 조카 분의 편지로 인해 또한, "아산 고향牙鄕의 묘소가 있는 산은 별일이 없고, 집안의 사당家廟(가묘)341도 평안하고, 어머님께서도 평안하시다"는 것을 알았다. 다행이다. 다행이다. 이흥종李興宗이 나라에서 빌린 곡식의 이자를 갚는 일342 때문에 형벌을 받다가 죽었다.343 기가 막힐 일이다. 기가 막힐 일이다. 그의 삼촌三寸 시중始仲이 마음 아파했는데, 또 듣기를, "그의 어머니의 병세가 아주 심하다"고 했다. 훈련용 화살 10여 순을 쏜 뒤, 수루 위에 올라가 이

340 7월 15일은 중원절이다. 백중으로 불리는 날로 나물·과일·술 등을 차려놓고 돌아가신 부모를 위한 제사를 지냈다. 이 시기에 이순신은 한산도로 진영을 옮겼기에 제사를 지낼 수 없는 형편이어서 홀로 있었던 듯하다.
341 "집안의 사당(가묘)"은 조상의 신주를 모시고 제사를 지낼 수 있도록 주택 안에 세워진 건물이다. 유교가 뿌리를 내리면서 생겨난 것이다. 1488년 명나라 사신 동월이 조선을 방문하고 남긴 『조선부』에서는 가묘에서 제사를 지내고, 대부大夫는 3대까지, 사서士庶는 조고祖考(할아버지)까지만 지낸다고 한다.
342 "나라에서 빌린 곡식의 이자를 갚는 일還上"은 『농업과 농민, 천하대본의 길』(국사편찬위원회 편저, 두산동아, 2009, 154~155쪽)에 따르면, 이두로 우리말로 읽을 때는 '환자'라고 한다. 국가의 의창義倉에 저장해놓은 곡식을 흉년이나 춘궁기에 백성에게 빌려주었다가 가을 추수 때 이자와 함께 받아들이는 것을 말한다.
343 『쇄미록』 1595년 10월 26일에는 오희문이 소즐이란 사람의 이름으로 환상곡을 받았는데, 오희문이 제때 갚지 않아, 소즐이 이름을 빌려준 까닭으로 관청에서 장 20대를 맞은 일을 기록했다.

리저리 거닐 때, 박주사리朴注沙里344가 급히 도착해 말하기를, "명나라 장수의 배가 영(전라 좌수영) 앞에 이미 도착했고, 바로 이곳으로 온다"고 했다. 그래서 곧바로 삼도에 전령해 진을 죽도로 옮겼다. 밖에서 밤을 지샜다.

16일[31일. 임진] 흐렸고 시원한 바람이 불었다. 아침 늦게 큰비가 내리더니 내내 퍼붓는 듯했다. 원 수사(원균)와 충청 수사(이순신), 우수사(이억기)가 함께 와서 만났다. 소비포 권관(이영남)이 소 다리 등을 보내왔다. "명나라 장수가 삼천진三千鎭에 도착해 머물러 묵었다"고 했다. 여도 만호(김인영)가 먼저 왔다. 저녁에 본진本陣으로 돌아왔다.

17일[9월 1일. 계사] 맑았다. 새벽에 포구로 나가 진을 쳤다. 오전 10시에, 명나라 장수 파총 장홍유가 군사와 호선唬船345 5척을 이끌고 돛을 펼치고 들어왔다.346 곧바로 바다의 진영海營에 이르렀다. 육지로 상륙해 같이 이야기하자고 요청했다. 나와 여러 수사가 먼저 활터 정자로 올라가 오르기를 요청했더니, 파총(장홍유)이 곧 배에서 내려 곧바로 도착했다. 함께 좌기했다. 먼저, "만 리 바닷길에서 온갖 어려움을 겪으며 이곳까지 도착해 고맙기 그지없다"고 인사했더니 답하기를, "작년 7월 절강에서 배를 띄워 요동遼東에 도착했습니다. 그런데 요동 사람이 '바닷길을 지나는 땅에는 물 위로 드러난 암초와 드러나지 않은 암초가 많고, 또 앞으로 강화講和할 것이니 가지 말라'고 억지로 만류하며 간청했습니다. 그래서 그대로 요동에 머물며, 시

---

344 박주사리는 「선무원종공신녹권」에 나오는 선무원종공신 2등인 사복 박줏사리朴旺沙里로 보인다.

345 "호선"은 6월 15일 일기에서는 "虎船"으로 나온다.

346 정경운의 「고대일록」 1594년 7월 25일에는 "천자天子(명나라 황제)가 장수에게 비호선飛唬船을 건조시키게 해, 명나라 군사가 바닷길로 한산도에 도착해 정박했다. 물길을 알아보기 위해 온 것이다"라는 내용이 나온다.

랑侍郞 손광孫鑛[347]과 총병總兵 양문楊文[348] 등에게 긴급히 보고했습니다. 그리고 올 3월 초순에야 배를 출발해 들어왔으니, 어찌 노력하고 고생했다고 할 수 있겠습니까?"라고 대답했다. 나는 차[349]를 내놓고 권한 뒤, 간략한 술상을 내놓았다. 뜻이 아주 크고 기개가 있었다. 또한 적의 형세를 설명했다. 밤이 깊어가는 줄도 모르고 조용히 이야기하고 논의하다가 파했다.

18일[2일, 갑오] 맑았다. (장홍유를) 밖으로 나오기를 청해, 수루 위로 올라갔다. 점심을 먹은 뒤 나가 좌기했다. 술상을 내와 몇 잔을 마셨다. "내년 봄에는 배를 거느리고 바로 제주濟州로 건너갈 일이 많으니, 우리 수군과 합세해 힘을 크게 펼쳐 추악한 무리들을 모두 다 없앨 일"을 성의를 다해 간절하게 이야기했다.[350] 저녁 8시에 파하고 흩어졌다.[351]

19일[3일, 을미] 맑았다. 아침에 표表와 예물 단자를 주었더니, "고맙기 그지

347 손광(1542~1613)은 명나라 문신이다. 병부 시랑으로 임진왜란 때 조선에 들어왔다가 돌아가 병부 상서에 임명되었다. 『선조실록』 선조 27년(1594) 8월 20일에는 최입이 손광에 대해 "(명나라의) 고위직 문관 중에서 이 사람만 화친을 주장하지 않는다"고 했고, 윤근수는 "손광이 28세에 장원 급제했고, 이제 나이 48세"라고 한 내용이 나온다.

348 원문과 『이충무공전서』 『충무공유사』에서는 모두 총병 양문으로 나온다. 그러나 총병 양문은 『조선왕조실록』이나 당대의 다른 기록에 나오지 않는 인물이다. 총병으로 조선에 온 양씨 성을 가진 인물로는 양원楊元이 있다. 양문은 양원일 가능성이 있다. 양원은 1597년 7월 정유재란 당시 남원성을 조선군과 함께 방어하다가 남원성 함락 시에 도망쳐 탈출했다가 처형당했다.

349 차의 종류는 알 수 없다. 『난중일기』의 메모 중에는 명나라 장수들이 이순신에게 증정한 다양한 차가 나온다. 오희문의 『쇄미록』 1600년 3월 5일에는 "울타리 안에 여러 종류의 차 씨앗을 심었다", 4월 1일에는 "감기에 걸린 듯 걱정해 인동차忍冬茶를 마시고 땀을 내게 했다"는 기록이 나온다. 또한 남평 조씨의 『병자일기』 1637년 7월 17일, "금은화 차거리"라는 기록이 있다. 금은화초金銀花草는 인동초의 이두 명칭이며, 우리말로는 겨우살이풀이다. 이순신이 제공한 차는 명나라 장수들이 선물한 시기와 다르기에 인동차로 접대한 듯하다.

350 명나라 수군이 제주로 오는 것에 대해서는 『선조실록』 선조 27년(1594) 8월 20일에 간략히 나온다.

351 「제4회 충주-구마모토 국제학술대회」(2006년 11월 6일)에서 발표된 구마모토현 혼묘사本妙寺의 이케가미 쇼지 부주지의 주장에 따르면, 이날 이순신이 가토 기요마사에게 물러갈 것을 요구하는 시를 보냈다고 한다. 그러나 이날 전후의 일기에서는 그와 같은 정황을 찾을 수 없다.

없다"고 했다. 증정한 것도 아주 많았다. 충청 수사(이순신)도 예물을 증정했다. 늦게 우수사(이억기)도 내가 준 예물 단자와 같은 것을 몇 개 증정했다. 점심을 같이한 뒤, 경상 원 수(원균)는 혼자 술 한 상을 냈는데, 상차림이 복잡했으나 한 가지도 젓가락을 댈 만한 것이 없었다. 우스운 일이다. 우스운 일이다. 자와 별호別號를 물었더니, 글로 써주며 말하기를, "표자表字[352]는 중문仲文이고, 헌호軒號[353]는 수천秀川"이라고 했다. 촛불을 밝히고 다시 의논하다가 파했다. 비가 많이 내릴 듯했기에 배에서 내려와 묵었다.

20일[4일, 병신] 맑았다. 아침에 통사(통역관)가 와서 전하며 말하기를, "명나라 장수(장홍유)가 남원에 있는 유 총병劉總兵(유정)에게 가지 않고, 바로 가서 되돌아갈 것"이라고 했다. 나는 명나라 장수 측에게 간곡하게 전해 말하기를, "처음에 파총(장홍유)이 남원에 올로 간다고 했기에, 간절한 마음으로 소식을 이미 유 총병에게 전했습니다. 지금 중지하고 가지 않는다면 그 사이에 반드시 사람들의 말이 있을 테니, 가서 만나보고 돌아가시기를 원합니다"라고 했다. 파총(장홍유)이 듣고는, "그 말씀처럼이라도 혼자 말을 타고 가서 서로 만난 뒤, 곧바로 군산群山으로 가서 배를 타겠습니다"라고 했다. 아침을 먹고, 파총把摠(장홍유)이 내 배로 내려와 조용히 이야기했다. 이별주를 7잔 권한 뒤 배를 출범시켜[354] 함께 포구 밖으로 나갔다. 거듭 섭

---

352 표자는 자와 같다. 조선시대 양반들은 아이가 성년이 되면, 성인이 되었다는 상징으로 관례冠禮하고, 본명과 연관된 자를 지어주었다. 자는 그 사람의 덕을 나타낸다는 뜻에서 '표자'라고도 불렀다.

353 헌호는 별호, 당호堂號라고도 한다. 살고 있는 장소나 집 등에 특정한 의미를 부여해 이름을 짓고, 그것을 자신의 이름 대신 사용했다. 태조 이성계의 당호는 송헌松軒, 다산 정약용은 여유당與猶堂, 추사 김정희는 칠십이구초당七十二鷗草堂, 이지함은 토정土亭이다.

354 "배를 출범시켜"의 원문은 "解纜"이다. 홍기문은 "배를 띄워", 최두환은 "횟줄을 풀고", 이은상은 "뱃줄을 풀고"라고 번역했다. 解纜의 정확한 뜻은 "밧줄을 풀고 배를 출발하다" 혹은 "밧줄을 풀다"이다.

섭한 마음이 들었으나 의연히 전송했다.[355] 그대로 경수景修(이억기)와 충청 수사(이순신), 순천 부사(권준)와 발포 만호(황정록), 사도 첨사(김완)와 함께 사인암舍人巖에 올라가 내내 취하고 이야기하다가 돌아왔다.

21일[5일, 정유] 맑았다. 아침에 원수(권율)에게 명나라 장수(장홍유)와 묻고 답한 내용을 공문으로 작성해 내보냈다. 늦게 마량 첨사(강응호)와 소근포 첨사(박윤)가 와서 만났다. 발포 만호(황정록)가 복병을 하러 나가는 일로 와서 보고하고 갔다. 저녁에 수루로 올라갔다. 순천 부사(권준)가 와서 이야기 했다. 오후에 흥양의 군량선이 들어왔기에 색리와 선주船主의 발바닥에 심하게 장을 치게 했다. 저녁에 소비포 권관(이영남)이 와서 만났는데 그대로 말하기를, "원 수(원 수사)에게 기한을 닿지 못해 장 30을 맞았다"고 했다. 아주 놀랄 일이다. 아주 놀랄 일이다. 우수사가 군량 20섬을 꾸어갔다.

22일[6일, 무술] 맑았다. 아침에 「임금님께 보고하는 글」의 초고를 수정했다. 임치 첨사와 목포 만호(전희광)가 와서 만났다. 늦게 사량 만호(이여념)와 영등 만호(조계종)가 와서 만났다. 오후에 충청 수사(이순신)와 순천 부사(권준), 충(충청) 우후(원유남)와 이영남이 함께 훈련용 화살을 쏘았다. 해 질 무렵 수루에 올라갔다. 밤이 될 때까지 앉아 있다 돌아왔다.

23일[7일, 기해] 맑았다. 충청 수사(이순신)와 우수사(이억기), 가리포 첨사(이응표)가 와서 만났다. 훈련용 화살을 쏘았다. 조카 해와 사내종 봉奉이 되돌아갔다. 목년[356]이 들어왔다.

24일[8일, 경자][357] 맑았다. 각 항목의 「임금님께 보고하는 글」을 직접 봉했

---

355 장홍유는 그 후 서울로 올라가 선조를 만난 뒤 명나라로 돌아가 선조에게 첩문을 보냈다. 『선조실록』 선조 28년(1595) 9월 22일에는 장홍유의 첩문이 나온다.
356 1593년 5월 18일 일기에 따르면 사내종이다.
357 문종의 왕비, 현덕왕후 권씨의 제삿날이다.

다. 영의정首台(류성룡)과 심 병판沈兵判(병조 판서 심충겸),[358] [359] 윤 판尹判(윤 판서)[360]에게도 보냈다. 저녁에 훈련용 화살 7순을 쏘았다.

25일[9일. 신축] 맑았다. 아침에 하천수에게 「임금님께 보고하는 글」을 갖고 가게 해 내보냈다. 충청 수사(이순신)와 순천 부사(권준) 등과 아침을 먹었다. 우수사에게 가서 훈련용 화살 10순을 쏘았다. 아주 많이 취해 되돌아 왔다. 밤새 토했다.[361]

26일[10일. 임인] 맑았다. 아침에 각 고을과 포에 제송공문을 써 보냈다. 식 사를 한 뒤, 수루 위로 옮겨 앉았다. 순천 부사(권준)와 충(충청) 수사(이순 신)가 도착해 만났다. 늦게 녹도 만호(송여종)가 도망친 군사 8명을 잡아왔 기에, 그중 우두머리 3명은 처형했고, 그 나머지는 장에 처했다. 저녁에 탐 선이 들어왔다. 아들 등의 편지를 읽어보니, "어머님은 평안하시고, 면의 병도 낫고 있다"고 했다. "허씨 댁許室[362] 병이 점점 심해진다"고 했다. 걱정

---

358 판서判書는 정2품이다.
359 심충겸沈忠謙(1545~1594)은 조선 중기의 문신이다. 명종의 왕비인 인순왕후의 동생이고, 서인의 영수였던 심의겸의 동생이기도 하다. 1575년 이조 정랑에 천거되었으나, 동인 김효원이 반대해 임용되지 못했다. 형 심의겸이 이전에 김효원의 이조 정랑 임명을 반대한 것에 따른 김효 원의 보복성 반대였다. 이로 인해 동서 당쟁이 격화되었다. 1588년 호조 참판·병조 참의, 1590년 대사간·형조 참의, 1591년 형조 참판·부제학에 임명되었다. 임진왜란이 일어나자 병조 참판 겸 비변사 제조로 선조를 호종했다. 1593년 호조 참판·병조 참판으로 군량미를 조달했고, 1594년 6월 5일 이항복의 후임으로 병조 판서에 임명되었다가 7월말 파직됐고, 이후 상호군에 임 명됐다.
360 "윤 판서"를 윤근수로 보는 번역본이 있으나, 윤근수인지는 알 수 없다. 「편수회본」은 윤근 수로 보았다.
361 이순신이 술을 마시고 토한 기록이다. 「난중일기」에는 이와 같이 술에 취해 토한 경우는 거 의 없다.
362 "허씨 댁"을 「문화재청본」은 '虛室'로 보았다. 그러나 「친필본」, 「편수회본」에서는 "許室(허씨 댁)"로 나온다. 「문화재청본」이 오자다.

이다. 걱정이다. "유홍俞泓363과 윤근수364가 세상을 떴고,365 윤돈尹暾366이 종사從事(종사관)로 내려왔다"고 했다. 신천기申天機367도 들어왔다. 어두울 무렵 신제운申霽雲368이 도착해 만났다. 노윤발이 흥양의 색리와 감관監官369

363 유홍(1524~1594)은 조선 중기의 문신이다. 「편수회본」에서도 유홍俞泓으로 보았다. 1573년 함경도 병마절도사 겸 회령 부사, 그 후 충청·전라·경상·함경·평안도의 관찰사와 한성 판윤 등을 역임했다. 1587년 명나라 사신으로 가서 『대명회전』에 태조 이성계가 고려의 권신 이인임의 아들로 잘못 기록된 것을 바로잡았다. 1589년 좌찬성으로서 판의금부사를 겸해 정여립 사건을 다스렸다. 임진왜란 때 선조를 호종했다. 1594년 좌의정으로 해주에 있는 왕비를 호종하다 사망했다. 오희문의 『쇄미록』 1595년 1월 22일에는 "재상 유홍俞相 泓이 지난 12월에 죽었다고 한다"는 내용이 나온다. 「문화재청본」은 "俞弘"이나, 이는 오자다.
364 윤근수尹根壽(1537~1616)는 조선 중기의 문신이다. 윤두수의 동생이다. 당파는 서인이다. 1591년 정철의 세자 책봉 건의 때, 형 윤두수와 함께 파직되었다가 1592년 임진왜란 때 재기용되었고 판중추부사로 명나라를 왕복하면서 명의 지원을 얻는 데 기여했다. 1595년에는 명나라 장수 접대 임무로 영남 지역에 머물렀고, 얼마 후 좌찬성左贊成(종1품)에 임명되었다. 「선조실록」 1596년 11월 9일 기록된 윤근수의 장계를 보면, 원균을 중용하자는 주장을 했다.
365 이날 일기 기록 중 유홍은 이해에 사망했으나, 윤근수는 1616년에 사망했다. 윤근수 사망 소식은 잘못된 정보다.
366 "尹暾"은 「문화재청본」에서는 "尹燉", 「편수회본」, 「박혜일·최희동본」에서는 "尹暾"으로 보았다. 그러나 윤돈尹暾(1551~1612)으로도 볼 수 있다. 이순신의 사촌 누이의 아들이다. 아버지는 임천 군수 윤극신, 형은 윤엽(1546~1604)이다. 1591년 이조 정랑으로 재직 중 정철이 광해군의 세자책봉을 선조에게 건의하여 유배당한 일에 연루된 백유함·유공신을 학관에 추천했다가 선조의 노여움을 사 관직에서 면직되었다. 임진왜란 때 왕을 호종했고, 명나라 장수를 접대하는 접반관·동부승지·도승지, 1598년 병조 참의·대사간을 역임했다. 『난중일기』에 나오는 윤우신은 윤돈의 작은아버지다.
367 "申天機"는 1594년 8월 25일 일기에는 "申天紀"로 나온다. 신천기申天紀는 『전라도읍지』 「과환科宦」에 따르면, 무과 출신으로 주부라고 나온다.
368 신제운에 대해서는 정확한 기록이 없다. 『난중일기』에는 이틀 후인 1594년 7월 28일에 "신제운이 주부의 직첩을 받아갔다"는 기록을 비롯해 몇 차례 등장한다. 이탁영의 『정만록』 1592년 5월 18일에는 "흥양 출신 영리 신제운申薺雲 명보明甫"가 나온다. 『난중일기』 속 이름의 한자와는 다르나, 흥양 사람이라고 한 점에서 동일인으로 보인다. 또한 『선조실록』 선조 32년(1599) 12월 16일에는 사헌부가 거제 현령 신제운 파직을 청했다는 기록도 나오나 같은 사람인지는 알 수 없다. 「선무원종공신녹권」에서는 첨정으로 나오고, 선무원종공신 1등이다.
369 감관은 손병규의 『호적』에 따르면, 중앙정부에서 지방의 양반 가운데 지방 행정 및 재정의 실무를 담당하는 향리들을 감시하도록 지방 관청 산하의 통치 기구에 임명한 사람이다. 지방 양

을 붙잡아 들어왔다.

27일[11일, 계묘] 흐렸고 바람이 불었다. 밤 꿈에서 "머리를 풀어헤치고 울부짖었다". 이는 "크게 길한 조짐"이라고 했다. 이날, 충청 수사(이순신), 순천 부사(권준)와 함께 수루에서 훈련용 화살을 쏘았다. 충청 수사(이순신)가 과하주過夏酒[370]를 갖고 왔다. 나는 몸이 불편해 조금 마셨어도 평안치 않았다.

28일[12일, 갑진] 맑았다. 흥양의 색리 등의 죄를 다스렸다. 신제운이 주부 임명장을 받아갔다. 늦게 수루에 올라가 찰흙으로 만든 벽의 갈라진 틈새를 짚을 섞어 반죽한 모래흙으로 메우는 덧바르기를 감독했다.[371] 의능義

반 기구인 향소청에서 추천했다. 중앙정부는 과거시험을 이유로 군역을 연기하고 있는 유학幼學을 감관에 임명하도록 권유하고 법제로 명시했다고 한다.

370 과하주는 약주에 소주를 섞어 빚는 술이다. 술 이름처럼 여름을 날 수 있는 술로 여름철에 많이 마신다. 과하주 제조법은 1600년대에 저술된 한글 조리서인 『주방문』, 17세기에 저술된 안동 장씨의 『음식디미방』, 1700년대 저술된 경북 안동 의성 김씨 종가 소장의 작자 미상의 한글 필사본 요리책인 『온주법』에도 나온다. 『난중일기』에는 술의 이름이 명시된 경우로 과하주 이외에 추로주, 소주가 있다. 유희춘의 『미암일기』에는 청주淸酒, 탁주濁酒, 자소주紫燒酒가 나오고, 이순신과 같은 시대 인물인 오희문의 『쇄미록』에는 이화주梨花酒, 소주燒酒, 모주母酒, 백주白酒가 나온다. 김종의 『임진일록』에는 순주醇酒, 백화주百花酒, 추로주가 나온다. 이문건의 『묵재일기』에는 소주, 백주, 청주, 탁주, 송엽주松葉酒, 이화주, 예주醴酒 등이 나온다. 1536년 12월 4일에 솔잎으로 술을 빚었고, 11일에 송엽주가 익었다고 나온다. 7일 정도 숙성 기간이 걸렸다.

371 "찰흙으로 만든 벽의 갈라진 틈새를 짚을 섞어 반죽한 모래흙으로 메우는 덧바르기"의 원문은 "塗沙壁"이다. "沙壁"에 대해서 조선 후기 실학자 서유구는 『임원경제지』에서 "우리나라 건축 제도에서 온돌을 깔고 벽을 치장하는 데는 모두 붉은 흙을 사용한다. 그런데 이 흙의 성질은 거칠어 마르기만 하면 곧 균열이 생긴다. 이때 노랗고 가는 모래흙 중 점착력이 있는 것을 취해서 썩은 짚과 섞어 반죽한다. 그 다음 이것을 붉은 찰흙 위에 얇게 발라서 갈라진 틈을 덮어 메우고, 평탄하지 못한 부분을 평탄하게 만드는데 이를 세상에서는 사벽沙壁이라 일컫는다"고 했다(서유구, 『산수간에 집을 짓고』, 안대회 옮김, 돌베개, 2005, 304쪽).

能372이 와서 일했다.373 해 질 무렵 돌아와 방으로 내려왔다.

29일[13일, 을새] 내내 가랑비가 내렸다. 바람은 불지 않았다. 순천 부사(권
준)와 충청 수사(이순신)가 혁을 겨루었는데, 자세히 살펴보았다. 몸이 아주
불편했다. 낙안 군수(김준계)도 와서 같이 했다. 이날 밤새 끙끙 앓으며 아
침을 맞았다.

◎ **1594년 8월**

8월 1일[양력 9월 14일, 병오] 비가 계속 내렸다. 큰 바람이 불었다. 몸이 아주
불편했다. 누방樓房(수루방)374으로 옮겨 앉았다가, 곧바로 헌방軒房(동헌의
방)으로 돌아왔다. 저녁에 낙안375의 대솔帶率376 강집姜緝을 군량 독촉하는
일로 군율에 따라 죄의 여부를 진술하게 하고 내보냈다. 비가 낮부터 내내
내리더니 밤새 계속되었다.

2일[15일, 정미] 비가 퍼붓는 듯 내렸다. 초하루 밤 11시쯤에 꿈에서 부안
사람扶安人377이 아들을 낳았다. 달수를 계산했더니 태어날 달이 아닌 달이

---

372 의능은 승려 의병장 "의능宜能"과 같은 인물이다. 「의승병을 나누어 보내 요해처를 경계하
고 지키게 한 일을 임금님께 보고하는 장계分送義僧把守要害狀」(1593년 1월 26일)에는 "義能",
「승장의 위조문서를 임금님께 봉해 올리는 장계封進僧將僞帖狀」(1594년 1월 일)에는 "宜能"으로
나온다.

373 승려들이 집을 짓는 일에 동원되는 모습은 「미암일기」와 「쇄미록」 1597년 4월 5일에도 나
온다. 「미암일기」 1569년 11월 14일에는 승려 대목수로 사랑채를 짓는 일을 맡았고, 또 대둔사의
승려 27명과 금강 보리사 승려 20여 명이 초석礎石을 운반하는 모습이 나온다. 1571년 1월 9일
에는 승려 방호가 새 집의 앙토仰土와 사벽을 담당하겠다고 기록했고, 1571년 2월 13일에는 승
려인 목수가 나온다. 1576년 5월 7일에는 온돌을 잘 놓는 승려 이야기가 나온다.

374 누방(수루방)은 누각樓閣(수루)에 있는 방이다.

375 "낙안"을 「편수회본」은 낙안 군수 김준계로 보았다.

376 대솔은 직속 부하다.

377 "부안 사람"을 여러 번역본에서 "이순신의 첩(소실)"으로 보았다. 그러나 이는 알 수 없다.
이순신의 정실부인이었던 상주 방方씨 외에 후대의 족보 기록 혹은 다른 기록을 통해 확인할 수

었기에, 꿈이었지만 쫓아 보냈다. 몸이 평안해진 듯했다. 해 질 무렵 수루 위로 옮겨 앉았다. 충청 수사(이순신)와 순천 부사(권준), 마량 첨사(강응호) 와 함께 이야기하며 새로 빚은 술新酒378 몇 잔을 마시다 말았다. 비가 내내 내렸다. 송희립이 와서, "흥양 훈도가 또 소선을 타고 도망쳤다"고 했다.

3일[16일. 무신] 아침부터 흐렸다. 해 질 무렵 맑아졌다. 충청 수사(이순신)와 순順(순천) 부사(권준)와 같이 활 두세 순을 쏘았다. 누방(수루방)을 도배塗排 하게 했다.

4일[17일. 기유] 아침에379 보슬비가 내리다가 늦게 맑아졌다. 충청 수사(이순 신)와 순천 부사(권준), 발포 만호(황정록) 등이 와서 활을 쏘았다. 누방樓房 (수루방) 도배가 끝났다. 경상 수사(원균)의 군관과 색리들을 명나라 장수(장 홍유)를 접대할 때에 "여인들에게 떡과 음식물을 머리에 이고 오게 한 일" 로 처벌했다. 전장箭匠380 박옥朴玉381이 와서 대나무를 들고 갔다. 이종호李 宗浩382가 안수지安守智 등을 잡아오려고 흥양으로 갔다.

5일[18일. 경술] 아침에 흐렸다. 식사를 한 뒤, 충청 수사(이순신)와 순천 부

있는 확실한 소실은 이순신의 서자 훈薰을 낳은 해주 오吳씨밖에 없다. 부안 사람은 「난중일기」 1594년 11월 13일 기록과 1597년 10월 25일 기록으로 보면, 윤씨다. 특히 1594년 11월 13일의 기록을 보면, '윤련尹連의 누이'로 보인다.
378 "新酒"를 「문화재청본」은 "신주神酒(제삿술)"로 보았다. 「친필본」 「편수회본」 「박혜일·최희동 본」은 "新酒"이다. 홍기문은 "새로 빚은 술"로 번역했다. 1594년 9월 15일의 '新' 자와 같다. 「문화 재청본」이 오자다.
379 "아침에朝"를 「문화재청본」은 누락했다.
380 전장은 전을 만드는 장인이다.
381 박옥은 「호성원종공신녹권」에서는 시인으로 호성원종공신 1등이다. 「선무원종공신녹권」에 는 판관과 사복의 박옥이 각각 선무원종공신 2등으로 나오나, 「호성원종공신녹권」의 시인 박옥 이 「난중일기」 속 전장 박옥과 같은 인물로 추정된다.
382 이종호(?~?)는 조선 중기의 무신이다. 무과에 급제했다. 이순신 막하에서 목화를 사오거나 생선을 곡식과 바꾸는 일 등을 했다. 「선무원종공신녹권」에서는 첨정으로 나오고, 선무원종공신 1등이다.

사(권준)와 같이 활을 쏘았다. 오후에 경상 원 수사(원균)[383]에게 갔더니, 우수사(이억기)가 이미 먼저 와 있었다. 서로 잠시 이야기하다가 돌아왔다. 이날, 웅천 현감(이운룡)과 소비포 권관(이영남), 영등 만호(조계종)와 윤동구 등이 선봉先鋒의 여러 장수로 이곳에 왔다.

보성 군수(김의검)가 돌아가고 장흥 부사(황세득)가 들어왔다.

6일[19일, 신해] 아침에는 맑았다. 해 질 무렵 비가 내렸다. 충청 수사(이순신)와 훈련용 화살 10순을 쏘았다. 저녁에 장흥 부사(황세득)가 들어왔고, 보성 군수(김의검)는 나갔다. 탐선이 들어왔다. "어머님은 평안하시고, 면도 점점 나아간다"고 했다. 고성 현령(조응도)과 사도 첨사(김완), 적도 만호(고여우)가 함께 왔다가 갔다. 이날 밤, 누방(수루방)에서 그대로 묵었다.

7일[20일, 임자] 비가 내내 계속 내렸다.

8일[21일, 계축] 비가 내내 계속 내렸다. 정 조방장(정응운)이 들어왔다.

9일[22일, 갑인] 비가 계속 내렸다. 우수사와 정 조방(조방장 정응운), 충청 수사(이순신)와 순천 부사(권준), 사도 첨사(김완)와 함께 이야기했다.

10일[23일, 을묘] 비가 내내 계속 내렸다. 충청 수사(이순신)와 순천 부사(권준)가 와서 이야기했다. 이날[384] 「임금님께 보고하는 글」의 초고를 수정했다.

11일[24일, 병진] 큰비가 내내 내렸다. 이날 밤, 광풍이 불었고, 폭우暴雨가 크게 쏟아졌다. 지붕이 3겹이나 벗겨졌다. 비가 새어 삼대처럼 쏟아졌다. 밤새 앉아서 새벽을 맞았다. 양쪽 창문이 모두 바람에 부서지고 젖었다.

383 "오후에 경상 원 수사(원균)"의 원문은 "午後往慶尙元水使"이다. 「문화재청본」은 '午後'와 '元'을 누락했다.
384 "충청 수사와 순천 부사가 와서 이야기했다. 이날忠淸水使及順天來話是日"을 「문화재청본」은 누락했다.

12일[25일. 정사] 흐렸으나 비는 내리지 않았다. 늦게 충청 수사(이순신), 순천 부사(권준)와 함께 활을 쏘았다. 소비포 권관(이영남)과 웅천 현감(이운룡)도 와서 쏘았다. 아침에 원수(권율)의 군관 심준沈俊이 이곳에 도착했다. 전령 안에, "만나서 약속을 의논하고 싶으니, 이달 17일 사천으로 나와 기다리라"고 했다.

13일[26일. 무오] 맑았다. 아침에 심준이 돌아갔다. 노윤발도 돌아갔다. 오전 10시에 배에서 내렸다. 여러 장수를 이끌고 견내량으로 갔다. 특별히 날쌔고 용맹한 장수를 정해別定銳將 춘원 등지로 보냈다. 정찰해 적을 사로잡고 무찌를 일을 사도 첨사(김완)에게 전령하고, 여러 배를 뽑아 보냈다. 그대로 정박하고 묵었다. 달빛이 하얀 비단 같았고, 바람은 잔잔해 파도도 일지 않았다. 해에게 적을 불게 했다. 밤이 깊어 파했다.

14일[27일. 기미] 아침부터 흐렸다. 해 질 무렵 비가 내렸다. 아침에 사도 첨사(김완)와 소비포 권관(이영남), 웅천 현감(이운룡) 등이 긴급히 보고한 내용에, "왜선 1척이 춘원에 머물러 정박했기에 눈치채지 않게 갑자기 기습했더니掩襲, 왜놈 등이 (배를) 버리고 도망쳐 달아났고, 우리나라 남자와 여자 15명을 빼앗고, 적선도 빼앗아왔다"고 했다. 오후 2시에 진으로 돌아왔다.

15일[28일. 경신]385 맑았다. 식사를 한 뒤, 배를 출발해 원 수사(원균)와 같이 월명포月明浦에 도착해 묵었다.

16일[29일. 신유] 맑았다. 새벽에 출발해 소비포에 도착해 배를 정박시켰다. 아침을 먹은 뒤, 돛을 펼쳐 사천 선창에 도착했더니, 기직남(사천 현감)과 곤양 군수(이광악)가 왔다. 그대로 머물러 묵었다.

17일[30일. 임술] 흐렸다. 해 질 무렵 비가 내렸다. 원수(권율)는 낮 12시쯤

385　추석이다. 1593년 8월 15일에는 일기에 추석이라고 명기했다.

사천에 도착했다. 군관을 보내 "이야기하자"고 불렀기에, 곤양 군수(이광악)의 말을 타고 원수가 머물고 있는 사천 쉬(현감 기직남)의 거처로 갔다. 임금님께서 내리신 교서에 숙배를 한 뒤, 공례와 사례를 했다. 그대로 같이 이야기했다. 오해가 풀린 얼굴빛이 많았다. 원 수사(원균)는 심하게 질책당했다. 수사(원균)는 머리도 들지 못했다. 우스운 일이다. 갖고 간 술을 마시자고 청했다. 술잔을 8번 돌렸다.[386] 원수가 아주 많이 취해서 파했다. 헤어진 뒤, 잠잘 곳으로 돌아왔더니, 박종남朴宗男[387]과 윤담尹潭[388]이 와서 만났다.

18일[양력 10월 1일, 계해] 흐렸으나 비는 내리지 않았다. 아침을 먹은 뒤, 원수(권율)가 청해서 나아가 이야기했다. 또한 간단한 술상이 차려져 있었다. 많이 취했기에, 보고하고 돌아왔다. 원 수사(원균)는 취해서 일어나지 못했다.[389] 그대로 누워 오지 못했기에, 나 홀로 곤양 군수(이광악)와 소비포 권관(이영남), 거제 현령(안위) 등과 배를 돌려 삼천 앞에 도착했다. 묵었다.

19일[2일, 갑자] 맑았다. 해 질 무렵 잠깐 비가 내렸다. 새벽에 사량 뒷면에

---

386 8잔은 『난중일기』에 기록된 술 마신 기록 중 명시된 것 가운데 가장 많은 잔 수다.

387 박종남(1549~1601)은 조선 중기의 무신이다. 이순신이 무과에 합격했던 1576년 무과 식년시에서 28세, 보인 신분으로 29명 중 2등으로 급제했다. 당시 이순신은 병과 4등으로 전체 29명 중 12등으로 종9품이 되었다. 당시 박종남과 이순신은 합격자 29명 중 4명에 불과한 보인 신분이었다. 1583년 여진족 이탕개 토벌 때 공을 세워 절충장군에 승진했고, 비변사의 천거로 부령 부사에 임명되었고, 이후 길주 부사·온성 부사를 역임했다. 1592년 7월, 춘천 부사로 활약했고, 세자 광해군이 함경도에서 군사와 백성을 위무할 때 호위대장으로 광해군을 호위했다. 1593년에는 진주 목사로 활약했다. 그러나 관찰사와의 갈등으로 1594년 파직되었다가, 권율 막하에서 응양도별장을 지내기도 했다. 이순신이 그를 발탁해 조방장으로 기용했고, 이후 여러 해전에 참전해 공을 세웠다. 『난중일기』에 나오는 이순신과 박종남의 급제 동기로는 구사직·윤사공·김성업·박대남·신호의·남치온·이경록이 있다.

388 윤담은 조익의 「진사일기」 1593년 1월 7일에 나온다. 조익의 의병 일행이 광해군을 만나러 길을 떠날 때, "산북 윤담의 집에서 점심식사를 했다"는 이야기가 나온다.

389 "일어나지 못했다"의 원문은 "不能起"이나, 「문화재청본」은 "不來起"로 보았다.

도착했더니, 원 수사(원균)는 아직도 도착하지 않았다. 칡[390] 60동을 캤다. 원 수사(원균)가 비로소 왔다. 늦게 배를 출발했다. 당포에 도착했다. 묵었다.

20일[3일, 을축] 맑았다. 새벽에 출발했다. 진 중에 도착했다. 우수사(이억기)와 정 조방장(정응운)이 와서 만났는데 ~~돌아갔다~~. 정丁(조방장 정응운)은 곧바로 돌아갔다. 우수사와 장흥 부사(황세득), 사도 첨사(김완)와 가리포 첨사(이응표), 충(충청) 우후(원유남)와 훈련용 화살을 쏘았다. 저녁에 적을 불고, 노래도 불렀다.[391] 밤이 깊어 파했다. 미안한 일이 많이 있었다. 충청 수사(이순신)는 어머니의 병이 심했기에, 곧바로 흥양으로 되돌아갔다.

21일[4일, 병인] 맑았다. 외가의 제삿날外忌이라 좌기하지 않았다. 곤양 군수(이광악)와 사도 첨사(김완), 마량 첨사(강응호)와 남도 만호(강응표), 영등 만호(조계종)와 회령會寧 만호(민정붕), 소비포 권관(이영남)이 함께 왔다. 양정언이 와서 인사했다.

390 칡은 동아줄을 만들거나 옷을 만드는 데 사용했다.
391 이날 일기의 "노래를 불렀다歌"는 양반들이 생활 속에서 즐겨 하던 시조·가곡·가사와 같은 정악正樂으로 보인다. 정악은 선비들이 사랑방이나 시원한 정자에 모여 앉아 부르던 노래로, 시조를 바탕으로 부르는 가곡과 시조, 긴 사설에 노래를 붙여 부르는 가사가 있다. 이날 "적을 불고 노래歌도 불렀다"는 것으로 보아 가사 혹은 가곡을 부른 듯하다. 가사는 긴 사설을 일정한 장단의 틀에 담은 노래로 장구나 피리·대금·해금·장구로 반주를 하고, 가곡은 시조를 노랫말로 하면서 거문고·가야금·대금·세피리·단소 등으로 반주를 하기 때문이다(이성재, 『재미있는 우리 국악 이야기』, 서해문집, 2007, 28~55쪽; 전인평, 『우리가 정말 알아야 할 우리 음악』, 현암사, 2007, 60~65쪽 참조). 유희춘의 『미암일기』 1570년 11월 2일에는 유희춘이 임금의 은혜에 감격해 "노래를 짓기를作歌, '머리를 고텨 꾸여 연지와 粉늘불녀 ■ 근다가 되 니믜 혼자 됴혀기시니ᄂ 진실로 됴녀기시면 그 여더언이리이시다(머리를 고쳐 꾸미고 연지와 분을 바른 뒤에 가까이 갔더니 임께서 혼자 좋게 봐주시네. 진실로 좋게 봐주신다면 그 무엇을 바라랴)'라고 했다"는 내용이 나온다. 또한 1571년 6월 10일 일기에는 5월 12일 지어 불렀던 「헌근가獻芹歌」, "미라리 흔펄기 롤ᄏ여셔. 시수이다년듸아냐 우리님ᄭᅴ바ᄌ오이다. 마시아김디아니커니와 다시시버보쇼셔(미나리 한 떨기를 캐어서 사신이 다녀가는 길에 우리 님께 바치다. 깊은 맛은 아니지만 다 씹어보소서)"가 나온다. 오희문의 『쇄미록』 1596년 5월 14일에는 딸이 「사미인사思美人辭」를, 1596년 8월 13일에는 딸이 「사미인곡思美人曲」을 노래하는 것이 나온다.

22일[5일. 정묘] 맑았다. 제삿날392이라 좌기하지 않았다. 경상 우우후(이의득)가 와서 만났다. 낙안 군수(김준계)와 사도 첨사(김완)도 왔다 갔다. 저녁에 곤양 군수(이광악)와 거제 현령(안위), 소비포 권관(이영남)과 영등 만호(조계종)가 와서 이야기했다. 밤이 깊어 돌아갔다.

23일[6일. 무진] 맑았다. 아침에 공문 초고를 작성했다. 식사를 한 뒤, 활터 정자로 옮겨 좌기했다. 제송공문을 써 보냈다. 그대로 훈련용 화살을 쏘았다. 바람이 아주 험악하게 불었다. 장흥 부사(황세득)와 녹도 만호(송여종)가 함께 왔다. 해 질 무렵 곤양 군수(이광악)와 웅천 현감(이운룡), 영등 만호(조계종)와 거제 현령(안위), 소비포 권관(이영남)도 왔다. 저녁 8시에 파하고 돌아갔다.

24일[7일. 기사] 맑았다. '각 고을에서 수군을 징발393하는 일'로 박언춘朴彦春과 김륜金倫, 신경황을 떠나 내보냈다. 정 조방장(정응운)이 되돌아갔다. 해 질 무렵 소비포 권관(이영남)이 와서 만났다.

25일[8일. 경외] 맑았다. 아침에 곤양 군수(이광악)와 소비포 권관(이영남)을 불러와 함께 아침을 먹었다. 사도 첨사(김완)가 휴가를 얻어 돌아갔다. 9월 7일까지 돌아오라고 일러 보냈다. 현덕린玄德麟394이 그의 집으로 돌아갔다. 신천기도 납속納粟395하는 일로 돌아갔다. 늦게 흥양 현감(배흥립)이 돌아왔

---

392 원문은 "룬"이다.
393 「친필본」의 "懲發"을 「편수회본」은 "徵發"로 수정했다.
394 「문화재청본」「편수회본」은 '玄德獜'으로 보았지만, 이 번역본에서는 '玄德麟'으로 보았다. 그 이유는 1593년 2월 14일의 '田應獜'을 '田應麟'으로 본 이유와 같다. 『이충무공전서』에만 있는 을미년 일기인 1595년 5월 26일, 8월 7일 일기는 현덕린으로 나온다.
395 납속은 흉년 또는 전란이 있을 경우, 국가에서 재정난 타개나 구호 사업 등을 위해 백성에게 일정량 이상의 곡물을 나라에 바치게 하고 그 대가로 벼슬을 주거나 천민 신분을 면제해주던 일이다. 조정의 『조정선생문집 숲』에 따르면, 다음과 같은 납속 사목이 나온다. 양반은 10석 참하 영직, 20석 6품 영직, 30석 5품 영직, 50석 동반 9품직, 70석 동반 8품직, 80석 동반 7품직,

다. 활터 정자로 내려가 훈련용 화살 6순[396]을 쏘았다. "정원명이 들어왔다"고 했다.

26일[9일. 신미] 맑았다. 아침에 각 고을과 포에 제송공문을 써 보냈다. 흥양의 포작 막동莫同이란 놈이 장흥의 군사 30명을 몰래 자기 배에 싣고 도망친 죄로 처형하고 효시했다梟示. 늦게 활터 정자로 내려가 좌기했다. 훈련용 화살을 쏘았다. 충청 우후(원유남)도 와서 같이 쏘았다.

27일[10일. 임신] 맑았다. 우수사(이억기)와 가리포 첨사(이응표), 장흥 부사(황세득)와 임치 첨사, 우후(이몽구) 및 충(충청) 우후(원유남)가 와서 활을 쏘았는데, 흥양 현감(배흥립)이 술을 바쳤다. 아침에 울의 편지를 읽어보았더니, "아내夫人(상주 방씨)[397]의 병이 위중하다"고 했기에, 회를 내보냈다.

100석 6품직, 200석 5품직, 300석 4품직, 500석 당상 준직准職을 준다. 향리는 10석 3년간 역 면제, 30석 5년간 역 면제한다. 공노비는 10석 5년간 면역, 30석 자신의 역 면제, 50석 노비 신분을 면제한다. 서얼은 50석 허통, 60석 참하영직, 80석 참하영직, 100석 참하 실직, 300석 6품 실직, 600석 4품, 800석 3품, 1000석 당상관에 임명한다.

396 "6순"을 「문화재청본」은 "六經"으로 보았으나, '經'은 '巡'의 오자다.

397 원문 "夫人"은 이순신의 아내, 상주 방씨를 지칭한다. 유희춘도 『미암일기』 1571년 8월 6일에서 자신의 아내를 "夫人"으로 기록했다. 이순신의 아내 상주 방씨는 보성 군수를 역임했던 방진方震의 1남(숙주淑周, 1564년생) 1녀 중 외동딸이다. 어머니는 남양 홍씨다. 『신정아주지』에 따르면, 아산 월곡月谷은 방씨(보성 군수 방진)의 세거지이나 방씨의 외손인 이순신의 후손들이 살고 있고, 집 옆에 한 쌍의 은행나무가 있는데 그곳이 이순신의 활터라 한다. 이는 현재 아산 현충사 안에 있는 옛집 옆의 두 그루의 은행나무와 일치하는 내용이다. 『전선명승고적(전)』(김유동 엮음, 동명사, 1929, 114쪽)에서도 아산 월곡月谷을 방씨 세거지라고 했다. 우리한글박물관 소장 「통무공품장」에는 상주 방씨의 전기라고 할 수 있는 「통무공 부인전」이 나온다. 12살쯤에 명화적이 집을 쳐들어오자 아버지(보성 군수, 방진)가 직접 도적을 활로 쏘았는데, 화살이 떨어졌다. 그때 집안의 하인이 명화적과 내통했기에 이미 화살을 치워놓은 상태였다. 그 순간 상주 방씨가 임기응변으로 베를 짤 때 쓰는 대나무 살을 한 아름 가져다 대청에 던졌다. 대나무 살이 대청에 떨어져 흩어지는 소리가 화살과 같았다. 명화적이 명궁 방진의 활솜씨를 알고 있었기에 대나무 살 소리에 놀라 도망쳤다고 한다. 방진은 자신의 딸이 영웅의 배필이 될 것이라 여기고 이순신을 사위로 맞았다고 한다. 이순신 전사 후, 이순신의 부하였던 이운룡이 통제사가 되어 아산을 지나다가 이순신 사당에 배알하러 왔을 때, 방씨 부인이 거절했다. 방씨 부인은 통제사 이운룡 일행의

진도 군수(김만수)가 왔다.

28일[11일, 계유] 밤 1시부터 이슬비가 내리고, 큰 바람이 불었다. 비는 아침 6시에 그쳤으나, 바람은 내내 크게 불었다. 밤새 그치지 않았다. 회가 잘 갔는지 어떤지 알 수 없었다. 아주 걱정이다. 아주 걱정이다. 진도 쉬(군수 김만수)가 와서 만났다. 원수(권율)의 장계로 인해, "죄의 유무를 조사하라는 글"이 내려왔다. 「임금님께 올리는 긴급 보고서」를 오해한 것이 많기 때문이구나.

해남 현감(현즙)이 들어왔다.

29일[12일, 갑술] 맑았으나, 북풍이 크게 불었다. 아침에 마량 첨사(강응호)와 소비포 권관(이영남)이 왔기에 같이 먹었다. 늦게 활터 정자로 옮겨 좌기했다. 제송공문을 써 보냈다. 도양道陽398의 목자牧子399 박돌이朴乭伊를 처벌했다. 도적 3명 중에서 장손張孫은 장 100에 처하고, 얼굴에 '도盜(도둑)' 자를 새기는 벌에 처했다.400 해남 현감(현즙)이 들어왔다. 의장義將(의병장) 성응지가 죽었다化去. 슬프다. 슬프다.

성대한 행차와 음악소리를 비판해 거절했다고 한다. 70여 세, 2월 16일에 사망했다.

398 도양은 도양장道陽場이다. 전남 고흥군 도덕면 도덕리에 있었다. 이순신이 둔전을 실시한 곳이다.

399 목자는 나라의 목장에서 마소를 먹이던 사람이다. 신분은 군졸이다.

400 "얼굴에 '도(도둑)' 자를 새기는 벌에 처했다黥盜字"는 도둑의 얼굴(이마)에 글씨 문신을 새기는 자자형刺字刑·경면형黥面刑이다. 조선시대에 자자형은 부정한 관리 혹은 도둑에게 시행되었다. 장이나 감옥에 갇히는 벌보다 더 무거운 형벌이다. 여성 범죄가 늘어 여자에게도 시행하자는 논의도 있었으나, 여자에 대해서는 시행하지 않았다. 『경국대전』에 따르면, 사형에 처하지 않는 강도에 대해서는 '강도強盜'라는 글자를 몸에 새겼고, 재범은 교형에 처했다. 도둑이나 노름꾼의 배후 혹은 우두머리는 '강와強窩'를 새겼다. 도살 금지법을 3번 어긴 사람들 중 말을 도살한 경우는 '재마宰馬', 소를 도살한 경우는 '재우宰牛'를 새겼다. 먹물로 글자를 새긴 곳을 봉하고 구금했다가 3일 후에 풀어주었다. 이 자자형은 1740년에 폐지되었다. 『경국대전주해 후집』(안위, 1555)에 따르면 군인도 도둑질을 하면 자자형에 처했다고 한다.

그믐날(30일)[13일, 을해]401 맑았고 바람도 없었다. 아침에 해남 쉬(현감) 현즙402이 와서 만났다. 늦게 우수사(이억기)와 장흥 부사(황세득)가 와서 만났다. 해 질 무렵 충청 우후(원유남)와 웅천 현감(이운룡), 거제 현령(안위)과 소비포 권관(이영남)이 함께 와서 만났다. 허정은도 왔다. 이날 아침 탐선이 들어왔는데, "아내(상주 방씨)의 병세가 아주 위중하다"고 했다. 살고 죽는 것이 이미 어찌 결정되었는지 알 수 없구나. 나랏일이 이러니 다른 일은 걱정도 할 수 없구나. 그러나 아들 셋, 딸 하나는 어찌 살아갈까. 마음이 아프고, 가슴이 탔다. 마음이 아프고, 가슴이 탔다未知已決生死也 國事至此 不可念及他事. 然三子一女 何以爲生 痛悶痛悶. 김양간이 서울에서 이곳에 이르렀다. 영의정(류성룡)의 편지와 심충겸의 편지를 가져왔다.403 분노하는 뜻이 많이 있구나. '원 수사(원균)의 일'은 아주 놀랄 일이구나. "내가 한곳에 머물러 있으면서, 앞으로 나가지 않는다"고 했다. 이는 천년 동안 한탄할 일이구나是千載之發嘆也. 곤양 군수(이광악)가 병으로 집으로 돌아갔다. 보지도 못하고 보냈다. 더욱더 한스럽구나. 밤 9시부터 마음이 어지러워 잠들 수 없었다.

401 "그믐날(30일)"의 원문은 "晦日"이다. 날짜를 쓰지 않고 '그믐날'로 기록했다.
402 현즙(?~1624)은 조선 중기의 무신이다. 『여지도서』 「사천현 읍지」에 따르면, 1594년 1월부터 7월까지 사천 현감으로 있었다. 바로 이즈음에 해남 현감으로 임명된 것으로 추정된다. 『선조실록』 선조 27년(1594) 11월 19일에는 사헌부가 해남 현감 현즙의 파직을 건의한 내용이 나온다. 1599년 위원 군수를 거쳐 함경도 첨사·무산 첨사를 지냈다. 1610년 온성 부사에 임명되어 북쪽의 변방을 담당하다가, 제주 목사에 임명되었다. 1616년 지중추부사에 임명되었다. 1623년 이괄의 난 때, 도원수 장만 막하에서 토벌에 참가했는데, 이괄의 난에 연루되었다고 모함을 받아 참형당했다. 류성룡의 「陳賑恤飢民事宜狀」(1593년 2월)에서는 도체찰사 류성룡의 군관으로 나온다.
403 류성룡과 심충겸의 답장은 이순신이 7월 24일 보낸 편지와 관련된 답신으로 보인다. 이순신과 류성룡이 주고받은 내용은 『선조실록』 선조 27년(1594) 8월 23일에 엿보인다. 비변사에서 수군 병력 확보를 위해 남해 등지에 백성을 정착시켜 농사를 짓게 하고, 격군을 확보케 하자는 내용이다.

◎ 1594년 9월

9월 1일[양력 10월 14일. 병자] 맑았다. 앉았다 누웠다 하면서 잠들 수 없었다. 촛불을 밝혀놓고 뒤척였다洗臥不寐 明燭展轉. 이른 아침에 손을 씻고 고요히 앉았다洗手靜坐.404 아내(상주 방씨)의 병세를 점쳤더니, "승려가 환속하는 것과 같다如僧還俗"를 얻었다. 다시 "의심했어도 기쁜 일이 생긴 것과 같다如疑得喜"는 괘를 얻었다. 아주 길하다. 아주 길하다. 또한 병세가 덜한지 어떤지에 대한 소식이 올지 어떨지 점을 쳤더니, "귀양 간 곳에서 친한 사람을 만난 것과 같다如謫見親"는 괘를 얻었다. 이 또한 오늘 안으로 좋은 소식을 들을 조짐이다. 무사撫使(순무어사) 서성405의 공문과 「임금님께 보고하는 글」을 베껴 쓴 것'이 들어왔다.

2일[15일. 정축] 맑았다. 아침에 웅천 현감(이운룡)과 소비포 권관(이영남)이 왔다. 같이 아침을 먹었다. 늦게 낙안 군수(김준계)가 와서 만났다. 저녁에 탐선이 들어왔는데, "아내(상주 방씨)의 병이 덜해지고 있다"고 했다. 그런데 몸의 기운이 아주 약했다. 심히 걱정이구나.

---

404 정좌靜坐는 고요히 앉아 있다는 뜻이다. 『조선 선비의 마음공부, 정좌』(최석기, 보고사, 2014, 38쪽)에서는 정좌에 대해 "조선시대 선비들이 말하는 정좌는 불가의 좌선坐禪이나 도가의 좌망坐忘과는 다르다. 앉아 있는 자세가 비록 참선하는 것과 같고, 공부하는 장소가 고요한 곳이지만, 생각을 운용하는 것은 근본적으로 다르다는 점을 발견할 수 있다. 즉 유가의 정좌는 의식과 지각을 열어놓은 채 마음을 거두어들이기도 하고, 절제하기도 하고, 공경심을 유지하기도 하고, 독서를 하기도 하고, 궁리나 연역을 하기도 하고, 사색을 하기도 하고, 바람 소리나 새소리를 듣기도 하고, 지나치는 사물을 보기도 한다. 그러나 마음이 전일一하기를 주로 하고, 경敬을 주로 하고, 정靜을 주로 하여 외물에 끌려다니지 않고 자신의 도덕적 주체가 오롯하게 깨어 있는 경지를 말한다"라고 선비들의 정좌와 불교·도교의 정좌를 구분하고 있다.
405 서성은 『선조실록』 선조 27년(1594) 7월 28일에 따르면, 순무어사에서 경상도 감사로 임명되었으나, 8월 2일 사헌부가 임명 취소를 건의했고, 선조가 동의했다. 그러나 9월 18일 기록에는 경상도 순안어사로 나온다. 서성은 순무어사에서 경상도 감사로 승진했다가 곧바로 체직된 후 다시 순안어사로 지위가 바뀐 상태로 경상도에 남아 있었던 듯하다.

3일[16일, 무인] 이슬비가 내렸다. 새벽에 비밀 유지秘密有旨[406]가 들어왔는데, "바다와 육지의 여러 장수가 팔짱 끼고 아무 일도 하지 않고 서로 떨어져 있으면서, 나아가 무찌를 계책 하나 힘쓰거나, 계획 하나 세우지 않고 있다"고 했다. 3년이나 바다 위에 있었다. 그 어떤 이유로도 그럴 까닭이 전혀 없다三年海上 萬無如是之理. 여러 장수와 죽기를 결심하고 맹세했고, 복수할 뜻을 매일매일 되새기고 있다誓與諸將決死 復讐之志 日復日復. 그러나 다만 적이 험한 소굴을 점거하고 있어 가벼이 나아가지 않았을 뿐이다而第緣據險窟處之賊 不可輕進.[407] 하물며 "나를 알고 적을 알면, 백 번을 싸워도 위태롭지 않다知己知彼 百戰不殆!"[408]고 하지 않았나. 내내 큰 바람이 불었다. 초저녁에 촛불을 밝히고 홀로 앉았다. 스스로 생각해보아도 나랏일이 넘어져 뒤집혀도,[409] 안에서는 구제할 계책이 없다. 어찌하랴. 어찌하랴明燭獨坐 自念國事顚沛 內無濟策 奈何奈何. 밤 10시에 흥양 현감(배흥립)이 내가 홀로 앉아 있는 것을 알고 들어왔다. 이야기하다가 밤 12시에 이르러 파했다.

4일[17일, 기묘] 맑았다. 아침에 흥양 현감(배흥립)이 와서 만났다. 식사를 한 뒤, 소비포 권관(이영남)도 왔다. 늦게 "원 수사(원균)가 와서 이야기를 하자

---

406 이 유지의 내용을 추정할 수 있는 기록은 『선조실록』 선조 27년(1594) 8월 21일에 나온다. 조선 장수들의 상호 갈등, 육군의 수군 지원 미흡, 수군에 의한 거제도 일본군 공격, 항복한 일본군에 대한 처리 문제 등에 대한 내용이다.
407 "가벼이 나아가지 않았을 뿐이다不可輕進"는 『통감절요通鑑節要』「권 42」「당기」「숙종」「二年」에 나오는 "아직은 가벼이 나갈 수 없다未可輕進"와 관련된 표현이다. 당나라 때 사사명史思明이 반란을 일으켰을 때, 당나라의 이광필李光弼에게 토벌을 명했다. 그때 이광필이 황제에게 "적의 예봉이 날카로워 아직은 가벼이 나갈 수 없다賊鋒尙銳 未可輕進"고 했다.
408 원문 "知己知彼, 百戰不殆"는 『손자병법』「모공」에는 "적을 알고 나를 알면 백 번을 싸워도 위태롭지 않고知彼知己, 百戰不殆"라고 되어 있다.
409 "넘어져 뒤집혀도"의 원문은 "顚沛"이다. 『논어』「이인里仁」의 "君子 無終食之間違仁 造次必於是 顚沛必於是"에 나오는 표현이다.

고 요청했다"고 했기에, 활터 정자로 내려가 앉았다. 훈련용 화살을 쏘았다. 원元(원균)은 9푼을 지고 갔다. 술에 취한 채 갔다. 적을 불다가 밤이 되어 파했다. 또한 사적인 일도 있었는데 미안한 일이 있었다. 우스웠다. 우스웠다. 여도 만호(김인영)가 들어왔다.

5일[18일, 경진] 맑았다. 닭이 운 뒤, 머리를 긁었으나 견디기 어려워 심부름꾼을 불러 긁게 했다.[410] 바람이 순하지 않았기에 나가지 않았다. 충청 수사(이순신)가 들어왔다.

6일[19일, 신사] 맑았고 바람도 잔잔했다. 아침에 충청 사(수사 이순신)와 우후(이몽구), 마량 첨사(강응호)와 같이 아침을 먹었다. 늦게 활터 정자로 옮겨 앉았다. 훈련용 화살을 쏘았다. 이날 저녁에 사내종 효대孝代[411]와 개남介南이 "어머님께서 무사하시다는 소식"을 갖고 왔다. 기쁘고 행복한 마음이 어찌 끝이 있으랴. 기쁘고 행복한 마음이 어찌 끝이 있으랴. 들으니, "방필순方必淳이 세상을 떠났다. 방익순方益淳[412]은 그 가족을 거느리고 찾아왔다"고 했다. 우스운 일이다. 밤 10시에 복■[413]가 왔다. 해 질 무렵 들으니, "김경로가 우도(전라 우수사 진영)에 도착했다"고 했다.

7일[20일, 임오] 맑았다. 아침에 순천 부사(권준)의 편지가 도착했는데, "순찰巡察(순찰사 홍세공)[414]이 10일 사이에 본부(순천부)에 도착할 것"이라고 했

410 머리를 긁게 했던 이유는 이탁영의 『정만록』 1592년 6월 12일과 18일 일기로 보면, 머릿니 때문이다. 또한 서호수의 『해동농서』에 따르면, 양생養生의 방법이다. 『난중일기』에는 칫솔질에 대한 기록이 없는데, 『해동농서』에는 칫솔刷牙子이 있었고, 말꼬리로 만들었다.
411 「친필본」의 "효대"를 「편수회본」에서는 "孝■(代)"로 보았다.
412 "방익순"을 「문화재청본」, 「편수회본」은 "而益淳"으로 보았으나, '方' 자다. 오자다. 「박혜일·최희동본」도 '方'으로 보았다.
413 "복■"의 원문은 "福■"으로, "■"는 판독 불능 글자다. 「편수회본」과 홍기문 등은 "福春"으로 보았다. 9월 18일에는 "福春"이 나온다.
414 홍세공洪世恭(1541~1598)은 조선 중기의 문신이다. 1573년 문과 식년시에서 급제했고,

다. "좌의정(윤두수)도 도착할 것"이라고 했다.[415] 심히 불행한 일이구나.[416]
순천 부사(권준)가 진에 있을 때, "거제로 사냥하러 보낸 사람들이 모두 적에게 사로잡혔다"고 했다. 그런데도 그 정황을 보고하지 않았다. 아주 놀라운 일이다. 아주 놀라운 일이다. 그래서 답장(『충무공유사』)[417] 편지를 쓸 때 거론해 보냈다.

8일[21일, 계미][418] 맑았다. 장흥 부사(황세득)를 헌관獻官[419]으로, 흥양 현감 (배흥립)을 전사典祀[420]로 했다. 9일의 둑제를 위해 재계를 시작했다.[421] 김

1592년 임진왜란 때는 평안도 조도사로 명나라 군사의 군수 조달을 책임졌다. 이어 함경도 도순찰사, 1594년 전라도 관찰사 겸 전주 부윤에 임명되어 호남의 곡식을 군수품으로 조달했다. 1596년 좌부승지·우승지·참찬 등을 역임했다. 정유재란 때 평안도 조도사로 군량 조달을 하던 중 병으로 사망했다.

415   당시 윤두수는 좌의정으로 세자 광해군의 분조인 무군사에 파견되어 있었다. 윤두수는 원균과 인척관계다. 그 때문에 이순신이 불편해했다. 『선조실록』 선조 29년(1596) 11월 17일의 기록에도 이원익이 "윤두수가 '원균은 수군으로 용감히 싸웠다'며 반드시 그를 써야 한다고 했는데, 반드시 그렇게 하고자 합니다"라며 윤두수가 원균을 후원한 모습이 나온다.

416   『선조실록』 선조 27년(1594) 8월 22일에는 비변사에서 수군으로 일본군의 길을 끊고 공격하는 것이 좋은 계책인데, 수군의 수가 적어 배를 운행할 수가 없다고 했고, 또 통제사 이순신과 수사가 바다에 있어 명령이 시행되지 않은 경우가 있으니, 전라도 순찰사 홍세공, 충청도 순찰사 윤승훈, 경상도 순찰사 홍이상에게 글을 내려보내 수군을 균일하게 뽑아 보내게 하고, 군량도 조치해 바다에서 일본군을 공격하게 하자고 건의하는 내용이 나온다. 전라 순찰사 홍세공이 순천에 온 이유는 그런 목적 때문으로 보인다.

417   "답장 편지答簡"는 『충무공유사』「친필본」에서는 '裁簡'으로 나온다.

418   세조의 제삿날이다.

419   헌관은 제사를 지낼 때 술잔을 드리는 사람이다.

420   전사는 제사의 전반적인 과정을 책임지는 사람이다.

421   "재계를 시작했다入齋"는 둑제나 각종 제사를 지내기 전에 행하는 목욕재계를 말하는 것으로 보인다. 9월 9일 예정된 둑제는 출전 직전의 둑제가 아니라, 봄의 경칩(양력 3월 5일 전후)과 가을의 상강(10월 24일 전후)에 지내는 것 중 상강에 지내는 둑제다. 1593년 2월 5일에도 "경칩이었기에 둑제를 지냈다"는 기록이 나온다. 1593년 2월 5일은 경칩이기도 했고, 실제로 출전 전날이기도 했다. 또한 1595년 9월 20일 "밤 2시에 둑제를 지냈다. 사도 첨사 김완이 헌관으로 행사를 했다"는 상강의 둑제가 나온다.

첨지(김경로)가 이곳에 도착했다.

사도 첨사(김완)가 왔다.[422]

9일[22일, 갑신][423] 맑았다. 해 질 무렵 비가 내리다 그쳤다. 여러 장수가 훈련용 화살을 쏘았다. 삼도가 함께 모였는데, 원 수사(원균)는 병으로 오지 못했다. 김 첨지(김경로)도 같이 쏘다가 돌아가 경상(경상도 진영)에서 묵었다.

10일[23일, 을유] 맑았고, 바람도 고요했다. 사도 첨사(김완)가 활쏘기를 주최했다. 우수백(이억기)도 모였다. 김성숙(김경로)[424]은 창신昌信으로 되돌아갔다.

11일[24일, 병술] 맑았다. 일찍 수루 위로 나갔다. 남평의 색리와 순천 격군을 처벌했다. 세 번이나 양식을 훔친 사람을 처형했다. 각 고을과 포에 제송공문을 써 보냈다. 늦게 충청 수사(이순신)가 와서 만났다. 소비포 권관(이영남)은 달을 타고 본포(소비포)로 돌아갔다. 그의 (대장인) 원 수사(원균)가 심하게 욕보일 모략이 있었기 때문이구나.

12일[25일, 정해] 맑았다. 이른 시간에 김암金岩[425]이 방에 도착했다. 정 조방장(정응운)의 집안 사내종이 되돌아가는 길에 답장을 써서 보냈다. 늦게

---

422 "사도 첨사(김완)가 왔다蛇渡來"는 일기 위에 추가로 써넣은 것이다. 「문화재청본」은 누락했다.
423 9월 9일은 명절인 중양절이다. 중양절이라 삼도의 장수들이 모여 활쏘기를 했던 듯하다.
424 「문화재청본」「편수회본」 등은 "金敬叔"으로, 홍기문은 "金惺叔"으로 보았다. 그러나 1594년 9월 6일의 "김경로", 9월 8일과 9일의 "김 첨지"라는 기록, 그리고 김경로의 자가 성숙惺叔이고, 1594년 4월 21일의 "김성숙"이라는 기록을 보면, 「문화재청본」의 "金敬叔"은 "金惺叔"의 오독으로 보인다. 「친필본」은 "敬" 혹은 "惺"으로 보인다.
425 김암은 김암金巖으로 보인다. 김암은 『청주구지』와 『선조실록』에도 언급되어 있다. 『청주구지』에는 충북 청주 출신으로 선조 때 무과에 급제했고, 임진왜란 발발 시 지세포 만호로 있다가 전사했다고 한다. 『선조실록』 선조 26년(1593) 3월 19일에는 개천 군수로 나온다.

우수사(이억기)와 충청 수사(이순신)가 함께 왔는데, 장흥 부사(황세득)가 술을 냈고, 함께 이야기했다. 아주 많이 취해서 파했다.

13일[26일, 무자] 맑았고 따뜻했다. 잠을 잤어도 술이 깨지 않았다. 술기운이 남아 있었다. 방 밖으로 나가지 않았다. 아침에 충청 우후(원유남)가 와서 만났다. 또한 '조도어사 윤경립尹敬立[426]이 임금님께 보고하는 글'을 베껴 쓴 것' 2통을 읽어보았더니, 1통은 "진도 군수(김만수)의 파면을 요청하는 것"이고, 1통은 "수군과 육군이 서로 양쪽의 일을 침범하지 말 것과 수령을 전쟁터에 내보내지 말라"는 것이었다. 그 의견은 임시 땜질에 치우친 것이다. 저녁에 하천수가 「임금님께 보고하는 글에 대한 회답」과 홍패(과거 합격증) 97장을 갖고 왔다. 영의정(류성룡)의 편지도 갖고 왔다.

14일[27일, 기축] 맑았다. 흥양 현감(배흥립)이 술을 바쳤다. 우수사(이억기), 충청 수사(이순신)와 함께 훈련용 화살을 쏘았다. 방답 첨사[427]가 공례와 사례를 했다.

15일[28일, 경인] 맑았다. 일찍 충청 수사(이순신) 및 여러 장수와 함께 망궐례를 했다. 우수사(이억기)는 약속했으나, 아프다고 핑계를 댔다. 한숨이 났다. 새로 과거 급제한 사람들에게 홍패를 나누어주었다. 남원 도병방과 향

---

426 윤경립(1561~1611)은 조선 중기의 문신이다. 아버지는 판서 윤국형이다. 1588년 문과 알성시에서 급제했다. 정여립과 친분이 있어, 정여립 사건 때 파직되었다. 임진왜란 때는 관량어사·독운어사로 군량 공급에 공헌했다. 1594년 부수찬·이조 좌랑, 1598년에는 동부승지로 양호 찰리사가 되어 군량·마초를 공급했다. 아버지 윤국형은 「난중일기」에 윤선각으로 나오기도 한다. 류성룡의 「서애집」 「연보」에 따르면, 1593년 4월에 체찰사 류성룡의 명령을 받아, 서적 수만 권을 수집했고, 그가 수집한 서적이 뒷날의 홍문관 서적이라고 한다. 정경운의 「고대일록」 1593년 5월 29일과 6월 1일에 독운어사 윤경립이 나오는데, 다만 한자가 「난중일기」와 달리 尹景立으로 되어 있다.
427 「편수회본」에서는 "방답 첨사"를 어영담으로 주석했다. 그러나 어영담은 이미 사망한 상태다. 「편수회본」의 오류다.

소 등을 붙잡아 가두었다. 충청 우후(원유남)가 본도(충청도)로 나갔다. 사내 종 경이 들어왔다.

순천 부사(권준)가 왔다.[428]

16일[29일. 신묘] 맑았다. 충청 사(수사 이순신), 순천 부사(권준)와 함께 이야 기했다. 이날 밤, 꿈에서 사내 아기를 보았으니, 곧 경의 어미가 아들을 낳 을 점괘구나.[429]

17일[30일. 임진] 맑았고 따뜻했다. 충청 수사(이순신)와 순천 부사(권준), 사 도 첨사(김완)가 와서 활을 쏘았다. 우후 이몽구는 국둔전國屯田[430]에서 타 작할 일로 나갔다. 효대 등이 나갔다.

18일[31일. 계사] 맑았으나 지나치게 더웠다. 충청 수사(이순신), 흥양 쉬(배흥 립)와 내내 훈련용 화살을 쏘다가 파했다. 해 질 무렵 비가 보슬보슬 내렸 다. 밤새 계속 내렸다. 이수원李壽元과 담화曇花가 들어왔다. 복춘福春이 들 어왔다. 이날 밤, 이리저리 뒤척이다 잠들 수 없었다.

19일[11월 1일. 갑오] 비가 내내 계속 내렸다. 흥양 현감(배흥립)과 순천 부사 (권준)가 와서 이야기했다. 해남 현감(현즙)도 왔다가 곧바로 돌아갔다. 흥양 현감(배흥립)과 순천 부사(권준)는 밤이 깊어 되돌아갔다.

20일[2일. 을미] 새벽에 바람은 그치지 않았으나, 비는 잠깐 수그러들었다. 홀로 앉아 밤 꿈을 기억해보았더니, "바다 한가운데 있던 외딴섬이 달려왔

---

428 "순천 부사(권준)가 왔다順天來"는 일기 위에 추가로 써넣은 것이다. 「문화재청본」은 누락 했다.
429 이 시대에도 돌잔치와 돌잡이를 했다. 정경운의 『고대일록』 1597년 4월 25일에 따르면 아 들 주복의 돌잔치를 했고, 돌잔치에서 주복은 책과 붓을 집었다고 한다.
430 국둔전은 국경 지방에 주둔한 군사들이 농사를 지어 자급자족하게 하는 국가가 관리하 는 농토다. 임진왜란 당시 이순신은 둔전을 설치해 피란민이나 늙은 군사들을 시켜 농사를 짓게 했다.

다. 눈앞에서 멈춰 춤을 췄다. 그 소리가 천둥과 같았다. 여기저기에서 놀
라 달아났지만, 나는 홀로 서서 그것을 처음부터 끝까지 자세히 살펴보았
다. 지극히 기쁘고 훌륭했다."[431] 이 조짐은 곧 왜놈이 강화를 구걸하다가
스스로 멸망할 형상이다. 또한 "나는 잘 달리고 튼튼한 말駿馬을 타고 천천
히 가고 있었다." 임금께서 부르시는 명령을 받고, 임금 앞으로 나아갈 조
짐이구나. 충청 수사(이순신)와 흥양 현감(배흥립)이 왔다. 거제 현령(안위)도
와서 만나고 곧바로 돌아갔다. 체찰사(윤두수)가 보낸 공문 안에, "군량을
징수해 수군에게 계속 조달하라"고 했다. "나라에 대한 의무를 하지 않은
사람의 죄로 인해 연대 책임을 져 잡아 가둔 가족과 친척, 가까운 이웃들
을 풀어 보내라"고 했다.[432]

21일[3일, 병신] 맑았다. 아침에 활터 정자로 나가 좌기했다. 제송공문을 써서
나눠 보냈다. 늦게 훈련용 화살을 쏘았다. 장흥 부사(황세득)와 순천 부사(권
준), 충청 수사(이순신)와 내내 이야기했다. 해 질 무렵 여러 장수는 뛰어넘기[433]

---

431 "지극히 기쁘고 훌륭했다"의 「친필본」, 「전서본」, 「편수회 초본」은 "極可欣壯"이다. 「편수회본」,
「문화재청본」, 「박혜일·최희동본」은 "極可欣然"이다. 「편수회 초본」은 '然'으로 썼다가 '壯'으로 수
정했다.
432 체찰사 윤두수가 이순신에게 보낸 공문은 「선조실록」 선조 27년(1594) 9월 6일에 나오는 윤
두수가 보고한 장계와 관련이 있는 듯하다.
433 "뛰어넘기超越"와 관련해 「선조수정실록」 선조 27년(1594) 2월 1일 기록을 보면, 훈련도감
에서 군사를 모집할 때 시험 기준은 "큰 바위 하나를 능히 들고, 한 길 높이 담장을 능히 뛰어 넘
을 수 있는 자能舉一巨石, 能超越一丈墙者"이다. 이 시험에 담을 "뛰어넘는 것"이 나온다. 류성
룡의 「난후잡록」에도 훈련도감 설치 시 군사 모집을 할 때 조경趙儆이 "응모자의 힘을 먼저 시험
하고, 또 한 길 높이 흙 담장을 뛰어넘을 수 있는 사람超越土墙一丈을 선발했다"는 내용이 나온
다. 서울에서 2월에 시험을 본 것으로 보면, 이순신도 한산도에서 그런 시험을 보았을 수도 있다.
류성룡의 「因備忘記 論練兵節目啓」(1594년 3월)에서는 선조가 군사훈련 방법을 명령한 비망기가
나온다. 비망기에서 선조는 송나라의 악비와 명나라의 척계광이 군사를 훈련시키는 방법을 이야
기하고 있는데, 악비는 "활은 반드시 왼손과 오른손 모두 쏠 수 있고, 무거운 갑옷을 입고 해자
를 뛰어넘을 수 있도록 날마다 연습시켰고射必左右 被重鎧超壕 日以爲習", 척계광은 "군사는 반

를 했다. 또한 군사들에게 씨름⁴³⁴을 서로 겨루게 했다. 밤이 깊어 파했다.

22일[4일, 정유] 아침에 활터 정자에서 좌기했다. 우수사(이억기)와 장흥 부사(황세득)도 왔다. 경상 우후(이의득)도 왔다. 명령을 듣고 갔다. 원수의 비밀 편지密書가 이곳에 도착했는데, "27일⁴³⁵에 군사를 출동시키기로 정했다"고 했다.⁴³⁶

23일[5일, 무술]⁴³⁷ 맑았으나 바람이 사납게 불었다. 일찍 활터 정자로 나가 공문을 써 보냈다. 원元 수사 水使가 왔다. 군사 기밀을 의논하고 갔다. 낙안 군사와 영(전라 좌수영) 군사 51명, 방답 수군 45명을 점검하고 검열했다.⁴³⁸ 고성

드시 달리기跑를 배워야 한다兵須學跑"고 했다. 『난중일기』와 『선조수정실록』, 선종의 비망기를 보면, "뛰어넘는 것"은 "해자를 뛰어넘는 것超壕"과도 비슷한 것으로 보인다.

434 "씨름角力"에 대해 이옥(1760~1815)은 「湖上觀角力記」란 글에서, 매년 5월 마포에서 "각력희角力戱"를 했다고 기록하고 있다. 홍석모의 『都下歲時紀俗詩』에서도 5월의 놀이로 "각력희·각희角戱"가 나온다. 조재삼趙在三(1808~1866)의 『송남잡지』에서는 "각저角觝·각희"라고 했다.

435 27일의 원문은 "念七"이다. 이때 '念'은 '20'을 뜻한다. 남평 조씨의 『병자일기』 1637년 4월 27일의 경우, 한글로 "념칠"이라고 했다. 홍대용의 『을병연행록』 1766년 2월 24일에도 "념念 뉵일"이 나온다.

436 27일 출전에 대해서는 『선조실록』 선조 27년(1594) 10월 11일의 경상도 순변사 이빈의 장계에도 나온다. 이빈은 "도원수 권율의 전령에, 9월 27일 바다와 육지에서 합세해 거제의 적병을 칠 것"이라고 했기에, "경상도 조방장 곽재우를 장수로 정해 김응함·장의현·백사림·주몽룡·나승윤·김덕령·한명련과 승장 신열 등이 거느린 군사 650명을 거느리고 가게 했다"고 한다. 또한 도원수 권율이 보낸 비밀 서류는 『선조실록』 선조 27년(1594) 8월 22일과 9월 19일 기록에 비변사가 이순신의 수군에게 일본군을 공격하라는 명령을 건의한 내용과 관련이 있다. 『선조실록』 1594년 9월 19일에 따르면, 비변사에서 육지의 일본군을 공격하기 어렵다면서, 수군이 거제의 일본군을 공격해 웅천으로 몰아내면 수군이 부산 쪽으로 이동하는 데 장애물이 없게 되고 영등포를 중심으로 웅천 등지의 일본군을 공격하면서 육군과 합동으로 공격하는 것이 좋은 계책이라고 이순신에게 통지하라고 건의했고, 선조는 이를 시행하라고 했다. 그런데 권율의 작전은 『선조실록』 선조 27년(1594) 9월 27일과 10월 11일의 기록을 보면, 비변사의 건의와 무관하게 도체찰사 윤두수와 도원수 권율이 기획해 집행한 별도의 작전이었다.

437 태조의 원비, 신의왕후 한씨의 제삿날이다.

438 「친필본」 「문화재청본」 「편수회본」에서는 "樂安軍士營五十一名, 防踏水軍四十五名(낙안군사·영 51명, 방답수군 45명)"으로, 『이충무공전서』에서는 "樂安軍士十一名 防踏水軍四十五名(낙안

백성이 등장等狀[439]을 올렸다. 진주晉州 강운姜雲의 죄를 다스렸다. 보성 군수가 이끌고 온 소관召官 황천석黃千錫을 끝까지 추궁했다. 광주에 가두었던 창평현昌平縣 색리 김의동金義同을 처형할 일로 전령을 내보냈다. 저녁에 충청 수사(이순신)와 마량 첨사(강응호)가 와서 만났다. 밤이 깊어 돌아갔다. 저녁 8시가 지나 복춘[440]이 와서 사적인 이야기를 했다. 닭이 운 뒤에 되돌아갔다.

24일[6일, 기해] 맑았다. 내내 큰 바람이 불었다. 아침에 대청에서 좌기해 공무를 처리했다. 아침은 충청 수사(이순신)와 같이 먹었다. 이날, 더그레[441]를 나누었다. 좌도(전라 좌도)는 누런색 옷 9건件, 우도(전라 우도)는 붉은색 옷 10건, 경상은 검은색 옷 4건이었다.

25일[7일, 경자] 맑았다. 바람이 조금 멈췄다. 김 첨지(김경로)가 군사 70명을 이끌고 들어왔다. 저녁에 박 첨지朴僉知(박종남)가 군사 600명을 이끌고 들어왔다. 조붕도 왔다. 같이 묵으며 밤새 이야기했다.

26일[8일, 신축] 맑았다. 새벽에 곽재우郭再祐[442]와 김덕령[443] 등이 견내량에

군사 11명, 방답수군 45명)"으로 나온다. 『이충무공전서』가 오자다.

439 등장은 소지所志의 일종으로 일반인 여러 사람의 이름으로 관에 올리는 문서다.

440 「문화재청본」, 「편수회본」 등에서는 "復春"이나, 9월 18일 일기에는 "福春"으로 나온다.

441 "더그레"의 원문은 "號衣"로, 군사들이 입는 옷의 한 종류다.

442 곽재우(1552~1617)는 1585년 문과 정시에 급제했으나, 지은 글이 선조의 뜻에 거슬려 무효가 되었다. 그 후 은거하다가 임진왜란이 일어나자 최초로 의병을 일으켰다. 1592년 5월 함안군을 점령하고, 정암진에서 대승을 거두었다. 이때 홍의紅衣를 입고 선두에서 싸웠기에 홍의장군이라고 불렸다. 1597년 정유재란 때는 경상 좌도 방어사로 임명되어 화왕산성을 방어했다. 그 후 낙향한 뒤 조정에서 경상도 병마절도사, 수군통제사 등으로 임명했으나, 모두 거부하고 은둔해 살았다. 오희문의 『쇄미록』에 기록된 '곽재우가 초유사 김성일에게 보낸 편지'인 「경상도 유생 곽재우의 편지慶尙道儒生 郭再祐 書」에 따르면, 곽재우는 1592년 5월 14일, 장정 4명을 데리고 낙동강 하류에서 왜선 3척을 쫓아버렸고, 6일에는 왜선 11척이 4일 싸웠던 곳으로 왔기에 장정 13명을 거느리고 이를 쫓아냈다고 한다.

443 김덕령은 『선조실록』 선조 27년(1594) 9월 2일에 나오는 도원수 권율의 보고에 따르면, 고성

도착했다. 박춘양을 보내 건너온 일을 묻고 오게 했더니,[444] "수군과 합세할 일로 원수(권율)가 전령했다"고 했다.[445]

27일[9일, 임인] 아침에는 맑았다. 해 질 무렵 잠시 비가 내렸다. 아침 늦게 배를 출발시켜 포구로 나가 즉시 여러 배가 한꺼번에 길을 떠났다. 적도 앞 바다에 머물렀더니, 곽 첨지郭僉知(곽재우)와 김 충용金忠勇(김덕령),[446] 한 별장韓別將(한명련)[447]과 주몽룡朱夢龍[448]이 함께 도착했다. 약속을 한 뒤 원하는 곳으로 나누어 보냈다. 저녁에 선 병사(선거이)가 배에 도착했기에, 영선䑸船(전라 좌수영 전선)을 타게 했다. 해 질 무렵 체찰사(윤두수)의 군관 이천문李天文[449]·임득의林得義·이홍사李弘嗣·이충길李忠吉·강중룡姜仲龍·최여해崔汝諧·한덕비韓德備·이안겸李安謙·박진남朴振男 등이 왔다. 밤에 비가 잠시 내렸다.

에서 일본군과 전투를 해 붙잡혀가던 백성 50여 명을 탈환했다.

444 "건너온 일을 묻고 오게 했다"는 「친필본」, 「문화재청본」에서는 "問來"이다. 『충무공유사』에서는 "問由"이다.

445 곽재우와 김덕령이 이순신 진영에 온 것은 수륙합동작전 때문이었다. 10월 4일, 이순신과 함께 장문포해전을 하게 된다.

446 "김 충용金忠勇(김덕령)"을 「편수회본」은 "김 충남金忠男"으로 보았다.

447 별장別將은 조선시대 지방 군영에 두었던 무관직이다.

448 주몽룡(1561~?)은 조선 중기의 무신이다. 무과에 급제한 뒤 선전관을 거쳐 금산金山(김천) 군수에 임명되었다. 임진왜란이 일어난 뒤 곽재우와 강덕룡·정기룡 등 경상도 지역에서 장수들과 함께 전공을 세웠다. 그중에서도 강덕룡·정기룡 의병장과 자주 영남 산간지대를 중심으로 유격전을 전개하여 적을 격파했기 때문에 주민들로부터 '삼룡장군三龍將軍'으로 불리기도 했다. 1596년에 충청도 홍산에서 이몽학의 반란이 일어났을 때 반란군들이 자신들의 동지라고 헛소문을 내 투옥되었다가 허위로 밝혀져 석방되었다.

449 이천문은 정경달의 「반곡유고」 1593년 1월 19일에는 선산 부사 정경달이 지휘하는 충청·전라·경상도 연합군의 한 사람으로 "금산錦山 이천문"으로 나온다. 『난중일기』 속 이천문과 동일 인인지는 확실치 않다. 조응록의 『죽계일기』 1595년 11월 1일에서는 '천총千摠', 1602년 10월 20일에는 '북우후北虞候'로 나온다. 1604년 7월 9일에는 사간원에서 충청 수사 성윤문을 탄핵하는 내용이 나온다.

28일[10일, 계묘] 흐렸다. 새벽에 촛불을 밝히고 홀로 앉았다明燭獨坐. 적을 무찌를 일을 점쳤는데, 길했다.[450] 즉 첫 번째 점은 "활이 화살을 얻은 것과 같다如弓得箭"였다. 다시 쳤더니, "산이 움직이지 않는 것과 같다如山不動"였다. 바람이 순하지 않았다. 흥도의 안바다에 진을 쳤다. 묵었다.

29일[11일, 갑진] 맑았다. 배를 출발시켜 장문포 앞바다로 돌격해 들어갔다. 적의 무리는 험준한 곳을 점거하고 나오지 않았다. 누각을 높이 세워놓았고, 양쪽 봉우리에도 보루를 지어놓았다. 나와서 싸우지 않을 전략이었다. 선봉이 적선 2척을 공격해 무찔렀더니, 육지로 올라가 도망쳐 숨었다. 빈 배만 깨고 불태웠다撞焚. 칠천량에서 밤을 지냈다.

◎ 1594년 10월

10월 1일[양력 11월 12일, 을사][451] 새벽에 길을 떠났다. 장문포에 도착했다. 경상 우수사(원균)와 전라 우수사(이억기)가 장문場門 앞바다에 머물렀다. 나는 충청 수사(이순신)와 선봉의 여러 장수와 함께 곧바로 영등으로 들어갔더니, 흉악한 적 등은 배를 물가에 매어놓고는 한 명도 싸우러 나오지 않았

450 정탁의 『용사일기』 1593년 1월 8일 이후의 「부附」에는 명나라 제독 이여송이 평양성을 탈환할 때, "이른 아침에 직접 점을 쳤다"라는 내용이 나온다. 류성룡의 「馳啓收復平壤狀」(1593년 1월 9일)에는 "(1월) 8일 새벽, 총병(이여송)이 향불을 피우고 (출전할) 길일을 점쳐서 골라 정했는데 길일을 얻었다焚香卜日得吉"는 내용이 나온다. 평양성 전투 직전에 이여송이 전투와 관련한 점을 친 것이나, 그 방법과 내용은 알 수 없다. 『고려사절요』에도 고려시대에 전쟁과 관련하여 점을 쳤다는 기록이 있다. 현종 1년(1010) 12월 28일에는 거란이 침략해왔을 때 거란과의 화친 여부를 결정하기 위해 현종이 직접 점을 쳤는데 화친에 길한 괘를 얻었다고 한다. 또한 예종 2년(1107) 10월에 여진족을 토벌하기 위해 최홍사崔弘嗣를 시켜 점을 치게 했는데, "감이 기제로 변하는 점괘坎之旣濟"를 얻어 출전을 결정하고 윤관을 원수로 삼았고, 윤관은 여진족을 축출하고 9성을 쌓았다. "감지기제坎之旣濟"는 험한 일이 있으나 곤경을 벗어나고 성공한다는 뜻이다. 최홍사가 친 점은 주역점이다.
451 음력 10월 1일은 청명淸明, 7월 15일과 함께 여제를 지내는 날이다.

다. 해가 저문 뒤 장문포 앞바다로 되돌아왔는데, 사도 2호선이 육지에 배를 맬 때, 적의 소선이 곧바로 들어와 불을 던졌다. 불 붙기 전에 껐으나, 분하고 원통한 것이 한이 없었다. 분하고 원통한 것이 한이 없었다. 우수사(이억기)의 군관과 경상 수사(원균)의 군관은 그 실책을 중요한 것만 따졌으나, 사도 군관은 그 죄를 무겁게 다스렸다. 밤 10시에 칠천[452]으로 되돌아왔다. 밤을 지냈다.

2일[13일, 병오] 맑았다. 선봉 30척만 장문에 가서 적의 정세를 보고 오도록 했다.

3일[14일, 정미][453] 맑았다. 직접 여러 장수를 이끌고 일찍 장문으로 갔다. 하루 종일 싸우려고 했으나, 적의 무리가 겁을 먹고 싸우러 나오지 않았다. 해가 저문 뒤 칠천량으로 되돌아왔다. 밤을 지냈다.

4일[15일, 무신] 맑았다. 곽재우와 김덕령 등과 약속했다. 군사 수백 명을 뽑아 육지에 상륙해 산으로 올라가게 했다. 선봉은 먼저 장문으로 보내 드나들며 싸움을 걸게 했다. 늦게 중군中軍[454]을 이끌고 다가갔다. 바다와 육지에서 서로 호응해 공격했더니, 적의 무리는 허둥지둥하며 기세를 잃고 이리저리 정신없이 달려 다녔다. 육병陸兵(육군)은 적 하나가 검을 휘두르는 것을 보고, 뒤돌아 곧바로 배로 내려왔다. 해가 저문 뒤 칠천으로 돌아와

---

452 "칠천"은 『충무공유사』에서는 "칠천량"으로 나온다. 『선조실록』 선조 27년(1594) 10월 8일 원균의 장계에 따르면, 원균과 조선 수군은 외질포外叱浦 그대로 진을 쳤다고 한다. 2일에도 외질포에 진을 쳤다고 나온다. 외질포는 칠천도 옥계 마을이다.
453 이순신의 큰아들 회의 생일이다.
454 중군은 중앙군, 즉 대장군이 있는 본진이다.

진을 쳤다.[455] 선전관 이계명李繼命[456]이 표신과 임금님의 선유교서宣諭敎書[457]를 갖고 도착했다. 임금님께서 담비 가죽[458]을 하사해주셨다.

5일[16일, 기유] 머물렀다. 「임금님께 보고하는 글」의 초고[459]를 대략 작성했다. 내내 큰 바람이 불었다.

6일[17일, 경술] 맑았다. 일찍이 선봉을 장문의 적 소굴로 보냈는데, 왜인이 패문을 땅에 꽂아놓았다. 그 글에서 말하기를, "일본과 명나라大明가 곧 강화할 것이기에 서로 싸울 수 없다"고 했다. 왜놈 1명이 칠천 산기슭에 도착해 투항하고자 했기에, 곤양 군수(이광악)가 항복을 받고 배에 실었다. 물어보았더니, 바로 영등의 왜로구나. 흉도로 진을 옮겼다.

7일[18일, 신해] 맑았고 따뜻했다. 선 병사(선거이)와 곽재우, 김덕령 등이 나갔다. 그대로 머문 채 출발하지 않았다. 띠풀茅 183동[460]을 베었다.

---

455 이 전투에 대해서는 『선조실록』 선조 27년(1594) 10월 13일에 도원수 권율이 보고한 내용에도 나온다. 그러나 정경운의 『고대일록』 1594년 10월 22일에는 도원수 권율이 거제 싸움에서 수사 원균의 모든 배가 함몰된 것을 숨기고 보고하지 않았는데, 경상 순찰사 홍이상이 사실을 보고해 선조가 크게 분노했고, 사간원에서 탄핵을 했다는 내용이 나온다.

456 이계명은 『용사일기』 1592년 8월 15일 이후의 「부」, 『선조실록』 선조 27년(1594) 9월 21일, 『난중일기』 1594년 10월 4일에는 선전관으로 나온다. 『난중일기』 「정유년 I」 5월 6일에는 능성 현령으로 나온다.

457 선유교서는 왕이 백성을 훈계하는 내용을 담은 포고 명령서다. 이날 일기의 선유교서의 내용은 『선조실록』 선조 27년(1594) 9월 21일과 「수군 군사들을 위로하고 타이르는 교서敎書師軍中慰諭書」(1594년 9월 21일)에도 나온다. 선조가 바다에서 고생하는 수군들을 위해 선전관 이계명을 보내 면포綿布와 소금을 나눠주게 했다는 내용이다.

458 "담비 가죽"의 원문은 "貂皮"로, 『선조실록』 선조 27년(1594) 9월 21일에도 선조가 통제사 이순신, 경상 우수사 원균, 전라 우수사 이억기, 충청 수사 이순신, 전 수사 정걸 등에게 위로와 격려를 위해 이엄 등을 하사하는 내용이 나온다. 『난중일기』 10월 12일에도 이계명이 가져온 족제비 가죽 이엄을 분배한 기록이 나온다. 담비 가죽은 『경국대전』에 따르면, 2품 이상의 관료들이 썼다. 족제비 가죽은 3품 이하 관료들이 썼다.

459 이날 쓴 이순신의 장계는 전하지 않는다. 그러나 이 장문포 전투와 관련해 원균이 올린 보고가 『선조실록』 선조 27년(1594) 10월 8일에 나온다.

460 183동을 「문화재청본」 「편수회본」에서는 183동으로 보았으나, 「박혜일·최희동본」은 283동

8일[19일. 임자] 맑았고 바람도 없었다. 일찍 배를 출발해 장문의 적 소굴에 도착했더니, 전처럼 나오지 않았다. 우리 군대의 위엄만 보이고 흉도로 되돌아왔다. 그대로 배를 일제히 몰았다. 한산도에 도착했다. 이미 밤 12시였다. 흉도에서 띠풀 260동을 베었다.

순천 부사(권준)가 돌아갔다.

9일[20일. 계축] 맑았다. 아침에 정자로 내려왔다. 첨지 김경로와 첨지 박종남, 조방助防(조방장) 김응함金應緘461과 조방(조방장) 한명련,462 진주 목사 배

<hr />

으로 보았다. 「친필본」을 보면 183동으로 보인다.
461 김응함(1554~?)은 『난중일기』에서는 이날인 10월 9일, 「정유년 I·Ⅱ」의 9월 16일, 「정유년 I·Ⅱ」 10월 10일, 10월 13일에 등장한다. 그런데 金應緘을 「문화재청본」, 「편수회본」 등과 일부 번역본에서는 '金應誠'으로 판독했다. 「선조실록」에서도 김응함은 金應緘·金應誠·金應瑊으로 '함' 자가 달리 나오기도 한다. 그러나 실록 속 활약상, 선조 16년(1583) 무과 별시 급제 방목인 『만력 11년 계미 9월 초3일 별시방목萬曆十一年癸未九月初三日別試榜目』, 「선무원종공신녹권」을 보면, 모두 동일인이고, 金應緘인 듯하다. 「친필본」에서 '緘'과 '誠'의 글자 형태 사례로 보면 일기의 김응함은 '金應緘'이다. 1594년 2월 9일과 4월 28일의 "惟緘"의 '緘'과 글자 모양이 같으나, 1594년 1월 19일의 "克誠"의 '誠'과는 다르다. 김응함은 육군과 수군에서 활약했다. 명량대첩에서는 중군장으로 활약했다. 「선조실록」 선조 25년(1592) 7월 26일에는 별장 金應緘으로 평양성 전투에 참전했다. 선조 27년(1594) 10월 11일에는 金應誠이 육군 소속으로 도원수 권율의 명령으로 거제 장문포 수륙합공작전에 육군으로 곽재우·김덕령·한명련 등과 참전한 것으로 나온다. 이는 이순신의 이날 일기의 "조방 김응함, 조방 한명련"과 일치하는 기록이다. 「선조실록」 선조 28년(1595) 2월 8일에는 "부모상을 당한 金應瑊을 관직에 임명시켜 낙동강 상류 방어 임무를 맡기게 하자"는 내용이 나온다. 선조 28년(1595) 11월 22일에는 평안도 의주 방어와 관련해 별장 金應緘이 나온다. 선조 29년(1596) 5월 27일에는 경상도 함안에서 일본군과 전투한 "조전장助戰將 金應緘"으로 나온다. 선조 31년(1598) 4월 28일에는 이순신과 金應緘이 명령에 따라 한 자급資級씩 승진되었다는 이야기와 함께, 김응함이 한산 패전(1597년 7월 칠천량해전)과 관계있는데, 그 당시에는 병 치료를 위해 한산도에 머물고 있어 패전한 사람과 다르다는 내용이 나온다. 선조 36년(1603) 3월 4일에는 공신도감功臣都監에서 "정기룡鄭起龍·한명련韓明璉·이수일·김태허金太虛·김응함金應緘·이시언李時彦도 모두 힘써 싸운 노고가 있었다. 때로는 더러 수전水戰·육전陸戰에 참전한 공도 있다"고 나온다. 이 번역본에서는 '金應緘'으로 보았다.
462 「친필본」의 "한명련韓命連"은 실제로는 "한명련韓明璉"이다. 이순신은 '韓命連'으로 알고 있었던 듯하다. 「이충무공전서」에서는 '韓命達'로 나온다. 완전한 오자다.

설裝楔462과 김해 부사 백사림白士霖463이 함께 와서 보고하고 돌아갔다.464 김金(김경로)과 박朴(박종남)은 내내 훈련용 화살을 쏘았다. 박자윤朴子胤(자윤은 박종남의 자)은 청방廳房466에서 묵었다. 춘복春福467과 같이 묵었다. 김성숙(김경로)은 내려가 배에서 묵었다. 남해 쉬(현령)와 진주 목사(배설), 김해 부사(백사림)와 하동 현감, 사천 현감(기직남)과 고성 현령(조응도)은 보고하고 돌아갔다.

10일[21일, 갑인] 맑았다. 아침에 나가 「임금님께 보고하는 글」의 초고를 수정했다. "박자윤(박종남)과 곤양 군수(이광악)는 그대로 머물며 출발하지 않았다"고 했다. 흥양 현감(배흥립)과 장흥 부사(황세득), 보성 군수는 보고하고 돌아갔다. 이날 초저녁에 꿈에서 두 가지 상서로운 것이 있었다. 울과 존서存緖(변존서), 유■468와 정립 등은 영(전라 좌수영)으로 돌아갔다.

---

463 배설(1551~1599)은 조선 중기의 무신이다. 임진왜란이 일어나자 경상 우도 방어사 조경의 군관으로 종군했다가 조경이 황간·추풍에서 패하자 향병을 규합, 일본군과 싸웠다. 합천 군수·부산 첨사·진주 목사·밀양 부사·선산 부사를 역임했다. 1597년 경상 우수사로 7월 칠천량해전에 참전했다가 12척의 전선을 이끌고 후퇴했다. 이순신이 다시 수군통제사가 된 뒤 지휘를 받던 중 도망쳤다. 1599년 선산에서 권율에게 붙잡혀 처형당했다.

464 백사림(?~?)은 조선 중기의 무신이다. 형이 1592년 용인전투에서 전사한 백광언이다. 임진왜란이 일어나자 입대해 장수로 발탁되었다. 김해 부사로 장문포 전투에 참전했다.

465 이날 일기의 김응함·한명련·백사림은 『선조실록』 선조 27년(1594) 10월 11일에도 언급되나, 배설은 같은 날 실록에는 나오지 않는다.

466 청방은 『쇄미록』 1595년 11월 16일자에서 오희문이 홍산 객사, 즉 청방에서 잤는데 "온돌突이 차가워 밤새 제대로 잠자지 못했다"는 기록으로 보면, 객사를 청방이라고도 했고 여기에도 온돌이 설치되었던 듯하다.

467 춘복과 동명의 사내종이 오희문의 『쇄미록』 1595년 1월 25일에도 나온다. 이날 일기의 춘복은 여자인지 남자인지 불분명하다. 「선무원종공신녹권」에서는 면천으로 나오고, 선무원종공신 2등이다.

468 "유■"의 원문은 "有■"이다. "■"는 일기가 잘려나가 판독 불가능한 글자이나, 이순신의 아들 울과 조카 변존서와 함께 다닌 것으로 보면, "■"는 변유헌의 "헌"인 듯하다. 「박혜일·최희동 본」도 "헌"으로 보았다.

11일[22일, 을묘] 맑았다. 아침에 몸이 불편했다. 아침에 충청 수사(이순신)가 와서 만났다. 공문을 작성해 보냈다. 일찍 잠자는 방으로 들어갔다.

12일[23일, 병진] 맑았다. 아침에 「임금님께 보고하는 글」의 초고를 다시 수정했다. 늦게 우수사(이억기)와 충청 수사(이순신)가 이곳에 도착했다. "경상 원 수사(원균)가 적을 무찌른 일을 스스로 직접 「임금님께 보고하는 글」을 올리고 싶다"고 하면서, 공문을 작성해와서 바쳤다.[469] 비변사의 공문에 근거해 원수(권율)가 족제비 가죽으로 만든 남바위[470]를 좌도(전라 좌도) 15령,[471] 우도(전라 우도) 10령, 경상 10령, 충청 5령으로 나누어 보냈다.

13일[24일, 정사] 맑았다. 아침에 이(색리)를 불러 「임금님께 보고하는 글」의 초고를 작성하게 했다. 늦게 충청 수사(이순신)를 내보냈다. 본도(전라도) 우수사(이억기)가 와서 충청(수사)을 만났으나, 나를 만나지 않고 돌아갔다. 아주 많이 취했기 때문이었구나. "종사관[472]이 이미 사천에 도착했다"고 했

---

469 원균이 이순신에게 가져온 장계는 『선조실록』 선조 27년(1594) 10월 8일에 나오는 장문포 전투에 대한 장계로 추정된다. 그에 따르면, 9월 29일부터 10월 2일까지 장문포에서 전투를 했고, 10월 3일에도 다시 장문포를 공격했다. 일본군은 성에 틀어박혀 나오지 않았기에, 수군이 공격하는 데 한계가 있어 이순신·원균·곽재우·김덕룡이 논의해 바다와 육지에서 합동으로 공격할 계획을 세우고, 4일 바다와 육지에서 합동으로 공격했다는 내용으로, 주로 원균 부대의 활약이 언급되어 있다.
470 "남바위"의 원문은 "耳掩"이다. 이엄은 관복을 입을 때 쓰던 사모紗帽 밑에 쓰는 모피로 만든 방한구로 우리말로 남바위라고 부른다. 『미암일기』 1569년 9월 14일에는 날씨가 춥다며 여우가죽 털옷黃皮裘를 입었다는 내용이 나온다. 1569년 9월 13일에는 "날씨가 차가워져 사모와 남바위를 썼다", 1567년 11월 3일에는 "서피鼠皮 남바위"가 나온다. 1568년 3월 10일과 3월 15일에는 "털옷毛衣을 벗었다"는 내용이 나온다. 이로 보면 음력 9월 중순 이후부터 방한을 위해 털옷과 남바위를 쓰고, 양력 3월 중순에 털옷을 벗었던 듯하다.
471 1령슈은 1장이다. 호랑이·표범·사슴·노루·쥐 등의 가죽을 세는 단위다. 사슴뿔을 세는 단위이기도 하다. 『쇄미록』 1597년 8월 4일에는 새끼노루 가죽 16령이 나온다.
472 종사관을 『편수회본』에서는 정경달로 보았다. 그러나 7월 26일 일기에는 윤돈이 종사(종사관)로 내려왔다는 내용이 나온다. 이날 일기의 종사관이 정확히 누구인지 알 수 없다. 이순신의 종사관이라면 정경달이다.

다.[473] 사천 1호선을 내보냈다.

14일[25일, 무오] 맑았다. 새벽에 꿈을 꾸었다. "왜적 등이 항복을 구걸하며, 육혈총통六穴銃筒 5자루를 바쳤다. 환 또한 바쳤다. 말을 전한 자는 그 이름이 김서신金書信이라는 등등이었다. 왜놈 등을 다 항복받았다."

15일[26일, 기미] 맑았다. 박춘양이 「임금님께 보고하는 글」을 갖고 나갔다.[474]

16일[27일, 경신] 맑았다. 순무(순무어사) 서성이 해가 저문 뒤 이곳에 도착했다. 우수사(이억기)와 원 수사(원균)와 같이 이야기했다. 밤이 깊어 파했다. ~~종사관이 들어왔다.~~

17일[28일, 신유] 맑았다. 아침에 어사御史(순무어사 서성)가 있는 곳에 사람을 보냈더니, "식사를 한 뒤에 당연히 도착할 것"이라고 했다. 늦게 우수사(이억기)가 왔다. 어사도 왔다. 조용히 이야기했다. 원 수사(원균)가 거짓으로 속인 일에 대한 말이 많았다. 아주 놀랄 일이구나. 원(원균)이 또한 왔다. 그 사납고 이치에 어긋난 모습은 다 말할 수 없다. 아침에 종사관이 들어

473　이날 언급된 종사관이 누구인지 불분명하다. 류성룡의 「措置防守事宜啓」(1595년 1월)과 「둔전을 엄격하게 점검하는 것에 대한 임금님의 유지屯田檢飭有旨」(1595년 1월 21일)에는 정경달 이외에 이순신의 다른 종사관으로 심원하沈源河(1540~?)가 언급된다. 『선조실록』에 따르면 심원하는 1593년 6월 사간원 정언, 9월 사헌부 장령에 임명되었고, 1594년 7월에도 사헌부 장령으로 나온다. 1595년 7월에 다시 사헌부 장령으로 임명되었다고 나온다. 이로 보면 1594년 8월 이후 1595년 7월 사헌부 장령으로 재임명되기 전까지 이순신의 종사관으로 한산도에 머물렀던 듯하다. 그런데 『난중일기』에는 심원하가 명시된 사례는 나오지 않는다. 18일 일기를 보면 심원하일 가능성이 높다. 조응록의 『죽계일기』 1595년 12월 2일에는 "통제사(이순신)의 종사관 황치성黃致成이 나갔다", 1596년 10월 6일에는 "황정철黃廷喆이 통제사(이순신)의 종사관에 임명되었다"는 내용이 나온다. 그러나 『난중일기』에는 심원하, 황치성, 황정철 모두 인명으로 나온 사례는 없다. 이들도 이순신의 막하에서 활약했던 듯하다.
474　장문포해전과 관련된 장계인 듯한데, 이순신이 이때 올려보낸 장계는 『임진장초』『선조실록』에 나오지 않는다. 장문포 전투에 대한 권율과 원균의 장계는 나온다.

왔다.

18일[29일. 임술] 맑았다. 아침부터 큰 바람이 불었고 늦게 그쳤다. 어사(서성)의 거처로 갔더니, 이미 원 수사에게 도착해 있었다. 가서 같이 있었다. 얼마 뒤 술이 나왔다. 해가 저문 뒤 되돌아왔다. 종사관이 숙배례를 한 뒤에 서로 인사했다.

19일[30일. 계해] 바람이 고르지 못했다. 대청으로 나가 좌기했다. 늦게 돌아와 누방(수루방)으로 들어갔다. "어사(서성)가 우수사(이억기)에게 가서 내내 술을 마시며 이야기했다"고 했다. 아침에 종사관과 이야기했다. 저녁에 사내종 억지億只 등을 붙잡아왔다. 박언춘도 왔다.

20일[12월 1일. 갑자] 밤 10시에 이슬비가 내렸다.[475] 아침에 흐렸다. 늦게 순무어사(서성)가 나갔다. 작별한 뒤에 대청으로 올라가 좌기했다. 우수사(이억기)가 와서 보고하고 돌아갔다. 공문을 작성할 일 때문에 나갔을 것이다.

21일[2일. 을축] 맑았으나 조금 흐렸다. 종사관이 나갔다. 우후(이몽구)도 나갔다. 발포 만호(황정록)도 나갔다. 늦게 원 수사에게서 항복한 왜 3명이 왔다. 진술을 받았다. 영등 만호(조계종)가 왔다가 밤이 깊어 돌아갔다. "그에게 어린아이가 있다"고 했다. 데리고 올 일을 일러 보냈다. 밤에 이슬비가 내렸다.

22일[3일. 병인] 흐렸다. 의능과 이적李逋이 나갔다. 저녁 8시에 영등 만호(조계종)가 그 어린 사내종[476]을 거느리고 왔다. 심부름을 시키려고 머물러 묵게 했다.

---

475 날짜 옆에 추가로 써놓은 글이다.
476 "어린 사내종兒奴"을 홍기문 "아이놈", 이은상은 "아이", 이석호는 "그 아들"이라고 번역했다.

23일[4일, 정묘] 맑았다. "그 아이가 아프다"고 했다. 사내종 억[477]의 죄와 애환愛還과 정끗동丁串同[478] 등의 죄를 다스렸다. 저녁에 아이를 그가 있던 곳으로 보냈다.

24일[5일, 무진] 맑았다. 우우후(전라 우수영 우후 이정충)를 불러 훈련용 화살을 쏘았다. 금갑도金甲島 만호(이정표)[479]도 왔다.

25일[6일, 기사] 맑았으나 서풍이 크게 불었다. 늦게 그쳤다. 몸이 불편했다. 방을 나가지 않았다. 남도 만호(강응표)와 거제 현령(안위)이 왔다. 영등 만호(조계종)도 왔다. 한동안 이야기했다. 전 낙안 군수인 첨지 신호가 왔다. 체찰사(윤두수)가 내려보낸 공문과 목화, 벙거지毛笠[480]와 품질이 아주 좋은 목면 1동[481] 등을 갖고 왔다. 함께 서로 논의하다가 밤이 되어 물러갔다. 순천 부사 권준이 잡혀갈 때 또한 와서 만났는데, 마음이 편하지 않았다.

26일[7일, 경외] 맑았다. 장인氷[482]의 제삿날이라 나가지 않았다.[483] 신 첨지申僉知(신호)에게 들으니, "김상용金尙容[484]이 이조 좌랑吏郎(정6품)이 되어 서

---

477 "억億"은 10월 19일 일기를 보면 "억지"다.

478 정끗동의 끗串은 우리말 이름을 한자로 표기한 것이다. "串"는 "끗(끝)·맛"이다.

479 이순신의 「당항포에서 왜적을 쳐부순 일을 임금님께 보고하는 장계唐項浦破倭兵狀」(1594년 3월 10일)에는 금갑도 만호 이정표李廷彪가 나온다. 명량해전 이후인 1597년 10월 13일에도 '금갑도 만호 이정표'로 나온다. 나머지 기간에는 이름 없이 '금갑 혹은 금갑도'로 나오는데, 모두 이정표를 지칭하는 것으로 보인다.

480 벙거지는 군노軍奴나 노비들이 썼던 털로 만든 모자다.

481 원문은 "正木"으로, 품질 좋은 목면을 말한다. 1동은 50필이다.

482 이순신의 장인은 방진(1514~?)이다. 방진은 1535~1537년 제주 현감, 보성 군수를 역임했다. 조선 선조 대의 명궁이었다. 이순신의 장모는 남양 홍씨다. 현충사 안에 있는 이순신 고택은 방진이 이순신에게 준 집이다.

483 이 시기에는 사위가 장인·장모의 제사를 지내기도 했다. 오희문의 『쇄미록』이나, 이문건의 『묵재일기』 등에는 사위가 장인·장모의 제사를 지내는 모습이 나온다.

484 김상용(1561~1637)은 조선 중기의 문신이다. 1590년 문과 증광시에서 급제했다. 임진왜란

울로 올라갈 때, 남원부南原府 안으로 들어가 묵으면서도 체찰(체찰사 윤두수)을 만나지도 않고 갔다"고 했다. 세상일이 이러니 아주 놀랄 일이구나. "체찰(체찰사 윤두수)이 밤에 순찰(순찰사 홍세공)이 묵는 방으로 갔다가 밤이 깊어 자기가 잠자는 방으로 돌아왔다"고 했다. 높은 사람의 몸가짐이 이럴 수 있나. 놀랐고, 놀라움을 이길 수 없구나.485 사내종 한경이 영(전라 좌수영)으로 갔다. 저녁 6시에 비가 내렸다. 밤새 그치지 않았다.

27일[8일, 신미] 아침부터 비가 내렸다. 늦게 맑아졌다. 미조항 첨사(성윤문)가 왔다. 임금님께서 내리신 교서에 숙배를 한 뒤, 그대로 함께 이야기했다. 해가 저문 뒤 되돌아갔다.

28일[9일, 임신] 맑았다. 대청에서 좌기했다. 제송공문을 써 보냈다. 금갑金甲 만호(이정표)와 이진梨津 권관 등이 와서 만났다. 식사를 한 뒤, 우우후(전라 우수영 우후 이정충)와 경(경상) 우후(이의득)486가 왔다. 목화를 받아갔다. 해 질 무렵 잠자는 방으로 들어갔다.

29일[10일, 계유] 맑았다. 서풍이 불었다. 차가웠고, 매섭게 불어 살을 에는 듯했다.

30일[11일, 갑술] 맑았다. 수색·토벌하도록 들여보내고 싶었으나, 경상(경상 우수사 진영)에는 전선이 없었다. 배들이 모이길 기다렸다. 밤 12시에 아들

이 일어났을 때 체찰사 정철의 종사관으로 활약했다. 도원수 권율과 접반사 김수 등의 종사관으로도 활약했다. 『선조실록』에 따르면 1593년 9월, 이조 좌랑 임명, 12월 파직, 1594년 2월에 이조 좌랑에 재임명된 것으로 나온다. 정묘호란 때는 유도대장으로 서울을 방어했고, 1636년 병자호란 때 빈궁·원손을 수행해 강화도에 피란했다가 1637년 성이 함락되자 성의 남문루에 있던 화약에 불을 지르고 순절했다.

485 정경운의 『고대일록』 1594년 10월 17일에는 체찰사 윤두수가 국가의 재정이 텅 비고 백성이 말라붙어 있는 것은 생각하지 않고 먹고 마시는 일만 하고 있고, 그런 행동이 아주 심한 것이 평화로운 때와 같다며 한탄하는 기록이 나온다.

486 "경(경상) 우후(이의득)"를 「편수회본」에서는 이의남李義男으로 보았으나, 오류다.

회가 들어왔다.

◎ 1594년 11월

11월. 작은달.[487]

1일[양력 12월 12일, 을해] 새벽에 망궐례를 했다. 몸이 아주 불편했다. 내내 나가지 않았다.

2일[13일, 병자] 맑았다. 좌도(전라 좌도)는 사도 첨사(김완), 우도(전라 우도)는 그 우후 이정충李廷忠, 경상도慶尚道는 미조항 첨사 성윤문成允文[488] 등으로 장수로 정해 수색·토벌하도록 내보냈다.

3일[14일, 정축] 맑았다. 아침에 김천석金天碩이 비변사의 공문을 갖고, 항복한 왜인降倭[489] 야여문[490] 등 3명을 이끌고 진에 도착했다. 수색·토벌하러

---

487 원문에는 "小"가 들어 있다. 큰달과 작은달 할 때의 "작은달"을 뜻하는 것으로 보인다. 1594년 11월은 28일까지 있는 작은달이다. 『묵재일기』 1536년 1월에도 "正月 小"라고 나온다.

488 『선조실록』을 보면, 이 시기에 성윤문(?~?)은 경상 우병사에서 파직되었다가 잠시 미조항 첨사에 임명되었던 듯하다. 『난중일기』 1594년 10월 27일에 "미조항 첨사가 교서에 숙배했다"는 기록이 있다. 성윤문은 1591년 갑산 부사, 임진왜란 때 함경도 남병사 이영이 임해군·순화군 두 왕자와 함께 왜적에게 잡혀가자 그 후임이 되었다. 함경도 북병사를 거쳐 1593년 경상 우도 병마절도사가 되었다. 조응록의 『죽계일기』 1593년 7월 16일에는 경상 병마절도사 성윤문이 임명에 따른 사은숙배를 했다고 나온다. 그런데 9월 14일에는 다시 성윤문을 경상 좌병사로 임명했다는 내용도 나온다. 유희춘의 『미암일기』 1570년 9월 5일에 따르면, 성윤문은 순천 출신의 무과 급제자다.

489 항복한 왜인은 투항한 일본군이다. 일기 속 "야여문也汝文"은 『선조실록』 선조 27년(1594) 9월 18일에도 나온다. 그 후 이순신 진영에 배치된 것으로 보인다. 『난중일기』에는 다른 항왜도 등장한다. 그중 명량대첩 당시 이순신의 지휘선에 탔던 "준사俊沙"는 전투 중 바다에 빠진 일본군의 선봉장 마다시를 알아보고, 이순신에게 알린 인물이다. 임진왜란 때 대표적인 항왜로 사야가沙也可도 있다. 선조는 그에게 본관을 김해로 한 김충선이라는 이름을 지어주기도 했다. 가토 기요마사의 우선봉장이었다가 경상 좌병사 박진에게 투항했다. 이후 경주, 울산 등지에서 일본군과 전투를 했고, 조총과 화약 제조법을 조선군에게 전수하기도 했다.

490 야여문은 항복한 일본군이다. 우리말 발음에 따라 한자로 적은 것이다.

나갔다 오니, 이미 밤 10시였다.

4일[15일. 무인] 맑았다. 대청으로 나갔다. 항복한 왜인 등에게 적의 상황을 물었다. 전문을 받들고 갈 유생이 들어왔다. 이영남이 와서 만났다.[491]

5일[16일. 기묘] 흐렸고 가랑비가 내렸다. 송한련이 농어[492] 10마리尾를 잡아왔다. 순변사(이일)가 그의 군관을 시켜 항복한 왜인 13명을 압송했다.[493] 밤새 큰비가 내렸다.

6일[17일. 경진] 흐렸으나 봄날처럼 따뜻했다. 이영남이 와서 만났다. 이정충(전라 우수영 우후)도 왔다. 신 첨지(신호)와 함께 이야기했다. 송희립이 사냥하러 갔다.

7일[18일. 신사] 늦게 맑아졌다. 아침에 대청으로 나갔다. 항복한 왜인 17명을 남해로 보냈다. 늦게 금갑도 만호(이정표)와 사도 첨사(김완), 여도 만호(김인영)와 영등 만호(조계종)[494]가 함께 왔다. 이날 낮 12시쯤에 신 첨지(신호)가 보고하기를, "원수(권율)의 회답이 되돌아왔는데, 수군에 머무르라"고 했다.

8일[19일. 임오] 새벽에 비가 잠시 부슬부슬 내렸다. 늦게 맑아졌다. 배 만들 목재를 운반해 왔다.[495] 새벽에 꿈을 꾸다 깨었다. "영의정(류성룡)은 머

---

491 "이영남이 와서 만났다李英男來見"는 「편수회 초본」, 「박혜일·최희동본」은 4일 일기 끝, 「편수회본」, 「문화재청본」은 3일 일기 끝에 추가된 것으로 보았다. 이 번역본은 4일 일기 끝에 추가된 것으로 보았다.
492 농어의 원문은 "토口"다. "토口"는 『옛편지 낱말사전』에 따르면, 거구세린토口細鱗의 준말이다.
493 이 시기의 항복한 일본군 처리 문제에 대해 『선조실록』 선조 27년(1594) 11월 17일에 수군과 각 진에 배치하자는 건의가 나온다.
494 "영등 만호(조계종)"를 「편수회본」에서는 우치적으로 보았으나, 오류다. 「편수회본」 10월 21일에서도 영등 만호를 조계종으로 주석했다.
495 『선조실록』 선조 28년(1595) 10월 27일에 따르면, 비변사에서 "(…) 바다 싸움은 자못 우리

리를 깎은 듯했고,[496] 나는 관冠[497]을 벗고 있었다. 함께 민종각閔宗慤[498]의 집에 도착해 같이 이야기했다." 어떤 조짐[499]인지 알 수 없구나.

9일[20일, 계유미] 맑았으나 바람이 고르지 않았다.

10일[21일, 갑술신] 맑았다. 아침에 이희남李喜男[500]이 들어왔다. "조카 뇌도 왔는데, 영(전라 좌수영)에 있다"고 했다.

11일[22일, 을해유] (이날은) 곧, 동지冬至[501]다. 11월 중이다. 새벽에 망궐례를 한 뒤, 전투병들에게 팥죽[502]을 권했다. 우우후(전라 우수영 우후 이정충)와 정담수가 와서 만나고 돌아갔다.

나라의 장점이고, 거북선의 건조는 더욱 승리에 필요한 것입니다. 그러므로 적이 싫어하는 것이 이것입니다. (…) 지금 또한 이런 겨울철을 맞아 급히 배와 기계를 수리하고 정비하며, 수군의 세력을 두텁게 모아야 합니다. 거북선이 부족하면 즉 밤낮으로 추가 건조하고, 대포와 불랑기佛狼機, 화전 기구를 많이 싣고 바닷길을 끊어 막을 계획을 하는 것이 곧 가장 급하고 좋은 계책입니다"라면서, 이순신에게 조치하도록 건의했다.

496 "머리를 깎다變形"의 용례를 살펴보면, 『숙종실록』 숙종 11년(1685) 5월 26일에는 율곡 이이가 젊은 시절 산에 들어간 것을 비유해 "변형變形", 즉 머리를 깎은 것에 대한 기록이 있다. 이날 일기에서 이순신이 관을 벗고 있었다는 맥락을 고려해보면, "머리를 깎았다"로 번역할 수도 있다.

497 관은 사모로 관원의 상징이다. 시대와 품계에 따라 다르다.

498 민종각은 『만력4년병자2월16일사마방목萬曆四年丙子二月十六日司馬榜目』에 따르면, 조선 중기 선비 민종빈閔宗彬(1540~?)의 동생인 듯하다. 서울에 거주했다.

499 "조짐"의 「친필본」 원문은 '詳'이다. 「편수회본」에서는 '詳(祥)'으로 祥의 잘못으로 보았으나, 詳과 祥은 같이 사용되는 글자다. 잘못 쓴 것이 아니라 같은 글자다.

500 이희남은 「선무원종공신녹권」에서는 정으로 나오고, 선무원종공신 1등이다.

501 동지는 24절기 중 22번째 절기다. 밤이 가장 길고 해가 가장 짧은 날로 이후부터 해가 길어지기에 '작은 설亞歲'로 대접했다. 궁궐에서는 설날과 함께 으뜸의 명절로 쳤다. 임금과 신하들이 모여 잔치를 하는 회례연會禮宴을 했고, 지방관은 임금에게 축하 인사를 하는 전문을 올렸다. 임금은 새해 달력을 신하들에게 나눠주었다. 동지에는 악귀를 쫓아내기 위해 팥죽을 집 안에 뿌리기도 했고, 먹었다.

502 팥죽의 원문은 "粥"이다. 동지 팥죽이다. 오희문의 『쇄미록』 1592년 11월 18일에서는 "동지라면서 팥죽 먹는 명절豆粥之節"이라고 했다. 남평 조씨의 『병자일기』 1636년 12월 25일에 "풋죽(팥죽)"으로 나온다.

12일[23일, 병술] 맑았다. 일찍 대청으로 나갔다. 순천 색리 정승서鄭承緖와 남원에서 나쁜 짓을 한 놈인 역자를 처벌했다. 첨지 신호에게 이별주를 주었다. 또한 견내량을 멋대로 넘어가 물고기를 잡은 24명에게 장을 쳤다.

13일[24일, 정해] 맑았다. 바람이 불었다. 해가 기울 때는 캐더카 따뜻했다. 신 첨지(신호)와 아들 회가 이희남李喜男과 김숙현金叔賢과 함께 영(전라 좌수영)으로 갔다. 사내종 한경도 은진恩津의 김정휘金廷輝[503] 집으로 가라고 했다. 「임금님께 보고하는 글」도 내보냈다. 원수사元帥使(도원수 권율)와 방어사의 군관이 항복한 왜인 14명을 거느리고 왔다. 저녁에 윤련이 왔다. 그의 누이의 편지를 갖고 왔는데, 헛된 말이 많았다. 우스운 일이다. 버리고 싶어도 할 수 없는 사람이 있다. 이는 곧 남은 어린 세 자식이 끝내 돌아가 의지할 곳이 없기 때문이구나. 15일이 아버님 제삿날大忌[504]이라 밖에 나가지 않았다. 밤에 달이 낮과 같이 밝았다. 잠들지 못해 밤새 이리저리 뒤척였다夜月如晝 不能成寐 轉展終夜.

14일[25일, 무자] 맑았다. 아침에 우병사(경상 우병사 김응서)[505]가 항복한 왜

503 『덕수 이씨 세보』에 따르면, 김정휘는 이순신의 큰아들 회의 장인이다. 『난중일기』 1596년 1월 17일에는 "아들 회가 오늘 은진으로 돌아갔다고 했다"라고 나오는데, 이는 회가 은진에 사는 장인 김정휘의 집으로 장가를 갔기 때문이다. 『충무공유사』 1595년 1월 15일에는 회의 혼례식 이야기가 나온다. 조익의 「진사일기」 1592년 11월 20일에 따르면 김정휘는 조익이 충청도 부풍촌扶風村에 갔을 때 머문 집의 주인이었고, 조익의 의병군에게 군자軍資를 넉넉하게 주었다고 한다.
504 이순신의 아버지는 이정李貞(1511~1583)이다. 평시서 봉사 이백록의 둘째 아들이다. 이정에 대해 류성룡의 『징비록』에서는 관직생활을 하지 않은 것으로 기록되어 있다. 그러나 둘째 아들 이요신과 셋째 아들 이순신의 과거 급제 기록에는 각각 병절교위(종6품 무관직)와 창신교위(종5품)로 관직명이 기재되어 있다. 다만 실직이었는지는 알 수 없다. 이순신이 함경도 건원보 건관으로 있었던 1583년 사망했다.
505 김응서金應瑞(1564~1624)는 조선 중기의 무신이다. 임진왜란 발발 시 평안도 방어사로 명나라 제독 이여송과 함께 평양성 탈환에 공을 세우고, 다시 전라 병마절도사가 되어 권율과 함께 남원의 왜적을 소탕했다. 1594년 경상 병사로 있을 때, 조정에 보고하지 않고 개별적으로 왜장 고니시 유키나가를 만나 강화하려 한 죄로 대간의 탄핵을 당하고 처벌을 받았다.

인 7명을 그의 군관을 시켜 거느리게 해서 왔기에, 곧바로 남해현南海縣으로 보냈다. 이감李瑊이 남해에서 왔다.

15일[26일, 기축] 맑았다. 따뜻하고 부드럽기가 봄날과 같았다. 음양이 질서를 잃었으니,[506] 재앙이라고 할 만하다. 아버님 제삿날이라 나가지 않았다. 홀로 방에 앉아 있었다. 가슴속 서러움을 어찌 다 말하랴. 어찌 다 말하랴 獨坐房中 懷慟可言可言. 해 질 무렵 탐선이 들어왔다. 순천 교생校生[507]이 '임금님께서 내리신 교서를 베낀 것'을 갖고 왔다. 또한 아들 울 등의 편지를 읽어보았더니, "어머님의 건강과 생활은 전날같이 평안하시다"고 했다. 다행이다. 다행이다. 상주尚州의 사촌 누이의 편지와 아들 윤엽尹曄[508]이 영(전라좌수영)에 와서 쓴 편지를 읽었더니, 펑펑 쏟아지는 눈물을 이길 수 없었다 不勝淚下. 영상領相(영의정 류성룡)의 편지도 왔다.

16일[27일, 경인] 맑았다. 바람결이 조금 쌀쌀했다. 식사를 한 뒤, 대청에서 좌기했다. 우우후(전라 우수영 우후 이정충)와 여도 만호(김인영), 회령포 만호(민정붕)와 사도 첨사(김완), 녹도 만호(송여종)와 금갑도 만호(이정표), 영등 만호(조계종)와 전 어란 만호 정담수 등이 와서 만나고 돌아갔다. 늦게는 날씨

---

506 "음양이 질서를 잃었으니"와 관련해 『경국대전』을 보면, 의정부의 역할 중 하나가 "음양을 고르게 하는 것理陰陽"이다. 이때의 음양은 자연현상이다. 천재지변이 사람의 부덕으로 발생한다고 생각했기 때문이다.

507 교생은 조선시대 향교의 유생을 호칭하는 말이다. 향교 생도鄕校生徒의 준말이다. 교생은 군 복무를 면제받았다.

508 윤엽(1546~1604)은 조선 중기의 문신이다. 한림·이조 낭관을 거쳐 홍문관 교리를 지냈다. 1591년 직강을 지낸 뒤, 임진왜란이 발발했을 고산 찰방이었는데도 선조의 피란을 적극 지원하지 않았다고 탄핵당했다. 서천 군수 재임 중에 사망했다. 임천 군수를 역임한 윤극신의 아들이며, 선조 때 도승지·공조판서 등을 지낸 윤돈의 형이다. 『난중일기』에도 나오는 윤우신은 작은아버지다. 이순신과는 사돈관계다. 정조 때 『이충무공전서』를 편찬한 윤행임은 윤엽의 7세손이고, 윤행임은 윤엽의 비문도 지었다. 『덕수 이씨 세보』에는 『난중일기』의 윤엽尹曄이 아니라, 윤엽尹燁으로 나오고, 아버지도 윤극신이 아니라 윤기수尹箕壽로 나온다.

가 아주 따뜻했다.

17일[28일, 신묘] 맑았다. 게다가 따뜻하고 부드러웠다. 서리가 눈처럼 쌓였다. 무슨 징조인지 모르겠구나. 늦게 내내 미풍이 불었다. 밤 10시 쯤, 뇌와 울이 들어왔다. 밤 12시에 광풍이 크게 불었다.

18일[29일, 임진] 맑았다. 큰 바람이 저녁 내내 불었다. 밤새 계속되었다.

19일[30일, 계사] 맑았다. 큰 바람이 밤새 쉬지 않고 불었다.

20일[31일, 갑오] 맑았다. 아침에 바람이 잠잠해졌다. 대청으로 나갔다. 얼마 뒤, 원 수사(원균)가 와서 만나고 돌아갔다. 늦게 큰 바람이 불었다. 밤새 불었다.

21일[1월 1일, 을미] 맑았다. 아침에 바람이 시들해졌다. 조카 뇌가 나갔다. 이설은 「포폄509해 임금님께 보고하는 글」을 갖고 갔다. 사내종 금선金善과 우년禹年, 이향離鄕과 수석水石, 행보行寶 등도 나갔다. 김교성金敎誠과 신경황이 나갔다. 남도포 만호(강응표)와 녹도 만호(송여종)도 나갔다.

22일[2일, 병신] 맑았다. 아침에 회령포 만호(민정붕)가 나갔다.510 날씨가 아주 따뜻해졌다. 우우후(전라 우수영 우후 이정충)와 정담수가 와서 만났다. 훈련용 화살 5~6순을 쏘았다. 왜인의 옷으로 목면 10필을 갖고 갔다.

23일[3일, 정유] 맑았다. 게다가 따뜻하고 부드러웠다. 흥양 군량과 순천 군

---

509 포폄襃貶은 관리의 근무 성적을 평가하는 제도다. 조선 전기에는 중앙 관리의 경우, 해당 관청의 당상관, 지방 관리는 관찰사가 매해 6월 15일과 12월 15일 두 차례에 걸쳐 상·중·하의 등급을 평가해 임금에게 보고했다. 수령에 대한 포폄은 관찰사가 병마절도사와 함께 의논해 포폄하고, 수령 이외의 진의 장將과 무신인 우후는 병마절도사와 수군절도사가 관찰사와 함께 의논해 포폄했다.
510 "회령포 만호"의 원문은 "會寧浦"이다. 일부 번역본에서는 "회령포로 나갔다"로 번역하고 있다. 그러나 일기 전후를 살펴보면, 이순신이 회령포로 이동한 흔적이 없다. 또한 전날 일기에 여러 장수가 이순신의 진영을 떠난 것으로 보면, "회령포 만호가 나갔다"로 보아야 한다. 이순신은 지역 이름을 책임자의 호칭으로 많이 사용했다.

량 등을 받았다. 저녁에 이경복과 그의 방인[511]이 들어왔다. 들으니, "순변사 등이 비판을 받았다"고 했다.

24일[4일, 무술] 맑았다. 따뜻하고 게다가 부드러운 것이 꼭 봄날 같았다. 대청으로 나갔다. 제송공문을 써 보냈다.

25일[5일, 기해] 흐렸다. 새벽에 꿈을 꾸었다. "이일(순변사)과 서로 만났다. 나는 말을 많이 했는데, 말하기를, '국가(조정)가 위태롭고 어지러운 날을 맞아 막중한 직책을 맡으셨으나, 보답할 마음은 품고 있지 않으십니다. 음란한 여인을 힘써 아끼셔서 관사官숨에 들어가지 않으시고, 성 밖의 집에 사사로이 계셔서 사람들의 웃음거리가 되었습니다. 어떤 생각으로 그러십니까?[512] 또한 수군 관할의 각 고을과 포에 육지 싸움을 위한 군기물을 나누어 책정하시고 쉴 틈 없이 독촉하시니, 이 또한 어떤 까닭입니까?' 순변(순변사 이일)은 말이 막혀 대답하지 않았다." 기지개를 켜다 깼더니, 이는 곧 한바탕 꿈─夢이었구나. 아침을 먹은 뒤, 대청으로 나가 좌기했다. 제송공문을 써서 나누어 보냈다. 얼마 후에 우우후(전라 우수영 우후 이정충)와 금갑도 만호(이정표)가 왔다. 적 소리를 듣다가 해 질 무렵 돌아갔다. 흥양의 총통 제조 담당 색리銃筒色 등이 이곳에 도착했다. 출납을 보고하고出計 돌아갔다.

26일[6일, 경자] 소한小寒[513]이다. 맑고 따뜻했다. 방에 있었다. 좌기하지 않

---

511 홍기문은 "리경복이 들어왔다"라고만 번역했다.

512 조선시대 법전인 『전율통보』 「병전」에 따르면, "장수의 임무를 띠고 있는 사람은 성 밖에 거처하지 못한다"고 되어 있다. 또한 이수광의 『지봉유설』에 따르면, "관리로 창녀의 집에서 잠을 잔 사람은 평생 동안 벼슬을 못 하도록 했다"는 내용이 나온다.

513 소한은 24절기 가운데 스물세 번째 절기로 "작은 추위"라는 뜻이다. 소한 다음 절기인 대한大寒 때 가장 추워야 하지만, 중국 절기와 다르기에 우리나라에서는 소한 때가 가장 춥다. 그 때문에 "대한이 소한의 집에 가서 얼어 죽는다"라는 속담이 생겨났다.

았다. 이날 메주 10섬을 쑤었다.

27일[7일. 신축] 맑았다. 식사를 한 뒤 나갔다. 대청에서 나가 좌기했더니, 좌·우도로 나누어 보냈던 항복한 왜인이 모두 와서 모였기에 (총통) 쏘는 연습을 시켰다. 우우후(전라 우수영 우후 이정충)와 사도 첨사(김완), 여도 만호(김인영)와 거제 현령(안위)도 함께 왔다.

28일[8일. 임인]514 맑았다.

1594년 11월 29일~12월 30일. 미기록 혹은 멸실 상태. 12월 30일은 1594년 마지막 날짜.

---

514 예종의 제삿날이기도 하고, 이순신 외삼촌의 제삿날이기도 하다.

1595년 _(을미년)

『이충무공전서』「을미일기」, 『충무공유사』「일기초」「을미일기」

1595년 일기는 1월 1일부터 12월 20일까지 있다. 그러나 「친필본」은 현재 멸실 혹은 분실 상태다. 현존하는 일기는 『이충무공전서』에 실려 있는 유실되기 이전의 「친필본」을 바탕으로 편집된 「을미일기」와 『충무공유사』의 「일기초」에 실린 「친필본」에서 발췌한 「을미일기」가 있다. 특히 『충무공유사』의 「일기초」에는 『이충무공전서』「을미일기」에는 없는 내용이 나온다. 『충무공유사』에만 나오는 내용은 다른 색으로 표시했다.

◎ 1595년 1월

1월 1일[양력 2월 9일. 갑술] 맑았다. 촛불을 밝히고 홀로 앉았다. 나랏일을 생각하니, 나도 모르게 눈물이 주르르 흘러내렸다明燭獨坐 念至國事 不覺涕下. 또 80세[1]의 병드신 어머님 생각에 애태우며 밤을 새웠다又念八十病親 耿耿達

---

1 이 일기의 이순신의 어머니 초계 변씨의 나이 "80세"를 "81세"의 잘못으로 보는 견해가 있다. 그러나 『증보 구간 덕수이씨세보 신편 상』(2001)에 따르면, 초계 변씨는 1515년 5월 4일 출생했다. 이로 보면 만 나이로 80세가 맞다. 또한 이순신이 체찰사 이원익에게 보낸 편지에 "81세"가 언급된 것으로 보아도 이날의 80세는 타당하다. 그러나 6월 12일 일기에는 '90세'로 나온다. 이

夜. 새벽에 대청으로 나갔다. 여러 장수와 제색군諸色軍2이 와서 새해 인사를 했다.3 원전과 윤언심尹彦諶,4 고경운 등이 와서 만났다. 제색군에게 술을 권했다.

2일[10일. 을해] 맑았다. 나라 제삿날5이라 좌기하지 않았다. 「임금님께 보고하는 글」의 초고를 수정했다.

3일[11일. 병자] 맑았다. 일찍 대청으로 나갔다. 각 고을과 포에 제송공문을 작성해 보냈다.

4일[12일. 정축] 맑았다. 우우후(전라 우수영 우후 이정충)와 거제 현령(안위), 금갑도 만호(이정표)와 소비포 권관(이영남), 여도 만호(김인영) 등의 관리가 와서 만났다.

5일[13일. 무인] 맑았다. 제송공문을 작성했다. 봉과 울이 들어왔다. 들으니, 어머님께서 평안하셨다. 기쁘고 행복하다. 기쁘고 행복하다. 밤새 상념이 만 갈래 일어났다. 쉬이 잠들지 못했다終夜懷念萬端 不能成寐.

6일[14일. 기묘] 맑았다. 어응린魚應麟6과 고성 현령(조응도)7이 왔다.

는 『이충무공전서』의 편찬과정에서 생긴 오류로 볼 수 있다.

2 『선조실록』 등을 살펴보면, "제색諸色"은 "각 부류部類", "제색군諸色軍"은 "다양한 신분에 속하는 사람들로 구성된 군대"다.

3 "새해 인사를 했다"의 원문은 "告易歲"이다. 이순신에게 세배를 한 듯하다. 유희춘의 『미암일기』 1571년 1월 1일에는 닭이 울자 여러 사람이 세배를 왔다는 기록이 나온다. 1월 3일에는 새 달력新曆을 선물 받은 기록이 나온다.

4 윤언심(?~?)은 1594년 무과 정시에서 장원 급제했다. 형은 원균의 장인인 윤언성이다. 문정왕후의 동생으로 권신이었던 파평 윤씨 윤원형尹元衡(?~1565)과 인척간이다.

5 명종의 왕비, 인순왕후 심씨의 제삿날이다.

6 「문화재청본」, 「편수회본」에서는 '魚應獜'으로 보았지만, 이 번역본에서는 '魚應麟'으로 보았다. 그 이유는 1593년 2월 14일의 '田應獜'을 '田應麟'으로 본 이유와 같다. 「선무원종공신녹권」에서는 직장 어응린으로 나오고, 선무원종공신 2등이다.

7 『이충무공전서』에서는 "현감"으로 나오나, 『경국대전』을 기준으로 하면 현령이다. 『난중일기』 1596년 7월 14일에도 "고성 현령 조응도"로 나온다. 『이충무공전서』의 "현감"은 오기다. 「편수회

7일[15일. 경진] 맑았다. 홍양 현감(배흥립)과 방언순方彦淳과 이야기했다. 남해의 항복한 왜인 야여문 등이 와서 인사했다.

8일[16일. 신사] 맑았으나 큰 바람이 불었다. 광양 현감[8]에게 공례를 받은 뒤, 전령했던 기한을 넘긴 것으로 인해 장에 처했다.

9일[17일. 임오] 맑았다. 식사를 한 뒤, 야여문 등을 남해로 되돌려 보냈다.

10일[18일. 계미] 순천 부사 박진朴晉[9]이 임금님께서 내리신 교서에 숙배했다. 들으니, "경상 수사 원균이 선창에 도착했다"고 했다. 불러들여 같이 이야기했다. 순천 부사(박진)와 우우후(전라 우수영 우후 이정충), 홍양 현감(배흥립)과 광양 현감, 웅천 현감(이운룡)과 고성 현령(조응도), 거제 현령(안위)도 와서 보고하고 돌아갔다. 들으니, "경상 원균이 선창에 도착했다"고 했기에 순천 부사(박진)와의 공례와 사례를 잠시 미루었다. 얼마 뒤, 불러들여 같이 앉아 술을 권할 때 말하는 것들이 아주 흉악하고 참혹했다.

11일[19일. 갑신] 우박이 내렸고, 동풍이 불었다. 식사를 한 뒤, 순천 부사(박진)와 홍양 현감(배흥립), 고성 현령(조응도)과 웅천 현감(이운룡), 영등 만호(조계종)가 와서 이야기했다. 고성 현령은 새로운 배를 감독해 건조할 일을 보고하고 돌아갔다.

12일[20일. 을유] 흐렸고 큰 바람이 불었다. 각 고을과 포에 제송공문을 써 보냈다. 늦게 순천 부사(박진)가 보고하고 돌아갔다. 영남 우후 이의득이 와서 만났다. 밤 12시에 꿈을 꾸었다. "돌아가신 아버님께서 오셔서, '13일에

본」에서도 현감은 현령의 잘못으로 보았다.
8 "광양 현감"을 「편수회본」에서는 송전으로 보았다. 그러나 확실치 않다.
9 박진(?~1597)은 조선 중기의 무신이다. 1589년 선전관, 1592년 밀양 부사, 경상 좌도 병마절도사에 임명되었다. 1592년 8월, 별장 권응수를 파견해 영천성을 탈환케 했고, 비격진천뢰를 이용해 경주성을 탈환했다. 1593년 독포사, 1594년 2월 경상 우도 병마절도사, 10월 순천 부사·전라도 병마절도사, 1596년 11월 황해도 병마절도사 겸 황주 목사에 임명되었다.

회의 혼례식醮禮을 하도록 보내는 것이 적합하지 않은 듯하다.[10] 4일 뒤에 보내는 것이 좋겠다'고 이르셨다." 완전히 평상시와 같으셨다. 지난날을 돌아보며 홀로 앉아 있었다. 그리움에 펑펑 쏟아지는 눈물을 억누르기 어려웠다懷想獨坐 戀淚難裁也.

13일[21일. 병술] 아침에는 맑았다. 해 질 무렵 비가 내렸다. 박치공이 왔다.

14일[22일. 정해] 맑았다. 동풍이 크게 불었다. 몸이 불편했다. 누워서 앓았다. 영등 만호(조계종)와 사천 현감(기직남), 여도 만호(김인영)가 와서 만났다. 사천 현감이 왔다. "새 수사 선거이가 병에 걸려 사직원을 냈기에, 진주 목牧(목사) 배설裵楔이 임명되었다"고 했다.

15일[23일. 무자] 맑았다. 우우후 이정충(전라 우수영 우후)을 불렀더니, 정충廷忠은 발을 헛디뎌 물에 빠져 한동안 허우적거리다 간신히 구출되었다. 불러 위로했다. 우후 이몽구와 여필(동생 이우신)이 왔다. 듣기를, "이천주李天柱씨가 생각지도 않게 느닷없이 세상을 떴다"고 했다. 놀랐고 탄식이 나는 것을 참을 수 없었다. 천리나 멀리 떨어져 있던 사람이기에 만나지 못했는데 문득 세상을 떴다니, 더욱더 마음이 아프고 슬펐다.

16일[24일. 기축] 맑았다. 대청으로 나갔다. 공무를 처리했다.

17일[25일. 경인] 맑았다. 따뜻했고 바람도 불지 않았다. 대청으로 나갔다. 공무를 처리했다. 우우후(전라 우수영 우후 이정충)와 소비포 권관(이영남), 거제 현령(안위)과 미조항 첨사(성윤문)가 함께 왔다. 훈련용 화살을 쏘고 파

---

10   조선시대 혼인 연령은 『경국대전』에 따르면, 남자는 15세, 여자는 14세가 되어야 했다. 『대전후속록』에 따르면, 납채와 성혼하는 날짜를 소재지 부에 알려야 했다. 서울의 경우는 사헌부에서 의녀와 서리書吏를 파견해 부정 유무를 조사했고, 지방이면 종부시宗簿寺에서 서리를 파견해 부정 유무를 조사했다. 또한 관찰사·병사·수사는 자식의 결혼 때 휴가를 주지 않았다. 유희춘의 『미암일기』 1576년 2월 17일에는 손자 광선이 "장가갈 준비를 했다"는 내용이 나온다. 광선은 남원으로 장가를 갔다.

했다.

18일[26일, 신묘] 흐렸다. 제송공문을 작성했다. 늦게 훈련용 화살 10순을 쏘고 파했다.

19일[27일, 임진] 맑았다. 대청으로 나갔다. 공무를 처리했다. 옥구沃溝의 피란한 사람 이원진李元軫이 왔다. 장흥 부사(황세득)와 낙안 군수(김준계), 발포 만호(황정록)가 들어왔다. 기한을 넘긴 죄로 처벌했다. 얼마 뒤, 여도의 전선에서 실수로 불이 났다. 광양·순천·녹도 전선까지 4척에 불길이 번져 탔다. 아프고 탄식이 나는 것을 이길 수 없었다.

20일[28일, 계사] 맑았다. 아침에 여필(동생 이우신)과 해, 이응복李應福이 나갔다. 아들 울, 분이 들어왔다. 들으니, 어머님께서 평안하셨다. 다행이다. 다행이다.

21일[3월 1일, 갑오] 내내 가랑비가 내렸다. 이경명李景明과 박을 겨루었다. 장흥 부사(황세득)가 와서 만났다. 그로 인해 들으니, "순변사 이일의 일하는 방식이 아주 제멋대로이고 엉망이며, 나를 해치려고 아주 많이 힘쓴다"고 했다. 우스운 일이다. 우스운 일이다. 곧 회가 기러기를 갖고 신부 집으로 가서 상 위에 놓고 절하는 날奠雁之日이다. 마음속 걱정을 어찌하랴. 장흥 부사(황세득)가 술을 갖고 왔다. 그로 인해 들으니, "순사 이일의 일하는 방식이 아주 제멋대로이고 엉망이며, 나를 해치려고 아주 많이 힘쓴다"라고 했다. 우스운 일이다. "그(이일)의 서울 첩도 자신의 부(순변사부)로 이끌고 왔다"고 했다.[11] 더욱더 터무니없구나.

---

11 1543년에 간행된 『대전후속록』 「형전」에 따르면, 병사·수사·우후·첨사·만호 및 가족을 인솔하지 않은 수령이 임지에서 사첩私妾을 거느리고 간 사람은 임금의 교지를 위반한 사람을 다스리는 법률制書有違律로 처벌한다. 장 100대다.

22일[2일. 을미] 맑았다. 큰 바람이 내내 불었다. 원수(권율)의 군관 이태수 李台壽가 전령을 갖고 왔다. "여러 장수의 도착 여부를 알고 갈 것"이라고 했다.[12] 늦게 나갔다. 수루에 올라갔다. 불을 낸 여러 선장船將[13]과 색리들을 처벌했다. 저녁 8시에 금갑도 만호(이정표)가 사는 집에 불이 나서 다 탔다.

23일[3일. 병신][14] 큰 바람이 내내 불었다. 장흥 부사(황세득)와 우후(이몽구), 흥양 현감(배흥립)이 와서 이야기했다. 해가 저문 뒤 돌아갔다.

24일[4일. 정유][15] 맑았으나 큰 바람이 불었다. 이원진과 작별했다.

25일[5일. 무술] 맑았다. 장흥 부사(황세득)와 흥양 현감(배흥립), 우후(이몽구)와 영등 만호(조계종), 거제 현령(안위)이 와서 만났다.

26일[6일. 기해] 흐렸고 바람이 불었다. 탐선이 들어왔다. "흥양 현감(배흥립)을 잡아갈 나장이 들어왔다"고 했다. 이희李禧도 왔다.

27일[7일. 경자] 맑았다. 춥고 얼어붙는 것이 겨울 같았다. 대청으로 나갔다. 영암靈巖 군수(박홍장)와 강진 현감(나대용)[16] 등의 공례를 받았다. 가리포 첨사(이응표)에게 "여옥汝沃 형이 돌아가셨다"는 소식을 들었다. 놀랐고 아픔을 이길 수 없었다.

28일[8일. 신축] 맑았다. 큰 바람이 불었고 매섭게 차가웠다. 황승헌(황숙도)

---

12 『선조실록』 선조 28년(1595) 2월 12일에 기록된 도원수 권율이 수군의 부정 사실 여부를 살핀 장계에 따르면, 당시 이순신의 삼도수군은 대·소선 합계 84척이었고, 사부와 격군은 4109명으로 그중 절반 이상이 환자였다고 한다.

13 선장은 탐망선, 복병선, 전선, 거북선 등의 군용선을 지휘하는 장수다.

14 이순신의 둘째 형, 이요신의 제삿날이다.

15 이순신의 맏형, 이희신의 제삿날이다.

16 당시 강진 현감은 나대용이었던 듯하다. 『선조실록』 선조 29년(1596) 10월 11일에는 사헌부 장령 등이 강진 현감 나대용을 탄핵하는 모습이 나온다. 조응록의 『죽계일기』 1596년 10월 11일에는 강진 현감 김대용金大用의 파직을 청했다는 내용이 나오나, 나대용의 오기인 듯하다. 또한 12일에는 임봉상任鳳祥을 강진 현감에 임명했다는 내용이 나온다.

이 들어왔다.

29일[9일, 임인] 흐렸으나 비는 내리지 않았다.

30일[10일, 계묘] 맑았다. 동풍이 크게 불었다. 보성 군수(안홍국)가 들어왔다.

◎ **1595년 2월**

2월 1일[양력 3월 11일, 갑진] 맑았으나 바람이 불었다. 일찍 대청으로 나갔다. 보성 군수(안홍국)를 '기한을 넘긴 죄'로 처벌했다. 도망쳤던 왜인 2명을 처형했다. 금부禁府(의금부) 나장이 와서, "홍양 현감(배홍립)을 잡아갈 일"을 전했다.[17]

2일[12일, 을사] 흐렸고 큰 바람이 불었다. 홍양 현감(배홍립)이 잡혀갔다. 대청으로 나갔다. 공무를 처리했다.

3일[13일, 병오] 맑았다. 일찍 대청으로 나갔다. 홍양 배에 불을 던진 놈인 신덕수申德壽를 심문했더니, 증거를 얻을 수 없었다不能得實. 가둬놓게 했다.

4일[14일, 정미] 맑았다. 몸이 불편한 듯했다. 장흥 부사(황세득)와 우우후(전라 우수영 우후 이정충)가 왔다. 원수부의 회답 공문, 종사관의 답장 편지도 왔다.[18] 봉과 회, 오종수吳從壽가 들어왔다.

5일[15일, 무신] 맑았다. 충청 수사(이순신)가 왔다. 천성 만호 윤홍년尹弘年이 임금님께서 내리신 교서에 숙배했다.

6일[16일, 기유] 맑았으나 큰 바람이 불었다. 장흥 부사(황세득)와 우우후(전

---

17 『선조실록』 선조 29년(1596) 3월 25일에 따르면, 배홍립은 홍양 현감 때에는 사욕과 무뢰배를 거느려 관청 곡식을 축내고, 백성을 착취했다고 한다. 『전율통보』 「형전」에 따르면, 당하관의 범죄자는 나장이 압송했다.

18 『선조실록』 선조 28년(1595) 1월 13일에는 관련된 기록으로 추정되는 이야기가 나온다.

라 우수영 우후 이정충) 등과 훈련용 화살을 쏘았다.

7일[17일, 경술] 맑았다. 보성 군수(안홍국)가 술을 내왔다. 내내 이야기했다.

8일[18일, 신해] 흐렸다.

9일[19일, 임자]19 비가 내렸다. 꿈을 꾸었다. "서쪽과 남쪽 사이 하늘 한편에, 붉은빛과 푸른빛이 어울린 용이 굽이치는 모습으로 걸쳐 있었다. 나 홀로 자세히 살펴보았다. 사람들이 볼 수 있도록 가리켰으나 그들은 볼 수 없었다. 머리를 돌린 사이에 벽20 틈새로 들어와 용 그림이 되어 있었다. 나는 한동안 어루만지고 감상했다.21 용의 색깔과 형태, 꿈틀거리는 것이 참으로 뛰어나게 아름다웠다." 특이한 징조가 많아 기록해놓는다.

10일[20일, 계축] 부슬비가 내렸다. 바람도 크게 불었다. 황숙도(황승헌)와 내내 이야기했다.

11일[21일, 갑인] 비가 내렸다. 늦게 잠시 맑아졌다. 황숙도(황승헌)와 분, 허주許宙22, 변존서가 되돌아갔다. 내내 공무를 처리했다. 해 질 무렵 임금님의 유지가 들어왔는데, "둔전屯田을 점검하고 바로잡을 일"이었다.23

12일[22일, 을묘] 맑았다. 바람도 일지 않았다. 윤엽이 들어왔다. 늦게 훈련용 화살 10여 순을 쏘았다. 장흥 부사(황세득)와 우우후(전라 우수영 우후 이정충)가 와서 쏘았다.

19 오희문의 『쇄미록』 1595년 2월 9일에 따르면, 충청도 임천 지역에 지진이 일어났다.
20 "벽"의 원문은 『충무공유사』의 원문 판독자에 따라 차이가 있다. "壁" 혹은 "擘"으로 보는 견해가 있다. 「친필본」과 문맥을 고려해 살펴보면 "壁"으로 보인다.
21 "한동안 어루만지고 감상했다"는 뜻의 원문 "撫玩移時"는 『전등신화』 「감호야범기」에 나오는 표현이다.
22 허주는 이순신 누이의 사위다. 허주의 동서로는 윤간이 있다. 윤간도 『난중일기』에 자주 나온다.
23 이때의 둔전 점검과 관련한 유지는 『선조실록』 선조 28년(1595) 1월 24일의 「비변사가 남도의 군량이 부족한 일로써 아뢰다」와 관련된 듯하다.

13일[23일, 병진] 맑았다. 일찍 대청으로 나갔다. 도양 둔전에서 징수한 벼[24] 300섬을 실어왔다. 각 포에 나누어주었다. 우수사(이억기)와 진도 군수(김만수), 무안務安 현감과 함평咸平 현감(조발), 남도포 만호(강응표)와 마량 첨사(강응호), 회령포 만호(민정붕) 등의 관리들이 들어왔다.

14일[24일, 정사][25] 맑았고 따뜻했다. 식사를 한 뒤, 진도 군수(김만수)[26]와 무안 현감, 함평 현감(조발)이 임금님께서 내리신 교서에 숙배한 뒤, '방비를 하러 들어온 수군入防水軍을 한꺼번에 징발해 보내지 않은 것'과 '전선을 건조해오지 않은 일'로 처벌했다. 영암 쉬(군수 박홍장)도 죄를 따졌다. 봉과 해, 분과 방응원이 함께 나갔다.

15일[25일, 무오] 맑았고 훈훈했다. 새벽에 망궐진하望闕陳賀[27]를 했다. 우수사(이억기)와 가리포 첨사(이응표), 진도 군수(김만수)가 함께 와서 참석했다. 상선(지휘선)을 연기로 그을렸다.

16일[26일, 기미] 맑았다. 나갔다. 대청에서 좌기했는데, 함평 쉬(현감) 조발趙撥[28]이, "논박을 당했다"며 보고하고 돌아갔다. 그래서 술을 권하고 보냈

---

24 "둔전에서 징수한 벼"의 원문은 "屯租"이다. "둔전에서 징수한 조세" 혹은 "둔전에서 징수한 벼"의 뜻이다. 1594년 11월 28일 일기 뒤의 메모 중에 "답조畓租"가 나오는 것으로 보아 "둔전에서 징수한 조세"로 번역할 수도 있다. 「묵재일기」 1551년 9월 26일에는 둔답조屯畓租가 나온다. 「쇄미록」 1593년 4월 5일에 "둔조", 1596년 9월 12일에는 "관둔조官屯租"가 나온다.

25 이순신의 증조부 이거의 제삿날이다.

26 "진도 군수(김만수)"를 「편수회본」에서는 박인룡朴仁龍으로 보았다. 「선조실록」 선조 26년(1593) 9월 13일에는 서산 군수 박인룡이 나온다. 이순신의 「당항포에서 왜적을 쳐부순 일을 임금님께 보고하는 장계唐項浦破倭兵狀」(1594년 3월 10일)에 나오는 진도 군수 김만수가 그 뒤에 박인룡으로 교체되었는지는 확실치 않다. 그러나 조응록의 「죽계일기」 1595년 12월 22일에는 박인룡이 진도 군수로 나온다.

27 망궐진하는 궁궐에 있는 임금을 향해 인사를 올리는 일이다. 1월 1일과 동지에 서울에 있는 신하는 궁궐에 모여 인사를 하고, 지방에 있는 신하는 지방에서 객사에 모신 임금을 상징하는 전패를 향해 인사를 올렸다. 망궐례라고도 하고, 「난중일기」에는 망궐례라고 한 경우가 많다.

28 조발(?~?)은 조선 중기의 무신이다. 함평 현감·수원 부사를 역임했다. 「선조실록」 선조

다. 조방장 신호가 진에 도착했다. 임금님께서 내리신 교서에 숙배를 한 뒤, 그대로 함께 이야기했다. 저녁에 배를 탔다. 바다 가운데로 옮겨 정박했다. 밤 10시에 배를 몰았다. 춘원도春院島에 도착했다. 날이 이미 새어왔다. 경상 수군은 도착하지 않았다.

17일[27일. 경신]29 맑았다. 아침에 군사들을 서둘러 먹게 했다. 우수영右水 營(경상 우수영) 앞바다에 바로 도착했다. 성안의 왜놈 7명이 우리 배를 보고 흩어져 도망쳤다. 배를 돌려 나왔다. 장흥 부사(황세득)와 신 조방장申助 防將(신호)을 불렀다. 내내 계책을 논의하고, 진으로 돌아왔다. 해 질 무렵 임영林蘂과 조방장 정응운丁應運이 들어왔다.

18일[28일. 신유] 맑았다. 탐선이 들어왔다.

19일[29일. 임술] 맑았다. 아침에 나갔다. 대청에서 공무를 처리했다. 거제 현령(안위)과 무안 현감, 평산포 만호(김축)와 회령포 만호(민정붕), 허정은도 왔다. 송한련이 와서 말하기를, "고기를 잡아 군량을 사겠다捉魚貿軍粮"고 했다.

20일[30일. 계해] 맑았다. 우수사(이억기)와 장흥 부사(황세득), 신 조방장(신호)이 와서 이야기했다. "원공(원균)의 사납고 이치에 어긋난 일"을 많이 전했다. 기가 막힐 일이다. 기가 막힐 일이다.

21일[31일. 갑자] 이슬비가 내렸다. 늦게 맑아졌다. 보성 군수(안홍국)와 웅천 현감(이운룡), 우우후(전라 우수영 우후 이정충)와 소비포 권관(이영남), 강진

29년(1596) 4월 8일 기록에는 류성룡이 조발에 대해 "독성장 조발이 부지런하고 성실하며 재주가 있어 급할 때 쓰기에 합당"하다고 평가하기도 했다. 같은 해의 『선조실록』 4월 17일의 기록에서도 류성룡이 수원 부사로 천거하기도 했다. 1597년 4월 이순신이 감옥에서 나와 백의종군 길을 떠나 수원 독성에 도착했을 때, 이순신을 위로하기 위해 술을 준비해놓고 장막치고 기다리기도 했다.
29 세종의 제삿날이다.

현감(나대용)[30]과 평산 만호(김축) 등의 관리들이 와서 만났다.

22일[4월 1일. 을축][31] 맑았다. 대청으로 나갔다. 「임금님께 보고하는 글」을 봉했다. 늦게 우후(이몽구)와 낙안 군수(김준계), 녹도 만호(송여종)를 불러 떡을 권했다.

23일[2일. 병인][32] 맑았다. 신 조방장(신호)과 장흥 부사(황세득)가 와서 이야기했다.

24일[3일. 정묘] 흐렸다. 우레와 번개가 크게 쳤으나, 비는 내리지 않았다. 몸이 불편했다. 원전이 보고하고 돌아갔다.

25일[4일. 무진] 흐렸다. 바람도 고르지 않았다. 회와 울이 들어왔다. 그로 인해 어머님께서 평안하신 것을 들었다. 장계를 갖고 갔던 이전李荃[33]이 들어왔다. 조보와 영의정(류성룡)의 편지를 갖고 왔다.

26일[5일. 기사] 흐렸다. 아침에 서장書狀과 「임금님께 보고하는 글」 모두 16통을 봉해 정여흥을 통해 부쳤다.

27일[6일. 경오] 한식寒食이다. 맑았다. 원균이 포구에서 교대했다. ~~정여흥鄭汝興~~[34] 수사 배설이 이곳에 도착했다.[35] "임금님께서 내리신 교서에 숙배하

---

30 "강진 현감(나대용)"을 「편수회본」에서는 이극신李克新으로 보았다. 「난중일기」에서 이극신은 1597년 9월 18일에 "강진 현감 이극신"으로 처음 나온다. 이 시기에는 나대용이 강진 현감이었던 듯하다. 조응록의 「죽계일기」 1597년 5월 15일에도 이날 이극신이 강진 현감에 임명된 것으로 나온다.

31 「선조실록」에 따르면, 이날 충청도에서 지진이 일어났다.

32 오희문의 「쇄미록」 1595년 2월 23일에 따르면, 충청도에서 지진이 일어났다.

33 이전은 이순신의 「당포에서 왜적을 쳐부순 일을 임금님께 보고하는 장계唐浦破倭兵狀」 (1592년 6월 14일)에서는 "천성·가덕에서 적의 자취를 정탐하고 적을 감시하던 선장인 진무 이전"으로 나오기도 한다. 「선무원종공신녹권」에서는 주부로 나오고, 선무원종공신 2등이다.

34 「충무공유사」에서는 "~~정여흥鄭汝興~~"으로 나온다. 썼다가 지운 것이다.

35 원균은 경상 우수사에서 충청도 병마절도사로 보직이 변경되었다. 「선조실록」에 따르면, 이순신과 원균의 갈등 때문이었다. 「선조실록」 27년(1594) 11월12일과 12월 1일, 선조 28년(1595)

라”고 했더니, “불평하는 얼굴빛이 많았고, 두 번 세 번 거듭 깨우치고 타이른 뒤에야 마지못해 따르며 억지로 했다”고 했다. 우스운 일이다. 그의 무지함이 심하다.[36] 나는 알면서 처음부터 참으며, 불러와 대비책을 물었다. 해가 저문 뒤, 파하고 되돌아왔다. 그 모습을 어찌 다 말할 수 있나.

28일[7일, 신미] 맑았다. 대청으로 나갔다. 장흥 부사(황세득)와 우우후(전라우수영 우후 이정충)와 함께 이야기했다. 광양 현감과 목포 만호도 왔다.

29일[8일, 임신] 맑았다. 고여우가 창신도로 나갔다. 배 수사裵水使(배설)가 와서 둔전屯과 경작 등의 일을 의논했다.[37] 신 조방장(신호)도 왔다. 저녁에

2월 4일, 『선조수정실록』 선조 27년(1594) 12월 1일에 나온다. 류성룡은 「措置防守事宜啓」(1595년 1월)에서 수군의 중요성을 강조하면서 “원균은 형세상으로 그대로 머물러 둘 수 없다”고 경상 우수사 원균을 교체해야 한다고 주장했다. 그 영향인지 원균 대신 배설이 임명된 듯하다.

36 배설이 불평했던 이유는 『선조실록』 선조 28년(1595) 2월 4일과 2월 6일 기록으로 유추할 수 있다. 2월 4일에는 남쪽 지방에 갔던 선전관 조광익이 비변사에 보고한 내용에 진주의 백성이 (진주 목사) 배설이 경상 우수사에 임명되어 떠나려는 것을 노인과 어린이들까지 에워싸고 막고 진주를 떠나지 못하게 하고 있어 부임하지 못하고 있다고 했다. 2월 6일 기록에서는 정숙하가 “배설이 수질水疾(배멀미)을 해서 수군 임무에 적합지 못하다”고 들었다고 했으며, 선조도 수질이 있다면 수군에 쓸 수 없다고 동의했다. 그럼에도 배설은 결국 경상 우수사에 임명되었다. 류성룡의 「慶尙道應行事宜啓」(1595년 1월)에서는 배설이 경상 좌수사로 나온다. 이로 보면 류성룡의 장계 즉시 같은 1월에 배설이 경상 우수사로 임명된 듯하다. 같은 시기에 작성된 류성룡의 「措置防守事宜啓」(1595년 1월)에는 배설이 경상 우수사로 언급되고, 배설이 남해 지역에서의 둔전 운영과 같은 임무를 맡길 만한 사람이니 특별히 단단히 타일러 시행케 하자고 선조에게 건의했다.

37 배설이 이순신을 찾아와 둔전에 대해 의논했던 이유는 류성룡의 「慶尙道應行事宜啓」(1595년 1월)로 알 수 있다. 이순신은 이미 둔전을 실시하고 있었다. 류성룡의 장계에 따르면, “거제는 지금은 왜적의 소굴이 되어 있으나 그곳에 남아 있던 백성으로 흩어져 나온 사람은 특별히 현령 안위로 하여금 충분히 불러 모아 남해의 비어 있는 한가한 땅에 임시로 거주케 하고, 올해 특별히 농사를 짓게 해 살 수 있게 했다가 다행히 왜적이 물러가면 돌아가 본고장을 지킬 계획을 세워야 할 것입니다. 그러나 거제는 바다 가운데에 있어 상도上道(경상 좌도)의 감사가 있는 곳과는 아주 멀어 현령의 조치가 잘 되는지 어떤지 감사의 형편으로는 들어도 알 수 없으니 이는 즉 좌수사 배설에게 오로지 위임케 해 스스로 점검하고 경계하도록 해서 그 성과를 기다려 감사와 함께 보고하도록 해야 합니다”라고 했다. 류성룡은 경상 우수사 관할의 남해안 섬에서도 둔전을 시행케 하려고 했기 때문이다. 다만 배설이 경상 좌수사라고 되어 있지만 이는 오기인 듯하다.

옥포玉浦 만호 방승경方承慶38과 다경포多慶浦 만호 이충성李忠誠39 등이 임금님께서 내리신 교서에 숙배했다.

30일[9일. 계유] 비가 계속 내렸다. 대청으로 나갔다. 공무를 처리했다.

◎ 1595년 3월

3월 1일[양력 4월 10일. 갑술] 맑았다. 겨울을 난 삼도 군졸을 모아놓고, 임금님께서 내려주신 목면綿40을 나눠주었다. 정 조방장(정응운)이 들어왔다.

2일[11일. 을해]41 흐렸다.

3일[12일. 병자]42 맑았다.

4일[13일. 정축] 맑았다. 조방장 박종남이 들어왔다.

5일[14일. 무인] 비가 계속 내렸다. 노대해盧大海가 왔다.

6일[15일. 기묘] 맑았다.

7일[16일. 경진] 맑았다. 박 조방장朴助防將(박종남)과 신 조방장(신호), 우후(이몽구)와 진도 군수(김만수)가 와서 만났다. 우수사(이억기)가 와서 만났다. 정원명, 순천 군관의 일로 말투와 얼굴빛이 아주 다급했다. 우스운 일이다.

배설은 경상 우수사에 임명되었기 때문이다. 「둔전을 엄격하게 점검하는 것에 대한 임금님의 유지屯田檢筋有旨」(1595년 1월 21일)에는 류성룡이 건의 내용과 거의 일치하는 내용이 나오는데, 배설은 경상 우수사로 나온다.

38 방승경(1547~?)은 조선 중기의 무신이다. 1572년 무과 별시에서 급제했고, 1583년 제주 판관을 역임했다. 『난중일기』 1595년 3월 9일자에는 옥포 만호 방승경이 이담李曇과 교체된 내용이 나온다.

39 이순신의 「지체해 머물러 있는 여러 장수를 처벌해주시기를 임금님께 청하는 장계請罪遲留諸將狀」(1594년 2월 25일)에 따르면, 1594년 2월 다경포 만호는 이식李軾이었다.

40 조선시대 사람들은 목면이나 삼베麻布·갈포葛布(칡넝쿨) 등으로 옷을 만들어 입었다.

41 중종의 첫째 계비, 장경왕후 윤씨 제삿날이다.

42 삼짇날이다. 이날에는 들에 나가 꽃놀이를 하고 새로 난 풀을 밟으며 봄을 즐기기 때문에 답청절이라고도 한다. 각종 민속놀이를 하고, 다양한 음식을 만들어 먹기도 한다.

8일[17일, 신사]43 맑았다. 식사를 한 뒤, 대청으로 나갔다. 우수백(이억기)과 경상 수사(배설), 두 조방장(박종남·신호)과 우후(이몽구), 가리포 첨사(이응표)와 낙안 군수(김준계), 보성 군수(안홍국)와 광양 현감, 녹도 만호(송여종)가 함께 왔기에 모여서 이야기했다.

9일[18일, 임오] 맑았다. 늦게 대청으로 나갔다. 방답의 신임 첨사 장린張麟과 옥포의 신임 만호 이담44과 공례와 사례를 했다. 진주의 이곤변李坤忭45이 와서 만나고 돌아갔다.

10일[19일, 계미] 흐렸고 가랑비가 내렸다. 박 조방(조방장 박종남)46과 이야기했다. 보성 쉬(군수) 안홍국安弘國47이 보고하고 돌아갔다.

11일[20일, 갑신] 흐렸고 큰 바람이 불었다. 사도司䆃(사도시)48 주부 조형도趙亨道49가 와서 "좌도(경상 좌도)의 적의 정세와 항복한 왜인이 보고한 것"을 말했다. "도요토미 히데요시가 3년 동안 군사를 출동시켰지만 끝까지 그

43　이순신의 생일날이다. 이순신 생일을 축하하기 위해 부하들이 모인 듯하다.

44　이담(1544~?)은 조선 중기의 무신이다. 1583년 무과 알성시에서 급제했다. 이순신 막하에서 활약해 『난중일기』에도 나오는 이섬李暹의 동생이다. 정철의 『송강집』 「계啓, 1592년 10월 25일」에는 은진 현감, 조익의 「진사일기」 1592년 10월 2일에는 은진의 임시 수령恩津 假官으로 나온다. 『승정원일기』 인조 때는 삼척포 첨사, 마량 첨사에 임명된 기록이 나온다.

45　원문 "李坤忭"은 이곤변李鯤變(1551~?)으로 보인다. 1596년 8월 6일 등에는 "李鯤變"으로 나온다. 조선 중기의 학자다. 허목에 따르면, 이원익李元翼이 영남의 인물로 반드시 사천의 이곤변을 탁월한 인물로 꼽았다고 한다. 정경운의 『고대일록』 1594년 2월 2일에는 "진주에 사는 상사上舍 이곤변과 향당에서 이야기를 했다"는 내용도 나온다.

46　"박 조방"은 "朴助防(조방장 박종남)"이다. '조방장'을 '조방'이라고 약칭했다.

47　안홍국(1555~1597)은 조선 중기의 무신이다. 1592년 임진왜란 때에 선조를 호종했고, 이순신 막하에서 선봉장으로 활약했다. 1597년 보성 군수로 통제사 원균 막하에서 중군으로 참전했다. 1597년 6월 18일, 통제사 원균이 이끈 조선 수군이 안골포에서 일본군과 접전을 할 때 전사했다.

48　사도는 사도시司䆃寺다. 궁궐 안의 쌀, 간장 등을 맡은 관청이다.

49　조형도(1567~1637)는 조선 중기의 무신이다. 임진왜란이 일어나자 화왕산성에서 전공을 세워 훈련원 주부에 임명되었다. 1594년 무과에 합격했고, 선전관에 임명되었다.

효과가 없었기에, 군사를 증가시켜 바다를 건너와 부산에 영을 설치하려고 하는데, 3월 11일에 바다를 건널 일이 이미 결정되었다"고 했다.

12일[21일. 을유] 흐렸다. 박 조방장(박종남)과 우후(이몽구)가 박을 겨루었다.

13일[22일. 병술] 흐렸고 큰 바람이 불었다. 아침에 박자윤(박종남) 영공을 불러 같이 먹었다. 저녁을 먹은 뒤, 조형도가 와서 만나고 돌아갔다.

14일[23일. 정해] 비가 계속 내렸다. 바람은 그쳤다. 남해 현령(기효근)이 진에 도착했다.

15일[24일. 무자] 비가 잠깐 그쳤다. 바람도 쉬었다. 식사를 한 뒤, 조형도가 보고하고 돌아갔다. 늦게 훈련용 화살을 쏘았다.

16일[25일. 기축] 비가 내렸다. 사도 첨사 김완이 들어왔다. 그로 인해 듣기를, "전 충청 수사 이입부李立夫(이순신)의 군량 200여 섬이 조도어사 강첨姜籤[50]에게 적발되어 잡혀가 심문을 받았다"고 했다. "그의 사돈 이호문李好問도 그에게 붙잡혀갔다"고 했다. 또한 "충청 신임 수사 이계훈李繼勛[51]의 배 위에서 불이 났다"고 했다. 놀랐고 놀라움을 이길 수 없었다. "동지同知[52]

---

50 "강첨"은 강첨姜籤(1559~1611)이다. 조선 중기의 문신이다. 1592년 병조 좌랑으로 재직 중 임진왜란이 일어나자 충청·경상도의 운량 어사가 되어 군량 조달에 힘썼다. 후에 이조 참의·좌부승지·경상도 관찰사·대사헌을 역임했다. 오희문의 『쇄미록』 1594년 8월 13일에 "조도어사 강첨이 나온다. 『선조실록』 선조 28년(1595) 3월 1일 기록에는 강첨에게 경주로 보낼 군량을 파악해 수송하라는 명령이 나온다. 당시 강첨은 조도어사로 충청도에 있었다.

51 이계훈은 이계정李繼鄭(1539~1595)이다. 계훈은 호다. 조선 중기의 무신이다. 1570년, 무과에 급제했다. 임진왜란 때 곽재우 등과 함께 1차 진주성 전투에 참전했다. 2차 진주성 전투에서는 전라 병사 선거이의 조방장이었다. 1594년 12월 1일, 원균과 이순신의 갈등으로 원균의 보직을 변경할 때, 김응남이 경상 우수사로 추천했으나, 선조가 "나는 들어보지 못한 사람"이라고 해서 제외되기도 했다. 충청 수사에 임명되었다가 배에 불이 나 사망했다. 『해남삼강록』(1895년판)에는 "훈勛으로 개명했다"고 나온다.

52 동지는 종2품의 동지사同知事다. 지사(정2품)의 보좌역을 담당했다.

권준이 본영(전라 좌수영)에 왔다"고 했다.[53]

　　17일[26일, 경인] 비가 그칠 듯했다. 아들 면과 허주, 박인영朴仁英 등이 되돌아갔다. 이날, 군량의 출납을 확인해計 표標를 붙였다.[54] 충청 우후(원유남)의 긴급 보고가 왔는데, "충청 수사 이계훈[55]은 배 위에서 불이 나서 물에 빠져 죽었고, 군관과 격군 모두 140여 명이 불타 죽었다"고 했다.[56] 기가 막힐 일이다. 기가 막힐 일이다. 늦게 우수사(이억기)가 긴급히 보고하기를, "견내량의 복병한 곳으로 항복한 왜인 심안은이沈安隱己가 왔기에 불러서 심문했더니, 그는 영등에 주둔했던 왜인이었습니다. 그런데 그의 장수 심안둔沈安頓[57]은 그의 아들(시마즈 다다쓰네島津忠恒)에게 대리시키고 가까운

53　권준은 『난중일기』 1594년 2월 16일에 따르면 암행어사가 순천 부사 권준을 탐관오리의 우두머리라고 선조에게 보고했었다. 『선조실록』 선조 27년(1594) 10월 4일에서는 암행어사의 보고 때문인지 사간원에서 권준을 백성을 수탈하는 등 여러 죄목으로 탄핵하면서 붙잡아 올려 심문해야 한다고 했다. 권준은 결국 『난중일기』 1594년 10월 25일에 따르면 붙잡혀 올라갔다. 그 후 류성룡은 「措置防守事宜啓」(1595년 1월)에서 수군의 중요성을 강조하면서 전 순천 부사 권준이 전에 수군 중위장으로 활약했고 바다 싸움을 잘 알고 있으며 이미 풀려났으니 옛날의 장수 직책으로 정해주고 이순신의 진영으로 빨리 내려보내자고 건의했다. 권준이 다시 순천 부사에 임명되었는지는 불분명하나, 류성룡의 건의가 반영되어 권준이 이순신 진영에 합류한 듯하다.

54　류성룡의 「移京畿黃海觀察使文」(1595년 10월 19일)에 따르면, 류성룡이 4도도체찰사가 된 후에 경기도와 황해도 관찰사에게 군량 창고의 관리를 위해 창고 문밖에 기록한 표를 붙여놓고 곡식의 종류와 수량을 써놓으라고 했다는 창고 관리 방식이 나온다.

55　『충무공유사』에서는 "이계정"으로 나온다.

56　오희문의 『쇄미록』 1595년 3월 2일에는 "충청 수사가 수군을 이끌고 영남의 적의 경계로 가는데 간신히 바다로 들어가자 주방에서 불이 나서 화약을 실어둔 곳으로 붙어 화약이 터져 배 안의 사람이 모두 타서 죽거나, 혹은 물에 뛰어들었고, 살아난 사람이 몇 되지 않으며, 수사 또한 물로 뛰어들었으나 두 아들과 함께 죽었다 하니 불쌍하다"는 기록이 나온다.

57　심안둔은 시마즈 요시히로島津義弘(1535~1619)다. 임진왜란 때 일본 장수다. 임진왜란 때 1만5000여 명의 군사를 이끌고 참전했다. 뒤에 일본으로 되돌아갈 때 남원성에서 박평의·심당길을 비롯한 80여 명의 조선 도공을 납치해 끌고 갔다. 「사로잡은 왜적이 보고한 '왜의 정황에 대해 중요한 사실'을 임금님께 보고하는 장계登聞擒倭所告倭情狀」(1593년 윤11월 17일)에서는 심안둔甚安屯으로, 『난중일기』 1596년 1월 8일에는 심안둔沈安屯으로 나오기도 한다.

날에 장차 돌아갈 것입니다" 등등이라고 했다.

18일[27일, 신묘] 맑았다. 권언경權彦卿(권준)과 여필(동생 이우신), 조카 봉과 수원壽元이 들어왔다. 그로 인해 어머님께서 평안하신 것을 들었다. 아주 기쁘고 끝없이 행복하다. 우수백(이억기)이 와서 이야기했다.

19일[28일, 임진] 맑았다. 권언경(권준) 영공과 훈련용 화살을 쏘았다.

20일[29일, 계사] 비가 계속 내렸다. 식사를 한 뒤, 우수백(이억기)에게 갔다. 길에서 배 수사(배설)를 만났다. 배 위에서 잠시 이야기했다. '밀포密浦의 둔전을 지을 곳을 자세히 살펴볼 일'을 보고하고 돌아갔다. 그대로 우수백에게 갔다. 아주 많이 취했다. 해 질 무렵 돌아왔다.

21일[30일, 갑오] 맑았다. 늦게 여필(동생 이우신), 조카 봉, 수원이 되돌아갔다. 나주 반자58와 우후(이몽구)가 와서 만났다. 낮 12시쯤, 박 조방장(박종남)에게 갔다. 혁을 겨루었다.

22일[5월 1일, 을미] 동풍이 크게 불었다. 날씨는 일찍부터 흐렸다가 늦게야 맑아졌다. 세 조방장(박종남·신호·권준)과 훈련용 화살을 쏘았다. 우수사(이억기)도 이곳에 도착해 같이 쏘았다. 해가 저문 뒤 파하고 돌아왔다.59

23일[2일, 병신] 맑았다. 아침을 먹은 뒤, 세 조방장(박종남·신호·권준)과 우후(이몽구)와 앞 봉우리를 걸어 올라갔더니, 세 곳의 전망은 막힌 곳이 없었다. 북쪽 길도 시야가 훤했다. 땅에 과녁을 설치했고, 넓게 앉을 자리를 만들었다. 내내 돌아올 것도 잊었다.

---

58 "나주 반자"를 「편수회본」에서는 원종의元宗義로 보았다. 『난중일기』 1597년 8월 8일에는 원종의가 나주 판관으로 나온다. 『선조실록』에서는 1594년에 선전관으로 나온다. 이 시기의 나주 반자가 누구인지는 확실치 않다. 그러나 1596년 3월 24일 일기에 "나羅(나주) 판관 어운급魚雲伋"이 나오는 것으로 보아 어운급으로 보인다.

59 "파하고 돌아왔다"를 고전번역원 고전종합DB에서는 "日暮熊還"로 했으나 '熊'는 『이충무공전서』 '罷'의 오자다.

24일[3일, 정유]60 흐렸으나 바람은 불지 않았다. 공문을 처리해 보냈다. 늦게 세 조방장(박종남·신호·권준)과 같이 활을 쏘았다. 우수사가 좌기하는 대청을 고쳐 세우는 것을 나쁘게 생각하고, 말을 많이 지어내며 보고해왔다. 기가 막힐 일이다. 기가 막힐 일이다.

25일[4일, 무술] 비가 내내 내렸다. 권 동지權同知(권준)와 우후(이몽구), 남도포 만호(강응표)와 나주 반자가 와서 만났다. 영광靈光 군수(정연)가 또 왔다. 권 동지(권준)와 박을 겨루었는데, 권(권준)이 이겼다. 저녁에 몸이 아주 불편했다. 닭이 울 때, 열이 조금 내려 땀도 나지 않았다.

26일[5일, 기해] 맑았다. 영광 군수(정연)가 나갔다. 늦게 신申(신호)·박(박종남) 두 조방장, 우후(이몽구)와 훈련용 화살 15순을 쏘았다. 저녁에 배 수사(배설)와 이운룡, 안위가 신임 방백(경상 순찰사)을 처음 찾아가 뵙는 의식 일 때문에 와서 보고하고 사량으로 갔다. 밤 10시에 동쪽이 어둡다가 곧바로 밝아졌다.61 무슨 징조인지 모르겠다.

27일[6일, 경자] 맑았다. 식사를 한 뒤, 우수백(이억기)이 이곳에 도착했다.

60　세종의 왕비, 소헌왕후 심씨의 제삿날이다.

61　"밤 10시에 동쪽이 어둡다가 곧바로 밝아졌다東昏卽明"는 "오로라"로 추정할 수도 있다. 이성규의 『조선과학실록』(맞닿음, 2014, 12~20쪽)에 따르면, 지난 2008년 '영국 왕립천문학회'가 발간하는 과학전문지 『천문과 지구물리』에 게재된 논문, 「불빛 기운은 한국의 오로라였다」에 1624년부터 1626년까지 『조선왕조실록』과 『승정원일기』 등에 연평균 20여 차례씩 오로라가 발생한 것으로 추정했다고 한다. 또한 오로라는 태양에서 날아오는 에너지 입자들이 지구의 자기장을 따라 극지로 흘러가다가 상층 대기와 부딪쳐서 일어나는 현상으로, 녹색 혹은 적색의 빛을 방출한다. 보통 밤 10시에서 다음 날 새벽 3시 사이에 발생한다. 우리나라에서는 고구려 때부터 17세기 중반까지 관측된 기록이 남아 있다고 한다. 이순신 시대인 『선조실록』에도 관련 기록이 남아 있다. 선조 26년(1593) 윤11월 14일, "일경에 서방에 적기赤氣가 있었다", 선조 28년(1595) 11월 8일, "저녁 7시부터 붉은 기운 한 번 서쪽에서 일어났는데 모습이 횃불을 든 것 같았다", 선조32년(1599) 3월 2일, "밤 2시경에 동서남 세 쪽에서 붉은 기운이 있었는데 불빛과 같았다." 정경운의 『고대일록』 1593년 10월 25일에는 "밤에 붉은 기운이 달이 떠오를 때의 빛처럼 동남쪽에 걸려 있으면서 땅 위를 밝게 비추다가 삼경쯤에 없어졌다"는 사례도 있다.

내내 훈련용 화살을 쏘았다. 어두울 무렵 박 조방장(박종남)에게 갔다. 발포 만호(황정록)와 사도 첨사(김완), 녹도 만호(송여종)를 불러 함께 이야기하다가 파했다. 탐선이 들어왔다. 표마表馬[62]와 사내종 금이金伊 등이 들어왔는데, "어머님께서 평안하시다"고 했다.

28일[7일, 신축] 맑았다. 훈련용 화살 10여 순을 쏘았다. 늦게 사도 첨사(김완)가 와서, "각 포의 병부兵符[63]를 순사(순찰사)의 공문에 근거해 직접 각 포에 나누어주었다"고 했다. 그 이유를 알 수 없구나.

29일[8일, 임인][64] 맑았다. 식사를 한 뒤, 두 조방장과 이운룡, 조계종(영등 만호)[65]과 훈련용 화살 23순을 쏘았다. 배 수사(배설)가 순사(순찰사)에게서 왔다. 미조항 첨사(성윤문)도 진에 도착했다.

---

62 표마는 유중림의 『증보산림경제增補山林經濟』에 따르면, 말갈기는 은색이고, 꼬리는 옅은 붉은 색인 말이다.

63 병부는 군대를 동원할 때 쓰는 둥근 나무패다. 한 면에 "發兵", 다른 한 면에 해당 관찰사·절도사 등의 이름을 새긴 다음, 반으로 쪼개 오른쪽은 해당 지방관에게 주고, 왼쪽은 임금이 갖고 있다가 군대를 동원할 때 교서와 함께 임금이 갖고 있던 반쪽을 내려주면, 해당 지방관이 자신이 갖고 있던 반쪽과 맞춰보고 맞으면 임금의 명령에 따라 군대를 출동시켰다.

64 세조의 왕비, 정희왕후 윤씨의 제삿날이다.

65 조계종(1554~?)은 조선 중기의 무신이다. 1591년 무과 별시에서 급제했다. 이순신 막하에서 영등포 만호 등으로 활약했다. 『선조실록』 선조 37년(1604) 2월 22일에는 평산포 만호로 나온다.

◎ 1595년 4월

4월 1일[양력 5월 9일, 계묘] 맑았으나 큰 바람이 불었다. 들으니, "남원의 유생 김굉金軦이 수군에 관한 일로 진에 도착했다"고 했다. 함께 이야기했다.

2일[10일, 갑진] 맑았다. 내내 공무를 처리했다.

3일[11일, 을사] 맑았다. 세 조방장(박종남·신호·권준)이 우영(우수영)의 진으로 갔다. 나와 사도 첨사(김완)는 훈련용 화살을 쏘았다. 대들보를 올렸다上樑.[66] 도리道里[67]를 올리는 것을 마쳤다.

4일[12일, 병오] 맑았다. 아침에 경상 수사(배설)가 활을 쏘자고 청했기에, 권(권준)과 박(박종남) 두 조방장과 같은 배로 수사(배설)에게 갔더니, 전라 수사(이억기)는 이미 먼저 도착해 있었다. 그들과 같이 활을 쏘았다. 내내 이야기하다가 돌아왔다.

5일[13일, 정미] 맑았다. 선전관 이찬李燦이 임금님의 비밀 유지를 갖고 진에 도착했다.[68]

6일[14일, 무신] 가랑비가 내내 내렸다. 권 동지(권준)와 같이 이야기했다.

7일[15일, 기유][69] 맑았다. 해 질 무렵 바다로 나갔다. 어두울 무렵 견내량에 도착했다. 묵었다. 선전관(이찬)이 되돌아갔다.

8일[16일, 경술][70] 맑았다. 동풍이 크게 불었다. 들으니, "적이 밤에 도망쳤

---

66   유희춘의 『미암일기』 1575년 11월 21일과 22일에는 상량제上樑祭 모습이 나온다. 상량제를 위해 담양 부사가 돼지머리 1개를 보내왔고, 제사를 지낼 때 다섯 방향의 향불이 곧바로 타오르고 바람에 흔들리지 않아 길조라는 내용이 나온다.

67   도리는 기둥과 기둥 위에 돌려 얹히는 나무다. 그 위에 서까래를 얹힌다(이희승, 『국어대사전』, 민중서림, 2003). 고전번역원 고전번역DB의 용례를 보면, 도리都里라고도 한다.

68   이날 일기의 비밀 유지는 『선조실록』 선조 28년(1595) 3월 18일의 「영의정 류성룡이 시무 대책을 건의하다」와 관련된 것으로 추정된다.

69   중종의 둘째 계비, 문정왕후 윤씨의 제삿날이다.

70   석가 탄신일이다. 등불놀이 풍속이 있다. 『난중일기』에도 등불놀이를 한 기록이 있다.

다"고 했다. 들어가 무찌르지 않았다. 늦게 침도砧島에 도착했다. 우수백(이억기)과 배 수사(배설)와 훈련용 화살을 쏘았다. 여러 장수도 모두 들어와 참여했다. 저녁에 본진으로 돌아왔다.

9일[17일, 신해] 맑았다. 박 조방장(박종남)과 훈련용 화살을 쏘았다.

10일[18일, 임자] 맑았다. 구화역 역자가 와서 보고하기를, "적선 3척이 또 역(구화역) 앞에 도착했다"고 했기에, "삼도의 중위장(성윤문·김완·이응표)에게 각각 5척의 배를 이끌고 견내량으로 달려가 상황을 자세히 살펴보고 무찔러 없애라觀勢勦滅"고 했다.

11일[19일, 계축] 맑았다. 우수사가 와서 만났다. 그대로 훈련용 화살을 쏘고, 내내 이야기하다가 돌아갔다. 정여흥이 들어왔다. 또한 변존서의 편지를 읽어보았다. "집으로 잘 돌아간 것"을 알았다. 기쁨을 가늠할 수 없었다.

12일[20일, 갑인] 맑았다. 「임금님께 보고하는 글에 대한 회답」 18통, 영의정領(류성룡)과 우의정右台(정탁)의 편지, 자임子任(이축)[71] 영공의 답장이 도착했다. 군량을 독촉할 일로 아병 양응원을 순천과 광양으로, 배승련裵承鍊을 광주와 나주로, 송의련宋義連은 흥양과 보성으로, 김충의金忠義는 구례와 곡성으로 정해 보냈다. 삼도 중위장인 성윤문과 김완, 이응표李應彪가 견내량에서 돌아와, "적이 물러갔다"고 보고했다. 배 수사(배설)는 밀포로 나갔다.

13일[21일, 을묘] 굳은비가 내렸다. 세 조방장(박종남·신호·권준)이 모두 왔

---

71 이축(1538~1614)은 조선 중기의 문신이다. 자가 자임이다. 이순신이 무과에서 급제했던 1576년 식년 문과에서 급제했다. 1589년 안악 군수로 재직 중 박충간·한준·한응인과 함께 정여립의 모역을 고변해 그 공로로 공조 참판에 임명되었다. 『난중일기』에는 이축과 급제 동기인 조팽년과 고상안도 등장한다.

다. 「임금님께 보고하는 글」[72]과 서장 4통을 봉해 거제의 군관이 올라가는 편에 부쳤다. 저녁에 고성 현령 조응도가 와서, "적의 일"을 말했다. 또 말하기를, "거제의 적이 웅천에 군사를 요청해 밤에 기습하려고 합니다"라고 했다. 비록 믿을 수 없었지만, 또한 그럴 염려도 없지 않았다. 대청을 완성했다.

14일[22일. 병진] 비가 잠시 내렸다. 아침에 흥양 현감(배흥립)이 임금님께서 내리신 교서에 숙배했다.

15일[23일. 정사][73] 흐렸다. 각 항목의 「임금님께 보고하는 글」과 단오 진상품[74]을 봉해 올렸다.

16일[24일. 무오] 큰비가 내내 내렸다. 비가 흠뻑 내렸다. 올해 농사가 대풍년일 점괘다.[75]

17일[25일. 기미] 맑았다. 동북풍이 크게 불었다. 식사를 한 뒤, 대청으로 나갔다. 세 조방장(박종남·신호·권준)과 훈련용 화살 15순을 쏘았다. 배 수사(배설)가 이곳에 도착했다가, 그대로 해평장海平場의 논밭을 가는 곳으로

---

72 「도망쳐 돌아온 사람들을 적극 배려해주실 것을 임금님께 청하는 장계」(『선조실록』 선조 28년 6월 14일)에 따르면 이날 4월 6일, 2월에 일본군에 투항했던 경상도 수군 윤업동 등 4명이 다시 도망쳐 돌아왔다고 한다.

73 성종의 원비, 공혜왕후 한씨의 제삿날이다.

74 단오 진상품은 부채였다. 각 지방에서 제작한 부채를 임금에게 진상하면, 임금은 그것을 관리나 시종 등에게 나누어주었다. 이를 단오선端午扇이라고 한다.

75 "대풍년"을 뜻하는 원문, "大有"는 본래 『주역』 64괘의 하나인 대유괘大有卦에서 온 말이다. 대유괘는 성대하고 풍요함을 상징한다. 또한 『춘추좌전』 선공宣公 16년에 "冬 大有年(겨울에 크게 풍년이 들었다)"와 같은 사례도 있다. 노인魯認(1566~1622)의 『금계일기』 1599년 4월 19일에는 "(명나라 복건성의) 관아 손님과 성안의 사람들이 모두 말하기를, '이 비는 때를 아는 좋은 비다. 올해는 풍년이겠다今年大有'라고 했다"는 기록도 있다. 이날 이순신의 예측과 관련해 1595년 6월 6일 일기에는 도양의 농사가 잘되고 있다는 이야기가 나온다. 실제로 1595년 농사는 류성룡의 『서애집(Ⅱ)』에도 "을미(1595년)"에 풍년이 들었다. 떠도는 백성이 태반은 고향에 돌아와 안집하게 되었다"는 기록이 나온다.

갔다. 미조항 첨사(성윤문)도 도착했다. 훈련용 화살을 쏘고 갔다.

18일[26일. 경신] 맑았다. 식사를 한 뒤, 나갔다. 대청에서 좌기했다. 우수사(이억기)와 배 수사(배설), 가리포 첨사(이응표)와 미조항 첨사(성윤문), 웅천 현감(이운룡)과 사도 첨사(김완), 이의득(경상 우후)과 발포 만호(황정록) 등의 관리와 삼도의 변방 장수_{邊將}들이 함께 와서 모여 활을 쏘았다. 권(권준)과 신(신호) 두 조방장도 함께 모였다.

19일[27일. 신유] 맑았다. 박 조방장(박종남)이 적을 수색·토벌하는 일로 배를 탔다. 아침에 청혼서와 사주단자76를 썼고, 더불어 조카 해의 혼례 비품을 구비했다. 이영남이 「임금님께 보고하는 글에 대한 회답」을 갖고 내려왔는데, "남해 현령(기효근)을 효시하라"고 했다.77

20일[28일. 임술] 맑았다. 늦게 우수백(이억기)에게 가서 조용히 이야기하고 돌아왔다. 이영남이 「임금님께 보고하는 글에 대한 회답」을 갖고 내려왔는데, "남해 현령을 효시하라"고 했다.

21일[29일. 계해] 맑았으나 큰 바람이 불었다. 대청으로 나갔다. 훈련용 화살 10순을 쏘았다.

22일[30일. 갑자] 맑았다. 오후에 미조항 첨사(성윤문)와 이운룡, 적량 만호 고여우와 영등 만호 조계종, 두 조방장이 함께 도착했기에, 정사준鄭思竣78

---

76 신랑 집에서 신부 집으로 보내는 청혼서와 사주단자를 『충무공유사』 원문처럼 "采文"이라고 한다.
77 『충무공유사』 속 일기 부분인 "이영남이 ~고 했다"는 『이충무공전서』의 일기에서는 다음 날인 4월 20일에 나온다.
78 정사준(1553~?)은 조선 중기의 무신이다. 1584년 무과 별시에 급제했다. 선전관과 훈련원 봉사를 거쳤다. 임진왜란이 일어나자 집안의 종을 이끌고 군량미 1000석을 갖고 이순신 막하에서 종군하면서 조총을 개발했다. 전쟁이 끝난 뒤인 1603년, 류형 등 이순신 막하 장수들과 함께 전라 좌수영에 이순신을 사모하는 타루비를 세웠다. 『난중일기』에 등장하는 정사립은 동생이다. 아들 정선도 이순신 막하에서 활약했다. 『동의록』(조정, 동의록중역간위원회, 1978)에 따르면, 1592년에는 모친상을 당했으나, 조정의 명으로 다시 관직에 들어갔다고 한다.

이 보낸 술과 고기를 함께 먹었다. "남해 현령(기효근)이 군령을 위반했기에 효시하라"는 문서를 읽어보았다.

23일[31일. 을축] 맑았다. 남풍이 크게 불었다. 배를 몰 수 없었다. 나갔다. 수루 위에 좌기했다. 공무를 처리했다.

24일[6월 1일. 병인] 맑았다. 아침 일찍 울과 뇌·완79을 '어머님의 생신상을 차리는 일'로 내보냈다. 낮 12시쯤에 강천석姜千石이 달려와 보고하기를, "도망친 왜인 망기시로望己時老가 잡초 속에 엎드려 있는 것을 붙잡았고, 왜인 하나는 물에 빠져 죽었다"고 했다. 곧바로 압송해오게 했다. 삼도에 나누어 소속시킨 항복한 왜인을 다 불러 모아놓고, 곧바로 망기시로의 머리를 베게 했다. 조금도 꺼리는 얼굴빛 없이 죽음을 받아들이니, 억세고 모진 놈이다.

25일[2일. 정묘] 맑았고 바람도 불지 않았다. 구화역 역자 득복得福이 경상우후(이의득)의 긴급 보고서를 갖고 왔다. "왜의 대·중·소 모두 50여 배가 웅천에서 나와 진해로 향해 갔다"고 했기에, "오수 등에게 정찰하고 살피라偵探"고 내보냈다. 흥양 현감(배흥립)이 와서 만났다. 사량 만호 이여념이 보고하고 돌아갔다. 아들 회, (조카) 해가 들어왔다. 들으니, 어머님께서 평안하셨다. 행복하다. 행복하다.

26일[3일. 무진] 맑았다. 새벽에 우수사(이억기)와 신 조방장(신호)이 소속 배 20여 배를 이끌고 돌아다니며 살피러 나갔다. 늦게 권 동지(권준)와 흥양 현감(배흥립), 사도 첨사(김완)와 여도 만호(김인영)와 훈련용 화살 20순을 쏘았다.

---

79 이완李莞(1579~1627)은 이순신의 맏형 이희신의 막내아들이다. 형제로는 형인 뇌와 분, 번이 있다. 임진왜란 때 이순신 막하에서 종군했고, 전쟁 후 무과에 급제했다. 충청병사 때 이괄의 난을 진압했다. 정묘호란 때 의주 부윤으로 청나라와 전투 중 전사했다. 윤휴의 『백호전서』「제장전」에 따르면, 노량해전에서 이순신이 전사할 때 곁에 있었다.

27일[4일, 기사]80 맑았고 바람도 불지 않았다. 몸이 불편했다. 권 동지(권준)와 미조항 첨사(성윤문), 영등 만호(조계종)가 왔다. 함께 활 10순을 쏘았다. 밤 12시에 우수사(이억기)가 수색·토벌하고 진으로 돌아왔다. "적의 흔적이 모두 없다"고 했다.

28일[5일, 경외] 맑았다. 식사를 한 뒤, 대청으로 나갔다. 공무를 처리했다. 우수백(이억기)과 경상 수백(배설)이 왔다. 훈련용 화살을 쏘았다. 송덕일宋德 —81이 하동 쉬(현감)를 잡아왔다.

29일[6일, 신미] 밤 2시부터 비가 내렸다. 아침 6시에 상쾌하게 맑아졌다. 해남 현감(최위지)82과 공례와 사례를 한 뒤, 하동 현감83이 다시 기일에 도착하지 않았기에 장 90에 처했고, 해남 쉬(현감 최위지)는 장 10대에 처했다. 미조항 첨사(성윤문)가 휴가를 보고했다. 세 조방장(박종남·신호·권준)과 같이 이야기했다. 노윤발이 미역 99동을 따왔다.

30일[7일, 임신] 맑았다. 훈련용 화살 10순을 쏘았다. 아침에 「원수(권율)가 임금님께 보고하는 글」과 「기와 이 두 사람의 범죄 사실 진술서」를 읽어보았더니, 원수(권율)가 근거 없이 헛되게 임금님께 보고한 일이 많았다. 반드시 부적절한 것에 대한 질책이 있어야 한다. 이런데도 원수 자리에 버티고

---

80 덕종의 왕비 소혜왕후의 제삿날이다.

81 "宋德一"은 "宋德馹"이다.

82 이 시기의 해남 현감은 최위지崔緯地다. 1594년 11월 현즙이 파직된 후 임명된 듯하다. 『선조실록』 선조 28년(1595) 12월 3일에 따르면, 사헌부의 건의로 파직되었다. 『쇄미록』 1596년 1월 22일에 따르면 최위지 대신 류형이 해남 현감에 임명되었던 듯하다. 정경운의 『고대일록』 1593년 11월 18일에는 "봉사 최위지"로 나온다. 조응록의 『죽계일기』 1595년 12월 3일에도 최위지가 파면되고, 12월 25일에는 류형이 해남 현감에 임명된 것으로 나온다.

83 하동 현감을 「편수회본」에서는 성천유로 보았으나, 이 시기에는 불확실하다. 1594년의 이순신 장계에는 하동 현감이었고, 1596년 일기에는 제포 만호로 나온다.

있을 수 있나. 이상하다.[84]

◎ 1595년 5월

5월 1일[양력 6월 8일, 계유] 큰 비바람이 불었다.

2일[9일, 갑술] 맑았다. 아침에 바람이 아주 사납게 불었다. 늦게 웅천 현감 (이운룡)과 거제 현령(안위), 영등 만호(조계종)와 옥포 만호(이담)가 와서 만났다. 밤 10시에 탐선이 들어왔는데, "어머님께서 평안하시다"고 했다. 또 "종사관(류공진)이 이미 본영(전라 좌수영)에 도착했다"고 했다.

3일[10일, 을해] 맑았다. 훈련용 화살 15순을 쏘았다. 해남 현감(최위지)이 와서 만났다. 금갑 만호(이정표)가 진에 도착했다.

4일[11일, 병자] 맑았다. 이날은 어머님의 생신이구나. 몸소 나아가 오래 사시라고 축하드리는 술잔도 올리지 못했다是日天只辰日也 身未進獻. 홀로 먼 바다에 앉아 있으니, 가슴에 품은 생각을 어찌 다 말하랴獨坐遠海 懷思可言. 늦게 훈련용 화살 15순을 쏘았다. 해남 현감(최위지)이 보고하고 돌아갔다. 아들의 편지를 읽었더니, "요동의 왕작덕王爵德이 왕씨王氏의 먼 후손인데, 군사를 일으키려고 한다"고 했다. 아주 기가 막힐 일이다.[85]

---

84 『선조실록』 1594~1595년 봄의 기록을 보면, 도원수 권율은 경상 우병사 김응서와 고니시 유키나가小西行長과의 강화협상 접촉을 묵인 혹은 적극 도왔다. 이에 따라 탄핵 언론이 일어났었다.

85 "아들의 편지를 읽었다. 즉 '요동의 왕작덕은 왕씨의 먼 후손인데 군사를 일으키려고 한다'고 했다. 아주 기가 막힐 일이다"는 『충무공유사』 속 일기인 1595년 11월 4일에는 "아들의 편지를 읽었다. 즉 '요동의 왕울덕王鬱德은 왕씨의 먼 후손인데 군사를 일으키고자 한다'고 했다. 아주 기가 막힐 일이구나"로 나온다. 5월 4일과 같다. 그런데 정경운의 『고대일록』 1595년 11월 17일에는 "건주보建州堡 왕자동王子侗이 말하기를 (…) 「결缺」 (…) 왕씨의 후예가 명나라 조정에 주문奏聞해 대거 쳐들어올 계획이라고 했기에, 명나라 황제가 우리나라에 칙서를 보내 변방을 수비하여 변란에 대비하게 했다"는 기록이 나온다. 또한 이수광의 『지봉유설』에도 비슷한 상황에 대한 이

5일[12일. 정축]86 비가 계속 내렸다. 저녁 6시에 잠깐 갰다. 훈련용 화살 3순을 쏘았다. 우수사(이억기)와 경상 수사(배설), 여러 장수가 합쳐 모였다. 오후 5시에 종사관 류공진柳拱辰87이 들어왔다. 이충일李忠一과 최대성崔大晟,88 신경황이 같이 도착했다. 몸이 추워 불편했다. 아프고 토하다가 잠들었다.

6일[13일. 무인] 맑았고 바람도 불지 않았다. 아침에 종사관(류공진)이 임금님께서 내리신 교서에 숙배한 뒤, 공례와 사례를 받고 함께 이야기했다. 늦게 훈련용 화살 20순을 쏘았다. 몸이 심하게 이상했고, 생각 또한 같지 않았다. 탄식이 났다.

7일[14일. 기묘] 맑았다. 아침에 종사관(류공진)과 우후(이몽구)와 함께 이야기했다.

기가 나온다. "지금의 건주위는, 즉 여진의 남은 후예들이다. 어떤 사람은 '전 왕조(고려) 왕씨의 후예가 오랑캐 우두머리가 되었다'고 한다." 이순신의 일기와 정경운, 이수광의 기록을 통해 보면, 당시 건주위 쪽의 여진족 오랑캐 우두머리 한 사람이 고려 왕족 출신으로 알려졌던 듯하다. 이 부분은 정경운의 일기를 보면, 『충무공유사』 속 일기인 1595년 11월 4일 부분이 타당한 듯하다. 『이충무공전서』 「을미년(1595년) 일기」를 편집하는 과정에서 11월 4일 부분을 5월 4일로 잘못 옮긴 듯하다. 박혜일도 논문(113쪽)에서 "동일한 기사 내용이 6개월 전에 기록되었을 리는 없다"면서 『충무공유사』의 날짜, 즉 11월 4일이 타당하다고 보았다. 이 부분은 1595년 11월 4일의 일기로 보아야 한다.

86 5월 5일은 조선시대 명절의 하나인 단옷날이다.

87 류공진(1547~1604)은 조선 중기의 문신이다. 1583년, 스승 이이·성혼의 무고를 변론하는 상소를 했다가 투옥되었다 풀려났다. 같은 해 문과 별시에서 급제했다. 1591년 이조 정랑이었으나, 정철과 같은 당파라는 이유로 경원에 유배당했다. 임진왜란으로 풀려나 예조 정랑에 임명되었다. 1593년 사은사의 서장관으로 명나라에 다녀왔다. 1594년 홍문관 응교, 1595년 남원 부사를 역임했다. 1596년, 사섬시 정에 임명되었다. 이 시기에는 잠시 이순신의 종사관으로 있었던 듯하다. 『선조실록』 선조 28년(1595) 11월 30일에는 남원 부사 류공진으로 나온다.

88 최대성(1553~1598)은 조선 중기의 무신이다. 1585년 무과에 급제했고, 임진왜란 때는 훈련원 정으로 이순신 막하에서 한후장으로 거제·옥포·한산·합포·당항포·웅포해전 등에서 공을 세웠다. 1597년 정유재란 때는 의병장으로 송희립의 형 송대립, 김덕린의 형 김덕방 등과 함께 활약했다. 1598년 보성 안치 전투에서 전사했다. 『임진장초』에서는 "崔大成"으로 나오기도 한다.

8일[15일, 경진] 흐렸으나 비는 내리지 않았다. 아침을 먹은 뒤, 배를 몰았다. 삼도가 같이 선인암仙人巖으로 돌아가 이야기하고 구경했다賞. 또한 훈련용 화살을 쏘았다. 이날, 방답 첨사(장린)가 들어왔다. 아들 등의 편지를 갖고 왔는데, "4일에 사내종 춘세春世가 불을 내 집 10여 채가 탔으나, 어머님께서 사시는 집에는 미치지 않았다"고 했다. 이는 행운이구나是則幸也. 해가 저물기 전에 배를 돌려 진으로 들어왔다. 종사관(류공진)과 우후(이몽구)는 모두 방회榜會[89] 때문에 뒤쳐졌다.

9일[16일, 신사] 맑았다. 아침을 먹은 뒤, 종사관(류공진)은 되돌아갔다. 우후(이몽구)도 같이 갔다. 훈련용 화살 20순을 쏘았다.

10일[17일, 임오][90] 맑았다. 훈련용 화살 20순을 쏘았다. 많이 명중했다. "종사관 등이 영(전라 좌수영)에 도착했다"고 했다.

11일[18일, 계미] 늦게 비가 부슬부슬 내렸다. 두치豆峙의 군량으로 남원·순창·옥과 등에서 합쳐서 68섬을 실어왔다.

12일[19일, 갑신] 궂은비가 쉬지 않았다. 저녁에 잠시 갰다. 나갔다. 대청에서 좌기했다. 공무를 처리했다. 권 동지(권준)와 신 조방장(신호)이 왔다.

13일[20일, 을유] 비가 퍼붓는 듯 내렸다. 내내 그치지 않았다. 홀로 대청 가운데 앉아 있었다. 가슴에 품은 생각이 만 갈래다獨坐廳中 懷思萬端. 배영수[91]를 불러 금을 타게 했다. 또 세 조방장(박종남·신호·권준)도 초청해 함께 이야기했다. 온종일 탐선을 기다렸다. 6일이 되도록 오지 않았다. 어머님께

---

89 "방회"는 과거에 합격한 무관의 모임이다.
90 태종의 제삿날이다. 『난중일기』 1597년 5월 10일에 따르면, 이날은 옛날부터 비가 내렸다고 했다. 이 비를 태종우라고 불렀다. 1593년·1595년·1596년 5월 10일은 맑았고, 1594년·1597년 5월 10일에는 비가 내렸다. 1595년 5월 11일에는 비가 내렸다.
91 배영수는 1595년 7월 8일 일기에서는 우수사의 군관으로 나온다. 「선무원종공신녹권」에서는 수문장으로 나오고, 선무원종공신 2등이다.

서 평안하신지 어떤지 알 수 없었다. 가슴 졸이며 걱정하는 것이 어찌 끝이 있으랴.

14일[21일, 병술]92 궂은비가 쉬지 않았다. 낮밤 내내 내렸다. 아침을 먹은 뒤, 나갔다. 대청에서 좌기했다. 사도 첨사(김완)가 와서 보고하기를, "흥양 현감(배흥립)이 받은 전선이 암초에 걸려 뒤집어졌다"고 했기에, 대장 최벽崔璧과 10호93 선장, 도훈도를 잡아다가 장을 쳤다. 권 동지(권준)가 왔다.

15일[22일, 정해] 궂은비가 계속 내렸다. 날이 개지 않았다. 눈앞도 분간할 수 없었다. 새벽에 꿈이 많이 어수선했다. 어머님께서 평안하신지 어떤지 소식을 듣지 못한 것이 이미 7일이다. 속만 탄다. 속만 탄다. 또한 해가 잘 갔는지 어떤지 알 수 없구나. 아침을 먹은 뒤, 나가 좌기했더니, 광양의 김두검金斗劍94이 복병할 때 순천과 광양 두 고을에서 삭료朔料95를 이중으로 받은 일로 수군에 복무하는 처벌을 받았는데도 검을 차지 않았다. 또한 활과 화살도 갖고 있지 않았다. 버릇없이 구는 일도 많았기에, 장 70에 처했다. 늦게 우수사(이억기)가 술을 지니고 왔다. 아주 많이 취해 돌아갔다.

16일[23일, 무자] 흐렸으나 비는 내리지 않았다. 아침에 탐선이 들어왔는데, "어머님은 평안하시나, 아내(상주 방씨)96는 불난 뒤에 마음을 크게 다쳐 가래가 끊어 숨이 차는 병痰喘이 또 더 심해졌다"고 했다. 걱정이다. 걱정이다. 처음으로 해 등이 간 것을 자세히 살필 수 있었다. 훈련용 화살 20순

---

92 문종의 제삿날이다.
93 10호는 『난중일기』에 기록된 전선 번호 중 가장 큰 번호다.
94 김두검은 김유동의 『朝鮮各道邑誌』에 따르면, 순천 출신으로 무과에 급제했다. 선조를 호종했다고 한다. 「선무원종공신녹권」에서는 주부로 나오고, 선무원종공신 2등이다. 「편수회본」에서는 김두검이 아니라 김두헌金斗憲의 오자로 보았으나, 근거는 알 수 없다.
95 "삭료"는 특수 관직이나 잡직·임시직 등에게 다달이 지급하는 급료다.
96 5월 8일 일기로 보면, 이순신의 아내 상주 방씨도 여수 고음천에 피란 와 있었던 듯하다.

을 쏘았다. 권 동지(권준)는 과녁 중앙을 잘 맞혔다.

17일[24일, 기축] 맑았다. 아침에 나갔다. 영(전라 좌수영)의 각 배의 사부와 격군, 급료를 받은 사람들을 점고했다. 늦게 훈련용 화살 20순을 쏘았다. 박(박종남)과 권(권준) 두 조방장은 과녁 중앙을 잘 맞혔다. 이날, 쇳물을 부어 소금가마솥鹽釜[97] 한 좌坐를 주조했다.

18일[25일, 경인] 맑았다. 아침에 충청 수사(선거이)가 진에 도착했다.[98] 결성結城 현감(손안국)과 보령保寧 현감, 서천舒川 만호(소희익)[99]만 이끌고 왔다. 충청 수사(선거이)가 임금님께서 내리신 교서에 숙배한 뒤, 세 조방장(박종남·신호·권준)과 같이 이야기했다. 저녁에 훈련용 화살 10순을 쏘았다. 거제 현령(안위)이 와서 만나고, 그대로 묵었다.

19일[26일, 신묘] 맑았다. 동풍이 차갑게 불었다. 아침을 먹은 뒤, 권(권준)·박(박종남)·신(신호) 세 조방장, 사도(김완)와 방답(장린)의 두 첨사와 훈련용

---

97 당시 염전에서 소금 구울 때 쓰는 가마솥에는 토분과 철분이 있었다. "소금 구울 가마솥을 주조했다"는 기록을 참조하자면, 이순신 진영은 쇠로 만들어진 솥을 사용해 소금을 제조한 것으로 볼 수 있다. 류성룡이 쓴 『請煮鹽販救飢民狀』(1593년 8월 10일)에 따르면, 류성룡은 군자감 부정 윤선민에게 소금 굽는 이익을 듣고 이를 시행하자고 건의했다. 윤선민은 소금 굽는 가마 1개로 하루에 소금 5섬을 얻을 수 있고, 굽는 사람에게 절반을 주고 나머지 절반을 전라도와 충청도에 팔아 곡식을 사서 서울의 백성을 구휼하고, 남는 것은 씨앗으로 사용하자고 주장했었다. 류성룡에 따르면 당시에는 바다에서 먼 지방의 경우 소금이 금처럼 귀했다고 한다. 『경국대전』에 따르면 수군의 각 진에서는 군 복무 중인 수군을 시켜 소금을 굽고, 해초(미역, 김 등)를 따서 관찰사에게 보고하고, 이를 흉년 때 구휼하는 데 사용케 했다.

98 『선조실록』 선조 28년(1595) 3월 5일에는 충청 수군이 바다에서 사고로 배에 탄 사람들이 거의 다 죽었다는 이야기가 나오고, 새 수사 선거이가 언급된다. 『난중일기』 1594년 3월 16일, 17일에는 배에서 불이 나 충청 수사 이계정이 사망한 이야기가 나온다. 이로 보면, 충청 수사 이계정이 사망한 뒤 선거이가 충청 수사에 새로 임명된 듯하다.

99 이순신의 「기한을 넘긴 여러 장수를 처벌해주실 것을 임금님께 청하는 장계請罪過期諸將狀」(1594년 4월 2일)에는 1594년 4월 서천포 만호가 소희익蘇希益으로 나온다. 소희익은 『선조실록』 선조 30년(1597) 12월 17일에는 의병장 소희익이 순천의 일본군 주둔지를 밤에 기습하고 타일러 남녀 286명을 되돌아오게 했고, 낙안에서도 127명을 되돌아오게 했다고 나온다.

화살 30순을 쏘았다. 선 수사宣水使(선거이)도 와서 같이 참여했다. 저녁에 소금가마솥 한 좌를 주조했다.

20일[27일, 임진] 비바람이 저녁에 불었다. 밤새 그치지 않았다. 아침을 먹은 뒤, 공무를 처리했다. 선 수사(선거이)와 권 조방장權助防將(권준)과 같이 박을 했다.

21일[28일, 계사] 흐렸다. 오늘은 반드시 영(전라 좌수영)에서 도착하는 사람이 있을 것이다. 그러나 지금은 어머님께서 평안하신지 어떤지 알 수 없다. 가슴 태우는 것이 어찌 끝이 있으랴. 사내종 옥이玉伊와 무재를 본영(전라 좌수영)으로 보냈다. 말린 전복鮑魚100과 반지 젓갈蘇魚醢,101 난편卵片(숭어를 말려 참기름에 바른 것)102을 어머님께 보냈다. 아침에 나갔다. 좌기했더니, 항

---

100 말린 전복은 전복포다. 부경대 해양문화연구소, 『조선전기 해양개척과 대마도』(국학자료원, 2007, 72~73쪽)에 따르면, 정약전은 『자산어보』에서 "전복의 살코기는 맛이 달고 진해서 날로 먹어도 좋고 익혀 먹어도 좋지만 말려서 포로 만들어 먹는 것이 가장 좋다"고 했다고 한다. 또한 전복포는 현재는 즐겨 먹는 음식이 아니지만, 당시에는 햇볕에 말린 것을 최상으로 쳤고, 진시황이 즐겨 먹을 정도로 강장음식으로 유명했다고 한다.

101 반지Setipinna taty는 기존의 번역본에서는 "숭어" "밴댕이" 혹은 한자 그대로 "蘇魚"라고 하기도 한다. 그러나 한일 어업사를 연구한 김수희 박사의 『근대의 멸치, 제국의 멸치』에 따르면, 반지와 밴댕이는 다른 물고기다. 이에 따르면, 『난호어목지』에서는 반지를 소어, 한글로는 '반당이'라고 했고, 『자산어보』에서는 해도어海魛魚 또는 소어, 반당어伴儻魚라고 했는데, 조선시대에 멸치와 같은 용도로 이용되어 귀천을 막론하고 소비가 많았다고 한다. 또한 『증보산림경제』에서는 탕과 구이 모두 맛이 있고 회로 먹으면 준치보다 더 낫다고 한다. 밴댕이는 청어과 밴댕이(Harengula zunasi BLEEKER)에 속하는 물고기로 멸치와 생김새가 비슷하다(김수희, 『근대의 멸치, 제국의 멸치』, 아카넷, 2015, 32~33쪽).

102 "卵片"의 용례를 『조선왕조실록』과 고전번역원 고전종합DB에서 찾아보면 거의 나타나지 않는다. "卵片"의 "片"은 『이충무공전서』로 편찬 과정에서 초서 글자 醢 혹은 鮓를 "片"으로 판독했을 가능성이 있다. 그럴 경우에는 "알젓"으로 볼 수 있다. 남평 조씨의 『병자일기』 1638년 1월 9일에는 "난해(알젓)", 1638년 2월 4일에는 "난젓(알젓)"이 나온다. 『세종실록』 세종 6년(1424) 8월 21일에는 "대구어란해大口魚卵醢", 『세조실록』 세조 14년(1468) 7월 10일에는 "석수어란해石首魚卵醢·망어란해芒漁卵醢", 『성종실록』 성종 9년(1478), 12월 21일에는 "생복어자生鰒魚鮓·석수어란자石首魚卵鮓·홍합자紅蛤鮓" 등이 나온다. 오희문의 『쇄미록』 1596년 1월 12일에는 "난해卵

복한 왜인 등이 와서 보고하기를, 그들의 동료인 왜인 산소山素가 사납고 이
치에 어긋난 일을 많이 저지른다며 "머리를 베어 죽여야 한다"고 했기에,
왜인으로 하여금 머리를 베게 했다. 훈련용 화살 20순을 쏘았다.

22일[29일, 갑오] 맑았고 화창했다. 권 동지(권준) 등과 훈련용 화살 20순을
쏘았다. 이수원이 서울로 올라가는 일로 들어왔다. 처음으로 어머님께서
평안하신 것을 알았다. 다행이다. 다행이다.

23일[30일, 을미] 맑았다. 세 조방장(박종남·신호·권준)과 훈련용 화살 15순
을 쏘았다.

24일[7월 1일, 병신]103 맑았다. 아침에 이수원이 「임금님께 보고하는 글」을
갖고 나갔다. 박 조방朴助防(조방장 박종남)으로 하여금 충청 수사인 선 수사
(선거이)와 훈련용 화살을 쏘게 했다. 소금가마솥을 주조했다.

25일[2일, 정유] 맑았다. 늦게 비가 내렸다. 경상 수사(배설)와 우수사(이억
기), 충청 수사(선거이)와 모여 같이 훈련용 화살 9순을 쏘았다. 충청 수백
(수사 선거이)이 술을 냈다. 아주 많이 취해 파했다. 배 수사(배설)에게 들으
니, "김응서(경상 우병사)가 대간臺諫104에게 거듭 탄핵당했고, 원수(권율)도
그 속에 들어 있다"고 했다.105

醢", 1598년 12월 29일에는 "대구알 2쪽大口卵二片"이 나온다. 하영휘 외 엮음, 『옛편지 낱말사
전』에서는 "어란魚卵"을 "참기름을 발라 말린 물고기 알"이라고 보았다. 『근대의 멸치, 제국의 멸
치』를 저술한 김수희 박사는 "숭어를 말려 참기름에 바른 것"이라고 한다.
103 태조의 제삿날이다.
104 대간은 관리 감찰의 임무를 맡은 사헌부의 대관臺官과 왕에 대한 간쟁諫諍의 임무를 맡은
사간원의 간관諫官을 합쳐 부르는 명칭이다.
105 김응서와 권율을 사헌부와 사간원 등에서 탄핵하는 모습은 『선조실록』 1595년 4월 25일부
터 5월 11일까지 빈번히 나온다. 경상 우병사 김응서는 조정의 허락도 없이 임의로 일본군과 접
촉해 강화를 의논했다는 이유로, 도원수 권율은 김응서의 행동을 조정에 보고하면서도 상관으
로서 김응서를 통제하지 못했다는 이유로 김응서와 같이 탄핵 대상이 되었다.

26일[3일. 무술] 늦게 맑았다. 홀로 대청에 앉아 있었다. 충청 수사(선거이)와 세 조방장(박종남·신호·권준)과 내내 이야기했다. 저녁에 현덕린이 들어왔다.

27일[4일. 기해] 맑았다. 훈련용 화살 10순을 쏘았다. 선 수사(선거이)와 두 조방장이 취해서 돌아갔다. 정철丁哲[106]이 서울에서 내려와 진에 도착했다. 「임금님께 보고하는 글에 대한 회답」에는, "김응서가 함부로 강화를 말한 죄에 대한 말"이 많이 있었다.[107] 영의정(류성룡)과 좌의정(김응남)[108]의 편지가 왔다.

28일[5일. 경자] 저녁까지 흐렸고, 저녁에는 비가 많이 내렸다. 밤새 큰 바람이 불었다. 전선을 안정시킬 수 없었다. 간신히 보호했다. 식사를 한 뒤, 선 수사(선거이)와 세 조방장(박종남·신호·권준)과 이야기했다.

29일[6일. 신축][109] 비바람이 그치지 않았다. 내내 퍼부었다. 사직社稷의 위

---

106 정철(1555~1595)은 순천 출신의 조선 중기 무신이다. 1585년에 무과에 급제했고, 1592년 임진왜란 때는 이순신의 휘하에서 우위장으로, 순천 부사 김언공과 함께 진주 제석당 산성에 주둔하여 일본군과 싸웠다. 그 공로로 이순신의 추천을 받아 초계 군수에 임명되었다. 이순신의 어머니가 여수 고음천으로 피란왔을 때, 정철이 방을 빌려주었다. 김유동의 『朝鮮各道邑誌』에 따르면, 송희립 등과 당포에 나아가 적선을 공격해 머리 7급, 배 2척을 노획, 이로 인해 초계 군수에 임명되었고, 부산 전투에서 총탄에 맞아 순절했다고 한다.

107 『보성선씨 오세 충의록』(보성선씨재경종친회, 문운당, 1970)에 실린 「병사공사적」에 따르면, 1595년 7월 정철이 서울에서 편지 회답을 가지고 진영에 돌아왔는데, 그 내용에 김응서가 일본군과 강화를 하려는 일이 있었다고 한다. 이때 선거이가 통제사 이순신에게 말하기를, "송나라 말기에 이름 있는 사람이 많았으나, '화和(강화)' 자 한 글자로 천고에 어리석은 일을 저질러 역사상 큰 오점을 남기고 지금까지 전해오도록 뜻있는 사람들의 빈축을 자아내는데, 방금 또 이런 어리석은 일을 하고자 하니 나랏일이 어찌 한심치 않으리요" 하고 탄식했는데, 이순신 또한 같이 개탄했다는 내용이 나온다.

108 김응남金應南(1546~1598)은 조선 중기의 문신이다. 1568년에 문과 증광시에서 급제했다. 선조를 호종했고, 1594년 우의정, 1595년 좌의정에 임명되었다. 1597년 정유재란 때에는 안무사로 영남에 내려가 풍기에서 병을 얻어 서울에 돌아온 뒤 관직을 사퇴했다.

109 이순신 장모의 제삿날이다.

엄 있는 신령威靈에 힘입어 하잘것없는 공로를 세웠는데도, 총애와 영광이 넘치고 넘쳐 분수를 뛰어넘었다. 몸은 장수將閫의 신분이나 티끌涓埃만 한 공로가 없는데도, 입으로는 임금께서 내리신 교서를 외워 떠들고 있으니, 얼굴에는 부하 장졸들 보기가 부끄러움만 가득할 뿐이다仗社稷威靈 粗立薄效 寵榮超躐 有踰涯分. 身居將閫 功無補於涓埃 口誦教書 面有慚於軍旅.[110]

◎ 1595년 6월

6월 1일[양력 7월 7일. 임인] 늦게 맑아졌다. 권(권준)·박(박종남)·신(신호) 세 조방장과 웅천 현감(이운룡), 거제 현령(안위)과 훈련용 화살 15순을 쏘았다. 선 수사(선거이)는 이질痢[111]에 걸려 쏘지 않았다. 근무 기한이 만료된 영리를 대신해 새로 업무를 담당할 영리가 들어왔다.

2일[8일. 계묘] 내내 가랑비가 내렸다. 식사한 뒤, 대청에서 공무를 처리했다. 한비韓菲가 돌아갔다. 어머님께 편지를 썼다. 영리 강기경과 조춘종趙春種, 김경희金景禧와 신홍언申弘彦은 모두 임무 기간이 만료되어 교체되었다. 오후에 가덕 첨사와 천성 만호, 평산포 만호(김축)와 적량 만호(고여우) 등의 관리가 와서 만났다. 천성 만호 윤홍년이 와서, "청주 이계李繼의 편지와 서숙庶叔(서출 숙부)[112]의 편지"를 전했는데, "김개金介가 지난 3월에 세상을 떴

---

110 1593년 9월 15일 일기 이후의 메모와 같은 내용이다.
111 신동원이 쓴 『조선의약생활사』(들녘, 2014)에 따르면, 조선시대 사람들은 역병으로 가장 많이 죽었다고 한다. 16세기 인물인 이문건의 『묵재일기』에서 정리한 통계에 따르면, 일기 속 사망자 129건 중 33건이 전염병인 역병疫病, 16건이 천연두, 이질痢疾과 종기가 각각 12건으로 나타났다고 한다. 오희문의 『쇄미록』 1593년 7월 2일자에는 이질 치료법이 나오는데, 백오계白烏鷄(털이 희지만 뼈는 검은 닭. 흰색 오골계)를 약으로 쓰려고 했으나, 구하지 못해 대신 황계黃鷄를 구했다는 이야기가 나온다.
112 서숙은 할아버지의 서자庶子인 숙부叔父다.

다"고 했다. 비참하고 슬픈 마음을 이길 수 없었다. 해 질 무렵 권언경(권준) 영공이 와서 이야기했다.

3일[9일. 갑진] 흐렸으나 비는 내리지 않았다. 식사를 한 뒤, 나가 좌기했다. 각 곳에 보고하는 공문報狀, 제송공문을 작성했다. 늦게 가리 첨사(이응표) 와 남도포 만호(강응표)가 왔다. 권(권준)·신(신호) 두 조방장과 방답 첨사(장린), 사도 첨사(김완)와 여도 만호(김인영), 녹도 만호(송여종)가 훈련용 화살 15순을 쏘았다. 아침에 남해 현령(기효근)이 긴급히 보고하기를, "해평군海 平君 윤두수[113]가 남해에서 본영으로 건너간다"고 했다. 그 이유는 알 수 없었다. 곧바로 배를 정돈해 현덕린을 영(전라 좌수영)으로 보냈다. 사량 만호 (이여념)가 와서 보고하기를, "군량이 끊겼다" 했다. 그대로 보고하고 돌아갔다.

4일[10일. 을사] 맑았다. 진주의 서생書生 김선명金善鳴이라는 사람이 군량을 지원하는 역할을 담당하는 책임자를 하겠다고 이곳에 도착했다. 보인 안 득安得이라고 불리는 사람이 이끌고 왔다. 그의 말을 듣고 사실인지 자세히 살폈더니, 그럴 이유를 보증하기 어려웠다. 잠시 그 행동을 자세히 살펴보고, 공문을 작성해주었다. 세 조방장(박종남·신호·권준)과 사도 첨사(김완),

---

113 『이충무공전서』에만 있는 일기인 이 「을미년(1595년) 일기」 속의 "해평군 윤두수"는 착오가 있다. 해평군은 윤두수의 작호爵號가 아니라 윤근수의 작호다. 윤두수는 "해원부원군海原府院 君"이다. 1595년 10월 3일 일기에서도 "해평군 윤근수"가 나온다. 『고대일록』 1595년 4월 27일에도 "해평부원군 윤근수가 심유경의 일을 살펴보기 위해 군에 왔다"는 내용이 나온다. 『이충무공전서』 편찬 당시에 "해원군"을 "해평군"으로 오기했거나, "윤근수"를 "윤두수"로 오기한 것이다. 윤두수는 1594년 8월 6일 좌의정 겸 삼도체찰사에 임명되어 남쪽 지방에 있었고, 윤근수도 1595년에는 명나라 장수 접대 임무로 영남 지역에 머물러 있었다. 윤두수인지 윤근수인지 명확치 않다. 다만 남해에서 온다는 일기 내용으로 보면 "해평군 윤근수"로 추정된다. 해원군 윤두수는 당시 전주에 설치되었던 무군사에서 활약했기 때문이다. 윤두수와 윤근수는 형제이고, 원균과는 인척관계로 원균을 비호했다.

방답 첨사(장린)와 여도 만호, 녹도 만호(송여종)가 훈련용 화살 15순을 쏘았다. 탐선이 오지 않았다. 어머님께서 평안하신지 어떤지 알 수 없었다. 가슴 태우며 흐느껴 울었다. 가슴 태우며 흐느껴 울었다悶泣悶泣.

5일[11일. 병오] 맑았다. 이 조방장114 등과 같이 아침을 먹었는데, 박자윤(박종남)은 병으로 인해 오지 못했다. 늦게 우수사(이억기)와 웅천 현감(이운룡), 거제 현령(안위)이 왔다. 내내 같이 이야기했다. 낮 12시쯤부터 비가 내렸다. 훈련용 화살을 쏠 수 없었다. 나는 몸이 아주 불편했다. 저녁을 먹지 않았다. 내내 고통스러웠다. 사내종 경이 들어왔다. 그로 인해 어머님께서 평안하신지 자세히 살필 수 있었다. 다행이다. 다행이다.

6일[12일. 정미] 비가 내내 내렸다. 몸이 아주 불편했다. 송희립이 들어왔다. 그로 인해 들으니, "도양장道陽場의 농사짓는 땅의 형편은 흥양 현감(배흥립)이 그의 마음과 힘을 다했기에 추수115가 잘될 것을 많이 기대할 수 있다"고 했다. "계원繼援(군량을 모아 지원하는 역할을 담당하는 책임자) 임영林英 또한 그의 힘을 다하고 있다"고 했다. 정항鄭沆(진해 현감)116이 이곳에 도착했으나, 나는 몸이 불편했다. 내내 은근히 아팠다.

7일[13일. 무신] 비가 내내 계속 내렸다. 몸이 아주 불편했다. 끙끙거리며

114 『이충무공전서』의 "이 조방장李助防將"은 누구인지 알 수 없다. 이 일기 전후에 등장하는 조방장으로는 박종남, 신호, 권준이 있다. '李'는 『이충무공전서』를 편찬할 때 오기한 듯하다.
115 "추수"의 원문 "西成"은 『서경』 「요전」에 나오는 "寅餞納日 平秩西成(해가 지는 것을 공손히 전송하듯 해 추수 시기를 어김없게 한다)"에서 유래했다.
116 정항(1569~?)은 조선 중기의 무신이다. 1591년 무과 별시에서 급제했다. 이순신의 「당항포에서 왜적을 처부순 일을 임금님께 보고하는 장계唐項浦破倭兵狀」(1594년 3월 10일)에는 "우유격장右遊擊將 진해 현감 정항", 『난중일기』 1595년 7월 20일에는 "전 진해(진해 현감) 정항", 8월 14일에는 "진해 정항"으로 나온다. 1613년, 이이첨과 정인홍 등이 인목 대비의 아버지인 김제남을 역모 사건으로 엮어 일어난 계축화옥 때, 강화 부사였던 정항은 이이첨의 사주를 받아 영창 대군을 살해했다.

앉았다 누웠다 했다.

8일[14일, 기유] 비가 내렸다. 몸이 조금 편안해진 듯했다. 늦게 세 조방장 (박종남·신호·권준)이 와서 만났다. 전하기를, "곤양 군수(이광악)가 집안 어른이 돌아가셔서[117] 급히 집으로 돌아갔다"고 했다. 한숨이 났다. 한숨이 났다.

9일[15일, 경술][118] 맑았다. 몸이 아직도 불편했다. 가슴만 탔다. 가슴만 탔다. 신 조방장(신호)과 사도 첨사(김완), 방답 첨사(장린)가 편을 나누어 훈련용 화살을 쏘았다. 신(조방장 신호) 편이 이겼다. 저녁에 원수(권율)의 군관 이희삼李希參[119]이 임금님의 유지를 갖고 이곳에 도착했는데, 조형도가 「임금님께 모함해 보고하는 글謹啓」을 올렸기 때문이다. "수군 한 명에 매일 양식은 5홉씩, 물은 7홉을 준다"고 했다.[120] 사람 일이 기가 막힌다. 기가

---

117 "집안 어른이 돌아가셨다外憂"는 조선시대에는 부친상 혹은 모친상으로 혼용되었다. 여기에서는 "집안 어른이 돌아가셨다"고 번역했다. 김장생金長生과 기대승奇大升이 모친상을 내우內憂, 부친상을 외우外憂라고 표현한 것에 반해, 『포은집圃隱集』과 정철鄭澈은 모친상을 외우, 부친상을 내우라고 표현했다.

118 이순신의 동생 이우신(여필)의 생일이다.

119 이희삼(?~1635)은 『선조실록』 선조 25년(1592) 6월 26일 기록에 따르면, 선조가 의주에 있을 때 의주 출신이었던 이희삼을 의금부 도사로 삼았다고 한다. 선조 38년(1605) 9월 24일 기록에는 당포 만호로 나온다. 1604년 6월 14일, 당포 전투를 그린 「당포전양승첩도」에도 당포 만호로 출전한 기록이 나온다. 『승정원일기』 인조 13년(1635) 1월 15일 기록에는 "가배량 만호 이희삼이 하직했다"는 기록도 나온다.

120 이날 일기와 관련한 내용이 『선조실록』 선조 28년(1595) 5월 19일에 나온다. 비변사 낭청郎廳 조형도가 영남을 다녀와 한산도에서 수군 상태를 보고하면서 이순신을 비판했다. 조형도는 수군 격군들에게 하루에 쌀 5홉과 물 7홉을 주고 있고, 군사들이 병들면 물에 밀어넣고, 굶주리면 산기슭에 버려 한산도 온 지역이 귀신 동네와 같은 상태다. 또 섬 안에 샘이 많지 않고 진영과 멀리 떨어져 물 긷기가 불편해 마음대로 쓰지 못해 얼굴을 씻거나 빨래도 하지 못해 더러운 상태라 서캐가 물고 역질이 생겨 죽는 것이라며, 이는 주장(이순신)이 군사를 돌보지 않고 동고동락하는 의리를 모르는 행동이라고 했다. 조형도의 보고와 유사한 내용이 『선조실록』 선조 28년(1595) 3월 21일에도 나온다. 정원政院(승정원)에서 통제사에게 사망자의 시신을 수습해 의총義塚을 만들고 특별히 제사를 지내게 하자고 건의하며 보고한 내용이다. 한산도 수군 군사들이 오랫동안

막힌다. 하늘과 땅에서 어찌 이처럼 있지도 않은 일을 쉽게 꾸미며 속일 수 있는가天地安有如是誣罔事乎. 어두울 무렵 탐선이 들어왔는데, "어머님께서 이 질痢患에 걸리셨다"고 했다. 가슴 태우며 흐느껴 울었다. 가슴 태우며 흐느껴 울었다.

10일[16일. 신해] 맑았다. 새벽에 탐선을 본영(전라 좌수영)으로 내보냈다. 늦게 세 조방장(박종남·신호·권준)과 충청(수사 선거이), 경상 수사(배설)가 와서 만났다. 광주의 군량 39섬을 받아들였다.

11일[17일. 임자] 가랑비가 내렸다. 큰 바람이 불었다. 아침에 원수(권율)의 군관 이희삼이 되돌아갔다. 저녁에 나가 좌기했다. 광주의 군량을 훔쳐간 도둑을 잡아 가두었다.

12일[18일. 계축] 가랑비와 바람이 불었다. 새벽에 울이 들어왔다. 그로 인해 들으니, 어머님의 병환이 조금 덜해지셨다. 그러나 아흔(실제는 80세)[121]이신데, 이처럼 위험한 병(이질)을 얻으셨다. 염려가 되어 또 흐느껴 울었다.

13일[19일. 갑인] 흐렸다. 새벽에, "경상 수사 배설을 잡아오라는 명령이 이미 내려졌고, 그를 대신해 권준이 임명되었으며, 남해 현령 기효근은 그대로 유임되었다"고 했다.[122] 기가 막힐 일이다. 늦게 배 수사(배설)에게 가서

배 위에서 생활하며 몇 년씩 집으로 돌아가지 못해 육군보다 고생이 심해 도망치려는 사람이 많고, 샘물이 부족해 바닷물을 마시고 있으며, 군량이 부족해 하루에 1되도 먹지 못하며, 안개와 습기 등으로 질병에 잘 걸리고 전염되어 죽은 사람이 많다고 했다. 류성룡의 「措置防守事宜啓」(1595)에도 한산도를 다녀온 선전관이 전하는 소식에 수군 격군이 오래 굶주려 사람의 얼굴색이 아니며, 장차 1~2개월이 지나지 않아 다 죽을 것이고, 작년(1593)에 죽은 군사들의 해골이 해변에 쌓여 있다며 긴급히 1000~2000섬을 구해 보내야 한다는 내용이 나온다.

121 어머니 연세를 90세라고 했는데, 1월 1일 일기에는 80세로 나온다. 『이충무공전서』 편찬 당시 80세를 90세로 오기한 듯하다. 이순신이 체찰사 이원익에게 보낸 편지에도 81세가 언급되는 것으로 보아 80세가 맞는 듯하다.

122 배설이 잡혀간 것은 『선조실록』 선조 28년(1595) 7월 14일 기록에 따르면, 도원수 권율의 명

만나고 돌아왔다. 어두울 무렵 탐선이 들어왔다. "금오리金吾吏(의금부 관리)가 이미 영(전라 좌수영)에 도착해 있다"고 했다. 또한 별좌別坐(이숙도)[123]의 편지를 보았더니, "어머님께서 점차 나아지고 있다"고 했다. 행복하다. 행복하다.

14일[20일. 을묘] 새벽에 큰비가 내렸다. 사도 첨사(김완)가 활쏘기를 청했다. 우수사(이억기)와 여러 장수가 다 모였는데, 늦게야 날씨가 맑아졌다. 훈련용 화살 12순을 쏘았다. 저녁에 금오리(의금부 관리)가 배 수사(배설)를 잡아갈 일로 들어왔다. 권 수사權水使(권준)에게는 제조사除朝辭[124] 공문과 유서諭書[125]·밀부密符[126]도 왔다.

15일[21일. 병진][127] 맑았다. 새벽에 망궐례를 했다. 식사를 한 뒤, 포구로 나갔다. 배설을 이별해 보냈다. 마음이 불편했다. 아들 울이 되돌아갔다. 오후에 신 조방장(신호)과 훈련용 화살 10순을 쏘았다.

16일[22일. 정사] 맑았다. 나가 좌기했다. 공무를 처리했다. 순천 7호 선장

령을 위반했기 때문으로 보인다.
123　별좌는 종5품 관리다. 1594년 2월 7일 일기의 홍군우와 이숙도로 보면, 별좌는 이숙도다.
124　제조사는 지방관의 임지 부임을 재촉하기 위해 왕에게 직접 올리는 숙배를 특별히 면제해주는 것이다. 그 경우 해당 고을에 도착하면, 전패殿牌에 망사례望謝禮를 해야 한다. 망사례는 대궐을 향해 감사 인사를 올리는 것이다. 본래 수령에 임명되면, 서울 궁궐에 들어가 임금에게 인사를 올리고, 수령 7사事를 외워 말해야 했다. "농업과 잠업을 번성하게 하고, 호구戶口를 늘리고, 학교를 많이 설치하고, 군정軍政을 잘 훈련케 하고, 부역을 공평하게 하며, 소송을 신속히 처리하고, 미풍양속을 잘 지키게 하는 것이다. 이를 잘 외우지 못하면, 태 50에 처했다.
125　유서는 교서처럼 개인이나 대중에게 내리는 문서다. 개인에게 내리는 것은 군사권을 가진 각 도의 관찰사·절도사·방어사와 개성 유수나 강화 유수의 관직에 임명할 때 군사를 움직일 수 있게 하는 명령서 혹은 군사 동원을 지시할 때 사용하는 신표다. 유서는 밀부와 함께 지급했다. 대중에게 포고하는 내용의 유서는 실제로는 윤음과 유사하다.
126　밀부는 병란兵亂이 일어나면 즉시 군사를 동원할 수 있도록 내리던 비밀 신표인 병부다. 유수·감사·병사·수사·방어사 등에게 주었다.
127　조선시대 명절의 하나인 유두절이다.

장일張溢이 군량을 훔치다가 적발되었기에 처벌했다. 오후에 두 조방장(박종남·신호)과 미조항 첨사(성윤문) 등의 관리들과 훈련용 화살 7순을 쏘았다.

17일[23일, 무오] 맑았다. 큰 바람이 내내 불었다. 경상 수사(권준)와 충청 수사(선거이), 두 조방장(박종남·신호)과 함께 훈련용 화살을 쏘았다.

18일[24일, 기미] 비가 내리거나 이따금 맑거나 했다. 진주의 유생 류기룡柳起龍과 하응문河應文[128]이 군량을 모아 지원하는 담당繼餉을 지원했다. 쌀 5섬을 받아갔다. 늦게 박 조방장(박종남)과 훈련용 화살 15순을 쏘고 파했다.

19일[25일, 경신] 비가 계속 내렸다. 홀로 수루에 앉았다가 잠든 사이에 아들 면과 윤덕종尹德種의 아들인 운로雲輅가 같이 도착했다. 그로 인해 어머님의 편지를 읽었다. 자세히 살펴보니, 병환이 빠르게 좋아지고 계셨다. 아주 기뻤고 끝없이 행복하다. 신홍헌 등이 들어왔다. 보리 76섬을 바쳤다.

20일[26일, 신유][129] 맑았다 비가 내리다 했다. 내내 수루에 앉아 있었다. 들으니, "충청 수사(선거이)가 말하는 것이 불분명하다"고 했다. 저녁 때 직접 가서 보았더니, 심하지는 않았으나 바람과 습기에 많이 상해 있었다. 걱정이다. 걱정이다.

21일[27일, 임술] 맑았다. 아주 뜨거웠다. 식사를 한 뒤, 나가 좌기했다. 공무를 처리했다. 신홍헌이 되돌아갔다. 거제 현령(안위)도 왔다. 경상 수사(권준)가 보고하기를, "평산포 만호(김축)의 병이 아주 심하다"고 했기에, 내보낼 일에 대한 문서를 써 보냈다.

---

128 하응문은 진주 유생으로 이순신에게 군량을 모아 공급했다. 동생 하응구河應龜도 하응문과 함께했다. 『난중일기』에는 하응구도 나온다. 하응문과 하응구의 형은 선조 때 문신인 하응도河應圖다.

129 1593년 6월 20일 일기에는 "제삿날이라 내내 홀로 앉아 있었다"고 나온다. 누구의 제삿날인지는 알 수 없다.

22일[28일, 계해] 맑았다. 할머님의 제삿날이라 좌기하지 않았다. 경상 수사(권준)가 와서 만났다.

23일[29일, 갑자] 맑았다. 두 조방장(박종남·신호)과 훈련용 화살을 쏘았다. 저녁에 배영수가 되돌아갔다.

24일[30일, 을축] 맑았다. 우도의 각 고을과 포 소속 전선의 부정을 조사했다. 음란한 여자 12(명)을 붙잡았고, 더불어 그 배 대장[130]의 죄를 따졌다. 늦게 침을 맞았다. 훈련용 화살을 쏘지 않았다. 허주와 조카 해가 들어왔다. 전투용 말도 왔다. 기성백奇誠伯의 아들 징헌澄憲이 그의 서숙(서출 숙부) 경충景忠과 왔다.

25일[31일, 병인] 맑았다. 원수(권율)의 공문이 들어왔는데, "세 위장을 세 개 부대[131]로 나누어 뽑아 보내라"고 했다. 그런데 "고니시 유키나가[132]가 일본에서 왔고, 강화가 이미 정해졌다"고 했다. 저녁에 박 조방장(박종남)과 같이 충청 수사(선거이)에게 갔다. 그의 병세를 보았는데, 이상한 일이 많이 있었다.

26일[8월 1일, 정묘] 맑았다. 식사를 한 뒤, 나아가 좌기했다. 훈련용 화살 15순을 쏘았다. 경상 수사(권준)가 와서 만났다. "오늘은 곧 언경(권준) 영공의 생일"이라고 했기에, 국수[133]를 만들었다. 아주 많이 취했다. 금 소리도

---

130 대장은 대를 통솔하는 기능직 무관으로 종8품이다. 1대는 25명이다.
131 "부대"의 원문은 "運"이다.
132 고니시 유키나가(?~1600)는 일본의 장수다. 도요토미 히데요시가 일본을 통일할 때 활약했다. 임진왜란 때 일본군 선봉으로 약 1만8000명을 이끌고 4월 13일 대마도에서 700여 척의 배를 타고 건너와 부산에 상륙했다. 서울을 거쳐 평양까지 함락시켰으나, 조명 연합군에 의해 패배하고 후퇴했다. 명나라와 강화 협상을 주도했다. 정유재란 때 재침했다가 순천에서 패배했고, 노량해전에서 간신히 살아 돌아갔다. 귀국 후 도쿠가와 이에야스에 대항했다가 세키가하라 전투에서 패해 처형당했다.
133 국수의 원문은 "麵"이다. 『쇄미록』 1595년 5월 14일에는 "메밀木末 2되로 국수麵를 만들었

들고, 적도 불었다. 해 질 무렵 파했다.

27일[2일. 무진] 맑았다. 허주와 조카 해, 기와 운로 등[134]이 되돌아갔다. 나와 신 조방장(신호), 거제 현령(안위)은 훈련용 화살 10순을 쏘았다.

28일[3일. 기사] 맑았다. 나라 제삿날[135]이라 좌기하지 않았다.

29일[4일. 경오] 맑았다. 일찍 대청으로 나갔다. 우수사(이억기)가 왔다. 훈련용 화살 10여 순을 쏘았다.

30일[5일. 신미] 맑았다. 문어공文語恭이 생마生麻[136]를 사올 일로 나갔다. 이상록도 돌아갔다. 늦게 거제 현령(안위)과 영등 만호(조계종)가 와서 만났다. 방답 첨사(장린)와 녹도 만호(송여종), 신 조방장(신호)이 훈련용 화살 15순을 쏘았다.

다", 『묵재일기』 1545년 12월 25일에는 목맥면木麥麵(메밀국수), 1551년 7월 9일에는 "보리국수麥麵"가 나온다. 김종의 『임진일록』 1592년 7월 9일에는 "주인이 보리국수麥麵를 많이 장만해 올렸다"는 기록이 나온다. 조선 후기 실학자 조재삼의 『송남잡지』에 따르면, "지금 민간에서 전하는 말에 밀가루를 누룩에 넣으면 술의 맛이 없기 때문에 밀가루를 '국수麴讐'라고 한다고 하지만, 메밀을 두고 하는 말이지, 진맥眞麥(참밀)을 말하는 것이 아니다. 평양냉면 이전에는 나주면羅州麵이 이름을 떨쳤다고 한다"라고 국수를 설명했다. 이 시기 국수의 주재료는 밀가루가 아니라 메밀·녹말가루였고, 밀가루는 대부분 부재료로 썼다. 17세기 인물인 안동 장씨의 『음식디미방』에서도 메밀과 녹말이 국수의 주재료였다. 허균의 『도문대작』에서도 국수 재료는 메밀가루였고, 『산림경제』에서는 칡뿌리 녹말가루, 『주방문』에서는 녹두가루가 주재료였다. 특히 밀가루는 생산량이 적어 중국 화북華北에서 수입했기에 고가여서 보편화되지 않았다(김상보, 『우리음식문화 이야기』, 북마루지, 2013, 54~57쪽; 안동 장씨, 『음식디미방 주해』, 백두현 역주, 글누림, 2006, 30~31쪽 참조).

134 "기와 운로 등"을 '기운로 등奇雲輅等'으로 볼 수 있다. 그러나 6월 19일의 '윤덕종의 아들 운로', 6월 24일의 '기성백의 아들 징헌이 그의 서숙(서출 숙부) 경충'을 참조하면, "기(기징헌과 기경충)와 운로 등"으로 볼 수 있다. 또한 '奇雲輅'는 '尹雲輅'의 오기로도 볼 수 있다. 『이충무공전서』에만 나오는 일기이기에 「친필본」에서는 확인할 수 없다.

135 명종의 제삿날이다.

136 생마는 상복喪服·종이·신발의 한 종류인 미투리, 그물의 재료로 사용되었다. 영조 때 동지중추부사를 역임한 송규빈(1696~1778)의 『풍천유향』에 따르면, 산마山麻는 전선의 닻줄로 사용했다.

◎ 1595년 7월

7월 1일[양력 8월 6일, 임신] 비가 잠시 내렸다. 인묘(인종 임금)에 대한 나라 제 삿날이라 좌기하지 않았다. 홀로 수루에 기대앉아 있었다. 내일은 바로 아버님의 생신날이다. 슬픔과 그리운 마음에 나도 모르게 눈물이 주르르 흘러내렸다. 또 나라의 형편을 생각하니, 아침 이슬처럼 위태롭다. 조정에는 전쟁의 승패를 결정지을 수 있는 책략을 지닌 기둥과 들보 같은 사람이 없고, 초야에는 나라를 바로 세울 수 있도록 보좌할 만한 주춧돌 같은 사람이 없다念國勢危如朝露 內無決策之棟樑 外無匡國之柱石.[137] 종묘사직이 끝내 어찌 될지 알지 못하겠다. 마음이 괴롭고 어지러웠다. 내내 엎치락뒤치락했다心思煩亂 終日反側.

2일[7일, 계유] 맑았다. 이날은 곧, 돌아가신 아버님의 생신날이다. 마음이 편안하지 않았다. 사무치게 그리운 마음을 어찌하랴心事不平 懷戀如何. 슬픔과 그리움에 나도 모르게 눈물이 주르르 흘러내렸다悲戀懷想 不覺涕下. 늦게 훈련용 화살 10순을 쏘았다. 또 철전 5순, 편전 3순을 쏘았다.

3일[8일, 갑술] 맑았다. 아침에 충청 수사(선거이)에게 갔다. 병 상태를 물었더니, "크게 덜해졌다"고 했다. 늦게 경상 수사(권준)가 이곳에 도착했다. 서로 이야기한 뒤, 훈련용 화살 10순을 쏘았다. 밤 10시에 탐선이 들어왔는데, "어머님은 평안하시나 입맛이 없으시다"고 했다. 가슴이 지독히 탔다. 가슴이 지독히 탔다.

4일[9일, 을해] 맑았다. 나주 판관(어운급)이 배를 이끌고 진으로 돌아왔다.

---

137 "조정에는 전쟁의 승패를 결정지을 수 있는 책략을 지닌 기둥과 들보 같은 사람이 없고, 초야에는 나라를 바로 세울 수 있도록 보좌할 만한 주춧돌 같은 사람이 없다內無決策之棟樑 外無匡國之柱石"는 1594년 11월 28일 일기 뒤에 나오는 메모와 같다.

이전 등이 산에서 노櫓를 만들 나무를 잘라와 바쳤다. 식사를 한 뒤, 대청
으로 나갔다. 미조항 첨사(성윤문)와 웅천 현감(이운룡)이 와서 활을 쏘았다.
군관 등은 활쏘기 시합을 했다. 상으로 향각궁[138]을 걸었는데, 노윤발이
최고가 되어 차지했다. 저녁에 임영과 조응복이 왔다. 양정언梁廷彦은 휴가
를 얻어 돌아갔다.

5일[10일, 병자] 맑았다. 대청에 좌기했다. 공무를 처리했다. 늦게 박 조방장
(박종남)과 신 조방장(신호)이 왔다. 방답 첨사(장린)는 훈련용 화살을 쏘았
다. 임영이 돌아갔다.

6일[11일, 정축] 맑았다. 정항(진해 현감)과 금갑도 만호(이정표)[139]와 영등 만
호(조계종)가 와서 만났다. 늦게 나가 좌기했다. 훈련용 화살 8순을 쏘았다.
사내종 목년이 고음천에서 왔다. 그로 인해 어머님께서 평안하신지 자세히
살폈다.

7일[12일, 무인][140] 칠석. 흐렸으나 비는 내리지 않았다. 경상 수사(권준)와
두 조방장(박종남·신호), 충청 수사(선거이)가 왔다. 방답 첨사(장린)와 사도
첨사(김완) 등의 관리들로 하여금 편을 나누어 훈련용 화살을 쏘게 했다.

---

138 향각궁은 우리나라 한우 뿔로 만든 활이다. 흑각궁은 수입산 물소 뿔로 만든 것이다.

139 "금갑도 만호(이정표)"를 「편수회본」에서는 가안책賈安策으로 보았다. 가안책은 「난중일기」
1594년 10월 21일에 "金甲萬戶賈安策"이라는 부분에 나온다. 그런데 이순신의 「당항포에서 왜적
을 쳐부순 일을 임금님께 보고하는 장계唐項浦破倭兵狀」(1594년 3월 10일)에는 금갑도 만호 이
정표가 나오고, 명량해전 이후인 1597년 10월 13일에도 '금갑도 만호 이정표'가 나오는 것으로
보면, 금갑도 만호는 이정표가 계속 맡았던 듯하다. 반면 가안책은 이순신의 「당포에서 왜적을
쳐부순 일을 임금님께 보고하는 장계唐浦破倭兵狀」(1592년 6월 14일)에서는 "한후장捍後將 신의
군관 전 권관 가안책"으로 나오기도 한다. 1594년 10월 21일 일기는 "금갑도 만호(이정표)와 가
안책"으로 보이고, 때문에 이날 일기 속의 금갑도 만호를 「편수회본」처럼 가안책으로 보기는 어
렵다.

140 7월 7일은 칠석 명절이다. 7일 날짜가 「충무공유사」에서는 '칠석七夕'으로 나온다. 「난중일
기」에 7월 7일, 즉 칠석을 명시한 사례는 「충무공유사」의 이 기록 밖에 없다.

경상 우병사(김응서)에게 내려진 임금님의 유지[141]는 다음과 같았다.

"국가(조정)에 참혹한 재앙이 있고, 종묘사직의 원수가 남아 있다. 신령의 부끄러움과 사람의 원통함이 땅끝에 이르고, 하늘까지 닿았다. 아직까지도 그 요사스런 기운을 빨리 쓸어내지 못해, 같은 하늘을 함께 이는 고통에 모두가 간절하다. 무릇 살아서 피가 도는 사람이라면 그 누구라도 팔을 걷고 근심과 걱정으로 마음을 썩이며 그들의 살을 찢고 싶지 않겠는가! 경(김응서)은 적과 대항해 진을 치고 있는 장수다. 그런데도 조정의 명령이 있지도 않았는데, 함부로 적과 마주해 감히 사람의 도리와 법과 질서를 거스르는 말을 떠드는가. 몇 차례나 사사로이 편지를 주고받으며, 적을 높이고 아첨하는 태도가 눈에 띌 뿐만 아니라, 수호修好·강화라는 말이 명나라 조정에까지 이르게 했다. 나라에 부끄러움을 끼쳤고, 갈등을 일으켰지만 조금도 반성하는 기미가 없구나. 군율[142]로 다스려도 조금도 아까울 것이 없으나 오히려 너그러이 용서했고, 돈독히 타이르며 책망하면서 경계하도록 분명히 했었다. 그럼에도 어리석은 짓을 더욱더 심하게 고집해 스스로 죄의 구렁텅이에 빠져들었구나. 나는 아주 터무니없게 생각하고, 그 까닭도 알지 못한다. 이에 비변사 낭청[143] 김용金涌[144]을 보내 말로써 내 뜻을 전하니, 경(김응서)은 마음을 바꾸고, 정신을 가다듬어 후회할 일이 없도록 하

---

141 이 유지는 『선조실록』 선조 28년(1595) 5월 3일과 5월 6일의 기록과 관련이 있다.

142 "군율軍律"은 「충무공유사」에서는 "중률重律"로 나온다.

143 낭청은 비변사·선혜청·준천사·오군영 등의 실무를 담당하는 종6품 관리다.

144 김용(1557~1620)은 조선 중기의 문신이다. 김성일의 조카다. 1590년 문과 증광시에서 급제했다. 1592년 임진왜란이 일어났을 때 고향 안동에서 의병을 일으켰다. 1593년 예문관 검열·봉교가 되었고, 이어 정언·헌납·부수찬·지평 등을 거쳐 이조 정랑에 올랐다. 1597년 정유재란이 일어났을 때는 도체찰사 이원익의 종사관으로 활약했다. 그를 후원하던 영의정 류성룡이 파직되자 탄핵당했다.

라."

유지를 자세히 살펴보았다. 이로 인해 놀랍고 두려운 생각을 이길 수 없었다. 김응서는 어떤 사람이란 말인가. 그런데도 스스로 회개하고 가다듬는다는 말을 아직도 들을 수 없구나. 심지心地와 담력膽力이 있다면, 반드시 스스로 목숨을 끊어야 할 것이다若有心膽 則必自處矣.[145]

8일[13일, 기묘] 맑았다. 식사를 한 뒤, 나가 좌기했다. 영등 만호(조계종)와 박 조방장(박종남)이 와서 만났다. 우수사(경상 우수사 권준)의 군관 배영수가 그의 대장 명령으로 왔다. 군량 20섬을 꾸어갔다. 동래 쉬(부사) 정광좌鄭光佐[146]가 와서 새로 부임했다고 보고했다. 훈련용 화살 10순을 쏘고 파했다. 사내종 목년이 돌아갔다.

9일[14일, 경진] 맑았다. 오늘은 말복末伏이다. 가을 공기가 더욱 서늘했다. 마음속에서 그리움이 심하게 일었다. 미조항 첨사(성윤문)가 와서 만나고 갔다. 웅천 현감(이운룡)과 거제 현령(안위)이 훈련용 화살을 쏘고 갔다. 밤 10시에, 바다 달빛이 수루에 가득 찼다. 가을날의 시름으로 지독히 괴로웠다. 수루 위를 이리저리 거닐었다海月滿樓 秋思極煩 徘徊樓上.

10일[15일, 신사] 맑았다. 몸이 아주 불편했다. 늦게 우수백(경상 우수사 권준)을 만나 서로 이야기했다. "군량이 떨어졌다"는 이야기를 많이 했다. 계책이 없었다. 가슴이 지독히 탔다. 가슴이 지독히 탔다. 박 조방장(박종남)

145 김응서는 고니시 유키나가의 통역으로 이중간첩이었던 요시라要時羅와 접촉하면서, 요시라의 주선으로 조정의 승인 없이 무단으로 고니시 유키나가와 강화 회담을 했다. 처벌 문제가 제기되었으나, 온건파 고니시 유키나가에게 얻은 정보의 가치를 높이 평가한 선조가 김응서를 오히려 높이 평가했고, 요시라를 활용하자는 김응서의 주장으로 조선에서는 요시라에게 정3품 절충장군과 은자 80냥까지 주면서 이중간첩으로 활용하려 했다. 요시라가 제공한 허위 정보로 인해 1597년 이순신이 파직과 백의종군을 하게 된다.
146 정광좌(1552~?)는 조선 중기의 무신이다. 1588년 식년시에서 급제했다.

도 왔다. 술 몇 잔을 마셨는데, 많이 취했다. 밤이 깊어 수루 위에 누웠다. 초승달 빛이 수루에 가득 찼다. 마음을 가눌 수 없구나新月滿樓 懷不自勝也.

11일[16일. 임오] 맑았다. 아침에 어머님께 편지를 썼다. 각 곳에도 편지를 써 보냈다. 무재와 박영朴永이 자신들의 신역身役[147]을 위해 나가 돌아갔다. 나가 좌기했다. 훈련용 화살 10순을 쏘았다.

12일[17일. 계미] 맑았다. 아침을 먹은 뒤, 경상 우수사(권준)가 와서 만났다. 함께 훈련용 화살 10순과 철전 5순을 쏘았다. 해가 저문 뒤 서로 차례로 헤어졌다. 가리포 첨사(이응표)도 와서 같이 했다.

13일[18일. 갑신] 맑았다. 가리포 첨사(이응표)와 우수사(경상 우수사 권준)가 같이 왔다. 가리포 첨사가 술을 바쳤다. 훈련용 화살 5순과 철전 2순을 쏘았다. 나는 몸이 아주 불편했다.

14일[19일. 을유][148] 늦게 맑아졌다. 군사 등에게 휴가를 주었다. 녹도 만호 송여종으로 하여금, "죽은 군졸에게 제사를 지내도록" 백미白米[149] 2섬을 주었다. 이상록과 태구련太九連,[150] 공태원 등이 들어왔다. 어머님께서 즐겁고

---

147 신역은 양인과 노비가 각각 다르다. 양인은 크게 직역職役과 군역軍役을 진다. 직역은 중앙 및 지방 행정 실무를 비롯한 모든 잡역에 종사하는 신역으로서, 중앙에는 경아전·제원·조예·반당 등이, 지방에는 향리·군교 등이 이에 해당된다. 양반은 현직 관직 자체가 신역으로 간주되었고, 관료가 되기 위해 학업에 종사하는 성균관·향교의 유생도 역이 면제되었다. 군역은 16~60세의 남자로 직역을 지거나 공·사천을 제외한 모든 신분이 부담했으나, 16세기부터 군역은 양인이 주로 부담했다.

148 1934년 간행된 『이충무공전서 속편』에는 위의 제사와 관련한 글로 추정되는 「祭死亡軍卒文」이 나온다. 그러나 이순신의 글인지는 확실하지 않다.

149 『쌀은 우리에게 무엇이었나』(국사편찬위원회 편저, 두산동아, 2009, 98쪽)에 따르면, 백미는 쌀의 도정 정도에 따른 쌀의 한 종류다. 조미糙米는 왕겨만 벗긴 쌀, 즉 현미이며, 갱미粳米는 도정을 더 해 바로 밥을 지어 먹을 수 있는 쌀이다. 백미는 도정을 가장 많이 한 최고급 쌀이다.

150 『이충무공전서』의 을미년(1595) 일기의 "太九連"은 "太貴連"을 오기한 듯하다. 현충사 소장 이순신 장검에는 장검을 만든 시기와 장검을 만든 사람들이 "갑오년(1594) 4월, 태귀련太貴連·이무생李茂生이 만들었다"라고 새겨져 있다. 이로 보면 "태귀련"은 『이충무공전서』 편찬 과정에서

평안하신 것을 알았다. 기쁘고 행복한 마음 어찌 끝이 있으랴.

15일[20일. 병술]151 맑았다. 늦게 대청으로 나갔더니, 박(박종남)과 신(신호) 두 조방장, 방답 첨사(장린)와 여도 만호(김인영), 녹도 만호(송여종), 보령과 결성(손안국)의 두 현감, 이언준李彦俊152 등과 훈련용 화살을 쏘고 술을 권했다. 경상 수사(권준)도 와서 같이 이야기했다. 씨름을 겨루게 했다. 정항(진해 현감)이 왔다.

16일[21일. 정해] 맑았다. 아침에 들으니, "김대복金大福의 병이 아주 위험하다"고 했다. 아픈 마음과 걱정을 이길 수 없었다. 곧바로 송희립과 류홍근柳洪根으로 하여금 치료하도록 했으나, 그의 병세를 자세히 알 수 없었다. 가슴이 지독히 탔다. 늦게 나가 좌기했다. 공무를 처리했다. 순천의 정석주鄭石柱와 영광의 도훈도 주문상朱文祥을 처벌했다. 저녁에 원수(권율)에게 보낼 공문과 병사에게 보낼 공문의 초고를 수정해주었다. 미조항 첨사(성윤문)와 사도 첨사(김완)가 휴가 신청서由狀를 올렸기에, 성 첨지成僉知(성윤문)는 10일, 김 첨지金僉知(김완)153는 3일의 휴가를 주어 보냈다. "녹도 만호(송여종)를 그대로 유임한다"는 병조兵曹의 공문이 내려왔다.

오기한 듯하다. 또한 같은 『이충무공전서』의 을미년 일기 7월 21일에도 "태구련과 언복彦福이 만든 환도를 충청 수사와 두 조방장에게 각각 한 자루씩 나누어 보냈다"는 것도 동일하다. 7월 21일 일기는 태귀련이 환도를 만드는 사람이었음을 보여주기 때문이기도 하다. 「편수회본」에서도 태귀련의 오자로 보았다.

151 7월 15일은 중원절, 일반적으로는 백중으로 불리는 날이다. 돌아가신 부모를 위한 제사를 지냈다. 이 시기에 이순신은 한산도로 진영을 옮겨서 제사를 지낼 수 없는 형편이었기에 홀로 있었던 듯하다.

152 이언준(1544~?)는 조선 중기의 무신이다. 충청도 해미 출신이다. 1583년 무과 별시에서 급제했다.

153 성 첨지(성윤문)와 김 첨지(김완)는 일기 바로 앞에서는 각각 미조항 첨사와 사도 첨사로 나온다.

17일[22일, 무자] 비가 내렸다. 거제 현령(안위)이 긴급히 보고하기를, "거제의 적이 이미 다 철수해 돌아갔습니다"라고 했기에, 곧바로 정항(진해 현감)을 정해 보냈다. 대청으로 나가 좌기했다. 공무를 처리했다. 내일 배를 출발해 나갈 일을 전령했다.

18일[23일, 기축] 맑았다. 아침에 대청으로 나갔다. 박(박종남)과 신(신호) 두 조방장과 같이 아침을 먹었다. 오후에 길을 떠났다. 저녁에 지도에 도착했다. 머물러 정박했다. 밤을 지냈다. 밤 12시에 거제 현령(안위)이 도착해 말하기를, "장문長門의 적 소굴은 이미 다 텅 비었고, 30여 명만 있습니다"라고 했다. 또한 "사냥하는 왜적들을 만났기에, 활을 쏘아 죽이고 사로잡은 것이 각각 하나씩입니다"라고 했다. 밤 2시에 길을 떠났다. 견내량으로 되돌아왔다.

19일[24일, 경인] 맑았다. 우수사(이억기)와 경상(수사 권준), 충청 수사(선거이)와 두 조방장(박종남·신호)과 이야기하고 파했다. 오후 4시에 진으로 돌아왔다. 당포 만호를 찾아내 붙잡아 '불현지죄不現之罪'[154]로 장에 처했다. 김대복에게 가서 병세를 보았다.

20일[25일, 신묘] 흐렸다. 두 조방장(박종남·신호)과 같이 아침을 먹었다. 늦게 거제 현령(안위)과 전 진해 현감 정항이 왔다. 오후에 나가 좌기했다. 공무를 처리했다. 훈련용 화살 5순과 철전 4순을 쏘았다. 좌병사左兵使(경상 좌병사 고언백)의 군관이 편지를 갖고 왔다.

21일[26일, 임진] 큰 비바람이 불었다. 들으니, "우후(이몽구)가 들어온다"고

---

154 "불현지죄"는 "현신現身하지 않은 죄"다. "현신"은 한국학중앙연구원의 옛편지 낱말사전 DB에 따르면, 아랫사람이 윗사람에게 처음으로 인사하러 가는 일이나 도망한 노비 및 죄인이 관에 자수하는 것을 뜻한다. 한국고전번역원 한국고전종합DB의 용례로 보면 공식 모임 미출석, 출석 의무자의 미출석 등에도 사용된다.

했다. 식사를 한 뒤, 태구련155과 언복이 만든 환도를 충청 수사(선거이)와 두 조방장(박종남·신호)에게 각각 한 자루씩 나누어 보냈다. 어두울 무렵 (아들) 회와 울, 우후(이몽구)가 같은 배를 타고 섬 바깥에 도착했다. 아들 등이 들어왔다.

22일[27일, 계사] 흐렸고 큰 바람이 불었다. 이충일이 "아버지가 돌아가셨다"는 소식을 듣고 나갔다.

23일[28일, 갑오] 맑았다. 늦게 말을 타고 달리는 일로 원두구미元頭龜尾로 갔더니, 두 조방장(박종남·신호)과 충청 수사(선거이)도 도착했다. 저녁에 소선을 타고 돌아왔다.

24일[29일, 을미] 맑았다. 나라 제삿날156이라 좌기하지 않았다. 충청 수사(선거이)가 와서 이야기했다.

25일[30일, 병신] 맑았다. 충청 수사(선거이)가 생일이라고 음식을 준비해 왔다. 우수사(이억기)와 경상 수사(권준), 신 조방장(신호) 등의 관리들과 취하며 이야기했다. 저녁에 정 조방장(정응운)이 들어왔다.

26일[31일, 정유] 맑았다. 아침에 정영동鄭永同과 윤엽, 이수원李壽元 등이 흥양 현감(배흥립)과 들어왔다. 식사를 한 뒤, 정 수사(정걸)157와 충청 수사(선거이)도 왔다. 조용히 대화했다.

27일[9월 1일, 무술] 맑았다. 어사의 공문이 들어왔다. "내일 진에 도착한다"

---

155 『이충무공전서』의 을미년(1595) 일기의 "태구련"은 현충사 소장 장검을 기준으로 보면, 7월 14일의 "태구련"과 동일하게 "태귀련"을 오기한 듯하다. 「편수회본」도 태귀련의 오자로 보았다.
156 문종의 왕비, 현덕왕후 권씨의 제삿날이다.
157 『이충무공전서』 「을미일기」 속 정 수사(정걸)는 『이충무공전서』 편찬 과정에서 오기한 듯하다. 이 시기에 정걸은 한산도에 없었다. 경상 수사 권준이나 전라 우수사 이억기를 오기한 듯하다. 「편수회본」에서는 '정'에 대해 '右인 듯'이라고 추정했다. "정 수사"는 "우수사(이억기)"의 오기로 보인다. 그러나 이 번역본은 「을미일기」를 기준으로 번역했다.

고 했다.

28일[2일. 기해] 맑았다. 아침을 먹은 뒤, 배로 내려갔다. 삼도가 합쳐 나가서 포 안에 진을 쳤다. 오후 2시에 어사 신식申湜[158]이 진에 도착했다. 곧바로 대청에 내려가 잠시 마주하고 이야기했다. 각 수사와 세 조방장(정응운·신호·박종남)을 청해 같이 이야기했다.

29일[3일. 경자] 흐렸고 큰 바람이 불었다. 어사가 좌도(전라 좌도) 소속 5포의 부정 사실을 점검하고 검열했다. 저녁에 이곳에 도착해 조용히 이야기했다.

◎ **1595년 8월**

8월 1일[양력 9월 4일. 신축] 비바람이 크게 불었다. 어사(신식)가 이곳에 도착해 같이 아침을 먹었다. 곧바로 배로 내려갔다. 순천 등의 다섯 고을의 배를 점검했다. 해 질 무렵, 나는 어사에게 내려가 같이 이야기했다.

2일[5일. 임인] 흐렸다. 우도(전라 우도)의 전선을 점검하고 검열하고, 그대로 남도포 만호(강응표)의 막에 머물렀다. 나는 나가 좌기하고, 충청 수사(선거이)와 이야기했다.

3일[6일. 계묘] 맑았다. 어사(신식)는 늦게 경상 진으로 가서 점검하고 검열

158　신식(1551~1623)은 조선 중기의 문신이다. 신숙주의 5대손이다. 이순신이 무과에 급제했던 해인 1576년에 문과에 급제했다. 1590년 사헌부 집의로 있을 때 정여립 사건에 연루되어 유배되었다가 1592년 다시 집의가 되었다. 1592년 임진왜란이 일어났을 때 경상도 안무어사로 활약했다. 그 후 동부승지·좌부승지·좌승지·대사간·부제학·도승지·동지중추부사·공조 참판 등을 역임했다. 1599년에 사은사로 명나라에 다녀와서 호조 참판·대사헌을 역임했다. 류성룡의 「賑救飢民狀」(1593년 3월 5일)에는 신식이 한성漢城 서윤庶尹으로 군량사 권징의 종사관으로 류성룡이 머물고 있던 곳에 있었다. 조응록의 『죽계일기』 1595년 7월 8일에는 경상도 안무사로 집의 신식이 임명되었고, 11일에는 신식이 출발했다는 내용이 나온다.

했다. 저녁에 경상 진으로 가서 같이 이야기했으나, 몸이 불편해 곧바로 돌아왔다.

4일[7일. 갑진] 비가 내렸다. 어사(신식)가 이곳으로 도착했다. 여러 장수가 합쳐 모였다. 내내 이야기하다 파했다.

5일[8일. 을사] 흐렸으나 비는 내리지 않았다. 아침에 어사(신식)와 이야기했고, 작별할 일로 충청 수사(선거이)에게 갔다. 어사와 이별 잔치를 했다. 정 조방장(정응운)이 보고하고 돌아갔다. "어사(신식)는 안무어사安撫御史 통훈대부通訓大夫(정3품, 당하관) 행 사헌부 집의司憲府執義[159] 겸 지제교知製敎다.[160] 신식의 자는 숙정叔正, 신해생辛亥生(1551년생)이다. 본本은 고령高靈이고, 서울에 살고 있다"고 했다.[161]

6일[9일. 병오] 비가 아주 많이 내렸다. 우수사(이억기)와 경상 수사(권준), 두 조방장(신호·박종남)이 합쳐 모였다. 같이 내내 이야기하다 파했다.

7일[10일. 정미] 비가 계속 내렸다. 아침에 아들 울과 허주, 현덕린과 우후 (이몽구)가 같은 배로 나갔다. 늦게 두 조방장(신호·박종남)과 충청 수사(선거

---

159 사헌부 집의는 사헌부 소속 종3품 관리다. 사헌부의 최고 책임자인 대사헌(종2품) 바로 아래 직책이다. 사헌부 관원들과 함께 대관으로 불렸다. 문과 급제자 중에서 청렴·강직한 사람을 선발했다. '통훈대부(정3품, 당하관) 행 사헌부 집의'에서 '행'은 행수법에 따른 것이다. 품계가 높은 사람을 낮은 관직에 임명할 때 '행'을 관직 앞에 붙인다. 『경국대전』에 따르면, 직함은 품계, 소속 관청, 관직 순서로 쓴다. 이날 일기의 '통훈대부'는 품계, '사헌부'는 소속 관청, '집의 겸 지제교'는 관직이다.

160 겸 지제교는 왕이 신하와 백성에게 내려보내는 문서인 교서 등을 기초해 왕에게 바치는 일을 담당하는 관리다. 지제교는 또한 겸직을 했던 관직이다. 홍문관의 관리들이 겸직할 때는 내지제교, 홍문관 이외의 관리들이 겸직할 때는 외지제교라고 했다. 때문에 '겸 지제교'는 지제교를 겸직했다는 의미다.

161 신식은 『선조실록』 선조 28년(1595) 6월 2일에 사헌부 집의에 임명되었고, 같은 해 7월 8일자 기록에 따르면, 경상도 안무安撫 어사에 임명되어 경상도로 내려갔다. 신식의 자字를 고전번역원 고전종합DB에서 확인해보면 『충무공유사』의 "숙정叔正"이 아니라 "숙지叔止"로 나온다.

이)와 같이 이야기했다. 저녁에 표신을 지닌 선전관 이광후李光後[162]가 임금님의 유지를 갖고 왔는데, "원수(권율)가 삼도 수군을 이끌고 적의 소굴로 들어가 공격할 일"에 대한 것이었다. 함께 밤새 이야기했다.

8일[11일. 무신] 비가 계속 내렸다. 선전관이 나갔다. 경상 수사(권준), 충청 수사(선거이), 두 조방장(신호·박종남)과 같이 이야기했다. 같이 저녁을 먹었다. 해가 저문 뒤, 각각 돌아왔다.

9일[12일. 기유] 서풍이 크게 불었다.

10일[13일. 경술] 맑았다. 몸이 불편했다. 홀로 수루에 앉아 있었다. 가슴에 품은 생각이 만 갈래다獨坐樓上 懷思萬端. 늦게 대청으로 나갔다. 공무를 처리한 뒤, 훈련용 화살 5순을 쏘았다. 정제[163]와 결성 쉬(현감 손안국)가 같은 배로 나갔다.

11일[14일. 신해] 비가 내리거나 이따금 맑거나 했다. 사내종 한경도 본영(전라 좌수영)으로 갔다. 배영수와 김응겸金應謙[164]이 과녁 정중앙 맞히기 시합[165]을 했다. 김金(김응겸)이 이겼다.

12일[15일. 임자] 흐렸다. 일찍 나가 좌기했다. 공무를 처리했다. 늦게 두 조

---

162 이광후(1572~?)는 조선 중기의 무신이다. 1591년 무과 별시에 급제했다. 임진왜란이 발발하자 선전관에 임명되었고, 전쟁이 끝난 뒤 숙천 부사를 역임했다.

163 정제(1550~?)는 조선 중기의 무신이다. 1583년 무과 별시에서 급제했다. 이순신의 맏형인 이희신의 사위다. 관직은 판관이었다.

164 김응겸에 대해 『난중일기』에도 간혹 언급되나, 자세한 기록은 없다. 다만, 『선조실록』 선조 25년(1592) 6월 28일의 경상 우도 병마 절도사 조대곤이 보고한 내용에 "5월 23일에 소수의 왜적들이 고령현 풍곡리에 들이닥쳤는데, 박경록·김응겸·정상례·손호·이천령·최경립 등이 먼저 왜적 4~5명을 쏘니 적이 물러나 도망쳤는데, 훈련 봉사 홍걸이 달려 나가 그들을 베었습니다"라는 기록이 있다. 이로 보아도 김응겸은 활을 잘 쏘았던 듯하다.

165 활쏘기 시합을 뜻하는 원문의 "爭鵠"은 활쏘기 중에서도 과녁의 가운데 그려진 검은 점을 맞히는 시합이다. 일반적인 활쏘기에서는 과녁 자체만 맞혀도 점수를 준다. 과녁 한가운데를 맞히는 것을 "정곡"이라고 한다.

방장(신호·박종남)과 훈련용 화살을 쏘았다. 김응겸이 경상 수사(권준)에게 갔다. 돌아올 때, 들어와 인사를 했다. "우수사(경상 우수사 권준)와 활쏘기 시합을 했는데 배영수는 또 졌다"고 했다.

13일[16일, 계축] 비가 내내 계속 내렸다. 「임금님께 보고하는 글」의 초고를 수정했다. 제송공문을 작성했다. 독수禿水가 왔기에, "도양장 둔전 일"을 들었다. 이기남李奇男166의 행동에 의심스럽고 어긋난 것이 많았기에, 우후(이몽구)에게 "급히 달려가 부정 사실을 조사하라"는 공문을 작성해 보냈다.

14일[17일, 갑인] 비가 내내 계속 내렸다. 진해 현감 정항과 조계종(영등 만호)이 와서 이야기했다.

15일[18일, 을묘]167 새벽에 망궐례를 했다. 우수사(이억기)와 가리포 첨사(이응표), 임치 첨사168 등 여러 장수가 함께 도착했다. 이날, 삼도의 활 쏘는 군사射士와 본도(전라도)의 잡색군雜色軍169에게 음식을 주었다. 내내 여러 장수와 같이 취했다. 이날 밤, 은은한 달빛이 수루를 비추었다. 자려고 해도

---

166 이기남(1553~1613)은 조선 중기의 무신이다. 1591년 무과 별시에 급제했다. 임진왜란이 일어났을 때는 과거 합격자 신분인 급제로 이순신 막하에서 출전했다. 1592년 5월 29일 거북선이 처음 출전했던 사천해전에서는 거북선 돌격장으로 활약했고, 한산대첩에서는 좌돌격장, 1593년 이순신의 5차 출전에서는 우별도장으로 활약했다. 한산대첩의 공로로 훈련원 판관에 임명되었다. 「난중일기」에도 언급되는 이순신 막하에서 활약했던 이기윤李奇胤(?~?)과는 사촌이다. 1604년 6월 14일, 당포 전투를 그린 「당포전양승첩도」에는 무장 별장으로 출전한 기록이 나온다.
167 추석이다. 1593년 8월 15일에는 일기에 추석이라고 명기했다.
168 "임치 첨사"를 「편수회본」에서는 홍견으로 보았으나 확실치 않다.
169 잡색군은 비상 사태가 발생했을 때 동원되는 정규 군역 의무를 진 사람들 이외의 추가 동원을 위한 다양한 신분의 사람들로 구성 및 조직된 군대다. 품관, 생원, 진사, 교생 등의 지방 유력자와 향리, 공사천인 등으로 구성된 군대다. 평상시에는 생업에 종사하고 유사시에 군대에 편입되었다.

잠들 수 없었다. 밤새 시를 읊조렸다微月照樓 寢不能寐 嘯詠永夜.[170]

16일[19일, 병진] 궂은비가 개지 않았다. 내내 부슬부슬 내렸다. 가슴에 품은 생각으로 지독히 어지러웠다. 두 조방장(신호·박종남)과 같이 이야기했다.

17일[20일, 정사] 가랑비가 내렸다. 동풍이 불었다. 새벽에 김응겸을 불러 일을 물었다. 늦게 나가 좌기했다. 두 조방장(신호·박종남)과 이야기했다. 훈련용 화살 10순을 쏘았다.

18일[21일, 무오] 궂은비가 쉬지 않았다. 신(신호)과 박(박종남) 두 조방장이 와서 같이 이야기했다.

19일[22일, 기미] 날씨는 화창했다. 두 조방장(신호·박종남)과 방답 첨사(장린)와 훈련용 화살을 쏘았다. 밤 10시에 조카 봉, (아들) 회와 울이 들어왔는데, "'체찰(체찰사 이원익)[171]이 21일 진성晉城(진주성)에 도착해 군사 업무

---

170 설의식·이은상·최영희는 이날 「한산도가」가 지어졌다고 주장한다. 이종학은 1597년 8월 15일 전남 보성 열선루, 박기봉은 1594년 6월 11일, 박혜일은 1593년 7월 14일로 본다. 박계숙의 『부북일기』 1606년 8월 15일에도 추석을 맞아 고향과 선조를 생각하며 시를 짓는 모습이 나온다.

171 이원익(1547~1634)은 조선 중기의 문신이다. 시호는 문충文忠이다. 서울 유동 천달방에서 태어났다. 평생 동안 임진왜란, 인조반정, 정묘호란 등과 같은 조선 중기의 중요 사건을 모두 겪었다. 선조·광해군·인조 3대에 걸쳐 영의정을 역임했다. 1569년 문과에 급제, 1634년 죽을 때까지 65년 동안 관직 생활을 했고, 그 가운데 44년을 재상의 직위에 있었다. 1592년 임진왜란 때 이조 판서로 평안도 도순찰사를 겸임해 관서 지방 방위에 앞장섰고, 이여송과 함께 평양 전투를 승리로 이끌었으며, 1595년 6월에는 우의정으로 4도(충청·전라·경상·강원) 도체찰사를 겸임했다. 이순신의 한산도 통제영을 방문하기도 했다. 1624년 이괄의 난 때 78세의 고령임에도 불구하고 도체찰사가 되어 난을 평정했다. 이원익의 서녀 하나가 이순신의 외손자 윤영과 결혼했다. 윤영의 아버지는 조선 중기의 문신 윤효전尹孝全(1563~1619)이고, 이복 동생이 백호 윤휴尹鑴다. 이원익은 김륵의 『백암집柏嚴集』 「백암선생연보」에 따르면, 1595년 7월에 도체찰사에 임명되었고, 김륵은 부체찰사에 임명되었다. 이원익의 『오리선생속집』 「四道都體察使時狀啓(1597년) 二月初一日」은 이순신의 파직을 반대하는 이원익의 장계다. "우리나라가 믿는 것은 오직 수군입니다. 그런데 가토 기요마사淸賊가 바다를 건넜기에 그 기회를 잃었으니 군법으로 논해야 하고, 수군 대장(이순신)은 당연히 그 죄를 면할 수 없습니다. 그것은 참으로 분부하신 것과 같습니다. 그러나 일의 형세로 말하자면, 호남과 영남의 바닷가는 임진년과 계사년 뒤부터 수군이 있었기에 특별히

일을 묻고자 한다'며 체찰(체찰사 이원익)의 군관이 들어왔다"고 했다.172

　20일[23일. 경신] 맑았다. 내내 체찰사(이원익)의 전령을 기다렸으나, 오지 않았다. 권 수사(권준)와 우수사(이억기), 발포 만호(황정록)가 와서 만나고 돌아갔다. 밤 10시에, "군사 업무를 물을 일로 체찰(체찰사 이원익)이 진주에 도착했다"는 전령이 들어왔다. 밤 12시에 배를 띄웠다開船. 곤이도昆伊島에 도착했다.

　21일[24일. 신유]173 흐렸다. 늦게 소비포 앞바다에 도착했더니, 전라 순사(순찰사 홍세공)의 군관 이준李俊이 공문을 갖고 왔다. 강응호姜應虎(마량 첨사)와 오계성吳繼成174이 같이 도착했다. 함께 잠시 이야기했다. 경수(이억기)와 언경(권준), 자윤子胤(박종남)과 언심彦深175에게 편지를 써서 보냈다. 해 질 무렵

수군이 흩어지고 망하거나, 촌민村民 또한 모두 뿔뿔이 흩어지거나, 그 일대 지방이 거의 비지 않게 되었습니다. 신(이원익)이 이런 뜻으로 앞뒤로 장계를 올린 것이 한두 번이 아닙니다. 바다의 진은 비상사태를 대비한 것이 이미 5년이 되었고, 배의 격군이 전에 비해 줄어든 것은 사리나 형세가 본래 그런 것이었습니다. 비록 독려해 분발하려고 하고 항상 정비하려고 했어도 그렇게 할 방법이 없었습니다. 그럼에도 충청도와 전라 우도의 배를 즉 겨울철의 전례에 따라 풀어 보냈기에 한산도에 머물러 정박한 배는 그 수가 아주 적었습니다. 이렇기에 적은 수의 배로는 형세가 바다에서 (왜적을) 요격해 길을 끊기 어려웠습니다. 부사 한효순이 작년 12월부터 바닷가로 달려가 온 정성과 힘을 다해 선발 부대를 조치해 점차적으로 출발해 보냈지만 가토 기요마사가 곧바로 바다를 건너왔습니다. 만일 순신이 군사를 끼고 앉아 머무르고 나가지 않았다고 논한다면, 그 율律에 맞지 않습니다. 순신은 오랫동안 바다 진에 있었고, 장수와 군사들은 서로 익숙하며, 일관성 있게 일을 처리해왔습니다. 그런데 갑자기 다른 사람으로 그를 대신하게 한다면, 일을 그르칠 걱정이 되는 일이 있을 듯해 두렵습니다. (임금이) 비변사에 계하啓下했다."

172　정경운의 『고대일록』 1595년 8월 18일에도 체찰사 이원익과 부체찰사 김륵이 순시 중인 내용이 나온다. 정경운은 이원익의 인품과 자세에 대해 높이 평가했다.

173　1594년에는 외가의 제삿날이기에 좌기하지 않았다고 한다.

174　오계성(?~?)은 내관內官이다. 고경명의 『제봉집』에는 당시 진도에 유배 와 있던 내관 오계성이 1573년 봄에 가야금을 타며 명종이 지은 노래를 부르고 있는 모습을 보고 지은 시가 나온다.

175　"언심"은 『이충무공전서』에만 나오고, 『친필본』 일기에는 나오지 않는다. 이은상(현암사, 1968)은 『이충무공전서』처럼 "언심"으로 보았으나, 각주에서 "언원彦源의 잘못인 듯"이라고 했다.

사천 땅 침도針島에 도착했다. 묵었다. 밤공기가 아주 찼다. 가슴에 품은 생각으로 불편했다.

22일[25일, 임술]176 맑았다. 이른 아침에 각 항목의 공문을 작성해 체찰(체찰사 이원익)에게 보냈다. 아침을 먹은 뒤에 갔다. 사천현泗川縣에 도착했다. 오후177에 진주 남강南江 가에 도착했더니, "체찰(체찰사)이 이미 진주로 들어갔다"고 했다. 강을 건너 주인집에 들어갔다가, 그대로 체찰(체찰사)이 임시 머무는 집下處으로 갔더니, "사천현에 먼저 도착해 자고 있어서 맞아들이라는 명령을 하지 못했다"고 했다. 우스운 일이다.

23일[26일, 계해] 맑았다. 새벽에 체찰(체찰사 이원익)에게 갔더니, 앞으로 불러들였다. 조용히 말하고 대화하는 사이에, (체찰사는) 백성의 고통을 덜어주려는 뜻이 많이 있었다.178 호남 순찰巡察(순찰사 홍세공)은 비방하는 얼굴

송찬섭(서해문집, 2004)은 "윤언심"으로 보았다. 『한국민족문화대백과사전』에서는 신호申浩의 이칭으로 '언원彦源'과 '무장武壯'이 나온다. 『난중일기』 1595년 1월 1일에는 윤언심尹彦諶이 나오지만, 한자가 다르다. 1595년 9월 5일에 신 조방장(신호)이 나오는 것으로 보면, 이 8월 25일 일기의 "언심彦深"은 이은상의 지적처럼 "언원彦源"의 잘못인 듯하다. 그러나 이 번역본에서는 『이충무공전서』를 따라 "언심彦深"으로 해놓았다.

176 1596년 8월 22일 일기에 따르면, 이날은 이순신의 외할머니 제삿날이다. 또한 성종의 계비 정현왕후 윤씨의 제삿날이기도 하다.

177 "오후午後"는 『충무공유사』에서는 "점심心後"로 나온다.

178 정경운의 『고대일록』 1595년 8월 19일에는 함양에 들렀던 체찰사 이원익에 대한 이야기가 나온다. 체찰사 이원익은 소박한 성품으로 까탈스럽지 않고 편했으며, 행차할 때의 번잡한 풍속을 고쳐 봇짐 등이 간단했고, 관청의 말을 한 마리도 사용하지 않았는데, 전쟁이 난 뒤 임금의 명령을 받은 관리들 중에서는 볼 수 없었던 모습이라고 했다. 또한 그는 고을에 사는 백성이 다시 살아날 수 있도록 힘쓰고, 한 사람도 사는 곳을 빼앗기지 않도록 했으며, 그렇게 하지 못하면 자신의 탓으로 여겼다. 그래서 사람들이 '봉황이 나타나 세상을 복되게 하는 것'이라고 생각했다고 한다. 도원수 권율과 순찰사 서성은 이원익이 두려워 조심했기에 군관 둘만 거느리고 왔다고 한다. 또한 1596년 3월 9일 일기에는 이원익이 문서를 작성할 때 직접 작성했고, 다른 사람의 이야기를 들을 때는 불쌍히 여기는 마음이 말과 얼굴빛에 드러났고, 말할 때는 참된 마음을 다 드러내고 또 다른 사람을 마음속으로 인정했다고 한다.

빛이 많았다. 한숨이 났다. 늦게 들으니, 진주에서 전사한 장수와 군사에 대해 위로하는 제사를 지낸다고 해서, 나와 김응서는 같이 촉석矗石[179]에 도착했다. 그 장사將士들이 패배해 죽은 곳을 둘러보았더니, 비참하고 슬픈 마음을 이길 수 없었다不勝慘痛.[180] 얼마 뒤, 체찰사가 불러 이르며 말하기를, "나에게 먼저 배가 있는 곳으로 가서 배를 타고, 소비포로 돌아가 정박해 있으라"라고 했다. 그래서 배가 정박해 있는 곳으로 되돌아와 배를 타고 소비포로 돌아와 정박했다.[181]

24일[27일, 갑자] 맑았다. 새벽에 소비포 앞에 도착했더니, 고성 현령 조응도가 와서 인사했다. 그대로 소비포 앞바다에서 묵었다. 체찰사體察(이원익), 부사副使(부체찰사 김륵)와 종사관(남이공)도 묵었다.[182]

25일[28일, 을축] 맑았다. 일찍 식사를 한 뒤, 체찰(체찰사 이원익)과 부사(부체찰사 김륵), 종사관(남이공)이 함께 내가 탄 배에 탔다. 아침 8시에 배를 띄우고 같이 탔다. 함께 서서 크고 작은 섬과 진鎭이 설치된 곳, 진을 합칠 곳, 맞붙어 싸웠던 곳을 손가락으로 짚었다. 내내 논의하며 이야기했다. 곡

---

179 "촉석"은 촉석루다.
180 정경운의 『고대일록』 1593년 9월 5일에 따르면, 선조가 예조의 정랑과 좌랑을 보내 진주성 전투에서 전사한 사람들을 위해 제사를 지내게 했다고 한다. 또한 진주성 전투에서 전사한 군사와 백성이 전몰한 곳을 '정충단精忠壇'으로 이름 붙였다고 한다.
181 김륵의 『백암집』「백암선생연보」에 따르면, 부체찰사였던 김륵은 체찰사 이원익과 함께 1595년 8월 22일에 진주에서 통제사 이순신, 충용장 김덕령을 만났고, 진주성에서 전사한 장수와 군사들에게 제사를 지냈다. 8월 25일에는 소비포에서 배를 타고 한산도로 들어가 통제사 이순신을 만나 군무를 논하고, 산에 올라가 거제 견내량 등지를 살펴보고, 포수와 사수 1푼 이상 사람들에게 상을 주었다고 한다. 또한 체찰사 이원익과 부체찰사 김륵 일행은 8월 1일 서울을 출발해 3일 수원, 4일 직산, 11일 전주, 14일 남원, 19일 거창을 거쳐 22일에 진주에 도착했다. 직산에서 숙박을 했을 때는 충청 병마절도사 원균을 만났는데, 그때 원균의 잘못을 질책했다고 한다.
182 『선조실록』 선조 28년(1595) 7월 16일에는 체찰사에 임명된 이원익의 부체찰사로 김륵, 종사관으로 남이공을 천거했고, 선조가 승인하는 내용이 나온다.

포는 평산포로 합치고, 상주포는 미조항으로 합치고, 적량은 삼천으로 합치고,[183] 소비포는 사량으로 합치고, 가배량은 당포로 합치고, 지세포知世浦는 조라포助羅浦로 합치고, 제포는 웅천으로 합치고, 율포는 옥포로 합치고, 안골安骨은 가덕으로 합칠 일을 보고하고 결재를 받았다. 저녁에 진陣안에 도착했다. 여러 장수가 임금님께서 내리신 교서에 숙배를 했고, 공례와 사례를 한 뒤에 파했다.

26일[29일. 병인] 맑았다. 공적인 일을 낱낱이 보고받고 결재했다. 저녁에 부사(부체찰사 김륵)와 서로 만나 정답게 이야기했다.

27일[30일. 정묘] 맑았다. 군사 5480명에게 밥을 먹였다.[184] 저녁에 상봉上峯[185]에 도착해 적진과 적이 다니는 길을 손가락으로 짚었다. 바람이 아주 험하게 불었다. 석양을 타고乘夕 되돌아 내려왔다.

28일[10월 1일. 무진] 맑았다. 이른 아침에 체찰(체찰사 이원익)과 부사(부체찰사 김륵), 종사관(남이공)과 함께 수루 위에 좌기했다. 고치기 어려운 폐단을 의논했다. 식사하기 전에 배가 있는 곳으로 내려왔다. 배를 띄워 나갔다.

---

183 「이충무공전서」와 달리 「충무공유사」에서는 적량을 삼천이 아니라, 당포에 합치는 것으로 나온다.

184 당시 이순신이 지휘하던 전라 좌수영 부대의 전체 수군 수인 듯하다. 「왜적의 정황을 임금님께 보고하는 장계陳倭情狀」(1593년 8월 19일)에는 이순신이 이끄는 수군이 본래 6200여 명이었는데, 1592년과 1593년에 전사하고, 병들어 죽은 수가 600명이라는 내용이 나온다. 5480명에게 밥을 먹이기 위해서는 평석 기준 5홉밥으로는 약 18섬, 3홉밥으로는 약 11섬의 쌀이 소요된다. 「선조실록」 선조 30년(1597) 6월 6일에 따르면 우도 통제사 원균은 4600명, 좌도 수사 이운룡은 500명을 거느린 것으로 나온다. 류성룡의 「百官呈司天使憲 陳情文(1593년 겨울)」에도 삼도 수군 장수 이순신·원균·이억기 등이 수군 만여 명을 거느리고 한산도에서 일본군의 서쪽 침범을 위한 길목을 끊고 있다는 내용이 나온다.

185 "한산도 상봉"은 오늘날 한산도 망산望山(295.6미터)이다. 이순신이 체찰사 이원익을 위해 음식을 준비해 이원익의 이름으로 잔치를 베풀어주었다. 군사들은 이원익이 베풀어준 것으로 알고, 잔치를 열어준 이원익을 기념해 정승봉政丞峯이라고 불렀다고 한다.

29일[2일, 기사]186 맑았다. 일찍 나갔다. 공무를 처리했다. 경상 수사(권준)가 체찰(체찰사 이원익)에게서 왔다.

◎ 1595년 9월

9월 1일[양력 10월 3일, 경외] 맑았다. 새벽에 망궐례를 했다. 탐선이 들어왔다. 우후(이몽구)가 도양에서 도착했다. 영(전라 좌수영) 공문을 갖고 와서 바쳤다. "사립思立(정사립)을 해치려는 의도가 많았다." 우스운 일이다. "종사관(류공진)도 병을 조리하는 일로 고향에 돌아가고 싶다"는 문서를 바쳤다. 처리해 보냈다.

2일[4일, 신미]187 맑았다. 새벽에 상선(지휘선)을 출발시켰다. 목재를 끌어내릴 군사 1283명188에게 밥을 먹인 뒤에 끌어내리도록 했다. 충청 수사(선거이)와 우수사(이억기), 경상 수사(권준)와 두 조방장(신호·박종남)이 함께 왔다. 내내 이야기하다가 파했다.

3일[5일, 임신] 맑았다. 동풍이 크게 불었다. 여필(동생 이우신)과 울, 유헌(변유헌)이 나가 돌아갔다. 강응호(마량 첨사)는 도양장의 수확 일로 또한 같이

---

186 오희문의 『쇄미록』 1595년 8월 29일에 따르면, 이날 충청도에서 지진이 있었다.
187 『선조실록』에 따르면, 서울에서 지진이 있었다.
188 이순신의 숫자 경영 사례를 살필 수 있는 일기 중 하나다. 피터 드러커는 "측정되지 않는 것은 관리되지 않는다"며 추측이나 감각이 아니라 객관적 숫자를 이용해 경영을 해야 한다고 했다. 경영은 숫자라는 주장이다.

돌아갔다. 정항(진해 현감)과 우수禹壽(안골포 만호),[189] 이섬[190]이 정찰하고 살펴고 들어왔는데, "영등 적진은 2일에 소굴을 비웠고, 누각과 여러 근거지를 불태웠다"고 했다. 웅천에서 적에게 투항해 부역했던 공수복孔守卜 등 17명도 꾀어 왔다.[191]

4일[6일. 계위] 맑았다. 경상 수사(권준)가 와서 만나기를 청했기에 내내 이야기하고 돌아갔다. 여필(동생 이우신)과 울 등이 어떻게 갔는지 알 수 없었다. 마음속 걱정으로 지독히 괴로웠다.

5일[7일. 갑술] 맑았다. 아침에 권 수사(권준)가 소고기를 조금 보내왔다. 충청 수사(선거이)와 신 조방장(신호)과 같이 아침을 먹었다. 식사를 한 뒤에, 신 조방장(신호)과 선 수사(선거이)와 같은 배를 타고 경상 수사(권준)에게 갔다. 내내 이야기했다. 해 질 무렵 돌아왔다. 이날, 체찰(체찰사 이원익)의 공문이 도착했는데, "순천과 광양, 낙안과 흥양의 갑오(1594년) 전세를 실어 오라"고 했기에, 곧바로 대답해 보고했다.

6일[8일. 을해] 맑았으나 큰 바람이 불었다. 충청 수사(선거이)가 술을 내왔다. 우수사(이억기)와 두 조방장(신호·박종남)이 와서 같이 마셨다. 송덕일이

189 우수(1557~?)는 조선 중기의 무신이다. 1603년 식년 무과에서 급제했다. 거제 출신이다. 『선조실록』 선조 30년(1597) 3월 20일 기록에 따르면, 이순신이 2월 부산포 앞바다에서 전투를 할 때, 안골포 만호 우수가 바닷물이 빠져 움직이지 못하게 된 이순신 전선에서 이순신을 구출했다고 한다. 1604년 6월 14일, 당포 전투를 그린 「당포전양승첩도」에는 사도 첨사로 출전한 기록이 나온다
190 이섬(1541~?)은 조선 중기의 무신이다. 1583년 무과 별시에서 급제했다. 옥포 만호 이담(1544~?)이 동생이다. 1604년 6월 14일, 당포 전투를 그린 「당포전양승첩도」에는 미조항 첨사로 출전한 기록이 나온다. 당시 미조항 첨사 이섬이 흑색 대선을 발견해 보고하면서 전투가 시작되었다.
191 이탁영의 『정만록』 1592년 7월 5일, 오희문의 『쇄미록』 「임진남행일록」, 조익의 「진사일기」 1592년 5월 2일 등을 보면, 전쟁 발발 후 조선 백성 중 일부가 일본군에 적극 투항해 우리나라 정보를 제공하거나, 길 안내를 했다는 내용이 나온다.

들어왔다.

7일[9일, 병자] 맑았다. 식사를 한 뒤, 경상 우수사(권준)가 왔다. 충청도忠淸道 병영선兵營船과 서산瑞山과 보령의 배를 내보냈다.

8일[10일, 정축] 맑았다. 나라 제삿날192이라 좌기하지 않았다. 식사를 한 뒤, 아들 회와 송덕일이 같은 배로 나갔다. 충청 수사(선거이)와 두 조방장(신호·박종남)이 와서 이야기했다.

9일[11일, 무인]193 맑았다. 우수사(이억기)와 여러 장수가 모두 모였고, 영의 군사들에게 떡 1섬을 나누어주었다. 저녁 8시에 파하고 돌아왔다.

10일[12일, 기묘] 맑았다. 오후에 나와 충청 수사(선거이), 두 조방장(신호·박종남)이 함께 우수사(이억기)에게 갔다. 같이 이야기하다 밤에 돌아왔다.

11일[13일, 경진] 흐렸다. 몸이 아주 불편했다. 좌기하지 않았다.

12일[14일, 신사] 흐렸다. 아침에 충청 수사(선거이)와 두 조방장(신호·박종남)을 청해 와서 같이 아침을 먹었다. 늦게 파하고 돌아갔다. 저녁에 경상 수사(권준)와 우후(이몽구), 정항(진해 현감)이 술을 갖고 왔다. 같이 이야기하다가 밤이 깊어 흩어졌다. 충청 수사(선거이)와 박 조방(조방장 박종남)이 함께 왔으나, 신 조방申助防(조방장 신호)은 병으로 오지 못했다. 언경(경상 우수사 권준)이 홀로 남아 이야기했다. 이야기가 사립(정사립)에 대해 미치자, "우수(우수사 이억기)에게 들었는데, '(정사립이) 인륜을 어지럽히고, 법도를 어겼다'"고 했다. 아주 기가 막혔다. 아주 기가 막혔다. 경수(이억기)는 왜 이렇게 이치에 닿지 않는 말을 할까. 그런 행동이 불행을 불러올 것을 상상할 수 있을 텐데.

192 세조의 제삿날이다.
193 9월 9일은 명절인 중양절이다. 중양절이라 이날 장졸들에게 떡을 나누어준 것으로 보인다.

13일[15일. 임오] 맑았다. 수루에 기대어 홀로 앉아 있었다. 가슴에 품은 생각으로 불편했다凭樓獨坐 懷思不平.

14일[16일. 계미] 맑았다. 충청 수사(선거이)와 두 조방장(신호·박종남)과 함께 아침을 먹었다. 늦게 나가 좌기했다. 우수사(이억기)와 경상 우수사(권준)가 함께 도착했다. 같이 작별주를 마셨다. 밤이 깊어 파했다. 선 수사(선거이)와 이별하면서 선물로 짧은 시를 짓기를, "북쪽에 올라갔을 때, 같이 애쓰며 고생했고北去同勤苦, 남쪽에 내려와서도 더불어 죽고 살았네南來共死生. 한 잔 술, 이 밤의 달과 함께 마시고 나면一盃今夜月, 내일은 헤어져 아쉬운 정만 남으리明日別離情"라고 했다. 써서 주었다.[194]

15일[17일. 갑신] 맑았다. 선 수사(선거이)가 와서 보고하고 돌아갔다. 또 이별주를 마시고 파했다.

16일[18일. 을유] 맑았다. 나가 좌기했다. 공무를 처리했다. 「임금님께 보고하는 글」을 확인해 봉하고 도장을 찍었다. 이날 어두울 무렵, 월식月食[195]을 했다. 밤이 되자 달빛이 밝아졌다.

17일[19일. 병술] 맑았다. 식사를 한 뒤, 서울에 편지를 써서 보냈다. 김희번金希番[196]이 「임금님께 보고하는 글」을 갖고 나갔다. 유자柚子 30개를 영의정(류성룡)에게 보냈다.

18일[20일. 정해] 늦게 정 조방장(정응운)이 들어왔다. 같이 이야기했다.

19일[21일. 무자] 맑았다. 정 조방장(정응운)이 들어왔다가 곧바로 돌아갔다.

---

194 "써서 주었다"를 「박혜일·최희동본」, "書贈"으로 판독했다. 「충무공유사(영인본)」도 "書贈"처럼 보인다. "贈" 자의 경우는 정탁의 「용사일기」 1593년 1월 4일 뒤에 있는 내용 중에 명나라 제독 이여송이 류성룡에게 금부채에 시를 써서 "보내주었다送贈"와 같은 사례도 있다.

195 이날 월식은 「선조실록」에는 기록되어 있지 않다. 조응록의 「죽계일기」 1595년 9월 16일에는 「난중일기」처럼 "월식이 있었다"고 나온다.

196 김희번(?~?)은 1604년 4월 발급된 「선무원종공신녹권」에는 부장으로 나온다.

20일[22일, 기축]197 밤 2시에 둑제를 지냈다.198 사도 첨사 김완이 헌관으로 제사를 지냈다. 아침에 우수사(이억기)가 와서 만났다.

21일[23일, 경인] 맑았다. 박(박종남)과 신(신호) 두 조방장과 같이 아침을 먹었다. 박 조방장(박종남)의 이별 잔치를 하려고 했으나, 작별 인사를 위해 경상 수사(권준)에게 갔고, 해가 저물어 할 수 없었다. 저녁에 이종호가 들어왔다. 목화만 갖고 왔다. 다 나누어주었다.

22일[24일, 신묘] 맑았다. 동풍이 크게 불었다. 박자윤(박종남) 영공이 나갔다. 경상 수사(권준)도 도착해 이별 잔치를 했다.

23일[25일, 임진] 맑았다. 나라 제삿날199이라 좌기하지 않았다. 웅천에서 포로로 잡혀 있던 박록수朴祿守와 김희수金希壽가 와서 인사했다. 더불어 도(경상도)의 적 정세를 알렸기에 각각 목면 1필을 나누어주어 보냈다.

24일[26일, 계사] 맑았다. 아침에 각 곳에 보내는 편지 10여 통을 썼다. 아들 울과 면, 방익순方益純과 온개溫介 등이 함께 나갔다. 이날 저녁, 우수사(이억기)와 경상 수사(권준)가 와서 만났다.

25일[27일, 갑오] 맑았다. 밤 2시에 배에서 내렸다. 동틀 무렵, 목욕탕湯子200

---

197 『선조실록』에 따르면 이날 강원도에서 지진이 있었다.

198 이날의 둑제는 출전 직전의 둑제가 아니라, 봄의 경칩(양력 3월 5일 전후)과 가을의 상강(10월 24일 전후)에 지내는 것 중 상강에 지내는 둑제다. 1593년 2월 5일에도 "경칩이었기에 둑제를 지냈다"는 기록이 나온다. 1593년 2월 5일은 경칩이기도 했고, 실제로 출전 전날이기도 했다. 1594년 9월 8일 일기에 9일에 거행할 둑제 기록은 실제 출전 직전의 둑제가 아니라 상강 둑제였다.

199 태조의 원비, 신의왕후 한씨의 제삿날이다.

200 "湯子"는 『세종실록』에서는 "석탕자石湯子"로 나온다. 성현成俔(1439~1504)의 『용재총화』에 따르면, 온천물이 미지근했던 경상도 영산(지금의 창녕)의 온천에서는 뜨거운 돌을 물에 넣어 덥혀 목욕을 했다고 한다. 이순신의 목욕탕도 온천이 아니었기에 뜨거운 돌을 넣는 방식의 목욕탕으로 보인다. 『미암일기』 1568년 6월 12일에는 "홍탕紅湯(홍화를 삶은 물)에서 목욕을 했다"는 내용이 나온다. 홍화는 우리말로는 잇꽃이고, 골다공증이나 동맥경화에 효과가 있다고 한다. 유희춘의 일기 1569년 6월 5일에는 1567년 여름에 초수椒水(초정약수)로 목욕했다는 내용도 나온다.

에 도착했다. 식사를 한 뒤 목욕하고 배에 올랐다. 음식을 할 때는 한낮인 오후 2시였다. 녹도의 아랫사람이 실수로 불을 냈다. 대청과 수루방樓房까지 번져 다 불에 탔다. 군량과 화약, 군기물 등의 창고에는 불길이 미치지 않았으나, 수루 아래에 있던 장전과 편전 200여 부가 불에 탔다. 한숨이 났다.

26일[28일, 을미] 맑았다. 홀로 배 위에 앉아 있었다. 내내 앉았다 누웠다 했다. 마음이 불편했다. 이언량이 목재를 베어 왔다.

27일[29일, 병신] 흐렸다. "안골포에서 왜적에게 부역했던 230여 명이 나왔고, 배의 수는 22척입니다"라고 우수가 와서 보고했다. 식사를 한 뒤, 불탄 곳으로 올라갔다. 집 지을 터를 정했다.[201]

28일[30일, 정유] 맑았다. 식사를 한 뒤, 집 지을 곳으로 올라갔다. 우수사(이억기)와 경상 수사(권준)가 와서 만났다. 회와 울이 소식을 듣고 들어왔다.

29일[31일, 무술] 맑았다.

30일[11월 1일, 기해] 맑았다.

◎ **1595년 10월**

10월 1일[양력 11월 2일, 경자] 맑았다. 신 조방장(신호)과 같이 아침을 먹었다. 그대로 이별 술자리를 차렸다. 늦게 신 조방장이 나갔다.

2일[3일, 신축] 맑았다. 대청의 대들보를 올렸다上樑. 또한 상선(지휘선)을 연기로 그을렸다. 우수사(이억기)와 경상 수사(권준), 이정충(전라 우수영 우후)

---

201 9월 25일에 녹도 하인이 불을 일으켜 대청과 수루방 다 탔기에 새로 집을 지으려고 한 것이다.

이 와서 만났다.

3일[4일, 임인] 맑았다. 해평군 윤근수[202]의 공문을 구례求禮의 유생이 갖고 왔는데, "김덕령金德齡과 전주의 김윤선金允先 등이 죄 없는 사람을 때려죽이고, 바다의 진으로 도망쳐 들어갔다"고 했기에,[203] 찾아보게 했더니, "9월 10일 사이에 보리 종자를 바꿀 일로 진에 도착했다가 곧바로 돌아갔다"고 했다. 또한 회의 생일이었기에 술과 음식을 갖춰줄 일을 예방에게 이야기했다.

4일[5일, 계묘] 맑았다.

5일[6일, 갑진] 이른 아침에 수루에 올라갔다. 일을 하는 것을 보고, 수루 위 서까래 사이 천장에 흙을 바르는 일[204]을 하는 것을 항복한 왜인으로 하여금 운반하는 일을 하게 했다.

6일[7일, 을사] 식사를 한 뒤, 우수사(이억기)와 경상 수사(권준)가 와서 만났다. 저녁에 웅천 현감(이운룡)이 왔다. 그로 인해 듣기를, "명나라 사신(양방형)[205]이 부산으로 들어갔다"고 했다. 이날, 포로로 잡혀갔던 24명이 나왔다.

7일[8일, 병오] 맑았다. 따뜻하기가 봄날 같았다. 임치 첨사가 와서 만났다.

8일[9일, 정미] 맑았다. 조카 완이 들어왔다. 진원과 조카 해의 편지도 왔다.

202 해평군은 윤근수의 작호다. 1590년에 명나라의 『대명회전大明會典』 등에 잘못 기록된 태조 이성계 기록을 시정하는 일에 공로를 세운 광국공신光國功臣 1등으로 해평부원군海平府院君에 봉해졌다.
203 이 사건이 있은 지 얼마 후인 『선조실록』 선조 28년(1595) 12월 28일 기록에 윤근수가 김덕령에 대해 "용맹하나 형벌이 지나쳐 사람들이 따르지 않는다"고 한 내용이 나온다. 『선조수정실록』 선조 29년(1596) 2월 1일 기록에는 이 사건이 자세히 나온다. 김덕령은 이 사건으로 잡혀갔다가 선조의 특명으로 석방되었다.
204 "서까래外樑 사이 천장에 흙을 바르는 일仰土"은 우리말로는 "치받이"라고 한다.
205 원문 "天使"는 명나라 황제의 사신을 뜻한다.

9일[10일, 무신] 맑았다. 각 곳에 답장을 써서 보냈다. 대청을 짓는 것을 마쳤다.[206] 우우후(전라 우수영 우후 이정충)가 와서 만났다.

10일[11일, 기유] 맑았다. 늦게 대청에 좌기했다. 우수사(이억기)와 경상 수사(권준)가 함께 왔다. 조용히 이야기했다.

11일[12일, 경술] 맑았다. 일찍 수루방으로 올라갔다. 내내 일하는 것을 보았다.

12일[13일, 신해] 맑았다. 일찍 수루에 올라갔다. 일하는 것을 보았다. 서쪽 행랑을 만들어 세웠다. 저녁에 송홍득[207]이 들어왔다. "미친 듯한 헛소리"가 많았다.

13일[14일, 임자] 맑았다. 일찍 새로 지은 수루로 올라갔다. 대청 천장에 흙을 바르는 것을 항복한 왜인으로 하여금 끝내게 했다. 군관 송홍득이 따라갔다.

14일[15일, 계축] 맑았다. 우수사(이억기)와 경상 수사(권준), 사도 첨사(김완)와 여도 만호(김인영), 녹도 만호(송여종) 등의 관리들이 와서 만났다.

15일[16일, 갑인] 맑았다. 새벽에 망궐례를 했다. 저녁에 달을 타고[208] 우수사 경수(이억기)에게 가서 만났다. 이별 잔치를 했다. 경상 수사(권준)와 미조항 첨사(성윤문), 사도 첨사(김완)도 왔다.

206　이날 완성된 한산도의 수루는 초가지붕으로 보인다. 불탄 수루와 대청 공사 관련 일기들을 보면 기와가 전혀 언급되고 있지 않다. 또한 1594년 5월 5일과 8월 11일 기록에 비바람으로 지붕이 3겹이나 벗겨졌다는 것을 보아도 초가지붕인 듯하다.
207　송홍득은 『난중일기』 1594년 4월 4일에서는 도원수 권율의 군관으로 나온다. 그러나 이날 이후인 10월 26일 일기에 송홍득과 송희립이 사냥을 나갔다는 기록을 보면, 이 시기에는 이순신 막하에 있었던 듯하다.
208　"달을 타다乘月"는 정탁의 『용사일기』 1592년 11월 10일에 "풍원부원군(류성룡)이 달을 타고 내방했다乘月來訪"는 기록에도 나온다.

16일[17일. 을묘] 맑았다. 새벽에 새로 지은 수루방으로 올라갔다. 우수사 (이억기)와 임치 첨사, 목포 만호 등의 관리들이 나갔다. 그대로 새 수루방에서 묵었다.

17일[18일. 병진] 맑았다. 아침에 가리포 첨사(이응표)와 금갑도 만호(이정표)가 와서 같이 아침을 먹었다. 진주의 하응구209와 류기룡 등이 와서 계원미繼援米210 20섬을 바쳤다. 부안의 김성업金成業211과 미조항 첨사 성윤문이 와서 만났다. 정항(진해 현감)은 보고하고 돌아갔다.

18일[19일. 정사] 맑았다. 권 수사(권준)와 우우후(전라 우수영 우후 이정충)가 와서 만났다.

19일[20일. 무오] 맑았다. 회와 면이 나갔다. 송두남이 「임금님께 보고하는 글」을 갖고 서울로 올라갔다. 김성업도 돌아갔다. 이운룡이 와서 만났다. 군량을 모아 지원하는 역할을 담당하는 책임자인 하응문과 류기룡이 나갔다.

20일[21일. 기미] 맑았다. 늦게 가리포 첨사(이응표)와 금갑 만호(이정표), 남도 만호(강응표)와 사도 첨사(김완), 여도 만호(김인영)가 와서 만났다. 술을 권하고 보냈다. 해 질 무렵 영등 만호(조계종)도 왔다. 저녁을 먹고 돌아갔다. 이날 밤, 바람결이 아주 매서웠다. 차가운 달은 낮과 같이 밝았다. 자려고 해도 잠들 수 없었다. 밤새 뒤척거렸다. 온갖 시름이 가슴을 쳤다風色甚冽 寒月如晝 寢不能寐 轉輾終夜 百憂攻中.

21일[22일. 경신] 맑았다. 이설이 휴가를 요청했으나 주지 않았다. 늦게 우

---

209 하응구는 형 하응문과 함께 진주 유생으로 이순신에게 군량을 모아 공급했다. 『난중일기』에는 형 하응문도 나온다. 「선무원종공신녹권」에서는 부장으로 나오고, 선무원종공신 2등이다.
210 계원미는 민간에서 군량을 공급했던 계원유사가 모은 군량미다.
211 김성업(1553~?)은 조선 중기의 무신이다. 부안 출신이다. 이순신이 1576년 무과 식년시에서 급제할 때 함께 합격했다. 『난중일기』에 나오는 이순신과 김성업의 급제 동기로는 구사직·박종남·박대남·신호의·남치온·이경록이 있다.

우후 이정충(전라 우수영 우후)·금갑 만호(이정표)·가안책[212]·이진 권관 등의 관리들이 와서 만났다. 바람결이 아주 매서웠다. 자려고 해도 잠들 수 없었다. 공태원을 불러 왜적의 정세를 물었다. 사립(정사립)이 "경(경상) 수백(수사 권준)이 거짓으로 비방하는 말을 지어내 공문을 쓰게 했고, 그 공문을 비밀로 하라고 했다"고 했다. 놀랄 일이다. 놀랄 일이다. 권 수(수사 권준)는 사람이 되어 어찌 이처럼 거짓되고 헐뜯을 수 있는가. 늦게 미조항 첨사 성윤문[213]이 왔다. 권 수(수사 권준)의 제멋대로이고 엉망인 모습을 많이 말했다.

22일[23일, 신유] 맑았다. 가리포 첨사(이응표)와 미조항 첨사(성윤문), 우후(이몽구) 등의 관리가 와서 만났다. 저녁에 송희립과 박태수朴台壽, 양정언이 들어왔다. 전문을 받들고 갈 유생도 들어왔다.

23일[24일, 임술] 맑았다. 아침에 전문을 올려보낸 뒤, 대청으로 나가 좌기했다. 공무를 처리했다.

24일[25일, 계해] 맑았다. 경상 수사(권준)가 와서 만났다. 하응구도 도착했

---

212 "금갑도 만호(이정표)·가안책"은 『이충무공전서』에 "金甲萬戶賈安策"으로 나온다. 금갑도 만호와 가안책이 별개의 인물인 '금갑도 만호·가안책' 혹은 동일 인물인 '금갑도 만호 가안책'으로 번역될 수 있다. 그러나 이순신의 「당항포에서 왜적을 쳐부순 일을 임금님께 보고하는 장계唐項浦破倭兵狀」(1594년 3월 10일)에는 금갑도 만호 이정표가 나오고, 명량해전 이후인 1597년 10월 13일에도 '금갑도 만호 이정표'로 나오는 것으로 보아 이정표는 계속 '금갑도 만호직'을 수행한 듯하다. 가안책은 『난중일기』에는 이날 한 번 등장한다. 이순신의 「당포에서 왜적을 쳐부순 일을 임금님께 보고하는 장계唐浦破倭兵狀」(1592년 6월 14일)에서는 "한후장捍後將 신의 군관 전 권관 가안책"으로 나온다. 「견내량에서 왜적을 쳐부순 일을 임금님께 보고하는 장계見乃梁破倭兵狀」(1592년 7월 15일)에서는 "좌별도장이며 영(전라 좌수영) 군관 전 만호 윤사공·가안책"으로 나온다. 그 외에 다른 언급은 없다. 이로써 이날 일기는 "금갑도 만호(이정표)·가안책"으로 볼 수 있다. 가안책賈安策(1559~?)은 조선 중기의 무신으로, 1583년 무과 별시에서 급제했다. 전前 만호였다가 이순신 막하에서 군관으로 활약했다.

213 「충무공유사」 "성윤문"의 원문은 "成允"이다. 「박혜일·최희동본」은 "成允(文)"으로 보았다.

다. 내내 이야기했고 해 질 무렵 돌아갔다. 박태수와 김대복이 보고하고 돌아갔다.

25일[26일, 갑자] 맑았다. 가리포 첨사(이응표)와 우후(이몽구), 금갑 만호(이정표)와 회령포 만호(민정붕), 녹도 만호(송여종) 등의 관리가 와서 만나고 돌아갔다. 저녁에 정항(진해 현감)이 보고하고 돌아갔다. 이별 잔치를 했다. 띠풀을 베어올 일로 이상록과 김응겸, 하천수河天壽와 송의련, 양수개楊水漑[214] 등이 군사 80명을 이끌고 나갔다.

26일[27일, 을축] 맑았다. 들으니, 임달영任達英이 왔다. 불러서 제주에 가는 일을 물었다. 방답 첨사(장린)가 들어왔다. 송홍득과 희립希立 등이 사냥하러 갔다. 장인聘의 제삿날이라 좌기하지 않았다.

27일[28일, 병인] 맑았다. 우우후(전라 우수영 우후 이정충)와 가리포 첨사(이응표)가 왔다.

28일[29일, 정묘] 맑았다. 경상 우후(이의득)가 와서 만났다. 띠풀을 실은 배가 들어왔다. 밤에 비가 내렸고, 천둥이 치는 것이 여름과 같았다. 이상야릇한 일이다. 저녁 8시에 광풍이 불었고, 소나기가 크게 내렸다. 밤 10시에 천둥이 치고 비가 내렸다. 여름날과 같았다. 이상야릇한 일이 일어나는 것이 이렇게까지 되는구나.

29일[30일, 무진] 맑았다. 가리포 첨사(이응표)와 이진 권관이 되돌아갔다. 경상 수사(권준)와 웅천 현감(이운룡), 천성 만호(윤홍년)가 함께 왔다.

◎ **1595년 11월**

11월 1일[양력 12월 1일, 기사] 새벽에 망궐례를 했다. 늦게 나가 좌기했다. 공

---

214 양수개는 「선무원종공신녹권」에서는 부장으로 나오고, 선무원종공신 1등이다.

무를 처리했다. 사도 첨사(김완)가 나갔다. 함평과 진도, 무장의 전선을 내보냈다. 김희번이 서울에서 내려왔다. 조보와 영의정(류성룡)의 편지, 원흉元凶(원균)이 '조사를 받은 내용에 대해 작성한 진술서'215를 갖고 왔다. 입으로는 말할 수 없이 아주 흉악하고 거짓되었다. 속여 말하는 이야기는 표현하기도 어렵다. 하늘과 땅 사이에 이 원(원균)처럼 흉악하고 함부로 하는 사람은 없을 것이다. 항복한 왜인 등에게 술을 권했다. 오후에 방답防踏 첨사와 훈련용 화살 7순을 쏘았다.

2일[2일. 경외] 맑았다. 곤양 군수 이수일216이 와서 만났다.

3일[3일. 신미] 맑았다. 황득중이 들어왔다. 전하기를, "왜의 2배가 청등靑登을 거쳐 흉도胷島에 도착했습니다. 해북도海北島에 정박해 불을 지르고 돌아갔습니다. 춘원春院 등지에 도착해 있습니다"라고 했기에, 새벽에 지도로 돌아왔다.

4일[4일. 임신] 맑았다. 새벽에 이종호와 강기경 등이 들어왔다. 변존서의 편지를 읽어보니, (조카) 봉과 해 형제가 영(전라 좌수영)에 도착했다. 직장 이여옥李汝沃217 형의 집, 보莆(이여옥의 아들)218의 편지가 왔는데, 슬퍼서 울

---

215 "조사를 받은 내용에 대해 작성한 진술서"의 원문은 "緘答"이다. 지방에 있는 관리의 잘못을 조사할 때, 서울로 부르지 않고 서면으로 조사할 때 그 대상자가 글로 올리는 진술서다.

216 『이충무공전서』의 이날 일기에 언급된 "곤양 군수 이수일"은 시호가 충무인 이수일 (1554~1632)과 동일인지 확실치 않다. 또한 1596년 6월 23일 일기에는 "곤양 군수 이극일李克一"이 나온다. 이수일의 무과 급제 기록을 보면, 이극일은 이수일의 형이다. 이원익의 「四道都體察使時狀啓」(1596년 3월 5일, 3월 14일)에는 경상 좌수사 이수일이 이운룡과 교체된 것으로 나온다. 이런 정황으로 보면, 『이충무공전서』 일기의 '이수일'은 「친필본」 1596년 6월 23일자의 "곤양군수 이극일"의 오자로 보인다.

217 이여옥(1539~1595)은 이은신李殷臣이다. 자가 여옥이다. 이순신의 백종조伯從祖(큰할아버지) 이백복李百福의 아들로 5촌이다. 1579년 생원시에 합격하고, 익위사의 부솔을 지냈다. 류성룡과 친구다. 류성룡의 『서애집』에 「달밤에 친구 이여옥의 정원 정자에서 놀다月夜遊友人李汝沃園亭」란 시가 있다.

부짖지 않을 수 없었다. 곧바로 답장을 써서 보에게 보냈다. 백립白粒(흰쌀) 2곡과 6장 유둔·4장 유둔,[219] 잡다한 물건 등과 포목 3단[220]도 구해 보내도록 일렀다. 게다가 아들의 편지를 보았더니, "요동의 왕울덕[221]은 왕씨의 먼 후손인데 군사를 일으키려고 한다"고 했다. 아주 기가 막힐 일이구나. 우리나라 군대는 외롭고, 힘도 지쳐 있는데 이를 어찌해야 하나.

5일[5일, 계위] 맑았다. 남해 현령과 금갑도 만호(이정표), 남도 만호(강응표)와 어란 만호, 회령포 만호(민정붕)와 정담수가 와서 만났다. 방답 첨사(장

218　이보李莆(1571~1638)는 이은신(이여옥)의 아들이다(『덕수 이씨 제9간 세보, 신편信編(상·하)』(덕수이씨세보간행위원회, 2001, 4쪽)).

219　6장 유둔六丈油芚과 4장 유둔四丈油芚은 유둔의 품질에 따른 종류로 보인다. 유둔은 비올 때에 쓰기 위해 혹은 전쟁터에서 천막용으로 쓰기 위해 기름을 먹인 종이를 이어붙인 두꺼운 종이다. 도산서원에 소장된 『전장기』「천계이년임술정월이십삼일전장」에도 물품 목록 중에 '2장부 유둔二張付油芚'이 나온다. 또한 『乾隆二十九年二月 日慶基殿影幀後面加褙謄錄』에도 물품 목록 중 『난중일기』에도 나오는 물품인 장유지·장지와 함께 6유둔이 나온다. 또한 『승정원일기』 인조 15년 4월 14일에도 진상하는 유둔과 관련해 "道內進獻油芚, 本無用四丈付之例云, 而皆以六丈付, 改備上送"라는 기록이 나온다. 즉 진상 유둔에서 4장부 유둔은 못쓰니 6장부 유둔을 바꿔 보내라고 했다. 1488년 명나라 사신 동월이 조선을 방문하고 남긴 『조선부』에는 조선에서는 "(종이에) 기름을 먹인 것은 비를 막을 수 있는데, 그 두꺼운 종이厚紙는 4폭幅을 한 장으로 한 것, 8폭을 한 장으로 한 것이 있는데, 모두 유단油單이라고 부른다"는 내용이 나온다. 『난중일기』의 6장 유둔, 4장 유둔과 같은 의미인 듯하다. 이문건의 『묵재일기』 1546년 5월 24일에도 '4장부유둔四丈付油芚 1, 백첩선 5, 왜선 5'라는 내용이 나온다. 종이는 닥나무로 만드는데, 찧고 마름질했다고 한다.

220　3단三端의 단端은 『옛편지 낱말사전』에 따르면, 포목의 길이 단위다. 정확한 길이에 대해서는 여러 설이 있으나 대체로 포백척 20척이 1단이 된다. 『선조실록』 선조 33년(1600) 9월 3일에도 "무명木 3단"이 나온다. 이문건의 『묵재일기』 1536년 윤12월 8일에는 "포 5단"이 나온다.

221　『충무공유사』에 언급된 "왕울덕"은 1595년 5월 4일 일기에서는 "왕작덕"으로 나온다. 이 부분은 1595년 4월 4일 일기에도 나온다. 그러나 정경운의 1595년 11월 17일로 보면, 11월 4일 일기가 타당하다. 이는 『충무공유사』가 현재는 사라진 을미년(1595) 일기를 바탕으로 발췌한 것을 증명하는 기록이다. 「박혜일·최희동본」도 11월 4일 일기로 보았다. 곽수지의 『호재진사일록』 1595년 10월 21일에는 "조보朝報를 보았는데, '서쪽 변방의 누르하치奴兒哈赤가 군대를 일으켰고, 북쪽 오랑캐도 더불어 일어나 변방의 관리들이 피해를 당했다'고 했다"는 내용이 나온다.

린)와 여도 만호(김인영)를 불러와 이야기했다.

6일[6일, 갑술] 맑았다. 송희립이 들어왔다. 띠풀 400동과 생칡 100동을 실어 왔다.

7일[7일, 을해] 맑았다. 하동 현감222이 교서와 유서에 숙배했다. 경상 우수사(권준)가 순찰사巡察使에게서 왔다. 미조항 첨사(성윤문)와 남해 현령도 왔다.

8일[8일, 병자] 맑았다. 새벽에 완과 사내종 경이 영(전라 좌수영)으로 돌아갔다. 늦게 김응겸과 경상 순사(순찰사)의 군관 등이 왔다.

9일[9일, 정축] 맑았다. 여도 만호 김인영이 들어왔다.

10일[10일, 무인] 맑았다. 새벽에 경상 순사(순찰사)의 군관이 되돌아갔다.

11일[11일, 기묘] 맑았다. 새벽에 임금의 탄신 축하례223를 했다. 영(전라 좌수영) 탐선이 들어왔다. 변 주부(변존서)와 이수원, 이원룡 등이 왔다. 그로 인해 어머님께서 평안하신 것을 들었다. 기쁘고 행복하다. 기쁘고 행복하다. 저녁에 이의득(경상 우후)이 와서 만났다. 금갑도 만호(이정표)와 회령포 만호(민정붕)가 나갔다.

12일[12일, 경진] 맑았다. 발포의 임시 장수로 이설을 정해 보냈다.

13일[13일, 신사] 맑았다. 도양장에서 수확해 거둔 조세租는 콩 820섬이다.

14일[14일, 임오] 맑았다.

15일[15일, 계미] 맑았다. 아버님 제삿날224이라 나가지 않았다. 홀로 앉아 있었다. 그리운 마음을 가눌 수 없었다獨坐戀想 懷不自勝.

---

222 하동 현감을 「편수회본」에서는 최기준崔琦準으로 보았으나, 근거는 알 수 없다.
223 임금의 탄신 축하례誕日賀禮는 선조宣祖(1552~1608)의 생일 축하 의식을 말한다.
224 「이충무공전서」 원문 "親忌"는 「충무공유사」에서는 "大忌"로 나온다. 같은 뜻이다.

16일[16일. 갑신] 맑았다. 항복한 왜인 여문연기汝文戀己와 야시로也時老 등이 와서 보고하기를, "왜인 등이 도망치려고 한다"고 했기에, 우우후(전라 우수영 우후 이정충)로 하여금 잡아오게 했다. 그들의 우두머리 주모자를 찾아내 준시俊時 등 왜인 둘의 머리를 베었다. 경상 수사(권준)와 우후(이몽구), 웅천 현감(이운룡)과 방답 첨사(장린), 남도 만호(강응표)와 어란 만호, 녹도 만호(송여종)가 왔으나, 녹도 만호(송여종)는 곧 내보냈다.

17일[17일. 을유] 맑았다.

18일[18일. 병술] 맑았다. 어응린이 와서 전하기를, "고니시 유키나가가 그의 무리를 이끌고 바다로 나갔는데, 간 곳을 알 수 없다"고 했기에, 경상 수사(권준)에게 전령해, 바다와 육지를 정찰하고 살피게偵探 했다. 늦게 하응문이 와서 군량을 모아 지원하는 일을 보고했다. 얼마 뒤, 경상 수사(권준)와 웅천 현감(이운룡) 등이 와서 의논하고 갔다.

19일[19일. 정해] 맑았다. 이른 아침에 도망쳤던 왜인이 스스로 와서 나타났다. 밤 10시에 (조카) 분과 봉과 해, (아들) 회가 들어왔다. "어머님께서 평안하신 것"을 알았다. 기쁘고 행복하다. 하응문이 돌아갔다.

20일[20일. 무자] 맑았다. 거제 현령(안위)과 영등 만호(조계종)가 와서 만났다.

21일[21일. 기축] 맑았다. 내내 북풍이 불었다. 새벽에 송희립을 견내량에 적선이 있는지 조사하도록 내보냈다. 이날 저녁에 벽어碧魚(청어)225 1만

---

225 벽어는 청어靑魚다. 『난중일기』에는 벽어와 청어 모두 나온다. 정약전의 『자산어보』에서는 "1월에 알을 낳기 위해 바닷가를 따라 무리를 지어 올라오는데, 청어 수억 마리가 열을 지어오면서 바다를 뒤덮을 지경"이라고 했다. 조선 후기에 저술된 『명물기략』에서는 값이 싸고 맛있어 가난한 선비들이 사먹는 물고기이기에 선비들을 살찌게 하는 물고기라는 뜻의 '비유어肥儒魚'로 기록되었다. 겨울에 잡은 청어를 그대로 그늘에 말린 것을 과메기라고 한다.

3240두름²²⁶으로 곡식을 사는 일로 이종호가 받아갔다.²²⁷

22일[22일, 경인]²²⁸ 맑았다. 새벽에 동지에 하는 '임금에 대한 인사 숙배陳賀
肅拜'를 했다. 늦게 웅천 현감(이운룡)과 거제 현령(안위), 안골 만호(우수)와 옥
포 만호(이담), 경상 우후(이의득) 등이 왔다. 변존서와 조카 봉이 모두 갔다.

23일[23일, 신묘] 맑았으나 큰 바람이 불었다. 이종호가 인사를 하고 나갔
다. 이날, 견내량을 야간 순찰巡邏하는 일로 경상 수사(권준)를 정해 보냈으
나, 바람이 아주 사나워 출발하지 못했다.

24일[24일, 임진] 맑았다. 야간 순찰선巡邏船이 나갔다. 밤 10시에 진으로 돌
아왔다. 변익성邊翼星이 곡포 권관에 임명되어 왔다.

25일[25일, 계사] 맑았다. 식사를 한 뒤, 곡포 권관(변익성)의 공례를 받았
다. 늦게 경상 우후(이의득)가 와서 전하기를, "항복한 왜인 8명이 가덕에서
나왔다"고 했다. 웅천 현감(이운룡)과 우우후(전라 우수영 우후 이정충), 남도
만호(강응표)와 방답 첨사(장린), 당포 만호²²⁹가 와서 만났다. 조카 분과 이
야기하다가 밤 10시가 되었다.

26일[26일, 갑오] 아침부터 흐렸다. 늦게 맑아졌다. 식사를 한 뒤, 나가 좌기
했다. 공무를 처리했다. 광양 도훈도가 복병하러 갔다가 도망갔던 놈을 잡

---

226 두름의 원문은 "級"이다. ① 머리를 벤 적의 수급이나 귀 혹은 사로잡은 적의 수를 셀 때
쓰는 단위, ② 두름(두음·둠)의 뜻으로 쑥, 고사리 등 나물이나 약초 등을 한 줄에 열 모듬을 엮
은 것을 한 단위로 셀 때 쓰던 단위, ③ 두름(두음·둠)의 뜻으로 물고기를 한 줄에 10마리씩 두
줄로 엮어 20마리씩 묶어놓은 것의 단위다. 물고기를 '마리' 단위로 표현할 때는 미尾를 썼다.
『난중일기』에는 "冬音"도 나온다. 특히 1596년 1월 6일 일기에는 급과 두름이 모두 나온다.
227 류성룡이 쓴 「移忠州原州京畿巡察文」(1596년 7월 27일)과 「移忠淸道觀察使文」(1596년 8월
2일)에도 군량을 확보하기 위해 물고기와 소금을 팔아 곡식을 사려는 모습이 나온다.
228 동짓날이다. 곽수지의 『호재진사일록』 1595년 11월 22일에 동지로 나온다.
229 당포 만호를 「편수회본」에서는 하종해로 보았다. 「당항포에서 왜적을 쳐부순 일을 임금님
께 보고하는 장계唐項浦破倭兵狀」(1594년 3월 10일)에는 당포 만호 하종해가 나온다.

아왔기에 처벌했다. 낮 12시쯤, 경상 수사(권준)가 왔다. 항복한 왜놈 8명과 꾀어낸 김탁金卓230 등 2명이 함께 왔기에, 술을 권했다. 김탁 등에게는 각각 목면 1필을 주어 보냈다. 저녁에 류척柳滌과 임영 등이 왔다.

27일[27일. 을미] 맑았다. 김응겸이 2년생 나무231를 베어올 일로 목수 5명을 이끌고 갔다.

28일[28일. 병신] 맑았다. 나라 제삿날232이라 좌기하지 않았다. 류척과 임영이 돌아갔다. 조카 등과 이야기하다보니, 밤이 깊었다. 이날이 바로 외삼촌233 제삿날이라 내내 나가지 않았다.

29일[29일. 정유] 맑았다. 나라 제삿날234이라 좌기하지 않았다.

30일[30일. 무술] 맑았다. 남해에 있던 항복한 왜인 야여문과 신시로信是老 등이 왔다. 경상 수사(권준)가 와서 만났다. 체찰(체찰사 이원익)에게 보낼 전세와 군량 30섬을 경상 수백(수사 권준)이 받아갔다.

◎ 1595년 12월

12월 1일[양력 12월 31일. 기해] 맑았다. 새벽에 망궐례를 했다.

---

230 「전서본」에서는 "김탁金卓"으로 나오나, 고전번역원 DB의 『이충무공전서』 「난중일기」에서는 「金, 卓」으로 나온다. 「전서본」을 보면, '김탁' 한 사람 혹은 '김'과 '탁' 두 사람인지 불분명하다. 그런데 1597년 「정유년 Ⅱ」 9월 18일에는 '순천 감목관 김탁金卓'이 나온다. 이 번역본에서는 1597년 「정유년 Ⅱ」 9월 18일 김탁을 기준으로 한 사람으로 옮겼다.

231 2년생 나무二年木는 대나무를 말하는 듯하다. 김형국의 『활을 쏘다』(효형출판, 2006, 136쪽)에 따르면, 대나무 화살竹矢의 경우는 2년생 대나무가 가장 좋다고 한다.

232 예종의 제삿날이다.

233 "외삼촌"의 원문 "娚"를 장인으로 보는 번역본이 있다. 그러나 이순신의 장인 방진의 기일은 『난중일기』(1594) 『충무공유사』(1595)에 따르면, 10월 26일이다. 외삼촌으로 보는 것이 타당하다.

234 인종의 왕비, 인성왕후 박씨의 제삿날이다.

2일[1월 1일, 경자] 맑았다. 거제 현령(안위)과 당포 만호, 곡포 권관(변익성) 등이 와서 만났다. 술을 권했다. 취해서 돌아갔다.

3일[2일, 신축] 맑았다.

4일[3일, 임인] 맑았다. 순천 2호선과 낙안 1호선의 군사를 점검하고 내보냈으나, 바람이 순하지 않아 출발하지 못했다. (조카) 분과 해는 영(전라 좌수영)으로 갔다. 황득중과 오수 등이 청어 7000여 두름級을 실어 왔기에, 김희방金希邦235의 곡식 판매 배236에 계산해주었다.

5일[4일, 계묘] 맑았으나 바람이 순하지 않았다. 몸이 불편해 내내 나가지 않았다.

6일[5일, 갑진] 맑았다. 늦게 경상 수사(권준)가 와서 만났다. 저녁에 울이 들어왔다. 어머님께서 평안하신지 자세히 살폈다. 아주 기쁘고, 끝없이 행복하다.

7일[6일, 을사] 맑았으나 바람이 순하지 않았다. 웅천 현감(이운룡)과 거제 현령(안위), 평산포 만호(김축)와 천성 만호 등의 관리가 와서 만나고 갔다.

235 김희방(1558~?)은 순천 출신의 조선 중기의 무신이다. 1602년 무과 별시에서 급제했다. 과거 급제가 늦었기에 이 시기에는 관직이 없었던 듯하다. 「선무원종공신녹권」에서는 주부主簿로 나오고, 선무원종공신 1등이다. 한국역대인물종합정보시스템에는 김희방金希邦(1578~1631)이 나온다. 전북 고창 출신으로 조선 중기의 의병·무신이다. 임진왜란 때 유팽로·김덕홍·김세근과 의병을 봉기해 의주에 있는 행재소로 갔으며, 고경명이 주도한 금산 전투에서 공을 세워 훈련원 주부에 임명되었다. 그러나 「난중일기」에 언급된 김희방과는 다른 인물로 보인다.
236 "판매 배"의 원문은 "貿穀船"이다. 「경국대전」에 따르면, 각 진의 장수는 장사배를 검열해 증명서를 조사하고, 검열하며 단독 항행을 금지했다. 「선조실록」 선조 40년(1607) 6월 29일에는 삼도 수군통제사가 무곡선貿穀船을 운영했던 기록이 나온다. 또한 「국역 일성록」 정조 10년(1786) 4월 8일에는 강가 촌락의 백성이 뱃일과 무곡貿穀으로 살아간다는 기록이 나온다. 「경국대전」에 따르면, 조선시대 화폐로는 포화布貨(삼베)와 저화楮貨가 있었다. 정포正布 1필은 상포常布 2필이며, 상포 1필은 저화 20장이었다. 저화 1장은 쌀 1되다. 그러나 실제로 저화는 거의 사용되지 않았다.

청주의 이희남에게 답장을 부쳐 보냈다.

8일[7일, 병오] 맑았다. 우우후(전라 우수영 우후 이정충)와 남도 만호(강응표)가 와서 만났다. 체찰사(이원익)의 전령이 왔는데, "가까운 날 소비포에서 서로 만납시다"라고 했다.

9일[8일, 정미] 맑았다. 몸이 불편했다. 밤새 끙끙 앓았다. 거제 현령(안위)과 안골 만호 우수가 와서 말하기를, "적의 상황은 물러갈 뜻이 없다"고 했다. 하응구도 왔다.

10일[9일, 무신] 맑았다. 충청도 순찰(순찰사 박홍로)과 수사237에게 공문을 작성해 보냈다.

11일[10일, 기유] 맑았다. "해와 분이 무사히 영(전라 좌수영)에 도착했다"는 편지를 읽었다. 기쁘고 행복하다. 그러나 그들이 고생한 상황은 말로는 표현할 수 없었다.

12일[11일, 경술] 맑았다. 경상 수백(수사 권준)이 와서 만났다. 우후(이몽구)도 왔다.

13일[12일, 신해] 맑았다. 왜인 옷 50령領과 이어붙인 ■238. 저녁 8시에 사내종 석세石世가 와서 말하기를, "왜선 3척과 소선 1척이 등산登山 바깥 바다에서 와서 합포合浦239에 정박했다"고 했다. 이는 반드시 사냥하는 왜이다. 곧바로 경상 수사(권준)와 방답 첨사(장린), 우우후(전라 우수영 우후 이정충)에게 자세히 살펴보도록 했다.

---

237 수사를 「편수회본」에서는 선거이로 보았다. 이날 일기의 내용으로 보면, "충청 순찰사와 (충청) 수사"로 보인다. 그 경우 충청 수사 선거이가 타당하다.

238 "■"는 『이충무공전서』에는 "缺"(빠졌음)로 나온다.

239 합포는 『다시 보는 한국해양사』(정진술 외 3인, 해군사관학교, 2007, 322쪽, 주2)에 따르면, 마산이 아니라 현재 창원시 진해구 원포동 합개 마을이다.

14일[13일, 임자] 맑았다. 경상 수사(권준)와 여러 장수가 합포로 나갔다. 왜 놈을 알아듣게 타일렀다. 미조항 첨사(성윤문)와 남해 현령, 하동 현감이 들어왔다.

15일[14일, 계축] 맑았다. 체사(체찰사 이원익)에게 갔던 진무가 들어왔는데, "18일에 삼천에서 만납시다"라고 했다기에, 급히 떠날 채비를 했다. 저녁 8시에 경상 수사(권준)가 와서 만났다.

16일[15일, 갑인] 맑았다. 새벽 4시쯤에 배를 출발했다. 달을 타고 당포 앞 바다에 도착했다. 아침을 먹었다. 사량 뒷바다에 도착했다.

17일[16일, 을묘] 비가 부슬부슬 내렸다. 삼천진 앞에 도착했더니, "체찰(체 찰사 이원익)은 사천에 도착했다"고 했다.

18일[17일, 병진] 맑았다. 아침을 먹은 뒤, 삼천진으로 나갔다. 낮 12시쯤, 체찰(체찰사 이원익)이 보240로 들어왔다. 같이 조용히 의논했다. 초저녁에 체찰이 방에 들어와 또 같이 이야기하자고 요청했다.241 이야기하다가 밤 3시에 이르러 파했다.

19일[18일, 정사] 맑았다. 아침을 먹은 뒤, 나가 좌기했다. 군사들에게 음식 을 먹였다. 다 먹고 난 뒤, 체찰(체찰사 이원익)은 길을 떠났다. 나는 배로 내 려왔다. 바람이 아주 사나워 배를 띄울 수 없었다. 그대로 머물러 정박했

---

240 보堡는 성·진보다 하위의 진지다. 이순신도 함경도 건원보, 조산보에서 근무했었다. 『경국 대전주해 후집』(안위, 1555)에서는 '작은 성城'이라고 설명했다.

241 이원익이 이순신을 만나자고 요청한 것은 『선조실록』 선조 28년(1595) 10월 27일의 기록으 로 추정할 수 있다. 비변사에서는 바다 싸움에 거북선이 요긴하다면서 거북선을 더 많이 만들고 대포와 불랑기·화전 등을 많이 싣고 바닷길을 막아 끊어야 한다면서 경상도의 선재船材가 생산 되는 거제·옥포·지세포 등지를 살펴 거북선을 만들 것을 도체찰사와 통제사에게 비밀리에 통지 해 실시하고, 도체찰사의 종사관 김시헌金時獻이 내려가려 하니, 이 계획을 전하게 하자고 건의 했었다.

다. 밤을 지냈다.

20일[19일, 무오] 맑았다. 큰 바람이 불었다.

1595년 12월 21일~12월 29일. 미기록 혹은 멸실 상태. 12월 29일은 1595년의 마지막 날짜.

1596년(병신년)
「친필본」

◎ **1596년 1월**

1월 1일[양력 1월 29일, 무진] 맑았다. 밤 1시에 들어가 어머님을 찾아뵈었다. 늦게 남양 숙부님[1]과 신 사과가 와서 이야기했다. 저녁에 어머님께 하직 인사를 하고 영(전라 좌수영)으로 돌아왔다. 마음이 아주 심란했다. 밤새 잠들지 못했다. 덕은 몸을 빛나게 한다.[2]

2일[30일, 기사] 맑았다. 일찍 나갔다. 군기물을 하나하나 확인하고 점검했

---

1 "숙부님叔主"의 "主"는 '님'을 뜻한다. 남양 숙부는 이후에도 몇 차례 등장한다. 이순신이 백의종군 중이던 1597년 4월 5일 일기에는 돌아가셨다는 소식을 들었다는 기록이 나온다. 정확히 누구인지는 알 수 없으나 이순신의 친인척으로 보인다.
2 "덕은 몸을 빛나게 한다德潤身"를 「문화재청본」은 누락했다. 「편수회본」「박혜일·최희동본」에는 나온다. "德潤身"은 「대학」에 나오는 말이다. "부유함은 집안을 빛나게 하고 덕은 몸을 빛나게 만들어주니, 마음은 넓어지고 몸은 편안해진다富潤屋 德潤身 心廣體胖" 「편수회본」「편수회초본」에서는 1월 2일 일기에 추가된 것, 「박혜일·최희동본」에서는 1월 1일 일기에 추가된 것으로 보았다. 「친필본」을 참고하면 1월 1일 일기에 추가된 것으로 보인다.

다. 이날은 나라 제삿날[3]이다. 부장[4] 이계[5]가 비변사 공문을 갖고 왔다. 덕은 몸을 빛나게 한다.[6]

3일[31일, 경오] 맑았다. 새벽에 바다로 나갔다. 동생 여필과 조카들이 함께 배 위로 왔다. 동틀 무렵에 배를 띄워 서로 헤어졌다. 낮 12시쯤, 곡포 바다 가운데에 도착했더니, 동풍이 조금 불었다. 상주포 앞바다에 도착했다. 바람이 잠들어 노질을 재촉했다. 밤 12시에 사량에 도착했다. 묵었다.

4일[2월 1일, 신미] 맑았다. 밤 2시에 첫 소라를 불었다. 먼동이 틀 때 배를 띄웠다. 이여념이 와서 만났다. 진 안의 일을 물었더니, "모든 것이 전과 같습니다"라고 했다. 오후 4시에 가랑비가 흩날렸다. 거망포에 도착했더니, 경상 수사(권준)가 여러 장수를 이끌고 나와 기다리고 있었다. 우후(이몽구)가 곧 먼저 배 위에 도착했다. 곤드레만드레 취해 인사불성으로 곧바로 그의 배로 돌아갔다. 송한련과 송한宋漢[7] 등이 말하기를, "벽어(청어) 1000여 두름을 잡아 매달아놓았고, 대부분은 다녀가신 뒤에 잡은 것으로 1800여 두름입니다"라고 했다. 비가 아주 크게 내렸다. 밤새 쉬지 않았다. 여러 장수가 해 질 무렵 출발했다. "진흙길에서 넘어진 사람이 많았다"고 했다. 기효근(남해 현령)과 김축(평산포 만호)[8]이 휴가를 얻어 돌아갔다. 진에 도착했다.

---

3 명종의 왕비, 인순왕후 심씨의 제삿날이다.
4 부장은 중앙군 5위의 기간을 이루는 지휘관으로 종6품이다. 궁성 경비 업무 이외에 비번 중인 군사의 전술 훈련 교관의 업무를 맡으며, 궁궐이나 도성의 불이 났을 때 화재 진압을 지휘하기도 했다.
5 이계는 1595년 6월 2일에는 "청주의 이계"로 나온다.
6 "덕은 몸을 빛나게 한다德潤身"를 「문화재청본」은 누락했다. 「편수회본」「박혜일·최희동본」에는 나온다. 「편수회본」「편수회 초본」에서는 1월 3일 일기에 추가된 것, 「박혜일·최희동본」에서는 1월 2일 일기에 추가된 것으로 보았다. 「친필본」을 보면 1월 2일 일기에 추가된 것으로 여겨진다.
7 송한은 이순신 막하에서 부장으로 활약했다. 각종 공로로 판관에 임명되었다.
8 김축(1553~?)은 1583년에 무과 별시에서 급제했다. 임진왜란 때 평산포 권관·만호로 활약했

5일[2일. 임신] 비가 내내 계속 내렸다. 동이 틀 때, 우후(이몽구)와 방답(장린)·사도(김완)의 두 첨사가 와서 안부를 물었다. 나는 서둘러 씻고 방 밖으로 나갔다. 불러들여 일들을 물었다. 늦게 첨사 성윤문과 우우후 정충(전라 우수영 우후 이정충), 웅천 현감 이운룡과 거제 현령 안위, 안골 만호 우수와 옥포 만호 이담이 왔다. 날이 캄캄해진 뒤 돌아갔다. 이몽상도 권 수사(권준)가 보냈기에 와서 안부를 묻고 돌아갔다.

6일[3일. 계유] 비가 계속 내렸다. 오수吳壽가 벽어(청어) 1310두름을, 박춘양은 787두름을 바쳤다. 하천수가 받아다가 말렸다. 황득중은 202두름을 바쳤다. 비가 내내 내렸다. 사도 첨사(김완)가 술을 갖고 와서 말하기를, "군량 500여 섬을 조치해 마련했다"고 했다.

7일[4일. 갑술] 맑았다. 이른 아침에 이영남과 서로 좋아했던 여자가 와서 말하기를, "권숙權俶이 몰래 정을 통하고자 했기에9 피해 왔으나, 다른 곳으로 가려고 합니다"라고 했다. 늦게 권 수사(경상 우수사 권준)와 우후(이몽구), 사도 첨사(김완)와 방답 첨사(장린)가 왔다. 권숙도 왔다. 오후 2시에 견내량 복병장인 삼천 권관이 긴급히 보고했는데, "항복한 왜인 5명 부산10

다. 이순신의 「옥포에서 왜적을 쳐부순 일을 임금님께 보고하는 장계玉浦破倭兵狀」(1592년 5월 15일)에서는 '평산포 권관 김축'으로 나온다. 「당항포에서 왜적을 쳐부순 일을 임금님께 보고하는 장계唐項浦破倭兵狀」(1594년 3월 10일)에서는 '평산포 만호 김축'으로 나온다. 「난중일기」 1592년 8월 25일에는 '평산 만호'가 언급되는 것으로 보아 권관에서 만호로 승진했던 듯하다. 또한 「선조 실록」 선조 30년(1597) 6월 29일에 따르면, 1597년 6월 19일 통제사 원균이 안골포와 가덕도의 일본군을 공격할 때, 평산 만호 김축은 "눈 아래에 철환을 맞았는데 즉시 뽑아냈다"는 내용이 나온다.

9 "권숙이 몰래 정을 통하고자 했습니다"의 「문화재청본」은 "權俶欲私■"이다. "■"는 판독 불가능한 글자다. 그러나 「친필본」을 보면, "■"는 삭제한 글자다.

10 「문화재청본」 「편수회본」에서는 "厓山"으로 나온다. 그러나 "부산"이다. 8일 일기에는 같은 글자 모양으로 "부산"으로 분명히 읽을 수 있는 글자가 나온다. 「北島万次본」도 '釜山'이다.

에서 나왔습니다"라고 했다. 그래서 안골포 만호 우수와 공태원[11]을 뽑아
보냈다. 날씨가 아주 차가웠다. 서풍이 매섭게 불었다.

8일[5일. 을해] 맑았다. 입춘立春[12]이다. 날씨가 아주 찼다. 한겨울 추위처럼
매서웠다. 아침에 우우후(전라 우수영 우후 이정충)와 방답 첨사(장린)를 불렀
다. 같이 약식[13]을 먹었다. 일찍이 항복한 왜인 5명이 들어왔기에 그들이
온 이유를 물었더니, "그들의 장수 왜인의 성질이 못됐고, 일도 아주 괴로
워 도망쳐와서 항복했습니다"라고 했다. 그들의 크고 작은 칼을 거두어 수
루 위에 감췄다. "실제는 부산의 왜인이 아니라, 가덕의 심안둔[14]에게 소속
되어 있었다"고 했다.

9일[6일. 병자] 흐렸고 날씨가 춥기로는 살을 베고 찢는 듯했다. 오수가 벽
어(청어) 360두름을 잡았다. 하천수가 실어갔다. 여러 곳에 제송공문을 써
보냈다. 해 질 무렵 경상 수사(권준)가 왔다. 방비책을 의논했다. 서풍이 내
내 불었다. 배가 바다로 나갈 수 없었다.

10일[7일. 정축] 맑았으나 서풍이 크게 불었다. 이른 아침에 적이 다시 일어

---

11 공태원을 「문화재청본」에서는 "공대원"으로 보았으나 공태원이 맞다.
12 입춘은 한 해를 24계절로 나누었을 때 첫 번째 계절이 시작하는 날이다. 유희춘의 『미암일
기』 1573년 12월 15일에는 함경도 풍속에 입춘에 장정이 발가벗고 목우木牛로 논밭을 가는 나경
倮耕 풍속이 있는데, 이를 금지하도록 임금에게 건의했다는 내용이 나온다. 나경 풍속은 대전
괴정동에서 발굴되어 국립중앙박물관에 소장된 '농경문청동기'에도 그림으로 나온다. 이문건의
『묵재일기』 1561년 1월 11일에는 창호 위에 '입춘立春'을 붙였다는 내용이 나온다. '입춘' 글씨는
1월 9일 일기를 보면 이문건의 손자가 쓴 것으로 보인다.
13 약식은 약밥 혹은 약반이라고도 한다. 정월 대보름에 먹는 절식 혹은 회갑·혼례 등의 큰 잔
치에 많이 만들어 먹는다. 꿀을 약이라 여겨 밥에 꿀을 넣고 지은 것이다. 오희문의 『쇄미록』
1596년 1월 10일에도 정월 대보름을 위한 약밥 기록이 나온다. 『묵재일기』 1536년 1월 15일에는
약반이 나온다.
14 원문은 "沈安屯"으로, 1595년 3월 17일 일기에서는 "沈安頓"으로 나온다. 沈安頓은 시마즈
요시히로島津義弘다.

날지 아닐지 점을 쳤더니, "수레에 바퀴가 없는 것과 같다如車無輪"였다. 다시 쳤더니, "임금을 만난 것과 같다如見君王"였다. 모두 기쁘고, 길한 점괘구나. 식사를 한 뒤 나갔다. 대청에서 좌기했다. 우우후(전라 우수영 우후 이정충)와 어란 만호가 와서 만났다. 사도 첨사(김완)도 왔다. 체찰사(이원익)가 나누어준 여러 물건을 세 위장에게 나누어주었다. 웅천 현감(이운룡)과 곡포 권관(변익성), 삼천 권관과 적량 만호가 함께 와서 만났다.

11일[8일. 무인] 맑았다. 서풍이 밤새 크게 불었다. 한겨울보다 배나 더했다. 몸이 아주 불편했다. 늦게 거제 현령(안위)이 와서 만났다. "수백(경상 우수사 권준)의 의롭지 않은 행동"을 보고했다. 광양 현감(김성)이 들어왔다.

12일[9일. 기묘] 맑았으나 서풍이 크게 불었다. 춥고 얼어붙는 것이 배나 심했다. 밤 2시에 꿈을 꾸었다. "어떤 곳에 도착해 영의정(류성룡)과 같이 이야기했다. 잠시 함께 옷을 벗고, 앉았다 누웠다 하면서 서로 나라를 걱정하는 마음을 털어놓았다. 끝내는 속이 뒤집혀 그만두었다. 얼마 뒤에 비바람이 몰아쳤어도 자리를 거두어 흩어지지는 않았다. 조용히 논의하고 이야기하는 사이에, '서쪽의 적西賊(여진족)15이 급한 상황인데, 남쪽의 적南賊(일본)까지 일어난다면 임금님께서 어디로 가실 수 있겠습니까'라며 거듭 걱정했으나, 할 수 있는 말이 없었다."16 일찍이 듣기를, "영의정이 가래가 끓어서 숨이 차는 병痰喘에 걸려 많이 아프다"고 했는데, 나아 평안해졌는지 알 수 없구나. 척자점을 쳤더니, "바람이 물결을 일으키는 것과 같다如風起浪"

---

15 꿈속의 "서쪽의 적"은 압록강 이북의 심양 지역을 중심으로 누르하치(1559~1626)의 건주여진建州女眞이다. 당시 여진족의 침입 가능성에 대해 『쇄미록』 1595년 10월 19일에도 그가 들은 소문, 즉 서쪽 오랑캐가 얼음이 얼기를 기다려 침입할 의도가 있다는 이야기가 나온다.

16 류성룡의 「啓辭」(1595년 10월 13일)에 따르면, 류성룡은 이때 여진족의 침입에 대비하기 위해 1595년 10월 중순에 선조에 의해 '경기·황해·평안·함경도 도체찰사'에 임명되었다.

였다. 또 오늘 사이에 어떤 길흉의 조짐이 있을지 점을 쳤더니, "가난한 사람이 보배를 얻은 것과 같다如貧得寶"였다. 이 괘는 아주 길하다. 아주 길하다. 어제 저녁에 사내종 금金[17]을 본영(전라 좌수영)에 보냈는데, 바람이 아주 사나웠다. 걱정이다. 걱정이다. 늦게 나가 좌기했다. 각각의 제송공문을 써 보냈다. 낙안 군수(박진남)[18]가 들어왔다. 웅천 현감(이운룡)의 보고 내용에, "왜선 14척이 와서 거제 금이포金伊浦에 정박했다"고 했기에, 경상 수사(권준)에게 삼도의 여러 장수를 이끌고 가서 보라고 했다.

13일[10일. 경진] 맑았다. 아침에 경상 수사(권준)가 왔다. "배를 출발시켜 견내량으로 가겠다"고 보고했다. 늦게 나갔다. 대청에서 좌기했다. 제송공문을 써 보냈다. '체찰사(이원익)에게 올리는 공문'도 내보냈다.[19] 「관館(성균관)[20]을 다시 세워 학문을 하겠다는 유생의 글」을 갖고 온 성균관 사내종이 보고하고 돌아갔다.[21] 이날, 바람은 잠잠했고 날씨는 따뜻했다. 이날 저녁,

17 사내종 금은 1596년 1월 17일, 1596년 1월 23일, 1596년 3월 23일에도 나온다. 금이 했던 일을 보면, 1593년 9월 13일부터 기록되어 노량해전에 참전해 이순신의 전사를 지켜본 금이와 같은 인물로 보인다. "사내종 수"이란 인물도 나오나, 1596년 3월 23일의 일기를 보면, 사내종 金과 사내종 수이 각각 나오고, 정황을 보면 서로 다른 인물인 듯하다.

18 「편수회본」에서는 낙안 군수를 선의문으로 보았고, 이 책의 기존 판에서도 선의문으로 보았으나 오류다. 조응록의 『죽계일기』1596년 3월 23일에 따르면, 사간원에서 낙안 군수 박진남이 전에 수령으로 있었을 때, 수단이 지나쳐 관청 창고를 다 비게 했다고 파직을 건의했고, 선조가 허락했다고 한다. 이를 기준으로 보면, 3월 말까지 낙안 군수는 박진남朴震南이었고, 그 뒤에 선의문으로 교체된 듯하다.

19 이원익의 「四道都體察使時狀啓」(1596년 1월 24일)에 따르면, 당시 4도 도체찰사 이원익은 성주에 있었는데, 이순신이 일본군이 철수할 기약이 없고, 일본군 배가 다시 바다를 건너 서쪽을 향할 수 있어 수군이 거제에 머물며 지킨 다음에 나아가 바닷길을 장악할 것이라고 보고했다는 내용이 나온다.

20 성균관成均館은 생원과 진사 시험에 합격한 사람들이 입학하는 조선시대 최고의 국립 교육기관이다.

21 정경운의 『고대일록』1595년 9월 22일에 따르면, 체찰사 이원익이 전쟁이 일어난 뒤 교육이 중단된 것을 걱정해 특별히 명령을 내려 향교의 선생을 선발케 했다. 1596년 윤8월 27일 일기에

달빛이 낮과 같이 밝았다. 미풍도 불지 않았다. 홀로 앉아 있었다. 마음이 어지러워 잠들 수 없었다月色如晝 微風不動 獨坐煩懷 不能成寐. 신홍수申弘壽[22]를 불러 소嘯[23] 소리를 들었다. 밤 10시에 곧 잠들었다.

14일[11일, 신사] 맑았으나 큰 바람이 불었다. 늦게 바람이 잠잠해졌다. 날씨가 따뜻해졌다. 흥양 현감[24]이 들어왔다. 정사립과 김대복이 들어왔다. 조기趙琦와 김숙金俶[25]도 같이 왔다. 이들로 인해 듣기를, "연안의 옥玉의 외할머니外母가 돌아가셨다"고 했다. 밤늦게까지 이야기했다.

15일[12일, 임오] 맑았고, 따뜻했다. 밤 3시에 망궐례를 했다. 아침에 낙안 군수(박진남)와 흥양 현감을 불러 같이 아침을 먹었다. 늦게 대청으로 나갔다. 제송공문을 써 나누어 보냈다. 그대로 항복한 왜인에게 술과 음식을 권했다. 낙안과 흥양의 전선, 군기물 부속물軍器付物, 사부와 격군을 점검하고 검열했더니, "낙안은 더 심하게 틀어져 어긋났다"고 했다. 이날 저녁, 달빛이 아주 밝았다. "풍년이 될 점괘"라고 했다.[26]

서는 서울의 선비 이옥 등이 성균관을 중수하기 위해 재물을 모으는 통문을 보내왔다고 하는 기록도 나온다.

22 신홍수(?~?)는 조선 중기의 무신이다. 이순신 막하에서 옥포해전, 노량해전에 참전했다. 권율 막하에서는 행주대첩에도 참전했다. 임진왜란 때 공을 세운 인물 중 선무원종공신 명단인 『선무원종공신녹권』에는 관직이 절충으로 나온다. 선무원종공신 2등에 선정되었다.

23 「문화재청본」, 「편수회본」은 "嘯"이다. 『이충무공전서』에서는 "簫"로 나온다. 『조선왕조실록』에서는 嘯는 몇 차례 언급되지 않고, 대부분 簫로 나온다. 簫는 篪·篷·단소와 함께 대나무 피리의 하나다. 단소처럼 아래로 내려 부는 악기다. "소"는 그 자체로는 '휘파람'을 뜻하기도 한다.

24 1596년의 흥양 현감은 누구인지 확실치 않다. 『선조실록』 선조 29년(1596) 3월 25일에는 전 흥양 현감이었던 배흥립이 장흥 부사로 나오고, 이때 장흥 부사에서 파직되었기 때문이다. 「편수회본」은 최희량崔希亮으로 보았다. 최희량은 1598년에 이순신에게 보고한 문서에 등장하고, 『난중일기』에는 이름이 언급된 사례가 없다. 조응록의 『죽계일기』 1597년 7월 5일에는 최희량崔希亮이 흥양 현감에 임명되었다고 나온다.

25 "金俶"은 1월 17일 일기에는 "金橚"으로 나온다.

26 "풍년"의 원문은 "有年"이다. "有年"은 『시경』 「소아小雅」 「보전甫田」의 "내가 묵은 곡식 거두

16일[13일, 계미] 맑았다. 서리가 내린 것이 눈 같았다. 늦게 나가 좌기했다. 아주 늦게 경상 수사(권준)와 우우(이정충)27 등이 와서 만났다. 웅천 현감(이운룡)도 왔다. 취해서 돌아갔다.

17일[14일, 갑신] 맑았다. 아침에 방답 첨사(장린)에게 휴가를 주었다. 변존서와 이분, 김숙金橚과 같은 배로 나갔다. 마음이 불편했다. 낮 12시쯤, 나가 좌기했다. 우후(이몽구)를 불러 훈련용 화살을 쏠 때, 성윤문과 변익성이 와서 만났다. 같이 활을 쏘고 돌아갔다. 어두울 무렵 강대수姜大壽 등이 편지를 갖고 들어왔는데, "사내종 금이 16일에 영(전라 좌수영)에 도착했다"고 했다. 사내종 경이 돌아와서 말하기를, "아들 회가 오늘 은진으로 돌아갔다"고 했다.

18일[15일, 을유] 맑았다. 아침부터 군복을 지었는데 저녁이 되었다. 늦게 곤양 군수와 사천 현감이 와서 도착했다. 취해서 갔다. 동래 현령(정광좌)이 긴급히 보고하기를, "왜놈들이 배반하려는 모습이 많고, 심 유격(심유경)과 고니시 유키나가가 1월 16일에 먼저 일본으로 갔다"고 했다.

19일[16일, 병술] 맑았고 따뜻했다. 늦게 나가 좌기했다. 사도 첨사(김완)와 여도 만호(김인영)가 왔다. 우후(이몽구)와 곤양 군수(이극일)28도 왔다. 경(경

어 우리 농사꾼에게 먹이니 옛날부터 풍년이네我取其陳 食我農人 自古有年", 『춘추좌전』 환공 3년의 "오곡이 잘 익은 것을 '유년'이라고 쓴다五穀皆熟 書有年"에서 유래한 풍년을 뜻하는 표현이다. 이순신이 "달빛이 아주 밝았다. '풍년이 될 점괘'라고 했다"는 것은 이수광의 『지봉유설』에 따르면, "1월 15일에 달 돋는 것을 보고 그해에 풍년이 들고 안 드는 것을 점친다"는 기록과 관련된다. 정경운의 『고대일록』 1596년 1월 1일에는 "새벽부터 아침까지 바람이 전혀 없었다. 속담에 '풍년이 들 조짐이다'라고 했다"는 기록도 있다.

27 "우우"의 「문화재청본」은 "右虞候"이다. 「편수회본」에서는 "右虞(候脫)"로 나온다. 「친필본」에서는 "右虞"만 있고 "候가 빠져 있다"는 뜻이다. 「박혜일·최희동본」도 "右虞"로 보았다. 「친필본」을 보면, "右虞"이다.

28 "곤양 군수"를 「편수회본」에서는 이수일로 보았다. 『이충무공전서』에만 나오는 일기인

상) 수사(권준)가 왔다. 우우후(이정충)를 불러왔다. 곤양 군수(이극일)가 준비한 술을 바쳤다. 조용히 이야기했다. 부산에 들여보냈던 4명이 왔다. 전하기를, "심유경沈惟敬과 고니시 유키나가, 현소玄蘇[29]와 사택정성寺澤正成,[30] 소서비小西飛[31]가 이달 16일 새벽에 바다를 건너갔다"는 소식이었기에, 양식 3말을 주어 보냈다. "서 순찰徐巡察(순찰사 서성)이 진에 도착할 것"이라는 말이 있었기에, 이날 저녁에 박자방朴自方[32]이 여러 가지 물건을 갖고 올 일로 영(전라 좌수영)으로 갔다. 이날 메주를 쑤었다.

1595년 11월 2일에는 곤양 군수 이수일, 『친필본』 1596년 6월 23일에는 "곤양 군수 이극일"이 나온다. 『이충무공전서』가 편집된 것이라는 점에서 『친필본』을 기준으로 한다면, 곤양 군수는 이수일이 아니라 이극일이라고 할 수 있다. 이원익의 『오리선생속집』「四道都體察使時狀啓(1596년) 三月初五日」에는 신임 경상 좌수사 이운용이 부임치 않아, 이수일이 수영水營에 아직까지 있다는 내용이 나온다. 이 시기 이수일은 경상 좌수사였다.

29 현소(겐소, ?~1612)는 일본의 승려다. 도요토미 히데요시의 막하에서 활약했고, 1588년부터 조선을 왕복하면서 통신사 파견을 요청했다. 1590년 정사 황윤길, 부사 김성일, 서장관 허성 등의 통신사 일행이 일본에 갈 때 수행했다. 임진왜란 때는 고니시 유키나가 부대의 통역관으로 종군하면서, 강화 협상에 참여했다.

30 사택정성(데라자와 마사시게)은 일본 장수다. 1589년에 나고야성을 건설했고, 임진왜란 때 부산에 주둔하면서 보급을 담당했다. 1598년 순천에 고립된 고니시 유키나가를 구출하기 위해 노량해전에 참전했다.

31 소서비(고니시 히)는 고니시 유키나가의 부장副將이다. 임진왜란 때 기생으로 평양의 논개라고 불리는 계월향桂月香(?~1592)의 전설의 일본 장수다. 1592년 6월 고니시 유키나가의 일본군이 평양성을 함락시켰을 때 평양 기생 계월향이 포로가 되어 고니시 히의 진중에 있었다. 1592년 12월 조명 연합군이 평양성 탈환 작전을 할 때, 계월향이 성 밖에서 정탐을 하던 김응서를 '전쟁 중에 헤어진 오빠'라고 속여 성안으로 불러들였고, 그날 밤 김응서가 술에 취한 적장을 살해하고 계월향과 탈출했다. 그러나 계월향이 말을 탈 줄 몰라 탈출하기 어렵자 김응서를 보내고 자결했고, 장수가 죽은 일본군은 혼란에 빠져 평양성에서 패배하고 후퇴하게 되었다. 그때 죽은 일본군 장수가 소서비라고 한다. 그러나 전설과 달리, 소서비는 임진왜란이 끝나고 도쿠가와 이에야스와의 세키가하라 전투에 참전해 패배한 후 1626년 마닐라에서 죽었다.

32 "朴自方"은 1596년 1월 23일에는 "朴自芳", 3월 17일·3월 22일·7월 9일에는 "朴自邦"으로 나온다. 디지털 여수문화대전에 따르면, 박자방은 여수 출신 무신으로, 초명이 朴自芳이다. 정유재란 때 이순신을 찾아가 참전했고, 명량대첩에서는 조방장으로 참전했고, 1598년 순천 왜교성 전투에서 전사했다고 한다. 『난중일기』에는 정유재란 이전인 이때 이름이 처음 나온다.

20일[17일. 정해] 비가 내내 계속 내렸다. 정신이 아주 흐릿하고 피곤해 낮잠을 잠깐33 잤다. 오후 2시에 메주 쑤는 것을 마치고, 온돌34에 들여놓았다. 낙안 군수(박진남)가 와서 "둔전에서 징수한 벼屯租를 실어오겠다"고 보고했다.

21일[18일. 무자] 맑았다. 아침에 나가 좌기했다. 체찰사(이원익)에게 보낼 순천 관련 공문을 작성했다. 식사를 한 뒤, 조항助項(미조항)35 첨사(성윤문)와 흥양 현감이 와서 만났다. 술을 권한 뒤에 보냈는데, 미조항 첨사가 휴가를 보고했기 때문이다. 늦게 대청으로 나갔다. 사도 첨사(김완)와 여도 만호(김인영), 사천 현감36과 광양 현감(김성), 곡포 권관(변익성)이 와서 만나고 돌아갔다. 곤양 군수(이극일)도 왔다. 훈련용 화살 10순을 쏘았다.

22일[19일. 기축] 맑았다. 아주 추웠다. 바람도 아주 험했다. 내내 나가지 않았다. 늦게 경(경상) 우후 이의득이 왔다. 그의 수사(권준)의 경솔하고 헛된 행동을 전했다. 이날 밤, 바람결이 차가웠고, 거세게 불었다. 걱정은 아이들37이 들어올 때의 고생이구나.

23일[20일. 경인]38 맑았다. 바람이 차가웠다. 작은 형님季兄(이요신)의 제삿날이라 나가지 않았다. 마음이 지독히 어지러웠다. 지독히 어지러웠다. 아침에 옷 없는 군사 17명에게 옷을 주었다. 한 벌을 더 주었다.39 내내 바람

---

33 "잠깐"의 원문은 "半餉"이다. 짧은 시간을 뜻한다. 1餉은 밥 한 끼 먹는 시간이다.
34 온돌의 원문은 "突"이다. 유희춘의 『미암일기』 1571년 1월 25일과 26일자에는 "돌突·온돌溫突"이 모두 나온다. 김종의 『임진일록』 1592년 2월 18일에도 "突"이 나온다. 이문건의 『묵재일기』 1546년 9월 26일에는 돌방突房이 나온다.
35 "조항(미조항)"은 "彌助項"의 '彌'가 누락된 것이다.
36 이 시기의 사천 현감은 누구인지 확실치 않다. 기직남일 가능성이 높다.
37 "아이들"의 원문은 '兒輩'이다. 『난중일기』의 다른 일기에서는 '豚輩'라고 쓰기도 했다.
38 『선조실록』에 따르면, 이날 강원도에서 지진이 일어났다.
39 류성룡의 뜻으로 종사관이 쓴 『體察使意從事官啓』(1596년 10월 29일)에는, 함경도 용진에 주

이 험했다. 저녁에 가덕에서 나온 김인복金仁福이 와서 인사하기에, 적의 정세를 물었다. 밤 10시에 면과 완, 최대성과 신여윤申汝潤, 박자방朴自芳이 본영(전라 좌수영)에서 왔다. "어머님께서 평안하시다"는 편지를 받아 읽었다. 기쁘고 행복한 마음이 어찌 끝이 있으랴. 기쁘고 행복한 마음이 어찌 끝이 있으랴. 사내종 경도 왔다. 사내종 금과 애수愛壽,[40] 금곡金谷의 사내종 한성漢城과 공석孔石 등이 같이 왔다. 밤 12시에 곧 잠자리에 들었다. 눈이 내려 두 치(약 7센티미터)나 쌓였다. "최근에는 없었던 일"이라고 했다. 이날 밤에 몸이 아주 불편했다.

24일[21일, 신묘][41] 맑았으나 북풍이 크게 불었다. 눈보라가 쳤고 모래도 날렸다.[42] 사람들이 감히 걸어 다닐 수 없었고, 배도 감히 움직일 수 없었다. 새벽에 견내량 복병이 보고하기를, "어제 왜놈 1명이 복병에게 와서 항복해 들어오기를 빌었습니다"라고 했기에, 보내올 일을 회답했다. 늦게 좌·우 우후(이몽구·이정충)와 사도 첨사(김완)가 와서 만났다.

25일[22일, 임진] 맑았다.

26일[23일, 계사] 맑았으나 바람이 순하지 않았다. 나가 좌기했다. 훈련용 화살을 쏘았다.

27일[24일, 갑오] 맑았고 따뜻했다. 아침을 먹은 뒤, 나가 좌기했다. 바로 장

둔한 승군들이 겨울을 지낼 옷이 없어 벌거벗고 지내고 있어 얼어 죽을 지경이라고 하면서, 문과 정시에서 생긴 낙폭지落幅紙(과거시험에서 떨어진 사람의 시험지)를 활용해 옷을 만들어 승려 군사에게 입히자고 건의한 내용이 나온다.

40　애수는 1593년 6월 28일에는 愛守로도 나온다.

41　이순신의 맏형, 이희신의 제삿날이다.

42　황사가 불었던 듯하다. 김종의 『임진일록』 1593년 3월 24일과 29일, 『쇄미록』 1594년 3월 5일에도 흙비가 나온다. 조응록의 『죽계일기』 1595년 11월 12일과 13일에는 "누런 안개黃霧가 사방에 자욱했다"는 내용이 나온다.

홍 부사(배흥립)의 죄의 유무를 조사한 뒤, 흥양 현감과 같이 모여 이야기했다. 늦게 우순찰사右巡察使(우도 순찰사)가 들어왔기에, 오후 4시에 우수사(이억기)의 진으로 가서 만났다. 밤 12시에 돌아왔다. 사도의 진무가 화약을 훔치다 붙잡혔다.

28일[25일, 을미] 맑았다. 늦게 나가 좌기했다. 낮 12시쯤, 순찰(순찰사)이 도착해 왔다. 훈련용 화살을 쏘고 같이 이야기했다. 순찰(순찰사)은 나와 활쏘기 시합을 했다. 7푼을 졌기에 씩씩대는 얼굴빛이었다. 우스운 일이다. 군관 3명도 함께 졌다. 밤이 늦어서야 취해 돌아갔다. 우스운 일이다.

29일[26일, 병신] 비가 내내 계속 내렸다. 일찍 아침을 먹은 뒤, 경(경상) 진으로 갔다. 순사(순찰사)와 같이 조용히 이야기했다. 오후에 훈련용 화살을 쏘았다. 순찰(순찰사)은 9푼 졌다. 김대복이 유난히 뛰어났다.[43] 적 소리를 들었다. 밤 12시에 파하고 흩어졌다. 진으로 돌아왔다. 어두울 무렵 사도의 화약을 훔친 놈이 도망쳤다.

30일[27일, 정유] 비가 계속 내렸다. 늦게 맑아졌다. 나가 좌기했다. 군관은 훈련용 화살을 쏘았다. 천성 만호(윤홍년)와 여도 만호(김인영), 적량 만호(고여우) 등이 와서 만나고 돌아갔다. 이날 저녁, 청주의 희남喜男[44]의 사내종 4명과 준복俊福이 들어왔다.

---

43 "유난히 뛰어났다"의 원문은 "獨步"이다. 「편수회본」 「문화재청본」은 '獨樂', 「편수회 초본」 「박혜일·최희동본」은 '獨步'이다. 문맥으로 보아도 '獨步'가 타당하고, 4월 23일 일기에도 같은 맥락에서의 '獨步'가 나온다.
44 "喜男"을 「편수회본」에서는 '洪喜男'으로 보았는데, 근거는 알 수 없다. 그러나 일기를 보면 '이희남'이다.

◎ 1596년 2월

2월 1일[양력 2월 28일, 무술] 아침부터 흐렸다. 늦게 맑아졌다. 여러 장수와 훈련용 화살을 쏘았다. 권숙도 이곳에 도착했다가 취해서 갔다.

2일[29일, 기해] 맑았고 따뜻했다. 울과 조기가 같은 배로 나갔다. 우후(이몽구)도 갔다. 저녁에 사도 첨사(김완)가 와서 전하기를, "어사의 장계로 인해 파면되었다"고 했기에, 곧바로 「임금님께 보고하는 글」의 초고를 작성했다.

3일[3월 1일, 경자] 맑았으나 큰 바람이 불었다. 홀로 앉아 있었다. 아들이 간 것을 생각하니, 마음이 평안치 않았다. 아침에 「임금님께 보고하는 글」을 수정했다. 경상 수사(권준)가 와서 만났다. 그로 인해, 적량 만호 고여우가 장담년張聃年에게 소송을 당해, 순사(순찰사)가 「임금님께 보고해 파면시키려고 쓴 글」을 보았다. 초저녁에 어란 만호가 견내량의 복병한 곳에서 와서 보고해 말하기를, "부산의 왜놈 3명이 성주星州에서 (일본군에게) 투항했던 사람을 이끌고 복병한 곳에 도착해 장사를 하고자 한다"고 했다. 그래서 곧바로 장흥 부사(배흥립)에게 전령해, "내일 새벽에 가서 만나, 알아듣게 타이를 일"이라고 명령했다. 이 적이 어찌 물건을 팔려 하겠는가. 우리의 허실을 엿보려는 계획이다爲窺我虛實定矣.[45]

4일[2일, 신축] 맑았다. 아침에 「임금님께 보고하는 글」을 봉해 사도 사람 진무성을 통해 보냈다. 영의정(류성룡)과 신식의 두 집안에 안부를 여쭈는 편지도 부쳐 보냈다. 늦게 흥양 현감이 와서 만나고 돌아갔다. 오후에 훈련용 화살 10순을 쏘았다. 여도 만호(김인영)와 거제 현령(안위), 당포 만호와 옥포 만호(이담)도 왔다. 저녁에 장흥 부사(배흥립)가 복병한 곳에서 돌아와

---

45 『고대일록』 1597년 4월 18일에도 왜적이 우리나라 사람처럼 꾸미고 공산산성을 살피다가 붙잡혔다는 내용이 나온다.

전하기를, "왜놈이 되돌아 들어갔다"고 했다.

5일[3일. 임인] 아침부터 흐렸다가 늦게 맑아졌다. 사도 첨사(김완)와 장흥 부사(배흥립)가 일찍 왔기에 같이 아침을 먹었다. 식사를 한 뒤, 권숙이 와서 보고하고 돌아가기에, 여러 종류의 종이와 먹墨 2정, 패도佩刀46를 주어 보냈다. 늦게 삼도의 여러 장수를 불러 모아 음식을 권하며 위로했다.47 더불어 훈련용 화살을 쏘았다. 악기를 연주케 하고, 술에 취해 파했다. 웅천 현감(이운룡)이 손인갑48의 옛 물건49을 내왔기에, 여러 장수와 가야금伽耶琴50을 몇 곡 들었다. 저녁에 김기실金己實51이 순천에서 돌아왔다. 그로 인해 (어머니께서) 평안하신지 자세히 살필 수 있었다. 기쁘고 행복하다. 기쁘고 행복하다. 우수사(이억기)의 편지가 도착해 왔는데, 약속 기한을 미루고자 했다. 우스웠다. 한숨이 났다.

6일[4일. 계묘] 흐렸다. 새벽에 목수 10명을 거제로 보내 배를 건조하는 일

---

46 패도는 호신용 혹은 자해용 등으로 사용하는 장도粧刀의 한 종류로 허리띠에 차는 칼이다.

47 이날은 봄철 경칩 때의 둑제를 시행하고 장수들을 위로했던 듯하다.

48 손인갑(1542~1592)은 조선 중기의 무신이다. 1589년 비변사에서 무인들을 발탁할 때, 이산해와 정언신에 의해 이순신·성천지 등과 함께 추천된 인물이다. 손인갑은 8월 가덕진 첨사에 임명되고, 이순신은 12월 정읍 현감에 임명되었다. 임진왜란 때는 경상 우도의 의병장 정인홍의 의병 부대에 합류, 중위장으로 활약했다. 1592년 6월 무계 전투에서 선봉장으로 일본군 100여 명을 사살하는 큰 전과를 거두었다. 동래 부사에 임명되었으나, 부임 직전인 6월 말에 초계 마진에서 낙동강을 따라 이동하던 일본군 배들을 기습해 격파했으나, 잔당을 추격하다가 전사했다. 『난중일기』에도 나오는 손의갑의 형이다. 정경운의 『고대일록』 1592년 10월 30일에 따르면, 손인갑의 아들 손약허는 10월에 전사했다.

49 "옛 물건"의 원문은 "舊物"이다. 홍기문은 "전날 손인갑과 좋아 지내던 여인", 이은상은 "손인갑과 좋아 지내던 여인", 고정일은 "쓰던 옛 물건"으로 번역했다. 오희문의 『쇄미록』 『임진일록』 1592년 9월 12일에는 첩을 "물건物"으로 표현한 사례도 나온다. 『난중일기』 1596년 2월 8일자에는 "손인갑의 所昤이 들어왔다"고 한 것으로 보면 이날 일기의 "옛 물건"은 손인갑의 가야금 혹은 방직기와 같은 소면으로 볼 수도 있다. 그러나 정확히는 알 수 없다.

50 가야금은 12줄로 된 악기다. 『난중일기』에는 13줄의 쟁, 7줄의 금도 나온다.

51 김기실은 『선무원종공신녹권』에서는 부장으로 나오고, 선무원종공신 2등이다.

을 하게 했다. 이날, 잠자는 방에 흙덩어리가 많이 떨어졌기에 수리했다. "사도 첨사 김완이 「조도(조도어사)가 임금님께 보고한 글」로 파면되었다"는 소식이 또 와서, 본포(사도)로 내보냈다. 순천 별감別監[52] 유유와 군관 장응진張應軫 등의 죄를 처벌했다. 곧바로 수루 위로 돌아가 들어갔다.[53] 송한련이 수어(숭어)를 잡아왔다. 여도 만호(김인영)와 낙안 군수(박진남), 흥양 현감을 불러 같이 나누어 먹었다.[54] 적량 만호 고여우가 큰 매[55]를 팔에 얹고 왔으나, 오른쪽 발가락이 다 얼어 문드러졌으니 어찌하리. 어찌하리. 밤 9시에 잠시 땀이 났다.

7일[5일. 갑진] 아침에 흐렸고 동풍이 크게 불었다. 날씨가 순하지 않았다. 늦게 나가 군사들에게 밥을 먹였다. 장흥 부사(배흥립)와 우후(이몽구), 낙안 군수(박진남)와 흥양 현감을 불러 이야기했다. 해가 저문 뒤 파했다.

8일[6일. 을사] 맑았다. 이른 아침에 녹도 만호(송여종)가 와서 만났다. 아침에 화피(자작나무 껍질)[56]를 재단했다. 늦게 손인갑의 소면이 들어왔다. 얼마

---

52 별감은 조선시대 유향소留鄕所에 소속된 관리로, 좌수座首를 도와 지방의 풍속 단속과 향리를 규찰했다.
53 "곧바로 수루 위로 돌아가 들어갔다"의 「문화재청본」은 "卽還入樓樓"이다. 「박혜일·최희동본」에서는 "卽還入樓〃", 「편수회본」은 "卽還入樓〃(衍力)"로 나온다. 「편수회본」의 "〃(衍力)"는 "〃"에 대해 "쓸데없는 글자를 부연한 것인 듯"이라는 뜻이다. 그런데 「친필본」에서는 "樓樓"라고 표현한 사례가 없다. "〃"를 어떤 글자의 생략이라고 본다면, 「친필본」에서 "樓"의 "〃"에 해당하는 경우로는 "樓閣·樓上·樓房"이 있다. 이로 보면 "〃"는 '上' 혹은 '房' 자다. 「편수회 초본」은 '樓上'으로 보았다. 이 번역본에서는 '樓上'으로 보고 옮겼다.
54 오희문의 『쇄미록』 1594년 1월 30일에는 회를 친 수어 기록이 나온다.
55 "큰 매"의 원문 "大鷹"가 어떤 종류의 매인지는 알 수 없다. 『세종실록』에는 세종이 도화원에 명해 매 그림을 그려 각 도에 내려보내 매를 잡아 진상하도록 한 기록이 있다. 실록에 따르면, 당시 조선에는 7종류의 매가 있었다.
56 활을 만들기 위해 화피(자작나무 껍질)를 자른 듯하다.

뒤, 오철吳轍[57]과 현응진玄應辰[58]을 불러 일을 물었다. 저녁에 군량 출납 현황을 장부에 기록했다. 흥양 현감은 둔전에서 징수한 벼 352섬을 바쳤다.[59] 서풍이 크게 불었다. 배가 움직일 수 없었다. 류황을 내보내려 했으나 갈 수 없었다.

9일[7일. 병오] 맑았다. 서풍이 크게 불었다. 배가 통행할 수 없었다. 늦게 권 수사(권준)가 와서 이야기했다. 훈련용 화살 10순을 쏘았다. 저녁에 바람이 그쳤다. 들으니, "견내량으로 부산에 있던 왜선 2척이 나왔다"고 했기에, 웅천 현감(이운룡)과 우후(이몽구)를 보내 정찰하고 살피게 했다.

10일[8일. 정미] 맑았고 온화했다. 이날 일찍이 박춘양이 대나무를 실어왔다. 늦게 나가 좌기했다. 태구생太仇生의 죄를 처벌했다. 저녁에 곳집(창고) 짓는 것을 직접 보았다. 아침에 웅천 현감(이운룡)[60]과 우우후(전라 우수영 우후 이정충)가 견내량에서 되돌아와 보고하기를, "왜인들이 겁에 질려 두려워하는 모습이었다"고 했다. 어두울 무렵 창녕昌寧 사람이 술을 바쳤다. 밤이 깊어 파했다.

11일[9일. 무신] 맑았다. 아침에 체사(체찰사 이원익)에게 공문을 작성해 수

57 오철은 오희문의 『쇄미록』에도 몇 차례 등장한다. 1596년 12월 26일에는 오희문이 아산에 잠시 머물 때 만났는데, 오희문의 8촌이라고 했고, 1597년 1월 3일에는 "오 부장 철"이라고 했다. 오철은 아산 사람으로 이순신 막하에 있다가 오희문을 만난 시기에는 아산에 머물렀던 듯하다.
58 "玄應辰"은 「문화재청본」, 「편수회본」 등에서는 "玄應元"으로 보았다. 그러나 "현응진"으로 보인다. 「정유년 Ⅰ」 7월 12일 일기에는 "현응진"이 나온다.
59 "바쳤다"의 원문은 "納上"이다. 이두 표현으로 윗사람이나 상급 기관에 어떤 물건을 바치는 것을 뜻한다.
60 "웅천 현감(이운룡)"을 「편수회본」에서는 김충민金忠敏으로 보았다. 1596년 5월 20일 일기에는 "웅천 현감 김충민金忠敏"이 나온다. 그러나 2월 10일 일기 속 웅천 현감은 이운룡으로 보인다. 『선조실록』 선조 29년(1596) 4월 11일에는 이운룡이 경상 좌수사에 임명된 지 오래되었다는 내용이 나온다. 2월 10일 경에는 경상 좌수사 임명 직전인 듯하다. 그 뒤에 이운룡의 후임으로 김충민이 임명된 듯하다.

결을 하고 관인을 찍어 보냈다. 보성의 군량을 모아 지원하는 역할을 담당하는 책임자 임찬林瓚이 소금 50섬을 싣고 갔다. 임달영이 제주에서 돌아왔다. 제주 목사(이경록)[61]의 편지와 박종백朴宗伯(박대남),[62] 김응수金應綏의 편지도 함께 갖고 왔다. 늦게 장흥 부사(배흥립)와 우우후(전라 우수영 우후 이정충)가 왔다. 또한 낙안 군수(박진남)와 흥양 현감을 불러 함께 훈련용 화살을 쏘았다. 초저녁에 영등 만호(조계종)가 그의 방인을 이끌고, 술을 들고 와서 권했다. 소자小者[63]도 왔는데 남겨놓고 돌아갔다. 땀이 흘러내렸다.

12일[10일, 기위] 맑았다. 일찍 창녕 사람이 웅천 별장別庄[64]으로 돌아갔다. 아침에 전죽 50을 경상 수사(권준)에게 보냈다. 늦게 수사(권준)가 도착해 같이 이야기했다. 저녁에 훈련용 화살을 쏘았다. 장흥 부사(배흥립)와 흥양 현

---

61 이경록李慶祿(1543~1599)은 조선 중기의 무신이다. 효령 대군 후손이다. 이순신과 함께 무과에 급제했다. 이경록은 11등, 이순신은 12등이었다. 보인이었던 이순신과 달리 충의위 소속 현역 군인 출신으로 무과에 급제했다. 이순신이 함경도 조산 만호(종4품) 겸 녹둔도 둔전관이었을 때, 경흥 부사(종3품)였다. 녹둔도에 여진족이 침입해왔을 때 이순신과 함께 파직되었다. 이순신이 전라 좌수사가 되었을 때 제주 목사로 있었다. 『난중일기』에 나오는 이순신과 이경록의 급제 동기로는 구사직·박종남·김성업·박대남·신호의·남치온이 있다. 1588년 1월, 여진족 토벌 작전인 시전부락 전투 상황을 그린 「장양공정토시전부호도」에는 이순신과 같은 우위에서 '우골격장 급제'로, 이순신은 '우화열장'으로 함께 참전했다.

62 박종백은 박대남朴大男(1554~?)이다. 조선 중기의 무신이다. 자는 종백宗伯이다. 이순신이 1576년 식년 무과 급제할 때 같이 합격했다. 『난중일기』에 나오는 이순신과 박대남의 급제 동기로는 구사직·박종남·김성업·신호의·남치온·이경록이 있다. 『난중일기』 1596년 6월 1일에는 남해 현령으로 이순신에게 부임장을 바쳤다는 내용이 나온다.

63 "小者"는 정확히 어떤 사람인지 알 수 없다. 다만 그와 비슷한 "小童"은 향리의 한 부류다. 어린 소년으로 사환인 경우도 있다. 박계숙의 『부북일기』 1605년 10월 20일에는 "영천 군수가 다모茶母·소동小童·사령을 보내주었다"는 기록이 나온다. 이순신의 장계에는 "소남小男" "아동兒童"이 나오나, "소자"는 나오지 않는다. 조선시대 통신사 행렬 속의 소동으로 보면, 청소년으로 심부름하는 소년이다(국사편찬위원회, 『조선시대 통신사 행렬-(사)조선통신사 문화사업회 도록 시리즈Ⅱ-』, 2005, 17쪽과 390쪽 참조).

64 별장은 양반들의 시골 농장農莊으로 보인다. 정경운의 『고대일록』 1596년 1월 25일에는 전라 관찰사 이광의 노비에게 들은 이광의 100섬짜리 9곳 농장 이야기가 나온다.

감이 같이 했다. 어두울 무렵 파했다. 소자는 저녁 8시에 되돌아갔다.

13일[11일. 경술] 맑았다. 식사를 한 뒤, 나가 좌기했다. 강진 현감(나대용)의 '기한을 넘긴 죄'를 처벌했다. 가리포 첨사(이응표)는 '기한을 넘긴 것에 대한 이유'를 보고했기에, 가르쳐 보냈다. 「영암 군수(박홍장)를 파면해 내보내려는 장계罷出狀啓」[65]의 초고를 작성했다. 저녁에 어란於蘭 만호가 돌아갔다. 임달영도 돌아갔다. 제주 목사(이경록)에게 보낸 것은 벽어(청어)와 대구大口,[66] 전죽과 곶감乾枋, 삼색 부채[67]다. 봉해 보냈다.

14일[12일. 신해][68] 맑았다. 늦게 나가 좌기했다. 「임금님께 보고하는 글」의 초고를 수정했다. 동복同福의 군량을 모아 지원하는 역할을 담당하는 책임자 김덕린金德麟[69]이 와서 인사했다. 경(경상) 수백(수사 권준)이 쑥떡艾餠과 초燭 한 쌍을 보내왔다. 새 곳집의 지붕을 이었다. 낙안 군수(박진남)와 녹도 만호(송여종) 등을 불러 떡을 권했다. 얼마 뒤, 강진 현감(나대용)이 와서 인

---

65 "장계"의 「친필본」은 '啓狀'이나, '啓'와 '狀' 옆에 '▼'과 '▲' 같은 글자 위치 수정 표시가 있다. 수정을 반영해 번역했다. 「편수회본」은 수정을 반영했고, 「박혜일·최희동본」은 「친필본」처럼 '"啓 ▼'과 '啓▲'로 해놓았다.
66 "大口"에 대해 이수광의 『지봉유설』에서는 "우리나라 동쪽 바다에서 난다. 중국 사람들이 귀한 음식으로 여겼기에 사신으로 가는 사람들이 사가지고 간다"고 했다. 정약용은 『경세유표』에서 영남 바다에 구어장곀漁場이 있다면서, "구는 속자俗字이고, 본래 이름은 대구어大口魚다"라고 했다. 정약전은 『자산어보』에서 대두어大頭魚 또는 무조어無祖魚라고 했으며, 그 어미를 잡아 먹기에 무조어라고 부른다고 했다.
67 삼색 부채三色扇子는 세 가지 색을 칠한 부채다. 최상수의 『한국 부채의 연구』에 언급된 '까치 부채'로 추정된다. 까치 부채는 부채면에 ×자형으로 금을 그어 네 구역을 만들고 위아래는 붉은색, 왼쪽은 노란색, 오른쪽은 푸른색을 칠한 것이다.
68 이순신의 증조부 이거의 제삿날이다.
69 「문화재청본」, 「편수회본」에서는 '金德獜'으로 보았지만, 이 번역본에서는 '金德麟'으로 보았다. 그 이유는 1593년 2월 14일의 '田應獜'을 '田應麟'으로 본 이유와 같다. 이순신 막하에서 활약했던 김덕방金德邦(?~1598)의 동생 김덕린金德隣이다. 이순신에게 자발적으로 군량을 모아 공급하는 일을 했다. 1597년 5월 26일 일기에 나오는 의병장 김덕령의 동생 김덕린金德獜과는 동명이인이다.

사하기에, 위로하려고 술을 마시게 했다. 저녁에 물을 부엌가로 끌어들였다引水于廚邊.[70] 물 긷는 노고를 편하게 하려는 것이다. 이날 밤, 바다의 달은 낮과 같이 밝았다. 출렁이는 물빛은 하얀 비단 같았다. 홀로 높은 수루에 기댔다. 온갖 생각에 어지러웠다. 밤이 깊어 잠자리에 들었다海月如畫 波光如練 獨倚高樓 心緖極煩 夜深就寢. 흥양의 군량을 모아 지원하는 역할을 담당하는 책임자 송상문宋象文이 왔다. 쌀과 벼를 합쳐 7섬을 바쳤다.

15일[13일, 임자] 새벽에 망궐례를 하려고 했으나, 비가 부슬부슬 내렸다. 마당이 젖어 행사하기 어려워 멈췄다. 어두울 무렵 들으니, "우도(전라 우도)의 항복한 왜인이 경(경상)의 왜인과 같이 약속해 도망칠 계획을 꾸미고 있다"고 했기에, 곧바로 전령을 보내 알렸다. 아침에 전죽을 골라냈다. 대죽大竹 111개, 차죽次竹 154개를 옥지가 받았다. 아침에 「임금님께 보고하는 글」의 초고를 수정했다. 늦게 나가 좌기했더니, 웅천 현감(이운룡)과 거제 현령(안위), 당포 만호와 옥포 만호(이담), 우우후(전라 우수영 우후 이정충)와 경(경상) 우후(이의득)가 함께 와서 만나고 돌아갔다. 순천의 둔전에서 징수한 벼를 눈앞에서 받아들였다. 동복의 군량을 모아 지원하는 역할을 담당하는 책임자인 김덕린과 흥양의 군량을 모아 지원하는 역할을 담당하는 책임자인 송상문 등이 되돌아갔다. 저녁에 사슴 1마리와 노루 2마리를 사냥해왔다. 이날 밤, 달빛이 낮과 같이 밝았다. 출렁이는 물빛은 하얀 비단 같았다. 자려고 해도 잠들 수 없었다月色如畫 波光如練 寢不能寐. 아랫사람 등은 밤

---

70 물을 부엌으로 끌어들이는 방법에 대해 서유구는 『임원경제지』에서 샘물과 가까우면 도랑을 파서, 멀리 있으면 대나무를 쪼개고 마디를 없애고 잇는 방법이 있다고 한다. 『난중일기』 1596년 7월 9일에는 박자방을 남해로 보내 물을 끌어들일 대나무를 잘라오게 했다는 기록이 나온다. 이로 보면, 이순신은 대나무를 활용해 부엌에 물을 끌어들였던 듯하다.

새 취했고, 노래를 불렀다.[71]

16일[14일, 계축] 맑았다. 아침에 「임금님께 보고하는 글」의 초고를 수정했다. 늦게 나가 좌기했다. 장흥 부사(배흥립)와 우우후(전라 우수영 우후 이정충), 가리포 첨사(이응표)가 와서 함께 활을 쏘았다. 군관 등은 전날 승부에서 진 쪽이 패배의 예식을 행했다勝負行禮.[72] 아주 취해서 파했다. 이날 밤, 심하게 취해 잠을 잘 수 없었다. 앉았다 누웠다 하다가 새벽이 되었다. 봄의 노곤함春困이 이렇다.

17일[15일, 갑인] 흐렸다. 나라 제삿날[73]이라 좌기하지 않았다. 식사를 한 뒤, 면이 영(전라 좌수영)으로 갔다. 박춘양과 오수가 석수어石首魚[74]를 잡는 곳으로 갔다. 어제 마신 술로 인해 몸이 아주 불편했다. 저녁에 흥양 현감이 와서 이야기했다. 같이 저녁을 먹었다. 미조항 첨사 성윤문으로부터 안부를 묻는 편지가 왔는데, "방금 방백(순찰사)의 공문을 받았는데, 곧 진성(진주성)으로 부임하게 되어 찾아와 인사를 드릴 수 없습니다"라고 했다.[75] 그를 대신할 사람은 황언실黃彦實이라고 했다. 웅천 현감(이운룡)의 답장이

---

71 이날 아랫사람들이 부른 노래는 신분의 특성상 민요 혹은 군가로 추정된다. 조경남의 『난중잡록』 1597년 3월 28일에는 명나라 장수 섭상이 군량과 군사를 모집하기 위해 지은 「권려가勸勵歌」라는 노래가 나온다. 선조는 「권려가」를 목판에 인쇄해 전국에 보급케 했다.

72 박취문의 『부북일기』에는 당시 무인들의 활쏘기 문화가 상세히 나온다. 활을 쏠 때는 술잔치를 하고 노래도 불렀다. 때때로 기생을 부르기도 했다. 편을 나누어 시합을 했을 때, 이긴 사람들은 상을 받았고, 진 사람들은 벌을 받았다. 술은 진 쪽에서 내곤 했다. 또한 진 사람이나 진 쪽은 벌을 받았는데, 꼴찌는 광대 옷을 입거나, 군뢰복軍牢服(군뢰는 군대에서 죄인을 다루던 일을 맡아보던 병졸)을 입고 화살을 줍거나 장을 맞기도 했다.

73 세종의 제삿날이다.

74 석수어는 조기다. 머리에 돌같이 단단한 것이 있어 붙은 이름이다. 정약전의 『자산어보』에 따르면 "흥양 바깥 섬에서는 춘분이 지나서 그물로 잡고, 칠산 바다에서는 한식 후에 그물로 잡는다"고 한다. 조기는 전남 영광에서 가장 많이 잡힌다. 말려 건조시킨 것을 굴비라고 한다.

75 성윤문의 진주 목사 임명은 『선조실록』에도 나온다. 선조 29년(1596) 1월 25일에 따르면, 구사직이 원주 목사에 임명될 때 진주 목사로 임명되었다.

왔다. "유서는 아직 받지 못했습니다"라고 했다.[76] 이날 어두울 무렵, 서풍
이 크게 불었다. 밤새 그치지 않았다. 아들이 간 것을 생각하니, 정 때문에
마음을 가눌 수 없었다. 마음이 아프고, 가슴이 타는 것을 어찌 다 말하
랴. 마음이 아프고, 가슴이 타는 것을 어찌 다 말하랴. 봄기운이 사람을
녹여 몸이 심히 노곤했다.

　18일[16일. 을묘] 맑았다. 식사를 한 뒤, 나가 좌기했다. 서풍이 크게 불었
다. 늦게 체찰사(이원익)의 비밀 공문 3통이 왔다. 하나는, 「제주를 지원해
구원하는 일」이다.[77] 하나는 「영등 만호 조계종의 죄의 유무를 조사할 일」
이다. 하나는 「진도의 전선을 우선은 독촉해 모으지 말라는 것」이었다. 저
녁에 김국金國이 서울에서 들어왔다. 비밀 공문 2통과 역서歷書[78] 1건을 갖
고 왔다. 서울의 조보도 왔다. 황득중이 쇠를 실어와 바쳤다. ■절[79]이 술
을 갖고 왔다. 온몸이 땀에 젖었다.

76　"웅천 현감(이운룡)의 답장이 왔다. '유서는 아직 받지 못했습니다'라고 했다"는 이운룡의 경
상 좌수사 임명과 관련된 것인 듯하다. 『선조실록』 선조 29년(1596) 4월 11일에는 경상 좌수사 이
운룡이 임명된 지 오래되었는데도 승정원에서 유서와 밀부를 내려보내지 않아 임무를 수행할 수
없다는 내용이 나온다.

77　『선조실록』 선조 29년(1596) 1월 17일에 따르면, 일본군의 제주 침입을 우려한 조정에서 그에
대한 대책을 이순신에게 주문한 비밀 공문으로 추정된다.

78　「친필본」을 보면 '歷'이다. 책력의 뜻으로 사용될 때 '歷'은 '曆'과 같이 사용된다. "역서歷書"
는 책력冊曆이라고도 불렸다. 달력月曆이다. 정탁의 『약포집』 「答趙士敬(己亥)」(조사경에게 답장함.
기해년, 1599년)에 따르면, 당시에는 명나라 달력인 대통력과 우리나라에서 제작한 달력이 함께
사용되고 있음을 알 수 있다. 류성룡이 소장했던 대통력도 현재 보물 제160-10호로 지정되어
있다. 유희춘의 『미암일기』 1574년 1월 29일에서는 명나라 달력을 당력唐曆이라 불렀다. 오희문
의 『쇄미록』 1599년 3월 29일에는 명나라 달력과 우리나라 달력이 차이가 있음이 나온다. 즉 명
나라 달력을 기준으로 한식일이 11일인 줄 알았는데, 우리나라 달력에서는 12일로 나온다고 했
다. 『경국대전』에 따르면, 매년 관상감에서 4000부를 인쇄해 각 관청과 고을에 나눠주었다. 「편
수회본」에서는 "歷書"로 판독하고, '歷'은 '曆'의 오자로 보았다.

79　"■절節"에서 '■'는 판독 불가능한 글자다. 25일 일기에 나오는 '춘절春節'로 보인다.

19일[17일, 병진] 맑았다. 큰 바람이 불었다. 아들 면이 (가는 길이) 좋은지 어떤지 알 수 없었다. 밤새 가슴이 지독히 탔다. 가슴이 지독히 탔다. 이날 저녁 듣기를, "낙안 군량선軍粮船이 바람이 험해 사량에 정박해 있는데, 바람이 안정되면 길을 떠날 것"이라고 했다. 이날 새벽, 이곳에 있는 왜인 난여문亂汝文[80] 등을 시켜 경상 진에 머물고 있던 항복한 왜인들을 묶어와 머리를 베게 했다. 권 수사(권준)가 왔다. 부안 현감(곽기수)[81]의 술을 장흥 부사(배흥립)와 웅천 현감(이운룡), 낙안 군수(박진남)와 흥양 현감, 우우후(전라우수영 우후 이정충)와 사천 현감[82] 등과 함께 마셨다. 황득중이 갖고 온 총통 만들 쇠銃筒鐵를 저울질해 창고에 넣었다.

20일[18일, 정사] 맑았다. 일찍이 조계종이 현풍玄風 수군 손풍련孫風連에게서 소송을 당했기에, 대질 심문을 받기 위해 이곳으로 왔다가 돌아갔다. 늦게 나가 좌기했다. 제송공문을 써서 나누어 보냈다. 손만세孫萬世[83]를 도방공문을 개인적으로 작성한 죄로 처벌했다. 오후에 훈련용 화살 7순을 쏘았다. 낙안 군수(박진남)와 녹도 만호(송여종)가 같이 왔다. 비가 내릴 징후가 있었다. 새벽에 몸이 노곤했다.

21일[19일, 무오] 궂은비가 내렸다. 새벽에 비가 뿌렸다. 늦게 그쳤다. 나가지 않았다. 홀로 앉아 있었다.

22일[20일, 기미] 맑았고 바람도 없었다. 일찍 식사를 했다. 나가 좌기했다.

---

80 「친필본」의 "난여문"에 대해 「편수회본」은 남여문南汝文의 오자로 보았다. 남여문은 7월 18일과 19일 일기에 나온다.

81 김준형의 『이매창 평전』에 따르면, 이 시기의 부안 현감은 곽기수郭期壽(1549~1616)다. 1596년 1월에 파직된 신영申泳(1551~?)을 대신해 2월에 부임해 4월에 부모를 모시기 위해 사직하고 고향에 돌아갔다.

82 "사천 현감"을 「편수회본」에서는 기직남으로 보았다.

83 손만세는 「선무원종공신녹권」에서는 면역으로 나오고, 선무원종공신 2등이다.

웅천 현감(이운룡)과 흥양 현감이 와서 만났다. 흥양 현감은 곧 몸이 불편해 먼저 돌아갔다. 우우후(전라 우수영 우후 이정충)와 장흥 부사(배흥립), 낙안 군수(선의문)와 남도 만호(강응표), 가리포 첨사(이응표)와 여도 만호(김인영), 녹도 만호(송여종)가 와서 활을 쏘았다. 나도 활을 쏘았다. 손현평孫絃平도 왔다. 아주 많이 취해서 파했다. 이날 밤, 땀이 흘러내렸다. 봄기운이 사람을 노곤하게 했다. 강소작지姜所作只가 그물[84]을 가져올 일로 영(전라 좌수영)으로 돌아갔다. 충청 수사(최호)[85]가 와서 전죽을 바쳤다.

23일[21일. 경신] 맑았다. 일찍 식사를 했다. 나가 좌기했다. 둔전에서 징수한 벼를 다시 되질했다.[86] 새 창고에 167섬을 넣고 쌓았다. 줄어든 수량[87]은 48섬이었다. 늦게 거제 현령(안위)과 고성 현령(조응도), 하동 현감[88]과 강

---

84 "그물"의 원문은 '網子'이다. 「문화재청본」은 '綱子'로 나오나, 오자다.
85 "충청 수사(최호)"를 「편수회본」에서는 이운룡으로 보았다. 충청 수사는 최호다. 「편수회본」의 오류다.
86 "다시 되질했다"의 원문은 "改正"이다. 『난중일기』 속의 "改正"은 일기의 맥락과 류성룡이 1592년 8월 2일 쓴 「有旨祗受後 査報軍糧見在數狀」으로 보면, 곡식 도량형 기준인 전석과 평석에 따른 변화를 재확인하기 위해서 혹은 오희문의 『쇄미록』 1593년 4월 6일과 11월 12일 일기처럼 운반하는 사람이 훔쳐가거나, 벼가 오래되어 말라 줄어든 경우 때문이다. 류성룡은 "세미稅米는 전석으로는 700섬이나, 평석으로 계산하니 930여 섬이다"라고 했다. 류성룡의 전석 기록을 평석으로 계산해보면 수량이 늘어 933섬 3말 정도가 되어 일치한다. 이날 이순신 일기는 류성룡과 달리 평석으로 받은 곡식을 전석 기준으로 다시 되질한 것으로 보인다. 이순신의 1섬 규정 방식은 「군량을 조처해주시기를 임금님께 청하는 장계請措劃軍糧狀」(1594년 3월 10일)로 계산해보면 평석이었던 듯하다. 장계에서는 "1만7000명에게 아침저녁으로 각각 5홉(총 10홉, 하루 두 끼)을 주면, 하루에 적어도 100여 섬이 들고, 한 달이면 3400여 섬이 된다"고 했기 때문이다. 이순신의 장계 내용을 평석으로 계산해보면, 1만7000명의 1일 2끼 군량은 평석 113섬, 1월(30일 기준)은 3400섬이 된다. 『경국대전주해 후집』(안위, 1555)의 도량형에 대한 규정에 따르면, 도량형의 표준화를 위해 민간에서 만든 것은 매년 추분秋分에 서울은 평시서平市署, 지방은 거진巨鎭에서 규격에 맞도록 바로잡고 平校 낙인을 찍는다고 한다.
87 "줄어든 수량縮數"을 「문화재청본」 「편수회본」 「박혜일·최희동본」에서는 "流數"(흘린 수량)로 보았으나, '流'는 '縮'의 오자다.
88 "하동 현감"을 「편수회본」에서는 신진申藎으로 보았다. 그러나 신진은 일기에서는 1597년

진 현감(나대용), 회령포 만호(민정붕)가 왔다. 고성 현령의 술을 함께 마셨다. 웅천 현감(이운룡)은 저녁에 왔는데, 아주 많이 취했다. 밤 10시에 파하고 돌아갔다. 하천수河天水와 이진李進[89] 등이 왔다. 방답 첨사(장린)가 들어왔다.

24일[22일, 신유] 맑았다. 식사를 하고, 나가 좌기했다. 둔전에서 징수한 벼를 다시 되질하는 것을 감독했다. 우수사(이억기)가 들어왔다. 오후 4시에 비바람이 크게 불었다. 둔전에서 징수한 벼를 다시 되질한 수량인 170섬을 창고에 넣었다. 줄어든 수량[90]은 30섬이었다. "낙안 군수(박진남)가 교체되었다"는 기별이 왔다. 방답 첨사(장린)와 흥興(장흥)[91] 부사(배흥립)가 와서 모였다. 본영(전라 좌수영)으로 배를 보낼 때, 비바람이 불어 멈췄다. 밤새 비바람이 그치지 않았다. 몸이 무겁고 피곤했다.

25일[23일, 임술] 비가 계속 내렸다. 낮 12시쯤, 맑아졌다. 아침에 「임금님께 보고하는 글」의 초고를 수정했다. 늦게 우수사(이억기)가 왔다. 나주 판관(어운급)[92]도 왔다. 장흥 부사(배흥립)가 와서 말하기를, "수군 일의 어려운

8월 13일에야 처음 "하동 현감 신진"으로 등장한다. 또한 「편수회본」 1595년 11월 7일 일기의 하동 현감 주석에는 최기준으로 나온다. 이 시기 하동 현감은 확실치 않다.

89 "李進"은 25일 일기에는 "李璡"으로 나온다. 다른 일기에서는 "李珍"으로도 나온다. 李璡은 「난중일기」 1594년 1월 17일에 나오는 이감의 형으로 추정된다.

90 "줄어든 수량縮數"을 「문화재청본」 「편수회본」에서는 流數(흘린 수량)로 보았으나, '流'는 '縮'의 오자다. 「박혜일·최희동본」은 23일과 달리 이날은 '縮'으로 보았다.

91 "장흥"의 원문은 興이다. 「난중일기」에서 '흥'을 지명으로 사용한 경우는 1594년 1월 16일의 흥현(흥양현), 1596년 윤8월 20일의 "흥부興府(장흥부)", 1597년 10월 15일의 "興順"이다. 흥현은 흥양현, 흥부는 장흥부다. 그러나 이날의 興은 불분명하지만, 2월 22일 일기에 흥양 현감이 몸이 불편해 먼저 돌아갔으나, 장흥 부사는 남아 있었고, 25일에도 장흥 부사가 나오는 것으로 보아, 興은 장흥 부사를 뜻하는 것으로 보인다. 1597년 10월 15일의 "興順"도 당시 상황과 실록을 보면 장흥과 순천으로 추정되기도 한다. 그러나 「편수회본」에서는 흥양의 '陽'이 빠진 것으로 보았다.

92 "나주 판관(어운급)"을 「편수회본」에서는 원종의로 보았다. 그러나 1596년 3월 24일 일기에

점과 방백(순찰사)이 방해하는 일"을 말했다. 이진李璡이 둔전으로 돌아갔다. 춘절과 춘복, 사화士花가 영(전라 좌수영)으로 돌아갔다.

26일[24일, 계해] 아침에는 맑았다. 해 질 무렵 비가 내렸다. 늦게 대청으로 나갔다. 여도 만호(김인영)와 흥양 현감이 와서, "영리 등이 백성을 괴롭히는 폐단"을 말했다. 아주 놀랍고 경악할 일이다.[93] 양정언, 영리 강기경·이득종李得宗·박취朴就 등을 중죄重罪로 다스렸다. 곧바로 "경상 수사(권준)와 전(전라) 우도(우도) 수사(이억기) 소속의 영리를 찾아내 붙잡으라"며 전령을 보냈다. 경상 수사(권준)가 와서 만났다. 얼마 뒤에 견내량 복병이 긴급히 보고하기를, "왜선 1척이 양梁(견내량)으로부터 들어와 곧 해평장海坪場에 도착하려 할 때, 금지시키고 머물지 못하게 했습니다"라고 했다. "둔전에서 징수한 벼 230섬을 다시 되질했더니, 198섬이었고, 줄어든 수량은 32섬입니다"라고 했다. 낙안 군수(박진남)에게 이별주를 대접해 보냈다.[94]

27일[25일, 갑자] 흐렸으나 늦게 맑아졌다. 이날, 녹도 만호(송여종) 등과 훈련용 화살을 쏘았다. 흥양 현감은 휴가를 받아 돌아갔다. 둔전에서 징수한 벼 220섬을 다시 되질했다. 몇 섬이 줄어들었다.

28일[26일, 을축] 맑았다. 일찍 침을 맞았다. 늦게 나가 좌기했더니, 장흥 부사(배흥립)와 체찰사(이원익)의 군관이 이곳에 도착했다. 장흥 부사(배흥립)

<hr />

는 "나(나주) 판관 어운급"이 나온다. "나주 판관 원종의"는 1597년 8월 8일 일기에 나온다. 조응록의 『죽계일기』 1597년 3월 4일에는 사간원에서 어운급을 탄핵했고, 10일에는 원종의가 나주 판관에 임명된 것으로 나온다. 「편수회본」의 오류다.

93 『쇄미록』 1594년 3월 5일에는 관리보다 권력이 센 색리 이야기가 나온다.

94 "낙안 군수에게 이별주를 대접해 보냈다"의 「문화재청본」은 "樂安別監而送"이다. 그러나 「편수회본」, 「박혜일·최희동본」은 "樂安別盃而送"으로 보았다. 「친필본」 1596년 3월 9일과 10일에도 똑 같은 글자 모양의 "別盃而送"이 나온다. 「문화재청본」의 "監"은 "盃"의 오자다. 또한 2월 24일 일기를 보면, 낙안 군수가 교체된 것을 확인할 수 있다. 『이충무공전서』에는 편집되어 나오지 않는다.

는 "종사관이 보고한 전령에 따라, 잡혀갈 일" 때문에 왔다고 했다.[95] 게다가 "전라 수군 안에서 우도(전라 우도) 수군은 좌도(전라 좌도)와 우도(전라 우도)를 오가며 제(제주)와 진珍(진도)을 지원할 일"이라는 것도 있었다. 우스운 일이다. 조정에서 세운 계책이 어찌 이럴까. 체찰(체찰사 이원익)[96]이 낸 계책이 어찌 그리 쓸모없는가. 나랏일이 이러니 어찌하랴. 어찌하랴.[97] 저녁에 거제 현령(안위)을 불러와 일을 물어본 뒤에 곧바로 되돌려 보냈다.

29일[27일. 병인] 맑았다. 아침에 공문 초고를 수정했다. 식사를 한 뒤, 나가 좌기했다. 우수사(이억기)와 경상 수사(권준), 장흥 부사(배흥립)와 체찰(체찰사 이원익)의 군관이 왔다. 경상 우순찰사[98]의 군관이 편지를 갖고 왔다.

95 『선조실록』 선조 29년(1596) 3월 25일에는 사헌부가 장흥 부사 배흥립에 대해 거칠고 천박하다고 파직을 건의했다. 조응록의 『죽계일기』 1596년 3월 28일에는 배흥립 대신 이시언이 장흥 부사에 임명된 것으로 나온다.

96 이 체찰사는 류성룡이 쓴 「陳平安道沿江防守節目便宜啓」(1595년 11월 26일)를 기준으로 하면 당시 경기·황해·평안·함경도 4도 체찰사였던 류성룡일 수도 있다. 그러나 이순신을 지휘하는 체찰사라는 점에서는 충청·경상·전라·강원 4도 체찰사였던 이원익으로 추정된다. 영의정 겸 체찰사였던 류성룡의 장계를 바탕으로 비변사에서 결정해 이순신의 직속상관이었던 체찰사 이원익에게 지시를 내렸고, 이원익이 다시 이순신에게 지시를 내린 것으로 보인다.

97 이순신이 비판한 이 전략은 『선조실록』 선조 29년(1596) 1월 22일에 비변사에서 건의한 내용에도 그대로 나온다. 즉 일본군이 한산도에 주둔한 조선 수군을 유인한 뒤에 조선 수군 뒤로 이동해 서해로 침범할 가능성이 있으니, 전라 우수사 이억기 부대로 하여금 전라 좌도와 우도를 오가며 진도와 거제 양쪽을 지원케 해야 한다고 했다. 또한 실록 기록 이전에 류성룡이 쓴 장계 「陳平安道沿江防守節目便宜啓」(1595년 11월 26일)에는 류성룡이 스스로 "신이 헤아려보니 제주가 아주 걱정됩니다. 전날에 왜적의 사신 요시라가 왜적이 제주를 침범하고자 한다고 명백히 말했습니다. 왜적이 제주에 침을 흘리고 있는 것을 알 수 있습니다. 대개 제주는 우리나라 서남해에 있고, 명나라와도 가까워 만일 제주가 왜적에게 점령당하면 비록 하늘과 땅의 힘으로도 빼앗을 수 없습니다. (…) 제주는 아주 외롭고 홀로 있어 군대의 양식도 다 떨어졌고, 여역(전염병)과 굶주림이 다른 지역보다 심해 군사를 보충해 단단히 지킬 계책을 반드시 충분히 강구하여 급히 시행해야 합니다"라고 건의했다. 그 결과가 이날 일기로 나타난 것으로 보인다. 이원익의 「四道都體察使時狀啓」(1596년 3월 14일)에도 실록과 비슷한 내용이 나온다.

98 "경상 우순찰사"를 「편수회본」에서는 서성으로 보았다.

30일[28일. 정묘] 맑았다. 아침에 정사립을 시켜 보고서를 쓰게 했다. 체찰사(이원익)에게 보냈다. 장흥 부사(배흥립)는 체찰사에게 갔다. 해 질 무렵 우수사(이억기)가 보고하며 말하기를, "이미 바람이 부드러워져 계책에 호응해야 할 때이니, 급히 소속 수군을 이끌고 본도(전라 우도)로 나가고자 한다"고 했다. 그렇게 마음먹은 것이 아주 터무니없었다. 그의 군관과 도훈도를 장 70에 처했다. 수사(이억기)는 견내량에서 소속 복병을 거느리고 있으면서, 그가 분노해 말했다는 것도 많이 우스웠다. 저녁에 송희립과 노윤발盧潤發, 이원룡 등이 들어왔다. 희공希公(송희립)[99]도 술을 갖고 왔다. 몸이 아주 불편했다. 밤새 식은땀이 흘러내렸다.

◎ **1596년 3월**

3월 1일[양력 3월 29일. 무진] 맑았다. 새벽에 망궐례를 했다. 아침에 경(경상)수사(권준)가 와서 이야기하고 돌아갔다. 늦게 해남 현감 류형[100]과 임치 첨사 홍견,[101] 목포 만호 방수경方守慶[102]을 '기한을 넘긴 죄'로 처벌했다. 해남

---

99 "희공"은 송희립을 지칭하는 것으로 보인다.
100 오희문의 『쇄미록』 1596년 1월 22일에 해남의 새 수령 류형이 서울에서 내려왔다는 내용이 나온다.
101 홍견(1535~?)은 조선 중기의 무신이다. 1597년 3월 임치 첨사로 기문포해전에 참전했다. 강원도 삼척 출신으로 삼척 근덕면 덕봉산 '자명죽 전설'의 주인공이다. 덕봉산에 밤마다 소리 내어 우는 대나무가 하나 있었는데, 맹바우에 사는 홍견이 신령에게 제사지낸 뒤 자명죽을 찾아 그 대나무로 화살을 만들어 무과에 급제했다는 이야기다. 조카 홍연해도 『난중일기』에 나온다. 조응록의 『죽계일기』 1605년 6월 5일에는 사간원에서 고원 군수 홍견에 대해, "젊었을 때는 비록 날쌔고 건강해 이름이 있었으나, 지금은 이미 늙었으니 벼슬을 갈라"라고 선조에게 요청하는 내용이 나온다.
102 방수경(1548~?)은 조선 중기의 무신이다. 1583년 무과 알성시에서 급제했다. 정탁의 『약포일기』 1592년 7월 23일, 일기 이후의 「부附」에는 "6월 16일, 선전관 방수경이 중전中殿에게 문안 서장을 발송했다"는 기록이 나온다.

현감(류형)은 새로 부임했기에 장은 치지 않았다.

2일[30일, 기사]103 맑았다. 아침에 「임금님께 보고하는 글」의 초고를 수정했다. 보성 군수(안홍국)가 들어왔다. 몸이 아주 불편했다. 좌기하지 않았다. 몸이 피곤했고 땀에 젖었다. 이는 병의 근원이구나.

3일[31일, 경외] 맑았다. 새벽에 이원룡이 영(전라 좌수영)으로 돌아갔다. 늦게 반관해潘觀海104가 왔다. 정사립 등을 시켜 「임금님께 보고하는 글」을 쓰게 했다. 이날은 절일節日(삼짇날)105이다. 방답 첨사(장린)와 여도 만호(김인영), 녹도 만호(송여종)와 남도 만호(강응표) 등을 불러 술과 떡을 권했다. 일찍 송희립을 우수사(이억기)에게 보냈다. "미안한 마음"을 전하게 했더니, "겸손하고 정중하게 대답했다"고 했다. 땀에 젖었다.

4일[4월 1일, 신미] 맑았다. 아침에 「임금님께 보고하는 글」을 봉했다. 늦게 보성 군수 안홍국을 '기한을 넘긴 죄'로 처벌했다. 낮 12시쯤, 배를 출발했다. 바로 소근두所斤頭로 갔다. 경상 우수사(권준)가 있는 곳에 되돌아가서 불렀더니, 그 도의 좌수사 이운룡도 도착해 있었다. 조용히 이야기한 뒤, 그대로 좌리도佐里島 바다 가운데서 같이 묵었다. 시도 때도 없이 땀이 났다.

5일[2일, 임신] 맑았으나 구름이 끼었다. 새벽 3시에 배를 출발했다. 동틀 무렵 견내량의 우수사(이억기)가 복병하고 있는 곳에 도착했다. 아침을 먹을 때였기에, 식사를 한 뒤 서로 만났다. 경망한 행동에 대해 다시 말했더니, 우수

---

103 중종의 첫째 계비, 장경왕후 윤씨의 제삿날이다.
104 한국역대인물종합시스템에서 반관해(1555~?)는 "조선 중기의 무신으로 1599년 무과 정시에서 급제했다"고 나온다. 그러나 신대봉의 「거제 선무원종공신록」(『경남향토사사론총3』, 1994, 경남향도사연구협의회)에서는 선무원종공신록을 바탕으로 반관해가 선무원종 2등 공신으로, 거제 출신이며 1552년생으로 1596년에 사망했다고 한다.
105 3월 3일은 삼짇날이다. 이날에는 들에 나가 꽃놀이를 하고 새로 난 풀을 밟으며 봄을 즐기기 때문에 답청절이라고도 한다. 각종 민속놀이를 하고, 다양한 음식을 만들어 먹기도 한다.

사(이억기)가 "고맙다"고 했다. 그로 인해 술자리를 만들었다. 아주 많이 취해 돌아오다가, 그대로 이정충(전라 우수영 우후)의 꽃나무 아래[106]로 들어가 조용히 논의하고 이야기했다. 취해서 나도 모르게 넘어졌다.[107] 비가 크게 내렸다. 먼저 배로 내려갔다. 우수(우수사 이억기)는 취해서 누워 인사불성이었기에 작별 인사도 못 하고 왔다. 우스운 일이다. 배에 도착했더니, 회와 해, 면과 울, 수원이 함께 도착해 있었다. 비를 타고乘雨, 진의 요새[108] 속으로 되돌아왔더니, 김혼金渾도 도착했다. 함께 이야기했다. 밤 12시에 잠들었다. 계집종 덕금德今·한대漢代·효대와 은진의 계집종[109]이 왔다.

6일[3일, 계유] 흐렸으나 비는 내리지 않았다. 새벽에 한대를 불러, 싸운 이유를 물었다. 아침에 몸이 불편했다. 식사를 한 뒤, 하동 현감과 고성 현령(조응도)이 보고하고 돌아갔다. 늦게 함평 현감(최정립)[110]과 해남 현감(류형)

---

106 "꽃나무 아래花下"에 대해 일부 번역본에서는 "장막 아래"로 번역하고 있다. 「친필본」을 보면 "花下"이다. 또한 이틀 전인 3월 3일이 답청을 하는 삼짇날이고, 다른 해의 비슷한 시기의 일기에도 꽃구경을 하거나 꽃을 보고 감탄하는 모습이 나온다는 점에서 "꽃나무 아래"가 타당할 듯하다. 서울대 규장각 소장 「전주지도」(보물 제1586호)의 우측 하단에는 흰 복사꽃이 핀 오목대 위에서 감사급 고위 관료와 일행이 모여 있는 모습을 볼 수 있다. 또한 이문건의 「묵재일기」 1551년 2월 15일에는 "매화와 달을 감상하며 꽃 아래에 앉았다賞梅月坐花下"는 기록이 있다. 조응록의 「죽계일기」 1605년 2월 26일에는 조응록이 이몽량李夢良의 뒷 정원에 올라가 꽃을 감상했다賞花는 내용이 나온다.

107 이날 이순신은 술에 취해 엎어졌다. 그가 술에 취해 힘들어하는 모습을 7년의 일기에서 찾아보면, 잦은 술자리에 비해 밤새 토한 1594년 7월 25일, 술이 깨지 않아 다음 날 방 밖을 나가지 못한 1594년 9월 13일, 그리고 이날을 포함해 몇 차례 되지 않는다.

108 "요새"의 원문 "寨"는 정약용의 「경세유표」 「진보지제鎭堡之制」에 따르면, 바다를 방위하는 곳이라고 한다.

109 "계집종"의 원문은 "婢"이다. 기존판에서는 "奴"로 보았으나, 다시 여러 사례를 비교해본 결과 "婢"인 듯하다. 「편수회본」, 「문화재청본」, 「박혜일·최희동본」, 「최희동본」(2018, 2019) 모두 '婢', 「편수회초본」은 '奴'로 보았다.

110 「편수회본」에서는 함평 현감을 손경지로 보았다. 그러나 「선조실록」 선조 29년(1596) 5월 13일에는 함평 현감 최정립崔挺立이 백성을 돌보지 않고 술과 여색에 빠져 있고, 전함을 개인적으로 팔아 그 값을 갖고, 백성에게 새 배를 만들게 했다고 사헌부가 탄핵해 파직되었다는 내용이

이 보고하고 돌아갔다. 남도 만호(강응표)도 돌아갔다. 5월 10일로 기한을 정했다. 우우후(전라 우수영 우후 이정충)와 강진 현감(나대용)은 (3월) 8일이 지난 뒤에 나갈 일을 일렀다. 함평 현감과 남해 현령(기효근),111 다경포 만호(윤승남) 등은 검술 시합을 했다.112 지금까지 땀이 흘러내린다. 사슴 3(마리)을 사냥해 왔다.113

7일[4일, 갑술] 맑았다. 새벽에 땀이 줄줄 흘러내렸다.114 해 질 무렵 나가 좌기했다. 가리포 첨사(이응표), 방답 첨사(장린), 여도 만호(김인영)가 와서 만나고 돌아갔다. 머리를 잠시 빗었다. 녹도 만호(송여종)가 노루 2(마리).115

8일[5일, 을해]116 맑았다. 아침에 안골 만호(우수)가 큰 사슴 1마리를 보내 왔다. 가리포 첨사(이응표)도 보내왔다. 식사를 한 뒤에 나가서 좌기했다. 우수사(이억기)와 경(경상) 수사(경상 우수사 권준), 좌수사(경상 좌수사, 이운룡)

나온다. 조응록의 『죽계일기』 1596년 5월 15일에는 손경지가 함평 현감에 임명되었다고 나온다.
111 「편수회본」에서는 남해 현령을 박대남으로 보았다. 그러나 이 시기까지는 기효근이다. 『난중일기』 1596년 6월 1일에는 "남해 현령이 와서 도임장到任狀을 바쳤다"고 나오기 때문이다. 또한 조응록의 『죽계일기』 1596년 4월 7일에는 경상 우도 감사가 남해 현령 기효근을 탄핵했다는 서장 내용이 나오고, 4월 9일에는 남해 현령에 양집梁諿이 임명된 것으로 나오나 4월 24일에는 박대남 朴大男이 남해 현령에 임명된 것으로 나온다. 기효근이 파직된 뒤에 양집이 임명되었다가 취소되고 박대남이 임명되었고, 그에 따라 6월 1일에 박대남이 부임했던 것으로 볼 수 있다.
112 "검술 시합을 했다"의 원문은 「친필본」, 「문화재청본」, 「편수회본」에서는 "用劍"으로, 『이충무 공전서』에서는 "試劍"으로 나온다.
113 "사슴 3을 사냥해 왔다"의 원문은 "鹿三獵來"이다. 원문에는 동물을 세는 단위인 '구'는 나 오지 않는다.
114 "땀이 줄줄 흘러내렸다"의 「문화재청본」은 "汗流■"이다. 「친필본」은 "汗流出?", 「편수회본」 은 "汗流ㅁㅁ"이다. 「박혜일·최희동본」은 "汗流出″", 「편수회 초본」은 "汗流出日"이다. 「친필본」을 자세히 보면, '日' 자로 볼 수 있고, 뒤의 '晚'과 연결된 글자로 볼 수 있기에, 이 번역본에서는 '日' 로 보고, 뒤의 '晚'과 합쳐 "해 질 무렵"으로 번역했다.
115 「친필본」과 「편수회본」의 "鹿島獐二"를 「문화재청본」은 "鹿島"로만 보았다. "獐二"(노루 2)를 누락했다.
116 이순신의 생일이다. 생일을 축하하기 위해 부하 장수들이 모인 듯하다. 또한 이날은 오희 문의 일기에 따르면, 한식날이기도 했다.

와 가리포 첨사(이응표), 방답 첨사(장린)와 평산포 만호(김축), 여도 만호(김인영)와 우우후(전라 우수영 우후 이정충), 경(경상) 우후(이의득)와 강진 현감(나대용) 등이 왔다. 같이 내내 곤드레만드레 취해 파했다. 저녁에 비가 잠시 내렸다.

9일[6일. 병자] 아침에는 맑았다. 해 질 무렵 비가 내렸다. 아침에 우우후(전라 우수영 우후 이정충)와 강진 현감(나대용)이 보고하고 돌아갔다. 술을 권했더니 곤드레만드레 취했는데, 우후(이정충)는 취해 쓰러져 돌아가지 못했다. 저녁에 좌수사(경상 좌수사 이운룡)가 왔다. 이별주를 마시고 보냈는데, 취해서 대청에서 쓰러져 잤다.117 개가 함께.118

---

117 양반들이 술에 취한 모습은 조헌의 『조천일기』에도 나온다. 조헌은 1574년 6월 5일에는 정주 목사가 술에 취해 쓰러졌다. 6월 6일에는 조헌 자신이 술에 취해 앞 계단에서 넘어졌다고 한다. 그러면서 조헌은 전에 술에 취해 쓰러진 것을 뉘우치지 못했기 때문이라고 반성했다.

118 "개가 함께"의 원문은 "介与之共"이다. 홍기문과 이은상은 "개가 같이 잤다"라고 하면서, 개를 "어떤 사람의 이름인 듯"이라고 주석했다. "与"는 "與"의 약자다. 「문화재청본」, 「편수회본」 "介與之共"으로 보았다. 그런데 "與之共"의 용례를 한국고전종합DB에서 찾아보면 "같이 잤다"는 의미 혹은 "함께 묵었다"라고 볼 수 있는 사례는 거의 없다. 이순신의 『난중일기』 1592년 2월 27일의 "與之共樂"(함께 즐겼다), 이행李荇은 「장단將壇」에서 "與之共濟"(함께 큰일을 하고자 했네), 정탁은 「피란행록하避難行錄下」에서 "與之共議"(함께 의논했다), 홍인우洪仁祐는 「관동록關東錄」에서 "與之共宿"(함께 묵었다). 이덕무李德懋는 「소옹邵翁」에서 "與之共話天下事"(함께 천하의 일을 말할까)와 같은 사례가 있다. "與之共"은 "함께"라는 의미다. 또한 위의 사례처럼 행동과 관련된 글자가 병기되는 경우가 많다. 그런데 이날 일기에는 행동과 관련된 글자는 없다. 때문에 "함께·더불어"란 뜻을 갖고 있는 "共"이나, "함께 하다, 더불어 하다"란 뜻의 "与之共"을 "같이 잤다"로 번역하는 것은 한계가 있다. 게다가 이날 일기 속의 "개" 혹은 "介与之"가 무엇인지도 알 수 없다. 사람인지 혹은 물건인지, 사람이라면 남자인지 여자인지도 알 수 없다. "같이(함께) 잤다(묵었다)"를 『난중일기』의 용례로 보면, "同宿"이다. "与之共"과는 전혀 다르다. 이 "介与之共"을 반드시 번역한다면 "개가 함께" 혹은 "개여지介与之와 함께" 정도다. 일부에서는 이 부분을 "(이순신이) 개와 함께 잤다"처럼 번역하고 있으나, "夕左水使來 別盃而送 則醉倒宿于大廳 介與之共"의 전체 문장과 문맥, 특히 "則" 자와 관련해보면, 이순신이 아니라, 경상 좌수사가 술에 취해 돌아가지 하고 대청에서 잔 것이다. 따라서 설혹 "개와 함께 잤다"라고 번역해도 이는 이순신이 아니라 경상 좌수사가 잔 것으로 보아야 한다.

10일[7일, 정축] 비가 계속 내렸다. 아침에 다시 좌수사(경상 좌수사 이운룡)를 청해 왔다. 이별주를 마시고 보냈다. 내내 아주 많이 취했다. 나갈 수 없었다. 시도 때도 없이 땀이 났다.

11일[8일, 무인] 흐렸다. 해와 회, 완과 수원이 계집종 셋과 나갔다. 이날 저녁, 방답 첨사(장린)가 오해해 화낼 일도 아닌 일에 상선(지휘선)의 무상 흔전자欣田子[119]에게 장을 쳤다. 기가 막힐 일이다. 기가 막힐 일이다. 곧바로 군관과 이방을 붙잡아 군관은 장 20, 이방은 장 50에 처했다. 늦게 옛 천성 만호(윤홍년)가 인사하고 돌아갔다. 신임 천성 만호는 체찰(체찰사 이원익)의 공문으로 인해 병사에게 잡혀갔다. 나주 판관(어운급)도 왔다. 술을 권한 뒤 보냈다.

12일[9일, 기묘] 맑았다. 아침을 먹었다. 몸이 피곤했다. 잠시 자고 일어났다.[120] 경상 수사(권준)가 와서 같이 이야기했다. 여도 만호(김인영)와 금갑도 만호(이정표), 나주 판관(어운급)도 도착했다. 군관 등이 술을 냈다. 저녁에 소국진[121]이 체찰(체찰사 이원익)에게서 돌아왔는데, 회답으로 "우도(전라 우도)의 수군을 본도(전라 우도)로 합쳐 보내라고 했던 일은 본래 의도가 아니었습니다"라고 했다. 우스운 일이다. 그로 인해 들으니, "원 흉元凶(흉악한 원균, 충청 병사 원균)은 장 40, 장흥 부사(배흥립)는 20을 맞았다"고 들었다.

13일[10일, 경진] 비가 내내 내렸다. 저녁에 견내량 복병이 긴급히 보고하는 내용에, "왜선이 연속해서 오고 있다"고 했기에, 여도 만호(김인영)와 금갑

---

119 「편수회본」, 「문화재청본」의 "顧田子"의 '顧'은 「친필본」에서는 '欣' 자로 나온다. 「난중일기」 1593년 2월 8일의 "欣躍"의 '欣'가 같은 글자 모양이다. 노비 이름에 '欣'이 들어 있는 경우로는 「묵재일기」 1548년 4월 8일의 '사내종 흔세欣世'가 있다.

120 "잠시 자고 일어났다"의 원문은 "少睡初罷"이다. "初罷"는 "잠을 깼다"는 뜻이다. 홍기문은 "조금 자고 일어나자"로 번역했고, 이은상은 번역하지 않았다.

121 "소국진蘇國秦"은 1592년 3월 24일과 1596년 윤8월 26일에는 "蘇國進"으로 나온다.

만호(이정표) 등을 뽑아 보냈다. 봄비 속에서 몸이 피곤했다. 누워서 앓았다.

14일[11일, 신새] 궂은비가 개지 않았다. 새벽에 삼도의 긴급 보고가 왔는데, "견내량 근처 거제 땅 세포에 왜선 5척, 고성 땅에 5척이 와서 정박하고 육지로 상륙했습니다"라고 했다. 그래서 '삼도의 여러 장수에게 5척을 추가로 뽑아 보낼 일'을 전령했다. 늦게 나가 좌기했다. 각 곳에 제송공문을 써 보냈다. 아침에 군량 출납 보고를 마무리했다. 방답 첨사(장린)와 녹도 만호(송여종)가 와서 만났다. 체찰사(이원익)에게 보낼 공문을 써서 수결을 하고 관인을 찍었다. 봄의 노곤함이 이렇다. 밤새 땀이 흘러내렸다.

15일[12일, 임오] 맑았다. 새벽에 망례(망궐례)를 했다. 가리포 첨사(이응표)와 방답 첨사(장린), 녹도 만호(송여종)가 와서 참석했다. 그러나 우수사(이억기)와 다른 사람은 도착하지 않았다. 늦게 경 수사(권준)가 왔다. 같이 이야기하고 취해서 갈 때, "아랫방下房에서 덕과 사적인 이야기를 했다"고 했다. 이날 해 질 무렵 바다 달은 은은하게 밝았다海月微明.[122] 몸이 피곤하고 무거웠다. 밤새 식은땀이 났다. 밤 12시에 비가 크게 내렸다. 낮에는 피곤했다. 머리를 빗었다.[123] 시도 때도 없이 땀이 났다.

16일[13일, 계미] 비가 퍼붓는 듯 쏟아졌다. 내내 그치지 않았다. 아침 8시에 동남풍이 크게 불었다. 지붕의 이엉이 걷힌 집이 많았다. 창문 하나의 종이가 찢어져 비가 방 안으로 들이쳤다. 사람으로 그 괴로움을 견디기 어려웠다. 낮 12시쯤 바람이 그쳤다. 저녁에 군관을 불러왔다. 술을 권했다.

---

122 "은은하게 밝았다微明"의 「문화재청본」은 "徽明"이다. 그러나 「문화재청본」의 '徽'은 '微'의 오독으로 보인다. 이날 일기의 글자는 1596년 1월 3일자 "東風微動"의 「친필본」 '微'과 글자 형태도 같다. 「박혜일·최희동본」도 "微明"으로 보았다. 이 번역본에서는 "微明"으로 옮겼다.

123 "머리를 빗었다梳頭"는 것은 머리를 단정히 하기 위한 이유 혹은 건강을 위한 것이기도 하다. 「운급칠첨雲笈七籤」에서는 "아침저녁 머리를 빗을 때, 천 번을 채워 빗으면 두통이 사라지고, 머리카락이 희지 않게 된다晨夕梳頭 滿一千梳 大去頭風 令人髮不白"고 했다.

밤 1시에 비가 잠시 그쳤다. 어제처럼 땀이 흘러내렸다.

17일[14일, 갑신] 흐렸다. 내내 가랑비가 내렸다. 밤새[124] 그치지 않았다. 늦게 나주 판관(어운급)이 와서 만났기에, 취하게 해서 보냈다. 어두울 무렵 박자방朴自邦이 들어왔다. 이날 밤, 식은땀이 등을 적셨다. 옷 두 벌이 다 젖었다. 이불도 젖었다. 몸이 불편했다.

18일[15일, 을유] 맑았고 동풍이 불었다. 내내 불었다. 날씨가 아주 쌀쌀했다. 늦게 나가 좌기했다. 소지를 처리해 나누어 보냈다. 방답 첨사(장린)와 금갑 만호(이정표), 회령포 만호(민정붕)와 옥포 만호(이담) 등이 와서 만났다. 훈련용 화살 10순을 쏘았다. 이날 밤, 바다 달빛이 은은하게 비추었다海月微照.[125] 밤공기가 아주 쌀쌀했다. 자려고 해도 잠들 수 없었다. 앉아도 누워도 불편했다. 몸이 다시 불편했다.

19일[16일, 병술] 맑았고 동풍이 크게 불었다. 날씨가 아주 쌀쌀했다. 아침에 새로운 쟁[126]에 줄을 올렸다. 늦게 보성 군수(안홍국)가 씨 뿌리는 일[127]을 단속할 일로 휴가를 받았다. 김혼이 같은 배로 나갔다. 사내종 경도 같이 돌아갔다. 정량이 일 때문에 이곳에 왔다가 되돌아갔다. 저녁에 가리포

---

124 "밤새"의 「친필본」은 "夜徹"이나, '夜'와 '徹' 옆에 '▼'과 '▲' 같은 글자 위치 수정 표시가 있다. 수정을 반영해 번역했다. 「편수회본」은 수정을 반영했고, 「박혜일·최희동본」은 「친필본」처럼 "'夜▼'과 '徹▲'로 해놓았다.

125 "은은하게 비추었다微照"의 「문화재청본」은 '徹照'이다. 그러나 「문화재청본」의 '徹'은 '微'의 오자로 보인다. 이 번역본에서는 '微照'로 번역했다.

126 쟁은 12줄로 된 가야금과 달리 13줄로 된 악기다. 『세종실록지리지』 「공주목」에는 "남자는 쟁·적을 좋아하고, 여자는 노래와 춤을 좋아한다"고 나온다. 이수광의 『지봉유설』에서도 쟁의 유래가 나온다.

127 "씨 뿌리는 일付種"은 볍씨를 논에 직접 뿌려 키우는 직파법을 보여준다. 이문건의 『묵재일기』 1551년 3월 19일에는 "수부종水付種"이라고 나온다. 같은 직파법이다.

첨사(이응표)와 나주羅州 반자[128]가 와서 만났다. 술에 취하게 해서 되돌려 보냈다. 어두울 무렵, 바람의 기세가 지독히 험했다. 지독히 험했다.

20일[17일. 정해] 바람이 험했다. 비가 계속 내렸다. 내내 나가지 않았다. 몸이 아주 불편했다. 풍차風遮(차양)[129] 2부浮를 만들어 걸었다. 밤새 비가 내렸다. 땀이 나서 옷과 이불이 젖었다.

21일[18일. 무자] 큰비가 내내 내렸다. 저녁 8시에 설사하고 심하게 토했다.[130] 밤 12시에 조금 덜해졌기에 이리저리 뒤척이며 앉았다 누웠다 했다. 괜한 일을 하는 것이 아닌지 아주 한스러웠다. 이날은 아주 심심했다. 군관 송희립과 김대복, 오철 등을 불렀다. 종정도를 겨루었다. 풍차(차양) 3부를 만들어 걸었다. 이언량과 김응겸金應謙이 감독해 만들었다. 밤 1시에 비가 잠시 그쳤는데, 밤 3시에 희미한 새벽달이 서서히 밝아졌다.[131] 방을 나가 산보했다. 그래도 몸은 아주 피곤했다.

22일[19일. 기축] 맑았다. 아침에 사내종 금수을 시켜서 머리를 빗었다. 늦게 우수사(이억기)와 경상 수사(권준)가 와서 만났다. 술을 권하고 보냈다. 그로 인해 듣기를, "어린 암고래가 섬 위로 떠내려와 죽었다"고 했기에 박자방을 보냈다. 이날 어두울 무렵, 시도 때도 없이 땀이 흘러내렸다.

---

128 "반자"를 「문화재청본」, 「편수회본」에서는 "判刾"로 보았으나, "半刾"이다.
129 "풍차"는 햇볕을 가리거나 비가 들이치는 것을 막기 위해 처마 끝에 덧붙이는 띠풀로 만든 좁은 지붕인 차양이다. 양쪽을 나무로 받쳐 높낮이를 조정할 수 있게 했다.
130 오희문의 「쇄미록」 1594년 2월 18일에 따르면, 집의 서북쪽에, 이문건은 집의 서쪽 울타리 아래에 화장실을 만들었다. 당시에는 화장실을 집의 서쪽에 설치했던 듯하다.
131 1594년 3월 30일, 진중 무과시험 감독을 위해 한산도에 온 삼가 현감 고상안에게 이순신은 이날 일기에 표현한 "희미한 새벽달殘月"이 들어간 시를 지어주었다. 이순신의 시는 "바다 나라에 가을빛 저무는데, 찬바람에 놀란 기러기, 외로운 수군 위에 높이 떴구나. 시름에 겨워 밤새 뒤척였는데, 희미한 새벽달이 활과 칼을 비추는구나水國秋光暮 驚寒鴈陣高 憂心輾轉夜 殘月照弓刀"이다.

23일[20일, 경인] 맑았다. 새벽에 정사립이 와서 보고하기를, "물고기 기름魚油[132]을 많이 짜오겠습니다"라고 했다. 새벽 3시에 몸이 불편했다. 금을 불러 머리를 빗었다技頭.[133] 늦게 나가 좌기했다. 각 곳에 보낼 공문을 써 나누어 보냈다. 훈련용 화살 10순을 쏘았다. 조방장 김완[134]이 들어왔다. 충청 수군의 8척도 들어왔다. 우후(이몽구) 또한 도착했다. 사내종 금이 편지를 갖고 왔는데, "어머님은 평안하시다"고 했다. 밤 9시에, "영등 만호(조계종)가 그의 소녀[135]를 이끌고 술을 갖고 왔다"고 했다. 나는 만나지 않았다. 밤 11시에 되돌아갔다. 이날, 미역[136]을 따기 시작했다. 밤 12시에 비로소 누웠다. 땀이 흘러 옷이 젖었기에 옷을 갈아입고 잤다.

24일[21일, 신묘][137] 맑았다. 새벽에 미역을 따러 나갔다. 옛 활집은 삼베로 만든 것이 8장, 무명으로 만든 것이 2장이다. 활집 하나를 고치고 세탁하도록 내주었다. 아침을 먹은 뒤, 나가 좌기했다. 마량 첨사 김응황金應璜[138]과 파지도波知島의 송宋(권관 송세응), 결성 현감 손안국孫安國 등의 죄를 처벌

132 이 시기에 썼던 기름으로는 김종의 『임진일록』 1592년 12월 4일에는 "들기름法油, 고깃기름肉油" 같은 것도 있었다.
133 「친필본」, 「편수회본」, 「박혜일본」, '技頭'를 '披頭'로 보는 견해(「두통으로 상투를 푼 이순신 장군?」, 조선일보, 2017. 11. 13)가 있으나, 이날 일기의 「친필본」, '技'와 1594년 7월 27일 일기의 '披髮'의 '披', 1597년(정유 I) 10월 8일 일기 뒤의 「송나라 역사를 읽고」 속의 '披肝'을 비교해보면, '披'와 글자 모양이 다르다. 특히 같은 초서체로 쓰인 1594년 7월 27일자의 '披'와는 확실히 차이가 난다.
134 김완은 사도 첨사로 있다가 2월 조도어사의 장계로 파면되었고, 이즈음에는 이순신의 조방장으로 임명되었던 듯하다.
135 "소녀小女"를 홍기문은 "조고맹이小者", 이은상 등은 "어린 딸"로 보았다. 그러나 정확히 누구인지는 알 수 없다.
136 "미역"의 원문은 "霍"이다. 「편수회본」에서는 "藿"을 잘못 쓴 것으로 보고, "霍" 옆에 수정한 글자인 "藿"을 표기해놓았다. 또한 다음 날 일기인 3월 24일에는 "藿"으로 나온다.
137 세종의 왕비, 소헌왕후 심씨의 제삿날이다.
138 김응황(1558~?)은 조선 중기의 무신이다. 1583년 무과 별시에서 급제했다.

했다. 늦게 우후(이몽구)가 해주海酒139를 갖고 왔다. 방답 첨사(장린)와 평산 포 만호(김축), 여도 만호(김인영)와 녹도 만호(송여종), 목포 만호(방수경) 등과 같이 마셨다. 나(나주) 판관 어운급140에게 휴가를 주어 내보냈다. 4월 15일 을 기한으로 정했다. 어두울 무렵 몸이 아주 피곤했다. 시도 때도 없이 땀 이 흘러내렸다. 이 또한 비가 내릴 징후이구나.

25일[22일, 임진] 새벽에 비가 내렸다. 내내 퍼부었다. 잠시도 조금도 그치지 않았다. 저녁까지 수루에 기대어 있었다. 가슴에 품은 생각으로 서글퍼졌 다. 잠시 머리를 빗었다. 낮에 땀이나 옷이 젖었다. 밤에는 옷 두 벌이 푹 젖었고, 방바닥까지 젖었다.

26일[23일, 계사] 맑았고 서남풍이 불었다. 늦게 나가 좌기했다. 조방장141과 방답 첨사(장린), 녹도 만호(송여종)가 와서 활을 쏘았다. 경상 수사(권준)도 와서 이야기했다. 체찰사(이원익)의 전령이 왔는데, "전날에 우도(전라 우도) 수군을 되돌려 보내라고 한 일은 「임금님의 물음에 자세히 답변한 글回啓」 을 잘못 본 것" 등등이라고 했다.142 우스운 일이다. 우스운 일이다.143

---

139 "해주"는 어떤 술인지 알 수 없다. 유사한 것으로 호해주湖海酒가 있다. 강이나 바다에서 마시는 술을 뜻한다. 그러나 1596년 9월 26일 일기에 "소고기와 술"을 뜻하는 "牛酒"를 순천부의 사람들이 갖고 왔다는 표현으로 추정해보면, "해산물과 술"로도 볼 수 있다.

140 "어운급"의 원문인 "魚雲伋"은 『선조실록』 선조 30년(1597) 3월 20일에는 "魚雲級"으로 나온 다. 『이충무공전서』에서는 '魚聖伋'으로 나온다. 『이충무공전서』가 오자다.

141 조방장을 「편수회본」에서는 김완으로 보았다. 3월 23일 일기를 보면 김완일 수도 있다. 그 러나 1595년의 이순신에게는 신호, 권준, 박종남의 세 조방장이 있었다. 1596년 4월 21일 일기에 도 조방장 신호가 나온다.

142 『선조실록』 선조 29년(1596) 1월 22일에 따르면, 비변사에서는 전라 우수사 이억기의 수군 에게 "(전라) 좌우도左右道 사이를 오가며 진도珍島와 제주濟州를 응원하게 하는 것이 좋을 것" 이라면서 도체찰사(이원익)에게 헤아려 진행하도록 이문移文하게 하자고 선조에게 건의했고, 선 조는 이에 동의했다. 이원익의 『오리선생속집』「四道都體察使時狀啓 同月(1596년 3월) 十四日」에 서는 비변사가 선조에게 건의한 내용에 대해 선조가 "각 도의 수군으로 하여금 좌우左右 사이를 오가게 해 진도와 제주를 응원하게 했다"고 했고, 또한 도체찰사의 서장書狀을 보니, 도체찰사가

27일[24일. 갑오] 맑았다. 남풍이 불었다. 늦게 나가 훈련용 화살을 쏘았다. 우후(이몽구)와 방답 첨사(장린)도 왔다. 충청144과 마량 첨사(김응황), 임치 첨사(홍견)와 결성 현감(손안국), 파지도 권관(송세응)이 함께 왔다. 술을 권하고 보냈다. 저녁에 신 사과와 여필(동생 이우신)이 같은 배로 들어왔다. 그로 인해 "어머님은 평안하시다"고 들었다. 기쁘고 행복한 마음이 어찌 끝이 있으랴. 기쁘고 행복한 마음이 어찌 끝이 있으랴.

28일[25일. 을미] 궂은비가 크게 내렸다. 내내 개지 않았다. 나가 좌기했다. 작성한 공문에 관인을 찍어 나누어 보냈다. 충청의 각 배 사람들이 목책을 설치하는 일을 했다.145

29일[26일. 병신]146 궂은비가 걷히지 않았다. 늦게 부찰사(부체찰사 이정형)147의 선문이 이곳으로 도착했는데, "성주148에서 출발해 진陣(한산도)으로 도착할 것"이라고 했다.

"우도右道(전라 우도) 수군의 정원 중에서 2개 부대는 한산도에서 비상사태를 대비하고, 1개 부대는 좌우左右를 오가게 했다"는 내용이 나온다.
143 "체찰사의 전령이 왔는데, (…) 우스운 일이다"는 『충무공유사』에서는 3월 25일 일기로 나온다.
144 원문에는 "忠淸"만 있다. 2월 22일 일기에 충청 수사가 나오고, 마량 첨사 등이 충청 수사 막하의 관료들인 것으로 보아 "충청 수사"로 번역할 수도 있으나, "충청 우후"도 자주 언급되고 있어 충청 우후로도 볼 수 있다.
145 "목책을 설치하는 일을 했다"를 「문화재청본」은 "復設柵備"로 보았으나, '復'은 '役' 자로 보인다. 「박혜일·최희동본」도 '役'으로 보았다.
146 세조의 왕비, 정희왕후 윤씨의 제삿날이다.
147 『선조실록』 선조 29년(1596) 3월 1일에 따르면, 체찰사 이원익의 부체찰사였던 김륵이 모친상을 당해 이원익이 이정형李廷馨을 부체찰사에 추천했고, 이날 이정형이 선조에게 인사를 올렸다.
148 당시 성주에는 체찰사 이원익의 본영이 설치되어 있었다(한영우, 『나라에 사람이 있구나』, 지식산업사, 2016, 116~117쪽). 『선조수정실록』 선조 28년(1595) 8월 1일에는 이원익이 성주에 주둔했다는 기록이 나온다.

◎ **1596년 4월**

4월 1일[양력 4월 27일, 정유] 큰비가 내렸다. 신 사과와 이야기했다. 내내 비가 내렸다.

2일[28일, 무술] 늦게 맑아졌다. 해 질 무렵 경(경상) 수사(권준)가 부찰사(부체찰사 이정형)를 마중할 일로 나갔다. 신 사과도 같은 배로 갔다. 이날 밤, 몸이 아주 불편했다.

3일[29일, 기해] 맑았고 동풍이 불었다. 내내 불었다. 어제 저녁에는 견내량 복병의 긴급 보고 내용에, "왜놈 4명이 부산에서 장사興利[149]하러 나왔다가 바람으로 표류해 왔습니다"라고 했다. 그래서 새벽에 녹도 만호 송여종을 보내며 그 사유를 물어보고 처리할 일을 일러 보냈다. 그런데 그 정황과 흔적을 살펴보았더니, 엿보고 자세히 살피는 일이 확실했기에 베어 죽였다. 우수백(이억기)을 만나러 가려 했으나 몸이 불편해 가지 않았다.

4일[30일, 경자] 흐렸다. 아침에 오철이 나갔다. 사내종 금이도 같이 갔다. 아침에 체찰사(이원익)의 공문을 수결하고 관인을 찍어 벽에 붙였다. 여러 장수의 표신을 바꿨다. 충청도 군사는 목책을 설치했다. 늦게 우수사(이억기)를 만나러 갔다. 취해서 이야기하다가 돌아왔다. 밤 9시에야 저녁을 먹었다. 가슴에서 열이 났고, 땀에 젖었다. 밤 10시에 잠시 비가 내리다 그쳤다.

5일[5월 1일, 신축] 맑았다. 부찰사(부체찰사 이정형)가 들어왔다.

6일[2일, 임인] 흐렸으나 비는 내리지 않았다. 부사(부체찰사 이정형)가 활쏘기를 시험했다. 저녁에 나와 우수사(이억기) 등이 들어와 좌기했다. 군사들

---

149 "장사하다"의 원문은 "興利"이다. 흥리인興利人은 장사꾼이다. 『세종실록』 세종 2년(1420) 11월 3일에 따르면, 대마도의 일본인 중에서 조선에 장사를 하러 왔던 사람들을 흥리왜인興利倭人이라고도 했고, 그들이 탄 장삿배를 흥리선興利船이라고 했다.

에게 음식을 먹이며 함께 대접했다.

7일[3일, 계묘]150 맑았다. 부사(부체찰사 이정형)가 나가 좌기했다. 상을 나누어주었다. 새벽에 부산 사람이 들어왔는데, "명나라 사신(이종성)이 도망쳤다"고 했다.151 무슨 일인지 알 수 없구나. 부사(부체찰사 이정형)는 주봉主峯152에 올라갔다. 점심을 먹은 뒤, 두 수사(이억기·권준)와 같이 이야기했다.

8일[4일, 갑진]153 내내 비가 계속 내렸다. 늦게 들어가 부사(부체찰사 이정형)와 같이 마주 앉아 술을 마셨다. 아주 많이 취했다. 등불놀이154를 하고 파했다.

9일[5일, 을새] 맑았다. 이른 아침에 부사(부체찰사 이정형)가 나가기에 배를 타고 포구로 나갔다. 같은 배에서 이야기하고 헤어졌다.

10일[6일, 병외] 맑았다. 아침에 들으니, "어사(정경세)155가 들어온다"고 했기에, 수사와 그 아랫사람들이 나가 포구에서 기다렸다. 조붕이 와서 만났

---

150 중종의 둘째 계비, 문정왕후 윤씨의 제삿날이다.

151 이종성李宗城은 1594년 12월, 명나라 사신단의 정사로 부사 양방형, 심유경 등과 함께 강화 협상을 하기 위해 일본으로 건너가려다 부산에서 사신단 임무를 포기하고 도망쳤다.

152 "主峯"을 「문화재청본」 「편수회본」은 "立峯"으로 보았으나 오자다. 「박혜일·최희동본」도 "主峯"으로 보았다.

153 석가 탄신일이다. 등불놀이 풍속이 있다. 『난중일기』에도 등불놀이를 한 기록이 있다. 이문건의 『묵재일기』 1536년 4월 8일에는 "속절(민간 명절)"이라고 나온다.

154 "등불놀이"의 원문은 "觀燈"이다. 이수광은 『지봉유설』에서 4월 8일이 석가 탄신일이기에 이를 기념하기 위해 등불놀이가 시작되었다고 한다. 차천로의 「南樓夕燈(남루의 저녁 등불)」에는 "초파일 관등하는 옛날 풍속이 있다八日觀燈舊俗存"는 기록이 나온다. 오희문의 『쇄미록』 1595년 4월 8일, 정경득의 『호산만사록』 1598년 4월 8일, 남평 조씨의 『병자일기』 1638년 4월 8일에도 등불놀이 풍속이 나온다.

155 정경세鄭經世(1563~1633)는 조선 중기의 문신·학자다. 류성룡의 문인이다. 1586년 문과 알성시에서 급제했다. 1596년에 어사로 영남에 파견되었다. 1598년 2월 승정원 우승지, 4월에는 경상감사에 임명되었다.

다. 그 모습을 보니, 오랫동안 당학唐瘧[156]을 앓아 심하게 야윈 모습이었다. 안타깝다. 안타깝다. 늦게 어사가 들어왔다. 내려가 좌기하고, 같이 이야기했다. 촛불을 밝힌 뒤에야 파했다.

11일[7일, 정미] 맑았다. 어사(정경세)와 마주해 같이 아침을 먹으며, 조용히 이야기했다. 늦게 장수와 군사에게 음식을 권했다. 훈련용 화살 10순을 쏘았다.

12일[8일, 무신] 맑았다. 아침을 먹은 뒤, 어사(정경세)가 밥을 지어 군사를 먹인 뒤, 훈련용 화살 10순을 쏘았다. 내내 이야기했다.

13일[9일, 기유] 맑았다. 어사(정경세)와 마주해 같이 아침을 먹었다. 늦게 포구로 나갔더니, 남풍이 크게 불어 배를 몰 수 없었다. 선인암仙人巖에 도착했다. 내내 이야기했다. 지는 해를 타고乘暮 서로 작별했다. 해 질 무렵 거망포에 도착했다. 잘 갔는지 어떤지 모르겠구나.

14일[10일, 경술] 흐렸다. 내내 비가 계속 내렸다. 아침을 먹고 나가 좌기했다. 홍주洪州 판관(박륜)과 당진唐津 만호(조효열)가 임금님께서 내리신 교서에 숙배를 한 뒤, 충청 우후 원유남元裕男[157]을 장 40[158]에 처했다. 당(당진)

---

156 당학은 학질의 한 종류다. "하루걸러 앓는 학질瘧疾"이라고 해서 "이틀거리"라고도 한다. 학질의 뜻은 "사람이 견딜 수 없을 정도로 포악한 병"이다. 조경남의 『난중잡록』에는 1596년에는 "당학이 전국에 퍼져 병에 걸리지 않은 사람이 없다"고 했다. 황현(1855~1910)의 『매천야록』에서는 "우리나라 사람은 이 병을 아주 두려워했다. 늙고 쇠약한 사람은 10명 중 4·5명은 사망했고, 젊은 사람도 몇 년을 폐인처럼 지내야 한다. 금계랍이란 약이 서양에서 들어온 뒤 그것을 한 돈 중만 복용해도 즉효가 있었다"고 할 정도로 구한말에야 치료가 가능했던 위험한 병이었다.

157 원유남(1561~1631)은 조선 중기의 무신이다. 1592년 임진왜란이 일어났을 때 권율 막하에서 전공을 세웠고, 1596년 강원·충청 등의 조방장을 지냈다. 1588년 1월, 여진족 토벌 작전인 시전부락 전투 상황을 그린 「장양공정토시전부호도」에는 이순신과 같은 우위에서 '우부장 훈련원 습독'으로 참전했다. 이순신은 우화열장으로 참전했다. 「선무원종공신녹권」에서는 절충으로 나오고, 선무원종공신 2등이다.

158 『이충무공전서』에는 장을 친 숫자는 나오지 않는다.

만호[159]도 같은 벌을 받게 했다.

15일[11일, 신해][160] 맑았다. 아침에 단오 진상품을 감독하여 봉하고 도장을 찍었다. 곽언수郭彦守에게 주어 내보냈다. 영의정(류성룡)과 정 영부사鄭領府事(정탁),[161] 판서 김명원, 윤자신과 조사척趙士惕,[162] 신식과 남이공南以恭[163]에게 편지를 써 보냈다.

16일[12일, 임자] 맑았다. 아침을 먹은 뒤, 나가 좌기했다. 난여문 등을 불렀다. 불 지른 왜인 3명이 누구인지 묻고, 잡아다 죽여 없앴다. 우수백(우수사 이억기)과 경(경상) 수백(수사 권준)도 같이 앉았다. 여필(동생 이우신)의 술에 함께 취했다. 가리포 첨사(이응표)와 방답 첨사(장린)도 함께 같이했다. 밤이 되어 파했다. 이날 밤, 바다의 달은 차갑게 비추고, 잔물결 하나 일렁이지 않았다海月寒照 一塵不起. 다시 땀이 흘러내렸다.

17일[13일, 계축] 맑았다. 아침을 먹은 뒤, 여필(동생 이우신)과 면이 사내종을 이끌고 나가 돌아갔다. 늦게 각각의 공문을 나누어 보냈다. 이날 저녁, 울이 안위(거제 현령)를 만나고 왔다.

---

159 "당진 만호"의 「친필본」 원문은 "唐萬戶"이다. "津"이 누락되었다. 이날 일기를 보면 당진 만호를 약칭한 듯하다.

160 성종의 원비, 공혜왕후 한씨의 제삿날이다.

161 "영부사領府事"를 「편수회본」에서는 "판부사判府事"의 잘못으로 보았다.

162 조사척은 조경(1541~1609)이다. 자가 사척이다. 조선 중기의 무신이다. 1591년 강계 부사로 있을 때 유배 온 정철을 우대했다는 이유로 파직되었다. 임진왜란이 일어났을 때 경상 우도 방어사로 황간·추풍 등지에서 싸웠으나 패배했다. 금산에서 일본군에 포위되었는데, 막하 장수였던 정기룡에 의해 구출되었다. 권율과 함께 행주대첩에 참전해 승리했다. 1594년 훈련대장이 되었다. 1599년 충청 병사·회령 부사를 역임했다.

163 남이공(1565~1640)은 조선 중기의 문신이다. 남이신의 동생이다. 1593년 세자시강원 사서에 임명되었고, 1594년 평안도 암행어사·사헌부 지평·사간원 정언·홍문관 교리·이조 좌랑·정랑 등을 역임했다. 1595년 6월 이원익이 체찰사에 임명되었을 때, 종사관으로 수행했다. 1595년 8월에 한산도에도 방문했다. 1598년 이발·정인홍 등과 북인의 영수로서 영의정 류성룡이 일본과 강화를 주장했다는 명목으로 탄핵·파직을 주도했다.

18일[14일, 갑인] 맑았다. 식사하기 전에 각 고을과 포에 공문과 소지를 처리해 나누어주었다. 체찰사도體察使道(이원익)에게 보낼 공문도 내보냈다. 늦게 충청 우후(원유남)와 경상 우후(이의득), 방답 첨사(장린)와 김 조방장金助防將(김완)과 훈련용 화살 20순을 쏘았다. 마도馬島의 군관이 복병한 곳에서 항복한 왜인 1명을 잡아왔다.

19일[15일, 을묘] 맑았다. 습열濕熱164로 침을 20여 곳165 맞았다. 몸에서 열이 났고, 가슴이 답답했다. 내내 방에 들어가 있었고 나가지 않았다. 어두울 무렵, 영등 만호(조계종)가 와서 만나고 돌아갔다. 사내종 목년과 금화今花, 풍진風振 등이 와서 인사했다. 이날 아침에 남여문에게 "도요토미 히데요시가 죽었습니다"라는 말을 들었다. 뛸 듯이 기뻤으나, 아직은 믿을 수는 없구나. 이 말은 이미 퍼진 것이나, 아직 확실한 기별이 오지 않았기 때문이다.166

20일[16일, 병진] 맑았다. 경상 수사(권준)가 와서 내일 모임에 초청했다. 훈련용 화살 10순을 쏘고 파했다.

21일[17일, 정사] 맑았다. 아침을 먹은 뒤, 경(경상) 진으로 가는 길에 우수사(이억기)의 진으로 들어갔다. 같이 경(경상 수사 권준)의 초청에 응했다. 훈련용 화살을 쏘았다. 내내 아주 많이 취한 뒤 돌아왔다. 신 조방장(신호)은 병으로 인해 나가 본가로 돌아갔다. 영인永人이 왔다.

22일[18일, 무오] 맑았다. 아침을 먹은 뒤, 나가 좌기했다. 부산의 허내은만

---

164 습열은 습기로 일어나는 열을 말한다.
165 "곳"의 원문 "庫"는 이두로 위치 혹은 자리를 뜻한다. 창고를 뜻하기도 하지만 이때는 창고가 아니다.
166 도요토미 히데요시가 실제 사망한 날은 1598년 양력 8월 18일이다. 이 소문은 오희문의 『쇄미록』 1593년 윤11월 27일에도 나온다. 히데요시의 사망과 관련한 소문은 이후에도 계속 등장한다.

許內隱萬[167]이 보낸 고목에서 말하기를, "명나라 수석 사신上天使(이종성)은 도 망쳤으나, 부사(양방형)가 전처럼 왜영倭營에 있으면서, 4월 8일에 도망친 이 유를 황제에게 보고했다는 이야기를 들었습니다"라고 했다. 김 조방장(김 완)이 와서 보고하기를, "노천기盧天紀[168]가 취해 헛된 짓을 하다가 영(전라 좌수영) 진무 황인수黃仁壽와 성복成卜[169] 등에게 모욕을 당했다"고 했기에, 장 30에 처했다.[170] 훈련용 화살 10순을 쏘았다.

23일[19일, 기미] 흐렸다가 늦게 맑아졌다. 아침에 첨지 김경록金景祿이 들어 왔다. 일찍 식사를 하고 나가 좌기했다. 함께 술을 마셨다. 늦게 군사 중에 서 힘센 사람에게 씨름을 하게 했다. 성복이란 자가 유난히 뛰어났다. 상 으로 쌀말米斗을 주었다. 훈련용 화살 10순을 쏘았다. 충청 우후 원유남과 마량 첨사(김응황), 당진 만호(조효열)와 홍주 판관(박륜), 결성 현감(손안국) 과 파지도 권관(송세응), 옥포 만호(이담) 등이 같이 쏘았다. 밤 12시에 영인 이 돌아갔다.

24일[20일, 경신] 맑았다. 식사를 한 뒤, 목욕탕으로 나갔다. 여러 장수 등 과 이야기했다.

25일[21일, 신유] 맑았다. 남풍이 크게 불었다. 일찍 목욕하러 갔다. 한동안 있었다. 저녁에 우수사(이억기)가 와서 만나고 돌아갔다. 또 목욕하러 갔으 나, 탕의 물이 너무 뜨거워 오래 있지 않고 돌아 나왔다.

---

167 "許內隱萬"의 '隱'은 「친필본」에서는 'ㄴ'이다. '隱' 자와 같은 자다. 구결口訣에서 '은·는' 혹 은 받침 'ㄴ'을 표기하는 글자다. 이 번역본에서는 '隱' 자로 표시했다. 「묵재일기」 1535년 12월 16일에도 '李內ㄴ石'이라는 사람이 나온다.
168 노천기는 이순신의 「당항포에서 왜적을 처부순 일을 임금님께 보고하는 장계唐項浦破倭兵 狀」(1594년 3월 10일)에서는 제1영장으로 출전한 기록이 나온다.
169 성복은 「선무원종공신녹권」에서는 토병으로 나오고, 선무원종공신 2등이다.
170 「경국대전」에는 상관 모욕죄는 장형 100대 이하로 처벌하게 되어 있다.

26일[22일, 임술] 맑았다. 아침에 들으니, "체찰(체찰사 이원익)의 군관이 경상 (진영으로) 갔다"고 했다. 식사를 한 뒤, 목욕했다. 늦게 경상 수사(권준)가 와서 만나고 돌아갔다. 체찰(체찰사 이원익)의 군관 오[171]도 왔다. 김양간 金良看이 소를 실을 일로 영(전라 좌수영)으로 갔다.

27일[23일, 계해][172] 맑았다. 저녁에 한 번 목욕했다. 체찰(체찰사 이원익)에게 보낸 공문에 대한 답장이 돌아왔다.

28일[24일, 갑자] 맑았다. 아침과 저녁으로 두 번 목욕했다. 여러 장수가 모두 와서 만났다. 경상 수(수사 권준)는 뜸灸을 뜨고 있어 오지 못했다.[173]

29일[25일, 을축] 맑았다. 저녁에 한 번 목욕했다. 항복한 왜인 사고여음沙古汝音을 남여문으로 하여금 머리를 베게 했다.

30일[26일, 병인] 맑았다. 저녁에 한 번 목욕했다. 우수사(이억기)가 와서 만났다. 충청 우후(원유남)가 와서 만나고 돌아갔다. 늦게 부산의 허내은만의 고목이 왔는데, "고니시 유키나가가 철수해 돌아갈 뜻이 있는 듯하다"고 했다. 김경록이 돌아갔다. "어머님께서 평안하시다"는 편지가 왔다.

◎ **1596년 5월**

5월 1일[양력 5월 27일, 정묘] 흐렸으나 비는 내리지 않았다. 경상 수사(권준)가 와서 만나고 돌아갔다. 한 번 목욕했다.

2일[28일, 무진] 맑았다. 일찍 목욕을 하고, 진으로 돌아왔다. 총통 2자루

---

171 "오吳"는 본 일기에 추가로 써넣은 것이다. 일부 번역본처럼 "오역吳亦"이라는 사람으로 볼 수 없다.

172 덕종의 왕비, 소혜왕후의 제삿날이다.

173 『미암일기』 1576년 3월 17일에는 소금으로 배꼽을 막고 마늘을 썰어 위에 놓아 쑥으로 뜸을 뜨는 장면이 나온다. 60세 이상 노인이 몸을 따뜻하게 하고 냉한 것을 없애는 방법인데, 100장을 떴다고 한다.

를 주조했다. 김 조방(조방장 김완)과 조계종이 와서 만났다. 우수사(이억기)
가 김인복을 효시했다. 이날은 좌기하지 않았다.

3일[29일. 기사] 맑았다. 가뭄이 크게 심하다. 근심과 걱정을 말로 다 할 수
없구나. 나가 좌기했다. 경상 우후(이의득)가 왔다. 훈련용 화살 15순을 쏘
았다. 해 질 무렵 들어왔다. 총통을 두 자루를 주조하지 못했다.[174]

4일[30일. 경외] 맑았다. 이날은 어머님의 생신이다. 그런데도 나아가 축하드
리는 술 한 잔을 드릴 수 없었다. 마음이 불편했다. 나가지 않았다. 오후에
우수사(이억기)의 업무 공간에 불이 나 다 탔다. 이날 저녁, 문어공文於公[175]
이 부요富饒에서 왔다. 조종趙琮의 편지를 갖고 왔는데, "조정이 4월 1일에
세상을 떴다"고 했다. 아프고 슬펐다. 아프고 슬펐다. 우후(이몽구)가 앞 봉
우리에서 떠돌이 귀신에게 제사를 지냈다.[176]

5일[31일. 신미][177] 맑았다. 이날 새벽에 떠돌이 귀신에 대한 제사厲祭를 지
냈다. 일찍 아침을 먹고 나가 좌기했다. 회령 만호(민정붕)가 임금님께서 내
리신 교서에 숙배한 뒤, 여러 장수가 회례會禮[178]를 했다. 그대로 들어와 좌

---

174 "총통을 두 자루를 주조하지 못했다"의 원문은 다음과 같다. 「친필본」, 「편수회 초본」, 「박혜
일·최희동본」은 "銃筒三柄不鑄成"(총통 두 자루를 주조하지 못했다), 「편수회본」, 「문화재청본」은
"銃筒三柄鑄成"(총통 두 자루를 주조했다)으로 정반대 상황이다. 「친필본」을 보면 "二柄"을 지우고
그 위에 '不'을 써넣었기에 "총통을 주조하지 못했다銃筒不鑄成"로 보아야 한다.

175 "文於公"을 「문화재청본」, 「편수회본」은 "文村公"으로 보았다. 「박혜일·최희동본」은 "文於公"
으로 보았다. 「친필본」의 「정유년 II」 11월 16일의 "紅於船"의 '於'와 같은 모양이다. 「선무원종공
신녹권」에서는 수군으로 나오고, 선무원종공신 3등이다.

176 "떠돌이 귀신厲神"은 제사상을 받지 못하는 귀신이다. 이때의 제사는 5월 3일 일기에 근거
해보면 가뭄에 따른 기우제인 듯하다.

177 5월 5일은 조선시대 명절의 하나인 단오다.

178 회례는 "모여서 예를 갖춰 인사하는 의식"이다. 정경세의 「우복일기」 1629년 6월 11일에는
"정부政府(의정부)에서 상회례相會禮를 했다", 남평 조씨의 「병자일기」 1639년 4월 25일에도 상회
례가 나온다. 「경국대전」에 따르면, 설날과 동지에는 회례연을 했다.

기했다. 위로하는 술잔을 네 번 돌렸다. 경상 수사(권준)가 술잔 돌리던[179] 중에 씨름을 시켰는데, 낙안의 임계형林季亨[180]이 으뜸이었다. 밤새 즐겁게 놀게 한 것은 스스로 즐기려는 것이 아니구나. 다만 오랫동안 고생한 장수와 군사들로 하여금 피로[181]를 후련하게 씻어줄 계획이었기 때문이구나夜深使之歡躍者 非自爲樂也 只使久苦將士 暢申勞困之計也.

6일[6월 1일. 임신] 아침부터 흐렸다. 늦게 큰비가 내렸다. 농민의 바람을 가득 채워주었다.[182] 기쁘고 행복한 것이 말할 수 없구나. 비가 오기 전에 훈련용 화살 5·6순을 쏘았다. 비가 밤새 그치지 않았다. 초저녁에 총통과 숯 창고에 불이 나 다 탔다. 이는 감관 무리가 새로 받은 숯을 조심하지 않고, 불씨를 살피지 않아 이런 재앙이 일어난 것이다. 한탄스러웠다. 한탄스러웠다. 울과 김대복이 같은 배로 나갔다. 비가 아주 많이 왔는데 잘 갔는지 어떤지 알 수 없구나. 밤새 앉아 걱정하고 또 걱정했다.

7일[2일. 계유] 비가 계속 내렸다. 늦게 맑게 갰다. 이날 걱정은 울의 여행길이다. 잘 도착했는지 어떤지 알 수 없었구나. 밤새 앉아 걱정하고 있을 때, 어떤 사람이 문을 두드렸는데 소리가 멈췄기에 물었더니, 이는 바로 이영

---

179 "술잔 돌리기行酒"는 회배回盃라고도 한다. 류정월의 『오래된 웃음의 숲을 노닐다』(샘터, 2006, 194~195쪽)에 따르면, 통일신라시대 포석정鮑石亭에서 행해졌던 굽이굽이 흐르는 물에 술잔을 띄워 그 잔이 자기 앞에 오기 전에 시를 짓는 놀이인 유상곡수연流觴曲水宴은 회배다. 조선시대에도 국가의 중요 행사에서도 회배의식이 행해졌다고 한다.

180 임계형은 「선무원종공신녹권」에서는 부장으로 나오고, 선무원종공신 2등이다.

181 "피로"의 원문은 "勞困"이다. 「문화재청본」은 "勞苦"이나 '苦'는 '困'의 오자다.

182 「친필본」의 "농민의 바람을 가득 채워주었다慰滿農望"는 『이충무공전서』에서는 "洽滿農望"으로 나온다. 의미는 같다. 그러나 이순신이 쓴 "慰滿農望"은 세종 때인 441년 정인지가 편찬하고, 1516년에 갑진자로 간행된 『치평요람治平要覽』 제111권에 인용된 송나라 한기韓琦(1008~1075)의 「기쁜 비喜雨」 속의 "잠시 내린 비가 농사짓는 사람들의 바람을 가득 채워주었네 須臾慰滿三農望"를 활용한 표현이다.

남이 도착해 온 것이구나. 불러들여 옛일을 조용히 이야기했다.

8일[3일. 갑술] 맑았다. 아침에 이영남과 이야기했다. 늦게 나가 좌기했다. 경(경상) 수(수사 권준)가 와서 만났다. 활 10순을 쏘았다. 몸이 아주 불편했다. 토하기를 두 번이나 했다. 이날 듣기를, "영산靈山[183]의 이중李中[184]의 무덤을 파낸다"고 했다. 저녁에 완이 들어왔다. 김효성도 왔다. 비인庇仁 현감(신경징)이 들어왔다.

9일[4일. 을해] 맑았다. 몸이 아주 불편했다. 나가지 않았다. 이영남과 서관(황해도와 평안도)의 일을 이야기했다. 초저녁에 비가 보슬보슬 내리더니 새벽까지 내렸다. 부안의 전선에서 불이 났다. 심하게 타지는 않았다. 행운이구나不至重燒 幸也.

10일[5일. 병자] 맑았다. 나라 제삿날[185]이라 좌기하지 않았다. 몸도 불편했다. 내내 끙끙 앓았다.

11일[6일. 정축] 맑았다. 새벽에 앉았다. 이(이영남)와 한참 이야기했다.[186] 식사를 한 뒤에 나갔다. 비인 현감 신경징申景澄[187]을 '기한을 넘긴 죄'로 장

---

183 영산은 경남 창녕의 옛 지명이다.

184 이중(1488~1557)은 조선 중기의 학자다. 조광조·김식의 문인이다. 1519년 4월 기묘사화로 선산에 유배된 스승 김식이 화를 피하여 도망쳐 오자 숨겨주었다가 발각되어 의금부 감옥에 갇혔다 유배되었다. 1532년 사면되고, 학행으로 예조 정랑에 임명되었으나 사퇴하고 영산에서 후진을 양성했다.

185 태종의 제삿날이다. 『난중일기』 1597년 5월 10일에 따르면, 이날은 옛날부터 비가 내렸다고 했다. 이 비를 태종우라고 불렀다. 1593년·1595년·1596년 5월 10일은 맑았고, 1594년·1597년 5월 10일에는 비가 내렸다. 1595년 5월 11일에는 비가 내렸다.

186 "이(이영남)와 한참 이야기했다"의 원문은 "與李正話"이다. 대부분의 번역본에서는 "이정李正과 이야기했다"로 본다. 그런데 『난중일기』에는 '李正'이라는 인물은 한 번도 나오지 않고, 이날 일기 전후를 보면, 이영남과 이야기한 것이다. '이'는 이영남이고, '正話'는 '한참 동안 이야기하다'로 보아야 한다.

187 신경징(?~?)은 조선 중기의 무신이다. 훈련원 부정·만포 첨사·남도 우후·부산진 첨사를 역임했다. 조익의 「진사일기」 1592년 11월 29일에는 "중부장 신경징이 함창에서 매복해 왜적의

20에 처했다. 또한 순천 격군 감관 조명趙銘의 죄를 장에 처했다. 몸이 불편했다. 일찍 들어와 끙끙 앓았다. 거제 현령(안위)과 영등 만호(조계종)가 이영남과 같이 묵었다.

12일[7일. 무인] 맑았다. 이영남이 되돌아갔다. 몸이 불편했다. 내내 끙끙 앓았다. 김해 부사(백사림)의 긴급 보고서가 도착했는데, "부산에서 적에게 부역했던 김필동金弼同의 고목도 왔는데, 도요토미 히데요시가 비록 정사正使(명나라 이종성)가 없을지라도 부사(양방형)가 그대로 있어 강화를 결정하고 군대를 철수시키려고 합니다"라고 했다.

13일[8일. 기묘] 맑았다. 부산의 허내은만의 고목이 왔다. "적장 가토 기요마사[188]가 이미 10일에 그의 군사를 이끌고 바다를 건너갔고, 각 진의 왜도 곧 철수해 가고, 부산의 왜는 명나라 사신과 함께 바다를 건너가려고 그대로 머물러 있습니다"라고 했다.[189] 이날, 훈련용 화살 9순을 쏘았다.

14일[9일. 경신진][190] 맑았다. 아침의 김해 부사 백사림의 긴급 보고 내용도 내은만內隱萬의 고목과 같았기에, 순천 부사(배응경)[191]에게 전통을 보내면

머리 2급을 베었고 또 많이 쏘아 죽였다"는 내용이 나온다. 1593년 2월 24일에는 "선전관으로 복직되어 행재소로 부임하게 되었다"고 나온다.
188　가토 기요마사(1562~1611)는 일본군 장수다. 도요토미 히데요시 막하에서 전공을 세우고 영주가 되었다. 임진왜란 때 침략군 2진 2만2000명을 이끌고 부산에 상륙했다. 함경도까지 진출해 임해군과 순화군을 사로잡았다. 강화를 주장했던 고니시 유키나가와 달리 주전론을 펼치다 도요토미 히데요시의 노여움을 사 1596년 본국으로 소환당했다. 정유재란 때는 다시 침해왔다가 울산성에서 포위되어 고전했다. 귀국 후 도쿠가와 이에야스와 손잡고 세키가하라 전투에서 고니시 유키나가를 격파했다.
189　『쇄미록』 1596년 5월 22일에도 가토 기요마사의 철수 이야기가 나온다.
190　문종의 제삿날이다.
191　당시 순천 부사는 배응경이다. 『선조실록』 선조 28년(1595) 10월 19일에는 순천 부사 임명, 선조 29년(1596) 11월 26일에는 "문관인 배응경이 순천을 지키고 있다"는 내용이 나온다. 조응록의 『죽계일기』 1595년 8월 28일에는 순천 부사에 임명되었다고 나오나, 9월 17일에는 변량준邊良俊, 11월 1일에는 이유직李惟直이 순천 부사로 임명된 것으로 나온다. 실록와 차이가 있으나,

서, 차례대로 통지하게 했다. 훈련용 화살 10순을 쏘았다. 결성 현감 손안 국이 나갔다.

15일[10일, 신유세] 맑았다. 새벽에 망궐례를 했다. 우수사(이억기)는 오지 않았다. 식사를 한 뒤, 나가 좌기했다. 들으니, "한산도 뒤의 봉우리에 올라가면 다섯 섬[192]과 대마도對馬島를 멀리서 바라볼 수 있다"고 했기에, 홀로 말을 타고 올라가 보았더니, 과연 다섯 섬과 대마對馬가 보였다. 늦게 돌아와 작은 시냇가에 도착했다. 조방장과 거제 현령(안위)과 점심을 먹었다. 해가 저문 뒤, 진의 요새로 돌아왔다. 어두울 무렵 따뜻한 물로 목욕을 하고 잤다. 밤 바다의 달빛은 또렷했다. 미풍도 불지 않았다.

16일[11일, 임술외] 맑았다. 아침에 송한련 형제가 고기를 잡아왔다. 충청 우후(원유남)와 홍주 판관(박륜), 비인 현감(신경징)과 파지도 권관(송세응) 등이 왔다. 우수사(이억기)도 와서 만나고 돌아갔다. 이날 밤, 비가 내릴 증상이 많이 있었다. 밤 11시부터 비가 내리기 시작했다. 이날 밤, 정화수井花 水[193]를 마시고 싶은 생각에 ■로 나갔으나, 얻지 못했다.

17일[12일, 계해버] 비가 내내 계속 내렸다. 농민의 바람을 크게 적셔주었다 大洽農望. 풍년이 들 조짐이다. 늦게 영등 만호 조계종이 들어와 만났다. 홀로 수루에 기대어 시를 읊었다獨吟倚樓.

10월 이후에 배응경이 순천 부사에 임명된 듯하다.
192　"다섯 섬五島"은 대마도 서남쪽에 있는 '고토五島섬'일 수 있으나, 실제로는 거리가 너무 멀어 볼 수 없다. 현재의 남해 매물도와 대마도 사이에 있는 '홍도'로 볼 수도 있으나, 정확히 어떤 섬인지는 알 수 없다. 번역본에 따라서 '오도' 자체로 보기도 한다. 이 번역본에서는 '오도'라는 특정한 섬 명칭 대신, '다섯 개의 섬'을 뜻하는 것으로 보았다. 이날 일기에는 '대마도'와 '대마'가 나오나, 오도는 두 번 다 같기 때문이다.
193　정화수는 새벽에 제일 먼저 길은 물이다. 정탁의 『용사일기』1592년 12월 20일에는 광해군이 병이 나자 정화수를 자주 마시게 했다는 기록이 나온다. 유희춘의 『미암일기』1571년 10월 13일, 오희문의 『쇄미록』1594년 8월 28일에도 약으로 정화수를 마시는 장면이 나온다.

18일[13일, 갑자신] 비가 잠깐 그쳤으나, 바다의 안개는 걷히지 않았다. 체찰사(이원익)의 공문이 들어왔다. 늦게 경(경상) 수사(권준)가 와서 만났다. 나가 좌기했다. 훈련용 화살을 쏘았다. 저녁에 탐후선이 들어왔다. "어머님은 평안하시다"고 했다. 그런데 "드시는 것은 전보다 줄어들었다"고 했다. 가슴 태우며 흐느껴 울었다. 가슴 태우며 흐느껴 울었다悶泣悶泣. 춘절이 납의 한 벌194을 갖고 왔다.

19일[14일, 을축위] 맑았다. 방답 첨사(장린)가 "그의 어머니가 돌아가셨다"는 소식을 들었다. 우후(이몽구)를 임시 장수로 정해 보냈다. 훈련용 화살 10순을 쏘았다. 땀이 온몸을 적셨다.

20일[15일, 병인술] 맑았고 바람도 없었다. 대청 앞에 기둥을 세웠다. 늦게 나갔다. 웅천 현감 김충민195이 와서 만났다. "양식이 떨어졌다"고 보고했기에, 벼 2곡에 대한 첩(물품 수령을 위한 증서)을 써주었다. 사도 첨사(황세득)가 돌아왔다.

21일[16일, 정묘해] 맑았다. 나가 좌기했다. 우후(이몽구) 등과 훈련용 화살을 쏘았다.

22일[17일, 무자] 맑았다. 충청 우후 원유남과 좌우후左虞候(전라 좌도 우후) 이몽구李夢龜, 홍주 판관 박륜朴崙196 등과 훈련용 화살을 쏘았다. 홍우洪祐

---

194 "납의 한 벌"의 원문은 "衲襲"이다. "襲"은 옷을 세는 단위인 "벌"의 뜻이 있다. 납의衲衣는 겹으로 된 두툼한 옷으로 군대생활을 하는 군사들에게 지급했던 옷이다. 임진왜란 당시 초유사였던 김성일의 『북정일록』에 군사들의 납의 기록이 나온다. 납의는 또한 불교 승려들이 입는 회색의 옷옷을 의미하기도 한다. 『선조실록』 선조 31년(1598) 1월 20일에는 명나라 유격 진인이 종이로 납의를 만들어 군사들에게 나눠주려고 했는데, 진인은 선조에게 종이로 만든 갑옷을 보이면서 조총의 철환을 막는 데 신묘한 효과가 있다고 종이 납의의 효용성을 주장했다.

195 김충민(1558~?)은 조선 중기의 무신이다. 의병장 김면·곽재우와 함께 활약했고, 의령 현감을 지내기도 했다.

196 박륜은 조선 중기의 관료다. 홍주 판관, 울진 현령을 역임했다. 「선무원종공신녹권」에서는

가 장계를 갖고 감사에게 갔다.

23일[18일, 기축] 흐렸으나 비는 내리지 않았다. 충(충청) 우후(원유남) 등과 훈련용 화살 15순을 쏘았다. 아침에 미조항 첨사 장의현張義賢[197]이 임금님께서 내리신 교서에 숙배한 뒤에 장흥으로 부임해 갔다. 춘절이 영(전라 좌수영)으로 돌아갔다. 이날 밤 9시부터 땀이 시도 때도 없이 흘러내렸다. 이날 저녁에 새 수루의 지붕 덮는 것은 끝내지 못했다.

24일[19일, 경인] 아침에 흐렸다. 비가 내릴 모양새가 많았다. 나라 제삿날[198]이라 좌기하지 않았다. 저녁에 나가 훈련용 화살 10순을 쏘았다. 부산의 허내은만 고목이 들어왔다. "좌도(경상 좌도)의 각 진의 왜는 이미 다 철수해 갔고, 부산에만 머물러 있습니다"라고 했다. "22일에 부체찰사副使(이정형)에게 명나라 수석 사신(이종성)이 나왔기에, 새로 정해진 사람이 올 것이라는 기별이 도착했습니다"라고 했다. 허내은만에게 술쌀酒米[199] 10말, 소금 1곡을 보내며, "온 정성을 다해盡心 살피고 보고하라"고 했다. 어두울 무렵 비가 내리기 시작했다. 밤새 퍼부었다. 박옥과 옥지, 무재 등이 전죽

전 판관으로 선무원종공신 1등이다.
197 장의현(?~?)은 조선 중기의 무신이다. 1573년에 비변사에 의해 천거되어 1577년 해남 현감, 1583년 부령 부사로 이탕개의 난을 진압했다. 1591년 장흥 부사, 임진왜란 때는 전라도 방어사 이시언의 조방장으로 활약했다. 정경달의 『반곡유고』 1593년 1월 19일에는 광주 목사로 나온다. 『선조실록』 선조 27년(1594) 10월 11일에는 거제 수륙합동작전에 육군 장수로 참전했다는 내용이 나온다. 조응록의 『죽계일기』 1596년 4월 9일에는 장흥 부사에 임명되었다는 내용이 나오고, 9월 13일에는 병에 걸려 해직시켰다는 내용이 나온다. 또한 9월 14일에는 장의현 대신 성식成軾을 장흥 부사로, 9월 24일에는 취소, 9월 25일에는 신유행辛柔行을 임명, 9월 28일에는 윤명선尹明善을 임명, 11월 4일에는 사헌부에서 윤명선을 탄핵했고, 11월 6일에는 이영남으로 임명한 것으로 나온다. 장의현 이후 장흥 부사는 11월 6일 이영남 임명까지 임명과 취소가 반복되었다.
198 태조의 제삿날이다.
199 술쌀은 탁주를 만들기 위한 쌀이다. 류성룡의 『군문등록』 「병신 12월 27일」에는 탁주를 빚기 위한 술쌀과 누룩 이야기가 나온다.

150개를 처음 만들었다. ~~(식은)땀이 잠시 흘러내렸다.~~[200]

25일[20일, 신묘] 비가 계속 내렸다. 저녁 내내 홀로 수루 위에 앉아 있었다. 가슴에 품은 생각이 만 갈래다獨坐樓上 懷思萬端. 『우리나라 역사』[201]를 읽었다讀東國史.[202] 의로운 분노가 북받쳐 탄식하는 뜻이 많이 있구나. 무재 등이 흰 굽으로 톱질할 것 1000개, 흰 굽이 되어 있는 것은 870개다.[203]

26일[21일, 임진] 짙은 안개가 걷히지 않았다. 남풍이 크게 불었다. 늦게 나

200　"~~(식은)땀이 잠시 흘러내렸다~~"의 원문은 "■汗暫流"이다. 썼다가 삭제한 부분이다. "■"는 일기의 다른 사례로 보면 "虛"일 가능성이 높다. "虛汗暫流"일 경우는 "식은땀이 잠시 흘러내렸다"가 된다.

201　『우리나라 역사』의 원문은 『동국사東國史』로, 이 책은 류성룡이 1592년 9월 14일에 쓴 「馳啟驛路之弊 且請修葺山城 以爲保守狀」에도 나온다. "일찍이 『동국사』를 살펴보았는데, 무릇 전쟁이 있을 때는 반드시 산성을 수리하고 보수해 백성을 모아들여 보전하고 그 속에 곡식을 쌓아 두고 지키는 계획으로 삼았다"고 한다. 또한 김종의 『임진일록』 1593년 3월 28일 일기, 이수광의 『지봉유설』에도 나온다. 『선조실록』 선조 25년(1592) 11월 11일에도 『동국사』가 나온다. 그러나 『동국사』라는 명칭의 책은 현재 전하는 것이 없다. 그런데 『중종실록』 중종 37년(1542) 7월 27일 기록을 보면, 어득강이 "동국사기東國史記로는 『삼국사기』와 『고려사절요』가 있습니다"라는 내용이 있다. 어득강은 동국사기를 단일한 책명이 아니라, 우리나라 역사책의 총칭으로 썼다. 이는 『선조실록』 선조 27년(1594) 10월 21일 기록도 같다. 실록의 몇몇 기록을 보면, 『동국사』 혹은 『동국사기』는 서거정의 『동국통감』일 수도 있고, 장수 이순신의 입장에서는 우리나라 전쟁사인 『동국병감』일 가능성도 있다. 유희춘의 『미암일기』 1567년 10월 12일에는 『동국통감』이 나온다. 또한 유희춘의 『미암일기』 1567년 10월 18일에는 책의 유통 방법으로 "서울 의금부 북쪽에 책쾌冊儈(책 장사)가 있고, 반값으로 사서 실제 책값으로 판다"는 내용이 나온다. 정경운의 『고대일록』 1593년 1월 12일에는 전쟁으로 인한 책의 소실 문제가 나온다. 즉 선조는 교서를 내려, "온 나라의 책이 거센 불길 속에 모두 다 불탔기에, 생각해보면 뒷날에 세상을 다스리는 데 사용할 도구가 없어진 것이다"라면서 왜적의 침해를 당하지 않은 고을에서 책을 거두어 깊은 산골에 모아놓고 뒤에 사용할 수 있도록 대비하라고 했다고 한다.

202　밤에 책을 읽을 때는 서등書燈을 켰다. 서등은 책이 잘 보이도록 만든 등촉이다.

203　"흰 굽으로 톱질할 것白蹄引鉅者"을 홍기문은 "흰 굽이 커다랗게 뻗친 것", 이은상은 "흰 굽에 톱질을 넣은 것"으로 번역했다. 또한 "흰 굽이 되어 있는 것白蹄在者"을 홍기문은 "흰 굽이 있는 것", 이은상은 "흰 굽이 그대로 있는 것"으로 번역했다. 5월 24일 일기를 보면, 무재 등이 전죽을 만들었다고 한다. 이를 보면, 화살을 만드는 과정과 관련이 있는 듯하나, 정확히 무엇을 뜻하는지 알 수 없다. 화살을 만들었다면, 화살을 만드는 과정에서 활시위가 걸리는 오늬를 만든 것이 아닌가 한다.

가 좌기했다. 충청 우후(원유남)와 우후(이몽구) 등과 훈련용 화살을 쏠 때, 경상 수사(권준)도 왔다. 같이 10순을 쏘았다. 이날 어두울 무렵 날씨가 찌는 듯했다. 땀이 그치지 않고 흘러내렸다.

27일[22일, 계사] 가랑비가 내렸다. 내내 그치지 않았다. 충청 우후(원유남)와 우우후(전라 우도 우후 이정충)204가 이곳으로 왔다. 정도(종정도)205를 겨루었다. 이날 어두울 무렵도 찌는 듯 더워 답답했다. 땀이 온몸을 적셨다.

28일[23일, 갑외] 궂은비가 개지 않았다. 들으니, "전라 감사(홍세공)가 파면되어 돌아갔다"고 했다. "가토 기요마사가 부산으로 되돌아왔다"고 했다. 모두 아직은 믿을 수 없다.

29일[24일, 을미] 궂은비가 저녁 내내 내렸다. 장모님의 제삿날이라 좌기하지 않았다. 고성 현령(조응도)과 거제 현령(안위)이 와서 만나고 돌아갔다.

30일[25일, 병신] 흐렸다. 아침에 곽언수가 들어왔다. 영의정(류성룡)과 상장군 우참찬(김명원),206 정 판부사鄭判府事(정탁)와 지사(정2품) 윤자신, 조사척과 신식, 남이공의 편지가 왔다. 늦게 우수백(이억기)에게 가서 만났다. 내내 아주 즐기다가 돌아왔다.

◎ **1596년 6월**

6월 1일[양력 6월 26일, 정유] 궂은 장맛비가 내내 내렸다. 늦게 충청 우후(원유

---

204 "우우후"를 『문화재청본』 『박혜일·최희동본』에서는 "좌우후"로 보았다. 그러나 우우후다. 『편수회본』에서는 "左(右)虞候"로 수정해놓았다.
205 "정도政圖"를 『문화재청본』에서는 "從政圖"라고 보았으나, '從'은 없는 글자다.
206 "상장군 우참찬"의 원문은 "上將四宰"이다. '상장上將'은 당시 김명원이 상장군이었기 때문에 붙인 것이고, '사재四宰'는 의정부의 정2품 관직인 우참찬右參贊을 뜻한다. 좌참찬은 삼재三宰(정2품)라고 한다. 좌·우찬성(종1품), 좌참찬과 함께 영의정·좌의정·우의정의 3의정三議政(정1품)을 보좌하면서 국정에 참여했다. 장군將軍은 무반의 정3품부터 종4품까지의 호칭이다.

남)와 영(전라 좌수영) 우후(이몽구), 박륜朴崙(홍주 판관)과 신경징 등을 불러와 술을 마시며 이야기했다. "윤련이 자신의 포로 간다"고 했기에, 도양장의 콩 종자가 부족하면 김덕록金德祿에게서 콩 종자를 얻어갈 수 있도록 첩(물품 수령을 위한 증서)을 주어 보냈다. 남해 현령(박대남)이 와서 도임장到任狀207을 바쳤다.

2일[27일, 무술] 비가 그치지 않았다. 아침에 우후(이몽구)가 방답에 갔다. 비인 쉬(현감) 신경징이 나갔다. 이날, 가죽 바지皮裙208를 만들었다. 늦게 나가 좌기했다. 훈련용 화살 10순을 쏘았다. 편지를 써서 영(전라 좌수영)으로 보냈다.

3일[28일, 기해] 흐렸다. 아침에 제포 만호 성천유209가 숙배했다. 김양간이 농사를 짓는 데 쓸 소農牛를 싣고 나갔다. 새벽에 태어난 지 겨우 5~6개월 된 작은 아기小兒를 직접 안았다가 다시 놓는 꿈을 꾸었다. 금갑도 만호(이정표)가 와서 만났다.

4일[29일, 경자] 맑았다. 식사를 한 뒤, 나가 좌기했더니, 가리포 첨사(이응표)와 임치 첨사(홍견), 목포 만호(방수경)와 남도 만호(강응표), 충청 우후(원

---

207 "도임장"은 상급 기관에 지방의 수령 등으로 임명된 사람이 근무지에 도착했다는 보고를 하는 문서로 보인다. 『정조실록』 정조 19년(1795) 5월 25일, 「화성 협수군의 제도와 장용영의 향군 추가 선발에 관한 절목」 중에는 "세 읍邑의 수령이 새로 부임한 뒤에는 그들의 도임장到任狀이 도착하는 것을 기다려"라는 내용이 나온다.

208 "가죽 바지"의 원문은 皮裙이다. 裙을 홍기문은 "치마", 이은상은 "앞치마"로 번역했다. 裙은 『악학궤범』에 따르면 바지의 일종이기도 하다. 유희춘의 『미암일기』 1575년 12월 13일에도 "피군皮裙(가죽 바지)"이 나온다. 『묵재일기』 1546년 6월 21일에는 "백목면포 단군白木綿布單裙", 이탁영의 『정만록』 1592년 6월 18일에는 "포군布裙(홀바지)", 오희문의 『쇄미록』 1593년 9월 21일에는 "군군軍裙"이 나온다. 이들의 일기를 살펴보면 모두 치마가 아니라 바지로 추정된다. 조헌의 『조천일기』 1574년 5월 24일에도 명나라 사신으로 가는 길에 "布裙"을 받았다는 내용이 나온다. 『미암일기』에는 개가죽, 여우 가죽으로 옷을 만들어 입은 기록이 나온다.

209 성천유成天裕(1564~?)는 조선 중기의 무신이다. 1591년 무과 별시에서 급제했다.

유남)와 홍주 판관(박륜)[210] 등이 왔다. 훈련용 화살 7순을 쏘았다. 우수사 (이억기)가 왔다. 다시 과녁을 그리고,[211] 훈련용 화살 12순을 쏘았다. 취해 서 파했다.

5일[30일. 신축] 흐렸다. 아침에 박옥과 무재, 옥지 등이 훈련용 화살帿과 전 투용 화살인 전 150개를 만들어 바쳤다.[212] 나가 좌기했다. 훈련용 화살 10순을 쏘았다. 경우慶右(경상 우도) 감사[213]의 군관이 편지를 갖고 왔는데, 방백(경상 우도 감사)이 결혼식 일로 올라간다는 것이다.

6일[7월 1일. 임인] 맑았다. 사도四道(경상 우도, 전라 좌·우도, 충청도)의 여러 장수를 모아 훈련용 화살을 쏘았다. 술과 음식을 권했다. 또 모여 활을 쏘 아 승부를 겨루고, ~~아주 많아 ■(취)해서 파했다.~~[214]

7일[2일. 계묘] 아침부터 흐렸다. 늦게 맑아졌다. 늦게 나갔다. 충청 우후(원 유남) 등과 훈련용 화살 10여 순을 쏘았다. 이날, 왜 조총倭鳥銃 값을 지불 했다.

8일[3일. 갑진] 맑았다. 일찍 나갔다. 훈련용 화살 15순을 쏘았다. "남도 만호(강응표)의 본포 방인이 허許의 집으로 뛰어들어 투기 싸움을 했다"고

---

210 "판관"은 「문화재청본」에서는 '판判'으로만 나온다. '官'을 누락했다. 「친필본」「편수회본」, 「박 혜일·최희동본」에는 모두 '官'이 나온다.

211 당시 활 과녁에는 정중앙에 검은 점이나, 곰이나 사슴, 돼지 머리를 그려넣었다.

212 "훈련용 화살과 전투용 화살인 전"의 원문은 "帿箭"이다. 후전은 무소뿔 조각을 사용해서 만든 활인 후궁帿弓에 메겨 쏘는 화살이다. 그러나 여기에서는 후와 전으로 나눠 보아야 할 듯 하다. 즉 각각 훈련용 화살인 후와 전투용 화살인 전을 뜻한다. 1596년 10월 11일 뒷장에 7장에 걸쳐 각각 메모 중에 "병신丙申(1596년) 5월 23일. 상품의 대죽 30개, 차죽 60개, 중죽 60개, 합 계 150개를 박옥·옥지·무재 등이 받다 만들어 납부했다"를 보면 150개의 세부 내역이 나오 고, 이를 보면 후와 전을 각각 뜻하는 것으로 추정할 수 있다.

213 감사는 순찰사, 관찰사觀察使, 방백과 같다.

214 "~~아주 많아 ■(취)해서 파했다~~"는 썼다가 삭제한 것이다. 「문화재청본」은 "極■而罷"이고, 「편수회본」에서는 "■■而罷"로 나온다. 「친필본」의 "■"는 일기 정황과 문맥으로 보면, "醉"이다.

했다.

9일[4일, 을사]215 맑았다. 일찍 나갔다. 충청 우후(원유남)와 당진 만호, 여도 만호(김인영)와 녹도 만호(송여종) 등과 훈련용 화살을 쏠 때, 경상 수사(권준)가 왔다. 함께 훈련용 화살 20순을 쏘았다. 경(경상) 수(수사 권준)는 과녁 중앙을 잘 맞혔다. 이날 일찍 사내종 금이가 영(전라 좌수영)으로 갔다. 옥지도 갔다. 이날 어두울 무렵 아주 뜨거웠다. 땀이 시도 때도 없이 흘러내렸다.

10일[5일, 병오] 비가 계속 내렸다. 내내 쏟아졌다. 낮 12시쯤, 부산에서 고목이 와서 받았는데, "평의지(소 요시토시)가 9일 이른 아침에 대마도로 들어갔다"고 했다.

11일[6일, 정미] 비가 계속 내렸다. 늦게 상쾌하게 갰다. 훈련용 화살 10순을 쏘았다.

12일[7일, 무신] 맑았다. 더위와 열기로 찌는 듯했다. 충청 우후(원유남) 등을 불러 훈련용 화살 15순을 쏘았다. 남해 쉬(현령, 박대남)의 편지가 왔다.

13일[8일, 기유] 맑았으나 아주 뜨거웠다. 경상 수사(권준)가 술을 갖고 왔다. 훈련용 화살 10순216을 쏘았다. 경(경상) 수(수사 권준)가 과녁 중앙을 아주 잘 맞혔다. 김대복이 1등이었다.

14일[9일, 경술] 맑았다. 일찍 나갔다. 훈련용 화살 15순을 쏘았다. 아침에 회와 수원이 같이 도착했다. "어머님께서 평안하시다"고 들었다.

15일[10일, 신해]217 맑았다. 새벽에 망궐례를 했다. 우수사(이억기)와 가리포

---

215 이순신의 동생 이우신(여필)의 생일이다.
216 "10순"은 『문화재청본』에서는 5순, 『이충무공전서』는 15순, 『편수회본』 『박혜일·최희동본』, 홍기문은 10순으로 보았다. 『친필본』을 보면 10순이 맞다.
217 조선시대 명절의 하나인 유두절이다.

첨사(이응표), 나주 판관(어운급) 등이 병에 걸려 탈이 났다. 늦게 나가 좌기했다. 충청 우후(원유남)와 조방장 김완 등 여러 장수를 불러 훈련용 화살 15순을 쏘았다. 이날 일찍, 부산의 허내은만이 왔다. 왜의 정황을 전했다. 양식을 주어 돌려보냈다.

16일[11일, 임자] 맑았다. 늦게 경상 수사(권준)가 와서 이야기했다. 나가 좌기했다. 훈련용 화살 10순을 쏘았다. 저녁에 김붕만과 배승련218 등이 돗자리席(돗으로 쓰는 돗자리)219를 사서 진에 도착했다.

17일[12일, 계축] 맑았다. 늦게 우수사(이억기)가 왔다. 훈련용 화살 15순을 쏘고 파했다. 수사(이억기)는 술을 마시지 않았다. 충청(충청 우후 원유남)220은 아버지의 제삿날이라 보고하고 거망포로 돌아갔다.

18일[13일, 갑인] 맑았다. 늦게 나갔다. 훈련용 화살 15순을 쏘았다.

19일[14일, 을묘] 맑았다. 체찰사(이원익)에게 보내는 공문을 끝마치고 관인을 찍어 보냈다. 늦게 나가 좌기했다. 훈련용 화살 15순을 쏘았다. 이설에게 듣기를, "황정록이 제멋대로이고 엉망"이라고 말했다. "발포 보리밭 수확량은 26섬"이라고 했다.

20일[15일, 병진]221 맑았다. 어제 아침, 곡포 권관 장후완蔣後琓222이 숙배한

---

218 "배승련裵承鍊"을 『이충무공전서』에서는 '裵弼鍊'으로 보았다. 『이충무공전서』가 오자다.
219 이날 일기의 "돗자리席"는 돗을 만드는 돗자리인 '풍석風席'이다. 『난중일기』에는 풍석과 인이 각각 나온다. 마루방에 까는 돗자리는 '인茵'이다. 허목이 강원도 삼척부사 재임 시에 쓴 「鑿舟漕粟不便狀」에는 동해의 배는 "한 길 남짓한 돗자리席를 걸고" 바다를 떠다닌다는 내용이 있다.
220 일기 전후의 상황을 볼 때 충청 우후가 자주 언급되는 것으로 보아 "충청 우후"를 지칭하는 것으로 보인다.
221 1593년 6월 20일 일기에는 "제삿날이라 내내 홀로 앉아 있었다"고 나온다. 누구의 제삿날인지는 알 수 없다.
222 장후완蔣後琓(1572~1644)으로 보인다. 조선 중기의 무신이다. 옥포 만호, 문경 현감, 정평

뒤, 진에 제때 도착하지 않은 평산포 만호(김축)를 문책했다. "기한을 정해 주지 않아 50여 일을 물러나 있었다"고 했다. 이보다 더 심하게 터무니없는 것은 없다. 장 30에 처했다. 같은 날 낮 12시쯤, 남해 쉬(현령, 박대남)가 들어왔다. 숙배를 한 뒤, 이야기를 했고 훈련용 화살을 쏘았다. 충청 우후(원유남)도 왔다. 15순을 쏜 뒤 안으로 들어갔다. 박 남해朴南海(남해 현령 박대남)와 자세히 이야기하다가 밤이 깊어 파했다. 임달영도 들어왔는데, 소를 산 목록과 제(제주) 목(목사, 이경록)의 편지를 갖고 왔다.[223]

21일[16일, 정사] 내일이 제삿날이라 좌기하지 않았다. 남해 현령(박대남)을 불러 같이 이른 아침[224]을 먹었고, 남해 현령은 곧바로 경 수사(권준)에게 갔다. 저녁에 돌아와 이야기했다.

22일[17일, 무오] 맑았다. 할머님 제삿날이라 좌기하지 않았다. 남해 현령(박대남)과 내내 이야기했다.

23일[18일, 기미] 밤 1시부터 비가 내내 계속 내렸다. 남해 현령(박대남)과 이야기했다. 늦게 남해 현령은 경 수사(권준)에게 갔다. 조방장과 충청 우후

부사를 역임했다. 류성룡의 「措置防守事宜啓」(1595년 1월)에도 장후완이 나오는데, "동래 등지를 드나들며 정탐하는 의성 사람"이라고 되어 있다.

223 이영권의 『조선시대 해양유민의 사회사』(한울, 2013)에 따르면, 당시 제주는 토질이 척박해 말과 소를 키우는 목축업이 어업과 함께 활발했고, 소와 말, 물고기를 육지에 팔아 쌀 등의 곡물을 샀다고 한다.

224 "이른 아침"의 원문은 "무반早飯"이다. 정식 아침 식사가 아니라 새벽에 먹는 간단한 밥이다. 조선시대에는 아침 일찍 활동하고 아침 식사 시간이 늦어 아침 식사 전에 간식으로 '이른 아침'을 먹었다. 밤이 긴 겨울철에 자주 먹었으며 흰죽이 일반적이다. 성현의 『용재총화』에 따르면, "우리나라 사람으로 관청에서 일하는 사람은 조반早飯(이른 아침)·조반朝飯(아침)·주반晝飯(낮밥)을 먹으며 아무 때나 술을 마신다"라고 무반早飯과 朝飯을 구분하고 있다. 『미암일기』 1569년 10월 1일에는 "早飯은 제외하고 朝飯을 든 뒤"라는 기록이 있다. 『묵재일기』 1552년 4월 20일에도 早飯을 먹은 뒤에 다시 朝食을 한 사례, 1552년 10월 1일에는 早飯을 먹은 뒤에 다시 朝飯을 먹는 모습이 나온다. 이른 아침은 김종의 『임진일록』을 보면 대개 흰죽을 먹었던 듯하다.

(원유남), 여도 만호(김인영)와 사도 첨사(황세득) 등을 불러 남해 현령이 갖고 온 술과 고기를 권했다. 곤양 군수 이극일[225]도 와서 만났다. 저녁에 남해 쉬(현령)가 경상 수사에게서 돌아왔다. 술에 취해 인사불성이었다. 하동 현감도 왔다. 본현本縣(하동현)으로 되돌려보냈다.

24일[19일, 경신] 초복.[226] 맑았다. 일찍 나갔다. 충청 우후(원유남)와 훈련용 화살 15순을 쏘았다. 경상 수사(권준)도 와서 함께했다. 남해 현령(박대남) 은 자신의 현(남해)으로 돌아갔다. 항복한 왜인 야여문 등이 "같은 부류(항복한 왜인들)인 신시로를 죽이기를 청했다"고 했기에, 죽일 것을 명령했다. 남원의 김굉金軦이, "군량이 비어 있는 이유에 대한 증빙 자료憑考를 얻을 일"로 이곳에 도착했다.

25일[20일, 신유] 맑았다. 일찍 나갔다. 제송공문을 써 보낸 뒤 ~~활을 쏘았다.~~ 조방장과 충청 우후(원유남), 임치 첨사(홍견)와 목포 만호(방수경), 마량 첨사(김응황)와 녹도 만호(송여종), 당포 만호(안이명)[227]와 회령포 만호(민정붕), 파지도 권관(송세응) 등이 왔다. 철鐵(철전) 5순과 편片(편전) 3순, 훈련용 화살 5순을 쏘았다. 남원의 김굉이 보고하고 돌아갔다. 이날 어두울 무렵, 아주 더웠다. 땀이 흘러내렸다.

26일[21일, 임술] 큰 바람이 불었다. 잠시 비가 내렸다. 늦게 나가 좌기했다. 철(철전)과 편(편전)을 각각 5순 쏘았다. 왜인 난여문 등이 고소한 목수의 아내를 장에 처했다. 이날 낮 12시쯤, 망아지 2필의 발굽이 상했다.[228]

---

225 『이충무공전서』에만 나오는 일기인 1595년 11월 2일에는 곤양 군수 이수일이 나온다. 이수일의 무과 급제 기록을 보면, 이극일은 이수일의 형이다. 「친필본」의 이극일이 타당한 듯하다.
226 날짜와 간지 사이에 "초복"을 추가해 넣었다.
227 1597년 10월 17일 일기에 "당포 만호 안이명安以命"이 나온다.
228 "발굽이 상했다落四下"는 오기의 『오자병법』 「치병治兵」에 "謹落四下"의 사례가 있다.

27일[22일. 계해] 맑았다. 나가 좌기했다. 김 조방金助防(조방장 김완)과 충청 우후(원유남), 가리포 첨사(이응표)와 당진포唐津浦 만호(조효열), 안골포 만호(우수) 등과 함께 철(철전) 5순과 편(편전) 3순, 훈련용 화살 7순을 쏘았다. 이날 저녁에 송구宋述를 잡아 가두었다.

28일[23일. 갑자] 맑았다. 명묘(명종 임금)의 제삿날이라 좌기하지 않았다. 아침에 고성 현령(조응도)이 긴급히 보고한 내용에, "순찰(순찰사) 일행이 어제 이미 사천현에 도착했다"고 했으니, 오늘은 당연히 소비포에 도착할 것이다. 수원이 나가 돌아갔다.

29일[24일. 을축]229 아침부터 흐렸다. 늦게 맑아졌다. 주선해놓은 것을 받아갔다.230 늦게 나가 좌기했다. 공무를 처리한 뒤, 조방장과 충청 우후(원유남), 나주 통판231과 함께 철(철전)과 편(편전), 훈련용 화살을 모두 18순 쏘았다. 무더위가 찌는 듯했다. 저녁 8시에 물이 쏟아지듯 땀이 흘러내렸다. 남해 쉬(현령 박대남)의 편지가 왔다. 야여문이 돌아갔다.

◎ 1596년 7월

7월 1일[양력 7월 25일. 병인] 맑았다. 인묘(인종 임금)의 나라 제삿날이라 좌기하지 않았다. 경상 우순사右巡使(우도 순찰사 서성)가 진에 도착했으나, 이날

---

229 '29일'의 「친필본」은 '二十九'이다. 다른 날짜와 달리 「친필본」에서는 '日'자가 빠져 있다. 이 번역본에서는 '일'을 넣었다.

230 "주선해놓은 것을 받아갔다周旋受去"에 대해, 사람 이름으로 '주선수周旋受 혹은 주선周旋'으로 보는 견해가 있다. 『충무공유사』 1596년 4월 15일에 나오는 "곽언수가 받아가게 했다郭彦守受去"의 사례로 보면 "주선이 받아갔다"로 번역할 수 있다. 그러나 『난중일기』에는 사람 이름으로 '주선수 혹은 주선'은 이날 외에는 나오지 않는다. 홍기문은 "주선해놓은 것을 받아갔다"로 번역했다.

231 통판은 고을 수령을 보좌하는 아전의 별칭이다. '반자'라고도 한다.

은 서로 만나지 않았다. 그의 군관 나굉羅法이 그의 대장將(서성)의 말을 전할 일로 이곳에 왔다.

2일[26일, 정묘]232 맑았다. 일찍 식사를 한 뒤, 경상 영의 진으로 가서 순사(순찰사 서성)233와 함께 이야기했다. 얼마 뒤, 새 정자로 올라가 좌기했다. 훈련용 화살을 쏘았다. 편을 나누었는데, 경상 순사(순찰사) 쪽이 진 것이 162획畵이었다. 내내 아주 즐거웠다. 촛불을 밝히고 돌아왔다.

3일[27일, 무진] 맑았다. 일찍 식사를 한 뒤, 순사(순찰사 서성)와 도사가 이 영에 도착했다. 훈련용 화살을 쏘았다. 순사(순찰사) 편은 또 진 것이 96푼이었다. 밤이 깊어 되돌아갔다. 아침에 체찰사(이원익)의 공문이 왔다.

4일[28일, 기사] 맑았다. 일찍 식사를 한 뒤, 경(경상) 영으로 갔다. 순사(순찰사 서성)와 서로 만나 이야기했다. 얼마 뒤, 배에서 내려 포구로 나가 함께 좌기했다. 배들이 밖에 줄지어 있었다. 내내 이야기하고 논의했다. 선암仙岩 앞바다에 도착해 배를 출범시켜 나뉘어 갔다. 멀리서 바라보며 서로 읍했다.234 그대로 우수백(이억기)과 경(경상) 수사(권준)와 같은 배로 들어왔다.

5일[29일, 경외] 맑았다. 늦게 나갔다. 훈련용 화살을 쏘았다. 충청 우후(원유남)도 와서 함께했다.

6일[30일, 신미] 맑았다. 일찍 나갔다. 각 곳에 제송공문을 써 보냈다. 해 질 무렵 거제 현령(안위)과 웅천 현감(김충민), 삼천 권관이 와서 만났다. 이곤 변의 편지도 왔다. 내용 중에, "입석立石의 잘못을 많이 말하는 것"이 들어

---

232 이순신의 아버지 이정의 생신날이다.
233 『충무공유사』에서는 "우순찰사右巡使"로 나온다.
234 "읍"은 '배拜'보다는 가볍게 인사하는 방식이다. 두 손을 맞잡아 얼굴 앞으로 들어 올리고 허리를 앞으로 공손히 구부렸다가 몸을 펴면서 손을 내린다. 길에서나 말 위에서 했다. 『경국대전』 「예전」에 따르면, 서로 직위의 차이가 크지 않을 때는 상급자도 답례를 하고, 차이가 클 때는 고관은 답례를 하지 않아도 됐다.

있었다. 우스운 일이다.

7일[31일. 임신] 맑았다. 경상 수사(권준)와 우수사(이억기), 여러 장수가 함께 도착했다.[235] 잠시[236] 세 가지 종류의 화살을 쏘게 했다.[237] 내내 비는 내리지 않았다. ~~저녁까지 이야기했다.~~ 궁장 지이智伊와 춘복春卜이 저녁에 영(전라 좌수영)으로 돌아갔다.

8일[8월 1일. 계유] 맑았다. 충청 우후(원유남)와 훈련용 화살 10순을 쏘았다. "체찰사(이원익)의 비밀 표험標驗(증표)을 받아갔다"고 했다.

9일[2일. 갑술] 맑았다. 아침에 체찰(체찰사 이원익)에게 갈 각 항목의 공문에 수결을 하고 관인을 찍었다. 이전李田[238]이 받아갔다. 늦게 경상 수사(권준)가 이곳에 왔다. "통신通信(통신사)[239]이 탈 배의 돛을 만드는 돗자리를 준비하기 어렵다는 말"을 많이 했다. 꾸어 쓰려는 의도가 말에 보였다. 박자방을 물을 끌어들일 때 사용할 일[240]과 서울로 가는 사람이 구해달라고 요청한 부채를 만들 용도로 대나무를 베는 일로 남해로 보냈다.[241] 오후에 훈련용 화살 10순을 쏘았다.

---

235 7월 7일은 칠석 명절날이다. 칠석 명절로 부하들과 모인 듯하다.

236 "잠시暫"를 「문화재청본」은 누락했다.

237 "세 가지 종류의 화살을 쏘게 했다設射三貫"의 삼관三貫에 대해 홍기문과 이은상 등은 "세 가지 화살로 활 연습을 했다"로, 박기봉은 "활을 3관 쏘았다"로 번역했다. 다른 일기의 사례를 참조하면 세 종류의 화살을 쏜 것으로 볼 수 있다.

238 "李田"은 이순신이 "李荃"을 오기한 것으로 보인다. 그러나 「친필본」은 "田"이다.

239 통신사는 일본에 외교 사절을 파견할 때 보내는 명칭이다. 정사·부사·종사관으로 구성되었다.

240 2월 14일에 이순신은 "저녁에 물을 부엌가로 끌어들였다"고 했는데, 물을 끌어들이기 위해 이날 일기처럼 대나무를 사용한 듯하다.

241 최상수의 「한국 부채의 연구」에 따르면, 부채살은 대나무로 만들고, 음력 7월 15일 전후 1개월, 9월 그믐 이후 다음 해 2월까지 부채살용 대나무를 베었다. 이 시기에는 벌레가 쓸지 않고 질이 좋기 때문이라고 한다.

10일[3일. 을해] 맑았다. 새벽에, "어떤 사람은 화살을 멀리 쏘았고, 어떤 사람은 삿갓笠子[242]을 발로 차 부수는" 꿈을 꾸었다. 스스로 점을 치며 말하기를, "활을 멀리 쏜 것은 적의 무리가 멀리 도망치는 것이고, 갓을 발로 차서 부순 것은 머리 위에 있어야 할 갓이 차인 것이니, 이는 적의 우두머리다. 왜를 다 무찌를 점괘로구나"라고 했다. 늦게 체찰(체찰사 이원익)의 전령 안에, "황 첨지黃僉知(황신)[243]가 오늘 명나라 사신을 수행하는 수석 사신上使이 되었고, 권황權滉[244]이 부사가 되어 가까운 시일에 바다를 건널 것입니다. 타고 갈 배 3척을 정비해 부산으로 돌려 정박시켜주십시오"라고 했다.[245] 경상 우후(이의득)가 이곳으로 와서, 백문석白紋席(흰색 무늬가 있는 돗자리) 150묶음葉을 꾸어갔다. 충청 우후(원유남)와 사량 만호(김성옥)[246], 지세포 만호와 옥포 만호(이담), 홍주 판관(박륜)과 전 적도 만호 고여우 등이 와서 만났다. 경(경상) 수사(권준)가 긴급히 보고하기를, "춘원도春原島에 왜선 1척이 도착해 정박했습니다"라고 했기에, 여러 장수를 정해 보냈다. 수색하고 살필搜探 일을 전령했다.

242 삿갓은 가늘게 쪼갠 대나무 4~8개를 한 묶음으로 하여 엮어 만든 것으로 전체적으로 원뿔형이고, 가장자리는 육각형이다.
243 황신黃愼(1562~1617)은 조선 중기의 문신이다. 1588년 문과 알성시에서 장원 급제했다. 호조 좌랑·병조 좌랑을 역임했다. 1591년 광해군 세자 책봉 문제로 정철의 파당으로 몰려 파직당했다. 1592년 병조 좌랑·정언, 1593년 지평으로 명나라 경략 송응창을 접반했다. 그 뒤 광해군을 따라 남하해 체찰사의 종사관이 되었다. 1596년 통신사로 명나라의 사신 양방형·심유경을 따라 일본에 다녀왔다. 전라감사에도 임명되었다.
244 권황(1543~1641)은 조선 중기의 문신이다. 형조 좌랑·호조 좌랑·호조 정랑·장악원 첨정, 한산 군수·순창 군수·고양 군수 등을 역임했다. 1640년 지중추부사에 임명되었다.
245 4월 7일 일기처럼 명나라 수석 사신 이종성이 도망친 후 명나라의 양방형楊方亨을 정사로 다시 일본에 파견할 때, 조선에서는 황신을 정사, 박홍장을 부사로 명나라 사신의 수행원으로 파견했다. 그러나 당시에는 권황이 부사로 정해졌다는 이야기가 퍼진 듯하다. 『쇄미록』 1596년 7월 4일의 기록도 이순신의 일기와 같다.
246 『난중일기』 1598년 10월 2일에 "사량 만호 김성옥金聲玉"이 나온다.

11일[4일. 병자] 맑았다. 아침에 체찰(체찰사 이원익)에게 보내는 통문[247]을 마쳤다. 배에 관한 일과 관련된 공문에 관인을 찍어 내보냈다. 늦게 경(경상) 수사(권준)가 왔다. 바다를 건널 격군에 대해 의논했다. 바다를 건너갈 우리나라 수행원의 양식 23섬을 다시 방아를 찧었더니, 21섬으로 2섬 1말이 줄어들었다.[248] 나가 좌기했다. 세 가지 종류의 화살을 쏘는 것을 직접 보았다.

12일[5일. 정축] 맑았다. 새벽에 비가 잠시 뿌렸다. 곧바로 그치고 무지개가 한동안 떴다. 늦게 경상 우후 이의득李義得이 와서 초둔[249] 15번을 꾸었다. 부산으로 실어 보낼 군량인 백미[250] 20섬과 중미 40섬을 차사원 변익성과 수사(경상 우수사 권준) 군관 정존극鄭存極[251]이 받아갔다. 조방장이 왔다. 충청 우후(원유남)도 와서 훈련용 화살을 쏘았다. 같은 해에 과거 급제를 한 남치온南致溫[252]도 왔다.

---

247 통문은 통지문이다.
248 『의식주, 살아있는 조선의 풍경』(한국고문서학회, 역사비평사, 2006, 116쪽)에 따르면, 1섬 (15말)의 벼를 도정해 백미로 만들면 보통 7~8말이 나왔고, 벼의 품질이 좋지 않으면 백미 5~6말에 그치기도 했다고 한다.
249 "초둔"은 '뜸'이다. 짚 같은 것으로 돗자리처럼 만들어 햇빛을 가리거나, 비올 때 물건에 덮어 비에 젖지 않도록 하기 위해 사용했다.
250 『의식주, 살아있는 조선의 풍경』(116쪽)에 따르면, 쌀은 도정 정도에 따라 조미, 중미中米, 백미로 구분되고, 조미는 벼에서 왕겨만 벗겨낸 것으로 지금의 일본어 말인 현미에 해당되고, 중미는 왕겨를 벗겨낸 다음 속겨를 한 번 더 벗겨낸 쌀이며, 중미를 한 번 더 벗겨낸 것이 백미라고 한다. 조선대 관료들의 녹봉에는 중미와 현미, 좁쌀, 콩, 밀, 명주, 베, 종이돈을 각각 직급에 따라 달리 지급했다. 오희문의 『쇄미록』 1593년 4월 6일에도 중미가 나온다. 『묵재일기』 1546년 8월 10일에도 백미와 조미가 나온다.
251 정존극은 조선 중기의 무신이다. 『선조실록』 선조 33년(1600) 12월 8일에는 "전 안골포 만호"로 나온다.
252 남치온(1532~?)은 조선 중기의 무신이다. 이순신이 1576년 식년 무과 급제할 때 같이 합격했다. 『난중일기』에 나오는 이순신과 남치온의 급제 동기로는 구사직·박종남·김성업·박대남·신호의·이경록이 있다.

13일[6일, 무인] 맑았다. 명나라 사신을 수행하는 우리나라 신하[253]들이 탈배 3척을 정비해 오전 10시에 출발시켜 보냈다. 늦게 훈련용 화살 13순을 쏘았다. 어두울 무렵 항복한 왜인 등이 광대놀이優戲[254]를 다양하게 했다. 장수인 사람으로서는 두고 볼 수는 없는 일이나, 귀순한 왜가 마당놀이[255]를 간절히 원했기에 금지하지 않았구나爲將者不可坐視 而歸附之倭懇欲庭戲 故不禁也.

14일[7일, 기묘] 아침에 비가 보슬보슬 내렸다. 이날은 또한 보름 전날[256]이구나. 저녁에 고성 현령[257] 조응도가 와서 이야기했다.

15일[8일, 경진][258] 새벽에 비가 보슬보슬 내렸다. 망하례[259]를 할 수 없었

---

253 "명나라 사신을 수행하는 우리나라 신하跟隨陪臣"는 류성룡의 『서애집』 「임진년(1592년) 이후 청병請兵한 사실을 기록함」에 따르면, 명나라의 심유경이 일본과 강화 협상을 하러 갈 때, 우리나라 신하를 수행원으로 데려가려고 했다. 그때 조정에서는 심유경의 접반사로 일본군 진영에 있던 황신을 '근수배신跟隨陪臣'이라고 이름 붙여 심유경을 수행케 했다. '배신陪臣'은 제후국의 신하를 뜻한다.

254 이날 일기에 항복한 일본인들이 했다는 놀이를 일기에서는 광대놀이·마당놀이庭戲로 쓰고 있다. 일본인들이 놀았던 놀이는 『탈, 신화의 역사』(이도열·김성호, 예나루, 2014, 226쪽)로 추정해보면, 일본 전통 연극인 "노가쿠라고도 불리는 가면극 노오能"로 보인다.

255 오희문의 『쇄미록』 1597년 4월 16일에는 아들 오윤겸이 과거에 급제하고 돌아왔을 때, 재인才人과 광대廣大를 불러 마당놀이庭戲를 시켰다는 기록이 나온다. 항복한 일본인들이 한 마당놀이와는 다른 듯하다.

256 "보름 전날"의 원문은 "幾望"으로, 「문화재청본」「편수회본」「박혜일·최희동본」은 "旣望"으로 판독했다. 「친필본」에서는 글자가 불분명하다. 그러나 "旣望"은 음력 15일望의 다음 날인 16일이고, 보름 전날인 14일은 "幾望"이다. 이날 일기는 14일자이기에 "旣望"이 아니라 "幾望"으로 보아야 한다.

257 "현령縣令"을 『이충무공전서』에서는 '縣監'으로 보았다. 「전서본」의 오자다.

258 7월 15일은 중원절, 일반적으로는 백중으로 불리는 날이다. 돌아가신 부모를 위한 제사를 지냈다. 이 시기에 이순신은 한산도로 진영을 옮겨서 제사를 지낼 수 없는 형편이었기에 홀로 있었던 듯하다.

259 "망하례"의 원문은 "望賀"이다. 망하례 혹은 망궐례라고도 한다. 『난중일기』에서는 대부분 망궐례로 표현했다. 박내겸의 『북막일기』 1827년 11월 5일에는 "동지다. 망하례를 행했다", 또한 1828년 1월 1일에도 "아침 일찍 일어나 망하례를 행했다"고 나온다.

다. 늦게 상쾌하게 맑아졌다. 경상 우수사(권준)와 전라 우수사(이억기)와 함께 모여 훈련용 화살을 쏘고 파했다.

16일[9일, 신사] 새벽부터 비가 내렸다. 늦게 맑아졌다. 북쪽에 퇴退 3칸[260]을 만들어 세웠다. 이날 충청의 홍주(홍성) 격군으로 신평新平에 사는 사노비 엇복이 도망치다가 붙잡혀 갇혔기에 처형하고 효시했다. 사천과 하동의 두 쉬(현감)가 왔다. 늦게 세 가지 종류의 화살을 쏘았다. 이날 어두울 무렵 바다 달이 아주 새하얗게 빛났다. 홀로 수루에 기대어 있었다昏海月極皓 獨倚樓上. 밤 10시에 잠자리에 들었다.

17일[10일, 임오] 새벽에 비가 보슬보슬 내리다가 곧 그쳤다. "충청 홍산鴻山(부여)에서 큰 도둑 떼가 일어났고,[261] 홍산 쉬(현감) 윤영현尹英賢[262]이 붙잡히고, 서천 군수 박진국朴振國[263]도 잡혀 끌려갔다"고 했다. 바깥 도적外寇(일

---

260 "退"는 지붕 처마를 길게 만들어 햇빛을 가리는 것이고, 그 아래 공간에 툇마루를 설치해 방과 방 사이의 연결 통로로 사용했다. 박광수의 『한옥을 말한다』(일진사, 2010, 12~13쪽)에 따르면, 전통 한옥에서 1칸은 사방 8자(가로 약 2.4미터, 세로 약 2.4미터)라고 한다.

261 이몽학李夢鶴(?~1596)의 난이다. 이몽학은 왕족 서얼 출신으로 의병을 모집해 훈련시키고, 동갑회라는 비밀결사를 조직해 반란을 준비했다가 1596년 7월 승려와 노비 등을 모아 홍산을 습격했다. 임천, 정산, 청양, 대흥을 함락시키고, 홍주(홍성)를 공격했다가 홍주 목사 홍가신과 이시발 등에 의해 진압당했다. 국가기록유산 DB 『보물 제160-10호 류성룡비망기입대통력 「병신, 1596년」(柳成龍備忘記入大統曆 「丙申」) 7월 8일에는 "충청 어사 이시발이 도적이 나타난 일로 긴급 보고를 했다", 7월 9일에는 "이몽학이 난을 일으켜 홍산·임천·대흥·정산·춘양을 함락시켰다", 7월 10일에는 "조경을 보내 서울에 있는 포수를 거느리고 도적을 토벌하게 했다. 이날 도적이 홍주에서 궤멸당했다"는 메모가 나온다. 홍주 목사 홍가신은 류성룡과 관악산에서 과거 시험공부를 했고, 이순신과는 사돈이다. 이순신의 딸이 홍가신의 아들에게 시집갔다.

262 윤영현(1557~?)은 조선 중기의 문신이다. 이순신과는 사돈이다. 이순신의 누이의 딸이 윤제현의 아들 윤간에게 시집을 갔고, 윤영현은 윤제현의 동생이다. 1596년 홍산 현감이었을 때, 이몽학의 반란이 일어났고, 그때 사로잡혔다. 역적에게 굴복했다는 죄로 파직되었다가 1608년 광해군이 즉위하자 세자일 때 스승이었던 윤영현을 삼가 현령에 임명했다. 그 후 개성부 도사 등을 역임했다. 『난중일기』에도 파직 후 윤영현이 이순신을 자주 찾아온 기록이 나온다. 『난중일기』에는 윤간과 윤제현도 나온다.

263 박진국(1548~?)은 조선 중기의 문신이다. 예산 현감으로 있다가 1596년에 임천 군수에 임

본군)을 아직 없애지 못했는데, 안의 도둑內賊이 이와 같으니 아주 놀랄 일이다. 아주 놀랄 일이다外寇未滅 內賊如是 極可駭 極可駭. 남치온과 고성 현령(조응도), 사천 현감이 나가 돌아갔다.

18일[11일, 계미] 맑았다. 각 곳에 공문을 써 보냈다. 충청 우후(원유남)와 홍주 반자264가 충청의 적(이몽학)의 일을 듣고 와서 보고했다. 저녁에 듣기를, "항복한 왜인 연은기戀隱己와 사이여문沙耳汝文 등이 남여문南汝文을 해칠 흉악한 음모를 꾸몄다"고 했다.

19일[12일, 갑신] 맑았으나 큰 바람이 내내 불었다. 남여문이 연기戀己와 사이여문 등의 머리를 베었다. 우수사(이억기)가 와서 만나고 돌아갔다. 경상 우후 이의득과 충청 우후(원유남), 다경포 만호 윤승남尹承男이 왔다.

20일[13일, 을유] 맑았다. 경(경상) 수(수사 권준)265가 와서 만났다. 영(전라 좌수영) 탐선이 들어왔다. "어머님께서 평안하신 것"을 알았다. 기쁘고 행복하다. 기쁘고 행복하다. 그로 인해 "충청의 도적 떼(이몽학의 난)가 이시발李時發(순안어사)266의 포수에게 총을 맞아 즉사했다"고 한 것을 자세히 살필 수 있었다. 다행이다. 다행이다.

21일[14일, 병술] 맑았다. 늦게 나가 좌기했다. 거제 현령(안위)과 나주·홍주 판관(어운급·박륜), 옥포 만호(이담)와 웅천 현감, 당진포 만호도 왔다. "옥포

명되었다. 이때 이몽학이 반란을 일으키자 홍산 현감 윤영현과 함께 붙잡혔다. 이로 인해 의금부에 잡혀가 조사받은 뒤 형벌을 받았다.
264 "반자半刺"를 「문화재청본」, 「편수회본」에서는 "判刺"로 보았으나, "半刺"이다.
265 "경(경상) 수(수사 권준)"의 원문은 "慶水"이나 「문화재청본」은 "慶水使"로 「친필본」에 없는 '使' 자를 넣었다.
266 이시발(1569~1626)은 1589년 문과 과거에 급제했다. 임진왜란이 일어났을 때는 도체찰사 류성룡의 종사관으로 활약했다. 1596년 병조 정랑이었을 때 충청도 홍산에서 이몽학이 일으킨 반란을 진압하는 데 공을 세웠다. 이괄의 난 때는 부체찰사로 진압군을 지휘했다.

만호는 배를 건조하기 위한 양식이 없다"고 했기에, 체상(체찰사 이원익) 소관 군량 2곡을 주었다. 웅천 현감과 당진포 만호에게는 배를 건조할 때 쓸 철 15근을 함께 주었다. 이날, "아들 회가 방자房子(하인)[267] 수壽에게 장을 쳤다"고 했기에, 아들을 마당 아래 잡아다놓고 따지며 가르쳤다下庭論敎.[268] 밤 10시에 땀이 줄줄 났다. 통신사通信使가 요청한 표범 가죽豹皮[269]을 갖고 오도록 배를 본영(전라 좌수영)으로 보냈다.

22일[15일, 정해] 맑았으나 큰 바람이 불었다. 내내 나가지 않았다. 홀로 수루 위에 앉아 있었다. 사내종 효대와 팽수가 나가 돌아가기 위해 흥양의 양선粮船(곡식배)을 탔다. 저녁에 순천 관리官吏의 문서에, "충청의 도적 떼들이 홍산(부여)에서 일어났다가 머리가 베어졌다"고 했다. 그런데 "홍주 등 세 고을은 포위당했다가 간신히 면했다"고 했다. 놀랄 일이다. 놀랄 일이다. 밤 12시에 비가 크게 내렸다. 낙안의 교대할 배가 들어왔다.

23일[16일, 무자] 큰비가 내렸다. 오전 10시에 맑아졌으나, 가끔 또 부슬부슬 내렸다. 늦게 홍주 판관 박륜이 보고하고 돌아가기 위해 나갔다.

24일[17일, 기축] 맑았다. 현덕왕후顯德王后(문종의 왕비)의 제삿날이다. 이날,

---

267 방자는 관청에서 심부름하던 남자 하인이다. 『춘향전』에 나오는 이몽룡의 방자가 대표적이다.

268 "따지며 가르쳤다論敎"는 『충무공유사』에서는 "誨責"(훈계하고 질책하다)으로 나온다.

269 일본과의 무역 혹은 통신사를 파견할 때, 조선에서 일본에 인삼·호랑이 가죽·표범 가죽·화문석 등을 주었고, 일본에서는 조선에서 생산되지 않는 구리·납, 동남아산 물품인 후추·흑각 등을 바쳤다고 한다. 조선시대에는 호랑이와 함께 표범도 많았다. 유희춘의 『미암일기』 1571년 9월 12일에는 경기 지방에 호랑이, 표범이 많이 다녀 대낮에 사람을 잡아먹거나 집을 부수고 들어가 마음대로 잡아먹으므로 대관이 임금님께 말씀을 올려 잡기를 명하도록 청했다고 한다. 오희문의 『쇄미록』 1597년 11월 11일에는 "지난밤에 표범이 사슴을 물어 죽인 것을 전풍이 보았는데, 표범 떼들이 다 먹어버리고 가죽 조금만 남겨두었다고 했다"고 한 기록이 나온다. 1962년 경남 합천에서 마지막 표범이 잡혔다.

우물로 가서 고쳐 팠다.270 경(경상) 수(수사 권준)도 도착했다. 거제 현령(안위)과 금갑 만호(이정표), 다경多慶 만호(윤승남)가 잇따라 왔다. 샘의 줄기泉脉271를 깊이 팔수록 근원도 길었다. 점심을 먹은 뒤에 돌아왔다. 세 가지 종류의 화살을 쏘았다. 어두울 무렵 곽언수가 표범 가죽을 갖고 들어왔다. 이날 밤, 마음이 어수선해 잠들 수 없었다. 사람 소리가 들리지 않는 가운데, 앉았다 누웠다 했다. 밤이 깊어 잠들었다.

25일[18일, 경인] 맑았다. 아침에 사냥한 것을 헤아리는 일을 했다. 뿔272 10령은 창고에 넣었다. 표범 가죽과 화문석273은 통신(통신사)에게 보냈다.

26일[19일, 신묘] 맑았다. 이전이 체상(체찰사 이원익)에게서 왔다. 표험(증표) 3부를 갖고 왔다. 하나는 경(경상) 수(수사 권준), 하나는 전(전라) 우수사(이억기)에게 보냈다. 금오金吾(의금부) 나장이 윤승남(다경포 만호)을 잡아갈 일로 내려왔다.

27일[20일, 임진] 맑았다. 늦게 활터로 달려갔다. 녹도 만호(송여종)에게 길을 보수할 일을 일렀다. 사내종 경이 아팠다.274 다경 만호 윤승남이 잡혀 갔다.

28일[21일, 계사] 맑았다. 사내종 무학武鶴과 무화武花, 박수매朴壽每와 우름

---

270 서호수의 『해동농서』에 따르면, 우물을 팔 때, 먼저 우물을 파려는 곳 수십 곳에 각각 동이에 물을 담아놓고 밤에 동이 속에 비친 별들 중에서 별이 크고 밝은 곳의 동이 자리를 우물 파는 자리로 정했다고 한다.

271 "脉"은 "脈"의 속자다.

272 "뿔"은 활을 만들기 위한 소뿔인 듯하다.

273 화문석의 원문은 "花席"이다. 꽃무늬를 놓은 돗자리를 말한다. 세종 11년(1429)에 중국에 보내거나 국가에서 사용하는 것 이외에는 금지했다. 표범 가죽과 함께 일본에 갈 통신사의 물품이다.

274 "사내종 경이 아팠다京奴得痛"를 「문화재청본」은 누락했다. 「편수회본」 「박혜일·최희동본」에는 나온다.

쇠[275] 등이 26일 이곳에 도착했다가 오늘 되돌아갔다. 늦게[276] 충청 우후(원유남)와 같이 활을 쏘았다. 세 가지 종류의 화살을 쏘았다. 철(철전) 36푼, 편(편전) 60푼, 훈련용 화살 26푼 합해서 122푼[277]이었다. "사내종 경이 심하게 아프다"고 했다. 많이 걱정되었다. 많이 걱정되었다. 아산 고향으로 추석 제수용품을 내보낼 때, 홍(홍군우)·윤尹(윤국형)·이(이숙도)[278] 등 여러 곳에 편지했다. 밤 10시에는 꿈속에서 땀을 흘렸다.

29일[22일. 갑오] 맑았다. 경(경상) 수사(권준)와 우후(이몽구)가 와서 만났다. 충청 우후(원유남)도 함께 도착했다. 세 가지 종류의 화살을 쏘았으나, 내가 쏜 활은 고자[279] 줄이 들떠서 곧바로 고치게 했다. 체상(체찰사 이원익)이 보낸, 「과거시험을 보는 곳을 설치하라」는 공문을 받았다.[280] 저녁에 듣기를, "점쟁이 집[281]을 지키던 아이가 그 집의 여러 물건을 다 훔쳐 도망쳤다"고

275 "우름쇠"의 원문은 "于老邑金"이다. 홍기문·이은상은 우로于老와 음금邑金 두 사람으로 번역했다. 그러나 『광해군일기』에 나오는 노비 '보름쇠甫老邑金'의 사례를 참조하건대 "우름쇠于老邑金"는 한 사람으로 볼 수 있다. 1597년 5월 6일의 일기를 보면, 우름쇠와 박수매는 흥양에 살고 있는 사내종들이다.
276 "늦게晩"를 「문화재청본」은 누락했다.
277 "122푼"을 「문화재청본」,「편수회본」,「박혜일·최희동본」은 123푼으로 판독했다. 그러나 일기 속의 점수 합계는 122푼이고, 「친필본」도 "122푼"으로 보이기도 한다.
278 "홍·윤·이"는 1593년 6월 29일의 홍·이·윤선각, 1594년 2월 7일 일기의 홍군우와 이숙도로 보면, 홍군우와 윤선각(윤국형), 이숙도다.
279 "고자"의 원문은 "高佐"이다. 활 양쪽 맨 끝에 불쑥 튀어나온 활시위를 매는 곳이다. 한문으로는 "고좌"이나, 활 용어로 쓸 때는 "고자"라고 한다.
280 윤8월 10일 일기에는 그에 따라 한산도에서 무과시험을 치르는 모습이 나온다. 조경남의 『난중잡록』에는 1596년 8월, "이때에 부체찰사 김륵이 면직되고, 한효순이 대신했는데, 한효순이 수군에게 무과시험을 보게 하라는 명령을 받고 바로 한산도로 내려갔다"는 기록이 있다. 조경남의 『난중잡록』과 달리 『선조실록』에서는 김륵이 모친상을 당해 이정형이 대신했고, 8월에 한효순이 임명되었다. 『선조실록』 선조 29년(1596) 8월 14일에는 한효순이 곧 영남에 부체찰사로 나가게 되어 있다. 『선조실록』 선조 29년(1596) 8월 21일에는 부체찰사 한효순이 『기효신서』를 얻어 군사 교련용으로 사용하려고 한다는 내용이 나온다.
281 "점쟁이 집卜家"의 점쟁이는 무당이 아니라, 주역점을 치는 점쟁이로 보인다. 이규경의 『오

했다.

30일[23일, 을미] 맑았다. 새벽에 칡을 캐는 일을 하는 사람[282]이 들어왔다. 밤에 "영의정(류성룡)과 같이 조용히 이야기"하는 꿈을 꾸었다. 아침에 이진李珍이 영(전라 좌수영)으로 돌아갔다. 춘화春花 등도 되돌아갔다. "김대인金大仁[283]은 담제禪祭[284]를 지내야 한다"고 해서 휴가를 얻어 돌아갔다. 늦게 조방장이 왔다. 세 가지 종류의 화살을 쏘았다. 저녁에 탐선이 들어왔다. "어머님께서 평안하신 것"을 알았다. 임금님의 유지 2통이 내려왔다. 전투용 말과 면의 말도 들어왔다. 지이와 무재도 함께 도착했다.

◎ 1596년 8월

8월 1일[양력 8월 24일, 병신][285] 맑았다. 새벽에 망궐례를 했다. 충청 우후(원유남)와 금갑 만호(이정표), 목포 만호(방수경)와 사도 첨사(황세득), 녹도 만호(송여종)가 와서 행했다. 늦게 파지도 권관 송세응宋世應이 나가 돌아갔다. 오후에 활터로 가서 말을 달렸다. 해 질 무렵 돌아왔다. 부산에 갔던 곽언

주연문장전산고」「箕田遺制辨證說」에 따르면, "오늘날의 점쟁이卜家는 돈을 던져 점을 친다"고 하는데, 주역점을 활용해 점을 치는 사람인 듯하다. 이문건의 「묵재일기」 1535년 12월 26일에는 맹인 김영창이 이문건에게 인사를 왔을 때, 이문건이 점을 쳐달라고 했다는 내용이 나온다. 맹인 김영창은 점쟁이였다.

282 "칡을 캐는 일을 하는 사람"의 원문은 "葛役"으로, 「문화재청본」, 「편수회본」은 "葛沒"로 보았다. 「박혜일·최희동본」은 "葛役"으로 보았다.

283 김대인(?~?)은 조선 중기의 무신이다. 전남 순천의 천민 출신으로 어릴 때 승려가 되었다가 환속했다. 뒤에 무과 급제를 했다. 임진왜란 때는 이순신 막하에서 활약했다. 원균이 칠천량에서 패하자 의병을 모아 활약했다. 「동의록」(조정, 동의록중역간위원회, 1978)에서는 이조 판서 김세공의 후손으로 나온다.

284 담제는 삼년상이 끝난 뒤 상주가 일상생활로 돌아간다는 것을 고하는 제사다. 부모가 돌아가신 후 만 1년이 지나는 13개월째가 되면 소상小祥을 치르고, 2년이 지나는 25개월째가 되면 대상大祥, 27개월째 담제를 지내고 탈상한다.

285 「선조실록」에 따르면, 이날 서울에서 지진이 있었다.

수가 돌아왔다. 신사信使(통신사)의 답장 편지를 전했다. 어두울 무렵 비올 징후가 많았기에, 비가 내리기 전에 대비할 일을 일렀다.

2일[25일, 정유] 아침에 비가 크게 내렸다. 지이 등에게 새 활을 굽혔다 폈다 하게 했다. 늦게 광풍이 크게 불었다. 빗발이 삼대 같았다. 대청마루에 걸어둔 풍차(차양)가 날아올라 방마루 풍차에 닿았다.[286] 한꺼번에 두 풍차가 부서져 산산조각이 났다. 한숨이 났다.

3일[26일, 무술] 맑았다. 가끔 보슬비가 내렸다. 지이에게 새 활을 펴보게 했다. 조방장과 충청 우후(원유남)가 와서 만났다. 그로 인해 활을 쏘았다. 과녁의 정중앙에 명중시켰다. 아이들[287]은 육량궁六兩弓[288]을 쏘았다. 이날 늦게 송희립을 시켜 아들 등을 과거시험 응시자 명단에 올리게 했다.[289] 황득중과 김응겸의 허통공첩許通公帖[290]을 작성해주었다. 저녁 8시에 비가 내

286 "닿았다"의 원문 "觸"을 「문화재청본」, 「편수회본」은 "觴"으로 보았다. 오자다.
287 "아이들"의 원문은 "豚輩"이다. 이순신의 아들들과 조카들을 함께 표현한 것이다. 윤8월 10일의 활쏘기 시험 기록을 보면, 큰아들 회, 막내아들 면, 조카 봉과 해 등이다.
288 육량궁은 철전의 한 종류다. 본래 철전에는 화살의 무게가 6냥인 육량전六兩箭, 4냥인 아량亞兩, 1냥에서 1냥5돈, 1냥6돈의 세 종류가 있는 장전이 있다. 그중 육량전은 적을 죽이거나 적선을 부수는 용도였다.
289 "과거시험 응시자 명단에 올리게 했다"의 원문 "錄名"은 과거 응시자의 자격을 심사해 응시 원서를 접수하던 제도다. 정상적인 과거의 경우, 수험생들은 먼저 녹명소에 사조단자四祖單子와 보단자保單子를 제출해야 했다. 사조단자는 응시자 및 그 아버지·할아버지·증조할아버지·외할아버지의 관직과 성명·본관·거주지를 종이에 기록한 것이고, 보단자는 보결保結이라고도 하는데, 6품 이상의 관리가 서명 날인한 신원보증서다. 사조단자와 보단자를 접수한 녹명관은 응시자의 사조 가운데 『경국대전』에 규정한 결격 사유 유무를 살펴보고, 이상이 없을 때 녹명책에 기입했다. 특혜를 받은 응시자라 하더라도 녹명하지 않으면 자격이 상실되었고, 녹명에 부정이 있을 경우 담당 관원은 파직되고 허위를 한 응시자는 수군에 강제 복무해야 했다. 이날 이후의 일기를 보면, 아들들이 무과시험을 위해 활을 쏘는 모습이 나온다.
290 허통공첩은 조정에서 부족한 군비 보강을 위해 일종의 기부금을 낸 천인이나 서얼 등을 관직에 오를 수 있도록 허가해주는 증명서다. 임진왜란이 발발하자 영의정 류성룡은 서얼과 천민의 등용을 주장했고, 이에 하급직에 서얼을 등용하기 시작했다. 그러나 1601년 다시 규제를 시작해 현직에 있던 사람은 파면시켰다.

리다가 밤 1시에 그쳤다.

4일[27일, 기해] 맑았으나 동풍이 크게 불었다. 회와 면, 완 등이 아내(상주 방씨)의 생일 축하 술을 올릴 일로 나갔다. 정선鄭愃291도 나갔다. 정사립은 휴가를 얻어 갔다. 늦게 수루에 앉았다. 아이들 등을 전송하느라 찬바람에 몸이 상하는 줄도 몰랐다. 늦게 대청으로 나갔다. 훈련용 화살을 몇 순을 ~~쏠 때~~ 쏘았다. 몸이 아주 불편했다. 활쏘기를 멈추고 안으로 들어왔는데, 몸이 얼어붙은 거북이 같았다. 곧바로 두꺼운 옷을 입고 땀을 냈다. 해 질 무렵 경(경상) 수(수사 권준)가 도착해 와서 문병을 하고 갔다. 밤에는 낮보다 배나 아팠다. 끙끙 앓으며 밤을 지냈다.

5일[28일, 경자] 맑았다. 몸이 불편했다. 나가 좌기하지 않았다. ~~어의득(경상 우후),~~ 가리포 첨사(이응표)가 와서 만났다.

6일[29일, 신축] 흐렸으나 비는 내리지 않았다. 아침에 김 조방장(김완)과 충청 우후(원유남), 경상 우후(이의득) 등이 와서 문병을 했다.292 당포 만호(안이명)가 와서, "그의 어머니의 병세가 중하다"고 보고했다. 경(경상) 수(수사 권준)와 우수사(이억기) 등이 와서 만났다. 배 방장裵防將(조방장 배흥립)이 들어왔다. 해가 저문 뒤 되돌아갔다. 밤에 비가 크게 내렸다.

7일[30일, 임인] 비가 계속 내렸다. 늦게 맑아졌다. 몸이 불편했다. 좌기하지 않았다. 서울에 보낼 편지를 썼다. 이날 밤, 땀이 났다. 옷 두 벌이 젖었다.

8일[31일, 계묘] 흐렸으나 비는 내리지 않았다. 박담동朴淡同293이 서울로 올

291 정선(1577~?)은 조선 중기의 무신이다. 1599년 무과 별시에서 급제했다. 이순신 막하에서 조총을 개발하는 등의 활약을 한 정사준의 아들이다. 정사립은 작은아버지다.
292 "문병을 했다"의 원문은 "見問病"이다. 「문화재청본」에서는 '見病'으로 '問'을 누락했다.
293 박담동(?~?)은 조선 중기의 무신이다. 무과에 급제한 뒤 임진왜란이 일어나자 의병을 봉기해 남원 전투에 참전했고, 이순신 막하에서 활약하기도 했다. 『동의록』(조정, 동의록중역간위원회, 1978)에 따르면, 1588년 무과에 급제했고, 1592년 의병장 조정의 막하에서 참전했으며, 조헌의

라갔다. 서 승지徐承旨(서성)에게 혼수 물품을 보냈다. 늦게 강희로姜熙老가 이곳에 도착했다. "남해 현령(박대남)의 병세는 잠시[294] 덜해지고 있다"고 했다. 밤이 깊도록 이야기했다. 의능이 와서 생마 120근을 바쳤다.

9일[9월 1일. 갑진] 흐렸으나 비는 내리지 않았다. 아침에 수인守仁[295]이 생마 330근[296]을 바쳤다. 하동에서 만들어 자른 도련지擣鍊紙 20권,[297] 주지注紙 32권, 장지狀紙[298] 31권을 김응겸과 곽언수 등에게 주어 보냈다. 마량 첨사 김응황金應潢이 인사 고과가 하등급[299]이 되어 나갔다. 늦게 나가 좌기했다.

금산 전투에도 참전했다. 1598년에는 이순신 막하에서 순천 예교·호두 전투에도 참전했다. 「선 무원종공신녹권」에서는 수문장으로 나오고, 선무원종공신 2등이다.

294 "잠시"의 원문은 "暫"이나, 「문화재청본」은 "漸"으로 보았다.

295 이순신의 「여러 의병장에게 상을 주시기를 임금님께 청하는 장계請賞義兵諸將狀」(1594년 3월 10일)에 따르면, 의승장이다. 8월 8일 일기 속의 의능도 의승장이다.

296 「편수회본」은 "230근"으로 보았으나, "330근"이 맞다. 「박혜일·최희동본」도 330근이다.

297 권卷은 조선시대에는 ① 종이를 세는 단위로 1권은 20장, ② 같은 계통이나 종류의 책을 두 권 이상으로 편찬했을 때 그 차례를 나타내는 말로 사용되었다. 1책冊에는 여러 권이 있을 수 있다. ③ 그림이나 글, 지도 등 두루마리로 된 것을 셀 때 쓰는 단위이기도 하다. 오늘날에는 주로 책을 세는 단위로 쓰인다.

298 도련지는 다듬이질해 반듯하게 만든 종이다. 주지는 왕명을 받아 적거나 계사啓辭 등을 쓸 때 쓰는 종이다. 장지는 공문이나 편지를 쓸 때 쓰는 두껍고 질기며 지면에 윤기가 흐르는 종이다. 「선조실록」 선조 25년(1592) 10월 3일 기록에 따르면, 선조는 호남에서 진상한 도련지를 도원수에게 내려주며 종이옷紙衣을 지어 선봉 군사에게 나눠주라고 하기도 했다. 이때의 종이옷은 갑옷 대용품이었다. 유희춘의 「미암일기」 1576년 3월 12일을 보면, 절의 스님들이 종이를 만들어 유희춘에게 보낸 기록이 나온다. 조헌의 「조천일기」 1574년 5월 26일에는 조헌이 명나라 사신으로 가는 길에 평안 감사에게 추위에 대비해 종이옷을 요청했고, 이를 평안 감사가 만들어 보냈다는 기록도 있다. 1488년 명나라 사신 동월이 조선을 방문하고 남긴 「조선부」에는 조선에서는 종이는 닥나무로 만드는데, 찧고 마름질(도련擣鍊)했다고 한다.

299 "인사 고과가 하등급居下"은 관리 직무평가인 포폄褒貶에서 하등급을 뜻한다. 중이나 하를 맞으면 사임하는 것이 관례였다. 또한 하급 평정으로 면직된 사람은 2년이 지나야 재임용할 수 있었다. 「선조실록」 선조 24년(1591) 2월 4일 기록에는 당시 전라 좌수사에 임명되었던 원균이 과거에 수령으로 있을 때 "하등급"을 맞았는데, 반년 만에 전라 좌수사에 임명한다고 사간원이 반대한 내용이 나온다. 원균의 전라 좌수사 임명이 취소되고, 그 후 최종적으로 이순신이 전라 좌수사에 임명되었다.

공문을 써서 나누어 보냈다. 훈련용 화살 10순을 쏘았다. 몸이 아주 불편했다. 밤 11시까지 땀이 흘러내렸다.

10일[2일, 을새] 맑았다. 아침에 충청 우후(원유남)가 문병을 왔다. 그로 인해 조방장과 같이 아침을 먹었다. 아침에, 송한련에게 생마 40근을 그물을 만들도록 주어 보냈다. 몸이 아주 불편했다. 한동안 베개를 베고 누었다. 늦게 두 조방(조방장 김완·배흥립)과 충청 우후(원유남)를 불러 상화300를 빚어 같이 먹었다. 저녁에 체상(체찰사 이원익)에게 보낼 공문에 수결을 하고 관인을 찍었다. 어두울 무렵 달빛이 하얀 비단 같았다. 나그네의 품은 마음이 만 갈래였다. 자려 해도 잠들 수 없었다月色如練 客懷萬端 寢不能寐. 밤 10시에 방으로 들어갔다.

11일[3일, 병오] 맑았다. 동풍이 크게 불었다. 아침에 체상(체찰사 이원익)에게 보낼 각 항목의 공문에 수결을 하고 관인을 찍어 내보냈다. 배 조방裴助防(조방장 배흥립)과 같이 아침을 먹었다. 늦게 같이 활터에 도착했다. 말달리는 것을 자세히 살펴보고, 해 질 무렵 영으로 돌아왔다. 저녁 8시에 거제 현령(안위)이 긴급히 보고하는 내용에, "왜적 배 하나가 등산에서부터 송미포松未浦로 들어왔습니다"라고 했다. 밤 10시에 또 보고하기를, "아자포阿自浦로 옮겨 정박했습니다"라고 했다. 배를 정비해 내보낼 때 또 보고하기를, "견내량을 넘어갔습니다"라고 했기에 복병장에게 찾아내 붙잡아오게 했다.

12일[4일, 정미] 맑았으나 동풍이 크게 불었다. 동쪽행 배가 끊겨 오갈 수 없었다. 오랫동안 어머님께서 평안하신지 어떤지 듣지 못했다. 가슴이 지독

---

300 "상화"의 원문은 "床花"로, 남광우의 『고어사전』에 따르면 만두饅頭다. "霜花·雙花"라고도 한다. 『묵재일기』 1545년 1월 15일, 조응록의 『죽계일기』 1593년 11월 13일에는 만두가 나온다. 이문건과 조응록의 일기에 상화는 나오지 않는다.

히 탔다. 가슴이 지독히 탔다. 우수사(이억기)가 와서 만났다. 땀이 났다. 옷 두벌이 젖었다.

13일[5일, 무신] 맑았다가 흐렸다. 동풍이 크게 불었다. 충청 우후(원유남)와 훈련용 화살을 쏘았다. 이날 밤에 땀이 흘러내려 등을 적셨다. 아침에 들으니, "우禹가 장을 맞아 죽었다"고 했다. 장례를 치를 물건을 약간 보냈다.

14일[6일, 기유] 흐렸고 큰 바람이 불었다. 동풍이 계속 불었다. "곡식301이 상했다"고 했다. 배 조방장(배흥립)과 충청 우후(원유남)와 함께 먹으며 이야기했다. 땀이 나지 않았다.

15일[7일, 경술]302 새벽에 비가 계속 내렸다. 망례(망궐례)를 멈췄다. 늦게 우수사(이억기)와 경(경상) 수사(권준), 두 조방(조방장 김완·배흥립)과 충(충청) 우후(원유남), 경상 우후(이의득)와 가리포 첨사(이응표), 평산포 만호(김축) 등 19명의 장수들과 모여 이야기했다.303 비가 내내 그치지 않았다. 밤 9시에 남풍이 불었고, 비가 크게 내렸다. 밤 3시까지 세 번이나 땀이 흘러내렸다.

16일[8일, 신해] 잠깐 맑았고 남풍이 크게 불었다. 강희로304가 남해로 돌아갔다. 몸이 아주 불편했다. 내내 누워 끙끙 앓았다. 저녁에 "체찰(체찰사 이원익)이 진성(진주성)에 도착했다"는 공문이 도착했다. 비가 갠 뒤의 달빛이 아주 밝았다. 자려고 해도 잠들 수 없었다新霽月極明 寢不能寐. 밤 10시에 누워서 가랑비를 보았다. 또 내리다 한동안 그쳤다. 땀이 흘러내렸다.

17일[9일, 임자] 맑았다 흐렸다 서로 뒤범벅이었다. 맑거나 이따금 비가 내

---

301 "곡식"의 원문 "禾穀"은 벼·보리·밀 등의 곡식을 통틀어 일컫는 말이다.
302 추석이다. 1593년 8월 15일에는 일기에 추석이라고 명기했다.
303 추석이라 모든 장수가 모였던 듯하다.
304 「친필본」에서 이날 일기의 강희로는 "姜熙老". 8월 8일 일기에서는 "姜熙老"로 나온다. 「박혜일본」은 '嬉'로 보았고, 「편수회본」은 '嫻(熙)'로 표시했다.

리거나 했다. 경상 수사(권준)가 와서 만났다. 충청 우후(원유남)와 거제 현령(안위)이 함께 와서 만났다. 이날, 동풍이 그치지 않았다. 체상(체찰사 이원익)을 찾을 사람을 내보냈다.

18일[10일, 계축] 맑거나 이따금 비가 내리거나 했다. 밤 12시에 사면장305을 갖고 온 차사원인 구례 현감(이원춘)이 들어왔다. 땀이 시도 때도 없이 흘러내렸다.

19일[11일, 갑인] 흐리거나 이따금 맑거나 했다. 새벽에 우수사(이억기)와 여러 장수와 함께 사면장에 숙배했다. 그대로 같이 아침을 먹었다. 구례 현감은 보고하고 돌아갔다. 송의련이 영(전라 좌수영)에서 들어왔다. 울의 편지를 갖고 왔는데, "어머님께서 건강해지고 계시다"고 했다. 행복하다. 행복하다. 늦게 거제 현령(안위)과 금갑 만호(이정표)도 이곳에 도착해 이야기했다. 저녁 7시부터 밤 1시까지 땀에 젖었다. 어두울 무렵, "목수와 옥지가 목재에 깔려 크게 다쳤다"고 보고했다.

20일[12일, 을묘] 동풍이 크게 불었다. 새벽에 송희립이 전선을 건조할 목재를 끌어내리기 위해 우도(전라 우도) 군사 300명, 경상도 100명, 충청도 300명, 좌도(전라 좌도) 390명을 이끌고 갔다. 아침 늦게 봉과 해, 회와 면, 완, 최대성·윤덕종·정선 등이 들어왔다.

21일[13일, 병진]306 맑았다. 식사를 한 뒤, 활터 정자로 갔다. 아이들에게 활쏘기와 말을 달리며 활을 쏘는 연습을 시켰다. 배 조방(조방장 배흥립)과 김 조방(조방장 김완), 충청 우후(원유남)가 함께 도착했다. 같이 점심을 먹었다. 해 질 무렵 돌아왔다.

---

305 "사면장"의 원문 "赦文"은 죄를 사면하는 내용을 담은 문서다.
306 1594년에는 외가의 제삿날이라고 좌기하지 않았다고 했다.

22일[14일, 정사] 맑았다. 외할머님의 제삿날이다. 나가지 않았다.[307] 경(경상) 수사(권준)가 와서 만났다.

23일[15일, 무오] 맑았다. 활터에 가보았다. 경상 수사(권준)도 와서 같이 있었다.

24일[16일, 기미] 맑았다.

25일[17일, 경신] 맑았다. 우수사(이억기)와 경(경상) 수사(권준)가 와서 만나고 돌아갔다.

26일[18일, 신유] 맑았다. 새벽에 배를 출발했다. 사천에 도착했다. 머물러 묵었다. 충청 우후(원유남)와 내내 이야기하고 작별했다.

27일[19일, 임술] 맑았다. 일찍 길을 떠났다. 사천에 도착했다. 점심을 먹은 뒤, 그대로 진성(진주성)을 향했다. 체상(체찰사 이원익)을 찾아뵙고 내내 논의하고 이야기했다論話. 김응서金應瑞[308]도 도착했다가 곧바로 돌아갔다. 해질 무렵 목사(진주 목사 나정언)의 거처로 돌아왔다. 묵었다. 이날 저녁, 이용제李用濟[309]가 들어왔다. 역적 무리逆黨의 편지를 갖고 왔다.

---

307 성종의 계비, 정현왕후 윤씨의 제삿날이기도 하다.

308 김응서(1564~1624)는 조선 중기의 무신이다. 1583년 무과 별시에서 급제했다. 1592년 수탄장으로 평양성 방어를 하다가 후퇴해 징계를 받았다. 비변사에서 김응서를 복귀시켰고, 공을 세워 우방어사로 승진했다. 1593년 1월 조명 연합군의 평양성 탈환 작전에서 명나라 부총병 조승훈, 평안도 병마절도사 이일 등과 함께 함구문 돌파의 선봉장으로 활약했다. 평양성 전투에서 기생 계월향과의 전설이 전해져온다. 이때의 전공으로 김응서는 종2품 가선대부에 임명되었다. 경상도 우방어사로 활약했다. 그러나 김응서가 일본군 고니시 유키나가를 직접 만나 강화를 추진하면서 적과 내통했다는 비판을 받으며 백의종군했다. 다시 군공을 세워 복직했다. 1618년 평안도 병마절도사에 임명되었다. 1618년 7월 명나라에서는 후금 정벌을 위해 원군을 요청했을 때, 도원수 강홍립과 함께 부원수로 출전했다. 후금과의 전투에서 패배한 뒤 강홍립의 투항으로 김응서도 포로가 되었다. 김응서는 후금의 자세한 정세를 일기 형식으로 기록해 비밀리에 조선으로 보내려고 했는데, 후금의 환심을 사서 귀국하려 했던 강홍립은 김응서의 행동을 누르하치에게 고발해 김응서는 후금에 의해 처형당했다.

309 이용제는 1588년 1월, 여진족 토벌 작전인 시전부락 전투 상황을 그린 「장양공정토시전부

28일[20일, 계해] 맑았다. 이른 아침에 체상(체찰사 이원익)에게 나아갔다. 내내 보고하고 의견을 말했다稟言. 밤 9시에 목사(나정언)의 거처로 되돌아왔다. 목사와 밤이 깊도록 이야기하고 파했다. 청생靑生도 도착했다.

29일[21일, 갑자] 맑았다. 일찍 출발했다. 사천에 도착했다. 아침을 먹은 뒤, 그대로 선소船所310에 도착했다. 고성 현령(조응도)도 도착했다. 삼천 권관과 이곤변이 술을 갖고 뒤쫓아왔다. 밤새 같이 이야기했다. ~~망311 아래~~ 구라량仇羅梁312에서 묵었다.

◎ **1596년 윤8월**313

윤8월 1일[양력 9월 22일, 을축] 맑았다. 일식이 있었다.314 이른 아침에 그 비

호도」에는 이순신과 같은 우위 소속으로 영장領將, 신분은 보인으로 참전했다. 당시 이순신은 '우위 우화열장'으로 참전했다.

310 선소는 오늘날 사천시 용현면 선진리에 있었다(「영남지도」 중 사천현 부분, 영남대학교박물관 소장).

311 "망望"은 사천시 대방동 산40번지 각산으로 추정된다. 「와룡산의 정기」(문화공보실 엮음, 삼천포시, 1983, 62쪽)에 따르면, 각산 최고봉에 봉화대가 있었다.

312 "망 아래望底"는 썼다가 삭제하고 "구라량"으로 수정했다. 「와룡산의 정기」에 따르면, 구라량은 경남 사천시 동서동 늑도와 대방진굴항 사이의 좁은 해협을 통칭한다. 진주·사천·곤양으로 통하는 요로다. 수군 만호가 지휘하는 구라량영은 대방진굴항에 있었다. 서울대 규장각한국학연구원 소장 「해동지도 사천현」에는 구량도仇良島가 나온다. "구량도는 현의 남쪽 바다에 있는 작은 섬"이라고 한다. 또한 서울대 규장각한국학연구원 소장 「해동지도 곤양군」에는 구량포仇良浦가 나온다. "구량포는 군의 남쪽에 있다"고 한다.

313 윤달閏月은 태음력太陰曆을 사용하면서 날짜와 계절이 서로 어긋나는 것을 막기 위해 끼워넣은 달이다. 태음력에서 1달은 29일과 30일을 번갈아가며 사용하는데 1년 12달은 354일이 된다. 이에 따라 365일을 기준으로 하는 태양력과는 11일이 차이가 난다. 대략 만 3년에 한 번씩 윤달이 돌아온다. 몇 년 만에 한 번씩 들기 때문에 윤달을 '여벌달·공달 또는 덤달'이라고도 부른다. 이순신이 「난중일기」를 쓴 기간 중에는 1593년 윤11월이 있으나, 현재 전해오는 「난중일기」에는 윤11월 기록은 없다.

314 이날의 일식에 대해서는 「선조실록」, 조경남의 「임진잡록」, 오희문의 「쇄미록」, 정경운의 「고대일록」에도 나온다. 낮 12시쯤 일식이 있었다. 「고대일록」에는 "정오에 일식이 있었는데, 햇빛을

망飛望 아래 도착했다. 이곤변 등과 같이 아침을 먹었다. 서로 작별했다. 해 질 무렵 진에 도착했더니, 우수사(이억기)와 경(경상) 수사(권준)가 나와 기다리고 있었기에, 우수사와 서로 마주하고 이야기했다.

2일[23일, 병인] 맑았다. 아침에 여러 장수가 와서 만났다. 늦게 경(경상) 수사(권준)와 우수사(이억기)가 와서 이야기했다. 경(경상) 수사(권준)와 활터 대청射廳으로 갔다.

3일[24일, 정묘] 맑았다.

4일[25일, 무진] 비가 계속 내렸다. 이날, 밤 10시에 땀이 흘러내렸다.

5일[26일, 기사] 맑았다. 활터 대청으로 갔다. 아이들이 말을 달리며 활을 쏘는 것을 자세히 살펴보았다.315 하천수가 체상(체찰사 이원익)에게 갔다.

6일[27일, 경오] 맑았다. 아침을 먹은 뒤, 경(경상) 수(수사 권준)와 우右(전라 우도) 수(수사 이억기)와 함께 활터 대청으로 갔다. 말을 달리며 활을 쏘는 것馳射을 자세히 살펴보았다. 해 질 무렵 돌아왔다. 이날 밤, 잠시 땀이 흘러내렸다. 방답 첨사(우치적)가 진에 도착했다.316

7일[28일, 신미] 맑았다. 아침에 아산의 집안 사내종 백시白是317가 들어왔는데, 가을보리 수확량은 43섬, 봄보리는 35섬,318 농촌과 어촌에서의 수확

먹어 어두운 것이 달밤 같았다"고 나온다.
315 『경국대전』 무과시험 규정에 따르면, 말을 달리며 활을 쏘는 기사는 1발을 맞출 때마다 5점을 주었다. 35보 간격으로 설치된 5개의 과녁을 말을 타고 달리면서 쏴서 맞춰야 했다.
316 "이날 밤, 잠시 땀이 흘러내렸다. 방답 첨사(우치적)가 진에 도착했다"의 원문은 "是夜暫流汗 防踏僉使到陣"이나, 「문화재청본」 「편수회본」은 위치가 "防踏僉使到陣 是夜暫流汗"로 바뀌어 있다. 조응록의 『죽계일기』 1596년 5월 21일에는 정희현鄭希玄이 방답 첨사에 임명된 것으로 나왔다가, 6월 18일에는 우치적을 기복起復시켜 방답 첨사에 임명했다는 내용이 나온다.
317 「문화재청본」의 "백시"는 「이충무공전서」에서는 "향시向是"로 나온다. 「친필본」을 보면 "향시"로도 보인다.
318 오희문의 『쇄미록』의 기록을 통해 보면, 가을보리는 10월 초순에 파종하고 6월 말에 수확

량319은 전체 12섬 4말이었고, 또 7섬 10말을 거두었고, 또 4섬을 거두었다. 이날 늦게 나가 좌기했다. 소지를 처리해 나눠 보냈다.

8일[29일. 임신] 맑았다. 식사를 한 뒤, 활터 대청으로 갔다. 말을 달리며 활을 쏘는 것을 자세히 살펴보았다. 광양 현감(노세준)과 고성 현령(조응도)이 시험관으로 들어왔다. 하천수가 진주에서 왔다. 아병 임정로林廷老는 휴가를 받아 나갔다. 이날 밤, 땀을 냈다.

9일[30일. 계유] 맑았다. 아침에 광양 쉬(현감 노세준)가 임금님께서 내리신 교서에 숙배肅拜했다. 봉과 회, 김대복도 관교320에 숙배했다. 그대로 함께 이야기했다. 이날 저녁, 우수사(이억기)와 경(경상) 수사(권준)가 와서 이야기했다.

10일[10월 1일. 갑술] 맑았다. 이날 새벽에 과거 시험장을 열었다.321 "늦게, 면이 활을 쏜 것은 모두 55보, 봉이 활을 쏜 것은 모두 35보, 해가 활을 쏜 것은 모두 30보, 회가 활을 쏜 것은 모두 35보, 완이 활을 쏜 것은 25보였다"고 했다. 진무성이 활을 쏜 것은 모두 55보였다. 합격했다入格. 어두울

했고, 봄보리는 4월 파종했다. 서호수의 『해동농서』에 따르면, 가을보리는 8월 그믐에 심으면 다음 해 5월 초에 익고, 봄보리는 2월에 심었다. 성해응의 『연경재집』에 따르면, 가을보리는 대맥大麥(보리)이라고 하고, 8월에 파종해 다음 해 5월에 추수했고, 봄보리는 광맥穬麥(겉보리)이라고 하고, 2월에 얼음이 녹은 후 파종해서 5월에 수확했다.

319 "농촌과 어촌에서의 수확량"의 원문은 "魚米"이다. '魚米'는 한자사전에 따르면, 물고기와 쌀을 합쳐 지칭하는 말이며, 농촌과 어촌에서의 수확을 함께 표현하는 말이다. 이순신의 본가가 있는 아산은 당시 바다와 인접해 있었다. 이로써 이순신 가족은 아산의 육지와 해안가에서 각각 농사를 지었다고 볼 수 있다.

320 관교는 4품 이상의 관직에 임명된 사람에게 주는 임명장이다.

321 이날의 과거시험에 대해 조경남의 『난중잡록』에는 윤8월 16일, "부체찰사 한효순이 한산도에 이르러 무과 초시를 보였다"는 기록이 나온다. 『선조수정실록』 선조 29년(1596) 윤8월 1일에도 이순신이 한산도에서 무과시험을 볼 수 있도록 청했기에 한효순을 파견해 한산도에서 무과시험을 실시했고 급제자를 선발했다는 내용이 나온다. 일기 내용으로 보면, 이순신은 이 과거시험장에는 참석하지 않았던 듯하다.

무렵 우수사(이억기)와 경(경상) 수사(권준), 배 조방(조방장 배흥립)이 같이 왔다. 밤 10시에 파하고 돌아갔다.

11일[2일. 을해] 맑았다. 체상(체찰사 이원익)을 모실 일로 길을 떠났다. 당포에 도착했다. 저녁 8시에 체상을 찾을 사람이 와서 도착했는데, "14일에 길을 떠난다"고 했다.

12일[3일. 병자] 맑았다. 내내 노질을 재촉했다. 밤 10시에 어머님께 도착했더니, 흰 머리카락이 여전히 무성하셨다.[322] 나를 보시고 놀라 일어나셨다. 숨이 곧 끊어지실 듯, 하루도 버티기 어려우신 듯했다.[323] 펑펑 쏟아지려는 눈물을 머금고 서로 부여잡았다含淚相持. 그 마음을 위로하고자 밤새 위안하며 기쁘게 해드렸다達夜慰悅 以寬其情.

13일[4일. 정축] 맑았다. (어머니를) 곁에 모시고 아침을 드시게 했더니, 기쁘고 즐거워하시는 얼굴빛이 많으셨다. 늦게 하직 인사를 올렸다. 영(전라 좌수영)에 도착했다. 저녁 6시에 소선을 타고 밤새 노질을 재촉했다.

14일[5일. 무인] 맑았다. 새벽에 두치에 도착했다. "체상(체찰사 이원익)과 부사(부체찰사 한효순)는 어제 이미 도착해 묵고 있다"고 했다. 정한 곳으로 뒤따라가다가 소촌召村 찰방察訪[324]을 만났다. 일찍 광양현光陽縣에 도착했다.

322 "여전히 무성하셨다"의 원문은 "依依"이다. 『시경』 「소아」의 「채미采薇」에 나오는 표현이다. "내가 예전에 갔을 때는 버들이 여전히 무성했는데, 내가 지금 돌아올 때는 진눈깨비가 부슬부슬 내리는구나昔我往矣 楊柳依依 今我來思 雨雪霏霏." 「채미」는 국경에서 오랫동안 군대생활을 하다가 고향에 돌아온 군사의 마음을 읊은 시다.
323 "숨이 곧 끊어지실 듯, 하루도 버티기 어려우신 듯했다氣息奄奄 難保朝夕"에서 '숨이 곧 끊어지실 듯氣息奄奄'은 『진서』 「이밀열전」과 『고문진보』 등에 수록된 「진晉 이밀李密의 진정표陳情表」에 나온다. 이문건의 『묵재일기』 1536년 4월 16일에는 『고문진보』가 나온다.
324 찰방은 각 도의 역을 관리하던 종6품 외직外職 관리다. 공문서를 전달하거나, 사무로 여행을 다니는 사람의 편의를 도왔다. 소촌 찰방은 경상도 진주의 소촌역을 중심으로 인근 지역 15개 역을 관할했다. 소촌역은 경남 진주시 문산읍 소문리에 있었다.

지나온 모든 땅은 보이는 곳 모두 쑥대밭이 되어 있었다. 참혹함을 차마 눈 뜨고 볼 수 없었다慘不忍見. 군사와 백성의 부담을 덜기 위해 잠시나마 전선을 정비하는 것을 면제해야겠다姑除戰船之整 以舒軍民之懸.

15일[6일. 기묘] 맑았다. 일찍 출발했다. 순천에 도착했다. 체상(체찰사 이원익) 일행이 부(순천부)에 들어가 있었기에 나는 곧 정사준의 집에서 묵었다. 순사(순찰사)와도 이야기했다. 저녁에 들으니, "아이들이 초시初試에 합격했다參試"고 했다.

16일[7일. 경진] 맑았다. 이날은 머물렀다.

17일[8일. 신사] 맑았다. 늦게 낙안으로 향했다. 군(낙안군)에 이르렀더니, 이호문李好問325과 이지남李智男 등이 와서 만났다. 수군으로 인한 폐단과 고통을 전했다.

18일[9일. 임오] 맑았다. 일찍 출발했다. 종사관 김용金涌326은 서울로 올라갔다. 양강역陽江驛에 도착했다. 점심을 먹은 뒤, 산성327으로 올라가 멀리 각 포와 여러 섬을 손가락으로 짚어가며 살펴보았다. 그대로 흥양으로 향했다. 해 질 무렵 그 현(흥양현)에 도착했다. 향소청鄕所廳328에서 묵었다. 어두울 무렵 이지화李至和는 그의 물건을 자랑하려고 금을 안고 왔다. 영英도

---

325 이호문(1541~?)은 『嘉靖四十三年甲子七月二十日司馬榜目』에 따르면, 낙안 출신으로 1564년 식년 문과에서 생원에 합격했다.
326 김용(1557~1620)은 조선 중기의 문신이다. 임진왜란 때 의병을 일으켰고, 정유재란 때는 군량미를 조달했다. 『선조실록』의 편찬에 참여했다. 김성일의 조카다. 1590년 문과 증광시에서 급제했다. 1592년 안동에서 의병을 일으켰고, 체찰사 이원익의 종사관으로 수행했다. 류성룡이 후원했던 인물이기도 하다.
327 전남 고흥군 남양면 대곡리에 있다.
328 향소청鄕所廳은 향청鄕廳 혹은 유향소留鄕所를 말한다. 지방 유력자나 관직에서 은퇴한 양반들이 지방의 수령을 보좌하는 자문 기구다. 향리 감찰과 면역 문제를 다루었으며, 지역민의 민의를 대변했다. 좌수 1인과 별감 3~4명으로 구성되었다.

와서 만났다. 밤새 이야기했다.

19일[10일, 계미] 맑았다. 녹도로 출발했다. 가는 길에 도양의 둔전을 자세히 살펴보았다. 체상(이원익)은 많이 기뻐하는 얼굴빛이었다. 도착해 묵었다.

20일[11일, 갑신] 맑았다. 일찍 출발해 배를 탔다. 체상(체찰사 이원익)·부사(부체찰사 한효순)와 같이 앉았다. 내내 군사 문제를 이야기했다. 늦게 백사정白沙汀329에 도착했다. 점심을 먹은 뒤, 그대로 흥부(장흥부)330에 도착했다. 나는 관아 동헌에서 묵었다. 김응남金應男이 와서 만났다.331

21일[12일, 을유] 맑았다. 머물러 묵었다. 정경달이 와서 만났다.

22일[13일, 병술] 맑았다. 늦게 ~~강진현康津縣에서 묵었다.~~ 병영兵營332에 들어가 원상元相(원균, 전라 병사)과 서로 만났다.333 ~~밤새 이야기했다.~~

23일[14일, 정해] 때때로 맑았다. 그대로 병영에 머물렀다.334

---

329 백사정은 전남 보성군 회천면 벽교 1리 명교마을 혹은 장흥군 장흥읍 원도리라는 주장이 있다. 그런데 『보성 이순신-금신전선 상유십이-』(노기욱·이수경·정현창, 전남대학교출판부, 2015, 67쪽)에 따르면, "백사정은 수군 수비처로 군영구미를 지원하는 군수기지로 보성군 백사정과 군학마을에 있었던 군영구미는 조선 남방 해역의 4대 수군 기지 중 하나"라고 한다.

330 "흥부"는 장흥부다. 『난중일기』의 "흥현"은 흥양현이다. 『이충무공전서』에서도 '長興府'로 나온다. 「편수회본」에서도 "장흥군 장흥면"으로 주석했다.

331 이 시기에 좌의정 김응남은 서울에 있었다. 이날 일기의 김응남은 동명이인으로 보인다.

332 병영은 전남 강진군 병영면이다.

333 조응록의 『죽계일기』에 따르면, 충청 병마절도사 원균이 1596년 7월 9일에는 전라 병마절도사로 임명, 7월 12일에는 취소되고 박진朴晉이 유임되었다가 8월 4일에 다시 전라 병마절도사로 임명된 것으로 나온다.

334 "그대로 병영에 머물렀다仍留兵營"는 「문화재청본」, 「편수회본」에는 나오지 않고 『이충무공전서』에만 나온다.

24일[15일. 무자]335 밤새 나와 부사(부체찰사 한효순)가 같이 가리포336로 갔더니, 우우후 이정충이 먼저 도착해 있었다. 같이 남망南望337에 올라갔더니, 왼쪽과 오른쪽으로 적의 길과 여러 섬을 분명히 파악할 수 있었다. 참으로 한 도의 군사적으로 중요한 땅이다. 그러나 형세는 아주 외롭고 위험해眞一道要衝之地 而勢極孤危 어쩔 수 없이 이진338으로 옮겨 합쳤다.339 병영에 도착했다. 원 공(전라 병사 원균)의 흉악한 행동은 쓰지 않는다.340

25일[16일. 기축]341 일찍 출발했다. 이진에 도착했다. 점심을 먹은 뒤, 그대로 해남에 도착했다. 가던 길 중간에 김경록이 술을 갖고 와서 만나, 해가 저무는지도 몰랐다. 횃불을 들고 가고 또 갔다.342 밤 10시에 현(해남현)에 도착했다.

26일[17일. 경인] 맑았다. 일찍 출발했다. 우수영(전라 우수영)에 도착했다. 나는 곧 대평정大平亭343에서 묵었다. 우후(우수영 우후 이정충)와 이야기했다.

335 간지 "무자"는 「친필본」「문화재청본」「편수회본」에는 나오지 않고 『이충무공전서』에만 나온다.
336 전남 완도군 완도읍 군내리다.
337 남망은 전남 완도군 완도읍 망석리 남망봉이다.
338 이진은 전남 해남군 북평면 이진리다.
339 "부사(부체찰사 한효순)가 ~ 합쳤다"는 『충무공유사』에서는 윤8월 23일에 나온다.
340 "원 공(원균)의 흉악한 행동은 쓰지 않는다元公行兇不錄"는 『충무공유사』에서는 윤8월 22일에 나온다. "흉악한 행동"의 원문은 "行兇"이다. '범행, 흉악한 일을 저지름, 사람을 죽이거나 다치게 함'이라는 뜻이 있다. 이 번역에서는 '흉악한 행동'으로 했다.
341 8월 25일부터 29일까지 날짜와 간지가 수정되어 있다. 28일 일기 아랫부분에는 날짜와 간지를 수정했다는 의미인 듯한 "잘못 쓴 것을 바르게 고쳤다改正行"는 기록이 나온다.
342 "가고 또 갔다"의 원문은 "行行"이다. 『시경』「소아」의 「거할車舝」에 나온다. "높은 산 우러르며, 큰길을 향해 간다高山仰止 景行行止."
343 「친필본」「충무공유사」「편수회본」「박혜일·최희동본」은 "大平亭"이나, 『이충무공전서』「문화재청본」「홍기문본」은 "太平亭"으로 보았다. '大平亭'의 오자다. 윤광계尹光啓(1559~?)의 「귤옥졸고橘屋拙稿」「右水營大平亭記」와 『신증동국여지승람』에도 '대평정'이라고 나온다. 남곤南袞(1471~1527)은 '대평정 위에서 가는 봄을 보내네大平亭上送春歸'라고 노래하기도 했다.

27일[18일. 신묘] 맑았다. 체상(체찰사 이원익)이 진도에서 영(우수영)으로 들어왔다.

28일[19일. 임진] ~~맑았다.~~ 이슬비가 내렸다. 수영(우수영)에 머물렀다.[344] 잘못 쓴 것을 바르게 고쳤다.[345]

29일[20일. 계사] 이슬비가 내렸다. 이른 아침에 떠났다. 남녀역男女驛[346]에 도착했다. 점심을 먹은 뒤, 해남현海南縣에 도착했다.

◎ 1596년 9월

9월 1일[양력 10월 21일] 소국진을 본영(전라 좌수영)[347]으로 보냈다.[348] [갑오] 잠시 보슬비가 내렸다. 새벽에 망궐례를 했다. 일찍 출발했다. 석제원石梯院[349]에 도착했다. 점심을 먹었다. 밤 10시에 영암에 도착했다. 향사당鄕舍堂[350]

---

344 "수영에 머물렀다留水營"는 「문화재청본」, 「편수회본」에는 나오지 않고 『이충무공전서』에만 나온다. "改正行"은 『이충무공전서』에는 나오지 않는다.

345 8월 25일부터 29일까지 날짜와 간지를 착각해 잘못 쓴 것을 고쳤다는 의미다.

346 「문화재청본」, 「편수회본」, 「박혜일·최희동본」의 "男女驛"은 『이충무공전서』에서는 "남리역南利驛"으로 나온다. 『여지도서』에 따르면 해남군에 있던 역의 하나이고, 원은 남리원이다. 『신증동국여지승람』에 따르면, 해남현 서쪽 35리에 위치했다고 한다. 오늘날 전남 해남군 황산면 남리리에 위치했다. 「친필본」에서는 "男女驛"으로 보인다.

347 "본영"을 「편수회본」은 '한산도'로 주석했다. 그러나 『난중일기』에서 이순신이 본영 혹은 영을 사용한 용례를 보면, 대부분 전라 좌수영을 뜻한다.

348 "소국진을 본영으로 보냈다"를 「문화재청본」, 「편수회본」은 윤8월 29일 일기로 보았으나, 9월 1일 일기의 날짜와 간지 갑오 사이에 추가해 써넣는다는 표시가 있다. 「박혜일·최희동본」은 9월 1일 일기로 보고, 추가해 써넣었다는 표시를 반영했다.

349 석제원은 전남 영암과 강진 사이에 있는 월출산 불티재에 있었던 원이다. 오늘날 전남 강진군 성전면 성전리에 위치했다. 원은 역과 함께 여행자의 숙식을 제공하는 시설이다.

350 향사당은 향촌자치기구로 이용된 청사다. 향사당鄕射堂·향서당鄕序堂·집헌당執憲堂·풍헌당風憲堂 등으로 불리기도 한다.

에서 묵었다. 정랑正郎351 조팽년趙彭年352이 와서 만났다. 최숙남崔淑男도 와
서 만났다.

2일[22일, 을미] 맑았다. 영암에 머물렀다.

3일[23일, 병신] 맑았다. 아침에 출발했다. 나주의 신원新院353에 도착했다.
점심을 먹은 뒤, 판관(어운급)을 불러 주州(나주)의 일을 물었다. 해 질 무렵
나주 별관別館에 도착했다. 사내종 억만億萬이 신원에서 와서 인사했다.

4일[24일, 정유] 맑았다. 나주에서 머물렀다. 어두울 무렵 목사(이복남)가 술
을 갖고 와서 권했다. 일추一秋도 술잔을 잡았다持盃. 이날 아침, 체상(체찰
사 이원익)과 함께 공자의 사당에 가서 참배했다.354

5일[25일, 무술] 맑았다. 나주에 머물렀다.

6일[26일, 기해] 맑았다. 무안에 의 일로 먼저 가겠다고 체상(체찰사 이원익)
에게 보고하고 길에 올랐다. 고막원古莫院355에 도착했다. 점심을 먹은 뒤,
나주 감목관 나덕준羅德駿356이 쫓아와 서로 만났다. 말하는 내용에는 뜻

---

351 정랑은 육조에서 실무를 담당하는 정5품 관리다. 특히 이조와 병조 정랑은 좌랑(정6품)과
함께 인사행정을 담당해 전랑銓郎이라고도 불렀다.
352 조팽년(1549~?)은 강진 출신의 조선 중기의 문신이다. 이순신이 무과에 급제했던 1576년
식년 문과에서 급제했다. 『난중일기』에 나오는 삼가 현감 고상안과 합격 동기다. 1588년 전의 현
감, 1599년 여산 군수를 역임했다.
353 신원은 광주와 나주 경계인 황룡강변의 선암원과 나주 읍내 사이, 오늘날 전남 나주시 왕
곡면 신원리에 있었다.
354 "공자의 사당에 가서 참배했다"의 원문은 "謁聖"이다. 대개 향교에 공자의 사당이 있었다.
355 고막원은 전남 나주시 다시면 고막리에 있었다. 『이충무공전서』에서는 '古基院'으로 나온다.
356 "羅德駿"은 다른 일기에서는 "羅德峻"으로 나오기도 한다. 유희춘의 『미암일기』에는 羅德
俊으로 나온다. 정유재란 때 곡식을 모아 이순신을 도왔다. 『난중일기』에도 나오는 형 나덕명羅
德明, 그리고 다른 동생들인 나덕윤羅德潤·나덕현羅德顯·나덕신羅德慎·나덕헌羅德憲과 함께
나주 출신으로 조선 중기의 문신·학자였던 정개청鄭介淸(1529~1590)의 문인이다. 이날 일기에
나오는 정대청鄭大淸은 정개청의 동생이다. 이순신 막하에서 노량해전에 참전했던 나덕신은 동
생이다. 류성룡의 「措置防守事宜啓」(1595년 1월)에는 정경달이 이순신을 도와 둔전을 계속 관리

이 크고 기개가 많이 있었기에 함께 오랫동안 이야기했다. 해 질 무렵 무안에 도착했다. 묵었다.

7일[27일, 경자] 맑았다. 아침에 나 감관羅監官(감목관 나덕준) 및 현감(남언상)과 이야기했는데, 백성에 대한 폐해까지 미쳤다. 얼마 뒤, "정대청357이 들어왔다"고 했기에 청해서 함께 앉아 이야기했다. 늦게 출발했다. 다경포358에 도착했다. 영광 쉬(군수)와 이야기했다. 밤 10시가 되었다.

8일[28일, 신축] 맑았다. 나라 제삿날이다. 이날 새벽에 이른 아침으로 고기를 썼기에 먹지 않고 돌려보냈다.359 아침을 먹은 뒤,360 길에 올랐다. 감목監牧(감목관 나덕준)에게 도착했다.361 목관牧官(감목관)과 영광 군수가 같이 있었다. 국화 꽃밭에 들어가 술 몇 잔을 마셨다入菊叢中 飮數盃. 해 질 무렵 동산원東山院362에 도착했다. 말에 여물을 먹였다. 말을 재촉해 임치진臨淄

하게 하자면서 "근처에 있는 감목관 나덕준 등에게 작년에 생산된 곡식을 받아들여 씨앗으로 삼고", 한산도 근처에 농사를 지을 만한 땅에 전투를 하지 않는 틈에 입대한 군사들로 하여금 농사를 짓게 하고, 피란민 등에게도 농사를 짓게 하자고 건의했다. 「둔전을 엄격하게 점검하는 것에 대한 임금님의 유지屯田檢飭有旨」(1595년 1월 21일)에는 류성룡의 건의를 선조가 받아들여 이순신에게 시행하라는 내용이 나온다.

357 정대청은 나주 출신의 조선 중기의 학자다. 1589년의 정여립 사건 때 연루되어 유배되었다가 사망한 호남 사람을 이끌었던 정개청의 동생이다. 1597년 12월 6일 일기에는 정대청의 동생 정응청鄭應淸도 나온다.

358 다경포는 전남 무안군 운남면 성내리다.

359 세조의 제삿날이다. 그래서 이순신이 고기를 돌려보낸 것이다. 유희춘의 『미암일기』 1568년 4월 7일에는 "문정왕후의 제삿날이기에 재계를 하고 고기를 먹지 않았다"는 내용이 나온다. 또한 오희문의 『쇄미록』 1596년 5월 22일에는 장인의 제삿날인 것을 잊고 고기반찬을 잘못 먹었다는 내용이 있다.

360 간식 형태인 "이른 아침早飯"과 정식 식사인 "아침 식사朝"가 같이 나온다.

361 감목관이 있던 곳은 노기욱의 「이순신의 조선수군재건과 남도해상 진출 양상」에 따르면, 전남 무안군 망운면이다.

362 동산원은 전남 무안군 현경면에 있었다.

鎮363에 도착했더니, 이공헌李公獻(이영)364의 8살 짜리 딸이 그 사촌의 계집 종 수경水卿이와 같이 도착해 인사했다. 공헌公獻을 생각하니 아프고 슬픈 마음을 이길 수 없구나. 수경이는 곧 이염李琰365의 집에서 버린 것을 데려 다 기른 자로구나.366

9일[29일, 임인]367 맑았다. 일찍 일어났다. 첨사 홍견을 불렀다. 대비책을 물었다. 아침을 먹은 뒤, 뒤에 있는 성368에 올라갔다. 형세를 자세히 살펴 보고審見形勢, 동산원으로 되돌아왔다. 점심을 먹은 뒤, 함평현咸平縣에 도착 했다. 가던 길에 한여경韓汝璟369을 만났다. 말을 타고 만나기 어려웠다. "(현

---

363 임치진은 전남 무안군 해제면 임수리에 있다.
364 이공헌은 1588년 1월, 여진족 토벌 작전인 시전부락 전투 상황을 그린 「장양공정토시전부호도」에서 "이영李瑛, 조전장 급제(공헌, 함평인)"로 나온다. 당시 이순신은 '우위 우화열장'으로 참전했다. 이영(이공헌, ?~1593)은 조선 중기의 무신이다. 1584년 온성 부사를 거쳐 회령 부사를 역임하고, 1591년에는 비변사의 천거를 받아 함경남도 병마절도사에 발탁되었다. 1952년 함경북도 병마절도사 한극함과 함께 마천령의 해정창에서 가토 기요마사의 일본군을 공격하다가 패배했다. 국경인의 반란으로 임해군 등과 함께 포로가 되었고, 부산에서 석방되었다.
365 이염은 1588년 1월, 여진족 토벌 작전인 시전부락 전투 상황을 그린 「장양공정토시전부호도」에는 좌위에서 "유격장 창신교위 용위龍衛 후부장(정숙精叔, 전주인)"으로 참전했다. 당시 이순신은 우위에서 우화열장으로 참전했다. 일기의 문맥으로 보면, 이염은 이영(이공헌)과 사촌이다.
366 조선시대에 흉년일 때는 아이를 내다버리는 일이 많았다. 그런 아이들을 서울의 경우, 빈민구제기관인 제생원이나 의료기관인 활인서에서 잠시 맡아 기르다가 노비나 일꾼으로 쓸 목적으로 양반이나 양인들이 데려다 길렀다. 세종은 1435년 6월 22일, 조선 최초의 고아원을 제생원 옆에 설립하기도 했다. 근대적 고아원은 1888년 명동에 세워진 천주교 고아원이 최초다.
367 9월 9일은 명절인 중양절이다. 그러나 이때는 이순신이 순시 중이었기에 중양절 행사를 하지 못한 듯하다.
368 "성"은 노기욱의 「이순신의 조선수군재건과 남도해상 진출 양상」에 따르면, 전남 무안군 해제면 봉대산성이다.
369 한여경(1544~1597)은 조선 중기의 무신이다. 내금위 찰방을 역임했고, 의병을 봉기했다가 정유재란 때 전사했다.

으로) 들어오라"고 타일렀다. "현감(손경지)[370]은 경차관敬差官[371]을 맞이하러 나갔다"고 했다. 김억창金億昌[372]도 같이 함평에 도착했다.

10일[30일. 계묘] 맑았다. 몸이 피곤했고 말도 지쳤다. 함평에 머물러 묵었다. 아침을 먹기 전에, 무안의 정대청이 왔다. 함께 이야기했다. 현(함평)의 유생도 많이 들어와 폐해와 고통스러운 일을 많이 말했다. 저녁에 도사가 들어왔다. 함께 이야기했다. 밤 10시에 파하고 나갔다.

11일[31일. 갑진] 맑았다. 아침을 먹은 뒤, 영광으로 갔다. 가던 길에 신경덕辛慶德[373]을 만났다. 잠시 이야기했다. 영광에 도착했더니, 주쉬主倅(영광 군수)가 숙배를 한 뒤, 들어와 같이 이야기했다. 내산월[374]도 와서 만났다. 술

---

370 손경지孫景祉(1558~?)는 서울 출신의 조선 중기의 무신이다. 1591년 무과 별시에서 급제했다. 조응록의 『죽계일기』 1596년 5월 15일에는 손경지가 함평 현감에 임명된 것으로 나온다. 『선조실록』 선조 30년(1597) 7월 28일에 따르면, 손경지는 함평 현감으로 칠천량해전에 참전했다. 조응록의 『죽계일기』 1602년 10월 20일에는 손경지가 훈련원 부정副正에 임명된 것으로 나온다.
371 경차관은 지방행정을 감찰하기 위해 중앙에서 파견한 임시관리로 당하관이 임명되었다. 전곡田穀의 손실을 조사하고 민정을 살피는 일도 했다.
372 「편수회본」, 「문화재청본」의 "김억창"을 「이충무공전서」에서는 "김억성金億星"으로 보았다. 홍기문·이은상은 "김억추金億秋"로 보았다. 그러나 「친필본」 정유년(1597년) 12월 5일 일기에 조금 더 판독하기 쉬운 "김억창"이 나온다. 이날 일기의 글씨체와 같다. 김억창이 타당하다.
373 신경덕은 한국역대인물종합정보시스템에 따르면, 임진왜란 때 의병으로 활동했고, 정유재란 때 순절한 전남 영광 출신의 류집柳濈(?~1597)의 사위로 보인다.
374 "내산월"의 원문 "萊山月"을 「문화재청본」, 「편수회본」·홍기문·이은상은 "歲山月"로 보았다. 「편수회 초본」은 '내策', 「박혜일·최희동본」은 "萊山月"로 보았다. 「친필본」의 '歲' 혹은 '萊' '策'로 보이는 글자를 「친필본」 1596년 1월 18일의 "東萊"와 비교해보면 '歲' '策'보다는 '萊'와 가깝다. 반면 '歲'를 「친필본」에서 찾아보면, '萊'와는 확실히 다르다. 때문에 이 번역본에서는 '萊山月'로 보았다. 같은 이름의 내산월이 허균의 『성소부부고惺所覆瓿稿』 「조관기행漕官紀行」 1601년 7월 26일에도 나온다. 당시 영광 법성창에 살고 있던 서울 기생이었다. 또한 이춘원李春元(1571~1634)의 『구완집九畹集』에는 「증낙기내산월贈洛妓萊山月」(서울 기생 내산월에게 주다)이라는 시가 나온다. 영광과 이순신, 허균의 기록을 종합해보면, '萊山月'로 볼 수 있다. 또한 이름에 '月'이 들어가는 다른 기록을 살펴보면 기생이 많다. 유희춘의 『미암일기』 1571년 3월 18일에는 '東山月', 남명 조식이 1558년 4월 지리산을 유람할 때 시중든 기생 중 한 명인 '鳳月', 허균의 「조관기행」에 등장하는 '광주 기생 光山月'이 있다. 허균이 만난 영광에 사는 서울 기생 내산월 또한 이름에 '月'이

을 마시며 이야기하다가 밤이 깊어 파했다. 눈이 내려 갈 수 없었다.375

12일[11월 1일. 을새] 비바람이 크게 불었다. 늦게 나갔다. 길에 올라 10리쯤 냇가에서 이광보李光輔와 한여경이 술을 갖고 와서 기다리고 있었기에 말에서 내려 같이 이야기했다. 그런데 비바람이 그치지 않았다. 안세희安世熙376도 도착했다. 해 질 무렵 무장에 도착했다. 묵었다.

여진.377

들어가는 것으로 보아 내산월은 기생이었던 듯하다.

375 "눈이 내려 갈 수 없었다"의 원문 "雪無可"를 「문화재청본」「편수회본」·홍기문·이은상은 "臥無可", 최두환은 "雪無可", 「박혜일·최희동본」은 "雪天可"로 보았다. 번역도 그에 따라 다르다. 홍기문은 "누운 지 얼마 못 되어 일어났다", 이은상은 "누워서 곤하게 잤다", 최두환은 "누명을 벗길 수 없었다"라고 했다. 기존의 '臥(눕다)' 혹은 '雪(눈)'로 보이는 「친필본」 글자를 「친필본」에서 찾아보면, '臥'보다는 '雪' 혹은 '憂(근심하다)'와 비슷하다. 이 번역본에서는 "눈이 내려 갈 수 없었다"로 번역했다. 또한 기존의 모든 판독문 혹은 번역문에서는 11일 일기 끝에 있는 일기로 보았다. 그러나 「편수회 초본」은 12일자에 추가된 것으로 보았다. 일기의 맥락으로 보면, 11일 일기 끝이 타당한 듯하다.

376 「문화재청본」의 "安世凞"는 「친필본」「편수회본」「박혜일·최희동본」의 "안세희安世熙(1547~1597)"의 오자다. 조선 중기의 무신이다. 1572년 무과 별시에 급제했다. 1592년 영흥 부사에서 파직되었다. 김종의 『임진일록』 1592년 1월 18일 일기에, 전라 감사의 장계로 파직되었다는 기록이 나온다. 류성룡이 쓴 『馳啟都元帥 已到本島 旣時發行上去狀』(1593년 7월 28일)에는 류성룡의 군관으로서 전 부사로 나온다. 『선조실록』, 선조 30년(1597) 7월 28일에 따르면, 칠천량해전에서 조방장으로 참전해 전사 혹은 익사했다고 나온다.

377 "여진"의 원문 "女眞"에 대해 홍기문·이은상 등은 번역하지 않았다. 「박혜일·최희동본」은 "여진", 하태형은 "Spent the night with Chin"(진과 함께 밤을 보냈다)로 영역했다. 노기욱은 『명량 이순신』에서 "여진 등의 하인들이 관청에 머물고 있었다"라고 설명했다. 이용호 전 명지대 교수는 "女眞은 여성이 아니라 '余陣'으로 '내 진영 혹은 내 군대'로 해석하면서, "석세를 돌세로 읽는 것처럼 충무공은 이두를 많이 사용했는데 다른 사람들이 봐서는 안 될 전쟁터에서의 기록에 본인만 알 수 있도록 이두로 적은 것"이라고 주장했다(『중도일보』, 2011. 04. 27). 임기봉은 『이충무공 진중일기 1』(범우사, 2007)에서 이순신이 『정감록』의 암호를 풀어 향후 여진족의 환란을 예측한 것이라고 보았다. 또 "여진과 잤다"로 번역하는 사례도 있다. 그 경우 '여진'을 여자종으로 보기도 한다. 그러나 여진이 여자 노비인지는 알 수 없다. 성현(1439~1504)의 『용재총화』에는 양반 선비 '정양근鄭良謹의 별명은 여진女眞'이라는 기록도 있기 때문이다. 또한 이날 일기에는 "여진" 두 글자로 되어 있다. 게다가 일기 아래에 추가로 쓴 부분이기에 어떤 의미를 표현한 것인지도 알 수 없다. 따라서 "여진과 잤다"로 보기 어렵다.

13일[2일, 병오] 맑았다. 이중익李仲翼과 이광축李光軸378도 왔다. 같이 이야기했다. 이중익은 "가난하고 살림이 어렵다"고 많이 말했기에, 옷을 벗어주었다.379 내내 이야기했다.

14일[3일, 정미] 맑았다. 또 머물렀다.

여진 20.380

15일[4일, 무신] 맑았다. 체상(체찰사 이원익)의 행렬이 현(무장현)에 도착했

---

378 이광축은 오희문의 『쇄미록』 1592년 11월 19일에, 생원으로 나온다.

379 옷을 벗어준 것은 당시의 풍습이었던 듯하다. 『미암일기』 1567년 10월 15일, 『쇄미록』 1595년 3월 3일, 조정의 1592년 10월 5일 일기에도 다른 사람에게 옷을 벗어 주는 장면이 나온다.

380 "여진 20"의 원문 "女眞卄"도 14일 일기 아래에 추가로 쓴 것이다. 「문화재청본」 「편수회본」 「편수회 초본」 「박혜일·최희동본」은 "女眞卄"으로 보았다. 이은호는 "군사 20명"으로 번역했다. 홍기문은 "여진이 20명이다"라고 번역하고, "여진=조선 북부 지방에 살고 있던 이종족. 남부 지방 각지에 약간 명씩 흩어져 있었다"고 주석했다. 또한 일부 번역본에서는 "여진과 두 번 관계했다 卄", "여진과 잤다·여진과女眞共", "Spent the second night with Chin"으로 보기도 한다. '卄'은 그러나 「친필본」에서 같은 글자 모양을 찾아보면, '共' 혹은 '洪'으로 보이기도 한다. 어떤 의미인지 알 수 없음으로 보는 견해도 있다. 이와 관련하여 「무인년(1518년 혹은 1578년) 2월 병조의 사목」에 따르면, "승려와 향화(귀화인)는 큰 적이 있을 경우에 임시로 선발해 부적하게 한다"는 것이 있다. 여진족이나 일본인, 중국인 중 귀화한 사람을 전쟁 발발 시 전투에 투입할 수 있게 한다는 기록이다. 승려도 1555년 전시 동원 논의가 광범위하게 이뤄진 뒤, 같은 해 전라도와 충청도의 승려에 대한 징발이 실제로도 행해졌다. 귀화인은 본래 군역 부담을 지지 않았다가 이러한 논의의 결과로 군역의 대상자가 되었고, 1591년 선조는 귀화인의 증손자 때부터 일반 조선인과 동일하게 군역 부담을 하도록 전교를 내렸다(김병륜, 「절제방략과 제승방략」, 『학예지』 제19집, 육군사관학교 육군박물관, 2012, 115~116쪽 참조). 이를 참조컨대 홍기문처럼 귀화한 여진족으로 볼 수도 있다. 이순신이 이 시기에 체찰사와 함께 순시하는 정황과 일기의 다른 부분에서 여자와 관계를 했다고 할 만한 사례가 없고, 부하 장수들이나 다른 외부 인물과 함께 잠을 잔 경우의 표현이 "宿", 즉 '숙박'을 의미하는 것으로 미루어 여자와 관계를 의미하는 것으로 보기 어렵다. 이용호나 홍기문의 주장이 가능성이 있다. 결정적으로 조선시대 사람들이 '여자 관계'를 표현할 때 은 유적으로 사용하는 한자는 '압狎(희롱하다, 유희춘의 『미암일기』 1570년 11월 20일)·압押(누르다, 유희춘의 1571년 5월 6일)·근近(가까이하다, 유희춘의 1571년 10월 18일, 박계숙·박취문의 『부북일기』 1695년 12월 8일)·동침同枕(함께 잤다, 『부북일기』 1605년 12월 27일)·동호同好(같이 좋아했다, 『부북일기』 1605년 12월 27일)·포抱(품다, 『부북일기』 1645년 2월 19일)'다. '共'과는 차이가 크다.

다. 들어가 인사하고 계책을 의논했다議策.

여진 30.³⁸¹

16일[5일, 기유] 맑았다. 체찰(체찰사 이원익) 일행과 고창高敞에 도착했다. 점심을 먹은 뒤, 장성에 도착했다. 묵었다.³⁸²

17일[6일, 경술] 맑았다. 체상(체찰사 이원익)과 부사(부찰사 한효순)는 입암산성立岩山城³⁸³으로 갔다.³⁸⁴ 나는 홀로 진원현珍原縣³⁸⁵에 도착했다. 주쉬(진원 현감)³⁸⁶와 같이 이야기했다. 종사관도 도착했다. 해 질 무렵 관아 안에 도착했다. 두 조카딸이 나와 앉아 있었다. 오랫동안 이야기했다. 작은 정자로 도로 나왔다. 주쉬(진원 현감)와 여러 조카와 함께 밤이 깊을 때까지 같이 이야기했다.

18일[7일, 신해] 이슬비가 내렸다. 식사를 한 뒤, 광주에 도착했다. 주쉬(광주 목사 최철견)³⁸⁷와 이야기했다. 비가 크게 내렸다. 밤 12시에 달빛이 낮과

---

381 "여진 30"의 원문 "女眞卅"을 이용진은 "군사 30명", 홍기문은 "여진이 30명이다"라고 번역했다. 또한 일부 번역본에서는 "여진과 세 번 관계했다" "여진과 함께 잤다" "여진과 함께 했다" "Spent the third night with Chin"이라고 하기도 했다. 그러나 이 또한 15일 일기 아래에 추가로 쓴 것으로, 어떤 의미인지 알 수 없다. '卅'도 '共·洪'으로 보이기도 한다.

382 이 시기에 7월에 일본 교토 등지에서 일어난 대지진에 관한 정보가 조선에 전해졌다. 『고대일록』 1596년 9월 16일에 따르면, "일본에서 지진이 열흘이나 계속되어 깔려 죽은 사람들이 무려 수만 명이나 된다"는 내용이 나온다. 『쇄미록』 1596년 9월 2일에도 "관백의 병사들 수만 명이 깔려 죽었다"고 했다.

383 입암산성은 전북 정읍 입암면 입암산에 있었다.

384 이순신과 체찰사 이원익이 함께 현지를 시찰하면서 이원익이 이순신을 평가한 내용이 『선조실록』 선조 29년(1596) 10월 5일에 나온다.

385 진원현은 전남 장성군 진원면 선적리다.

386 진원 현감은 『선조실록』 선조 30년(1597) 10월 13일에 따르면, 심론沈惀이다. 「편수회본」도 '심론'으로 보았다.

387 최철견崔鐵堅(1548~1618)은 조선 중기의 문신이다. 1585년 문과 별시에서 장원 급제했다. 감찰·형조 좌랑·사간원 정언을 역임했다. 1590년에는 병조 정랑, 서장관으로 명나라에 다녀왔고, 전라도 도사에 임명되었다. 임진왜란이 일어났을 때 전주를 방어했다. 1597년 수원 부사,

같이 밝았다. 밤 2시에 비바람이 크게 불었다. 영의정.

19일[8일, 임자] 비바람이 크게 불었다. 아침에 행적行迪이 와서 만났다. 진원에 있는 종사관의 편지 및 윤간·봉·해의 안부를 묻는 편지도 도착했다. 이날 아침에 광光(광주) 목(목사 최철견)이 왔다. 같이 아침을 먹었다. 그로 인해 술을 마셨기에 식사를 하지 못해 취했다. 광(광주) 목(목사)의 별실別室(소실·첩)[388]의 거처로 들어갔다. 내내 아주 많이 취했다. 낮 12시쯤, 능성綾城 현령이 들어왔다. 창고를 밀봉했다.[389] "광(광주) 목(목사)을 체상(체찰사 이원익)이 파면했다"고 했다.[390] 최崔(최철견)의 딸 귀지貴之가 왔다. 묵었다.[391]

1601년 황해도 관찰사, 호조 참의를 역임했다. 이순신이 1592년 5월 10일 첫 출전해 옥포·합포·적진포에서 승리를 거둔 것을 기록한 「옥포에서 왜적을 쳐부순 일을 임금님께 보고하는 장계玉浦破倭兵狀」(1592년 5월 15일)에 따르면, 적진포해전이 끝난 뒤 전라도 도사였던 최철견에게 선조가 관서 지방으로 피란 갔다는 정보를 듣고 철수했다. 정경달의 『반곡유고』 1593년 1월 18일에는 "전라도 도사 최철견이 쌀 50섬을 보냈다"는 내용이 나온다. 최철견의 맏아들 최행은 임진왜란 발발 시 영의정이었던 이산해李山海(1539~1609)의 외손녀 사위다. 최철견의 아버지 최역은 화담 서경덕의 제자였다. 조응록의 『죽계일기』 1593년 12월 21일에도 광주 목사로 나온다.

388 『난중일기』에 '별실'이 언급된 다른 사례가 없다. 박취문의 『부북일기』 1645년 6월 20일, 남평 조씨의 『병자일기』 1637년 4월 6일에도 별실이 나오는데, 소실의 의미다. 이날 일기에서 별실은 광주 목사 최철견의 소실이 거주하던 방이고, 최철견이 안내해 함께 들어가 최철견과 술을 마신 것으로 보인다.

389 "창고를 밀봉했다"의 원문은 "封庫"이다. 관찰사나 암행어사가 지방관의 비위 사실을 적발한 뒤, 증거 보존을 위해 해당 관서의 창고를 봉하는 제도다. 해당 지방관은 이때 직위 해제까지 함께 이뤄지기에 보통 "봉고파직封庫罷職"이라고 한다.

390 『죽계일기』 1596년 9월 24일에는 도체찰사(이원익)가 광주 목사 최철견을 파면했다는 내용이 나온다.

391 "최(최철견)의 딸 귀지가 왔다. 묵었다"의 원문은 "崔女貴之來宿"이다. 홍기문·이은상 등은 동침처럼 보일 수도 있는 "최씨(최철견)의 딸 귀지가 와서 잤다"로 번역했다. 그러나 19일 일기를 보면, 이순신은 광주 목사인 최철견과 아침 식사를 했고, 함께 술을 마셨고, 같은 날 최철견이 파직되었다는 이야기를 들었다. 그런 상황에서 아랫사람인 최철견의 딸과 동침을 한다는 것은 이순신의 품성이나 행동으로는 있을 수 없는 일이다. 게다가 최철견 또한 이순신에게 딸을 동침시켜 청탁할 만큼 신분이 낮지 않다. 오히려 멀리 떨어져 있었던 최철견의 딸이 아버지 최철견을 방문해 그곳에서 잔 것을 의미한다고 봐야 한다. 원문의 "宿"도 숙박을 했다는 의미다.

20일[9일. 계축] 비가 크게 내렸다. 아침에 각각의 업무를 담당하는 색리들의 죄를 따졌다. 늦게 목백牧伯(광주 목사 최철견)을 만났다. 길을 떠날 때, 명나라 사람 두 놈이 이야기하자고 청했기에, 술을 주어 취할 수 있게 해주었다. 나왔다. 내내 비가 내렸다. 먼 길을 갈 수 없었다. 화순和順에 도착했다. 묵었다.

21일[10일. 갑인] 맑거나 이따금 비가 내리거나 했다. 일찍 능성에 도착했다. 최경루最景樓392에 올라갔다. 멀리서 연주산連珠山을 보았다. 주쉬(능성 현령)393가 술 마시길 청했기에, 잠시 취했다가 파했다.

22일[11일. 을묘] 맑았다. 아침에 각 항목의 죄를 따졌다. 늦게 출발했다. 이양원李楊院394에 도착했더니, 해운판관海運判官395이 먼저 도착해 있었다. 내가 가는 것을 보고, 초청해 이야기를 하고 싶어했기에 함께 논의했다. 해질 무렵 보성군寶城郡에 도착했다.396 몸이 아주 피곤한 채 잤다.

23일[12일. 병진] 맑았다. 머물렀다. 나라 제삿날397이라 좌기하지 않았다.

24일[13일. 정사] 맑았다. 일찍 출발했다. 선宣 병사(선거이) 집에 도착했더니, 선(선거이)의 병이 아주 위중했다. 아주 위험해398 걱정이다. 해 질 무렵 낙안에 도착했다. 묵었다.

---

392 최경루는 전남 화순군 능주면에 있었다.
393 "고을 수령"의 원문은 "主倅(주수, 주쉬)"이다. 해당 고을의 수령 혹은 원이다. 주수主守라고도 한다.
394 이양원은 전남 화순군 이양면 이양리에 있었다.
395 해운판관은 조선시대 중앙과 지방의 함선을 관리하던 전함사 소속의 정5품 관리로, 충청도와 전라도의 조창漕倉을 순회하며 세곡의 선적을 감독하고, 조선漕船을 경창京倉에까지 무사히 도착하도록 하는 임무와 해도의 산림 감시 업무를 수행했다.
396 「문화재청본」에는 "暮到寶城郡宿"으로 "宿"이 있으나, 이는 없는 글자다.
397 태조의 원비, 신의왕후 한씨의 제삿날이다.
398 "아주 위험해"의 원문은 "極危"이나, 「문화재청본」은 "危極"으로 글자 위치가 바뀌었다.

25일[14일. 무사오] 맑았다. 색리와 선중립宣仲立의 죄를 따졌다. 순천에 도착했다. 부백(순천 부사 배응경)[399]과 취하며 이야기했다.

26일[15일. 기미] 맑았다. 일 때문에 머물렀다. 저녁에 부(순천부) 사람들이 소고기와 술을 차렸다. 나오기를 청하기에 한사코 사양했으나, 주쉬(순천 부사 배응경)의 간청으로 잠시 마시다가 파했다.

27일[16일. 경신] 맑았다. 일찍 출발했다. 어머님께覲 도착했다.

28일[17일. 신유] 맑았다. 남양 숙부 생신이라 영(전라 좌수영)으로 왔다.

29일[18일. 임술] 맑았다. 식사를 한 뒤 나갔다. 동헌에 좌기했다. 공문에 수결을 하고 관인을 찍었다. 내내 관아에서 좌기했다.

30일[19일. 계해][400] 맑았다. 아침에 옷을 넣어두는 농을 일일이 조사했다. 2통籠은 고음천[401]으로 보냈다. 1통 20은 영(전라 좌수영)에 남겨놓았다.[402] 저녁에 선유관宣諭官(병조 좌랑 최동립)의 군관 신탁申拆이 왔다. 군사들에게 위로 음식을 베풀 날짜에 대해 말하고 약속했다.[403]

---

399 "부백(순천 부사 배응경)"을 「편수회본」에서는 우치적으로 보았다. 그러나 당시 순천 부사는 배응경이다. 「편수회본」의 오류다.

400 「난중일기」 1596년 10월 11일자 뒤에는 "丙九月卅 重完內 共 百九 又用 又伍什 合在三通 卅九"라는 메모가 나온다. "병신년(1596년) 9월 30일. 새로 완전해진 것 안에는 모두 109이다. 또한 쓸 수 있고, 또한 50이다. 합해 3통 29이다." 기록된 내용이 무엇인지 알 수 없다. 9월 30일 일기 내용으로 보면, 농을 조사한 것으로 보인다.

401 고음천은 이순신의 어머니와 이순신의 가족들이 피란해 있던 곳이다. 현재 여수시 웅천동 송현마을이다.

402 "1통 20은 영에 남겨놓았다"의 「문화재청본」, 「편수회본」은 "一籠共留于營中"이다. 「박혜일·최희동본」은 '共'을 '卅'으로 보았다. 그런데 1596년 10월 11일 일기 뒤에 9월 30일 관련 "丙九月卅 重完內 共 百九 又用 又伍什 合在三通卅九"라는 메모를 보면, '共'보다는 '卅'으로도 볼 수 있다.

403 「병조 좌랑을 보내 군대를 위로하고 음식을 주는 것에 대한 교서遣兵曹佐郎勞軍犒饋敎書」 (1596년 9월 15일)에는 선조가 병조 좌랑 최동립崔東立을 보내 한산도에서 고생하고 있는 통제사 이순신 이하 삼도 수군을 위해 격려와 위로를 하면서 음식을 내려보낸다는 내용이 나온다. 일기 속 선유관은 임금의 말 또는 글을 전하는 임시 관리로 교서로 보면 최동립이다. 교서를 작성한

◎ 1596년 10월

10월 1일[양력 11월 20일, 갑자]404 ~~맑았다.~~ 비가 내렸고 큰 바람이 불었다. 새벽에 망궐례를 했다. 식사를 한 뒤, 어머님을 찾아뵈러 갔다. 가는 길에 신 사과가 임시로 살고 있는 집에 들렀다. 많이 취해 돌아왔다.

2일[21일, 을축] 맑았으나 큰 바람이 불었다. 배를 몰 수 없었다. 청어선靑魚 船이 들어왔다.

3일[22일, 병인]405 맑았다. 새벽에 배를 돌려 어머님을 모셨다. 일행과 상선 (지휘선)을 탔다. 본영(좌수영)으로 돌아왔다. 내내 기쁘게 해드렸다. 이것도 행운이구나是亦幸也. 흥양 현감이 술을 갖고 왔다.

4일[23일, 정묘] 맑았다. 식사를 한 뒤, 객사 동헌에서 좌기했다. 내내 공무 를 처리했다. 저녁에 남해 현령(박대남)이 자기의 방인을 이끌고 왔다.

5일[24일, 무진] 흐렸다. 남양의 숙부님께서 큰 제사로 일찍이 부르셨기에 갔다 왔다. 남해 현령(박대남)과 이야기했다. 비가 내릴 징후가 많았다. 순 천 부사(배응경)는 석보창石保倉에서 묵었다.

6일[25일, 기사] 비바람이 크게 불었다. 이날은 행사를 할 수 없었다. 다음 날로 미뤘다. 늦게 흥양 현감과 순천 부사(배응경)가 들어왔다.

7일[26일, 경오] 맑았고 따뜻하고 부드러웠다. 일찍이 수연壽宴406을 열었다. 내내 아주 기뻤다. 다행이다. 다행이다. 남해 현령(박대남)은 그의 어르신 제삿날이라 먼저 돌아갔다.

날짜와 서울과의 거리로 보면, 이때 최동립의 군관이 먼저 도착해 위로연을 이순신과 상의했던 듯하다.
404 음력 10월 1일은 청명淸明, 7월 15일과 함께 여제를 지내는 날이다.
405 이순신의 큰아들 회의 생일이다.
406 '수연'은 장수를 축하하는 잔치다.

8일[27일, 신미] 맑았다. 어머님의 몸과 마음이 모두 평안하셨다. 다행이다. 다행이다. 순천 부사(배응경)와 서로 이별주를 마시고 보냈다.

9일[28일, 임신] 맑았다. 제송공문을 써 보냈다. 내내 어머님을 모셨다. 내일 진으로 들어갈 일 때문에 어머님께서 평안치 않은 얼굴빛이 많이 있으셨다.

10일[29일, 계유] 맑았다. 밤 12시 30분쯤 뒷방407으로 갔다가, 밤 1시쯤에 누방(수루방)408으로 돌아왔다. 낮 12시쯤, 인사를 드리고 나왔다. 오후 2시에 배를 탔다. 바람을 따라 돛을 펼쳤다. 밤새 노질을 재촉해 갔다.

11일[30일, 갑술] 맑았다.

1596년 10월 12일~12월 29일. 미기록 혹은 멸실 상태. 12월 29일은 1596년 마지막 날짜.409

---

407 "뒷방"의 원문은 "後房"이다. 박광수의 『한옥을 말한다』를 참조하면 골방으로 보인다. 크기는 4자×8자(1.2미터×2.4미터) 정도라고 한다. 뒷방은 또한 부인이 거처하던 안채로도 볼 수 있다. 『삶과 생명의 공간, 집의 문화』(국사편찬위원회, 2010, 136~138쪽)에 따르면, 조선시대에는 남편과 아내가 사랑채와 안채에서 별도로 생활했는데, 남편이 늦은 밤에 안채에 들어가 아내를 만난 뒤 어두운 새벽 시간에 다시 사랑채로 돌아오는 관습이 있었다고 한다.

408 누방의 원문은 "樓房"이다. 그런데 여기서는 이순신의 진영에 있던 수루방이 아니라, 양반가의 마루방 혹은 사랑대청으로 보인다. 『삶과 생명의 공간, 집의 문화』(108~113쪽)에 따르면, 마루방 혹은 사랑대청의 경우도 위로 열어젖힐 수 있는 문을 달아 기거할 수 있는 방의 역할을 했다. 충남 논산 윤증 고택 사랑채는 대표적인 마루방의 형태를 보여준다고 한다.

409 「수군을 거느리고 부산 근처로 출전할 것을 임금님께 청하는 장계」(『선조수정실록』 선조 30년 1월 1일)에는 이순신이 1596년 말경에 부산으로 나아가 주둔해 싸우려 한다는 내용이 나온다. 또한 「부산의 왜적 진영을 불 지른 사람들에게 상을 주시기를 임금님께 청하는 장계」(『선조실록』 선조 30년 1월 1일)에는 1596년 12월 27일에 이순신이 작성한 장계가 나온다. 거제 현령 안위와 군관 급제及第 김난서金蘭瑞, 군관 신명학辛鳴鶴 등이 1596년 12월 12일에 부산의 일본군 진영을 불태웠다는 내용이다.

1597년 (「정유년 Ⅰ」)

「친필본」

1597년(정유년) 일기는 「정유년 Ⅰ」과 「정유년 Ⅱ」라고 칭하는 「친필본」이 두 개 존재한다. 「정유년 Ⅰ」은 4월 1일~10월 8일, 「정유년 Ⅱ」는 8월 4일~12월 30일 의 기록이다. 「정유년 Ⅰ」과 「정유년 Ⅱ」에서 8월 4일~10월 8일은 크고 작은 차 이가 있는 상태로 각각 실려 있다. 이 두 일기에서도 1월 1일~3월 30일 일기는 미기록 혹은 멸실 상태다.

1597년 1월 1일~3월 30일. 미기록 혹은 멸실 상태. 3월 30일은 3월 마지막 날짜.[1]

1 조경남의 『난중잡록』 1597년 1월 10일에 따르면, 가토 기요마사가 전선 1만여 척을 이끌고 대 마도에서 바다를 건너와 경상도의 서생포, 두모포, 죽도 등지에 설치되어 있던 일본군의 옛 보루 를 다시 수리했다고 한다. 일본군의 재침과 관련해, 조응록의 『죽계일기』에는 당시 조정에서의 이 순신과 관련된 논의 내용이 간략히 나온다. 1597년 2월 4일에는 사헌부에서 이순신을 체포해 국문할 일을 비변사에 건의했고, 2월 5일에는 "비변사가 임금에게 '이순신이 처음부터 가토 기요 마사加藤淸正와 맞아 물리치지 못했으며, 군량선을 가로막지 못했으니, 그 죄가 크다'고 아뢰었 다. 대간은 '(이순신을) 체포·국문해 죄를 밝히는 것이 어떻겠습니까'라고 임금에게 아뢰었다備 邊司啓李舜臣初旣不能迎擊淸賊又不能遮絶糧船其罪大矣依臺啓拿鞫定罪何如"는 내용이 나온 다. 2월 7일에는 의금부 도사 이결李潔이 이순신을 잡아올 일로 나갔다고 나온다.
『이충무공행록』에 따르면, 이순신은 2월 26일(양력 4월 12일), 한산도에서 체포되어 서울로 압송되 었고, 『죽계일기』 3월 4일(양력 4월 19일)에는 이순신이 잡혀왔다고 나온다. 이순신은 서울 의금부

◎ 1597년(「정유년 Ⅰ」) 4월

4월 1일[양력 5월 16일, 신유]2 3 맑았다. 원문圓門(감옥문)4에서 나왔다. 남문南

감옥에 갇혔다. 『선조실록』 선조 30년(1597) 3월 20일에는 이순신 대신 통제사가 된 원균이 2월 28일에 쓴 장계가 나오는데, 이에 따르면, 당시 이순신은 부산포 앞바다에서 군대의 위세를 과시한 뒤에 가덕도加德島 등지에서 일본군과 싸우고 있었다. 원균이 이순신의 해전에 대해 "본영 도훈도 김안세金安世에게 확인했는데, 이순신의 배가 적진에 다가갔을 때 썰물이 되어 통제사 이순신의 배가 땅에 얹혔고, 일본군이 배를 탈취하려고 하자, 안골포 만호 우수의 배가 다가가 이순신을 등에 업어 자신의 배로 구출해냈고, 이순신의 배도 끌어내 구출했다"고 한다. 그러면서 원균은 이순신의 부산해전 때 많은 군사가 죽었고 이익이 없었다고 비판했다. 원균의 장계에 대해 비변사에서도 이순신의 부산 출전이 유해무익했고, 안골포와 가덕도에서는 장수들이 패전했다고 하면서 처벌할 것을 주장했다. 원균의 장계처럼, 이분의 『이충무공행록』에서도 이순신은 수군을 거느리고 가덕도 바다에 출전해 있다가 체포 명령을 듣고 한산도로 돌아왔다. 이순신은 원균에게 군량미 9914석과 화약 4000근 등을 인계해주고 서울로 떠났다. 군량미 9914석은 1만 명이 약 2~2.5개월 사용할 군량이 된다(『선조실록』 선조 30년(1597) 2월 25일 "배(병선) 한 척에 사수와 격군이 136명, 100척이면 1만 명, 지금부터 8월까지 식량이 3만여 석", 정경달의 『반곡난중일기』 1597년 6월 22일 "한산도에 주둔한 군사는 1만 명으로 1개월에 6000석을 먹으나 점심을 제외하면 4000석이다"라는 기록이 있다). 이순신의 파직 시기에 류성룡의 활동은 『보물 제160-10호 류성룡비망기입대통력 정유柳成龍備忘記入大統曆 丁酉』(1597) 속의 메모로 알 수 있다. 류성룡이 1월 29일 시찰을 떠났고, 2월 22일에 서울로 돌아왔다. 2월 14일 메모에는 "통제사 이순신이 교체되었고, 원균이 대신 통제사가 되었다"는 내용도 나온다. 류성룡은 그 후 2월 26일부터 2월 29일, 3월 3일, 5일, 8일, 10일, 12일, 16일, 20일, 4월 2일 사직을 요청하는 상소를 올렸다고 한다. 선조가 말한 이순신의 죄는 "조정을 속이고 임금을 무시한 죄, 적을 놓아주고 무찌르지 않아 나라를 버린 죄, 다른 사람의 공로를 뺏고 다른 사람에게 죄를 씌운 죄로 모두 제멋대로 거리낌 없이 행동한 죄欺罔朝廷 無君之罪 縱賊不討 負國之罪 奪人之功 陷人於罪 無非縱姿 無忌憚之罪"다.

2 이순신은 3월 4일, 의금부 감옥에 갇힌 뒤 1차례 형장을 받았고, 정경달과 정탁 등이 구명상소로 28일 동안의 감옥 생활에서 벗어나 4월 1일, 백의종군을 시작했다. 조응록의 『죽계일기』 1597년 3월 30일에는 의금부에서 선조에게 이순신에게 형장을 가하자고 청했으나, 임금이 스스로 정성을 다해 공로를 세우게 하라立功自效고 했다고 한다. 『죽계일기』에는 형장을 받았는지 불분명하다. 『이충무공행록』에는 이순신이 3월 12일(양력 4월 27일)에 문초를 당했다고 했고, 정탁의 『신구차』에서는 "이제 모(순신)가 이미 한 번 형벌을 겪었는데, 만일 또 형벌을 하게 되면, 무서운 문초로 목숨을 보전하지 못할 것이다", 이덕형의 『한음문고』에서는 "고문으로 거의 죽게 되었다", 류성룡의 『난후잡록』에는 이순신이 의금부 감옥에 갇힌 뒤에 선조는 차마 처형케 하지 못하고, 며칠을 미루다가 형신刑訊을 한 차례 한 뒤에 정탁의 구명으로 삭탈관직하고 백의종군 처벌을 내렸다는 기록이 있다. 이들 기록을 보면, 한 차례의 고문을 받은 것은 확실하다. 『경국대전』

門(남대문)밖 윤생간尹生侃(윤간)5의 사내종의 집에 도착했더니, 봉과 분, 울과 사행(윤간), 원경遠卿이 한자리에 같이 앉아 있었다. 오랫동안 이야기했다. 지사 윤자신이 와서 위로했다. 비변랑備邊郎(비변사 낭청) 이순지李純智가 와서 만났다. 한숨이 더욱더 깊어지는 것을 이길 수 없었다. 지사(윤자신)는 돌아갔는데, 저녁을 먹은 뒤에 술을 갖고 다시 왔다. 기헌耆獻(윤기헌)도 왔다. 마음으로 권하며 위로했기에 사양할 수 없었다. 마지못해 술을 마셔 아주 많이 취했다. 이순신李純信 영공이 술단지6를 갖고 또한 도착했다. 같이 취하며 정성을 다했다. 영의정(류성룡)은 사내종을 보냈다. 판부사 정탁, 판서 심희수沈禧壽,7 이상8 김명원, 참판(종2품) 이정형,9 대헌大憲(대사헌)10 노

에 따르면, 관리에 대한 형신(고문)은 1일 1차, 1차에 30대를 넘지 못하게 되어 있다. 또한 임금의 지시를 받아야 할 수 있다.

3 「친필본」에는 간지가 기록돼 있지 않다. 이 번역본에서는 간지를 넣었다.

4 "감옥문"의 원문은 "圓門"이다. 이 원문은 우리나라 전통 옥인 원형옥圓形獄의 옥문으로 보인다. 서긍의 『고려도경』에는 고려의 감옥에 대해 "높고 튼튼한 담장이 설치되어 있는데, 그 형태는 고리 담처럼 생겼다. 가운데에 건물이 있고 옛날 환토圜土(환구대, 천자가 하늘에 제사를 지내는 원형의 제단)와 비슷하다"고 했다. 우리나라 전통 옥獄을 연구한 임재표의 『영남 지역 전통 옥터 조사 및 답사기록』에 따르면, 우리나라 옥은 고대 국가인 북부여 이후 원형이었고, 높이 3미터, 두께 1미터의 둥근 담장을 쳐 그 안에 옥사를 설치한 '원형옥'이라고 한다. 이순신이 갇혀 있던 의금부 감옥은 현재 서울시 종로구 공평동 종각역 1번 출구 SC제일은행 자리에 있었다.

5 윤생간의 "윤생尹生"은 "윤씨 집안"을 뜻한다. "윤간"은 윤사행이다.

6 오희문의 『쇄미록』 1593년 5월 14일으로 보면, 술 한 단지는 12잔 정도다.

7 「친필본」은 "沈禧壽"이나, 이순신이 잘못 쓴 것이다. "沈喜壽"가 맞다. 다른 날의 일기에서는 "沈喜壽"로 나온다. 「편수회본」에서는 "沈喜壽"로 수정해 놓았다.

8 이상은 의정부의 좌·우찬성左右贊成(종1품)을 말한다.

9 이정형(1549~1607)은 조선 중기의 문신이다. 1570년 형조 좌랑, 1574년 사간원 정언, 1578년 서장관으로 명나라에 다녀왔다. 사헌부 장령·성균관 사성·함경도 순무어사·광주 목사·대사성을 거쳐 1589년 형조 참의에 임명되었다. 1592년 임진왜란이 일어나자 우승지로 왕을 호종했다. 개성 유수가 되었으나, 임진강 방어선이 무너지자 의병을 모아 성거산을 거점으로 왜적과 항전했다. 장단·삭녕 등지에서도 의병을 모집해 왜적을 물리쳤다. 그 공로로 경기도 관찰사에 임명되었다. 1593년 장례원 판결사, 1594년 홍문관 부제학·이조 참판을 역임하고, 1595년 대사헌에 이어 사도 도체찰부사에 임명되었다.

직,11 동지 최원崔遠,12 동지 곽영郭嶸13이 사람을 보내 안부를 물었다. 술에

취했다. 땀이 나 몸이 젖었다.

2일[17일. 임술] 내내 비가 계속 내렸다. 여러 조카와 이야기했다. 방업方業

이 음식을 아주 풍성하게 내왔다. 붓을 만드는 장인筆工을 불러 붓을 동여

맸다.14 어두울 무렵 성에 들어갔다. 상相(정승)15과 밤에 이야기했다. 닭이

울 때 파하고 나왔다.

3일[18일. 계해] 맑았다. 일찍 남쪽 길에 올랐다.16 금오랑(의금부 도사) 이사

10   대사헌大司憲은 사헌부 장관으로 종2품이다. 사헌부는 정치에 관한 시사時事를 쟁론하여
바르게 이끌고, 관원의 풍기를 바로잡고, 원통하고 억울한 일을 풀어주는 기관이다. 오늘날의 법
무부·감사원 역할을 했다.

11   노직(1545~1618)은 조선 중기의 문신이다. 1584년 문과 별시에서 급제했다. 정유재란 때는
경강京江 주사대장舟師大將, 접반부사로 명나라 지휘관 형개를 접반했다. 부제학·황해 감사·병
조 판서·경기 감사를 역임했다.

12   최원(?~?)은 조선 중기의 무신이다. 1580년 전라 병마절도사, 1592년에는 군사 1000명을 거
느리고 김천일, 이빈과 함께 여산에서 일본군의 진격을 막았다. 전라 감사 이광이 용인에서 패전
한 뒤, 강화도에 주둔하며 일본군의 후방을 공격하면서, 바닷길을 통해 의주 행재소와 연락했다.
1596년에는 황해도 병마절도사, 1597년에는 후위대장으로 전위대장 조경과 함께 훈련도감 군사
를 거느리고 수도 방위를 담당했다.

13   곽영(?~?)은 조선 중기의 무신이다. 1576년 전라 우수사, 1578년 경상도 병마절도사,
1591년 평안도 병마절도사를 역임했다. 1592년 임진왜란이 일어났을 때, 전라도 방어사로서 용
인·금산 전투에 참전했다. 1595년 우변포장·행호군 등을 역임했다.

14   『미암일기』 1568년 3월 2일에도 붓을 만드는 장인이 와서 붓 20자루를 만들었다는 내용이
나온다.

15   "상"은 '정승'을 뜻한다. 영의정은 영상·수상, 좌의정은 좌상, 우의정은 우상, 체찰사는 체상
으로 약칭한다. 여기서 '상'은 영의정 류성룡일 가능성이 높다. 그러나 『보물 제160-10호 류성룡
비망기입대통력 정유柳成龍備忘記入大統曆 丁酉』(1597) 4월 2일 메모에는 사직을 요청하는 상소
를 올렸다는 내용만 나오고, 이순신을 만났다는 내용은 나오지 않는다. 「편수회본」에서도 누구
인지 설명하는 주석은 없다.

16   미암 유희춘의 남행 과정의 일기와 오희문의 일기, 이순신의 일기를 보면 이순신은 동작 나
루터에서 배를 타고 한강을 건넌 듯하다. 오희문의 『쇄미록』 1596년 8월 25일에도 남대문-동작
나루터-배-여우고개(남태령)-과천현의 이동 경로가 나온다. 이순신도 동작 나루터에서 배를 타
고 한강을 건너 과천, 인덕원을 거쳐 수원에 도착한 듯하다. 『대전후속록』 「병전」과 『전율통보』에

빈李士寶과 서리[17] 이수영李壽永, 나장 한언향韓彦香은 먼저 수원부水原府에 도착했다.[18] 나는 인덕원仁德院에서 말을 쉬게 하고, 조용히 누워 숨을 가다듬었다. 해 질 무렵 수원水原에 있는 경기京畿 관찰사(홍이상)[19]의 이름 모를 아병의 집으로 들어갔다. 신복룡愼伏龍이 우연히 도착했다가 내가 가는 것을 보고, 술을 준비해 위로했다. 부사(수원 부사) 류영건柳永健[20]이 나와서 만났다.

4일[19일, 갑자] 맑았다. 일찍 출발해 길에 올랐다. 독성禿城[21] 아래에 도착했더니, 반자判刺[22] 조발이 기다리면서 술을 준비하고 막幕을 쳐놓고 있었다. 술을 마시고 취했다. 길에 올라 곧바로 진위振威 옛길을 지났다. 냇가[23]에서 말을 쉬게 했다. 오산吾山의 황천상黃天祥[24] 집에 도착해 점심을 먹었다. 황黃(황천상)은 '짐이 무겁다'며 말을 내주어 실어 보내게 했다. 고맙기 끝이 없다. 수탄水灘을 지났다. 평택현平澤縣 안의 이내은손李內隱孫의 집으

따르면, 왕명을 받은 관리들은 전라 좌도는 과천·수원, 전라 우도는 금천·수원, 경상 좌도는 광주·이천, 경상 우도는 과천·용인, 충청 좌도는 광주와 이천, 충청 우도는 금천과 수원의 역로로 다녀야 했다.

17 　서리는 중앙 혹은 지방 관청 소속으로 문서의 기록과 관리를 맡아보던 하급 관리다.

18 　『전율통보』「형전」에 따르면, 정2품 이상은 의금부 도사가 압송하고, 종2품 이상은 서리가 압송하며, 당하관은 나장이 압송했다. 이순신은 당시 정2품 정헌대부였기에 의금부 도사가 압송을 한 것이다.

19 　「친필본」은 "경기 체찰사"이나, 이순신이 잘못 기록한 것이다. 경기 관찰사다. 『선조실록』 선조 30년(1597) 1월 22일에 따르면, 경기 관찰사는 홍이상洪履祥이다.

20 　류영건(1535~?)은 『수원 부사 선생안』에도 수원 부사로 나온다. 오희문의 『쇄미록』 1597년 2월 1일과 2월 3일에는 수원 부사 류영건이 나온다. 조응록의 『죽계일기』 1596년 8월 18일에 따르면, 이날 류영건이 수원 부사에 임명되었다.

21 　독성은 경기도 오산시 세마동 일대다.

22 　이 시기에 조발은 독성 수성장으로 활약하면서 인정받아 판관을 겸임하고 있었다.

23 　이 냇가는 진위 앞을 흐르는 진위천이다. 신정일의 『대동여지도로 사라진 옛고을을 가다 1』 (황금나침반, 2006)에 따르면, 조선시대에는 장호천이라고 불렀다.

24 　황천상은 『쇄미록』 1592년 11월 12일에도 "진위에 사는 황천상"으로 나온다.

로 들어갔더니, 주인이 대접하는 것이 아주 정성스러웠다. 잠자는 방은 아주 좁았다. 불을 땠기에 뜨거웠다. 땀을 흘렸다.

5일[20일. 을축]25 맑았다. 해가 뜰 때 길에 올랐다. 곧바로 묘소가 있는 산에 도착했다. 나무들은 들불이 두 번이나 번져 불에 탔다. 앙상한 것을 차마 볼 수 없구나. 묘 아래에서 절하고 곡26을 했다. 잠시 일어나지 못했다. 석양을 타고乘夕 외가27로 내려왔다. 사당祠堂에서 절을 했다. 그대로 뇌의 집에 도착했다. 선묘先廟(선조의 사당)에서 곡하고 절했다.28 또한 들으니, "남양의 숙부께서 돌아가셨다"고 했다.29 해 질 무렵 본가에 도착했다. 장인과 장모님의 신위神位30에 절했다.31 곧바로 작은 형님(이요신)과 여필(동생 이우

---

25 『쇄미록』1597년 4월 5일에는 "오늘 아침 조보를 보니 통제사 원균이 일본 배 2척을 사로잡았고, 65명의 적의 머리를 베었다고 하니 참으로 기쁜 소식이다"라는 원균의 승전 소식이 나온다. 오희문의 일기 속 원균의 승전 소식은 조응록의 『죽계일기』1597년 3월 27일에도 나온다. 통제사 원균이 왜적 머리 52급을 베었고, 숨어 있던 왜선 3척을 붙잡아 65급을 베었다고 장계했다고 한다.
26 곡哭은 애곡哀哭과 평곡平哭으로 나뉜다. 애곡은 아버지·어머니, 조부모·백숙부모·형제·자매가 돌아가셨을 때 상주가 하는 곡으로 '아이고' 또는 '애고'의 소리를 내며 우는 것이다. 평곡은 친척이나 조문객이 문상을 할 때 '어이어이' 소리를 내어 우는 것이다. 장례 기간이 길 때, 상제가 지치기에 상주 대신 돈을 받고 대신 울어주는 사람도 있었다. 산소에서 곡을 하는 것이 당시 풍습이었던 듯하다. 유희춘의 『미암일기』1567년 12월 5일에도 아버지와 어머니 묘소에서 곡을 했다는 기록이 나온다.
27 "외가外家"는 이순신의 어머니 초계 변씨의 본가다. 확실한 시기는 알 수 없지만, 이순신의 가족은 서울에 살다가 외가가 있는 아산으로 내려갔고, 이순신은 아산에서 성장했다.
28 조카 뇌의 집에 선묘(선조의 사당)가 있었던 것은 뇌가 이순신의 맏형 이희신의 장남이었기 때문이다. 『경국대전』에 따르면, 6품 이상의 문무관은 3대까지, 7품 이하는 2대, 일반인은 부모만 제사를 지내게 되어 있다.
29 남양 숙부는 『난중일기』에는 1596년 1월 1일, 1596년 9월 28일, 1596년 10월 5일에 등장한다.
30 신위는 『조선시대 생활사 1』(한국고문서학회, 역사비평사, 1996, 67~68쪽)에 따르면 제사를 지낼 대상자를 표상한 것으로 신주, 위패, 지방 등이 사용되었다. 신주는 두 쪽의 나무를 맞대어 제작한다. 장례식 때 묘지에서 제작되어 사당에 모신다. 위패는 한 토막의 직육면체 나무를 다듬어 그 위에 죽은 이의 신위를 쓴 것이고, 지방은 종이에 쓴 것으로 일회용으로 사용했다. 사당

신) 아내의 신사神祀32로 올라갔었다. 잠자리에 들었으나 마음이 불편했다.

6일[21일, 병인] 맑았다. 멀고 가까운 친구들이 모두 와서 모였다. 오랫동안 보지 못했던 정을 풀고 갔다.

7일[22일, 정묘]33 맑았다. 금오랑이 아현牙縣(아산현)에서 왔다. 내가 가서 아주 정성스럽게 대접했다. 홍 찰방洪察訪(홍군우)34과 이 별좌李別坐(이숙도),35 윤효선尹孝先36이 와서 만났다. 금오金吾는 홍백(변존서)의 집에서 묵었다.

의 건설이나 유지가 어렵기에 조선시대에도 웬만한 집이 아니면 신주를 모시지 못했다. 따라서 대부분의 보통 가정에서는 신주 대신 지방을 사용했다고 한다.

31 본가는 현재 아산 현충사에 있는 이순신의 고택이다. 본가에 도착해 장인·장모님의 신위에 절을 했다는 것은 이순신이 장인 방진의 집에서 처가살이를 하고 있다는 것을 말한다. 이 시기에는 대부분의 남자가 처가살이를 했다. 이는 사위가 장인·장모의 제사를 지내는 풍습을 보여주는 일기다. 이문건의 『묵재일기』 속에서도 본댁은 이문건이 장가를 가서 살던 처가다.

32 이날 일기에 언급된 사당·선묘·신사는 사대부 집안에서 조상의 신주를 모신 곳인 가묘家廟다. 왕실의 사당은 종묘宗廟다. 『제·의례학』(백남대·정문탁, 자미원, 2013, 3~5쪽)에 따르면, 『경국대전』의 규정에 의해 대부 이상은 4대 봉사奉祀, 6품 이상은 3대 봉사, 7품 이하는 2대 봉사, 일반 서인은 부모만 제사를 지내도록 되어 있으나, 『주자가례』를 실천하는 사람을 중심으로 점차 4대 봉사가 일반화되었다. 또한 사대부들은 『주자가례』에 따라 '출입필고出入必告'라고 해서, 집을 나가고 들어올 때 반드시 사당에 가서 향을 피우고 두 번 절을 했다고 한다.

33 중종의 둘째 계비, 문정왕후 윤씨의 제삿날이다.

34 "홍 찰방"은 4월 9일과 10일 일기를 보면, 4월 9일에 등장하는 '홍군우'다. 홍군우는 시흥 찰방에 임명되었다.

35 별좌는 종5품으로 녹봉을 받지 않는 관리다. 1594년 2월 7일 일기의 홍군우와 이숙도로 보면, 이 별좌는 이숙도다.

36 「문화재청본」, 「편수회본」은 "尹孝元"이나, "尹孝先"일 가능성도 있다. 윤효선은 조선 중기의 문신 윤효전(1563~1619)이다. 윤효전의 초명이 '孝先'이다. 충청도 관찰사, 대사헌을 역임했다. 백호白湖 윤휴(1617~1680)의 아버지다. 윤효전은 이순신의 사위이기도 하다. 이순신의 서녀가 윤효전의 소실이다. 윤효전이 이순신의 서녀와의 사이에서 낳은 윤영은 이원익의 서녀와 결혼했다. 윤영은 윤휴보다 6년 위의 서형이다. 윤휴는 이원익에게 배우기도 했고, 「통제사 이충무공의 유사統制使李忠武公遺事」도 저술했다. 「친필본」은 "元" 혹은 "先"으로 보인다. 이 번역본에서는 이순신과의 관계 속에서 '尹孝先'으로 보았다. 특히 「보물 제1001-6호 양산이씨 종가 고문서-선무원종공신녹권梁山李氏 宗家 古文書-宣武原從功臣錄券」(1605년)을 보면, 선무원종공신 명단에 이순신의 가족이 나온다. 순서는 이순신의 아들 열과 면, 사위 홍비와 임진, 그리고 현령인 윤효선, 이순신의 맏형 이희신, 둘째형 이요신, 동생 이우신, 조카 뇌, 봉, 해, 분, 번, 완, 보, 침, 축,

8일[23일. 무진]37 맑았다. 아침에 남양 숙부의 신위를 모시고 곡을 하고, 상복38을 입었다. 늦게 흥백(변존서)의 집으로 가서 이야기했다. 강 계장姜稧長39이 죽었다. 나는 조문하러 갔다. 그대로 홍석견洪石堅의 집에 들렀다. 늦게 흥백의 집에 도착했다. 도사(의금부 도사, 금오랑)를 대접했다.

9일[24일. 기사] 맑았다. 동네에서 각각 술 단지를 들고 왔다. 먼 길을 갈 사람의 마음을 위로하는 것이라 거절할 수 없었다. 아주 많이 취해 파했다. 홍군우가 창唱40을 했고, 이 별좌(이숙도)도 창을 했다. 나는 들어도 조금도 즐겁지 않았다. 도사(의금부 도사)는 술을 잘 마셨으나, 흐트러짐이 없었다.

10일[25일. 경오] 맑았다. 아침을 먹은 뒤, 흥백(변존서)의 집에 도착했다. 도사(의금부 도사)와 이야기했다. 늦게 홍 찰방(홍군우)과 이 별좌(이숙도) 형제, 윤효선41 형제42가 와서 만났다. 이언길李彦吉43과 허제許霽가 술을 갖고 왔다.

11일[26일. 신미]44 맑았다. 새벽에 꿈이 아주 어지러웠다. 다 말할 수 없다.

그리고 이순신의 서자인 훈과 신, 이순신의 손자인 이지백 순이다. 이로 보아도 윤효원이 아니라, '尹孝先'일 가능성이 높다. 이 번역본에서는 윤효선으로 보았다.

37 석가 탄신일이다. 등불놀이 풍속이 있다. 『난중일기』에도 등불놀이를 한 기록이 있다.

38 상복은 상중에 입는 삼베옷이다.

39 "강 계장姜稧長"은 특정 인물의 이름이 아니라 성이 강姜인 이순신이 속한 "계稧의 장長"으로 보인다. 4월 18일 일기에 "늦게 계원들이 내가 있는 곳에 모여 계에 관한 일을 의논하고 파했다"는 기록도 있기 때문이다.

40 조식의 『남명집』에도 1558년 4월 지리산 유람을 시작할 때 사천에서 배를 탔는데, 그때 "뱃사공이 번갈아 가며 창을 했다"는 기록이 나온다. 『난중일기』에는 "歌"(노래)도 나온다.

41 4월 7일 일기의 주석과 같은 이유로 '윤효선'으로 보았다. 윤효전의 형제로는 윤효종尹孝宗·윤효증尹孝曾·윤효광尹孝光이 있다.

42 "이 별좌 형제, 윤효선 형제"의 형제의 원문은 "昆季"이다. '兄弟'와 같은 뜻이다. 『소학小學』 「선행善行」의 "형제가 서로 섬기기를 아버지와 아들 사이에 하는 것과 같았다昆季相事 有如父子"에 나오는 표현이다.

43 이언길(1545~?)은 1579년에 문과 식년시에 급제했다.

44 설의식은 4월 11일에 이순신의 어머니 초계 변씨가 순천에서 귀향하는 길에 돌아가셨다고 보았다. 이분의 『이충무공행록』에는 이날인 4월 11일에 이순신의 어머니가 돌아가셨다고 나온다.

덕을 불러 대략 말했고, 또 아들 울에게도 설명했다. 마음이 지독히 언짢았다. 술에 취한 듯, 미친 듯했다. 마음을 안정할 수 없었다心懷極惡 如醉如狂 不能定情. 이는 곧 어떤 조짐인가. 병드신 어머님病親을 그리워하는 마음에 나도 몰래 눈물을 펑펑 쏟았다不覺淚下. 사내종을 보내 소식을 자세히 살피고 듣게 했다. 도사는 온양으로 돌아갔다.

12일[27일, 임신] 맑았다. 사내종 태문太文이 안흥량安興梁[45]에서 들어왔다. 편지를 전했는데, "어머님께서는 숨이 곧 끊어지실 듯합니다氣息奄奄. 9일에 위와 아래 사람들은 무사히 안흥安興에 도착해 정박해 있습니다"라고 했다. "그런데 법성포法聖浦[46]에 도착해 정박해 묵을 때, 나무닻이 풀려 떠내려가 두 배[47]가 6일 동안 서로 떨어져 있었으나, 만났고 무사합니다"라고 했다.[48] 아들 울을 먼저 해정海汀[49]에 보냈다.

13일[28일, 계유] 맑았다. 일찍 식사를 한 뒤, 인도할 일로 갔다. 나가서 해정 길에 올랐다. 길 입구의 홍 찰방(홍군우) 집에 들어가 잠시 이야기하는

---

45 안흥량은 충청남도 태안군 근흥면 정죽리에 있는 해협이다.
46 법성포는 전남 영광군 법성면 해안에 있는 포구다. 조선시대 서해안 제일의 조세창고가 있었다.
47 "두 배兩船"를 「문화재청본」, 「편수회본」은 "留船"으로 보았으나, '留'가 아니라 '兩'이다. 5월 22일의 '兩水使'와 비교해보면 똑같다. '留' 자는 전혀 다르다. 오자다.
48 조선시대에 연안을 오가는 배에는 전용 여객선이 없었다. 따라서 화물선을 이용해야 했다. 오횡묵吳宖默(1834~?)이 1896년 전라도 지도智島(현재 신안군 일대) 군수에 임명되었을 때, 한강에서 배를 타고 서해 바다를 통해 전라도 지도군 윤량포(현 신안군 지도읍 감정리)에 도착했다. 오횡묵의 이동 경로를 거꾸로 보면, 이순신의 어머니가 이동한 뱃길을 추정할 수 있다. 여수를 출발해 법성포, 고군산군도, 옥구, 홍주, 안면도, 관장항, 마량진, 풍도를 거쳐 아산에 도착했다고 볼 수 있다.
49 "해정"은 "바닷가 모래섬"이라는 뜻이 있으나, 「세종실록」, 「선조실록」 등의 기록을 보면 함경도에 해정이란 지명이 있고, 부산의 초량동에는 해정리라는 지명도 있었다. 따라서 지명으로 볼 수도 있다.

사이에, 울이 애수[50]를 보냈을 때는 '배가 도착했다'는 소식이 없었다. 또한 들으니, "황천상이 술 단지를 갖고 홍백(변존서)의 집에 도착했다"고 했다. 홍(홍 찰방)에게 알리고 작별했다. 홍백의 집에 도착했다. 얼마 뒤, 사내종 순화順花가 배에서 왔다. '어머님께서 돌아가셨다는 소식'을 알렸다. 뛰쳐나가 가슴을 치고 발을 구르며 슬퍼했다. 하늘의 해도 까맣게 변했다奔出擗踊 天日晦暗. 곧바로 해암蟹巖(게바위)[51]으로 달려갔더니, 배는 이미 이르러 있었다. 길을 바라보니,[52] 서러움에 찢어지는 아픔 마음으로 다 쓸 수 없었다路 望慟裂 不可盡記. 뒤에 대략 기록했다.[53]

14일[29일, 갑술] 맑았다. 홍 찰방(홍군우)과 이 별좌(이숙도)가 들어왔다. 곡을 하고 관을 짰다. 관은 영(전라 좌수영)에서 준비해온 것이다. "조금도 흠난 곳이 없다"고 했다.

15일[30일, 을해][54] 맑았다. 늦게 입관入棺했다.[55] 오종수吳終壽가 몸소 도맡

---

50 애수는 사내종이다. 1596년 1월 23일에도 나온다. 이광수는 『소설 이순신』에서 이순신의 손자로 주석했으나 알 수 없다.

51 해암(게바위)은 충남 아산시 인주면 해암리에 있다. 해암은 두 곳이다. 해암1리 긔해마을에 있던 게바위, 해암2리에 현존하는 게바위다. 해암1리 게바위는 현재는 논이 되어 확인할 수 없다. 해암2리 게바위(인주면 해암리 197-2번지)에는 현재 '게바위' 표석이 세워져 있다(온양문화원, 『온양 아산 마을사 제2권』, 2001, 421쪽; 천경석, 『아산의 나루와 포구』, 온양문화원, 2015, 101~110쪽; 『아산의 옛길과 고개』 99~105쪽). 김대현의 『충무공 이순신: 삶, 시대 그리고 그의 자취』(예맥, 2014, 49쪽)에 따르면, 아산만 방조제가 만들어지기 전까지는 게의 등껍질 모양 바위 여러 개가 있었고, 큰 바닷배가 와서 대었지만, 방조제 공사로 묻혔다고 한다.

52 "길을 바라보니"의 「친필본」 「편수회본」은 '路望'이다. 「문화재청본」은 '路忙'으로 보았다. 6월 4일 일기의 '望'과 같다. 「문화재청본」이 오자다.

53 "뒤에 대략 기록했다追錄草草"에 대해 『이충무공전서』에서는 이날부터 19일까지를 뒤에 기록한 것이라고 표시해놓았다. 이광수는 『소설 이순신』에서 "'추록追錄(뒤에 적었다)'이라고 잔글자로 적었다. 그날은 일기 쓸 경황이 없고 후일에 추측하였다는 말이다"라고 추록을 설명했다.

54 성종의 원비, 공혜왕후 한씨의 제삿날이다.

55 입관 과정은 『한국 미라』(전승민, 휴먼앤북스, 2015, 25~26쪽)에 따르면, 시신에 수의를 입힌 다음에 평상시 입던 옷을 몇 겹 입혀 하나의 큰 천 뭉치처럼 둥글게 꽁꽁 묶어두는 염 과정을 거

아 온 정성을 다했다. 뼈가 가루가 되어도 잊을 수 없다粉骨難忘. 관 안에 넣는 물건은 후회할 것이 없으니,56 이는 행운이구나是則幸也. 천안天安 쉬(군수)가 들어왔다. 길 떠날 봇짐을 준비해주었다. 전경복全慶福씨는 날마다 온 정성을 다해 상복을 만드는 등의 일을 했다. 서글픈 마음을 어찌 다 말할 수 있으랴哀感何言.

16일[31일. 병자] 궂은비가 내렸다. 배를 끌어 옮겨 중방中方 앞에 정박시켰다. 영구靈柩(시신을 담아 넣은 관)를 수레57에 올렸다. 본가로 돌아왔다. 동네를 바라보니, 서러움에 찢어지는 아픈 마음을 어찌 다 말하랴. 어찌 다 말하랴慟裂 如何可言 如何可言. 집에 도착해 빈소를 차렸다. 비가 크게 내렸다. 나는 몸과 마음이 모두 지쳤다氣力憊盡. 남쪽으로 갈 일도 닥쳤다. 울부짖고, 울부짖었다呼哭呼哭. 빨리 죽기만 기다릴 뿐이다只待速死而已. 천안 군수가 되돌아갔다.

17일[6월 1일. 정축] 맑았다. 금오金吾(의금부) 서리 이수영李壽榮이 공주에서 왔다. 갈 길을 재촉했다.

친 뒤, 관에 시신을 넣고 관 주변에도 평소에 입던 옷가지로 채운 뒤 관 뚜껑을 덮었다. 관 속 바닥에는 얇은 널판으로 북두칠성을 형상화해 7개의 구멍을 뚫은 칠성판七星板을 깔았다. 『임진일록』 1592년 1월 6일자에도 임진왜란 당시의 인물인 김종이 "칠성판을 찾아 부조했다"는 기록이 나온다.

56 "관 안에 넣는 물건은 후회할 것이 없으니"의 원문은 "附棺無悔"이다. 『예기禮記』 「단궁 상檀弓上」의 자사子思의 말에 나온다. "석 달이 지나 매장을 할 때, 무릇 관과 함께 넣는 것들은 반드시 정성스럽고 반드시 신실하게 해서 후회가 없도록 해야 한다三月而葬 凡附於棺者 必誠必信 勿之有悔焉耳矣."

57 "수레"의 원문 "輿"이다. '상여喪輿'는 장례 후 장지까지 시신을 운반하는 것이기에 이 번역본에서는 '수레'로 보았다. 『세종실록』 「오례」 「소여小輿」에서는 소여를 '덮개가 없는 가마'라고 설명했다. 『아산의 옛길과 고개』(107쪽)에서는 상여는 발인 뒤 장지로 운구할 때 쓰는 것이기에 이 일기처럼 "빈소로 옮겨 모실 때도 과연 상여를 이용했을까 의문이 든다. 소나 말 혹은 사람이 끄는 수레를 이용하지 않았을까? 필자는 일단 사람이 끄는 수레를 이용했을 것으로 추정하고 있다"고 마찬가지로 '수레'로 추정하고 있다.

18일[2일, 무인] 내내 비가 계속 내렸다. 몸이 아주 불편했다. 손님들을 직접 맞을 수 없었다.[58] 빈소 앞에서 곡만 했다. 사내종 금수今守의 집으로 물러 나왔다.[59] 늦게 계중稧中(계원)[60]이 내가 있는 곳에 모였다. 계에 대한 일을 의논하고 파했다.

19일[3일, 기묘] 맑았다. 일찍 나와 길에 올랐다. (어머님의) 영연靈筵[61]에 인사를 올렸다.[62] 목 놓아 소리치며 울었다號哭. 어찌하랴. 어찌하랴奈何奈何. 하늘과 땅에 어찌 나 같은 일을 당한 사람이 있으랴. 일찌감치 죽느니만 못하구나天地安有如吾之事乎 不如早死也. 뇌의 집에 도착했다. 사당廟 앞에서 인사를 올렸다. 출발해 금곡金谷의 강 선전姜宣傳 집 앞에 도착했다. 강정姜晶과 강영수姜永壽씨를 만났다.[63] 말에서 내려 곡을 했다. 출발해 보산원寶山院[64]에 도착했더니, 천안 쉬(군수)가 먼저 도착해 있었다. 냇가에서 말에서

---

58 "손님들을 직접 맞을 수 없었다"의 원문은 "不能出頭"이다. 현대어로 이해가 쉽지 않아 이순신의 상황에 따라 의역했다.

59 상가喪家에서는 상주가 문상객을 맞는다. 문상객은 돌아가신 분의 위패에 두 번 절하고, 상주와 맞절을 한 뒤 상주를 위로한다. 조선시대에는 위패 앞에서 한참 곡을 한 뒤 절을 하고 상주와 마주해 서로 함께 곡을 하다가 절을 했다. 이 일기는 이순신이 상주로서 문상객을 직접 맞아야 했으나, 몸이 불편해 맞지 못하고 있는 모습을 보여준다.

60 "稧中"은 '계에 소속된 사람들'인 '계원'이다. '稧'는 '契'로도 쓴다. 영암 영보정 동약과 족계안 사진 자료에는 『洞稧』『洞稧憲』『永保洞稧憲』과 같은 사례가 나온다(국립제주박물관, 『조선시대의 중앙과 지방』, 서경, 2004, 77쪽 사진).

61 영연은 죽은 사람의 신위를 모신 자리와 그에 딸린 물건들이다.

62 『경국대전』에 따르면, 관리들은 1년상에는 30일, 9개월상에는 20일, 5개월상에는 15일, 3개월상에는 7일의 휴가를 받았다. 이순신은 백의종군을 해야 했기에 휴가가 없었다.

63 금곡은 충남 천안시 서북구 성환읍 율금리라는 주장이 있으나, 『아산의 옛길과 고개』(111쪽)에서는 아산시 배방읍 설화산, 배방산, 망경산 사이의 골짜기로 추정한다. 또한 강정과 강영수를 만난 곳은 아산시 배방읍 신흥리 감태기 마을로 추정한다.

64 보산원은 충남 천안시 동남구 광덕면 보산원리에 있었다.

내려 쉬었다가 갔다. 임천林川 군수 한술韓述65은 서울로 올라가 중시重試66
를 보고 왔다. 지나다가 앞길에서 "우리 일행이 들어왔다"고 듣고, 조문弔問하
고 갔다. 아들 회와 면, 봉·해·분·완, 변 주부卞主薄(변존서)가 천안까지 함
께 따라왔다. 원인남元仁男도 와서 만났다. 헤어진 뒤에 말에 올랐다.67 출
발해 일신역日新驛68에 도착했다. 묵었다. 저녁에 비가 보슬보슬 내렸다.

20일[4일, 경진] 맑았다. 공주 정천동定天洞에서 아침을 먹었다. 저녁에 이
산泥山69에 들어갔더니, 주쉬(이산 현감)가 지극히 정성을 다했다. 관아 동헌
에서 묵었다. 김덕장金德章70이 우연히 도착해 서로 만났다. 도사가 와서 만
났다.

21일[5일, 신사] 맑았다. 일찍 출발했다. 은원恩院71에 도착했더니, "김익金潩
이 우연히 왔다"고 했다. "임달영이 곡식을 판매하는 배로 은진포恩津浦72에

65 한술(1541~1616)은 조선 중기의 문신이다. 1580년 문과 알성시에서 급제했고, 1597년에는
중시에 급제하기도 했다. 1592년 예조 정랑, 1597년에는 임진왜란 초기에 서천 군수였는데 도망
쳤다는 이유로 탄핵당했으나 명나라 제독 접대 임무 때문으로 확인되어 혐의를 벗었다.
66 중시는 정4품 이하 문·무신들을 대상으로 10년마다 볼 수 있게 하는 문과시험으로 승진 혜
택이 주어졌다. 한술이 친 1597년의 중시에서는 『홍길동전』의 저자, 허균이 장원 급제했다. 허균
은 이 시험 결과로 예문관 검열(정9품)에서 예조 좌랑(정6품)으로 승진했다. 임천 군수는 종4품이
다. 조응록의 『죽계일기』 1597년 4월 1일에 따르면, 이날 서울에서 중시가 있었고 33명이 시험을
쳐 허균과 『난중일기』 속의 한술을 포함 총 5명이 합격한 것으로 나온다.
67 "헤어진 뒤에 말에 올랐다"의 원문은 "分手上馬"이다. '分手'는 '헤어지다·이별하다'의 뜻이
다. 심약沈約의 「범안성과 이별하며別范安成」란 시에 나온다. "우리 삶, 젊은 날에는 헤어져도 만
날 약속 쉬웠는데, 함께 늙은 지금은 다시 헤어질 때는 아니라네. 한 잔 술이라 말하지 마소. 내
일은 다시 술잔 잡기 어렵네. 꿈속에서는 길 찾을 수 없으니 서로 그리워하는 마음 어찌 달랠 수
있겠나生平少年日 分手易前期 及爾同衰暮 非復別離時 勿言一尊酒 明日難重持 夢中不識路 何以
慰相思"
68 일신역은 충남 공주시 신관동에 있었다.
69 "泥山"은 현재 논산시 노성면 읍내리다. 「문화재청본」은 '尼'이나 '泥'이다.
70 김덕장은 『쇄미록』 1593년 10월 9일, 1595년 8월 24일에 '찰방'으로 나온다.
71 은원은 충남 논산시 은진면 연서리에 있었다.
72 은진포는 현재 충남 논산시 강경읍으로 추정된다. 조선시대 강경은 은진현에 딸린 큰 포구

도착했다"고 했다. 그의 낌새는 아주 간사스럽고 속이는 듯했다.[73] 저녁에 여산礪山[74]의 관청 사내종 집에서 묵었다.[75] 한밤중에 홀로 앉았다. 슬프고 서러운 마음을 어찌 견디랴. 슬프고 서러운 마음을 어찌 견디랴中夜獨坐 悲慟何堪 悲慟何堪.

22일[6일. 임오] 맑았다. 낮 12시쯤 삼례역參禮驛[76] 장리長吏[77] 집에 도착했다. 저녁에 전주 남문[78] 밖 이의신李義臣[79]의 집에 도착했다. 묵었다. 판관 박근朴勤[80]이 와서 만났다. 부윤(전주 부윤)도 후하게 대접했다. 판관은 유둔[81]과 생강生薑 등의 물건을 주었다.

23일[7일. 계미] 맑았다. 일찍 출발했다. 오원역관[82]에 도착했다. 말을 쉬게 했다. 아침을 먹었다. 얼마 뒤, 도사가 도착해 왔다. 해 질 무렵 임실현任實縣에 들어갔더니, 주쉬(임실 현감)가 규정을 핑계했다. 쉬(현감)는 홍순각洪純

로 대구, 평양과 함께 조선의 3대 시장 중 하나였다. 『이충무공전서』에서는 '思津浦'로 나온다. 오자다.

73 이 부분에 대해 이광수는 『소설 이순신』에서 "김익이라는 사람이 와서 말하기를 임달영이란 자가 무곡을 하러 사진포에 왔다는데, 그 형적이 수상하니 조심하라고 충고하였다. 아마 순신을 암살하러 보낸 자객으로 의심한 모양이었다"라고 해석하고 있다. 임달영에 대한 소설적 상상력이다. 임달영은 『난중일기』의 다른 날에도 등장한다. 제주를 왕래하며 소를 사갖고 오기도 했다.

74 여산은 현재 전라북도 익산시다.

75 이순신이 관청의 사내종 집에서 묵은 것은 당시 양반 여행자들도 했던 경우다. 역이나 원, 동헌, 객사 등에서 묵기 어려운 상황에서 노비의 집에서 묵었다. 박계숙의 『부북일기』에도 박계숙이 북방 근무를 마치고 낙향할 때 노비의 집에서 묵은 기록이 나온다.

76 삼례역은 전북 완주군 삼례읍 삼례리에 있었다.

77 장리는 각 고을의 향리鄕吏인 호장戶長과 아전衙前 등이다.

78 전주 남문은 오늘날 전북 전주시 완산구 전동에 있는 풍남문이다.

79 이의신은 정5품 호조 정랑을 지냈다.

80 "朴勤"은 노기욱의 『명량 이순신』에 따르면, "朴瑾"이다. 조응록의 『죽계일기』 1596년 11월 30일에는 박근朴瑾이 전주 판관에 임명된 것으로 나온다.

81 "유둔"의 원문은 "油屯"이다. "油芚"과 같다.

82 오원역烏原驛은 전북 임실군 관촌면 관촌리에 있었다. 관은 역에서 공무로 여행하는 사람들의 잠자리와 먹거리를 제공하기 위해 설치된 역참이다.

慼[83]이다.

24일[8일, 갑신] 맑았다. 일찍 출발했다. 남원에 도착했다. 15리[84]쯤에서 정철 등을 만났다. 남원부에서 5리 안에 도착했다. 우리 일행과 작별해 보냈다. 곧바로 10리 밖 동면[85]에 있는 이희경李喜慶[86]의 사내종 집에 도착했다. 마음이 찢어지는 것을 어찌하랴. 마음이 찢어지는 것을 어찌하랴懷痛如何懷痛如何.

25일[9일, 을유] 비가 내릴 모양새가 많았다. 아침을 먹은 뒤, 길에 올랐다. 운봉雲峯[87] 박롱朴龍[88]의 집에 들어갔다. 비가 크게 내렸다. 머리를 내밀 수 없었다. 들으니, "원수(권율)는 이미 순천으로 향했다"고 했다. 곧바로 금오에게 사람을 보내 머물게 했다. 주쉬(운봉 현감 남간)[89]는 병에 걸려 나오지 않았다.

26일[10일, 병술] 흐렸고 개지 않았다. 일찍 먹고 길에 올랐다. 구례현求禮縣

83　홍순각(?~?)은 조선 중기의 지방관이다. 『임실읍선생안』에 따르면, 1596년 12월 임실 현감에 임명되었다.

84　조선시대 도로는 주척으로 6자를 1보, 360보를 1리里, 30리를 1식息이라 하고, 10리마다 작은 이정표인 소후小堠(작은 장승)를, 30리마다 큰 이정표인 대후大堠(큰 장승)를 세워 거리와 지명을 표시했다. 또한 5리마다 오리정五里亭을 세우고, 30리마다 유유榆柳를 심어 여행자가 쉴 수 있도록 했다.

85　"10리 밖 동면十里外 東面"에서 '東面'을 「문화재청본」, 「편수회본」에서는 '東西'로 보았다. 그러나 「친필본」 1597년 「정유년Ⅰ」 6월 10일의 "東面栗津"의 '面'과 비교해보면 글자가 같다. 「박혜일·최희동본」도 '東面'으로 보았다. '西'가 아니다. 오자다.

86　이희경을 노기욱은 『명량 이순신』에서 『청장관전서』를 인용해 함양 사근역 찰방으로 보았다.

87　운봉은 전라북도 남원시 운봉읍이다.

88　「문화재청본」, 「편수회본」, 「박혜일·최희동본」의 "朴山就"는 「이충무공전서」, 「편수회 초본」, 「北島万次본」에서는 "朴龍"으로 나온다. 「친필본」을 참조하면 "朴龍"으로도 볼 수 있다. 노기욱은 『명량 이순신』에서 朴龍으로 보았다. 이 번역본도 "박롱"으로 보았다.

89　「고대일록」 1596년 7월 2일에는 운봉 현감 남간南侃이 나온다. 「선무원종공신녹권」에서는 군수로 나오고, 선무원종공신 2등이다.

에 도착했더니, 금오랑金吾郎은 이미 먼저 도착해 있었다. 손인필孫仁弼[90]의
집에 임시 머물렀다. 주쉬(구례 현감 이원춘)가 급히 나와 만났다. 대접하는
것이 아주 정성스러웠다. 금오도 와서 만났다. 내가 주쉬(이원춘)로 하여금
금오에게 술을 권하게 했더니, "주쉬가 온 정성을 다했다"고 했다. 밤에 앉
아 있었다. 슬프고 서러운 마음을 어찌 다 말하랴夜坐悲慟 如何可言.

27일[11일, 정해][91] 맑았다. 일찍 출발했다. 송치松峙[92] 아래 도착했더니, 구
례 쉬(이원춘)가 사람을 보내 점심을 짓게 했으나, 보냈다. 순천 송원松院[93]에
도착했더니, 이득종李得宗과 정선鄭瑄이 와서 안부 인사를 했다. 저녁에 정
원명[94]의 집[95]에 도착했더니, 원수(권율)가 내가 도착한 것을 알고 군관 권
승경權承慶[96]을 보내 조문을 했다. 또 평안한지 어떤지 물었다. 위로하는 말

90 손인필과 관련한 유물이 현재 해군사관학교에 보관되어 있다. '남무南武 증서'다. 남무는 과
거시험을 거치지 않고, 조상의 음덕으로 받은 무관직을 말하는데, '손인필 남무 증서'는 손인필이
이순신 막하에서 공을 세우고 군자감첨정의 벼슬을 받았다는 사실을 기록해놓은 것이다. 아들
손응남도 일기에 나온다. 1597년 7월 16일과 1597년 8월 3일 일기에도 "손인필 즉시 와서 만
났다. 조세로 바치는 곡물도 지고 왔다. 손응남은 올감을 바쳤다"는 기록이 나온다. 손인필 집은
구전으로만 봉북리에 전하고 있다. 구례군 구례읍 봉북리 260번지에 손인필 비각이 있고, 노기
욱이 발견해 구례군 향토문화유산 25호로 지정되었다.
91 덕종의 왕비, 소혜왕후의 제삿날이다.
92 송치는 구례와 순천 사이에 있는 농암산(410.5미터)과 바랑산(619.6미터) 사이 고갯길이다. 전
남 순천시 서면 학구리 신촌에 위치해 있다.
93 송원은 전남 순천시 서면 운평리에 있었다. 『승평지』에서는 송현원松峴院이 나오고, 부에서
북쪽으로 27리에 있다고 한다.
94 정원명은 『난중일기』에서는 1594년 7월 6일, 1595년 3월 7일에도 나온다. 『난중일기』
1597년 5월 8일에 나오는 '정상명鄭詳溟'의 형이다. 백의종군 중이던 이순신은 정원명의 집에서
4월 27일부터 5월 13일까지 머물렀다. 『이충무공전서』 「동령소갈기東嶺小碣記」에는 "전 판관 정
원명"으로 나오고 동령소갈비를 세우는 데 참여했다. 안방준安邦俊의 『은봉전서隱峯全書』 「答李
汝固問目」에 따르면, 정원명은 "송강 정철의 서얼 삼촌의 조카松相聲三寸姪"로 나온다.
95 정원명의 집은 노기욱에 따르면, 순천시 서면 학구리 538-12번지다.
96 권승경(1564~?)은 조선 중기의 무신이다. 1599년 무과 정시에서 장원 급제했다. 『난중일기』
1597년 6월 21일에 나오는 영덕 현령 권진경의 동생이다.

이 아주 간곡했다. 저녁에 주쉬(순천 부사 우치적)[97]가 와서 만났다. 정사준도 왔다. "원 공(원균)의 패악하고 망령된 행동, 잘못된 상황"을 많이 말했다.[98]

28일[12일, 무자] 맑았다. 아침에 원수(권율)가 또 군관 승경承慶을 보내 안부를 물었다. 그에게 전해 말하기를, "상중이라 몸이 피곤하실 것이니, 기운이 다시 나고 평안해지시면 나오십시오"라고 했다. "지금 들으니, '친하고 잘 따르는 군관이 통제처統制處(통제사 진영)에 있다'고 했습니다. 편지와 공문을 보내, '나오라'고 했으니, 거느리시고 보살핌을 받으십시오"라고 했다. 그러면서 편지와 작성한 공문을 갖고 왔다. "부사(우치적)의 소가小家(첩)[99]가 죽었다"고 했다.

29일[13일, 기축] 맑았다. 신 사과와 응원應元(방응원)이 와서 만났다. "병사(이복남)도 원수(권율)에게 듣고 의논할 일로 부(순천부)로 들어왔다"고 했다. 신 사과와 이야기했다.

30일[14일, 경인] 아침에는 흐렸고, 해 질 무렵 비가 내렸다. 아침을 먹은 뒤, 신 과愼果(신 사과)[100]와 논의하며 이야기했다. "병사(이복남)는 머물러 술을 마신다"고 했다. 병사 이복남李福男[101]이 아침 식사 전에 와서 만났다. '원

97 『선조실록』, 선조 29년(1596) 12월 22일에 순천 부사로 우치적을 임명했다는 기록이 나온다. 조응록의 『죽계일기』에서는 1596년 12월 21일에 나온다.
98 이 시기의 원균에 대한 기록으로는 오희문의 『쇄미록』 1597년 4월 5일자에 "오늘 아침 조보를 보니 통제사 원균이 일본 배 2척을 사로잡고 적의 머리 65급을 베었다고 하니 참으로 기쁜 소식이다"라고 나와 있다. 조응록의 『죽계일기』 1597년 1월 28일에는 이날 원균이 경상 우수사 겸 통제사에 임명되었다고 나온다.
99 "소가"는 첩이나 첩의 집을 높여 이르는 말이다. 첩은 측실이라고도 한다.
100 "신 과"는 '신 사과'다. "사司" 자가 빠져 있으나 전날 일기와 5월 1일 일기를 보면, "신 사과"다. 이순신이 약칭한 듯하다.
101 이복남(1555~1597)은 조선 중기의 무신이다. 1588년 식년 무과에서 급제했다. 1592년, 나주

공(원균)의 일'을 많이 말했다. 감사(전라 감사 박홍로)도 원수(권율)에게 도착했다. 군관을 보내 평안한지 물었다.

◎ 1597년 (「정유년Ⅰ」) 5월

5월 1일[6월 15일, 신묘] 비가 계속 내렸다. 신 사과가 머물러 이야기했다. "순사(순찰사 박홍로)와 병사(이복남)가 원수(권율)가 임시 머물고 있는 정사준의 집[102]에서 같이 모여, 머물러 술을 마시고 지극히 즐기고 있다"고 했다.

2일[16일, 임진] 늦게 맑았다. 원수(권율)는 보성으로 갔고, 병사(이복남)는 본영(강진)으로 갔다. 순사(순찰사 박홍로)는 담양으로 가는 길에 와서 만나고 돌아갔다. 부사(순천 부사 우치적)가 와서 만났다. 진흥국陳興國이 좌영左營(전라 좌수영)에서 왔다. 눈물을 펑펑 뿌리며 원(원균)의 일을 말했다. 이형복李亨復과 신홍수도 왔다. 남원 사내종 끗돌[103]이 아산 집에서 왔다. 전하기를, "(어머님의) 영연이 평안하시다"고 했다. 또 전하기를, "유헌(변유헌)은 무사히 그의 가족을 데리고 금곡에 도착했다"고 했다. 홀로 빈 동헌에 앉았다.[104] 슬프고 서러운 마음을 어찌 견디랴獨坐空軒 悲慟何堪.

3일[17일, 계사] 맑았다. 신 사과와 응원(방응원), 진흥국이 되돌아갔다. 이기남이 와서 만났다. 아침에 울의 이름을 '열莈'로 바꿨다.[105] '莈'의 음은 '열

판관, 1593년 전라 방어사·충청 조방장, 1594년 남원 부사·전라도 병마절도사, 1595년 나주 목사 등을 역임했다. 1597년 1월 다시 전라도 병마절도사에 임명되었고, 1597년 정유재란 때 남원성에서 조방장 김경로, 산성 별장 신호, 구례 현감 이원춘 등과 함께 전사했다. 조응록의 『죽계일기』 1596년 2월 16일에는 나주 목사에 임명되었다고 나온다.
102 정사준의 집은 노기욱에 따르면, 전남 순천 서면 학구리에 있었다.
103 끗돌의 원문은 "㖟石"이다. 우리말로 "끗(끝)석·끗(끝)돌·맛돌·맛석"을 한문으로 표기한 것이다.
104 순천부 동헌이다. 전남 순천시 영동 1번지다.
105 『경국대전』에 따르면, 이름을 고친 경우에는 이조吏曹에서 임금에게 보고하고 예문관에

悅'이다. '새싹이 처음 돋아 초목으로 성장한다萌芽始生 草木盛長'는 글자 뜻이 아주 아름답다.[106] 늦게 강소작지가 와서 만나고 곡했다. 오후 4시에 비가 보슬보슬 내렸다. 저녁에 주쉬(순천 부사 우치적)가 와서 만났다.

4일[18일, 갑오] 비가 내렸다. 이날은 곧, 어머님의 생신날이다. 슬프고 서러운 마음을 어찌 견디랴悲慟何堪. 닭이 울 때 일어나 앉았다. 흐느끼며 눈물만 떨어뜨릴 뿐이다鷄鳴起坐 垂泣而已. 오후에 비가 크게 내렸다. 정사준이 왔다. 내내 있으며 돌아가지 않았다. 이수원도 왔다.

5일[19일, 을미] 맑았다. 새벽에 꿈이 아주 어지러웠다. 아침에 부사(우치적)가 와서 만났다. 늦게 충청 우후 원유남이 한산도에서 왔다. '원 공(원균)의 사납고 이치에 어긋난 것'을 많이 전했다. 또한 "도의 진陣 안 장졸들의 마음이 떠나 배반하고 있어, 상황이 앞으로 어찌될지 예측할 수 없습니다" 등등이라고 했다. 오늘은 단오절이구나. 그런데도 천리나 먼 땅끝에 와서, 군 복무를 하고 있기에 상 당한 사람이 해야 할 의례를 멈췄다. 곡하며 우는 것도 내 마음대로 할 수 없다. 이는 어떤 죄와 허물을 진 것이기에 이런 갚음을 받게 된 것인가. 나 같은 일은 옛날이나 지금이나 사례가 없다. 마음이 아프고 찢어졌다. 마음이 아프고 찢어졌다. 때를 만나지 못한 것만 한탄할 뿐이구나是日午節也 而遠來千里天涯 從軍廢禮 哭泣亦未自意 是何罪辜致此報耶 如吾之事 古今無偶 痛裂痛裂 只恨不遭時而已.[107]

6일[20일, 병신] 맑았다. 꿈에서 돌아가신 두 형님兩亡兄을 만났다. 서로 붙

공문을 보내면, 예문관에서 등록한 뒤에 증명서를 주었다고 한다.
106 "'열薾'로 바꿨다. '열'의 음은 '열悅'이다. '새싹이 처음 돋아 초목으로 성장한다'는 글자 뜻이 아주 아름답다"에서 '薾'의 발음을 이순신은 '열悅'이라고 했으나, 오늘날은 '예'로 발음한다. '열'은 이순신의 언급처럼 '풀이 돋아나 성장하는 것'을 뜻한다. '悅'은 '기쁘다'는 뜻이다.
107 『쇄미록』 1597년 5월 4일자에는 내일이 단오절이라며 제사를 걱정하는 모습, 5월 5일 일기에는 단오절 그네 타는 풍습이 나온다.

잡고 울부짖으며 가슴 아파했다相扶哭痛. 게다가 말하시길, "장례 치르는 일을 끝마치지도 못했는데, 천리 밖에서 군 복무를 하고 있으니, 누가 그 일을 주관하겠느냐. 소리 높여 슬피 울부짖은들 어쩌겠느냐"라고 하셨다.[108] 두 형님의 영혼이 천리를 따라오셔서 걱정하며 가슴 태우는 것이 이렇게까지 된 것이구나. 슬프고 서러운 마음이 끝이 없었다. 또한 남원의 수확 감독을 걱정하셨다. 이는 알지 못하는 일이구나. 매일 꿈이 어지럽다. 이는 영혼들이 말없이 걱정하고, 깊이 아파하는 것이구나. 아침저녁, 그립고 슬펐다. 펑펑 쏟아지는 눈물이 피눈물이 되었다. 하느님께서는 어찌하여 아무 대답도 하지 않으시는가. 나는 의지할 곳 없는 외톨이가 아닌가. 그런데도 어찌 빨리 죽게 하지 않으시는가晨昏戀慟 淚凝成血 天胡漠漠 不我獨兮 何不速死也.[109] 늦게 능성 쉬(현령) 이계명[110]이 와서 만나고 돌아갔다. 상 중에 벼슬을 하고 있는 사람이다. 흥양의 사내종 우름쇠(우로음금)[111]와 박수매朴守每, 조택趙澤과 순화의 아내가 와서 인사했다. 이기윤李奇胤[112]과 몽생夢生이 도

---

108 조선시대 장례 기간은 신분에 따라 달랐다. 관료는 3개월, 벼슬하지 않는 선비는 1개월이었다. 그러나 이순신은 백의종군으로 인해 장례를 끝마칠 수 없었다.

109 "나는 의지할 곳 없는 외톨이가 아닌가. 그런데도 어찌하여 빨리 죽게 하지 않으시는가"의 원문 "不我獨兮"와 "何不速死也"는 『시경』 「소아기부지십」의 "念我獨兮"과 "不死何爲"를 합친 표현으로 보인다. 「친필본」에서는 '不我獨兮'의 '獨' 자가 '燭' 자로 쓰여 있으나, 이순신이 잘못 쓴 듯하다.

110 능성 현령 이계명은 그 후 교체된 듯하다. 『선조실록』 선조 30년(1597) 12월 9일에는 능성 현령 이희간李希幹이 나온다.

111 "우름쇠(우로음금禹老音金)"는 번역본에 따라 '우로禹老'와 '음금音金' 두 사람으로 보기도 한다. 『광해군일기』에 나오는 노비 보름쇠甫老音金의 사례를 참조컨대 '우름쇠于老音金' 한 사람으로 볼 수도 있다.

112 이기윤(?~?)은 순천 출신의 의병장이다. 임진왜란이 일어나자 동생 이기준李奇俊과 함께 의병을 일으키고 작은아버지 이언자를 따라서 군수 물품을 모았다. 이순신 막하에서 1592년 당포해전과 1598년 노량해전에 참전했다. 이순신 막하에서 1592년 사천해전에서 거북선 돌격장으로 활약했던 이기남(1553~?)과는 사촌이다. 5월 12일 일기에는 함께 이순신을 찾아가 만났다.

착했다. 송정립[113]과 송득운宋得運[114]도 왔다가 곧바로 돌아갔다. 저녁에 정원명이 한산도에서 돌아왔다. '흉악한 사람(원균)이 하는 일'을 많이 말했다. 또 듣기를, "부찰사(부체찰사 한효순)가 병에 걸려 머물러 몸조리하려고 좌영(전라 좌수영)으로 나왔다"고 했다. 우수백(이억기)이 편지를 보내 조문했다.

7일[21일, 정위] 맑았다. 아침에 정혜사定惠寺[115] 승려 덕수德修가 와서 미투리芒鞋[116] 1켤레를 바쳤다. 거절하고 받지 않았다. 두 번 세 번 거듭 드나들며 간곡히 호소했기에, 값을 주어 보냈다. 미투리는 곧바로 원명元溟에게 주었다. 늦게 송대기宋大器와 류몽길柳夢吉이 와서 만났다. 서산 군수 안괄安适[117]도 한산도에서 왔다. '흉악한 공凶公(원균)의 일'을 많이 말했다. 저녁에 이기남李奇男이 또 왔다. 이원룡은 수영(전라 좌수영)에서 돌아왔다. "괄适(안괄)이 구례에 도착해 조사겸趙士謙[118]( )를 욕보이려고 했으나, 절개를 지켰

『동의록』(조정, 동의록중역간위원회, 1978)에 따르면 1563년생으로, 1592년 조헌의 금산 전투에 참전했고, 그 후 동생 이기남, 이기준과 함께 의병 100명을 인솔하고 이순신 막하에 들어가 순천 호두 전투, 노량대첩에도 참전했다고 한다.

113 송정립은 송대립과 송희립의 동생으로 형제들과 함께 이순신 막하에서 활약했다. 송희립의 무과 별시 합격 방목과 『호남절의록』, 「송대립묘갈」에는 "송정립宋挺立"으로 나온다.

114 송득운(1570~1633)은 조선 중기의 무신이다. 선조를 의주까지 호종했고, 1597년 정유재란 때 이순신 막하에서 명량대첩에 참전해 공로를 세워 적량 만호에 임명되었다. 「선무원종공신녹권」에서는 수문장으로 나오고, 선무원종공신 2등이다.

115 정혜사를 이광수는 『소설 이순신』에서 충청도 예산에 있는 절이라고 보았다. 그러나 1899년 편찬한 『신증승평지』에 따르면 오늘날 순천시 서면에 위치한 계족산에 있던 절이다. 다만 순천에 있던 정혜사는 한자가 "定慧寺"이다. 이순신이 순천에 머문 것으로 보면 순천 계족산에 있던 이 정혜사를 말하는 듯하다.

116 미투리의 원문 "芒鞋"는 『고어사전』에 따르면, "메토리·메트리"와 같다. 짚신은 초혜草鞋로 마혜麻鞋 또는 마구麻屨라고도 하는 망혜와는 다르다.

117 안괄(1559~?)은 1584년에 무과 별시에서 급제했다. 서산 군수를 역임했다. 류성룡이 쓴 「上使啓」(1595년 12월 16일)에는 안괄이 소강 첨사로 나온다. 조응록의 『죽계일기』 1602년 10월 20일에는 안괄이 단천 군수에 임명된 것으로 나온다.

118 조사겸에 대해서는 오희문의 『쇄미록』 1593년 11월 5일에 "고故 구례 현감 조사겸"으로 나온다. 『선조실록』 선조 25년(1592) 5월 1일에는 전라 순찰사 이광의 근왕병을 모집할 때 구례 현

기에 할 수 없었다"[119]고 했다. 기가 막힐 일이다. 기가 막힐 일이다.

8일[22일, 무술] 맑았다. 아침에 승장僧將 수인이 음식을 담당하는 승려飯僧 두우杜宇를 이끌고 왔다. 사내종 한경을 일 때문에 보성으로 보냈다. 흥양의 사내종 세충世忠이 녹도에서 망아지를 끌고 왔다. 궁장 이지李智[120]가 돌아갔다. 이날 새벽 꿈에서 사나운 호랑이를 손으로 때려잡았다. 가죽을 벗기고 휘둘렀다.[121] 무슨 조짐인지 모르겠다. 조종이 이름을 연硯으로 바꾸고 와서 만났다. 조덕수趙德秀도 왔다. 낮 12시쯤 망아지에 안장을 얹었다. 정상명[122]이 타고 갔다. 원 흉(흉악한 원균)이 편지를 보내 조문했다. 이는 곧 원수(권율)의 명령 때문이구나. 이경신李敬信이 한산도에서 왔다. '원 흉元兇(흉악한 원균)의 일'을 많이 말했다. 또 말하기를, "그가 데리고 온 서리를 곡식을 사오라는 명목으로 육지로 보내고, 그(서리)의 아내를 욕보이려고 했는데, 그 사람이 악을 쓰며 따르지 않자 밖으로 나와 크게 소리를 질렀습니다"라고 했다. 원(원균)은 온갖 계략으로 나를 모함했다. 이 또한 운수로구나元也百計陷吾 此亦數也. 서울 가는 길에 (원균이 뇌물로 바치는) 짐바리가 잇따르니, 헐뜯는 것이 날로 심해지겠다. 때를 만나지 못한 것만 스스로 한

감 조사겸이 군사를 모아 참여해 공주로 진격했다는 기록이 나온다.
119 "조사겸 ( )를 욕보이려고 했으나, 절개를 지켰기에 할 수 없었다"의 원문은 "欲私趙士謙守節而未能"이다. '( )'는 조사겸의 아내인지 첩인지 알 수 없다. 다만, 오희문의 『쇄미록』 기록을 보면, 당시 구례에는 조사겸의 첩이 있었다.
120 "이지"는 1596년 7월 7일, 7월 30일, 8월 2일에서는 "지이"로 나온다.
121 유희춘의 『미암일기』 1569년 윤6월 17일에서는 노비 신분의 서녀를 양인 신분으로 바꿔주기 위해 몸값으로 호랑이 가죽을 주는 모습이 나온다.
122 정상명鄭詳溟은 鄭翔溟(1545~?)이다. 이날 일기를 제외하고 다른 일기에서는 모두 "鄭翔溟"으로 나온다. 『난중일기』 1594년 7월 6일, 1595년 3월 7일, 1597년 4월 27일 등에 나오는 정원명의 동생이다. 1597년 6월 18일에는 "정 사복鄭司僕"으로 나온다. 1597년 일기를 보면, 이날 일기 이후 이순신 막하에서 계속 활약했던 듯하고, 명량해전 이후에도 함께 있는 모습을 보면, 명량해전에도 참전했던 듯하다. 1588년 무과에 급제했다. 군자감 주부를 지냈다.

탄할 뿐이다自恨不遭而已.

9일[23일. 기해] 흐렸다. 아침에 이형립李亨立이 와서 만나고 곧바로 돌아갔다. 이수원이 광양에서 돌아왔다. 순천의 급제 강승훈姜承勳이 와서 자원했다. 부사(순천 부사)가 좌영(전라 좌수영)에서 돌아왔다. 사내종 경이 보성에서 말을 끌고 왔다.

10일[24일. 경자] 궂은비가 내렸다. 이날은 곧 태종 임금의 제삿날이다. 옛날부터 비가 내렸다.[123] 늦게 큰비가 내렸다. 박줏생朴注生이 와서 인사했다. 주인(정원명)이 보리밥麥飯[124]을 지어 내왔다. 장님 임춘경任春景이 운수를 점쳐왔다.[125] 부사(부체찰사 한효순)도 조문하는 글을 보냈다. 녹도 만호 송여종이 두 가지 색깔의 마지麻紙를 보내왔다.[126] 전라 순사(순찰사)는

---

123 "옛날부터 비가 내렸다"의 원문은 "自古雨"이다. 일기처럼 음력 5월 10일은 태종(1367~1422)이 사망한 날이다. 당시 아주 가물었는데, 태종이 유언으로 어떻게든 비를 내리게 하겠다고 했고, 죽은 뒤에 실제로 비가 내렸다고 한다. 그 후 태종의 제삿날만 되면 비가 내린다고 해서 이 비를 태종우라고 불렀다. 이순신의 이날 표현은 태종우를 뜻하는 듯하다. 5월 10일은 일기처럼 태종의 제삿날이기도 하다. 1593·1595·1596년 5월 10일은 맑았고, 1594·1597년 5월 10일에는 비가 내렸다. 1595년 5월 11일에는 비가 내렸다. 이행李荇(1478~1534)의 『용재집容齋集』에 있는 「반가운 비喜雨」라는 시에 "태종우"가 나온다. 『난중일기』에도 등장하는 고상안은 "태종 말년에 비가 내리지 않아 오래 가물었다. 태종이 병석에 누워 탄식하며, '내가 죽어 하늘에 올라가면 하느님께 단비를 내려달라고 간청하겠다'고 했다. 태종이 돌아가신 날, 흠뻑 내렸다. 즉 5월 10일이다. 매년 이날 많은 비가 내렸고, 맑은 날은 드물었다. '태종우라고 부른다"라고 유래를 남겼다.
124 조선시대 주식은 보리밥이 아니라 쌀밥이었다. 남부 지역은 미작지대, 북부 지역은 잡곡지대였지만 남북 전체로는 쌀 생산량이 44퍼센트, 보리와 조는 각각 15퍼센트 정도로 쌀이 주식이었다(국립제주박물관 편, 『조선시대의 중앙과 지방』, 서경, 2004, 236쪽).
125 김종의 『임진일록』 1592년 6월 28일, 유희춘의 『미암일기』 1574년 2월 18일, 오희문의 『쇄미록』 1593년 1월 13일 일기 이후에 기록된 메모, 박내겸의 『북막일기』 1828년 8월 7일에도 장님 점쟁이가 등장한다.
126 두 가지 색깔의 마지는 흰색과 노란색이다. 당나라 시대에 조서를 쓸 때, 국내의 일은 백마지에다 쓰고, 국외의 일은 황마지에 썼는데, 조선에서도 같았다. 조선시대에 마지는 『성종실록』 성종 6년(1475) 1월 19일에 따르면, 지장紙匠으로 제지법을 연구하기 위해 사은사를 따라 명나라

"백미와 중미 각 1곡, 콩과 소금도" 같이 했다고 말하며, 군관을 시켜 보내왔다.

11일[25일. 신축] 맑았다. 김효성이 낙안에서 왔다가 곧바로 돌아갔다. 전광양 현감 김성金惺[127]이 체상(체찰사 이원익)의 군관을 이끌고 전죽을 얻을 일로 순천에 도착했다가 그대로 와서 만났다. '소문所聞'을 많이 전했다. '소문이란 것'은 모두 흉악한 사람(원균)의 일이다. 부사(부체찰사 한효순)의 선문이 왔다. 장위張渭가 편지를 보냈다. 정원명이 보리밥을 지어 내왔다. 장님 임춘경이 와서 '운수를 점친 것推數'을 말했다. 부사(부체찰사)가 부(순천부)에 도착했다. 정사립과 양정언이 왔다. 전하기를, "부사(부체찰사)께서 와서 만나고 싶어하십니다"라고 했다. 나는 몸이 불편해 거절했다.

12일[26일. 임인] 맑았다. 새벽에 이원룡을 보내 부사(부체찰사 한효순)에게 안부를 여쭈게 했다問候. 부사(부체찰사) 또한 김덕린을 보내 안부를 물었다. 늦게 이기남과 기윤奇胤이 와서 만났다. "보고하고 도양장으로 돌아갑니다"라고 했다. 아침에 아들 열을 부사(부체찰사)에게 보냈다. 신홍수가 와서 만났다. 원 공(원균)에 대해 점을 쳤더니, 처음 괘卦는 수뢰둔水雷屯(䷂)이었다. 변해서 천풍구天風姤(䷫)가 되어, 용이 체를 극했다用克體. 크게 흉하다. 크게 흉하다.[128] 남해 쉬(현령 박대남)가 조문하는 편지를 보냈다. 또

의 북경 부근 조지소를 시찰한 박비朴非가 생마를 원료로 하는 제지법을 보고 귀국해 마지를 제작했다고 한다.

127 김성은 조응록의 『죽계일기』 1595년 10월 9일에 따르면, 10월 9일 광양 현감에 임명되었다.

128 수뢰둔과 천풍구는 각각 『주역』에 나오는 64괘의 하나다. 이를 보면, 주역점을 친 듯하다. 점을 친 사람은 정확히 누구인지 알 수 없다. "처음 괘는 수뢰둔이었다. 변해서 천풍구가 되었다"는 본괘인 수뢰둔이 구오효를 제외한 나머지 모든 효(1,2,3,4,6)가 동효(음양이 바뀌는 효)로 나왔기에 지괘之卦인 천풍구로 괘가 변했다는 뜻이다. 수뢰둔은 난관을 만나기에 멈추어야 한다는 의미, 천풍구는 잘못된 만남으로 큰 피해를 당한다는 뜻이 있다. "용이 체를 극했다用克體. 크게

한 잡다한 물건을 보냈다. 낟알 2, 참기름 2, 꿀[129] 5, 겉곡식[130] 1, 미역
2였다.[131] 저녁에 향사당으로 갔다. 부사(부체찰사)와 밤늦게까지 이야기했
다. 밤 12시에 묵는 곳으로 돌아왔다. 정사립과 양정언 등이 왔다. 닭이
운 뒤에 돌아갔다.

13일[27일, 계묘] 맑았다. 어젯밤, 부사(부체찰사 한효순)가 말하기를, "상사上
使(체찰사 이원익)께서 편지를 보내셨습니다. '영공(이순신)의 일'에 대해 많이
탄식하셨습니다"라고 했다. 늦게 정사준이 떡을 쪄 왔다. 부사(순천 부사 우
치적)가 여행 비용을 보냈다. 미안했다. 미안했다.

흥하다. 크게 흥하다"는 수뢰둔에서 5개의 효가 동효가 되어 지괘인 구姤괘의 상괘($\equiv$, 乾金)는
體가 되고, 본괘인 둔屯괘의 상괘($\equiv\equiv$, 坎水)는 用이 되는데, 用인 감수($\equiv\equiv$)가 體인 건금乾金
($\equiv$)을 극했기 때문에 크게 흥하다고 한 것이다. 그러나 오행상극론에서는 수가 극하는 것은
金이 아니라 火이다. 또한 體인 건금乾金($\equiv$)은 用인 감수坎水($\equiv\equiv$)를 생生하게 해준다. 水가 火
를 극할 때 운세가 아주 나쁜大凶大凶 괘가 된다. 그럼에도 일기에서처럼 用인 감수坎水($\equiv\equiv$)가
體인 건금乾金($\equiv$)을 극했을 때도 나쁘기는 마찬가지다. 다만 상대적으로 덜 나쁜 상태다. 『대
산 주역점해』(김석진, 대유학당, 2007), 『주역』(쑨 잉퀘이·양이밍, 박삼수 옮김, 현암사, 2007), 『주역』
(최완식 옮김, 혜원출판사, 1998), 『하늘의 뜻을 묻다』(이기동, 열림원, 2005), 『하락리수(상·하)』(진단·
소옹 지음, 김수길·윤상철 옮김, 대유학당, 1997)를 참고했다. 홍기문은 주역점 부분은 번역하지 않
았다.

129 "꿀"의 원문은 淸이다. 박선이의 「임진왜란 시기 장계에 나타난 조선식 한문 연구」에 따르
면 조선식 한자이며, 한문에서는 '蜜'로 쓴다고 한다. 『난중일기』에는 蜜, 蜜, 蜂筒도 나온다. 류
성룡의 「移咸鏡道巡察使北道兵使文」(1596년 7월 7일)에서는 함경도 보을하진의 폐단의 하나로
꿀이 등장한다. 즉 "전례에 따라 청밀군淸蜜軍(벌꿀을 따는 임무를 하는 군사) 10명을 정해 봉통군
蜂桶軍이라고 칭하고 군사와 봉수군에서 뽑아 한 사람이 꿀 1말을 바치게 했는데, 관청에서 2말
을 받고 있다"는 것이다. 오희문의 『쇄미록』 1598년 9월 19일과 1598년 10월 16일에는 蜜, 淸, 淸
蜜이 각각 나온다.

130 "겉곡식"은 「문화재청본」에서는 '栗(조)'이나, 「편수회본」 「편수회 초본」에서는 粟(속, 겉곡식)
으로 나온다. 정약용의 『경세유표』에 따르면, 粟는 '稷'으로 '피나 기장'을 말한다고 한다.

131 「친필본」에는 단위가 나오지 않는다. 이 물건들로 조선시대 부조금의 형태를 알 수 있다. 오
늘날과 달리 돈을 봉투에 넣어 주는 것이 아니라 물건으로 부조를 했는데, 이 일기의 쌀, 참기
름, 꿀, 조, 미역과 같은 것은 물론 향, 초, 술, 과일 등으로 했다.

14일[28일, 갑진]132 맑았다. 아침에 부사(순천 부사 우치적)가 와서 만나고 돌아갔다. 부사(부체찰사 한효순)도 부유富有133로 출발했다. 정사준과 사립, 양정언이 와서 "수행하고 돌아오겠다"고 보고했다. 일찍 식사를 한 뒤, 길에 올랐다. 송치 아래에 도착했다. 말을 쉬게 했다. 홀로 바위 위에 앉았다. 잠시 피곤해 잠들었다. 운봉의 박롱134이 도착했다. 해 질 무렵 찬수강粲水江135에 도착했다. 말에서 내려 걸어서 건넜다. 구례현의 손인필의 집136에 도착했다. 주쉬(구례 현감 이원춘)가 곧바로 와서 만났다.

15일[29일, 을사] 맑거나 이따금 비가 내리거나 했다. 주인집(손인필의 집)이 심하게 지저분했다. 파리가 벌떼처럼 모여들었다. 사람이 밥을 먹을 수 없었다. 관아의 모정茅亭137으로 옮겼더니, 남풍이 부드럽게 불었다. 주쉬(구례 현감 이원춘)와 내내 이야기했다. 그대로 묵었다.

16일[30일, 병오] 맑았다. 주쉬(구례 현감 이원춘)와 이야기했다. 저녁에 남원 탐후인이 되돌아왔다. 전하며 보고해 말하기를, "체상(체찰사 이원익)이 내일138 곧바로 곡성谷城을 거쳐 본현(구례현)으로 들어와 머물다가 며칠

132 문종의 제삿날이다.
133 부유는 전남 순천시 주암면 창촌리다.
134 4월 25일 일기의 박롱에 대한 주석과 같다.
135 찬수강은 전남 구례군 문척면과 전남 순천시 황전면 사이의 섬진강 지류다. 조경남의 『난중잡록』 1598년 1월 3일에는 순천의 왜적이 잔수진潺水津을 건너 구례성에 이르러 분탕질을 했다는 내용이 나온다.
136 "손인필의 집"은 노기욱에 따르면, 전남 구례군 구례읍 백련리 16-3번지 황재옥 가옥이라고 한다.
137 "모정"은 이상배의 『서울의 누정』(서울시시사편찬위원회, 2012, 17쪽)에 따르면, 볏짚·보릿짚·억새·갈대·왕골·창포·삼대 등으로 엮어 만든 지붕의 정자다. 충청남도 이남에 많이 분포한다. 주로 농경지를 배경으로 한 정자로, 편액이나 현판은 물론 고유한 명칭 없이 주로 농사를 짓는 사람들의 휴식처로 간편하게 지은 집으로 일반적인 정자와는 다르다고 한다.
138 "내일"은 「문화재청본」은 "明明", 「편수회본」 「박혜일·최희동본」은 "明〃"으로 보았다. 그러나 「친필본」을 보면, '明日(내일)'로 여겨진다. 문맥으로도 '明日'이 타당하다. 홍기문은 "내일"로 번

뒤에 그대로 진주로 갈 것"이라고 했다. 쉬(이원춘)가 아주 풍성하게 제대로 차린 점심 식사139를 내왔다. 미안했다. 미안했다. 저녁에 정상명鄭翔溟140이 왔다.

17일[7월 1일, 정미] 맑았다. 주쉬(구례 현감 이원춘)와 이야기했다. 저녁에 남원 탐후인이 되돌아왔다. 전하며 보고해 말하기를, "원수(권율)는 양 총병楊摠兵(명나라 장수 총병 양원)을 맞아 접대할 일로 운봉으로 가지 않고, 완산完山(전주)으로 달려갔다"고 했다. 내 여행길이 헛일이 되었다. 가슴만 탔다.

18일[2일, 무신] 맑았다. 동풍이 크게 불었다. 저녁에 김종려金宗麗141 영공이 남원에서 바로 와서 만났다. 충청 수영의 영리 이엽李燁이 한산도에서 왔기에 집에 편지를 부쳤다. 그런데 아침술에 미쳤다. 얄밉다. 얄밉다.

19일[3일, 기유] 맑았다. 체상(체찰사 이원익)이 현(구례현)으로 들어오기에, 성안에 머물러 있기에 미안했다. 동문 밖, 장세호張世豪142의 집으로 옮겨 나갔다. 명협정蓂莢亭143에 앉았다. 주쉬(구례 현감 이원춘)가 와서 만났다. 저

역했다.

139 "제대로 차린 점심 식사"의 원문은 "晝物"이다. 晝物은 간식처럼 간단히 먹는 점심과 달리 손님을 접대하기 위해 특별히 아주 성대하게 차린 점심 식사다. 午飯이라고 하기도 한다. 『묵재일기』 1552년 4월 29일에는 "午飯"이 나온다. 『난중일기』에는 "晝物·午飯"의 사례는 많지 않다. 『미암일기』 1569년 10월 2일에는 주반이 나온다. "晝物·午飯"과 같다.

140 5월 8일에는 "鄭詳溟"으로 나온다. 나머지는 모두 이날처럼 "鄭翔溟"이다.

141 김종려(?~?)는 조선 중기의 무신이다. 전 보성 군수다. 『미암일기』 1569년 5월 27일에는 전라 병마절도사 이대곤이 보낸 편지에 "쓸 만한 재주가 있는 무과 군관"이라고 했기에 훈련원의 적당한 자리에 임명되도록 말을 해주었다는 내용이 나온다. 김종려는 후에 유희춘의 서녀를 소실을 맞아들였다. 『선조실록』 선조 25년(1592) 9월 29일 기록에는 "전 군수 김종려"로 나온다. 『쇄미록』 1592년 8월 24일에는 김종려가 일본군을 기습 공격한 내용이 나온다. 『난중일기』 1597년 10월 20일자에는 이순신이 감자도감검煮都監檢으로 정해 보냈다는 기록이 나온다.

142 "張世豪"는 5월 23일 일기에서는 "張世輝"로 나온다.

143 『문화재청본』은 "[蓂]莢亭([예]협정)"이다. 『편수회본』과 홍기문·이은상 등은 '명협정'으로 보았다. 명협정은 조선시대 구례현청 자리에 있던 정자로 오늘날 구례읍 사무소 위치다. 현재 복원

녘에 체상(체찰사 이원익)이 현(구례현)으로 들어왔다. 오후 4시에 소나기가 크게 내렸다. 저녁 6시에 맑아졌다.

20일[4일. 경술] 맑았다. 늦게 김 첨지(김경로)가 와서 만났다. 또 말하기를, "무주茂朱의 장박지리長朴只里의 농토가 아주 품질이 좋다"고 했다. "옥천沃川에 사는 권치중權致中은 곧 김 첨지의 얼자[144] 처남인데, 옥천 양산창梁山倉 근처"[145]라고 했다. 체상(체찰사 이원익)은 '내가 머물고 있다'는 것을 듣고, 먼저 공생貢生[146]을 보냈다. 또 군관 이지각李知覺을 보냈다. 얼마 뒤, 또 사람을 보내, "'어버이께서 돌아가셨다'는 소식을 일찍이 듣지 못했습니다. 지금에야 비로소 들었습니다. 놀랍고 슬픕니다驚悼. 놀랍고 슬퍼합니다驚悼. 군관을 보내 조문합니다"라고 했다. 그대로 묻기를, "저녁에 서로 만날 수 있겠습니까"라고 했다. 나는 "어두울 무렵에 마땅히 나아가 찾아뵙겠다"고 답했다. 어두울 무렵에 들어가 인사를 했다. 체상(체찰사 이원익)은 소복素服[147]을 한 채 기다리고 있었다. 조용히 일을 의논했다. 체상(체찰사 이원익)은 의로운 분노가 북받쳐 탄식하는 것을 이기지 못했다. 밤이 깊도록 이야기하고 논의하는 사이에, "일찍이 임금님의 유지가 있었는데, 미안해하는 말이 많이 있었습니다. 마음속으로 의아했으나, 뜻은 알 수 없었습니다"라

되어 있다.
144 "얼자"의 원문 "孽"은 양반의 첩의 자손 중 노비 출신 첩에서 태어난 자손이다. 양인 첩의 자손은 "庶"라고 한다. 합쳐서 "서얼庶孽"이라고 부른다.
145 정경운의 『고대일록』 1592년 7월 30일에는 "금산에 있던 왜적이 무주 경계를 거쳐 옥천군 양산창을 지나갔다"는 내용이 나온다.
146 공생은 손병규의 『호적』에 따르면, 지방의 향리의 한 부류로, 실제로는 향리 역할을 수행하면서 표면상으로는 그 예비 집단으로 존재하며, 향리인 호장이나 기관記官은 이 공생을 지낸 자들 중에서 선발되었고, 호장은 향리 조직의 우두머리나 핵심 구성원이라고 한다.
147 조선시대에는 문상 기간이 1~2년 정도였다. 문상을 갈 때는 "상복"을 뜻하는 흰옷인 "소복" 차림을 했다. 체찰사 이원익의 소복 차림은 이순신에 대한 배려다.

고 했다. 또한 말하길, "흉악한 사람(원균)이 있지도 않은 일을 꾸며 속이는 것이 아주 심합니다. 그런데도 하늘¹⁴⁸은 빠짐없이 생각하며 살피지 못하고 있습니다. 나랏일을 어찌 해야 합니까"라고 했다. 나올 때, 남 종사南從事(종사관 남이공)가 사람을 보내 안부를 물었다. 내가 답하길, "밤이 깊었기에 나아가 인사를 드릴 수 없습니다"라고 말했다.

21일[5일. 신해] 맑았다. 박천博川의 류해柳海¹⁴⁹가 서울에서 내려왔다. "한산도에서 공로를 세우겠다"고 했다. 또 말하기를, "은진현恩津縣에 도착했을때, 현의 쉬(현감)가 배를 타는 일을 말했다"고 했다. 류柳(류해)는 또 말하기를, "왕옥王獄(의금부 감옥)에 갇힌 죄인 이덕룡李德龍¹⁵⁰이 고소한 사람은옥에 갇혀 형을 세 차례 받아¹⁵¹ 곧 목숨이 끊어질 것"이라고 했다. 기가막힐 일이다. 기가 막힐 일이다. 게다가 "과천果川 좌수¹⁵² 안홍제安弘濟 등은 이 상공¹⁵³에게 말과 20살의 계집종을 바치고 석방되어¹⁵⁴ 갔다"고 했

148 "하늘"의 원문 "天"을 이은상은 "임금"으로, 홍기문은 "하늘"로 번역했다.
149 류해는 류성룡의 「天兵進取平壤 分道便宜狀」(1592년 10월),에 따르면, 임진왜란 초기에 박천 군수였다. 「선조실록」 선조 30년(1597) 7월 28일에는 칠천량해전에 별장으로 참전한 것으로 나온다. 조응록의 「죽계일기」 1604년 5월 22일에는 훈련원 주부에 임명된 것으로 나온다.
150 이덕룡에 대해서는 「선조실록」 선조 30년(1597) 1월 4일 기록에 나온다. 이덕룡은 사노비로 일본군과 내통해 군사 기밀을 누설하다가 1596년 7월 적발되었는데, 임해군이 공공연하게 석방하기를 청해 포도대장이 석방했다고 나온다.
151 "형을 세 차례 받아"의 원문은 "受刑三次"이다. 형은 장형인 듯하다.
152 좌수는 지방 군·현의 수령을 보좌하던 자문기관인 향청·향소·유향소의 최고 우두머리다.
153 "이 상공"의 원문 "李尙公"을 홍기문은 "李尙宮"으로 보았다. 그러나 「친필본」을 보면 "李尙公"이다. 「편수회본」 「박혜일·최희동본」도 "이 상공"으로 보았다. 「선조실록」 선조 30년(1597) 1월 4일 기록에는 이날 일기의 '이덕룡'이 나온다. 이 상공은 일본군과 내통해 간첩 활동을 한 사노비 이덕룡을 풀어주게 한 임해군 이진李珒과 정원군 이부李琈를 지칭할 가능성이 있다.
154 "석방되어"의 원문은 "見放"이다. 전국시대 초나라 굴원屈原이 지은 「어부사漁父辭」에 나온다. 굴원이 억울하게 참소를 당해 조정에서 쫓겨났을 때, 한 어부가 초췌한 굴원에게 쫓겨난 이유를 묻자 굴원은 "온 세상이 흐리지만 나는 홀로 맑았고, 모든 사람이 취했지만 나는 홀로 깨어 있었다. 이 때문에 쫓겨났다舉世皆濁我獨淸 衆人皆醉我獨醒 是以見放"라고 했다. 어부는 굴원

다. 안安(안홍제)도 본래 죽을죄를 지은 것이 아닌데, 몇 차례나 형을 받아 곧 목숨이 끊어지게 되었다가 물건을 바친 뒤에야 풀려났다. 안팎이 모두 물건의 많고 적음을 보고 죄의 가벼움과 무거움이 있게 되니, 결말이 어찌 될지 알 수 없구나內外皆以見物之多少 罪有輕重 未知結末之如何也. 이것이 이른바 "일맥금 돈이면 곧, 죽은 사람이라도 되살릴 수 있다一脉金錢便返魂"155는 것 이구나.

에게 "세상 사람들이 모두 흐린데 어찌 그 진흙을 파서 흙탕물을 일으키지 않으며, 모든 사람들 이 취했는데 어찌 그 술 찌꺼기를 먹고 그 김샌 술까지 마시지 않는가. 어떤 이유로 깊이 생각하 고 고고하게 있어서 스스로 쫓겨나게 했는가世人皆濁 何不掘其泥而揚其波 衆人皆醉 何不餔其 糟而歠其醨 何故深思高擧 自令放爲"라고 했다. 어부는 이어서 "푸른 물결의 물이 맑으면 나는 갓끈을 씻고, 푸른 물결의 물이 흐리면 나는 발을 씻으리라滄浪之水淸兮 可以濯吾纓 滄浪之水濁兮 可以 濯吾足"라고 노래했다고 한다.

155 "일맥금 돈이면 곧, 죽은 사람이라도 되살릴 수 있다"의 원문은 "一脉金錢便返魂"이다. 이 와 비슷한 문장이 중국 명나라 때 구우瞿佑(1347~1433)가 괴담과 기이한 이야기들을 엮어 쓴 『전등신화』속의 한 편인 「영호생의 저승 꿈令狐生冥夢錄」에 나오는 칠언율시의 첫 구절, "一陌 金錢便返魂"이다. 「친필본」과 「영호생의 저승 꿈」의 구절을 비교해보면, 「친필본」 "一脉金"이 「영호 생의 저승 꿈」에서는 "一陌金"으로 나온다. 「친필본」을 가장 먼저 판독한 「편수회본」에서는 "脈", 최근에 다시 판독한 「박혜일·최희동본」은 "脈·脉"으로 판독했다. "脈"의 속자가 "脉"이다. 결국 「편수회본」·「박혜일·최희동본」은 모두 "脉"로 판독했다. 「친필본」에서 확인해보아도 "脉"이다. 「난 중일기」 1596년 7월 24일의 "泉脉"과도 글자가 같다. 이는 이순신이 「영호생의 저승 꿈」의 "陌"을 "脉"으로 잘못 썼을 수도 있지만, 그 시대에는 "脉"으로도 사용했거나, "陌"과 같은 글자로 사용 했다고도 추정할 수 있다. 「영호생의 저승 꿈」의 "陌"은 『전등신화』의 본문 해설에 따르면 "당나 라에서 사용하는 맥전법陌錢法으로 陌은 百 혹은 八十"이라고 한다. 『전등신화』는 『조선왕조실 록』에서는 「연산군일기」 연산 12년(1506) 4월 12일에 처음 나온다. 또한 연산군은 『전등신화』의 간행을 적극 추진했다. 반면에 「선조실록」 선조 2년(1569) 6월 20일에는 경연에서 기대승이 선조 에게 『전등신화』에 대해서 "사람의 마음과 뜻을 오도하는 책" "놀라울 만큼 저속하고 외설적인 책"으로 임금이 경계해야 한다고 평가했던 책이기도 하다. 기대승은 또한 당시 일반 가정에서 다 투어 서로 인쇄해 읽고 있다고 개탄하기도 했다. 유희춘이 1568년 구입한 책 목록 중에도 『전등 신화』가 들어 있으나 정확한 판본은 알 수 없다. 『전등신화』는 1568년 교서관에서 인출되었다. 이순신이 인용한 『전등신화』의 "一陌金錢便返魂"를 한국고전종합DB에서 찾아보면, 인용한 사 례가 거의 나타나지 않는다. 최덕중崔德中의 「연행록일기燕行錄日記」 1712년 2월 19일에 한 차 례 나올 정도다. 분명한 것은 이순신이 「영호생의 저승 꿈」을 인용해 돈의 힘을 비판한 것은 확실 하다. 이순신이 인용한 「영호생의 저승 꿈」에 나오는 칠언율시는 다음과 같다.

22일[6일, 임자] 맑았다. 남풍이 크게 불었다. 아침에 손인필 부자가 와서 만났다. "박천의 류柳(류해)가 승평(순천)으로 가서 그대로 한산도로 달려가 겠다"고 했다. 그래서 전(전라)·경상의 두 수사(이억기·배설)¹⁵⁶와 가리포 첨사(이응표) 등에게 안부 편지를 보냈다. 늦게 체상(체찰사 이원익)의 종사관 김광엽金光燁이 진주에서 현(구례현)으로 들어왔다. 배백기裴伯起(배흥립)¹⁵⁷ 영공이 도착했다. 공적인 일과 관련해 사적으로 받은 편지도 왔다. 터놓고 이야기할 수 있겠다. 다행이다. 다행이다. 홀로 앉아 있었다. 슬프고 가슴이 찢어져 견디기 어려웠다. 견디기 어려웠다獨坐悲慟 難堪難堪. 어두울 무렵 배 동지裴同知(배흥립)와 주쉬(구례 현감 이원춘)가 와서 만났다.

23일[7일, 계축] 아침에 정사룡鄭思龍과 이사순李士順이 와서 만났다. '원 공(원균)의 일'을 많이 전했다. 늦게 배 동지(배흥립)가 한산도로 돌아갔다. 체상(체찰사 이원익)이 사람을 보내 불렀기에, 가서 찾아뵙고 조용히 논의하고 이야기했다. "최근 세상일은 이미 잘못된 것입니다. 죽을 날만 기다릴 뿐입니다"라며 많이 분노해 말했다. 내일 초계草溪¹⁵⁸로 갈 일을 보고했더니, 체

일백금 돈이면 곧, 죽은 사람이라도 되살릴 수 있고,	一陌金錢便返魂
공사 어딜 가나 돈이면 통하네.	公私隨處可通門
귀신은 덕 있는 사람은 살 길을 열어준다는데,	鬼神有德開生路
해와 달이 빛을 잃어 억울한 사람은 비추지도 않네.	日月無光照覆盆
가난뱅이, 무슨 수로 부처님 힘을 얻을 수 있나.	貧者何緣蒙佛力
부자들은 하늘의 은혜 입는 것도 쉽구나.	富家容易受天恩
착하든 악하든 인과응보 없다는 것을 일찍 알았다면	早知善惡都無報
황금이나 많이 모아 자손에게 물려줄 것을!	多積黃金遺子孫

156 배설은 1595년 6월에 경상 우수사에서 파직된 뒤, 조응록의 『죽계일기』에 따르면, 1597년 2월 9일에 다시 경상 우수사에 임명되었다.

157 "裴伯起"는 「문화재청본」·「편수회본」에서는 "襄伯起"로 나온다. 「친필본」을 보면, "裴伯起"의 '裴'는 5월 23일 일기의 "裴同知"의 '裴'와 글자 모양이 같다. '襄'은 '裴'의 오자다. '백기'는 배흥립의 자이기도 하다.

158 초계는 오늘날 경상남도 합천군 초계면이다.

상(체찰사 이원익)은 이대백李大伯이 모은 쌀 2곡을 받을 수 있도록 첩지帖紙 (물품 수령을 위한 증서)를 주었다. 성 밖의 주인, 즉 장세휘張世輝[159] 집으로 보냈다.

24일[8일. 갑인][160] 맑았다. 동풍이 내내 크게 불었다. 아침에 광양 고응명高應明의 아들인 언선彦善이 와서 만났다. '한산도의 일'을 많이 전했다. 체상 (체찰사 이원익)이 군관 이지각을 보내 평안한지 어떤지 안부를 물었고, 전하기를, "경상 우도 연해沿海 지도圖畫[161]를 얻고 싶은데, 방법이 없습니다. 본 것을 그려 보내주신다면 다행이겠습니다"라고 했기에, 나는 거절할 수 없어 초도草圖(지도 초안)[162]로 대답했다. 저녁에 비가 크게 내렸다.

25일[9일. 을묘] 비가 내렸다. 아침에 길을 떠나려 했으나, 비에 막혀 가는 것을 멈췄다. 홀로 시골집에 기대 있었다. 가슴에 품은 생각이 만 갈래다. 슬픔과 그리움을 어찌하랴. 슬픔과 그리움을 어찌하랴獨倚村家 懷思萬端 悲戀如何 悲戀如何.

26일[10일. 병진] 큰비가 내내 내렸다. 비를 무릅쓰고 길에 올랐다. 막 출발할 때, 사량 만호[163] 변익성이 체상(체찰사 이원익)에게 죄의 유무를 조사받

159 5월 19일 일기에는 "장세호"로 나온다.
160 태조의 제삿날이다.
161 이 시기의 지도와 지리지와 관련해 유희춘의 『미암일기』 1568년 4월 21일에는 『동국지도』, 1568년 4월 22일에는 『동국지지』가 나온다. 또한 『조선왕조실록』에서 임진왜란 직전까지 경상도 지도와 관련된 내용으로는 다음과 같은 사례들이 있다. 『세종실록』 세종 25년(1443) 4월 7일에는 경상도 감사가 바친 「해도지도」, 『세조실록』 세조 1년(1455) 7월 22일에는 황수신이 올린 「경상도지도」와 「웅천현도」, 『연산군일기』 연산 3년(1497) 11월 15일에 이극균이 그려 올린 「경상우도지도」, 11월 16일에 이종준이 그린 「경상좌도지도」 등이 있다.
162 "초도(지도 초안)"는 이 일기에서는 지도의 초안을 뜻한다. 『묵재일기』 1545년 윤 1월 2일에는 '시문詩文 초도'가 나온다.
163 "샤량 만호"의 「친필본」은 "양사 만호梁蛇萬戶"다. 이순신이 "사량 만호蛇梁萬戶"의 글자를 잘못 쓴 사례다.

기 위해 왔다. 이종호가 붙잡아왔다. 잠시 서로 마주했다. 석주관石柱關[164]의 문에 도착했다. 비가 퍼붓는 듯 내렸다. 말을 쉬게 했다. 미끄러지고 넘어지면서 간신히 악양岳陽[165]의 이정란李廷鸞[166] 집에 도착했더니, 문을 닫고 거절했다. 그 집 뒤에 기와집瓦屋[167]이 있었다. 사내종이 곳곳으로 흩어져 머물 곳을 찾았으나, 모두 맞지 않았다. 조금 쉰 뒤에 다시 이정란의 집으로 되돌아왔는데, 김덕령의 동생 덕린德麟[168]이란 사람이 빌려 들어가 있었다. 나는 열을 시켜 억지로 말하게 해서 들어가 묵었다. 봇짐이 다 젖었다.

27일[11일, 정사] 흐리고 맑은 것이 반반이다. 아침에 젖은 옷을 바람에 말렸다. 늦게 출발해 두치의 최춘룡崔春龍 집에 도착했더니, 사량 만호(변익성)와 이종호가 먼저 도착해 있었다. "변익성邊翼星(사량 만호)은 장 20을 맞고 몸을 움직일 수 없다"고 했다. 류기룡이 와서 만났다.

28일[12일, 무오] 흐렸으나 비는 내리지 않았다. 늦게 출발해 하동현河東縣

---

164 석주관의 위치에 대해서는 전남 구례군 토지면 송정리 171번지와 전남 구례군 토지면 외곡리라는 주장이 있다.

165 "악양"은 경남 하동군 악양면 평사리, 하동군 악양면 정서리라는 주장이 있다.

166 이정란에 대해 노기욱은 정유재란 때 "만약 전주를 잃으면 나라를 보존하기 어렵다"고 하며 전주성을 수성한 전라도의 대표적인 인물이라고 했다.

167 기와집은 신라시대부터 있었다. 신라의 수도 서라벌은 모두 기와집으로 초가집이 한 채도 없었다고 한다. 고려의 수도 개성에도 기와집이 즐비했다고 한다. 심지어 청자 기와집도 있었다. 조선시대에도 부유한 양반가를 중심으로 기와집이 있었다. 일반 서민층에서는 초가집이 대부분이었다.

168 "덕린"은 「문화재청본」, 「편수회본」에서는 '德獜'으로 보았지만, 이 번역본에서는 '德麟'으로 보았다. 그 이유는 1593년 2월 14일의 '田應獜'를 '田應麟'으로 본 이유와 같다. 김덕린은 김세곤의 『정유재란과 호남사람들』에 따르면, 김덕령의 아우 김덕보(1571~1627)다. 김덕보는 형 김덕령이 억울하게 옥사하자 화순군 동복, 지리산 등에 은거했다고 한다. 그 후 김덕보는 1602년에 광주로 돌아와서 무등산 원효 계곡 아래에 작은 집을 짓고 살았다고 한다. 그 집이 풍암정이다. 『난중일기』에는 김덕령의 동생 김덕린과 동명의 김덕린도 나온다. 이순신 막하에서 군량을 모으는 데 활약했던 인물이다. 김덕령의 동생 김덕린과는 다른 인물이다.

에 도착했더니, 주쉬(신진)가 서로 만난 것을 기뻐했다. 성 안의 별채 사랑으로 맞아들였다. 아주 겸손하고 정성을 다해 대접했다. 게다가 "원(원균)이 하는 일은 미친 것이 많다"고 했다. 해가 저물어도 이야기했다. 변익성도 도착했다.

29일[13일, 기미]169 흐렸다. 몸이 아주 불편했다. 길에 오를 수 없었다. 그대로 머물러 몸조리했다. 주쉬(신진)는 속마음을 많이 말했다. 황 생원黃生員이라고 하는 사람은 나이가 70인데, 하동에 도착했다. "일찍이 경락170에 살았으나 지금은 떠돌고 있다"고 했다. 나는 만나지 않았다.

◎ 1597년 (「정유년 Ⅰ」) 6월

6월 1일[양력 7월 14일, 경신]171 비가 계속 내렸다. 일찍 출발해 청수역淸水驛172 시냇가 정자에 도착했다. 말을 쉬게 했다. 해 질 무렵 단성丹城 땅에 들어갔다. 진주의 경계에 있는 박호원朴好元173의 농사짓는 사내종인 집주인이 기꺼이 대접했으나, 잠자는 방은 좋지 않아 간신히 밤을 보냈다. 비가 밤새 계속 내렸다. 유둔174 1, 장지 2, 흰쌀 1, 참깨175 5, 들깨水荏176 3,

---

169 이순신의 장모 제삿날이다.
170 "경락京洛"은 서울이다. 본래 중국 한나라와 당나라의 수도였던 낙양을 뜻하나, 조선에서는 한양, 즉 서울을 가리키는 말로 사용되었다. 『난중일기』에서는 대부분 "京"으로 기록하고 있다. "경도·경성"이라는 표현도 나온다.
171 6월 1일은 초복이다.
172 청수역은 경남 하동군 옥종면 정수리에 있었다.
173 박호원은 1552년 문과에 급제했고, 대사헌·호조 참판 등을 역임했다.
174 "유둔油芚"을 「문화재청본」은 "留芚"으로 보았으나, 오자다.
175 "참깨"의 원문은 "眞荏"이다. 황필수의 『명물기략名物紀略』에서는 옛날 중국에 야소野蘇(들깨)가 있었는데 荏이라고 했고, 참깨는 기름의 품질이 좋아 眞荏이라 했다는 내용이 나온다. 『쇄미록』 1592년 11월 17일, 1597년 4월 10일에도 "眞荏"이 나온다.
176 「문화재청본」·「편수회본」의 "小荏"은 "水荏"의 오자다. 「문화재청본」 중에서 "水"를 "小"로 판

꿀 5, 소금 5[177]와 또 오미지五未持[178]는 모두 하동 현감(신진)이 조치해준 것이다.

2일[15일, 신유] 비가 내리거나 이따금 맑거나 했다. 일찍 출발했다. 아침을 단계丹溪 시냇가[179]에서 먹었다. 늦게 삼가현三嘉縣에 도착했더니, 주쉬(삼가 현감 신효업)는 이미 산성에 가 있었다. 비어 있는 관[180]에서 묵었다. 현(삼가 현) 사람들이 밥을 지어 먹으라고 했으나, "먹지 말라"고 사내종 등에게 일렀다. 삼가 5리 밖에 회화나무 정자가 있었다. 내려가 앉았다. 가까이 사는 노순盧錞, 일鎰 형제[181]가 와서 만났다.

독한 사례로는 정유년 II(1597년) 8월 30일의 "右小營"이 있다. "右水營"의 오자다. 정유년 I (1597년) 5월 12일의 "水電屯"의 '水'도 '小'처럼 볼 수도 있으나, '水'이다.
177 「친필본」에는 이 물품에 대한 단위가 나오지 않는다.
178 "오미지"에 대해 홍기문은 "未持 다섯"이라며, "배 바닥의 틈을 때우는 물건"이라고 주석했다. 이은상 등은 종이의 일종인 未紙를 음차한 것이라며 "밀 먹인 종이, 배 구멍을 때워 막을 때 쓰는 것"으로 주석해놓았다. "五未持"는 '5(개)의 갖고 오지 않은 것'으로도 볼 수 있으나, 정확히 무엇인지 알 수 없어 원문 그대로 썼다.
179 단계천은 노기욱에 따르면, 경남 산청군 신등면 단계리 고개 아래에 있다.
180 관은 집, 객사, 관사, 별관 등의 여러 뜻이 있다. 공무로 여행하는 사람들의 잠자리와 먹거리를 제공하기 위해 설치된 역참도 관으로 부르기도 한다. 관사館舍는 각 지방 대로에 50리마다 두었다.
181 "노순·일 형제"에 대해 「문화재청본」 「편수회본」과 이은상은 "盧淳鎰兄弟"로 보았다. 그러나 「친필본」 「박혜일·최희동본」은 "盧錞鎰兄弟"이다. 「문화재청본」 등이 모두 오독한 사례다. "盧錞鎰兄弟"는 "노순일 형제" 혹은 "노순·(노)일 형제"로 볼 수 있다. "노순일 형제"로 볼 수 있는 「난중일기」의 유사 사례로는 1593년 8월 19일 원공 형제元公兄弟, 1596년 5월 16일 송한련 형제 宋漢連兄弟, 「정유년 I」 7월 6일 안각 형제安珏兄弟, 「정유년 II」 10월 19일 윤건 등의 형제尹健 等兄弟가 있다. "노순·(노)일 형제"로 볼 수 있는 유사 사례로는 「난중일기」 「정유년 I」 7월 4일 양점·(양)찬·(양)기梁霑纘紀, 7월 17일 정운룡·(정)득룡鄭雲龍得龍, 「정유년 II」 9월 20일 이광 축·(이)광보李光軸光輔가 있다. 그런데 이날 일기의 삼가현과 관련시켜보면, 노순은 임진왜란 초기에 곽재우 막하에서 의병활동을 했던 선비다(곽재우의 문집인 「망우집忘憂集」 「용사별록龍蛇別 錄」, 이로李魯의 「송암집」 「학봉 김 선생의 용사 사적, 문수지鶴峯金先生龍蛇事蹟 文殊志」(1592년 5월 10일) 이만도李晩燾의 「향산집」 「통훈대부 행 군기시 봉사 중 가선대부 병조 참판 윤공(윤탁) 신도비명 병 서通訓大夫行軍器寺奉事贈嘉善大夫兵曹參判尹公神道碑銘 并序」, 전치원의 「탁계선생문집濯溪先生文集」

518 ◉ 난중일기

3일[16일, 임술] 비가 계속 내렸다. 아침에 길을 떠나고자 했으나, 비가 내리는 형세가 이렇다. 웅크리고 앉아 걱정하고 있을 때, 도원수(권율)의 군관 류홍柳泓[182]이 흥양에서 왔다. 도로에 대해 말해보니, 길을 떠날 수 없었다. 그대로 묵었다. 아침에 들으니, "현(삼가현) 사람이 준 밥을 먹었다"고 했었기에, 사내종의 볼기를 쳤다.[183] 밥한 쌀은 되돌려주었다還給飯米.

4일[17일, 계해] 흐리다가 맑았다. 일찍 출발했다. 가려 할 때, 주쉬(삼가 현감 신효업)가 안부를 묻는 편지를 보냈다. 게다가 행자行資(여행 비용)도 조치해 주었다. 낮 12시쯤, 합천陜川 땅에 도착했다. 고을에서 10리쯤 떨어진 곳에 회화나무 정자가 있었다. 아침을 먹었다. 더위가 혹독했다. 말을 한동안 쉬게 했다. 5리 전에 도착했더니, 갈림길이 나왔다. 한쪽 길은 곧바로 군(합천군)으로 가는 길이고, 한쪽 길은 초계로 가는 길이었다. 그래서 강[184]을 건너지 않고 갔다. 바로 10리쯤 가니 원수(권율)의 진이 멀리서 보였다. 문

「濯溪先生年譜」). 그런데 『신창 노씨 세보』에는 노순과 노일이 형제이고, 노순은 1551년(신해) 출생, 을미년(1595) 사망으로 나오기에 『난중일기』의 이날 1597년 6월 2일과는 맞지 않다. "노순일"이 아니라 "노순과 노일"이라면, 『신창 노씨 세보』의 사망 기록이 오류일 수 있다. 노순盧錞(1551~?)은 조선 중기의 문신 겸 의병장이다. 조식의 문인이다. 임진왜란 때 박사제·허자대 등과 함께 의병을 봉기했고, 곽재우 막하에서 활약했다. 영변 부사를 역임했다. 이 번역에서는 노순의 기록과 노순의 족보 등을 기준으로 "노순과 노일"로 보았다.
182 "도원수의 군관 류홍"의 원문은 "都元帥柳泓"이다. 6월 7일 일기를 보면, "원수(권율)의 군관 박응사와 류홍"으로 나오는 것으로 보아 "군관"을 빼고 쓴 듯하다. 「편수회본」에서는 "都元帥柳泓(軍官脫)"이라고 나온다. 다른 일기에서는 柳洪·柳弘으로 나오기도 한다.
183 "볼기를 쳤다"의 원문 "笞"를 「문화재청본」에서는 "쏨"으로 보았다. 「친필본」「편수회본」「박혜일·최희동본」과 이은상 등은 "笞"로 보았다. 「문화재청본」이 오자다. 태는 오형五刑 중의 하나인 태형이다. 가벼운 죄를 저지른 사람에게 지우는 형벌로, 굵싸리나무 줄기荊로 만들어 볼기를 때린다. 때리는 횟수는 10·20·30·40·50대까지 있다. 『난중일기』에서 태형 사례는 이날 일기가 유일하다. 대부분 장이다.
184 강은 경남 합천군 대양면 황강이다.

보文珤가 머물고 있는 집에서 대접해주어 묵었다. 개연介硯[185]을 오갔다. 기이한 벼랑이 천 길이다. 강물은 굽이쳐 돌며 깊었다. 또한 절벽과 절벽 사이에 매단 사다리길[186]은 위험했다. 이 험한 곳을 움켜쥔다면, 사나이가 만 명이라도 지나가기 어렵겠구나若扼此險 則萬夫難過也.[187] 모여곡.[188]

5일[18일. 갑자] 맑았다. 서풍이 크게 불었다. 아침에 초계 쉬(군수)가 달려왔기에 곧바로 불러들여 이야기했다. 식사를 한 뒤, 중군 이덕필李德弼[189]도 달려왔다. 서로 함께 옛이야기를 했다. 얼마 뒤, 심준이 와서 만났다. 같이 점심을 먹었다. 잠자는 방을 도배했다.[190] 저녁에 이승서가 와서 만났다. "수비하며 매복했던 사람들이 도망친 일"을 말했다. 이날 아침에 구례 사람

---

185 "介硯"을 홍기문은 "介峴", 이은상은 "고갯길"이라고 했다. 6월 26일에는 "犬硯"으로 나온다. 개벼루·개비리·개벼리라고도 불리며, 오늘날 광주와 울산간의 24호 국도에 위치해 있다. "벼루"는 조강환의 『역사의 고전장』에 따르면, 충북 옥천군 군서면 월전리 서화천변에 구진벼루가 있다. 백제 성왕이 전사한 곳으로, 벼루는 병풍처럼 쳐져 있는 벼랑을 가리키는 말이라고 한다.
186 "절벽과 절벽 사이에 매단 사다리길"의 원문은 "棧"이다. 잔도棧道를 말한다. 『옛길박물관: 옛길편』(옛길박물관 엮음, 대원사, 2014, 128쪽)에 따르면, 영남대로의 3대 잔도로 천태산의 작원잔도, 양산의 황산 잔도, 문경의 관갑 잔도가 있다.
187 "이 험한 곳을 움켜쥔다면, 만 명이라도 지나기 어렵겠구나若扼此險 則萬夫難過也"는 이백李白이 「촉도난蜀道難」에서 중국 사천성 검각현에 있는 잔도인 검각劍閣에 대해 "사나이 한 명이 관문 지키면 사나이 만 명이 있어도 열지 못한다一夫當關 萬夫莫開", 혹은 좌사左思가 「촉도부蜀都賦」에서 "한 사람이 이 좁은 길목을 지키면 만 명의 사나이라도 나아가지 못한다一人守隘 萬夫莫向"라고 한 문장과 유사하다. 이순신의 글이나 이백·좌사의 글 모두 험난한 길목의 중요성을 말한 것이다.
188 "모여곡毛汝谷"은 김세곤의 『정유재란과 호남사람들』에 따르면, 지금의 경남 합천군 율곡면 낙민리 2구 매실마을이다.
189 이덕필(1547~?)은 조선 중기의 무신이다. 1599년 무과 별시에서 급제했다. 권율의 막하에서 중군장으로 활약하다가 1597년 10월 남원 부사로 임명되었다.
190 도배는 벽을 바른 흙이 다 마른 다음에 종이를 바르는 것이다. 조선시대 사람들은 글씨를 써서 다시 활용할 수 없는 버리는 종이로 바르는 첫 단계의 도배인 초배初褙, 그 위에 다시 흰 종이를 발라 먹물 자국을 가리는 중배中褙, 중배한 위에 다시 두꺼운 종이를 바르는 정배正褙의 세 단계로 도배를 했다고 한다(서유구, 『산수간에 집을 짓고』, 안대회 엮어 옮김, 돌베개, 2005, 319쪽).

과 하동 쉬(현감 신진)가 보내준 사내종과 말을 함께 되돌려 보냈다.

6일[19일, 을축] 맑았다. 잠자는 방을 다시 도배했다. 군관이 쉴 대청 2칸을 만들었다. 늦게 모여곡 주인집의 이웃에 사는 윤감尹鑑과 문익신文益新이 와서 만났다. 사내종 경을 이대백에게 보냈더니, "색리가 밖에 나가 있어 받아오지 못했다"고 했다. "대백大伯도 와서 만나고 싶다"고 했다. 어두울 무렵 집으로 들어갔다. 과부寡婦는 다른 집으로 옮겨갔다.[191]

7일[20일, 병인] 맑았으나 아주 더웠다. 원수(권율)의 군관 박응사朴應泗[192]와 류홍柳洪 등이 와서 만났다. 원수의 종사관 황여일黃汝一[193]이 사람을 보내 안부를 물었기에, 곧바로 고맙다는 답장을 보냈다. 안방으로 들어가 잤다.

8일[21일, 정묘] 맑았다. 아침에 정상명을 보내 황 종사관黃從事官에게 안부를 묻게 했다. 늦게 이덕필과 심준沈俊이 와서 만났다. 주쉬(초계 군수)와 그의 동생이 와서 만났다. 원수(권율)를 마중하러 가던 원수의 수행 10여 사람도 와서 만났다. 점심을 먹은 뒤, 원수가 진에 도착했다. 나도 가서 만났다. 종사(종사관 황여일)가 원수 앞에서 원수元帥[194]와 이야기했다. 도착해

---

191 이순신과 일행이 머문 집은 과부가 주인인 집이었던 듯하다. 과부는 이순신과 일행을 위해 다른 집으로 옮겨갔던 것 같다. 조선시대에는 여자만 있는 집에는 여행하는 양반들이 숙박하지 않았나보다. 『쇄미록』 1592년 10월 12일에 따르면, 오희문이 여행 중에 관노비의 집으로 들어가 숙박하려고 했는데, 집주인이 없어 주인 아내가 문을 닫고 오희문을 들이지 않았기에, 오희문은 집주인이 올 때까지 기다려 들어갈 수 있었다고 한다.

192 권율의 군관 박응사와 동일 인물인지는 확실치 않으나, 이탁영의 『정만록』 1592년 11월 13일에는 "신동관新同官 박응사朴應獅"가 나온다. 또한 「선무원종공신녹권」에서는 부장 박응사朴應士로 나오고, 선무원종공신 2등이다.

193 황여일(1561~1622)은 조선 중기의 문신이다. 1585년 문과 별시에서 급제했다. 1594년 형조 정랑에 임명되었고, 이어 권율의 종사관에 임명되었다. 「선무원종공신녹권」에서는 전 군수로 나오고, 선무원종공신 2등이다.

194 "元帥"를 「문화재청본」은 "完帥"로 보았다. 오자다.

한동안 있었다. 원수는 「박성朴惺195이 써 올린 사직서를 베낀 것」을 보여주었는데, "박성은 원수가 하는 일이 어설프다고 많이 진술했다". 원수는 스스로 불안하면서 체상(체찰사 이원익)에게 글을 올려보냈다. 또 "복병을 내보내는 등의 사항과 조건"을 보여주었다. 해 질 무렵이 되어 되돌아왔다. 몸이 아주 불편했다. 저녁을 먹지 않았다.

9일[22일, 무진] 흐렸고 개지 않았다. 늦게 정상명을 보내 원수에게 안부를 묻게 하고, 다음으로 종사관에게 안부를 묻게 했다. 처음으로 노마료奴馬料196를 받았다. "숫돌을 캐왔는데, 연일석延日石197보다 더 좋고 훌륭하다"고 했다. 윤감과 문익신, 문보 등이 와서 만났다. 이날은 여필(동생 이우신)의 생일이다. 홀로 군 복무하는 땅에 앉아 있으니, 가슴에 품은 생각이 어떠랴獨坐戍地 懷思如何.

10일[23일, 기사] 맑았다. 아침에 가라말加羅馬과 월라말月羅馬, 간자짐말看者卜

---

195 박성(1549~1606)은 조선 중기의 학자이며 의병장이다. 1592년 임진왜란이 일어났을 때, 초유사 김성일의 참모로 활약했고, 1597년 정유재란 때 조목과 의병을 일으킨 뒤 체찰사 이원익 막하에서 활약했다. 이순신과는 악연이다. 이긍익의 『연려실기술』과 윤휴의 「통제사 이충무공의 유사統制使李忠武公遺事」에 따르면, 1597년 이중간첩 요시라의 정보에 따라 선조가 이순신에게 부산포 출전 명령을 내렸을 때, 이순신이 회피하자 박성이 소문을 듣고 이순신을 베어야 한다고 주장했다고 한다.
196 노마료는 노비와 말을 먹일 비용이다. 『조선왕조실록』에는 나오지 않으나, 『승정원일기』 인조 15년(1637) 4월 9일 기록에는 호위청 군관들은 요미料米만 받고 노마료는 받지 않는다는 내용이 나온다.
197 연일석은 경북 포항시 남구 연일읍에서 나는 숫돌이다. 『승정원일기』 영조 3년(1727) 10월 11일에 나온다. 홍기문은 "迎日石"으로 보았다.

馬과 유짐말驅卜馬[198] 등의 상한 발굽에 편자를 박았다落四下加鐵.[199] 원수의 종사관이 삼척三陟 사람 홍연해洪漣海[200]를 보내 안부를 물었다. "늦게 찾아뵙고 싶습니다"라고 했다. 연해漣海라는 사람은 곧 홍견(임치 첨사)의 삼촌 조카이구나. 어릴 때 대나무 말을 타고 함께 놀던 서철徐徹이 합천 땅 동면 율진栗津에 살았는데, 내가 왔다는 소식을 듣고 와서 만났다. 어릴 때 이름은 서갈박지徐加乙朴只다.[201] 음식을 권한 뒤 보냈다. 저녁에 원수의 종사관 황여일이 와서 만났다. 조용히 이야기하는 사이에 임진(1592년)에 적을 무찌른 일에 이르자, 감탄하면서 극찬했다. 또 산성에 험준한 요새를 쌓지 않았던 것을 한탄했고, 지금의 무찌르기 위한 대비가 허술하고 부실한 것 등의 일도 말했다. 밤이 깊은 줄도, 돌아갈 것도 잊은 채 논의하고 이야기했다. 또 말하기를, "내일 원수가 산성을 일일이 조사하고 살필 것"이라고 했다.

---

198 가라말은 털색이 검은 말, 월라말은 털색이 얼룩진 말, 간자짐말은 이마와 뺨이 흰 색인 말, 유짐말은 갈기가 검은색이고 배가 흰색인 말. 가라말과 월라말은 전투용 말이고, 간자짐말과 유짐말은 짐을 싣는 말이다. 看者卜馬와 驅卜馬의 "卜"은 이두 표현으로 "진, 짐"으로 읽는다. 卜船을 "짐 배"라고 읽는 것과 같다.

199 말발굽에 편자를 박는 방식은 조선과 중국, 일본이 달랐다. 조선 후기 실학자 이덕무의 「앙엽기」에 따르면, 우리나라와 달리 중국에서는 말을 세워둔 상태에서 말굽을 들어 무릎에 얹고 박았고, 일본은 편자 대신 짚신을 신겨 5리나 10리마다 짚신을 갈아 신겼다고 한다. 김홍도의 그림 「편자 박기」에도 말을 땅에 누이고 발을 묶은 상태에서 편자를 박고 있는 모습을 보인다. 그런 방식은 1900년대 초 우리나라를 여행했던 프랑스 역사학자 장 드 팡주가 남긴 여행기에도 남아 있다.

200 홍연해(1577~?)는 삼척 출신의 조선 중기 무신이다. 당시 임치 첨사였던 홍견(1535~?)의 형인 홍확洪確의 아들이다. 1613년 무과 증광시에서 급제했다. 「친필본」「편수회본」「박혜일·최희동본」은 "洪漣海"이나, 「계축증광별시전시방목癸丑增廣別試殿試榜目」에는 "洪灂海", 홍기문은 '洪璉海'로 보았다.

201 『쇄미록』 1592년 12월 18일에 따르면, 오희문이 서산에 도착했을 때, 관노비 어둔과 고손 등이 찾아와 만나, 어릴 때 놀던 일을 이야기했다고 한다. 양반과 노비도 어릴 때는 같이 놀았던 듯하다.

11일[24일. 경외] 맑았다. 중복中伏. 쇠가 녹고, 구슬도 녹일 듯 뜨거웠다. 대지가 찌는 듯했다. 늦게 명나라 차관 경략군문經略軍門 이문경李文卿202이 와서 만났다. 부채를 주어 보냈다. 어제 저녁에 종사(종사관)와 논의하고 이야기할 때, 변홍백卞興伯(변존서)의 사내종 춘春203이 집안의 편지를 갖고 와 전했다. "(어머님의) 영연이 아주 평안한 것"을 알았다. 마음이 찢어지는 것을 어찌 다 말하랴懷痛可言. 다만 "홍백이 나를 만날 일로 이곳에 도착했는데, 비어 있어 청도淸道로 되돌아갔다"고 했다. 한스러웠다. 이날 아침, 편지를 써서 홍백에게 보냈다. 아들 열이 설사하고 심하게 토하는 아픔으로 밤새 끙끙 앓았다. 베인 듯 아프고 가슴만 태우는 것을 어찌 다 말하랴剪悶可言. 닭이 운 뒤, 조금 덜해져 잠들었다. 이날 아침, 한산도의 여러 곳에 보낼 편지 14장을 썼다.204 경의 어미가 보낸 편지에서 말하기를, "지내기가 몹시 어렵습니다"라고 했다. "도둑이 또 일어나 엿보고 있습니다"205라고 했다. 작은 월라말이 먹지 않았다. 이는 곧 더위병에 걸린 것이구나.206

202 「문화재청본」, 「편수회본」, 『이충무공전서』와 홍기문은 "李文卿", 「박혜일·최희동본」은 "李文鄕"으로 보았다.
203 「문화재청본」에는 "春"이 나오지 않는다. 「친필본」, 「편수회본」과 홍기문 번역본에는 나온다. 「문화재청본」에서는 누락했다.
204 이날 이순신은 「난중일기」에서 확인할 수 있는 가장 많은 수의 편지를 썼다.
205 "도둑이 또 일어나 엿본다"의 원문은 "盜又興視"이다. 그러나 「문화재청본」, 「편수회본」과 이은상은 "盜又興視"로, 「박혜일·최희동본」은 "盜又興規"로 보았다. '規'와 '規'는 같은 글자다. 그러나 '規' 혹은 '規' 자는 '視'의 오독이다. 「난중일기」 「정유년 Ⅰ」 6월 17일의 "視備邊司啓", 「정유년 Ⅱ」의 "俯視"의 '視'와 글자 모양이 같다. 이 부분을 이은상은 "도둑이 또 일어났다", 홍기문은 "지내기가 대단히 곤란하다는 사연이다"라고 번역했다. 이은상은 번역할 때는 "規"가 아닌 "視"로 보고 번역했다. "興視"는 "밤에 일어나 밖을 엿본다"는 뜻이다. 「시경」 「女曰鷄鳴(아내가 닭이 운다고 하네)」의 "그대, 일어나 밤이 얼마나 지났는지 보세요. 샛별이 반짝여요子興視夜 明星有爛"에 나오는 말이다.
206 "더위병"의 원문은 "中暑"이다. 1499년에 간행된 민간 구급 의약책인 『구급이해방』에도 나온다.

12일[25일, 신미] 맑았다. 이른 아침에 사내종 경과 사내종 인仁을 한산도 진으로 보냈다. 전라 우수백(이억기)·충청 수사(최호)·경상 수사(배설)·가리 加里 첨사(이응표)·녹도 만호(송여종)·여도 만호(김인영)·사도 첨사(황세득)·배 동지(배흥립)·김 조방장(김완)·거제 현령(안위)·영등 만호(조계종)·남해 현령 (박대남)·하동 현감(신진)·순천 부사(우치적)에게 편지를 보냈다. 늦게 승장 처영處英207이 와서 만났다. 둥근 부채208와 미투리를 바치기에, 물건으로 보상해 보냈다. 게다가 "적의 일"을 말했고, 또 "원 공(원균)의 일"을 말했다. 오후에 들으니, "중군장中軍將(이덕필)209이 군사를 이끌고 적에게 달려갔다" 고 했다. 무슨 일인지 알 수 없었다. 나는 원수(권율)를 찾아가 만났는데, 우병사(경상 우병사 김응서)가 긴급히 보고한 내용에, "부산의 적이 창원 등 지로 출발하려 하고, 서생西生의 적은 경주로 진을 옮겼다"고 했다. 그래서 "복병군을 보내 길을 끊어 막고, 군대의 위세를 뽐내려고 한다"고 했다. 병 (병사)210 우후 김자헌金自獻211이 일 때문에 와서 원수를 찾아뵈었다. 나도

207 처영(?~?)은 조선 선조 때의 승려·의승장이다. 휴정(서산대사)의 제자다. 1592년 임진왜란 이 일어났을 때 휴정이 8도의 승려에게 격문을 보내 궐기할 것을 호소했을 때, 1000명의 승병을 모집해 권율과 함께 이치 전투에 참전했다. 1593년 2월, 권율과 함께 북진해 수원 독왕산성에 진 을 치고 왜적 우키타 히데이에宇喜多秀家의 공격을 격퇴했다. 권율이 행주산성에 주둔했을 때, 700명 승병을 이끌고 참전했다.
208 "둥근 부채"의 원문은 "圓扇"이다. 최상수의 『한국부채의 연구』에 따르면 방구부채라고도 하며, 부채살이 깁紗이나 비단 혹은 종이를 붙여 만든 둥근 형태의 부채로 접부채와 달리 접을 수 없다. 이 둥근 부채의 하나가 『삼국사기』에 나오는 견훤이 왕건에게 바친 공작선, 『삼국지』에서 제갈공명이 군대를 지휘했던 백우선이라고 한다.
209 중군장은 각 군영에서 대장이나 절도사, 통제사 등의 밑에서 군대를 통할하던 장수다.
210 "병(병사)"은 「문화재청본」에서는 누락했다. 「편수회본」에는 나온다.
211 김자헌(1541~?)은 이정암의 『사류재집四留齋集』 「행년일기 상行年日記上」 1592년 8월 10일 에는 "전 도사 김자헌이 배천白川 조방장이 되었다", 「해서결의록海西結義錄」에는 군관으로 신축 년(1541년) 생으로 개성 출신인 전 도사로 나온다. 1592년에는 이정암 막하에서 황해도에서 활약 했던 듯하다.

만났다. 달을 머리에 이고戴月 되돌아왔다.

13일[26일, 임신] 맑았다. 늦게 이슬비가 뿌리다 그쳤다. 늦게 병(병사)의 우후 김자헌이 와서 만났다. 잠시 서로 이야기했다. 점심을 권해 보냈다. 이날 낮 12시쯤, 완초莞草(왕골)212를 찌고 햇볕에 말렸다. 어두울 무렵 청주 이희남의 사내종이 들어왔다. 전하기를, "자신의 주인이 우병사(김응서)의 부대에 와서 방어하고 있어, 지금은 원수의 진 곁에 도착했는데, 해가 저물어 머물러 묵고 있다"고 했다.

14일[27일, 계유] 흐렸으나 비는 내리지 않았다. 이른 아침에 이희남이 들어왔다. 자기 누이의 편지를 전했는데, "아산의 (어머님) 영연과 위·아래 사람들 모두 무사하다"고 했다. 아픈 마음을 어찌 다 말하랴. 아픈 마음을 어찌 다 말하랴心痛可言 心痛可言. 아침을 먹은 뒤, 희남이 편지를 갖고, 우병사(김응서)에게 갔다.

15일[28일, 갑술]213 맑고 흐리기가 서로 반반이었다. 이날은 보름이다.214 그러나 몸이 군대에 있으니, 신위를 모시고 곡을 할 수 없었다. 사무치게 그리운 마음을 어찌하랴. 사무치게 그리운 마음을 어찌하랴懷戀如何 懷戀如何. 초계 쉬(군수)가 떡과 물건을 갖춰 보냈다. 원수의 종사관 황여일이 군관을 보내 전하며 말하기를, "원수가 오늘 산성에 가려고 합니다"라고 했다.215

---

212 완초(왕골)는 돗자리, 방석, 신, 바구니를 만드는 데 사용했다. 조기 재배는 6월 중순, 보통이 경우는 8월 중순에 수확했다. 이날 일기 날짜를 보면, 완초를 수확했을 시기다.
213 조선시대 명절의 하나인 유두절이다.
214 보름의 원문은 "望日"이다. 남평 조씨의 『병자일기』 1637년 1월 15일의 경우도 15일을 "망일"이라고 했다.
215 「친필본」의 "산성에 가려고 합니다欲山城"를 「편수회본」에서는 "欲山城" 옆에 "往脫力, 往가 빠진 듯하다"고 주석해놓았다. 「편수회본」은 "欲往山城"로 본 것이다. 문맥으로 보면 타당하기에 그렇게 번역했다.

나 또한 뒤따라갔다. 큰 냇가에 도착했다가, 다른 의론이 있을까 염려되었다. 냇가 위에 앉았다. 정상명을 보내, "병에 걸렸다"고 보고하게 했다. 그 대로 되돌아왔다.

16일[29일, 을해] 맑았다. 내내 홀로 앉아 있었다. 인사하러 오는 사람이 없었다. 열과 이원룡을 불렀다. 책을 만들어 변씨 족보[216]를 쓰게 했다. 저녁에 희남이 보낸 한글 편지에서 말하기를, "병사(김응서)가 보내주지 않는다"고 했다. 변광조卞光祖가 와서 만났다. 열과 정상명이 큰 냇가로 갔다. 전투용 말을 씻겨 왔다.

17일[30일, 병자] 흐렸으나 비는 내리지 않았다. 서늘한 공기가 허공에 들었고, 밤 풍경은 쓸쓸하고 고요했다凉氣入虛 夜色寥廓.[217] 새벽에 앉아 있었다. 서러움과 그리움을 어찌 다 말하랴慟戀 如何可言. 아침을 먹은 뒤에 원수(권율) 앞에 갔더니, "원 공(원균)의 마음이 바르지 않은 것"을 많이 말했다. 또 「비변사에서 임금님께 글로 보고한 것에 대해 임금님께서 분부하신 공문」을 보여주었는데 말하기를, "원균의 장계에서는, '수군과 육군이 함께 나가 안골의 적을 먼저 친 다음에야, 수군이 부산 등지로 나아 들어갈 수 있습니다. 안골의 적을 먼저 무찌르면 안 되겠습니까'라고 했다. 원수(권율)의 장계[218]에서는, '통제사 원(원균)이 앞으로 나아가고 싶지 않기에, 우선 안골을

---

216 "변씨 족보"는 이순신의 어머니 초계 변씨 집안의 족보다. 그러나 이 시기의 족보는 친손과 외손이 함께 실렸고, 남녀 구분 없이 연령 순서로 기재되었다. 친가와 외가의 8촌까지 실렸다. 정 경달의 『반곡난중일기』 1599년 12월 14일에는 "족보를 다시 고쳐 썼다"는 내용이 나온다. 『묵재일기』 1545년 10월 24일에는 족보책을 베꼈다는 내용이 나온다.
217 "쓸쓸하고 고요했다寥廓"는 『사기』 「사마상여열전司馬相如列傳」, 『이태백문집李太白文集』 「유수서간정명부遊水西簡鄭明府」 등에 나오는 표현이다.
218 『선조실록』 선조 30년(1597) 4월 19일, 4월 22일, 5월 8일, 5월 12일, 6월 3일, 6월 10일, 6월 11일, 6월 15일에는 원균과 도원수 장계의 내용을 추정할 만한 것이 나온다.

먼저 무찔러야 한다고 변명하는 것입니다'"라고 했다. 또한 "수군의 여러 장수가 딴 마음이 많이 있는데도 원(원균)은 안으로 들어가 나오지 않고 있습니다. 여러 장수와 함께 모여 계획하는 것이 절대 없으니, 일을 망칠 것을 훤히 알 수 있습니다"라고 했다. 원수에게, "이희남과 변존서, 윤선각과 함께할 수 있도록 공문으로 독촉해 오게 해주십시오"라고 요청했다. 돌아올 때 황 종사관(황여일)이 임시 머무는 곳에 들어가 앉았다. 한동안 논의하고 이야기했다. 머물고 있는 집으로 돌아왔다. 곧바로 희남의 집안 사내종을 의령산성宜寧山城으로 보냈다. 청도 군수는 곧 파발擺發219을 보내, 초계 쉬(군수)에게 공문을 보여주었으니, 양심이 없는 사람이다.220

18일[31일, 정축]221 흐렸으나 비는 내리지 않았다. 아침에 황 종사黃從事(종사관 황여일)가 그의 사내종을 보내 안부를 물었다. 늦게 윤감이 떡을 쪄 왔다. 명나라 사람 섭위葉威가 초계에서 와서 이야기했다. 또한 "명나라 사람 주언룡朱彦龍이 일찍이 일본으로 잡혀갔다가 지금 비로소 나왔는데, 적병 10만이 이미 사자마沙自麻 혹은 대마도에 도착했습니다. 고니시 유키나가는

219 파발은 선조 30년(1597)에 봉수의 단점인 비가 오거나 안개가 낄 때 정보를 전달할 수 없는 것을 보완하고자 명나라에서 도입한 제도다. 역졸이 역과 역 사이를 왕래하며 정보나 공문 등을 직접 전달했다. 말을 타고 공문을 전달하는 기발騎撥과 걸어서 공문을 전달하는 보발步撥이 있다. 기발은 20리마다 1참, 보발은 30리마다 1참을 두었다. 당시 명나라 군대의 파발군의 왕복 기간은 요양까지는 6~7일, 북경까지는 10일 정도 걸렸다(김문자, 「임진왜란기의 정보전달과 통신에 대하여」, 한일관계사학회·한일문화교류기금, 『조선왕조실록 속의 한국과 일본』, 경인문화사, 2004, 70~76쪽 참조).
220 "양심이 없는 사람"의 원문은 "無良"이다. 『시경』 「대아大雅」 「민로民勞」에는 "함부로 나쁜 것을 따르지 말고, 양심이 없는 사람을 삼가야 한다縱詭隨 以謹無良", 「소아」 「각궁角弓」에서는 "백성 중에서 양심이 없는 사람은 서로 한쪽을 원망한다. 관작을 받고도 사양하지 않으니 끝내는 망할 것이다民之無良 相怨一方 受爵不讓 至于已斯亡" 등에 나오는 표현이다.
221 6월 18일, 이날 원균은 200척의 전선을 이끌고 한산도에서 출발해 일본 수군과 접전을 했다. 보성 군수 안홍국이 전사했고, 조선 수군은 거제도 칠천도로 퇴각했다가 한산도로 귀환했다. 권율과 조정은 원균의 출전을 다시 요구했고, 원균은 7월 14일 재출전했다.

곧 의령을 거쳐 곧바로 전라를 침범하고자 합니다. 가토 기요마사는 경주와 대구大丘 등지로 옮기고, 그대로 안동安東 땅으로 갈 것입니다" 등등이라고 했다. 해 질 무렵 원수(권율)가, "사천에 갈 일이 있다"는 통지가 왔다. 그래서 곧바로 정 사복(정상명)을 보내 가는 이유를 묻게 했더니, "원수는 수군 일로 사천으로 간다"고 했다.

19일[8월 1일, 무인] 새벽에 닭이 세 번 울 때, 문을 나섰다. 곧 원수의 진에 도착했더니, 새벽빛이 이미 밝아왔다. 진에 이르니, 원수(권율)와 황 종사從事官(종사관 황여일)는 나와 좌기하고 있었다. 내가 들어가 만났는데, 원수(권율)는 원 공(원균) 일을 알렸다. 내게 말하기를, "통제統制(원균)의 일은 흉악함을 말로 다할 수 없습니다. 조정에 요청해, '안골과 가덕의 (적을) 다 무찌른 다음에 수군이 나아가 무찌르겠다'고 했습니다. 이는 진실로 어떤 마음이겠습니까? 질질 끌고, 나가지 않으려는 뜻입니다. 그래서 사천으로 가서, 세 수사(이억기·최호·배설)를 독촉하려 합니다. 통제(원균)는 지휘하지 않을 것입니다"라고 했다.[222] 나는 또한 임금님의 유지를 보았는데, "안골의 적을 가벼이 들어가 무찌르지 말라"고 했다. 원수가 나간 뒤, 황 종사와 이야기했다. 얼마 뒤, 초계 쉬(군수)가 왔다. 작별할 때, 초계 군수에게 말하기를, "진찬순陳贊順에게 심부름을 시키지 말라"고 했다. 수부帥府(원수부)의 병방 군관과 쉬(초계 군수)가 모두 요청을 승낙했다. 돌아올 때, 포로가 되었다가 도망쳐 돌아온 사람이 따라왔다. 이날, 대지가 찌는 듯했다. 저녁에 작은 월라말에게 풀을 조금 먹였다. 낮 12시쯤에 군사 변덕기卞德基[223]와 우영리

---

222 김기환의 『이순신 세가』에 따르면, 권율은 원균의 출병 거부에 대해 장 50대를 때리고 부산 진격 명령을 내렸다고 한다. 그러나 『이순신 세가』는 일제강점기에 저술된 것이다. 당시 사료에는 권율이 원균에게 장을 얼마나 쳤는지를 기록한 것은 없다.

223 변덕기는 「선무원종공신녹권」에서는 첨정으로 나오고, 선무원종공신 2등이다.

右營吏(우수영 영리) 덕장德章, 늙어서 아전의 역을 면제받은[224] 변경완卞慶琬, 18살의 변경남卞敬男[225]이 와서 만났다. 진사進士 이신길李信吉[226]의 아들인 진사 일장日章[227]도 와서 만났다. 밤에 소나기가 크게 쏟아졌다. 처마에서 낙숫물이 쏟아지는 듯했다.

20일[2일, 기묘][228] 비가 내내 계속 내렸다. 밤에는 큰비가 내렸다. 아침 늦게 서철이 와서 만났다. 윤감과 문익신, 문보 등이 와서 만났다. 변유卞瑜가 와서 만났다. 오후에 노마료老馬料를 받아왔다. 병든 말[229]은 점차 나아졌다.

21일[3일, 경진] 비가 내리거나 이따금 맑거나 했다. 새벽에 꿈을 꾸었다. 꿈에서, "덕과 율온栗溫과 대臺를 함께 만났다. 기쁘게 인사하는 얼굴빛이 많았다." 아침에 영덕盈德 현령 권진경權晉慶[230]이 원수(권율)를 만나 인사할 일로 왔다. 원수가 이미 사천으로 갔기에, 와서 만났다. '좌도(경상 좌도)의 일'을 많이 전했다. 좌병사 군관이 편지를 갖고 왔다. 곧바로 답장을 써서 보냈다. 황 종사(황여일)가 사람을 보내 안부를 물었다. 저녁에 변 주부(변존서)와 윤선각이 이곳에 도착했다. 밤에 이야기했다.

---

224 "늙어서 아전의 역을 면제받은"의 원문은 "老除吏"다. 조선시대에는 16세에서 59세까지 군 복무의 의무가 있었다. "老除"는 60세가 넘은 사람에 대해 군역을 면제하거나 군역이 면제된 사람을 뜻한다.
225 "卞敬男"의 '卞'을 「문화재청본」은 누락했다.
226 이신길(1551~?)은 합천 출신으로 1582년 문과 식년시에서 진사에 합격했다.
227 이일장(1572~?)은 초계 출신이다. 진사 이신길의 아들이다. 1591년 식년시에서 진사가 되었고, 1609년 문과 증광시에서 급제했다.
228 1593년 6월 20일 일기에는 "제삿날이라 내내 홀로 앉아 있었다"고 나온다. 누구의 제삿날인지는 알 수 없다.
229 "병든 말病馬"이 「문화재청본」에서는 "군사용 말兵馬"로 나온다. 오자다.
230 권진경은 1590년 무과 증광시에서 급제했다. 동생 권승경權升慶은 도원수의 군관으로 「난중일기」에 나온다.

22일[4일, 신사]231 맑거나 이따금 비가 내리거나 했다. 아침에 초계 쉬(군수)가 연포軟泡232를 갖추어 와서 권했으나, 거만한 얼굴빛이 많았다. 그의 무례한 행동을 말해 무엇하랴. 늦게 이희남이 들어와, 우병사(김응서)의 편지를 전했다. 낮 12시쯤, 정순신鄭舜信과 정사겸鄭思謙, 윤감과 문익신, 문보 등이 와서 만났다. 이선손李先孫도 와서 만났다.

23일[5일, 임오] 비가 내리거나 이따금 맑거나 했다. 아침에 대전大箭을 다시 손보았다. 늦게 우병사(김응서)가 편지를 보냈다. 크고 작은 환도還刀도 함께 보냈다. 그런데 갖고 오던 사람이 물에 빠뜨려 장식과 칼집이 파손되었다. 아쉬웠다. 아침에 나굉羅宏의 아들 재흥再興이 그의 아버지 편지를 갖고 와서 만났다. 또한 어려운 살림에 보태라고 물품을 보내주었다. 미안했다. 미안했다. 오후에 이방李芳233이 와서 만났다. 방은 곧 아산 이몽서李夢瑞234의 둘째 아들이구나.

24일[6일, 계미] 이날은 입추다. 새벽에 안개가 사방에 끼었다. 골짜기도 구별할 수 없었다. 아침에 권 수사 언경(권준)235의 사내종 세공世功과 사내종

---

231 이순신 할머님의 제삿날이다. 다른 해에는 공무를 보지 않은 경우도 있다.

232 연포는 두부로 만든 음식이다. 꼬챙이에 꿴 두부를 닭고깃탕 혹은 꿩고기탕에 삶은 것이다. 이 시기의 다른 기록을 보면, 주로 절에서 만들어 양반들에게 대접했다. 『묵재일기』 1545년 윤 1월 15일에는 연포적軟泡炙(연포구이)이 나온다.

233 이방은 이방李昉으로도 나온다. 26일 일기의 "아산의 이방"이라는 기록을 보면 동일 인물이다.

234 이몽서(1556~1608)는 조선 중기의 무신이다. 1585년 무과에 급제했다. 1587년 여진족이 함경도 녹둔도 둔전을 침입해왔을 때, 조산 만호 이순신과 경흥 부사 이경록과 함께 격퇴했다. 이 몽서는 당시 수장戍將으로 여진족장 마니응개亇尼應介를 사살했다. 이 사건 때 북병사北兵使 이일은 이순신에게 패전 책임을 지워 사형에 처하려고 했으나, 패전이 아니라고 본 선조의 명령으로 백의종군했다. 류성룡이 쓴 「移南道兵使文」(1596년 4월 22일)에서는 4도 체찰사 류성룡의 군관으로 나온다.

235 "권 수사 언경權水使 彦卿"은 권준이다. 언경은 자이다. 권준은 이 시기에는 수사가 아니었다. 이전에 경상 우수사를 역임했기에 이순신이 '수사'라고 쓴 듯하다.

감손#孫이 와서, "무밭菁田 일"을 보고했다. 또한 생원生員 안극가安克可236가 와서 만났다. 최근의 세상일을 논의하고 이야기했다. 무밭을 갈고 씨 뿌리는 감관으로 이원룡과 이희남, 정상명과 문임수文林守 등을 정해 보냈다. 오후에 합천 군수(오운)가 조언형曺彦亨을 보내 안부를 물었다. 혹독하게 뜨거웠고 찌는 듯했다.

25일[7일. 갑신] 맑았다. 다시 무씨를 뿌리게 했다.237 아침을 먹기 전에 황종사관(황여일)이 와서 만났다. "바다 싸움에 관한 일"을 많이 말했다. 또 말하기를, "원수가 오늘이나 내일 진으로 되돌아온다"고 했다. 군사 문제를 토론했다. 늦게야 되돌아갔다. 저녁에 사내종 경이 한산도에서 돌아왔다. 들으니, "보성 군수 안홍국이 철환에 맞아 죽었다"는 것이다. 놀라 슬픔을 이길 수 없었다. 놀랐고 슬펐다. 놀랐고 탄식이 났다. 놀랐고 탄식이 났다不勝驚悼驚悼 驚嘆驚嘆. 적 하나도 잡지 못하고, 두 명의 장수가 먼저 죽었다. 아프고 답답한 것을 어찌 다 말하랴未捕一賊 先喪二將 痛惋可言.238 거제 현령(안위)도 사람을 보냈다. 미역을 싣고 왔다.

26일[8일. 을유] 맑았다. 새벽에 순천의 사내종 윤복允福이 와서 인사하기

236 안극가安克家(1547~1614)로 보인다. 초계 출신으로 1591년 생원시에 합격했다. 1599년 사직서 참봉, 1601년 제용감·사옹원 봉사, 1605년 삼가 현감 등을 역임했다. 임진왜란 때 아버지와 형이 일본군과 싸우다가 전사하자 일본군 진영으로 달려가 시신을 거두고 결사적으로 싸우자 일본군이 그의 충성심과 효성에 감동해 마을 앞에 "忠孝里"라는 세 글자를 써놓고 물러갔다고 한다. 전치원全致遠의 『탁계선생문집濯溪先生文集』에는 "安克可"로 노순 등과 함께 의병장 곽재우 막하에서 종군했다고 나온다. 아들 안각安玨도 『난중일기』에 나온다.

237 『쇄미록』 1595년 7월 2일에도 입추에 무밭을 갈고 씨를 뿌렸다는 내용이 나온다.

238 보성 군수 안홍국의 전사에 대해서는 이원익의 『오리선생속집』「四道都體察使時狀 啓 六月二十六日」에도 나온다. 이원익의 장계에 따르면, 이원익의 종사관 남이공이 6월 19일에 긴급히 보고한 내용에, 6월 18일 남이공은 통제사 원균의 배를 타고 출항했고, 안골포 등의 일본군과 전투 중에 평산포 만호 김축이 눈 아래에 탄환을 맞았고, 보성 군수 안홍국이 전사했다고 한다. 이원익의 같은 장계는 『선조실록』 선조 30년(1597) 6월 29일에도 실려 있다.

에, 곧바로 장 50에 처했다. 거제에서 온 사람이 되돌아갔다. 늦게 중군장 이덕필李德弼과 변홍달, 심준 등이 와서 만났다. 황 종사(황여일)는 개연犬 硯239 강 정자에 갔다가 되돌아갔다. 어응린과 박몽삼朴夢參240 등이 와서 만났다. 아산의 사내종 평세가 들어왔는데, "(어머님) 영연이 평안하고, 각 집안의 위와 아래 모든 사람이 평안히 보존되고 있으나, 다만 날씨가 세 달이나 가물어 농사가 이미 끝나 바랄 것이 없습니다"라고 했다. "장사葬事 지낼 날을 7월 27일로 미루어 잡았었는데, 또 8월 4일로 잡았습니다"라고 했다. 사무치는 그리움이 지극해 슬프고 서러운 마음을 어찌 다 말하랴. 슬프고 서러운 마음을 어찌 다 말하랴懷戀之至 悲慟可言 悲慟可言. 저녁에 우병 사(김응서)가 체상(체찰사 이원익)에게 보고해 말하기를, "아산의 이방과 청주 의 이희남이 복병을 싫어하고 꺼려 원수(권율)의 진 옆으로 피해 있습니다" 라고 했기에, 체상(체찰사)이 원수에게 공문을 보냈다. 원수가 화가 아주 많 이 나서 공문을 써 보냈다. 병사 김응서의 뜻을 알 수 없구나. 이날 작은 월라말이 죽었기에 버렸다.

27일[9일, 병술] 맑았다. 아침에 어응린과 박몽삼 등이 되돌아갔다. 이희남 과 이방 등은 체상(체찰사 이원익) 일행이 도착하는 곳으로 갔다. 늦게 황여 일이 와서 만났다. 한동안 논의하고 이야기했다. 오후 3시에 소나기가 크 게 내렸다. "순식간에 물이 불어났다"고 했다.

28일[10일, 정해]241 맑았다. 늦게 황해도黃海道 배천242에 사는 별장 조신옥

---

239 6월 4일에는 介硯으로 나온다.
240 박몽삼은 「선무원종공신녹권」에서는 부장으로 나오고, 선무원종공신 2등이다.
241 명종의 제삿날이다.
242 배천은 황해도 연백 지역의 지명이다.

趙信玉과 홍대방洪大邦243 등이 와서 만났다. 또한 초계 이(색리)가 보낸 고목 안에, "원수가 내일 남원으로 간다"고 했다. 이날 새벽꿈은 아주 어지럽구나. 사내종 경이 물건을 사러갔는데, 돌아오지 않았다.

29일[11일, 무자] 맑았다. 변 주부卞主夫(변존서)244가 마흘방馬訖坊245에 갔다. 사내종 경이 되돌아왔다. 이희남과 이방 등이 되돌아왔다. 이 중군李中軍(이덕필)과 심준이 왔다. 전하기를, "심 유격(명나라 유격 심유경)이 잡혀갔는데, 양 총병楊摠兵(명나라 총병 양원)이 삼가에 도착해 묶어 보냈다"고 했다. 문임수가 의령宜寧에서 왔다. 전하기를, "체상(체찰사 이원익)이 이미 초계역草溪驛에 도착했다"고 했다. 새로 과거 급제한 양간梁諫246이 황천상의 편지를 갖고 왔다. 변 주부가 마흘방에서 돌아왔다.

30일[12일, 기축] 맑았다. 새벽에 정상명으로 하여금 체상(체찰사 이원익)에게 안부를 묻게 했다. 이날은 아주 뜨거웠다. 대지가 찌는 듯했다. 저녁에

---

243 조신옥(?~?)과 홍대방(?~?)은 모두 황해도 배천 출신이다. 1599년 함께 무과 정시에 급제했다. 『난중일기』에도 함께 등장했듯이 항상 함께 움직인 듯하다. 『선조실록』 선조 31년(1598) 9월 19일에도 홍대방과 조신옥이 군사를 모으겠다는 핑계를 대고 황해도로 갔다가 붙잡혀 출전했는데, 홍대방은 2명의 머리를 베고 3명을 죽였고, 조신옥은 머리를 벤 것 2명, 죽인 것이 2명이라는 이야기가 나온다. 홍대방은 박계숙의 『부북일기』 1606년 5월 26일자에 "토착 임시 장수인 병영 군관 황해도 배천 사람 홍대방이 기별도 없이 함경도 두만강변 보을하진에 왔다"는 내용이 나온다. 조신옥은 「선무원종공신녹권」에서는 절충으로 나오고, 선무원종공신 1등이다. 홍대방은 「선무원종공신녹권」에서는 절충으로 나오고, 선무원종공신 2등이다. 조경남의 『난중잡록』 1597년 11월 24일에는 조신옥과 홍대방이 도원수의 별장別將으로 나온다.
244 "변 주부"는 이날 일기에서 처음에는 "卞主夫", 마지막 부분에서는 "卞主簿"로 썼다. '夫'는 '簿'의 음만 사용해 간략히 쓴 듯하다. 『난중일기』 「정유년 Ⅱ」 10월 24일의 "金吾郞訓主夫(금오랑 훈 주부)"의 사례도 있다.
245 마흘방은 경남 합천군 적중면 두방리다. 방坊은 고려와 조선시대 행정 구역의 명칭이다. 방과 면面이 혼용돼 사용되기도 했다.
246 양간은 조선 중기의 무신이다. 이준李埈의 『창석선생문집』 「諫院啓」에는 "김해 부사"로 나온다. 『광해군일기』 광해군 11년(1619) 5월 27일에는 감사의 군관으로 누르하치에게 파견되었다.

흥양의 신여량申汝樑247과 신제운 등이 왔다. 전하기를, "바닷가 땅은 비가 알맞게 내렸다"고 했다.

◎ 1597년(「정유년 I」) 7월

7월 1일[양력 8월 13일. 경인]248 새벽에 비가 내렸다. 늦게 맑았다. 명나라 사람 3명이 도착해 왔다. "부산으로 간다"고 했다. 송대립249과 송득운이 모두 도착했다. 안각250도 와서 만났다. 저녁에 서철, 변덕수卞德壽251와 그의 아들이 와서 묵었다. 이날 밤, 가을 공기가 아주 서늘했다. 슬픔과 그리움을 어찌하랴悲戀如何. 송득운은 원수의 진에 갔다 왔는데, "종사(종사관 황여일)가 큰 냇가에서 적 소리를 듣고 있습니다"라고 했다. 기가 막힐 일이다. 기가 막힐 일이다. 오늘이 곧 인묘(인종 임금)의 나라 제삿날이기 때문이구나.

---

247 신여량(1564~1605)은 조선 중기의 무신이다. 1583년 무과에 급제해 선전관과 의주 병마절제도위 등을 지냈다. 임진왜란 때 선조를 호종했고, 도원수 권율 막하에서 행주대첩에도 참전했다. 그 후 이순신 막하에서도 활약했다. 정유재란 때에는 순천 예교 전투에도 참전했다. 1604년 6월 14일의 당포해전에서도 활약했다. 당포해전을 그린 「당포전양승첩도」에는 가선대부 행 경상우도 수군 우후 신여량이라고 나온다. 조응록의 「죽계일기」 1595년 7월 16일에는 진주 판관에 임명된 것으로 나온다.

248 7월 1일은 말복이다.

249 송대립(1550~1597)은 전라도 고흥 출신으로 조선 중기의 무신이다. 동생 송희립·송정립과 함께 이순신 막하에서 활약했다. 1594년 무과에 급제해 훈련원 첨이 되었다. 1597년 일본군이 보성에 침범했을 때 예진 전투에서 최대성 등과 격퇴했고, 고향에 돌아와 의병을 거느리고 동강 첨산 전투에서 전사했다. 친척으로 동복 군수였던 송두남도 이순신 막하에서 활약했다.

250 안각은 「난중일기」에 나오는 안극가의 아들이다.

251 "卞德壽"를 「문화재청본」, 「편수회본」 등은 "方德壽"로 보았다. 그러나 "卞德壽"의 오자다. 2일 일기에도 변덕수가 나온다. 「친필본」을 참조하면 '方'으로 볼 수도 있으나, 2일 일기의 '卞'와 비슷하다. 다른 일기에서도 변덕수는 나오지만 방덕수는 나오지 않는다. 변덕수(1555~?)는 조선 중기의 무신이다. 초계 출신으로 1583년 무과 별시에서 급제했다.

2일[14일, 신새(신묘)]252 맑았다. 아침에 변덕수가 돌아갔다. 늦게 신제운과 평해平海에 사는 정인서鄭仁恕가 종사관(황여일)에게 안부를 물을 일로 이곳으로 왔다. 오늘은 곧 돌아가신 아버님의 생신날이다. 그런데도 천 리 밖 멀리 와서 상복을 입은 채 군대에 있다. 사람 일이 어찌 이럴 수 있나. 어찌 이럴 수 있나今日乃先君辰日 而遠來千里之外 冒服戎門 人事如何如何.

3일[15일, 임오(임진)] 맑았다. 새벽에 앉아 있었다. 차가운 공기가 뼛속으로 스며들었다. 슬프고 서러운 마음이 한층 더 심해졌다. 슬프고 서러운 마음이 한층 더 심해졌다. 제사에 쓸 조과造果253와 진말眞末(밀가루)을 조치해 마련했다. 늦게 정읍井邑의 군사 이량李良과 최언환崔彦還, 건손巾孫 등 세 사람이 심부름하러 왔다. 늦게 장후완254이 남해에서 와서 만났다. 전하기를, "남해 수령(박대남)255의 병이 중합니다"라고 했다. 벤 듯 아프고 가슴만 탔다. 벤 듯 아프고 가슴만 탔다. 얼마 뒤, 합천 군수 오운吳澐256이 와서 만났다. '산성의 일'을 많이 말했다. 점심을 먹은 뒤, 수帥(원수)의 진으로 갔다.

---

252 이은상은 7월 2일부터 10월 3일까지의 간지가 모두 틀리게 적혀 있다고 하면서, 참고하기 위해 그대로 고치지 않았다고 한다. 이은상의 지적처럼 『이충무공전서』의 간지와 다르다. 이 번역본에서는 이은상처럼 「친필본」을 기준으로 적고 ( )에 정확한 간지를 넣었다.

253 조과는 실과에 대응되는 과자의 총칭이다. 강정·유밀과·숙실과·다식·엿강정·정과·엿 등을 들 수 있으며, 오래전부터 제례나 혼례·회갑연 등이 있을 때는 집에서 과자를 만들었다.

254 "장후완蔣後琓"을 「문화재청본」, 「편수회본」에서는 "장준완蔣俊琓"으로 보았다. 그러나 「친필본」을 보면, "장후완"으로 볼 수도 있다. 1596년 6월 20일에 나오는 곡포 권관인 '蔣後琓' 혹은 '蔣後琓'과 같은 인물로 보인다. 이 번역본에서는 '蔣後琓'으로 보았다.

255 "남해 수령"의 원문은 "南倅"이다. 남해 현령을 약칭했다.

256 오운(1540~1617)은 조선 중기의 문신 겸 의병장이다. 함안 출신이다. 1566년 문과 별시에서 급제했다. 1589년 광주 목사, 1592년 임진왜란이 일어났을 때 의령에서 의병을 일으켜 곽재우 막하에서 소모관·수병장 등으로 활약했다. 특히 의령 부근의 전투와 현풍 전투에 군공을 세웠다. 1593년 상주 목사, 1594년 합천 군수, 1597년 정유재란 때 다시 합천 부근의 왜적을 쳐서 공을 세웠다.

황 종사(황여일)와 이야기했다. 종사와 전적典籍[257] 박안의朴安義와 훈련용
화살을 쏘았다. 이때 좌병사가 그의 군관을 시켜 항복한 왜인 2명을 가두
어놓고 왔는데, 곧 "가토 기요마사가 거느렸었다"고 했다. 해가 저문 뒤 되
돌아왔다. 그로 인해 듣기를, "고령 쉬(현감)가 성주(체찰사부)에 갇혀 있다"
고 했다.

4일[16일, 계미](계사) 맑았다. 아침에 황 종사(황여일)가 정인서를 보내어 안
부를 물었다. 늦게 이방과 류황이 왔다. 자발적으로 군대에 입대한 흥양의
양점梁霑과 (양)찬纘, (양)기紀 등은 대기[258] 중이다. 변여량卞汝良과 변회보卞懷
寶, 황언기黃彦己 등은 모두 과거에 합격했다. 와서 만났다. 변사증卞師曾[259]
과 변대성卞大成 등도 와서 만났다. 점심을 먹은 뒤, 비가 보슬보슬 내렸다.
아침을 먹을 때 안극가가 와서 만났다. 어두울 무렵, 비가 크게 내리더니,
밤새 그치지 않았다.

5일[17일, 갑신](갑오) 비가 내렸다. 이른 아침에 초계 쉬(군수)가 "체상(체찰사
이원익)의 종사관 남이공이 지나갈 것입니다"라고 하면서, 산성에서 와서
문을 지나갔다. 늦게 변덕수가 왔다. 변존서는 마흘방으로 갔다.

6일[18일, 을유](을미) 맑았다. 꿈에서 윤삼빙尹三聘[260]을 만났는데, "나주로
귀양 가는 처벌을 받았다定配"[261]고 했다. 늦게 이방李芳이 와서 만났다. 홀

257 전적은 조선시대 성균관의 정6품 관직이다.
258 "대기"의 원문 "到防"은 군에 입대했지만, 정식으로 배치받기 전에 대기 중인 상태를 뜻한
다. 대기 중인 사람들은 대부분 다양한 부역에 동원되었다.
259 「문화재청본」의 "卞師會"를 「편수회본」, 「박혜일·최희동본」과 홍기문·이은상 등은 "변사증"
으로 판독했다. 「난중일기」 「정유년 I」 9월 7일의 "曾"과 같은 글자 모양이다. 따라서 이 번역본
에서는 '변사증'으로 보았다.
260 윤삼빙(1549~1623)은 서울 출신으로 조선 중기의 문신이다. 문음門蔭으로 관직에 진출해
강서 현감을 역임했다. 1599년 호조 정랑, 1602년 형조 정랑을 역임했다.
261 定配는 형을 확정하여 귀양을 보내는 것이다. 「대전회통」 등의 각종 법전을 보면 도형徒刑

로 빈집에 앉아 있었다. 사무치는 그리움과 슬프고 서러운 마음을 어찌 다 말하랴獨坐空堂 懷戀悲慟 如何可言. 저녁에 바깥채에 나가 앉았다. 변존서가 마흘방에서 되돌아왔기에 안으로 들어갔다. 안각 형제262도 홍백(변존서)을 따라왔다. 이날 제사에 쓸 중박계中朴桂(중배끼)263 5말을 꿀蜜264에 재었다. 밀봉해 시렁 위에 놓았다.

7일[19일, 병술](병신) 맑았다. 오늘은 칠일이다.265 슬프고 그리운 마음이 어찌 그칠까悲戀何已. 꿈에서, "원 공(원균)과 같이 모였다. 나는 원 공의 윗자리에 앉았다. 음식이 나올 때, 원 공은 기쁜 얼굴빛인 듯했다."266 그 조짐을 자세히 알 수 없구나. 박영남이 한산도에서 왔다. "그의 주장(원균)의 잘못으로 인해 장차 처벌을 받으려고 원수에게 잡혀왔다"고 했다. 초계 군수가 명절 음식節物267을 마련해 보내왔다. 아침에 안각 형제가 와서 만났다. 해 질 무렵 흥양의 박응사가 와서 만났다. 심준 등이 와서 만났다. 의령 쉬

(노역형)과 유형流刑 판결을 받은 죄인에게는 으레 장형이 함께 부과되었으므로, 그 죄의 경중에 따라 장을 친 다음 정배하는 규정이 기록되어 있다. 유배지의 거리에 따라 다양한 유형이 있다.
262 "안각 형제"는 안각과 안철安喆이다. 『난중일기』에 나오는 안극가의 아들들이다.
263 "중박계(중배끼)"는 "즙배기"의 이두 표기다. "中桂"라고도 한다. 밀가루를 꿀이나 조청, 참기름을 넣고 반죽해 기름에 지진 음식이다.
264 꿀은 한문이고, 조선식 한자로는 清이다.
265 칠석이다. 1년 동안 서로 떨어져 있던 견우와 직녀가 만나는 날이다. 칠석은 한국과 중국은 음력 7월 7일, 일본은 양력 7월 7일로 견우와 직녀가 만난다고 하는 명절이다.
266 조선시대 관료들의 자리 배치는 갈등의 원인이었다. 류성룡의 「責勵金應瑞高彦伯 使協心成事啓」에 따르면, 방어사 고언백과 절도사 김응서가 다투었는데, 그 원인이 좌석 때문이었다고 한다. 류성룡은 『경국대전』에 따르면 관리들은 직급에 따라 앉는 위치가 정해져 있는데, 고언백과 김응서가 역할은 같으나 직품에서는 고언백이 가의대부嘉義大夫(종2품, 가선대부 상위 직급), 김응서가 가선대부嘉善大夫(종2품, 가의대부 하위 직급)로 직품이 높은 고언백이 상석에 앉는 것이 당연하다며 김응서를 비판했다. 이순신과 원균의 관계도 전쟁 초기에는 같은 수사였지만, 전공으로 이순신이 원균보다 직품이 높아졌다. 원균은 이순신보다 나이가 더 많고 먼저 무과에 급제했고, 승진도 먼저 했다. 그러나 지위가 역전되자 원균이 불만을 품게 되었다.
267 칠석이 명절이었기 때문에 "명절 음식"이라고 한 것이다. 칠석에는 만두와 과일을 먹었다.

(현감) 김전金銓이 고령에서 왔다. "병사가 하는 일이 잘못되었습니다"라고 많이 말했다.

8일[20일, 정해](정유) 맑았다. 아침에 이방이 와서 만났다. 밥을 권하고 보냈다. 그로 인해 들으니, "원수(권율)가 구례에서 떠나 이미 곤양에 도착했다"고 했다. 늦게 집주인 이어해李漁海와 최태보崔台輔가 와서 만났다. 변덕수가 또 왔다. 저녁에 송대립과 류홍柳洪, 박영남이 왔다. 송(송대립)268과 류(류홍) 두 사람은 밤이 깊어 돌아갔다.

9일[21일, 무자](무술) 맑았다. 내일 열을 아산에 보내려고, 제사에 쓸 과일을 감독해 봉했다. 늦게 윤감과 문보 등이 술을 갖고 왔다. 열과 변 주부(변존서) 등에게 권하고 돌아갔다. 이날 밤, 달빛은 낮과 같이 밝았다. 어버이269를 그리워하며 슬피 흐느끼며 우느라 밤이 깊도록 잠들지 못했다是夜月色如畫 戀親悲泣 向夜不寐.

10일[22일, 기축](기해) 맑았다. 이른 새벽에 열과 존서를 보낼 일로 앉아서 ~~밤새~~ 새벽을 기다렸다. 새벽에 일찍이 아침을 먹었다. 마음을 스스로 억제할 수 없었다. 소리 높여 슬피 울부짖으며 보냈다情不能自抑 痛哭而送. 내가 어떤 죄를 저질러 이렇게까지 심하게 되었을까吾何造罪至於此極耶. 구례에서 온 말을 타고 갔다. 더욱 걱정이 되고 걱정이 되었다. 열 등이 새로이 나가고, 황 종사(황여일)도 왔다. 한동안 이야기하고 논의했다. 늦게 서철이 와서 만났다. 정상명이 마혁馬革270을 종이로 만드는 것을 마쳤다. 저녁에 홀로 빈

268 "송(송대립)"은 이름이 나오지 않는다. 일기 문맥을 보면 송대립이다. 「편수회본」에서는 이름을 '황황況'으로 주석해놓았다. '황'은 류황이다. 그러나 「친필본」에서는 '송'이 확실하다. 「편수회본」 주석의 오류다.
269 이날의 원문 "親"은 7월 2일이 "아버님의 생신"이라고 한 것을 보아 이순신의 아버지 혹은 어머니까지 포괄하는 어버이로도 볼 수 있다.
270 "馬革"은 말안장 양쪽에 장식으로 늘어뜨리는 고삐다. 「미암일기」 1567년 10월 5일에는

집에 앉아 있었다. 가슴에 품은 생각으로 심히 언짢아졌다. 밤이 깊도록 잠들지 못했다. 밤새 이리저리 뒤척였다獨坐空堂 懷思甚惡 向夜不寐 轉展終夜.

11일[23일. 경인](경자) 맑았다. 걱정은 열의 여행이다. 어찌 견디랴. 더위가 몹시 심해 아주 혹독했다. 걱정이 끝없다. 늦게 변홍달과 신제운, 임중형林仲亨 등[271]이 와서 만났다. 홀로 빈집에 앉아 있었다. 사무치게 그리운 마음을 어찌하랴. 슬프고 서러웠다. 슬프고 서러웠다獨坐空堂 懷戀如何 悲慟悲慟. 사내종 태문과 종이終伊가 순천에 갔다.

12일[24일. 신묘](신축) 맑았다. 아침에 합천 군수가 햅쌀과 서과(수박)[272]를 보냈다. 제대로 차린 점심[273]을 지을 때, 방응원과 현응진, 홍우공洪禹功[274]과 임영립林英立[275] 등이 박명현朴名賢[276]이 거처하는 곳에서 왔다. 함께 먹었다.

"馬帶", 1573년 11월 10일에는 "馬鞭"라는 표현도 나온다.

271   임중형은 임준영任俊英으로도 나온다. 이순신의 탐망 군관으로 크게 활약했다. 1597년 8월 26일에는 이진에 도착한 일본군을 이순신에게 알려 대비케 했고, 9월 17일 명량대첩이 있기 전인 9월 14일에 어란포에 진출한 일본군 선단을 발견 이순신에게 대비케 했다. 그 후에도 탐망 활동을 계속했다. 임중형은 「선무원종공신녹권」에서는 정正으로 나오고, 선무원종공신 1등이다.

272   "서과西果"를 김종의 「임진일록」 1592년 9월 4일에서는 "西瓜", 오희문의 「쇄미록」 1593년 8월 2일에서는 「난중일기」처럼 西果로 나온다. 서호수의 「해동농서」에 따르면, 서역에서 온 품종이었기에 붙은 이름이라고 한다.

273   "제대로 차린 점심"의 원문은 "午飯"이다. "畫物"과 같다. 간식처럼 간단히 먹는 '점심'과 달리 손님을 접대하기 위해 특별히 아주 성대하게 차린 점심 식사다. 「난중일기」에 "午飯·畫物"의 사례는 많지 않다.

274   홍우공(?~?)은 「선조실록」 선조 31년(1598) 7월 16일에 겸사복으로 나온다. 「선무원종공신녹권」에서는 주부로 나오고, 선무원종공신 2등이다.

275   임영립(1566~1617)은 조선 중기의 무신이다. 평택 출신이다. 조선 후기 실학자 위백규魏伯珪(1727~1798)의 「존재집」 「慕軒林公行狀」에 따르면, 1590년 무과에 급제했고, 임진왜란이 일어나자 이순신 막하에서 활약했다. 「선조실록」 선조 38년(1605) 9월 24일 기록에는 당시 어란포 만호였다. 1604년 6월 14일, 당포 전투를 그린 「당포전양승첩도」에도 어란포 만호로 출전한 기록이 나온다. 「선무원종공신녹권」에서는 부정으로 나오고, 선무원종공신 2등이다.

276   박명현(1561~1608)은 조선 중기의 무신이다. 1589년 무과 증광시에서 급제했다. 충청도 홍주 출신이다. 1596년 이몽학의 난이 일어나자 군사를 이끌고 홍주성에 들어가 목사 홍가신과 협

사내종 평세는 열의 여행에 따라갔다가 되돌아왔다. 잘 갔는지 물었다. 행복하다. 그러나 슬프고 탄식이 나는 것을 어찌 말하랴. 이희남이 사철쑥[277] 100묶음을 베어 왔다.

13일[25일. 임진](임인) 맑았다. 아침에 남해 현령(박대남)이 편지를 보냈다. 먹거리를 많이 보냈다. 또 말하길, "전투용 말을 끌고 가시라"고 했기에 답장을 보냈다. 늦게 이태수와 조신옥, 홍대방이 와서 만났다. 또한 '적을 무찌를 일'을 이야기했다. 송대립과 장득홍張得洪[278]도 왔다. "장득홍은 스스로 (식량을) 준비하겠다"고 하기에, 양식 2말을 보태주었다. 이날, 칡을 캐 왔다. 이방도 와서 만났다. 남해 관아 이(색리)와 수행하는 사람 2명이 왔다.

14일[26일. 계사](계묘)[279] 맑았다. 이른 아침에 정상명과 사내종 평세와 사

력해 협공을 준비했다. 이몽학이 도망치자 청양까지 추격하여 반란을 평정했다. 1597년 정유재란 때 토포사·충청도방어사·전라도병마절도사 등으로 전공을 세웠다. 이몽학의 난을 평정한 공으로 홍가신·임득의 등과 함께 청난공신 2등에 녹훈되었다.

277 사철쑥의 원문은 "茵"이다. 입추에 베어 말려 냉, 황달, 습열, 간장염 등의 한약재로 쓰거나 삿자리를 만드는 데 쓴다. 이날 일기에서 茵은 한약재 목적보다는 당시 주거 문화에 활용하기 위한 목적으로 보인다. 이순신 시대에는 온돌이 많이 보급되지 않았고, 『난중일기』에도 이순신이 온돌에서 잠을 잤다는 것은 불과 몇 차례 나오지 않는다. 이순신은 대부분 누방(수루방)에서 잠을 잤다. 이익(1681~1763)은 『성호사설』에서, "마루에 병풍을 두르고 인을 겹으로 깔았다"고 하고 있다. 『쇄미록』 1592년 11월 17일에도 "저녁에 찰방이 삿자리茵席 한 잎을 보냈다. 이는 내가 잠자는 곳에 자리가 없는 것을 알았기 때문이다"라는 내용이 나온다.

278 장득홍(1566~?)은 홍양 출신의 조선 중기 무신이다. 1591년 무과 별시에서 급제했다.

279 7월 14일, 통제사 원균은 이억기의 전라 우수영군, 최호의 충청 수군, 배설의 경상 우수영군을 이끌고 일본군 본영인 부산포를 공격하기 위해 출전했다. 『1597 정유재란』(국립진주박물관, 2017, 52쪽)에 따르면, 조선 수군은 180여 척, 일본 수군은 600여 척이었다고 한다. 부산 앞바다 절영도 근처에 도착했을 때, 조선 수군의 이동 경로를 파악한 일본군의 기습 공격을 당하면서 결국 칠천량에서 조선 수군은 배설의 경상 우수군 12척을 제외하고 전멸되었다. 류성룡의 『난후잡록』에 따르면, 칠천량해전 전에 배설은 원균에게 패전할 것이라며 출전을 반대했고, 또 칠천도가 너무 좁아 배가 다니기 불편해 다른 곳으로 진을 옮겨야 한다고 했으나, 원균이 듣지 않았기에, 배설은 사사로이 자신이 지휘하는 배 10여 척에게 따로 약속하고, 경계를 엄중히 해 비상사태에

내종 귀인貴仁, 짐 싣는 말 둘을 남해로 보냈다. 정(정상명)은 전투용 말을 끌어올 일로 보냈다. 새벽에 꿈을 꾸었다. "나와 체상(체찰사 이원익)이 같이 한곳에 도착했더니, 많은 시체가 마구 흩어져 있었다. 혹은 밟거나, 혹은 머리를 베었다." 아침을 먹을 때 문인수文麟壽²⁸⁰가 와가채蛙歌菜²⁸¹와 동과전 東瓜餞²⁸²을 내왔다. 방응원과 윤선각, 현응진과 홍우공 등과 이야기했다. "홍이 그의 아버지 병 때문에 군대에 복무하지 않으려고, 팔이 아프다고 내게²⁸³ 핑계를 댔다"고 했다. 기가 막힐 일이다. 기가 막힐 일이다. 오전 10시에 황 종사(종사관 황여일)가 정인서를 보내 안부를 물었다. 또 김해에서 적에게 부역했던 사람인 김억金億의 고목을 보여주었는데, "7일에 왜선

대비하게 했으며, 적이 쳐들어오는 것을 보고는 항구에서 벗어나 먼저 떠나갔다. 그 때문에 배설의 군대만 홀로 완전히 한산도로 돌아와 막사와 군량, 군기물을 불태우고, 섬 안에 있던 군사와 백성을 옮겼기에 이순신이 수년 동안 경영한 배와 화포, 기계가 모두 사라지고 하나도 남아 있지 않게 되었다고 한다. 『반곡난중일기』 1597년 8월 1일에는 배설의 장계가 들어왔는데, "배에서 뭍으로 내려 죽은 사람은 원균과 이억기이며, 살아남은 자는 첨사 이용표, 함평 군수 손경지 등이고 나머지는 간 곳이 없다"고 했다고 한다. 『사대문궤事大文軌』에 있는 「本國咨報倭賊攻破閑山」 (1597년 7월 27일)에는 배설이 7월 25일에 올린 장계가 나온다. 배설의 장계에 따르면, 배설은 7월 15일에 거제현 영등포 등지를 순찰한 뒤에 칠천도로 물러나 주둔하던 중, 삼경쯤에 일본군의 기습을 당했고, 배설은 거제 현령 안위, 웅천 현감 성천희成天禧, 안골포 만호 우수, 옥포 만호 이섬 등과 함께 적선 10여 척을 부수었으나, 대규모의 일본군이 들이닥쳤기에 배설은 병선 12척을 이끌고 싸우면서 견내량 바다 입구로 후퇴해 바닷길을 끊으며 다른 한편으로는 한산도에 연락해 한산도에 있던 군사와 백성을 사량으로 옮겨가도록 했고, 한산도에 있던 군량과 기계도 옮겨놓게 했으며, 그 외 나머지는 불태워 없애도록 했다고 한다. 또한 같은 『사대문궤』 속의 「回咨」(1597년 8월 5일)에도 배설이 전선 12척을 거느리고 있다고 나온다. 그런데 『사대문궤』「賊情及請糧奏文」 (1597년 9월)에는 배설이 7월에 올린 장계 내용을 인용한 부분이 나오는데, 여기서는 "배설에게 소속된 병선 11척"으로 나온다. 이는 경상 우수사 배설이 자신이 탄 배를 제외한 숫자를 적은 것으로 보인다. 배설은 자신이 탄 배를 포함해 12척을 지휘하고 있었다고 볼 수 있다.

280 「문화재청본」「편수회본」에서는 '文獜壽'로 보았지만, 이 번역본에서는 '文麟壽'로 보았다. 그 이유는 1593년 2월 14일의 '田應獜'을 '田應麟'으로 본 이유와 같다.

281 와가채는 모시조개로 만든 음식이다.

282 동과전은 박과에 속하는 일년생 초본식물인 동과冬瓜로 만든 전이다. '동아전'이라고도 한다.

283 "내게我"를 「문화재청본」은 누락했다.

500여 척이 부산에서 나왔고, 9일에는 왜선 1000척이 합세해 우리 수군과 절영도[284] 앞바다에서 서로 싸웠습니다. 그런데 우리 전선 5(척)는 떠내려가 두모포豆毛浦에 도착했고, 7척은 간 곳을 알 수 없다"고 했다. 듣고는 울분이 치밀어 올라오는 것을 이길 수 없어不勝憤惋, 곧바로 황 종사가 군사를 점검하는 곳으로 달려갔다. 황 종사와 일을 의논했다. 그대로 앉아서 훈련용 화살을 쏘는 것을 자세히 살펴보았다. 얼마 뒤, 타던 말을 홍대방으로 하여금 타고 달리게 했는데, 아주 잘 달렸다. 날씨 분위기가 비 올 징후가 많았기에 되돌아왔다. 집에 도착했더니, 비가 크게 내렸다. 밤 10시에 맑게 갰다. 달빛이 은은하게 밝아졌다.[285] 낮보다 배나 더했다. 가슴에 맺힌 마음을 어찌 다 말하랴懷抱可言.

15일[27일, 갑오](갑진)[286] 비가 내리거나 이따금 맑거나 했다. 늦게 조신옥과 홍대방 등 및 이곳에 있는 윤선각까지 9명을 불렀다. 떡을 차려 권했다. 가장 늦게 중군 이덕필이 왔다. 해 질 무렵 돌아갔다. 그로 인해 들으니, "수군 20여 척이 적에게 패했다"고 했다. 원통하고 분했다. 원통하고 분했다. 몹시 한스럽다. 제어할 수 있는 방법이 없구나. 어두울 무렵 비가 크게 내렸다.

16일[28일, 을미](을사) 비가 내리거나 그치거나 했다. 끝내 흐렸고, 맑아지지

---

284 절영도는 부산시 영도구 영도다.
285 "은은하게 밝아졌다微明"를 「문화재청본」, 「편수회본」, 「박혜일·최희동본」은 "徵明"으로 보았다. 그러나 '徵'으로 판독한 글자를 「친필본」의 같은 날 일기 "雨徵", 1596년 3월 15일의 "徵明"의 "徵"과 비교해보면 전혀 다르다. 반면 1596년 1월 3일 일기의 "微動"과는 글자 모양이 같다. 이 번역본에서는 '微'로 보고 번역했다.
286 7월 15일은 중원절, 일반적으로는 백중으로 불리는 날로 나물·과일·술 등을 차려놓고 돌아가신 부모를 위한 제사를 지냈다.

않았다. 아침을 먹은 뒤, 손응남孫應男[287]을 중군(이덕필)에게 보냈다. '수군의 일'을 자세히 살피고 듣게 했더니, 되돌아와 중군의 말을 전하며, "'우병사[288]의 긴급 보고서를 보았더니, 불리한 일이 많이 있었다'고 합니다. 그러나 상세히 말하지는 않았습니다"라고 했다. 한탄스럽다. 늦게 변의정卞義禎이란 사람이 서과(수박) 두 덩이를 갖고 왔다. 그의 겉모습은 보잘것없고, 또 어리석고 꾀죄죄했다. 가난하고 외진 곳에 사는 사람이라 배우지 못하고 가난해 형편상 그런 것이구나窮村僻居之人 不學守貧 勢使然也. 이 또한 소박하고 후덕한 모양이다此亦矢朴厚之態. 이날 낮 12시쯤, 이희남에게 검을 갈게 했다. 날이 아주 잘 서서 머리를 빡빡 민 우두머리 놈髡酋者을 벨 수 있겠구나. 소나기가 갑자기 내렸다. 아들 열이 가는 길이 많이 걱정되었다. 고생하겠구나. 마음속 걱정이 끊이지 않는다. 마음속 걱정이 끊이지 않는다黙念不已 黙念不已. 저녁에 영암 송진면松進面에 사는 남자 사노비 세남世男이 서생포西生浦에서 벌거벗고 왔다. 그 까닭을 물었더니, "7월 4일에 전 병사의 우후 배를 타고, 격군을 했습니다. 5일에는 칠천량에 도착해 정박했습니다. 6일에는 옥포로 들어갔습니다. 7일, 날이 채 밝지 않았을 때에 말곶末串을 거쳐 다대포多大浦에 도착했더니, 왜선 8척이 머물러 정박해 있었습니다. 여러 배가 곧바로 돌격하자, 왜인들은 남김없이 육지로 상륙했습니다. 빈 배만 매어 있어 우리 수군이 끌어내 불을 지른 뒤에, 그대로 부산 절영도 바깥 바다로 향했습니다. 그때 자그마치 적선 1000여 척이 대마(대마도)에서 건너왔습니다. 서로 싸울 생각이었는데, 왜선들이 어지럽게 흩어져 피했습

---

287 손응남은 구례의 손인필의 장남이다.
288 "우병사"를 「문화재청본」, 「편수회본」은 "좌병사"로 보았다. 「박혜일·최희동본」은 "우병사"로 보았다.

니다. 끝내 다 무찌르고 사로잡을 수 없었습니다. 세남이 탄 배와 다른 배 6척은 배를 통제하지 못해 떠내려가 서생포 앞바다에 도착했습니다. 육지에 상륙했을 때, 거의 다 즉시 죽임을 당했습니다. 세남은 홀로 나무숲에 들어갔습니다. 기어서 살아났고, 간신히 이곳으로 왔습니다"라고 했다. 듣기만 해도 아주 기가 막힐 뿐이다. 우리나라에서 믿고 의지하는 것이 오로지 수군이다. 수군이 이렇게 되었으니, 회복할 희망이 없다. 몇 번이나 생각해도, 분해서 간담膽이 찢어지는 것 같았다. 분해서 간담이 찢어지는 것 같았다我國所恃惟在舟師 舟師如是 無復可望 反覆思之 憤膽如裂 憤膽如裂. "선장 이엽李曄[289]이 적에게 붙잡혔다"고 했다. 더욱 심하게 아프고 답답하다. 아프고 답답하다尤極痛悗痛悗. 손응남은 집으로 돌아갔다.[290]

---

289 이엽(?~?)은 조선 중기의 무신이다. 정유재란 때 일본군의 포로가 되어 일본에 끌려갔던 강항姜沆이 쓴 『간양록』, 정희득의 『해상록』 등에 칠천량해전에서 포로가 된 이엽에 관한 이야기가 나온다. 이엽은 포로가 된 뒤 도요토미 히데요시에게 보내졌고, 히데요시가 이엽을 후하게 대우하고, 비단옷을 입혀줄 정도였다. 그러나 이엽은 그 비단옷 등을 다른 사람들에게 나눠주고 배를 사서 탈출을 시도했다가 일본인들이 추격하자 자결했다. 이엽이 배를 타기 전에 지었다는 시도 전해 온다.

290 1597년 5월경, 조선 수군의 판옥선은 『선조실록』 1597년 5월 12일 기록에 따르면, 한산도에 집결한 134척, 한산도로 출발했으나 도착하지 않은 5~6척, 5월 20일에 건조가 완료되는 48척으로 총 180여 척 규모였다. 격군은 5월 13일 기록에 따르면, 1만3200여 명이었다. 『사대문궤』 「邢軍門催造戰船」(1597년 7월 14일)에는 조선 수군 130여 척, 『사대문궤』 「賊勢少退都城得保奏」(1597년 9월 25일)에는 도체찰사 이원익과 도순찰사 권율의 장계를 인용한 내용에서 "삼도 수군통제사 원균이 경상 우수사 배설, 전라 우수사 이억기, 충청 수사 최호 등을 거느리고 병선 100여 척을 이끌고" 칠천량으로 갔다가 "장수 10여 명은 죽임을 당하고, 배설 홀로 힘써 싸우다가 후퇴했다"고 나온다. 정경운의 『고대일록』 1597년 7월 10일에는 통제사 원균이 일본군을 공격했는데, 우리나라 배 6척은 서생포에 표류했고, 1척은 침몰했다고 나온다. 또한 7월 18일에는 통제사 원균이 14일에 배 200여 척을 이끌고 가서 공산公山에서 적과 싸웠고, 영등포에 배를 정박시켜두었는데, 16일 밤에 일본군이 기습했고, 17일 새벽에 일본군이 포위하고 공격해 크게 패했고, 경상 우수사 배설은 탈출해 한산寒山으로 가서 남은 배에 군사를 싣고 도망치며 군량과 기계를 모두 불태웠다고 나온다. 이탁영의 『정만록』 1597년 7월 15일에도 칠천량해전이 나온다. 원균이 삼도의 수군을 이끌고 한산도에서 영등포 앞바다로 나갔는데, 일본군이 조선 수군 척후선

17일[29일. 병신](병오) 이따금 비가 내렸다. 아침에 이희남을 황 종사(황여일)에게 보냈다. '세남의 말'을 전하게 했다. 늦게 초계 쉬(군수)가 벽견산성碧堅山城에서 와서 만나고 돌아갔다. 송대립과 류황·류홍柳弘, 장득홍張得弘 등이 와서 만났다. 해가 저문 뒤 되돌아갔다. 변대헌卞大獻과 정운룡鄭雲龍·(정)득룡得龍, 구종 등[291]은 모두 초계 향리[292]다. 그들 가문의 같은 갈래 사람들인데 찾아와 만났다. 큰비가 내내 내렸다. 신여길申汝吉이 '이름을 적지 않은 관직 임명장空名告身'을 바다 위에서 빠뜨려 잃어버린 일 때문에, 죄의 유무를 조사받으러 갔다. 경상 순사(순찰사)가 데려갔다.

 18일[30일. 정유](정미) 맑았다. 새벽에 이덕필과 변홍달이 와서 전하며 말하기를, "16일 새벽, 수군이 밤에 기습당했습니다. 통제 원균과 전(전라) 우수사 이억기李億祺, 충청 수사(최호)[293]와 여러 장수 등 많은 사람이 해를 입었습니다. 수군이 크게 패했습니다"라고 했다. 듣기만 해도 소리 높여 슬피 울부짖는 것을 이길 수 없었다. 소리 높여 슬피 울부짖었다. 얼마 뒤, 원수(권율)가 와서 말하기를, "일이 이미 이렇게 되었으니, 어쩝니까. 어쩝니까無可奈何 無可奈何"라고 했다. 오전 11시까지 이야기했지만, 결정할 수 없었다.

4척을 격침한 뒤 밤에 기습을 했는데, 조선 수군은 깊이 잠들어 알지 못했고, 조선 수군이 대응할 때는 일본군이 이미 네 겹으로 포위하고 공격했으며, 그 때문에 새로 건조한 별선別船 40척도 붙잡혔다고 한다. 국가기록유산DB에 있는 「보물 제160-10호 류성룡비망기입대통력 정유柳成龍備忘記入大統曆 丁酉」(1597년) 7월 15일 메모에는 "수군이 칠천도柒川島에서 패했다"고 나온다.

291 "구종 등"의 원문 "仇從等"을 「문화재청본」에서는 "仇從容等"으로 보았다. 「편수회본」, 「박혜일·최희동본」과 홍기문 등은 "仇從等"으로 보았다. 「친필본」에도 '容'은 나오지 않는다. 「문화재청본」이 오자다.

292 향리는 지방관서의 서리胥吏다.

293 최호崔湖(1536~1597)는 조선 중기의 무신이다. 1594년 함경도 병마절도사, 1596년 충청도 수군절도사로 이몽학의 난을 홍가신洪可臣과 함께 진압했다. 1597년 정유재란 때 칠천량해전에서 통제사 원균·전라 우수사 이억기와 함께 전사했다.

내가 보고하기를, "제가 바닷가 땅으로 가서, 듣고 본 뒤에 (대비책을) 정합시다吾往沿海之地 聞見而定之"라고 했더니, 원수가 아주 기뻐했다. 나와 송대립·류황·윤선각·방응원·현응진·임영립·이원용李元龍·이희남·홍우공이 길을 떠났다.294 삼가현에 도착했더니, 주쉬(삼가 현감)가 새로 부임해 있었다. 나와 기다리고 있었다. 한치겸295도 도착했다. 오랫동안 이야기했다.

19일[31일. 무술](무신) 내내 비가 계속 내렸다. 오는 길에 단성 동산산성東山山城에 올라갔다. 그 형세를 자세히 살펴보았더니, 아주 험했다. 적이 엿볼 수 없겠구나觀其形勢 則極險 賊不得窺也. 그대로 단성현丹城縣에서 묵었다.

20일[9월 1일. 기해](기유) 내내 비가 계속 내렸다.296 아침에 권문임權文任297의 조카 권이청權以淸이 와서 만났다. 주쉬(단성 현감)도 와서 만났다. 낮 12시쯤, 진주 정개산성298 아래 강정江亭에 도착했다. 진(진주) 목(목사 나정언)이 와서 만났다. 굴동屈洞299 이희만李希萬의 집에서 묵었다.

21일[2일. 경자](경술) 맑았다. 일찍 출발했다. 곤양군昆陽郡에 도착했더니,

---

294 『사대문궤』「本國咨報倭賊攻破閑山」(1597년 7월 27일)에는 7월 25일에 쓴 도순찰사 권율이 올린 장계가 나온다. 장계에 따르면, 권율은 전임 통제사 이순신을 만나 이순신을 사천으로 보내 패배해 흩어진 수군을 모으고 정비하게 했다고 한다.

295 한치겸韓致謙(1574~1608)은 조선 중기의 무신이다. 한효순(1543~1621)의 셋째 아들이다. 1597년에 무과에 급제했다. 선전관·오위도총부 도사·단천 군수를 역임했다. 임진왜란 때에 부친 한효순을 도와 종군했다. 한치겸의 아버지 한효순은 1592년 경상 좌도 관찰사·순찰사, 1594년 병조 참판, 1596년 부체찰사로 이순신을 만났었고, 1596년에는 이순신의 한산도 진영에서 있었던 무과시험의 시험관으로 참여하기도 했다.

296 『쇄미록』1597년 7월 21일자에 따르면, 1597년 5월 그믐부터 일기를 쓴 7월 21일까지 계속 비가 내렸다고 한다.

297 권문임(1530~?)은 조선 중기의 문신이다. 이순신이 무과에 급제했던 1576년에 문과에 급제했다. 단성 출신이다. 삼가 현감 고상안은 문과 급제 동기다.

298 "정개산성"의 원문 "定介山城"은 경남 하동군 옥종면 종화리에 있었다. 『난중일기』에서는 "鼎蓋·鼎城"으로 나오기도 한다.

299 굴동은 김세곤의 『정유재란과 호남사람들』에 따르면, 경남 하동군 옥종면 문암리다.

군수 이천추李天樞300가 군(곤양군)에 있었다. 백성은 많이 제고장에 있었다. 혹은 일찍 심었던 곡식을 수확하거나 보리밭을 갈고 있었다. 낮에 점심을 먹은 뒤 노량에 도착했더니, 거제 쉬(현령) 안위와 영등 만호 조계종 등 10여 명이 와서 소리 높여 슬피 울부짖었다. 피해 나온 군사와 백성 중 울부짖지 않는 사람이 없었다. 경상 수사(배설)는 달아나 피해 있었기에 만나지 못했다. 우후 이의득이 와서 만났다. 패배당하던 상황을 물었다. 사람들이 모두 흐느껴 울면서 말하기를, "대장 원균이 적을 보고는 먼저 달아나 육지로 상륙했습니다. 장수들도 다 따라서 육지로 상륙했다가 이렇게까지 심하게 되었습니다" 등등이라고 했다. 그들이 말하기를, "대장(원균)의 잘못은 입으로는 다 표현할 수 없습니다. 그의 살코기라도 먹고 싶습니다" 등등이라고 했다. 거제선巨濟船 위에서 묵었다. 거제 쉬(현령 안위)와 이야기하다 밤 3시가 되었다. 조금도 눈을 감을 틈이 없어, 눈병에 걸렸다少不睡目因得眼疾.

22일[3일. 신축](신해)301 맑았다. 아침에 배설(경상 우수사)이 와서 만났다. '원균이 패망한 일'을 많이 말했다. 식사를 한 뒤, 남해 쉬(현령) 박대남이 있는 곳에 도착했더니, 병세가 거의 죽을 지경이었다. '전투용 말을 서로 맞바꿀 일'을 다시 말했다. "사내종 평세와 군사 1명을 이끌고 오겠다"고 했

300　이천추는 「선무원종공신녹권」에서는 군수로 나오고, 선무원종공신 3등이다. 조응록의 「죽계일기」 1592년 11월 30일에는 "첨사僉使 이천추가 임천의 관아에 머물고 있어 잠시 만났다", 1595년 7월 16일에는 음죽 현감에 임명되었다고 나온다.
301　「선조실록」 1597년 7월 22일에 따르면, 선조는 22일에 이순신을 다시 전라 좌도 수사 겸 삼도통제사로, 권준을 충청 수사로 임명했다. 통제사 임명장인 「상중임에도 삼도통제사의 관직에 임명하는 교서起復授三道統制使教書」는 1597년 7월 23일에 작성된 것이다. 조응록의 「죽계일기」에도 7월 23일에 이순신을 삼도통제사, 권준을 충청 수사로 임명했다고 나온다. 「사대문궤」 「回咨」(1597년 8월 5일)에는 이순신을 다시 전라좌도 수군절도사 겸 삼도 수군통제사로, 김억추를 전라우도 수군절도사, 권준을 충청도 수군절도사로 임명했다는 내용이 나온다.

다. 오후에 곤양에 도착했다. 몸이 불편했다. 묵었다.

23일[4일, 임인](임자) 비가 내리거나 이따금 맑거나 했다. 아침에 노량에서 작성한 공문을 송대립을 통해 부쳤다. 먼저 원수부로 보냈다. 뒤따라 출발해 곤양 십오리원+五里院에 도착했더니, 배백기(배홍립) 부인 일행이 먼저 도착했다. 말에서 내려 잠시 쉬었다. 진주 **굴동** 운곡雲谷의 전에 묵었던 곳(이희만의 집)에서 묵었다. 초저녁에 비가 내렸다. 밤새 그치지 않았다. 백기(배홍립)도 도착했다. 묵었다.

24일[5일, 계묘](계축)302 비가 계속 내렸다. 그치지 않았다. 한치겸과 이안인李安仁이 부사(부체찰사 한효순)에게 돌아갔다. 정鄭의 사내종 예손禮孫과 손孫의 사내종도 같이 돌아갔다. 식사를 한 뒤, 이홍훈李弘勛303의 집으로 (묵는) 집을 옮겼다. 방응원이 정성304에서 왔다. 전하기를, "황 종사(황여일)가 산성에 도착했다"고 했다. 전하기를, "바닷가 사정을 듣고 보았다"고 했다. 군량 2곡과 말먹이 콩 2곡, 다갈305 7부를 갖고 왔다. 이날 저녁, 배 조방장(배홍립)이 와서 만났다. 술로 위로했다.

25일[6일, 갑진](갑인) 늦게 맑았다. 황 종사(황여일)가 편지를 보내, 안부를

---

302 문종의 왕비, 현덕왕후 권씨의 제삿날이다.
303 이홍훈(?~?)은 진주 출신의 조선 중기 무신이다. 1592년 임진왜란 때 집안사람들을 거느리고 의병장 곽재우 막하에서 활약했다.
304 "정성鼎城"은 "定介山城·鼎蓋"으로 나오기도 한다.
305 "다갈多葛"은 말발굽에 편자를 고정시키는 못인 징이다. 말발굽에 편자를 박는 것은 발굽이 닳는 것을 막기 위함이다. 편자를 박을 때 쓰는 못인 "징"을 한문으로는 多葛, 大葛, 代葛이라고 했다. 『성종실록』에서는 "多葛", 이유원의 『임하필기』에서는 "大葛", 『성호사설』에서는 "代葛", 『쇄미록』 1594년 1월 11일에서는 "多葛耳"로 나온다. 유창돈의 『이조어사전』(연세대출판부, 1964)에는 우리말로 '다갈'이 나온다. 한문으로는 마정馬釘이다. 유창돈은 '다갈'을 "말굽에 박는 못"으로 설명했다.

물었다. 조방장 김언공金彦恭306이 와서 만나고, 그대로 원수부로 갔다. 배수립裵樹立이 와서 만났다. 이곳 땅주인 이홍훈이 와서 만났다. 박 남해(남해 현령 박대남)가 자신의 사내종 용산龍山을 보내, "내일 들어올 일"을 보고했다. 저녁에 배백기(배흥립)에게 가서 만났는데 병에 걸려 아주 괴로워하고 있었다. 아주 괴로워했다. 걱정이다. 걱정이다. 송득운을 황 종사에게 보내 안부를 묻게 했다.

26일[7일. 을사(을묘) 비가 내리거나 이따금 맑거나 했다. 일찍 식사를 하고, 정성 아래로 갔다. 소나무 정자 아래에서 황 종사(황여일)와 목백(진주 목사 나정언)307과 이야기했다. 해 질 무렵 묵던 곳으로 되돌아왔다.

27일[8일. 병오(병진) 비가 내내 계속 내렸다. 이른 아침 정성 건너편 손경례孫景禮의 집308으로 옮겨 머물렀다. 늦게309 동지(정2품) 이천李薦310과 판관 정제가 체상부體相府(체찰사부)에게 와서 전령을 전했다. 같이 저녁을 먹었다. 이 동지李同知(이천)는 배 조방장(배흥립)이 머문 곳에서 묵었다.

28일[9일. 정미(정사) 비가 계속 내렸다. 이희량李希良이 와서 만났다. 저녁

---

306 김언공(1550~?)은 흥양 출신의 조선 중기 무신이다. 권율 막하에서 전라 우도 조방장으로 참전했고, 1597년에는 진주 제석당 산성에 주둔했다가 이순신 부대에 합류했다.
307 "목백"의 원문 "牧伯"을 「문화재청본」은 "晉牧"이라고 했으나, '晉'은 없는 글자이고, '伯'은 누락됐다.
308 손경례의 집은 김세곤의 『정유재란과 호남사람들』에 따르면, 경남 진주시 수곡면 원계리에 있다.
309 "늦게晩"를 「문화재청본」은 누락했다.
310 이천은 조선 중기의 무신으로 경기 수사 등을 역임했고, 동지중추부사에 임명되기도 했다. 1588년 1월, 여진족 토벌 작전인 시전부락 전투 상황을 그린 「장양공정토시전부호도」에는 이순신이 소속된 우위 부대에서 "선봉장 절충장군 함경북도 조방장"으로 참전했다. 이순신은 "우위 우화열장"으로 참전했다. 1594년 경상도 순변사였던 이빈은 그의 육촌 형이다.

8시에 이 동지(이천)[311]와 진(진주) 목(목사 나정언), 소촌 찰방 이시경李蓍慶[312]
이 왔다. 밤까지 이야기하다, 밤 1시에 모두 돌아갔다. 논의한 것은 모두
계책을 세워 대응할 일이었다.

　　29일[10일. 무신](무오) 비가 내리거나 이따금 맑거나 했다. 아침에 이군거李
君擧[313] 영공과 같이 먹고, 체상(체찰사 이원익)에게 보냈다. 늦게[314] 냇가로
나가 군사를 점검하고, 말을 달리게 했는데, 원수가 보낸 군사는 모두 말
이 없었다. 또한 활과 화살도 없어 쓸모가 없었다. 한탄스럽다. 한탄스럽
다. 저녁에 들어올 때, 배 동지(배흥립)와 박 남해(남해 현령 박대남)에게 들
러 만났다. 밤새 큰비가 내렸다. 찰방 이시경李蓍慶에게 사람을 보내 안부
를 물었다.

　　◎ **1597년(「정유년 Ⅰ」) 8월**

　　8월 1일[9월 11일. 기유](기미) 큰비가 내렸다. 물이 불어났다. 늦게 이 찰방李
察訪(이시경)이 와서 만났다. 조신옥[315]과 홍대방 등이 와서 만났다.

　　2일[12일. 경술](경신) 잠깐 맑았다. 홀로 군 복무하며 지내는 집에 앉아 있

311　「문화재청본」에는 "李同知薦"으로 되어 있으나, 「친필본」「편수회본」「박혜일·최희동본」은
"李同知"이다. '薦'은 없는 글자다.
312　이시경(1565~1597)은 선조 때 영의정을 지낸 이양원李陽元(1526~1592)의 아들이다. 정유재
란 때 왜적과 싸우다 전사했다. 『정조실록』 1792년 9월 5일 기록에는 이양원의 아들 소촌 찰방
이시경이 정유년에 전사했다는 내용이 나온다. 『皇明萬曆十八年庚寅十月初六日上尊號增廣司馬
榜目』에 따르면, 1590년 문과 중강시에서 진사에 합격했다.
313　이군거에 대해 홍기문은 "이천의 자"라고 했는데, 이천인지 알 수 없지만 정황으로는 이천
인 듯하다.
314　"늦게晚"를 「문화재청본」은 누락했다.
315　"조신옥"의 원문 "趙信玉"을 「문화재청본」에서는 "起身玉"으로 보았다. 「친필본」은 '起'로 보
이기도 한다. 그러나 7월 15일 일기에 나오는 조신옥의 오독이다. 「편수회본」은 "起(趙)信玉"로 해
놓았다. 홍기문 등도 "趙信玉"으로 보았다. 홍대방과 함께 움직인 사람으로 볼 때도 조신옥이다.

었다. 사무치게 그리운 마음을 어찌하랴. 슬프고 서러운 마음이 끝없다獨
坐戍軒 懷戀如何 悲慟不已. 이날 밤 꿈에서, "임금님의 명령을 받을 조짐"이 있
었다.316

　3일[13일. 신해](신유) 맑았다. 이른 아침에 선전관 양호梁護317가 생각지도 않
게 들어왔다. 임금님께서 내리신 교서와 유서를 갖고 왔다. 임금님의 유지
는 '겸 삼도통제사三道統制使 임명'이었다. 숙배를 한 뒤에,318 지수서장祗受書
狀319을 써서 봉했다. 그날 바로 길을 출발했다. 곧장 두치 가는 길을 탔
다.320 저녁 8시에 행보역行步驛321에 도착했다. 말을 쉬게 했다. 밤 1시에 길
에 올라 두치에 도착했더니, 날이 새려고 했다. 박 남해(남해 현령 박대남)가
길을 잃고, 강정으로 잘못 들어갔기에 말에서 내려 불러왔다. 쌍계동雙溪
洞322에 도착했더니, 여기저기 뾰족한 돌들이 널려 있었다. 새로 내린 비로

316 『중용장구中庸章句』에 "큰 덕을 지닌 사람은 반드시 하늘의 명을 받는다大德者 必受命"고
했다. 이순신이 임금을 통해 조선을 지키라는 하늘의 명령을 받게 된 것이다.
317 이날 일기의 선전관 양호와 동일 인물인지는 알 수 없으나, 양호梁護(?~1623)라는 조선 중
기의 무신이 있다. 1618년 주사도감舟師都監이 신설되었을 때 중군에 발탁되었고, 1619년 제주
목사에 임명되었던 인물이다.
318 임명장을 받는 절차는 유희춘이 전라 관찰사에서 대사헌으로 임명되어 임명장을 받았던
『미암일기』 1571년 10월 15일자를 통해서 보면, 사헌부 서리가 관교와 임금의 유지 서장有旨書狀
을 갖고 오자 유희춘은 관대를 갖춰 입고 대문까지 나가 맞아 서쪽 가에 선 뒤에 서리는 유지를
받들고 중간 길을 통해 대청으로 올라가서 서쪽으로 올라와 전패 앞에 꿇어앉은 유희춘에게 관
교와 유지서장을 전하는 방식이다.
319 지수서장은 왕의 유지를 받았다고 확인하는 내용의 장계다. 지수장계와도 같은 말이다.
320 이훈은 「노정: 하동 횡천면 대덕→구례읍(48km)」(『무등일보』 2014. 06. 10)에서 두치의 위치
에 대해 하동읍 두곡리설, 전남 광양시 다압면 섬진리설, 섬진교 바로 아래 원동설을 소개하면
서, 그중 섬진리설은 이순신의 여정상 "하동에서 강 건너 섬진리로 갔다가 다시 이쪽, 화개 쪽으
로 건너와야 하기 때문"이라며 맞지 않다고 했고, 『호남읍지』(1895년 제작), 『호남진지』(1895년 제
작) 등을 근거로 하동읍설을 주장했다.
321 행보역은 김세곤의 『정유재란과 호남사람들』에 따르면, 경남 하동군 횡천면 여의리다.
322 쌍계동은 『정유재란과 호남사람들』에 따르면, 경남 하동군 화개면 탑리다.

물이 넘쳐흘렀다. 간신히 건넜다. 석주石柱에 도착했더니, 이원춘李元春[323]과 류해가 복병을 서다가 만났다. '적을 무찌를 일'을 많이 말했다. 해 질 무렵 구례현에 도착했더니,[324] 온 땅이 쓸쓸하고 고요했다. 성 북문[325] 밖, 전날의 주인집에서 묵었는데, "주인은 이미 산골로 피란 갔다"고 했다. 손인필이 곧바로 와서 만났다. 조세로 바치는 곡식도 지고 왔다. 손응남은 올감早柿[326]만 바쳤다.

4일[14일, 임자(임술) 4일이구나. 맑았다. 아침을 먹은 뒤, 압록강원鴨綠江院[327]에 도착했다. 점심을 지었다.[328] 말의 병도 치료했다. 고산高山[329] 현감(최철강)이 군인을 인계할 일로 도착해 왔다. '수군에 대한 일'을 많이 말했다. 오후에 곡성에 도착했더니, 관사와 마을이 온통 비어 있었다.[330] 같은 현(곡성현)에서 묵었다. 박 남해(남해 현령 박대남)는 곧바로 남원으로 갔다.

---

323 이원춘(?~1597)은 조선 중기의 무신이다. 임진왜란 발발 당시 구례 현감이었다. 도체찰사 이원익의 조방장으로 구례를 지켰다. 정유재란 때 남원성을 방어하다 전사했다. 정유왜란 때 함께 전사한 정기원·이복남·임현·김경로·신호·이덕회 등과 함께 7충신이라고 부른다.

324 황대중(1551~1597)의 문집인 『양건당집』 「纂述先考兩蹇堂壬辰倡義擊倭日記」에는 "이순신과 공(황대중) 및 군관 9인, 아병 6인이 진주에서부터 순천에 이를 때까지 흩어진 군사 100여 명을 수습해 얻었고, 보성에 이르러 2000여 명이 되었다"라고 나온다.

325 성 북문은 전남 구례군 구례읍 봉북리다.

326 올감은 제철보다 일찍 익은 감이다. 서호수의 『해동농서』에서는 "서리가 내리기 전에 먼저 익는 것을 조홍早紅"이라고 했다.

327 압록강원의 위치에 대해 노기욱은 전남 곡성군 오곡면 압록리 압록 강변, 김세곤의 『정유재란과 호남사람들』에서는 전남 곡성군 죽곡면 압록리라고 했다. 현재 확인되지 않는 지명이다.

328 여행 중 밥을 짓는 일에 대해 조선 후기의 학자 성대중의 『청성잡기』에 따르면, 예전에는 여행자가 숙박은 원에서 했지만, 곡식과 그릇, 솥은 여행자가 짊어지고 다녀야 했으나, 김자점金自點이 점店을 설치한 뒤부터는 점에서 해결했다고 한다. 이순신의 이 일기는 점이 생기기 이전의 일로, 이순신을 수행하는 종들이 그릇과 솥 등을 갖고 다니다가 식사 때에 밥을 지었을 것이다.

329 고산은 전라북도 완주군에 있었다.

330 『충무공유사』에서는 "곡성에 도착했다. 온 땅이 이미 비어 있었다"로 8월 5일에 나온다. 「정유년 II」에서도 8월 5일이다.

5일[15일. 계축](계해) 맑았다. 아침을 먹은 뒤, 옥과 땅에 도착했더니, 피란 하는 사람들이 도로를 가득 메웠다. 기가 막힐 일이다. 기가 막힐 일이다. 말에서 내려 앉아 알아듣게 타일렀다.[331] 현(옥과현)에 들어갈 때, 이기남 부자를 만났다. 현(옥과현)에 도착했다. 정사준·(정)사립이 와서 맞았다. 함께 이야기했다. 현의 쉬(옥과 현감 홍요좌)는 처음에는 병을 핑계 대고 나오지 않았다. 얼마 뒤에 와서 만났다. 붙잡아 처벌하려고 했더니, 와서 만났다.

6일[16일. 갑인](갑자) 맑았다. 이날은 옥과에 머물렀다. 저녁 8시에 송대립 등이 적을 살피고 왔다.

7일[17일. 을묘](을축) 맑았다. 이른 아침에 길에 올랐다. 순천으로 바로 갔다. 길에서 선전관 원집元漢을 만났다. 임금님의 유지를 받았다. 병사(이복남)의 군대가 다 무너져 돌아오는 것이 도로에 연이었기에, 말 3(마리), 활과 전을 약간 빼앗아왔다. 곡성 강정[332]에서 묵었다.

8일[18일. 병진](병인) 새벽에 출발했다. 아침을 부유창富有倉[333]에서 먹으려고 했더니, 병사(이복남)가 이미 명령해 불을 질러놓았다.[334] 광양 쉬(현감) 구덕령具德齡[335]과 나주 판관 원종의,[336] 옥구 쉬(현감 김희온) 등이 창倉(부유

---

331 "말에서 내려 앉아 알아듣게 타일렀다下坐開諭"는 이순신이 백성을 설득하는 방식이다. 높은 말 위에서 명령 혹은 지시를 하지 않고, 스스로 낮은 곳에 내려와 소통하는 모습을 보여준다.
332 곡성 강정을 전남 곡성군 석곡면 능파리 능암에 있던 능파정凌波亭 혹은 곡성군 석곡면 유향리로 보는 주장이 각각 있다. 현재 확인되지 않는 지명이다.
333 부유창은 전남 순천시 주암면 창촌리에 있었다.
334 이복남은 이 시기에 남원성 방어를 위해 이동했고, 8월 중순 조명 연합군이 방어했던 남원성에서 전사했다.
335 구덕령(?~?)은 조선 중기의 무신이다. 신립 막하에 있었다. 『선조실록』 선조 31년(1598) 2월 6일 기록에는 "별장 구덕령이 9명을 이끌고 남해도에서 칡을 캐는 왜적 30여 명을 공격해 그들을 거의 다 잡았다"는 기록이 나온다. 영암 군수·창성 부사·종성 부사 등을 역임했다. 「선무원종공신록」에는 절충으로 나오고, 선무원종공신 1등이다.
336 원종의(1561~?)는 조선 중기의 무신이다. 1591년 무과 별시에 급제했다. 1594년에는 선전

창) 아래에 있다가, "우리 일행이 도착했다"는 이야기를 듣고 왔다. 급히 달려 배경남裵慶男과 같이 구치鳩峙337에 도착했다. 내가 (말에서) 내려 앉아 전령했더니余下坐傳令, 한꺼번에 와서 인사했다. 내가 '피해 다닌 것'을 말하며 질책했더니, 모두 죄를 병사 이복남李福男에게 돌렸다. 곧바로 길에 올랐다. 순천에 도착했더니, 성 안팎에 사람 흔적이 쓸쓸하고 고요했다. 승려 혜희惠熙가 와서 인사하기에 의장첩義將帖(의병장 임명장)을 주었다. 또한 "총통 등을 옮겨 묻으라"고 일렀다. 장전과 편전은 군관 등에게 나누어 갖게 했다. 그대로 같은 부(순천부) ■에서 묵었다.338

9일[19일, 정사](정묘) 맑았다. 일찍 출발했다. 낙안에 도착했더니, 오리정五里程339에 사람들이 많이 나와 인사했다. 달아나 흩어진 이유를 물었더니, 모두 "'병사(이복남)가 적이 쳐들어온다'고 퍼뜨리며 창고에 불을 지르고 도망쳤기에, 이곳 백성이 뿔뿔이 흩어져 달아난 것입니다"라고 했다. 관사에 도착했더니, 사람 소리 하나 없이 고요했다. 순천 부사 우치적과 김제金蹄 군수 고봉상高鳳翔340 등이 와서 인사했다. 늦게 보성의 조양兆陽에 도착했

관으로 『선조실록』에도 나온다.
337 구치는 전남 순천시 주암면 행정리 접치 마을이다.
338 "그대로 같은 부(순천부) ■에서 묵었다"의 「편수회본」, 「문화재청본」은 "因宿同府■"이다. '■'는 미판독 글자다. 「박혜일·최희동본」은 '此'로 보았다. 「정유년 Ⅱ」에서는 "因宿上房(그대로 상방에서 묵었다)"로 나온다.
339 "오리정"은 지명으로 보인다. 지방 각 고을의 5리 밖에 설치된 역정驛亭이다. 『일성록』에는 정주의 오리정, 안북현의 오리정도 나온다. 「미암일기」 1571년 3월 21일에는 여산에 들어가니 각 관포의 관리들이 오리정五里程까지 마중 나왔다는 내용이 나온다. 정경달의 「반곡난중일기」 1592년 4월 18일에는 "병사가 창녕현에 들어와 오리정五里亭에 주둔했다"는 내용이 나온다. 「난중일기」 속 오리정은 오리정五里亭과 같은 것으로 보인다. 『쇄미록』 1597년 4월 16일에는 "오리정 밖五里程外"이라는 표현이 나오기도 한다.
340 고봉상(?~?)은 당시는 김제 군수였다. 『선조실록』 선조 37년(1604) 2월 18일 기록에는 순천 부사를 역임한 것으로 나온다.

다. 김안도金安道의 집에서 묵었다.

10일[20일, 무오](무진) 맑았다. 몸이 불편했다. 안도安道의 집에 머물러 묵었다.

11일[21일, 기미](기사) 맑았다. 아침에 양산원梁山沅[341]의 집으로 옮겼다. 또 머물렀다. 송희립과 최대성이 와서 만났다.[342]

12일[22일, 경신](경오) 맑았다. 「임금님께 보고하는 글」의 초고를 작성했다. 그대로 묵었다. 거제 현령(안위)과 발포 만호(소계남)가 와서 만났다.

13일[23일, 신유](신미) 맑았다. 거제 현령(안위)과 발포 만호(소계남)가 와서 인사하고 되돌아갔다. 들으니, "수사(배설)와 여러 장수, 피란 나온 사람 등이 머물러 지내고 있다"고 했다. 우후 이몽구가 왔으나 만나지 않았다. 하동 쉬(현감 신진)에게 들으니, "정개성鼎盖城[343]과 벽견성碧堅城을 병사(이복남)가 바깥 진에서 스스로 파괴했다"고 했다. 가슴이 아팠다.[344]

14일[24일, 임술](임신) 아침에 이몽구를 장 80에 처했다.[345] 식사를 한 뒤, 장계 7통을 봉했다. 윤선각이 갖고 가게 했다. 오후에 어사(임몽정)[346]와 서

---

341 "梁山沅"은 「정유년 Ⅱ」에서는 양산항梁山沆으로 나온다. 『이충무공전서』에서는 「정유년 Ⅰ」처럼 양산원으로 나온다. "梁山沅"은 양산항(1554~1634)과 동일 인물로 추정된다.

342 최대성은 노기욱의 「이순신의 조선수군재건과 남도해상 진출 양상」에 따르면, 이곳 마을 앞 "군지 등"에서 중군을 설치하고, 보성 지역에서 일본군과 전투를 하고 있었다고 한다.

343 "鼎盖城"은 "定介山城·鼎城"으로 나오기도 한다.

344 정경운의 『고대일록』 1597년 8월 6일과 8월 7일에는 당시 이복남이 벽견성, 정개성 등을 방어하지 않았다는 내용이 나온다. 그러나 이복남이 남원성 전투에서 전사한 것을 보면, 남원성 방어를 위해 이동한 결과로 보인다.

345 『선조실록』 선조 30년(1597) 10월 11일에 관련 내용이 나온다. 이몽구는 칠천량해전에서 조선 수군이 패전한 뒤 일본군이 전라도를 침범하지도 않았는데 병영을 지키지 않고 자신의 가족만 이끌고 도망쳤다.

346 임몽정任蒙正(1559~1602)은 조선 중기의 문신이다. 1584년 문과 별시에서 급제했다. 1592년 임진왜란이 일어났을 때, 선조를 호종하지 않은 죄로 한때 파직당했다. 『선조실록』 선조 30년(1597) 7월 29일에 따르면, 선유어사에 임명되어 칠천량에서 패전한 조선 수군의 실태를 파

로 만날 일로 보성군에 도착했다. 묵었다.[347] 밤에 큰비가 쏟아져 내렸다.

15일[25일. 계해](계유)[348] 비가 계속 내렸다. 늦게 상쾌하게 맑아졌다. 식사를 한 뒤, 열선루[349] 위로 나가 좌기했다. 선전관 박천봉朴天鳳[350]이 임금님의 유지를 갖고 왔는데,[351] 8월 7일에 수결을 하고 관인을 찍은 것이구나. "영상(영의정 류성룡)은 나가 경기를 순시하고 있다"고 했다. 곧바로 지수장계祗受狀啓[352]를 작성했다. ■ 보성의 군기물을 하나하나 확인하고 점검했다.[353] 집

악하는 임무를 받았고, 그 과정에서 이순신을 만났다. 임몽정은 광해군 후궁 소용 임씨의 아버지다.

347 「정유년 Ⅱ」에서는 "열선루列仙樓에서 묵었다"고 나온다.

348 추석이다. 1593년 8월 15일에는 일기에 추석이라고 명기했다.

349 열선루에 대해 노기욱은 『보성 이순신』에서 현재 보성군 보건소 뒤편, 김세곤은 『정유재란과 호남사람들』에서 현 보성군청 바로 뒤 보성초등학교 근처 제칠일안식일 예수재림교 보성교회 자리라고 보았다.

350 박천봉은 정경운의 『고대일록』 1594년 1월 11일에 "병사(경상 우도 병마절도사 성윤문)의 군관 박천봉"으로 나온다.

351 "임금님의 유지"를 노기욱은 「이순신의 조선수군재건과 남도해상 진출 양상」에서 "수군을 폐지하고 육군에 편입하라는 명령"으로 보았다.

352 지수장계는 왕의 유지를 받았다고 확인하는 내용의 장계다. 지수서장과 같은 말이다. 이날 이순신이 쓴 지수장계는 조정의 수군 폐지 명령을 철회해줄 것을 요청한 『이충무공행록』에 나오는 "신에게는 아직도 12척의 전선이 있습니다"가 들어 있는 장계라고 추정된다. 노기욱과 김세곤은 8월 16일에 쓴 장계로 보았다. 이분의 『이충무공행록』에 기록된 이순신의 장계는 다음과 같다. "임진년(1592년)부터 5~6년 동안, 적이 감히 전라도와 충청도로 곧바로 돌격할 수 없었던 것은 수군이 그 길목을 누르고 있었기 때문입니다. 지금 신에게는 전선이 아직도 12척이 있습니다. 죽을힘으로 막고 싸운다면, 오히려 해낼 수 있습니다. 지금 만약 수군을 전부 없앤다면, 적은 이를 행운으로 여길 것입니다. 그렇게 된다면 전라·충청의 오른쪽(서해안)을 거쳐 한강에 이를 것입니다. 신은 이것을 두려워할 뿐입니다. 전선의 수가 비록 적을지라도 미천한 신이 죽지 않는다면, 적은 감히 우리를 업신여기지 못할 것입니다自壬辰至于五六年間 賊不敢直突於兩湖者 以舟師之扼其路也 今臣戰船尙有十二 出死力拒戰 則猶可爲也 今若全廢舟師 則是賊之所以爲幸 而由湖右達於漢水 此臣之所恐也 戰船雖寡 微臣不死 則賊不敢侮我矣." 이원익의 『이상국일기』 「宣祖朝二十五年壬辰」에 따르면, 이순신의 수군 유지 주장을 이원익이 지지해주었기 때문이라고 한다. 이순신은 "이 상국李相國(이원익)이 나의 계책을 믿고 전적으로 써주었기에 지금 우리 수군이 조금이라도 보존될 수 있었다. 이는 내 힘이 아니고 이상국의 공이다"라고 했다.

353 "■ 보성의 군기물을 하나하나 확인하고 점검했다"의 원문은 "■寶城軍器點閱"이다. '■'는

싣는 말 4(마리)에 나누어 실었다. 저녁에 흰 달이 수루 위에 떠 있었다皓月
樓上 懷極不平. 마음이 지극히 불편했다.

16일[26일, 갑자](갑술)354 맑았다. 아침에 보성 쉬(군수)와 군관 등을 굴암屈
岩으로 보냈다. 피해 떠났던 관리 등을 찾아내게 했다. 선전관 박천봉이 되
돌아가기에, 나羅(나주) 목(목사, 배응경)과 어사 임몽정任夢正에게 답장을 써
보냈다. 박사명朴士明의 집으로 사령355 등을 보냈는데, "사명의 집은 이미
비어 있다"고 했다. 오후에 궁장 지이와 태귀생太貴生,356 선의先衣와 대남大男
(남해 현령 박대남) 등이 들어왔다. 김희방金希邦과 김붕만이 왔다.

17일[27일, 을축](을해) 맑았다. 일찍 식사를 한 뒤, 바로 장흥 땅 백사정에
도착했다. 점심을 먹은 뒤, 군영구미軍營仇未357에 도착했더니, 온 지역이 사
람 하나 없는 땅이 되어 있었다. 수사 배설은 탈 배를 보내지 않았다. 장흥
의 군량감색軍粮監色358이 관청의 것을 다 훔쳐 나눠 가려고 할 때, 마침 붙
잡았다. 호되게 장을 쳤다. 그대로 묵었다.

미판독 글자다.
354　이날 남원성의 조선군 2000명, 명나라 군사 3000명이 일본군 5만 명과 싸우다가 모두 전
사했다. 명나라 부총병 양원은 100여 기를 인솔하고 탈출했으나 명나라 군법회의에 따라 처형되
었다. 전주성도 일본군에 함락되었다. 일본군의 종군 승려 게이넨의 『조선일일기』에 따르면, "가
는 곳마다 불을 지르고, 어린아이의 눈앞에서 부모를 베어 죽였고, 시체가 무수히 쌓여 차마 눈
뜨고 볼 수가 없었다"고 할 정도로 참혹했다. 오희문의 『쇄미록』 1597년 8월 23일에 따르면, 남원
성 함락으로 명나라 군사 3000명과 우리나라 군사 3000, 총 6000명이 전사했다고 한다.
355　사령은 각 관아에서 심부름하던 사람이다.
356　태귀생(?~1597)은 『호남절의록』에 따르면, 1555년 무과에 급제했고, 1597년 8월 중순에 있
었던 남원성 전투에서 전사했다고 한다. 그러나 이날은 남원성 전투가 있던 시기이고, 10월 일기
에도 나오는 것을 보면, 『호남절의록』 속 태귀생과는 다른 인물로 보인다. 「선무원종공신녹권」에
서는 주부로 나오고, 선무원종공신 1등이다.
357　군영구미는 전남 보성군 회천면 전일2리 군학마을 혹은 전남 강진군 대구면 구수리로 보
는 견해가 있다.
358　군량감색은 군량의 출납을 감독하고 관리하던 색리다.

18일[28일, 병인](병자)359 맑았다. 회령포360로 갔더니, "수사 배설이 뱃멀미를 핑계 대고 있다"고 했기에 만나지 않았다.361 같은 포 관사에서 묵었다.

19일[29일, 정묘](정축) 맑았다. 여러 장수 등이 임금님께서 내리신 교서에 숙배를 했으나, 배설은 교서를 받들어 숙배하려 하지 않았다.362 그 거만하고 업신여기는 모양새는 다 말할 수 없었다. 그의 영리(경상 우수영 영리)를 장에 처했다. 회령會寧 만호 민정붕閔廷鵬363은 그의 전선을 물건을 받고 사적으로 피란민 위덕의魏德毅364 등에게 준 죄로 장 20에 처했다.

20일[30일, 무진](무인) 맑았다. 앞의 포가 좁고 불편했다. 진을 이진365으로 옮겼다.366 그리고

---

359 1598년 8월 18일, 이날 도요토미 히데요시가 사망했다.

360 회령포는 노기욱에 따르면, 전남 보성군 회천면 전일리 군학마을이다. 이분의 『이충무공행록』에서는 18일, 회령포에 도착했을 때 전선은 다만 10척이었다고 나온다. 최유해가 1641년경에 저술한 것으로 추정되는 『(이충무공)행장』에서는 이순신이 회령포에서 경상 수사 배설의 전선 8척과 녹도 배 1척을 인수했다고 되어 있으나, 16일의 명량대첩 때는 10척으로 나온다.

361 배설의 뱃멀미에 대해서는 『선조실록』 선조 28년(1595) 2월 6일, 배설이 원균을 대신해 경상 우수사에 임명될 때, 참찬관 정숙하가 "배설은 뱃멀미를 해서 수군 임무에 부적합하다"는 이야기를 전하고 있다.

362 "교서"는 『정유년 Ⅱ』에서는 "교서와 유서"로 나온다.

363 민정붕(1559~?)은 부안 출신의 조선 중기 무신이다. 1591년 무과 별시에서 급제했다. 『부안읍지』(1931)에는 무과 출신, 만호로 나온다.

364 위덕의(1540~1613)는 장흥 출신의 조선 중기 문신이다. 1573년 문과 식년시에서 생원에 합격했다. 임진왜란 때에 임금이 있는 의주까지 걸어와 통곡했다고 한다. 조정에서 이를 가상히 여겨 형조 좌랑을 내렸다. 유희춘의 『미암일기』 1576년 4월 17일에는 "장흥의 진사 위덕의가 보성으로 장가를 들었다"는 내용이 나온다. 오희문의 『쇄미록』 1594년 12월 30일 이후에 채록된, 명나라 장수 여응종이 쓴 『조선기』에는 "근일에는 류성룡의 충성과 강개함, 이덕형의 소년 영예英銳, (…) 위덕의의 험한 곳에 달려 나가는 것"이라는 인물 평가가 나온다. 류성룡의 「効成好善魏德毅怠慢職事狀」(1593년 1월경)에는 "숙천의 방초관放草官(말 먹이 공급 담당 관리) 별좌로 직무에 태만했다"고 나온다. 정경달의 『반곡유고』 1593년 5월 17일에는 선산 부사 정경달이 위덕의와 명나라 장수 여응종呂應鍾과 술을 마시고 함께 시를 짓는 모습이 나온다.

365 이진은 전남 해남군 북평면 이진리다.

366 노기욱은 「이순신의 조선수군재건과 남도해상 진출 양상」에서 『연려실기술』의 기록을 인용

21일[10월 1일. 기사](기묘)367 맑았다. 날이 새기 전에 설사하고 심하게 토하고 몹시 아팠다. 찬바람을 쐰 것이 마음에 걸려 소주368를 마셨다. 얼마 뒤에는 인사불성이 되었다. 거의 죽을 지경이었다. 밤을 새우고 새벽까지 앉아 있었다.

22일[2일. 경오](경진)369 맑았다. 설사하고 심하게 토하는 것이 점점 더 심했다. 일어나 움직일 수 없었다.

23일[3일. 신미](신사) 맑았다. 아픔이 아주 심해, 배에 머물러 있는 것이 불편했다. 배를 타는 것을 그만두고 바다에서 나와 묵었다.

24일[4일. 임신](임오) 맑았다. 일찍 도괘刀掛370에 도착해 아침을 먹었다. 어란371 앞바다에 도착했더니, 도착한 곳마다 이미 텅 비어 있었다. 바다 가운데서 묵었다.

25일[5일. 계유](계미) 맑았다. 그대로 같은 곳에 머물렀다. 아침을 먹을 때, 당포 포작이 풀어놓았던 소를 훔쳤다. 끌고 가면서, 거짓 경보로 말하기를, "적이 왔다. 적이 왔다"고 했다. 나는 이미 그것이 거짓인 줄 알고 있었다. 거짓 경보한 놈 2명을 붙잡아 곧바로 머리를 베고 효시하게 했다. 군사

해, 이날 녹도에 남은 배 1척을 합류시켰다고 했다.
367 1594년에는 외가의 제삿날이라고 좌기하지 않았다고 한다.
368 이수광의 『지봉유설』에 따르면, 소주는 원나라 때 생긴 술로 약으로만 쓰였기에 많이 마시지 않고 작은 잔에 마셨고 이에 작은 잔을 소주잔이라고 부르게 되었다고 한다. 오희문의 『쇄미록』, 1593년 6월 17일에서 더위를 먹어 배가 아픈 상태에서 소주를 3잔 마신 뒤 배 아픈 것이 조금 나았다는 내용이 나온다. 이탁영의 『정만록』 1592년 6월 4일에도 이탁영이 배가 아프다는 소리를 감사가 듣고 소주를 주었다는 내용이 나온다. 1543년에 간행된 『대전후속록』, 『형전』에 따르면, 소주는 노인이나 병자의 약으로 사용하는 것을 제외하고 일체 금지했다. 이순신도 소주를 약으로 마셨던 듯하다.
369 이순신 외할머니의 제삿날이자, 성종의 계비 정현왕후 윤씨의 제삿날이기도 하다.
370 도괘는 김세곤에 따르면, 전남 해남군 북평면 영전리 혹은 남성리로 추정된다.
371 어란은 전라남도 해남군 송지면 어란리다.

들의 마음이 크게 안정되었다軍中大定.372

26일[6일, 갑술](갑신)373 맑았다. 그대로 어란에 머물렀다. 임준영374이 말을 타고 왔다. 바삐 보고하기를, "적의 세력이 이진에 도착했다"고 했다. 우수사(김억추)375가 왔다.

27일[7일, 을해](을유) 맑았다. 그대로 어란 바다 가운데 머물렀다.

28일[8일, 병자](병술) 맑았다. 적선 8척이 뜻하지 않게 들어왔다. 여러 배가 두려워 겁을 먹고 피하려고 했다. 경상 수사(배설)는 피해서 물러나려고 했다. 나는 흔들리지 않았다余不爲搖動.376 적선377이 다가오자, (명령을 내린다는 의미의) 각(소라)을 불게 하고 깃발을 들어올렸다 내렸다 신호하면서378 뒤쫓게 했다. 적선이 물러갔다. 갈두葛頭379까지 쫓아갔다가 돌아왔다. 저녁에

---

372 한효순의 『신기비결』에 따르면, 군대가 출동했을 때 헛소문을 퍼뜨리거나, 근거 없이 '적이 왔다'고 말해 진영을 놀라게 하는 사람은 즉시 머리를 벤다고 했다.

373 1597년 8월 26일~28일까지는 함경도에서 지진이 있었다.

374 임준영은 이순신 막하에서 탐망 군관으로 크게 활약했다. "林仲亨"으로도 나온다.

375 김억추金億秋는 『선조실록』에 따르면 이순신이 삼도 수군통제사에 임명된 며칠 뒤인 1597년 7월 25일에 전라 우수사로 임명되었다.

376 "흔들리다搖動"를 『문화재청본』은 "擾動"으로 보았으나, 오자다.

377 "적선"의 원문 "賊船"을 『문화재청본』에서는 "敵船"으로 보았다. 「친필본」에서는 "賊船"이다. 오자다.

378 "(명령을 내린다는 의미의) 각(소라)을 불게 하고 깃발을 들어 올렸다 내렸다 신호하면서令角指旗"는 신호의 종류다. 문종의 『신진법』에는 각종 신호 수단과 방법이 나온다. 대장은 대표기大標旗(용대기龍大旗), 5색의 대휘大麾, 대초요기大招搖旗, 대각·소각으로 위장을 지휘한다. 기를 사용한 신호 방법은 점點(땅에 대지 않고 다시 일으키는 동작), 지指(땅까지 댔다가 다시 일으키는 동작), 휘揮(휘두르는 동작) 등이 있고, 휘의 경우는 점·지·휘·언偃(누인 상태)·거擧(들어올린 상태)가 있다. 각(소라) 신호를 위한 소라 종류로는 대각과 소각이 있고, 소라 신호에는 영(명령)·전(전투)·촉(재촉) 등이 있다. 대각은 영(명령) 신호를 위해 먼저 불어 주목하게 할 때, 촉(빠른 박자로 부는 것) 신호 중에서 진퇴 신호를 할 때 사용한다. 소각은 전투 신호를 하거나 촉으로 교전 신호를 할 때 사용한다. 이날 일기의 '令角'은 대각을 불어 명령을 내린다는 신호를 먼저 했다는 것이고, '指旗'는 휘하 장수들에게 깃발로 약속된 명령을 내리는 것을 뜻한다.

379 갈두는 전남 해남군 송지면 송호리다. 오늘날 해남 땅끝마을이 있는 곳이다.

장도獐島380로 옮겨 정박했다.

29일[9일, 정축](정해) 맑았다. 아침에 벽파진碧波津381으로 건너갔다.

30일[10일, 무인](무자) 맑았다. 그대로 벽파진에서 머물렀다.

◎ 1597년(「정유년 I」) 9월

9월 1일[양력 10월 11일, 기묘](기축) 맑았다. 그대로 벽파碧波에 머물렀다.

2일[12일, 경진](경인) 맑았다. (배에서) 내려서 정자(벽파정) 위에서 좌기했다. 포작 점세占世가 제주에서 와서 인사했다.382 이날 새벽, 배설(경상 수사)이 도망갔다.

3일[13일, 신사](신묘) 비가 보슬보슬 내렸다. 머리를 웅크리고 배의 뜸 아래에 있었다縮首蓬下. 가슴에 품은 생각이 어떠랴懷思如何.

4일[14일, 임오](임진) 북풍이 크게 불었다. 각 배를 겨우 온전히 보전할 수 있었다.383 하느님께서 도우셨구나.384

5일[15일, 계미](계사) 북풍이 크게 불었다. 각 배들이 서로를 보전할 수 없

---

380 장도는 「박혜일·최희동본」에 따르면, 전남 해남군 송지면 내장內長으로 보았는데, 임진왜란 때는 섬(노루섬-장도獐島)이었다가 육지화된 것으로 추정했다. 이 장도는 『난중일기』 1598년 11월 13일의 장도와는 다른 섬이다. 11월 13일의 장도는 순천 왜성 앞에 있는 전남 여수시 율촌면에 있는 섬이다.

381 벽파진은 전남 진도군 고군면 벽파리다.

382 『신증동국여지승람』(1530)에 따르면, 해남에 있던 고어란포에는 제주를 왕래하는 배가 머물렀다고 한다.

383 김재근의 『우리 배의 역사』(서울대출판부, 1989, 18쪽)에 따르면, 동해안에서는 양항良港이 없어 배를 사용하지 않을 때에는 풍랑을 피해 연안 육지에 배를 끌어올려두었다고 한다. 이를 비치 랜딩beach landing이라고 한다. 이순신도 이때 거센 파도를 피해 전선을 육지로 끌어올려두었을 것이다.

384 "하느님께서 도우셨구나天幸"는 숙종 때의 관료 유명천의 부인 한산 이씨(1659~1727)가 쓴 『고힝녹』에는 한글로 "텬힝"이라고 나오기도 한다.

었다.

6일[16일. 갑신](갑오) 바람이 쉬는 듯했으나, 파도는 일렁거렸다.

7일[17일. 을유](을미) 바람이 비로소 멈췄다. 살피고 감시하는 군관探望軍官 임중형385이 와서 보고하며 말하기를, "적선 55척 중에서 13척이 이미 어란 앞바다에 도착했습니다. 그들의 의도는 우리 수군에 있습니다"라고 했다. 그래서 각 배에 엄하게 타일러서 경계하게 했다嚴勅. 오후 4시에 적선 13척이 진을 친 곳으로 바로 왔다. 우리 배들도 나무닻을 올리고 바다로 나가 맞받아치며 다가갔더니迎擊進迫, 적선은 배를 돌려 달아나 피했다. 먼 바다에까지 추격했으나, 바람과 물결이 모두 반대 방향이었기에 배를 몰 수 없었다. 벽파진으로 돌아왔다. 밤에 적의 기습이 있을 듯했다疑有夜驚. 밤 10시에 적선이 포를 쏘고 밤 기습해왔다. 여러 배가 두려워 겁을 먹은 모습인 듯했다. 다시 엄하게 명령을 내렸다更爲嚴令. 내가 탄 배가 향해 오는 적선을 바로 맡아 포를 쏘았더니, 적의 무리는 맞서 겨루지 못하고 밤 12시에 물러갔다. 일찍이 한산도에서 승리를 했던 놈들이구나.

8일[18일. 병술](병신)386 맑았다. 적선이 오지 않았다.

9일[19일. 정해](정유)387 맑았다. 이날은 곧 9일(중양절)388이다. 군사들에게 음식을 먹이고자 했는데, 마침 부찰사(부체찰사 한효순)가 공급해주는 군량

---

385 임중형은 임준영이다.

386 세조의 제삿날이다.

387 이날, 신흠의 『상촌집』에 따르면, 명나라에서는 진린을 부총병으로 임명하고, 광동 수군 5000명으로 조선 수군을 지원하도록 결정했다. 진린 막하에는 유격 허국위·계금·장양상·심무·복일승, 참장 왕원주, 파총 이천상·양천윤 등이 소속되어 있었다.

388 음력 9월 9일은 중양절이다. 높은 곳에 올라 단풍이 든 풍경을 보고 즐기며 시와 술을 함께 나누는 등고라는 풍속이 있다. 1595년 9월 9일 일기에도 "우수사와 장수들이 모두 모여서 진영의 군사들에게 떡 1섬을 나누어주었다. 저녁 8시에 파하고 돌아왔다"는 기록이 나온다.

을 얻었다. 제주 소 5마리가 왔기에,[389] 녹도 만호(송여종)와 안골 만호(우수)로 하여금 잡게 해 장수와 군사들이 먹고 있을 때, 적선 2척이 감보도甘甫島[390]로 바로 들어왔다. 우리 배가 많은지 적은지 살폈다. 영등 만호 조계종이 끝까지 쫓아갔지만 미치지 못했다窮追不及.

10일[20일. 무재(무술) 맑았다. 적의 무리가 멀리 달아났다.

11일[21일. 기축(기해) 맑았다.

12일[22일. 경인(경자) 비가 계속 내렸다.

13일[23일. 신묘(신축)[391] 맑았으나 북풍이 크게 불었다.

14일[24일. 임진(임인) 맑았으나 북풍이 크게 불었다. **육로**陸路 육지를 정찰하고 살피던[392] 임준영이 달려와서 말하기를, "적선 55척이 이미 어란 앞바다에 들어왔습니다"라고 했다. 또 말하기를, "적에게 포로가 되었다가 도망쳐온 중걸仲乞[393]이 전하는 말에, 이달 6일에 달마산達磨山[394]으로 피란을 갔다가 왜에게 붙잡혀 결박당해 왜선에 실렸습니다. 김해의 이름을 알 수 없는 사람[395]이 장수 왜인將倭[396]에게 빌어 묶인 것을 풀어주었습니다. 밤에

---

389 신경준(1712~1781)의 『도로고』에 따르면, 서울에서 제주까지 가는 길을 제주로濟州路라고 불렀는데, 제주 뱃길의 중심지는 해남이었고, 입출항 고을로는 해남, 강진, 영암이 있다. 이 일기는 제주에서 해남 뱃길을 보여준다.

390 감보도를 김세곤은 전남 진도군 고군면 벽파리 벽파항 앞 작은 섬인 감부도라고 한다.

391 9월 13~15일까지 충청도에서 3일 연속 지진이 있었다.

392 "육지를 정찰하고 살피던偵探陸地"의 「문화재청본」은 "陸路偵探陸地"이다. 그러나 '陸路'는 「친필본」에서는 삭제된 글자다. 「편수회본」에서도 '陸路'에 삭제 표시를 했다.

393 「정유년 Ⅱ」에서는 "仲乞"이 아니라 "金仲傑"로 나온다.

394 달마산은 전남 해남군 송지면과 북평면, 현산면에 위치한다. 485미터. 호남의 금강산이라고 불린다. 완도·진도·한라산도 보인다.

395 이날 일기 속의 "김해의 이름을 알 수 없는 사람"에 대해, 김세곤의 『정유재란과 호남사람들』에서는 "어란 여인"이라는 박승룡의 주장을 소개하고 있다.

396 "장수 왜인"을 「문화재청본」은 "倭將"으로 글자의 위치를 바꿔놓았다.

김해 사람이 귀에다 소곤거리며 말하기를, '조선 수군 10여 척이 우리 배를 뒤쫓아 혹은 쏘아 죽이고 배를 불태우기도 했으니 보복하지 않을 수 없다. 여러 배를 불러 모아 수군을 다 죽인 뒤에 경강京江(한강)으로 바로 올라가자' 등등 이라고 했습니다"라고 했다. 이 말을 비록 다 믿을 수는 없으나, 그럴 까닭도 없지 않았다. 그래서 전령선傳令船을 우수영으로 보내, '피란한 사람이 즉시 (육지로) 올라갈 일'을 이르게 했다.[397]

15일[25일. 계사](계묘) 맑았다. 아침에 들어왔다가 나가는 물[398]에, 여러 배를 이끌고 우수영 앞바다로 들어갔다. 그대로 머물러 묵었다.[399] 밤 꿈에 특이한 징조가 많았다.

16일[26일. 갑오](갑진) 맑았다. 이른 아침에 높은 곳에서 적을 감시하는 군사가 나와서 보고하는 내용에, "적선, 자그마치 200여 척이 명량鳴梁[400]으

397　이들 피란민 중에서 명량대첩에 참전한 사람들도 많았다. 『난중일기』에는 피란민 의병에 대한 기록이 없다. 그러나 『이충무공행록』이나 『이충무공전서』, 이항복이 쓴 「고 통제사 이공 유사」 『호남절의록』에는 이들에 대한 기록이 나온다.

398　"아침에 들어왔다가 나가는 물"의 원문은 "潮水"이다. 저녁에 들어와서 나가는 물은 "汐水"이다. 『정유년 Ⅱ』의 같은 날 일기에는 "乘潮水"로 나온다. 『미암일기』 1571년 3월 17일에도 "조수를 타서潮水良中 배를 띄웠다"는 표현이 나온다.

399　이순신이 명량을 거쳐 우수영으로 이동한 이유에 대해 이광수는 『소설 이순신』에서 "순신이 외로운 열두 척 함대를 끌고 서쪽으로 돌아온 뜻은 이 울뚝목의 지세를 이용하자는 것이었다. 울뚝목은 난 바닷물이 목포 앞바다로 돌고 나는 좁은 문이어서 하루 네 차례 조수가 들고 날 때에는 악악 소리를 지르고 물결이 길이 넘게 턱이 지고 거품이 일고 용솟음을 쳐서 배가 다닐 수가 없게 되는 곳이다. 그 이름을 울뚝목이라고 하는 것은 우는-골-목이라는 뜻이니, 그러한 물목을 남방말로 도라고 하는데 도라는 것은 돌梁이라는 말이 변한 것으로 한산도 싸움으로 유명한 겨내도라는 도도 이 도다. 순신의 생각은 이 울뚝목에 있었던 것이다. 순신이 임진년에 전라 수사로 있을 때에 좌수영 앞 경상도로 통한 바다에 쇠사슬을 건너 매어 방비한 것이 있거니와 순신이 통제사가 된 뒤에 전라 우수사 이억기에게 명하여 울뚝목에도 쇠사슬 두 줄을 안목과 밖목에 건너 매게 하였었다. 울뚝목의 급한 조류와 두 줄의 쇠사슬, 이것은 순신이 크게 믿는 것이었다"라고 했다. 그러나 『소설 이순신』의 명량대첩 부분에는 쇠사슬에 의한 전투 장면은 언급하지 않았다.

400　명량은 『진도 명량대첩로 해역 수중발굴조사 보고서, 2015』(문화재청·국립해양문화재연구소,

로 들어와 바로 진을 친 곳으로 향하고 있습니다"라고 했다. 여러 장수를 불러 모아 거듭 명확히 약속하고申明約束, 나무닻을 올리고 바다로 나갔더니,[401] 적선[402] 133척[403]이 우리 배를 둘러쌌다. 상선(이순신이 탄 대장선) 홀

2015, 18쪽)에 따르면, 조류가 빠르게 흘러 예로부터 선박을 운항하기 힘든 곳으로 유명한 4대 험조처(진도 울돌목, 태안 난행량, 강화도 손돌목, 장산곶 인당수)의 한 곳이다. 또한 같은 책 71쪽에 따르면, "진도 일대 해안의 조석은 하루에 수면이 2회 높아지고 2회 낮아지는 반일주조日週潮의 조위 곡선潮位曲線을 보여주며 평균 조차는 3~4미터. 진도 해역은 남해와 서해의 분기점에 위치하는 해역으로 협수로를 통해 이동하는 조류의 영향에 의해 창·낙 조류의 유속이 매우 빠르고, 해남 남부 연안은 외해와 열려 있는 개방된 해안의 특성을 보인다. 진도 울돌목은 우리나라에서도 조류가 매우 빠른 곳으로 최대 13노트knot(1knot=1.8km/h) 정도로 알려져 있다. 진도의 동측 해역에서 조류의 발달 양상을 보면, 지형, 도서, 해안선, 수로 등의 특징에 따라 유향과 유속을 달리한다. 유향은 밀물에 북서 방향이고, 간조에는 남동 방향으로 서로 반대이며 유속은 해역에 따라 다양하며 밀물 시에는 최대 11.5킬로미터이고 썰물 시에 최대 유속이 10.3킬로미터를 보이지만, 일반적으로 밀물 유속은 1.4~2.5노트이고, 썰물에는 2.0~3.0노트로 썰물 때 우세한 편"이라고 한다. 국립해양문화재연구소는 벽파진 근처에서 2012년과 2013년에 승자총통, 소소승자총통, 쇠뇌의 일부를 발굴하기도 했다.

401 정조 때 훈련도감의 교련관을 역임한 이상정이 저술한 『병학지남연의』에서 "나는 다음과 같이 생각한다. 바다 싸움을 하는 방법은 형편상 똑같이 전진하고 똑같이 후퇴하여 뜻대로 구사하기 어렵다. 그러므로 일자로 배를 늘어서게 한 뒤에 각기 분발하여 서로 앞을 다투어 먼저 달려가면 자연히 기세가 빠르고 소리가 맹렬하여 함께 분발하게 되니, 이는 만인이 한마음이 되는 방법이 아니겠는가. 만약 전투할 때에 배를 각기 나누어 맡고 분발하여 적을 추격하거나 공격하면 우리는 저절로 힘이 모아지고 적은 힘이 나누어질 것이니, 이는 서로 구제하는 방법이 아니겠는가. 대체로 선박으로 전투하는 방법은 무경武經의 여러 책에 모두 자세히 전하는 것이 없어서 고증할 수 없다"며 바다에서 일자진의 중요성을 설명했다(국방군사연구소, 『병학지남연의(Ⅲ)』, 1997, 188쪽).

402 "적선"을 「문화재청본」에서는 "敵船"으로 보았다. 「친필본」에서는 "賊船"이다. 오자다.

403 원문의 일본군 전선 수는 133척이다. 「정유년 Ⅱ」에서는 "130여 척", 윤휴의 『통제사 이충무공 유사』와 『이충무공전서』에서는 330여 척, 『선조실록』과 최유해의 『(이충무공)행장』, 『사대문궤』에서는 130여 척, 『선조수정실록』과 류성룡의 『징비록』에서는 200여 척, 『이충무공행록』 333척, 이항복의 『백사집』「故統制使李公遺事」과 신경申炅의 『재조번방지』에서는 500~600척, 『충무공유사』에서는 330여 척으로 나온다. 조선 수군 전선 수에 대해서는 『선조실록』과 『사대문궤』 1597년 10월 25일의 「回咨」에 인용된 이순신의 명량대첩 장계에는 이순신과 전라 우수사 김억추가 전선 13척, 초탐선 32척으로 나온다. 『선조수정실록』과 『징비록』에서는 12척, 고상안의 『태촌선생문집』「鄭藥圃爲相伸救李統制」에서는 13척, 이항복의 『백사집』「故統制使李公遺事」와

로 적선賊船[404] 가운데로 들어갔다.[405] 철환을 쏘고 화살 쏘기를 비바람같이 쏘았다炮丸射矢 發如風雨. 여러 배는 자세히 살펴보기만 하고 나오지 않았다. ■ 일이 앞으로 어찌 될지 예측할 수 없었다.[406] 배 위의 사람들이 서로를 돌아보며 파랗게 질려 있었다. 나는 부드럽게 논하며 설명하면서 말하기를余柔而論解日, "적이 비록 1000척일지라도 우리 배我船(대장선)는 감히 직

신경의 『재조번방지』에서는 13척, 최유해의 『(이충무공)행장』에서는 10척으로 나온다. 신경의 『재조번방지』에서는 이순신이 진도에 왔을 때, "경상 우수사 배설이 전선 8척을 이끌고 왔고, 또 녹도 전선 1척을 얻었다"고 나온다. 또한 명량대첩 직전에는 "13척으로 벽파정 아래 주둔"했었다고 나온다. 임진왜란 때 수군 장수로 참전했던 도도 다카도라藤堂高虎의 전기인 『高山公実録』(上野市古文献刊行会, 1998)에서는 물살이 느린 곳에서 아침 5시부터 유시酉時까지 조선 수군 전선 13척과 전투를 했는데, 일본군은 세키부네せき舟로 조선 수군을 공격했는데, 그 과정에서 구루시마 미치후사来島出雲, 来島通總가 배 위에서 앉은 채 전사했고, 도도 다카도라도 팔에 화살을 맞았고, 모리 다카마사毛利高政는 바다에 떨어졌지만 구출되었고, 기타 많은 일본 수군이 잡히거나 전사했다고 나온다. 정경달의 『楊貟外稟帖』, 11월 25일」에는 "14척으로 적선 30여 척을 깨부수었다"고 나온다.
404 "賊船"을 「문화재청본」에서는 "敵船"으로 보았다. 「친필본」에서는 "賊船"이다. 오자다.
405 명량대첩 장소에 대해 제장명은 「명량해전시 조선수군의 승리요인」(『역사와 설화를 통해서 본 명량대첩』, 해남군, 2006, 25~27쪽)에서 여러 주장을 다음과 같이 제시하고 반박했다. ① 명량 수로의 최협부 근처와 그 바로 뒤쪽 해상이라는 설. 그곳은 유속이 가장 빠른 곳으로 7노트 이상의 조류가 흘러 당시 배 3노트로는 전투가 불가하다. ② 우수영 앞 해상에 포진하고 전투 조류가 급하지 않은 곳이라는 설은 「난중일기」와 불일치한다. 전투 해역 규모가 1000야드 미만에 불과한 곳에서 조선 전선들이 1마장(약 400미터)이나 물러난다는 것과 우수사 김억추가 탄 배가 멀리 떨어져 묘연할 정도의 현상은 있을 수 없다. 게다가 명량 수로의 최협부를 넘어온 일본 함대 전체가 오른쪽으로 회전할 수 없다. 2006년 9월 8일 실험한 결과도 일본 함대가 1열 또는 2열 정도로 명량수로 최협부를 통과할 경우 모두 우수영 쪽으로 진출이 가능하겠지만, 5~6열로 최협부를 통과할 경우 전체 함대가 우수영 쪽으로 우회전하기가 불가능하다. ③ 양도(해남군 문내면 선두리 양도)를 최전방으로 하여 양도와 녹진(진도군 군내면 녹진) 사이에 이순신 기함이 위치하고, 조선 수군의 전선이 그 뒤에 위치(진도대교 남쪽 약 800미터 지점)했다는 설. 이는 「난중일기」 기록과도 일치한다며 세 번째 주장을 지지했다. 이민웅은 『임진왜란 해전사』(233쪽)에서 ②와 유사한 양도와 우수영 쪽 문내면 학동리 사이의 바다 쪽으로 보았다. 최근의 학설에서는 공통되게 명량 수로의 최협부 근처(진도대교) 밑은 거의 주장하지 않는다.
406 "■ 일이 앞으로 어찌 될지 예측할 수 없었다"의 원문은 "■事將不測"이다. '■'는 미판독 글자다. 「정유년 Ⅱ」에서는 이 부분이 "勢將不測"으로 나온다.

접 치지 못할 것이다. 절대로 불안에 떨지 말라! 힘을 다해 적을 쏘아라賊
雖千隻 莫敢直搏我船 切勿動心 盡力射賊!"407라고 했다. 고개를 돌려 여러 배를 보
니, 이미 피해 한 마장馬場(약 400미터)쯤 물러나 있었다.408 우수사(전라 우수
사) 김억추409가 탄 배는 멀리 가서 까마득히 있었다. 배를 돌려 중군 김응
함410의 배로 바로 다가가 먼저 머리를 베어 효시하고 싶었다. 그러나 우리
배(대장선)가 뱃머리를 돌리면, 여러 배가 잇따라 멀리 물러날 것이고, 적선
은 점점 더 다가와 계획한 일의 형세가 어그러질 수 있었다. 중군에게 명령
을 내리는 술이 달린 깃발411과 (장수들을 불러 모으는 데 사용하는) 초요기를

---

407 "힘을 다해 적을 쏘아라盡力射賊"는 「친필본」에서는 "射賊盡力"이나, '射賊' 옆에는 '下',
'盡力' 옆에는 '上'이라는 글자를 써서 위치 수정 표시를 해놓았다. 유희춘의 『미암일기』 1571년
3월 17일에는 유희춘이 전라 관찰사에 임명되어 부임하던 중에 전라 좌수사가 올린 공문이 나온
다. 내용 중에 2월 28일에 포작들이 해산물을 채취할 때, 왜인들이 한곳에 모여 있던 포작선
10척과 방답의 복병선 1척에 왜인들이 접근해 배를 서로 부딪치고 배 안으로 뛰어들어 칼로 공
격했다는 내용이 나온다.
408 "이미 한 마장쯤 물러나 있었다"의 「문화재청본」은 "已去退一馬場許"이다. 그러나 '去'는 '退'
로 수정된 글자다.
409 김억추(1548~1618)는 전라도 강진 출신의 조선 중기 무신이다. 이순신이 무과에 급제한
1년 뒤인 1577년 무과 알성시에 급제했다. 제주 판관·사복시 판관 및 진산·순창·초산 등의 현
감을 거쳤다. 1592년, 임진왜란으로 선조가 평양으로 피란갔을 때, 방어사로서 수군을 이끌고
대동강을 지켰다. 이때의 공로로 안주 목사에 발탁되었다. 주사장舟師將으로 대동강을 지켰다.
1594년 만포진 첨절제사, 1595년 고령진 첨절제사에 임명되었다. 1597년 칠천량해전 후 전라우
도 수군절도사에 임명되었다. 김억추는 명량대첩 쇠사슬 설치설의 주인공이다. 즉 명량대첩 당
시에 쇠사슬을 설치해 일본 전선을 전복시켜 이순신의 조선 수군의 승리에 결정적 기여를 했다.
이 쇠사슬 설치설은 1799년에 간행된 『호남절의록』의 김억추에 관한 기록에 등장한다. 그러나
『호남절의록』보다 앞선 시기에 저술된 영정조 시대 대표적인 호남 출신 실학자였던 위백규가
1784년에 쓴 「김억추의 묘갈명」에는 쇠사슬 설치 이야기가 나오지 않는다. 김억추는 1588년
1월, 여진족 토벌 작전인 시전부락 전투 상황을 그린 「장양공정토시전부호도」에는 '조전장 창신
교위 무이보 병마만호'로 참전했다. 이순신은 우위에서 우화열장으로 참전했다.
410 "김응함"은 「문화재청본」「편수회본」 등에서는 "金應諴"이다. 이 번역본에서는 모두 "金應
緘"으로 보았다.
411 "중군에게 명령을 내리는 술이 달린 깃발"의 원문은 "中軍令下麾"이다. "麾"는 술이 달린

세우게 했다立中軍令下麾與招搖旗. 김응함이 점차 배 가까이 왔고, 거현巨縣(거제
현) 현령 안위의 배도 도착했다. 나는 뱃전船舷에 서서, 직접 안위를 불러 말
하기를, "네가 명령을 거스르다가 군법에 죽고 싶으냐汝強欲死於軍法耶"[412] 하
고 다시 불러, "안위야! 감히 군법에 죽고 싶으냐! 물러나 피한다고 살 수 있
겠느냐!安衛敢死於軍法乎 退去得生乎"[413]라고 했다. 안위는 당황해 허둥지둥 곧바
로 들어갔다. 서로 싸울 때, 적장선賊將船과 다른 적 2척이 안위의 배에[414]
개미처럼 달라붙었다.[415] 안위의 노 젓는 군사 7~8명은 물에 떨어져 헤엄
쳤으나 거의 죽을 지경이었다. 나는 배를 돌려 안위의 배로 곧바로 들어갔
다. 안위의 배 위에 있는 사람들은 죽을힘을 다해 어지럽게 쳐댔다. 내가

깃발로 기와는 형태와 용도가 다르나, 기처럼 군령을 내리는 깃발들이다. 휘와 기가 각기 다른
것으로 사용된 사례로는 『세조실록』 세조 3년(1457) 3월 15일에 나오는 "교룡기交龍旗 · 둑 · 청색
휘青色麾 · 백색휘白色麾 · 내금위영하기內禁衛令下旗 · 대각 · 소각 · 초요기 · 고고 · 금金 · 비휘 · 탁
鐸", 정도전의 『삼봉집』 「기휘가旗麾歌」에는 "휘색은 다섯, 기 또한 다섯 색깔이 있네麾色有五旗
亦五, 휘로 지휘하니 기로 응답하라指揮以麾應以旗"가 있다. 「정유년 II」에서는 '영하휘'가 아니
라 '영하기令下旗'로 나온다.
412 문종文宗이 저술한 『신진법』에는, "진격과 후퇴, 좌우 이동을 명령했는데도 이를 따르지
않거나 마음대로 행동하는 자는 머리를 벤다. (…) 전투를 할 때, 대장이 죽으면, 그 위장의 머리
를 베고, 위장이 죽으면 그 부장의 머리를 벤다"고 되어 있다. 『선조실록』 선조 30년(1597) 8월
18일에는 사헌부가 칠천량해전 당시 도망친 장수, 주장을 구원하지 않은 장수를 군법에 의해 참
형에 처해야 한다고 건의했고, 선조가 이를 받아들인 내용이 나온다. 한효순의 『신기비결』(유재
성 옮김, 국방부 군사편찬연구소, 2011, 68쪽)에 따르면, "앞에 나아간 일대가 포위되었는데, 본기
의 각 대가 이를 구하지 않거나, 일기가 포위되었는데 다른 기가 이를 구하지 않거나 일초가 포
위되었는데 다른 초가 이를 구원하지 않아서 실함되게 한 자는 모두 군법으로 처단하되, 실함한
대 · 기 · 초哨 · 파把의 상황과 대조하여 그 구원하지 않은 대 · 기 · 초 · 파의 장을 참형에 처한다"고
한다.
413 "물러나 피한다고 살 수 있겠느냐"의 「문화재청본」은 "退生去得生乎"이다. 그러나 '生'은 '去'
로 수정된 글자다.
414 "~에于"가 「문화재청본」에서는 누락되었다.
415 "개미처럼 달라붙었다"의 원문은 "蟻附"이다. 『통감절요』 「권42」 「당기」 「숙종」 「천보天寶
15년」에 나오는 표현이다. 당나라에서 안녹산이 반란을 일으켰을 때, 장순이 성에 목책을 세우
고 방어했을 때, 반란군이 "개미처럼 붙어 올라왔다蟻附而登"고 한다.

탄 배 위의 군관 무리들은 빗발치듯 어지럽게 쏘았다如雨亂射. 적선 2척을 남김없이 다 무찔렀다. 하느님께서 도우셨구나. 하느님께서 도우셨구나天幸天幸. 둘러싸고 포위했던 적선[416] 31척[417]도 깨부수었다撞破.[418] 적들은 맞서 겨루지 못해 다시는 침범해오지 못했다. 같은 곳(우수영)에 정박하고 싶었으나, 물이 빠져 배를 정박하기에 적합하지 않았다. 건너편 포로 진을 옮겼다. 달을 타고 당사도唐笥島[419]로 옮겨 정박해 밤을 지냈다.

17일[27일, 을미](을사) 맑았다. 여오을도汝吾乙島[420]에 도착했더니, 피란한 사람들이 셀 수 없이 많이 와서 정박해 있었다. "임치 첨사(홍견)는 배의 격군이 없어 나오지 못한다"고 했다.[421]

18일[28일, 병신](병오) 맑았다. 그대로 같은 곳(여오을도)에 머물렀다. 임치

416 "적선"을 「문화재청본」에서는 "敵船"으로 보았다. 「친필본」에서는 "賊船"이다. 오자다.
417 "31척"의 「문화재청본」은 "三十隻"이다. 『이충무공전서』, 「편수회본」, 「편수회 초본」도 '三十隻' 으로 보았다. 때문에 대부분의 번역본에서도 '30척'으로 번역했다. 그러나 「친필본」을 보면, '三十一隻'이다. '一隻'의 글자 모양을 이날 일기의 "一百三十三隻", "千隻", "二隻", 9월 7일의 "三十三隻"과 비교해보면, "三十隻"이 아니라, '三十一隻'이 분명하다. 또한 「정유년 Ⅱ」의 같은 날 일기와 「충무공유사」에서도 '三十一隻'이다. 「박혜일·최희동본」도 '三十一隻'으로 보았다. 「명량대 첩」을 임금님께 보고하는 장계(『선조실록』 선조 30년 11월 10일)에서도 "대포大砲로 적선 20여 척 을 깨부수었고, (…) 또 적선 11척을 깨뜨렸습니다"라고 31척으로 나온다. 「친필본」 판독의 대표적 인 오독 사례다.
418 "깨부수었다撞破"는 이순신의 「당포에서 왜적을 쳐부순 일을 임금님께 보고하는 장계唐浦 破倭兵狀」(1592년 6월 14일) 등을 통해 보면, 천자포·지자포 등에 대장군전·장군전, 수마석 등을 넣고 쏘아 적선을 깨뜨리는 방식의 전투다. 조선 수군이 13척으로 133척과 싸워 승리할 수 있었던 이유에 대해 장학근은 조성도의 논문(「명량해전 연구」, 「군사」 4, 1982. 41쪽)을 인용했는데 명량의 협수로라는 지형으로 인해 일본 전선 133척이 몇 개의 분리된 선단에 순차적으로 진입했고, 그에 따라 기동이 유리한 조선 수군이 전투 시 비슷한 적세와 순차적으로 싸워 승리한 것으로 보았다(장학근, 「조선시대해양방위사」, 창미사, 1989. 212쪽).
419 당사도는 전남 신안군 암태면 당사리에 있다.
420 여오을도는 전남 신안군 지도읍에 따른 섬, 어의도於義島다.
421 "나오지 못한다고 했다"의 「문화재청본」은 "未出"이다. 그러나 「친필본」은 "未出云"이다. 「편 수회본」, 「박혜일·최희동본」도 같다. 「문화재청본」은 '云'을 누락했다.

첨사(홍견)가 왔다.

19일[29일, 정유](정미) 맑았다. 일찍 출발했다. 칠산도七山島⁴²²를 건넜다. 바람은 부드럽고 하늘은 맑았다. 배를 몰기가 아주 좋았다. 법성포 선창에 도착했더니, 적이 이미 침범해 도착해 있었고, 사람들의 집을 불태우기도 했다.⁴²³ 해 질 무렵에 홍룡곶洪龍串으로 되돌아왔다. 바다 가운데서 묵었다.

20일[30일, 무술](무신) 맑았고, 바람도 순했다. 배를 몰았다. 고참도古參島에 도착했더니, 피란한 사람들이 셀 수 없이 많은 배를 정박시키고 있었다. 이광보⁴²⁴도 와서 만났다. 이지화李至和 부자 또한 왔다.

21일[31일, 기해](기유) 맑았다. 새벽에 출발했다. 고군산도古群山島⁴²⁵에 도착했다. "호남 순찰(순찰사 박홍로)은 '내가 들어왔다 도착했다'는 이야기를 듣고 만나러, 배를 타고 옥구를 향해 달려갔다"고 했다.

22일[11월 1일, 경자](경술) 맑았다.

23일[2일, 신축](신해)⁴²⁶ 맑았다.

24일[3일, 임인](임자) 맑았다.

25일[4일, 계묘](계축) 맑았다.

26일[5일, 갑진](갑인) 맑았다. 이날 밤, 식은땀이 온몸을 적셨다.

---

422 칠산도는 전라남도 영광군 낙월면 송이리에 속하는 일곱 개의 섬이다. 칠산 바다는 남쪽에서부터 일산도~칠산도의 일곱 개 섬으로 이루어진 바다다. 「정유년 Ⅱ」에서는 "칠산 바다"로 나온다.
423 정경득의 『호산만사록』 1597년 9월 16일에 따르면, 배를 타고 피란중이던 정경득은 법성창에서 육지의 일본군과 마주쳤고, 17일에는 법포(법성포) 앞바다에 일본군을 피하려는 피란선이 셀 수 없이 많았다고 기록하고 있다. 9월 27일에는 칠산 바다에 도착했다가 일본군 배에 붙잡혀 어머니와 아내, 여동생, 제수 이씨는 투신 자결했고, 포로가 되었다고 한다.
424 "이광보"를 「문화재청본」은 "李光輔李"로 보았으나, 뒤의 '李'는 없는 글자다.
425 고군산도는 전북 군산시 옥도면 선유도리에 있다.
426 태조의 원비, 신의왕후 한씨의 제삿날이다.

27일[6일, 을새](을묘)427 맑았다. 송한이 「크게 승리한 것을 임금님께 보고하는 글大捷啓聞」을 갖고 배를 타고 올라갔다.428 정제도 전령을 갖고 충청 수사(권준)에게 갔다. 몸이 아주 불편했다. 밤새 고통스러웠다.

28일[7일, 병오](병진) 맑았다. 송한과 정제가 바람이 험해져 되돌아왔다.

29일[8일, 정미](정사) 맑았다. 송한 등이 바람이 편리해 출발해 갔다.

◎ 1597년(「정유년 Ⅰ」) 10월

10월 1일[양력 11월 9일, 무신](무오)429 맑았다.

2일[10일, 기유](기미) 맑았다. 아들 회가 ~~재 어머를 만나고~~ 집안사람들의 생사를 살펴볼 일로 올라갔다. 홀로 배 위에 앉아 있었다. 가슴에 품은 생각이 만 갈래다獨坐船上 懷思萬端.

3일[11일, 경술](경신)430 맑았다. 이른 새벽에 배를 출발했다. 도로 변산邊山을 거쳐 바로 법성포로 내려갔는데, 바람은 아주 부드러웠다. 봄날처럼 따뜻했다. 해 질 무렵 법성창法聖倉431 앞432에 도착했다.

427 정경득의 『호산만사록』 1597년 9월 16일에 따르면, 정경득은 법성창에서 육지의 일본군과 마주쳤고, 9월 27일 일기에 따르면, 그날 칠산 바다에서 일본군 배를 만나 포로가 되었다. 10월 13일 일기에서는 포로가 되어 진도와 해남에 도착했을 때, 붙잡힌 배가 많았다고 한다. 정경득의 기록을 보면, 이순신이 서해로 북상한 뒤에 일본군 육군과 수군이 곧바로 진도·해남 등을 점령했다가 다시 후퇴해 남해로 돌아갔던 듯하다.

428 이때 이순신이 올린 명량대첩 장계는 이순신의 장계 모음집인 『임진장초』에는 전하지 않는다. 『선조실록』 선조 30년(1597) 10월 11일, 10월 20일, 11월 10일, 『선조수정실록』 선조 30년(1597) 9월 1일에 장계를 일부 인용한 내용이 나온다.

429 음력 10월 1일은 청명淸明, 7월 15일과 함께 여제를 지내는 날이다.

430 이순신의 큰아들 회의 생일이다.

431 법성창은 조선시대 전라도 전세 수납을 위해 중종 7년에 영광 법성포에 설치한 창고다. 호남 지역의 다른 창고로는 함열의 덕성창, 나주의 영산창, 군산창 등이 있다.

432 "법성창 앞"의 「문화재청본」은 "法聖倉剪"이다. '剪'은 '前'의 오자다. 「친필본」 「편수회본」 「박혜일·최희동본」은 '前'이다.

4일[12일. 신유] 맑았다.

5일[13일. 임술] 맑았다.

6일[14일. 계해] 맑았다. 흐리다가 이따금 진눈깨비가 부슬부슬 내렸다.433

7일[15일. 갑자] 흐렸다. 구름이 걷히지 않았다. 비가 내리거나 이따금 맑거나 했다.

8일[16일. 을축] 맑았다. 바람이 부드러워지는 듯했다. 새벽.

433 "진눈깨비가 부슬부슬 내렸다"의 원문은 '雨雪霏霏'이다. 『시경』 「소아」의 「채미」에 나오는 표현이다. "내가 예전에 갔을 때는 버들이 여전히 무성했는데, 내가 지금 돌아올 때는 진눈깨비가 부슬부슬 내리는구나昔我往矣 楊柳依依 今我來思 雨雪霏霏." 「채미」는 국경에서 오랫동안 군대 생활을 하다가 고향에 돌아온 군사의 마음을 읊은 시다.

1597년(「정유년 Ⅱ」)

1597년(「정유년 Ⅱ」)의 8월 4일~10월 8일은 「정유년 Ⅰ」에도 나오나 크고 작은 차이가 있다. 10월 9일에서 12월 30일은 「정유년 Ⅱ」에만 나온다. 「정유년 Ⅱ」 일기는 간지가 확실히 판독되는 8월 6일부터는 「정유년 Ⅰ」과 달리 간지가 정확하다. 특히 8월 3일은 삼도 수군통제사에 재임명된 날이기에, 그 이후부터 다시 일기를 정확히 기록해놓으려 했던 듯하다.

◎ 1597년(「정유년 Ⅱ」) 8월

8월 4일[양력 9월 14일, 임술] ■말을1 보내왔다. 바꾸어2 ■. 아산의 집牙家■ 걸어 ■.

---

1 "8월 4일 「임술」 ■말을"은 「편수회본」에서는 판독하지 못한 부분으로 나온다. 「문화재청본」은
"■.■"으로 해놓았다. 「박혜일·최희동본」은 '말'을 '馬'로 보았다. 이날 일기는 「정유년 Ⅰ」 8월 4일
일기와 같기에 판독하지 못한 부분을 8월 4일 「임술」로 보았다.
2 "바꾸어"는 「문화재청본」은 "■"이나, 「편수회본」·「박혜일·최희동본」은 '改'로 판독했다.

■■3 압록원鴨綠院.4 점심5을 지을 때, "고산 쉬(현감) 최철강崔鐵剛6이 군인7을 ■해 병사(이복남)에게 인계하려다 ■해 길을 잃어 흩어졌다"8고 했다. 또한 "원 공9이 미친 짓이 많았다"고 했다. 낮 12시쯤, 곡성현谷城縣에 도착했더니, 사람들이 불 때는 연기가 끊어졌다. ■■■10에서 묵었다.

5일[15일. 계해]11 맑았다. ■■■■■■■■■■■■■■ 일기日記12■■■■■
■■■■■■■■■ 와서 만났다. ■■■■■■■■■■■■■■■■■■
■■■■ ■■■■ 뒤에 도착했다. ■■■■ 뱃사람이 돌아왔다. ■■■■■
■■■■■■■■■■■■■■■13 이끌고 온 군사를 맡길 곳이 없었다. 지금

3 "■■"는 미판독 글자다. 「정유년 I」 8월 4일에는 "아침을 먹은 뒤 도착했다朝食後到"로 나온다.
4 압록원은 전남 곡성군 오곡면 압록리에 있다.
5 「문화재청본」은 "■"이나, 「정유년 I」로 보면 "點"이다. 「편수회본」도 "點"으로 판독했다.
6 「문화재청본」·「편수회본」·「박혜일·최희동본」과 홍기문은 "고산 현감 최진강崔鎭剛"으로 판독했다. 「이충무공전서」에는 나오지 않는다. 그러나 「선조실록」 선조 30년(1597) 10월 13일에 따르면, 고산 현감은 "최철강"으로 나온다. 최철강은 임진왜란 때 전라도 도사·광주 목사였던 최철견의 동생이다. 최진강은 최철강을 오독한 것으로 보인다. 조응록의 「죽계일기」 1597년 3월 10일에도 최철강이 고산 현감에 임명된 것으로 나온다.
7 「문화재청본」은 "■■"이나, 「편수회본」은 "軍人"으로 판독했다.
8 "■해 길을 잃어 흩어졌다"의 「편수회본」은 "■差來路散", 「박혜일·최희동본」은 "■差失路散"이다. 이 번역본은 「박혜일·최희동본」을 따랐다.
9 '원 공'의 '원'은 「문화재청본」·「편수회본」에서는 미판독 글자인 "■"로 보았다. 홍기문은 '원씨元', 「박혜일·최희동본」은 "元"으로 판독했다. 이 번역본에서는 "元"으로 보았다.
10 「문화재청본」의 "■■■"는 「정유년 I」에서는 "谷城縣"으로 나온다.
11 "8월 5일 계해"는 「편수회본」에서는 "■■■亥"로 표시하고, "■■■"를 "五日 癸"로 추정해놓았다. 그러나 간지에 '亥'가 들어 있는 8월 초 날짜는 5일 '癸亥'이다. 「친필본」의 「정유년 I」의 8월 5일 간지는 "癸丑"으로 되어 있으나, 이는 「친필본」의 「정유년 I」 7월 2일부터 10월 3일까지의 간지가 모두 틀리게 적힌 것과 관련이 있다. 또한 「정유년 II」에서는 8월 6일부터 「정유년 I」과 달리 간지가 정확히 기록되어 있기도 하다. 이 번역본에서는 이날의 "■■■亥"를 "五日 癸亥"로 보았다.
12 "日記"란 두 글자가 위의 미판독 글자 부분 뒤에 덧붙인 종이에 기록되어 있다. 그러나 맥락은 알 수 없다.
13 "■■■■" 부분은 미판독 글자다. 6줄 정도 된다.

이 원(압록강원)에 도착했다. 많이 한탄스러웠다. 병사(이복남)는 가벼이 물러나는 얼굴빛이었다. 낮에 점심을 먹은 뒤, 곡성현에 도착했더니, 온 지역이 이미 비어14 말 먹일 여물도 얻기 어려웠다. 그대로 묵었다.

6일[16일, 갑자]15 맑았다. 아침을 먹고 길에 올랐다. 옥과 땅에 도착했더니, 순천과 낙안의 피란하는 사람이 도로를 가득 메웠다. 남자와 여자가 서로 부축해 가고 있었다. 참혹함을 차마 눈뜨고 볼 수 없었다.16 울부짖으며 말하기를, "사상使相(통제사 이순신)17께서 다시 오셨으니, 우리 등은 살아날 길을 얻었습니다使相再來 我等生道矣!"라고 했다.18 길옆 큰 회화나무 정자가 있었다. 말에서 내려 앉았다. 말을 쉬게 했다. 순천 이기남 부자19가 와서 만났다. 보고하기를, "앞으로 어느 구덩이 속에 거꾸로 박혀 죽을지 모르겠다"고 했다. 옥과현玉果縣에 도착했더니, 쉬(현감 홍요좌)는 병에 걸렸다고 핑계 대며 나오지 않았다. 정사준과 (정)사립이 먼저 도착해 우리 일행을 문에서 기다리고 있었다. 조응복과 양동립梁東立도 우리 일행을 따라 도착했

---

14 "이미 비어已空"를 「문화재청본」은 '只'로 보았다. 「박혜일·최희동본」은 '已空'으로 보았다. 「친필본」은 「박혜일·최희동본」의 '已空'으로 보인다.

15 이날의 간지부터는 「친필본」의 「정유년 I」 7월 2일부터 10월 3일까지의 간지가 모두 틀리게 적힌 것과 달리 정확하게 기록되어 있다.

16 "참혹함을 차마 눈뜨고 볼 수 없었다慘不忍見"는 「문화재청본」에서는 "涕不忍見", 「편수회본」에서는 "■不忍見"로 나온다. 『충무공유사』를 보면 "慘不忍見"이다. 「친필본」을 보면 『충무공유사』처럼 "慘不忍見"으로 보인다.

17 "사상(수사)"은 『옛편지 낱말사전』에 따르면, 본래는 중국에서 절도사를 지칭하는 용어다. 당나라와 송나라 때 절도사에게 실직이 아닌 중앙의 재상직을 겸직하게 하며 '사상'이라고 부른 데서 유래했다. 여기서 사상은 '전라 좌수사 겸 삼도 수군통제사'를 뜻한다.

18 "우리 등은 살길이 생겼습니다我等生道矣"의 「문화재청본」, 「편수회본」에서는 "我等生道■"로 나온다. 「박혜일·최희동본」은 '■'를 '矣'로 보았다. 『충무공유사』에서도 "我等有生道矣"로 나온다.

19 "이기남 부자"는 「편수회본」, 「문화재청본」에서는 "李奇男■"로 나오나, 미판독 글자 "■"은 「정유년 I」에서는 "父子"로 나온다.

다. 내가 병을 핑계 대고[20] 있는 현(옥과현)의 쉬(현감 홍요좌)를 끌어내 장을 치려고 했더니, 쉬(현감) 홍요좌洪堯佐[21]가 먼저 그 뜻을 알고 급히 ■.[22]

7일[17일. 을축] 맑았다. 일찍 길에 올랐다. 순천 가는 길로 바로 갔다. 현(옥과)에서 10리쯤 떨어진 길에서 임금님의 유지를 갖고 오는 선전관 원집을 만났다. 길옆에 싸리나무를 꺾어 깔고 앉아 이야기를 나누었는데,[23] 병사(이복남)가 거느렸던 군사들이 다 무너져 물러나 가고 있었다. 이날 닭이 울 무렵, 송대립이 순천 등지에서 정찰하고 살피고 왔다. 석곡石谷 강정[24]에서 묵었다.

8일[18일. 병인] 새벽에 출발했다. 부유로 바로 들어갔다. 길을 가던 중에 이형립李亨立을 병사(이복남)에게 보냈다. 부유에 도착했더니, 병사 이복남이 이미 그의 아랫사람에게 명령해 불을 질러놓았다. 타다 남은 재만 있었다. 슬프고 참혹해 몸서리쳐지는 모습이었다所見慘然. 낮에 점심을 먹은 뒤 구치에 도착했더니, 조방장 배경남과 나주 판관[25] 원종의, 광양 현감 구덕령이 복병하는 곳에 있었다. 해 질 무렵 순천부順天府에 도착했더니,[26] 관사와 창

---

20 "핑계 대고"의 원문은 '托'이다. 「편수회본」 「문화재청본」도 '托'이다. 「박혜일·최희동본」은 '稱'으로 보았으나, 「정유년 I」 8월 18일에도 같은 '托'이 나온다.

21 홍요좌(1556~?)는 조선 중기의 문신이다. 1579년 식년시에서 생원에 급제했다. 옥과 현감·함흥부 판관을 역임했다. 『쇄미록』 1594년 6월 5일에는 "홍 찰방 요좌堯佐"로 나온다. 또한 1595년 12월 15일에는 "홍 옥과洪玉果 요좌"로도 나온다. 조응록의 『죽계일기』 1604년 5월 5일에는 문화 현령으로 나온다.

22 "■"는 미판독 글자로, 「정유년 I」에서는 홍요좌가 이순신에게 "와서 만났다來見"고 나온다.

23 "길옆에 싸리나무를 꺾어 깔고 앉아 이야기를 나누었다班荊坐於路傍"의 "班荊坐"는 「춘추좌전」 「양공襄公 26년」에 나온다.

24 "석곡 강정"은 「정유년 I」에서는 "곡성 강정"으로 나온다.

25 "판관"의 원문 "判官"의 '官'을 「문화재청본」은 '官'으로 보았으나, 「친필본」에서는 판독 불능 상태의 글자다. 「편수회본」에서도 "■官"으로 보았다. 판관은 「정유년 I」에도 나오기에 비록 판독 불능 글자라도 '官'으로 볼 수 있다.

26 "도착했더니"의 원문 "到"도 판독 불능 글자이나, 「편수회본」에서는 "■(到)"로 보았다. 「정유

고의 곡식은 옛날과 같았다. 그런데 군기물 등의 물건27은 병사(이복남)가 처치하지 않고 물러나 도망쳤다. 기가 막힐 일이다. 기가 막힐 일이다. 상동上東 땅에 들어갔다. 온 밭이랑28이 쓸쓸하고 고요했다. 절의 승려 혜희만이 와서 인사하기에 승첩僧帖을 주었다. 군기물 중에서 장전과 편전長箭은 군관 등에게 짊어지게 했고, "총통29 등과 운반하기 어려운 여러 물건은 깊이 묻고 표를 세우라"30고 했다. 그대로 상방에서 묵었다.

9일[19일. 정묘]31 일찍 출발했다. 낙안군樂安郡에 도착했더니, 관사와 창고 곡식, 병기32가 다 불탔다. 관리와 시골 백성은 눈물을 줄줄 흘리며 보고 해 말하지 않는 사람이 없었다. 얼마 뒤,33 순천 부사 우치적과 김제 군수 고봉상이 산골 사이에서 내려왔다. 병사(이복남)의 잘못된 행동을 상세히 말했다. "그의 행동으로 짐작했더니, 패망할 것을 미리 알 수 있었습니다"라고 했다. 점심을 먹은 뒤 길에 올랐다. 10리쯤 이르렀을 때,34 동네 노인

년 I」에도 '到'가 나오기에 비록 판독 불능 글자라도 '到'로 볼 수 있다.

27 "물건物"은 「친필본」에서는 판독 불능 글자이나, 「편수회본」에서는 "■物"로 보았다.

28 "온 밭이랑"의 「친필본」「편수회본」의 원문은 "四頃"이다. 「문화재청본」에서는 "四顧"로 나온다.

29 "통筒"도 판독 불능 글자이나, 「편수회본」에서는 "■(筒)"으로 보았다. 「정유년 I」에도 '筒'이 나오기에 비록 판독 불능 글자라도 '筒'로 볼 수 있다.

30 "깊이 묻고 표를 세우다"의 「문화재청본」은 "■■立表", 「박혜일·최희동본」은 "■■立■"으로 보았다. 「편수회본」에서는 "■■■■"를 "深埋立表(깊이 묻고 표를 세우다)"로 추정했다. 「친필본」을 참조하면, "深埋立表"로 볼 수 있다.

31 「정유년 I」에는 "맑았다"라고 날씨에 대한 언급이 나온다.

32 "병기兵器"는 「문화재청본」에서는 "兵器", 「편수회본」에서는 "兵■器"로 되어 있으나, 「충무공유사」에서는 "官舍倉穀"(관사와 창고 곡식)으로만 나온다. 「친필본」을 보면, '器'는 판독 불능 글자다. 그래서 「편수회본」에서는 '■'를 문맥에 따라 '器'로 추정한 듯하다.

33 "얼마 뒤"는 「문화재청본」에서는 "有頃"으로 나온다. 「편수회본」에서는 "有■(頃)"으로 보았다. 「친필본」을 보면 판독 불능 글자다. 문맥으로 보면 "有頃"인 듯하다.

34 「정유년 I」에서는 "오리정에 사람들이 많이 나와 인사했다"고 나온다.

등이 길가에서 줄을 서서 다투어 환영하고 위로하며 음식과 술을 담은 항아리³⁵를 바쳤다. 받지 않았더니, 울며불며 떼를 썼다. 저녁에 보성의 조양창兆陽倉³⁶에 도착했더니, 한 사람도 없었고 곡식이 들어 있는 창고는 옛날처럼 봉쇄돼 있었다. 군관 4원(명)³⁷에게 지키게 했다. 나는 김안도의 집에서 묵었다. 그 집 주인은 이미 피란 나가 있었다.

10일[20일, 무진] 맑았다. 몸이 아주 불편했다. 그대로 머물렀다. 배 동지(배흥립)도 같이 머물렀다.

11일[21일, 기사] 맑았다. 아침에 박곡朴谷³⁸의 양산항³⁹ 집으로 옮겼다. 이 집 주인은 이미 바다에 떠 있었다.⁴⁰ 곡물(곡식)이 가득 쌓여 있었다. 늦게 송희립과 최대성이 와서 만났다.

12일[22일, 경오] 맑았다. 아침에 「임금님께 보고하는 글」의 초고를 수정했다. 늦게 거제 현령(안위)과 발포 만호(소계남)가 들어와서 명령을 들었다. 그로 인해 "배설(경상 우수사)이 겁에 질린 모습"을 들었다. 탄식이 더하는 것을 견딜 수 없었다.⁴¹ 권력자에게 알랑거려 분수에 넘치는 자리에 올라 감

---

35 "음식과 술을 담은 항아리"의 원문 "壺漿"은 『맹자』 「양혜왕하」에 나오는 표현이다.

36 조양창은 노기욱에 따르면, 전남 보성군 조성면 우천리 고내마을이다. 조성면과 연접한 득량면은 이순신이 조양창에서 식량을 구한 곳이라고 하여 이후 지명이 득량得糧으로 명명되었다고 한다.

37 『조선시대 생활사』에 따르면, 사람을 세는 단위인 명을 신분에 따라 한자로 구분했다고 한다. 원員은 9품 이상의 관원을 대상으로 품계가 없는 서리나 향리, 과거 급제자, 군사는 인, 노비는 명 혹은 구를 사용했다. 원은 '분'에 해당하는 존칭의 의미가 있다고 한다(한국고문서학회, 『조선시대 생활사』, 역사비평사, 1997, 191쪽).

38 박곡은 전남 보성군 득량면 송곡리 박실마을이다.

39 양산항은 「정유년 I」에서는 양산원으로 나온다.

40 "바다에 떠 있었다"의 원문은 "浮海"이다. 『논어』 「공야장」에 나오는 공자의 말에서 유래한 표현이다. "도가 행해지지 않으니, 뗏목을 타고 바다에 떠 있으리라道不行 乘桴浮于海."

41 "탄식이 더하는 것을 견딜 수 없었다"의 『친필본』 「편수회 초본」은 "不勝增嘆"이나, 「편수회본」은 "不勝憎嘆"으로 보았다. '增'이 타당하다.

당치 못해 나랏일을 크게 그르쳤다媚悅權門濫陞 非堪大誤國事.[42] 조정은 반성하지도 살피지도 않는다朝無省察. 어찌하랴. 어찌하랴. 보寶(보성) 쉬(보성 군수)가 왔다.

13일[23일, 신미] 맑았다. 거제 현령 안위와 발포 만호 소계남蘇季男이 보고하고 돌아갔다. 우후 이몽구가 전령을 받고 들어왔다. 그러나 본영(전라 좌수영)의 군기물과 군량을 하나도 옮겨 실어놓지 않았다. 장 80에 처하고 보냈다. 하동 현감 신진[43]이 와서 전하기를, "(8월) 3일, 다녀가신 뒤에 진성(진주성)·정개鼎蓋·벽견산성은 모두 버려졌고, 스스로 불태워졌다"고 했다. 가슴이 아팠다. 가슴이 아팠다.

14일[24일, 임신] 맑았다. 아침에 각 항목의 서장 7통을 감독해 봉했다. 윤선각이 갖고 올라갔다. 저녁에 어사 임몽정을 서로 만날 일로 보성군에 도착했다. 이날 밤, 큰비가 내렸다. 열선루에서 묵었다.

15일[25일, 계유][44] 비가 계속 내렸다. 늦게 맑아졌다. 선전관 박천봉이 임금님의 유지를 갖고 왔는데, 이는 곧 8월 7일에 공문을 써서 관인을 찍은 것이었다. 곧바로 지수장계를 썼다. 그런데 술을 지나치게 마셔 잠들 수 없었다.[45]

---

42 최유해崔有海(1588~1641)가 쓴 『(이충무공)행장』에는 권세에 대한 생각을 보여주는 이순신의 글이 나온다. "대장부로 세상에 태어났다. 세상에 쓰인다면 충성에 죽을힘을 다하고, 쓰이지 않는다면 농사를 지으며 사는 것이 분수를 지키는 것이다. 권력자에게 알랑거려 뜬구름 같은 영화를 훔치는 것은 내가 부끄러워하는 것이다丈夫生世 用則效死以忠 不用則耕野足矣 若媚要人竊浮榮 吾恥也."

43 신진은 태안 군수·선전관 등을 역임했다. 「선무원종공신녹권」에서는 첨사로 나오고, 선무원종공신 2등이다.

44 추석이다. 1593년 8월 15일에는 일기에 추석이라고 명기했다.

45 "술을 지나치게 마셔 잠들 수 없었다"의 「친필본」은 "過飮不■"이다. 「편수회본」에서는 "過飮不■(寐)"으로 '■'를 '寐'로 보았다. 「문화재청본」은 "過飮不寐"로 해놓았다.

16일[26일. 갑술] 맑았다. 박천봉朴天鳳(선전관)이 돌아갔다. 활 만드는 사람 이지[46]와 태귀생이 와서 만났다.[47] 선의와 대남(남해 현령 박대남)도 왔다. 김 희방金希方과 김붕만이 뒤따라 도착했다.

17일[27일. 을해] 맑았다. 이른 새벽에 길에 올랐다. 백사정에 도착했다. 말 을 쉬게 했다. 군영구미에 도착했더니, 온 지역이 이미 사람이 하나도 없는 땅이 되어 있었다. 수사 배설은 탈 배를 보내지 않았다. 장흥 사람들이 군 량을 마음대로 훔쳐 옮기고 있었기에 잡아다 장을 쳤다. 이미 해가 저물어 그대로 머물러 묵었다. 배설이 약속을 어긴 것이 많이 한스러웠다.

18일[28일. 병자][48] 맑았다. 아침 늦게 회령포로 바로 갔더니, 배설은 뱃멀미 를 핑계 대고 나오지 않았다. 다른 여러 장수는 즉시 만났다.

19일[29일. 정축] 맑았다. 여러 장수에게 임금님께서 내리신 교서와 유서에 숙배를 하게 했으나, 배설은 교서와 유서를 받들어 맞이하려고 하지 않았 다. 그 마음 씀씀이가 아주 기가 막힐 일이다. (배설의) 이방과 영리(경상 우 수영 영리)를 장에 처했다. 회령 만호 민정붕은 그의 전선을 이용해 먹거리 를 받았다. 위덕의 등에게 술과 음식을 얻어먹고 (전선을) 사적으로 주었기 에 장 2[49]에 처했다.

20일[30일. 무인] 맑았다. 포구가 좁고 불편했다. 진을 이진 아래 창사倉舍로 옮겼다. 그런데 몸이 아주 불편했다. 먹지 못하고 끙끙 앓았다.

---

46 「정유년 I」에서는 원문 "李智"가 아니라 "智李"로 나온다. 1596년 7월 7일, 7월 30일, 8월 2일에서는 "智伊"로 나온다.
47 "와서 만났다"의 「친필본」은 "■見"이다. 「편수회본」에서는 "■(來)"으로 '■'를 '來'로 보았다. 「문화재청본」은 "【來】見"로 해놓았다. 문맥과 정황으로는 '來'이다.
48 1598년 8월 18일, 이날 도요토미 히데요시가 사망했다.
49 「문화재청본」, 「편수회본」은 "決二杖"이다. 그러나 「정유년 I」에서는 "장 20"으로 되어 있다.

21일[10월 1일, 기묘]50 맑았다. 밤 2시에 설사하고 심하게 토했다. 찬바람을 쐰 것이 걱정되어 소주를 마셔 치료하려 했다가 인사불성이 되었다. 거의 죽을 지경이었다. 10여 번이나 토했다. 밤새 고통스러웠다.

22일[2일, 경진]51 맑았다. 설사하고 심하게 토했다. 인사불성이 되었다. 대변과 소변도 막혔다.52

23일[3일, 신사] 맑았다. 병이 아주 위험해, 배에 머물러 있는 것이 불편했다. 실제 전쟁터가 아니었기에, 배에서 내려 포 밖에서 묵었다.

24일[4일, 임오] 맑았다. 아침에 괘도포掛刀浦53에 도착했다. 아침을 먹었다. 낮 12시쯤, 어란 앞바다에 도착했더니, 곳곳이 이미 텅 비어 있었다. 바다 가운데서 묵었다.

25일[5일, 계미] 맑았다. 그대로 머물렀다. 아침을 먹을 때, 당포의 물고기 잡는 사람54이 피란한 사람의 소 2마리를 훔쳤다. 끌고 가 잡아먹으려고, "적이 왔다"며 거짓 경보를 했다. 나는 이미 그 사실을 알고 있었기에, 배를 굳게 매어놓고 움직이지 않고 곧바로 잡아오게 했더니, 결과는 생각한 것과 같았다. 군사들의 마음이 안정되었다. 배설은 이미 도망쳐 나가 있었다. 거짓 경보를 낸 두 사람의 머리를 베고, 효시해 돌려 보게 했다斬梟循

50 1594년에는 외가의 제삿날이라 좌기하지 않았다고 한다.
51 이순신 외할머니의 제삿날이다.
52 "대변과 소변도 막혔다"의 원문은 "下氣亦不通"이다. '하기불통下氣不通' 문제는 『중종실록』 중종 39년(1544) 10월 27일에, 중종이 병들었는데, 그 증세가 "하기가 통하지 않는 것下氣不通"이었다. 또한 10월 29일에는 중종의 "하기가 비로소 통해 매우 기분이 좋다下氣始通, 極爲大快"고 나온다. 『묵재일기』 1546년 11월 25일에는 "下道不通"으로 나온다. 『동의보감』에 따르면, 당시 이순신의 증세는 관격증關格證으로 보인다.
53 괘도포는 「정유년 I」에서는 도괘로 나온다. 김세곤에 따르면, 해남군 북평면 영전리 또는 남성리로 추정된다고 한다.
54 "물고기 잡는 사람漁人"은 「정유년 I」에서는 "포작"으로 나온다.

示.[55]

　26일[6일, 갑신] 맑았다. 그대로 어란 바다에 머물렀다. 늦게 임준영이 말을 타고 달려와서[56] 보고하며 말하기를, "적선이 이미 이진에 도착했다"고 했다. 전라 우수사(김억추)가 왔다. 배의 격군과 기계機械가 규모와 형태를 이루지 못했다.[57] 기가 막힐 일이다.

　27일[7일, 을유] 맑았다. 그대로 머물렀다. 배설이 와서 만났다. 두려움에 떠는 얼굴빛이 많았다. 나는 급히 말하기를, "수사(배설)가 없었는데, 이는 곧 옮겨 피했던 것이 아닙니까?"라고 했다.[58]

　28일[8일, 병술] 맑았다. 아침 6시에 적선 8척이 뜻하지 않게 돌격해 들어왔다. 여러 배는 겁을 먹고 물러날 계획인 듯했다. 나는 동요하는 빛 없이 (명령을 내린다는 의미의) 각(소라)을 불게 하고 휘(술이 달린 깃발)를 들어 올렸

55 「정유년 I」에는 배설이 도망친 이야기는 나오지 않는다. "돌려 보게 했다循示"를 「편수회본」에서는 "循(徇)示"으로 보았다. '循'과 '徇'은 같은 글자다.
56 "임준영이 말을 타고 달려왔다"의 「문화재청본」은 "任俊英馳馬 而來力"이다. 「편수회본」은 "任俊英馳馬 ■■(而來力)로 나온다. "(而來力)"는 미판독 글자인 "■■"를 추정한 것이다. 「편수회본」 원문 "力"은 「문화재청본」의 한자 "力"이 아니라, 일본어 가타카나 "カ"이다. 일본어에서 "カ"는 "~인 듯"이라는 뜻이다. 「편수회본」에는 "~인 듯"이라는 뜻으로 가타카나 "カ"가 사용된 다른 사례도 있다. 예를 들면 계사년(1593) 3월 7일 일기의 거을망포에 대한 주석 "統營邑附近力", 계사년(1593) 5월 6일의 해포에 대한 주석 "牙山郡力", 5월 8일의 창신도에 대한 주석南海郡昌善島力이다. 1960년 문교부에서 「친필본」을 판독해 간행한 『이충무공 난중일기』에서도 "■■(而來)"로만 표시했다. 「문화재청본」은 「편수회본」을 판독에 활용한 듯하다. 문맥으로 보면 "■■"는 "而來"이다. 「정유년 I」에서도 그 부분은 "而來"로 나온다.
57 "이루지 못했다"의 「문화재청본」은 "不備力"이다. 「정유년 I」에는 나오지 않는다. 이 부분을 「편수회본」에서는 "不■(備力)"으로 보았다. "(備力)"는 "■"를 추정한 것이다. 「편수회본」 원문 "力"은 「문화재청본」의 한자 "力"이 아니라, 일본어 가타카나 "カ"이다. 「문화재청본」은 「편수회본」을 판독에 활용한 듯하다. 1960년 문교부에서 「친필본」을 판독해 간행한 『이충무공 난중일기』에서도 "不■(備)"로만 판독했다. 「박혜일·최희동본」은 "不成", 「충무공유사」의 같은 날 일기에서도 "不成"이다. 「박혜일·최희동본」, 「충무공유사」가 타당하다. 이 번역본에서는 "不成"으로 보았다.
58 「정유년 I」에는 배설과 관련된 이야기는 나오지 않는다.

다 내렸다 신호해 뒤쫓게 했더니余不爲動色 令角指麾追之, 여러 배는 회피하지

못하고 한꺼번에 갈두까지 뒤따라갔다. 적선이 멀리 도망쳤으나, 끝까지 쫓

아가지는 않았다賊船遠遁 不爲窮追.59 "뒤에 있는 (적의) 배는 50여 척"이라고

했다. 저녁에 장도60에 진을 쳤다.

29일[9일, 정해] 맑았다. 아침에 벽파진61으로 건너갔다. 진을 쳤다.

30일[10일, 무자] 맑았다. 그대로 벽파진에 머물렀다. 정찰하고 살필 사람을

나누어 보냈다. 늦게 배설은 적이 대규모로 올 것을 걱정해 도망쳐 피하려

고 했기에, 그가 관할하는 여럿62을 불러 거느렸다. 나는 그 정황을 깨닫고

있었으나 이때는 증거가 명백하게 나타나지 않았다余會其情 而時未見明. 먼저

들추는 것은 장수의 계책이 아니기에 가만히 참고 있을 때63先發非將計 隱忍

之際, 배설이 그의 사내종을 시켜 소지를 바치며 말하기를, "병이 아주 심

해 몸조리를 하고 싶다"고 했다. 내가 육지로 상륙해 몸조리할 일을 제송

공문으로 써 보냈더니, 설楔(배설)은 우수영64에서 육지로 상륙했다.

---

59 "끝까지 쫓아가지는 않았다不爲窮追"는 「손자병법」에 나오는 내용이다.

60 장도는 전남 해남군 송지면 어란리 내장이다.

61 벽파진은 전남 진도군 고군면 벽파리다.

62 "관할하는 여럿管下諸將"의 「친필본」 원문은 "管下諸"이다. '將'이 빠져 있다. 그런데 「문화재

청본」에는 '管下諸將'이라고 나온다. 「친필본」에 없는 글자인 '將'이 있다. 「편수회본」은 '管下諸[將

脫]'이라며 '將'이 빠진 것으로 보았다.

63 "가만히 참고 있을 때"의 원문은 "隱忍之際"이다. 「문화재청본」은 "隱思之際"로 나온다. '思'

보다는 '忍'으로 보인다. 「편수회본」,「박혜일·최희동본」도 忍으로 보았다.

64 「문화재청본」은 "右小營"으로 되어 있다. 「편수회본」,「박혜일·최희동본」은 "右水營"으로 보았

다. 「문화재청본」은 "右水營"의 오자다.

◎ 1597년(「정유년 II」) 9월

9월 1일[양력 10월 11일. 기축] 맑았다. 나는 (배에서) 내려서 벽파정 위에 좌기했다. 점세가 탐라에서 나왔다. 소 5마리를 싣고 와 바쳤다.

2일[12일. 경인] 맑았다. 배설이 도망갔다.[65]

3일[13일. 신묘] 아침에는 맑았다. 저녁에 보슬보슬 비가 내렸다. 밤에는 북풍이 불었다.

4일[14일. 임진] 맑았으나 북풍이 크게 불었다. 배가 스스로 안정되지 않았다. 여러 배를 겨우 보전했다.

5일[15일. 계사] 맑았다. 북풍이 크게 불었다.

6일[16일. 갑오] 맑았다. 바람결이 조금 가라앉았으나, 추위가 사람들을 괴롭혔다. 격군과 군사가 많이 걱정된다. 많이 걱정된다.

7일[17일. 을미] 맑았다. 살피고 감시하는 군관探望軍官 임중형이 와서 보고하며 말하기를, "적선 55척 중에서 13척이 이미 어란 앞바다에 도착했습니다. 그들의 뜻은 반드시 우리 수군에 있습니다"라고 했다. 여러 장수에게 전령하고 두 번 세 번 거듭 단단히 타일러서 경계하게 했다再三申勅. 오후 4시에 적선 13척[66]이 과연 이르렀다. 우리 여러 배가 나무닻을 올리고 바다로 나가 쫓아갔더니, 적선은 배를 돌려 달아나 피했다. 먼 바다까지 추격했다. 바람과 물결이 모두 반대 방향이었다. (적의) 복선(복병선)이 있을 것을

---

65 배설은 8월 30일 병을 치료하겠다고 이순신에게 요청해 승낙받고 우수영으로 올라갔다가 이날인 9월 2일에 탈영했다. 『선조실록』 선조 30년(1597) 10월 11일에는 비변사에서 배설이 주장(원균)을 구원하지 않고 도망쳤고, 또 주장(이순신)의 명령을 어기고 도망쳤기에 처벌해야 한다고 건의한 내용이 나온다. 1599년 도원수 권율이 선산에서 배설을 잡아 서울로 올려보낸 뒤 배설은 사형당했다.

66 「친필본」, 「문화재청본」, 「박혜일·최희동본」은 "十三隻"이나, 「편수회본」과 홍기문은 "12척"으로 보았다.

우려해 끝까지 쫓아가지는 않았다風水俱逆 虜有伏船 不爲窮追. 벽파정으로 돌아왔다. 여러 장수를 불러 모아 약속하며 말하기를, "오늘 밤에는 반드시 밤 기습이 있을 것이다. 여러 장수 각각은 예측한 것에 따라 대비하라. 조금이라도 군령을 어긴다면, 군법이 따를 것이다今夜必有夜驚 各諸將預知而備之 少有違令 軍法隨之"라고 했다. 두 번 세 번 거듭 약속을 분명히 하고 파했다再三申明. 밤 10시에 과연 적이 와서 밤 기습을 했다. 포환炮丸을 많이 쏘았다. 내가 탄 배가 바로 앞에서 지자(지자포)를 쏘았다. 바다와 산이 들썩거렸다河岳振動. 적의 무리들은 침범할 수 없음을 알고, 4번이나 나왔다·물러나갔다 하면서 포만 쏠 뿐이었다. 밤 1시에 아주 물러나 도망쳤다.

8일[18일, 병신]67 맑았다. 여러 장수를 불러 계책을 논의했다. 우수사 김억추는 겨우 만호 한 자리에나 어울리기에, 수사水師의 직책閫任68을 맡기 어렵다. 그런데도 좌의정 김응남金應南이 그와 아주 친했기에 외람되게 임명해 보냈다.69 조정에 제대로 된 사람이 있다고 할 수 있나. 때를 잘못 만난 것을 한탄할 뿐이구나可謂朝廷有人乎 只恨時之不遭也.

9일[19일, 정유] 맑았다. 이날 새벽은 곧 9일(중양절)이구나. 한 해의 명절佳節

67　세조의 제삿날이다.
68　"수사의 직책"의 원문 "곤임閫任"은 각 도의 병사 혹은 수사를 달리 부르는 말이다. 곤수閫帥라고도 한다. 여기서는 전라 우수사 직을 말한다.
69　김억추와 김응남의 관계에 대한 기록은 『선조실록』 선조 28년(1595) 2월 27일에서 엿볼 수 있다. 김응남이 체찰사에 임명되었을 때, 김응남이 자신의 막하로 데려갈 인물로 김억추를 추천했다. 김억추의 능력에 대한 부정적 평가는 『선조실록』 선조 25년(1592) 8월 3일, 8월 12일, 선조 27년(1594) 3월 7일, 8월 4일, 선조 29년(1596) 5월 25일 등에도 나온다. 그러나 류성룡의 뜻을 받아 류성룡의 종사관이 쓴 「都體察使意從事官啓」(1595년 10월 22일)에 따르면, "호군護軍 김억추는 활을 잘 쏠 뿐만 아니라 여러 번 평안도 수령으로 강변江邊의 일을 익숙하게 알고 있는데, 지금은 전라도 본가에 돌아가 있습니다. 쓸 만한 무사인데 이런 때에 어떻게 물러나 있게 할 수 있습니까. 급히 재촉해 올려보내도록 할 일을 전라 감사에게 분부를 내려주시는 것이 어떻습니까"라고 류성룡은 김억추의 능력을 긍정적으로 평가했다. 이순신의 평가와는 차이가 있다.

이다. 나는 비록 상복을 입고 있는 사람이나, 여러 장수와 군졸에게는 음식을 권하지 않을 수 없었다. 그래서 '제주에서 나온 소 5마리를 녹도(송여종)와 안골(우수) 두 만호에게 주어 장수와 군사들이 나누어 먹게 할 일'을 일렀다. 늦게 적선 2척이 어란에서 감보도로 바로 와서, 우리 수군이 많은지 적은지 살폈다. 영등 만호 조계종이 끝까지 쫓아갔다窮追之. 적의 무리가 놀라 당황했고, 바짝 다가가자 싣고 있던 잡다한 물건을 다 바닷속에 던지고 달아났다.

10일[20일, 무술] 맑았다. 적선이 멀리 달아났다.

11일[21일, 기해] 흐렸고 비가 내릴 징후가 있었다. 홀로 배 위에 앉아 있었다. 사무치는 그리운 마음에 눈물이 펑펑 쏟아졌다獨坐船上 懷戀淚下. 하늘과 땅 사이에 어찌 나 같은 놈이 있을까天地間安有如吾者乎! 아들 회는 내 마음을 알고 심히 불편해했다.

12일[22일, 경자] 비가 내내 보슬보슬 내렸다. 배의 뜸 아래에 있었다. 그리운 마음을 억누를 수 없었다.

13일[23일, 신축] 맑았으나 북풍이 크게 불었다. 배를 안정시킬 수 없었다. 꿈에 특별한 것이 있었다. 임진에 크게 승리했을 때와 거의 같았다.[70] 이것이 무슨 조짐인지 모르겠다.

14일[24일, 임인] 맑았다. 북풍이 크게 불었다. 벽파 건너편에서 연기가 피

---

70 이순신이 "꿈에 특별한 것이 있었다. 임진에 크게 승리했을 때와 거의 같았다"라고 한 것은 1592년 9월 1일의 부산대첩과 관련된 듯하다. 부산대첩 직전인 8월 27일 일기에는 "이날 밤, 꿈도 많이 어지러웠다", 8월 28일 일기에는 "새벽에 앉아 꿈을 기억해보았더니, 처음에는 운수가 나쁜兆 듯했으나, 도리어 운수가 길했다"는 내용이 나온다. 또한 이순신은 「부산에서 왜적을 쳐부순 일을 임금님께 보고하는 장계釜山破倭兵狀」(1592년 9월 17일)에서 "무릇 전후 네 차례 적에게 달려가 10번 맞붙어 싸워 모두 승첩을 했습니다. 그러나 장수와 군사들의 공로를 논한다면, 즉 이번 부산의 싸움을 뛰어넘을 수 없습니다"라며 부산대첩을 아주 높이 평가했다.

어올랐다. 배를 보내어 실어왔더니, 이는 곧 임준영이었구나. 정찰하고 살피고 와서 보고하며 말하기를, "적선 200여 척 중에서 55척이 먼저 어란에 들어왔습니다"라고 했다. 또 말하기를, 적에게 포로가 되었다가 도망쳐온 김중걸金仲傑이 전하는 말에, "중걸은 이달 6일, 달마산71에서 왜적에게 붙잡혀 결박당해 왜선에 실렸습니다. 다행히도 김해에서 임진(1592년)에 포로가 된 사람을 만나, 왜장에게 빌어 묶인 것을 풀고 같은 배에 있었습니다. 그런데 한밤중 왜놈들이 깊이 잠들었을 때, 귀에다 소곤거리며 말하기를, '왜놈들이 모여 의논해 말하기를, 조선 수군 10여 척이 우리 배를 쫓아와 쏘아 죽이기도 하고 배를 불태우기도 했으니, 아주 원통하고 분하다. 여러 곳의 배들을 불러 모아 합세해 다 죽여 없앤 뒤에 경강(한강)으로 바로 가자'고 했습니다"라고 했다. 이 말을 비록 다 믿을 수는 없으나, 또한 그럴 까닭도 없지 않았기에, 곧바로 전령선을 보내, '피란하는 사람들을 알아듣게 타일러告諭 육지로 올라가도록' 급히 명령했다.

15일[25일. 계묘] 맑았다. 아침에 들어왔다가 나가는 물을 탔다乘潮水. 여러 장수를 거느리고 우수영 앞바다로 진을 옮겼다. 벽파정 뒤에는 명량이 있다. 적은 수의 수군으로 명량을 등 뒤에 두고 진을 쳐서는 안 되기 때문이구나碧波亭後有鳴梁 數少舟師 不可背鳴梁爲陣故也. 여러 장수를 불러 모아 약속하며 말하기를, "병법에서 말하기를, '반드시 죽고자 하면 살고, 반드시 살고자 하면 죽는다72고 했다. 또 말하기를, '한 명의 사나이일지라도 좁은 길

71　"달마산"을 「문화재청본」, 「편수회본」은 "달야의산達夜依山"으로 보았다. 그러나 「정유년 I」에서도 "달마산"으로 나온다.
72　"반드시 죽고자 하면 살고, 반드시 살고자 하면 죽는다"의 원문은 "必死則生 必生則死"이다. 「오자병법」「치병」에 나오는 "무릇 전쟁터는 이미 죽은 사람들이 서 있는 곳이나 마찬가지다. 반드시 죽고자 하면 살고, 운 좋게라도 살고자 하면 죽는다"라는 표현을 바꾼 것이다. 오자는 "必死則生 幸生則死"라고 했지만, 이순신은 "幸生則死"를 "必生則死"로 바꾸었다. 또한 "必死則

목을 지키면, 천 명의 사나이라도 두렵게 할 수 있다'73고 했다. 지금 우리
를 두고 말하는 것이다. 너희 각각의 여러 장수가 조금이라도 명령을 어긴
다면,74 곧바로 군율에 따를 것이다. 조금도 너그러이 용서치 않을 것이다
今我之謂矣 爾各諸將 少有違令 則卽當軍律 小不可饒貸"라고 했다. 두 번 세 번 거듭 엄
격하게 약속했다再三嚴約. 이날 밤, 꿈에 신인神人이 있었다. 손으로 가리키며
말하기를, "이렇게 하면 크게 승리하고, 이렇게 하면 패배할 것이다如此則大
捷 如是則取敗"라고 했다.75

16일[26일, 갑진] 맑았다. 이른 아침에 특별히 높은 곳에서 적을 감시하는
군사가 나와서 보고하는 내용에, "얼마나 되는지 셀 수도 없을 만큼 많은
적선이 명량으로 들어와 진을 치고 있는 곳으로 바로 향하고 있다"고 했다.
곧바로 여러 배에 명령을 내려, 나무닻을 올리고 바다로 나갔더니, 적선

生"은 병법서 『위료자』 「병교하」에 "군대에서는 다섯 가지를 다스릴 것이 있다. 장수가 되면 가정
을 잊고, 국경을 넘어가면 부모처자를 잊고, 대적할 때는 자기자신을 잊고, 반드시 죽고자 결심
해야 살 수 있고, 승리에 급급한 것은 최하책으로 삼아야 한다兵有五致 爲將忘家 踰垠忘親 指
敵忘身 必死則生 急勝爲下"라는 부분에도 나온다.
73 "한 명의 사나이일지라도 좁은 길목을 지키면, 천 명의 사나이라도 두렵게 할 수 있다"의 원
문 "一夫當逕 足懼千夫"이다. 『오자병법』 「여사」와 「논장」에 나오는 표현을 변형해 합친 것이다.
「여사」의 "사나이 한 명이 목숨을 던질 각오를 하면 사나이 천 명이라도 두렵게 할 수 있다一人投
命 足懼千夫"와 「논장」의 "길이 좁고 험하며, 큰 산으로 막혀 있다면 사나이 열 명이 지킬지라도
천 명의 사나이일지라도 뚫고 지나갈 수 없다路狹道險 名山大塞 十夫所守 千夫不過"이다. 이 구
절은 또한 이백李白의 「촉도난蜀道難」의 "대검산과 소검산 사이의 잔도棧道가 가파르게 높고 험
하기에 한 명의 사나이가 관문關을 지키면 만 명의 사나이일지라도 문을 열 수 없다劍閣崢嶸崔
嵬, 一夫當關, 萬夫莫開" 또는 진晉나라 좌사左思의 「촉도부蜀都賦」 "한 사람이 좁은 길목을 지
키면 만 명의 사나이일지라도 앞으로 나아갈 수 없다一人守隘, 萬夫莫向"와도 유사하다.
74 "조금이라도 명령을 어긴다면"의 「문화재청본」 「편수회본」 「박혜일·최희동본」은 "少有違令"이
다. 『충무공유사』에서는 "少有違令"의 "少"가 "小"로 나온다.
75 「정유년 I」에서는 이순신의 말은 나오지 않는다. 또한 꿈 이야기도 "밤 꿈에 특이한 징조가
많았다"고 간략히 나온다. 또한 「친필본」의 "이렇게 하면 패배할 것이다如是則取敗'라고 했다."를
「문화재청본」은 '如此則取敗云'로 보았으나, 「문화재청본」의 '此'는 '是'의 오자다. 「전서본」에서는
'如此則取敗云', 『충무공유사』에서는 "如此則取敗云云"으로 나온다.

130여 척[76] 이 우리의 여러 배[77]를 둘러쌌다. 여러 장수 등은 스스로 적은 수로 많은 적과 싸우는 상황이라고 계산하고自度衆寡之勢, 편안히 살고자 회피할 계획이었다便生回避之計. 우수사(전라 우수사) 김억추가 탄 배는 이미 두 마장(약 800미터) 밖에 있었다. 나는 노질을 재촉해 앞으로 돌진해余促櫓突前, 지자·현자와 각종 총통 등을 어지럽게 쏘았다亂放地玄各樣銃筒. 바람이 불고 천둥이 치는 듯했다發如風雷. 군관 등은 배 위에 빽빽이 서서 빗발치듯 (화살을) 어지럽게 쏘았다如雨亂射. 적의 무리는 맞서 겨룰 수 없었기에, 가까이 왔다가 물러갔다가 하면서 몇 겹으로 둘러쌌다. 상황이 앞으로 어찌 될지 예측할 수 없었다. 배에 있는 모든 사람이 서로를 돌아보며 파랗게 질려 있었다. 나는 부드럽게 논하며 설명하면서 말하기를余柔而論解曰, "적선이 비록 많아도 직접 덤비기 어려우니, 조금도 불안에 떨지 말라! 더욱 온 정성과 힘을 다해 적을 쏘고, 적을 쏘아라賊船雖多 難可直犯 少不動心 更盡心力射賊射賊!" 라고 했다. 고개를 돌려 여러 장수의 배를 보았더니, 물러나 먼 바다에 있었다.[78] '배를 돌리라'고 군령을 내리고 싶었으나, 여러 적이 물러나는 틈에 기어오를 수 있었다乘退扶陞. 오도 가도 못하는 난처한 상황이었다進退惟谷.[79] (명령을 내린다는 의미의) 각(소라)을 불게 하고, 중군에게 명령을 내리는 깃발中軍令下旗[80]을 세우게 했고, 또 (장수들을 불러 모으도록) 초요기를 세우게 했더니立中軍令下旗 又立招搖旗, 중군장 미조항 첨사 김응함의 배가 점차 우리 배로 가까이 왔다. 거제 현령 안위의 배가 먼저 도착했다. 나는 배 위에

<hr>

76 「정유년 I」에서는 "133척"이다. 「충무공유사」에서는 '330여 척'으로 나온다.
77 "우리의 여러 배我諸船"는 「정유년 I」에서는 "우리 배"로 나온다.
78 「정유년 I」에서는 "한 마장(약 400미터)쯤 물러나 있었다"고 나온다.
79 '進退惟谷'을 「문화재청본」은 '進退維谷'으로 보았다.
80 '令下旗'는 「정유년 I」에서는 '영하휘令下麾'로 나온다. '기'와 '휘'를 혼용해 쓴 듯하다.

서서 직접 안위를 불러 말하기를, "안위야! 군법에 죽고 싶으냐? 안위야!
군법에 죽고 싶으냐? 도망간들 어디서 살 수 있겠느냐安衛欲死軍法乎 安衛欲死
軍法乎 逃生何所耶?" 안위가 몹시 당황해 허둥지둥 적선 속으로 돌격해 들어
갔다. 또 김응함을 불러 말하기를, "너는 중군인데도 멀리 피해 대장을 구
하지 않는구나. 그 죄를 어찌 벗을 수 있겠느냐? 처형하고 싶으나 적의 상
황이 또한 급하니, 먼저 공이라도 세워라汝爲中軍 而遠避不救大將 罪安可逃 欲爲行
刑 則賊勢又急 姑令立功!" 두 배가 맨 먼저 나갔을 때, 적장이 탄 배가 그 휘하
의 배 2척에 지시해 한꺼번에 안위의 배에 개미처럼 달라붙어 붙들고 기면
서 다투어 올라갔다.[81] 안위와 배 위의 사람은 각각 죽을힘을 다해 능장棱
杖[82]을 들거나, 긴 창을 잡거나[83] 수마석 덩어리水磨石塊[84]로 끝없이 어지럽게

81 "붙들고 기면서 다투어 올라갔다攀緣爭登"에서 "붙들고 기면서攀緣"는 이백의 「촉도난」의
"원숭이도 건널 때 붙들고 기면서 걱정하네猿猱欲度愁攀緣"에 나오는 표현이다.
82 능장은 조선시대에 야간 순찰을 돌 때 쓰던 150센티미터 정도의 나무 막대에 쇳조각 등을
달아 소리가 나게 만든 나무 몽둥이 혹은 대궐 문의 출입을 막기 위한 둥근 나무 문빗장을 뜻한
다. 여기서는 나무 몽둥이를 말한다.
83 「무오년(1558년) 7월에 감사와 좌·우·병·수사의 동의 조건」에 따르면, "적선에 화공을 하기
위해 관솔松明을 대선에는 200자루, 소선에는 100자루(를 준비한다). 臨戰할 때에 쓸 녹각鹿角을
미리 준비하여 쌓아두고, 돌덩이는 크고 작은 것을 반반씩 많은 수를 거두어 쌓아두고, 능장을
많이 저축해둔다. 壯健한 자는 혹은 장창으로, 혹은 장겸長鎌으로, 혹은 도끼斧子로 함께 정제
한다."(김병륜, 「절제방략과 제승방략」, 『육군박물관 학예지』 제19집, 육군사관학교 육군박물관, 2012,
116쪽에서 재인용)
84 수마석은 물결에 씻겨서 표면이 닳은 반들반들한 돌로 전투 도구로 활용되었다. 『세종실록』
세종 18년(1436) 6월 6일에 따르면, 백환화포에 복숭아 씨앗 크기나 탄알만 한 수마원석水磨圓
石을 넣고 연습한 기록이 나온다. 또한 수마석은 사람이 직접 손으로 혹은 끈을 이용해 던지기
도 했다. 『중종실록』 중종 18년(1523) 7월 6일에는 왜구의 침입을 대비해 배에 수마석을 싣고 다
녔다는 기록이 나온다. 유희춘의 『미암일기』 1571년 4월 5일에는 유희춘이 1510년에 웅천의 왜
구들과의 전투에서 투석投石이 효과가 있었다면서 투석을 왜구 방어책으로 생각해냈다고 했고,
4월 9일에는 순천부에서 투석 시합을 하게 했고, 4월 14일에는 홍양에서 활쏘기와 투석을 시험
했는데, 홍양 사람들이 다른 지역보다 배나 잘했다고 한다. 명량대첩이 있었던 벽파진 일대를 국
립해양문화재연구소가 2012~2014년에 발굴했을 때에 수마석인 석환石丸 4점을 발굴했는데, 지

쳐댔다. 배 위의 사람들의 힘이 거의 다했을 때, 내 배가 뱃머리를 돌려 곧바로 들어갔다. 빗발치듯 화살을 어지럽게 쏘았다如雨亂射. 적선 3척이 거의 다 뒤집어졌다. 녹도 만호 송여종과 평산포 대장 정응두丁應斗[85]의 배가 잇따라 왔다. 힘을 합쳐 쏘아 죽였기에 몸을 움직이는 적이 하나도 없었다. 항복한 왜인 준사[86]란 놈은 곧 안골 적진에서 투항해온 놈이구나. 내 배에 있었는데, 내려다보다가 말하기를, "무늬가 그려진 붉은 비단옷을 입은 놈이 곧 안골진安骨陣 적장 마다시馬多時[87]입니다"라고 했다. 나는 무상(사공의 일종) 김돌손金乭孫[88]으로 하여금 쇠갈고리要鉤로 뱃머리로 낚아 올리게 했더니, 준사가 기뻐서 펄쩍펄쩍 뛰면서 말하기를, "이놈이 마다시입니다"라고 했기에, 곧바로 "마디마디를 자르라"[89]고 명령했다. 적의 사기가 크게 꺾였다賊氣大挫. 배들은 (적이 우리를) 범하지 못할 것을 알고, 한꺼번에 북鼓을 울리고 함성을 지르며一時鼓噪, 일제히 나아가齊進 각각 지자와 현자를 쏘았다. 소리가 바다와 산을 흔들었다聲震河岳. 화살을 빗발치듯 쏘았다. 적선

자총통에 넣고 발사하는 용도로 보았다. 이순신의 배에 있던 군사나 격군 중에서 총통을 쏘지 않는 사람들은 직접 손으로 던진 듯하다.

85 정응두는 「선무원종공신녹권」에서는 첨정으로 나오고, 선무원종공신 2등이다.

86 준사처럼 조선군에 항복해 활약했던 항왜들이 있었다. 기록상 항왜가 처음으로 일본군과의 전투에 참전한 것은 1597년 2월의 가덕도 전투다. 이 전투에서 김응서 휘하의 항왜 17명이 일본군과 싸워 10여 명을 참살했다(「선조실록」 선조 30년 2월 갑신). 1597년 8월, 황석산성 전투에서 항왜 沙白鷗가 일본군 4명을 사살하고, 김해 부사 백사림의 황석산성 탈출을 도왔다(「선조실록」 1597년 9월 8일).

87 마다시에 대해서는 여러 설이 있다. 구루시마 미치후사來島通總・來島守, 하타노부도키波多信時, 스가노 마다시로菅野又四郎, 간 마사카게菅正蔭, 하타노 미카 모리波多野三河守 등이다.

88 김돌손은 「선무원종공신녹권」에 나오는 선무원종공신 1등, 부장으로 보인다.

89 "마디마디를 자르라寸斬"는 「조선왕조실록」에서도 사례가 거의 없는 극형이다. 연산군 시대에만 일부 발견될 정도로 드물다. 「연산군일기」 연산군 12년(1506) 9월 2일에 따르면, 연산군의 악형의 사례로 "손바닥 뚫기・당근질・가슴 빠개기・뼈 바르기・마디마디 자르기・배 가르기・뼈를 갈아 바람에 날리기" 등이 나온다.

31척을 깨부수었다. 적선은 피해서 물러가 다시는 가까이 오지 않았다. 우리 수군은 싸웠던 바다에서 정박하려고 했으나, 물살이 아주 위험하고, 바람도 거꾸로 불었다. 형세 또한 외롭고 위태로워, 당사도로 옮겨 정박했다. 밤을 지냈다. 이는 참으로 하느님께서 도우신 것이구나此實天幸.

17일[27일. 을사] 맑았다. 어외도於外島에 도착했더니, 피란선이 자그마치 300여 척이 먼저 도착해 있었다. 나주의 진사 임선林愃[90]과 임환林懽,[91] 임업林業[92] 등이 와서 만났다. 수군이 크게 승리한 것을 알고, 다투어 서로 축하했다. 또한 갖고 있던 말·곡의 양식을 와서 관군에게 나누어주었다.

18일[28일. 병오] 맑았다. 그대로 어외도에 머물렀다. 내가 탄 배에서는 순천 감목관 김탁金卓과 영(전라 좌수영) 사내종 계생戒生[93]이 철환에 맞아 죽었다. 박영남과 봉학, 강진 현감 이극신[94] 또한 철환에 맞았으나, 중상은 아니

90 임선(?~?)은 조선 중기의 문신이다. 1590년 문과 증광시에서 진사가 되었다. 형은 조선 중기의 문인인 임제林悌(1549~1587)다. 임환과 형제다.

91 임환(1561~1608)은 조선 중기의 문신 겸 의병장이다. 자는 자중子中이다. 임제, 임선과 형제다. 1590년 진사시에 합격했다. 임진왜란 때 의병장 김천일의 종사관으로 활약했다. 정유재란이 일어나 이순신이 고하도에서 군량이 떨어졌을 때 자기 집의 곡식 수백 석을 제공했고, 『난중일기』에 나오는 나주 출신의 나덕명과 함께 의병을 봉기했다. 오희문의 『쇄미록』 1593년 7월 20일과 22일에는 "진사 임환, 진사 임현"으로 나온다. 『동의록』(조정, 동의록중역간위원회, 1978)에 따르면, 1598년에는 명나라 육군과 함께 예교 전투에 참전했다. 조응록의 『죽계일기』 1604년 5월 7일에는 문화 현령에 임명된 것으로 나온다.

92 "林業"은 임업林懛(1570~1624)으로 보인다. 10월 4일 일기에는 林懛으로 나온다. 또한 형제들의 이름에 'ㅏ'가 부수인 것을 보면, 이날 일기의 "林懛"이 타당하다. 이순신의 오기로 보인다. 임업은 조선 중기의 문신으로 1590년 문과 증광시에서 진사, 1599년 문과 정시에서 급제했다. 조응록의 『죽계일기』 1602년 12월 6일에는 예조 좌랑에 임명된 것으로 나온다.

93 계생은 「선무원종공신녹권」에서는 영노營奴로 나오고, 선무원종공신 2등이다.

94 이극신(1559~?)은 조선 중기의 무신이다. 1583년 무과 별시에서 급제했다. 김성일의 『학봉전집』「행장」에 따르면, 임진왜란이 일어난 1592년 김성일이 초유사로 활동하고 있을 때, 선전관 이극신이 김성일을 경상 좌도 관찰사 겸 순찰사로 임명하는 선조의 교서를 갖고 왔다고 한다. 1597년에는 강진 현감으로 명량대첩에 참전했다. 1598년 8월 부안 군수로 부임해 1599년 2월 파직되었다.

었다.

19일[29일, 정미] 맑았다. 일찍 출발했다. 배를 몰았다. 바람은 부드럽고 물결도 순조로웠다. 무사히 칠산七山 바다를 건넜다. 저녁에 법성포에 도착했더니, 흉악한 적이 육지를 거쳐 도착해 있었다. 사람들의 집 곳곳을 불 지르고 약탈하고 있었다. 해 질 무렵 홍농弘農 앞에 도착했다. 배를 정박시키고 묵었다.

20일[30일, 무신] 맑았다. 새벽에 배를 띄웠다. 위도猬島95에 바로 도착했다. 피란선이 많이 정박해 있었다. 황득중과 사내종 금이 등을 보내 사내종 윤금允金을 찾아서 잡아오게 했는데, 과연 위도 바깥쪽에 있었기에 묶어다 배 안에 실었다. 이광축과 (이)광보가 와서 만났다. 이지화 부자 또한 왔다. 그대로 해가 저물었기에 묵었다.

21일[31일, 기유] 맑았다. 일찍 출발했다. 고군산도에 도착했다. "호남 순찰(순찰사 박홍로)은 '내가 도착했다'는 이야기를 듣고, 배를 타고 급히 옥구로 향했다"고 했다. 늦게 광풍이 크게 불었다.

22일[11월 1일, 경술] 맑았으나 북풍이 크게 불었다. 머물렀다. 나주 목사 배응경裵應褧96과 무장 쉬(현감) 이람李覽97이 와서 만났다.

---

95 「정유년 Ⅰ」에서는 "고참도"로 나온다. 이날 일기의 "猬島"를 노기욱은 "위도蝟島"로 보았다.
96 배응경(1544~1602)은 조선 중기의 문신이다. 이순신이 무과에 합격한 해인 1576년에 문과에서 급제했다. 『난중일기』에 언급되는 고상안·조팽년·정문임이 급제 동기다. 청도 군수로 재직하던 중에 임진왜란이 일어나자 의병을 일으켰다. 1595년 순천 부사, 1597년 정유재란 때 좌의정 김응남의 천거로 나주 목사로 금산을 방어했다. 『선조실록』 선조 28년(1595) 10월 19일에는 순천 부사 임명, 선조 29년(1596) 11월 26일에는 "문관인 배응경이 순천을 지키고 있다", 선조 30년(1597) 12월 9일에는 "도망친 수령"으로 나온다.
97 이람(1550~?)은 조선 중기의 문신이다. 1591년 문과 별시에서 급제했다. 『선조실록』 선조 30년(1597) 10월 13일에는 무장 현감으로 나온다.

23일[2일. 신해]98 맑았다. 「임금님께 승리를 보고하는 글捷啓」의 초고를 수정했다. 정희열丁希悅99이 와서 만났다.

24일[3일. 임자] 맑았다. 몸이 불편했다. 끙끙 앓았다. 김홍원金弘遠100이 와서 만났다.

25일[4일. 계축] 맑았다. 이날 밤, 몸이 아주 불편했다. 식은땀이 온몸을 적셨다.

26일[5일. 갑인] 맑았다. 몸이 불편했다. 내내 나가지 않았다.

27일[6일. 을묘] 맑았다. 송한과 김국, 배세춘裵世春101 등이 「임금님께 승리를 보고하는 계장勝捷啓狀」102을 갖고 바닷길로 올라갔다. 정제는 충청 수사(권준)가 머문 곳에 있는 부찰사(부체찰사 한효순)에게 보내는 공문을 갖고 같이 갔다.103

28일[7일. 병진] 맑았다. 송한과 정제가 바람이 험해져 되돌아왔다.

29일[8일. 정사] 맑았다. 계장104과 정 판관鄭判官(정제)이 다시 올라갔다.105

---

98 태조의 원비, 신의왕후 한씨의 제삿날이다.
99 원문 "丁希悅"은 "丁希說"인 듯하다. 정희열丁希說(1529~?)은 조선 중기의 유학자로 자는 군우君遇이고, 호는 만송당萬松堂이다. 관직에 나가지 않았고 성리학에 전념했다. 임진왜란이 일어나자 의곡義穀을 모아 기효증奇孝曾을 통해서 의주義州의 행재소에 바쳤다. 이후에도 사재를 털어 체찰사(정철)에게 군량을 지원했고, 이응종李應鍾과 함께 성을 방어하기도 했다.
100 김홍원(1571~1645)은 조선 중기의 문신이다. 1588년 문과 식년시에서 진사가 되었다. 임진왜란이 일어나자, 곡식 100여 석을 의주에 있던 선조에게 보냈다. 1597년 정유재란 때에는 의병을 모아 일본군과 싸웠다.
101 배세춘은 「선무원종공신녹권」에서는 부장으로 나오고, 선무원종공신 1등이다.
102 계장啓狀은 장계와 같은 말이다.
103 「정유년 I」에서는 "몸이 아주 불편했다. 밤새 고통스러웠다"가 나온다. 그러나 김국, 배세춘, 부체찰사는 나오지 않는다.
104 이날은 장계를 계장으로 바꾸어 썼다. 장계와 같은 말이다.
105 「정유년 I」에서는 "송한 등"이라고 나온다.

◎ 1597년(「정유년 Ⅱ」) 10월

10월 1일[양력 11월 9일. 무오]106 맑았다. 아들 회에게 '제 어미를 찾아뵙게 하고觀, 여러 가문의 생사를 자세히 살피고 오게' 하고 싶었다. 가슴에 품은 생각이 지독히 언짢았다. 편지도 쓸 수 없었다. 병조의 역자가 공문을 갖고 내려왔다. 전하기를, "아산 고향의 온 집이 이미 불타고 노략질당했고, 잿더미가 되어 남은 것이 없다"고 했다.107

2일[10일. 기미] 맑았다. 아들 회가 배를 타고 올라갔다. 잘 갔는지 어떤지 알 수 없다. 그 마음을 어찌 다 말하랴.

3일[11일. 경신]108 맑았다. 이른 새벽에 배를 출발했다. 법성포로 되돌아왔다.

4일[12일. 신유] 맑았다. 그대로 머물러 묵었다. 임선林愃과 (임)업懌109 등이 포로가 되었다가 빌어서 임치로 돌아와 쓴 편지를 보냈다.

5일[13일. 임술] 맑았다. 그대로 머물렀다. (배에서) 내려 마을의 집에서 묵었다.

6일[14일. 계해] 흐리다가 이따금 비가 뿌리거나 진눈깨비가 부슬부슬 내렸다.

7일[15일. 갑자] 바람이 순하지 않았다. 비가 내리거나 이따금 맑거나 했다. 들으니, "호남 안팎에 모두, 적의 자취가 없다"고 했다.

106　음력 10월 1일은 청명淸明, 7월 15일과 함께 여제를 지내는 날이다.
107　일기와 같은 사정도 있었고, 또한 10월 3일이 이순신의 큰아들 회의 생일이기 때문에 회를 상주 방씨에게 보낸 듯하다.
108　이순신의 큰아들 회의 생일이다.
109　「문화재청본」은 "林業"이다. 「친필본」은 "임업林懌"이다. 9월 17일 일기에서는 "林業"으로 나오지만, 형제들의 이름에 'ㅑ'가 부수인 것을 보면, 이날 일기의 "임업林懌"이 타당하고, 17일 일기가 오자다.

8일[16일. 을축] 맑았다. 바람도 부드러웠다. 배를 출발했다. 어외도에 도착했다. 묵었다.

10월 9일~12월 30일은 친필본 「정유년 Ⅱ」에만 나오는 일기다.

10월 9일[11월 17일. 병인] 맑았다. 일찍 출발했다. 우수영에 도착했더니, 성 안팎에는 사람들의 집이 하나도 남아 있지 않았다. 또 사람의 흔적도 없었다. 슬프고 참혹해 몸서리쳐지는 모습이었다所見慘然. 저녁에 들으니, "해남에 흉악한 적이 머물러 진을 쳤다"고 했다. 초저녁에 김종려와 정조鄭詔, 백진남白振南110 등이 와서 만났다.

10일[18일. 정묘] 밤 2시에 비가 보슬보슬 내렸다. 북풍이 크게 불었다. 배를 몰 수 없었다. 그대로 머물렀다. 밤 10시에 중군장 김응함이 왔다. 해남의 적에 대한 일을 전하기를, "도망쳐 후퇴하는 정황이 많았고, 이희급李希伋111의 아버지(이인충)는 적에게 사로잡혔다가 빌어서 풀려나왔다"고 했다. 마음이 평안치 않았다. 앉았다 누웠다 하다가 새벽이 되었다. 우우후 이정충(전라 우수영)이 배에 왔으나 만나지 않았다. 놈이 도망쳐 바깥 섬에 있었기 때문이구나.

110　백진남(1564~1618)은 조선 중기의 서예가·문장가다. 1590년 진사시에 합격했다. 정유재란 때에는 이순신 막하에서 활약했다. 명량대첩 때 정명열·마하수 등과 함께 피란선으로 후방에서 수군을 도왔고, 군량도 후원했다. 『난중일기』에도 나오는 윤단중과 함께 의병을 봉기했었다. 아버지는 최경창·이달李達과 함께 삼당시인三唐詩人으로 불린 백광훈白光勳(1537~1582)이다.
111　이희급(1553~?)은 조선 중기의 문신이다. 1582년 문과 식년시에서 급제했다. 1592년 개령(문경) 현감, 1594년 함양 군수에 임명되었다. 1597년 명량해전에 의병으로 참전했다가 전사했다. 일기에 언급된 이희급의 아버지는 이인충李仁忠이다. 『반곡난중일기』 1592년 5월 4일에는 개령 현감 이희급이 나온다. 조응록의 『죽계일기』 1596년 6월 14일에는 "함흥 군수"로 나오기도 한다.

11일[19일. 무진] 맑았다. 밤 2시에 바람결이 자는 듯했기에, 첫 소라를 불고 나무닻을 올렸다. 바다 가운데에 도착했다. 정찰하고 살피는 사람으로 이순李順과 박담동, 박수환朴守還[112]과 태귀생을 해남으로 보냈다. "해남은 연기가 하늘까지 자욱했다"[113]고 했다. 반드시 적의 무리가 달아나 돌아가면서 불을 지른 것이겠구나. 낮 12시쯤, 안편도安便島 발음發音[114]에 도착했다. 바람이 도움이 되었고 날씨도 화창했다. 육지에 상륙했다. 상봉에 올라가 배를 감춰둘 곳을 빠짐없이 생각하며 살펴보았다. 동쪽을 살펴보니, 앞에 섬이 있어 멀리 바라볼 수 없었다. 북쪽은 나주와 영암 월출산月出山까지 막힘없이 틔어 있고, 서쪽은 비금도飛禽島까지 틔어 있어 눈앞이 시원하게 확 틔어 있었다. 얼마 뒤, 중군장(김응함)과 우치적이 올라왔다. 조효남趙孝南[115]과 안위, 우수도 잇따라 왔다. 해가 저문 뒤 봉우리에서 내려왔다. 해안가에 앉았다. 조계종이 와서 왜적의 형편과 정황을 말했다. 또 말하기를, "왜 등이 우리 수군을 아주 싫어한다深厭"[116]고 했다. 이희급의 아버지

---

112 「문화재청본」의 "朴守煥"을 「친필본」에서 보면, "朴守還"이다. 13일 일기에는 "朴壽還"으로 나온다.

113 "연기가 하늘까지 자욱했다"의 「문화재청본」「이충무공전서」는 "煙氣漲天"이다. 「편수회본」「박혜일·최희동본」은 "煙氣張天"으로 보았다. 「친필본」은 '張'으로 보이기도 하나, 용례 등으로 보면 '漲'이 맞다.

114 "안편도 발음"에서 '발음'은 추가로 써넣은 글이다. 「충무공유사」에는 안편도는 나오지 않고, 발음도만 나온다. 안편도의 위치에 대해서는 전남 신안군의 장산도, 팔금도, 안좌도, 소안도라는 주장이 각각 있다. 그런데 「사대문궤」「本國查報各處兵數」(1597년 11월 14일)에서는 도순찰사 권율의 장계를 인용한 내용이 나오는데, "삼도 수군통제사 이순신이 전라도 나주 발음도에 정박해 주둔하고 있으며, 병선 15척, 군관과 아병牙兵, 사수射手, 수수水手(뱃사공) 모두 2000명을 거느리고 있다"는 내용이 나온다.

115 조효남은 「선조실록」 선조 28년(1595) 5월 25일에는 감관으로 나온다. 류성룡의 1596년 6월 4일 계사에는 류성룡의 종사관 한준겸이 보고한 내용에 "강서 현령 조효남은 나이가 어린 무부武夫로 한때의 군공으로 갑자기 임무를 맡았다"고 나온다.

116 "아주 싫어한다"의 원문 "深厭"은 이이의 「격몽요결擊蒙要訣」에 나오는 표현이다. 「격몽요

가 와서 인사했고, 또 '사로잡혔던 이유와 과정'을 전했다. 아픈 마음을 이길 수 없었다不勝痛心. 아픈 마음을 이길 수 없었다不勝痛心. 저녁에는 따뜻한 날씨가 봄과 같았다. 아지랑이野馬[117]가 허공에 피어올랐다. 비 올 징후가 많았다. 저녁 8시에, 달빛이 하얀 비단 같았다. 홀로 배 위의 작은 창蓬窓에 앉아 있었다. 가슴에 품은 생각이 만 갈래다獨坐蓬窓 懷思萬端. 밤 10시에 식은땀이 몸을 적셨다. 밤 12시에 비가 내렸다. 이날, "우수사(김억추)가 군량선 사람의 무릎뼈에 심하게 장을 쳤다"고 했다. 기가 막힐 일이다.

12일[20일. 기사] 비가 계속 내렸다. 오후 1시에 맑게 갰다. 아침에 우수사(김억추)가 와서 절하고, 그의 아랫사람의 무릎에 장을 친 잘못을 사죄했다. 가리포 첨사(이응표)와 장흥 부사(전봉) 등 여러 장수가 와서 인사했다. 내내 이야기했다. 탐선이 4일이 지나도 오지 않아 걱정이 되었다. 그러나 생각해보면, 흉악한 적이 멀리 도망치는 것을 뒤따라갔기에 되돌아오지 못하는 것이겠구나. 그대로 발음도에 머물렀다.

13일[21일. 경오] 맑았다. 아침에 배 조방(조방장 배흥립)[118]과 경(경상) 우후(이의득)가 와서 만났다. 얼마 뒤, 살피고 감시하는 배探望船가 임준영을 싣고 왔

결」「낡은 습관을 바꾸라革舊習」에 8가지 낡은 습관이 나오는데, 다음과 같다. 1. 한가하고 편안함만 생각해 구속되는 것을 아주 싫어하는 것只思暇逸 深厭拘束. 2. 바삐 돌아다니며 떠들기만 하면서 시간을 보내는 것紛出入 打話度日. 3. 마음을 닦고 욕심을 삼가려고 하는 것 때문에 사람들과 멀어질까 두려워하는 것稍欲修飭 恐乖於衆. 4. 경전을 베껴 헛되이 글을 꾸미는 것剽竊經傳 以飾浮藻. 5. 하는 일 없이 놀며 세월만 보내면서 스스로는 깨끗하다고 여기는 것優游卒歲 自謂淸致. 6. 내내 배불리 먹으며 재물만을 위해 경쟁하는 것飽食終日 只資爭競. 7. 나쁜 옷과 거친 음식을 아주 부끄럽게 여기는 것惡衣惡食 深以爲恥. 8. 돈과 이익, 노래와 여색의 맛을 달콤하게 여기는 것貨利聲色 其味如蔗. 그 첫 번째에 '深厭'이 나온다.
117 "아지랑이"를 뜻하는 원문 "野馬"는 「장자」 「소유요」에 나온다. 野馬는 "야생말"이라는 뜻도 있다.
118 "배 조방"을 「박혜일·최희동본」은 배경남일 가능성이 높다고 했지만, 「선조실록」 선조 30년 (1597) 7월 28일과 명량대첩 장계가 인용된 11월 10일 기록을 보면, 배흥립이다.

다. 그로 인해 적의 소식을 들었는데, "해남에 들어와 점거했던 적은 10일[119]에 수군이 내려오는 것을 보고는 11일에 남김없이 도망쳤습니다. 그런데, 해남의 향리 송언봉宋彦逢과 신용愼容 등이 적에게 들어가 왜놈을 이끌고 나와 선비를 많이 죽였습니다"라고 했다.[120] 원통하고 분한 마음을 이길 수 없었다. 곧바로 명령을 내려, 순천 부(부사) 우치적[121]과 금갑 만호 이정표,[122] 제포 만호 주의수[123]와 당포 만호 안이명,[124] 조라助羅 만호 정공청鄭公淸[125]과

119 「친필본」은 10일이나, 「이충무공전서」는 7일로 나온다.
120 "宋彦逢"은 16일 일기에서는 "宋彦鳳"으로 쓰고 '彦'을 '元'으로 수정했다. 또한 「선조실록」 선조 30년(1597) 11월 12일의 전라 우수사 이시언의 보고에 宋元鳳이 나온다. 일기 속 "신용"은 19일자에 등장하는 "金信雄"인 듯하다. 실록 같은 날 기록에도 "金信雄"이 나온다. 실록에 따르면, 송원봉 등과 관련해 해남의 노직 향리老職鄕吏 송원봉과 가속 서리假屬書吏 김신웅金信雄 등이 우리나라 사람을 죽였고, 절 노비 심운기, 향리 송사황, 사노비 서명학·박인기, 향리 차덕남, 사노비 박희원·다물사리·줏돌이·윤해尹海·언경彦京이 함께 흉악한 짓을 했기에, 장수를 정해 보내 적을 섬멸할 때, 송원봉과 사노비 인세·윤해·언경은 즉시 처형해 효시했다는 내용이 나온다. 그런데 「선조실록」의 "전라 우수사 이시언"은 이순신 혹은 당시 전라 우수사였던 김억추의 착오인 듯하다. 당시 이시언은 충청도 병마절도사로 권율과 함께 일본군을 토벌하고 있었다. 또한 「난중일기」 1597년 10월 16일 송원봉, 10월 19일 김신웅, 10월 22일 윤해·김언경이 나오는 것으로 보면, 이순신의 보고이거나 당시 전라 우수사였던 김억추의 보고로 볼 수 있기 때문이다.
121 「친필본」의 "순천 부(부사) 우치적"은 '부사'의 '사'가 빠진 것이다. 「편수회본」에서는 '사'가 빠졌다고 표시되어 있다.
122 이정표(?~?)는 조선 중기의 무신이다. 무과에 급제했고, 이순신 막하에서 금갑도 만호로 활약했다. 「당항포에서 왜적을 쳐부순 일을 임금님께 보고하는 장계唐項浦破倭兵狀」(1594년 3월 10일)에서는 금갑도 만호로 출전했다. 실록 기록에 따르면 1600년에 웅천 현감, 1604년 김해 부사와 전라 좌수사, 1609년 교동 별장, 1611년 경상 좌병사를 역임했다. 1609년에는 강화에서 귀양살이하던 임해군을 살해했다.
123 「보성선씨 오세 충의록」「병사공사적」에는 제포 만호 주의수가 1598년 1월 선거이와 함께 선화도에서 일본군과 싸웠다는 내용이 나온다. 류성룡이 쓴 「馳啓晉州城陷曲折狀」(1593년 7월 15일)에는 같은 이름의 인물이 나오는데, 그는 1593년 7월 진주성 전투에서 김해 부사 이종인을 따라 참전했다가 이종인이 철환에 맞아 죽은 뒤 일본군에 붙잡혔다가 탈출했다고 한다.
124 안이명은 「선무원종공신녹권」에서는 정으로 나오고, 선무원종공신 1등이다.
125 정공청(1563~?)은 조선 중기의 무신이다. 임진왜란이 일어나자 의병을 봉기했고, 평양에 있는 선조를 호종하다 고향 경주로 돌아와 안강 전투에 참전했다. 1595년 훈련원 정에 임명되었고, 울산 서생포 전투, 웅천 전투, 다대포 전투에도 참전했다. 1597년 이순신 막하에서도 활약했

군관 임계형, 정상명, 봉좌逢佐, 태귀생과 박수환朴壽還[126] 등을 해남으로 보냈다. 늦게 (배에서) 내려와 앉았다. 해안가에 올라가 앉았다. 배 조방(조방장 배흥립)과 장흥 부사 전봉田鳳[127] 등과 이야기했다. 이날 우수영 우후 이정충의 '뒤쳐진 죄落後之罪'를 처벌했다. 우수사의 군관 배영수가 와서 보고하기를, "수사의 부친이 바깥 바다에서 살아 돌아왔다"고 했다. 이날 새벽, 꿈에서 우의정(이원익)을 만나 조용히 논의하고 이야기했다. 낮 12시쯤 들으니, "선전관 4원(명)이 도착해 법성포로 내려오고 있다"고 했다. 저녁에 중군 김응함에 들으니, "섬 안에 알지 못하는 어떤 사람이 산골에 쥐처럼 숨어[128] 소와 말을 죽이고 있습니다"라고 했다. 그래서 황득중과 오수吳守 등을 보내 샅샅이 찾게 했다. 이날 밤, 달빛이 하얀 비단 같았다. 미풍도 불지 않았다. 홀로 뱃전에 앉아 있었다. 마음을 스스로 다잡을 수 없었다. 이리저리 뒤척이며 앉았다 누웠다 했다. 밤새 잠들지 못했다. 하늘을 우러러보고 탄식을 더할 뿐이다[129]月色如練 微風不動 獨坐船舷 懷不自平 轉展坐臥 終夜不寐 仰天 增嘆而已.[130]

다. 『선조실록』 선조 33년(1600) 12월 8일에는 경상 관찰사 김신원이 청렴한 관리로 존경받는 정공청을 포상해야 한다고 언급한 내용이 나온다.
126 "朴壽還"은 11일 일기에서는 "朴守還"으로 나온다. 朴壽還은 「선무원종공신녹권」에서는 수문장로 나오고, 선무원종공신 2등이다.
127 전봉은 1588년 1월, 여진족 토벌 작전인 시전부락 전투 상황을 그린 「장양공정토시전부호도」에는 이순신과 같은 우위에서 '유격장 전 판관'으로 참전한 것으로 나온다. 이순신은 우화열장으로 참전했다. 『반곡유고』 1597년 8월 7일에는 "장흥의 신임 부사 전봉이 와서 작별하고 떠났다"는 내용이 나온다. 「선무원종공신녹권」에서는 병사로 나오고, 선무원종공신 2등이다.
128 "쥐처럼 숨어"의 원문 "隱竄"는 『순자』「군자」에 나오는 말이다. "세상이 밝고 분명하면 모든 사람이 간악함을 아니, 즉 비록 숨고 쥐구멍으로 도망친다고 해도 피할 수 없다. 그러므로 죄를 처벌하지 않을 수 없게 된다世曉然皆知夫爲姦 則雖隱竄逃亡之由 不足以免也 故莫不服罪而請."
129 "탄식을 더할 뿐이다"의 「친필본」「편수회 초본」은 "增嘆而已"이나, 「편수회본」은 "憎嘆而已"로 보았다. '增'이 타당하다.
130 『반곡난중일기』 1597년 10월 29일에는, "15일 서울 편지를 얻었는데, '통제사가 10월 14일

14일[22일. 신미] 맑았다. 밤 2시에 꿈을 꾸었다. "나는 말을 타고 묘지[131] 위를 지나가고 있었다. 말이 발을 헛디뎌 냇물 속으로 떨어졌으나, 쓰러지지는 않았다.[132] 막내아들[133] 면이 안고 떠받친 듯한 모습이었다." 그러다 깨었다. 이것이 어떤 조짐인지는 알 수 없었다.[134] 늦게 배 조방(조방장 배흥립)과 우후 이의득이 와서 만났다. 배흥襄(배흥립)의 사내종이 영남에서 와서, '적의 형세'를 전했다. 황득중 등이 와서 보고하기를, "관청[135] 사내종 강막지姜莫只[136]라는 놈이 많은 소를 기르고 있기에, 12마리를 끌고 간 것입니다"라고 했다. 저녁에 어떤 사람이 천안에서 와서 집안 편지를 전했다. 봉투를 뜯지도 않았는데, 뼈와 살이 먼저 떨렸다骨肉先動. 마음도 아찔하고 어지러웠다. 겉봉투를 와락 펼쳤더니, (둘째 아들) 열의 글씨가 보였는데, 바깥면에 '통곡'[137] 두 글자가 쓰여 있었다. 마음속으로 (막내아들) 면이 전사한

밤 해남에 머문 적을 크게 부수고, 양미 348섬을 빼앗았고, 강진·장흥·보성의 왜적이 모두 도망치고. 순천·광양의 왜적들이 도망쳐 달아나 도망치려 한다'는 것을 알았다'고 나온다.
131 "묘지"의 원문은 "丘"이다. 언덕 혹은 묘지를 뜻한다. 대부분의 번역본에서는 "언덕"이라 했으나, 꿈 내용과 일기 전체 상황으로 판단컨대 "묘지"로 볼 수 있다.
132 "쓰러지지는 않았다"의 원문 "不蹶"은 사마광의 『자치통감』 「태종효문황제상太宗孝文皇帝上」에 나오는 표현이다. 가의가 한나라 문제에게 "생산하는 사람은 아주 소수인데 쓰는 사람이 아주 많으니, 천하의 재산이 어찌 다 없어지지 않을 수 있겠습니까. 한이 한으로 된 지 40년 가까이 되는데도 공사에 쌓아놓은 것이 이러니 오히려 슬프고 아플 뿐입니다生之者甚少而靡之者甚多 天下財産何得不蹶 漢之爲漢幾四十年矣 公私之積猶可哀痛"라며 상소를 올렸다. 이에 문제가 직접 농사를 지으며 모범을 보였다고 한다.
133 "막내아들"의 원문은 "末豚"이다. 『난중일기』에서 이순신은 자신의 아들의 이름 앞에 "豚薈(돈회)" "豚菀(돈면)"처럼 "豚"을 붙여 썼다. "아들"을 겸손하게 표현하는 말이다.
134 오희문의 『쇄미록』 1592년 8월 14일에도 꿈에서 실제로는 없는 어린 아들이 죽는 꿈을 꾸고, 처자의 죽음을 예지하는 것으로 해석하는 내용이 나온다. 이순신과 오희문 모두 가족을 걱정하면서 꾼 꿈이다.
135 "관청"을 뜻하는 "사司"를 홍기문·이은상은 내수사內需司라고 번역했는데, 근거는 알 수 없다.
136 16일 일기에서는 염간으로 나온다.
137 통곡慟哭은 뼈까지 저미는 대단한 슬픔으로 큰소리로 서럽게 울부짖는 것이다.

것을 알았다. 나도 모르게 간담이 떨어졌다不覺墮膽. 목 놓아 소리 높여 슬 피 울부짖었다失聲痛哭. 소리 높여 슬피 울부짖었다痛哭. 하느님께서는 어찌 이토록 모지신가天何不仁如是耶. 간담이 타고 찢어졌다肝膽焚裂. 타고 찢어졌 다焚裂. 내가 죽고 네가 사는 것이 하늘이 정한 이치가 아니냐我死汝生 理之 常也. 그런데도 네가 죽고 내가 살았으니 이치가 어찌 이렇게 어긋날 수 있 느냐汝死我生 何理之乖也. 하늘과 땅이 캄캄하고, 한낮의 해도 빛이 바랬다天 地昏黑 白日變色. 불쌍한 내 어린 아들아! 나를 버리고 어디로 갔느냐哀我小子 棄我何歸? 빼어난 기질이 세상을 벗어났기에英氣脫凡,[138] 하느님께서 이 세상 에 머물지 못하게 한 것이냐天不留世耶? 내가 지은 죄 때문에 받아야 할 하 늘의 재앙[139]이 네 몸에 닿은 것이냐余之造罪禍及汝身耶? 내가 지금 이 세상에 있지만, 끝내 누구를 의지할 수 있겠느냐今我在世 竟將何依? 너를 따라 죽어 지하에서 같이 있고, 같이 울고 싶구나欲死從汝 地下同勢同哭. 그러나 네 형, 네 누이, 네 어미 또한 의지할 곳이 없구나汝兄汝妹汝母 亦無所依. 잠시 견디며 목숨을 겨우겨우 이어가겠지만姑忍延命, 마음은 죽었고 껍질만 남았구나心死 形存. 목 놓아 서럽게 울부짖을 뿐이다. 목 놓아 서럽게 울부짖을 뿐이다號 慟而已 號慟而已. 하룻밤이 1년 같다. 하룻밤이 1년 같다度夜如年 度夜如年. 이 날, 밤 10시에 비가 내렸다.[140]

---

138 "빼어난 기질이 세상을 벗어났기에"의 「친필본」은 "英氣脫凡"이다. '脫'은 '秀'를 썼다가 수정 한 글자다. 그런데 「문화재청본」은 "英氣秀脫凡"으로 수정을 반영하지 않고 "秀脫"로 썼다. 「편수 회본」,「박혜일·최희동본」도 '秀' 삭제, '脫' 수정으로 표시했다.

139 "재앙"을 「문화재청본」,「편수회본」은 '禍'로 보았다. '秌(示+火)'는 '禍'의 이체자다. 「박혜일· 최희동본」은 '祅'로 보았는데, 「친필본」은 '화秌'이다. 「편수회 초본」에서는 '禍'의 고자古字 禍로 판독했다. 또한 "余之造罪 禍及汝身耶"에서 「罪禍」는 「순자」「성상」의 "죄를 저지르고 받는 재앙은 규율이 있어 가볍게 하거나 무겁게 할 수 없다면 권위가 나눠지지 않을 것이다罪禍有律 莫得輕 重威不分"의 사용례가 있다.

140 유몽인은 「어우야담」에서 이순신이 그의 아들 면을 죽인 일본군을 찾아 죽였다는 야사를

15일[23일, 임신] 비바람이 내내 불었다. 누웠다 앉았다 했다. 내내 뒤척였다. 여러 장수가 와서 조문하니, 얼굴 들기가 어찌 쉬우랴. 임홍林紅과 임중형, 박신朴信이 적의 세력을 살피려고[141] 소선을 타고 장흥과 순천[142] 등의 바다[143]로 갔다.

16일[24일, 계유] 맑았다. 우수사(김억추)와 미조항 첨사(김응함)를 해남으로 보냈다. 해남 쉬(현감 류형)도 보냈다. 내일이면 곧, '막내아들(면)이 죽었다는 소식'을 들은 지 4일째가 되는데도 나는 마음껏 큰소리로 서럽게 울부짖을 수 없었기에不能任情慟哭,[144] 염간鹽干[145] 강막지의 집으로 갔다. 밤 10시에 순천 부사(우치적)와 우후 이정충(전라 우수영 우후), 금갑 만호(이정표)와 제

남겼다. 김유동의 『朝鮮各道邑誌』에 따르면, 이면은 아산 용두천까지 일본군을 추격하다가 일본군의 칼에 맞아 죽었다고 한다.

141 "적의 세력을 살피려고賊勢偵"를 「문화재청본」, 「편수회본」에서는 "賊勢便"으로 보았다. 그런데 '便'은 '偵'의 오자다. 1597년 11월 20일의 '偵'과 글자 모양이 일치한다. 「박혜일·최희동본」도 '偵'으로 보았다.

142 "장흥과 순천 앞바다"의 원문은 "興順前海"이다. 홍기문은 "흥순興順 앞바다"로 보았고, 대부분의 번역본은 "홍양과 순천"으로 보았지만, 홍양이라는 근거는 제시하지 않았다. 『난중일기』에서 '홍'을 지명으로 사용한 경우는, 1594년 1월 16일의 홍현(홍양현), 1596년 윤8월 20일의 "홍부(장흥부)"가 있어 홍양현과 장흥부인 것을 알 수 있다. 그런데 이날 일기는 불분명하다. 그러나 『선조실록』 선조 30년(1597) 11월 12일, 전라 우수사 이시언이 보고한 내용에 "해남·강진·장흥·보성·무안 등의 고을은 백성이 거의 다 적에게 붙었다", 정경달의 『반곡난중일기』 1597년 10월 29일에는 "강진·장흥·보성의 왜적이 모두 도망치고, 순천·광양의 왜적들은 도망쳐 달아나려고 한다"는 내용이 나온다. 이 기록을 보면, 당시 홍양은 주요 관심 지역이 아니었다. 또한 장흥 부사가 등장하는 것으로 보아도 "興順"은 장흥과 순천으로 보인다. '흥'는 홍양이 아니다.

143 "등의 바다等海"를 「문화재청본」, 「편수회본」에서는 "前海"로 보았다. 그런데 '前'은 '等'의 오자다. 1597년 11월 16일의 '等'과 글자 모양이 일치한다. 「박혜일·최희동본」도 '等'으로 보았다.

144 '큰소리로 서럽게 울부짖다'의 「친필본」, 「편수회본」은 '慟哭'이다. 「문화재청본」은 '痛哭'으로 보았으나 오자다.

145 염간은 바닷가에서 소금을 굽는 일을 하는 신분 계층이다. 염노鹽奴·염부鹽夫라고도 부른다. 신분은 양인이지만 고된 일인 소금 굽는 일을 세습해야 했기에 가장 천한 신분층이 되었다. 강막지는 10월 14일 일기에 관아의 사내종으로 소를 키우고 있는 인물이라고 나온다.

포 만호(주의수) 등이 해남에서 돌아왔다. 적의 머리 13급과 (적에게) 투항한 송원봉宋元鳳 등의 머리를 베어 왔다.[146]

17일[25일, 갑술] 맑았으나 큰 바람이 내내 불었다. 새벽에 향을 피우고 곡을 했다. 하얀 띠[147]를 둘렀다. 슬프고 서러운 마음을 어찌 견디랴. 슬프고 서러운 마음을 어찌 견디랴悲慟何堪 悲慟何堪. 우수사(김억추)가 와서 만났다.

18일[26일, 을해] 아주 맑았다. 바람결도 자는 듯했다. 우수사(김억추)가 배를 몰 수 없었다. 바깥 바다에서 묵었다. 강막지가 와서 인사했다. 임계형과 임준영이 와서 인사했다. 밤 11시에 꿈을 꾸었다.

19일[27일, 병자] 맑았다. 새벽에 꿈에서, "고향집 계집종[148] 진이 내려왔다." 나는 죽은 아들이 그리워 큰소리로 서럽게 울부짖었다慟哭. 늦게 조방장과 경(경상) 우후(이의득)가 와서 만났다. 백 진사白進士(백진남)가 와서 만났다. 임계형이 와서 인사했다. 김신웅金信雄의 아내와 이인세李仁世, 정억부鄭億夫를 붙잡아왔다. 거제 현령(안위)과 안골 만호(우수), 녹도 만호(송여종)와 웅천 현감, 제포[149] 만호와 조라포 만호, 당포 만호(안이명)와 우우후(전라 우수영 우후 이정충)가 와서 만났다. 「적을 사로잡았다는 공문捕賊公事」을 와서 바쳤다. 윤건尹健 등의 형제가 적에게 부역했던 2명을 잡아왔다. 어두울 무렵, 코피가 한 되 남짓 흘러내렸다昏鼻血流出升餘. 밤에 앉았다. 그리움에 눈물이 펑펑 쏟아졌다. 어찌 다 말하랴夜坐思淚 如何可言. 지금 세상에서는 영령英靈이니, 불효가 여기까지 이른 줄 끝내 어찌 알까. 슬프고 서러운 마음이 가

---

146 "宋元鳳"은 「친필본」을 보면, "宋彦鳳"으로 쓰고 '彦'을 '元'으로 수정했다. 『선조실록』 선조 30년(1597) 11월 12일에는 宋元鳳 등을 즉시 처형해 효시했다는 내용이 나온다.
147 "하얀 띠白帶"는 문상할 때나 제사를 지낼 때 허리에 둘렀다.
148 '계집종'의 원문은 '婢'이다. 대부분의 탈초본에서는 '奴(사내종)'로 보았으나, '婢'이다. 최희동 교수의 「「친필본 난중일기 판독」 재검토」(2018.01.08)에서는 '婢'로 수정했다.
149 "薺浦"를 「문화재청본」은 "濟浦"로 보았으나 오자다. 다른 일기에서도 대부분 '薺'이다.

슴을 찢어대지만, 억누르기 어렵다. 억누르기 어렵다悲慟摧裂 難抑難抑.

　20일[28일. 정축] 맑았고 바람도 잠잠했다. 이른 아침에 미조항 첨사(김응함)와 해남 현감(류형), 강진 현감150이 해남현의 군량을 실어 나를 일로 보고하고 돌아갔다. 안골포 만萬(만호)151 우수도 보고하고 돌아갔다. 늦게 김종려와 정수鄭遂, 백진남白振男152이 와서 만났다. 또한 "윤지눌尹志訥의 도리에 어긋나고 사나운 행동"을 이야기했다. 김종려를 소음도所音島 등 13개 섬의 염장鹽場(염전) 감자도감검153으로 임시 임명했다差定. "영鶯의 계집종154 사화士化 어미가 배 안에서 죽었다"고 했기에, 곧바로 명령해 묻어줄 일을 군관에게 일렀다.155 남도(강응표)와 여도(김인영) 두 만호가 와서 인사하고 돌아갔다.

　21일[29일. 무인] 밤 2시에 비와 눈이 오락가락했다. 바람결이 아주 찼다. 뱃사람들이 추워 얼어붙을까 걱정이 되어 마음을 안정시킬 수 없었구나慮舟人寒凍 不能定心也. 아침 8시에 눈보라가 크게 쳤다. 정상명이 와서 보고하기를, "무안 현감 남언상南彥祥이 들어왔습니다"라고 했다. 언상은 원래 수군

150　원문 "康津縣監"을 홍기문은 "남해 현감"으로 번역했다. 「편수회본」에서는 "康津縣監李克新"으로 나온다. 또한 남해의 경우는 '현령'이 수령이다.
151　"안골포 만호"는 「친필본」에서 "安骨萬"으로 되어 있다. '戶'가 빠져 있다. "안골포 만호"를 약칭한 듯하다.
152　「친필본」의 "白振男"은 "白振南"이다. 南이 男으로 기록되어 있다.
153　감자도감검은 염전에서 소금 굽는 것을 관리·감독하는 관리다. 염초 감자관焰硝監煮官은 염초를 굽는 것을 관리·감독하는 관리다. 도감都監은 고려와 조선시대 국가의 중대사를 관장하기 위해 수시로 설립한 임시 관서다.
154　「문화재청본」은 "鶯辰"이나, 「편수회본」에서는 "鶯辰(屬)"으로 보았다. '辰'을 '屬'으로 본 것이다. 최희동은 '鶯婢'로 보았는데, 「친필본」을 보면 '鶯婢'이다(최희동, 「친필본 난중일기 판독' 재검토」).
155　"곧바로 명령해 묻어줄 일을 군관에게 일렀다"의 「문화재청본」은 "卽今埋置事 敎于軍官"이다. 그러나 '今'은 「친필본」 '슥'의 오자다. 「편수회본」, 「박혜일·최희동본」도 '슥'이다.

소속 관리였다. 자기 한 몸만 지키고자 계획적으로 수군에 오지 않고, 산골짜기로 도망쳐[156] 이미 한 달이 지났다. 그 적이 물러간 뒤에야 무거운 군율을 받을까 두려워 비로소 와서 인사했다.[157] 그 태도가 아주 놀랄 일이다. 늦게 가리포 첨사(이응표)와 배 조방(조방장 배흥립), 우후(이몽구)가 와서 인사했다. 눈보라가 내내 쳤다. 장흥 부사(전봉)가 와서 묵었다.

22일[30일. 기묘] 아침부터 눈이 내렸다. 늦게 맑아졌다. 장흥 부사(전봉)와 같이 먹었다. 오후에 군기軍器(군기시) 직장[158] 선기룡宣起龍[159] 등 3인이 임금님의 유지[160]와 의정부의 방문榜文[161]을 갖고 왔다. 해남 현감(류형)이 적에게 부역했던 윤해와 김언경金彦京을 묶어 올려보냈기에,[162] 나장이 있는 곳에 단단히 가둬놓게 했다. 무안 현감 남언상은 가리포 전선에 가둬놓게 했다. 우수사(김억추)가 황원黃原[163]에서 와서 말하기를, "김득남金得男을 처형

156 "도망치다竄身"는 당나라 현종이 안녹산에게 속아 대비하지 않다가 촉蜀으로 피란 간 것을 비판하는 내용인 『통감절요』 「권 41」 「당기」 「현종玄宗」에 "몸을 도망쳐 나라를 잃었다竄身失國"로 나온다.

157 남언상이 도망친 것에 대해서는 『선조실록』 선조 30년(1597) 12월 9일에 도망친 수령의 한 명으로 나온다.

158 "군기(군기시) 직장"의 원문을 판독한 사례를 보면, 「편수회본」 「박혜일·최희동본」은 "軍器査長", 「전서본」은 "軍器直長", 「문화재청본」은 "軍器査直長"이다. 「문화재청본」에는 「친필본」에 없는 글자가 하나 더 들어 있다. 그런데 조선시대에는 '軍器査'라는 관청이나, '査長'이라는 직책이 없다. 대신 軍器寺라는 관청이 있고, 직책으로는 '直長'이 있다. 「전서본」에서도 "軍器直長"이라고 했다. 이 번역본에서는 '直'으로 보았다.

159 선기룡(?~?)은 조선 중기의 관료다. 안음 현감을 역임했다. 선거이의 친척이다.

160 이때 선기룡이 가져온 임금의 명령서는 『선조실록』 선조 30년(1597) 10월 13일에 나오는 군법 위반자에 대한 "선처별 후보고" 지시인 듯하다.

161 방문은 사람들에게 어떤 일을 알리기 위해 성문, 시장 등 사람이 많이 모이는 곳에 써 붙이는 글이다. 공고문 또는 포고문이다.

162 윤해와 김언경은 이날 일기와 달리 『선조실록』 선조 30년(1597) 11월 12일에는 즉시 처형해 효시했다고 나온다.

163 황원은 오늘날의 해남군 황산면이다. 『여지도서』에 따르면 목장이 있었고, 감목관이 운영을 주관했다.

했다"고 했다. 진사 백진남이 와서 만나고 돌아갔다.

23일[12월 1일, 경진] 맑았다. 늦게 김종려와 정수가 와서 만났다. 배 조방(조방장 배흥립)과 우후(이몽구), 우수(우수영) 우후(우후 이정충)도 왔다. 적량 만호와 영등 만호(조계종)가 뒤따라왔다. 저녁에 돌아갔다. 이날 낮 12시쯤, 윤해와 김언경을 처형했다. 대장장이治匠(야장)164 허막동許莫同이 나주로 갔다. 밤 9시에 심부름하는 사내종을 불렀더니, "배앓이를 한다"고 했다. 전투용 말 등이 발굽 편자가 떨어졌기에 편자를 박았다.

24일[2일, 신사] 맑았다. 해남에 있던 왜의 군량 322섬을 실어 왔다.165 저녁 8시에 선전관 하응서河應瑞가 임금님의 유지를 갖고 들어왔는데, "이는 곧, 우후 이몽구를 처형할 일"이었다.166 그로 인해 들으니, "명나라 수군이 강화江華에 도착했다"고 했다. 밤 10시에 땀이 나서 등이 젖었다. 밤 1시에야 멈췄다. 밤 3시에 또 "선전관과 금오랑이 도착했다"고 했다. 동틀 무렵에 들어왔는데, 선전관은 권길權吉,167 금오랑은 훈訓(훈련원)168 주부169 홍지수洪之壽다. 무안 현감(남언상)과 목포 만호(방수경), 다경포 만호170를 잡아갈

---

164 "대장장이"의 『친필본』은 "冶匠"이다. 『편수회본』, 『박혜일·최희동본』도 "冶匠"으로 보았다. 『문화재청본』은 "治匠"이다. 오자다.

165 정경달의 『반곡난중일기』 1597년 10월 29일에는 348섬으로 나온다.

166 이몽구를 처단하라는 명령은 『선조실록』, 선조 30년(1597) 10월 11일에 관련 내용이 나온다. 이몽구는 칠천량해전에서 조선 수군이 패전하자 병영을 지키지 않고 자신의 가족만 이끌고 도망친 죄목이다. 그런데 『선조실록』 선조 31년(1598) 1월 21일에는 그때까지 이몽구가 처형당하지 않은 것으로 나온다.

167 이 "權吉"은 1592년 전쟁 발발 시 상주 판관으로 전사한 권길과는 다른 인물이다.

168 훈련원訓鍊院의 원문은 "訓"이다. 훈련원을 약칭했다. 훈련원은 조선시대에 군사들의 무예 시험과 훈련, 병법책의 교육을 담당했던 관청이다. 예전 서울 동대문 운동장 부근에 위치했다.

169 "주부"의 원문은 "主夫"이나, 이때 "夫"는 "簿"의 음을 취해 간단히 쓴 것으로 보인다. 『난중일기』 「정유년 Ⅰ」 6월 29일에는 "卞主夫"와 "卞主簿"가 모두 나온다.

170 다경포 만호를 『편수회본』에서는 윤승남으로 보았으나, 확실치 않다.

일로 여기에 도착했다.

25일[3일, 임오] 맑았다. 몸이 아주 불편했다. 윤련이 부안에서 왔다. 사내종 순화順化[171]가 아산에서 배를 타고 왔다. 집안의 편지를 받아 읽어보니, 마음이 불편했다. 이리저리 뒤척이며 홀로 앉아 있었다轉展獨坐. 저녁 8시에 선전관 박희무朴希茂가 임금님의 유지를 갖고 들어왔는데, 이는 곧, "명나라天朝 수병이 배를 정박하기에 적합한 곳을 헤아려 생각해「임금님께 긴급 보고馳啓」하라"고 했다.[172] 양희우梁希雨[173]가「임금님께 보고하는 글」을 갖고 서울로 올라갔다가 또한 되돌아왔다. 충청 우후(원유남)가 장계를 보냈고, 또 홍시紅柿 1접(100개)[174]을 주었다.

26일[4일, 계미][175] 새벽에 보슬비가 내렸다. 조방장 등이 와서 만났다. 김종려와 백진남, 정수 등이 와서 만났다. 이날 밤 10시에 땀을 뻘뻘 흘렸다. 몸이 다 젖었다. 온돌이 너무 뜨거웠기 때문이구나.

27일[5일, 갑신] 맑았다. 영광 군수(전협)[176]의 아들 전득우田得雨[177]가 군관으로 와서 인사했기에, 곧바로 그의 아버지가 있는 곳으로 돌려보냈다. 홍

---

171 4월 13일과 5월 6일 일기에는 순화라고 나온다.

172 이순신은 이 유지를 받고는 조선 수군과 명나라 수군이 주둔할 장소를 물색하다가 고금도를 찾아 1598년 2월 17일 고하도에서 고금도로 진영을 옮겼다.

173 양희우는「선무원종공신녹권」에서는 판관으로 나오고, 선무원종공신 1등이다.

174 "접"의 원문 "貼"은 과일을 묶어서 세는 단위다. 1접은 100개다.

175 이순신의 장인 방진의 제삿날이다.

176 당시 영광 군수는『선조실록』선조 30년(1597) 10월 13일에 따르면 전협田浹이다. 전협(1554~?)은 1583년 무과 별시에서 급제했다.『쇄미록』1592년 12월 14일 일기에는 전협이 무인으로 새로 임시 장수에 임명되었다는 내용이 나온다.「편수회본」에서도 전협으로 보았다.

177 전득우(1574~1638)는 조선 중기의 무신이다. 무과에 급제해 평양 대동문장으로 있었다. 임진왜란 초기에 김명원 부대에 종군했다.『한국민족문화대백과사전』에 따르면 아버지 전윤田潤(1554~1637)은 조선 중기 무신으로 무과에 급제했고, 임진왜란이 일어나 선조가 피란할 때 임진강가에서 왕에게 밥과 국을 얻어다 바쳐 신임을 얻었다고 한다. 그런데 당시 영광 군수 전협과『한국민족문화대백과사전』의 전득우의 아버지 전윤과 일치하지 않는다.

시 100개를 갖고 왔었다. 밤에 비가 보슬보슬 내렸다.

28일[6일, 을유] 맑았다. 아침에 각 항목의 「임금님께 보고하는 글」을 감독해 봉했다. 피은세皮銀世[178]에게 주어 보냈다. 늦게 강막지의 집에서 옮겨 상선(지휘선)에 탔다. 저녁에 염장(염전)에서 일하는 도서원都書員[179] 거질산巨叱山이 큰 사슴을 잡아 바쳤기에, 군관 등에게 주어 나누어 먹게 했다. 이날 밤, 미풍도 일지 않았다.

29일[7일, 병술] 맑았다. 밤 1시에 첫 소라를 불고 배를 출발해 목포로 향했다. 이미 비와 우박이 뒤섞여 내렸고, 동풍도 조금 불었다. 목포에 도착했다. 보화도寶花島[180]로 옮겨 정박했더니,[181] 서북풍을 막을 수 있을 듯했

178 피은세는 「선무원종공신녹권」에서는 주부로 나오고, 선무원종공신 1등이다.
179 도서원은 군현에서 징세를 담당하는 서원書員을 감독하는 사람이다.
180 보화도는 오늘날 전라남도 목포에 있는 고하도高下島다. 조선시대에는 나주에 속했다. 고하도는 고하도孤霞島, 고화도高和島, 보화도寶和島, 비하도悲霞島로도 불린다.
181 이순신은 이날인 10월 28일부터 1598년 2월 중순까지 100여 일(106일에서 108일) 동안 고하도에 주둔했다. 「이순신의 서간문」 기준으로는 106일을 머물렀다. 이순신이 고하도에서 이진한 날짜는 「선조실록」에는 2월 16일 또는 17일, 「이충무공행록」 2월 17일, 「이순신의 서간문」 2월 18일이다. 고하도에서 이순신은 겨울을 보내며, 피란선을 대상으로 해로통행첩海路通行帖을 발행해 군량을 모았다. 「선묘중흥지」와 「재조번방지초」에서는 보화도에서 해로통행첩을 실시한 것으로 나온다. 「재조번방지초」에는 "이순신 또한 진을 보화도로 옮겼다. 이때 순신은 이미 전사 천여 사람을 얻고 있었다. 양식이 부족할까 걱정해 해로통행첩을 만들었다. 명령해 말하기를, "삼도(전라·충청·경상)의 바닷가에서 공사선公私船이 첩(증명서)이 없으면 간세奸細(간첩)로 인정하고 통행하지 못하게 할 것이다. 이에 피란해 배를 탄 사람은 모두 첩을 받았다. 순신은 배의 대소의 차이에 따라 쌀을 바치고 통행첩을 받게 했다. 대선 3섬, 중선 2섬, 소선 1섬이었다. 피란한 사람들은 재물과 곡식을 다 싣고 바다에 들어왔기에 쌀을 내는 것을 어렵게 여기지 않았고, 통행을 금지하지 않아 기뻐했다. 10일 사이에 군량 만여 섬을 얻었다. 또 백성을 모아 구리와 쇠를 날라 대포를 주조하고, 나무를 잘라 배를 건조했다. 일마다 다 힘써 일하니, 멀고 가까운 곳에서 전쟁을 피하려는 사람들이 와서 의지했다事事皆辦 遠近避兵者往依. 순신이 초가집을 짓고, 막사를 지어 판매해 살게 하니 섬 안에 다 수용할 수 없을 정도였다舜臣 結廬造幙 販賣爲生 島中不能容. 게다가 한산도 여러 장수가 붕괴되어 흩어질 때 각자 도망쳐 흩어졌는데, 순신이 날마다 비장偏裨를 파견해 여러 섬에 알려 장사가 구름처럼 모여 군대의 함성이 크게 진동했다"라며 보화도에서의 모습을 전한다. 반면 류성룡의 「징비록」에서는 고금도古今島에서 해로통행첩을 만들어 대

고, 배를 감추기에 아주 적합했다. 그래서 육지에 상륙해 섬 안을 둘러보았더니, 형세가 장점이 많았다. 머물러 진을 치고, 집을 지으려 계획했다.

30일[8일, 정해] 맑았으나 동풍이 불었다. 비가 내릴 모양새가 많았다. 아침에 집 지을 곳으로 내려가 좌기했다.[182] 여러 장수가 와서 인사했다. 해남 쉬(현감 류형)도 왔다. "적에게 부역했던 사람이 한 짓"을 전했다. 일찍 황득중으로 하여금 이장(목수)을 이끌고 섬의 북쪽 봉우리[183] 아래로 가게 해 집 지을 재목을 베어오게 했다. 늦게 해남에서 적에게 부역했던 정은부鄭銀夫와 김신웅의 아내, 왜놈을 시켜 우리 사람을 마구잡이로 잔인하게 죽인 놈 2명, 선비 가문의 처녀를 강간한 김애남金愛南을 함께 머리를 베고 효시

선은 3석, 중선은 2석, 소선은 1석의 쌀을 해로통행첩 발행 대가로 받아 불과 10일 만에 군량 1만여 석을 모았다고 한다. 윤휴의 「統制使 李忠武公 遺事」에서는 해로통행첩 발행 장소에 대한 언급 없이, "처음에 진에 도착해 사졸의 양식을 걱정했다. 순신이 해로통행첩을 만들었다. 명령해 말하기를, '삼도 강과 바다의 공사선이 첩이 없는 자는 간세로 인정하겠다'고 했다. 이에 배를 타고 바다로 들어가는 자는 각각 배의 대소 차이에 따라 쌀을 내고 첩을 받았다. 10일 만에 양식 만여 섬을 얻었다. 또 백성을 모아 구리와 쇠를 거두어 대포를 주조하고, 나무를 잘라 배를 건조했다. 일마다 다 힘써 일하니 민심이 더욱 튼튼해져事事皆辦 民心益固, 섬 안이 시장처럼 붐볐다島中成市"고 했다. 해로통행첩은 이순신 막하의 이의온이 아이디어를 낸 것이라고 한다. 또한 『선조실록』에 따르면 이순신은 고하도에서 전선 40여 척을 건조하고 군사들을 모았다(선조 31년 2월 22일). 『경국대전』에 따르면, 행상行商(돌아다니며 장사하는 사람)은 세금을 내고 통행증路引을 발급받아야 한다. 육지로 다니는 행상은 매달 저화 8장, 물길로 다니는 사람은 대선은 100장, 중선은 50장, 소선은 30장을 내야 했다.
182 집을 짓고 진을 치게 하려고 한 곳은 현재의 '고하도 이충무공 유적지'로 보인다. "집 지을 곳으로 내려가 좌기했다"에서 '집 지을 곳'의 「친필본」 원문은 '造家處'이나, '家' 옆에 위치 변경 표시가 있다. 이를 반영하면 '家造處'가 된다.
183 "북쪽 봉우리北峯"는 고하도 용머리 아래에 있는 산으로 해발 62미터로 "큰 산"이라고 부른다. 큰 산에서 서북쪽 해안을 따라 절벽이 병풍처럼 형성되어 "병풍바위"라 하고, 병풍바위 끝자락을 용머리라고 한다. 목포 8경 중의 하나인 "용두귀범龍頭歸帆"이 그 용머리다(이재언, 『한국의 섬: 목포시·무안군·영광군·해남군』, 지리와 역사, 2015, 16쪽).

했다.[184] 저녁에 양밀梁謐을 도양장의 둔전 곡식[185]을 제멋대로 나누어준 일로 장 60에 처했다.

◎ 1597년(「정유년 Ⅱ」) 11월

9월 11월 1일[양력 12월 9일. 무자] 비가 계속 내렸다. 아침에 모녹비毛鹿皮[186] 2영[187]이 물에 떠내려왔기에, 명나라 장수에게 선물하려고 했다. 이상한 일이다. 오후 2시에 비는 갰으나, 북풍이 크게 불었다. 뱃사람들이 추위로 고생했다. 나는 배 안의 방에 웅크리고 앉았다. 마음이 아주 서글퍼졌다余縮坐船房 心思極惡. 하루가 1년 같았다. 슬프고 서러운 마음을 어찌 다 말하랴. 슬프고 서러운 마음을 어찌 다 말하랴度日如年 悲慟可言 悲慟可言. 저녁에 북풍이 크게 불었다. 밤새 배가 흔들려, 사람들이 제대로 있을 수 없었다. 땀이 났다. 온몸이 젖었다.

2일[10일. 기축] 흐렸으나 비는 내리지 않았다. 일찍 듣기를, "우수사의 전선이 바람에 떠내려가 암초에 걸려 쪼개져 부서졌다"고 했다. 아주 원통하고 분했다. 병선 군관 당언량唐彦良[188]을 장 80에 처했다. (배에서) 내려 선창에서 좌기했다. 다리를 놓는 일을 감독했다. 그대로 새집을 세울 곳으로 올라

---

184 조선시대 법전인 『전율통보』 「형전」에 따르면, 사족의 처 또는 딸 등을 겁탈한 자는 참형에 처했다.
185 "둔전 곡식"을 「문화재청본」은 "蟲穀", 「편수회본」에서는 "충곡蟲穀(벌레 먹은 곡식)"으로 보았다. 이은상은 "벌레 먹은 곡식" 홍기문은 "虫災"로 보았다. 그러나 「친필본」을 보면, '屯'은 1594년 9월 17일의 "國屯田"의 '屯'가 글자 모양이 같다. 蟲·虫은 오독이다. 「박혜일·최희동본」도 '屯'으로 보았다. 또한 도양장은 둔전이 설치되어 있던 곳으로 "둔전 곡식"이 타당하다.
186 "毛鹿皮"는 사슴 가죽의 일종이다. "鹿皮"는 이두음으로 "녹비"라고 읽는다. 『세종실록』 세종 29년(1447) 11월 3일에도 "모녹비 18령"이 나온다.
187 영은 얇고 넓적한 물건을 세는 단위로 장과 같다.
188 당언량은 「선무원종공신녹권」에서는 수문장으로 나오고, 선무원종공신 2등이다.

갔다. 어둠을 타고 배로 내려왔다.

3일[11일, 경인] 맑았다. 일찍 새집으로 올라갔다. 선전관 이길원李吉元이 배설을 처단[189]할 일로 들어왔다. 배(배설)는 이미 성주 본가에 도착해 있는데도 본가로 가지 않고 이곳으로 바로 왔다.[190] 그가 사적으로 두둔하는 죄循私之罪가 아주 크다.[191] 녹도의 배로 보냈다.

4일[12일, 신묘] 맑았다. 일찍 새집을 지어 세우는 곳으로 올라갔다. 이길원이 머물렀다. 진도 군수 선의문[192]이 왔다.

5일[13일, 임진] 맑았다. 따뜻하기가 봄날 같았다. 일찍 새집 짓는 곳[193]으로 올라갔다. 해가 저문 뒤 배로 내려왔다. 영암 군수 이종성李宗誠[194]이 왔다. 밥 30말을 지어 일하는 군사들에게 권했다. 게다가 "군량미 200섬을 마련했고, 중조(중품 벼)[195] 700섬도 마련했다"고 했다. 이날 보성 군수와 흥양 현감을 시켜 군량 곳집庫家 짓는 것을 보게 했다.

6일[14일, 계사] 맑았다. 일찍 새로 짓는 곳에 올라갔다. 내내 이리저리 거닐었다. 해가 졌는지도 몰랐다. 새집 지붕에 이엉을 이었다蓋草.[196] 군량 창고

189 "처단"의 원문 "處斷"은 『충무공유사』에서는 "處決"로 나온다. 「친필본」은 "處斷"이다.
190 배설의 거주지는 성주다.
191 명량대첩 직전 도망친 배설에 대한 처벌과 관련된 기록은 『선조실록』 선조 30년(1597) 10월 11일에 나온다. 그러나 배설의 처형 1599년에 이뤄졌다. 『선조실록』 선조 32년(1599) 3월6일에는 도망친 배설을 도원수 권율이 선산에서 붙잡아 서울로 보냈기에 머리를 베었다는 기록이 나온다.
192 선의문은 「친필본」에서 "宣義間"으로, 『이충무공전서』에서는 "宣義卿"으로 나온다. 실록이나 기타 자료에서는 선의문이다.
193 "새집 짓는 곳"의 「문화재청본」은 "新迻處"이다. 「편수회본」, 「박혜일·최희동본」은 "新造處"이다. 「친필본」은 '造'이다. 6일의 '造'와 글자 모양도 같다. '迻'은 '造'의 오독이다.
194 이종성(1553~?)은 조선 중기의 무신이다. 1583년 무과 알성시에서 급제했다. 『선조실록』에 따르면, 1596년에는 흥덕 현감을 역임했다.
195 중조에 대해 유희춘의 『미암일기』 1567년 10월 9일에서는 "정미, 조미 각 2섬, 콩 2곡, 중조 2곡을 보내왔다"는 기록이 있다.
196 이날의 일기를 보면, 이순신은 초가집에서 지냈던 듯하다.

도 지어 세웠다. 전(전라) 우수(우수사) 우후(이정충)가 나무를 베는 일로 황원장黃原場197에 갔다.

7일[15일. 갑외] 맑았고 따뜻했다. 아침에 해남 의병이 와서 왜 머리 1급, 환도 1자루를 바쳤다. 이종호가 당언국唐彦國을 잡아 왔기에, 거제의 배에 가두었다. 늦게 전 홍산 현감 윤영현과 생원 최집崔潗198이 와서 만났다. 게다가 군량으로 벼 40섬과 쌀 8섬을 보탰다. 며칠 동안의 양식에 도움이 되겠다. 본영(전라 좌수영)의 박주생이 왜의 머리 2급을 베어 왔다. 전 현령 김응인金應仁이 와서 만났다. 이대진李大振199의 아들 순생順生이 윤영현을 따라왔다. 저녁에 새집 마루抹樓를 만드는 것을 마쳤다. 우수사200가 와서 만났다. 이날 밤 12시에 꿈에서 "면이 죽는 것"을 보았다. 서럽게 부르며 울부짖었다呼慟而哭. 진도 군수가 돌아갔다.

8일[16일. 을미] 맑았다. 밤 2시에, 꿈속에서 "물에 들어가 물고기를 잡았다." 이날은 따뜻한 데다 바람도 없었다. 새 방의 벽에 진흙을 발랐다. 이지화 부자가 와서 만났다. 마루를 만들었다.

9일[17일. 병신] 맑았고 따뜻하기가 봄날 같았다. 우수사가 와서 만났다. 강진 쉬(현감 송상보)가 현(강진)으로 돌아갔다.

10일[18일. 정유] 비와 눈이 번갈아 내렸다. 서북풍이 크게 불었다. 간신히

---

197 김정호의 『대동지지』 14권(전라도 해남)에 따르면, 황원장은 해남군 황원에 있던 목장으로 해남현에서 90리에 있었다.

198 최집(1556~?)은 조선 중기의 서울 출신 양반이다. 1579년 문과 식년시에서 생원이 되었다. 아버지는 영암 출신의 조선 중기 시인 최경창崔慶昌(1539~1583)이다. 『쇄미록』 1593년 8월 1일에 따르면, 오희문과는 친척이다.

199 1593년 5월 16일에 나오는 "大進"과 같은 인물로 보인다.

200 "우수사"를 「편수회본」 등은 "각 수사各 水使"로 보았으나, "右水使"이다. 「편수회 초본」에서는 "右水使"로 보았다.

배를 보호했다.201 이정충(전라 우수영 우후)이 와서 말하기를, "장흥의 적들이 달아났다"고 했다.

11일[19일, 무술] 맑았고 바람도 잔잔했다. 식사를 한 뒤, 새집으로 올라갔다. 평산202의 신임 만호가 나와서 도임장을 바쳤다. 이는 곧 하동 현감(신진)의 형 신훤申萱203이구나. 전하는 말에, "숭정崇政(숭정대부, 종1품)으로 포상해 가자加資204한 명령이 이미 나왔다"고 했다.205 장흥 부사(전봉)와 배조방(조방장 배흥립)이 와서 만났다. 저녁에 우후 이정충이 왔다. 저녁 8시에 되돌아갔다.

12일[20일, 기해] 맑았다. 이날 늦게, "영암靈岩과 나주 사람이 타작을 못하게 했다"고 했기에, 묶어 데려오게 했다. 그들 중에서 일을 꾸민 우두머리 놈을 찾아내 처형했다. 그 나머지 4명은 각 배에 가두었다.

13일[21일, 경자] 맑았다.

14일[22일, 신축] 맑았다. 해남 쉬(현감) 류형이 왔다. "윤단중尹端中206의 이

---

201 "간신히 배를 보호했다"의 「문화재청본」「편수회본」은 "艱難渡船"이다. 그러나 '渡'는 '護'의 오독이다. 1594년 5월 5일의 '護' 자와 이날 일기의 글자가 같다. 「박혜일·최희동본」도 '護'로 보았다.
202 "평산"의 원문 "平山"을 「편수회본」과 홍기문은 "牙山"으로 보았다. 그러나 『이충무공전서』『충무공유사』「박혜일·최희동본」은 "平山"으로 보았다. 12월 3일의 '平'과 글자 모양도 같다. '牙'는 오독이다. 또한 아산의 만호 경우는 『난중일기』에 등장한 적이 없다. 평산은 경상도 수군 관할의 남해 평산포로 일기에 자주 등장한다.
203 신훤(1558~?)은 조선 중기의 무신이다. 1583년 무과 별시에서 급제했다.
204 "加資"는 당상관의 품계를 올려주는 것이고, 가계加階는 당하관의 품계를 올려주는 것이다.
205 숭정대부崇政大夫는 숭록대부와 함께 종1품이다. 종1품으로는 대광보국숭록대부, 보국숭록대부가 있다. 가자(승급)는 관리들이 임기가 만료되었거나, 근무 성적이 좋은 경우 품계를 올려주던 일 혹은 그 올린 품계를 말한다. 그러나 이날 일기의 숭정대부 승진설은 소문이었고, 실제는 이뤄지지 않았다.
206 윤단중(?~?)은 해남 출신으로 퇴계 이황의 문인이다. 『난중일기』에도 나오는 백진남과 함

치에 맞지 않는 일"을 많이 전했다. 또 말하기를, "아전衙屬이 법성포로 피란했다가 되돌아올 때, 바람을 만나 (배가) 뒤집힐 때, 바다 가운데서 서로 만났는데도 구출해 건져주지 않고, 배의 물건만 빼앗았다"고 했다. 그래서 중군선中軍船에 가두었다.207 김인수金仁守는 경상 영 배에 가두었다. 내일은 아버님 제삿날大忌208이다. 출입하지 않아야겠다.

15일[23일, 임인] 맑았다. 따뜻하기가 봄날 같았다. 식사를 한 뒤, 새집으로 갔다. 늦게 임환과 윤영현이 와서 만났다. 이날 밤, 송한이 서울에서 내려와 들어왔다.

16일[24일, 계묘] 맑았다. 아침에 조방장(배흥립)과 장흥 부사(전봉), 진에 있는 여러 장수가 함께 와서 만났다. 군공 포상 기록209을 보고한 것을 비교해 살펴보았더니, "거제 현령 안위는 통정通政(통정대부, 정3품)이 되었다. 그나머지는 순서에 따라 직책을 임명받았다. 그런데 상으로 은자 20냥을 내게 보냈다.210 명나라 장수 양 경리楊經理(양호)211는 붉은 비단 1필을 보내며

께 의병을 봉기했다. 『호남절의록』에 따르면 이순신의 수군에 땔나무와 소금, 곡식을 지원했다고 한다.
207 1543년에 간행된 『대전후속록』 「형전」에 따르면, 각 진을 지나는 배나 왕래하는 배가 풍랑을 만나거나, 물건을 많이 실어 배가 전복되는 경우에, 다른 뱃사람이 보고도 이를 즉시 구출하지 않으면 그 사공과 선주, 진부津夫 등은 모두 장 100에 처한다.
208 "大忌"는 큰 제사 혹은 부모 제사다.
209 "군공 포상 기록"의 원문은 "軍功磨鍊記"이다. 군공로자 포상 기록 명부다.
210 『선조실록』 선조 30년(1597) 10월 11일에는 선조가 명나라 유격 양만금을 만난 자리에서 양만금이 명나라 동지 진등陳登에게 들은 이순신의 명량대첩을 이야기하자, 선조는 명나라 덕분에 이순신이 공로를 세웠다고 대답했다. 또 선조 30년 10월 20일에는 『난중일기』의 기록처럼 명나라 경리 양호가 이순신이 큰 공로를 세웠다면서 이순신에게 은과 비단을 상으로 보내주었다는 기록이 나온다.
211 양 경리는 명나라 경략조선군무사經略朝鮮軍務使 양호楊鎬(?~1629)다. 경리經理는 약칭이다. 명나라 문신으로 우첨도어사右僉都御史를 역임했고, 1597년 5월 25일 경략조선군무사로 조선에 들어왔다. 1598년 울산 도산성 전투에서 크게 패했으나, 이를 승리로 보고했다가 드러나

말하기를, "붉은 비단을 배에 걸어주고 싶으나, 멀어서 할 수 없습니다"[212] 라고 했다. 영의정(류성룡)의 답장 편지도 도착했다.

17일[25일, 갑진][213] 비가 계속 내렸다. 양 경리(양호)의 차관이 초유문招諭文[214]과 면사첩免死帖을 갖고 왔다.[215]

18일[26일, 을사] 맑았다. 따뜻하기가 봄날 같았다. 윤영현이 와서 만났다. 정한기鄭漢己[216]도 왔다. 땀이 흘러내렸다.

19일[27일, 병오] 흐렸다. 배 조방(배흥립)[217]과 장흥 부사(전봉)가 와서 만났다.

20일[28일, 정미] 비가 계속 내렸다. 바람도 계속 불었다. 임준영이 왔다. 전하기를, "완도莞島를 정찰하고 살폈더니偵探, 적선은 없었습니다"라고 했다.

사형 위기를 겪고 파직당했다. 1618년 병부 좌시랑 겸 첨도어사로 후금을 공격했다가 대패해 사형당했다.

212 "붉은 비단을 거는 것掛紅"은 전투 승리 혹은 관직 승진 때 하는 예식이다. 허균의 『성소부부고』에는 허균이 승진했다고 사람들이 찾아와 붉은 비단을 걸어주려 했는데, 허균이 국상 중이라고 사양했다는 기록이 나온다.

213 『선조실록』에 따르면, 이날 충청도에서 지진이 있었다.

214 초유문은 일본군에게 부역했던 사람들을 용서해준다는 포고문이다.

215 면사첩은 죄지은 자에 대해 사형을 면제해준다는 보증서로 명나라에서 활용했고, 『선조실록』에도 나온다. 류성룡의 「措置防守事宜啓」(1595년 1월)에도 면사첩이 나온다. 류성룡은 "면사첩을 많이 갖고 내려가게 해 순찰사·도원수와 서로 의논해 본토(김해 명지도, 일본군이 점령)에 사는 사람들을 나눠 보내 다양한 방법으로 알아듣게 타일러 점차적으로 데리고 나오도록 하는 것이 어떻겠습니까"라고 건의했다. 류성룡이 말한 면사첩은 일본군 진영에 머물러 있는 조선 백성을 귀순시키기 위한 용도다. 그런데 이날의 면사첩은 목적이 다를 수 있다. 정경달의 『반곡난중일기』 1597년 7월 27일에는 원균의 칠천량 패전과 관련해 정경달이 영의정 류성룡과 좌의정 김응남과 대책을 말하는 중에 정경달이 "배는 3도의 각 관포에 배정하고, 군인들에게 면사첩을 주어 보내고, 어사에게 공명첩을 주어 내려보내 도망한 군사 중에서 날쌘 자를 불러 모으도록 하자"고 제안했다. 일본군 부역자를 대상으로 한 면사첩과 도망병에 대한 면사첩의 차이다.

216 "鄭漢己"를 「편수회본」에서는 "鄭漢起"의 잘못으로 보았다.

217 '배 조방裵助防(배흥립)'을 「문화재청본」은 '배 조방장裵助防將(배흥립)'으로 보았으나, 將은 「친필본」에 없는 글자다.

21일[29일. 무신] 맑았다. 송응기宋應璣218 등이 산에서 나무를 베는 일을 하는 군사山役軍를 이끌고 해남의 소나무219가 있는 곳으로 갔다. 이날 저녁, 순생220이 와서 묵었다.

22일[30일. 기유] 흐렸다 맑아졌다 뒤범벅이었다. 저녁에 김애金愛가 아산에서 돌아왔다. 임금님의 유지221를 갖고 온 사람이다. 이달 10일 아산에서 모든222 편지를 갖고 왔었다. 밤에 비와 눈이 내렸다. 큰 바람도 불었다. "장흥의 적은 20일에 달아났다"는 보고가 왔다.

23일[31일. 경술] 큰 바람이 불었다. 눈이 많이 내렸다. 이날 「임금님께 승리를 보고하는 계장勝捷啓狀」223을 썼다. "저녁에 얼음이 얼었다"고 했다. 아산 집에 편지를 썼다. 펑펑 쏟아지는 눈물을 그칠 수 없었다淚不自收. 죽은 자식을 생각하니, 마음을 가누기 어려웠다念子難情.

24일[1월 1일. 신해] 비와 눈이 내렸다. 서북풍이 계속 불었다.

25일[2일. 임자] 눈이 내렸다.

26일[3일. 계축] 비와 눈이 내렸다. 꽁꽁 얼어 배나 더 혹독하게 추웠다.

27일[4일. 갑인] 맑았다. 이날 「장흥에서의 승리를 임금님께 보고하는 글長興勝捷啓本」을 수정했다.224

218 송응기(1558~?)는 흥양 출신의 조선 중기 무신이다. 1584년 무과 별시에서 급제했다.
219 이 소나무는 전선을 만들 재료로 사용된 것으로 보인다. 『여지도서』에 따르면, 해남 관아 남쪽 80리에 위치한 완도에 소나무를 기르던 황장소가 있었다고 한다.
220 순생은 11월 7일 일기에 나오는 이대진의 아들이다.
221 이때의 명령은 『선조실록』 선조 30년(1597) 11월 4일에 따르면, 명나라 수군장 계금季金과 이순신의 면담과 관련된 것으로 보인다.
222 "아산에서 모든"의 원문 "牙山■"에서 "■"는 「편수회본」 「문화재청본」에서는 미판독 글자다. 「편수회 초본」은 "第", 「박혜일·최희동본」은 "皆"로 보았으나 확실치 않다. "皆"로 번역했다.
223 원문은 계장이다. 장계와 같은 말이다.
224 「장흥에서의 승리를 임금님께 보고하는 글」은 녹도 만호 송여종 혹은 초탐관 임준영과 관

28일[5일, 을묘]225 맑았다. 「임금님께 보고하는 글」을 봉했다. 무안에 사는 진사 김덕수金德秀226가 군량으로 벼 15섬을 와서 바쳤다.

29일[6일, 병진]227 맑았다. 마 유격麻遊擊(마귀)228의 차관 왕재王才가, "물길로 명나라 군사가 내려온다"고 했다. 전희광229과 정봉수鄭鳳壽230가 왔다. 무안 현감도 왔다.

◎ 1597년(「정유년 II」) 12월

12월 1일[양력 1월 7일, 정사] 맑았고 온화했다. 아침에 경상 수사 이입부(이순

계된 듯하다. 『선묘중흥지』에 따르면, 1597년 11월 23일 장흥 앞바다에서 이순신의 명령을 받은 녹도 만호 송여종이 일본군 함대 16척을 격파했다. 한치윤의 『해동역사』에서는 1597년 11월, "수군통제사 이순신과 초탐관 임준영이 순천에 주둔해 있던 왜적들과 교전하여 헤아릴 수 없이 많은 왜적들을 사살하고, 이어 25명을 참획했다"는 기록이 나온다. 『난중일기』 1597년 11월 20일에 임준영이 등장하는 것으로 보면 임준영과 밀접한 관계가 있는 듯하다. 이 장흥 혹은 순천 전투는 다른 기록들이 부족하다.

225 예종의 제삿날이기도 하고, 이순신 외삼촌의 제삿날이기도 하다.

226 김덕수(1548~?)는 무안 출신의 선비. 1576년 문과 식년시에서 진사에 합격했다.

227 인종의 왕비, 인성왕후 박씨의 제삿날이다.

228 마귀(?~?)는 명나라 장수다. 1597년 정유재란 때, 군문으로 있다가 제독에 임명되어 조선에 원군으로 왔다. 1597년 12월 도원수 권율과 협력해 울산 도산성을 공격했으나, 구로다 나가마사의 일본군에 패해 경주로 후퇴했다가 귀국했다. 1598년 명나라 장수 만세덕의 원군과 함께 들어와 다시 도산성을 공격했으나 성과를 거두지 못했다.

229 전희광(1551~?)은 조선 중기의 무신이다. 1580년 무과 별시에서 급제했다. 이순신의 「당항포에서 왜적을 쳐부순 일을 임금님께 보고하는 장계唐項浦破倭兵狀」(1594년 3월 10일)에는 목포 만호 전희광이 나온다. 이 시기의 직책은 알 수 없다. 『이충무공전서』에서는 '田希元'으로 나온다. 오자다.

230 정봉수는 김유동의 『조선각도읍지』에 따르면, 무안 출신으로 무과에 급제했고 정유재란 때 의병을 봉기했다. 형 정기수는 2차 진주성 전투에 참전했고, 이순신 막하에서 종군해 노량해전에 참전했다가 이순신과 같은 날 전사했다고 한다.

신)가 진에 도착했다.231 나는 배앓이를 했다.232 늦게 수사를 만나 함께 이야기했다. 내내 대책을 논의했다.

2일[8일. 무오] 맑았다. 날씨가 아주 따뜻해 봄 같았다. 영암의 향병장鄕兵將 류장춘柳長春233이 '적을 무찌른 것'을 보고하지 않은 까닭에 장 50에 처했다. 윤 홍산(홍산 현감 윤영현)과 김종려, 백진남과 정수 등이 와서 만났다. 밤 10시에 땀이 나 몸이 젖었다. 북풍이 크게 불었다.

3일[9일. 기미] 맑았으나 큰 바람이 불었다. 몸이 불편했다. 경상 수사(이순신)가 와서 만났다.

4일[10일. 경신] 맑았다. 아주 추웠다. 늦게 김윤명金允明을 장 40대에 처했다. 장흥 교생234 기업基業을 군량을 훔쳐 실은 죄로 장 3■235에 처했다. 거제 현령(안위)과 금갑도 만호(이정표), 천성 만호는 타작하는 곳에서 돌아왔다. 무안 현감과 전희광 등이 되돌아갔다.

---

231 경상 우수사 이순신의 임명과 관련된 기록은 『선조실록』 선조 30년(1597) 10월 12일에 나온다. 『선조실록』 선조 30년(1597) 11월 17일에 따르면, 이순신이 경상 우수사에 임명 즉시 출발하지 않았다며 사헌부가 비판한 내용이 나온다. 이날 일기는 뒤늦게 도착한 이순신을 만난 일기다.

232 "배앓이를 했다"의 「문화재청본」 「편수회본」은 "患腹痛"이다. 「박혜일·최희동본」은 '患'을 '暫'로 보았다. 그러나 '患'이다. 1596년 4월 10일의 '患'과 글자 모양이 같다.

233 류장춘(1533~?)은 영암 출신의 무신이다. 1583년 무과 별시에서 급제했다. 송환기宋煥箕 (1728~1807)가 쓴 전몽성全夢星(1561~1597)의 묘갈명인 「縣監贈參議全公墓碣銘」에 따르면, 류장춘은 전 첨사로 1597년 9월 전몽성 등과 함께 월출산을 근거지로 일본군을 방어하면서 영암 은적산 뒤 해암포海岩浦에서 일본 전선을 격파했다고 한다. 그러나 전몽성과 류장춘의 활약에 대한 실록의 기록은 없다.

234 "교생校生"을 「문화재청본」은 "敎生"으로 보았으나, 오자다.

235 "3■"를 「문화재청본」 「편수회본」 「박혜일·최희동본」은 "三■"으로, 홍기문·이은상 등은 "30"으로 보았다. 「친필본」을 보면, '十'이 일부 보이지 않지만, 글자 모양으로는 '十'으로 보인다. '■' 이하가 보이지 않아, '■'로 해놓았다.

5일[11일. 신유]236 맑았다. 아침에 군공을 세운 여러 장수 등에게 상과 직첩職帖을 나누어주었다. 봉학이 김돌손을 이끌고237 함평 땅으로 갔다. 포작을 찾아 모았다. 정응남鄭應男은 점세를 이끌고 진도로 갔다. 새로 건조하는 배의 부정 여부를 조사할 일로 함께 나갔다. 해남의 독동禿同을 처형했다. 전 익산益山 군수 고종후高從厚238가 왔다. 김억창이 왔다. 광주의 박자朴仔가 왔다. 무안의 나239가 왔다. 도원수(권율)의 군관이 임금님의 유지를 갖고 왔는데, "지금 선전관에게 들었는데, '통제사 이모李厶(이순신)240가 아직도 상중의 몸이라고 권도權道(생선과 고기를 먹는 것)를 따르지 않아, 장수들이 걱정하고 있다'고 했다. 개인적인 정이야 비록 간절하겠지만, 나랏일도 한창 걱정이다. 옛사람이 말하기를, '전쟁터에서 용기가 없는 사람은 효자가 아니다'라고 했다.241 전쟁터에서 용기는 거친 음식을 먹어 기력이

236 "5일"은 「친필본」에서는 "■■"로 훼손된 글자다. 「편수회본」에서는 "5일"로 판독했다. 간지인 신유辛酉가 있어 '五日'로 볼 수 있다.
237 "봉학이 김돌손을 이끌고"는 「친필본」에서는 "奉鶴率金乭孫"이다. 「박혜일·최희동본」「편수회 초본」도 "奉鶴率金乭孫"로 보았다. 「친필본」에는 "奉鶴"과 "金乭" 옆에 수정을 의미하는 표시가 있다. 「박혜일·최희동본」도 표시를 해놓았다. 그러나 그것이 위치를 바꾸는 것인지는 확실치 않다. 「문화재청본」「편수회본」에서는 "金乭孫率奉鶴"로 되어 있다.
238 이날 일기의 고종후는 임진왜란 때 의병장 고경명의 장남으로 1593년 2차 진주성 전투에서 전사한 고종후(1554~1593)와는 동명이인으로 보인다. 그러나 『선조실록』에는 익산 군수로는 나오지 않는 인물이다.
239 "무안의 나"의 「친필본」은 "務安羅"이다. 「편수회본」은 "務安羅 "로 공백을 두고 '(德明)'이라고 주석해놓았다. 홍기문은 "무안의 나덕명"이라고 했다. 그러나 6일 일기에는 "나덕준", 24일 일기에는 "나덕명"이 나온다. "무안의 나"는 누구인지 확실치 않으나, 6일자를 보면 나덕준인 듯하다.
240 "이모李某(이순신)"는 「문화재청본」에서는 "李■"로 厶를 미판독 글자로 처리했다. 「편수회본」에서는 "李 "로 공백을 두고, 공백 옆에 "(舜臣)"으로 주석해놓았다. 「친필본」을 보면, "李厶"이고 '厶'는 '某'이고, 이순신의 이름을 '某'로 써놓은 것이다. 「박혜일·최희동본」「편수회 초본」은 '厶'로 판독해놓았다.
241 선조가 말한 "전쟁터에서 용기가 없는 사람은 효자가 아니다戰陣無勇 非孝也"는 『예기』에 나오는 말이다.

피로한 사람은 능히 지닐 수 없다. 예의에도 언제나 변해서는 안 되는 것經과 상황에 따라 변할 수 있는 것權이 있다. 평일에 지켜야 하는 예법을 고집스럽게 지켜서는 안된다. 경(이순신)에게 그렇게 권유하는 내 뜻을 전하니, 권도權를 따라 고기를 먹지 않던 것을 멈추고 다시 고기를 먹으라는 일"이었다. 임금님의 유지와 함께 고기242를 갖고 있었다. 더욱 슬프고 서러웠다. 슬프고 서러웠다. 해남에서 강간하고 약탈했던 사람을 함평 현감이 상세히 조사했다.243

6일[12일. 임술] 나덕준과 정대청의 동생 응청應淸244이 와서 만났다.

7일[13일. 계해] 맑았다.

8일[14일. 갑자] 맑았다.

9일[15일. 을축] 맑았다. 사내종 목년이 들어왔다.

10일[16일. 병인] 맑았다. 해와 열, 진원과 윤간, 이언량李彦良이 들어왔다. 배를 건조하는 곳에 나가 좌기했다.

11일[17일. 정묘] 맑았다. 경(경상) 수(수사 이순신李純信)와 조방장(배흥립)이 와서 만났다. 우수사245도 왔다.246

12일[18일. 무진] 맑았다.

13일[19일. 기사] 가끔 눈이 내렸다.

242 "고기"의 원문은 "權物"이다. "임시방편의 물건" 혹은 "생선과 고기"를 뜻한다.
243 「친필본」의 "상세히 조사했다詳覈"에서 '覈'는 「박혜일·최희동본」에서는 누락되어 있다.
244 정대청·정응청은 나주 출신의 조선 중기 학자들이다. 정개청의 동생들이다.
245 우수사를 「편수회본」과 홍기문은 이시언으로 보았다. 그러나 실록 기록을 보면, 이 시기에 이시언은 충청 병마절도사였다. 다만, 「선조실록」 선조 30년(1597) 11월 12일에 "전라 우수사 이시언"으로 나오나, 이는 실록의 오류로 보인다. 그 시기 전후 실록 기록에 이시언은 충청 병마절도사로 나오기 때문이다.
246 "우수사도 왔다"의 「친필본」「편수회본」「박혜일·최희동본」은 "右水使亦來"이나, 「문화재청본」은 "右水使來見"이다. 「문화재청본」의 오독이다.

14일[20일, 경외] 맑았다.247

15일[21일, 신미] 맑았다.

16일[22일, 임신] 맑았다. 늦게 눈이 내렸다.

17일[23일, 계유] 눈보라가 번갈아 혹독하게 쳤다. 조카 해와 작별했다.

18일[24일, 갑술] 눈이 내렸다. 새벽에 해는 어제 마신 술이 깨지 않았으나, 이날 새벽 배를 타고 출발했다. 가슴에 품은 생각으로 불편했다.

19일[25일, 을해] 눈이 내내 내렸다.

20일[26일, 병자] 진원의 대부인과 윤간이 올라갔다. 우후(이몽구)가 숙배했다.

21일[27일, 정축] 눈이 내렸다. 아침에 홍산(윤영현)이 목포에서 와서 만났다. 늦게 배 조방(조방장 배흥립)과 경 수사慶水使(경상 수사 이순신)248가 와서 만났다. 아주 많이 취해 돌아갔다.

22일[28일, 무인] 비와 눈이 번갈아 내렸다. 함평 현감이 들어왔다.

23일[29일, 기묘] 눈이 세 치(약 10센티미터)나 쌓였다. "순찰사(황신)가 진에 도착할 것"이라는 소식이 미리 왔다.249

24일[30일, 경진] 눈이 오다 맑아졌다 했다. 아침에 이종호를 순사(순찰사

---

247 국립진주박물관에 소장되어 있는 전남유형문화재 제174호 「高興李忠武公親筆帖子」에는 이순신이 이날 의병장 신군안申君安(1544~1598)에게 보낸 의병장 임명장이 나온다. 신군안이 의병을 일으켜 일본군과 전투를 한 것을 이순신에게 보고하자, 이순신이 신군안을 의병장에 임명한 내용이다. 내용 중에는 부하들 가운데 명령 불복종하는 사람이 있으면 가장 심한 사람 하나를 처형하고 보고하라는 내용이 있다.

248 "慶水使"를 「문화재청본」에서는 "水使"로 보았다. 「친필본」은 "慶水使"이다. 「편수회본」 「박혜일·최희동본」도 "慶水使"이다. 「문화재청본」의 오독이다.

249 "순찰사가 진에 도착할 것'이라는 소식이 미리 왔다"의 「친필본」은 "巡察使到陣先聲"이다. 「편수회본」 「박혜일·최희동본」도 같다. 「문화재청본」은 "巡察使使到陣先聲"이다. '使'가 더 들어 있다. 오독이다.

황신)에게 보내 안부를 묻게 했다. 이날 밤, 나덕명250이 와서 이야기했다. 노는 것을 싫어하는 것을 알지 못했다. 한심했다. 밤 10시에 집에 편지를 썼다.

25일[31일, 신사] 눈이 내렸다. 아침에 열이 되돌아갔다. 제 어미의 병 때문이구나. 늦게 경(경상) 수백(수사 이순신)251과 배 조방(조방장 배흥립)이 와서 만났다. 저녁 6시에 순찰(순찰사 황신)이 진에 도착했다. 함께 군사에 관한 일을 서로 의논했다. 바닷가 19고을을 수군에 전속시켰다. 저녁에 방으로 들어가 안에서 정답게 이야기했다.

26일[2월 1일, 임오] 눈이 내렸다. 방백(전라 순찰사 황신)과 함께 방에 앉았다. 군사에 관한 계책을 정답게 이야기했다. 늦게 경(경상) 수백(수사 이순신)과 배 조방(조방장 배흥립)이 와서 만났다.

27일[2일, 계미] 눈이 내렸다. 아침을 먹은 뒤, 순사(순찰사 황신)가 되돌아갔다.

28일[3일, 갑신] 맑았다. 경상 수백(수사 이순신)과 배 조방(조방장 배흥립)이 와서 만났다. 비로소 듣기를, "경(경상) 수(수사)를 지원할 물건이 왔다"고 ■ ■ 했다.

---

250 나덕명(1551~1610)은 조선 중기의 무신이다. 『난중일기』에도 나오는 나주 감목관 羅德駿 또는 한자가 다른 羅德峻의 형이다. 노량해전에 참전했던 나덕신은 동생이다. 1579년에 진사시에 합격해 의금부 도사에 임명되었다. 1589년 정여립 사건이 일어나 유몽정 등이 처형되고 정개청 등이 유배되자 그 여파로 경성에 유배되었다. 임진왜란 때 국경인 등이 임해군 등을 인질로 잡고 일본군과 내통하자 정문부 등과 의병을 모집, 반란군 토벌에 참가했다. 1597년 정유재란 때는 임환과 의병을 봉기해 일본군과 싸웠다.

251 "慶水伯"을 「문화재청본」은 "慶水佰"으로 보았다. '佰'은 '伯'의 오자다.

29일[4일, 을유] 맑았다. 김인수金仁秀[252]를 풀어 보냈다. 윤■■[253]를 장 30대에 처한 뒤 풀어주었다. 영암 좌수는 진술을 ■받고[254] 풀어주었다. 저녁에 두우(승려)가 지지紙地(종이)를 만드는 곳에서[255] 백지白紙와 상지常紙[256]를 함께 50■■■를 갖고 왔다. 저녁 8시에, "5명이 뱃머리에 도착했다"고 했다. 그래서 향교의 사내종鄕奴을 보내 ■■했는데, 이것이 어떤 뜻인지 알 수 없구나. 거제 현령(안위)이 터무니없는 것을 알겠다. "化■■ 끓는 물에 팔과 손가락을 다쳤다"고 했다.[257]

30일[5일, 병술][258] 입춘이다. 눈보라가 휘몰아쳤다. 추위로 얼어붙는 것이 아주 심했다. 경상 수사,[259] 배 조曺助(배 조방장, 배흥립)가 와서 만났다. 여러 장수가 모두 와서 만났다. 그러나 평산 만호(정응두)와 영등 만호(조계

---

252 11월 14일 일기에는 김인수로 나온다.

253 원문은 "윤■■"로 훼손된 글자가 있으나, "윤■■"는 이전의 일기에 나오는 김인수와 관련 해보면, 11월 14일에 나오는 "윤단중"으로 보인다.

254 "진술을 ■받고" 부분은 원문에서는 "捧■■"로 훼손된 글자 부분이다. 일기 속 사례와 문맥으로 보면, "捧招■"로 보인다.

255 원문 "杜宇紙地"를 홍기문·이은상 등은 "杜宇紙"로, 최두환 등은 두우를 사람으로 보았다. 두우는 승려로 1597년 5월 8일에 나온다. 유희춘의 『미암일기』 1576년 3월 12일에는 "청량사의 승려 의경義敬 등이 닥나무로 만든 백지 25권을 보내왔다"는 내용이 나온다. 지지紙地(종이)는 종이 자체를 뜻하기도 하나, 『경국대전주해 후집』(안위, 1555)에서는 "곡식 껍질로 종이를 만들었기에 곡지穀紙로 불렸고, 또 저楮(닥나무 껍질로 만든 종이)라고 부르기도 한다"고 했다.

256 백지는 흰 종이, 상지는 품질이 좋지 않은 보통의 종이이다.

257 원문은 "薑水所傷臂脂云"이다. "끓는 물"의 원문은 "薑水(탕수, 물)"이나 이어지는 문장 "팔과 손가락을 다쳤다"라는 문맥을 고려해보면, "친필본", "薑水(탕수, 물)"는 "湯水(탕수, 끓는 물)"와 같은 뜻을 갖고 있는 듯하다. 송찬섭(2004)도 "끓는 물"로 번역했다.

258 『미암일기』 1575년 12월 30일에는 밤에 가족들이 저포樗蒲를 던지며 노는 모습이 나온다. 저포는 윷이다. 『난중일기』에는 저포에 대한 기록은 없다.

259 "경상 수사"의 원문은 "■■■"으로 훼손된 부분이다. 그러나 첫 번째 '■'의 맨 윗부분을 보면, '慶' 자의 윗부분과 비슷하다. 앞전 일기와 이날 일기 문맥을 보면, '경상 수사'를 뜻하는 글자로 보인다. 이 번역본에서는 '경상 수사'로 보았다.

종)²⁶⁰는 오지 않았다. 부찰사(부체찰사 한효순)²⁶¹의 군관이 편지를 갖고 왔다. 이날 밤은 한 해를 넘기는 밤이다卒歲之夜. 슬프고 서러운 마음이 더욱 심했다.

260 "평산 만호와 영등 만호"에 대해 「편수회본」에서는 영등 만호를 정응두로 보았다. 그러나 『난중일기』「정유년 Ⅱ」9월 16일에는 "평산포 대장 정응두", 「정유년 Ⅱ」9월 9일에는 "영등 만호 조계종"이다. 명량대첩 장계가 인용된 『선조실록』선조 30년(1597) 11월 10일에는 "영등 만호 정응두"로 나온다. 일기를 기준으로 보면, 평산 만호는 정응두, 영등 만호는 조계종이다.
261 「편수회본」과 홍기문은 부찰사를 홍이상洪履祥으로 보았다. 그러나 이 시기의 부체찰사는 한효순이다.

1598년(무술년)
「친필본」, 『이충무공전서』 「무술일기」,
『충무공유사』 「일기초」 「무술일기」

◎ **1598년 1월: 친필본[1]**

무술戊戌(1598년) 갑인甲寅(1월) **1일**[양력 2월 6일. 정해][2] 맑았다. 늦게 잠깐 눈이 내렸다. 경상 수사(이순신)와 조방장, 여러 장수가 모두 와서 모였다.

2일[7일. 무자] 맑았다. 나라 제삿날[3]이라 좌기하지 않았다. 이날, 새로 건조한 배를 꾐목에서 떼어내 바다에 진수했다.[4] 해남 쉬(현감 류형)가 와서 만나고 돌아갔다. 송대립과 송득운, 김붕만이 각각의 관청으로 나갔다. 진도 군수가 와서 만나고 돌아갔다.

3일[8일. 기축] 맑았다. 이언량과 송응기 등이 산에서 나무를 베는 일 ■

---

1 1598년 1월 1~4일은 「친필본」의 「무술일기」가 아니라, 「친필본」의 「1597년(「정유년 II」)의 뒷부분에 들어 있다.

2 "1월 1일[정해]"은 「친필본」에서는 "戊戌正月甲寅初一日丁亥"로 되어 있다. 무술은 1598년의 간지다. 갑인은 1월의 간지다. 정해는 1일의 간지다.

3 명종의 왕비, 인순왕후 심씨의 제삿날이다.

4 "새로 건조한 배를 꾐목에서 떼어내 바다에 진수했다"의 원문은 "新船落塊"이다. 1593년 6월 22일 "戰船始坐塊"와 관련된 표현이다. 6월 22일을 이 번역본에서는 "전선을 만들기 위한 본판을 제작하기 전에 본판 밑 땅 위에 꾐목을 설치하기 시작했다"로 번역했다.

4일[9일, 경인] 맑았다. 무안 현감(남언상)을 장 ■■■■■■■ 수사에게 ■했더니, 우수사가 와서 ■■■.

1598년 1월 5일~7월 23일. 미기록 혹은 멸실 상태.6

5 "산에서 나무를 베는 일山役 ■■" 중 "■■"는 훼손된 글자다. '役' 자는 윗부분이 조금 남아 있는데, '役' 자의 윗부분과 비슷하다. 이 일기에 나오는 송응기와 관련해보면, 1597년 11월 21일에는 "송응기 등이 산에서 나무를 베는 일을 하는 군사를 이끌고 해남의 소나무가 있는 곳으로 갔다宋應璣等 奉山役軍 往海南松木有處"와 관계된 내용인 듯하다.
6 일기가 없는 이 시기의 이순신의 활동은 『선조실록』으로 알 수 있다. 「도망친 군관 현응신을 처벌해달라고 임금님께 청한 장계」 1598년 2월 9일에는 이순신이 도망친 주부 현응신玄應臣의 처벌을 요청하는 내용이 나온다. 「진을 보화도에서 고금도로 옮기고, 둔전을 실시할 일을 임금님께 보고하는 장계」 1598년 3월 18일에서는 이순신이 1598년 2월 16일 고하도(보화도)에서 떠나 2월 17일 강진 고금도로 진을 옮겼고, 백성을 정착시켜 농사를 짓게 했고, 광양과 흥양에서도 백성을 불러 모아 농사를 짓게 하려고 한다는 내용이 나온다. 「왜적이 순천 예교에 성을 쌓는 것을 임금님께 보고하는 장계」 1598년 3월 18일에는 흥양 현감 최희량(1560~1651)의 일본군 동향 보고를 인용한 이순신의 장계가 나온다. 「납속미를 바치고 병역을 기피하는 일에 대해 임금님께 청하는 장계」 1598년 4월 18일에는 쌀을 바치고 벼슬을 준 정책으로 무사武士들의 행동이 잘못되고 있다는 장계 내용이 나온다. 또한 『최희량 임란첩보서목崔希亮 壬亂捷報書目, 보물 660호』에는 1598년 3월에서 8월까지의 이순신의 동향을 알 수 있는 7통의 기록이 나온다. 흥양 현감 최희량이 통제사 이순신, 전라 순찰사에게 보낸 보고서와 그에 따른 회신이 함께 기록되어 있다. 7통은 「첨산尖山 승첩(1), 1598년 3월 20일」, 「고도姑島 승첩, 1598년 3월 22일」, 「양강楊江 승첩, 1598년 3월 26일」, 「첨산 승첩(2), 1598년 3월 25일」, 「남문 승첩, 1598년 4월 14일」, 「왜적의 머리를 벤 승리 보고獻馘奏捷, 1598년 4월 18일」, 「남당南堂 승첩, 1598년 7월 12일」, 「새로 건조한 전선 및 기타 물건에 대한 보고新造戰船什物報牒, 1598년 8월」이다. 7통 중 전라 순찰사에게 보낸 「양강 승첩」 「남문 승첩」 「남당 승첩」을 제외하고 나머지는 모두 이순신과 주고받은 것이다. 「첨산 승첩(1), 1598년 3월 20일」은 고도에 상륙한 일본군을 최희량 막하의 매복장 송정기宋廷麒가 공격해 3급을 베었고, 최희량은 첨산에서 일본군과 싸워 30여 급을 베고, 1명을 붙잡았다고 이순신에게 보고하고, 고금도에 있던 이순신은 최희량의 보고에 "아주 가상하고 기쁘다"면서 군공자와 일본군의 수급을 신속히 보내라고 회신을 했다는 내용이다. 「고도 승첩, 1598년 3월 22일」은 「첨산 승첩(1), 1598년 3월 20일」에 따른 이순신의 회신에 대해 최희량이 작성한 군공자 명부, 일본군 수급, 포로 1명을 이순신에게 보낸다는 보고서다. 이순신은 최희량이 보낸 것을 받았고, 최희량 등의 공로를 장계로 올려보냈다고 3월 26일에 회신한 것이다. 「첨산 승첩(2),

◎ 1598년 7월 24일: 『충무공유사』

7월 24일[8월 25일. 정미]7 복병장 녹도 만호 송여종이 전선 8척을 거느리고,8 절이도折爾島9에서 적선 11척을 만나, 6척을 완전히 붙잡았고, 머리 69급을 베었다. 용기를 한껏 자랑하고10 진으로 돌아왔다.11

「1598년 3월 25일」은 최희량이 3월 23일, 첨산에서 벤 일본군 수급 1, 붙잡은 1명, 노획한 칼 1자루, 홑옷 1건을 이순신에게 올려보낸다는 내용이며, 군공자는 송대립이 언급되어 있다. 이순신은 최희량이 보낸 수급과 포로 1명을 받았다고 4월 1일에 회신한 것이다. 「양강 승첩, 1598년 3월 26일」은 「첨산 승첩(1)」과 「첨산 승첩(2)」의 내용을 전라 순찰사에게 보고한 것이다. 3월 18일 통제사 이순신의 전선이 득양도得洋島에 있던 일본군 배 5척을 공격했고, 일본군은 도망쳐 흥양의 고도에 상륙했다는 이순신의 활동이 나온다. 「남문 승첩, 1598년 4월 14일」은 일본군 배 12척에 있던 일본군이 상륙했기에 최희량이 공격했다는 내용을 전라 순찰사에게 보고한 것이다. 「왜적의 머리를 벤 승리 보고獻馘奏捷」(1598년 4월 18일)는 최희량이 일본군의 머리를 벤 것을 이순신에게 올려보냈고, 이순신은 최희량이 보낸 수급을 받았고, 장계로 보고했다고 4월 22일에 회신한 것이다. 「남당南堂 승첩, 1598년 7월 12일」은 7월 9일, 일본군 배 2척이 남당포南堂浦에서 상륙한 것을 최희량이 공격해 2급을 베었고, 노획한 장검 1개, 단검 2개, 왜옷 2건을 이순신에게 보낸다는 보고서다. 이순신은 최희량이 보낸 것을 받았고, 장계로 보고하겠다고 7월 12일에 회신한 것이다. 「새로 건조한 전선 및 기타 물건에 대한 보고新造戰船什物報牒」(1598년 8월)는 흥양현에서 새로 건조한 전선과 군대 기물, 군량의 사항을 이순신에게 보고한 내용이다.

7 문종의 왕비, 현덕왕후 권씨의 제삿날이다.

8 "거느리다"의 원문은 『충무공유사』의 원문은 "領" 혹은 "斂"으로 보인다. 「박혜일·최희동본」은 "領"으로 보았다. 「충무공유사」 1598년 10월 9일자에도 같은 글자 모양이 나오는데, 그것으로 보면 "領"이다.

9 절이도는 현재 전남 고흥군 금산면 거금도다.

10 "용기를 한껏 자랑하다賈勇"는 『춘주좌전』 「성공 2년」에 나오는 말이다. 춘추시대 제齊의 고고高固가 진晉의 진영 속에서 힘과 용기를 과시한 뒤에, 진나라 군대를 향해 "용감해지고 싶은 사람은 내게 남아 있는 용기를 사라欲勇者 賈余餘勇"고 한 고사에서 유래했다(『한국대사전 13』 (단국대학교 부설 동양학연구소 편찬, 단국대출판부, 2008, 141쪽), 『교학 대한한사전』(이가원·안병주 감수, 교학사, 3135쪽) 참고).

11 이 절이도해전은 『선조실록』 선조 31년(1598) 8월 13일에 따르면, 이순신의 수군이 일본군 수급 70여 급을 베었고, 명나라 군대는 멀리서 지켜보다 먼 바다로 피했으며, 그 소식을 들은 명나라 수군 도독 진린이 협박을 했기에 40여 급을 주었고, 명나라 유격 계금도 수급을 원했기에 5급을 보냈다고 한다. 또한 『선조실록』 선조 31년(1598) 10월 4일에는 비변사에 절이도해전을 보고하기를, 이순신이 71급을 베는데, 진린에게 40급, 계금에게 5급을 빼앗겼는데, 진린이 이순신을 협박해 이순신이 26급만 벤 것으로 거짓 장계를 쓰게 했기에 이순신이 거짓 장계를 쓰고, 별

1598년 7월 25일~9월 14일. 미기록 혹은 멸실 상태.12

◎ **1598년 9월: 친필본**

무술(1598년) **9월 15일**[양력 10월 14일. 정유]13 맑았다. 진 도독陳都督(진린)14과

도로 진실을 보고하는 장계를 써서 보고했다는 내용이 나온다. 『선조수정실록』 선조 31년(1598) 8월 1일에는 강진 고금도에서 진린과 잔치 중에 일본군이 습격하자 이순신이 수군을 이끌고 나가 화포를 쏘아 50여 척을 불태웠다고 나온다. 수정실록과 비슷한 내용이 조경남의 『난중잡록』에도 나오나, 7월 16일에 있었던 일로 나온다. 이 절이도해전의 의의는 『선조실록』 선조 31년(1598) 8월 23일에 나오는 경상 관찰사 정경세가 이순신의 장계를 인용해 보고한 내용처럼, 즉 호남을 침략할 일본군의 예봉을 부러뜨렸기에 호남 침략 계획을 주저하게 만드는 승리였다. 해군 사관학교 박물관 소장 1598년 7월 8일자 이순신의 편지에 따르면, "진 도독(진린)은 며칠 뒤에 진에 도착한다고 하며, 저와 계 대인李大人(계금)이 함께 강진에 가려 합니다"라는 내용이 나온다. 이 편지로 보면 진린은 7월 8일 이후 이순신과 합류했던 듯하다(한영우, 『나라에 사람이 있구나』, 지식산업사, 2016, 136~139쪽 참조).

12 일기가 없는 이 시기의 이순신의 활동은 『선조실록』 기록으로 알 수 있다. 「고금도에서 왜적을 크게 부순 것을 임금님께 보고한 장계」(『선조수정실록』 선조 31년 8월 1일)와 「명나라 진린 도독이 왜적의 머리를 벤 것을 빼앗은 것을 임금님께 보고하는 장계」(『선조실록』 선조 31년 8월 13일)에서는 7월 24일에 있었던 절이도해전에 대한 장계가 나온다. 일본 전선 50여 척을 불태웠고, 일본군 수급 70여 급을 베었으며, 명나라 도독 진린이 수급을 원해 40여 급, 명나라 유격 계금에게 5급을 주었다고 한다. 「명나라 진린과 함께 순천 예교의 일본군을 공격할 계획을 보고하는 장계」(『선조실록』 선조 31년 8월 24일)는 일본군이 순천 예교에 성을 쌓고 있으며, 진린과 함께 공격하기 위해 출전했다는 장계다. 「명나라 진린 도독이 왜적 토벌 작전을 방해하는 것을 보고하는 장계」(『선조실록』 선조 31년 9월 10일)는 명나라 도독 진린이 이순신의 수군 작전을 방해하고 있다는 장계다.

13 "무술戊戌"은 1598년의 간지다. 어떤 이유에서인지 이 일기에는 1598년의 간지인 무술이 맨 먼저 쓰여 있다. 이 이전의 몇 개월 동안의 일기가 현존하지 않는 것을 보면, 한동안 일기를 쓰지 못했다가 다시 쓰기 시작하면서 무술이라는 연도 간지를 의도적으로 써넣은 듯하다.

14 진린(1543~1607)은 정유재란 때 참전한 명나라 수군의 도독이다. 중국 광둥성 출신이다. 명나라 수군 5000명을 이끌고 강진군 고금도에 도착했다. 막하에 부장 진잠, 등자룡, 유격 마문환, 계금, 장량상 등이 있었다. 아들 진구경도 참전했고, 노량해전에서 일본군이 진린의 배에 올라 위협하자 방어하다가 부상당했다. 『선조실록』 선조 31년(1598) 6월 27일에 따르면, 명나라 수군 도독 진린이 서울을 출발할 때, 자신이 명나라 조정의 명령을 받고 수군을 지휘하기 때문에, 조선 수군도 함께 지휘해야 한다고 주장했고, 그에 따라 선조도 진린의 조선 수군 지휘에 동의했다고 한다.

함께 한꺼번에 군사를 출동시켰다.[15] 나로도羅老島[16]에 도착했다. 묵었다.

16일[15일, 무술] 맑았다. 나로도에 머물렀다. 도독(진린)과 술을 마셨다.

17일[16일, 기해] 맑았다. 나로도에 머물렀다. 진陳(진린)과 술을 마셨다.

18일[17일, 경자] 맑았다. 오후 2시에 군사를 출동시켰다. 방답에 도착했다. 묵었다.

19일[18일, 신축] 맑았다. 아침에 좌수영左水營 앞바다에 옮겨 정박했더니, 슬프고 참혹해 몸서리쳐지는 모습이었다所見慘然. 밤 12시에 달을 타고 하개도何介島[17]로 옮겨 정박했다. 날이 채 밝지 않았을 때 군사를 출동시켰다.

20일[19일, 임인] 맑았다. 아침 8시에 유도狖島[18]에 도착했더니, 명나라 육군陸天將 유 제독(유정)은 이미 군사를 진격시켰다. 바다와 육지에서 함께 협공했다. 적의 사기가 크게 꺾였다. 당황하고 두려워하는 모습이 많았다. 수군은 드나들며 포를 쏘았다.

21일[20일, 계묘] 맑았다. 아침에 군사를 진격시켰다. 활을 쏘거나 포를 쏘았다. 내내 서로 싸웠으나, 바닷물[19]이 얕아져 다가가 싸울 수 없었다. 남해의 적이 가벼운 배輕舡를 타고 들어와 초탐(정찰)할 때, 허사인許思仁[20] 등

15 "군사를 출동시켰다"의 원문은 "行師"이다. "行師"는 『주역』 「예괘豫卦」, 「복괘復卦」, 「겸괘謙卦」에 나온다. 『삼략』 「중략中略」, 「육도」 「용도龍韜」에도 나오는 표현이다.
16 나로도는 전라남도 고흥군 동일면과 봉래면에 속해 있다.
17 「문화재청본」 「편수회본」의 "何介島"는 『충무공유사』에서는 "介島"로 나온다. 「박혜일·최희동본」은 '沙介島'로 보았다.
18 "狖島"는 오늘날의 여수시 묘도동 묘도猫島다. 『이충무공전서』에서는 "柚島"로 나온다. 각종 고지도에서는 狖島·猫島·柚島로 나온다(『여수 묘도 요망 유적』(전남문화재연구원, 2014, 30~31쪽), 『여수의 관방 유적』(대한문화재연구원, 여수시·대한문화재연구원, 2014, 102~103쪽) 참고).
19 "바닷물"의 「친필본」 원문은 "水潮"이나, '潮' 옆에 수정 표시가 있다. '水潮'를 '潮水'로 바꾼다는 표시인 듯하다. 그에 따라 이 번역본에서는 '潮水'로 보았다.
20 허사인은 「선무원종공신녹권」에서는 주부로 나오고, 선무원종공신 1등이다.

이 쫓아갔다. 적은 육지로 상륙해 산으로 올라갔다. 그들의 배와 여러 물건을 빼앗아왔다.[21] 곧바로 도독(진린)에게 주었다.[22]

22일[21일, 갑진] 맑았다. 아침에 군사를 진격시켜 드나들었는데,[23] 유격遊擊(계금)이 왼쪽 어깨에 철환을 맞았다. 중상은 아니었다. 명나라 사람 11명이 철환에 맞아 죽었다. 지세知世 만호와 옥포 만호(이담)가 철환에 맞았다.

23일[22일, 을사][24] 맑았다. 도독(진린)이 성질을 부렸다. 서천 만호와 홍주 대장, 한산韓山 대장 등을 각각 곤장[25] 7대에 처했다. 금갑 만호(이정표)와 제포 만호, 회령포 만호(민정붕)는 함께 장 15대를 맞았다.[26]

24일[23일, 병오] 맑았다. 진대강陳大綱(명나라 천총)[27]이 돌아갔다. 원수(권율)의 군관이 공문을 갖고 왔다. 충청 병사(이시언)의 군관 김정현金鼎鉉이 왔다. 남해 사람 김덕유金德酉 등 5인이 나왔다. 그 땅(남해)의 적의 정세를 전했다.

---

21   예교전투다. 명나라 제독 유정과 도원수 권율이 이끄는 조명 육군 연합군이 고니시 유키나가의 순천 예교성曳橋城(전남 순천시 해룡면 신성리)을 공격했고, 바다에서는 이순신과 명나라 진린이 공격했다.

22   『고대일록』 1598년 9월 26일에는 "들으니, 진 도독과 통제사 이순신이 배를 이어 적을 포위해 군량 운반 길을 끊고, 물을 긷는 길을 움켜쥐어 적이 드나들 수 없었다"는 내용이 나온다.

23   "드나들었는데入"가 『이충무공전서』에는 "서로 싸웠는데相戰"로 나온다.

24   태조의 원비, 신의왕후 한씨의 제삿날이다.

25   "곤장梱杖"이란 표현이 처음 등장했다. 『난중일기』에는 "杖"이란 표현은 자주 등장하나 "梱杖"은 이번 한 번이고, 명나라 진린이 한 것이다. 곤장은 중국식 형벌로 조선의 장과 다르다. 정탁의 『용사일기』 1592년 12월 27일자에 있는 「명나라 도독 이여송의 금약문」에서도 자신이 지휘하는 명나라 군대에 군율을 어긴 장졸들에게 "곤타梱打"(곤장을 친다)를 하겠다는 표현이 나온다. 류성룡의 「李提督進軍順安形止狀」(1593년 1월 5일 삼경)에는 도순찰사 이원익이 보고한 내용에 명나라 도독 이여송이 왜적이 도망친 것과 관련하여 부하 장수 이영 등을 "곤타(곤장을 때렸다)"라는 표현이 나온다. 원문 "決梱杖"(곤장에 처했다)는 『충무공유사』에서는 "決杖"(장에 처했다)로만 나온다.

26   곤장과 장이 각각 나온다. 때린 횟수를 '度'와 '介'로 썼다.

27   진대강(?~?)은 명나라 장수다. 명나라 도독 유정 막하의 천총으로 조선에 왔다.

25일[24일, 정미] 맑았다. 진대강이 되돌아왔다. 유 제독(유정)이 보낸 편지를 와서 전했다. "이날, 육지에서[28] 공격해 함락시키고자 했으나, 기구機俱가 완전치 않았다"고 했다. 김정현이 와서 만났다.

26일[25일, 무신] 맑았다. 육군의 준비가 아직도 갖춰지지 않았다. 저녁에 정응룡鄭應龍[29]이 와서 북도北道[30]의 일을 말했다.

27일[26일, 기유][31] 아침에 잠시 비가 보슬보슬 내렸고, 서풍이 크게 불었다. 아침에 형 군문邢軍門(형개)[32]이 편지를 보냈다. 수병(수군)의 신속한 진군을 기뻐했다.[33] 식사를 한 뒤, 진 도독(진린)을 만났다. 조용히 이야기했다. 내내 큰 바람이 불었다. 저녁에 신호의愼好義[34]가 와서 만났고, 묵었다.

---

28 "육지에서"의 「친필본」은 "陸地"이나, 「편수회본」, 「문화재청본」, 「박혜일·최희동본」은 "陸雖", 「편수회 초본」은 "陸地"로 보았다.

29 정응룡은 의령 출신의 의병장이다. 의병장 곽재우 막하에서 용화산 및 화왕산 전투에 참전했다. 전쟁 중 전사했다.

30 "북도"는 정응룡이라는 점에서 여기서는 경상북도인 듯하다. 조선시대에는 경상도를 상하 혹은 좌우로 구분했는데, 상도는 경상북도, 하도는 경상남도다. 좌우는 낙동강을 기준으로 동쪽을 좌도, 서쪽을 우도라고 한다. 상도는 좌도, 하도는 우도다. 정경달의 「반곡유고」 1593년 1월 6일에는 "순찰사가 나(선산 부사 정경달)를 상도(경상북도)의 대장으로 삼으려 한다"는 내용이 나온다.

31 이날 류성룡은 명나라 사신 파견 회피 문제로 탄핵 상소가 올라오자 사직을 요청했다. 이후 그에 대한 다양한 경로로 탄핵론이 제기되었고, 류성룡은 사직서를 올렸다. 선조는 이순신이 전사한 날인 11월 19일 류성룡의 파직을 명했다.

32 형 군문은 형개邢玠다. 1597년 정유재란 때 흠차총독경략군무병부상서欽差摠督經略軍務兵部尚書로 명나라 군대를 이끌고 참전했다.

33 형개가 기뻐한 것은 「선조실록」 선조 31년(1598) 11월 3일에도 나온다. 또한 「선조실록」 선조 31년(1598) 11월 26일에는 노량해전에서 전사한 이순신에게 자신이 제사를 지냈으니, 선조도 제사를 지내라고 권고했고, 이순신의 아들을 기용하라고 권고하기도 했다.

34 신호의(1550~?)는 조선 중기의 무신이다. 이순신이 1576년 식년 무과 급제할 때 같이 합격했다. 「난중일기」에 나오는 이순신과 신호의의 급제 동기로는 구사직·박종남·김성업·박대남·남치온·이경록이 있다. 오희문의 「쇄미록」 1595년 4월 12일에는 "전 이성 수령 신호의가 순찰사 군관으로 들어왔다"는 내용이 나온다.

28일[27일, 경술] 맑았으나 서풍이 크게 불었다. 대·소선大小船이 드나들 수 없었다.

29일[28일, 신해] 맑았다.

30일[29일, 임자] 맑았다. 이날 저녁, 왕 유격王游擊(왕원주王元周)과 복 유격福遊擊(복일승福日昇),[35] 이 파총李把摠(이천상李天祥)[36]이 100여 척을 이끌고 진에 도착했다. 이날 밤, 등불과 촛불이 눈부셨다. 적의 무리는 반드시 간담이 써늘해졌을 것이다.

◎ 1598년 10월 1일~10월 7일: 친필본

10월 1일[양력 10월 30일, 계축][37] 맑았다. 도독(진린)이 달려가 새벽에 유 제독(유정)에게 도착했다. 잠시 서로 이야기했다.

2일[31일, 갑인][38] 맑았다. 아침 6시에 군사를 진격시켰다. 우리 수군이 맨 먼저 나갔다. 낮 12시까지 서로 싸웠다. 적을 많이 죽였다. 사도 첨사 황세득이 철환에 맞아 전사했다. 이청일李淸一도 죽었다. 제포 만(만호)[39] 주의수와 사량 만호 김성옥, 해남 현감 류형과 진도 군수 선의문,[40] 강진 현감 송

---

35 왕 유격과 복 유격은 1598년 9월 15일 일기 앞 메모를 보면, 복일승福日升과 왕원주이다.
36 이 파총은 명나라 장수인 이천상으로 보인다. 신흠의 『상촌집』에는 절강 출신으로 무과 진사라고 한다. 천총으로 수군 2700명을 이끌고 조선에 왔고, 노량해전에서 왜적 269급을 베고 포로가 되었던 사람 300여 인을 빼앗아 돌아왔다고 한다. 『선조실록』에서는 "李天常"으로 나온다. 「전서본」, '李把摠'이 고전번역원 DB의 『이충무공전서』「난중일기」에서는 "李把摠"으로 나온다.
37 음력 10월 1일은 청명淸明, 7월 15일과 함께 여제를 지내는 날이다.
38 이날 일기와 관련해 『선조실록』 선조 31년(1598) 10월 13일에는 10월 2일 이순신의 수군이 순천 예교성 전투에 참전했을 때 육군은 구경만 했고, 조선 수군 29명과 명나라 군사 5명이 철환에 맞아 전사했다고 나온다.
39 "제포 만호"의 「문화재청본」은 "薺浦萬"이다. "제포 만호"에서 "호戶"가 빠졌다. 약칭한 듯하다. 『이충무공전서』에는 "薺浦萬戶"로 수정되어 나온다.
40 "선의문"은 「문화재청본」, 「편수회본」, 「박혜일·최희동본」에서는 "宣義問"으로, 『충무공유사』와

상보末尙甫41는 철환에 맞았으나 죽지는 않았다.

3일[11월 1일. 을묘]42 맑았다. 도독(진린)이 유 제(제독 유정)43의 비밀 편지에 따라 초저녁에 나아가 싸웠다. 밤 1시까지 거세게 공격했다. 사선44 19척, 호선45 20여 척이 불에 탔다. 도독(진린)이 갈팡질팡한 것을 어찌 다 말하랴. 안골 만호 우수가 철환에 맞았다.46

4일[2일. 병진] 맑았다. 이른 아침에 배를 진격시켜 적을 공격했다. 내내 서로 싸웠다. 적의 무리는 어쩔 줄 모르고47 바삐 달아났다.

『이충무공전서』에서는 "宣義卿"으로 나온다.

41 송상보(1562~?)는 "宋尙甫·宋商輔·宋商甫·宋象甫"로 나오기도 한다. 『신묘별시문무과방목 辛卯別試文武科榜目』에서는 宋商甫로 나오고, 흥양 출신으로 1591년 무과 별시에서 급제했다. 1593년 권율이 지휘한 행주대첩에도 참전했고 강진 현감에 임명되었다. 『난중일기』에도 강진 현 감으로 나온다. 1597년 10월 8일 이후의 메모에는 "주부 宋象甫"로 나온다. 「선무원종공신녹권」 에서는 현감 宋商甫로 나오고, 선무원종공신 1등이다. 『보성선씨 오세 충의록』에는 "1598년 1월 (선거이가) 조카인 진도 군수 선의경, 강진 현감 송상보, 해남 현감 류형, 사량 만호 김성옥, 제포 만호 주의수 등과 함께 선화도에서 왜적과 크게 싸우는 중에 선의경이 왜적의 철환에 맞아 전 사, 같은 날 송상보도 적탄에 쓰러졌다"고 한다. 『난중일기』와는 월이 다르다.

42 이순신의 큰아들 회의 생일이다.

43 유 제劉提(제독 유정)의 「문화재청본」은 "劉提督"이다. 그런데 「편수회본」에서는 "劉提(脫)"로 '督'이 누락된 것으로 보았다. 「친필본」도 "劉提"이다. 「박혜일·최희동본」도 "劉提"로 보았다. 「친필본」에서는 "劉提督"의 '督'이 처음부터 없는 글자다. 「문화재청본」은 없는 글자를 넣었다.

44 사선은 김재근의 『한국선박사연구』(서울대학교출판부, 1986, 73~80쪽)에 따르면, 중국 장쑤성 이북의 바다에서 운행되었던 배다. 우리나라 판옥선처럼 바닥이 평평하지만, 돛대가 많다. 명나 라 때 세계 곳곳을 원정했던 정화 함대의 배도 사선이었다고 한다. 장학근에 따르면, 사선은 길 이가 50~70척(약 15~21미터)으로 명나라 주력 전선이었고, 호선은 길이가 40척(약 12미터) 정도인 소형선이었고, 조선 수군의 주력 전선인 판옥선과 달리 방패가 설치되어 있지 않고 선체도 낮아 일본 군선 아다케에 쉽게 포위되곤 했다고 한다(장학근, 『조선, 평화를 짝사랑하다』, 플래닛미디어, 2008, 206쪽).

45 "호선唬船"은 『이충무공전서』에서는 "號船"으로 나온다.

46 『난중일기』 1598년 10월 7일자 뒤의 장계 형식의 메모에도 10월 3일 전투가 나온다. 3일 밤 에 순천 예교의 일본군과 싸우는 과정에서 명나라 사선 19척이 일본군에 탈취될 우려 때문에 스 스로 불태웠다고 한다.

47 "어쩔 줄 모르고"의 「문화재청본」 『이충무공전서』는 "蒼黃"이다. 「친필본」 「편수회본」은 "倉皇"

5일[3일. 정새] 맑았으나 서풍이 크게 불었다. 각 배를 간신히 물 위에 정박 시키고 하루를 보냈다.

6일[4일. 무외] 맑았다. 서북풍48이 크게 불었다. 도원수(권율)가 군관을 시켜 편지를 보내 말하기를, "유 제독(유정)이 도망쳐 물러가려고 한다"고 했다.49 원통하고 분했다. 원통하고 분했다. 나랏일이 앞으로 어찌 되려는가.

7일[5일. 기미]50 맑았다. 아침에 송한련이 군량 4, 겉곡식粟(피나 기장)51 1, 기름油 5되, 꿀 3되를 바쳤다. 김태정金太丁은 볍쌀大米52 2섬 1말을 바쳤다.

◎ 1598년 10월 7~12일: 『이충무공전서』

10월 7일은 「친필본」과 날짜가 중복되지만, 내용은 다르다.

10월 7일[양력 11월 5일. 기미]53 유 제독劉提督(유정)의 차관이 와서 보고했다. 독부督府(도독부)에서 말하기를, "육병(육군)은 잠시 순천으로 물러나 다시

이다. 같은 말이다.
48 "서북풍"이 『이충무공전서』에서는 "서풍"으로 나온다.
49 명나라 제독 유정의 후퇴 계획은 사실이었다. 진경문의 『섬호집』 「예교진병일록」에 따르면, 이날 아침 순천 왜성의 일본군이 장작을 쌓고 연기를 피웠는데 남해도南海島에서 호응했고, 날이 갠 뒤에 명나라 군대가 진을 성대히 펼치고 한차례 교전을 한 뒤에 기세가 꺾이자 갑자기 후퇴를 계획했다고 한다. 조경남의 『난중잡록』에도 유정의 후퇴 이야기가 나온다. 『선조실록』 선조 31년(1598) 10월 27일에서는 유정이 갑자기 군사를 후퇴시켰고, 진린과 이순신이 진을 합쳐 3일 동안 머문 뒤에 나려도螺驪島에 도착해 진을 치고 비상사태에 대비했다고 한다. 『난중일기』의 이날 기록은 도원수 권율이 유정의 후퇴 계획을 이순신에게 알린 내용이다.
50 1598년 10월 7일은 「친필본」과 『이충무공전서』의 일기가 있다. 그러나 내용은 「친필본」과 『이충무공전서』가 다르다. 이 일기는 「친필본」이다.
51 "겉곡식粟"을 「문화재청본」은 "栗"(밤)으로 보았다. 오자다.
52 정약용의 『경세유표』에 따르면, 볍쌀은 "大米", 좁쌀은 "小米"이다.
53 1598년 10월 7일은 「친필본」과 『이충무공전서』의 일기가 있다. 이 일기는 『이충무공전서』다.

정비해 나아가 싸울 것입니다"라고 했다."54

8일[6일. 경신] 맑았다.

9일[7일. 신유] 육병(육군)이 이미 철수했기에, 도독(진린)과 배를 거느리고 이동해 해안가 정자에 도착했다.

10일[8일. 임술] 가서 좌수영에 도착했다.

11일[9일. 계해] 맑았다.

12일[10일. 갑자] 나로도에 도착했다.

1598년 10월 13일~11월 7일. 미기록 혹은 멸실 상태.

◎ **1598년 11월 8~17일:** 『**이충무공전서**』「**무술일기**」, 『**충무공유사**』「**일기초**」

11월 8일[양력 12월 5일. 기축]55 도독부都督府로 가서 위로 잔치를 베풀어주었다. 어둠을 타고 바로 돌아왔다. 내내 술을 마셨다. 얼마 뒤, 도독(진린)이 만나자고 요청했다. 곧바로 달려가 나아갔더니, 도독이 말하기를, "순천 왜교倭橋의 적이 10일 사이에 철수해 도망칠 것이라는 기별이 육지에서 긴급히 달려왔습니다"라고 했다.56 급히 군사를 진격시켜 돌아갈 길을 끊어 막을 일을 서로 말했다.

54 『선조실록』 선조 31년(1598) 10월 27일에는 남복흥이 "이달(10월) 7일 유 제독(유정)이 뜻하지 않게 먼저 군사를 물렸고, 진 도독(진린)은 통제사 이순신과 진을 합쳐 3일을 머문 뒤에 배를 출발시켜 나려도에 도착해 지금 진을 치고 비상사태에 대비하고 있다'고 보고한 내용이 나온다.
55 이날 11월 8일부터 17일까지 『이충무공전서』에는 간지가 모두 빠져 있다. 이 번역본에서는 간지를 넣었다.
56 "긴급히 달려왔다"의 원문은 "馳通"이다. 『국역일성록』 정조 10년(1786) 윤7월 28일에 따르면, "신속한 파발로 빨리 전달하라는 뜻으로 치통馳通을 작성하여……"라고 나온다. 이로 보면 긴급한 소식과 관련한 공문을 파발로 전달하는 듯 보인다. 파발제도는 임진왜란 때, 명나라 군대 제도를 도입한 것이다.

9일[6일, 경인] 도독(진린)과 한꺼번에 군사를 출동시켰다. 백서량白嶼梁57에 도착했다. 진을 쳤다.

10일[7일, 신묘] 좌수영 앞바다에 도착했다. 진을 쳤다.

11일[8일, 임진] 유도柚島58에 도착했다. 진을 쳤다.

12일[9일, 계사]

13일[10일, 갑오] 왜선 10여 척이 장도59에 모습을 보였기에, 곧바로 도독(진린)과 약속하고, 수군을 이끌고 뒤쫓아갔다. 왜선은 물러나 움츠렸다. 내내 나오지 않았다. 도독과 돌아왔다. 장도에 진을 쳤다.

14일[11일, 을미] "왜선 2척이 '싸움을 중지하고 화해하자는 일'로 중류中流로 나왔습니다. ~~명나라 사람~~60 도독(진린)이 왜통사倭通事(일본어 통역관)를 시켜 왜선을 맞아 들였습니다. 조용히 한 개의 붉은 깃발과 환도 등의 물건을 받았습니다. 저녁 8시에 왜장이 소선을 타고 독부(도독부)에 들어왔습니다. 멧돼지 2마리와 술 두 통罋을 도독에게 바쳤습니다"라고 했다.

15일[12일, 병신]61 이른 아침에 도독에게 가서 만났다. ~~어옥교~~62 잠깐 이야기하고 그대로 돌아왔다. 왜선 2척이 '싸움을 중지하고 화해하자는 일'로

---

57 백서량은 전남 여수시 남면에 있다.
58 『이충무공전서』 원문의 "柚島"는 오늘날의 여수시 묘도동 묘도다. 노기욱은 전남 여수시 율촌면 여동리 송도라고 보았다. 『충무공유사』에서는 "狍島"로 나온다. 박혜일·최희동은 "狍島"로 보고, 위치를 여천시 묘도猫島 또는 묘도동 창촌 괴입섬으로 보았다.
59 장도는 전남 여수시 율촌면에 있다. 이 장도獐島는 『난중일기』 1597년 8월 28일 일기에 나오는 장도와는 다른 섬이다. 8월 28일의 장도는 박혜일·최희동에 따르면, 전남 해남군 송지면 내장內長에 위치했던 섬으로 현재는 육지화된 것으로 추정된다고 한다.
60 "~~명나라 사람~~"은 「충무공유사」에서는 썼다가 삭제한 것으로, 『이충무공전서』에는 나오지 않는다.
61 이순신의 아버지 이정의 제삿날이다. 다른 해에는 관습에 따라 공무를 보지 않기도 했다.
62 "~~어옥교~~"의 원문은 "~~俄頃~~"으로 「충무공유사」에만 나온다. 썼다가 삭제한 부분이다.

두 번 세 번 거듭 도독의 진 안을 드나들었다.

16일[13일. 정유] 도독이 진문동陳文同을 왜의 영으로 들여보냈다. 머지않아 왜선 3척이 말 1필과 창槍·검 등의 물건을 갖고, 도독에게 나아가 바쳤다.[63]

17일[14일. 무술] 어제, 복병장 발포 만호 소계남과 당진포 만호 조효열趙孝悅 등이, "왜 중선 1척이 군량을 가득 싣고 남해에서 바다를 건널 때, 한산도 앞바다까지 뒤쫓아갔더니, 왜적들은 기슭에 의지했다가 육지로 올라가 달아났습니다. 사로잡은 왜선과 군량은 명나라 사람에게 빼앗겨 빈손으로 왔습니다"라고 보고했다.

11월 18일. 미기록 혹은 멸실 상태.

● 참고: 1598년 11월 18일과 19일 상황

11월 18일[양력 12월 15일. 기해] 밤에 순천에 있던 고니시 유키나가의 부대를 일본으로 철수시키기 위해 사천의 시마즈 요시히로, 남해의 소 요시토시, 부산의 데라자와 마사시게 등이 500여 척을 이끌고 노량으로 향했다. 이날 이순신은 하늘에 기도를 했다고 한다.

11월 19일[16일. 경자] 이순신의 조선 수군 판옥선 80여 척, 진린의 명나라 수군 300여 척은 시마즈 요시히로 등의 일본 수군 500여 척과 노량에서 대격전을 했고, 이순신은 전사했다.[64] 이 전투에서 일본군 전선 200여 척

63 이때 진린과 고니시 유키나가가 협의한 내용은 『선조실록』 선조 31년(1598) 12월 4일에 나온다.
64 노량대첩과 관련해 『선조실록』 선조 31년(1598) 11월 25일에 기록된 명나라 도독 진린의 보고서에 따르면, 11월 19일 인시寅時(3시)에서 사시巳時(11시)까지 부산과 사천 등에서 온 일본군

이 격침되었고, 조명연합군은 60여 척의 피해를 당했다. 조선군에서는 통제사 이순신을 포함해 가리포 첨사 이영남·낙안 군수 방덕룡[65]·흥양 현감 고득장 등 20여 명의 장수가 전사했고, 일본군의 공격을 받은 진린을 구하려고 달려간 진린의 아들 진구경陳九經이 부상당했고, 명나라 수군 좌선봉장 등자룡이 전사했다. 이후 삼도 수군통제사에 충청병사 이시언이 임명되었다. 영의정 류성룡은 파직되었다.[66]

12월 23일[1599년 1월 19일. 갑술] 일본군의 마지막 군대가 부산을 떠났다.

과 노량도露梁島에서 크게 싸웠고, 이순신은 직접 군사들 앞에서 싸우다가 철환에 맞아 전사했다고 했다. 또한 11월 23일의 좌의정 이덕형의 보고에 따르면, 예교의 왜성에 주둔한 고니시 유키나가의 일본군은 노량대첩 중이던 사시(11시)에 철수해 바다를 건너갔다.

65 방덕룡(1561~1598)은 조선 중기의 무신이다. 1588년에 무과에 급제했다. 1592년에 임진왜란이 일어났을 때 원균 막하에서 활약했다. 1597년 정유재란 때는 이영남, 송여종과 함께 절이도에서 복병해 승리했다. 1598년 이순신의 선봉이 되어 노량해전에서 분전하다가 전사했다. 형조참의에 추증되고, 선무원종공신 2등에 녹훈되었다.

66 1597년 11월 19일, 류성룡은 「류성룡 대통력 무술戊戌(1598)」(국사편찬위원회 전자도서관, 조선사편수회 中村榮孝 검열본) 중 11월 16일의 메모에 따르면, "양사兩司(사헌부와 사간원)에서 (류성룡의) 삭탈을 임금에게 아뢰었으나 임금이 허락하지 않았다." 11월 17일에는 "(류성룡의 삭탈을) 거듭 임금에게 아뢰었다仍啓, 11월 19일에는 "파직되었다罷"고 나온다.

II.

일기 속
메모

1. 편지 관련 글

1) 1592년 8월 28일 일기 뒤[1]

삼가 문안드립니다. 건강은 요즘 어떠신지요. 전날에 승평(순천)에서 모실 수 있어 아주 행복했습니다. 운운云云.[2] 일본은 바다 가운데에 있어 혹독한 겨울바람이 부는 날일지라도 언제나 따뜻하기에 ~~장정들은 어불~~[3] ~~없어 짧은 소매에 긴 옷만 입고 지낸다고~~ 합니다. 그런데 지금 와 있는 흉악한 적은 오랫동안 다른 나라에 머물러 있기에 풍토風土에 익숙하지 않으니,

---

1 이 메모는 이순신의 「나라에 대한 의무를 하지 않은 사람의 죄를 가족과 친척에게 연대 책임을 지우는 것을 면제하라는 명령'을 취소해주시기를 임금님께 청하는 장계請反汗一族勿侵之命狀」(1592년 12월 10일)와 거의 일치한다. 또한 내용 중에 "해가 이미 저물었고, 계절이 바뀌고, 한 해가 다 저물어 해가 바뀌는 것이 곧 다가오고, 설날이 가까이 왔는데도" "5번 적에게 달려들어 14번 싸워 이겼습니다. 그것도 이미 8달이나 지난 일입니다"로 보면 1592년 12월 중순에 보낸 편지로 보인다. 수신 대상은 편지 내용 중에 "전날에 승평(순천)에서 모실 수 있어 아주 행복했습니다"라고 한 것으로 볼 때, 전쟁 초기 전라 순찰사였던 이광에게 보낸 것이다. 『난중일기』 1592년 3월 14일에는 "이른 아침에 순찰사(이광)를 만나러 순천으로 갔고, 저녁에 순찰사를 만났다고 했고, 3월 17일에 순찰사에게 보고하고 돌아왔다"는 내용이 나온다.
2 원문 "云云"은 어떤 말이나 글을 인용할 때나 생략할 때 사용하는 표현이다.
3 "이불"의 원문 "襞"은 이불, 주름진 옷, 겹옷으로 볼 수 있다.

한겨울의 추위로 고생하고, 또 힘들어하고 지내기도 어려울 뿐만 아니라, 군사들의 양식도 이미 떨어졌고, 용기와 힘도 곤궁합니다. 이 기회를 타서 급히 공격해 기회를 잃지 말아야 합니다乘此機會 急擊勿失. 왕실王室을 다시 세우기 위해再造王室 ~~도모하려 한다면~~, 오늘이 바로 그런 때입니다. 지금 아~~주 급한 일입니다.~~[4] 그런데도 ~~해가 이미 저물고, 계절이 바뀌고, 한 해가 다 저물어 해가 바뀌는 것이 곧 다가오고, 설날이 가까이 왔는데도~~新正在邇[5] ~~아직까지 무찔러 없애지 못했습니다.~~ 한 해가 곧 ~~다해도~~ 바뀌어도 아직까지 무찔러 없앴다는 소리를 듣지 못했습니다. 나라의 한 귀퉁이에 있는 외로운 신하는 (임금이 계신) 서북쪽을 바라보며 길게 통곡하니, 간담이 찢어지는 듯합니다. 우리나라 모든 땅八方(사방四方과 사우四隅) 중에서 오직 이 호남이 온전한 것은 천만다행입니다. 군사를 징집하고 양식을 조달하는 것이 모두 이 도(호남)로 말미암은 것입니다. 더러운 것을 깨끗이 쓸어버리고 회복하는 것도 이 도의 ~~일어나~~ 계책으로 말미암을 수 있습니다. 그런데 본도(전라도) 감사(권율)가 다시 군사를 일으켜 난리를 평정하기 위해 달려갔습니다. 절도사節度使(전라도 병마절도사)는 오랫동안 다른 ~~지역~~ 도에 머물러 있었습니다. 거느린 정예 군사와 말, 군기물과 군량은 이런 중에 다 쓰고 돌아왔습니다. 진鎭과 보루堡를 방어할 군사를 정해 각각 반으로 나누어 뽑아 거느리고 있으나, 군사들은 늙었고, 도중에 굶주림과 추위가 함께 덮치자 반수 이상이 달아나 흩어졌습니다. 비록 혹 ~~사람이~~ 남아 있어도 굶주림과 동상이 이미 극심해 죽어가는 사람들이 잇따르고 있습니다. ~~더하여 소~~

---

4 원문은 "在公急急"이나, 문장이 맞지 않다. "公"은 아래의 유사한 원문 "在今急急"로 보면, "今"이다.
5 원문 "新正在邇"는 『전등신화』 「三山福地志」에 나온다.

모사召募使6가 내려와 겨우 남은 각 고을과 포의 방어 군사를 큰 고을은 300여 명을 정했습니다. 태·중·소로 힘세고 튼튼한 사람들을 구분해 온 종일7 부과해 채우기를 독촉하고 책임에 따라 벌하려고 하니 수령 등이 위엄을 두려워해8 겁내어 한 도가 소란합니다. 더한 것은 소모사가 내려와 남은 군사를 강제로 뽑으니 길가에서 통곡하고 있습니다.9 각 진과 포에 방어 군사를 나누어 배치하고, 여러 고을 군대 입대 예정자도 골라 뽑아내기를 날마다10 부과된 수에서 뽑아 채우니 한 도가 소란해져 무엇을 할 수 있을지 모르겠습니다. 이 도(호남)를 보존하는 것도 반드시 어려워질 것입니다. 길거리에서 소리 높여 슬피 울부짖을 뿐입니다. 게다가 지난 9월에 임금님께서 분부有旨해 글 안에 "각 고을에서는 흩어져 떠도는 군사나 적의 침탈을 당한 사람들과 그들의 가족과 친척, 가까운 이웃에게는 연대 책임을 모두 면제하라"는 분명한 글을 내려주셨습니다. 백성을 거꾸로 매달려 있는 고통에서 건져고 것에서 풀어주는11 것으로 이보다 급한 것이 없으나, 지금은 대규모의 적이 각 도에 가득 차 있어 죄 없는 백성이 몇십만 명인지도 알 수 없이 모두 그 해로운 독에 피해를 입었습니다. 종묘사직과 도성都

---

6 소모사는 전란이 일어났을 때 지방의 군사를 모집하기 위해 중앙에서 각 지방에 임시로 파견하는 관리다.

7 "온종일"은 「문화재청본」, 「편수회본」에서는 "■■"로 미판독 글자다. 「박혜일·최희동본」은 "鎭日"로 보았다. 「친필본」도 "鎭日"로 보인다. 『경국대전주해 후집』(안위, 1555)에서 '鎭(진)'은 "진압하는 것, 또한 안정케 하는 것壓也, 又安也"이란 뜻이다.

8 "위엄을 두려워하다畏威"는 「국어」, 「진어」와 「소학」, 「경신」에 나오는 관중의 말이다.

9 "길가에서 통곡하고 있습니다街路痛哭"가 「문화재청본」에서는 누락되었다.

10 "뽑아내기를 날마다"의 원문을 「문화재청본」, 「편수회본」에서는 "其"로 보았으나, 「박혜일·최희동본」은 '出日'로 보았다. 「친필본」을 보면, '出日'로 보인다.

11 "백성을 거꾸로 매달려 있는 것에서 풀어주다解民倒懸"는 「맹자」, 「관중안자장」에 나오는 "어진 정치를 한다면 백성이 거꾸로 매달려 있는 것을 풀어준 것처럼 기뻐할 것이다行仁政 民之悅之 猶解倒懸也"에 나오는 표현이다.

^城 또한 능히 보존하지 못했습니다. 이렇게까지 말하고 생각하자면, 불에 타고 칼에 베이는 것과 같이 아픕니다. 지난달에 방비를 위해 10명이 군대 복무를 했던 고을에서 「나라에 대한 의무를 회피해 죄를 지은 사람의 가족과 친척, 가까운 이웃의 연대 책임을 면제하라는 명령族鄰勿侵之命」이 들려오자 다음 달에 방비를 하러 들어올 자는 겨우 서너 명입니다. 어제는 10명이었던 유방군留防軍[12]이 오늘은 네다섯 명이 채 안 됩니다. 얼마 되지 않아 변방의 진은 모두 텅 비어 진의 장수만이 홀로 빈 성을 지킬 수밖에 없습니다. 어떻게 조치措處를 해야 할지 모르겠습니다. 만일 옛 규정을 따른다면, 임금님의 분부聖教를 위반하는 것이고, 내려보내신 글을 받들자니 적을 막을 계책이 없습니다. 이 두 가지 사이에서 형편에 맞는 것을 밤낮으로 거듭 생각해晝夜思度 체찰사(정철)[13]에게 문서로 의견을 덧붙여 보고했었습니다. 회답에 "「나라에 대한 의무를 하지 않은 사람의 죄를 가족과 친척에게 연대 책임 지우는 폐단」[14]은 백성을 가장 병들게 하는 것이라는 간곡한 임

---

12 유방군은 자기 도의 군사전략 요충지인 진에 남아서 복무하는 군인이다. 유방군은 각 진에 최소 125명(1려旅)에서 최대 500명(4려)이 상시 복무했다. 4교대로 1개월 동안 복무한 뒤 교대했다. 육군이 주둔하는 지역은 관방關防, 수군이 주둔하는 지역은 해방海防이라 한다. 복무 기간은 1년이다. 수도인 서울에 상경해 군 복무를 하는 번상군番上軍, 자기 도가 아닌 다른 도에 가서 근무하는 부방군赴防軍도 있다.

13 체찰사는 고려 말엽부터 조선시대까지 나라에 전쟁이 일어났을 때 임금을 대신해 그 전란이 있는 지방에 나아가 군정과 민정을 총괄해 신속히 대처하기 위해 만든 임시직이다. 최고 책임자는 도체찰사다.

14 "나라에 대한 의무를 하지 않은 사람의 죄를 가족과 친척에게 연대 책임 지우는 폐단"의 원문은 "一族之弊"이다. 당시의 一族之弊를 풀어 쓴 것이다. 군 복무나 부역의 책임을 회피한 사람의 경우, 그 가족이나 이웃에게 대신 책임을 지우는 폐단을 뜻한다. 김성일은 "일족에게 책임을 지우는 폐단一族之弊은 지금은 고칠 수 없는 고질병이 되었는데, 8도가 모두 같다. (…) 한 사람이 미루고 도망치면 그 역이 9족九族에게 미치고, 9족이 내지 못하면 이웃의 보鄰保에게 미치고, 이웃의 보가 내지 못하면 끝내는 족속이 죽고, 이웃이 비게 된다一人逋亡 役及九族 九族不支 延及鄰保 鄰保不支 終至於族殄鄰壚而乃已. (…) 일족이라고 책임을 지는 자가 10에 9이고, 그

금님의 명령下敎이 있으셨다. 그러므로 마땅히 당장 받들어 시행해야 하나, 그럴 틈도 없고 보고한 내용의 사연도 이치가 있다. 백성을 어루만지며 적을 막기 위해 두 가지 중에서 형편에 맞는 것을 취하라"고 했습니다. 그래서 각 고을에 사고로 죽거나 죄를 지어 죽임을 당해 완전히 자손이 끊어진 집은 도목장都目狀[15]에 넣지 말라고 공문을 보냈습니다. 대개 본도(전라도)는 나누어 배치된 방어군사分防軍士가 경상도의 사례와 같지 않습니다. 좌·우수영左右水營에는 즉 320여 명, 각 진·포에는 200명 혹은 150여 명씩 나누어 방어해왔습니다. 그중에는 오래전에 멀리 도망갔거나 사고로 죽거나 죄를 지어 죽임을 당했기에 본래 책정할 수 없는 사람이 10집에서 대략[16] 일고여덟 같기에, 현재 남은 사람을 모았으나, 역시나 모두 늙고 쇠약합니다. 방어하는 군사에 적합하지 않아도 어쩔 수 없는 상황입니다. 나라에 대한 의무를 하지 않은 사람의 죄를 가족과 친척에게 연대 책임 지워 방비 의무자로 책정해 입대케 하고 있으나, 여러 가지 핑계를 대며 정소呈訴[17]를 하고 입대 대상자가 제때 입대하지 않거나, 혹은 모집한 장정括壯(괄장) 중에 이름만 속해 있습니다. 그런 일이 서로 얽혀 있으나 끝내 낱낱이 확인할 수 없습니다. 그 사이에서의 고통과 괴로움은 말로 表現할 수 없습니다. 신도 이런 폐단을 알지 못하는 것은 아닙니다. 그러나 대규모의 적이 앞에 있기에 방어하고 지키는 일이 아주 급합니다. ~~이런 폐단어~~ 옛날부터 있었던 ~~폐~~

렇게 책임을 진 일족이란 사람 중에는 일족이 아닌데도 이웃에 살고 있다는 이유로 그 도망간 일족의 책임을 지는 자가 거의 반이다一族被徵 十居其九 而一族之中 以比鄰不干之族被徵者 又居其半"라고 했다(『학봉집』 「황해도 순무 때 올린 소, 계미년(1583)黃海道巡撫時疏 癸未」).

15 도목장都目狀은 지방 관청의 노비, 봉족奉足, 호수戶首 등의 명부 혹은 물건 목록이다.

16 "대략"의 「문화재청본」 「편수회본」은 "勢"이나, 「박혜일·최희동본」은 "粗"로 보았다. 「친필본」도 "粗"로 보인다.

17 정소는 소장·고발장·소지 등을 관청에 제출하는 것이다.

~~단어 되는~~ 병이라고 실시하지 말라고 한다면, 방어력을 약화시키고 손해를 입히는 일입니다. 따라서 전처럼 독려하고 분발할 수 있게 한다면, 한쪽으로는 배의 격군船格을 충원할 수 있고, 또 한쪽으로는 성을 지킬 수 있습니다. 이런 방법을 썼기에 5번 적[18]에게 달려들어 14번 싸워 이겼습니다. 그것도 이미 8달이나 지난 일입니다. 대부분의 경우, 나라를 지키는 울타리藩屛[19]를 한 번이라도 잃는다면, 그 독이 배와 심장까지 흘러갑니다大抵藩屛一失毒流心腹. 이는 실로 이미 경험한 것입니다. 신의 어리석고 헛된 계책은 우선은 이전의 사례에 좇아 변방 방어를 단단히 하는 것입니다. 차츰차츰 사실 여부를 확인해 군사와 백성의 고통을 구하는 것입니다. 이것이 지금 당면한 가장 급한 임무입니다. 뿐만 아니라 국가(조정)에서 호남은 제나라의 거莒·즉묵卽墨과 같습니다國家之於湖南猶齊之莒卽墨.[20] 온몸에 몹쓸 병이 걸린 사람이 한쪽 다리의 ~~기맥氣脈만 연결되어 아뮤~~ 구할 수 없음에도 겨우 구호하고 있는 것과 같습니다. 그런데도 수많은 군사와 말이 이 지역에서 총동원되어 나갔습니다.

---

18 "적"의 「문화재청본」 「편수회본」은 "敵"이나, 「박혜일·최희동본」은 "賊"으로 보았다. 「친필본」도 "賊"이다.
19 "울타리"는 「시경」 「판」에 나오는 말을 응용한 것이다. 또한 「사기」 「태사공자서」에도 나온다.
20 중국 제나라와 거·즉묵의 이야기는 사마천의 「사기」 「전단열전」에 나온다. 거와 즉묵은 오늘날 산둥성에 있는 춘추전국시대 때 제나라의 고을이다. 기원전 284년에 연나라 소왕이 명장 악의를 보내 제나라의 수도 임치와 70개 성을 함락시켰다. 제나라의 성 중에서 거와 즉묵만이 함락되지 않았다. 거는 원군으로 온 초나라 군대와 피란 간 제나라의 민왕이 항전하고 있던 곳이다. 즉묵은 전단이 이끌었다. 전단은 즉묵을 발판으로 지혜를 발휘해 악의를 물리치고 5년 만인 기원전 279년에 제나라를 수복했다.

2) 1593년 3월 22일 일기 뒤[21]

아주 뜨거운 날씨인데도 엎드려 살피지 못했습니다. 건강은 어떠십니까. 전에 앓으셨던 학리瘧痢[22]는 지금은 어떻습니까. 낮이나 밤이나 그리운 마음 간절합니다. 근래 ~~심한~~ 가뭄이 ~~아주~~ 크게 심합니다. 강의 여울이 지극히 얕아져 적을 돕고 세력을 더해주고 있습니다. 신령과 하느님天께서도 돕지 않으시는 것이 이토록 극도에 이르렀습니다. 분함을 품고도 말을 할 수 없으니, 분노로 간담이 찢어진 듯했습니다. 찢어진 듯했습니다. 전에 보내주신 편지에도 불구하고, 철환 맞은 곳의 아픔 때문에 즉시 나아가 찾아뵙지 못했습니다. 처벌을 달게 받겠습니다. 그러나 ~~사람들의 마음이 이미 뿔뿔이 흩어져 세력을 합치기 어려우니 보좌를 어떻게 해야 합니까. 비록 혹시라도 징병에 응하고자 하는 사람이 있어도 홀로 거느리고 나갈 수는 없습니다. 군대를 출전시키는 기한을 잠시 늦추는 것만 못해 휴가休暇를 얻게 한 뒤에 다시 소집하려고 합니다. 그러니 도로 모을 이유도 끊어졌습니다.~~ 지난번 물러나 돌아온 뒤에는 다시 소집해도 사람들의 마음이 이미 무너졌기에 세력을 합치기 어렵습니다.

---

21 이 편지 초안은 류성룡에게 1593년 여름에 보내려고 했던 것으로 보인다. 류성룡의 『서애집』「연보」에 따르면, 1593년 4월부터 8월까지 류성룡이 병에 걸렸다는 내용이 나온다. 6월에는 학질을 앓았다는 내용도 나온다. 『난중일기』1593년 7월 27일에는 체찰사 류성룡에게 편지를 썼다는 내용이 나오고, 다음 날인 28일에는 편지를 수정했다는 내용이 나온다. 편지 내용으로 보면, 이 편지 초안은 류성룡에게 1593년 7월 27일·28일에 쓴 것으로 보인다.

22 학리는 몸을 벌벌 떨며, 주기적으로 열이 나는 학질에 걸려 설사하는 증상이다.

3) 1593년 3월 22일 일기 뒤[23]

뜨거운 날씨가 지독한데도 엎드려 살피지 못했습니다. 건강은 어떠십니까. 전에 앓으셨던 ~~학질瘧은~~ 증세는 지금은 어떠십니까. 근심 걱정이 ~~자극~~ 허 지나치시니, 병의 고통까지 어찌 말할 수 있겠습니까. 낮이나 밤이나 그리운 마음을 가눌 수 없습니다. 가눌 수 없습니다. ~~요즘 가뭄이 너무 심해 강의 여울이 아주 얕아져 적을 돕고 세력을 더해주는 꼴입니다.~~ 근래 가뭄이 아주 심해 강의 여울이 지극히 얕아져 적이 제멋대로 하는 것을 도와주고 있습니다.

일찍이 보내주신 편지에도 불구하고 철환 맞은 곳의 아픔 때문에 즉시 나아가 찾아뵙지 못했습니다. 지금까지 죄만 키웠습니다. 죄만 키웠습니다. 다만 지금 도(전라도) 안의 사람들의 마음을 자세히 살펴보면, 지난번 군사를 물려 돌아온 뒤로 ~~사람들의 마음과~~ 군사들의 사기가 더욱 ~~뿔뿔이 흩어지고~~ 달아났기에, 그래서 ~~또한~~ 곧바로 징집 명령을 내렸어도 도 안의 ~~백성~~ 은 모두 ~~못마땅한 뜻을 품고,~~ ~~명령을 어길 계획이나~~ 달아날 계획으로 혹은 의병에 들어갔습니다.

4) 1593년 3월 22일 일기 뒤[24]

일찍이 보내주신 편지에도 불구하고, 철환 맞은 곳의 아픔 때문에 즉시 나아가 찾아뵙지 못했습니다. 평생 동안의 아주 큰 죄를 지었습니다. 다만 요즘 도안의 사람들의 마음을 살펴보면 지난번 군사를 물린 뒤로 군대의

---

23 이 편지 초안은 앞의 2) 1593년 3월 22일 일기 뒤와 비슷하다. 류성룡에게 1593년 7월 27일·28일에 쓴 것으로 보인다.
24 이 편지 초안은 이순신의 총상 이야기로 보아 1592년 하반기에 작성된 것으로 보인다.

사기는 근심과 고통, 게다가 원망으로 더욱 어지럽습니다. 곧바로 타서 군사를 징발하는 명령을 내렸어도 모두 달아날 계획만 지니고 있습니다. ~~어름난 군사 지휘관들도~~ ■ ~~줄줄어 의병으로 들어가려고 한다고 합니다.~~ 이와 같으니 ~~적을 멸망시키는 것을~~ ■■ 할 수 있겠습니까. 그것을 어찌 다스릴 수 있겠습니까. 어리석고 망령된 뜻으로는 군대를 출전시키는 기한을 잠시 늦추는 것만 못합니다. 한 번이라도 휴가를 얻게 해주었다면 사람들의 마음이 반드시 이렇게까지 심하게 되지 않았을 것입니다. ~~군거물과 군량도 용■■25에서 함께 내버려졌습니다.~~ 모(이순신) 또한 모집한 수군 군사의 정예와 잡색雜色26 중에서 자원했던 자들에게 힘을 기르게 휴가를 주었습니다. 8월 ~~사어~~ 초에는 군사를 일으켜 거느리고 사또使道 앞으로 달려 나가 지휘를 받들어 죽음을 무릅쓰고 결전할 것입니다. 그런데 군량과 군기물은 경상도에 다시 나아가 싸울 때 다 썼습니다. 또한 운용하기 어려운 걱정이 있습니다. 사또께서 앞서 헤아리시어 명을 내려주시기를 간절히 바랍니다. 지금 사또께서는 ■■해 분노를 참을 수 없어 ~~싸우러 가려고 하십니다.~~ 국가(조정)의 수치와 모욕을 깨끗이 씻고자■■27 다시 군사를 부흥시키려 ~~어와 같아 쏟고 계시고,~~ 나라의 치욕을 ■ 녹여 씻으려고 ~~쏟고 쏟으며 얽매임이 없어 지금까지 쏟고 쏟고 있는데도 사람들의 마음이 어와 같으니 어찌해야 합니까. 어찌해야 합니까.~~ 이같이 쏟고 있으니, 무릇 피가 끓는 사람이라면 모두 마음과 힘을 모조리 쓰려고 하지 않는 사람이 없습

---

25 "■■"는 미판독 글자다. 그러나 앞의 "용龍"과 문맥으로 보면 "■■" 중 한 글자는 용인의 "仁"자로 보인다.

26 "잡색"은 "잡색군"으로 보인다. 잡색군은 품관·생원·진사·교생 등의 지방 유력자와 향리, 공사노비 등으로 구성된 군대다. 평상시에는 생업에 종사하고 유사시에 군대에 편입되었다.

27 "국가의 수치와 모욕을 깨끗이 씻고자(國家羞辱■■)"에서 미판독 글자인 "■■"는 이 메모 이후에 나오는 메모를 보면 "恥雪(치욕을 씻다)"로 보인다.

니다. 그런데도 사람들의 마음이 이와 같으니 어찌해야 합니까. 어찌해야 합니까. 일이 비록 대수롭지 않아 급하고 빠르게 해야 할지라도 대장의 명령은 오히려 신중히 해서 감히 가벼이 행동해서는 안 됩니다事雖歇後急速 大將之令 猶在愼重而不敢輕擧. 즉 사람들의 마음을 빠짐없이 생각하며 살피고, 형세를 자세히 살피지 않을 수 없습니다則不可不察人情審形勢. ~~또한 어쩔 수 없어 ■■■하게 되어도 또한 마땅히 해야 할~~ 처신입니다.

5) 1593년 3월 22일 일기 뒤[28]

보내주신 편지 잘 받았습니다. 물으시는 것을 자세히 살폈습니다. 영체슈體가 평안하시다니 지극히 기뻤습니다. 말씀하신 어교魚膠[29]는 난리가 일어난 뒤에는 전례에 따라 정해진 고을에서 조금도 바치지 않아 다만 곧 30장[30]을 올려보내겠습니다. 우러러 부끄러울 뿐입니다.

6) 1593년 3월 22일 일기 뒤[31]

불볕더위가 이처럼 심한데도 엎드려 살피지 못했습니다. 건강은 어떠십니까. 그립습니다. 전날에 앓으셨던 학질을 지금은 물러치셨습니까. 어떠십

28　류성룡의 『군문등록』 「병신(1596년) 6월 28일」에는 활과 화살을 만들기 위한 어교가 없다고 군문의 각 어전魚箭에서 바치게 하라는 내용이 나온다. 그러나 위의 편지 초안이 류성룡에게, 또 1596년에 작성된 것인지는 알 수 없다.

29　어교는 조기·민어의 부레를 끓여 만든 접착제다. 활이나 화살, 장군전 등을 만들 때도 사용한다. 류성룡의 『군문등록』 「병신 6월 28일」에는 활과 화살을 만들기 위한 어교가 없다고 군문의 각 어전에서 바치게 하라는 내용이 나온다.

30　어교의 단위로 張을 썼다. 조정의 1593년 1월 7일 일기에는 "어교 15장", 『경모궁악기조성청의궤景慕宮樂器造成廳儀軌』 「甘結秩」 정유 4월 12일에서는 "張"으로 나온다.

31　이 편지 초안은 앞의 2) 1593년 3월 22일 일기 뒤와 비슷하다. 류성룡에게 1593년 7월 27일·28일에 쓴 것으로 보인다.

니까. 두 번이나 보내주신 편지를 받들었고, 편지로 안부를 물으셨어도 철환을 맞아 구멍 난 곳이 아물지 않아 곧바로 나아가 찾아뵙지 못했고, 곧바로 받들어 출발하지도 못했습니다. 죽을죄를 지었습니다. 죽을죄를 지었습니다. 다만 사람들의 마음이 뿔뿔이 흩어지고 달아났습니다. 지금과 같은 때가 없었습니다. 그런데.

7) 1593년 3월 22일 일기 뒤[32]

불볕더위에 엎드려 살피지 못했습니다. 건강은 어떠십니까. 그리운 마음 간절합니다. 전날에 앓으셨던 학리는 지금은 어떠십니까. 날이 가물고 날 ~~씨가 불볕더위가 이런데 전에 없어 이렇게 심하니 더욱 그립습니다. 두 번이나 편지를 보내주셨음에도 불구하고, 병으로 인해 즉시 나아가 찾아뵙지 못했습니다. 죄를 키웠습니다. 죄를 지었습니다.~~ 강의 여울이 지극히 얕아져 적이 독기를 부리는 것肆毒을 더욱 돕고 있습니다. 적이 이동해 침범하는 것이 촛불이 이어 붙는 것轉燭과 같습니다. ~~분한 마음이 뼛속까지 들어와 있습니다憤入骨髓.~~ 하느님天과 신령께서 도와주지 않는 것이 이렇게 심하게 되었으니, 분해 서럽게 울부짖었습니다. 서럽게 울부짖었습니다慟哭慟哭. 분노로 간담이 찢어진 듯합니다. 전날 두 번이나 편지를 보내주셨기에 곧바로 나아가 찾아뵈려 했지만 ~~시간을 낼 수 없었습니다. 적의 철환을 맞은 곳은 아주 중요한 곳인데,~~ 아직 어느 정도도 아물지 않았습니다. 억지로라도 달려가고 싶었으나, 상처가 문드러지고 터지려 했습니다. ~~몇 달 안에 나을 것 같지 않아~~ 머뭇거리고 망설이다가 이렇게 되었습니다. 죄를 키

---

32 이 편지 초안은 앞의 2) 1593년 3월 22일 일기 뒤와 비슷하다. 류성룡에게 1593년 7월 27일·28일에 쓴 것으로 보인다.

웠습니다. 죄를 키웠습니다.

게다가 사람들의 마음이 이미 무너졌기에 세력을 합치기 어렵습니다. 이를 어찌 다스릴 수 있겠습니까. 비록 혹시라도 징병에 응하는 사람이 있어도 홀로 싸우러 나갈 수 없습니다.

8) 1593년 3월 22일 일기 뒤

분노도 부끄러움도 참을 수 없지만, 얻고 잃음, 성공과 실패가 이처럼 서로 멀리 있으니 어찌 경계하지 않을 수 있겠습니까. 다시 군사를 부흥시켜 국가(조정)의 치욕을 씻는 것雪國家之恥辱이 지금 아주 급한 일입니다. 그러나 오히려 신중히 해서 감히 가벼이 싸워서는 안 됩니다猶愼重 而不敢輕與之戰. 형세와 근심 걱정으로 괴로워하고, 원망으로 생긴 해독을 자세히 살펴야 합니다.

9) 1593년 3월 22일 일기 뒤[33]

가뭄과 불볕더위가 아주 지독한데도 엎드려 살피지 못했습니다. 건강은 어떠십니까. 전에 앓으셨던 이질痢疾은 지금은 어떠십니까. 그리워하는 마음 그지없습니다. 모(이순신)가 곧바로 나아가 찾아뵙고 엎드려 안부를 묻고 싶었습니다. 그런데 지난번 맞붙어 싸울 때 떨쳐 일어나 제 한 몸을 돌아보지 않고, 화살과 돌이 쏟아지는 것을 무릅쓰고 맨 먼저 나갔다가 철환을 맞은 곳이 아주 중합니다而頃日接戰 奮不顧護 先登矢石 中丸處甚重. 비록 죽

---

33 이 편지 초고는 이와 백 두 장수의 전사 이야기로 보면, 전라 순찰사 이광에게 1592년 하반기에 보낸 것으로 추정된다.

을 정도까지 다치지는 않았지만, 어깨의 견정肩井34과 대골(견갑골)을 깊이 다쳤습니다. 고름이 계속 흘러나와 아직도 옷을 입을 수 없습니다. 백 가지 약으로 치료하고 있어도 아직 어느 정도도 효과를 얻지 못했습니다. 또한 활을 쏠 수 없습니다. 걱정입니다. 걱정입니다. 군사를 일으켜 난리를 평정하는 일이 지금 아주 급한데 몸의 병이 이러니 북쪽을 바라보며 길이 통곡하면서 눈물만 펑펑 흘릴 뿐입니다北望長慟 只自垂淚而已. 군사를 출동시킬 시기를 어느 날 즈음으로 정하셨습니까. 근래 이 도(전라도) 사람들의 마음을 자세히 살펴보면, 연해 지방에 징병한다는 이야기가 한 번이라도 ■ 들리면35 모두 달아나 흩어질 계획만 지니고 있습니다. 어떤 자들은 "물길로 가서 서쪽을 무찌르러 이곳저곳을 다니며 싸우다 깊이 들어가면 되돌아올 기회가 없다"고 떠들어댑니다.

게다가 말하기를, "~~해변~~, 경상도 접경 지역의 땅 사람들을 ~~남김없어~~ 징발할 것이기에 장차 이 도(전라도)를 적에게 주게 되어, 결국 ~~사람이 없으므로~~ 지키고 방어할 사람도 없어 부모처자가 없어져 다시 서로 만날 수 없게 될 것"이라고 하고 있습니다. 사람들의 마음이 이와 같으니 어떻게 다스려 합칠 수 있겠습니까. ~~잠시라도 임금님의 분부有旨로 다시 경상도慶尙에 가서 적을 무찌르면 돌아오게 하겠다는 말씀으로 오해를 풀어주셔야 합니다.~~ 순천 부사(권준)가 ~~사람을 정해 보내~~ 있는 힘을 다해 모았어도 ■ 응해 들어온 사람은 아주 적다고 합니다. 원통하고 분한 마음을 이길 수 없습니다. 원통하고 분합니다. 각 포의 보고도 연이어 똑같습니다. ~~그러므로 우선 명~~

34 견정은 「한의학」에서 담경膽經에 속한 혈穴 자리의 하나다. 어깨 위의 가장 위쪽 부분으로 팔을 펴면 오목하게 들어가며 세 손가락으로 눌렀을 때 가운뎃손가락이 닿는 곳이다. 대골大骨(견갑골) 앞부분이다.
35 "한 번이라도 ■ 들리면(一■聞)"에서 "■"는 "風"으로 보인다.

령을 내려, 즉 실패하자 않도록 잠시 늦추는 것이 좋겠습니다. 군사 출동 기한을 느슨하게 해놓고 천천히 바른 이치로 깨우쳐 모아야 합니다. 하삼 도下三道(경상·전라·충청) 안에서 가까스로 온전한 것은 오직 도(전라도)뿐입니다. 간신히 ~~완전히 사람들의 마음을~~ ■ 했는데 이 도까지 잃는다면 회복할 길이 전혀 없습니다. ~~다시 적의 세력을 자세히 살펴보면서~~, 낮에도 헤아려보고 밤에도 생각했지만晝度夜思, ~~걱정하며~~ 가슴만 태울 뿐입니다. 가슴만 태울 뿐입니다. 목이 멥니다. 목이 멥니다. 사또께서 헛되이 더욱 한 번의 실패를 ~~탄식하고 근심하자 마시고~~, 잘못을 오래 생각하셔서 ~~완전히~~ 회복할 ■ 계책으로 신속히 종묘사직을 ~~되찾는다면~~ 돌아오게 할 수 있다면 심히 천만다행이겠습니다. 심히 천만다행이겠습니다. 이와 백 두 장수36의 죽음은 모두 스스로 얻은 것입니다. 요행과 만일은 실로 병가의 큰 계책이 아닙니다僥倖萬一 實非兵家之長算矣. 전날과 요즘의 ~~사또 공문 내용에~~ 임금님의 분부에 근거한 사또의 공문 내용에, '지금 들으니, 의병이 많이 모여 올라간다고 했다'라고 했습니다. 모(이순신)는 누구를 장수로 삼아야 할지 모르겠습니다. 모(이순신)는 비록 스스로 능히 적을 죽이지 못했지만, ~~또 거느린 사람들에게~~ 지시도 제대로 못했지만, 한 가지 일은 이뤘습니다. 그런데 전투용 말이 한 필도 없고, 쓸 ~~만한~~ 군관 등도 말 한 필이 없습니다. 어찌해야 합니까. 어찌해야 합니까. 전쟁 도구戰具를 다스리지 못하고 ~~먼저 적 안~~

36 이와 백은 1592년 6월 5일과 6일의 용인전투에서 전사한 이지시李之詩(?~1592)와 백광언白光彦(1554~1592)으로 추정된다. 이지시는 조선 중기의 무신이다. 1567년 원균과 신립, 신호가 합격한 식년 무과에서 장원 급제했다. 문장에도 능통해 문신 관료 자리인 주서와 승지로도 발탁되었다. 1583년 이성 현감으로 여진족 침입을 격퇴했다. 백광언은 조선 중기의 무신이다. 1592년, 모친상으로 태인에 머무르던 중에 임진왜란이 일어났다. 용인전투 당시에 방어사 곽영의 조방장으로 참전했다. 백광언은 우군 선봉장, 이지시는 좌군 선봉장으로 나아갔다가 함께 전사했다. 이광 등의 용인전투의 패전으로 선조는 평양에서 의주로 다시 피란했다.

으로 들어간다면, 싸움조차 할 수 없습니다. 군기물은 즉 일찍이 경상도 싸움에서 거의 다 쏘고, 흩어졌기에 남은 것이 아주 적습니다. 지금 막 조치해 마련하려 해도 형편이 미치지 못할까 두렵습니다. 그중에서도 화약火藥이 아주 어렵습니다. 가슴만 탑니다. 가슴만 탑니다.

지난번의 임금님의 분부에 근거한 사또의 공문 내용에, "좌우 군사의 위세로 적어 돌아갈 길목을 끊고 모두 다 죽여 적을 남기지 말라"고 하셨습니다. 그래서 일찍이 우도(전라 우도) 수사(이억기)와 경상 수사慶尙水使, 본도(전라도) 우수사와 소속 여러 장수가 이미 약속 기일을 정했었습니다. 그러므로 이 명령을 어떻게 행할 수 있겠습니까. 처음에 정한 것은 25일이었는데, 지금 사또에게 온 약속에서 이르기를, 27일로 물려 정했습니다. 대개 물길로 올라가겠지만, 이는 좋은 계책이 아닙니다. 다만 짐배[37]를 정비해 군량을 운반하는 것은 이번에는 적합한 듯합니다. 아주 합리적인 듯합니다. 짐작해 헤아려 조치하시길 간절히 바랍니다. 간절히 바랍니다.

10) 1593년 3월 22일 일기 뒤[38]

엎드려 살피지 못했습니다. 건강은 어떠십니까. 그리운 마음 그지없습니다. 전날에 두 번이나 편지를 받고 곧바로 답장을 하고, 나아가 찾아뵈려 했습니다. ■ 더불어 의병을 일으켜 적을 무찔러 난리를 평정하는 일을 말씀드리고자 했습니다. 그런데 맞붙어 싸울 때 스스로 지키지 않아 적의 철환에 맞았습니다. 비록 죽을 정도까지 다치지는 않았지만, 연일 갑옷을 입어着甲 구멍 난 곳이 헐고 문드러져 고름이 등을 적시며 계속 흘러 아직도

---

37 "짐배"의 원문 "卜船"에서 "卜"은 이두에서 "진·짐"으로 읽는다.
38 이 편지 초고는 전라 순찰사 이광에게 1592년 하반기에 보낸 것으로 추정된다.

옷을 입을 수 없습니다. ~~몹시 불편해~~ 낮과 밤을 잊고 혹은 뽕나무 잿물桑灰水[39]이나 바닷물海水로 목욕하고 씻어내고 있습니다. 그러나 아직도 큰 차도가 없습니다. 걱정입니다. 걱정입니다. ~~사또~~. 군사를 출동할 날을 언제로 정하셨습니까. 소속 ~~여러~~ 변방의 장수 중에는 녹도 만호·방답 첨사 같은 사람이 수령 중에는 흥양 현감·순천 부사·낙안 군수가 있습니다. 그런데 다만 이 도(전라 좌도)의 사람들이 모두 뿔뿔이 흩어지고 달아나려는 마음을 품고 있습니다. 우도(전라 우도)의 각 포와 고을 ~~및 각 관리~~ 또한 혹은 ~~달아나~~ 스스로 무너진 곳도 있습니다. 적의 얼굴조차 보지 않았는데도 오히려 이와 같습니다.

11) 1593년 3월 22일 일기 뒤

가뭄과 불볕더위가 아주 지독합니다. 엎드려 살피지 못했습니다. 건강은 어떠십니까. 그리운 마음 그지없습니다. 전날에 아프시던 이질은 지금은 어떠십니까. 낮과 밤으로 엎드려 간절히 걱정하니 ~~제 마음을 가눌 수 없습니다~~. 곧바로 찾아뵙고자 했습니다. 그런데 떨쳐 일어나 제 한 몸을 돌아보지 않고 화살과 돌덩이를 무릅쓰고 먼저 나아갔습니다奮不顧身 先冒矢石. 철환이 ~~뼈까지 깊이 범해~~[40] 아주 중합니다. 비록 죽을 정도까지 다치지는 않았지만, 어깨의 대골(견갑골)까지 깊이 범했습니다. 연일 갑옷을 입고 있어 구멍 난 곳[41]이 ~~헐고 문드러졌습니다~~. 고름이 계속 흘러 아직 옷을 입을 수

---

39 뽕나무 잿물은 한국전통지식포탈에 따르면, "지혈止血, 생기生肌, 거악육去惡肉하는 약재"라고 한다. 『연산군일기』 연산 1년(1495) 1월 20일에는 연산군이 면창面瘡이 났을 때, 중국 약을 수입해 여자 노비 만덕을 시켜 시험할 때, 침을 맞은 뒤 "상회수桑灰水로 씻게" 하는 모습이 나온다.

40 "뼈까지 깊이 범해(■犯骨)"에서 "■"는 뒷 문장을 보면 "深"으로 보인다.

41 "연일 갑옷을 입고 있어 구멍 난 곳(■■■孔穴)"에서 "■■■"는 미판독 글자이나, 다른 메모를 보면 "連日著甲"로 추정된다.

없습니다. 뽕나무 잿물로 연일 목욕하고 씻어내고 있습니다. 온갖 조치를
해도 아직 어느 정도 효과를 얻지 못했습니다.

12) 1593년 3월 22일 일기 뒤

불꽃같은 ~~삼복더위庚炎가 심히 지독합니다.~~ 장마霖가 끝난 뒤 가물고 불
볕더위도 심히 지독합니다. 엎드려 살피지 못했습니다. 건강은 어떠십니까.
그리운 마음 그지없습니다. 전날에 아프시던 학질과 이질은 어떠십니까.
지극한 그리움에 마음을 가눌 수 없습니다. 전에 두 번이나 보내주신 편지
를 받고 곧바로 나아가 찾아뵈려고 했었습니다. 그런데 맞붙어 싸울 때 떨
쳐 일어나 스스로 제 한 몸을 돌아보지 않고 화살과 돌덩이를 무릅쓰고
들어갔습니다. 철환에 맞아 아주 중합니다. 비록 죽을 정도까지 다치지는
않았지만, 그 뒤로도 연일 갑옷을 입고 싸웠기에 철환에 맞은 구멍이 헐고
문드러졌습니다. 고름이 흘러내려 아직도 옷을 입을 수 없습니다. 뽕나무
잿물과 바닷물로 잇따라 낮과 밤으로 목욕하고 씻어내고 있지만 아직 어
느 정도도 효과를 얻지 못했습니다. 며칠 동안 떠날 채비를 했지만, 아직
용맹스럽게 나아갈 수 없어 걱정만 하고 있습니다. 군사를 일으켜 출동할
날을 어느 날 즈음으로 정하셨습니까. 그런데 이 도(전라도)의 사람들의 마
음이 달아나 흩어지려고 하기에, 징병한다는 이야기만 들리면 모두 달아나
피하려고만 한다고 합니다. 원통하고 분한 마음을 이길 수 없습니다. 원통
하고 분합니다. ~~뿐만 아니라, 철환어 견정과 대골(견갑골)을 범해 팔을 들
수 없고, 또한 활을 쏠 수 없습니다. 장차 아예 못 쓰게 될 것 같습니다.~~ 뿐
만 아니라 견골肩骨(어깨뼈)을 깊이 침범했기에 또한 활을 쏠 수 없습니다.
장차 아예 못쓰게 될 것 같습니다. 걱정입니다. 걱정입니다. 군사를 일으켜

난리를 평정하는 일이 지금 아주 급하기가 ~~한 순간에 이를 정도인데~~, 몸의 병이 이렇게 되었으니 북쪽을 바라보며 길이 통곡할 뿐입니다. 군사를 일으켜 출동할 날을 어느 날 즈음으로 정하셨습니까. 근래 이 도(전라도)의 사람들의 마음을 자세히 살펴보면, 징병한다는 이야기만 한 번 들으면 모두 뿔뿔이 흩어져 달아날 계획만 지니고 있습니다. ~~포작으로 배를 능히 조종할 수 있는~~ 연해 사람들이 또한 거의 다 뿔뿔이 흩어져 도망치면서 말하기를, "물길을 따라 조종해 관서關西(평안·황해)로 가면 되돌아올 기회가 없고, ~~살아서는 부모처자를 다시 볼 길이 없다~~. 바닷가 땅은 지키고 방어하는 사람이 없어 장차 도적의 소굴賊藪이 되어 부모처자도 ~~어려워져~~ 다시 볼 길이 없게 될 것"이라고 하고 있습니다. 사람들의 마음이 ~~무너지고~~ 뿔뿔이 흩어진 것이 이렇게까지 되었으니 어떻게 다스려 합칠 수 있겠습니까.

13) 1593년 3월 22일 일기 뒤[42]

엎드려 살피지 못했습니다. 건강은 어떠십니까. 그리운 마음이 간절해 제 마음을 가눌 수 없습니다. 일찍이 태체台體[43]께서 평안치 않으시다는 이야기를 들었지만 먼 바다에서 나라를 지키느라 안부도 쉽게 여쭤보지 못했습니다. 저는 가슴 태우며 그리워만 하고 있었습니다. 가슴 태우며 그리

---

42 이 편지 초안은 『난중일기』 1592년 일기 맨 마지막 장에 별도로 붙여놓은 것이다. 그러나 1594년 7월에 작성된 장계 관련 글 6) 1594년 11월 28일 일기 뒤와 비교해보면 비슷하다. 1594년 6월에서 7월 사이에 류성룡에게 보낸 편지인 듯하다. 정경달의 『반곡난중일기』 1594년 7월 8일에는 "함양 부사에 임명되었다는 소식을 들었지만, 얼마 뒤에 또 종사관직에 있었기에 임명되지 않았다"는 내용이 나오기 때문이다.

43 "태체"는 박대현의 『한문서찰의 격식과 용어』(아세아문화사, 2010, 146~147쪽)에 따르면, "편지 글에서 수신자를 경칭해 부를 때 쓰는 표현의 하나다. 관직의 지위에 따라 쓰는 용어가 다른데, '台'는 정2품직 벼슬에 있는 사람에게 쓴다. '대감大監'과 같다"고 한다. 내용을 보면, 학질에 걸렸던 류성룡에게 보낸 편지 초안인 듯하다.

위만 하고 있었습니다. ~~적의 형세는 별달라 더해지거나 감소하는 변화가 없습니다.~~ 이곳 적의 세력은 현재는 다른 자취가 없습니다. 연일 탐색하고 시험해보았더니 식량 부족으로 굶주리고 ~~지친~~ 모습이 많습니다. 적 세력의 변화가 없는 까닭은 반드시 곡식이 익는 데 있습니다. 그런데도 ~~사람들의 계책이 완전차 못하고,~~ 우리나라의 방어 준비가 ~~곳곳이 영성하고 고루하며,~~ 곳곳이 틀어져 어긋나 방어하고 지키는 형세가 전혀 없습니다. ~~어찌해야 합니까. 어찌해야 합니까. 왜적~~ 왜놈(倭奴)들이 이상하게 여기는 것이 수군舟師입니다. 그런데도 ~~각 곳을 수령,~~ 수군 군사로 싸우려 나가려는 사람이 한 사람도 없습니다. 방백(순찰사)에게 공문을 보냈어도 점검하고 감독할 생각이 조금도 없습니다. 군량은 의뢰할 곳이 더욱 없습니다. 온갖 생각을 다 해보았지만百爾思惟 어떻게 해야 할지 모르겠습니다. 수군의 일이 되어가는 형세는 머지않아 그만두어야 할 듯합니다. 모(이순신)의 ~~한 몸뚱어~~ 한 몸뚱이야 만 번 죽어도 조금도 아까울 것 없지만, 나랏일은 어떻게 해야 합니까如某一身 萬死無惜 其於國事如何. 전라 신임 방백(순찰사)과 원수는 ~~수군 연해 수군~~ 군량을 군관을 보내 창고를 뒤엎고 실어 갔습니다. ~~큰 목적을 모르겠습니다.~~ 모(이순신)는 다른 도(경상도)의 먼 바다에 있어 조치하고 통제할 길이 없습니다. 상황이 이렇게 심한데 어찌해야 합니까. 어찌해야 합니까. 수군에 어사를 특별히 파견해주셔서 수군의 일을 전체적으로 검사하면, 즉 ~~형세勢~~44에 도움이 될 일일 듯합니다. 그래서 장계로 ■45했지만, 아직 조정의 뜻을 알 수 없습니다. 종사관 정경달은 온 정성을 다해

---

44 썼다가 지운 '勢'를 「문화재청본」, 「편수회본」에서는 "■■", 「박혜일 · 최희동본」은 "勢■"으로 보았으나, '勢'이다.
45 "■"는 「문화재청본」, 「편수회본」에서는 미판독 글자다. 「박혜일 · 최희동본」은 "伏"으로 보았다.

밭을 감독 둔전46을 감독하고 있습니다. 그런데 전 방백(순찰사)이 보낸 공문에서 말하기를, "도주道主(관찰사)47의 명령으로 허가된 둔전 이외에는 경작하지 말며, 그 어떤 검사도 하지 말라"고 했습니다. 어 또한 그 목적을 모르겠습니다. "정 공丁公(정경달)은 지금은 함양咸陽 수령倅(군수)으로 임명되었다"고 합니다. 그가 검사하던 일은 머지않아 헛된 일이 되겠기에 가슴만 탑니다. 가슴만 탑니다. 수확할 사이까지만이라도 그대로 있게 할 수는 없겠습니까.

---

46 둔전은 국경 지역에서 군사들이 국경을 방어하며 자체적으로 군량을 조달하기 위해 농사를 짓던 토지다. 이순신도 43세 때인 1587년 함경도 조산보 만호 겸 녹둔도 둔전관을 겸했다.
47 도주는 한 도를 다스리는 책임자다. 관찰사를 지칭한다.

2. 감결 관련 글

1) 1593년 3월 22일 일기 뒤[48]

감결甘結하는 일.[49]

지금 ~~어~~ 섬오랑캐가 일으킨 변란은 아주 오랜 옛날부터 들어보지 못한 것이다. 역사에도 전해진 것이 없다. 영남 바다의 여러 성은 소문만 듣고 달아나 흩어졌다. 각 진의 대장이나 하급 장수나 하나같이 물러나 움츠러 들고, 쥐처럼 ~~산어나 섬~~, 산골짜기로 도망쳤다. 임금님의 수레는 서쪽으로 갔고, 삼경三京(서울·개성·평양)은 연이어 함락되었다. 종묘사직이 피란한 2년 만에 이제는 폐허가 되었다.

---

48   이 감결 관련 글은 감결 관련 글 2) 1593년 3월 22일 일기 뒤와 도입부가 비슷하다. 시기 또한 1594년 초로 비슷하다.
49   감결은 상급 관청에서 하급 관청으로 지시·명령을 하면서 그 결과를 보고하라는 내용의 문서다.

2) 1593년 3월 22일 일기 뒤[50]

약속하는 일爲約束事.

아주 오랜 옛날부터 들어보지 못한 ~~흉악한 적의~~ 흉악한 재앙兇變이 우리 동방의 예의의 나라(조선)[51]에 느닷없이 닥쳤다. ■■가 단단하지 못해 왜적이 삼경(서울·개성·평양)을 함락시켰고, 살아 있는 백성은 아주 심히 고통스러운 상태[52]다生民塗炭. 적의 군사가 조금 가까운 곳에 ■ 접근하기만 해도 소문만 듣고 먼저 무너져, 군량을 길에 쌓아놓게 해 도적을 도와주게 했다. 영남 바다의 여러 성은 소문만 듣고 달아나 흩어졌고, 거침없이 휩쓰는 기세를 만들었다. 임금님의 수레는 서쪽으로 피란 갔고, 백성은 짓밟혀 결딴이 났다. 삼경(서울·개성·평양)은 연이어 함락되었고, 종묘사직은 폐허가 되었다. ~~신하인 사람에게는 당연한 소임이나~~, 오직 우리 ~~여러 장수와~~ 삼도 수군만이 소리 높여 슬퍼 울부짖으며, 의기義를 떨쳐 죽을힘을 다해 일하

---

50 이 감결 초안의 내용을 살펴보면, 이순신의 장계, 「왜적을 무찌른 일을 임금님께 보고하는 장계討賊狀」(1593년 4월 6일)와 관계가 있는 듯하다. 장계에는 1593년 4월 5일에 선전관 채진蔡津과 안세걸安世傑 등이 다시 왔다는 내용이 나온다. 이 감결은 그 뒤에 작성된 듯하다.

51 "동방의 예의의 나라東方禮義之邦"는 중국에서 우리나라를 부르던 별칭의 하나다. "동방예의지국"는 『조선왕조실록』에서는 『태종실록』 태종 8년(1408) 3월 9일에 처음 나온다. "禮義之邦(예의의 나라)"는 『태종실록』 태종 4년(1404) 6월 11일에 처음 나온다. "産馬之邦(말이 생산되는 나라)"는 『태종실록』 태종 1년(1401) 8월 23일, "東方文獻之邦(동방의 문헌의 나라)"는 『태종실록』 태종 1년(1401) 10월 25일, "文翰之邦(글을 잘하는 나라)"는 『세종실록』 세종 13년(1431) 2월 8일, "文明之邦(글이 밝은 나라)"는 『성종실록』 성종 15년(1484) 7월 5일 등에 나온다. 『고려사』 「열전」 중 「김자수金子粹」에는 "당나라에서는 군자의 나라君子之國, 송나라에서는 문물예악의 나라文物禮樂之邦라고 일컬어 우리나라 사신이 머무는 곳을 소중화지관小中華之館이라고 했다"는 내용이 나오기도 한다. 국國과 방邦은 모두 '나라'를 뜻하나 『주례周禮』에서는 "큰 나라는 방, 작은 나라는 국大曰邦, 小曰國"이라 구분하고 있다. 『경국대전주해 후집』(1555)에서 '경국대전'의 '국'에 대한 용어 풀이도 같다.

52 "아주 심히 고통스러운 상태塗炭"는 『서경』 「상서중훼지고」에 나오는 말이다.

고자奮義效死53 ~~격를어 없었다.~~ 그런데 기회가 적당치 않아 소원을 펼치지
못했다. 지금은 다행히도 명나라 조정이 천하대장군天下大將軍 이 도독李度督
(이여송)54을 보내, ~~10만 명의 군사와 말을 이끌고~~ 기성箕城~~(평양)의 적을~~ 소
탕하고, 승승장구해 삼도三都(평양, 개성, 서울)55를 이미 되찾기를 연이었다.
신하된 자로서 기뻐서 펄쩍펄쩍 뛰고 즐거워 ~~말로~~ 표현할 수 없었다. 또 죽
어야 할 곳도 알 수 없구나. 임금님께서 연이어 선전관을 보내셔서 ~~분부하~~
~~시거를,~~56 "도망치는 대규모 적들의 길을 끊고 죽여 ~~수레 한 대,~~ 배 한 척도
돌려보내지 말라"고 하셨다. 또한 간곡한 ~~임금님의~~ 명령이 5일, 다시 이르
렀으니, 바로 마땅히 충성심을 떨쳐 일어나 자신의 몸을 잊을 때이다.57 그
런데 어제 적과 마주쳐 ~~삼도의 여러 장수를~~ 지휘할 때, 교묘히 회피해 머
뭇거리던 모습을 한 자가 많았다. 아주 원통하고 분했다. 바로 마땅히 군
율律을 따라야 했다. 그러나 ~~적과 서로 싸우기 전이었고, 장수將 한 명을~~
~~먼저 효시하려 했으나,~~ 앞의 일도 아직 많고, 또한 세 번 명령을 하도록 하
는 법58이 있고, ~~군령을 어길 수 있어 잠시 큰 죄를 용서하는 것도 계책姑容~~
~~其罪策일 뿐만 아니라,~~ 다시 가르쳐 힘을 내게 하는 것更敎以效力 또한 병가兵

53 "죽을힘을 다해 일하고자效死"는 『맹자』 「양혜왕장구하』에 나오는 말이다.
54 "이 도독李度督"에서 "度督"은 "都督"이다.
55 "삼도"는 『한국고전용어사전』에서는 "광주·수원·개성"이라고 한다. 『국역일성록』 정조 19년
(1795) 10월 20일에서 사도四都는 "송도·화성·광주·강화"다. 그러나 『난중일기』의 기록을 기준
으로 보면, 이 글에서는 "평양·개성·서울"이다.
56 "분부하시기를宣誘"은 선전관이 가져온 문서임을 미루어 선유교서의 선유宣諭로 볼 수
있다.
57 "바로 마땅히 충성심을 떨쳐 일어나 자신의 몸을 잊을 때이다正當奮忠忘身之秋"의 원문은 제
갈공명의 「전출사표」에 나오는 문장을 변형한 것이다.
58 "세 번 명령을 하도록 하는 법三令之法"에서 "세 번 명령하는 것三令"은 『사기』 「손자·오기열
전」에 나오는 말이다.

家의 일이기에 잠시 그 죄를 용서해 ■■를 적발하지 않았으니, ■ 감결의
내용을 하나하나 받들어 행하라.

3) 1593년 9월 15일 일기 뒤[59]

거듭 약속할 일爲申約事.

지금 여러 곳의 적들이 합쳐 산과 바다로 합쳐 모두 모이고 있다. 육지에
서는 함안·창원·의령에서 진양(진주)까지 이르렀다. 물길에서는 웅천과 거
제 등지에서 셀 수 없이 많이 세력을 합치고 있다. 오히려 서쪽에 뜻을 두
고 더욱 제멋대로 흉악한 음모를 꾸미고 있다. 아주 원통하고 분하다. 뿐만
아니라 작년 늦가을부터 지금까지 장수들이 명령을 내릴 때 온 정성을 다
했는지盡心 어떤지를 때에 따라 자세하게 빠짐없이 생각하며 살펴보았다.
어느 때는 진격을 먼저 외치며 다투어 서로 돌격해 싸울 때에, ~~스스로 자
커가 위해~~ 살기를 탐해[60] 미련을 두고 중간에서 빠져 뒤에 서는 자가 있었
다. 혹은 공로를 탐하고[61] 이익을 좋아해 승패를 계산해보지도 않고有貪功着
利 不料勝敗 돌격하다 적의 칼 손에 끝내는 나라를 욕되게 하고 몸을 죽게
만든 걱정거리가 된 자도 있었다.

---

59 내용을 보면, 이 메모는 2차 진주성 전투가 있었던 1593년 6월경에 작성된 듯하다.
60 "살기를 탐하다貪生"를 「문화재청본」은 "食生"으로 보았다. 오자다.
61 "공로를 탐하다貪功"를 「문화재청본」은 "貪切"로 보았다. 오자다. 1594년 1월 18일의 '功'과
같다.

3. 장계 관련 글

1) 1593년 3월 22일 일기 뒤[62]

(1592년) 9월 1일. 밤 1시에 출발해 몰운대沒雲臺에 도착했더니,[63] 경상 우수사가 먼저 그의 소속 장수를 여럿 이끌고 있었습니다. 돌아서 다대포 앞바다에 도착했습니다.

우수사 이(이억기)와 경상 우수사 원균과 서로 약속했습니다. 절영도 남쪽 바다에 도착해 부산을 멀리서 바라보니, ~~같은 포 적선[64]은~~ 좌우 산기슭에 적선이 셀 수 없이 열을 지어 정박해 있을 뿐만 아니라, ~~새로 지은 흙으로 쌓고 이엉을 덮은 집이 좌우의 산허리와 성안에 가득 차 있었습니다.~~ 새로 지은 초가草家와 흙으로 쌓은 담장이 가득히 이어져 있었기에 신 등은 억울하고 분한 마음을 이길 수 없었습니다. ~~약속을 받고 여러 장수를~~

---

62 이 메모는 1592년 9월 1일의 부산대첩과 관련된 것으로, 이순신의 「부산에서 왜적을 처부순 일을 임금님께 보고하는 장계釜山破倭兵狀」(1592년 9월 17일)에도 나오는 내용이다.
63 「부산에서 왜적을 처부순 일을 임금님께 보고하는 장계釜山破倭兵狀」(1592년 9월 17일)에서는 "9월 1일, 닭이 울 때雞鳴 출발했고, 진시에 몰운대에 도착했다고 한다.
64 "적선賊船"을 「문화재청본」은 "敵船"으로 보았다. 오자다.

성대하게 이끌고, 선봉으로 달려 들어갔습니다. 본도(전라도) 우수사(이억기)와 경상 ~~우수사(원균)~~도 ~~약속에 따라~~ 신(이순신)의 뒤를 따라 와서 서로 번갈아 드나들면서 천자·지자 총통과 여러 종류의 총통을 연달아 쏘아 적선 50여 척[65]을 깨부수었습니다. 해도 저물었습니다.

2) 1593년 3월 22일 일기 뒤[66]

무찔러 없앤 일.[67]

전에 선전관 조명이 갖고 온 임금님께서 분부하신有늘 서장[68]에 따라 신(이순신)은 소속 수군을 거느리고, 경상 우수사 원균과 ~~같이 의논해~~ 그가 이끄는 전선 3척까지 ■거느리고[69] 옥포 등지를 노략질하던 적선 40여 척을 불태워 없앤 것焚滅은 이미 「임금님께 긴급 보고」했습니다. 그런데 지난 (1592년) 5월 27일에 받은 경상 우수사 원균의 공문에, "적의 무리들賊徒이 ~~바다와 육지로 침범해 여러 진, 곤양과 사천, 남해 등지의 각 고을과 마을 사람들의 집을 불 지르고 노략질하면서 본도(경상 우도)를 점차 압박해~~, 우도(경상 우도)의 여러 고을은 이미 도적의 소굴이 되었고, 곤양과 사천도 다 패해 함락되었다"고 했습니다. 그래서 신(이순신)은 한편으로는 소속 수군 장수들을 불러 모았고, 다른 한편으로는 본도(전라도) 우수사(이억기)에게

65 「부산에서 왜적을 쳐부순 일을 임금님께 보고하는 장계釜山破倭兵狀」(1592년 9월 17일)에서는 "100여 척을 격침"시켰다고 나온다.
66 이순신의 「당포에서 왜적을 쳐부순 일을 임금님께 보고하는 장계唐浦破倭兵狀」(1592년 6월 14일) 관련 내용이다.
67 "무찔러 없앤 일爲剿滅事"의 「문화재청본」은 "剿滅事"이나, "爲"가 누락되었다.
68 서장은 「한국고전용어사전」에 따르면, 서간·간찰·편지·서첩 등의 문서로 공사에 자유롭게 왕래된 문서로서 고정된 형식이 없어 폭넓게 이용되었다고 한다.
69 "■거느리고"의 원문 "領■"에서 "■"는 다른 사례로 보면, "率"로 보인다.

공문을 보냈습니다. 위의 우도(전라 우도)는 물길이 까마득히 멀고 순풍과 역풍도 예상하기 어렵기에 그 기한을 넉넉하게 주어 6월 3일에 신(이순신)의 영(전라 좌수영, 여수) 앞바다에서 모일 것을 약속하고 ■해 함께 적[70]에게 나아가려고 했습니다. 그런데 ~~경상 우수사가 다시 보낸 기별에, "곤양과 사천 등의 고을이 이미 결판났다"고 했기 때문에~~ 다시 ■■해 본도(전라도) 우수사(이억기)를 기다려 만난다면 일의 형세가 더디고 느려지겠기에 5월 29일 이른 새벽에 신(이순신) 소속 수군만 이끌고 곤양과 남해 경계의 노량에 달려가 도착했습니다. 위의 원균은 신(이순신)의 수군을 멀리서 바라보고는 전선 3척을 거느리고 왔습니다. 원균은 군대가 패배한 뒤로 군사가 없는 장수로 특별히 조치하고 통제할 일이 없었습니다.[71] 같은 날(5월 29일) 낮 12시쯤, 적선 1척이 곤양 땅 가운데 태포太浦에서 난리를 펴 집[72]에 불지르고 노략질하며 수색·정탐하다가 우리 수군을 멀리서 바라보고는 달아나 피하려던 때에 여러 배가 한꺼번에 쫓아갔습니다.■

---

70 "적"을 「문화재청본」, 「편수회본」은 "賊"으로 보았으나, 「박혜일·최희동본」은 "敵"으로 보았다. 「친필본」도 "敵"이다. 오자다.

71 "군대가 패배한 뒤로 군사가 없는 장수로 특별히 조치하고 통제할 일이 없었습니다敗軍之■後 無軍之將 以別無措制之事"에서 앞의 "■"는 "以"로 보인다. 장계에서 그 부분이 "敗軍之後 無軍將以 措制不得"로 나오기 때문이다.

72 "집에于家"를 「문화재청본」, 「편수회본」은 "千家"로 보았으나, 「박혜일·최희동본」은 "于家"로 보았다. 「친필본」도 "于家"이다. 오자다.

3) 1593년 3월 22일 일기 뒤[73]

불태워 없애고焚滅, 곧바로 사천에 도착했습니다. 선창을 바라보니,[74] 자그마치 300여 명[75]의 왜적이 산봉우리에 진을 쳤고, 산 아래에는 배를 줄지어 매어놓았습니다. 대선 7척, 중선 5척[76]에 많은 깃발을 꽂아놓고는 펄쩍펄쩍 뛰었습니다. 그래서 거북선을 돌진시켜 천자·지자 총통을 연달아 쏘게 했고,[77] 또 여러 배가 한꺼번에 진격해 화살과 철환을 바람과 비처럼 어지럽게 쏘았습니다諸船一時俱進 射矢放丸 亂如風雨.[78] 적의 무리는 물러나 숨었습니다. 전에 맞아 물에 빠진 자, 다친 몸을 끌고 산으로 올라가는 놈이 얼마나 되는지 셀 수도 없었습니다. 왜적의 머리를 많이 베었고, 왜장은 4급을 베었고,[79] 배는 남김없이 모두 불태워 없앴습니다. 이튿날인 6월 1일, 고성땅 모사랑포[80]에 진을 치고 밤을 보냈습니다. 2일 이른 새벽에 배를 출발

73 이순신의 「당포에서 왜적을 쳐부순 일을 임금님께 보고하는 장계唐浦破倭兵狀」(1592년 6월 14일)의 내용이다.

74 "불태워 없애고, 곧 바로 사천에 도착했다. 선창을 바라보니焚滅後直到泗川■船倉"는 이순신의 장계, 「당포에서 왜적을 쳐부순 일을 임금님께 보고하는 장계」에서는 "焚船後 望見泗川船滄"이다. 이로 보면 "■"는 "望" 혹은 "見"으로 보인다.

75 「당포에서 왜적을 쳐부순 일을 임금님께 보고하는 장계」에서는 "四百餘名(400여 명)"이다.

76 "중선 5척"의 원문은 "中隻五隻"이다. 「당포에서 왜적을 쳐부순 일을 임금님께 보고하는 장계」에서는 "樓閣者十二隻(누각이 있는 12척)"으로 나온다.

77 「당포에서 왜적을 쳐부순 일을 임금님께 보고하는 장계」에서는 "先放天地玄黃 各樣銃筒(천·지·현·황의 각종 총통을 쏘게 했더니)"로 나온다.

78 「당포에서 왜적을 쳐부순 일을 임금님께 보고하는 장계」에서는 "철환·장전편전·피령전·화전(불화살)을 천자·지자 총통 등으로 비바람같이 쏘았습니다鐵丸 長片箭 皮翎箭 火箭 天地字銃筒等 發如風雨"로 나온다.

79 「당포에서 왜적을 쳐부순 일을 임금님께 보고하는 장계」에서는 왜장의 머리를 벤 것은 나오지 않는다. 다만, "김완은 우리나라 여자아이 1명을 찾아 얻었고, 이응화는 왜적 머리 하나를 베었다金浣段搜得我國兒女一名 李應華段斬倭一級", 또 원균이 다음 날인 6월 1일 사천 선창 부근에서 "수색해 죽은 왜적의 머리 3개를 베었다搜斬死倭三頭"는 내용이 나온다.

80 "고성 땅 모사랑포毛思郎浦"는 「당포에서 왜적을 쳐부순 일을 임금님께 보고하는 장계」에서는 "사천 땅 모자랑포毛自郎浦", 「난중일기」 1592년 8월 24일에서는 "사천 모사랑포毛思郎浦"라

해 가볍고 빠른 배輕快舡를 보내 적이 머문 곳을 찾아내게 했습니다. 돌아와 보고한 내용에 따르면, "당포에 왜 대선倭大船 12척, 소선小舡 20여 척이 정박한 뒤 천천히 육지에 상륙해 당포의 관사를 불 지르고 노략질하고, 여유롭게 배 위에 있다"고 했습니다.[81] 이로 말미암아 다시 여러 장수를 격려해 한꺼번에 급히 추격했습니다. 소선 2척으로 유인했더니[82] 적의 층루대선層樓大舡과 여러 척의 배가 노를 저어 쫓아 나오며 시끄럽게 소리를 지르고 펄쩍펄쩍 뛰었고, 또 나각(소라)을 불었습니다. 이에 장수들을 지휘해 한꺼번에 둘러싼 뒤一時回擁, 먼저 거북선으로 하여금 곧바로 뚫고 들어가直衝 천자·지자 총통을 연달아 쏘아 그 층루대선을 깨부수게撞破 했습니다.[83] 적의 무리들은 자신들의 형세가 우리를 당해낼 수 없음을 알고는 당포 선창으로 되돌아 들어가 육지로 상륙했습니다. 철환과 화살을 바람과 비가 쏟아지듯 쏘았습니다放丸射矢 發如風雨. 거의 다 맞아 다치거나 죽었고, 머리를 벤 것도 많았습니다. 먼저 왜장의 머리를 베었고, 또 따르는 왜적의 머리를 베었습니다. 7급입니다. 배도 모두 불태워 없앴습니다. 또한 높은 곳에서 적을 감시하는 군사가 보고한 내용에 "왜 대선 20여 척과 소선 10여 척이

고 나온다.
81 「당포에서 왜적을 쳐부순 일을 임금님께 보고하는 장계」에서는 "판옥선 크기의 대선은 9척, 중·소선은 모두 12척이었고, 선창에 나눠 정박하고 있었습니다倭船大如板屋者九隻 中小船并十二隻 分泊船滄"라고 해서 이 장계의 정보와 차이가 있다. 이 장계는 이순신이 직접 본 다음에 쓴 듯하다. 장계에는 "가볍고 빠른 배를 보내 적이 머문 곳을 찾아내게 했습니다令輕快舡探賊止泊處"는 나오지 않는다.
82 「당포에서 왜적을 쳐부순 일을 임금님께 보고하는 장계」에서는 "소선 2척으로 유인했더니小船二隻 以誘引"는 나오지 않는다.
83 「당포에서 왜적을 쳐부순 일을 임금님께 보고하는 장계」에서는 "먼저 거북선으로 하여금 층루선 아래로 곧바로 뚫고 들어가게 해 용의 입에서 현자 총통의 철환을 위를 향해 쏘게 했고, 또 천자·지자 총통으로 대장군전을 쏘아 그 배를 깨부수게 했습니다先使龜船 直衝層樓船下 以龍口仰放玄字鐵丸 又放天地字大將軍箭 撞破其船"라고 되어 있다.

향해 오고 있다"[84]고 했기에 재촉해 바다로 나가 자세히 살펴보니 결과는 그 말과 같았습니다. 적의 무리들은 우리 수군을 멀리서 바라보고는 물러나 숨으려 견아량[85]으로 향했습니다. 날이 이미 저물어 그대로 머물며 밤을 지냈습니다. 다음 날인 3일, 우리 수군을 정돈해 협공해서 수색·토벌하려 했어도 자취가 전혀 없었습니다. 가볍고 빠른 작은 배輕快小舡를 보내 먼저 적이 머문 곳을 정탐하도록 한 뒤, 그대로 머물러 출발하자 않코 우수사(전라 우수사 이억기)를 기다렸습니다. 4일 낮 12시쯤,[86] 우수사(이억기)가 수군을 거느리고 와서 정박했습니다. 함께 약속하고 견아량과 착포鑿浦[87]에 진을 치고 밤을 지냈습니다. 그리고 배를 몰아 고성에서 20리가 미치지 못했을 때, 섬 위에 있던 우리나라 사람 하나[88]가 우리를 부르며 말하기를 "적선 대·중·소 전체 30여 척[89]이 지금 고성 땅 당항포에 들어와 여러 척이 대오를 짓고 있다"고 했습니다. 그래서 그 당항포에.

---

84 「당포에서 왜적을 쳐부순 일을 임금님께 보고하는 장계」에서는 "왜 대선 20여 척이 소선을 많이 이끌고 거제에서 와서 정박하고 있다倭大船二十餘隻 多率小船 自巨濟來泊"고 했다.

85 "견아량"의 원문 "堅我梁"은 견내량을 말한다.

86 「당포에서 왜적을 쳐부순 일을 임금님께 보고하는 장계」에서는 "午時(낮 12시쯤)"은 나오지 않는다.

87 「당포에서 왜적을 쳐부순 일을 임금님께 보고하는 장계」에서는 "鑿梁"이다.

88 「당포에서 왜적을 쳐부순 일을 임금님께 보고하는 장계」에서는 "거제에 사는 향화인 김모 등 7~8명이 함께 조그만 거룻배를 타고 기쁜 모습으로 왔다巨濟居向化金毛等七八人 同騎小艇欣迎來"고 나온다.

89 「당포에서 왜적을 쳐부순 일을 임금님께 보고하는 장계」에서는 "크기가 판옥선 같은 것이 9척, 중선 4척, 소선 13척大如板屋者九隻 中船四隻 小船十三隻"이라고 나온다. 또한 우리나라 사람이 와서 이야기했다는 내용도 없다.

4) 1593년 5월 1일 일기 앞

(1593년) 5월 10일. 거제 견내량 진 중에서.[90]

전라 좌·우(좌도·우도) 대장(이순신, 이억기)

경상 우(우도) 대장(원균)

경(경상) 중위장 김승룡(미조항 첨사)[91]

(경상) 전위장前衛將 기효근(남해 현령)

(전라) 좌(좌도) 중위장 권준(순천 부사)

(전라) 우(우도) 중위장 구사직(가리포 첨사)

(전라) 좌(좌도) 좌부左部(좌부장)[92] 신호(낙안 군수)

(전라) 좌(좌도) 전부前部(전부장) 이순신(방답 첨사)

(전라) 좌(좌도) 중부中部(중부장) 어영담(광양 현감)

(전라) 좌(좌도) 척후(척후장) 김완(사도 첨사, 우척후장)·김인영金仁英(여도 권관, 좌척후장)

90　이 장수 명단의 날짜를 1592년 5월 10일 혹은 1593년 5월 10일로 볼 수 있다. 1592년 5월 4일부터 출전한 이순신의 1차 출전 결과를 보고한 「옥포에서 왜적을 처부순 일을 임금님께 보고하는 장계玉浦破倭兵狀」(1592년 5월 15일)에서는 이 명단과 달리 순천 부사 권준은 육군에 파견되어 있었기에 나오지 않는다. 당시 전라 좌도 중위장은 방답 첨사 이순신이었다. 권준은 1592년 5월 29일부터 출전한 이순신의 2차 출전 결과를 보고한 장계, 「당포에서 왜적을 처부순 일을 임금님께 보고하는 장계」(1592년 6월 14일)에서 전라 좌도 중위장으로 참전한 것으로 나온다. 또한 전라 우도의 이억기 부대가 출전한 것은 2차 출전 때인 1592년 6월 4일이다. 이로써 이 명단은 1593년 5월 10일의 명단으로 볼 수 있다. 권준과 전라 우도 이억기 부대의 참전 때문이다. 또한 이 메모는 1593년 5월 1일 일기 앞에 있는 메모이기 때문이다. 이 번역본에서는 1593년 5월 10일로 보았다.

91　김승룡은 「옥포에서 왜적을 처부순 일을 임금님께 보고하는 장계」(1592년 5월 15일)에 따르면 경상 우수사 원균 막하의 미조항 첨사로 출전했다.

92　"좌(좌도) 좌부(좌부장)"를 「문화재청본」에서는 "좌(좌도) 중부中部」로 보았다. 오자다. 「편수회본」「박혜일·최희동본」도 '左左部'이고, 「친필본」에서는 '左〃部'이다.

(전라) 좌(좌도) 유군장遊軍將[93] 황정록(발포 만호)

(전라) 좌(좌도) 우부(우부장) 김득광(보성 군수)

(전라) 좌(좌도) 후부後部(후부장) 가안책(전라 좌수영 군관)·대代(대변군관待變軍官) 송여종(낙안 군수 신호 소속)

(전라) 좌(좌도) 참퇴斬退(참퇴장)[94] 이응화(전 첨사)[95]

5) 1593년 9월 15일 일기 뒤

하나. 오랑캐의 성질은 가볍고 사납습니다. 창과 검에 뛰어나고 배에도 익숙합니다. 육지에 상륙하면 오로지 죽을 마음을 품고 검을 휘두르며 달려 나갑니다. 우리 군사들은 ~~아직도 잘 훈련되자 않았고~~, 겁먹어 죽음을 두려워하는 무리들이라 한 번에 놀라 흩어져 달아납니다.[96] ~~여러 곳에서 하나같이 버티며 싸우자 못했고~~, 그들(일본군)은 죽음을 무릅쓰고 버티며 싸웁니다.[97]

---

93 유군장은 임기응변으로 공격하는 부대의 장수다. 『신진법』에 따르면, 유군은 대개 정군正軍의 10분의 3 규모다.

94 참퇴장은 적과 싸우는 아군들을 감시하다가 전장을 이탈하는 아군을 처단하는 장수다. 참퇴장은 1588년 1월 여진족 토벌전, '시전부락 전투' 실황을 그린 「장양공정토시전부호도壯襄公征討時錢部胡圖」에서는 좌위에서는 급제 박인봉朴仁鳳, 우위에서는 전 만호 김광金光이 맡았었다. 정경달의 『반곡난중일기』 1592년 4월 20일에는 경상 관찰사 김수가 정경달을 참퇴장으로 삼았다는 내용이 나온다.

95 "(전라) 좌(좌도) 우부(우부장) 김득광(보성 군수), (전라) 좌(좌도) 후부(후부장) 가안책(전라 좌수영 군관)·대(대변군관) 송여종(낙안 군수 신호 소속), (전라) 좌(좌도) 참퇴(참퇴장) 이응화(전 첨사)"는 위의 장수 명단 옆에 다른 종이에 써서 붙여놓은 것이다.

96 "흩어져 달아납니다散奔"를 「문화재청본」은 "散分"으로 보았으나, "散奔"의 오자다. 「친필본」·「편수회본」·「박혜일·최희동본」도 같다.

97 『선조실록』 선조 25년(1592) 9월 17일에 따르면 선조가 우리나라 군사들의 검술 훈련을 위해 압록강을 넘어가 명나라 군대에게 칼을 쓰는 법을 배우게 하면 어떨지 대신들에게 물었고, 이에 대해 이항복은 "우리나라 사람은 배울 수 없습니다"라고 했다. 이에 대해 선조는 다시 "검술은

하나. 정철총통은 전쟁에서 가장 중요한 도구입니다. 그러나 우리나라 사람들은 아직도 그것을 만들고 다루는 미묘한 이치를 알지 못했습니다. 이제야 온갖 생각 끝에 얻어내今者百爾思得 조통[98]을 만들었습니다. 왜통(왜의 조총)에 비교해도 아주 절묘합니다.[99] 명나라 사람들唐人이 진에 도착해 시험 사격을 했는데, 잘 만들었다고 칭찬하지 않는 사람이 없었습니다. 이는 즉 이미 그 미묘한 이치를 얻었기 때문입니다. 도 안에서 같은 형태로 많이 만들 일을 순찰사와 병사에게 견본을 실어 보내며 공문을 보내 시행하도록 하게 했습니다.[100]

쉽게 배울 수 없지만, 검술이 전해진다면 좋을 것"이라고 검술의 중요성을 언급했다. 당시 조선에서는 칼을 주요 무기로 거의 사용하지 않았음을 알 수 있다.

98 "조통"의 원문 "鳥筒"은 조총을 말한다. "왜통倭筒"도 같다.

99 『신기비결』(한효순, 유재성 옮김, 국방부군사편찬연구소, 2011, 36쪽)에 따르면, "조총의 소중한 것은 쇠를 단련하는 것이니, 두 개의 통을 정교하게 단련하여 서로 감싸게 한다. 원래의 구멍은 아주 작아서 강철로 이를 계속 뚫어 하루에 겨우 한 치쯤씩을 뚫어 맨 밑바닥에 이르는데 한 달이 되어서야 끝이 난다. 뚫은 구멍에 광채가 나는 것을 상등으로 친다. 중심 부분에는 강철을 쓰지 않고 계속 구멍을 뚫어 빛이 나게 하는데, 납 탄알이 구멍으로 빠져나가지 못한다. 출구가 똑바르지 못하고 두꺼운 곳은 탄알이 들어가지 않고 얇고 얇은 곳은 불에 닿으면 폭발해서 파열되어버린다. 심지어는 단통單筒이 뒤틀려서 들자마자 폭발하여 사람의 손을 잃게 하니 어찌 감히 앞에서 떠받힐 수가 있겠는가?"라고 조총 제작의 어려움을 이야기했다. 또한 같은 책(37~38쪽)에서 "날카로움이 갑옷을 관통하고 쏘면 능히 명중한다. 오히려 동전의 구멍을 맞출 수 있고 버들잎을 뚫을 뿐만 아니라, 두꺼운 겹 갑옷을 뚫을 수 있는 날카로움은 중심부의 내부가 길기 때문이다. 중심부의 내부가 길면 화기가 새어나가지 않고 내보내는 형세가 멀어서 힘이 있어, 발사하면 능히 명중을 시키며, 출구에서 곧바로 나가고, 손으로 화약을 밀기 전에 화약을 떨어뜨리지 않는다. (…) 그러므로 열 발에 여덟아홉 발이 명중하고, 즉 나는 새가 숲에 있음에도 모두 쏘아서 떨어뜨릴 수 있는 것이다. 이 조총이 날카롭고 정예로운 무기인 까닭은 이 조총의 명중률 비교가 비록 궁시라 할지라도 그만은 못하기 때문이다. 이 조총은 겹 갑옷을 관통하여 갑옷의 단단함으로써도 막을 수가 없다. 조총의 정밀함은 비록 교장에서 다른 무기와 비교하여 보더라도, 조총이 고니를 명중시킬 수 있는 것이 쾌쟁快鎗(하포)보다는 10배가 더 낫고, 궁시보다는 5배가 더 나은 것이다"라고 조총의 장점을 이야기했다.

100 정철총통 제조는 「화포(조총)를 봉해 보내는 일을 임금님께 보고하는 장계封進火砲狀」(1593년 8월)와 1593년 5월 12일 일기에도 같은 내용이 나온다.

하나. 지난해 변變(전쟁)이 일어난 뒤부터 수군은 배를 타고 맞붙어 싸운 것이 많아, 20~30번에 이릅니다. 그런데 큰 바다에서 서로 싸웠습니다. 그 적선敵船은 부서져 깨지지 않은 것이 없었고, 우리는 단 한 번도 패하지 않았습니다我則一無所敗.

6) 1594년 11월 28일 일기 뒤[101]

하나. 영남 좌우 바닷가에 대규모의 적들이 넘쳐나니, 앞뒤 가리지 않고 밀어닥칠 걱정거리가 반드시 곧 있을 것입니다. 그러나 전쟁이 일어난 지 3년이 되어 공사의 재물이 모두 다 없어졌고, 여역(전염병)도 심하게 번져 다 죽어가고 있습니다. 바다와 육지가 똑같습니다.[102] 유 대총劉大總(유정)이 군사를 이미 철수시켜 돌아갔습니다. ~~호남에서 서울까지 외틀어로나마 살~~ ~~아 있던 사람들도 이미 놀라 흩어졌다고 합니다. 이것만이 아닙니다.~~ 온갖 생각을 해봐도百爾思惟 방어하고 지킬 거화拒火 방법이 전혀 없습니다. 위급한 상황이 숨 한 번 쉴 사이에 닥쳐오고 있습니다.

영남 좌·우도 바닷가의 땅에 대규모의 적들이 넘쳐나니, 앞뒤 가리지

101　이 장계 부분은 편지 관련 글 13) 1593년 3월 22일 일기 뒤와 거의 동일한 내용이다. 류성룡은 「措置防守事宜啓」(1595년 1월)에 따르면, 1594년에 이순신이 정경달로 하여금 둔전을 경영케 했고, 류성룡은 1595년에도 정경달이 계속 둔전을 관리할 수 있게 해야 한다고 선조에게 건의했다. 이 장계 초안 내용 중 명나라 파총 장홍유에 대한 이야기와 정경달의 『반곡난중일기』 1594년 7월 8일 일기, 즉 함양 군수에 임명되었지만, 종사관직에 있었기에 임명되지 않았다는 것을 보면, 1594년 7월 이후에 작성된 것이다.

102　이순신의 「군 복무 기피자들이 많은 여러 장수의 죄에 대해 처벌을 임금님께 청하는 장계請罪闕防諸將狀」(1594년 4월 20일)에 따르면, "1594년 1월부터 2·3·4월까지 삼도의 사망자수는, 전라 좌도 606명이고 현재 앓아누운 사람은 1373명이고, 전라 우도의 사망자는 603명이고, 앓아누운 사람은 1878명, 경상 우도의 사망자는 344명이고, 앓아누운 사람은 222명입니다. 충청도의 사망자는 351명이고, 앓아누운 사람은 286명으로 삼도의 사망자 합계는 1904명이고, 앓아누운 자는 3759명"으로 나온다.

않고 밀어닥칠 걱정거리가 반드시 곧 있을 것입니다. 그러나 전쟁이 일어난 지 3년이 되어 공사의 재물이 모두 다 없어졌고, 여역(전염병)도 심하게 번져 다 죽어가고 있습니다. 위급한 상황이 숨 한 번 쉴 사이에 닥쳐오고 있습니다. 방어할 방법도 없고, 지킬 수 있는 방법도 없습니다. 온갖 생각을 해봐도百爾思惟 조치할 방법이 없고, 바다와 육지의 여러 장수도 모두, 바다와 육지의 여러 진이 똑같이 지킬 방법이 전혀 없습니다. 바다와 육지의 여러 진이 모두 군사와 군량을 호남 한 도道에 의지했기에, 호남도 무너져103 전쟁의 재앙을 당한 땅보다도 더 심한 상태입니다. 앞으로 일을 어떻게 조치해야 할지 모르겠습니다. 군사 양식과 군사를 그 어디에도 의지할 곳이 없습니다.

급히 모아놓은 것도 날이 갈수록 줄어들고 있습니다. 여러 곳에서 군사와 잡색군을 급히 모으는 것만도 못합니다. 혹은 육로陸路의 요해를 끊어 주시거나, 혹은 수군을 도와 힘을 합치게 해 주신다면, 적진을 곧바로 칠 수 있습니다.

하나. 영남 우도의 적의 세력은 이전처럼 특별한 움직임이 없습니다. 그러나 다시 그 형편을 살펴보았더니 배고픈 기색이 많습니다. 그들이 노리는 것은 반드시 가을에 곡식을 거둘 때일 것입니다. 그런데도 우리나라의 방어 준비가 아주 어설퍼 가슴만 탑니다. 가슴만 탑니다. 방어하고 지키려는 분위기가 전혀 없습니다. 왜놈이 겁먹고 두려워하는 것은 즉 수군이지만, 수군의 군사로 전쟁에 나서려는 사람이 한 사람도 없습니다. 그럼에도

---

103 "무너져"의 원문은 "板蕩"이다. 나라의 법도가 무너져서 질서가 없게 된 세상을 말한다. 『시경』「대아」의 '板'과 '蕩' 두 편篇이 모두 문란한 정사政事를 읊은 데서 유래했다.

떠돌아다니며 얻어먹는 무리들을 모아 격군으로 만드는 것도 힘듭니다. 또한 군사는 물론이고 양식조차 구경하지 못하고 있고, 질병이 또한 심하게 번져 죽는 자들이 잇따르고 있습니다. 여러 번이나 이것을 자세히 원수와 방백(순찰사)에게 공문을 보냈고, 「임금님께 긴급 보고서」를 올렸으나 대책도, 회답도 없습니다. 「임금님께 긴급 보고서」를 올린 것도 한두 번이 아니지만, 어찌 하라는 명령이 없었습니다. 온갖 생각을 해봐도 방어하며 지킬 방법이 없습니다. 수군은 곧 파탄이 나서 그만둘 형편입니다. 모(이순신)의 한 몸이야 만 번 죽어도 참으로 달게 여길 수 있습니다. 그러나 나랏일은 어떻게 해야 합니까如某一身 萬死固甘 其於國事何. 수군은 얼마 되지 않는 군량이라도 순천 등저의 바닷가 고을에 쌓아놓고 있었습니다. 그런데 방백(순찰사)과 원수가 군관을 보내 창고를 뒤엎고 실어 갔습니다. 모(이순신)는 다른 도(경상도)의 먼 바다에 있었기에 조치할 수도 없습니다. 상황이 이와 같은데 어찌해야 합니까. 어찌해야 합니까. 수군에 어사를 특별히 파견해주셔서 수군의 일을 전체적으로 검사할 수 있게 해주신다면, 도움이 될 듯합니다. 헛된 생각이나마 「임금님께 긴급 보고서」로 올립니다. 어 일어 어떻게도 적합하지 않다고 생각하신다면, 즉 영남의 순무어사 (⋯).

하나. 바닷가 수군 군사를 순변사 이일과 충용장 김덕령 등어 소속을 거의 다 옮겨놓았기에 집에서 편안히 있을 수 있게 되었습니다. 엄격한 명령이 내려진 날에도 검사를 받아야 할 징병 대상 군사들은 오히려 물러나 그들의 집에서 편안하고 한가하게 있습니다. 그래서 적들이 듣고는 가까운 곳에 한꺼번에 달려와 모였다고 합니다. 바닷가 수군들을 원수 소속 군사로 만들어 어떻게 어처럼 안일하게 잠시 일시의 편안함에 거의 다 내던지게 합니까. 그들 소속 관청에 감독하게 했으나, 연해에 머물고 있는 순변사는 잡아오지 못하게 하고 있습니다. 하는 일마다 이러니 어찌해야 합니까. 어찌해야 합니까.

하나. 정경달은 종사관으로서 온 정성을 다해 ~~둔전을 경작했고, 둔전의~~ 일을 감독하고 검사해왔습니다. ~~그런데 전 방백(순찰사)이 보낸~~ 공문에 따르면, "도(전라도) 안의 일은 책임자가 있으니, 둔전을 통제하고 경작하는 것을 검사하는 일은 실로 그의 임무가 아니다. 게다가 다른 도(경상도)의 바다 진영海陣에 멀리 있기에 또한 경작을 검사할 수 없다~~고 전했었다. 그러므로~~ 지금부터는 그 어떤 검사도 하지 말라"고 했습니다.[104] 그런데 지금은 "함양 수령(군수)으로 임명되었다"고 합니다. 가슴만 탑니다. 추수할 때까지만 이라도 그대로 있으면서 검사하는 일을 할 수 있도록 장계를 올립니다.

하나. 장 파총張把總(명나라 총병관 장홍유)이 이달 17일 진에 도착했습니다. 수군의 막강한 위세를 보고 아주 크게 탄복했습니다. "내년 봄 산동山東과 천진天津 등의 비호선飛虎船[105] 120여 척을 이끌고 한달음에 제주로 갔다가 그대로 한산도 진에 도착할 것이고, 세력을 합치고 함께 ~~건너가~~ 이 적을 무찌르자"고 했습니다. 비록 이 이야기를 깊이 신뢰할 수 없으나, 그의 마음을 자세히 살펴보았을 때 거짓말은 아닌 듯합니다. 이곳에서 3일을 머물

---

104 『반곡난중일기』 1594년에 따르면, 정경달은 8월 20일에 전라 좌도를 순찰하고 검사하는 길을 떠났는데, 보성, 낙안, 순천, 광양, 구례, 곡성, 남원, 옥과, 순창, 담양, 광주, 능주 등을 다녀왔고 9월 17일에 상산으로 돌아왔다고 한다.
105 「문화재청본」의 "飛虎船"을 「편수회본」에서는 "飛唬船"으로 판독했다.

렀는데, 아주 한탄스러웠습니다. 송과 이[106]가 눈을 가리고 귀를 막고 있다고 합니다.[107] **또한.**

7) 1598년 10월 7일 일기 뒤[108]

군사 문제에 관한 일爲軍務事.

이달[109] 3일, 유 총병劉總兵(유정)이 직접 쓴 편지에 준거해, 당일(3일) 밤의 밀물에서 오래 맞붙어 싸웠습니다. 본래 역할은 각 장수와 군사의 배를 통솔해 전진하는 것이었습니다. 각 관병官兵들은 격분해 몸을 돌아보지 않고 곧바로 뚫고 들어가直衝 왜선倭舡을 불태우고, 10여 척을 끌어냈습니다. 산성(예교성) 위의 왜적들은 총포銃砲가 이미 바닥이 났기에 관병이 승리하기 위해 한뜻으로 치열하게 싸웠습니다. 마침 썰물이 시작되는 것을 보았을 때, 본래 역할에 따라 마땅히 즉시 나팔을 불어[110] 군사를 물려야 했습니다. 그러나 앞에 있던 배들의 함성이 하늘을 뒤흔들었고, 포성 소리가 천둥 같았기에 첫 나팔 소리[111]가 들리지 않게 되었습니다. 사선沙舡 19척과 ■■ 각

106　송과 이는 명나라 경략 송응창과 이여송으로 보인다.
107　명나라 파총 장홍유와 관련된 일기로는 1594년 7월 17일과 18일, 20일에 나온다. 7월 21일에는 "아침에 원수(권율)에게 명나라 장수(장홍유)와 묻고 답한 내용을 문서로 만들어 내보냈다"고 한 것을 보면, 이 장계 부분은 1594년 7월 20일 이후에 류성룡에게 보낸 문서의 초고라고 추정된다.
108　이 장계 초안은 본문 내용과 1598년 10월 3일 일기로 보면, 10월 3일에 있었던 순천 예교성 전투 내용이다.
109　"이달"의 원문은 本月이다. 10월 3일 일기 내용으로 보면, "10월"로 특정할 수 있다. 원문에는 "10월"은 기록되어 있지 않다. 「편수회본」도 10월로 보았다.
110　"나팔을 불다掌號"는 척계광의 『기효신서』에서는 "나팔로 신호하는 것"이라고 한다. 『난중일기』에는 나팔은 나오지 않고, 나각이 나온다.
111　"첫 나팔 소리號頭"는 척계광의 『기효신서』에서는 "출전할 때 첫 번째 나팔을 부는 것"이라고 한다.

군사는 오히려 왜놈에게 장수의 배와 함께 화약을 빼앗길까 두려워 스스로 불태웠습니다. 당연히 진에서 사로잡은 왜적과 전사한 목병目兵[112]들을 제외하고, 조사해 분명하게 별도로 보고하는 것 외에.

112 "目兵"은 『명사』「진금전」에 따르면, 명나라 군대의 초급 지휘관이다.

4. 독후감: 1597년(「정유년 Ⅰ」) 10월 8일 일기 뒤

「송사를 읽고讀宋史」[113]

아, 슬프다! 때가 어느 때인데, 이강李綱[114]은 가려고 했는가. 간다면 또 어디로 갈 수 있겠는가. 무릇 신하인 사람이 임금을 섬길 때에는 죽음만이

---

113 「송사를 읽고」는 『이충무공전서』를 편집할 때 만든 제목이다. 「친필본」에는 제목이 없다. 『난중일기』에 기록된 이순신의 유일한 독후감이다. 『송사宋史』는 중국 송나라의 역사를 기록한 정사正史의 하나다. 『조선왕조실록』 등에도 『송사宋史』를 인용한 기록이 많이 나오고, 왕과 사대부 등도 많이 읽었다. 『송사』에 대해 류성룡도 『독사려측』이란 저술을 남겼다. 특히 이순신의 「송사를 읽고」의 주제인 이강과 관련해서 「李綱張浚(이강·장준)」이라는 제목의 글도 있다. 『미암일기』 1568년 6월 10일에는 서사관書寫官 등이 『송사宋史』 「열전列傳」을 써서 보내왔다는 내용이 나온다.

114 이강은 중국 남송 고종 때의 명재상 겸 무신이다. 금나라가 침략해왔을 때 병부 시랑에 임명되어 주전론을 주장했다가 주화파에 의해 귀양 갔다. 고종이 즉위한 뒤 재상에 임명되어 내치를 정비하고, 국방을 강화했으나, 주화파 간신 황잠선 등이 방해해 재상이 된 지 70여 일 만에 파면되었다. 파면되기 전에 그는 강경한 주전론을 펼쳤는데 흠종과 강화파는 이강의 주장에 동의하지 않았다. 그러자 이강은 실망해 벼슬을 버리고 물러나겠다고 했었다. 이순신은 이 독후감에서 그런 이강의 태도를 비판한 것이다. 이 독후감은 또한 임진왜란 때 강화론으로 시끄러웠던 조정에서의 논란에 대해 강화를 반대한 이순신의 생각을 보여준다.

있을 뿐, 다른 선택은 없다.[115] 종묘사직의 위태로움이 겨우 머리카락 한 올로 천 균千鈞(3만 근)을 이끌고 있는 것과 같은 때였다. 이에 바른 신하라면 정의를 위해 몸을 던져 나라에 보답할 때이다茲正人臣捐軀報國之秋. 떠나간다는 말은 마음에서 싹트게 해서도 안 되는데, 하물며 어떻게 감히 입 밖으로 낼 수 있는가. 그러면 이강을 위한 계책은 무엇일까. 몸을 상하게 하고 피눈물을 흘리며, 간肝을 꺼내고 담膽을 쪼개 보이며, 일의 상황이 이렇게까지 되었기에 화친을 할 수 없는 이유를 분명히 밝혀 말할 것이다. 말해도 따라주지 않으면 죽음으로 이어가야 했다. 또 그렇게도 할 수 없다면 잠시라도 그들의 계책(화친)을 따르고, 몸을 그들 사이에 두어 억지로라도 틈새를 매워가야 했다. 죽음 속에서 삶을 구했다면, 만에 하나라도 혹 성취할 수 있는 이치가 있었을 것이다死中求生 萬一或有可濟之理.[116] 강綱은 이런 계책을 내지 않고 가려고만 했으니, 이 어찌 신하로서 몸을 바쳐 임금을 섬기는 정의義라고 할 수 있겠나.

---

115 "무릇 신하인 사람이 임금을 섬길 때에는 죽음만이 있을 뿐, 다른 선택은 없다夫人臣事君 有死無貳"는 『송사』 「충신 1」과 『역대병요』에 나오는 이약수의 말을 변형한 것이다.
116 "죽음 속에서 삶을 구하다死中求生"는 『송사』 「유기전」, 『역대병요』, 『동국병감』, 류성룡의 「陳時務箚 壬辰十一月」에도 모두 나온다.

5. 독서 관련 글

1. 1593년 9월 15일 일기 뒤

군대의 날카로운 기세가 이르는 곳마다 그 형세가 마치 비바람과 같았다. 흉악한 무리兇孼의 남은 넋들은 달아나 숨을 틈이 없었다.[117]

한 자 칼로 하늘에 맹세하니, 산과 바다가 함께 기뻐하네.[118]

117 　원문은 "兵鋒以至, 勢如風雨, 兇孼餘魂, 逃遁■■"이다. 미판독 글자 "■■"가 있다. 그러나 이 문장은 중국 송나라 명장 악비岳飛(1103~1141)의 전기로 선조 때인 1585년에 간행된 『정충록』에 류성룡이 발문으로 쓴 글과 일치한다. 발문에는 "兵鋒所至, 勢如風雨, 醜虜遊魂, 逃遁不暇"로 나온다. "■■"는 "不暇(틈이 없었다)"이다. 출간된 지 10년이 지난 임진왜란 시기에는 『정충록』은 쉽게 볼 수 없는 귀한 책이었다. 이순신이 어떤 경로로 책을 구했는지는 몰라도 『정충록』을 읽고 공부했다는 증거가 바로 이 메모다.

118 　"한 자 칼로 하늘에 맹세하니, 산과 바다가 함께 기뻐하네尺劍誓天 山河動色"는 류성룡의 『정충록』에 류성룡이 쓴 발문에 나오는 내용이다. 이 문장의 일부는 현재 현충사에 있는 보물 326호 충무공 장검의 검명 중 하나인 "석 자 장검 높이 들어 푸른 하늘에 맹세하니, 산과 바다가 함께 기뻐하네三尺誓天 山河動色"와 거의 일치한다. 장검 다른 하나에는 "단칼에 더러운 무리 깨끗이 쓸어버리니, 산과 바다가 핏빛으로 물드는구나一揮掃蕩 血染山河"가 새겨져 있다.

출전하여 만 번 죽을 일을 당했어도, 한 번도 살려고 계획하지 않았다. 화가 나고 분노하는 마음 끝이 없다出萬死不顧一生之計 憤憤不已.[119]

국가(조정)를 편안히 하고 사직을 안정시키고자, 충성을 다하고 노력을 다하기 위해[120] 기꺼이 목숨을 바칠 것이다.[121]

사직의 위엄 있는 신령靈에 힘입어 하잘것없는 공로를 세웠는데도, 총애와 영광이 넘치고 넘쳐 분수를 뛰어넘었다仗社稷威靈 粗立薄效 寵榮超躐 有踰涯

---

119 『정충록』에 류성룡이 쓴 발문에 나오는 내용이다.

120 "충성을 다하고 노력을 다하기 위해盡忠竭力"는 『삼국지연의』 제107회 「위주의 정권은 사마씨司馬氏에게 돌아가고, 강유姜維는 우두산에서 패하다魏主政歸司馬氏 姜維兵敗牛頭山」에 나온다. 위나라의 승상 사마의司馬懿가 하후패를 죽이려 하자, 하후패는 촉나라의 강유에게로 도망쳤다. 강유는 하후패를 후주 유선劉禪에게 데려가서, 하후패를 길잡이로 삼아 다시 위나라를 정벌하겠다고 하자, 상서령尙書令 비의費褘가 반대했다. 강유는 다시 "인생은 늙기 쉽고, 세월은 빨리 흘러간다人生如白駒過隙 似此遷延歲月"며 정벌을 주장했다. 비의는 "손자孫子가 말하기를, '상대를 알고, 자신을 알면 백 번 싸워 백 번 이긴다知彼知己, 百戰百勝' 했으나, 우리의 능력은 제갈공명보다 못하고, 그런 제갈공명도 위나라를 정벌하지 못했는데, 우리가 어떻게 할 수 있소"라며 다시 반대했다. 유선은 강유의 주장을 듣고 "위를 정벌하고자 한다면, 충성을 다하고 노력을 다하며, 예리한 기운을 잃지 말라盡忠竭力 勿墮銳氣"고 당부했다. 역사책 『삼국지』에는 나오지 않는다.

121 "국가(조정)를 편안히 하고 사직을 안정시키고자, 충성을 다하고 노력을 다하기 위해 기꺼이 목숨을 바칠 것이다安國家定社稷 盡忠竭力 死生以之"는 『성종실록』 성종 23년(1492) 3월 13일에도 나온다. 사헌부 대사헌 김여석과 사간원 대사간 윤민이 임사홍任士洪을 탄핵하면서, "대신은 마땅히 나라를 위해 개인의 집은 의식하지 않아야 하고 공을 위해 사私는 의식하지 말고서 마땅히 국가(조정)를 편안히 하고 사직을 이롭게 하기 위해 충성을 다하고 노력을 다하는 것에 목숨을 기꺼이 바쳐야 합니다當以安國家利社稷爲己任 盡忠竭力 死生以之"라고 했다.

分.[122] 몸은 장수의 신분이나 티끌만 한[123] 공로가 없다. 입으로는 임금님께서 내리신 교서를 외워 떠들고 있으나, 얼굴에는 부하 장졸들 보기에 부끄러움만 가득할 뿐[124]이다身居將閫 功無補於涓埃 口誦敎書 面有慚於軍旅.[125]

122　이 메모는 『이충무공전서』에만 나오는 을미년(1595년) 5월 29일 일기에도 똑같이 나온다. 그런데 이 메모는 『회찬송악무목왕정충록』과 명나라 웅대목熊大木(1506~1579)이 지은 『대송중흥통속연의』, 악비의 글을 모아놓은 『악무목유문』에도 같은 내용이 나온다. 그러나 『송사』, 『악비』에는 나오지 않는다.

123　"티끌만 한"의 원문 "涓埃"는 761년 두보가 50세 때 성도成都에서 지은 「들을 바라보다望野」에 나오는 말이다.

서산 흰 눈 덮인 삼성의 군영	西山白雪三城戍
남포의 맑은 강물 위 만리교 놓여 있네.	南浦淸江萬里鯖橋
세상은 난리 중이라 형제들 떨어져	海內風塵諸弟隔
하늘 끝에서 눈물을 흘리는 외톨이 신세.	天涯涕淚一身遙
늘그막에 병만 잦아	惟將遲暮供多病
아직까지 티끌만큼도 나라에 보답하지 못했네.	未有涓埃答聖朝
말을 타고 나가 멀리 둘러보니	跨馬出郊時極目
사람 일이 날마다 쓸쓸해져 견딜 수 없구나.	不堪人事日蕭條

삼성三城은 토번(티베트)과의 접경 지역으로 요충지이기 때문에 많은 백성이 군역에 나와 있었고, 백성은 과중한 세금과 부역으로 고통을 당했다. 두보가 백성의 아픔을 노래한 것이다. 두보가 시에서 말한 것처럼 연애涓埃는 대부분 임금에 대한 자신의 공로를 겸손하게 표현하는 말로 많이 쓰였다.

124　"부끄러움만 가득할 뿐有慚"은 『서경』 「중훼지고仲虺之誥」에 나온다. "성탕이 걸왕을 남소에 유폐시키고는 마음속으로 부끄럽게 느끼면서 말하기를 '나는 후세에 나를 구실로 삼아서 신하가 제멋대로 임금을 정벌할까 두렵다'라고 했다成湯放桀于南巢, 惟有慙德, 日子恐來世, 以台爲口實." 중국 상나라의 탕왕湯王과 주나라의 무왕武王이 신하로 자신들의 임금이었던 하나라 걸왕桀王과 은나라 주왕紂王을 정벌하고 나라를 세운 행동을 스스로 부끄럽게 여겼다는 것이다.

125　이 메모는 『이충무공전서』에만 나오는 을미년(1595) 5월 29일 일기에도 똑같이 나온다. 또한 『회찬송악무목왕정충록』, 『대송중흥통속연의』, 『악무목유문』에도 같은 내용이 나온다. 이산해가 편찬한 『회찬송악무목왕정충록』 권2 「무목사실武穆事實」에서는, "악비가 소疏에서 말하기를 '국가에 변고가 생긴 이래로 폐하의 융오戎伍를 따라 실로 나라의 은혜를 갚기 위해 몸을 바치고 복수를 하여 치욕을 씻으려는 마음을 품었습니다. 사직의 위엄 있는 신령에 힘입어 하잘것없는 공로를 세웠는데도 폐하께서 신의 조그만 공로를 기록하고 포의의 몸을 발탁하셔서 10년

더러운 오랑캐에 짓밟힌 지 2년이 다 되어간다. 오늘이 바로 회복할 때이다. 명나라 군사의 수레와 말 울음소리를 하루가 1년이 되는 것처럼 기

도 되기 전에 관직이 태위太尉까지 이르게 하셨으니, 신은 일개 미천한 신분으로 총애와 영광이 넘치고 넘쳐 분수를 뛰어넘게 되었습니다疏言, 臣自國家變故, 以來從陛下於戎伍, 實有致身報國復讎雪恥之心. 仗社稷威靈, 粗立薄效. 陛下錄臣微勞, 擢自布衣, 曾未十年, 官至太尉. 一介賤微, 寵榮超躐, 有逾涯分'로 되어 있고, 『대송중흥통속연의大宋中興通俗演義』「제47회 악비주청 입황저第四十七回岳飛奏請立皇儲」에서는 다음의 내용으로 나온다. 악비가 소를 올려 "국가에 변고가 생긴 이래로 폐하의 융오가 되어 실로 나라의 은혜를 갚기 위해 몸을 바치고 복수를 하여 치욕을 씻으려는 마음을 품었습니다. 사직의 위엄 있는 신령에 힘입어 하잘것없는 공로를 세웠는데도 폐하께서 신의 조그만 공로를 기록하고 포의 몸을 발탁하셔서 10년도 되기 전에 관직이 태위까지 이르게 하셨으니, 신은 일개 미천한 신분으로 총애와 영광이 넘치고 넘쳐 분수를 뛰어넘게 되었습니다疏曰, 臣自國家變故, 以來陛下於戎伍, 實有致身報國復仇雪恥之心. 仗社稷威靈, 粗立薄效. 陛下錄臣微勞, 擢自布衣, 曾未十年, 官至太尉. 一介賤微, 寵榮超躐, 有逾涯分"라고 했다. 『회찬송악악무목왕정충록』과 『대송중흥통속연의』는 이순신이 인용한 부분은 일치하고, 문장 전체에서 두 글자만 차이가 난다. 반면에 『악무목유문』「걸출사찰乞出師札」과 『회찬송악악무목왕정충록』「岳忠武王文集 卷2」「奏乞出師箚子-紹興7年」에서는 "신은 엎드려 아룁니다. 국가에 변고가 생긴 이래로 오두막에서 일어나 실로 나라의 은혜를 갚기 위해 몸을 바치고 복수를 하여 치욕을 씻으려는 마음을 품었습니다. 다행하게도 사직의 위엄 있는 신령 덕분에 앞뒤로 하잘것없는 공로를 세웠습니다. 그런데도 폐하께서 신의 조그만 공로를 기록하고 포의布衣의 몸을 발탁하셔서 10년도 되기 전에 관직이 태위까지 이르게 하셨으니, 품질品秩이 삼공三公에 견주고 은수恩數가 이부二府에 견줄 만합니다. 게다가 더욱 중한 사명을 받아 여러 곳을 선무宣撫하도록 했으니 신은 일개 미천한 신분으로 총애와 영광이 넘치고 넘쳐 분수를 뛰어넘게 되었습니다伏. 自國家變故以來, 起於白屋, 實懷捐軀報國, 複讎雪恥之心. 幸憑社稷威靈, 前後粗立薄效. 而陛下錄臣微勞, 擢自布衣, 曾未十年, 官至太尉, 品秩比三公, 恩數視二府. 又增重使名, 宣撫諸路, 臣一介賤微, 寵榮超躐, 有逾涯分'로 이순신이 인용한 부분에서도 약간 차이가 나고, 그 나머지 문장에서도 차이가 있다. 앞의 다른 메모 즉, 류성룡의 발문에 대한 이순신의 메모로 미루어서는 이순신이 『대송중흥통속연의』보다는 『회찬송악악무목왕정충록』(이산해 편, 국립중앙도서관본)을 읽었다고 볼 수 있다. 또한 『대송중흥통속연의』의 경우, 웅대목은 1500년대인 명明 제11대 황제인 세종世宗과 13대 황제인 신종神宗 때 활약했던 인물이고, 중국에서 가장 이른 판본이 1552년에 출간된 것이고, 우리나라에는 정확히 언제 수입되었는지 알 수 없으나, 낙선재본 『무목왕정튱녹武穆王貞忠錄』이 사도세자의 생모인 영빈暎嬪(?~1764)이 소장자였다는 장서인 藏書印이 찍혀 있고, 필사 시기가 1760년으로 기록되어 있어(민관동·장수연·김명신, 『한국 소장 중국통속소설의 판본목록과 해제』, 학고방, 2013. 295~296쪽), 이순신 시기에는 볼 수 없었던 책으로 추정된다.

다렸다.[126] 그런데도 적을 무찔러 없애지 않고 강화에 주력하고 있다. 흉악한 무리兇徒가 잠시 물러나 있으나, 우리나라는 수년 동안 침략당한 치욕을 아직도 씻지 못하고 있다. 하늘까지 닿은 분노와 부끄러움이 더욱 사무친다. 임금님의 수레가 서쪽으로 갔고 종묘사직은 폐허가 되었다. 나라 안의 충성스럽고 의로운 기운이 풀어지니, 백성의 희망이 저절로 끊겼다. 신이 비록 어리석고 겁쟁이지만, 마땅히 화살과 돌을 무릅쓰고 직접 나아가 여

126 "더러운 오랑캐에 짓밟힌 지 2년이 다 되어간다. 오늘이 바로 회복할 때이다. 명나라 군사의 수레와 말 울음소리를 하루가 1년이 되는 것처럼 기다렸다淪陷腥羶 將及兩歲 恢復之期 正在今日 政望天兵車馬之音 以日爲歲"는 『회찬송악악무목왕정충록』에 나오는 문장을 일부 변형한 것이다. 송나라의 진회가 금나라와 강화를 하고자 진격 중인 악비를 비롯한 장수들에게 철수 명령을 내렸다. 악비는 울분을 참지 못해 눈물을 흘리며, "10년 공력이 하루아침에 헛일이 되었다"며 한탄했다. 현지의 백성도 크게 실망하고, 많은 백성이 그 소문을 듣고 악비의 말을 가로막고 울며 하소연했다. "우리가 향분香紛을 이고 군량과 풀粮草을 운반해 관군을 환영한 것을 오랑캐들이 모두 알고 있습니다. 그러므로 오늘 상공相公(악비)께서 이곳을 떠나면 우리는 모두 살아남지 못할 것입니다. 우리가 송나라 군사를 도우면 금나라 군사를 깨끗이 쓸어버릴 수 있습니다. 당신들이 떠나가면 우리 백성은 어찌합니까?" 악비가 눈물을 머금고 갖고 있던 조서詔書를 꺼내 보이며 말했다. "조정의 조칙이 있기에 내 마음대로 머물 수 없다." 대군을 후퇴해 채주蔡州에 도착했을 때, 어느 한 진사가 백성을 이끌고 악비를 향해 머리를 조아리고 말했다. "저희가 더러운 오랑캐에 짓밟힌 지 12년이 넘습니다. 들으니 선상宣相(악비)께서 군사를 정돈하여 북쪽으로 온 의도가 회복에 있다고 했습니다. 저희가 말과 수레 소리를 하루가 일 년처럼 기다렸는데某等淪陷腥羶 將逾一紀 伏聞宣相整軍北來 志在恢復 某等歧望車馬之音 以日爲歲, 이제 선성先聲(상대방을 두렵게 하기 위해 먼저 선포하는 성위聲威)이 이르러서 옛 강토를 점차 회복하여 추악한 오랑캐丑虜는 달아나고 백성은 한창 형제 처자들이 서로 기뻐하여 다행히 좌임左衽(옷깃을 왼쪽으로 여미는 것으로, 오랑캐의 풍속)을 벗어났다고 여겼습니다. 그런데 홀연히 들으니 선상께서 군대를 돌린다고 하시니 참으로 알 수 없습니다. 선상께서는 혹 중원의 백성을 생각하지 않으시고 또 거의 다 이룬 공을 차마 버리려는 것입니까?" 이 내용 중에서 "저희가 더러운 오랑캐에 짓밟힌 지 12년이 넘습니다. 들으니 선상(악비)께서 군사를 정돈하여 북쪽으로 온 의도가 회복에 있다고 했습니다. 저희가 말과 수레 소리를 하루가 일 년처럼 기다렸는데某等淪陷腥羶 將逾一紀 伏聞宣相整軍北來 志在恢復 某等歧望車馬之音 以日爲歲"가 『난중일기』에서는 "더러운 오랑캐에 짓밟힌 지 2년이 다 되어간다. 오늘이 바로 회복할 때이다. 명나라 군사의 수레와 말 울음소리를 하루가 1년이 되는 것처럼 기다렸다"로 나온다.

러 장수보다 먼저 몸을 바쳐 나라의 은혜를 갚고자 합니다.[127] 지금 만약 기회를 놓친다면 후회한들 무엇하겠습니까鑾輿西幸 宗社丘墟 今若失機會 則後悔何及乎.

유기는 (자신의 집) 문에 땔나무를 쌓아놓고, 경비 군사에게 명령해 말하기를, "만약에 불리해지면 즉시 우리 집을 불태워 도적의 손에 모욕당하게 하지 말라"고 했구나.[128]

127 "나라 안의 충성스럽고 의로운 기운이 풀어지니, 백성의 희망이 저절로 끊겼습니다. 신이 비록 어리석고 겁쟁이지만, 마땅히 화살과 돌을 무릅쓰고 직접 나아가 여러 장수보다 먼저 몸을 바쳐 나라의 은혜를 갚고자 합니다瀦四方忠義之氣 而自絶人民之望 臣雖駑怯 當躬冒矢石爲諸將先 得捐軀報國"는 『송사』 「종택·조정」에 나오는 문장, "臣雖駑怯 當躬冒矢石爲諸將先 得捐軀報國恩足矣"을 변형한 것이다. 의미는 거의 같다. 또한 위의 문장 중에서 "신은 비록 어리석고 겁쟁이지만臣雖駑怯"은 『삼국지』와 『삼국지연의』에도 각각 나온다. 위나라 조예가 사마의를 태위로 봉하고 군사를 통솔케 한 뒤 자신은 크게 궁전을 짓는 등 각종 토목 공사를 했다. 이에 몇몇 신하가 극력 반대했다. 소부少傅 양부楊阜는 조예에게 걸桀·주紂·진시황 등의 과오를 되풀이하지 말라며, 사치가 나라를 위태롭게 할 것이라고 주장하며 한 말이다. 『삼국지』 「위서魏書 25」 「양부전楊阜傳」에는 "임금은 머리가 되고 신하들은 팔다리가 되어, 흥망과 성공·실패를 함께합니다. 효경孝經에서 말하기를, '천자에게 간언하는 7명의 신하만 있다면, 비록 도가 없더라도 천하를 잃지 않는다'고 했습니다. 신은 비록 어리석고 겁쟁이지만 어찌 감히 임금의 잘못을 간언하는 본분마저 잊겠습니까君作元首 臣爲股肱 存亡一體 得失同之 孝經曰 天子有爭臣七人 雖無道不失其天下 臣雖駑怯 敢忘爭臣之義"라는 말이 나온다. 『삼국지연의』 제105회 「무후는 미리 비단 주머니에 계책을 숨겨두고, 위주는 승로반을 차지하다武侯預伏錦囊計 魏主拆取承露盤」에서는 『삼국지』에 나오는 효경을 인용한 말은 나오지 않고 나머지는 같다. 또한 위의 문장 중에서 "몸을 바쳐 나라의 은혜를 갚는다捐軀報國"는 『악무목유문岳武穆遺文』 「걸출사찰乞出師札」에서 "나라에 변란이 일어난 이후, 초라한 초가집에서 일어나 몸을 바쳐 나라의 은혜를 갚고, 복수를 해 치욕을 씻고자 했습니다自國家變故以來 起於白屋 實懷捐軀報國 複讎雪恥之心"라고도 나온다.
128 "유기는 (자신의 집) 문에 땔나무를 쌓아놓고, 경비 군사에게 명령해 말하기를, '만약에 불리해지면 즉시 우리 집을 불태워 도적의 손에 모욕당하게 하지 말라'고 했구나"의 원문은 "劉錡積薪于門 戒守者曰 脫有不 ■ 卽焚吾家 毋辱賊手也"이다. 미판독 글자 "■"가 있다. 이 메모는 중국의 명량대첩으로도 불릴 수 있을 만큼 유명한 전투인 순창대첩順昌大捷을 이끈 송의 지장智將 유기劉錡(1098~1162)의 열전인 『송사』 「열전」 「유기劉錡·오개吳玠·오린吳璘」에 나오는 문장이

(군사는) 바로 위태롭고 급할 때 쓰려고 했던 것이다. 하물며 바다 싸움에서 여러 번 승리해 적의 기세가 크게 꺾였고, 군사의 함성도 바다를 크게 들썩이게 했다. 비록 우리 군사의 수가 적보다 적어 상대가 되지 않아도, ~~우리 배를 두려워하는~~ 흉악한 적은 우리 위세에 벌벌 떨며 무서워해 감히 대항해 버티는 사람이 없었다.[129]

다. 유기는 순창대첩에서 기상천외한 전략으로 5000명의 군사로 10여만 명의 금나라 대군을 대파했다. 순창대첩 직전 금나라와 결전을 결심한 유기가 불퇴전의 결의를 표현한 글이 바로 이 메모다. 원문은 "置家寺中 積薪於門 戒守者曰 脫有不利 卽焚吾家 毋辱敵手也"이다. 즉 유기는 "자신의 가족이 살고 있는 집에 나무를 쌓아놓고 경비 군사에게 명령해 말하기를 만약에 불리해지면 즉시 우리 집을 불태워 도적의 손에 모욕당하게 하지 말라脫有不利 卽焚吾家 毋辱賊手也"라고 명령했다.

129 "(군사는) 바로 위태롭고 급할 때 쓰려고 했던 것이다. 하물며 바다 싸움에서 여러 번 승리해 적의 기세가 크게 꺾였고, 군사의 함성도 바다를 크게 들썩이게 했다. 비록 우리 군사의 수가 적보다 적어 상대가 되지 않아도, ~~우리 배를 두려워하는~~ 흉악한 적은 우리 위세에 벌벌 떨며 무서워해 감히 대항해 버티는 사람이 없었다正爲緩急之用 況屢捷海戰 大挫賊鋒 軍聲大震海 雖衆寡不敵"는『송사』「유기·오개·오린」중 유기 부분 혹은『역대병요』「송나라 유기가 금의 올술을 대파하다」에 나오는 글을 일부 변형한 것이다. 유기는 순창대첩 직전 전투에서 비오는 밤에 기습하는 전술 등으로 크게 승리했다. 그런데 금나라의 총사령관 완안올술完顏兀朮이 금나라 군대를 지원하러 온다는 소식이 들려왔다. 그런 상황과 관련해『송사』의 유기 부분에서 유기는 올술이 다가온다는 소식을 듣고 성 위에 장수들을 모아놓고 계책을 물었다. "어떤 사람이 '이미 몇 차례 승리했으니, 이 기세를 이용해 배를 준비해 전군이 돌아가는 것이 옳다'고 말하자, 유기가 말했다. '나라에서 15년 동안 군사를 기른 것은 바로 위태롭고 급한 때 쓰려고 했던 것이다. 하물며 적의 기세가 이미 꺾였고, 우리의 군성軍聲이 점점 천지를 들썩이게 하고 있으니, 비록 군사의 수가 적어 상대가 되지 않으나 진격이 있을 뿐 후퇴는 없다朝廷養兵十五年 正爲緩急之用 況已挫賊鋒 軍聲稍振 雖衆寡不侔 然有進無退. 게다가 적의 진영이 아주 가깝고 올술이 또 오고 있으니, 우리 군대가 한 번 이동하면 그들이 우리를 뒤쫓아오게 되어 이전에 세웠던 공로도 모두 없어지게 될 것이다. 만약 적이 양회兩准(회동과 회서)를 번갈아 침입해 장쑤성과 저장성을 놀라 들썩이게 한다면, 평소에 지녔던 나라의 은혜를 갚으려는 뜻과 반대로 나라를 더럽히는 죄를 짓는 것이다."『역대병요』에서는 "나라에서 15년 동안 군사를 기른 것은 바로 위급한 때 쓰려고 했던 것이다. 하물며 적의 기세가 이미 꺾였고, 우리의 군성은 점점 천지를 들썩거리게 했으니, 비록 군사의 수가 적어 상대가 되지 않으나 진격이 있을 뿐 후퇴는 없다"를 지순창 부사知順昌府事 진규陳規가 한 말로 나오는 점이 다르고, 나머지는 같다.

2) 1594년 11월 28일 일기 뒤

초야에는 나라를 바로 세울 수 있도록 보좌할 만한 주춧돌 같은 사람이 없고, 조정에는 전쟁의 승패를 결정지을 수 있는 책략을 지닌 기둥과 들보 같은 사람이 없구나外無匡扶之柱石 內無決策之棟樑.[130]

배를 늘리고 뚜껑을 덮고, 기계를 보수하며 사용법을 훈련시켜 적들이 편안히 잠들지 못하게 한다면, 나는 그로 인한 편안함을 얻을 수 있다.[131]

나를 알고 적을 알면, 백 번을 싸워도 백 번 승리한다. 나를 알지만 적을 모르면, 한 번은 이기나 한 번은 진다. 나도 모르고 적도 모른다면, 싸울 때마다 반드시 패한다. 이것은 영원히 변할 수 없는 이론이구나知己知彼, 百戰百勝 知己不知彼, 一勝一負 不知己不知彼, 每戰必敗 此萬古不易之論也.[132]

---

130 이 메모는 또한 『난중일기』 1595년 7월 1일자에 실린 글이기도 하다. 다만 순서가 "內無決策之棟樑, 外無匡國之柱石"로 바뀌어 있다.

131 이 메모의 원문을 「문화재청본」, 「편수회본」에서는 "增蓋舟船 繕治器械 令彼不得安 我取其逸"로, 「박혜일·최희동본」은 "增益舟船 繕修器械 令彼不得安 我取其逸"로 보았다. "增蓋"와 "增益"의 차이다. 이 메모는 전체적으로는 진수가 쓴 역사책 『삼국지』 「원소전」과 『후한서』 「원소·유표열전상」, 나관중의 『삼국지연의』 제22회 「원소와 조조는 각각 크게 군사를 일으키고, 관우와 장비는 두 적장을 사로잡다袁曹各起馬步三軍, 關張共擒王劉二將」, 『자치통감資治通鑑』 「한기漢紀 55」에 나오는 문장을 변형한 듯하다. 진수의 『삼국지』에서는 "益作舟船 繕治器械 分遣精騎 鈔其邊鄙 令彼不得安 我取其逸", 『후한서』와 『자치통감』에서는 "益作舟船 繕修器械 分遣精騎 抄其邊鄙 令彼不得安 我取其逸", 나관중의 『삼국지연의』에서는 "增益舟船 繕置器械 分遣精兵 屯札邊鄙 令彼不得安逸"로 각각 나온다. 『삼국지』 등으로 미루어 이 메모의 "增蓋"는 「박혜일·최희동본」처럼 "增益"으로 볼 수 있으나, 『난중일기』 1596년 2월 14일과 5월 23일의 '蓋'와 비교해보면 '益'으로는 볼 수 없다. 「편수회본」의 '蓋'가 맞다. 또한 '蓋'의 한자 뜻과 『난중일기』에서 사용된 용례를 보면, '(지붕을) 덮다'는 의미로 자주 사용되기에 배에 뚜껑을 덮은 거북선을 만든다는 의미로 보인다.

132 이 메모는 『손자병법』 「모공」에 나오는 "知彼知己 百戰不殆 不知彼而知己 一勝一負 不知彼不知己 每戰必殆"와 비슷하다. 또한 이 메모는 류성룡이 1594년 6월에 선조에게 지어 올린 병법

요약서 『전수기의십조』에 나오는 "知己知彼 百戰百勝 不知己不知彼 百戰百敗"과도 유사하다. 『난중일기』 1594년 9월 3일자에도 "知己知彼 百戰不殆"가 나온다.

6. 시 관련 글

1) 1593년 9월 15일 일기 뒤: 선조의 시를 옮겨 적은 것

나랏일이 아주 급박한 날에	國事蒼皇日
곽자의郭子儀[133]와 이광필李光弼[134]의 충성심을 누가 드러낼까	誰效郭李忠
피란을 떠난 것은 큰 계책이 있었기 때문이나	去邠存大計
나라의 회복은 여러 공에게 기대야 하네.	恢復仗諸公
이별을 슬퍼하는 노랫소리에 통곡하며,	痛哭關山月[135]
압록강 바람에 마음만 상하는구나.	傷心鴨水風
조정의 신하여! 오늘 뒤에도	朝臣今日後

133 곽자의(697~781)는 중국 당나라의 무신이다. 안녹산의 난이 일어났을 때 삭방절도사로 하동절도사 이광필과 함께 토벌했다. 토번(티베트)이 침략해오자 위구르를 회유하고 토번을 격퇴했다. 분양왕에 봉해졌고, 당나라 최고의 공신으로 평가받는다. 시호는 이순신과 마찬가지로 "忠武"이다.
134 이광필(708~764)은 중국 당나라의 무신이다. 안녹산의 난이 일어났을 때 곽자의와 토벌했다. 곽자의와 함께 '이곽李郭'이라고 불리며 명장名將으로 이름을 떨쳤다. 시호는 송나라의 명장 악비의 두 번째 시호인 무목과 같다.
135 "關山月"은 중국 한나라의 「橫吹曲辭」의 곡명으로 이별을 슬퍼하는 노래를 뜻한다. 『옛편지낱말사전』에 따르면, 관산關山은 그 자체로는 "변경"을 뜻한다.

또다시 서인이니 동인이니 할 것인가!　　　　　　　尙可更西東

나랏일이 아주 급박한 날에　　　　　　　　　　　國事蒼皇日
곽자의와 이광필의 충성심을 누가 드러낼까　　　誰效郭李忠
피란을 떠난 것은 큰 계책이 있었기 때문이나　　去邠存大計
나라의 회복은 여러 공에게 기대야 하네.　　　　恢復仗諸公
이별을 슬퍼하는 노랫소리에 통곡하며,　　　　　痛哭關山月
압록강 바람에 마음만 상하는구나.　　　　　　　傷心鴨水風
조정의 신하여! 오늘 뒤에도　　　　　　　　　　朝臣今日後
또다시 서인이니 동인이니 할 것인가!　　　　　　尙可更西東

임금이 지음御製136

2) 1594년 11월 28일 일기 뒤: 이순신의 시

「쓸쓸히 바라보다蕭望」

쓸쓸히 비바람 부는 밤　　　　　　　　　　　　蕭蕭風雨夜
애타는 마음에 잠 못 들 때　　　　　　　　　　耿耿不寐時
긴 한숨만 거듭거듭　　　　　　　　　　　　　　長嘆更長嘆
눈물 떨구고, 또 눈물 떨구네　　　　　　　　　涙垂又涙垂

136　이 시는 선조가 지은 시를 이순신이 메모해놓은 것이다. 조경이 저술한 『난중잡록』에는
1592년 12월 조에 나오나, 신경의 『재조번방지』에는 1592년 6월 23일, 선조가 의주에 도착했을
때 지은 시라고 한다.

배에 의지했던 몇 년 동안의 계책도	倚舷經歲策
홀로 성스러운 임금을 속인 것일 뿐	獨作聖君欺
산과 바다에는 이미 부끄러움만 가득	山河猶帶慚
물고기와 새까지 슬픔에 잠겼네	魚鳥亦吟悲
전쟁으로 위급한 나라	國內有蒼勢
누가 위기를 이겨낼 수 있을까	誰能任轉危
뱃전을 두드리며 몇 년 동안 세운 계책도	扣舷經歲策
지금은 성스러운 임금을 속인 것일 뿐	今作聖君欺
나라를 회복했던 제갈공명[137] 생각나고	恢復思諸葛
승승장구했던 곽자의가 그립구나.	長驅慕子儀

쓸쓸히 비바람 부는 밤	蕭蕭風雨夜
애타는 마음에 잠 못 들 때	耿耿不寐時
쓸개가 찢긴 듯 아픈 마음	傷心如裂膽
살점을 베인 듯 쓰라린 아픔	懷痛似割肌
긴 한숨만 거듭거듭	長嘆更長嘆
눈물 떨구고, 또 눈물 떨구네	淚垂又淚垂
쓸개가 잘린 듯 쓰라린 아픔	懷痛如摧膽
살점을 베인 듯 아픈 마음	傷心似割肌
산과 바다는 참혹한 빛 띠고	山河帶慘色
물고기와 새까지 슬픔에 잠겼네	魚鳥亦吟悲

137 제갈공명은 제갈량諸葛亮(181~234)이다. 중국 삼국시대 촉한蜀漢의 정치가 겸 전략가다. 시호는 이순신과 같은 "忠武"이다.

이백 년 태평세월   昇平二百載

빛나는 문화, 꽃피웠지만   文物三千姿

전쟁으로 위급한 나라   國有蒼皇勢

위기를 이겨낼 사람이 없구나.   人無任轉危

몇 년 동안 방비할 계책을 세웠어도   經年防備策

나라를 회복했던 제갈공명 생각나고   恢復思諸葛

승승장구했던 곽자의가 그립구나.   長驅慕子儀

7. 기타 메모

1) 1592년 8월 28일 일기 뒤[138]

명나라 조정의 대제독大提督 이여송李汝松[139]이 수십만 명의 정예 군사를 이끌고 기성(평양)과 송도(개성), 한양漢陽(서울) 삼경에 있는 적을 무찔러 없앴다. 곧바로 부산으로 내려가 소탕해 남은 무리가 없게 하고 돌아올 것이다.

2) 1593년 3월 22일 일기 뒤

일심[140]

봄이 왔다. 비가 부슬부슬 내렸다.
명나라 군대天兵 대제독(이여송)이 건너왔다.

138 이 메모는 이여송이 1593년 1월에 벽제관전투에서 패한 것을 기준으로 하면, 1593년 1월말의 상황을 기록한 것으로 보인다.
139 원문 "李汝松"은 "李如松"을 말한다. 이순신은 "李汝松"으로 알고 있었던 듯하다. 1593년 3월 일기 뒤의 메모에는 "李汝松"이란 표현이 여러번 낙서 형태로 나오기 때문이다.
140 "일심一心"은 조선시대 왕과 관료들이 공문서에 서명할 때 사용하는 수결이다. 이 일심이 기록되어 있는 『난중일기』 쪽에는 일심을 연습한 듯 여러 개가 낙서처럼 쓰여 있다.

이여송이 무찌르고 깨뜨렸다.

용인龍仁.

사도 첨사 김완과의 약속.

3) 1593년 5월 1일 일기 앞

(1594년) 9월 17일. 대포大浦에서 3섬지기[141]를 타작해, 133섬 5말이 나왔다.[142]

기록할 생각이 있었으나, 바다와 육지에서 아주 바빴고, 또한 휴식도 할 수 없어 잊고 손 놓은 지 오래되었다. 이제부터 이어간다意於筆硯 而奔忙海陸 亦不休息. 置之忘域久矣 承此.[143]

4) 1594년 11월 28일 일기 뒤

도망갈 수 없다難逃.[144]

전에 있던 것과 영(좌수영)에서 온 것을 합쳤다.

---

141 "섬지기石落"는 한 섬의 씨앗을 심을 만한 논밭의 면적을 헤아리는 단위다. 1섬지기는 10마지기斗落다.
142 이 메모는 다른 종이를 붙인 것이다. 『난중일기』에서 9월 17일의 벼 수확 기록이 나오는 것은 1594년 9월 17일이다. 우후 이몽구가 국둔전에서 타작하기 위해 나갔다는 내용이다. 이로 보면, 이 메모는 1594년 9월 17일의 기록으로 추정된다.
143 이 메모는 다른 종이를 붙인 것이다. 1593년 5월 1일부터 다시 일기를 쓰면서 써 붙여놓은 듯하다.
144 "難逃"의 용례는 『난중일기』에는 없고, 이순신의 「견내량에서 왜적을 쳐부순 일을 임금님께 보고하는 장계見乃梁破倭兵狀」(1592년 7월 15일)에 나온다.

흰색 접는 부채白貼扇는 358자루다.[145]

· 별선別扇 453자루 안에서 7월 10일에 순변사에게 15자루를 보냈다.

기름 먹인 부채油扇 590자루 안에서 7월 10일에 순변사에게 10자루를
보냈다.[146]

옻칠한 부채漆扇 58자루 안에서 5자루는 순변사에게 보냈다.

일반 부채扇扇 50자루 안에서 10자루는 순변사에게 보냈다.[147]

갈모笠帽[148]는 40개事다.

주머니칼刀子은 323자루다.

여섯 겹으로 붙인 종이六丈付[149]는 2부다.

145 유희춘의 『미암일기』 1576년 4월 19일에는 "백첩선·칠선·별선"이 나온다.
146 이익의 『성호사설』에는 이순신과 중국 진의 학자·장군이었던 두예杜預(222~284)의 선물
에 대한 태도를 엿볼 수 있는 내용이 나온다. "두예는 군진軍鎭에 있을 때 자주 서울에 있는 높
은 사람들에게 선물을 보냈다. 사람들이 까닭을 물으니, '단지 방해할까 두렵기 때문이지, 이익
을 얻으려는 것이 아니다'라고 했다. 우리나라 충무공 이순신 같은 사람은 임진란에 수군을 거느
리면서도 틈만 나면 장인을 모아놓고 부채 등을 만들어 높은 사람들에게 선물해 끝내 중흥의
공을 이뤘다. 이는 오랫동안 뜻있는 사람들에게 눈물을 흘리게 만드는 것이다." 이순신과 두예는
모두 자신의 명예와 이익을 위한 뇌물이 아니라, 나라를 구하기 위해 방해받지 않기 위한 수단으
로 선물을 활용했다.
147 최상수의 『한국부채의 연구』에 따르면, "흰색 접는 부채白貼扇는 백선白扇이라고도 한다. 부
챗살이 희고 부채면扇面이 흰 부채. 부챗살의 수에 따라 50살 백선, 40살 백선, 30살 백선,
20살 백선이 있다. 별선은 보통 부채보다 달리 잘 만든 부채 또는 특이한 부채다. 고려시대 송선
松扇은 부드러운 솔가지를 엮어 만든 것이고, 조선시대 유행한 윤선輪扇은 댓살의 폭이 넓고 큰
것으로 자루가 달려 있어 펴면 마치 우산처럼 동그랗게 된 부채다. 지방에 따라, 소비자의 요청
에 따라 만들어졌다고 한다. 이덕무의 『청장관전서』에 따르면, 부챗살이 많은 것을 귀하게 쳤고,
이를 50살 별선이라고 했다. 유선油扇은 부챗살과 부채면에 들기름을 먹인 부채다. 칠선漆扇은
옻칠을 한 부채다. 칠선은 태종 때는 옻이 귀했기에 일반인의 사용을 금지하기도 했다"고 한다.
148 갈모는 비가 올 때 갓 위에 쓰던 작은 우산 형태의 비 가리개다. 비가 흘러들지 않도록 기름
먹인 종이로 만들었다. 접으면 쥘부채처럼 된다.
149 "여섯 겹으로 붙인 종이"는 『난중일기』 1596년 11월 4일에 이순신이 육촌 형 이여옥의 부의
물품으로 보내는 것 중 하나인 6장 유둔과 같은 것으로 보인다. 유둔은 비 올 때에 쓰기 위해 혹
은 전쟁터에서 천막용으로 쓰기 위해 기름을 먹인 종이다. 도산서원에 소장된 『전장기』에는 이장

들기름 먹인 종이狀油紙 5권, 기름 먹인 종이注油紙 5권은 영(전라 좌수영)에서 온 것이다.

들기름 먹인 종이狀油와 기름 먹인 종이注油는 전에 있던 것이다.

쇠로 된 부시150는 70이다.

이상은 명나라 장수에게 선물로 주려 한다.

흥양의 세매世每, 사대준事大俊, 영세永世, 천죽天竹, 영로永老.

대죽 23개, 중죽中竹 23개는 7월 4일에 옥지가 제작하려고 받아갔다.

대·소죽大小竹 93개는 7월 27일에 옥지가 제작하려고 받아갔다.151

대죽전大竹箭 65개, 중죽전中竹箭 40, 중죽전 22는 9월 5일에 무재가 만들어 바쳤다.

부유둔二張付油芚, 『乾隆二十九年二月 日 慶基殿影幀後面加褙膽錄』에는 『난중일기』 메모 중의 육유둔六油芚·장유지壯油紙·장지壯紙도 나온다. 또한 『승정원일기』 인조 15년 4월 14일에는 도에서 진상하는 유둔과 관련해 "4장부四丈付는 못 쓰니 6장부六丈付로 바꿔 보내라"는 내용이 나온다. 『증정교린지』에서도, "여섯 겹으로 붙인 유둔六張付油芚, 네 겹으로 붙인 유둔四張付油芚"이 나온다.

150 "쇠로 된 부시"의 원문 "火金"은 『청파극담』에서는 "쇠를 돌에 쳐서 불을 얻는 것이 편했기에, 군대에서 요긴해 화금火金(쇠 부싯돌)이라고 부른다"고 했다. 조재삼의 『송남잡지』에서는 "화철火鐵·부수鳧壽"라고도 나온다.

151 대죽·중죽·소죽은 각종 총통에 넣고 발사하는 전을 제작할 용도의 크고 작은 대나무로 보인다. 『세종실록』 세종 30년(1448) 12월 6일에 따르면, 여러 종류의 총통전을 나무 줄기로 만들었다. 이는 만들기 어려웠는데, 지금은 대나무 줄기로 차대전次大箭·중전中箭·소전小箭·차소전次小箭·세장전細長箭·차세장전次細長箭을 만들어 편리하다는 기록이 나온다. 메모의 바로 뒷부분에도 대죽전, 중죽전이 나온다. 『미암일기』 1571년 10월 4일에는 유희춘이 진상할 전죽을 분류한 "대죽·중죽·차중죽·세죽細竹·세세죽細細竹·삼절죽三節竹 모두 6품이다"라는 기록이 있다.

6월 6일.

숯불에 구운 대나무[152]로 짧고 무거운 것은 56개다.

상품 대나무上品竹는 11개다.

짧고 가벼운 대나무暫輕竹 53개는 품질이 좋다.

가볍고 작은 대나무輕小竹 48개 안에서 30개를 충(충청) 사(수사)에게 보냈다.

대죽 78개는 군관 등에게 주었다.

차중죽次中竹[153] 44개는 우 사(수사)에게 보냈다.

최하품 대나무下下竹는 26개다.

영(좌수영) 전선 7척 안에 새로 건조한 5척은 이미 정비해 왔고, 전에 건조한 것은 2척이고, 그중 1척은 의병,[154] 1척은 개조한 것이다.

순천 10척 안에 새로 건조한 것은 3척, 전에 건조한 것은 1척, 영선 1척, 방답 5척이 있다.

흥양 10척 안에 본현(흥양현)에서 새로 건조한 것은 2척, 전에 건조한 것은 2척, 영선 1척, 사도 5척이 있다.

낙안은 3척[155] 안에 본군本郡(낙안군)에서 새로 건조한 것은 1척, 전에 건

---

152 "숯불에 구운 대나무熟竹"는 화살을 만드는 과정에서 처음에 숯불에 굽는 과정이 있는데, 그 과정을 거친 대나무로 보인다.

153 차중죽은 차중전을 만드는 데 사용하는 대나무로 보인다.

154 의병이 탄 배는 「의승병을 나누어 보내 요해처를 경계하고 지키게 한 일을 임금님께 보고하는 장계分送義僧把守害狀」(1593년 1월 26일)에 따르면, 의병장 성응지, 승장 삼혜와 의능 등에게 준 배로 보인다.

155 "3척"을 「문화재청본」에서는 "十三"으로 표기했으나, 이는 '十'을 '三'으로 수정한 것을 반영하지 않은 것이다.

조한 것은 1척, 영선 1척이 있다.

광양은 4척 안에 본현(광양현)에서 새로 건조한 것은 2척, 전에 건조한 것은 1척, 영선 1척이 있다.

보성은 8척 안에 본군(보성군)에서 새로 건조한 것은 2척, 전에 건조한 것은 2척, 녹도 2척과 발포 2척이 있다.

방답 4척 안에 새로 건조한 것은 4척이다.

여도 3척 안에 새로 건조한 것은 3척이다.

발포 3척 안에 새로 건조한 것은 3척이다.

사도 4척 안에 새로 건조한 것은 4척이다.

녹도 3척 안에 새로 건조한 것은 3척이다.[156]

도양장의 논에서 징수한 전세[157]는 20섬 13말 5되다. 백성에게 땅을 주어 농사를 짓게 한 뒤, 생산된 농작물을 관청과 반반씩 나눈 것[158]은 13섬

---

156 이순신의 「진으로 돌아가는 일을 동궁께 보고하는 장달還陣狀(一)」(1594년 1월 17일)에 따르면, "순천은 원래 수량과 추가 건조하는 것 모두 10척이고, 흥양은 10척, 보성은 8척, 광양은 4척, 낙안은 3척이었는데 모두 이미 건조가 끝났습니다"라는 내용이 있다. 이 전선 수는 위의 메모와 일치한다. 다른 지역의 전선 수까지 나오는 것으로 미루어 1594년 1월 전후 시기에 작성한 메모로 보인다. 이 메모 속 전라 좌수군의 전체 전선은 59척이다.

157 "논에서 징수한 전세"의 원문 "畓租"는 "논에서 징수한 전세" 혹은 "논벼"의 두 가지 의미가 있다. 이 메모 중에 "병작幷作"이 별도로 나오는 것으로 보아 "畓租"는 "논에서 징수한 전세"로 볼 수 있다.

158 "백성에게 땅을 주어 농사를 짓게 한 뒤, 생산된 농작물을 관청과 반반씩 나눈 것"의 원문은 "幷作"이다. 논밭의 주인이 경작자에게 땅을 빌려주어 농사짓게 하고 그해의 수확량을 반반씩 나누는 방식이다. 이 메모에서는 둔전에서 피란민들에게 농사를 짓게하고 국가와 백성이 각각 소출의 반씩 갖게 한 것을 말한다. 김동진의 「16세기 중엽 성주지방 이문건가의 수전농업」(『지방사와 지방문화』 4권 1호, 104~105쪽)에 따르면, 이문건의 경우는 종자를 병작인에게 주고, 농사를 짓게 하고, 노비들을 보내 파종 및 농사 상태, 타작을 감독케 했다. 이순신도 종자와 농사에 사용한 소를 지급하기도 했다. 둔전과 관련해 이순신은 「떠도는 백성을 돌산도에 들어가 살게 하고

14말 8되이고, 콩은 1섬 7말이다.

갑오(1594년) 1월 21일. 새로 복무를 하기 위해 입대한 수군 21명 내보냈다. 팔결군八結軍159 16명을 되돌려 보냈다.

5월 3일.

창고 물건을 일일이 뒤적이며 장부와 대조하면서 검사했다.160 군량미는 349섬 14말 4되161다. 사들인 목미木米162는 두 번을 합해 83섬163이다. 합계는 432섬 14말 4되다. 현재 남은 것은 65섬 12말 4되다.

논밭을 갈고 씨를 뿌릴 수 있도록 명령을 내려주시기를 임금님께 청하는 장계請令流民入接突山島耕種狀」(1593년 1월 26일), 「둔전을 설치할 수 있도록 임금님께 청하는 장계請設屯田狀」(1593년 윤11월 17일), 「흥양 목장 감목관을 교체해주시기를 임금님께 청하는 장계請改差興陽牧官狀」(1594년 1월 10일) 등으로 선조에게 건의하기도 했다.

159 팔결군과 관련해 『선조실록』 선조 29년(1596) 10월 5일 기록에는 도체찰사 이원익이 1596년 남부 지방을 순시하고 선조를 만나 보고할 때, 이원익이 수군의 능로能櫓(격군)가 대부분 많이 죽어 "지금은 팔결八結로 하여금 능로의 역을 수행하도록 정하고 있다"고 했다. 또한 『선조수정실록』 선조 30년(1597) 1월 1일 기록에는 호조 판서 김수金晬가 팔결군에 대해 "전결에 고용된 자로 군사를 삼는 것"이라고 한 기록이 있다. 또한 팔결을 『조선왕조실록』 인터넷 번역본 주석에서는 "전토田土 8결마다 1부의 역가役價를 징수하는 것"이라고 했다. 이로 보면 팔결군은 8결을 기준으로 편성된 군사인 듯하다.

160 원문 "反庫"는 "번고"라고 한다. 관청 창고의 물건을 일일이 뒤적이며 장부와 대조하면서 검사하는 것이다.

161 "되"의 원문은 "■"로 미판독 글자이나, 문맥과 아래의 군량 내용으로 미루어 "승升(곡식 단위, 되)"으로 보인다.

162 "木米"는 곡식의 일종이다. 『쇄미록』 1593년 9월 27일에는 "백미·목미"가 나온다. 김종의 『임진일록』 1592년 12월 26일과 남평 조씨의 『병자일기』 1637년 12월 9일에도 "목미"가 나온다. 『조선왕조실록』에서도 "목미"가 나온다. 한국고전번역원과 고려대학교 민족문화연구소에서 공동 번역한 『만기요람』 「반전」에서는 "메밀"로 보았다.

163 "83섬"의 원문은 "八十·■■"으로 미판독 글자가 있다. 그러나 군량 숫자를 계산해보면 "八十三石(83섬)"이다.

(1594년 7월) 명나라 장수 장홍유의 자는 중문, 헌호는 수천이다. 절강164 영파부寧波府에 산다. 가정家丁165은 주증周曾166과 구덕丘德이다. 같이 온 기패旗牌167는 장도관張觀綰·반준潘俊·주봉周鳳이다.168

5) 1596년 1월 1일 일기 앞

도양장의 농사를 짓는 데 쓸 소는 7마리다. 보성 임정로林廷老169 1마리, 박사명170이 1마리를 바치지 않았다.

164　"절강"의 원문은 "■江"이다. 절강浙江이다. 1594년 7월 17일 일기에 장홍유가 절강에서 왔다고 나온다.

165　가정은 명나라 장수들의 집안 노비 등으로 구성된 사병이다. 팡즈위안의「임진왜란 참여 명군의 將士와 군대 계통」(『충무공 이순신과 한국해양』, 해군사관학교 충무공연구소, 2015, 180쪽)에는, "심덕부의 『만력야획편』에서는 이씨 집안(이성량, 이여송 집안)의 가정에 대해, '본래 가정은 당나라 말기인 5대 10국 시기에 번진藩鎭에서 생겨난 것이다. (…) 장수들이 자신들의 휘하에 가정을 거느렸다. 그들의 양식, 의복, 물자, 무기 등은 일반 군사들 것보다 많았다. 적과 싸울 때면 그들이 주로 적진을 점령하는 데 투입되었다. (…) 근래(명나라)에는 요동 이영원李寧遠(이성량·이여송 부자) 휘하의 가정들이 전투에서 두드러진 공을 세웠다'"는 기록이 나온다. 같은 논문 182쪽에서는 "이화룡李化龍이 계진총독으로 있을 당시 '가정' 문제를 조정(명나라)에 상소했다. '전쟁터에서 인원이 부족하기 때문에 가정을 보유하고 있는데, 본래 정해진 수는 없고 많으면 100여 명, 적으면 50~60명 혹은 30~40명으로 그들을 먹이고 입혀서 전쟁터에서 선봉으로 세웁니다. 전쟁 때마다 가정들이 선봉에 서고 그다음에 약한 병사들이 따라갑니다'"라고 했다. 정탁의 『용사일기』 1593년 1월 8일자 이후의 「부」에도, 위의 논문과 비슷한 내용이 나온다. 즉, 제독 이여송이 "3대 군영에서 정예로운 기병 각각 3000과 가정·달자 1000을 뽑아두었다"고 한다.

166　「문화재청본」의 "周曾"를 「편수회본」에서는 "周曾"으로 판독했다.

167　여기서 기패는 명나라 황제의 명령을 전달하는 고급 무관으로 기패관旗牌官을 뜻한다. 기패는 명나라 황제의 명령이 적힌 깃발이며, 군대에 명령을 전달하는 도구로 사용되었다.

168　이 메모는 1594년 7월 19일 일기에도 일부 나오는 것으로 보아, 7월 19일 이후에 쓰인 듯하다.

169　임정로는 1596년 윤8월 8일에 아병으로 나온다.

170　박사명은 1597년 8월 16일에는, "박사명의 집에 사령을 보냈는데 사명의 집은 이미 비어 있다고 했다", 또 10월 8일 일기 이후의 메모에 "보성 박사명"으로 나온다.

정명열丁鳴說[171]이 직장첩지直長帖紙[172]를 받아갔다. 정경달의 아들이다.

갑사甲士[173] 송한.

1월 3일에 배 위에서 이와 같은 환도 4, 왜도 2를 만들었다. 회가 갖고 가던 중.[174]

6) 1596년 10월 11일 일기 뒤

10월 9일. 진무성이 청어 4400 두름을 싣고 왔다.[175]

병丙(병신, 1596년) 9월 29일 을미乙未.[176] 베어낸 대나무의 숫자를 다시 계산했더니 91부[177]다. 창고 안에 넣었다.

171 정명열(1566~1627)은 조선 중기의 문신이다. 1606년 증광시에서 급제했다. 아버지는 이순신 막하에서 활약했던 정경달이다. 1597년 정유재란 때, 마하수·백진남·변홍달·문영개 등과 이순신 막하에서 수군과 군량과 선박을 모았고, 명량대첩에 기여했다. 광해군 즉위 후 대북파가 득세하자 정치에 뜻을 버리고, "햇빛이 밝아질 때 내 눈도 밝아질 것"이라며 실명을 핑계로 두문불출하고 학문에 전념했다고 한다.

172 첩지는 이속 임명장 혹은 금품에 대한 영수증, 돈을 받을 수 있도록 "첩" 자를 새긴 관인 증서다. 또한 전곡을 지급할 때 사용하기도 하는데, 그 내용에 따른 현물을 지급하기도 한다.

173 갑사는 중앙군의 핵심 병종으로 갑옷을 착용하고 국왕 경호와 도성 순찰을 주임무로 했다. 평안도와 함경도에는 변경 수비를 담당했던 갑사가 별도로 설치되어 있었다. 호랑이와 표범을 전문적으로 잡는 착호 갑사도 있었다.

174 1595년 7월 21일에는 환도와 아들 회가 함께 나온다. 그러나 정황상 이 메모는 그 시기와는 관계없는 듯하다. 날짜도 1월 1일로 명기되어 있는 것으로 보아, 1596년 1월 3일의 기록인 듯하다.

175 『난중일기』 1596년 10월 2일에는 "청어선이 들어왔다"는 내용이 나온다.

176 원문은 "9월 29일 을미"다. 그러나 9월 29일의 간지는 "임술"이다. 29일이 을미인 날은 1596년 5월 29일, 9월 2일이 있다. 날짜에 착오가 있는 듯하다.

177 "부"의 원문 "浮"는 화살이나 대나무 묶음을 뜻하는 "떼", 혹은 이엉을 엮어 말아놓은 덩이

병신(1596년) 5월 23일.

상품의 대죽上大竹 30개, 차죽 60개, 중죽 60개, 합계 150개를 박옥·옥지·무재 등이 받아다 만들어 납부했다.[178]

계에 납입할 물건 안에 기름 먹인 두꺼운 종이油芚[179] 10장, 기름 먹인 종이油紙 2장, 만장지挽章紙[180] 10장, 상지 15권, 백지 2권[181]이 있다.

병신(1596년) 3월 6일에 왔다. 육냥궁六兩弓은 6장[182]이고, 후궁[183]은 8장인데, 1장은 울의 궁弓[184]이다. 세궁細弓[185]은 2장이다.

병(1596년) 9월[186] 30일. 새로 완전해진 것重完 안에는 모두 109이다. 또한 쓸 수 있고, 또한 50이다. 합해 3통通 29이다.[187]

를 뜻하는 "뜸"으로 사용된다. 화살이나 대나무의 1부는 100개 혹은 30개이다.
178 1596년 5월 24일 일기에는 "박옥과 옥지, 무재 등이 전죽 150개를 처음 만들었다"는 내용이 나온다.
179 유둔은 『한지: 아름다운 우리 종이』(이승철, 현암사, 2012, 54~72쪽)에 따르면, 비 올 때에 쓰기 위해 혹은 전쟁터에서 천막용으로 쓰기 위해 기름을 먹인 종이를 이어붙인 두꺼운 종이다.
180 만장지는 죽은 사람을 애도하는 글을 적는 종이다.
181 유희춘의 『미암일기』 1571년 4월 18일에는 유둔과 만장지가 모두 나온다.
182 장은 활을 세는 단위로 "개"와 같다.
183 후궁은 활의 재료에 따른 한 종류로 활 안쪽의 일부에만 무소뿔을 붙여 만든 활이다.
184 "울의 궁"은 이순신의 둘째 아들 울의 활을 뜻하는 것으로 보인다.
185 세궁은 활의 몸통 부분이 가늘게 생긴 고려시대 활의 한 종류다. 조선시대의 활 종류로는 기록에는 나오지 않는 활이다. 다만, 작고 짧은 화살로 연락용 화살인 세전細箭이 있었던 것을 보면, 세전을 쏠 때 쓰는 활인 듯하다.
186 "병(1596년) 9월 30일卅"의 「문화재청본」, 「편수회본」은 "丙九日卅"이다. "日"을 「박혜일·최희동본」은 "月"로 보았다. 「친필본」을 보면 "月"이다. "月"로 번역했다.
187 기록된 내용이 무엇인지 알 수 없다. 1596년 9월 30일자로 보면, 농과 관련된 것으로 추정할 수 있다.

2월 26일. 대죽·중죽의 상품 57개.

고기를 잡아서 군량을 지원한 사람捉魚繼餉.

임달영은 제주의 농사짓는 소.[188]

송한련, 갑사 송한은 첫째, 갑사 송성宋晟,[189] 이종호, 황득중, 오수, 박춘양.

유충세柳忠世, 강소작지, 강구지姜仇之는 함께 상을 주어야 할 것.[190]

군량을 모아 지원하는 역할을 담당하는 책임자繼餉有司.

납속 참봉納粟參奉[191] 조응복

유학[192] 하응문·류기룡柳起龍은 같이 힘씀.

정 김덕린.

대구 훈련원 정訓正 김계신金繼信, 창신도 감목.

---

188 『난중일기』 1596년 6월 20일에는 "임달영도 들어왔는데, 소를 산 목록과 제(제주) 목(목사)의 편지를 갖고 왔다"는 내용이 나온다.

189 송성(?~?)은 아들 송득운과 함께 이순신 막하에서 활약했다.

190 이순신이 포상해야 할 인물로 메모한 사람들의 활동은 『난중일기』에 나온다. 송한, 송한련, 황득중, 오수, 박춘양 등은 청어, 숭어, 조기 등을 잡았고, 내다 팔기도 했다. 특히 송한련은 1594년 11월 5일 일기에 농어 10마리를 잡아왔다는 기록을 시작으로, 1595년 2월 19일에는 "고기를 잡아 군량을 사겠다捉魚貿軍糧" 했고, 그 이후 이순신 수군에서 어업을 주도했다. 이들은 또한 어업활동은 물론이고 정찰 등의 임무도 수행한 군인 겸 어부였다. 이순신의 이 명단 중 일기에 명시되지 않은 인물로는 송성과 유충세, 강구지밖에 없다. 황득중은 총통을 주조할 쇠를 실어오기도 했다. 일기 보면, 이순신 부대의 어업활동은 1595년 초부터 본격적으로 시작된 듯하다.

191 납속 참봉은 나라에 곡식을 바쳐 참봉 벼슬을 얻은 사람이다.

192 유학은 벼슬을 하지 않은 유생을 호칭하는 말이다. 양반의 자손이나 사족 신분을 표시하는 말로도 쓰인다.

7) 1597년(「정유년 Ⅰ」) 10월 8일 일기 뒤

보성 박사명

사형士泂 소동[193]

새로 급제[194]한 원경전元景詮·한치겸·정복례鄭復禮는 우병사의 진에서 방비하고 있다.

남엽南曄·정대순鄭大淳[195]·조형과趙珩·조완趙琬은 진주 운곡에 있다.[196]

이홍훈李弘勛 주인집.[197]

송곡松谷.

노비 신분으로 의병을 일으킨 사람들의 우두머리(수창노首倡奴)[198] 봉환鳳

---

193 "소동"은 손병규의 『호적』에 따르면, 향리의 한 부류다. 그런데 박계숙의 『부북일기』 1605년 10월 20일에서는 "영천군수가 다모·소동·사령을 보내주었다", 조선시대 통신사 행렬 속의 소동으로 보면, 청소년으로 심부름하는 소년이다(조선통신사문화사업회·국사편찬위원회, 『조선시대 통신사 행렬』, 2005, 17쪽과 390쪽 참조).

194 새로 급제한 사람들은 한치겸의 이력으로 살펴보면, 1597년에 무과에 급제한 사람들이다.

195 정대순(1552~1630)은 조선 중기의 의병이다. 1592년 임진왜란이 일어나자 가산을 털어 의병을 봉기해 최기필을 도와 일본군을 토벌하는 데 앞장섰다. 임진왜란 후에는 남명 조식을 제향하는 산청의 덕천서원을 중건하는 데 앞장섰다.

196 "진주 운곡에 있다晉州雲谷"를 「문화재청본」은 누락했다.

197 "이홍훈 주인집"이란 메모를 보면, 이 메모는 1597년 7월 24일 이후에 쓴 것으로 보인다. 이순신이 7월 24일부터 이홍훈의 집에 머물렀기 때문이다. 7월 23일에는 이순신이 운곡에서 묵었다. 또한 조신옥과 홍대방이 1597년 6월 28일에 처음 등장하기에 최소한 1597년 6월 28일 이후에 작성된 메모다.

198 『모국어와 에네르게이아』(한국어내용학회, 국학자료원, 1998, 71쪽)에 따르면, 창노倡奴는 창의노倡義奴라고도 했는데, 임진왜란 때 자발적으로 전쟁에 참전한 노비라고 한다. 수창노는 노

還·석운石雲·뇌손雷孫.

배천 별장 훈련원 정 조신옥·홍대방은 쌀 14, 콩豆 18, 또 4, 콩 2 및 10, 흰콩大·大豆 5, 쌀 2.

흥양.
정병199 김득상金得尙은 전수箭手다.
김덕방金德邦200과 덕룡德龍201은 과거 급제자202다.

과거 급제자 조언해趙彦海·박유엽朴有曄.
주부 송상보宋象甫는 말이 없다.
순천 이진.

비 신분으로 의병을 일으킨 사람들의 우두머리를 뜻한다.
199 정병은 정규병으로 8교대로 2개월씩 복무했다. 진 소속의 정병은 4교대, 1개월 복무 후 교대했다.
200 김덕방(?~1598)은 전남 고흥 출신 의병장이다. 이순신 막하에서 동생 김덕린, 사촌 김덕룡 등과 함께 활약했다. 동생 김덕린은 군량을 모아 이순신을 지원했다. 노량해전에서 전사했다는 설과 일본군의 포로가 되어 일본에 붙잡혀갔다는 설이 있다. 일본으로 끌려갔다는 설은 임진왜란 후 나가타 도쿠혼長田德本의 의술 스승이 되어 침구 비법을 전해주었다는 것이다. 그에 대한 일본 측 기록은 1780년 간행된 기무라 겐테이木村元貞의 『침구극비전』의 서문에 일본 게이초慶長 (1596~1614) 시기에 조선 의관인 김덕방이 나가타 도쿠혼에게 주어 서술한 것이 유래라고 되어 있다.
201 덕룡(?~?)은 김덕룡金德龍이다. 고흥 출신으로 훈련원 주부를 역임했다. 임진왜란 때 3형제가 권율 막하에 들어가 영천에서 왜적을 토벌했다. 정유재란 때 송대립·황원복·전방삭 등과 함께 이순신 막하에 들어가 활동하다 전사했다. 『난중일기』에 나오는 김덕린·김덕인·김덕방과는 사촌이다.
202 "과거 급제자出身"는 문·무·잡과 과거시험에 합격한 사람을 말한다. 급제는 특히 문·무과 합격자를 우대하는 말이다. 생원·진사시는 문과의 예비 시험이었기에 입격入格이라고 했다.

아산 과거 급제자 박윤희朴允希는 지금 충청 방어사 진에 있으나, 전투용 말이 있어 적을 능히 무찌를 수 있다고 했다.

「정유년 Ⅰ」(1597년) 일기는) 모두 26목(장)이다.[203]

8) 1598년 9월 15일 일기 앞

계 유격季遊擊(계금)[204]이 준 선물.[205] 4월 26일.

푸른 구름 무늬 비단靑雲絹 1단, 쪽빛 구름 무늬 비단藍雲絹 1단, 비단 버선綾襪 1쌍, 구름 무늬 신발雲履 1쌍, 향나무 바둑판[206] 1부副, 향나무 패香牌 1부, 절강차浙茗 2근觔, 참죽나무잎香椿 2근, 사청 찻사발四靑茶甌 10개, 살아 있는 닭 4척.

천총千總[207] 강인약江鱗躍이 준 선물.

203 「정유년 Ⅰ」의 일기 전체는 모두 27장이다. 앞뒤 표지와 빈 쪽이 있는 1장을 제외하고 이 일기 전체가 26장이라고 기록해놓은 듯하다.
204 계 유격은 명나라 유격장군 계금(?~1598)이다. 계금은 『선조실록』 선조 30년(1597) 3월 25일에 기록된 명나라에 파견되었던 주문사奏聞使 정기원鄭期遠의 서장書狀에 따르면, 참장參將 계금季金이 30명을 태운 배 200척의 수군(6000명)을 거느리고 (1597년) 4월 초에 평양에 도착할 것이라고 했으나, 『선조실록』 선조 30년(1597) 11월 4일에야 비로소 서울에 도착해 선조를 만난 것으로 나온다. 진경문의 『섬호집』 「도독都督」에 따르면 계금은 유격游擊으로 이순신이 고하도에서 고진도古珍島(고금도)로 진영을 옮긴 뒤인 1598년 4월에 이순신과 합류했다. 『선조실록』 선조 31년(1598) 6월 24일에는 계금이 이순신과 함께 거처하고 있다고 나온다. 반면 진린은 7월에 고진도에서 합류해 수군 업무를 총괄 감독했다고 한다. 계금도 이순신처럼 시호가 충무忠武다.
205 명나라 장수들이 준 선물에 대한 원문 표현은 "所貺·所贈·所及·所遺·所致"으로 표현에 차이가 있다.
206 "향나무 바둑판"의 원문 "香棋"은 『승정원일기』 인조 11년(1633) 6월 23일, 「양 도독楊都督이 보내온 글」에도 나온다.
207 천총은 명나라 무관직이다. 위관급인 하급 장교다. 우리나라에서는 임진왜란 후 5군영이 생

춘명차春茗[208] 1봉封, 꽃무늬 분합[209] 1개, 등나무 부채藤扇[210] 1파, 복리服履 1쌍.

천총 주수겸朱守謙[211]이 준 선물.

술잔酒盞 6개, 신선로神仙爐 1, 주잔硃盞 2장, 소합小盒 1개個, 찻잎茶葉 1봉, 안애贗埃 2.

천총 정문린丁文麟이 준 선물.

여름 버선暑襪 1쌍, 베 손수건領絹 1방方, 양차兩茶 1봉, 호초胡椒[212] 1봉.

파총 진자수陳子秀가 준 선물.

수보繡補 1부 흉배胸背.[213] 시를 쓴 부채詩扇 1파, 향선香線 10지枝.

육경陸卿이 준 선물.

기면서 설치되었다. 정3품의 무관직이다.
208 원문 "春茗"은 봄에 채취해 만든 차를 말한다.
209 "꽃무늬 분합"의 원문 "花盒"은 분粉을 담는 작은 합盒으로 보인다.
210 등나무 부채(등선)는 우리나라 부채를 연구한 최상수의 『한국부채의 연구』에는 나오지 않는다. 명나라에서 제작한 것이기 때문인 듯하다.
211 주수겸에 대해서는 자세한 기록이 없다. 다만, 『선조실록』 선조 31년(1598) 2월 21일에 "주 천총朱千摠"이 나오나 동일인인지는 알 수 없다.
212 "胡椒"는 "후추"의 한자어다. 우리나라에는 고려시대 이인로가 지은 『파한집』에서 그 명칭이 처음 나타난다.
213 수보는 명나라 문무관이 입던 예복으로, 가슴과 등에 문관은 새 종류, 무관은 짐승 종류를 수놓았다. 이순신은 흉배라고 표현했다. 『경국대전』에 따르면, 문신 1품은 공작, 무신 1품은 호랑이, 문신 2품은 구름과 기러기(대사헌은 해태), 무신 2품은 호랑이, 문신 3품은 백한白鷳(꿩의 한 종류), 무신 3품은 곰을 수놓았다.

꽃무늬 수건花帨 1조.

허 파총許把總이 준 선물.

푸른색 목면靑布과 붉은색 목면紅布[214] 각 1, 금부채金扇 2, 꽃무늬 수건 1. 10월 4일.[215]

유격 복일승[216]이 준 선물.

푸른색 목면 1단, 쪽빛 목면藍布 1단, 금부채 4병, 항근杭筋 2단丹, 살아 있는 닭 2수, 소금에 절인 양고기醎羊 1주肘.

유격 왕원주[217]가 준 선물.

금 허리띠金帶 1[218], 상감한 도장갑鑲嵌圖書匣[219] 1, 향합香盒 1, 거울 걸이鏡架 1, 금부채 2, 비단실絲綿 1봉, 찻단지茶壺 1, 소소[220] 2사.

천총 오유림吳惟林이 준 선물.

양대鑲帶 1사, 배첩拜帖(명함) 20장.

214　이익의 『성호사설』에 따르면, 목면은 본래 붉은색, 푸른색, 흰색이 있었다고 한다.
215　1598년 9월 30일 일기에 "왕 유격(왕원주)·복 유격(복일승)·이 파총(이천상)이 100여 척을 이끌고 진에 도착했다"는 기록이 나온다. 이로 보면 1598년 10월 4일에 선물을 받은 기록이다.
216　복일승은 신흠의 『상촌집』에 따르면, 유격 장군으로 1598년 9월, 명나라 수군 1500명을 이끌고 왔다가, 기한에 맞춰 도착하지 못해 백의종군했고, 그 후 노량해전에서 직책을 돌려받았으며, 1599년에 돌아갔다고 한다.
217　왕원주는 조경남의 『난중잡록』에서는 "참장"으로 나온다. 신흠의 『상촌집』에서는 1598년 9월, 명나라 수군 2000명을 이끌고 와서 고금도에 머물다가 1599년에 돌아갔다고 한다.
218　현재 현충사에 소장된 보물 제326호인 요대腰帶가 이 금 허리띠인 것으로 추정된다.
219　원문 중 "圖書"는 "인장印章·투서套署·도장圖章"이다.
220　"소소"의 원문 "蘇梳"는 빗의 한 종류다.

파총 진국경陳國敬이 준 선물.

꽃차花茶 1봉, 꽃무늬 술잔花酒盃221 1대對, 구리 찻숟가락銅茶匙 2부, 가는 찻숟가락細茶匙 1부, 홍례첩紅禮帖 1개, 전간첩全柬帖 5장, 서간첩書柬帖 10장, 고절간古折柬 8장, 주홍근硃紅筋 10쌍.

계영천季永荐이 준 선물.

진금 부채眞金扇 1파, 땀수건汗巾 1방, 부들 부채蒲扇 1병, 거친 수건粗帨 2조条.

기패 왕명王明이 준 선물.

쪽빛 목면 1단, 침두화枕頭花 1부, 푸른 비단실靑絹線 약간.

파총 공진龔璡이 준 선물

붉은 종이紅紙 1부, 절강차222 1봉, 찻숟가락茶匙 6사, 소침蘇針 1포包.

중군 왕계여王啓子가 준 선물

쪽빛 허리띠藍帶 1사, 큰 참빗과 작은 참빗223 2사.

---

221 현재 현충사에 소장된 보물 제326호인 "복숭아 모양 술잔桃盃"으로 추정된다.
222 "절강차"의 원문 "浙茶"는 앞에서 "절명浙茗"이 나오는 것으로 보아 절명과 같은 절강차인 듯하다.
223 원문 "梳大細"는 큰 참빗과 작은 참빗으로 보인다.

9) 1598년 10월 7일 일기 뒤

무戊(무술, 1598년) 5월 일기[224]

사선 25척, 호선號船 77척, 비해선飛海船 17척, 잔선剗船 9척.
(무술년(1598년) 일기는) 7목(장)을 잃었다.[225]

---

224 "무(무술, 1598년) 5월 일기"는 「문화재청본」에서는 누락했다. 별지에 써서 붙여놓은 것이다.
225 무술년(1598년) 일기는 현재 남아 있는 것이 8장이다. 다른 해에 비해 남아 있는 것이 적다.
이 메모처럼 7장을 분실했기 때문으로 보인다.

이순신의 장계

– 전략가 · 행정가 · 경영자 이순신의 땀과 피, 눈물, 승리의 기록 –

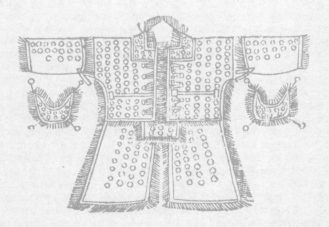

제2부 이순신의 장계

일러두기

1. 이순신의 장계는 현재 『임진장초』『이충무공전서』『충민공계초』『선조실록』『선조수정실록』『이충무공행록』『임진기록/용만문견록』『(이충무공)행장』『충무공유사』(규장각한국학연구원 소장 필사본, 도서번호 규1489) 중의 「충무공계본」, 『난중잡록』에 각각 혹은 중복되어 전한다. 이 가운데 현재 현충사에 소장되어 있는 『임진장초』는 1962년 12월 20일, 『난중일기』『서간첩』과 함께 국보 제76호로 지정되었다. 국보로 지정된 『임진장초』에는 곳곳에 '전라 좌도 수군절도사 인全羅左道水軍節度使印'이라는 관인이 찍혀 있다. 이로 보면, 이순신 시대에 작성된 것으로 추정할 수 있다. 『충민공계초』는 현재 국립해양박물관에 소장되어 있고, 그 내용 중 일부는 일제강점기에 발간된 『조선사료총간 제6집-난중일기초·임진장초-』에도 수록되어 있다. 『충무공유사』(규장각한국학연구원 소장 필사본, 도서번호 규1489)는 현충사 소장 『충무공유사』(구명舊名 『재조번방지초』)와는 다른 책이다. 규장각한국학연구원에 소장된 책으로 『이충무공행록』의 일부분과 이순신의 장계 16편이 실려 있다. 맨 앞의 장계에는 「충무공계본」이라는 소제목이 붙어 있다. 『충무공계본』을 살펴보면, 『임진장초』속 장계 13건, 『충민공계초』의 장계 3건과 같다. 또한 이 16편은 모두 『이충무공전서』속 장계와 중복된다. 『충민공계초』와 중복된 장계는 『이충무공전서』와 달리 『충민공계초』처럼 이두 표기로 되어 있고, 『충민공계초』처럼 제목이 없고, 날짜는 나온다. 『이충무공행록』은 이순신의 조카 이분이, 『임진기록/용만문견록』은 정탁이, 『(이충무공)행장』은 최유해, 『난중잡록』은 조경남이 저술했다.

2. 번역 대본은 『임진장초』『충민공계초』를 바탕으로 하고, 『임진장초』『충민공계초』에 없는 것은 각각 『이충무공전서』『선조실록』『선조수정실록』『이충무공행록』『임진기록/용만문견록』『(이충무공)행장』『난중잡록』에 실려 있는 것으로 추가 및 보완했다. 이 중 『임진장초』『충민공계초』에는 이순신 장계의 대부분이 들어 있다. 또한 『임진장초』『충민공계초』는 『이충무공전서』에 실린 장계와 달

리 편집되지 않은 원문이다. 『임진장초』는 『충민공계초』와 달리 이순신 시대에 작성된 것이기도 하다. 『충민공계초』는 후대에 베껴놓은 것이다. 『충무공유사』(규장각한국학연구원 소장 필사본, 도서번호 규1489) 속 『충무공계본』도 후대에 현재는 존재가 불분명한 『충민공계초』의 원본이 되는 별도의 장계를 베껴놓은 것이다.

3. 『임진장초』는 행서로 기록되어 있다. 이를 다시 판독·정리한 문화재청 국가기록유산 홈페이지 (http://www.memorykorea.go.kr/), 2017년 7월 10일(인터넷 데이터 기준)에 있는 자료를 번역을 위한 원문으로 활용했다. 그러나 오탈자가 발견되기에, 이를 비교·검증하기 위해 『임진장초』(영인본), 조선사편수회의 『조선사료총간 제6집-난중일기초, 임진장초-』를 이용해 비교해 검증했다. 『이충무공전서』는 고전번역원 한국고전종합DB(http://db.itkc.or.kr/)의 자료를 활용했다. 본문에서는 『임진장초』(영인본)는 「영인본」으로, 문화재청 국가기록유산 홈페이지(http://www.memorykorea.go.kr/) 자료는 「문화재청본」으로, 『조선사료총간 제6집-난중일기초, 임진장초-』속 장계는 「편수회본」, 『이충무공전서』는 「전서본」, 『충무공유사』(규장각한국학연구원 소장 필사본, 도서번호 규1489)는 「충무공계본」, 정탁의 『임진기록/용만문견록』「壬辰記錄 上」속의 「三道水軍統制使李舜臣狀啓草」는 「정탁본」으로 약칭했다.

4. 번역 대상 기록물 원천 자료는 다음과 같다.
1) 『임진장초』 원문
문화재청 국가기록유산 홈페이지(http://www.memorykorea.go.kr/)(2017년 7월 10일 인터넷 데이터 기준)에 있는 원문 사진과 판독문.
『임진장초』(中村榮孝 검열, 1932, 국사편찬위원회 소장)
『조선사료총간 제6집-난중일기초, 임진장초-』(조선사편수회 엮음, 조선총독부, 1935)
『국역 주해 이충무공전서(상·하)』(이은상, 충무공기념사업회, 1960)
『임진장초』(문화재관리국, 50질 한정판 영인본, 1968)
『임진장초(영인본)』(이충무공문헌간행사업회, 횃불사, 1976)
『임진기록/용만견문록』(정탁, 국사편찬위원회, 1993)

2) 『이충무공전서』 원문
고전번역원 한국고전종합DB(http://db.itkc.or.kr/)
『조선사료총간 제6집-난중일기초, 임진장초-』(조선사편수회 엮음, 조선총독부, 1935)
『국역 주해 이충무공전서(상·하)』(이은상, 충무공기념사업회, 1960)
『이충무공전서(영인본)』(성문각, 1992)

3) 『충민공계초』 원문

『조선사료총간 제6집-난중일기초, 임진장초-』(조선총독부, 1935)

『충민공계초』(조선사편수회 촬영, 국사편찬위원회 소장 사진)

『임진장초(영인본)』(이충무공문헌간행사업회, 횃불사, 1976)

4) 『선조실록』 『선조수정실록』

국사편찬위원회 조선왕조실록 홈페이지(http://sillok.history.go.kr/)

5) 『임진기록/용만견문록』(정탁, 국사편찬위원회, 1993)

6) 『충무공유사』(규장각한국학연구원 소장 필사본) 중 「충무공계본」 16편

7) 『이충무공행록』 『(이충무공)행장』 원문 및 번역문

고전번역원 한국고전종합DB(http://db.itkc.or.kr/)

『충무공유사』(규장각한국학연구원 소장 필사본, 도서번호 규1489) 중 「이충무공행록」 부분

『국역 주해 이충무공전서(상·하)』(이은상, 충무공기념사업회, 1960)

『이충무공전서(영인본)』(성문각, 1992)

『리순신장군전집』(홍기문, 1955, 국립출판사)

8) 『난중잡록』 원문

고전번역원 한국고전종합DB(http://db.itkc.or.kr/)

5. 번역 시 참고한 기존의 『임진장초』 번역본은 다음과 같다.

『리순신장군전집』(홍기문, 1955, 국립출판사)

『리순신장군전집』(홍기문, 1959, 국립문학예술서적출판사)

『국역 주해 이충무공전서(상·하)』(이은상, 충무공기념사업회, 1960)

『임진장초』(조성도, 동원사, 1973)

『충무공 이순신 전집(3)』(최두환, 우석출판사, 1999)

6. 번역 방법

1) 장계를 작성한 시간과, 장계 안에서 언급한 시간은 오늘날의 24시간 단위와 달라 2시간 단위로 되어 있어 정확한 시간을 알 수 없다. 『난중일기』 번역과 달리, 전투와 관련된 장계는 시간상 작은 오류가 있어도 전투 상황을 왜곡시킬 수 있어, 시간은 원문을 그대로 적용했다.

2) 『임진장초』 『충민공계초』 등은 편집된 『이충무공전서』와 달리 이두가 그대로 실려 있다. 이두문은 문장이 장황해지므로 읽기에 불편하고, 그로 인해 문맥 파악이 어려워지곤 해 앞뒤 문장을 살펴보고, 문맥에 맞게 끊었다.

3) 공문을 수발신하는 대상(상급 기관, 동급 기관, 하급 기관)에 따라 공문 용어가 다르다. 현대인은 그 용어의 의미를 쉽게 이해할 수 없기에 '공문'이라고 단순화했다.

4) 이순신의 보고서 형식에는 「장계」와 「장달」이 있다. 「장계」는 임금인 선조에게 보내는 문서 형식이고, 「장달」은 동궁(광해군)에게 보내는 문서 형식이다. 「장계」와 「장달」은 문서의 수신자 혹은 발신자, 문서 내용 중의 사용 문투 혹은 용어로 확인할 수 있다. 수신자와 발신자, 문투와 용어를 살피고 그에 맞게 '임금'에게 보내는 「장계」와 '동궁'에게 보내는 「장달」로 구분했다.

5) 장계 번역 순서는 출처를 기준으로 했다. 『임진장초』와 『충민공계초』는 날짜가 기록되어 있고, 『이충무공전서』 장계는 날짜가 기록되어 있지 않다. 날짜가 있으면 날짜 순서로, 날짜가 없으면 추정 가능한 것은 해당 시기의 장계 뒤에 위치시켰다. 순서는 다음과 같다. 전체 장계 수는 102건이다. 『임진장초』 『충민공계초』와 중복되는 『충무공유사』(규장각한국학연구원 소장) 속 「충무공계본」은 Ⅰ과 Ⅱ의 해당 장계에 각주로 표시해놓았다.

Ⅰ. 『임진장초』 『이충무공전서』 공통 장계: 54건

Ⅱ. 『충민공계초』 『이충무공전서』 공통 장계: 12건

Ⅲ. 『임진장초』에만 있는 장계: 7건

Ⅳ. 『이충무공전서』에만 있는 장계: 5건

Ⅴ. 『선조실록』 『선조수정실록』에만 있는 장계: 16건

Ⅵ. 『선조실록』 『선조수정실록』 속 이순신이 쓰지 못한 노량해전 장계: 3건

Ⅶ. 『이충무공행록』 『(이충무공)행록』 속 장계: 2건

Ⅷ. 『난중잡록』에만 있는 장계: 3건

6) 장계의 제목은 『임진장초』에는 거의 붙어 있지 않고, 『이충무공전서』에는 붙어 있다. 『임진

장초』와 『이충무공전서』에 공통으로 존재하는 장계가 많기에, 『이충무공전서』 장계 제목을 기준으로 번역했다. 『임진장초』에 제목이 붙어 있으면 해당 장계 제목 부분에 주석으로 표시해 놓았다. 『임진장초』에만 있는 장계와 『선조실록』 『선조수정실록』 『이충무공행록』 『(이충무공)행록』 『난중잡록』 속의 장계 혹은 장계 인용문은 본래 제목이 없으나, 본문 내용을 살펴 임의로 제목을 붙였다.

7) 노량대첩 관련 장계는 이순신이 전사했기에 이순신이 작성할 수 없었다. 그러나 『선조실록』 『선조수정실록』에는 노량대첩 관련 당시 관리들이 작성한 장계 혹은 보고를 별도로 실었다. 이순신이 전사하지 않았다면, 이순신 자신이 작성했을 장계라고 볼 수도 있고, 노량대첩 당시의 상황을 보여주기 때문이다.

8) 노량대첩 당시 이순신의 전사 상황과 관련된 기록은 별도로 실었다. 이순신의 삶을 오해하게 만드는 자살설 혹은 은둔설이 시중에 널리 퍼져 있기에 이를 바로잡기 위함이다.

9) 이 책이 처음 인쇄된(2018년 3월 30일) 이후, 지속적으로 사료를 확인하는 과정에서 조경남의 『난중잡록』에 이순신의 장계 3건이 실려 있는 것을 추가로 발견했다. 이를 "Ⅷ. 『난중잡록』(조경남) 속 장계"라는 장으로 추가했다. 이에 따라 이 번역본에 실린 전체 장계는 102건이 된다.

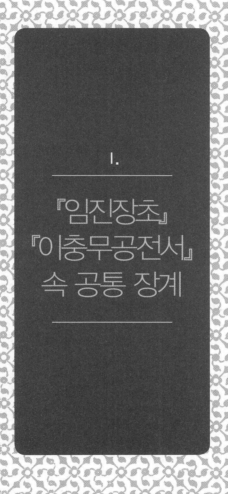

I.

『임진장초』
『이충무공전서』
속 공통 장계

1.「왜적 출현 경보에 따른 비상사태에 대비하는 일을 임금님께 보고하는 장계 (1)因倭警待變狀(一)」(1592년 4월 15일 술시)[1]

전라 좌도全羅左道 수군절도사水軍節度使,[2] 신하臣 이(이순신).[3]

삼가 비상사태에 대비하는 일을 보고합니다.

오늘 4월 15일 술시에 받은, 4월 14일 발송된 경상 우도 수군절도사 원균의 공문 내용은 다음과 같았습니다.

당일(4월 14일) 사시에 받은 가덕진加德鎮 첨절제사僉節制使 전응린과 천성보天城堡 만호 황정黃珽 등의 긴급 보고 내용은 다음과 같았습니다.

"응봉鷹峯 봉수烽燧[4] 감고 이등李登과 연대 감고 서건[5] 등이 나와서 보고하기를, '오늘 4월 13일 신시에 왜선이 몇십 척인지 알 수 없으나, 대략 보이는 것 90여 척이 처음 본토(일본)에서 나와 좌도(경상 좌도)의 추이도杻伊島를 지나 부산포로 향했는데, 멀고 흐릿해 배의 수를 상세히 보고 살필 수 없었으나, 잇따라 나오고 있습니다'라고 했기에, 첨사(전응린)는 방략方略[6]에 따라 부산

---

1 이 장계는 「충무공계본」에도 나온다. 「임진장초」처럼 「이충무공전서」와 달리 이두 표기가 돼 있다.

2 절도사는 1555년에 간행된 「경국대전주해」「이전」에 따르면, 육군의 병마절도사와 수군의 수군절도사를 통칭하는 말이다. 주진의 장이다.

3 「영인본」의 "이李"를 「충무공계본」에서는 "이순신李舜臣"으로 명기했다.

4 원문 "鷹峯燧"는 「전서본」과 「충무공계본」에서는 "鷹峯烽燧"로 나온다. "燧"와 "烽燧"는 같은 의미다. 응봉은 현재는 부산시 사하구 다대동 두송산에 있는 봉수대다. 봉수대에서 바라보면 몰운대와 남쪽 가덕도, 을숙도까지 한눈에 조망된다.

5 "서건"의 원문 "徐巾"은 「전서본」에서는 "徐建"으로 나온다.

6 이 "방략"에 대해 김병륜은 「절제방략과 제승방략」(「육군박물관 학예지」 제19집, 육군사관학교 육군박물관, 2012, 123~124쪽)에서, "여기서 말하는 방략도 분명 제승방략을 지칭하는 것일 가능성이 높고 그 내용은 특정한 상황에서의 전술적 조치에 관한 규정으로 짐작된다"고 했다. 류성

다대포의 우요격장右邀擊將으로 하여금 군사와 배를 정비해 바다로 나가 비상사태에 대비하겠습니다."

그런데 이는 반드시 세견선歲遣船이겠으나, 90여 척에 이르는 많은 수가 나왔다고 하니 그 까닭을 짐작할 수 없습니다.7 뿐만 아니라 잇따라 나오고 있다고 하니, 보통 때 있던 일이 아닌 듯합니다. 그러므로 소속 각 고을과 포에 "방어 준비와 높은 곳에서 적을 감시하는 등의 일에 온 정성을 다해 점검하고 바로잡으며, 밤낮으로 비상사태에 대비하라"고 말을 달려 공문을 보내 단단히 타일러 경계하도록 했습니다.

신(원균)도 군사와 배를 정비해 강어귀에서 비상사태에 대비하고, 그날로 임금님께 긴급 보고를 올렸습니다.

룡은 「請修擧鎭管之制啓」에서 제승방략이 군사를 미리 순변사·방어사·조방장·병마절도사·수사에게 나누어 소속시켜놓았다가 비상사태가 일어나면 군사들은 관할 방어 지역에 집결해 자신들을 지휘할 장수를 기다려 장수가 합류하면 참전하는 방식이라고 한다. 류성룡은 제승방략에 따라 장수를 기다리는 동안 적에 대항하지 못해 패배한 대표적인 사례로 순변사 이일의 상주 패전을 들고 있다. 이로써 이순신이 말한 "방략"은 제승방략으로 볼 수 있다. 그러나 『조선시대 수군 관련 사료집 3-1』(김주식 외 3인 공편, 신서원, 2000, 13쪽) 해제에 따르면, 수군의 경우는 진관鎭管 제도가 계속 그 기능을 발휘하고 있었다고 한다. 그 이유는 수군의 지휘는 중앙에서 파견되어 오는 고급 지휘관이라도 해전이나 함선 지휘 능력이 없었기에 통솔할 수 없어 해전에서 함대의 지휘는 수군절도사·첨사·만호 등을 비롯한 수군 지휘관들이 계속 담당했고, 수군의 진관 체제는 계속 유지될 수 있었으며, 제승방략으로 인해 수군의 전력 증강을 위해 연해안의 일부 고을에 함선이 배치되었고, 왜구가 침입해 제승방략이 집행될 때에는 소속 고을의 수령도 수사의 지휘를 받아 해상으로 출동하는 체제로 바뀌었기에 이순신 함대가 활약할 수 있었던 요인이 되기도 했다고 한다. 『조선시대 수군 관련 사료집3-1』의 주장은 「경상도를 구원하기 위해 출전할 일을 임금님께 보고하는 장계(1)赴援慶尙道狀(一)」(1592년 4월 27일)에서도 확인된다. 장계에서 이순신은 "소속 방답·사도·여도·발포·녹도 등 5진포鎭浦의 전선만으로는 세력이 아주 외롭고 약하기에 수군이 나누어 배치되어 있는 순천·광양·낙안·흥양·보성 등 다섯 고을도 방략에 따라 거느려 이끌고 가려고" 한다고 했기 때문이다.

7　세견선은 조선시대에 대마도주에게 허락한 무역선이다. 『대전속록』에 따르면, 대마도주는 세견선 50척을 보내오고, 특별한 경우에는 특송特送이라 칭하며 일정한 숫자가 없다고 한다. 이탁영의 『정만록』 1592년 4월 14일에도 원균의 추측처럼 "처음에는 세견선인 듯했다"는 내용이 나온다.

한꺼번에 받은, 위의 수군절도사 원균이 같은 날(4월 14일) 수결을 하고 관인을 찍은 공문은 다음과 같았습니다.

당일 신시에 받은 좌수사(경상 좌수사 박홍)의 공문은 다음과 같았습니다. "가덕 첨사(전응린)의 긴급 보고 내용에, '왜선 150여 척이 해운대와 부산포로 모두 향하고 있다'고 했습니다. 그러나 반드시 세견선이 아닌 듯하기에 아주 걱정됩니다."[8] 전통 내용의 사연을 하나하나 낱낱이 열거한다면, 시간이 걸리기에 간략히 먼저 전통하오니 차례로 비상사태에 대비하도록 모두에게 전통해주십시오.

그런데 "왜선 150여 척이 모두 향했다"고 합니다. 이는 보통 때 있는 세견歲遣(세견선) 종류와 같은 것이 아닙니다. 그러므로 신(이순신)도 군사와 병선을 정비해 강어귀에서 비상사태에 대비하고江口待變, 겸 관찰사(전라 관찰사 이광),[9] 병마절도사(최원), 우도(전라 우도) 수군절도사(이억기)에게 모두 말을 달려 공문을 보냈습니다. 또한 바닷가 각 고을과 포에도 한꺼번에 말을 달려 공문을 보내 점검하고 바로잡아 비상사태에 대비하도록 했습니다.

삼가 갖추어 임금님께 글을 올려 보고합니다.

1592년[10] 4월 15일 술시.

---

8 「영인본」 「충무공계본」의 "爲置"를 「문화재청본」에서는 "■■"로 판독 불능 글자, 「편수회본」에서는 "次次"로 보았다. "爲置"는 이두 표현으로 "한다"라는 뜻이 있다.
9 관찰사(종2品)는 각도의 장관으로 지방 행정을 총괄했다. "방백·감사·도신·도백"으로 칭하기도 했다. 민정民政·군정軍政·재정財政·형정刑政을 통할했고, 관하 수령을 지휘 감독했다. 각 도의 병마절도사·수군절도사를 겸임했다.
10 원문에서 연도는 "만력萬曆 20년"이다. 이순신의 장계에 날짜가 기록된 경우는 모두 "萬曆" 연호를 사용하고 있다. 만력은 명나라 13대 임금인 신종神宗(1563~1620)의 연호다. 1572년(선조

절도사. 신하 이(이순신).

2. 「왜적 출현 경보에 따른 비상사태에 대비하는 일을 임금님께 보고하는 장계 (2)因倭警待變狀(二)」(1592년 4월 16일 진시)[11]

전라 좌도 수군절도사. 신하 이순신李舜臣.

삼가 비상사태에 대비하는 일을 보고합니다.

오늘 4월 16일 진시에 받은, 4월 15일 진시에 발송된 겸 경상도 관찰사 김수金睟의 공문은 다음과 같았습니다.

이달 13일, 왜선 400여 척이 부산포 건너편에 와서 정박했습니다. 그런데 적의 세력이 이미 이렇게 심하게 되었으니 아주 걱정됩니다. 차례로 전통을 보내 비상사태에 대비하도록 해주십시오.

적의 기세가 활활 불타는 것熾張이 이렇게 심하니, 나누어 침범할 이치가 없지 않습니다. 신(이순신)도 군사와 전선을 정비해 강어귀에서 비상사태에 대비하고, 겸 관찰사(전라 관찰사 이광), 병마절도사(최원), 우도(전라 우도) 수군절도사(이억기)에게 모두 말을 달려 공문을 보냈습니다.

소속 각 고을과 포에도 모두 높은 곳에서 적을 감시하는 등의 일을 특별

5)에 즉위해 48년 동안 통치했고, 1573년에 연호를 만력으로 정했다. 이 번역에서는 만력 연도를 모두 서기 연도로 적용했다.

11   이 장계는 「충무공계본」에도 나온다. 『임진장초』처럼 『이충무공전서』와 달리 이두 표기가 되어 있다.

히 점검하고 바로잡고, 기타 남아 있는 전투 도구와 여러 준비를 모두 더욱 엄하게 조치해 비상사태에 대비하도록 또한 한꺼번에 말을 달려 공문을 보냈습니다.

삼가 갖추어 임금님께 글을 올려 보고합니다.

1592년 4월 16일 진시.

절도사. 신하 이(이순신).

3. 「왜적 출현 경보에 따른 비상사태에 대비하는 일을 임금님께 보고하는 장계 (3)因倭警待變狀(三)」(1592년 4월 16일 해시)[12]

전라 좌도 수군절도사. 신하 이순신.

삼가 비상사태에 대비하는 일을 보고합니다.

오늘 4월 16일 해시에 받은, 4월 15일 유시에 발송된 경상 우도 수군절도사 원균의 공문은 다음과 같았습니다.

당일(4월 15일) 유시에 받은, 이달 4월 14일 술시에 수결을 하고 관인을 찍은 우병사(경상 우병사)[13]의 공문 내용은 다음과 같았습니다.

당일(14일) 신시에 받은, 이달 4월 14일에 수결을 하고 관인을 찍은 (경상) 좌수사(박홍)의 긴급 보고 내용은 다음과 같았습니다.

12　이 장계는 「충무공계본」에도 나온다. 『임진장초』처럼 『이충무공전서』와 달리 이두 표기가 되어 있다.

13　「편수회본」에서는 우병사를 김성일로 보았다. 당시 사료를 보면 조대곤일 가능성이 높다.

"오늘 4월 14일 묘시에 황령산荒嶺山[14] 봉수군烽燧軍 배돌이[15]가 나와서 보고하는 내용에, '왜적들이 부산포의 편암[16]에서 3개 부대로 나눠 진을 치고 있다가 해가 뜰 무렵 같은 포(부산포)의 성을 포위하고 맞붙어 싸웠습니다. 포 쏘는 소리가 하늘을 뒤흔드는 듯했습니다'라고 보고했는데, 같은 진(부산진)이 그렇게 되었고, 서평西平·다대포는 이미 그 길이 막혔기에 때맞춰 구원병도 달려갈 수 없게 되어 아주 답답하고 염려됩니다. 신(경상 좌수사 박홍)은 방략에 따라 성을 단단히 지키고, 적을 제어하는 등의 일을 특별히 조치하기 위해 임금님께 긴급 보고를 올렸습니다."

뒤이어 받은, 14일 사시에 수결을 하고 관인을 찍은 그 도(경상 좌도) 수사(박홍)의 전통 내용은 다음과 같았습니다.

왜적이 당일(4월 14일) 부산포의 성을 포위하고 맞붙어 싸운다는 사연은 임금님께 긴급 보고를 했는데, 같은 진(부산진) 또한 적을 제어하지 못해 이미 성(부산진성)이 그들에게 함락당한 뒤,[17] 왜적들이 부산포에서 북쪽으로 5리쯤 되는 당천唐川에 진을 쳤고, 선봉 왜인은 동래로 마침내 올라왔다[18]고 합니다. 그러므로 즉각 임금님께 긴급 보고를 올렸고, 우수영(경상 우수영)에도 차례로 공문을 직접 발송해[19] 모두 전통으로 긴급히 알렸다고 합니다.

---

14 황령산 봉수는 현재 부산시 남구 대연동 황령산에 있다. 동래의 금정산과 함께 부산에서 두 번째 높은 산이다.
15 "배돌이"의 원문 "裵乭伊"는 「전서본」에서는 "裵突伊"로 나온다.
16 "편암"의 원문 "片岩"은 「전서본」,「충무공계본」에서는 "牛巖"으로 나온다.
17 "그들에게 함락당한 뒤"의 「문화재청본」은 "彼陷城"이나, 「영인본」에서는 "彼陷■■"로 판독 불능 글자가 있다. 「전서본」,「충무공계본」에서는 "彼陷城後"으로 나온다. 「전서본」,「충무공계본」으로 번역했다.
18 "동래로 마침내 올라왔다"는 「문화재청본」에서는 "東【萊】了■來"이다. 【萊】는 추정한 글자다. 그러나 「충무공계본」에서는 "東萊了上來"로 나온다. 「충무공계본」에 따라 번역했다.
19 "공문을 직접 발송해"는 「문화재청본」에서는 "傳■■", 「전서본」,「충무공계본」에서는 "直發移

그러므로 도(경상 좌도)는 김해부金海府에서 비상사태에 대비하려고 당일(4월 14일) 그곳에 도착했습니다. 같은 부府(김해부)[20] 바닷가 각 고을의 위장衛將과 내지內地 각 고을에 모두 긴급히 알리기 위해 말을 달려 공문을 보내, 군사와 말을 정비해 비상사태에 대비하도록 명령했습니다. 그러므로 '영(경상 우수영)에서도 군사와 병선을 정비해 날로 새로워지는 비상사태에 대비하고, 제때 무찔러 사로잡으시고, 전라도에도 모두 차례로 전통해주십시오'라는 (우병사의) 공문이었습니다.

그러므로 "영(경상 우수영)에서도 (전라 좌도 수사 이순신 등에게) 차례로 전통합니다."

적의 기세가 활활 불타는 것이 이렇게 심해, 부산 거진이 이미 함몰되었다고 하니 아주 원통하고 분합니다. 신(이순신)도 군사와 배를 정비해 강 입구에 비상사태를 대비하며, 겸 관찰사(이광), 병마절도사(최원), 우도(전라 우도) 수군절도사(이억기), 그리고 도(전라 좌도) 소속 바닷가 각 고을과 포에 모두 말을 달려 전통했습니다.

신(이순신)의 소관인 좌도(전라 좌도)는 경상도와 한바다로 닿은 땅이기에 적이 침범하는 길의 요해처要害處입니다. 도(전라도) 안에서 가장 중요한 곳이기에 경계를 침범당한 뒤에는 방어 군사로 보충할 수 있는 잡색군을 미처 징집할 수 없는 상황이 될 수 있습니다. 그래서 소속 각 고을에서 새로 복무하기 위해 입대할 1·2부대 군사를 먼저 독촉해 방어 군사로 보충시켜 성을 지키고 바다에서 싸움을 하기 위해 모두 정비해 비상사태에 대비하고

文"로 나온다. 「전서본」 「충무공계본」을 기준으로 번역했다.
20 「영인본」 「전서본」 「충무공계본」에서는 "부(김해부)"이나, 「문화재청본」에서는 "포"로 나온다.

자 합니다.

삼가 갖추어 임금님께 글을 올려 보고합니다.

1592년 4월 16일 해시.

절도사. 신하 이(이순신).

4. 「경상도를 구원하기 위해 출전할 일을 임금님께 보고하는 장계(1)赴援慶尙道狀(一)」(1592년 4월 27일)[21]

전라 좌도 수군절도사. 신하 이(이순신).[22]

삼가 달려가 구원하는 일을 보고합니다. 이달 4월 20일 받은, 겸 경상도 관찰사 김수의 공문 안의 요지는 다음과 같았습니다.

적의 기세가 크게 사납게 퍼져 부산·동래·양산이 이미 함몰되었고, 나누어 내지로 향하고 있습니다. 본도(경상도) 우수사(원균)에게는 이미 "수군을 다 이끌고 적선을 저지할 계획으로 바다로 나가라"고 명령했기에, 같은 도(경상도) 여러 진에는 모두 배가 없습니다. 우도(경상 우도)에 비상사태가 생길 것 같으면, 즉시 제때에 구원하러 오실 수 있도록 임금님께 보고했습니다. 조정의 명령을 기다리시고, 곧 이런 뜻을 감사(전라 관찰사 이광)와 병사(전라 병마절도사 최원)와 함께 의논해 시행해주십시오.

---

21 이 장계는 「충무공계본」에도 나온다. 『임진장초』처럼 『이충무공전서』와 달리 이두 표기가 되어 있다.

22 「영인본」의 "李"를 「충무공계본」에서는 "李舜臣"으로 명기했다.

적의 기세가 사납게 날뛰는23 것이 이렇게 심하게 되어 연이어 거진이 함락당하고, 또 내지를 침범한다고 하니 아주 아프고 답답합니다. 쓸개가 찢어지는 듯해 말을 할 수 없습니다. 신하인 사람은 누구라도 마음과 힘을 모조리 써서殫竭心力 국가(조정)의 치욕을 씻으려고雪國家之恥 하지 않을 사람이 없을 것입니다.

"조정에서 함께 가라"고 명령해주시길 엎드려 기다리고 있습니다. 소속 수군에게는 "각 고을과 포에서 배를 정비해 주장(전라 좌수사 이순신)의 명령을 기다리라"고 급히 공문을 보냈습니다. 본도(전라도) 감사(이광)와 병사(최원)와도 함께 의논하고 있습니다.24

그런데 이달 4월 26일 진(좌수영)에서 공손히 받은, 같은 달(4월) 20일에 수결을 하고 관인을 찍은 좌부승지左副承旨25의 서장26 내용은 다음과 같은 분부였습니다.

물길을 따라가 적선을 찾아 기습해, 적으로 하여금 뒷일을 염려해 꺼리는 걱정이 있게 하는 것이 가장 좋은 계책이다. 그러므로 경상도 순변사 이일이 내려갈 때, 이미 말해 보냈다. 다만 군사 문제에서, 나가고 물러설 때는 반드시 기회를 따라야 잘못하는 일이 없을 것이다. 마땅히 먼저 적선의 많

---

23 "사납게 날뛰다鴟張"는 『삼국지』 「오지 손견전」에 나온다.
24 조선시대 진관체제는 도 단위 책임방어체계였기에 병마절도사나 수사가 자의적으로 관할 지역 이외로 출동할 수 없게 되어 있었다. 『성종실록』 성종 19년(1488) 5월 10일에 따르면, "진을 설치하고 군사를 배치하는 것은 모두 스스로 지키고 스스로 싸우게自守自戰 하려는 것으로 모두 다른 진의 도움에 의지해서는 안 된다不必皆藉他鎭之助"라며 자수자전의 원칙이 나온다.
25 좌부승지는 승정원 정3품으로 병조의 일을 담당했다.
26 『한국고전용어사전』에 따르면, 서장은 서간·간찰·편지·서첩 등으로 공사에 자유롭게 왕래된 문서로서 고정된 형식이 없어 폭넓게 이용되었다고 한다.

고 적음, 지나는 크고 작은 섬 사이에 복병이 없는지 여부를 살핀 뒤에야 행동해야 한다. 그러나 이처럼 아주 좋은 계책 또한 일의 형세가 행동할 만한데도 행동하지 않는다면, 일의 기회를 아주 잃게 될 것이다.[27] 조정은 멀리서 지휘할 수 없으니, 도(전라도) 안의 주장이 지휘해 명령할 수 있을 뿐이다. 본도(경상도)에 이미 문서로 지시했으니, 경상도와 전통해 의논하고, 기회를 엿보다가 조치하라.

위의 임금님의 분부 안에, "일의 형세가 행동할 만한데도 행동하지 않는다면, 일의 기회를 아주 잃게 될 것이다. 조정은 멀리서 지휘할 수 없으니, 도(전라도) 안의 주장이 지휘해 명령할 수 있을 뿐이다"라고 하셨습니다. 그러나 신(이순신)은 주장의 한 사람이기에, 혼자서 마음대로 처리하기 어렵습니다.

겸 관찰사 이광李洸, 방어사 곽영郭嶸, 병마절도사 최원 등에게 임금님의 분부 안의 사연을 낱낱이 열거해 소통해 논의하고, 다른 한편으로는 경상도 순변사 이일, 겸 관찰사 김수, 우도(경상 우도) 수군절도사 원균 등에게, "그 도(경상도)의 물길 형세와 두 도(경상 우도와 전라 좌도) 수군이 어느 곳에서 모이기로 약속할 것인지, 적선의 많고 적음, 현재 머물러 정박해 있는 곳, 나머지 다른 계책을 세워 대응할 여러 기밀을 함께 아주 급히 회답해 주십시오"라고 말을 달려 공문으로 보냈습니다.

27 "마땅히 먼저 적선의 많고 적음, 지나는 크고 작은 섬 사이에 복병이 없는지 여부를 살핀 뒤에야 행동해야 한다. 그러나 이처럼 아주 좋은 계책 또한 일의 형세가 행동할 만한데도 행동하지 않는다면, 일의 기회를 아주 잃게 될 것이다"의 「문화재청본」은 "當先【察】賊船多寡 所經島嶼間無伏兵與否 然後可以爲之 然此甚善策【亦】若事勢可行而不行 則甚失事機 朝廷不可遙制"이다. 【察】과 【亦】은 추정한 글자다. 「충무공계본」에서는 '察'은 나오나, '亦'은 나오지 않는다. 또한 「문화재청본」의 '嶼'는 「충무공계본」에서는 '礪'로 나온다. 「전서본」에서는 이 문장은 나오지 않는다.

각 고을과 포에도 "전투 도구를 여러 가지로 준비하고, 다시 정신을 가다듬고 명령을 기다리라"고 공문을 보내 엄하게 단단히 타일러 경계하도록 했습니다.

그런데 이달 4월 27일 인시에 진에서 공손히 받은, 같은 달(4월) 23일에 수결을 하고 관인을 찍은 선전관 조명이 갖고 온 좌부승지의 서장 내용은 다음과 같은 분부였습니다.

왜구들이 이미 부산·동래를 함락시켰고, 또 밀양에 들어왔다. 지금 경상도 우수사 원균이 보고한 글을 보았더니, "각 포의 수군을 이끌고 바다로 나가, 군사의 위세를 자랑하고 기습으로 공격할 계획"이라고 한다. 이는 가장 큰 기회다. 하지 않으면 안 될 일이니 그 뒤를 따라야 한다. 그대와 원균이 세력을 합쳐 적선을 공격해 쳐부수면, 적은 충분히 평정할 만한 것도 못될 것이다. 그러므로 선전관을 급히 보내 분부하니, 그대는 각 포의 병선을 독려해 이끌고 급히 출전해 기회를 잃지 말라. 그러나 천리 밖이라 혹 뜻밖의 일이 있을 수 있으니, 이 명령에 반드시 구속되지는 말라.

위의 왜구倭寇 등에 대해 생각해보면, 도둑질을 한 날이 오래이니 반드시 세력이 피곤하고, 갖고 있던 전쟁 기구 또한 다 써서 없어졌을 듯하니, 그런 세력을 제압하는 것은 바로 이런 때입니다. 그러나 적선의 앞뒤 수가 많아 500여 척이라고 합니다. 그러므로 우리의 위엄과 무력을 엄하게 갖추지 않을 수 없고, 기습으로 공격할 모습掩擊之狀을 보여 적이 겁을 내 떨게 해야 하겠습니다.

소속 방답·사도·여도·발포·녹도 등 5진포의 전선만으로는 세력이 아주 외롭고 약하기에 수군이 나누어 배치되어 있는 순천·광양·낙안·흥양·보성 등 다섯 고을도 모두 방략에 따라 거느려 이끌고 가려고, 경상도로 달려가 구원할 때 처음 지나야 하는 바닷길인, "본영(전라 좌수영) 앞바다로 모두 한꺼번에 도착하라"고 급히 공문을 보냈습니다.

그러나 달려가 구원할 시일이 아주 급할지라도 수군의 여러 장수 중에서 보성과 녹도 등지 같은 곳은 거리가 멀어 며칠 걸리기에 공문을 보내 불러 모아도 그 형편이 쉽지 않아 반드시 기한까지 다다를 수 없습니다. 그러므로 다른 나머지 여러 장수도 모두 이달(4월) 29일까지 영(전라 좌수영) 앞바다로 모이게 하고, 거듭 약속을 밝힌 뒤에 곧바로 그 도(경상도)로 출전할 생각입니다. 그러나 바람의 기세가 순풍인지 역풍인지를 미리 헤아리기 어려워 형편에 따라 달려 나가겠습니다.

경상도 순변사(이일), 겸 관찰사(김수), 우도 수군절도사(원균) 등에게 공문을 보내 약속했습니다.

삼가 갖추어 임금님께 글을 올려 보고합니다.

1592년 4월 27일.

절도사. 신하 이(이순신).

5. 「경상도를 구원하기 위해 출전할 일을 임금님께 보고하는 장계(2)赴援慶尙道狀(二)」(1592년 4월 30일 미시)

전라 좌도 수군절도사. 신하 이(이순신).

삼가 비상사태에 대비하는 일을 보고합니다. 이달 4월 27일 진에서 공손히 받은, 같은 달(4월) 23일 수결을 하고 관인을 찍어 선전관 조명이 갖고 온 좌부승지 서장 내용의 요지는 다음과 같은 분부였습니다.

지금 경상도 우수사 원균이 보고한 글을 보았더니, "각 포의 수군을 이끌고 바다로 나가, 군사의 위세를 자랑하고 기습으로 공격할 계획"이라고 한다. 하지 않으면 안 될 일이니 그 뒤를 따라야 한다. 그대는 각 포의 병선을 독려해 이끌어 기회를 잃지 말라. 그러나 천 리 밖이라 혹 뜻밖의 일이 있을 수 있으니, 이 명령에 반드시 구속되지는 말라.

그러므로 신(이순신) 소속 수군과 각 고을과 포의 여러 장수에게 달려가 구원할 때 지나야 하는 바닷길인 "본영(전라 좌수영) 앞바다로 모두 한꺼번에 도착하라"라고 급히 공문을 보냈습니다. 그 도(경상도) 우수사 원균에게는, "물길 형세와 두 도(전라 좌도와 경상 우도) 수군이 모여 약속할 곳, 그리고 적선의 많고 적음, 현재 머물러 정박해 있는 곳, 다른 나머지 계책을 세워 대응할 여러 기밀을 모두 아주 급히 회답하라"고 공문을 보냈다는 사연은 이미 임금님께 긴급 보고를 올렸습니다.

그런데 이달 4월 29일 오시에 받은 위(경상 우도) 수사(원균)의 회답 공문은 다음과 같았습니다.

왜적 500여 척이 부산·김해·양산강梁山江·명지도鳴旨島[28] 등지에 주둔해 정박하고, 제 마음대로 육지에 올라가 바닷가 각 고을과 포, 병·수영兵水營을 거의 다 함락시켰고, 성의 봉화烽火는 막히고 끊어졌습니다. 아주 원통하고

---

28 「전서본」에서는 "梁山, 江鳴, 旨島"로 나온다. 「편수회본」에서는 "梁山江·鳴旨島"로 보았다. "梁山江, 鳴旨島"가 타당하다. 다른 장계에서도 양산강이라는 명칭이 나온다.

분합니다. 본도(경상 우도)의 수군을 뽑아 적선을 추격해 10척을 불태워 없
앴으나, 날마다 점점 군대를 끌어들인 적의 기세가 더욱 사납고, 저들은 많
고 우리는 적어 맞상대할 수 없었습니다. 본영(경상 우수영) 또한 이미 저들
에게 성을 함락당했습니다. 그러므로 두 도(경상 우도와 전라 좌도)가 적선을
함께 공격한다면 육지에 올라간 왜구들에게는 거의 뒷일을 염려해 꺼리는
걱정이 생길 것이니, 귀도貴道(전라 좌도)의 군사와 배를 남김없이 뽑아 당포
앞바다로 달려 나와주십시오.

그래서 소속 수군을,
중위장 방답 첨사 이순신,
좌부장左部將 낙안 군수 신호,
전부장 흥양 현감 배흥립,
중부장 광양 현감 어영담,
유군장29 발포 임시 장수 영 군관 훈련訓鍊 봉사奉事(종8품) 나대용,
우부장 보성 군수 김득광,
후부장 녹도 만호 정운,
좌척후장左斥候將 여도 권관 김인영,
우척후장右斥候將 사도 첨사 김완,

29 유군장은 임기응변으로 공격하는 부대의 장수다. 『신진법』에 따르면, 유군은 대개 정군의
10분의 3 규모다.

한후장[30] 영 군관 급제[31] 최대성崔大成,[32]

참퇴장 영 군관 급제 배응록,

돌격장突擊將 영 군관 이언량으로 정했습니다.

모두 부를 나누고, 거듭 약속을 분명히 밝혔습니다.[33] 선봉장은 우수사(경상 우수사 원균)와 약속할 때, 그 도(경상 우도)의 변방 장수[34]로 임시 임명할 생각입니다. 본영(전라 좌수영)은 신의 우후 이몽구를 유진장留鎭將으로 임시 임명했습니다. 방답·사도·여도·녹도·발포 등 5포는 신의 군관 중에서 용기와 지략이 있는 사람을 임시 장수로 임명해 엄하게 단단히 타일러 경계하도록 해서 뽑아 보냈습니다.

신(이순신)은 수군의 여러 장수를 거느려 이끌고, 오늘 4월 30일 인시에 배를 출발하려고 했었습니다. 그래서 경상 우도 소속이며 본영(전라 좌수영)의 이웃 진인 남해현에 미조항·상주·곡포·평산포 등 4개 진이 이미 첩입

30 한후장은 1588년 1월 여진족 토벌전, '시전부락 전투' 실황을 그린 「장양공정토시전부호도」에서는 좌위에서는 현신교위 영건보 병마 만호 박윤(영암인), 우위에서는 승의부위 서수라보 권관수(방중, 보성인)가 맡았다.
31 급제는 문·무과 합격자를 우대하는 호칭이고, 출신은 문·무·잡과 과거시험에 합격한 사람의 호칭이다.
32 "崔大成"은 『난중일기』와 『임진장초』에는 "崔大晟"으로 나오기도 한다. 「문화재청본」은 "崔大城"으로 되어 있으나, 「영인본」은 "崔大成"으로 나온다. 오자다.
33 5위제에 따른 부대 편성이다. 5위五衛의 각 위는 각각 5부五部로 구성되고, 5부는 다시 각각 4통四統으로 구성된다. 국가 전체의 오위는 전위(충좌위, 전라도 관할), 후위(충무위, 함경도 관할), 중위(의흥위, 경기·충청·강원·황해 관할), 좌위(용양위, 경상도 관할), 우위(호분위, 평안도 관할)로 구성된다. 이순신의 부대 편성을 보면, 전라 좌수영 부대도 5위제에 따라 부대를 편성했던 듯하다. 문종이 저술한 『신진법』에 따르면, 가장 큰 부대 단위인 위를 시작으로 위 아래로 부-통-여-대-오 순서로 세부 편성된다. 그러나 이순신 부대의 구체적인 편성에는 차이가 있는 듯하다. 이순신의 장계에는 위, 부, 통, 대와 관련된 명칭은 나오나 여와 오는 나오지 않는다. 또한 각 단위의 인원은 정확히 알 수 없다.
34 변방 장수는 국경의 수비를 담당한 장수로 첨사, 만호, 권관 등을 일컫는 말이다.

疊入35되었기에, 같은 지역의 현령, 첨사, 만호 등에게 "군사와 배를 정비해 길 중간으로 나와 대기하라"며 이달 4월 29일 이른 새벽에 밀봉한 공문을 갖고 가서 전달할 사람을 달려 보냈습니다.

그런데 같은 날(29일) 미시쯤에 신(이순신)이 보냈던 영(전라 좌수영) 진무 순천 수군 이언호李彦浩가 바삐 돌아와 다음과 같이 보고했습니다.

남해현 성안 관청 건물과 여염집이 거의 모두 텅 비었고, 밥 짓는 연기와 불빛도 없었습니다. 창고 문이 이미 열려 곡물이 흩어져 있고, 무기고의 병기 또한 다 비어 빈껍데기였습니다. 군기물 창고 바깥채外廊에 한 사람만 있었기에 그 이유를 물었더니, "적의 세력이 이미 닥쳐왔기에, 온 성의 장사와 군사들이 소문을 듣고 도망쳤고, 현령과 첨사는 또한 뒤따라 달려 나갔는데 어디로 갔는지 알지 못합니다"라고 대답했습니다. 되돌아올 때 또 한 사람이 있었는데, 쌀섬을 지고 장전을 갖고 남문에서 달려 나오다가 그 장전 1부를 제게 주었습니다.

신(이순신)이 그 장전을 받아 보았더니, "곡포"가 새겨진 것이 분명했습니다.36 성을 비우고, 옮겨 피했다는 말이 대략 이치에 맞는 듯했습니다. 그러나 아랫사람이 보고한 것을 그대로 반드시 믿는 것을 보장하기 어려웠습니다.

---

35 첩입은 변방에 사는 백성을 외적 침입이 우려되거나 혹은 침입해왔을 때, 백성이나 군사를 보호하기 위해 성안으로 대피시키는 것이다. 남해현에 4개 진을 첩입했다는 것은 남해현으로 4개 진의 백성과 군사를 불러들였다는 의미로 보인다.
36 『경국대전』에 따르면, 군기물은 각 진에서 제조하고, 군기물에는 주진의 칭호를 전자篆字로 낙인해야 한다.

그래서 신의 군관 송한련에게, "참으로 그 말과 같다면, 도리어 도적에게 군량을 도와주는 것이 되고, 점점 본도(전라 좌도)로 침범해와 오랫동안 머무르며 물러가지 않을 것이니, 그 창고와 무기고 등을 불태워 없애라"며 전령을 주어 달려 보냈습니다.

대체로 교활한 도적이 사납게 날뛰며, 부대를 나누어 도둑질하고 있는데, 한 패거리는 내지를 향해 거침없이 휩쓸며 승승장구하고, 한 패거리는 바닷길로 향하며 남김없이 공격해 함락시키고 있습니다. 그럼에도 육지와 바다의 여러 장수가 한 사람도 막고 싸우지 못했기에 이미 도적의 소굴이 되었습니다. 바다의 진에서 남은 것은 다만 이 우수영(경상 우수영)·남해·평산 등 네 개의 진이었습니다.

그런데 소문에, "우수영 또한 함락당했고, 남해의 모든 섬도 이미 사람이 없는 땅이 되었다"고 합니다. 이른바 우수영은 신(이순신)이 지키고 있는 진과는 한바다로 닿아 있습니다. 남해는 북소리와 소라(각) 소리가 서로 들리고, 앉고 서 있는 사람의 모습을 분명히 파악할 수 있는 곳입니다. 그러므로 본도(전라 좌도)로 옮겨 침범할 걱정거리가 아침저녁에 닥쳐 아주 실망스럽습니다.

뿐만 아니라, 본도(전라 좌도)의 내지와 바닷가 각 고을 및 변방의 성을 방비하기 위해 새로 뽑은 조방군新選助防軍 등과 같이 정예롭고 강한 장사와 군사들이 모두 육지 싸움에 출전했습니다. 변방의 진과 허물어진 보는 무기를 지닌 사람이 아주 적고, 다만 맨손인 무리만 수군으로 거느리고 있어 그 세력이 아주 약해 다른 방어 계책이 없습니다.

게다가 수군 중위장 순천 부사 권준은 바다로 나가 비상사태에 대비하기로 했는데, 관찰사(이광)의 전령으로 전주로 달려가 출전했습니다.[37] 더하여 장기간 임무를 담당하며 항상 거주했던 자들이 한 번의 소문에 모든 가족을 데리고 짐을 짊어지고 피란길에 연달아 섰습니다. 혹은 밤을 틈타 도망쳐 달아나거나 혹은 엿보아 이사하는 무리가 본영(전라 좌수영) 군사와 토착인 중에서도 그런 무리가 있었습니다. 그러므로 신(이순신)은 중요한 길목에 포망장捕亡將을 정해 보내, 달아나 숨은 자 2명을 찾아내 먼저 머리를 베어 군대 안에 효시해 사람들의 마음을 진정시켰습니다.[38]

「경상도로 달려가 구원하라는 명령」이 이처럼 분명할 뿐만 아니라, 신(이순신)이 소식을 들은 이래 분노로 간담이 시들고, 아픔이 뼛속에 사무쳐 한번 적의 소굴을 공격해 몸을 잊고 힘을 다하려는 충정은 자나 깨나 더욱 간절합니다痛入骨髓 忘身效力之衷 寤寐益切.

"수군을 이끌고 우수사(원균)와 힘을 합쳐 공격해 쳐부수어 적의 무리를 기어이 다 죽이라"고 하셨습니다. 그런데 남해에 첩입된 평산 등 4진의 장수와 현령 등이 적의 얼굴을 보지도 않고, 먼저 스스로 옮겨 피했다고 합니다. 그러므로 신(이순신)의 초라한 타 지역(전라도) 지원군客兵은 그 도(경상도) 물길의 험하고 평탄한 것을 알지 못하고, 길을 안내할 배도 없고, 계책을 세워 대응할 장수도 없습니다. 만약 가벼이 길을 떠난다면, 천리나 먼 곳에서 뜻밖의 걱정거리가 생길 수 있습니다輕易啓行 千里意外之慮. 게다가 신(이순신) 소속 전함은 모두 모은 수가 30척이 채 안 되기에 세력이 아주 외롭고 약합니다. 겸 관찰사(전라 관찰사) 이광이 이미 이런 뜻을 헤아리고, "본도(전라) 우수사(이억기) 소속 수군에게 신(이순신)의 뒤를 따라 함께 힘써

---

37 『난중일기』 1592년 2월 29일에는 전라 순찰사 이광이 순천 부사(권준)를 중위장으로 정했다는 이야기가 나온다.

38 『난중일기』 1592년 5월 3일에는 탈영한 여도 수군 황옥천黃玉千을 효시했다는 이야기가 나온다. 이 장계를 보면, 5월 3일 이전에도 별도로 탈영병을 처형한 듯하다.

달려가 구원하라"고 했습니다. 그러므로 일이 비록 아주 급해도 반드시 그 지원선이 도착할 때까지 기다린 뒤에 약속하고, 배를 출발시켜 그 도(경상도)로 곧바로 출전할 생각입니다.[39]

흉악한 도적 떼가 이미 조령鳥嶺을 침범해 곧 서울 근처畿甸에 이른다고 했기에, 본도(전라도) 겸 관찰사(이광)가 홀로 의기를 떨쳐 일어나, 앞장서서 삼군三軍을 이끌고 곧바로 서울로 향해 난리를 평정할 계획이라고 합니다. 신(이순신)은 이 말을 듣고 펑펑 흘러내리는 눈물을 감당할 수 없었고, 검을 어루만지고 애달파했습니다. 여러 장수를 지휘해 이끌고 왕성王城(서울)으로 급히 달려가 먼저 뱃속(육지)의 적을 꺾고 싶지만, 출전해[40] 국토를 지키는 신하의 몸이기에 제멋대로 할 수 없습니다. 홀로 가슴이 답답해 분함을 품고 스스로를 태우며, 엎드려 조정의 지휘를 기다리고 있습니다.

신의 외람된 생각으로는 지금 적의 기세가 거침없는 것이 모두 바다 싸움에서 비롯된 것입니다. 적을 제멋대로 육지에 오르게 했기 때문입니다. 경상도 바닷가 군현郡縣은 반드시 깊이 판 도랑과 높이 쌓은 보루深溝高壘가 많아 험한데도 성을 지키는 겁쟁이 군사들이 소문을 듣고 간담을 떨며 모두 달아날 흩어질 마음을 품었기에 포위당하면 반드시 함락되어 완전히 지켜낸 온전한 성이 하나도 없게 된 것입니다. 부산·동래의 바닷가 여러 장수가 예전에 배를 성대하게 갖춰, 여러 진이 바다를 뒤덮고 기습으로 공격할 위세掩擊之威를 보이고, 형세를 살피고 힘을 헤아려[41] 진격하고 후퇴하

39 『경국대전』에 따르면, 전선에는 항상 1개월분의 군량을 적재하게 되어 있다.
40 "출전해"의 원문 "閫外"는 임금에게 명령을 받아 출전해 군대에서 전권全權을 행사하는 장군이라는 뜻이다. 『사기』 「풍당열전馮唐列傳」에 왕이 전쟁터로 출전하는 장수의 수레바퀴를 밀어주면서, "성문 안쪽閫內은 과인이 절제節制하겠지만, 성문 바깥쪽閫外은 장군이 절제하라"에서 나온 말이다.
41 "형세를 살피고 힘을 헤아려相勢度力"의 "度"은 『손자병법』 「허실」에서 "지형에서 나라의 땅

는 방법進退有方으로 육지 길을 기어오르지 못하게 했다면, 나라를 더럽히
는 걱정거리가 반드시 이렇게 심하게 되지 않았을 것입니다. 생각이 여기에
이르니 사무치는 마음이 절실합니다.

한번 죽을 것을 기약하고 호랑이의 굴을 곧바로 공격해 요사스러운 기
운(일본군)을 다 쓸어 없애 나라의 부끄러움을 만분의 일이라도 씻기를 원
합니다. 그러나 성공과 실패, 이익과 해로움 같은 것을 신(이순신)은 미리
헤아릴[42] 수 없습니다.[43] 삼가 갖추어 임금님께 글을 올려 보고합니다.

1592년 4월 30일 미시.

절도사. 신하 이(이순신).

6. 「경상도를 구원하기 위해 출전할 일을 임금님께 보고하는 장계(3)赴援慶尙道」

크기와 형태가 결정되고地生度, 그 땅에서 생산량이 결정되고度生量, 생산량에서 인구수가 결
정되며量生數, 인구수에 따라 군사력이 결정되고數生稱 군사력에 따라 승패가 결정된다稱生勝"
에서 나오는 표현이다.

42 "미리 헤아리다"의 「문화재청본」은 "送料"이나, 「영인본」, 「편수회본」, 「전서본」에서는 "逆料"로
나온다. "逆料"가 타당하다. 「문화재청본」이 오자다.

43 "성공과 실패, 이익과 해로움 같은 것을 신은 미리 헤아릴 수 없습니다如成敗利鈍 非臣之所
能逆料"는 진수의 「삼국지」와 나관중의 「삼국지연의」, 「역대병요」에 나오는 제갈공명의 「후출사표」
에 나오는 문장과 거의 같다. 「삼국지」와 「역대병요」「위의 학소가 진창을 수비하다魏郝昭守陳倉」
에서는 "至於成敗利鈍 非臣之明所能逆覩也"로, 「삼국지연의」 제97회 「위나라를 토벌하기 위해
제갈공명이 다시 출사표를 올리다討魏國武侯再上表, 破曹兵姜維詐獻書」에는 "至於成敗利鈍 非
臣之明所能逆竟睹覩也"로 나온다. 이순신이 쓴 "逆料"는 '미리 헤아리다, 예측하다'의 뜻으로 제
갈공명의 "逆覩"와 같은 뜻이다. 「삼국지」의 표현이 이순신의 글에 더 가깝다. 이 「난중일기」 속의
「삼국지연의」 인용문은 「中國哲學書電子化計劃」(http://ctext.org/zh) 사이트에 올라와 있는 「삼국
지연의」를 기준으로 했다. 나관중이 지은 「삼국지연의」가 조선에 들어온 것은 최근 연구에 따르
면 1560년대로 추정된다고 한다(민관동·장수연·김명신, 「한국 소장 중국통속소설의 판본목록과 해
제」, 학고방, 2013, 27~28쪽 참조). 이순신 시대에 「삼국지연의」가 조선에 들어온 것이다.

狀(三)」(1592년 5월 4일)

전라 좌도 수군절도사. 신하 이(이순신).

삼가 달려가 구원하는 일을 보고합니다. 이전에 공손히 받은 임금님께서 분부하신 서장 내용에 따라, 경상 우도 수사 원균과 힘을 합쳐 적선을 공격해 쳐부수려고 소속 수군과 여러 장수를 지난 4월 29일 본영(좌수영) 앞바다로 이미 불러 모았습니다.

30일에 배를 출발할 계획이었는데,[44] 겸 관찰사 이광이 또한 군사의 위세가 외롭고 약한 것을 걱정해 본도(전라도) 우수사(이억기)에게 그의 수군을 이끌고 신(이순신)의 뒤를 따라가라고 명령했습니다. 또한 전라 우수사 이억기의 공문[45] 내용에서, "같은 달(4월) 30일에 배를 출발하겠다"고 했기에, 저희는 그들이 도착하는 것을 기다려 군대의 위세를 성대히 정비해 한꺼번에 배를 출발할 것을 이미 임금님께 긴급 보고를 올렸습니다.

그런데 안으로 향했던 적이 곧 서울 근처까지 이르렀다고 했기에, 신(이순신)과 여러 장수는 분노를 일으키지[46] 않는 사람이 없으며,[47] 칼날을 무릅쓰고 죽고 사는 것을 결심했습니다冒鋒刃決死生. 뿐만 아니라 그들이 돌아갈 길목을 끊고 그들의 배를 깨부순다면撞破,[48] (왜적이) 거의 뒷일을 염려해

---

44 "배를 출발할 계획이었는데"의 원문 "發船次"는 「전서본」에서는 "發船爲計"로 나온다.
45 「난중일기」 1592년 5월 2일에는 이억기의 공문이 도착했다는 내용이 나온다.
46 "분노를 일으키다"의 원문은 "憤發"이다. 「논어」 「술이述而」에 "깨닫지 못해 분노를 일으켜 깨닫기 위해 먹는 것을 잊고, 깨달았기에 즐거워 걱정을 잊었기에 늙음이 장차 다가오는 것도 알지 못한다發憤忘食 樂以忘憂 不知老之將至"에서 나온 말이다.
47 「난중일기」 1592년 5월 1일과 3일자에는 관련된 내용이 나온다.
48 "깨부수다撞破"는 천자총통·지자총통·현자총통 등에 대형 화살인 대장군전·장군전 혹은 철환을 넣고 발사해 일본군의 나무배를 "깨부수는" 것이다. 이는 조선 수군의 배와 일본 수군의 배가 맞부딪쳐 파괴하는 방식이 아니다.

꺼리면서 곧바로 되돌아갈 생각을 할 듯해, 오늘 5월 4일 첫 닭이 울 때 배를 출발해 곧바로 경상도로 향하겠습니다.[49]

　한편으로는 전라 우수사 이억기에게 "신속히 달려오라"고 급히 공문을 보냈습니다. 삼가 갖추어 임금님께 글을 올려 보고합니다.

　1592년 5월 4일.

　절도사, 신하 이(이순신).

7. 「옥포에서 왜적을 쳐부순 일을 임금님께 보고하는 장계玉浦破倭兵狀」(1592년 5월 15일)[50]

　전라 좌도 수군절도사, 신하 이(이순신).[51]

49　이순신은 전쟁 발발 21일, 경상도 출동 명령을 받은 지 9일 만에 출동했다. 전 해군사관학교 교수 장학근은 출동 지연 사유를 전투 인원의 절대 부족 문제로 보았다(장학근, 「조선시대 해양방위사」, 창미사, 1989, 167쪽).
50　이 장계의 「영인본」 날짜는 "萬曆二十年五月十　日"로 되어 있다. 때문에 대부분 이 장계의 날짜를 1592년 5월 10일로 본다. 그러나 "十"과 "日" 사이에 한 칸이 비어 있다. 즉 날짜가 5월은 분명하나 며칠인지는 불분명하다. 「영인본」에서 동일한 사례로는 「왜적의 정황을 임금께 보고하는 장계陳倭情狀, 萬曆二十一年八月 十　日」, 「흥양 목장 감목관을 교체해주시기를 임금님께 청하는 장계請改差興陽牧官狀, 萬曆二十二年一月 十　日」, 「진으로 돌아가는 일을 동궁께 보고하는 장달還陣狀(一), 萬曆二十二年一月 十　日」이 있다. 그런데 「왜적의 정황을 임금님께 보고하는 장계陳倭情狀, 萬曆二十一年八月 十　日」는 장계 내용으로 미루어 8월 10일로 볼 수 없다. 장계 내용 중에 8월 19일 이야기가 나오기 때문이다. 「진으로 돌아가는 일을 동궁께 보고하는 장달還陣狀(一), 萬曆二十二年一月 十　日」의 경우도 1594년 1월 17일에 작성된 임금에게 보낸 장계인 「진으로 돌아가는 일을 임금님께 보고하는 장계(2)還陣狀(二)」와 내용의 거의 일치하는 점에서 1월 10일이 아닌 17일로 보인다. 그런데 「충무공계본」에서는 이 장계의 날짜를 5월 15일로 특정하고 있다. 때문에 이 번역본에서는 불분명한 날짜 대신 「충무공계본」에 따라 5월 15일로 보았다.
51　「영인본」의 "이李"를 「충무공계본」에서는 "이순신"으로 명기했다.

삼가 무찔러 없앤 일을 보고합니다. 이전에 공손히 받은, 임금님께서 분부하신 서장 내용에 따라, 경상 우수사(원균)와 힘을 합쳐 적선을 공격해 쳐부수려고 이달 5월 4일 축시에[52] 배를 출발했습니다. 본도(전라 우도) 우수사 이억기에게 "수군을 이끌고 거느리고 신(이순신)의 뒤를 따라오라"고 공문을 보낸 사연은 임금님께 긴급 보고를 올렸었습니다.

그날(4일) 같은 시간에 수군 여러 장수가 판옥선 24척, 협선 15척, 포작선鮑作船 46척을 거느려 이끌고 길을 떠났습니다.[53] 경상 우도 소비포 앞바다에 이르자, 날이 저물어 진을 치고 밤을 보냈습니다.

5일에는 이른 새벽에 배를 출발해 두 도(전라 좌도와 경상 우도)가 일찍이 약속해 모이기로 한 곳인 당포 앞바다로 달려가 도착했습니다. 그 도(경상 우도) 우수사 원균은 약속한 곳에 있지 않았습니다. 신이 거느린 가볍고 빠른 배[54]로 "당포로 달려 나오라"고 공문을 보냈더니, 6일 진시에 우수사 원균이 우수영 경계 안에 있는 한산도에서 단지 1척의 전선을 타고 와서 도착했습니다. 적선의 많고 적음과 현재 머물러 정박한 곳, 맞붙어 싸우는 절차를 상세히 물을 때, 경상 우도의 여러 장수인 남해 현령 기효근, 미조

---

52 『난중일기』 1592년 5월 4일자에는 "먼 동이 틀 때質明"로 나온다.

53 총 85척이 출동했다. 단 거북선은 출동하지 않았다. 이상훈에 따르면, 출전한 전선과 군사는 이순신이 동원할 수 있는 최대 숫자로, 판옥선 24척을 기준으로 3200명이 동원된 것으로 추정했다(이상훈, 「임진왜란 중 전라 좌수영과 이순신」, 해양유물연구과 기획편집, 『조선시대 수군진조사Ⅱ-전라 좌수영편-』, 국립해양문화재연구소, 2014, 277쪽). 이순신의 「나라에 대한 의무를 하지 않은 사람의 죄를 가족과 친척에게 연대 책임을 지우는 것을 면제하라는 명령'을 취소해주시기를 임금님께 청하는 장계請反汗一族勿侵之命狀」(1592년 12월 10일)에 "배 한 척의 사부와 격군 합쳐서 130여 명의 군사"라는 내용, 기타 여러 장계와 일기(1594년 3월 17일, 충청 수사 이계정 배의 140여 명)로 보면 판옥선 1척당 사부와 격군, 군관 전체는 140명 이상으로 보인다. 140명을 기준으로 하면 판옥선 24척, 3360명 정도다. 또한 협선(사후선) 1척당 5명, 포작선 46척까지 포함하면 3600명 정도가 출전한 것으로 추정된다.

54 "가볍고 빠른 배輕快船"는 협선 혹은 포작선으로 보인다.

항 첨사 김승룡金勝龍, 평산포 권관 김축金軸 등이 같이 판옥선 1척을 타고, 사량 만호 이여념, 소비포 권관 이영남 등이 각각 협선俠船⁵⁵을 타고, 영등포 만호 우치적, 지세포 만호 한백록韓百祿,⁵⁶ 옥포 만호 이운룡 등이 같이 판옥선 2척을 타고, 5일과 6일 잇따라 뒤이어 도착했습니다.⁵⁷ 두 도(전라좌도와 경상 우도)의 장수들을 한곳에 불러 모아 두 번 세 번 거듭 약속을 분명히 밝힌 뒤에再三申明約束後, 거제도 송미포 앞바다에 이르러 해가 저물어 밤을 보냈습니다.

7일 이른 새벽에 한꺼번에 배를 출발해, "적선이 머물러 정박해 있다"는 천성·가덕을 향할 때, 오시쯤 옥포 앞바다에 이르렀습니다. 그런데 척후장斥候將 사도 첨사 김완, 여도 권관 김인영 등이 신기전을 쏘아 비상사태를 보고하기에 적선이 있는 것을 알았습니다.⁵⁸

다시 장수들에게 "함부로 움직이지 말고, 태산처럼 침착하고 무겁게 행동하라勿令妄動 靜重如山"고 단단히 타일러 경계하도록 전령한 뒤에, 같은 포(옥포) 바다 가운데로 대열을 지어 일제히 나갔습니다整列齊進.⁵⁹ 왜선 30여

---

55 「영인본」의 "협선"은 「전서본」에서는 "挾船"으로 나온다. 이 장계의 앞부분에서는 "挾船"으로 나온다. 「편수회본」에서는 "挾船"으로 수정되어 있다.

56 한백록(1555~1592)은 조선 중기의 무신이다. 진잠 현감, 지세포 만호 등을 역임했다. 1592년에 임진왜란이 일어나자 지세포 만호로 원균 막하에서 활약했다. 「한백록묘비」(1657)에 따르면, 1592년 7월 17일 미조항 전투에서 전사했다고 한다(한국금석문 종합영상정보시스템). 미조항 전투는 원균 부대의 단독 전투였던 듯하다.

57 경상 우수영의 원균 부대는 판옥선 4척, 협선 2척이다.

58 신기전神機箭은 불이나 화약을 화살에 매달아 쏘던 로켓형 무기로 신호용 혹은 불태우는 용도로 사용되었다. 고려 말 최무선이 제조한 주화走火를 세종 때 개량한 것이다. 류성룡의 「論報賊勢狀」(1592년 11월)에 따르면, 신기전은 불태우는 용도로 나온다. 「중종실록」 중종 28년(1533) 5월 13일에 따르면, 왜적이 침입했을 때 신기전을 쏘아 비상사태를 보고하도록 되어 있다.

59 "일제히 나아가다齊進"는 「고려사절요」 「太祖神聖大王」 「丙申十九年」과 「恭愍王(四)」 「甲寅二十三年」에도 나오는 표현이다. "三軍齊進"과 "大軍齊進"이 그것이다.

척60이 옥포 선창에 나뉘어 정박해 있었습니다. 대선은 네 면에 온갖 무늬가 그려진61 막帳을 둘렀고, 막 둘레에는 줄지어 대나무 장대를 꽂아놓았고, 붉은색과 흰색의 작은 깃발을 어지럽게 매달아놓았으며, 깃발의 형태는 번幡(깃발의 일종) 같은 것이나 당幢(깃발의 일종) 같은 것이었고, 모두 무늬 있는 비단을 사용했는데, 바람 따라 펄럭여 바라보는 사람의 눈이 어질어질했습니다. 적의 무리가 그 포(옥포)에 들어가 불태우고 재물을 빼앗느라 연기가 산을 두루 덮었습니다. 우리 군사와 배를 돌아보고는 넘어지며 허겁지겁 각각 바삐 배를 타고 큰소리로 떠들며 노질을 재촉했습니다. 가운데로 나오지 않고 해안 기슭을 따라 배를 몰았습니다. 6척이 선봉으로 도망쳐 나가려고 했기에, 신(이순신)이 이끄는 여러 장수 등이 한마음으로 분노를 일으켜 모두 죽을힘을 다하니一心憤發 咸盡死力, 배 안의 관리와 군사 또한 그 뜻을 본받아 떨쳐 일어나 격려하며 절실하게 죽을 것을 약속했습니다. 동쪽과 서쪽을 찌르며 포위하고, 포62를 쏘고 화살 쏘기를 급히 바람과 천둥같이 할 때東西衝抱 放炮射矢 急如風雷,63 적 또한 철환과 화살을 쏘았습

---

60 「영인본」은 "30여 척"이나, 「전서본」, 「충무공계본」에서는 "50여 척"으로 나온다. 이 장계에 나오는 전과 보고에 따르면 26척을 당파 분멸했다고 하는 것으로 보아 「영인본」처럼 30여 척이 맞는 듯하다. 일본 측 기록인 「고려선전기」에서는, 5월 7일 도도 다카도라藤堂佐渡守 등의 배를 포함한 50여 척의 배가 당책산唐冊山·대단실大丹室·소단실小丹室이라는 섬으로 나갔는데, 거기에서 조선 수군의 배 70~80척과 만났고, 도도는 육지로 물러났고, 일본 수군의 배는 모두 조선 수군에 의해 불탔다고 나온다. 「고려선전기」의 번역문은 김시덕의 「고려선전기高麗船戰記」(「문헌과 해석」 57호, 문헌과해석사, 2011 겨울)를 참조했다.

61 "온갖 무늬가 그려진畫綵雜紋"은 「전서본」에서는 「畫綵雜文」로 나온다.

62 "포炮"는 「전서본」에서는 「砲」로 나온다. 같은 글자다.

63 화포와 화살을 병행해 전투를 한 모습이다. 이순신이 일본군과 싸운 방식을 구체적으로 엿볼 수 있는 것은 『중종실록』 중종 18년(1523) 6월 1일 기록이다. 전라도 수군 절도사 정윤겸鄭允謙이 5월 25일 남도포 관할 초도에 왜선 1척이 정박한 것을 100보 거리에서 공격하기 시작했다. 처음에는 신기전과 총통전銃筒箭을 무수히 쏘고 장전·편전을 비가 내리듯 쏘았고, 왜적이 배 안으로 숨자 화전을 쏘아 불을 지르고, 관솔脂松로 만든 횃불과 초둔草芚에 불을 붙여 왜적의 배

니다. 그러나 그 힘이 다하자, 그들은 배에 실은 물건을 물에 정신없이 내던졌습니다. 전에 맞은 자가 아주 많았고, 헤엄치는 자는 얼마인지 알 수 없었습니다. 한꺼번에 뿔뿔이 흩어져 달아나, 바위 언덕에 기어 올라가 오직 뒤처지는 것만 두려워했습니다.

좌부장 낙안 군수 신호는 대선 1척을 깨부수고 머리 1급을 베었습니다. 배에 실린 검·갑옷·관복 등의 물건은 모두 왜장의 물건인 듯했습니다.

우부장 보성 군수 김득광은 왜 대선 1척을 깨부수었고, 우리나라 사람으로 붙잡혀 있던 1명을 사로잡았습니다.

전부장 흥양 현감 배흥립은 왜 대선 2척,

중부장 광양 현감 어영담은 왜 중선 2척과 소선 2척,

중위장 방답 첨사 이순신은 왜 대선 1척,

척후장[64] 사도 첨사 김완은 왜 대선 1척,

에 던져넣어 불태웠다고 한다. 먼 거리에서는 신기전과 총통전, 장전과 편전을 쏘고 근접해서 화전을 쏘고, 마지막으로 횃불과 불붙은 초둔을 던져 불태우는 방식이었다. 화포는 주로 적선을 파괴하기 위한 목적으로 사용되었다. 『명종실록』 명종 10년(1555) 6월 14일에 따르면, 왜적의 배를 공격할 때 "천자·지자 총통이 없어 그들의 배를 부수어버리지 못하고 그대로 도망치게 만들었다"고 한다. 또한 『명종실록』 명종 11년(1556) 12월 21일에서도 "적선을 부수는 데는 총통만 한 것이 없다"는 내용이 나온다. 화포는 상대적으로 원거리에서 적선을 부수는 용도로 많이 사용했고, 근거리에서는 활을 주로 사용했던 듯하다. 김병륜의 연구에서도 활은 중요한 무기로 사용되었다고 한다. 김병륜은 조선 수군은 화약무기 의존도가 상대적으로 높았지만, 화약무기의 비중이 더욱 강해지는 조선 후기에도 판옥선에 승선하는 전투 요원 중 30퍼센트 이상이 활을 쏘는 사부, 혹은 사관이었을 정도로 활이 중요했다고 한다(김병륜, 「조선시대 수군 진형과 함재 무기 운용」, 「군사」 74호, 국방부 군사편찬연구소, 2010, 173쪽; 김병륜, 「조선시대 화약무기 운용술」, 「학예지」 13호, 육군사관학교 육군박물관, 93쪽; 김병륜, 「절제방략과 제승방략」, 「학예지」 19호, 육군사관학교 육군박물관, 2012, 133~134쪽). 김병륜의 주장은 『명종실록』 명종 10년(1555) 6월 12일에서도 확인된다. 순찰사 이준경이 전라도 녹도에서 왜적을 물리친 전황을 보고한 내용에도 남치근이 전함 60여 척으로 왜선 28척을 물리쳤는데, 이때도 화살이 주력 무기로 언급되어 있다.

64 「영인본」의 "척후장"은 「전서본」에서는 "우척후장"으로 나온다. 우척후장도 맞다. 「편수회본」에서는 주석으로 "우탈右脫"이라고 해놓았다. 우척후장의 '우' 자가 빠진 것으로 보았다.

우부(김득광 부대)의 기전 통장騎戰統將[65]으로 같은 진(보성) 군관인 보인 이춘李春[66]은 왜 중선 1척,

유군장으로 발포의 임시 장수인 신의 군관 훈련 봉사 나대용은 왜 대선 2척,

후부장 녹도 만호 정운은 왜 중선 2척,

좌척후장인 여도 권관 김인영은 왜 중선 1척,

좌부(신호 부대)의 기전 통장인 순천 대장 전 봉사 유섭兪爍[67]은 왜 대선 1척과 우리나라 사람으로 붙잡혀 있던 여자아이 1명을 사로잡았습니다.[68]

한후장이며 신의 군관인 급제 최대성[69]은 왜 대선 1척,

참퇴장이며 신의 군관인 급제 배응록은 왜 대선 1척,

돌격장이며 신의 군관 이언량은 왜 대선 1척,

신의 대솔 군관帶率軍官[70]인 훈련 봉사 변존서와 전 봉사 김효성 등은 힘

65　통장은 전투 대형의 조직 단위다. 통(통장)→부(부장)→위(위장) 순서로 조직이 커진다. 부대 최소 단위인 오가 통이 되는 경우, 대가 통이 되는 경우, 려가 통이 되는 경우도 있다. 부대 단위는 오→대→려 순서로 커진다. 오는 군사 5명, 대는 5개의 오로 구성되어 25명, 5개 대 125명이 1려이다. 오에는 오장, 대에는 대정, 려에는 려수가 통솔했다(문병우, 『조선 군사제도사: 리조편』, 사회과학출판사, 2012, 122쪽).

66　이춘은 「선무원종공신녹권」에서는 주부主薄로 나오고, 선무원종공신 1등이다.

67　봉사 유섭과 동일인인지 확실치 않으나, 정경달의 『반곡유고』 1593년 1월 19일에는 충청·전라·경상의 연합군의 일원으로 봉사 유섭兪驪이 나온다.

68　임진왜란 초기에 일본군이 조선 사람을 죽이거나 붙잡은 기록이 많다. 특히 여인들에게 참혹한 짓을 많이 했다. 오희문의 『쇄미록』 중 「임진남행일록」에는 경상도 사녀士女 중에서 얼굴이 고운 사람을 뽑아 배 5척에 실어 일본으로 보냈는데, 그녀들은 대부분 이미 일본군에 강간당한 여인들이었다고 한다. 이탁영의 『정만록』 1592년 7월 7일에는 일본군이 조선 여인 한 명을 붙잡으면 30~40여 명이 서로 윤간하여 죽게 했다는 기록이 나온다. 강항의 『간양록』 1597년 9월 24일에는 강항의 8살짜리 조카가 일본군 배에서 병이 나자 바닷물 속에 던졌다는 이야기도 나온다.

69　최대성은 다른 장계에서는 "崔大成"으로 나오나, 『난중일기』에서도 "崔大晟"으로 나오기도 한다.

70　『전라우수영지全羅右水營誌』에 의하면 수사를 보좌하는 대솔 군관은 7명이었다(해군본부 전

을 합쳐 왜 대선 1척,

경상도의 여러 장수71 등은 왜선 5척과 우리나라 사람으로 붙잡혀 있던 1명72을 사로잡았습니다.

모두 합쳐 왜선 26척을 모두 총통을 쏘아 맞혀 깨부수고 불태워 없앴습니다銃筒放中 撞破焚滅.

큰 바다73에는 연기와 불꽃이 하늘을 덮었으며烟焰漲天,74 산에 올라간 적의 무리는 나무가 우거진 곳에 엎드려 숨었고, 마음이 꺾이지 않는 자가 없었습니다. 신은 여러 배에서 사부射夫와 용감하고 날쌘 사람을 뽑아 산에 올라간 적을 추격해 붙잡으려고 했습니다. 그러나 그 거제의 모든 섬은 산의 형태가 험하고, 나무가 울창하고 무성해 사람이 발을 붙이기 어렵습니다. 게다가 당장에는 적의 소굴에 있고, 배에 사부가 없으면 오히려 뒤를 에워싸일 걱정거리繞後之患가 염려되었습니다. 또한 해가 저물고 있어 그 뜻을 이룰 수 없어 영등포 앞바다로 물러나 주둔하며, 군졸들에게 나무를 하고 물 긷는 일을 시키고 밤을 보낼 계획이었습니다.

그런데 신시쯤에 "멀지 않은 바다 가운데 또 왜 대선 5척이 지나가고 있다"고 척후장(김완)이 비상사태를 보고했기에 장수들을 거느리고 뒤쫓아가 웅천 땅 합포75 앞바다에 이르렀습니다.

사편찬관실, 『한국해양사』, 1953, 207쪽에서 재인용).

71　경상도의 여러 장수는 수사 원균을 비롯해 기효근, 김승룡, 김축, 이여념, 이영남, 우치적, 한백록, 이운룡이다.

72　「영인본」에서는 "1명"이나, 「전서본」, 「충무공계본」에서는 "3명"으로 나온다.

73　"큰 바다"의 「문화재청본」 원문은 "一海【大洋】"이다. 【大洋】은 「영인본」에서 불분명한 글자를 추정한 것이다. 「전서본」과 「충무공계본」에서는 "大洋"으로 나온다.

74　원문 "烟焰"는 「전서본」에서는 "煙焰"으로 나온다. 같은 글자다.

75　"웅천 땅 합포"에 대해 『다시 보는 한국해양사』(정진술 외 3인, 신서원, 2008, 322쪽, 주 2)에서는 '합포'를 현재의 마산(창원) 합포가 아니라, "현재 진해시 원포동 합개마을"이라고 보았다. 이민

왜적 등이 배를 버리고 육지로 올라갔기에,

사도 첨사 김완(척후장)이 왜 대선 1척,

방답 첨사 이순신(중위장)이 왜 대선 1척,

광양 현감 어영담(중부장)이 왜 대선 1척,

같은 부(중부同部, 어영담 부대) 통속統屬으로 방답에서 귀양을 살던 전 첨사 이응화가 왜 소선 1척,

신의 군관 봉사 변존서, 송희립·김효성·이설 등이 힘을 합쳐 화살을 쏘아 왜 대선 1척을 모두 남김없이 깨부수고 불태워 없앴습니다. 밤을 타고 노질을 재촉해 창원 땅 남포[76] 앞바다에 이르러 진을 치고 밤을 보냈습니다.

8일 이른 아침에 "진해 땅 고리량古里梁에 왜선이 머물러 정박하고 있다"는 소식을 들었습니다. 곧바로 배를 출발시켜 안팎의 크고 작은 섬을 협공해 수색·토벌하면서 저도를 지나 고성 경계 적진포赤珍浦에 이르렀습니다. 왜의 대선과 중선을 합쳐 13척이 바다 입구에 열을 지어 정박해 있었고, 왜인은 포와 곶串의 마을을 불태우고 재물을 빼앗은 뒤, 우리 군대의 위세를 바라보고는 겁을 먹고 산으로 올라갔습니다.

낙안 군수(신호)는 같은 부(좌부, 신호 부대) 통속 순천 대장[77] 유섭과 힘

응은 『임진왜란 해전사』(청어람미디어, 2004, 81쪽)에서, "20세기 중반 이후 이은상이 『완역 이충무공전서』의 저서에서 1차 출전의 두 번째 해전 장소인 합포를 현재의 마산으로 비정한 것은 잘못된 것이다. 상황론적으로도 거제도 북단에서 오후 4시부터 추격하여 해 질 녘에 상륙이 가능한 곳은 웅천 합포 외에는 찾을 수 없다. 더구나 현재에도 창원시 진해구에 합포라는 지명이 남아 있다. 뿐만 아니라 『임진장초』에는 창원 땅 마산포(고려시대의 합포)라는 지명이 따로 존재하기 때문이다"라고 했다. 이민웅이 말한 『임진장초』는 「唐浦破倭兵狀」(1592년 6월 14일)이다. 이 장계에는 "昌原地馬山浦(창원 땅 마산포)"로 마산포가 별도로 나온다.

76 "남포"의 원문 "籃浦"는 「영인본」에서는 "籃浦"로, 「전서본」에서는 "藍浦"로 나온다.

77 순천 대장은 순천 부사 권준을 대리한 장수로 보인다.

을 합쳐 대선 1척,

같은 부(좌부, 신호 부대) 통장으로 군(낙안)에 사는 급제 박영남朴永男과 보인 김봉수金鳳壽 등도 힘을 합쳐 왜 대선 1척,

보성 군수(김득광, 우부장)는 왜 대선 1척,

방답 첨사(이순신, 중위장)는 왜 대선 1척,

사도 첨사(김완, 척후장)는 왜 대선 1척,

녹도 만호(정운, 후부장)는 왜 대선 1척,

그 부(후부, 정운 부대) 통장으로 귀양을 살던 전 봉사 주몽룡朱夢龍은 왜 중선 1척,

신의 대솔 군관 전 봉사 이설과 송희립 등은 힘을 합쳐 왜 대선 2척, 군관 정로위定虜衛[78] 이봉수李鳳壽는 왜 대선 1척, 군관 별시위別侍衛[79] 송한련이 왜 중선 1척을 모두 총통으로 쏘아 맞혀 깨부수고 불태워 없앴습니다.

장사士와 군사卒에게 아침을 먹고 쉬게 할 때, 그곳 적진포 근처에 사는 향화인 이신동李信同이라는 사람이 신 등의 수군을 바라보고 산꼭대기에서 그의 어린 아들을 업고 울부짖으면서 나왔기에 소선으로 실어오게 했습니다.

신이 직접 적의 무리들이 한 행동을 물었더니, "왜적 등이 어제 이 포구에 도착해 마을에서 재물을 약탈하고 소와 말에 싣고 가 그들의 배에 나눠 실었고, 밤 초경에 배를 바다 가운데 띄워놓고 소를 잡아 술을 마시며 노래를 부르고, 적[80]을 불었는데, 동이 틀 때까지 그치지 않았습니다. 몰래

---

78 정로위는 1480년에 여진족 침입을 대비해 황해도·함경도·평안도 출신 한량을 선발해 편성한 군대다.
79 별시위는 국왕의 호위를 담당했던 장교 부대다. 양반 출신과 전직 관리 중에서 무예 시험을 통해 선발했다. 오위 중 좌위인 용양위에 소속되어 있다.
80 적簽은 관악기인 "종적縱笛"의 한 종류다. 취구 1개와 지공이 6개가 있다.

그 곡을 들었더니, 가락이 모두 우리나라 음악이었습니다. 오늘 이른 아침에 반은 배를 지키고, 나머지 반은 육지에 올라가 고성을 향해 갔습니다. 늙으신 어머니와 아내와 아이는 적을 만나면서 서로 잃어버려 어디로 갔는지 알 수 없습니다"라고 하면서 걱정하며 다급하게, 또한 애원하며 울면서 호소했습니다.

신은 그 정상情狀이 가련했고 그들이 붙잡힐까 걱정해 이끌고 갈 뜻으로 달랬더니, 그는 "어머니와 아내를 찾아 만나야 한다"면서 따르지 않았습니다. 함께 있던 장수와 군사들이 그 말을 듣자 더욱 심하게 아프고 답답해하면서 서로를 돌아보며 기운을 내 마음을 같이하고 힘을 합쳐同心戮力, 곧바로 천성·가덕·부산 등지로 향해 그들의 배를 다 죽여 없애려 생각했습니다.

그러나 그곳, 적선이 머물러 정박하고 있는 등지의 형세가 좁고 얕아 판옥선과 같은 대선板屋大船으로는 쉽게 싸우기가 아주 어려웠습니다. 또한 본도(전라도) 우수사 이억기가 아직 달려오지 않았기에, 홀로 적 속으로 출전하는 것은 형세가 심히 외롭고 위태로웠습니다. 그래서 원균과 함께 서로 계획을 세우며 특별히 기발한 계책을 얻어 국가(조정)의 치욕을 씻고자 했습니다雪國家之恥. 그런데 본도(전라도) 도사 최철견이 올려보낸 공문이 생각지도 않게 갑자기 도착해 비로소 임금님께서 관서(평안도)로 피란하셨다는 소식을 알게 되었습니다.[81] 놀랍고 원통함이 그지없어 서로 내내 붙잡고

---

81 『쇄미록』「임진남행일록壬辰南行日錄」 1592년 5월에도 이 전투가 언급된다. 오희문에 따르면, 원균은 4월에 적선 10여 척을 불태웠고, 5월 초에 전라 우수사와 함께 적선 42척을 불태웠고, 포로를 2명 잡고, 적을 3명 베었다고 들었다 한다. 『선조실록』 선조 25년(1592) 5월 10일에 따르면, 선전관 민종신이 선조에게 "원균이 바다로 나가 적선 30여 척을 격파했다"고 보고한 내용이 나온다. 원균의 이 승첩 기록은 이순신과 연합 작전을 하기 전에 있었던 내용인 듯하다.

오장이 타고 가슴이 찢어져五內焚裂, 함께 울고 눈물을 흘렸습니다. 어쩔 수 없는 상황이었기에 각자 뱃길을 돌렸습니다.

9일 오시에 여러 배를 이끌고 영(전라 좌수영)으로 무사히 돌아왔습니다. 그대로 여러 장수에게 "배와 관련된 여러 가지에 더욱 힘쓰고益勵舟楫, 바다 입구에서 비상사태에 대비하라海口待變"며 단단히 타일러 경계시키고飭, 알아듣게 타이르고開論, 진을 파했습니다.

순천 대장 유섭이 빼앗아온 우리나라 여자아이는 나이가 겨우 4~5살로 그 신원과 살던 곳은 알 수 없었습니다.

보성 군수 김득광이 빼앗아온 여자아이 1명은 나이가 조금 들었는데, 머리를 잘라 왜인처럼 되어 있었고, 죄를 조사하기 위해 심문했더니, 임진년(1592년) 5월 7일 동래 동면東面 응암리鷹岩里에 사는 백성 윤백련尹百連으로 나이는 14살이며, 어느 날 어느 곳에서 왜적을 만나 어떤 사람과 한꺼번에 붙잡혔습니다. 며칠이 지나 그날 맞붙어 싸울 때에 붙잡히게 된 까닭과 왜적 등의 모든 소행과 신원, 했던 일을 모두 보고했습니다. 또한 죄의 유무를 조사했더니 다음과 같이 진술했습니다.

아비는 다대포 수군 곤절昆節로 전쟁이 일어났을 때 살았는지 죽었는지 알 수 없고, 어미는 양인 여자良女[82] 모론毛論이라고 하는데 지금은 죽었고, 조부모와 외조부모는 모두 알지 못합니다. 그런데 기장機張에 사는 신선新選

---

[82] 『한국사 27』(국사편찬위원회, 탐구당, 2013, 159쪽)에 따르면, "양인"은 신원을 밝히기 어렵거나 노비 이외의 신분으로 구체적인 인적 상황을 명시할 필요가 없을 때 사용하는 표현이다. 또한 양인 남자는 대개 직책이나 신역을 갖고 있어 "양인 ○○○"라고 표기하는 경우는 드무나 여자는 "○○○의 女", "○○○의 妻"와 같이 아버지나 남편과 함께 표기되거나 "양녀 ○○○"라고 표현한다고 한다.

김진명金盡明이 거느려 심부름을 하면서 지냈는데, 날짜는 기억나지 않는데 지난 4월쯤 왜적 등이 부산포에 도착해 정박했을 때, 호수[83] 진명盡明이 군 령으로 인해 제게 군대의 장비를 짊어지게 하고, 그 진(부산진)으로 이끌고 출전할 때, 마비을이 고개[84]에 이르러 왜가 이미 부산을 함락시켰다는 것을 듣고 저를 데리고 돌아왔습니다. 곧바로 기장현機張縣 성안에 진을 쳤는데, 군졸들이 달아나 흩어졌기에 진명은 그의 집으로 이끌고 갔습니다. 하룻밤 을 지낸 뒤 저의 아버지와 친척 등이 그곳으로 피란 온 것을 우연히 길에서 만났습니다. 기장현 경계 운봉산雲峯山 속에 숨어 있었던 8~9일 사이에 왜 적 등이 무수히 마구 들어와 저와 형[85] 복룡福龍[86] 등이 먼저 붙잡혔습니다. 해가 저물 때 부산성에 도착해 밤을 보낸 뒤에 형 복룡은 간 곳을 알 수 없 었고, 저는 배 밑창船粧에 넣어두고 마음대로 움직이지 못하게 했습니다. 날 짜는 기억나지 않는데, 어느 날 적선 30여 척이 김해부를 향해 출발했고, 나머지 반은 육지에 올라가 그 부(김해부)에서 도적질作賊[87]을 했습니다. 5~6일을 잇따라 머문 뒤, 이달 6일 사시쯤에 한꺼번에 배를 출발해 율포에 와서 정박하고 밤을 보낸 뒤, 7일 이른 새벽에 같은 곳(율포)에서 옥포 앞바

83 호수는 호의 우두머리다. 토지나 장정 수에 의해 호를 구성하는 몇 개의 세대를 대표하는 사
람이다. 토지의 경우는 전 8결마다 1인의 대표자를 정해 조세를 징수하고 상납시키게 하던 책임
자다. 군역에서는 호수 1인을 1호로 하고, 호에는 호수의 경제적 뒷받침을 담당하는 보保(보인)가
배정되어 있다. 1보는 2정이다. 호수는 정군이라고도 하고, 보인은 솔호라고도 한다. 갑사는 2보
(보인 4명), 기정병騎正兵·수군은 1보·1정(보인 3명), 보정병步正兵은 1보(보인 2명)를 배정받아 각
각 하나의 호를 이루었다.
84 "마비을이 고개"의 원문 "馬飛乙耳峴"을 홍기문은 "마나리 고개"라고 했다.
85 "형兄"은 오늘날의 표현으로는 "오빠"가 된다.
86 "福龍"이 「전서본」에서는 "卜龍"으로 나온다.
87 "도적질"의 「문화재청본」은 "什賊"이나, 「영인본」, 「전서본」, 「충무공계본」에서는 "作賊"으로 나
온다. 「문화재청본」이 오자다. 「편수회본」에서는 "作賊"으로 수정해놓았다.

다로 가서 머물러 정박했습니다. 당일 맞붙어 싸울 때, 왜인 배 안은 우리나라 철환과 장전·편전이 비가 내리듯 교대로 떨어져, 맞은 자들은 넘어졌고, 흘러나온 피가 흥건했습니다. 왜인들은 급히 떠들썩하게 엎어지고 넘어지며 어쩔 줄 모르다가 모두 물에 뛰어들어 산으로 올라갔습니다. 저는 우리말을 알기에 사로잡혔는데, 속기 쉽고 어리석은 사람이고, 배 밑창에 오래 있어 다른 나머지 절차는 알 수 없습니다.

그래서 위의 윤복련尹福連[88]과 여자아이 등은 순천과 보성 등의 관리에게 특별히 보호하고 구휼하도록 돌려주었습니다.

흉악한 도적의 해독이 이렇게 심하게 되어 이미 많은 사람이 마구 죽임당했고, 또한 많은 사람을 잡아가고 재물을 빼앗았기에 한쪽의 백성은 씨도 남지 않았습니다.[89] 뿐만 아니라 신이 최근 바닷가를 돌아다닐 때면 지나는 산골마다 피란한 사람이 없는 곳이 없었으며, 한 번 신 등의 배를 보면, 어린아이나 노인이나 짐을 짊어지고 서로 끌고 흐느껴 울며 슬피 부르짖으면서 다시 살길을 얻은 듯했습니다如得再生之路. 어떤 사람들은 적의 자취를 알려주기도 했습니다. 참혹하고 측은해 보였기에所見慘惻, 곧바로 싣고 가고 싶었지만 그런 무리가 아주 많았을 뿐만 아니라, 전쟁터로 출전하는 배에 사람과 물건을 가득 실으면 배를 운행하는 데 어려움이 있을 것을 염려해, "돌아올 때 이끌고 갈 테니 각자 조용히 숨어 있고, 모습을 드러내는 것을 조심해 붙잡히는 재앙에 이르지 말라"고 알아듣게 타일렀습니다開諭.

---

88 "윤복련"의 원문 "尹福連"은 앞에서는 "尹百連"으로 나온다. 「전서본」에서는 "尹百連"으로 나온다.

89 "씨도 남지 않다靡有孑遺"는 『시경』 「운한」에 나오는 말이다.

그 뒤에 적을 쫓아 멀리 갔다가 갑자기 임금님께서 서쪽으로 피란 가셨다는 소식을 듣고 어쩔 줄 몰라 노질을 재촉해 돌아왔습니다. 그러나 슬프고 불쌍한 마음이 잊히지 않습니다. 그 무리들은 집을 떠난 날이 오래되어 싸들고 간 양식이 반드시 다 되어 굶어 죽을 것이 분명했습니다.[90] 그래서 그도(경상도) 겸 관찰사에게 "끝까지 마땅히 찾아내 데리고 돌아와 구제하고 도와주라終當探訪 刷還賑恤"고 또한 공문을 보냈습니다.

대부분의 경우, 신이 이끄는 여러 장수와 관리, 군사는 분격해 앞다투어 적 속으로 달려가지 않은 사람이 없었고, 함께 큰 승리를 기약했습니다. 앞뒤로 40여 척을 불태워 없앴으나, 머리를 벤 왜적은 단지 이 2급일 뿐입니다.

신은 다 죽여 없애고 싶은 마음을 다 실천하지 못해 울분이 치밀어 오는 것이 더욱 심했습니다. 그러나 싸울 때를 생각해보면 형편이 그럴 수밖에 없기도 합니다. 적선은 그 빠른 것이 나는 듯했고, 우리 군대를 보고 미처 피해 달아나지 못할 형편이면 기슭 아래에서 물고기를 꿴 것처럼 배를 몰았고, 형세가 불리해지면 육지로 올라갔습니다. 그래서 이번 출전에서 모두 다 죽일 수 없었기에 분노로 간담이 찢어진 듯해 검을 어루만지고 애달파했습니다.

왜선에 실린 왜의 물건은 모두 찾아내 얻은 것이 5칸 창고를 가득 채우고도 남았습니다. 그 밖의 아주 자잘한 잡다한 물건은 다 기록할 수 없습니다. 그중에서 전투에 쓸 물건을 뽑아 그 종류를 특별히 모아놓았습니다.

---

90 정경달의 『반곡유고』 1593년 3월 22일에 따르면, 선산 부사 정경달과 군사들이 군량이 없어 일본군과 대치하면서 산나물과 나뭇잎을 먹고 살았다는 내용이 나온다.

김해부의 관리 명부[91]와 군대 편성 대장分軍成冊, 여러 종류의 활과 전 등을 함께 낱낱이 자세히 조목조목 기록했습니다.

적을 쳐부수면 이익이 생긴다는 마음을 일으키려는 목적으로以激其破敵 得利之心條[92] 왜선에 실린 우리나라의 먹을 수 있는 쌀 300여 섬은 여러 배의 굶주린 격군格軍과 사부 등에게 양식으로 적당히 헤아려 나눠주고, 의복과 목면木綿 등의 물건 또한 싸우는 군사에게 나누어주고자 합니다. 그러나 우선은 그대로 남겨두고 조정의 조치를 기다립니다先可留上 待朝廷處置.

무릇 왜인은 붉고 검은 철갑옷鐵甲을 입었고, 여러 색깔의 철투구鐵頭口를 썼으며, 투구에는 종횡으로 뿔과 수염이 있는 가면이 있었습니다. 철로 만들어진 투구鐵廣大는 금관金冠, 금으로 된 깃털金羽, 금으로 된 삽金鍤, 깃털로 된 옷羽衣, 깃털로 된 빗자루羽帚,[93] 나각(소리) 등과 같았는데, 기이하고 이상한 모양으로 아주 사치스럽고 호화로웠습니다. 귀신 같기도[94] 하고 짐승 같기도 했습니다.

---

91 "관리 명부"의 원문은 "人吏官案"이다. 관청에서 작성한 관리 명부다.

92 이수광은 『지봉유설』에서 "대개 군공에 대한 상은 때를 넘겨서는 안 된다. 그러나 우리나라에서는 장수가 출전할 때에 빈손으로 나가기에 전공과 적의 머리를 벤 것에 대한 상으로 물건을 주지 못하고, 이름을 나열해 기록해 조정에서 상을 주기를 요청한다"며 조선시대의 포상 방식을 이야기했다. 이순신의 "이익을 위한 목적"에 따른 포상은 이순신의 포상 방식 중 하나다.

93 "빗자루"의 「문화재청본」은 "羽帚"이다. 「영인본」, 「편수회본」, 「전서본」에서는 "羽箒"로 나온다. 같은 글자다.

94 "귀신 같다"의 「문화재청본」은 "女鬼"이다. 「영인본」, 「편수회본」, 「전서본」에서는 "如鬼"로 나온다. 「문화재청본」이 오자다.

이순신이 노획한 일본군 투구 등

종횡으로 뿔과 수염이 있는 얼굴 가면

귀신과 같고 짐승과 같다는 투구 장식

나각(소라) 형태의 투구

금관 형태 투구

(출처: 舊參謀本部 編纂, 『日本の戰史 —朝鮮の役—』, 德間文庫—, 1995, 397쪽)

본 사람들은 귀신에 놀란 것처럼 되지 않는 사람이 없습니다. 성을 깨뜨리는 여러 기구, 큰 쇠못大鐵釘이나 삿줄95 등의 물건 또한 아주 흉하고 괴상했습니다. 군용 물건 중에서 가장 중요한 물건을 하나씩 빼내 확인하고 봉해 도장을 찍어놓았습니다. 그중에 철갑鐵甲·총통 등의 물건과 낙안 군수 신호가 벤 머리 1급은 왼쪽 귀를 잘라 궤橫에 넣고 또한 확인하고 봉해 도장을 찍어놓았습니다監封.96

95　"삿줄沙堂"은 「전서본」에서는 "沙索"로 나온다.
96　이순신이 왼쪽 귀를 베어 올린 것은 편리함 때문이다. 『반곡유고』 1592년 7월 27일에도 이순신의 조치와 같은 조정의 결정 내용이 나온다. 정경달이 감사에게 머리를 벤 것이 있어도 도로가 막히고 험해 보내기 어렵다고 했는데, 그날 회답 공문에 왼쪽 귀를 잘라 소금에 절여 보내라

처음 맞붙어 싸울 때 공功을 세운 신의 군관 송한련과 진무 김대수金大壽 등에게 주어 올려보냅니다.[97] 다른 나머지 올려보낼 물건은 원래의 수량을 장부에 기록해놓았습니다.

맞붙어 싸울 때 순천 대장선代將船(유섭)의 사부로 같은 부(순천부)에 사는 정병 이선지李先枝가 왼쪽 팔 한 곳庫에 전에 맞아 조금 다친 것 외에 다른 부상당한 군졸은 없습니다. 그러나 우수사(경상 우수사) 원균은 다만 3척의 수군을 거느렸으면서,[98] 신의 여러 장수가 사로잡은 왜선을 화살을 쏘며 억지로 빼앗았기에 사부와 격군 2명이 중상에 이르게 되었습니다. 가장 으뜸인 주장(원균)이 부하들을 단속하지 않았으니[99] 이보다 큰 잘못은 없습니다. 게다가 같은 도(경상 우도) 소속 현령(거제 현령) 김준민金俊民[100]은 멀지 않은 바다인 그의 관할 구역에서[101] 연일 싸우고 있었고, 주장 원균이 격문

고 했다면서 감사는 이후로는 "양쪽 귀를 모두 잘라 소금에 절여놓으라"고 했다고 한다. 그러나 『반곡유고』 1592년 10월 2일 기록을 보면, 귀를 잘라 보내는 것과 관련해 속이는 사람이 많다며 다시 머리를 잘라 보내라는 명령이 내려왔다는 이야기가 나온다.

97 『선조실록』 선조 31년(1598) 8월 15일에는 이순신의 승첩 장계를 갖고 온 사람에게 포상하라는 선조의 명령이 나온다. 장계를 갖고 조정에 올려보내는 것도 포상의 한 방법이었다.

98 경상 우수사 원균 부대는 원균이 탄 판옥선을 포함해 총 4척, 협선 2척이었다.

99 "단속하지 않다不戢"는 『춘추좌전』 「선공宣公 12년」의 "兵不戢矣 暴而不戢"와 『시경』 「상호桑扈」의 "不戢不難"에 나온다.

100 이순신의 기록과 달리 거제 현령 김준민은 당시 육지에서 싸우고 있었다. 정경운의 『고대일록』 1592년 4월 23일에 따르면, 전쟁이 일어난 뒤 "거제 현령 김준민만이 여러 방략으로 힘을 다해 방어했다. 적이 세 번이나 성 아래까지 이르렀으나 모두 이기지 못하고 물러났다. 조금도 두려워하는 기색 없이 갑옷과 무기를 수선하고, 방어 계책을 준비하는 당당한 모습이 파도가 밀려와도 조금도 움직이지 않는 지주砥柱 같았다. 만일 군대 장수들이 조금이라도 준민의 마음을 가졌다면 어떻게 이렇게 적이 무인지경에 들어가는 것과 같았겠는가. 준민은 서울 사람이다"라고 김준민의 활약을 기록하고 있다. 또한 『선조실록』 선조 25년(1592) 6월 28일의 경상도 초유사 김성일의 보고에 따르면, 김준민이 성을 굳게 지키다가 경상 순찰사 김수의 명령으로 육지로 출전해 있었다. 당시 이순신과 원균 모두 김준민의 상황을 알지 못했던 듯하다.

101 "그의 관할 구역에서其矣掌內"는 『전서본』에는 나오지 않는다.

을 전해 출전을 재촉했는데도 아직 나타나지 않고 있습니다. 정황이 아주 놀랍고 경악할 일입니다. 엎드려 바라오니[102] 조정에서 조치해주십시오.

신의 외람된 생각으로는 적을 막을 계책에서 수군이 여러 척의 배로 대오를 지어 나아가고 물러나지 않은 대신에, 육지 싸움과 성을 지키는 대비에만 오로지 힘을 썼기에 국가(조정)의 수백 년 왕업이 하루아침에 도적의 소굴로 변하게 된 것입니다. 생각이 여기에 이르니 목이 메어 말을 할 수 없습니다.

적이 만약 배를 타고 본도(전라 좌도)로 옮겨 침범한다면, 신은 바다 싸움에서 죽을 결심을 하고 담당하겠습니다. 그러나 육지 길로 옮겨가 침범하면 본도(전라 좌도)의 장수와 군사는 전투용 말이 한 마리도 없어 계책을 세워 대응할 방법이 없습니다.

신의 생각은 순천 돌산도와 백야곶白也串, 흥양 도양장[103]에서 기르는 말 중에는 싸움에 쓰기에 적합한 말이 많이 있으니, 많이 몰아 잡아 장수와 군사들에 나누어주어 살찌게 기르고 길들여 전쟁터[104]에서 쓴다면, 승리할 수 있습니다.

이는 신이 마음대로 아뢸 일이 아니지만, 일이 아주 급해 겸 관찰사 이광에게 "말을 붙잡는 것을 감독할 관리를 선정해 보내게 하고, 말을 몰아내는 군사는 각 진포의 새로 복무를 하기 위해 입대한 군사로 하여금 1~2일을 한정해 포획해 조련하도록" 공문을 보냈습니다.[105] 삼가 보고하니

102 "엎드려 바라오니伏乞"는 「전서본」에 나온다.
103 "도양장"의 원문 "道陽場"은 「전서본」에서는 "道陽塲"으로 나온다. 같은 글자다.
104 "전쟁터"의 원문 "戰場"은 「전서본」에서는 "戰塲"으로 나온다. 같은 글자다.
105 「선조실록」 선조 25년(1592) 8월 16일에는 육지 전투를 위해 목장의 말을 사용하자는 이순신의 장계 내용이 나온다.

다.[106]

1592년 5월 15일.[107]

절도사. 신하 이(이순신).

● 참고: 1차 출동 전투 결과

○ 조선 수군

이순신 부대 판옥선 24척, 협선 15척, 포작선 46척, 원균 부대 판옥선 4척, 협선 2척

○ 1592년 5월 7일: 옥포해전과 합포해전

– 옥포해전

일본군 전선 30여 척 중 이순신 부대는 대선 13척, 중선 6척, 소선 2척 격파

원균 부대는 대선 5척 격파

– 합포해전

일본군 전선 5척(대선 4척, 소선 1척) 전체를 이순신 부대가 격파

---

106 『선조실록』 선조 25년(1592) 5월 23일에는 이순신이 적선 40여 척을 격파했기에 "가자加資하라"고 했다는 기록이 나온다.

107 이 장계의 「영인본」 날짜는 "萬曆二十年五月 十 日"로 "十"과 "日" 사이에 한 칸이 비어 있다. 즉 날짜가 5월은 분명하나 10 며칠인지는 불분명하다. 「충무공계본」에서는 이 장계의 날짜를 5월 15일로 특정하고 있다. 따라서 이 번역본에서는 불분명한 날짜 대신 「충무공계본」에 따라 5월 15일로 보았다.

○ 1592년 5월 8일: 적진포해전

일본군 전선 총 13척 중 대선 9척, 중선 2척 격파

5월 7일과 8일 총 42척 격파(대선 31척, 중선 8척, 소선 3척)

○ 1차 출동 사상자 현황: 총 3명

- 일본군에 의한 사상자: 1명. 전라 좌수영 소속 순천 대장선의 사부이며 정병, 팔에 화살 부상. 사망자 없음.

- 경상 우수사 원균 부대가 전공을 목적으로 전라 좌수영 부대 공격. 좌수영 부대 격군 2명 중상 발생.

● 참고: 임진왜란 당시 전공 평가

임진왜란이 일어난 뒤 조선 조정과 구원군 명나라에서는 각각 일본군과의 전투를 제고하기 위해 전투에서 죽인 일본군의 머릿수에 따라 상을 주었다.

조정趙靖의 『임난일기』 1592년 5월 28일에는 당시 서울에서 전달된 「통문」이 나온다. 그에 따르면, 양반 혹은 양인의 경우, 하자가 없는 사람으로 왜적 머리 셋 이상을 벤 자는 무과 급제를 내리고, 노비는 양인으로 신분을 바꿔준다고 했다. 오희문의 1592년 8월 13일 일기에도 비슷한 내용이 나온다. "조정에서 법을 만들어 적장을 벤 사람에게는 가선嘉善 대부로 승진시켜 군君으로 봉하고, 왜적 한 명을 벤 사람은 양반이나 양인은 관직을 주고, 향리는 부역을 면하게 해주고, 사노비는 양인으로 신분을 바꿔준다." 오희문의 1592년 9월 17일 일기에 기록된 명나라 병부兵部에서 7월 18일

발표한 내용도 비슷하다. "관백 도요토미 히데요시를 사로잡거나 벤 사람에게는 은 1만 냥을 주고 백을 봉한다. 유명한 적장 한 명을 사로잡거나 벤 사람은 관직 세 계급을 승진시키고, 관직을 원하지 않을 경우는 은 150냥을 준다. 왜적에 부역한 조선인 한 명을 사로잡거나 벤 사람은 관직한 계급 승진, 관직을 원하지 않으면 은 50냥을 준다"고 했다.

류성룡의 「天兵退駐平壤後 條列軍中事宜狀」(1593년 3월 3일)에 따르면, 1592년에 일본군의 머리 1개 이상만 베어 바치면 모두 과거에 급제한 것으로 했다가 지나친 포상이라고 곧바로 폐지했다고 한다. 그 때문에 군사들의 사기가 떨어졌다면서 류성룡은 전례를 따르되 증감해서 양인은 왜적의 머리 1개 이상, 서얼은 2개, 공노비와 사노비는 3개를 베어 바치면 과거 급제를 한 것으로 해주고, 홍패를 미리 만들어 공명고신첩처럼 만들어 나눠주자고 건의하기도 했다.

침략자 일본도 마찬가지였다. 오늘날 일본 교토의 히데요시의 묘가 있는 도요쿠니 신사 앞 야마토 대로변에 이총耳塚이 있다. 임진왜란과 정유재란 때 조선군과 명나라군, 민간인의 귀와 코를 벤 것을 모아 쌓은 묘이다. 5만 명 이상의 조선인의 코와 명나라 군사 수백 명의 코가 매장되어 있다고 한다. 김세곤의 『정유재란과 호남사람들』(온새미로, 2014, 407~413쪽)에 따르면, 본래는 코 무덤이었는데, 에도 막부의 관학파 유학자 하야시 라잔 林羅山이 코 무덤이라고 하면 잔혹성과 야만성을 드러낼 수 있어 귀 무덤으로 미화한 뒤 귀 무덤으로 불렸다고 한다. 또한 이 코 무덤은 교토에만 있는 것이 아니라 후쿠오카현 카시이, 오카야마현의 히젠시와 츠야마시, 가고시마성 부근에도 있다고 한다.

임진왜란 당시 우리나라 기록에도 일본군의 코 베기는 사실로 나온다.

조경남의 『난중잡록』에는 히데요시가 1597년 7월, 조선에 파견된 일본군 총사령관 고바야카와 히데아키小早川秀秋에게 "조선인을 하나하나 죽여 나라를 완전히 텅 비게 할 것이다. 사람의 귀는 두 개지만 코는 하나다. 코를 베면 수급을 대신한다. 조선인을 붙잡으면 코부터 베라"라고 했다고 한다. 강항은 "1597년 히데요시가 코를 베어 수급을 대신하게 하라고 했다. 그래서 왜적들은 우리나라 사람을 보는 즉시 코를 베어 소금에 절여 히데요시에게 보냈다. 히데요시가 확인 뒤에 북쪽 교외 큰 절 곁에 묻었다. 이때 우리나라 사람으로 코만 없어진 채 살아남은 사람도 많았다"라는 기록을 남겼다.

8. 「당포에서 왜적을 쳐부순 일을 임금님께 보고하는 장계唐浦破倭兵狀」(1592년 6월 14일)[108]

전라 좌도 수군절도사, 신하 이(이순신).[109]

삼가 무찌르고 붙잡은 일을 보고합니다.

전날에 경상도 옥포 등지에서 왜선 40여 척을 불태워 없앤 사연은 이미 임금님께 긴급 보고했습니다. 그런데 부산의 적들이 잇따라 여러 척으로 대오를 지어 차츰차츰 이동해 침범해 거제 서쪽 바닷가 여러 고을과 집을

---

108 「영인본」에는 이 장계에 제목이 『제2차 당항포 등 4곳에서 승첩을 임금님께 보고하는 계본二度唐項浦等四處勝捷啓本」으로 되어 있다. 이 장계는 「충무공계본」에도 나온다. 『임진장초』처럼 『이충무공전서』와 달리 이두 표기가 되어 있다.
109 「영인본」의 "이李"를 「충무공계본」에서는 "이순신"으로 명기했다.

불태우고 재물을 빼앗아 이익을 얻는 것이 촛불이 옮겨붙는 것 같아,[110] 억울하고 분한 것을 이길 수 없습니다.

한편으로는 도(전라 좌도) 소속 수군을 징집해 모으고, 다른 한편으로 본도(전라도) 우수사 이억기에게 힘을 합쳐 공격해 쳐부수기 위해 재빨리 진격하자고 공문을 보냈습니다. 그러나 물길이 까마득히 멀고, 바람의 순풍과 역풍도 예상하기 어렵기에 6월 3일까지 영(전라 좌수영) 앞바다에 모두 모여 달려가 구원하자고 했습니다.

5월 27일 받은 경상 우수사 원균의 공문에, "적선 10여 척이 이미 사천·곤양 등지까지 다가왔기에 수사(원균)는 배를 남해 경계 노량으로 옮겼다"고 했습니다. 그래서 만일 모이기로 약속한 3일까지 기다렸다가 길을 떠난다면, 그 사이에 패거리들을 끌어들여 사납게 날뛰게 될 걱정거리鷗張之患가 염려되었습니다. 그래서 신의 군관 전 만호 윤사공을 유진장으로 임시 임명했고, 수군 조방장 정걸에게는 "좌도(전라 좌도) 각 진포를 지휘할 사람이 없으니, 흥양현에 머물러 방어하고 계책을 세워 대응하면서 비상사태를 대비하라"고 단단히 타일러 경계하게 했습니다.

5월 29일 신은 홀로 전선 23척을 거느리고, 우후 이몽구와 함께 수군을 거느려 이끌고 기약한 날짜보다 먼저 길을 떠났고, (전라 우수사) 이억기에게는 사유를 갖추어 공문을 보낸 뒤, 곧바로 노량 바다 가운데 도착했습니다. 원균은 단지 3척의 전선을 이끌고 하동 선창에 옮겨 있다가 신의 수군을 보고 노질을 재촉해 와서 만났습니다.[111]

---

110 "촛불이 옮겨붙다轉燭"는 당나라 때 시인 두보가 지은 「佳人」에 나오는 표현이다.
111 이순신과 원균의 함대는 이순신 판옥선 24척, 원균 4척이다. 이 부분의 장계 내용에서는 이순신과 원균이 탄 배는 제외된 숫자다. 1차 출전 당시에 언급된 협선과 포작선도 별도로 출전했던 듯하나, 장계에는 나오지 않는다.

적의 자취를 상세히 묻고 있을 때, 멀지 않은 바다 가운데에 왜선 1척이 곤양에서 나와 사천으로 도망치려고 해안 기슭을 따라 배를 몰고 있었기에[112] 선봉의 여러 장수가 노질을 재촉해 끝까지 추격했습니다.

전부장 방답 첨사 이순신과 남해 현령 기효근 등이 그 배를 추격해 붙잡자 왜인은 육지로 올라갔습니다. 배를 깨부수고 불태운 뒤, 멀리 사천 선창을 바라보았더니 산 하나는 7~8리쯤 구불구불했습니다. 형세가 험준한 곳에 왜적 무려 400여 명[113]이 긴 뱀처럼 진長蛇結陣을 쳤고, 붉고 흰 깃발들을 어지럽게 꽂아 사람의 눈을 혼란스럽고 어지럽게 했습니다. 진 안의 가장 높은 산꼭대기에는 별도로 설치한 장막帳幕이 있었는데 오가는 것이 뒤섞여 어지러운紛然[114] 것이 지휘를 듣는 듯했습니다.

왜선의 상황은 누각 같은 것 12척[115]이 기슭 아래 열을 지어 정박해 있었습니다. 진을 친 왜는 아래로 굽어보며 칼을 휘두르며, 드러내 보이는 것이 업신여기듯 했습니다. 여러 배가 그 아래로 일제히 나아가 활을 쏘려고 했으나 화살의 힘이 미치지 않았고, 그 배들을 불태우려고 했으나 바닷물이 썰물이 되어 판옥대선은 쉽게 곧바로 뚫고 들어갈 수 없었습니다容易不得直衝. 게다가 그들은 높은 곳에 있고 우리는 낮은 곳에 있어 지형의 형세가 불리했습니다彼高我低 地勢不利. 해도 저물고 있어 신은 여러 장수와 약속하

112 1593년 3월 22일 일기 뒤의 메모 중, 위의 장계와 같은 내용이 나온다. 그 내용 중에 "곤양 땅 태포에서 난리를 펴 많은 집들을 불 지르고 노략질하고 수색·정탐하다가 우리 수군을 멀리서 바라보고는 달아나 피하려던 때에"라는 것이 있다.
113 「난중일기」1593년 3월 22일 이후 메모 중, 「당포에서 왜적을 쳐부순 일을 임금님께 보고하는 장계唐浦破倭兵狀」(1592년 6월 14일) 관련 메모에서는 "300여 명"이다.
114 「문화재청본」"絃紛然"은 「전서본」에서는 "紛然"으로만 나온다. '絃'은 「영인본」에서는 삭제된 글자이다. 「문화재청본」은 삭제를 반영하지 않았다.
115 「난중일기」1593년 3월 22일 이후 메모 중, 「당포에서 왜적을 쳐부순 일을 임금님께 보고하는 장계唐浦破倭兵狀」(1592년 6월 14일) 관련 메모에서는 "대선 7척, 중선 5척"이다.

며 말하기를, "저 적은 아주 교만한 태도가 있으니, 우리가 만약 거짓으로 물러나 가는 것처럼 한다면, 그들은 반드시 배를 타고 우리와 싸우려 할 것이다彼敵極有慢侮之態 我若佯退而去 則彼必乘船 與我相戰. 우리가 중류까지 끌어내 힘을 합쳐 공격하는合擊 것이 가장 좋은 계책이다我當引出中流合擊 此甚良策"라고 거듭 약속申約했습니다. 그런 뒤에 배를 돌려 물러나 1리에도 이르지 못했을 때, 왜적 200여 명이 진에서 내려와 반은 배를 지키고, 나머지 반은 언덕 아래 떼 지어 모여 포를 쏘며 기뻐서 펄쩍펄쩍 뛰었습니다. 싸우지 않는다면, 도리어 약하게 보일 뿐만 아니라若不與戰 則反爲示弱, 곧 저녁에 밀려들어왔다가 나가는 물 때汐水가 되었기에 점점 배를 쉽게 움직일 수 있었습니다.

그런데 신이 일찍이 섬나라 오랑캐에 의한 전란을 걱정해 특별히 거북선을 만들었습니다臣嘗慮島夷之變 別制龜船. 앞에는 용머리龍頭를 설치해 입에서 대포를 쏘고, 등에는 쇠 화살촉을 꽂았고鐵�,[116] 안에서는 밖을 잘 살필 수 있으나, 밖에서는 안을 살필 수 없습니다. 적선이 비록 수백 척일지라도, 안으로 돌격해 들어가 포를 쏠 수 있는데, 이번에 출동할 때, 돌격장이 타도록 했습니다.

먼저 거북선에 명령해 그 적선에 돌진하게 해[117] 먼저 천자天·지자地·현자玄·황자黃의 각종 총통을 쏘게 했더니, 산 위와 언덕 아래[118], 배를 지키는 세 곳의 왜적이 또한 철환을 빗발치듯 어지럽게 쏘았습니다亂發如雨.[119]

116 원문 '鈇'를 「문화재청본」, 「편수회본」은 "金尖"로 보았다. "金尖"는 쇠금 金변에 尖자가 합쳐진 글자다. '鈇'는 '鏃'와 같은 글자다. 「전서본」에서는 "鐵尖", 「충무공계본」에서는 "鐵鋏"으로 나온다.
117 "그 적선에 돌진하게 해突進其賊船"는 「전서본」에서는 "突進賊船中"으로 나온다.
118 "산 위와 언덕 아래"의 「문화재청본」은 "山上岸下上"이나, 「영인본」은 "山下上岸下"이다. '下'는 삭제된 글자다. 「문화재청본」의 오자다.
119 『선조실록』, 선조 27년(1594) 4월 17일에는 일본군의 무기 중에서 조총보다 큰 대포가 나온다.

가끔씩 우리나라 사람도 서로 뒤섞여 쏘았기에, 신은 더욱더 마음을 가다듬고 힘써 노질을 재촉해 맨 먼저 나아가 그 배를 곧바로 공격했습니다臣益增憤勵 促櫓先登 直擣其船. 여러 장수도 한꺼번에 구름처럼 모여들어 철환·장전·편전·피령전·화전120을 천자·지자총통 등으로 비바람같이 쏘았습니다發如風雨.121 각자 그 있는 힘을 다했기에 소리가 하늘과 땅을 흔들었습니다各盡其力 聲振天地. 중상을 입고 거꾸러진 놈, 부축해 끌고 정신없이 달려다니는 놈이 아주 많았습니다. 그대로 높은 언덕의 진으로 후퇴해 감히 싸우러 나올 뜻이 없었습니다.

중위장 순천 부사 권준,

중부장 광양 현감 어영담,

전부장 방답 첨사 이순신,

후부장 흥양 현감 배흥립,

좌척후장 녹도 만호 정운,

우척후장 사도 첨사 김완,

"이순신 진중의 정운鄭雲이라는 사람이 그 대포를 맞고 죽었는데 참나무 방패 3개를 관통하고도 쌀 2석을 또 뚫고 지나 정운의 몸을 관통한 다음 선장船藏으로 들어갔다고 하였습니다"라고 했다. 임금이 항복한 왜노의 큰 조총을 꺼내오게 하여 여러 신하에게 보이며 이르기를, "이 구멍 속에 철환 20개와 작은 돌 4개를 넣을 수 있는데, 이것을 육전陸戰에서 수레에다 싣고 쏘아댄다면 당할 수가 없을 것이다" 하니, 이덕형이 아뢰기를, "그것의 힘은 대포 정도의 위력이 있고, 명중하는 것은 조총처럼 묘해 참으로 당할 수 없는 물건입니다"라고 했다.

120 『고려사』 공민왕 22년 2월에 새로 만든 화전과 화통火筒의 사용법을 연습한 기록이 나온다. 류성룡은 1593년 2월 초유사 김성일에게 보낸 편지에서 화전은 전쟁터에서 중요한 것인데, 우리나라에서는 비상사태를 알리는 데 이용하고 있으나, 명나라는 이것으로 승리했다고 우리나라의 화전 사용법을 비판했다. 그러나 이순신은 전쟁 초기부터 화전을 사용해 적선을 불태우고 있었다.

121 천자·지자총통의 중요성은 『명종실록』 명종 10년(1555) 6월 14일의 기록에도 나온다. 1555년 을묘왜변이 일어났을 때, 이준경은 "왜적들이 녹도에서 패했을 때에 천자·지자총통이 없어 그 적선을 깨뜨릴 수 없었다"고 했다.

좌별도장 우후 이몽구,

우별도장右別都將 여도 권관 김인영,

한후장 신의 군관 전 권관 가안책, 급제 송성, 참퇴장 전 첨사 이응화 등이 번갈아 서로 드나들며 왜선 전체(12척)를 깨부수고 불태웠습니다撞破焚滅.[122]

김완(우척후장)은 우리나라 여자아이 1명을 찾아 얻었고,

이응화(참퇴장, 방답에서 귀양살이하던 전 첨사)는 왜적 머리 1급을 베었습니다.

왜인 등은 멀리 서서 자세히 바라보며 부르짖으며 발을 구르고, 큰소리로 소리 높여 슬피 울부짖었습니다. 신은 여러 배에서 용사를 뽑아 나아가 머리를 베고자 했으나, 나무가 빽빽이 우거졌고, 해도 저물었기에 도리어 해를 당할 염려로, "수색해 머리를 베지 말라勿令搜斬"고 했습니다. 또한 일부러 (일본군) 소선 몇 척[123]을 남겨놓고는, 끌어내 다 죽이고 붙잡을 계획殲捕之計을 세웠습니다.

밤을 타서 뱃길을 돌려 사천 땅 모자랑포毛自郞浦[124]로 옮겨 진을 치고 밤을 보냈습니다. 맞붙어 싸울 때, 적의 철환이 신의 왼쪽 어깨를 맞혀 등을 뚫고 나갔으나, 중상까지는 아니었습니다. 신의 군관 봉사 나대용 또한 철환

122 『선조실록』 선조 25년(1592) 6월 21일에는 "(5월) 29일, 경상 우수사 원균과 전라 좌수사 이순신이 노량에서 모여 적선 1척을 만나 불살라버렸다. 또 (적의) 전선 12척이 정박해 있었는데, 바다 가운데로 유인했고, 아군이 거북선을 돌격시켜 크고 작은 총통을 쏘아 왜적의 배를 모조리 불살랐다"고 나온다.

123 6월 1일의 원균의 보고에 따르면, 일본군 소선은 2척이다.

124 "사천 땅 모자랑포"는 『난중일기』 1592년 8월 24일에서는 "사천 모사랑포", 『난중일기』 1593년 3월 22일 뒤에 기록된 사천해전 경과가 쓰인 편지 초고에는 "고성 땅 모사랑포"로 나온다. 이순신은 5월 29일 사천 선창 전투 중에 왼쪽 어깨에 총상을 당하고, 이 모사랑포에서 29일 밤을 보내고 6월 1일 오전까지 머물며 몸을 추슬렀다.

에 맞았고, 전 봉사 이설은 전에 맞았으나 모두 죽을 정도는 아니었습니다.

6월 1일 이른 새벽, 경상 우수사 원균이 신에게 말하기를, "어제 서로 맞붙어 싸울 때 일부러 남겨둔 적선 2척을 타고 도망쳤는지 어떤지 자세히 살핀 뒤, 더불어 전에 맞아 죽은 왜를 수색해 머리를 베겠다"고 했습니다. 처음에[125] 원균은 패배한 뒤에 군사가 없는 장수로 조치하고 통제할 것이 없어 각지에서 서로 맞붙어 싸울 때, 전에 맞거나, 철환에 맞은 왜인을 수색하고 찾아내 머리를 베는 담당을 했습니다. 그날(6월 1일) 진시에 그곳에서 곧장 되돌아와서 말하는 내용에, "왜적은 육지를 거쳐 멀리 도망갔고, 다만 남아 있던 배를 불태웠으며, 수색해 죽은 왜의 머리 3개를 베었고,[126] 그 나머지는 숲이 우거지고 빽빽해 끝까지 자세히 살피지 못했다"고 했습니다. 오시에 배를 출발해 고성 땅 사량 바다 가운데에 도착해 멈추고, 군사를 쉬게 하고 위로하며 진을 치고 밤을 보냈습니다.

2일 진시에, "적선이 당포 선창에 주둔해 정박하고 있다"고 듣고, 사시쯤에 곧바로 그곳에 도착했더니, 왜적이 무려 300여 명이 있었습니다. 반은 성에 들어가 불태우고 재물을 빼앗았고, 또 많은 수는 성 밖의 험한 곳을 점거하고 모두 철환을 쏘았습니다. 왜선은 판옥선 크기의 대선 9척, 중·소선 모두 12척이 선창에 나뉘어 정박해 있었습니다.[127]

---

125 "처음에初亦"는 「전서본」에는 나오지 않는다.
126 『난중일기』1593년 3월 22일 이후 메모 중, 이 장계와 관련된 메모에는 "왜장 머리 4급을 베었다"고 나온다. 이는 장계 속의 이응화와 원균 부대가 벤 것을 합친 것으로 보인다.
127 『난중일기』1593년 3월 22일 이후 메모 중, 이 장계와 관련된 메모에는 "가볍고 빠른 배輕快舡를 보내 적이 머문 곳을 찾아내게 했습니다. 돌아와 보고한 내용에 따르면, '당포에 왜 대선 12척, 소선 20여 척이 정박하고 있다'"는 내용이 나온다. 일본 측 기록인 『고려선전기』(東京大學駒場圖書館, 『大日本海志編纂資料』「第四部門 外交·海防」「一 外交」, http://gazo.dl.itc.u-tokyo.ac.jp/kaishi/pages/4-1-13.html)에서는 6월 7일, 四國志摩守(구루시마 미치후사로 추정)가 대·소선 약 20척을 거느리고 해협 입구를 공격해, 조선 수군 60~70척과 싸웠는데, 일본 수군의 배는 전부

그중 대선 한 척 위에는 충루層樓가 우뚝 솟아 있었는데, 높이는 3~4장[128]
정도였습니다. 밖으로는 붉은 비단 막을 늘어뜨렸고, 막 네 면에는 크게 '황
黃' 자가 쓰여 있었고, 가운데에 왜장이 있었는데, 붉은색 햇빛 가리개[129]
앞에 서 있었습니다. 조금도 두려움이 없었기에,[130] 먼저 거북선으로 하여
금 충루선層樓船 아래 곧바로 뚫고 들어가게 해直衝 용의 입에서 현자총통
으로 철환을 위를 향해 쏘게 했고仰放玄字鐵丸, 또 천자·지자총통으로 대장
군전[131]을 쏘아 그 배를 깨부수게 했습니다. 뒤에 있던 배들은 교대로 철환
과 전을 쏘았습니다先使龜船 直衝層樓船下 以龍口仰放玄字鐵丸 又放天地字大將軍箭 撞破
其船 在後諸船 交發丸箭. 중위장 권준이 돌격해 들어가 왜장놈倭將者을 쏘아 맞
히자 활시위 소리와 함께 넘어져 떨어졌습니다.[132] 사도 첨사 김완과 군관
으로 흥양의 보인인 진무성이 머리를 베었습니다. 적의 무리들은 겁을 먹

부서졌고, 四國志摩守는 섬에서 농성하다가 자결했고, 그의 일족도 모두 전사했다고 나온다.
128 『난중일기』 1592년 6월 2일에는 2장으로 나온다. 1장은 약 10척이다. 3~4장은 주척 1척
(약 21센티미터) 기준 6.3~8.4미터, 영조척 1척(약 31.5센티미터) 기준 9.5~12.6미터, 포백척 1척
(46센티미터) 기준 13.8~18.4미터다.
129 "붉은색 햇빛 가리개紅蓋"는 「전서본」에서는 "紅盖"로 나온다. 같은 글자다.
130 『난중일기』 1593년 3월 22일 이후 메모 중, 「당포에서 왜적을 처부순 일을 임금님께 보고
하는 장계」 관련 메모에는 이들 일본군 배를 "소선 2척으로 유인했다"고 나온다. 그 후에 거북선
을 돌진시켜 공격했다.
131 대장군전大將軍箭은 육군박물관 소장 『훈국신조군기도설』에 따르면, 천자총통에 넣고 쏘
는데, 적의 간담을 서늘하게 하고, 적의 기계를 격파하기에 '대장군전'이라고 부른다고 한다. 2년
생 나무로 만들고, 전의 총길이는 11척 9촌이며 사정거리는 900보, 무게는 50근이라고 한다(강
신엽, 「훈국신조군기도설(번역문)」『학예지』 제9집, 육군사관학교 육군박물관, 2002, 200쪽). 『명종실록』
명종 10년(1555) 7월 22일에도 "(왜적선을) 깨부수는 기구로는 대장군전보다 좋은 것이 없다撞破
賊船之具 無過於大將軍箭"는 기록도 있다.
132 『선조실록』 선조 25년(1592) 6월 21일에도, "대선 한 척은 위에 충루를 설치하고 적장賊將
이 금관에 비단옷을 입고 손에 금부채를 갖고 왜적들을 지휘하고 있었다. 중위장 권준이 그 밑
으로 곧바로 뚫고 들어가 그 배를 깨부수고直衝其下 撞破其船, 적장에게 활을 쏘아 쓰러뜨렸다"
는 내용이 나온다.

고 도망쳤습니다. 철환에 맞고, 전에 맞은 놈들이 어지럽게 거꾸러졌습니다. 머리 6급을 베었고,[133] 그 배들을 다 불태운 뒤에 여러 배의 용사와 장수가 육지에 올라가 끝까지 추격해 수색해 머리를 베려할 때, 또 "왜 대선 20여 척이 많은 소선을 이끌고 거제에서 와서 정박하고 있다"고 적을 정탐하고 감시하는 배가 나와서 보고했습니다.[134] 그런데 그 포(거제)는 지형이 좁아 서로 싸우기가 적합하지 않아 바깥 바다에서 적을 기다려 공격하기 위해 노질을 재촉해 바다로 나왔더니, 그 적선이 5리쯤 거리에서 신 등의 수군을 멀리서 바라보고는 도망쳐[135] 바삐 숨으려 할 때 여러 배가 바깥 바다까지 추격했으나 해가 이미 어둡게 저물어 맞붙어 싸울 수 없어 진주 경계 창신도[136]에 정박하고 주둔하며 밤을 보냈습니다.

같은 날(2일) 당포에서 맞붙어 싸울 때, 우후 이몽구가 왜장선倭將船에서 금부채金團扇[137] 한 자루를 찾아 얻어 신에게 보냈습니다. 그런데 그 부채 한 면 가운데에 "6월 8일 수길(도요토미 히데요시)"이라는 서명이 있었고, 오

---

133 『난중일기』 1593년 3월 22일 이후 메모 중, 「당포에서 왜적을 쳐부순 일을 임금님께 보고하는 장계唐浦破倭兵狀」(1592년 6월 14일) 관련 메모에는 이 장계 속의 김완과 진무성이 벤 것을 포함한 총 7급이다.

134 『난중일기』 1593년 3월 22일 이후 메모 중, 「당포에서 왜적을 쳐부순 일을 임금님께 보고하는 장계」 관련 메모에는 "왜 대선 20여 척과 소선 10여 척"으로 나온다.

135 『난중일기』 1592년 6월 2일에는 "개도介島로 도망쳐 들어갔다"고 한다.

136 「영인본」 「전서본」의 "昌信島"를 『충무공계본』에서는 "昌善島", 「편수회본」에서는 "昌信島(昌善島인 듯)"라고 했다.

137 이 금부채는 일본의 군배단선軍配團扇의 한 종류로 보인다. 최상수는 "군배단선은 조선 후기 실학자 정동유의 『주영편』에 따르면, 일본의 접이식 부채로, 군대에서 쓰는 '군선軍扇'이다. 전투가 벌어질 때는 두 손에 부채를 들고 어지럽게 흔들어 사람의 눈을 현란케 할 목적으로 쓰는 것이라고 한다. 또한 이규경의 『오주연문장전산고』에서는 이를 방선方扇이라고 하여 대장이 이 부채를 지니며 예물로 사용하기도 하고, 군사의 진퇴를 지휘하기도 하며, 화살과 돌을 피하기도 하고, 모기와 파리를 쫓기도 하며, 철이나 풀로 만들었으며, 조그마한 구멍이 있어 그 구멍으로 적진의 상황을 엿보는 데 쓰였다"고 한다(최상수, 『한국부채의 연구』, 성문각, 1988).

른쪽에는 "우시축전수羽柴筑前守(하시바 지쿠젠노카미)" 다섯 자가 쓰여 있었습니다. 왼쪽에는 "구정유구수전龜井流求守殿(가메이 고레노리)"138 여섯 자가 쓰여 있었습니다. 옻칠한 상자漆匣에 들어 있었습니다. 이는 반드시 평수길平秀吉이 축전수筑前守에게 준 부신 물건일 것입니다.139

소비포 권관 이영남은 그 왜장선에서 울산의 여자 사노비 억대億代와 거제 여자아이 모리毛里 등을 사로잡았습니다. 신이 직접 물었더니, 억대는 다음과 같이 대답했습니다.

날짜는 기억나지 않으나, 15일여 전에 적에게 붙잡혀 왜장에게 시집갔고, 항상 한곳에 있었습니다. 그 왜장은 키가 보통 사람보다 컸고 기력이 강하고 장사로 나이는 서른 정도였습니다. 낮에는 배 위의 층루에 높이 앉아 있었고, 노란 비단옷을 입고, 금관을 썼습니다. 밤에는 방으로 들어와 곧바로 잤는데, 잠자는 장막, 이부자리와 베개는 모두 아주 사치스러웠습니다. 각 배의 왜들은 아침저녁에 찾아와 인사를 하고, 머리를 숙이고 명령을 들었습니다. 명령을 위반한 일이 있으면, 봐주지 않고 목을 베어 죽였습니다. 때로는 혹 술을 갖고 와서 주기도 했고, 웃거나 이야기도 했지만, 오랑캐가 지껄이는 말이라 잘 알아들을 수 없었습니다. 다만 울산·동래·전라도 등의 말

138 이분의 『이충무공행록』에는 "구정유구수승龜井劉矩守陞"으로 나온다.
139 수길(도요토미 히데요시), 우시축전수(하시바 지쿠젠노카미), 평수길은 모두 도요토미 히데요시의 이름이다. 평수길은 도요토미 히데요시의 조선식 이름이다. 우시羽柴(하시바)는 히데요시가 오다 노부나가의 가신으로 있을 때 사용하던 성이고, 축전수筑前守(지쿠젠노카미)는 그 당시 직위다. 도요토미豊臣는 후에 우시(하시바)를 바꾼 성이다. 구정유구수전龜井琉求守殿'은 '가메이 고레노리 류큐 영주에게'란 의미다. 이순신이 그런 정보를 정확히 알지 못해 히데요시가 지쿠젠노카미筑前守에게 보낸 것으로 오해한 것이다. 이 부채는 히데요시가 가메이 고레노리를 류큐 영주로 봉한다는 신표다.

은 우리나라 말소리와 같았습니다. 당일(2일) 맞붙어 싸울 때 왜장은 층루에 있었는데, 전과 철환이 번갈아 집중되어 처음에 이마를 맞았을 때는 얼굴색이 태연했는데, 전이 가슴 한복판을 뚫자 정신을 잃고 떨어졌습니다.

이로 보면, 이번에 머리를 벤 왜장은 반드시 축전수입니다.

3일, 이른 새벽에 추도를 향해 출발하면서 인근의 크고 작은 섬들140을 협공해 수색·토벌했으나, 적의 자취가 없었습니다. 그대로 해가 저물어 고성 땅 고둔포古屯浦에서 밤을 보냈습니다.

4일 이른 아침 당포 앞바다로 나아가 주둔하고, 소선으로 하여금 적선을 정찰하고 감시하게 했는데, 사시쯤에 같은 포(당포)에 사는 토병 강탁姜卓이라는 사람이 산에 올라가 피란해 있다가 멀리서 신 등을 보고는 기뻐서 반가워하며 와서 보고하며 말했습니다.

2일 당포에서 맞붙어 싸운 뒤에 왜인 등은 죽은 왜인의 머리를 많이 베어 한곳에 모아 불태웠고, 그대로 육지 길로 향했고, 길에서 우리를 만나도 죽여 해칠 뜻이 없었고, 소리 높여 슬피 울부짖으며 돌아갔습니다. 그리고 같은 날 당포 바깥 바다에서 쫓겨간 왜선은 지금 거제를 향하고 있습니다.

그래서 다시 여러 장수와 거듭 약속을 밝히고申明約束 배를 출발하려고 할 때,141 본도(전라도) 우수사 이억기가 전선 25척을 이끌고142 신이 주둔한

---

140 「영인본」의 "크고 작은 섬들島磧"은 「전서본」에서는 "島嶼"로 나온다.
141 「난중일기」 1593년 3월 22일 이후 메모 중, 「당포에서 왜적을 처부순 일을 임금님께 보고하는 장계」 관련 내용에는 "4일 낮 12시쯤午時"으로 나온다.
142 전라 우수영 부대는 우수사 이억기의 판옥선을 포함해 전체 26척이다.

곳에 와서 만났습니다. 여러 배의 장수와 군사는 언제나 외롭고 약한 것을 걱정했고, 잇따른 싸움으로 피곤하던 때였는데, 지원 부대를 보자 모두들 기뻐 펄쩍펄쩍 뛰지 않는 사람이 없었습니다. 신은 그대로 (전라 우수사) 이억기와 적을 쳐부술 계책을 토론했습니다. 그대로 해가 저물기에 함께 거제와 고성의 양쪽 경계인 착량 바다 가운데로 가서 진을 치고 밤을 보냈습니다.

5일, 아침에 안개가 사방에 끼었고, 늦게 걷혔습니다. 거제로 도망쳐 정박해 있는 적을 무찌르고자 돛을 펼치고 바다로 나갈 때, 그곳 거제에 사는 향화인 김모金毛 등 7~8명이 함께 조그만 거룻배小艇를 타고 기쁜 모습으로 와서 말하며 설명하기를,[143] "당포에서 쫓겨간 왜선은 거제를 거쳐 고성 땅 당항포로 옮겨 정박하고 있다"[144]라고 했습니다. 그래서 재촉해 그 포(당항포) 앞바다에 도착해 남쪽을 바라보니 진해성鎭海城 밖 몇 리쯤 들판 가운데 갑옷을 입은 군사 1000여 명이 말을 타고 깃발을 세우고 진을 치고 있었습니다. 사람을 보내 사실 여부를 찾아가 묻게 했더니, "함안 군수 유숭인柳崇仁[145]이 기병 1100명을 이끌고 적을 추격하다가 이곳에 도착한 것"이라고 했습니다. 그대로 당항포 바다 입구의 형세를 물었더니, "멀리는 10여 리 되고, 넓어서 배가 움직이기 쉽다"고 했습니다. 그래서 먼저 전선

---

143 『난중일기』 1593년 3월 22일 이후 메모 중, 「당포에서 왜적을 쳐부순 일을 임금님께 보고하는 장계唐浦破倭兵狀」(1592년 6월 14일) 관련 메모에는 "우리나라 사람 하나"라고 되어 있다. 아마 그들 중 대표로 보이는 사람을 말하는 듯하다.
144 『난중일기』 1593년 3월 22일 이후 메모 중 「당포에서 왜적을 쳐부순 일을 임금님께 보고하는 장계」 관련 내용에는 "적선 대·중·소 전체 30여 척"이 있다고 했다. 이 장계에는 일본군 전선이 "판옥선 크기의 대선 9척, 중선 4척, 소선 13척"이 있었다고 한다.
145 유숭인(?~1592)은 조선 중기의 문신이다. 1592년 함안군수로 재직 중 임진왜란을 맞았다. 이순신의 당항포 전투에서 패하고 후퇴하던 왜적을 무찔렀다. 1592년 10월 제1차 진주성 전투에서 전사했다.

몇 척146으로 하여금 가서, "지형의 이점147을 자세히 살피고, 만일 뒤쫓아오면 거짓으로 후퇴해 끌어내라審地利 而賊若追賊逐 則佯退引出"고 엄하게 단단히 타일러 경계하게 해嚴飭 보냈습니다.

신 등의 수군은 모습을 감추고 흔적도 숨기고 있다가 저격할 계획을 세웠습니다潛形隱迹 狙擊之計. 그런데 그곳에 보낸 전선이 바다 입구로 되돌아나오면서 신기전을 쏘아 비상사태를 보고하며, 달려올 것을 재촉했습니다. 전선 4척을 포구에 남겨 복병하게 하고, 노질을 재촉해 들어갔더니, 양쪽 산기슭은 강을 끼고 20여 리였고, 그 사이의 지형이 심하게 좁지 않아 싸울 만한 땅이었습니다. 여러 배를 물고기를 꼬치에 꿴 것처럼 해서 일제히 나아가니 머리와 꼬리가 잇닿았습니다.

소소강召所江 서쪽 기슭148에 이르렀더니, 검은색 바탕의 왜선黑質倭船으로 판옥선 크기의 대선 9척, 중선 4척, 소선 13척이 기슭에 기대 정박해 있었습니다. 그중 가장 큰 한 척은 뱃머리에 3층 판각板閣이 별도로 설치되어 있었고, 벽에는 단청丹靑을 칠했는데 불전佛殿 같았고, 앞에는 푸른 햇빛 가리개靑蓋149를 세웠으며, 각閣 아래는 검은색으로 물들인 비단 막을 아래로 늘어뜨렸고, 막에는 흰색 꽃무늬를 크게 그려놓았습니다. 막 안에는 왜인들이 셀 수 없이 열을 지어 서 있었습니다. 또한 왜의 대선 4척이 포 안에서 나와 한곳에 모여 있었는데, 모두 검은 번(깃발)을 꽂았고 각 번에는 흰색으로 '나무묘법연화경' 일곱 자150가 쓰여 있었습니다. 신 등의 군대 위세

---

146 『선조실록』 선조 25년(1592) 6월 21일에는 "3척"을 보냈다고 나온다.
147 "지형의 이점地利"은 「전서본」에서는 "地理"로 나온다.
148 "서쪽 기슭"의 「문화재청본」은 "四岸"이나, 「영인본」 「편수회본」 「전서본」 「충무공계본」에서는 "西岸"이다. 「문화재청본」이 오자다.
149 원문 "靑蓋"는 「전서본」에는 "靑盖"로 나온다. 같은 글자다.
150 "나무묘법연화경南無妙法蓮花經" 깃발은 일본 불교의 일파인 니치렌종日蓮宗의 신도인 것

를 보자 철환을 싸라기눈이나 우박같이 어지럽게 쏘았습니다.

여러 배가 둘러싸고, 먼저 거북선을 돌격해 들어가게 해 천자·지자총통을 쏘아 대선을 꿰뚫게 했습니다諸船圍立 先使龜船突入 放天地字銃筒 貫徹大船. 여러 배가 번갈아 서로 드나들며 총통으로 전·철환을 바람과 천둥치듯 쏘면서 꽤 오랫동안 맞붙어 싸우며 더욱 위엄과 무력을 진동시켰습니다諸船迭相 出入 銃筒箭丸 發如風雷 良久接戰 益振威武. 신의 외람된 생각은 그들이 세력을 다하게 되면, 배를 버리고 육지에 올라가 모두 다 죽이지 못할까 하는 염려였습니다.

그래서 "우리가 거짓으로 군대를 후퇴하는 것처럼 보이기 위해, 둘러싼 것을 풀고 진을 물린다면, 그들은 반드시 틈을 타 배를 옮길 것이다. 그런 뒤에 좌우에서 꼬리를 친다면左右尾擊, 거의 다 죽일 수 있을 것이다我當佯示 退兵 解圍却陣 則彼必乘隙移舟 而左右尾擊 庶可盡殲"라고 전령하고 후퇴했습니다.

한쪽 면을 열어놓았더니, 층각선層閣之船이 과연 열린 길로 나왔습니다. 검은 물을 들인 베돛을 대나무 두 개에 매달았고, 다른 배가 날개가 되어 층각선을 끼고 중류까지 노질을 재촉할 때, 여러 배가 사방으로 빙빙 둘러싸고 그대로 재빠르게 협격했습니다諸船四面圍匝 挾擊猶亟. 돌격장이 탄 거북선은 또한 층각선 아래를 찌르고(부딪치고) 총통을 위를 향해 쏘아 그 각을 깨부쉈습니다突擊將所騎龜船 又衝層閣之下 仰放銃筒 撞破其閣. 여러 배가 또한 그 비단 장막과 베돛에 화전을 쏘아 맞혔더니 맹렬한 불길이 활활 일어났고, 각 위에 앉아 있던 왜장은 전에 맞아 떨어졌습니다.

다른 왜선 4척은 이런 정신없는 상황을 틈타 돛을 펼치고 북쪽으로 달

을 표시한다. 가토 기요마사는 니치렌종 교도였고, 히데요시는 가토를 조선 침략 제2군 지휘관으로 임명하고, "나무묘법연화경"이라는 문구가 적힌 깃발을 하사했다고 한다.

아날 때, 신과 이억기 등이 여러 장수를 이끌고 부대를 나눠 맞붙어 싸웠고 또 다 둘러싸고 포위하자, 배 안의 많은 적의 무리 중에서 어떤 자들은 정신없이 물에 뛰어들었고, 어떤 자들은 울창한 해안 기슭 아래로, 어떤 자들은 산으로 올라가 북쪽으로 달아났습니다. 싸움하는 군사 등이 창칼을 지니거나 활과 화살을 갖고 각각 죽을힘을 다해 추격해 붙잡았습니다. 머리를 벤 것은 43급이고, 왜선은 전부 불태워 없앴습니다. 그러나 한 척은 남겨 돌아갈 길을 열어놓았습니다. 해가 이미 어둑어둑해졌기에 육지에 올라간 왜적을 다 죽이거나 붙잡지 못했습니다.[151] 그대로 이억기와 황혼을 타고 그 바다 입구로 되돌아 나와 진을 치고 밤을 보냈습니다.

6일 이른 새벽, 방답 첨사 이순신이 "당항포에서 산에 올라간 적이 반드시 남겨둔 배를 타고 새벽을 틈타 몰래 나올 것이라며, 그의 통선[152]을 이끌고 바다 입구로 옮겨 나가 그들이 나오는 것을 엿보겠다"고 했는데, 배를 완전히 붙잡았다며 다음과 같이 급히 보고했습니다.

같은 날 이른 새벽에 당항포 바깥 입구로 옮겨 도착했는데, 잠시 뒤에 왜선

---

151 『선조실록』 선조 25년(1592) 6월 21일 기록에는 "적선 100여 척을 소각해버리고 왜적의 머리 210여 급을 베었다"고 나온다.

152 통선은 통장이 탄 배다. 통장은 수군 편성 단위로 통의 통솔자다. 1593년 2월 22일 일기에 발포 2호선, 가리포 2호선이 나오는데, 「왜적을 무찌른 일을 임금님께 보고하는 장계討賊狀」(1593년 4월 6일)에서는 같은 배를 통선이라고 부르고 있다. 일기나 장계 기록에 등장하는 2호선은 통선과 통용되고, 그 반면 수사나 만호, 첨사 등이 타는 배는 상선(지휘선) 혹은 1호선과 통용되는 듯하다. 『고대일록』 1592년 7월 19일에는 한산대첩 직전에 "전라도 좌수사 이순신이 방답 첨사 모(이순신)를 수군 전부장으로 삼고, 통선 4척과 거북선 1척을 정비해 비상사태에 대비하게 했다"는 기록이 있다. 또한 『성종실록』 성종 4년(1473) 9월 19일에는 '천호千戶가 거느리는 배 30척, 통선이 거느리는 배 10척'이라는 기록이 있다. 이순신의 보고서에는 통선이나 통장에 대해 자세히 설명한 것이 없다. 또한 통장이 몇 척의 배를 지휘했는지도 불분명하다.

1척이 과연 바다 입구에서 나왔기에, 첨사(이순신)가 갑자기 돌격해 쳐들어

갔더니, 배 한 척에 거의 100여 명이 타고 있었습니다. 그래서 우리 배가 먼

저 지자·현자총통을 쏘았고, 한편으로는 장전·편전, 철환, 질려포蒺藜炮[153]·

대발화大發火[154] 등을 연이어 쏘고 던졌습니다. 왜적 등이 분주히 뛰어다니며

정신없이 물러나 숨을 계획을 꾸밀 때 쇠갈고리要鉤金[155]로 바다 가운데로

끌어냈더니, 절반 정도는 바다에 뛰어들어 죽었습니다. 그중 왜장은 나이가

약 24~25세로 얼굴 생김새가 건장하고 위엄이 있었으며, 옷도 화려했습니

다. 칼을 짚고 홀로 서서 함께 있던 남은 무리 8명을 지휘해 맞서 싸우며 끝

까지 두려워하지 않았기에, 첨사(방답 첨사 이순신)는 또 그 칼을 집고 있던

놈에게 있는 힘을 다해 활을 쏘아 맞혔습니다. 전을 10여 번이나 맞은 뒤에

야 정신을 잃고 물에 떨어졌기에, 곧바로 명령을 내려 머리를 베었습니다.

다른 왜적 8명은 군관 김성옥金成玉 등이 힘을 합쳐 쏘고 머리를 베었습니

다. 같은 날 진시에 배를 불태울 때, 경상 우수사 원균과 남해 현령 기효근

등이 그곳으로 뒤쫓아왔습니다. 물에 빠져 죽은 왜적을 돌아다니며 찾아

건져내 머리를 베었는데, 많게는 50여 급에 이를 정도였습니다. 왜선의 뱃머

리에는 별도로 깨끗한 방을 만들어놓았는데, 방 안에는 장막이 있었고 모

두 아주 사치스럽고 화려했습니다. 곁에는 작은 궤가 있었는데, 안에는 문

서가 가득했습니다. 집어서 읽어보았더니, 왜인 3040여 명의 「군대 편성 목

153 "질려포"는 둥근 통 안에 화약과 능철을 넣어 만든 폭탄이다.
154 류성룡이 1593년 2월, 초유사 김성일에게 보낸 편지에 따르면 발화發火에는 소발화小發火
와 대발화가 있다.
155 『만기요람』에는 쇠갈고리, 즉 요구금에 대해 갈고리 형태로 기병이 사용하는 것으로 조선 후
기 어영청에는 22개가 비치되어 있었다고 나온다. 「전서본」에는 요구금 그림이 나온다. 척계광의
『기효신서』에서는 요구금과 같은 요구가 나온다. 적선을 뒤집어엎거나, 적선을 찍어 당겨 달아나
지 못하게 하는 용도로 쓰이는 무기라고 한다.

록 문서」였습니다. 각각의 열 지어 있는 이름 아래에 피를 발라 서명했습니다. 이는 반드시 피를 마시며 함께 맹세한 문서歃血同盟之書입니다. 그 「목록 문서」156 6축과 함께 갑옷과 투구, 창과 칼, 활과 활시위, 총통, 표범 가죽, 가죽 말안장 등의 물건을 올려보냅니다.

그래서 신이 직접 그 「군대 편성 목록 문서分軍件記」를 자세히 살펴보았는데, 피를 발라 서명한 흔적이 과연 보고한 사연과 같았습니다. 그 흉악한 상태를 말로 다할 수 없습니다. 왜적의 머리 9급 중에서 왜장의 머리는 위의 이순신이 별도로 표시해 올려 보내왔습니다.

왜인의 깃발은 물들인 색이 서로 달랐는데, 전날 옥포는 붉은색 깃발, 오늘 사천은 흰색 깃발, 당포는 노란색 깃발, 당항포는 검은색 깃발이었습니다. 그 원인은 반드시 그 위와 부가 나뉘어 있기 때문이고, 피를 발라 맹세한 글 또한 이와 같으니 일찍부터 배반하고 업신여기는 마음을 품고 군사와 무기를 갖추어 설비한 상황을 더욱더 상상할 수 있습니다.

같은 날(6일), 비가 내렸고 구름이 끼어 어두워 바닷길을 분간할 수 없어 당항포 앞바다로 옮겨 주둔하고 전투했던 군사들을 쉬게 하고 위로했습니다. 저녁에 고성 땅으로 향했고, 촉을우장丁乙于場157 바다 가운데에 이르러 밤을 보냈습니다.

7일 이른 아침에 배를 출발해 웅천 땅 증도甑島 바다 가운데 진을 쳤습니다. 천성·가덕에서 적의 자취를 정탐하고 적을 감시하던 선장探望船將인

---

156 "목록 문서"의 원문 "件記"는 이두다. 물건 명칭과 수량을 적은 종이, 문서를 뜻한다.
157 "丁乙于場"은 「전서본」에서는 "亇乙于場", 「충무공계본」에서는 "丁乙于場"으로 나온다. 홍기문은 "마루장"으로 보았다.

진무 이전李荃, 토병 오수吳水 등이 왜적의 머리 2급을 베어 사시쯤에 바삐 돌아와서 다음과 같이 말했습니다.

가덕 바다 가운데서 왜인 3명이 배 한 척에 같이 타고 있다가 우리를 보고 북쪽으로 달아났기에, 있는 힘을 다해 추격해 쏘아 머리를 다 베었습니다. 3급 중 1급은 경상 우수사 군관으로 이름을 알 수 없는 사람이 소선을 타고 강제로 빼앗아 갔습니다.

각각 특별히 술을 먹이고 곧바로 천성 등지로 되돌려 보냈습니다. 오시쯤, 영등포 앞바다에 도착했더니, 왜의 대선 5척, 중선 2척이 율포에서 나와 부산을 향해 도망치고 있었습니다. 그래서 여러 배가 역풍에도 노질을 재촉해 따라갔습니다. 서로 바라볼 수 있는 5리쯤까지 쫓아가자, 율포 바깥 바다에 이르러 왜적 등은 배에 실었던 물건을 다 물속에 던졌습니다.[158]

우후 이몽구는 왜 대선 1척을 바다 가운데서 완전히 붙잡고 머리 7급을 베었습니다. 또한 1척은 (왜인들이) 육지로 올라갔기에 불태워 없앴습니다.

사도 첨사 김완은 왜 대선 1척을 바다 가운데서 완전히 붙잡고 머리 20급을 베었고,

녹도 만호 정운은 왜 대선 1척을 바다 가운데서 완전히 붙잡고 머리 9급을 베었고,

광양 현감 어영담과 가리포 첨사 구사직은 힘을 합쳐 왜 대선 1척을 (왜

---

158 일본 측 기록인 『고려선전기』에서는 가토 요시아키(원문은 加藤主計이나 加藤嘉明로 추정됨)가 대·소선 50여 척을 거느리고 6월 10일 해협 입구로 나아가 조선 수군과 싸웠는데, 승부를 가리지 못했고, 그날 밤에 다시 전투가 벌어져 일본 전선 대선 14~15척과 기타 소선을 포함해 34~35척이 모두 불탔다고 나온다.

인들이) 육지로 올라갈 때 추격해 붙잡아 불태워 없앴습니다.

구사직은 머리 2급을 베었고,

여도 권관 김인영은 머리 1급을 베었고,

소비포 권관 이영남은 소선을 타고 돌격해 들어가 쫓아가 화살을 쏘았고, 머리 2급을 베었습니다. 나머지 빈 배 1척은 함께 바다 가운데서 불태워 없앴습니다.

왜인들은 혹은 머리가 잘리고, 혹은 물에 빠져 죽었습니다. 다 죽이고 남겨두지 않았습니다.

여러 배의 장수와 군사는 마음도 용기도 시원하고 씩씩해졌기에 가덕·천성으로 향했습니다. 좌도(경상 좌도) 몰운대에 이를 때까지 두 편으로 나누어 협공하며 수색·토벌했으나至分兩邊 挾攻搜討, 적의 무리들이 배를 옮겨 멀리 도망쳐 그림자도 없었습니다. 초경쯤에 거제 온천량溫川梁 송진포松津浦에 도착해 밤을 보냈습니다.

8일, 창원 땅 마산포馬山浦·안골포·제포, 웅천 등지에 적의 자취를 찾는 배探見船를 정해 보내고, 창원 땅 증도 남포藍浦 바다 가운데로 나아가 진을 쳤습니다. 저녁에 그 정탐선이 되돌아와서[159] 말하는 내용에 "적의 자취가 전혀 없다"고 했기에 송진포松珍浦로 되돌아와 밤을 보냈습니다.

9일, 이른 아침에 배를 출발해 웅천 앞바다에 이르러 진을 치고, 소선을 나누어 가덕·천성·안골포·제포 등지로 보내 다시 자세히 적의 자취를 살피게 했으나, 모두 그림자도 없었습니다. 당포에 도착해 밤을 보냈습니다.

10일, 미조항 앞바다에 도착해 우수사 이억기, 원균 등과 함께 진을 파

---

159 "정탐선이 되돌아와서"의 「문화재청본」은 "望船遠來"이나, 「영인본」 「편수회본」 「전서본」에서는 "望船還來"로 나온다. 「문화재청본」이 오자다.

하고 각자 되돌아왔습니다.[160]

　가덕을 수색·토벌하던 날, 그대로 부산 등지로 가서 오랑캐씨를 다 죽이고 싶었으나, 연이어 대규모의 적을 만나 바다 위를 전전하며 싸웠기에 군량이 이미 다했고,[161] 장사와 군사들이 몹시 지쳤고, 싸우다 다친 자 또한 많았습니다. 그러므로 우리의 지친 군대로 편안히 있는 적을 상대하는 것은 실로 병가의 좋은 계책[162]이 아니었습니다以我之勞 敵彼之逸 實非兵家之良算. 하물며 또한 양산강梁山江은 땅의 형세가 험하고 좁아 배 한 척이 겨우 움직일 수 있고, 적선이 잇따라 정박해 이미 험한 곳을 점거한 형편이었습니다. 그런데도 우리는 싸우려고 했지만, 그들은 싸우러 나오지 않았습니다. 우리가 후퇴해 되돌아간다면, 도리어 약함을 보여주게 될 수 있었습니다. 부산을 향해 가려고 해도, 양산의 적이 서로 호응해 뒤를 에워싼다면, 다른 도(전라도)의 지원군이 고립된 군사懸軍로 깊이 들어가게 되면 앞뒤에서 적을 맞기에 진실로 완전한 계책이 아닙니다懸軍深入 腹背受敵 固非萬全之計. 뿐만 아니라 본도(전라도) 병사(병마절도사)의 공문 내용에 "흉악한 도적이 서울을 침범했고, 조선[163]을 빼앗아 타고 서강을 거쳐 아래로 내려온다"고 했습니다. 조선을 빼앗아 탔을[164] 리가 전혀 없지만, 뜻밖의 비상사태 또한

---

160 『선조실록』 선조 25년(1592) 6월 21일에는 9일에 복귀했다고 나온다.
161 한효순의 『신기비결』에 따르면, 평시에는 군사 1인당 쌀 2되를 휴대하는데, 볶은 것 1되, 갈아서 가루로 만든 것 1되다. 맥면麥麪 1되 5홉은 별도로 싸놓는데, 5홉은 향유를 이용해 떡을 만들고, 5홉은 소주에 담갔다가 말리고, 5홉은 간 뒤에 소금과 식초에 담갔다가 말린다. 이 맥면은 적의 포위를 당하거나 아주 긴급할 때 사용한다고 한다. 류성룡의 『措置防守事宜啓』(1595년)에 따르면, 수군 입대자는 모두 스스로 양식을 준비해 입대해야 했다.
162 "좋은 계책良算"은 「전서본」에서는 "良策"으로 나온다. 의미는 같다.
163 "조선漕船"은 조선시대에 세곡을 운반하는 조운에 사용했던 배다.
164 "빼앗아 타다"의 「문화재청본」은 "乘騎"이나, 「영인본」, 「전서본」에서는 "奪騎"로 나온다. "奪騎"로 번역했다.

생각하지 않을 수 없었습니다.

신과 이억기가 의논해 다시 가덕 등의 섬들을 자세히 살폈으나 적의 자취가 전혀 없었기에 수군을 돌려 영(전라 좌수영)으로 되돌아왔습니다. 가덕 서쪽에서 거침없이 드나들던 적은 이미 많은 배가 불탔고, 또 많이 죽고 다쳤습니다.

그런데 산으로 올라가 붙잡히지 않고 도망친 무리들은 반드시 부산 등지로 달려가 (조선) 군대의 위세를 퍼뜨려 말할 것이니備說兵威, 이후부터는 (일본군은) 거의 뒷일을 염려하고 꺼리는 생각이 있게 될 것입니다.

무릇 앞뒤로 적을 무찌를 때, 남해 동쪽 웅천 등 7~8개 고을의 노인과 남녀 피란민 무리가 산골에 숨어 신 등이 적선을 추격하는 것을 자세히 지켜보면서, 다시 살길을 얻은 것같이 여겼습니다如得再生之路. 기뻐하지 않는 사람이 없었고, 와서 말하면서165 적이 가고 머문 것을 끝까지 가르쳐주었습니다. 그러나 아주 비참하고 불쌍했습니다極爲慘惻. 왜선에서 얻은 쌀과 베 등의 물건을 공평하게 나누어주고惠伊分給 편안히 지내게 했습니다使之安居.

그중에 향화인과 같은 포작의 무리가 부모를 모시고 가족을 데리고, 그들의 이웃과 친척을 이끌고 영(전라 좌수영)의 성으로 들어오는 것이 연이어 끊이지 않았습니다. 앞뒤로 와서 의지하려는 수가 거의 200여 명에 이릅니다. 그래서 각자 부지런히 그 생업을 하면서 오래 편안히 살 수 있도록 했습니다各勤其業 鎭長安居. 영 근처 장생포長生浦166 등 시골의 넉넉하고 여유로운 땅, 사람 사는 집이 번성한 곳에 나누어 살게 해 편안히 지낼 수 있게

---

165 "와서 말하면서"의 원문 "來■"에서 "■"는 판독 불능 글자이나, 「전서본」 「충무공계본」에서는 "說"로 나온다. 「편수회본」에서는 "■(說)"로 추정했다.
166 장생포는 오늘날 여수시 안산동 지역이다.

했습니다.

왜선에 붙잡혀 있던 우리나라 사람을 찾아내 살려 돌아오게 하는 것은 왜의 머리를 베는 것과 다르지 않기에 배를 태울 때 특별히 찾고 조사해 절대로 함부로 죽이지 말 것을 단단히 타일러 경계하게 하고 약속했습니다 倭船被擄我國人 搜得生還 無異斬倭 焚船時 各別搜覓 愼勿妄殺事 申飭約束. 이번에 여러 장수 등이 그와 같이 그들에게 붙잡혀 있던 사람, 남자와 여자를 합쳐 6명을 사로잡았습니다. 대부분은 나이가 어리거나 붙잡힌 날이 얼마 되지 않아 적이 한 짓을 알지 못했습니다. 그중에서 당항포 바깥 바다에서 녹도 만호 정운이 사로잡은 동래에 사는 남자 사노비 억만億萬은 나이가 올해 13살로 머리카락을 잘라 왜인처럼 되었습니다.

죄를 조사하기 위한 심문에서 진술받은 내용은 다음과 같았습니다.

동래 동문 밖 연지동蓮池洞에 사는 사람인데, 전란이 일어나자 곧바로 부모를 따라 성으로 들어갔습니다. 날짜는 기억나지 않는데 4월쯤, 왜적이 셀 수 없이 몰려와서 성을 5겹으로 둘러쌓고, 나머지 적들은 들판에 퍼져 있었습니다. 적의 선봉은 갑옷을 입었고, 각각 대지을개大知乙介[167]를 갖고, 광대두구廣大頭口[168]를 쓴 놈 100여 명이 돌격해 들어가 성을 뚫었고, 다른 한편으로 대나무 사다리를 가로로 세워 곳곳에서 뛰어넘었습니다. 성이 이미 함락된 것을 보고는 사람을 죽이는 것이 아주 심했습니다. 저는 허겁지겁 하는 사이에 부모와 형을 서로 잃어버렸습니다. 어디로 갈지 몰라 하늘을 우러러

---

167 "대지을개"는 「전서본」에서는 "大釱介"로 나온다. 홍기문과 조성도는 "탈바가지"로 보았다. 이문건의 『묵재일기』 1545년 3월 2일에는 "대지을개목大知乙介木을 이용해 종鍾을 어깨에 메서 옮겼다"는 내용이 나온다. 이로 보면 탈바가지가 아니라, 크고 단단한 나무로 보인다.
168 "광대두구"를 조성도는 "광대 투구", 홍기문은 "투구"로 보았다.

보며 울부짖고 있을 때, 한 왜적이 손을 붙잡고 위협해 이끌어 곧바로 부산에 도착했습니다. 5~6일을 머문 뒤에 그 배로 옮겨 실었습니다. 배에는 왜 7~8명이 있었는데 저를 보고 소리를 지르며 칼을 휘둘러 치려고 했는데, 이끌고 온 왜적이 팔을 펼쳐 덮고는 배 밑창에 숨어 있게 했습니다. 그래서 그곳에 정박한 왜선의 원래 수가 얼마나 되는지 알 수 없었습니다. 배에 실린 지 5~6일이 지난 뒤에 대선 30여 척이 같이 출발해 우도(경상 우도)를 향했습니다. 그중 충각선層閣船은 장수가 거처하는 곳인 듯, 여러 배가 그 아래 구름처럼 모여 그의 명령을 듣는 듯했습니다. 어느 때는 몇 척씩 부대로 나눠 도둑질을 했고, 마을을 불태우고 재물을 빼앗고, 소와 말을 칼로 해치고 베와 곡식, 잡다한 물건을 그 배로 날라 싣기를 어느 날에는 두 번 세 번 거듭했습니다. 그런데 지나온 섬 이름이나 마을 이름은 알 수 없었습니다. 어느 방향인지 알 수 없었습니다. 그런데 이번[169] 6월 5일, 한 부대 4척이 모두 진해 선창으로 갔습니다. 나머지는 성으로 들어갔습니다. 얼마 되지 않아 진해성 밖에 수천 명의 무장한 군사가 그 현(진해현)으로 돌격해 들어왔고, 군사의 위세가 하늘까지 뒤덮자,[170] 성에 들어갔던 적들을 크게 소리쳐 불러 바삐 되돌아와 배를 타고 노질을 재촉해 바다 가운데 이르렀을 때, 또 보니 바람에 돛을 펼친 큰 전선이 서쪽 바다를 막고 있었습니다. 적의 무리 등은 스스로 자취를 감출 수 없다는 것을 알았습니다. 입술이 타고 침도 말랐고, 마음도 용기도 모두 꺾여 그 대선을 버리고 조그만 거룻배에 합쳐 타고 멀지 않은 포구로 노질을 재촉해 도망쳐 들어갔습니다. 저와 어

169 "이번"이 「문화재청본」에서는 "슈"으로 나오나, 「영인본」 「편수회본」 「전서본」 「충무공계본」은 모두 "슥"이다. 「문화재청본」이 오자다.
170 "하늘까지 뒤덮다滔天"는 『서경』 「요전」에 나오는 말이다.

제 붙잡힌 진해에 사는 남자 절 노비 나근내羅斤乃 등은 대선과 함께 내버려 두었기에 그대로 붙잡혔고, 왜인은 각자 창과 검, 철환을 갖고 있었고, 아침과 저녁밥에는 모래와 흙이 반이나 섞여 있었습니다. 나머지 다른 일은 말이 서로 달라 잘 알아들을 수 없었습니다.

율포 앞바다에서 맞붙어 싸울 때 녹도 만호 정운이 사로잡은 천성 수군 정달망鄭達望은 나이가 이제 14살입니다. 죄를 조사하기 위한 심문에서 진술받은 내용은 다음과 같았습니다.

전란이 일어난 뒤 부모를 따라 산에 들어갔는데, 굶주림과 피곤으로 인해 날짜는 기억나지 않으나 이달 6월 초순 사이에 천성 근처 들판 보리밭에서 이삭을 주워 목숨을 이으려고 내려왔다가 왜적에게 붙잡혔습니다. 당일 왜인이 영등 근처 기슭에 배를 정박시키고 빼앗은 물건을 햇볕에 말리고 바람을 쏘일 때, 우리나라 수군이 갑자기 돌격해 나왔기에 왜인 등은 엎어지고 넘어지며 갈팡질팡하다가 곧 닻줄을 자르고 큰소리로 떠들며 배에 올랐습니다. 멀리 바깥 바다로 도망치다가 힘이 다해 붙잡혔습니다.

이들은 모두 어린 나이에 왜적에게 붙잡혔고 부모와 고향과 떨어져 버렸습니다. 보기에 불쌍하고 가여워 각각 붙잡아온 관리에게, "구제하고 도와줘 편안히 살게 했다가 난리가 평정된 뒤에 살았던 땅으로 돌려보내라"며 특별히 알아듣게 타일렀습니다賑恤安居 事定後 還送舊土事 各別開諭.

불태워 없앤 왜선 전체 수는 72척[171]이고, 왜의 머리 88급은 왼쪽 귀를 잘

---

171 "72척"이 「충무공계본」에서는 71척으로 나온다. 그러나 「전서본」에서도 72척이다. 「충무공

라 소금에 절여 궤에 넣어 올려보냅니다.172

신이 처음에 약속할 때 여러 장수와 군졸 등에게 "공로를 바라고 이익을 탐내 다투어 먼저 머리를 베려다가 도리어 그 해를 당해 죽고 다친 자의 사례가 많으니, 쏘아 죽인 뒤에는 비록 머리를 베지 않아도 싸움에 힘쓴 사람을 공로에서 으뜸으로 논하겠다"며 거듭 명령했습니다要功貪利 爭先斬頭 反被其害 死傷者例多 故射殺後雖未斬頭 力戰者 爲首論功事申令. 그러므로 무릇 네 번 맞붙어 싸울 때,173 전에 맞아 죽은 왜가 아주 많았지만, 머리를 벤 것은 많지 않습니다.

그러나 경상 우수사 원균은 맞붙어 싸운 이튿날, 협선을 나누어 보내 죽은 왜적을 거의 거두어 베었을 뿐만 아니라, 신에게 그곳 경상도 바닷가 포작 등이 전에 맞아 죽은 많은 수의 왜적을 베어왔으나, "다른 도(전라도)의 대장이기에 받기가 온당치 않으니, 원균에게 갖다 바치라"고 알아듣게 타일러 보냈습니다臣以他道大將捧上未穩 元均處入納事開說以送.

원균과 이억기 등 여러 장수가 벤 것은 거의 200급174에 이르고, 혹은 바다에 빠져 죽어 떠내려갔거나, 혹은 머리를 벤 것을 빠뜨려 잃어버린 수

계본」의 오류다.

172 『선조실록』 선조 25년(1592) 7월 9일에는 이 전투에 이순신과 함께 참전했던 전라 우수사 이억기가 쓴 장계가 나온다. 이억기, 이순신, 원균이 합동으로 39척을 깨부수었고, 수급 9급을 바쳤다는 내용이다. 이것은 이억기가 이순신·원균과 별도로 장계를 올린 기록이다. 이순신의 장계로 보면, 이억기 합류 전에 이순신과 원균 부대는 일본군 34척을 격파했고, 이억기 합류 뒤에는 38척을 격파했다. 따라서 장계처럼 총 72척이 된다.

173 네 번 싸운 것은 5월 29일 사천해전, 6월 2일 당포해전, 6월 5일 당항포해전, 6월 7일 율포해전을 뜻한다.

174 200급은 이순신 부대가 아닌, 원균 부대와 이억기 부대가 벤 수급이다. 『선조실록』 선조 25년(1592)에 따르면, 이억기는 9급이다. 결국 수급을 베는 역할을 주로 했던 원균 부대가 190여 급을 벤 것이다.

또한 많습니다. 왜적 물건에서 중요하지 않은 왜 옷, 쌀과 베 등의 물건은 혹은 전투한 군사에게 나눠주거나 혹은 군졸의 식량으로 먹였습니다. 군용 물건 중에서 가장 중요한 물건은 빼내 뒤에 자세히 조목조목 기록했습니다. 우후 이몽구가 얻은 왜장의 부신인 금부채를 넣어둔 옻칠한 상자漆匣,[175] 방답 첨사 이순신이 바친 왜장의 「군대 편성 목록 문서」 6축도 함께 확인하고 봉해 도장을 찍어 올려보냅니다.

맞붙어 싸울 때, 장사와 군사로 전에 맞거나 철환에 맞은 사람 중에서,

신이 탄 배의 정병 김맛산金末叱山,[176]

우후 배의 방포放炮 진무 장언이張彦已,

순천 1호선 사부 사노비 배귀실裵貴失,[177] 2호선 격군 사노비 막대莫大와 포작 내은석內隱石,

보성 1호선 사부 관노비 기이己伊,[178]

흥양 1호선 전장箭匠[179] 관노비 난성難成,

사도 1호선 사부 진무 장희달張希達,

여도 사공[180] 토병 박고산朴古山, 격군 박궁산朴宮山 등은 철환에 맞아 죽었습니다.

흥양 1호선 사부 목동牧子 손장수孫長水는 육지에 올라간 왜적을 추격해

---

175 "漆匣"은 「전서본」에서는 "漆匣"으로 나온다. 「충무공계본」에서도 "漆匣"으로 나온다.
176 "金末叱山"은 「전서본」에서는 "金末山"으로 나온다.
177 "裵貴失"은 「전서본」에서는 "裵貴實"로 나온다.
178 "己伊"는 「전서본」에서는 "起伊"로 나온다.
179 전장箭匠은 대장군전, 장군전, 화살을 만드는 장인이다.
180 사공은 초공梢工이라고도 하며, 배의 키잡이 혹은 뱃사공으로 보인다. 「세종실록지리지」에는 선군船軍과 함께 초공이 나오는데, 초공의 수는 배(중선, 별선)의 숫자와 비슷하다. 남태량이 1774년에 저술한 「대동휘찬」 「전선」에는 "각 포 전선의 노는 좌우 합쳐 20자루, 1자루에 각 4명, 사공과 무상은 각 1명으로 합쳐서 82명이고, 사포수는 40명이다"라는 내용이 나온다.

머리를 벨 때 칼날에 맞아 죽었습니다.

순천 1호선 사부 보인 박훈朴訓,

사도 1호선 사부 진무 김종해金從海 등은 전에 맞아 죽었습니다.

순천 1호선 사부 유귀희柳貴希,

광양선 격군 포작181 남산수南山水,182

흥양선에서는 선장183 수군184 박백세朴白世,185 격군 포작 문세文世, 훈도
訓導 정병 진춘일陳春日, 사부 정병 김복수金福水,186 내노비內奴(내수사에 딸린
노비) 고붕세高朋世,

낙안 통선에서는 사부 조천군趙千君,187 수군 선진근宣進斤,188 무상189 사노비
세손世孫,190

발포 1호선에서는 사부 수군 박장춘朴長春, 토병 장업동張業同, 방포수군
放炮水軍191 우성복禹成福 등은 철환에 맞았으나 중상은 아니었습니다.

---

181 "포작"은 「영인본」에서는 "■作"로 판독 불능 글자가 있다. 「전서본」 「충무공계본」에서는 "鮑
作", 「문화재청본」에서는 "【鮑作】"으로 추정했고, 「편수회본」에서는 "■■鮑作"로 보았다.

182 "南山水"는 「전서본」에서는 "南山壽"로 나온다.

183 선장은 「만기요람」에 따르면, 전라 좌수영에는 7명이 소속되어 있었다. 배는 전선 4척, 병선
5척, 사후선 11척이 있었다(해양유물연구과 기획편집, 『조선시대 수군진조사Ⅱ-전라 좌수영편-』, 국립
해양문화재연구소, 2014, 38쪽).

184 『경국대전』에 따르면, 수군은 주위 1자, 둘레 3치인 검은 옻을 칠한 나무로 된 원패圓牌를 상
시로 차야 했다. 한쪽에는 소속과 이름, 나이, 용모, 사는 곳을 새겨넣었고, 다른 쪽에는 발령한
날짜와 '수군' 2자를 전서篆書로 새겨넣었다.

185 "朴白世"는 「전서본」에서는 "朴百世"로 나온다.

186 "金福水"는 「전서본」에서는 "金福壽"로 나온다.

187 "趙千君"은 「전서본」에서는 "趙千軍"으로 나온다.

188 "宣進斤"은 「전서본」에서는 "宣進近"으로 나온다.

189 "무상"은 「영인본」에서는 "無■", 「전서본」은 "無上", 「충무공계본」에서는 "舞上", 「편수회본」
에서는 "無■(上)"으로 나온다. 사공과 함께 배의 운행과 관련된 일을 하는 사람으로 보인다.

190 "世孫"은 「전서본」에서는 "世遜"으로 나온다.

191 '放炮'는 「전서본」에서는 '放砲'로 나온다. 같은 글자다. 장계의 다른 경우도 같다.

방답 첨사의 집안 노비 언룡彦龍,

광양선의 방포장放炮匠 서천룡徐千龍, 사부 백내은손白內隱孫,

흥양 1호선 사부 정병 배대검裵大檢, 격군 포작 맛손末叱孫,[192]

낙안 통선의 장흥 조방 고희성高希星, 능성 조방 최난세崔亂世,[193]

보성 1호선 군관 김익수金益水, 사부 오언룡吳彦龍, 무상 포작 흔손欣孫,

사도 1호선 군관 진무성, 임홍남林弘楠, 사부 수군 김억수金億水,[194] 진언량陳彦良, 신선 허복남許福男, 조방 전광례田光禮, 방포장 허원종許元宗, 토병 정엇금鄭於叱金,[195]

여도선의 사부 석천개石千介, 유수柳水,[196] 선유석宣有石 등은 전에 맞았으나 중상은 아닙니다.

위의 사람들은 화살과 돌을 무릅쓰고 죽을 결심을 하고 나아가 싸웠기에 혹은 죽었고, 혹은 다쳤기에, 죽은 사람의 시신은 각각 그 장수에게 명령해 별도로 소선에 실어 고향에 돌아가게 해 장례를 치르게 했으므로, "그들의 아내와 자식들에게는 다른 구제를 위한 특전恤典(휼전)처럼 베풀어주소서."

중상이 아닌 사람들은 약물을 대주어[197] 충분히 구호하고 치료하도록 특

---

192 "末叱孫"은 「전서본」에서는 "末孫"로 나온다.
193 "崔亂世"는 「전서본」에서는 "崔蘭世"로 나온다.
194 "金億水"는 「전서본」에서는 "金億壽"로 나온다.
195 "鄭於叱金"은 「전서본」에서는 "鄭於金"으로 나온다.
196 "柳水"는 「전서본」에서는 "柳修"로 나온다.
197 "약물을 대주다藥物上下"는 「전서본」에서는 "分給藥物"로 나온다. "上下"는 이두다. 연산군 때 간행된 의서인 『구급이해방救急易解方』에 따르면, 화살에 맞은 곳은 웅황환雄黃丸이나 칡뿌리로 치료한다고 한다. 이 시기는 『동의보감』이 편찬되기 이전이다. 때문에 1492년에 인간된 『대전속록』 「예전」에는 이 시기의 의서로 『향약방』 『화제방』 『득효방』 『향약집성방』 『구급방』 등이 있었다.

별히 엄하게 단단히 타일러 경계하게 했습니다. "장수들은 한 번 승리한 것을 편하게 여기지 말고, 전투한 군사를 위로하고 어루만지고, 다시 배와 관계된 것에 더욱 힘쓰고, 비상사태를 들으면 곧바로 달려오기를 처음부터 끝까지 한결같이 하라終始如一"고 엄하게 단단히 타일러 경계하도록 하고 진을 파했습니다諸將 毋狃一捷 慰撫戰士 更勵舟楫 聞變卽赴 終始如一事嚴飭 罷陣.

중위장 권준,

전부장 이순신,

중부장 어영담,

후부장 배흥립,

좌부장 신호,

우부장 김득광,

좌척후장 정운,

우척후장 김완,

거북선 돌격장 급제 이기남, 신의 군관 이언량,198

좌별도장 이몽구,

우별도장 김인영,

한후장 신의 군관 전 권관 가안책 및 대솔 군관199 봉사 변존서, 나대용, 전 봉사 송희립, 이설, 신영해申榮海, 급제 김효성, 배응록, 정로위 이봉수 등은 떨쳐 일어나 제 한 몸을 돌아보지 않고 처음부터 끝까지 싸움에 힘썼습

---

198 "거북선 돌격장 급제 이기남, 신의 군관 이언량"으로 보면, 거북선은 2척이 출전했던 듯하다.
199 대솔 군관은 관찰사의 사적 보좌관으로 관찰사가 국왕에게 아뢰고 임명했다. 계청군관啓請軍官, 비장神將, 편장偏將이라고도 한다(이희권, 『조선의 자랑스런 전주 사람들』, 신아출판사, 2015, 315쪽).

니다. 뿐만 아니라 그 아래 관리와 장사도 앞다투어 적에게 달려갔습니다.

그러므로 공로를 논의해 칭찬하고 장려하는 일을 만약 조정의 명령을 기다린 뒤에야 등급을 나누어 정한다면, 오가는 사이에 시간이 오래 걸리게 됩니다. 더하여 행재소가 멀리 떨어져 있고, 도로도 험하고 막혀 사람이 통행할 수 없습니다. 게다가 극악한 도적들이 물러가지 않았기에 상을 줄 때를 건너뛸 수 없습니다.[200] 군사들의 마음을 위로하고 격려해慰激軍情 지금 앞에 놓인 일에 힘쓸 목적으로 먼저 공로를 참작해 1, 2, 3등 차례로 나누어 별도 장계에 자세히 조목조목 기록했습니다.

처음 약속할 때, 비록 머리를 베지 않았어도 죽을힘을 다해 싸운 사람을 으뜸 공로자로 논하겠다고 했기에當初約束時 雖未斬頭 以死力戰者 爲首論功, 힘써 싸운 각각의 사람 등을 신이 직접 공로의 등급을 나누어 결정해 1등으로 문서에 이름을 올렸습니다.[201]

---

200 "상을 줄 때를 건너뛸 수 없다賞不可逾時"는 병법서인 『사마법』 「천자지의」에 나오는 말이다. 류성룡은 「陳時務箚」(1592년 11월)에서 "무릇 군공·작상 및 면천·면역 등의 일을 모두 획일적인 규칙으로 만들어 담당자가 그날로 시행해 옛사람이 '상을 줄 때를 건너뛰지 말라賞不踰時'고 했던 뜻에 따라야 합니다"라고 건의했다. 류성룡은 또한 「龜城糧穀形止 及請褒獎自願從軍人狀」(1592년 7월 3일)에서 제1차 평양성 전투에 자발적으로 참전해 공을 세운 한극두와 김기수가 포상을 받지 못하자, "신의 의견으로는 마땅히 즉시 전례에 따라 논상해야 하고 때를 넘기게 해서는 안 되고, 싸우다 죽은 사람의 가족들 또한 우선적으로 구휼해 다른 사람에게 권장시켜야 한다"고 했다. 또한 「軍人等 軍功論賞狀」(1593년 3월 19일)에서는 "전부터 군공에 대한 포상 때에 맞게 시행하지 않아 이로 인한 실망하는 마음이 많아지고 있었습니다. 신은 그렇게 된 것이 민망해 최근부터는 군공이 있는 사람에게는 즉시 고공첩考功帖(관리의 공적 기록 증명서)을 만들어주고, 평상시에 백성이 관청에 물건을 바치면 관척官尺(관청의 문서)을 받는 사례처럼, '모년 모월 모일 모인이 왜적의 머리 몇 개를 베어 바쳤으니 뒷날에 여러 가지를 살펴 논공할 것이다'라고 써서 서명하고 관인을 찍어 주었더니 군사들의 마음이 자못 기쁘고 즐거워겠습니다"라고 포상과 시기의 중요성을 건의했다.
201 『선조실록』 선조 25년(1592) 7월 9일에는 이 전투에 대해 이억기가 보고한 내용이 나온다. "비변사가 보고하기를, '전라 우도 수사 이억기가 좌수사 이순신, 경상 우수사 원균과 협동해 적선 39척을 깨부수었습니다. 비록 머리를 벤 것이 다만 9급이나, 적변이 일어난 뒤에 싸움에서 이

삼가 갖추어 임금님께 글을 올려 보고합니다.[202]

1592년 6월 14일.

절도사. 신하 이(이순신).

긴 공로가 이를 뛰어넘을 수 있는 것이 없습니다. 억기를 특별히 가자하는 상을 주시옵소서. 계본을 받들고 온 이흥상李興祥은 멀리서 행재소까지 왔고, 게다가 군공이 있으니 6품에 상당하는 관직에 임명하시고, 진무 이근석李根碩 또한 상당하는 관직에 임명해주소서. 계본 중에 기록된 군공자에 대해서는 담당 관청에서 결정하게 하는 것이 어떻겠습니까'라고 하니, 임금이 따랐다. 억기 등이 빼앗은 투구와 갑옷 등의 물건을 그대로 명나라 장수에게 가서 보여주었다." 실록에 언급된 이흥상과 이근석은 『난중일기』와 이순신의 보고서에는 나오지 않는다. 이억기가 이순신의 장계와 별도로 장계를 작성해 막하의 이흥상과 이근석을 시켜 올려보낸 듯하다. 이로 보면, 이 당시 이순신·원균·이억기는 통합 장계가 아니라, 각자 장계를 올린 듯하다.

202 이 2차 출전에 대해 조익은 『진사일기』 1592년 6월 20일에서 이순신의 2차 출동에 대해 "적이 처음에 바다와 육지에서 세력을 합쳐 서쪽(호남)으로 내려올 계획이었으나, 이 한 번의 전투로 전세가 바뀌었다고 한다. 이 어찌 하늘이 도운 것이 아니겠는가"라고 기록했다.

● 참고: 2차 출전에서의 사상자 현황

구분	철환		화살		칼(상륙, 사망)	기타		합계	비고 (*장계)
	사망	부상	사망	부상		철환 부상	화살 부상		
이순신 배	1					1 (이순신, 5월 29일)	1 (이설, 5월 29일)	3	수사 이순신
홍양		5						9	후부장 배흥립
홍양 1	1			2	1				
우후	1							1	좌별도장 이몽구
순천 1	1	1	1					5	중위장 권준
순천 2	2								
보성 1	1			3				4	우부장 김득광
사도 1	1		1	8				10	우척후장 김완
여도	2			3				5	우별도장 김인영
광양		1		2				3	중부장 어영담
낙안 통선		3		2				5	좌부장 신호
발포 1		3				1 (나대용, 5월 29일)		4	나대용
방답 1				1				1	전부장 이순신
합계	10	13	2	21	1	2	1	50	

　사상자 총 50명이다. 철환 사망 10명, 철환 부상 15명(이순신, 나대용 포함), 화살 사망 2명, 화살 부상 22명(이설 포함), 칼에 의한 사망 1명이다. 부상자는 우척후장 김완 부대와 후부장 배흥립 부대가 가장 많다. 거북선이 처음 출동한 이 2차 출전에서, 거북선 창제와 관련된 이순신과 나대용도 철환에 맞아 부상당했다. 거북선장이 2명 나오는 것으로 보아, 거북선은 2척이 출동했던 것으로 추정된다. 거북선에 탔던 사람들은 사상자가 없다. 또한 원균과 이억기 부대 사상자도 명단에 없다. 이는 원균과 이억기가 별도로 장계를 올렸기 때문인 듯하다. 사상자 발생 원인은 조총과 화살이 비슷하나, 사망자에서는 조총이 압도적이다. 이는 조총의 위력과 조총의 유효사거리 안에서 전투가 벌어졌음을 보여준다. 또한 1차 출동 보고서인 「옥포에서 왜적을 쳐부순 일을 임금님께 보고하는 장계」에서는 40여 척을

불태워 없앴지만, 1명만이 화살에 부상당한 것과 비교해보면, 2차 출동은 1차 출동과 달리 격전을 한 것을 보여준다. 사상자의 직무와 관련해보면, 전투요원인 사부와 군관이 격군보다 많다.

9. 「견내량에서 왜적을 쳐부순 일을 임금님께 보고하는 장계見乃梁破倭兵狀」 (1592년 7월 15일)[203]

전라 좌도 수군절도사, 신하 이(이순신).[204]

삼가 붙잡고 벤 일을 보고합니다.

지난 6월 10일 받은, 6월 3일 수원에서 발송한 도순찰사[205] 이광[206]의

203 「영인본」에는 이 장계에 「제3차 한산도 승첩을 임금님께 보고하는 계본三度閑山島勝捷啓本」이라는 제목이 붙어 있다. 이 장계는 「충무공계본」에도 나온다. 「임진장초」처럼 「이충무공전서」와 달리 이두 표기가 되어 있다. 다만, 날짜가 「충무공계본」에는 "7월 10일"로 나온다. 이 한산대첩 시기에는 「난중일기」 기록이 전혀 없다. 「선조실록」 선조 25년(1592) 6월 21일에는 이 장계의 내용과 비슷한 한산대첩 기록이 나온다. 그런데 실록 내용을 보면, "순신 등이 그의 군관 이충李沖을 보내 긴급히 보고하고 수급首級을 바치도록 했다"고 한다. 그런데 이충은 정경운의 「고대일록」 1592년 8월 3일에 따르면, 경상 우수사 원균의 군관으로 행재소에 갔다가 도총도사都摠都事에 임명되었다고 한다. 또한 오희문의 「쇄미록」 「임진남행일록」에는 "이튿날 전 만호 이충", 1592년 9월 11일 일기에서는 "경상 우도 수사 군관이 장계를 갖고 지난 7월 25일에 의주 행재소에 갔다가 월초에 돌아왔다", 1592년 9월 21일 일기에는 "원성중元成仲이 영남 우수영에서 승첩 편지捷書를 갖고 이 현을 지나가다가 글을 내게 주면서 말하기를, 지금 도사 이충李沖이 행재소에서 와서 하는 말이…"라는 내용이 나온다. 「고대일록」과 「쇄미록」의 기록을 종합해보면, 이충은 전 만호로 경상 우수사 원균의 군관이었고, 한산대첩 승첩 장계를 갖고 행재소에 갔다가, 상으로 도사에 임명된 것으로 보인다. 「선조실록」 기록과 이순신의 한산대첩 장계, 장계 전달자 이충을 함께 고려해보면, 이순신의 장계 외에 원균이 작성한 장계가 별도로 있었다는 것을 알 수 있다. 「선조실록」의 한산대첩 기록은 이순신의 장계가 아니라, 원균의 장계를 바탕으로 쓰인 듯하다.

204 「영인본」의 "이李"를 「충무공계본」에서는 "이순신"으로 명기했다.

205 도순찰사는 지방에서 변란이 일어났을 때 파견하는 임시 군직으로 정2품이다. 순찰사는 종2품으로 관찰사가 겸임했다.

206 "이광"은 「영인본」에서는 "이李"로만 나오나, 전라 순찰사 이광이다. 「충무공계본」에서는

공문 내용은 다음과 같았습니다.

5월 22일 수결을 하고 관인을 찍은 좌부승지 서장 내용은 다음과 같았습니다.
"'적선을 깨부수는 것은 병가의 최선책이다. 다만 몇 척이, 어디에 머무는지 알 수 없으니, 다시 전라 좌수사에게 명령해 경상 우수사와 의논하고 힘을 합쳐 전부 쳐부수게 하고, 5~6척을 남겨 궁지에 몰린 도적들이 돌아갈 길로 삼게 하고, 두 수사(이순신, 원균)는 근처에 모습을 숨기고 주둔해 정박했다가 형세를 관찰하고 추격하게 하라. 전라 우수사에게 병선을 정비해 잇따라 지원할 일을 아주 급히 분부했'고 임금님께서 말씀하셨습니다." 그러므로 서장 내용의 사연을 비교하여 살펴서 경상 우수사와 본도(전라도) 우수사와 함께 약속해 전례에 의거하여 지휘함으로써 시행하십시오.

그런데 위의 서장을 받기 전에, 경상도 바닷길의 적이 경상 우도 바닷가의 땅을 조금씩 갉아먹으며 불태우고 노략질해 이미 사천·곤양·남해 등의 경계까지 침범했기에 본도(전라도) 우수사 이억기와 경상 우수사 원균 등에게 공문을 보내 약속했습니다.
지난 5월 29일, 배를 출발해 사천 선창, 고성 당포 선창과 당항포, 거제 율포 앞바다 등지에 머물러 정박한 왜선을 혹은 배 전체를 붙잡고 베거나 혹은 좌·우도의 여러 장수가 힘을 합쳐 적을 무찔러 없앤 뒤, 6월 10일에 영(전라 좌수영)으로 돌아온 사연은 이미 임금님께 긴급 보고했습니다.

"李洸"으로 명시되어 나온다. 「전서본」에는 이 부분은 나오지 않는다. 「문화재청본」과 「편수회본」은 "李【洸】"처럼 "李"를 이광으로 보았다.

그런데 위의 임금님께서 분부하신 서장에 근거한 순찰사의 공문이 또 도착했습니다. 뿐만 아니라 여러 척이 대오를 지어 출몰하는 적을 하나도 빠짐없이 무찔러 없애기 위해 서로 공문을 보내 약속했습니다. 배를 정비하고 경상도 적의 세력을 찾아 살피게 했는데, 가덕·거제 등지에 왜선이 혹은 10여 척 혹은 30여 척이 대오를 이뤄 나타났다 없어졌다 하고 있습니다. 게다가 본도(전라도) 금산 경계에 적의 세력이 사납게 날뛰어 바다와 육지로 나누어 침범해 곳곳에서 불길이 사납게 일어났어도 한 사람도 대항해 싸우는 사람이 없습니다. 그래서 왜적이 승승장구하는 기세를 다스리고자 처음에 본도(전라 우도) 우수사와 약속하고 만나기로 했던 이달 7월 4일 저녁 때, 약속한 곳에 도착했습니다.

5일에 서로 약속을 했고, 6일에 수군을 이끌고 한꺼번에 출발해 곤양과 남해[207] 경계의 노량에 도착했습니다. 경상 우수사는 깨지고 부서진 것을 수리하고 보충한 전선 7척을 거느려 이끌고 그곳에 머물러 정박해 있었습니다.[208] 바다 가운데 모두 모여 두 번 세 번 거듭 약속했습니다. 진주 땅 창신도에 이르러 해가 저물어 밤을 보냈습니다.

7일에는 동풍이 크게 불어 배를 몰 수 없었습니다. 고성 땅 당포에 도착해 해가 저물어 나무하고 물을 기를 때, 산[209]에 올라가 피란했던 그 섬 목

---

207 "남해"의 「영인본」은 "南■"로 판독 불능 글자가 있다. 「전서본」 「충무공계본」에서는 "南海"로, 「문화재청본」에서는 "南【海】"로 추정했다.

208 원균 부대는 원균의 배를 포함해 총 8척이다.

209 김천손이 피란했던 산은 내용으로 보면, 통영 미륵산이다. 그런데 김천손이 일본 전선을 목격한 곳에 대해서는 세 가지 주장이 있다. 이봉수(『이순신이 싸운 바다』, 새로운 사람들, 2004, 121쪽)는 "견내량이나 현재의 통영시 용남면 쪽에 있었던 것이 확실. 왜냐하면 지금의 거제시 장목면 구영리인 영등포 쪽에서 견내량 쪽으로 나오는 선단을 육안으로 보기 위해서는 분명 그 근처에 머무르고 있어야 했다. 그리고 망원경도 없던 시절에 대선, 중선, 소선의 척수를 정확히 헤아리자면 아주 가까운 거리에서 관측했을 것이 분명하다는 추정이 가능하기 때문"이라고 했다.

자 김천손金千孫이 신 등의 수군을 멀리서 보고 분주히 뛰어나와 "적선 대·
중·소 모두 70여 척이 당일(7일) 미시쯤 영등포 앞바다에서 거제와 고성
땅 경계 견내량210에 도착해 정박하고 있습니다"라고 보고했습니다. 그래서
다시 여러 장수에게 단단히 타일러 경계하도록 했습니다.

8일211 이른 아침에 적선이 머물러 정박하고 있는 곳으로 향했습니다.
바다 가운데 이르러 멀리서 바라보니, 왜 대선 1척, 중선 1척이 선봉으로
나와 우리 수군을 살펴본 뒤에 그들이 진을 친 곳으로 돌아 들어가기에 쫓
아갔습니다. 대선 36척, 중선 24척, 소선 13척(총 73척)이 열을 지어 진을
치고 머물러 정박해 있었습니다. 그런데 그곳 견내량은 지형이 좁고 험하
고, 또한 숨은 암초212가 많아 판옥전선板屋戰船은 서로 닿아 부딪쳐相觸搏
쉽게 싸우기가 실로 어려울 뿐만 아니라, 적은 세력이 다하면 기슭을 의지
해 육지로 올라갈 것이기에 한산도 바다 가운데로 끌어내 완전히 붙잡을

이 주장은 『통영시지(상권)』(통영시사편찬위원회, 1999, 137~138쪽)도 같다. 김기석(『조선 수군을 만
나면 도망쳐라』, 한가람, 1994, 229~230쪽)은 "견내량과 한산도 사이에 있는 화도에서 영등포에서
견내량으로 들어가는 일본군을 목격하고, 배를 타고 미륵도(미륵도)를 거쳐 당포에 도착해 이순
신에게 적선 발견을 보고"한 것으로 보았다. 『통영 그리고 이순신의 발자취』(이지우 외, 통영시청,
2009, 115쪽)에서는 통영 미륵도라고 보고 있다. 그 근거는 "만약에 김천손이 견내량이나 용남면
쪽에 있었다면 당일에 이순신 함대가 당포에 도착한 사실을 알 수 없었을 것이다. 뿐만 아니라
지금도 날씨가 좋은 날에는 미륵산 정상에서 견내량 앞바다를 충분히 조망할 수 있기 때문이다"
라고 했다. 필자도 김천손이 피란해 있던 산을 미륵도 미륵산으로 본다.
210　견내량은 수심이 얕고 암초가 많다. 해협 최소 폭이 약 180미터, 최소 수심이 2.8미터, 수로
길이는 약 4킬로미터다.
211　이탁영의 『정만록』 1592년 7월 9일에는 웅천에서 온 긴급 보고에 따르면, "김해의 적이 느티
나무 판자槮板로 배를 건조해 호남으로 쳐들어간다"는 내용이 나온다. 또한 7월 11일 일기에는
"김해의 왜선이 호남으로 갔다고 하니 이는 호남을 공격하려는 계획이다"라는 일본 수군의 계획
이 나온다.
212　"숨은 암초隱礁"는 「전서본」에서는 "隱嶼"로 나온다. 지형을 보면 암초가 맞는 듯하다. 홍
기문도 "암초"로 번역했다.

계획全捕之計을 세웠습니다. 그 섬(한산도)은 거제와 고성 사이에 있어 사방으로 헤엄쳐 나갈 길도 없어 혹시라도 땅(한산도)에 올라가도 굶어 죽게 될 것이 분명했습니다.

먼저 판옥선 5~6척으로 하여금 그 선봉의 적을 쫓아가게 해 기습으로 공격할 모습을 보이게 했습니다. 왜적의 여러 배가 한꺼번에 돛을 펼치고 쫓아올 때, 우리 배들은 거짓으로 후퇴하며 돌아왔습니다. 그 적들이 멈추지 않고 뒤쫓아 바다 가운데까지 나왔기에 다시 장수들에게 명령해 학익열진鶴翼列陣[213]으로 한꺼번에 일제히 나아가 각각 지자·현자·승자와 각종 총통을 쏘았습니다. 먼저 그들의 2~3척을 깨뜨렸더니,[214] 왜적의 배들은 기운이 꺾여 물러나 숨으려 했습니다先破其二三隻 則諸船之倭 挫氣退遁. 여러 장수,

213　이순신이 주로 활용했던 전투 진형은 두 종류다. 하나는 학익진으로 한산도해전과 안골포해전 그리고 제2차 당항포해전 때 사용했고, 다른 하나는 장사진으로 부산대첩 때 사용했다. 학익진은 횡렬진, 장사진은 종렬진과 같다. 학익진과 장사진은 문종이 지은 『신진법』에 나온다. 정경달의 『반곡유고』 1592년 5월 17일에도 학익진과 장사진 표현이 나온다. "아침에 또 진을 쳤는데, 적 100여 명이 와서 진을 쳤다. (…) 적이 장사진長蛇陣을 치면 나 또한 장사長蛇의 형세를 만들었고, 적이 학익진鶴翼陣을 치면 나 또한 학익鶴翼의 형세를 만들었다." 학익진에 대해 전 해군사관학교 교수 장학근은 학익진 대형이 "당시 화기체제가 직사포가 아닌 곡사포로서 명중률이 좋지 않다는 점을 고려하여 적진을 중앙에 두고 이를 에워싸 발포함으로써 명중률을 높이기 위한 진형을 형성한 것 (…) 조선 수군이 구사한 학익진은 왜선단을 한곳으로 집결시켜 기동을 제한시키면서 집중화력을 구사할 수 있었던 데 반하여 적은 지휘력을 상실하여 조선 수군의 포화를 피하려다 적선끼리 충돌 격침되는 혼란을 초래했던 것이다"라고 보았다(장학근, 『조선시대해양방위사』, 창미사, 1989, 177~178쪽). 그러나 당시 대완구 등 완구류의 무기를 제외하고 천자·지자·현자총통 등의 총통은 곡사화기가 아니라 직사화기이다. 이는 판옥선이 대선으로 높은 곳에서 아래를 내려다보며 총통을 발사하는 장점이 있었고, 「당포에서 왜적을 쳐부순 일을 임금님께 보고하는 장계唐浦破倭兵狀」(1592년 6월 14일)에서 "거북선으로 하여금 층루선 아래 곧바로 뚫고 들어가게 해 용의 입에서 현자총통으로 철환을 위를 향해 쏘게 했고仰放玄字鐵丸"라는 기록을 참조해도 직사포로 볼 수 있다.

214　"지자·현자·승자와 각종 총통"을 『선조실록』 선조 25년(1592) 6월 21일에 실린 장계 기록에서는 "대·소 총통으로 먼저 적선 3척을 깼다"로 나온다. 지자·현자·승자총통을 『선조실록』에서는 대·소 총통으로 표기하고 있다.

군사, 관리들이 승리를 타고 기뻐서 펄쩍펄쩍 뛰면서 앞다투어 돌격해 나가며 전과 철환을 교대로 발사하니 형세가 바람과 천둥 같았습니다爭先突進 箭丸交發 勢若風雷. 배를 불태우고 적을 죽이기를 한꺼번에 거의 다 했습니다.[215]

순천 부사 권준은 제 몸을 잊고 돌격해 들어가 먼저 층각 왜 대선層閣倭 大船 1척을 깨뜨려 바다 가운데서 완전히 붙잡고, 왜장을 포함해 머리

---

[215] 박동량朴東亮의 『기재사초 下』 「임진일록 3壬辰日錄三』의 1592년 7월 기록에 다음과 같은 내용이 나온다. "전라 수사 이순신이 거제 앞바다에서 적선 400여 척을 만나, 오래 큰 싸움을 했는데 승부가 나지 않았다. 순신이 여러 장수에게 말하기를, '3층의 누가 세워진 저 적선 위에 금빛과 푸른빛으로 장식한 적 한 명이 상床에 걸터앉아 지휘하고 있다. 이는 반드시 대장일 것이다. 우리의 거북선은 가벼워 빠르게 갈 수 있고, 또한 철환을 피할 수 있으니 만약 2~3척의 거북선으로 하여금 적선으로 곧바로 뚫고 들어가게 한다면 그 적의 머리를 벨 수 있으니 나머지 적들은 반드시 스스로 무너질 것이다.' 드디어 장사 100여 명을 선발해 3척의 거북선에 나눠 타게 해 적선 사이를 드나들게 하니 빠르기가 베틀에서 날실의 틈으로 왔다 갔다 하면서 씨실을 푸는 북이 나는 듯했기에 적이 감히 가까이하지 못했다. 드디어 3층 누각이 있는 배를 쳤는데, 100여 명이 한꺼번에 소리를 지르며 나아가 화살을 비가 내리듯 쏘았다. 적장은 화살箭을 세 번까지는 피했으나 머뭇거리다 화살을 피하지 못해 머리에 맞아 비로소 넘어졌다. 순신 등은 그 싸움이 아주 격렬해진 것을 바라보다가 또한 북을 치고 소리를 지르며 곧바로 나아갔다. 적선이 드디어 붕괴했고 물에 빠져 죽는 자는 다 셀 수 없었고, 기계를 얻은 것도 셀 수 없었다. 적은 이로부터 감히 전라도를 곧바로 침범할 수 없게 되었다. 대체로 원균과 이순신이 한곳에서 힘을 합쳐 싸웠는데, 원균은 즉 본도(경상 우도)의 물력을 이미 모두 소모했었는데, 이순신을 만나 이런 공을 세웠다고 한다." 국방과학연구소 책임 기술원 김기석의 소설 『조선 수군을 만나면 도망쳐라』(한가람, 1994, 236쪽)의 설정에 따르면, 한산대첩 시 이순신은 "오늘 해전에서는 특별한 경우를 빼고는 철환이나 신기전을 쓰지 말고 오직 장군전이나 차대전으로 적선의 옆구리를 치도록 하시오. 당포나 당항포에서처럼 좁은 바다에 밀집한 적에게는 화공이 효과가 있지만 이곳처럼 넓은 바다에서는 화공보다 전으로 적선을 쳐서 그들의 항해를 어렵게 만드는 편이 효과적"이라며 총통 사격을 중심으로 공격했다고 추정했다. 그러나 이는 장계의 내용이나 『선조실록』 선조 25년(1592) 6월 21일의 한산대첩 기록, "전과 철환을 번갈아 발사해 적선 63척을 불태워버렸다箭丸交發, 焚賊船 六十三艘"는 것을 보면 잘못된 것이다. 『고대일록』 1592년 7월 19일에는 "전라 좌수사 이순신이 방답첨사 모를 수군 전부장으로 삼고, 통선 4척과 거북선 1척을 정비해 비상사태에 대비했다. 7월 6일 전라 좌·우도, 경상도의 여러 장수가 세력을 합쳐 적선 59척을 공격해 사로잡거나 깨부수었다. 이 싸움에서 300여 급을 베었고, 바다에 뛰어들어 빠져 죽은 왜적은 셀 수 없었다. 우리 수군이 달아나는 적선 10여 척에 탄 왜적 200여 명을 뒤쫓아갔다"는 내용이 나온다.

10급을 베었고, 우리나라 남자 1명을 사로잡았습니다.

광양 현감 어영담도 먼저 돌격해 충각 왜 대선 1척을 깨부수고 바다 가운데에서 완전히 붙잡고, 왜장을 쏘아 맞춰 신의 배로 묶어왔는데 죄를 묻기도 전에 전에 맞은 것이 아주 중했고, 말도 통하지 않았기에 곧바로 머리를 베었습니다. 다른 왜적 모두 12급을 베었고, 우리나라 사람 1명을 사로잡았습니다.

사도 첨사 김완은 왜 대선 1척을 바다 가운데서 완전히 붙잡고, 왜장을 포함해 머리 16급을 베었습니다.

흥양 현감 배흥립은 왜 대선 1척을 바다 가운데서 완전히 붙잡고, 머리 8급을 베었습니다. 또 많이 물에 빠져 죽게 했습니다.

방답 첨사 이순신은 왜 대선 1척을 바다 가운데서 완전히 붙잡고 머리 4급을 베었습니다. 그러나 쏘아 죽이는 것에만 힘썼고, 머리를 베는 것은 힘쓰지 않았습니다. 뿐만 아니라, 또 2척을 쫓아가 깨부수고 한꺼번에 불태워 없앴습니다.

좌돌격장 급제 이기남[216]은 왜 대선 1척을 바다 가운데서 완전히 붙잡고, 머리 7급을 베었습니다.

좌별도장이며 영(전라 좌수영) 군관 전 만호 윤사공, 가안책 등은 충각선 2척을 바다 가운데서 완전히 붙잡고 머리 6급을 베었습니다. 낙안 군수 신호는 왜 대선 1척을 바다 가운데서 완전히 붙잡고 머리 7급을 베었습니다.

녹도 만호 정운은 충각대선層閣大船 2척을 총통으로 꿰뚫었고 여러 배와 협공해 불태우고 깼습니다. 머리 3급을 베고, 우리나라 사람 2명을 사로잡

---

216 "좌돌격장 급제 이기남"은 이 장계에 따르면, 거북선장이다. 이언량도 좌돌격장 이기남과 함께 좌돌격 거북선에 탑승했던 듯하다.

앗습니다.

여도 권관 김인영은 왜 대선 1척을 바다 가운데서 완전히 붙잡고 머리 3급을 베었습니다.

발포 만호 황정록은 층각선 1척을 깨부수고, 여러 배와 협공해 힘을 합쳐(勝力) 불태워 없앴습니다. 머리 2급을 베었습니다.

우별도장 전 만호 송응민宋應珉은 머리 2급을 베었습니다.

흥양 통장 전 현감 최천보崔天寶는 머리 3급을 베었습니다.

참퇴장 전 첨사 이응화는 머리 1급을 베었습니다.

우돌격장 급제 박이량朴以良[217]은 머리 1급을 베었습니다.

신이 타고 있는 배에서는 머리 5급을 베었습니다.

유군遊軍 1영장一領將 손윤문孫允文은 왜 소선 2척에 포를 쏘고 쫓아가 산으로 올라갔습니다.[218]

5영장五領將 전 봉사 최도전崔道傳은 우리나라 소년 3명을 산 채로 붙잡았습니다.[219]

그 나머지 왜 대선 20척, 중선 17척, 소선 5척 등은 좌·우도의 여러 장수가 힘을 합쳐 불태우고 깨뜨렸습니다.

전에 맞고 물에 빠져 죽은 자는 셀 수 없습니다. 왜인 400여 명쯤은 세력이 다하고 힘이 다 빠지자 스스로 도망치기 어렵다는 것을 알고 한산도에서 배를 버리고 육지로 올라갔습니다.

---

217 "우돌격장 급제 박이량"은 이 장계 속의 사상자 명단과 관련해보면, "방답진 거북선장"으로 보인다. 박이량은 김유동의 『조선각도읍지』에 따르면 무과에 급제했고, 관직은 첨정이었다고 한다. 「선무원종공신녹권」에서는 첨정으로 나오고, 선무원종공신 2등이다.

218 "포를 쏘고 쫓아가 산으로 올라갔습니다放砲追逐登山"를 홍기문은 "배에 탔던 적이 산으로 올라갔습니다"로 번역했다. 상황이나 문맥과 맞지 않는다.

219 이순신 부대 장수들이 격파한 일본군 전선 수는 19척, 수급은 91급이다.

그 나머지 대선 1척, 중선 7척, 소선 6척(총 14척) 등은 맞붙어 싸울 때 뒤떨어져 있다가 멀리서 배가 불타고 머리가 베어 죽임당하는 상황을 바라 보고 노질을 재촉해 달아나 숨었습니다.

내내 맞붙어 싸워 장수와 군사들이 피로했고, 해도 이미 져서 어두워져 끝까지 쫓아갈 수 없었습니다終日接戰 將士勞困 日且曛黑 窮追不得. 그곳 견내량 안바다에서 진을 치고 밤을 보냈습니다.[220]

9일, 가덕을 향할 때 적을 살피고 감시하는 군사探望軍가 나와서, "안골 포에 왜선 40여 척이 머물러 정박하고 있습니다"라고 보고했기에, 본도(전 라도) 우수사(이억기)와 경상 우수사(원균)와 함께 적을 무찌를 계책을 의논

---

220 『선조실록』 선조 25년(1592) 6월 21일에는 이 장계가 인용되어 나온다. "아군이 나가기도 하 고 물러서기도 하면서 유인했더니 왜적이 과연 전부 나와 추격했기에 한산 앞바다로 끌어냈다. 아군이 죽 늘어서서 학익진을 치고, 깃발을 휘두르고 북을 치고 소리를 지르며 한꺼번에 나란히 나아가 크고 작은 총통들을 잇따라 쏘아 먼저 적선 3척을 깨부수니 적의 사기가 꺾여 조금 물러 서자 여러 장수와 군사가 기뻐하며 소리를 지르고 발을 굴렀다. 날카로운 기세를 이용해 왜적을 무찌르고 화살과 철환을 교대로 쏘아 63척을 불태우니, 나머지 왜적 400여 명이 배를 버리고 육 지로 올라가 도망쳤다." 일본 측 기록인 『고려선전기』에서는 이 한산대첩에 대해 와키자카 야스하 루脇坂中書가 7월 6일 소속 전선 60~70척을 거느리고 해협 입구(견내량)로 나아가 조선 수군 전 선 70~80척과 싸워 39척이 불탔고, 나머지는 도망쳤다고 한다. 『脇坂記』(塙保己一 編, 『統群書類 從(第20輯ノ下 合戰部)』, 統群書類従完成会, 大正12)에서는 7월 7일 와키자카 야스하루가 거제도 앞바다로 나갔는데, 조선 수군 전선 4~5척을 보고 한 시간 정도 싸웠고, 조선 수군 전선이 후퇴 하자 3리里(일본의 '1리'는 강항의 『간양록』에 따르면 우리나라 10리와 같다고 했다. 또한 원중거의 『화국 지』 '도로'에 따르면, 일본 10리는 우리나라의 1리이나, 그들의 걸음걸이가 조금 짧아 8리가 된다고 했다. 따라서 『脇坂記』에서 3리는 우리나라 기준으로 24~30리)를 추격했는데, 조선 전선이 넓은 곳으로 나 간 뒤에 조선 대선이 갑자기 키 손잡이箕手 형태로 포위하고 공격했으며, 조선 전선은 크고 일본 전선은 작았기에 싸우기가 어려워 후퇴를 하려 하자 조선 전선에서 호로쿠 화시ほうろく火矢(질려 포통)를 던져 일본 전선을 불태웠고, 전투 과정에서 야스하루의 가신 등이 전사했으며, 야스하루 는 김해까지 물러났다고 한다. 이 전투 과정에서 일본군 200명 정도가 작은 섬에 상륙했다가 조 선 수군이 포위해 13일 동안 솔잎과 해초를 먹고 지내다가 일본군이 거제도를 향해 온다는 소식 에 조선 수군이 잠시 물러난 틈에 뗏목을 만들어 탈출했다고 한다(원문 번역문은 김시덕의 「와키사 카기 上」, 『문헌과 해석』 61호, 문헌과해석사, 2012 겨울)을 참조했다). 도망치던 일본군이 섬에 상륙했 다는 이야기는 이순신의 장계에도 나오는 내용이다.

했습니다. 같은 날(9일)은 해가 이미 저물었고, 역풍이 크게 일어 싸우러 나갈 수 없어 거제 온천도에서 밤을 보냈습니다.

10일 이른 새벽에 배를 출발했습니다. "본도(전라도) 우수사(이억기)에게는 같은 포(안골포) 바깥 바다의 가덕 주변에 진을 치고 있다가 우리가 맞붙어 싸우면 복병을 남겨놓고 달려오라"고 또한 약속했습니다. 신은 수군을 이끌고 학익진으로 먼저 나갔고, 경상 우수사(원균)는 신의 뒤를 잇따르게 해 안골포에 도착했습니다. 멀리서 선창을 바라보았더니, 왜 대선 21척, 중선 15척, 소선 6척(총 42척)이 와서 정박해 있었습니다. 그중 3층으로 된 집이 있는 대선三層有屋大船 1척, 2층 대선二層大船 2척이 포구에서 밖을 향해 떠서 정박해 있었습니다. 그 나머지 배는 물고기 비늘처럼 차례로 열을 지어 정박해 있었습니다.

그러나 그 포(안골포)는 지형의 형편이 좁고 얕으며, 바닷물이 물러나면 육지가 되어 판옥대선이 드나들기가 쉽지 않았습니다. 그래서 두 번 세 번 거듭 유인했지만, 그들의 선발 부대 전선先運船[221] 59척이 한산도 바다 가운데로 끌려 나가 배들이 남김없이 불탔고, 머리가 베어 죽임당했기에 세력이 다하면 육지로 올라갈 계획으로 험한 곳을 점거해 배를 매어놓고 두려

---

221 "선발 부대 전선"의 "先運"은 선발 부대를 뜻하는 것으로 보인다. 『태종실록』 태종 18년(1418) 4월 18일에는 "先運"과 "後運"이 나온다. 또한 『세종실록』 세종 29년(1447) 11월 22일에도 "先運", "二運", "三運"으로 선발 부대가 두 번째, 세 번째 부대로 나온다. 또한 이순신의 같은 장계인 「見乃梁破倭兵狀」(1592년 7월 15일)에서도 사로잡은 김덕종을 문초한 내용에 "왜적들이 4개 부대로 나뉘어 2개 부대는 부산 강변에 진을 쳤고, 한 개 부대는 양산강에 진을 쳤고, 한 개 부대는 전라도로 싸우러 갔다"는 내용이 있고, 주귀생을 문초한 내용에도 일본군이 3개 부대로 나뉘어 주둔하고 있다는 이야기가 있다. 또한 이순신 자신도 주귀생의 일본군 3개 부대를 근거로 "한 부대는 73척으로 거제도 견내량에 와서 정박했다" 섬멸되었고, "두 번째 부대 42척으로 안골포 선창에 열을 지어 진을 친" 것을 공격했다는 것을 참조하면, "先運船"은 "선발 부대 전선"으로 볼 수 있다.

워 겁을 내며 나오지 않았습니다. 어쩔 수 없는 상황이었기에 여러 장수 등에게 명령해 번갈아 서로 드나들며, 천자·지자·현자총통 및 각종 총통과 장전·편전 등을 빗발치듯 쏘고 있을 때, 본도(전라도) 우수사(이억기)가 장수를 정해 복병시켜둔 뒤, 달려와 합동으로 공격해 명성과 위세가 더욱 배가 되었습니다.

집이 있는 대선有屋大船과 2층 대선에 탄 왜적들은 거의 다 죽거나 다쳤습니다. 그런데도 죽거나 다친 왜적을 하나도 빠짐없이222 끌어내 소선을 이용해 실어냈고, 다른 배의 왜적을 소선에 옮겨 실어 충각대선으로 모아들였습니다. 그러기를 종일 했습니다.

그러나 그 배 또한 거의 다 깨부수자 살아남은 왜적 등은 모두 육지로 올라갔습니다. 육지에 올라간 적들은 미처 다 잡지 못했습니다. 그 지역에 살고 있는 백성은 산골에 숨어 있는 자가 아주 많았기에 왜적들의 배를 다 불태우면 궁지에 몰린 도적이 되게 만들게 되어致成窮寇, 숨어 있는 백성이 짓밟혀 결딴나는 재앙을 면치 못하게 될 듯해 잠시 1리쯤 물러나223 밤을 보냈습니다故亦爲幾盡撞破 餘生倭賊等 盡爲下陸 而下陸之賊 未及盡捕 居民竄伏山谷者甚多 盡焚其船 致成窮寇 則竄伏之民 未免魚肉之禍 故姑退一里許經夜.224

---

222 "하나도 빠짐없이"의 원문은 "這這"이다. 이두다. 「전서본」에서는 "一一"로 나온다. 같은 의미다.

223 "잠시 1리쯤 물러나"의 원문이 「영인본」에서는 "■■一里許"이다. "■■"는 판독 불능 글자이나, 「전서본」「충무공계본」에는 "姑退"로 나온다. 「편수회본」에서는 "■■(姑退)"로 나온다.

224 「선조실록」 선조 25년(1592) 6월 21일에도 안골포해전 장계 내용이 나온다. "10일에 안골포에 도착했더니 적선 40척이 바다 가운데 늘어서 정박해 있었다. 그중 첫째 배는 위에 3층으로 된 큰 집이 지어져 있었고, 둘째 배는 2층으로 된 집이 지어져 있었으며, 나머지 모든 배가 물고기 비늘처럼 차례로 진을 쳤는데, 그곳이 좁았다. 아군이 두세 번 유인했으나 왜적이 두려워해 감히 나오지 않았다. 아군들이 드나들며 공격해 적선을 거의 다 불태웠다. 이 싸움에서 3개의 진(전라 좌·우, 경상 우도 수군)이 머리를 벤 것은 250여 급이고 물에 빠져 죽은 자는 그 수를 다

이튿날인 11일 이른 새벽에 되돌아가 둘러싸고 포위했는데, 그곳의 왜적 등은 허겁지겁 닻을 자르고 밤을 틈타 달아나 숨었습니다. 어제 싸웠던 곳을 자세히 살펴보았더니, 그곳에는 전사한 왜적을 12곳에 모아 쌓고 불태웠고, 아직까지도 타다 남은 뼈와 손발이 어지럽게 흩어져 있었습니다. 그 포(안골포)의 성(안골포성) 안팎에는 피가 흘러 땅에 가득했고, 곳곳이 붉은색이었습니다. 왜적이 얼마나 죽고 다쳤는지 다 셀 수 없었습니다. 그날 (11일) 사시쯤 양산강, 김해 포구金海浦口, 감동 포구甘同浦口를 모두 수색하고 살폈으나 적의 모습이 어디에도 없었기에, 가덕 바깥쪽에서 동래·몰운대까지 배를 열을 지어 진을 치고 군대의 위세를 엄하게 보였습니다. 또한 적선을 정탐하고 감시해 많고 적음을 와서 보고하도록 하게 했고, 가덕 응봉, 김해 금단곶金丹串 연대 등지에도 정찰과 높은 곳에서 적을 감시할 군사候望軍를 번갈아 정해 보냈습니다.

그날(11일) 술시쯤 금단곶에 정해 보냈던 높은 곳에서 적을 감시하는 군

쓸 수 없으며, 나머지 왜적들은 밤을 틈타 도망했다"는 내용이다. 일본 측 기록인『고려선전기』에서는 와키자카 야스하루의 패전 소식을 들은 대우수大隅守(구키 요시타가九鬼嘉隆)와 좌마조左馬助(가토 요시아키加藤嘉明)가 6일 부산포에서 출발해 7일 가덕도로 향했고, 8일에는 오도烏島에 들어갔는데 9일 진시부터 조선의 대선 58척과 소선 약 50척이 공격하기 시작해 유시까지 교대로 공격했는데 조선 수군에서 전사자와 부상자가 많이 발생했고, 일본 수군은 그날 밤에 부산포로 물러났다고 한다. 이 전투 부분 기록에 거북선이 등장한다. "(조선 수군의) 대선 가운데 3척은 눈이 먼 배로 쇠로 요해되어 있었는데, 석화시石火矢・봉화시ハウ火矢・バウ火矢・대수오大狩俣를 쏘아 일본 수군 전선의 요해를 깨부수었다"고 한다. 이 기록 중 "쇠로 요해되어 있었는데"라는 부분을『日本の戦史 −朝鮮の役−』(舊參謀本部 編纂, 德間文庫−, 1995)에서는 "鉄でおおわれており"(쇠로 덮어서, 쇠로 막아서)로 번각했다. 이 기록으로 인해 거북선이 철갑선이었다는 주장이 생겨났다. 그러나 본래의『고려선전기』원문 "요해"는 거북선 등에 꽂은 "쇠못"으로도 볼 수 있다.

사,[225] 경상 우수영 수군[226] 허수광許水光[227]이 나와서 다음과 같이 보고했습니다.

그 연대烟臺에서 적을 살피고 높은 곳에서 감시하려고 올라갈 때, 봉우리 아래 작은 암자에 한 늙은 승려가 있어 이끌고 연대로 갔습니다. 양산, 김해 양쪽 강 깊은 곳과 두 고을을 멀리서 살폈더니 적선이 나뉘어 정박해 있었고, 두 곳 합계는 아직도 100여 척이었습니다. 본 것은 그와 같았습니다. 그 승려에게 적선이 가고 머문 것을 물었더니,[228] 전하는 말의 내용에, "요즘에 날마다 50여 척 혹은 대오를 지어 연이어 11일까지 본토(일본)에서 그 강으로 들어왔는데, 어제 안골포에서 맞붙어 싸울 때 포 쏘는 소리를 듣고 지난밤에 다 도망쳐 돌아갔고, 다만 나머지 100여 척이 있다"라고 했습니다.

(왜적들이) 무서워 떨며 달아나 숨는 상황을 알 수 있었습니다. 같은 날인 11일 해 질 무렵 천성보에 도착했습니다. 잠시 머물러 있으면서, 왜적들에게는 우리가 오랫동안 주둔할 계획처럼 보이게 하고, 밤을 틈타 군사를 돌렸습니다.

12일 사시쯤 한산도에 도착했더니, 거제도 군사와 백성 등이 이미 그곳(한산도) 땅에 올라간 왜적들 중 연일 굶주려 걸을 수 없어 강변에서 피곤에 지쳐 졸고 있는 놈들 머리 3급을 베어놓았습니다. 그 나머지 왜적 400여

---

225 「영인본」의 "높은 곳에서 적을 감시하는 군사望軍"가 「충무공계본」에서는 "望將"으로 나온다.
226 「영인본」의 "수군"은 「충무공계본」에서는 "射夫"로 나온다.
227 「영인본」의 "許水光"은 「충무공계본」에서는 "許守光"으로 나온다.
228 「영인본」의 "물었더니問"가 「충무공계본」에서는 "探問"으로 나온다. '探'은 없는 글자다.

명도 벗어나 숨을 길이 없어 새장 속의 새229같이 되어 있었습니다. 신과 본도(전라도) 우수사는 다른 도(전라도)에서 간 지원군으로 군량이 이미 떨어졌고, 또한 "금산의 적 형세가 사납게 날뛰고 이미 전주에 이르렀다"는 전통이 잇따랐기에, 그 섬 땅으로 올라간 왜적은 "거제 군사와 백성이 힘을 합쳐 머리를 베고, 머리를 벤 수를 공문으로 보내달라"고 그 도(경상 우도) 우수사(원균)와 약속했습니다.

13일에 영(전라 좌수영)으로 돌아왔습니다.

신의 여러 장수가 벤 머리 90급230을 왼쪽 귀를 잘라 소금에 절여 궤에 넣어 올려보냅니다. 신이 처음에 약속할 때, 여러 장수와 군졸 등에게 "공로를 바랄 것을 계획해 서로 머리를 베는 것을 다투면 거꾸로 그 해를 당해 죽고 다치는 사례가 많으니, 적을 이미 죽였다면 머리를 베지 않아도 마땅히 싸움에 힘쓴 사람이기에 공로의 으뜸으로 삼겠다要功設計 爭相斬頭 及被其害 死傷例多 旣爲殺賊 則雖未斬頭 當以力戰者 爲首論功"고 두 번 세 번 거듭 명령했습니다. 그런 까닭으로 머리를 벤 수는 많지 않습니다.

그러나 경상도의 공을 세운 여러 장수 등은 소선을 타고 뒤에 있으면서 지켜보던 사람들이었는데, (전라 좌·우도의 수군이) 30여 척을 깨부순 뒤에 구름처럼 모여들어 머리231를 베었습니다.

대개 신의 여러 장수가 벤 것과 경상 우수사 원균, 본도(전라도) 우수사 이억기 등이 이끈 장수들이 벤 것은 모두 250급에 이릅니다.232 그 과정에서

---

229 "새장 속의 새籠中之鳥"는 류성룡이 1592년 7월 13일에 쓴 「馳啟牙山糧船到泊緣由 (…) 狀」(진사록)에도 나온다. "평양의 적이 새장 속의 새처럼 될 것이기에 무찔러 없애기 어렵지 않을 것이다."

230 7월 8일 전투 기록의 합계로 보면 91급이다.

231 "머리"는 「영인본」에서는 "頭"로 나오나, 「충무공계본」에서는 "首"로 나온다.

232 250여 급 중 이순신 부대는 91급, 이억기와 원균 부대는 159급이다.

바다 가운데서 빠져 죽은 왜적이나, 혹은 베어낸 왜적의 머리를 물에 빠뜨려 잃은 것 또한 얼마나 되는지 알 수 없습니다.

왜적의 물건 중에서 중요하지 않은 옷과 쌀, 베 등은 전투한 군사에게 나누어주어 그들의 마음을 위로하고慰其心, 군용 물품 중에서 가장 중요한 것233은 뽑아낸 뒤에 자세히 조목조목 기록했습니다.

중위장 순천 부사 권준,

중부장 광양 현감 어영담,

전부장 방답 첨사 이순신,

후부장 흥양 현감 배흥립,

우부장 사도 첨사 김완,

좌척후장 녹도 만호 정운,

좌별도장 전 만호 윤사공, 가안책,

우척후장 여도 권관 김인영,

좌돌격左突擊 거북선장(귀선장) 급제 이기남, 보인 이언량,

좌부장 낙안 군수 신호,

유군장 발포 만호 황정록,

한후장 영 군관 전 봉사 김대복金大福, 급제 배응록 등은 매번 맞붙어 싸울 때 몸을 잊고 먼저 뛰어들어 승첩을 이루게 했으니 아주 기특합니다. 왜의 물건은 모든 길이 끊겼고 험해 올려보낼 수 없어 모두 영(전라 좌수

---

233 "가장 중요한 것"의 원문은 「영인본」에서는 "最關者"로 나오나, 「충무공계본」에서는 "最關之物"로 나온다.

영)에 두었습니다.234

맞붙어 싸울 때 장사와 군사 중에서

영 2호선 진무 순천 수군 김봉수金鳳壽,

방답 1호선 별군 광양 김두산金斗山,

여도선 격군 흥양 수군 강필인姜必仁, 임필근林必斤,235 장천봉張千奉,236

사도 1호선 갑사 배중지裵中之,

녹도 1호선 흥양 신선 박응구朴應龜,237 강진 수군 강막동姜莫同,

녹도 2호선 격군 장흥 수군 최가응손崔加應孫,238

낙안선239 사부 사노비 붓동夫叱同,240

영 거북선 토병 사노비 김말손金末孫, 정춘丁春,241

흥양 2호선 격군 사노비 상좌上左, 절 노비寺奴 귀세貴世, 절 노비 맛련㐫連,242

영 전령선 순천 수군 박무연朴無連,243

---

234 "모두 영에 두었습니다并以營上爲白置"는 「전서본」에는 나오지 않는다.
235 "林必斤"은 「전서본」에서는 "林必近"으로 나온다.
236 "張千奉"은 「영인본」에서는 "張■奉"으로 미판독 글자가 있으나, 「전서본」에서는 "■"를 "千" 자로 보았다. 「문화재청본」은 "【千】"으로, 「편수회본」은 "■(千)"으로, 「충무공계본」에서는 "下"로 나온다.
237 「영인본」의 "朴應龜"는 「충무공계본」에서는 "朴應貴"로 나온다.
238 "崔加應孫"은 「전서본」에서는 "崔應孫"으로 나온다.
239 「영인본」의 "樂安船"은 「충무공계본」에서는 "樂安 戰船"으로 나온다.
240 "夫叱同"은 「전서본」에서는 "筆同"으로 나온다.
241 「영인본」의 "김말손"은 「충무공계본」에는 나오지 않는다. 「충무공계본」에는 김말손 이외에도 부상 혹은 전사자 명단이 많이 누락되어 있다. 이 번역에서는 누락자는 「영인본」과 비교 대상에서 제외했다. 「충무공계본」에 나오는 인명만 한자를 비교했다. 「영인본」과 「충무공계본」과 같은 경우는 「전서본」과 비교했다.
242 "㐫連"은 「전서본」에서는 "末連"으로 나온다.
243 「영인본」, 「충무공계본」의 "朴無連"은 「전서본」에서는 "朴戊年", 「문화재청본」에서는 "朴戊連"으

발포 1호선 장흥 수군 이갓동李加叱同,244 흥양 수군 김헌金軒,

흥양 3호선 사노비245 맹수孟水 등은 철환에 맞아 죽었습니다.

신이 탄 배의 격군 토병 김국金國, 박범朴凡, 김연근金延斤,246 포작 장동張

同, 고풍손高風孫,

방답 1호선 격군 토병 강돌매姜乧每,247 수군 정귀년鄭貴連, 김수억金水億,

김사화金士化, 토병 정덕성鄭德成, 손원희孫元希,

방답진 2호선 격군 정병 채흡蔡洽,248 수군 양세복梁世卜, 하정河丁, 사부

신선 김렬金烈,

방답진 거북선 격군 수군 김윤방金允方, 서우동徐于同,249 김인산金仁山, 김가

응적金加應赤, 이수배李水背, 송쌍걸宋雙乞,250

여도선 파진군破陣軍251 김한경金漢京, 토병 수군 조니을손趙泥乙孫252 및 선유

수宣有守, 수군 이광해李光海, 임세林世, 윤희동尹希同, 맹언호孟彦浩, 전은석田

로 나온다.

244 "李加叱同"은 「전서본」에서는 "李機同"으로 나온다.

245 "사노비"의 원문이 「영인본」에서는 "私奴"로 나오나, 「충무공계본」에서는 "水軍"으로 나

온다.

246 "金延斤"은 「전서본」에서는 "金延近"으로 나온다.

247 "姜乧每"는 「전서본」에서는 "姜突每"로 나온다.

248 "방답진 2호선 격군 정병 채흡"은 「충무공계본」에서는 "귀선龜船 격군 정병 채흡"으로 나오

나, 이는 「충무공계본」의 오류다.

249 "徐于同"은 「전서본」에서는 "徐于東"으로 나온다.

250 "宋雙乞"은 「전서본」에서는 "宋雙傑"로 나온다.

251 파진군은 군기시 소속으로 화포를 쏘며 적군의 진지를 돌파할 수 있는 용기와 무예를 갖춘

군사로 편성한 특수 부대의 일종이다. 류성룡이 쓴 「請軍人試才優等 及大砲能中者 論賞勸勵狀」

(1597년 8월경)에 따르면, "군기시의 파진군이 있어도 대포를 시험 삼아 쏠 때에 가슴이 두근거리

고 간담이 졸아 단단히 쥐고 반드시 맞추겠다는 생각이 없어 소리의 위세는 웅장하나 적을 명중

시키는 것은 어렵다"라는 내용이 나온다. 「경국대전주해 후집」(안위, 1555)에서는 파진군을 화포

장火砲匠이라고 설명했다.

252 "趙泥乙孫"은 「전서본」에서는 "趙尼孫"으로 나온다.

銀石, 정대춘鄭大春, 방포장 서억세徐億世, 박춘문朴春文, 김금이근金金伊近,253

영 1호선254 수군 정원방鄭元方, 포작 이보인李甫仁, 토병 박돌동朴乭同,255

사도 1호선 수군 최의식崔衣食,256 김금동金今同, 사공 박근세朴斤世,257 최백崔白, 수군 김홍둔金弘屯, 수군 유필정俞必丁, 이응홍李應弘, 박언해朴彦海, 신철申哲, 강아금姜牙金, 군관 전광례,

사도진 2호선 격군 정가당鄭可當, 정우당鄭于當, 오범동吳凡同,

녹도 2호선 군관 성길백成吉伯,258 신선 김덕수金德壽, 수군 강영남姜永男, 주필상朱必上,259 최영안崔永安, 토병 사노비 모노손毛老孫, 사부 장흥 군사 민시주閔時澍, 격군 흥양 수군 이언정李彦丁,

낙안 1호선 격군 포작 업동業同, 세천世千, 이담李淡, 손망룡孫亡龍,

낙안군 2호선 사부 김봉수, 포작 화리동禾里同, 장군 박여산朴如山, 남자 사노비 난손難孫,

보성선 무상260 오흔손吳欣孫, 격군 남자 노비 부피夫皮,261

흥양 1호선 포작 고읍동古邑同,262 남문동南文同, 진동進同, 남자 관노비 지남之南,

---

253 "金金伊近"은 「전서본」에서는 "金錦近"으로 나온다.
254 "영 1호선"은 「충무공계본」에서는 "영 2호선"으로 나온다. 「충무공계본」의 오류다.
255 "朴乭同"은 「전서본」에서는 "朴突同"으로 나온다.
256 "崔衣食"은 「전서본」에서는 "崔宜式"으로 나온다.
257 "朴斤世"는 「전서본」에서는 "朴近世"로 나온다.
258 "成吉伯"은 「충무공계본」에서는 "成吉白"으로 나오나, 「충무공계본」의 오류다.
259 "朱必上"은 「전서본」에서는 "朱必尙"으로 나온다.
260 "무상無上"은 「충무공계본」에서는 "舞上"으로 나오나, 「충무공계본」의 오류다.
261 "夫皮"은 「전서본」에서는 "孚皮"로 나온다.
262 "古邑同"은 「전서본」에서는 "高邑同"으로 나온다.

흥양현 2호선 방포장 정병 이난춘李亂春,263 사군 사노비 오무세吳茂世, 격
군 사노비 풍파동風破同,264 남자 노비 대복大福, 김손金孫, 보인 박천매朴千
每, 남자 사노비 팔련八連, 남자 노비 흔매欣每, 매손每孫, 극지克只, 보인 박
학곤朴鶴昆,265

광양선 도훈도都訓導 김온金溫, 무상266 김담대金淡代, 격군 선동先同,

영 거북선 격군 토병 김정호金延浩, 노비 억지億只267, 홍윤세洪允世, 정걸丁
乞,268 장수張水, 최몽한崔夢汗,269 수군 정희종鄭希宗, 조언부趙彦夫,270 박개춘朴開春,
전거지全巨之,

영 3호선 진무 이자춘李自春, 조득趙得, 박선후朴先厚, 장매년張每年271 격
군 포작 이문세李文世, 토병 김연옥,272 노비 학매鶴每,273 영이永耳,274 박외동
朴外同,

발포 1호선 토병 이노랑李老郞, 이구련李仇連, 수군 조도본趙道本,275

발포 2호선276 수군 최이崔已, 김신말金信末, 최영문崔永文,

---

263 "李亂春"은 「전서본」에서는 "李爛春"으로 나온다.
264 "風破同"은 「전서본」에서는 "風自東"으로 나온다.
265 "朴鶴昆"은 「전서본」에서는 "朴鶴鯤"으로 나온다.
266 "무상無上"은 「충무공계본」에서는 "舞上"으로 나오나, 「충무공계본」의 오류다.
267 "億只"는 「전서본」에서는 "億基"로 나온다.
268 "丁乞"은 「전서본」에서는 "丁傑"로 나온다.
269 "崔夢汗"은 「전서본」에서는 "崔夢漢"으로 나온다.
270 "趙彦夫"는 「전서본」에서는 "趙彦孚"로 나온다.
271 "張每年"은 「전서본」에서는 "張梅年"으로 나온다.
272 "김연옥"의 원문 "金年■"은 「전서본」에서는 "金年玉"으로 나온다.
273 "鶴每"는 「전서본」에서는 "鶴梅"로 나온다.
274 "永耳"는 「전서본」에서는 "永駬"로 나온다.
275 「문화재청본」의 "조도본"은 「영인본」에서는 "조■■(趙■■)"이나, 「전서본」에서는 "趙道本"으
로 나온다.
276 "발포 2호선"의 「영인본」은 "■■■船"이나, 「전서본」「충무공계본」은 "同浦二船"으로, 「편수회

흥양 3호선 사노비 풍세風世, 포작 망구지亡仇之,[277] 망기亡己,[278] 흔복欣福 등은 철환에 맞았으나 중상은 아닙니다.

위의 사람들은 화살과 돌을 무릅쓰고 죽을 결심을 하고 나아가 싸웠기에 혹은 죽었고, 혹은 다쳤기에, 죽은 사람의 시신은 각각 그 장수에게 명령해 별도로 소선에 실어 고향에 돌아가게 해 장례를 치르게 했습니다. "그들의 아내와 자식들에게는 다른 구제를 위한 특전(휼전)처럼 베풀어주소서."

중상이 아닌 사람들은 약물을 대주어 충분히 구호하고 치료하도록 특별히 엄하게 단단히 타일러 경계하게 했습니다.

녹도 만호 정운이 (8일에) 붙잡은 거제 오양포烏陽浦[279] 포작 최필崔必[280]에게 진술받은 내용은 다음과 같았습니다.

그들에게 붙잡힌 것이 오래되지 않고, 말소리가 서로 달라 그들이 말하는 것을 잘 알아들을 수 없었습니다. 다만 때때로 "전라도 군대가 전날에 배를 불태우고 머리를 베어 죽였다"처럼 말하면서 칼을 휘두르며 용기를 뽐내기도 했습니다. 그 말과 얼굴빛을 자세히 보거나, 그 행동을 살펴보면, 오로지 곧바로 전라도를 향할 계획으로 거제도 견내량에 와서 정박했다가 패배한 것입니다.

본」은 "同■浦二"로 나온다.
277 "亡仇之"는 「전서본」에서는 "馬仇之"로 나온다.
278 "亡己"는 「전서본」에서는 "望己"로 나온다. 홍기문은 "亡己"로 보았다.
279 "烏陽浦"는 「충무공계본」에서는 "烏壤浦"로 나온다. 「충무공계본」의 오류다.
280 "崔必"은 「전서본」에서는 "崔弼"로 나온다.

순천 부사 권준이 (8일에) 붙잡은 서울 안에 사는 보인 김덕종金德宗에게 진술받은 내용은 다음과 같았습니다.

날짜는 기억나지 않으나, 지난 6월쯤 아주 많은 왜적이 4개 부대로 나뉘어 저를 함께 서울에서부터 데리고 내려왔습니다. 2개 부대는 부산 강변에 진을 쳤고, 한 개 부대는 양산강에 진을 쳤습니다. 또한 한 개 부대는 전라도로 싸우러 가려고 향했습니다. 그러나 왜인의 말을 알아들을 수 없었습니다. 한 개 부대는 서울에서 지금 진을 치고 피란해 숨은 사람들에게 방榜을 걸어 알리며 남김없이 들어와 살게 해 노비처럼 심부름을 시키고 있습니다. 저를 이끌고 온 왜장은 이번에 맞붙어 싸울 때(8일) 죽임을 당했습니다.

5영장 최도전이 (8일에) 붙잡은 서울 안에 사는 사노비 중남仲男, 사노비 용이龍伊, 경상도 비안比安에 사는 사노비 영락永樂 등에게 진술받은 내용은 다음과 같았습니다.

적들이 내려올 때, 용인에 도착해 우리나라 군대와 말과 서로 마주쳐 맞붙어 싸웠고, 우리나라 사람은 군대를 후퇴했습니다. 김해강金海江에 도착해 왜장은 여러 왜적에게 문서로 지시했습니다. 우리나라 장수가 약속하는 모습과 같았습니다. 여러 왜적 등은 손을 들어 서쪽을 가리키며 매번 '전라도'라고 부르면서 혹은 칼을 휘두르며 물건을 쳤는데 하나같이 머리를 베어 죽이는 모습과 같았습니다.

광양 현감 어영담이 (8일에) 붙잡은 경상도 인동현仁同縣에 사는 소년 우근신禹謹身 등에게 진술받은 내용은 다음과 같았습니다.

저와 누이동생은 한꺼번에 산으로 들어가 피란했다가 함께 붙잡혀 서울로
올라갔습니다. 누이동생은 왜장이 서로 몸을 더럽혔습니다. 달과 날짜는 기
억나지 않으나 내려올 때, 우리나라 군대와 말과 서로 마주쳤습니다. 첫날
은 왜적이 승리했고, 둘째 날은 이기지 못해 군사를 후퇴했고, 셋째 날은 우
리나라 군대 전체가 군사를 후퇴했습니다. 그래서 곧바로 김해강으로 내려
왔습니다. 탔던 배는 어디에서 왔는지 알 수 없습니다. 다른 곳에서 이끌려
왔고, 어디를 향하는지에 대한 말을 알아들을 수 없었습니다. 다만 손으로
서쪽을 가리켰는데, 이는 반드시 전라도를 향한다는 말일 것입니다. 왜장은
당일(8일) 맞붙어 싸울 때 화살에 맞고 머리가 베어졌습니다. 우리나라 군대
와 맞붙어 싸울 때 우리나라 사람이 싸우지 않으면, 칼을 휘두르며 기뻐서
펄쩍펄쩍 뛰며 기세를 타서 쫓아가다가도, 활시위를 당기고 돌격하면 반드
시 모두 머뭇거리고 뒷걸음쳤습니다. 왜장이 비록 엄히 싸움을 독려했어도
두려워 감히 나가지 못했습니다.

웅천 현감 허일許鎰[281]이 거느린 그 현(웅천현) 기관 주귀생朱貴生은 다음
과 같이 말했습니다.

---

281 허일(?~1593)은 김유동의 『조선각도읍지』에 따르면, 순천 출신으로, 임진년에 웅천 현감으로
진주에서 전사해 형조 참의로 증직되었다고 한다. 아들 허원許垣은 무과에 급제했는데, 아버지
의 복수를 위해 한산도에서 싸우다가 전사했다고 한다. 『동의록』(조정趙挺, 동의록중역간위원회,
1978)에 따르면, 웅천 현감 이수인李守仁이 전사한 뒤에 승진했고, 이수인 막하에서 동래, 부산,
남해 전투에 참전했다. 진주성 전투에서 전사했다고 한다.

김해부에 사는 내수사[282] 노비 이수李水[283]가 7월 2일, 현(웅천현)에 사는 그의 부모를 만날 일로 왔다가 말하는 내용에, "본부(김해부) 불암창佛岩滄에 도착해 정박한 왜인 등이 전라도에서 맞붙어 싸울 것입니다. 각 배는 방패 이외에 괴목槐木(느티나무 혹은 회화나무)으로 된 몇 개의 판을 덧붙여 견고하고 치밀하게 만들었습니다.[284] 저희끼리 서로 약속해 3개 부대로 나뉘어 주둔하고 정박했습니다. 김해성金海城 안팎에 머물러 주둔한 적은 어느 날 밤에 멀리서 물고기를 잡는 불[285]을 보고는 두려워하거나 혹은 전라도 군대 (조선 수군)가 와서 짓밟을까 크게 놀라 시끄럽게 떠들며 어쩔 줄 모르고 이리저리 바쁘게 뛰어다니다가 한참 만에 안정되었습니다"와 같이 전해주었습니다.

그런데 각각의 사람이 진술한 것을 비록 하나하나 취해 믿을 수 없으나, "3개 부대로 나누어 단장한 배로 전라도를 향한다"는 말은 증명할 수 있는 길이 있을 듯합니다. 한 부대의 왜적 73척은 거제도 견내량에 와서 정박했다가 신 등이 이미 없앴고, 두 번째 부대의 왜적 42척은 안골포 선창에 열을 지어 진을 쳤으나 또한 신 등에게 패해 많이 죽고 다치며 밤을 타고 달아나 숨었습니다. 그러나 다시 그들 패거리를 끌어들여 군사를 일으켜 세력을 합쳐 멀리까지 쫓아와 침범한다면 끝내는 앞뒤로 적을 만나게腹背受敵

282 내수사는 대궐에 필요한 쌀, 포목, 잡물과 노비 일을 담당하는 관청이다.
283 "李水"가 「충무공계본」에서는 "永水"로 나온다. 「충무공계본」의 오류다.
284 이탁영의 『정만록』 1592년 7월 9일에서는 김해의 일본군이 느티나무槻 판자로 배를 건조했다는 이야기가 나온다.
285 "물고기를 잡는 불漁火"의 모습은 추자도에서 음력 5월부터 9월, 10월까지 멸치를 잡는 모습에서 추정할 수 있다. '채배'라는 전통적인 배로 잡았는데, 솔가지를 태워서 불빛을 만들어 몰려오는 멸치를 잡았다고 한다(주강현, 『관해기(1)』, 웅진지식하우스, 2006, 112~113쪽).

되기에 군대가 나눠지고 형세가 약해지기에 아주 걱정됩니다.

"무기를 다스리고 군대를 정비하면서 창을 베개로 삼고 비상사태에 대비하고治兵整旅 枕戈待變, 다시 통지하면 곧바로 수군을 이끌고 달려 나오라"고 본도(전라도) 우수사 이억기와 약속하고 진을 파했습니다.[286]

적에게 붙잡혔다가 사로잡힌 사람들은 각각 붙잡아온 관리에게 명령해 "구제하고 도와줘 편안히 살 수 있게 하고 난리가 평정된 뒤에 고향으로 돌려보내라"고 알아듣게 타일렀습니다.

여러 장수와 군사, 관리 등은 떨쳐 일어나 제 한 몸을 돌아보지 않고 처음부터 끝까지 싸움에 힘써 여러 번 승리했습니다. 그런데 행재소가 멀리 떨어져 있고, 도로는 험하고 막혔습니다. 군공 등급을 평가해 매기는 것을 만약 조정의 명령을 기다린 뒤에야 공로의 등급을 나누어 정하게 되면, 군사들의 마음을 감동시킬 수 없습니다無以感動軍情. 그래서 먼저 공로를 참작해 1, 2, 3등으로 별도 장계에 자세히 조목조목 기록했습니다.

처음 약속과 같이 비록 머리를 베지 않았어도 죽을힘을 다해 싸운 사람들을 신이 직접 본 것에 따라 차례로 나누어 결정해 마찬가지로 문서에 이름을 올렸습니다依當初約束 雖未斬頭 以死力戰人等 臣親見分秩 磨鍊一樣參錄.

삼가 갖추어 임금님께 글을 올려 보고합니다.

1592년 7월 15일.

절도사. 신하 이(이순신).

286 오희문의 『쇄미록』 1592년 7월 26일에도 이 3차 출전에 대한 이야기가 나온다. 원균이 8일에 이순신과 함께 적선 80여 척을 사로잡아 목을 벤 것이 700여 명이었고, 10일에는 80여 척을 사로잡았는데 전라 수사 이순신이 목을 벤 것이 200여 명, 원균은 217명이었고, 물에 빠졌거나 불에 타 죽거나 한 일본군이 수천 명에 이른다고 했다. 또 일본군 5명을 생포했는데 젊고 거짓스러운 자는 베었고, 15~16세 된 1명을 하동현에 가두었다고 한다. 오희문의 기록은 원균이 올린 장계를 바탕으로 한 듯하다. 이순신의 장계와 차이가 있다. 원균의 장계는 과장된 것으로 보인다.

● 참고: 3차 출전에서의 사상자 현황

구분	철환				합계
	사망		부상		
이순신 배			5	토병 3, 포작 2	5
본영 거북선	2	사노비 2	10	토병 1, 노비 5, 수군 4	12
방답 거북선	0		6	수군	6
영(본영) 전령선	1	수군 1	0		1
영(본영) 1호	0		3	수군 1, 포작 1, 토병 1	3
영(본영) 2호	1	수군 1	0		1
영(본영) 3호	0		9	진무 4, 포작 1, 토병 1, 노비 3	9
방답 1호	1	별군 1	6	토병3, 수군 3	7
방답 2호	0		4	정병1, 수군 2, 신선 1	4
여도선	3	수군 1	12	파진군 1, 토병 2, 수군 6, 방포장 3	15
사도 1호	1	갑사 1	11	수군 8, 사공 2, 군관 1	12
사도 2호	0		3	격군 3	3
녹도 1호	2	신선 1, 수군 1	0		2
녹도 2호	1	수군 1	8	군관 1, 신선 1, 수군 5, 사노비 1	9
낙안선	1	사노비 1	0		1
낙안 1호	0		4	포작 4	4
낙안 2호	0		4	사부 1, 포작 1, 장군1, 사노비 1	4
흥양 1호	0		4	포작 3, 관노비 1	4
흥양 2호	3	사노비 1, 절 노비 2	11	정병 1, 사노비 8, 보인 2	14
흥양 3호	1	사노비 1	4	사노비 1, 포작 3	5
보성선	0		2	무상 1, 노비 1	2
광양선	0		3	도훈도 1, 무상 1, 격군 1	3
발포 1호	2	수군 2	3	토병 2, 수군 1	5
발포 2호	0		3	수군 3	3
합계	19명		115명		134명

이순신 관할 전라 좌수영 부대의 3차 출전 사상자는 총 134명이다. 사상자 소속 기준으로 출전한 배는 24척이다. 사상자는 모두 조총에 의해 발생했다. 사망 19명, 부상 115명이다. 원균의 경상 우수영과 이억기의 전라 우수영 소속은 나오지 않는다. 거북선에서는 본영 거북선은 사망 2, 부상 10이 있고, 방답 거북선은 부상 6명이다. 사망자의 10퍼센트, 부상자의 14퍼센트가량을 차지하고 있다. 본영 거북선의 경우 여도선, 흥양 2호선

다음으로 사상자가 많다.

이 장계에 따르면, 한산대첩 때 일본군은 대선 36척, 중선 24척, 소선 13척, 합계 73척이 있었고, 그중 대선 1척, 중선 7척, 소선 6척 합계 14척이 도망쳤다고 하므로, 실제 파괴한 일본군 배는 대선 35척, 중선 17척, 소선 7척 합계 59척이다. 『선조실록』 선조 25년(1592) 6월 21일 기록에는 63척을 불살랐다고 나온다. 안골포해전에서는, 장계에 따르면 이순신은 산속에 숨은 백성의 피해를 우려해 일본군 전선을 다 파괴하지 않고 일부를 남겨두었고, 남아 있던 일본 전선은 밤에 도망쳤다고 한다. 안골포해전에서 격파한 일본군 전선 수는 몇몇 기록으로 보면 40여 척이라고 하나 확실치는 않다. 3차 출전에서는 총 100여 척을 격파한 듯하다.

⊙ 참고 1: 한산대첩과 안골포해전에 대한 기록

○ 조익의 일기(1592년 7월 27일)

"경상 우수사와 전라도 수사(이순신) 및 고성 수령 등이 함께 왜선 70여 척을 깨부수고 300여 급의 머리를 베었고, 물에 빠져 죽은 왜놈은 그 수가 셀 수 없을 정도로 많았다."

○ 정경운의 『고대일록』(1592년 7월 19일)

"왜선 32척이 거제현 앞 포주浦州에 정박했고, 나머지 배는 현내량(견내량)을 의지해 정박했다. (…) 전라도 좌수사 이순신이 방답 첨사 모를 수군 전부장으로 삼고, 통선 4척과 거북선 1척을 정비해 비상사태에 대비하게 했다. 6일 좌·우도 여러 장수와 경상도 여러 장수가 합세해 적선 59척을 무찌르고 깨부수었고, 300여 명을 베었다. 바다에 뛰어들어 빠져 죽은 자도 셀 수 없었다. 빠져나간 적선은 10여 척으로 왜인 200여 명이 타고 있었다. (…) 10일, 안골포에서 싸울 때 왜선은 대·중·소 합쳐 41척이었다. 2~3층의 집이 있는 것과 1~2층 대선이 기슭에 정박해 있었는데, 땅의 형세가 좁고 얕아 바닷물이 빠지면 땅이 되었다. 아군의 여러 장수가 일제히 나갈 수 없어 혹은 2~3척으로 교대로 드나들며 철환과 편전을 내내 쏘았다."

⊙ 참고 2: 한산대첩에 대한 평가

○ 헐버트H. B. Hulbert, *Hulbert's History of Korea*(Vol. 1), 1962, 박혜일, 최희동, 배영덕, 김명섭 엮음, 『이순신의 일기』, 98쪽에서 재인용.

"이 해전은 실로 조선의 살라미스해전이라고 할 수 있다. 이 해전이야말로 히데요시의 조선 침략에 사형선고를 내린 것이며, 중국 정벌의 야욕을 분쇄시켰던 것이다. 그 뒤 비록 수년 동안 전쟁이 계속되었지만, 그것은 오직 히데요시의 실망을 누그러뜨리기 위한 것이었다."

○ 노인, 『금계일기』, 이백순 옮김, 나주목향토문화연구회, 1999.

노인魯認(1566~1622)은 1597년 8월 23일, 남원에서 포로가 되었다가, 1599년 3월 명나라 배를 타고 명나라를 거쳐 돌아왔다. 그가 명나라 복건성에 머물 때인 1599년 5월 20일 일기에는 한산대첩이 중국에 전해진 이야기가 나온다.

"(명나라 복건성) 여러 수재秀才(명나라 선비들의 호칭인 듯)가 명도당에 모여 글을 써서 보이기를, '당신 나라의 강한 군대는 천하에 소문이 나 있습니다. 수나라와 당나라 때에는 얼마나 장대했습니까. 그런데 평수길의 난에는 어찌 그리 심히 겁이 많습니까. 이 왜놈들이 비록 부산을 넘어 서울을 깨뜨렸지만, 실패한 곳도 많았으니, 한산, 경상, 전라의 승리같이 실로 평수길(도요토미 히데요시)은 능한 것이 아닙니다'라고 했다."

⊙ 참고 3: 한산대첩의 영향

패전 보고를 받은 히데요시는 이로부터 해전 회피령을 내리고, 대선 건조와 남해안에 성을 쌓아 방어하는 장기전을 명령했다. 부산에서 순천 사이의 해안에 왜성 18개가 축성되었다. 임진왜란 전체 기간에 일본군이 쌓은 성은 모두 30여 개다. 그중 순천성을 제외한 나머지는 모두 경상도의 남해안에 집중되어 있다.

10. 「군량을 필요한 곳으로 옮기기 위해 임금님께 보고하는 장계移割軍糧狀」

(1592년 7월 16일)[287]

전라 좌도 수군절도사. 신하 이(이순신).

삼가 옮겨올 일을 보고합니다.

영(전라 좌수영)과 도(전라도) 소속 각 진포 군량은 규정된 수량이 넉넉하지 못했습니다. 그런데도 세 번 적을 무찌르느라 바다에서 헛되이 시간을 보내, 많은 전선의 군졸들이 굶주리게 되어 그 군량을 이미 다 나누어주었습니다. 그런데도 적은 아직도 물러가지 않고 있습니다.

연이어 바다에 있기에 달리 군량을 마련할 길이 없어 아주 답답하고 염려됩니다. 어쩔 수 없는 상황이었기에 순천부에 있던 진 군량 500여 섬은 본영 및 첩입한 방답진防踏鎭으로, 흥양 군량 400섬은 여도[288]·사도·발포·녹도 등 4포로 각 100섬씩 먼저 옮겨 예상치 못한 일을 대비하고자 도순찰사(이광)에게 공문을 보냈습니다.

삼가 갖추어 임금님께 글을 올려 보고합니다.

1592년 7월 16일.

절도사. 신하 이(이순신).

---

287 「영인본」에는 이 장계에 제목이 「순천과 흥양에 군량을 부과시켜 주시기를 임금님께 직접 청하는 글順天興陽軍糧卜定請啓」로 붙어 있다.

288 "여도"는 원문에서는 "■■"로 판독 불능 글자다. 「편수회본」 「전서본」에서는 "呂島"이다. 문맥으로 보면 여도가 타당하다.

11. 「부산에서 왜적을 쳐부순 일을 임금님께 보고하는 장계釜山破倭兵狀」

(1592년 9월 17일)[289]

전라 좌도 수군절도사. 신하 이(이순신).[290]

삼가 불태워 없앤 일을 보고합니다.

경상도 바닷가의 적을 세 번[291] 가서 무찌른 뒤 가덕 서쪽에는 그림자가 아주 끊어졌습니다. "각 도에 가득 차 있던 적들이 날마다 점차로 흘러 내려오고 있다"고 하오니, 그들이 물러나 숨는 틈을 타 바다와 육지에서 합동으로 공격하고자 합니다. 본도(전라) 좌·우도 전선 합계 74척, 협선 92척[292]을 더욱 엄격하게 정비해 지난 8월 1일 본영(전라 좌수영) 앞바다에 도착하게 해 진을 치고 거듭 약속을 밝혔습니다.

그달(8월) 8일에 선전관 안홍국安弘國이 가져온 임금님께서 분부하신 서

---

289 「영인본」에는 이 장계의 제목이 「제4차 부산포 승첩을 임금님께 보고하는 계본四度釜山浦勝捷啓本」(1592년 9월 17일)으로 붙어 있다. 이 장계는 「충무공계본」에도 나온다. 「임진장초」처럼 「이충무공전서」와 달리 이두 표기가 되어 있다. 다만, 「충무공계본」에는 날짜가 "9월 10일"로 나온다는 차이가 있다. 「난중일기」에는 부산대첩에 대한 일기는 없다.

290 「영인본」의 "이李"를 「충무공계본」에서는 "이순신"으로 명기했다.

291 "세 번"은 1차 5월 4일~5월 8일, 2차 5월 29일~6월 7일, 3차 7월 8일~7월 10일이다.

292 3차 출전 시 전라 좌·우도 전선 74척, 협선 92척은 이순신과 이억기가 전선과 군사 수를 증강시킨 것을 보여준다. 1·2차 출전 당시 이순신 부대는 전선 24척이었고, 1차 출전 때의 협선은 15척, 포작선 46척이었다. 2차 출전에서는 협선과 포작선은 기록이 없다. 또한 2차 출전 때 합류한 이억기 부대는 전선 26척이었다. 2차 출전 때를 기준으로 이순신과 이억기 부대의 전체 전선은 50척이다. 이순신과 이억기는 그 사이에 24척을 증강시켰다. 또한 협선도 함께 증강시켰던 듯하다. 이순신은 그 후에도 계속 전선을 증강시켰고, 「충청도 수군이 뒤따라와서 지원할 수 있도록 임금께 청하는 장계(2)請沿湖西舟師繼援狀(二)」(1593년 5월 14일)에서는 이순신은 전선 42척과 사후소선 52척, 이억기는 전선 54척과 사후소선 54척으로 참전했다고 한다. 또한 「바닷가의 군사와 군량, 군대 기물을 수군에 전속시켜주시기를 임금님께 청하는 장계請沿海軍兵糧器全屬舟師狀」(1593년 윤11월 17일)에 따르면, 전라 좌·우도에서 전선 150척, 사협선 150척을 추가 건조했다고 한다.

장을 공손히 받았습니다. 뿐만 아니라 경상 우도 순찰사 김수金晬의 공문에, "위쪽을 침범했던 적의 무리가 낮에는 숨고 밤에 이동하며 양산, 김해 강 등지로 연이어 내려왔는데, 짐을 가득 실은 것이 달아나 숨으려는 흔적을 드러낸 것"이라고 했습니다.

그래서 그달(8월) 24일 우수사 이억기 등과 배를 출발했습니다. 수군 조방장 정걸도 함께 거느려 이끌고 남해 경계 관음포觀音浦에서 밤을 보냈습니다. 25일에 모이기로 약속한 곳인 사량 바다 가운데에 도착해 그 도(경상도) 우수사 원균과 서로 만났습니다. 적의 소식을 자세히 물은 뒤에 모두 당포에 도착해 밤을 보냈습니다. 26일에는 바람과 비가 교대로 일어 출발할 수 없었는데, 해 저문 뒤 거제도 자을우적資乙于赤에 이르러 밤을 틈타 몰래 건넜습니다. 27일에는 웅천 땅 제포 뒷바다에 있는 원포에서 밤을 보냈습니다.

28일에 경상도 육지의 적을 정탐하는 사람이 나와, "고성·진해·창원 병영 등지에 머물러 주둔한 왜적은 이달 24~25일 밤사이에 전부 달아나 숨었습니다"라고 보고했습니다. 이는 반드시 산에 올라 정탐하고 감시하던 왜적이 우리 수군을 보고 위엄을 두려워해 배를 정박한 곳으로 도망쳐 달아난 것입니다. 그날(28일), 이른 아침에 배를 출발해 곧바로 양산·김해 두 강의 앞바다로 향했습니다.

창원 땅 구곡포仇谷浦 포작 정맛석丁末叱石293이라는 사람이 붙잡힌 지 3일째인 같은 날(28일), 김해강에서 도망쳐 돌아와 "그 강에 머물러 정박한 적선은 며칠 사이 많은 수가 여러 척이 대오를 지어 몰운대 바깥 바다로 노질을 재촉해 나갔는데, 달아나 숨으려는 모습이 뚜렷했기에 저는 밤을 틈

---

293 "정맛석"은 「전서본」에서는 "丁末石"으로 나온다.

타 도망쳐 돌아왔습니다"라고 보고했습니다.

그래서 가덕도 북쪽 편의 서쪽 기슭에 배를 몰래 숨겨 정박하게 하고, 방답 첨사 이순신, 광양 현감 어영담에게 그곳 가덕 바깥쪽에서 몰래 숨어 복병하면서, "양산의 적선을 살피고 감시하고 와서 보고하라"²⁹⁴고 정해 보냈습니다. 신시 말(17시)에 돌아와, "내내 멀리서 살폈는데, 다만 왜의 소선 4척²⁹⁵이 두 강의 앞바다에서 나와 곧바로 몰운대로 지나갔습니다"라고 보고했기에, 그대로 천성 선창으로 가서 밤을 보냈습니다.

29일, 닭이 울 때 배를 출발해 날이 밝을 무렵에 두 강의 앞바다에 도착했더니, 동래 땅 장림포長林浦 바다 가운데에서 적의 잔당 30여 명이 대선 4척과 소선 2척에 나누어 타고 양산에서 나오다가 멀리서 우리 수군을 바라보고 배를 버리고 육지로 올라갔습니다.

경상 우수사(원균)가 수군을 이끌어 전담해 깨부수고 불태워 없앴습니다. 좌별도장 신의 우후 이몽구도 대선 1척을 깨부수고, 머리 1급을 베었습니다. 그 뒤에 군사를 좌우로 나눠 두 강으로 들어가고자 했으나, 그 강 입구 형세가 험하고 좁아²⁹⁶ 판옥대선은 싸우기가 쉽지 않았습니다. 그래서 해가 저물 때쯤 가덕 북쪽 편으로 되돌아와 밤을 보내며, 원균과 이억기 등과 밤새 전략을 의논했습니다.

9월 1일, 닭이 울 때雞鳴²⁹⁷ 배를 출발해 진시에 몰운대를 지났는데, 동

---

294 "살피고 감시하고 와서 보고하라探望來告"의 「영인본」은 "探望■告"이나, 「문화재청본」은 "探【望]來告", 「충무공계본」은 "探望來告"로 나온다.

295 "소선 4척小船四隻"의 「영인본」은 "小■四■", 「문화재청본」은 "小【船]四隻", 「충무공계본」은 "小船四隻"으로 나온다.

296 "좁아"의 「영인본」 「충무공유사」는 "俠"이나, 「전서본」은 "狹", 「편수회본」은 "俠(狹)", 「문화재청본」은 "俠【陜]"으로 보았다. 「전서본」의 "狹"으로 번역했다.

297 「난중일기」 1593년 3월 22일 이후 메모 중, 「부산에서 왜적을 쳐부순 일을 임금님께 보고

풍이 갑자기 일고, 파도가 거세게 일어 배를 제어하기 어려웠습니다.

화준구미花樽仇末[298]에 도착해서 왜 대선 5척과 서로 만났고, 다대포 앞바다에 도착했을 때는 왜 대선 8척, 서평포西平浦 앞바다에 도착했을 때는 왜 대선 9척, 절영도絶影島에 도착했을 때는 왜 대선 2척을 만났습니다. 모든 배가 기슭에 의지해 열 지어 정박하고 있었기에 삼도(전라 좌·우도, 경상 우도) 수사가 이끄는 여러 장수와 조방장 정걸 등이 힘을 합쳐 남김없이 깨부수었습니다. 배에 가득 실은 왜적의 물건과 전투 도구도 찾지 못하게 하고 함께 불태워 없앴습니다. 왜인들은 멀리서 위세를 보고 산으로 올라갔기에 머리는 베지 못했습니다. 그곳 절영도 안팎을 모조리 수색·토벌했지만 적의 자취는 없었습니다.

그대로 소선으로 하여금 부산 앞바다로 달려 보내 적선을 자세히 살피게 했더니, "대략 500여 척이 선창 동쪽 산 해안 기슭 아래 열을 지어 정박했고, 선봉 왜적 대선 4척이 초량항草梁項으로 마주 나오고 있습니다"라고 했습니다. 곧바로 원균과 이억기 등과 약속하며 말하기를, "우리 군대의 위세로 지금 만약 무찌르지 않고 군사를 돌린다면, 그 왜적들은 반드시 (조선 수군을) 가벼이 여기는 마음이 생길 것이다以我兵威 今若不討還師 則賊必生輕侮之心"라고 하고, 깃발을 흔들어 달려갈 것을 독촉했습니다.

우부장 녹도 만호 정운, 거북선 돌격장 신의 군관 이언량, 전부장 방답 첨사 이순신, 중위장 순천 부사 권준, 좌부장 낙안 군수 신호 등이 맨 먼저 나아가 곧바로 진격해 그들의 선봉 대선 4척을 먼저 깨부수고 불태워 없앴습니다. 왜적의 무리들이 헤엄쳐 육지로 올라갈 때, 뒤에 있던 여러 배

하는 장계」의 초안으로 보이는 것에서는 "九月初一日 四更初(사경 초)"에 출발했다고 한다.
298 "花樽仇末"는 「전서본」에서는 "花樽龜尾"로 나온다.

가 그대로 이런 승리한 기세를 타고 깃발을 올리고 북을 치며[299] 긴 뱀처럼長蛇 앞으로 돌격했습니다.

그곳 진성鎭城(부산진성) 동쪽 한 산에서 5리쯤 되는 언덕 아래 세 곳에 주둔해 정박한 배가 대·중·소 합쳐 대략 470여 척[300]이 있었습니다. 그러나 우리 군대의 위엄과 무력을 보고 두려워 감히 나오지 않았습니다. 그들의 여러 배를 앞에서 곧바로 공격했더니, 배 안과 성안, 산 위의 소굴에 있던 적들이 총통을 갖고, 활시위에 화살을 메긴[301] 채 모두 산으로 올라가 여섯 곳에 나누어 주둔하면서 내려다보며 철환과 전을 빗발치듯, 우박이 내리듯 쏘았습니다. 편전을 쏘는 것은 하나같이 우리나라 사람인 듯했고, 혹은 대철환大鐵丸을 쏘았는데 큰 것은 모과 크기와 같았습니다. 혹은 수마석을 쏘았는데 큰 것은 사발鉢塊 크기와 같았습니다.[302] 우리 배를 많이 맞혔기에 여러 장수 등은 더욱더 울분이 치밀어 올라 죽음을 무릅쓰고 다투어 돌격했습니다. 천자·지자총통으로 장군전將軍箭·피령전·장전·편전[303]·철환을 한꺼번에 일제히 발사했습니다. 내내 서로 싸웠더니, 적의 사기는 크게 꺾였고賊氣大挫, 적선 100여 척을 삼도의 여러 장수가 함께 힘을 내 깨부수었습니다. 그 뒤 왜적들이 전에 맞아 죽은 왜적을 토굴로 끌고 들어갔

---

299 척계광의 『기효신서』의 「鍊鼓」(북 훈련)에 따르면, "한 번 또는 두세 번씩 북을 울리는 것은 바로 진을 칠 때 한 번 치면 20보, 빠르게 한 번 치면 1보를 가라는 명령이고, 북을 아주 빠르게 치는 것은 싸우라는 명령"이라고 한다.

300 "470여 척"이 「문화재청본」에서는 "百七十餘隻"(170여 척)으로 나오나, 「영인본」 「편수회본」 「전서본」에서는 "四百七十餘隻"(470여 척)이다. 「문화재청본」이 오자다.

301 "(화살을 활시위에) 메기다挾"는 「충무공유사」에서는 "搨"로 나온다.

302 정경달의 『반곡유고』 1592년 5월 18일에는 "적의 되같이 큰 철환이 수십 개 내 앞에 떨어졌다"는 내용이 있다.

303 "장전·편전"의 「영인본」은 "長片■"이다. 「전서본」 「충무공계본」은 "長片箭"이다. 「문화재청본」은 "長片【箭】"으로 나온다.

기에 (죽은 왜적이) 얼마나 되는지 그 수는 알 수 없었습니다. 배를 깨뜨리는 것이 급해 머리를 베지는 않았습니다.

여러 배에서 용사를 뽑아 육지에 올라가 모두 다 죽이고 싶었으나 무릇 성 안팎 6~7곳에 적이 진을 치고 있었고, 말을 타고 용기를 뽐내는 자가 많았기에, 말이 없는 외로운 군사로 가벼이 육지에 올라가게 하는 것은 완전한 계책이 아니었습니다無馬孤軍 輕易下陸 亦非萬全之策. 또한 해가 저물었기에 도적의 소굴에 머물러 있다가는 앞뒤에서 적을 만나는 걱정거리腹背受敵之患가 염려되어, 어쩔 수 없는 상황이었기에 여러 장수를 이끌고 뱃길을 돌렸습니다. 삼경쯤에 가덕도로 되돌아와 밤을 보냈습니다.

양산과 김해에 머물러 정박한 배에 대해 어떤 이가 전하기를, "점차로 본토(일본)로 돌아갈 것"이라고 했습니다. 그렇다면 몇 달304 뒤에는 그들의 세력이 외로워질 것을 스스로 알고, 부산으로 모두 모여드는 것이 없지 않을 것입니다. 부산성釜山城 안의 관사는 전부 철거했고, 흙을 쌓아 집을 지어 이미 그 근거지를 만든 것이 많게는 100여 호305에 이르고 있었습니다. 성 밖306 동쪽과 서쪽 산기슭에는 마을이 빽빽이 늘어서서 담장이 연잇고 집이 붙어 있었습니다. 또한 거의 300여 집인데, 모두 왜인들이 스스로 지은 집입니다. 그중 큰 건물大舍은 층계가 있고 단장한 벽粉壁이 불당佛宇과 비슷했습니다. 그들이 한 짓을 캐물어보면 아주 원통하고 분했습니다.

맞붙어 싸운 다음 날에(9월 2일) 또 돌아가 돌격해 그들의 근거지를 불태우고 재물을 빼앗고, 그들의 배를 다 깨뜨리고 싶었으나, 위로 올라간 적들

304 "몇 달"의 「영인본」「전서본」은 "數月"이나, 「충무공계본」은 "數朔"이다. 「충무공계본」의 오류다.
305 「영인본」의 "호戶"는 「충무공계본」에서는 "家"로 나온다. 「충무공계본」의 오류다.
306 「영인본」의 "성 밖外"은 「충무공계본」에서는 "성안內"으로 나온다. 「충무공계본」의 오류다.

이 여러 곳에 가득 차 있어 그들이 돌아갈 길을 끊어놓는다면, 모두 궁지에 몰린 도적으로 만들 걱정거리가 우려되었습니다應有盡成 窮寇之患. 어쩔 수 없이 바다와 육지에서 함께 공격해야 거의 모두 다 죽일 수 있습니다. 게다가 바람과 파도가 거꾸로 쳐서, 전선이 서로 닿아 파손된 곳이 많았습니다戰船相觸 多有破碎之處. 그러므로 병선307을 수리하고 보충하고, 군량을 많이 준비하고, 또 육지 싸움으로 인해 크게 도망칠 날을 기다려 경상 감사 등과 바다와 육지에서 함께 진격해 남김없이 다 죽여 무찌르기 위해 2일에 진을 파하고 영(전라 좌수영)으로 돌아왔습니다.

우후 이몽구가 벤 왜적의 머리 1급은 본래 왼쪽 귀가 없었기에 그 귀 뿌리를 잘라308 소금에 절여 올려보냅니다. 정해년(1587)에 붙잡혀갔다가 도망쳐 돌아온 영(전라 좌수영) 수군 김개동金介同,309 이언세李彦世 등은 다음과 같이 진술했습니다.

"저희를 붙잡아간 왜적은 원래 왼쪽 귀가 없습니다. 지금 왜적의 머리를 보니 눈썹과 눈이 완전히 같습니다. 게다가 그 왜인은 비록 늙었으나, 저희의 우두머리로 도적질을 했고, 사람을 죽이는 것을 즐겼습니다."

사량 권관 이여념310이 사로잡은 왜인 오도동吳道同에게 진술받은 내용은 다음과 같았습니다.

"나라에서 신분이 높은 왜인은 일본에서 가족을 데리고 부인을 이끌고 왔습니다. 제가 살았던 땅의 왜인들은 모두들 싸우러 가는 것을 싫어해 산

---

307 「영인본」의 "병선兵船"은 「충무공계본」에서는 "兵戰船"으로 나온다. 「충무공계본」이 오류다.
308 "잘라"의 「영인본」은 "割取"이나, 「충무공계본」은 "割"만 나오고, "取"는 빠져 있다.
309 "金介同"은 「전서본」에서는 "金介東"으로 나온다.
310 이여념은 이순신의 「옥포에서 왜적을 쳐부순 일을 임금님께 보고하는 장계」와 「난중일기」에서는 사량 만호로 나오나, 이 장계에서만 권관으로 나온다.

골로 들어가 피했는데, 6~7월 사이에 일본 관리가 산을 돌며 찾아내 배 안에 가득 실어 그대로 여기로 보냈습니다. 그런데 최근에 고려 사람高麗之 人(조선인)이 우리 패거리를 많이 죽여, 형세가 오래 머무르기 어려워 본토 (일본)로 돌아가려고 할 때 이렇게 붙잡혔습니다."

교묘히 속이는 말을 비록 믿을 수 없었지만, 그의 나이가 철없이 어렸 고,311 모습도 어리석은 듯해 어느 정도 그럴 만한 실마리도 있었습니다.312

무릇 전후 네 차례 적에게 달려가 10번 맞붙어 싸워 모두 승첩을 했습 니다凡前後四次赴敵 十度接戰 皆致勝捷. 그러나 장수와 군사들의 공로313를 논한다 면, 이번 부산의 싸움을 뛰어넘을 수 없습니다.314 전날에 서로 싸울 때에는 적선의 수가 많아야 70여 척에 미치지 못했는데, 이번에는 대규모의 적 근 거지에서 열을 지어 정박한 400여 척 속으로 (우리 수군의) 진과 군대의 위 세를 성대히 해 승리한 기세를 타고 돌격해 나아갔습니다. 조금도 두려워 하거나 기세가 꺾이지 않고 내내 떨쳐 일어나 공격해 적선 100여 척을 깨 부수었습니다. 적으로 하여금 가슴이 찢기고 간담을 써늘하게 해 머리를 움츠리고 두려워 떨게 만들었습니다使賊心 摧膽落 縮首惶怖. 비록 머리를 베지

311 "철없이 어렸고"의 「영인본」, 「충무공계본」, 「문화재청본」은 "迷少"이나, 「전서본」은 "旣少", 「편 수회본」은 "迷【旣】少"로 '迷'를 '旣'로 보았다.
312 "어느 정도 그럴 만한 실마리도 있었습니다"의 「영인본」은 "粗有疑■■■爲白齊", 「충무공계본」 은 "粗有疑似之端爲白齊", 「전서본」은 "粗有疑似之端矣", 「편수회본」은 "粗有疑■■■【似之端】爲 白齊", 「문화재청본」은 "粗有疑【似之端】爲白齊"로 나온다.
313 "공로功勞"의 「영인본」은 "功■", 「충무공계본」, 「전서본」은 "功勞", 「편수회본」은 "■【功】勞", 「문화재청본」은 "【功】勞"로 나온다.
314 네 차례 출전해 10번 싸운 것은 부산대첩까지 1~4차 출전을 뜻한다. 10차 전투는 5월 7일 옥포·합포, 5월 8일 적진포, 5월 29일 사천, 6월 2일 당포, 6월 5일 당항포, 6월 7일 율포, 7월 8일 한산, 7월 10일 안골포, 8월 29일~9월 1일 부산대첩이다. 이순신은 부산대첩까지의 전투 중에서 최고의 전투는 이 부산대첩이라고 보았다.

않았으나, 힘써 싸운 공로는 이전 때보다 크게 뛰어넘었기에 마땅히 전례를 참작해 공로의 등급을 결정해 별도 장계에 자세히 조목조목 기록했습니다.

순천 감목관 조정은 정의감으로 한탄하며 발분해 스스로 배를 준비해 그가 거느린 노비와 목자를 이끌고 자원해 적에게 나아가 많은 수의 왜인을 쏘아 죽였습니다. 왜의 물건 또한 많이 찾아냈습니다. 중위장 권준도 두 번 세 번 거듭 문서에 의견을 덧붙여 보고했습니다. 신이 본 것 또한 같습니다.

녹도 만호 정운은 전란이 일어난 이래 충성심과 의로움에 북받쳐 왜적과 함께 죽기를 맹세했었습니다激發忠義 誓欲與賊同死.[315] 세 차례 적을 무찌를 때 매번 먼저 돌격했습니다.[316] 이번 부산에서 맞붙어 싸울 때도 죽음을 무릅쓰고 돌격해 나아갔다가, 왜적의 대철환이 정수리를 꿰뚫었기에 죽었습니다.[317] 아주 비참하고 슬픕니다. 여러 장수 중에서 별도로 차사원差使員을 정해 특별히 장례를 주선하고 보살피게 했습니다.

315　한효순의 『신기비결』에는 「출전할 때 피를 마시며 동맹하는 맹세 격식出戰時歃血同盟誓詞式」이 나온다. 『기효신서』에는 「부대별로 맹세하는 글誓師旅」이 나온다. 모두 (닭)피가 담긴 잔을 받들고 출전해서 지켜야 할 여러 가지 약속을 하는 내용이다. 이순신의 일기와 장계에는 맹세하는 구체적인 장면은 나오지 않으나 『신기비결』이나 『기효신서』 속의 모습과 유사할 것으로 추정된다. 이런 의식은 일본군도 했던 듯하다. 이순신의 「唐浦破倭兵狀」(1592년 6월 14일)에는 일본군이 피를 발라 맹세한 문서를 노획했다는 내용이 나온다.
316　"매번 먼저 돌격했습니다"의 「영인본」은 "每次先突", 「충무공계본」은 "每次先登", 「전서본」 「문화재청본」은 "每爲先突"로 나온다.
317　『선조실록』 선조 27년(1594) 4월 17일에는 정운의 전사 이야기가 나온다. "이순신 진중의 정운이 대포를 맞고 죽었는데 참나무 방패 3개를 관통하고도 쌀 2석을 또 뚫고 지나 정운의 몸을 관통한 다음 배 밑창으로 들어갔다고 했다." 선조는 그 이야기를 듣고 항복한 일본인의 대조총大鳥銃을 꺼내오게 해 신하들에게 보이며, "이 구멍 속에 철환 20개와 작은 돌 4개를 넣을 수 있다"고 했다. 이에 대해 이덕형은 "그것이 힘으로는 대포 정도의 위력을 가졌고 명중하는 것은 조총처럼 묘하여 참으로 당할 수 없는 물건"이라고 했다.

그 자리(녹도 만호직)318에는 남달리 무예의 재주가 있고, 지략이 있는 사람319을 아주 신속하게 관직에 임명해320 독촉해 내려보내주십시오. 우선은 신의 군관 전 만호 윤사공을 임시 장수로 정해 보내놓았습니다.

맞붙어 싸울 때 철환에 맞아 죽거나 중상을 입은 장사와 군사에는,321

방답 1호선 사부 격군 수군 김천회金千回,

여도선 분군색分軍色 흥양 수군 박석산朴石山,

사도 3호선 격군 능성 수군 김개문金開文,

영 한후선捍後船 격군 토병 노비 수배水背,322 사공 포작 김숙련金叔連323 등은 철환에 맞아 죽었습니다.

신이 탄 배의 격군 토병 절 노비 장개세張開世, 수군 포작 김억부金億夫,324 김갯동金介叱同,325

영 한후선 수군 이종李宗, 격군 토병 김강두金江斗, 박성세朴成世,

318 "그 자리同本(녹도 만호직)"는 「전서본」에서는 "其代"로 나온다.
319 이순신이 녹도 만호의 전사 이후 녹도 만호 자리에 필요한 사람으로 "무예 재주가 있고, 지략이 있는 사람武才計慮人"이라고 한 것은 이순신의 인재를 보는 기준이라고 할 수 있다. 『전쟁의 기원에서 상흔까지』에 따르면 장수의 평가 기준으로 "무예는 물론이고 보통 身(풍채와 용모), 言(언사의 변정), 書(글씨), 判(판단력)이 중요한 기준"이었다고 한다(국사편찬위원회 편, 두산동아, 2006, 66쪽, 주22는 299쪽).
320 "관직에 임명해差除"는 「전서본」에서는 "本差"로 나온다.
321 『쇄미록』1592년 9월 11일에는 부산대첩 이야기가 나온다. 이순신과 이억기가 부산을 공격했는데, 일본군 수만 명이 비처럼 철환을 쏘아 우리 군사 30여 명이 죽었고, 녹도 만호 정운도 전사했다고 한다. 이순신의 장계와 사망자 수가 다르다. 이순신의 장계에서는 사망자가 6명, 부상자 25명으로 총 사상자는 31명이다. 오희문이 들은 사망자 30여 명이 이순신 장계의 사상자 수를 뜻하는 것일 수도 있다. 혹은 이순신 부대, 이억기 부대, 원균 부대의 전체 사망자 수를 뜻할 수도 있다.
322 "水背"는 「전서본」에서는 "守培"로 나온다.
323 "金叔連"은 「충무공계본」에서는 "金升連"으로 나온다. 「충무공계본」의 오류다.
324 "金億夫"는 「전서본」에서는 "金億富"로 나온다.
325 "金介叱同"은 「전서본」에서는 "金開東"으로 나온다.

영 거북선 토병 정인이鄭仁伊, 박언필朴彦必,

여도선 토병 정세인鄭世仁, 사부 김희전金希全,

사도 1호선 군관 김붕만金鵬萬, 사공 토병 수군 안원세安元世, 격군 토병 수군 최한종崔汗終,[326] 광주 수군 배식종裵植宗,

흥양 1호선 격군 포작 북개北介,[327]

영 우후선 사부 진무鎭撫 구은천仇銀千,

방답 1호선 격괄군格括軍[328] 노비 춘호春好, 보탄甫呑,[329]

방답 거북선 격괄군 노비 춘세春世, 노비 연석延石, 보성 수군 이갓복李加叱福,[330]

보성선 무상 흔손[331] 등은 철환에 맞았으나 중상은 아닙니다.

신이 탄 배 토병 수군 김영견金永見, 포작 금동今同,

방답 거북선의 순천 사부 신선 박세봉朴世奉 등이 전에 맞아 조금 다친 것 외에는 다른 부상자는 없습니다.

위의 각 사람이 부산 싸움에서 화살과 돌을 무릅쓰고 죽을 결심하고 나아가 싸우다가 혹은 죽었고, 혹은 다쳤기에[332] 시신은 배에 실어 돌려보

---

326 "崔汗終"은 「전서본」에서는 "崔翰宗"으로 나온다.

327 "北介"는 「전서본」에서는 "北開"로 나온다.

328 격괄군을 홍기문은 "격괄 군노"로 보고, 격괄은 "격군에 보충된 사람"이라고 주석했다. 「충무공계본」에서는 "격군"으로만 나오고, '括'이 빠져 있다.

329 "甫呑"은 「전서본」에서는 "輔灘"으로 나온다.

330 "李加叱福"은 「전서본」에서는 "李加福"으로 나온다.

331 "무상 흔손"은 「영인본」 「전서본」에서는 "無上欣孫", 「충무공계본」에서는 "舞上欣孫", 「문화재청본」에서는 "無【上欣】孫"으로 보았다.

332 "혹은 죽었고, 혹은 다쳤기에"의 「영인본」은 "或■■傷■乙仍于", 「전서본」은 "或死或傷", 「충무공계본」은 "或死或傷乙仍于", 「편수회본」은 "■或【死或】傷【乙】仍于", 「문화재청본」은 "或【死或】傷■仍于"로 보았다.

내 장례를 치르게 했습니다. "그들의 아내와 자식들에게는 다른 구제를 위한 특전(휼전)처럼 베풀어주소서."

중상이 아닌 사람들은 약물을 대주어 충분히 구호하고 치료하도록 특별히 엄하게 단단히 타일러 경계하도록 했습니다. 왜의 물건 안에서 쌀과 베, 옷 등의 물건은 전투한 군사 등에게 상으로 주었습니다. 왜의 군기물 등의 물건은 함께 뒤에 자세히 조목조목 기록했습니다.

태인泰仁에 사는 업무교생業武校生 송여종은 낙안 군수 신호의 대변군관333으로 네 차례 적을 무찌를 때 모두 충성심으로 분격해 언제나 앞장서서 돌격해 들어갔습니다. 죽을힘을 다해 힘껏 싸웠고, 거듭 왜의 머리를 베었습니다. 앞뒤의 군공이 모두 1등에 해당되기에 「임금님께 보고하는 글」을 갖고 올라가게 했습니다.334

삼가 갖추어 임금님께 글을 올려 보고합니다.

1592년 9월 17일.

절도사. 신하 이(이순신).

---

333 대변군관은 비상사태에 대비해 각 지방 병영 혹은 수영 등에서 임명한 군관이다. 『각사등록』「충청수영관첩忠淸水營關牒」, 고종高宗 2년(1865) 10월 5일에 따르면, "바다를 방어하는 여러 영에 설치한 대변군관은 기강紀綱을 호위 무사爪牙처럼 하는데, 명칭을 '대변'이라 한 것은 용맹함이나 과감함을 표현하지 못하니 지금부터는 '어변군관禦邊軍官'으로 바꾼다"는 내용이 있다. 『만기요람』에 따르면 전라 좌수영에 170명의 대변군관이 소속되어 있었다고 한다.
334 송여종에게 장계를 지니고 가게 한 것도 포상의 형식이다. 류성룡의 「馳啓北道賊勢 請巡察使宋言愼 姑爲仍任 以鎭人心狀」(1592년 11월)에 따르면, 류성룡은 "함경도에서 군공을 세운 사람과 계본을 (행재소로) 갖고 가는 사람 또한 특별히 논공행상하고 속히 돌려보내 적극적으로 움직이게 하는 마음이 있게 하도록 해야 한다"라고 장계를 지니고 가는 사람에 대한 조정의 적극적인 배려를 건의하기도 했다.

○ 왜 물건 목록

왜 갑옷 다섯 부 안에 하나는 금갑, 왜두구倭頭口[335] 3, 왜 긴 창 2자루, 왜 총통 4, 왜 큰 닻大碇[336] 4, 왜 말안장 1부, 어적於赤[337] 1부, 왜 초상超床[338] 1, 왜의 여러 색 옷 7, 왜 바라婆羅[339] 2척, 왜 연철鉛鐵(납이 섞인 철) 230근, 왜의 대나무 화살촉으로 된 전 12부 5개, 왜 장전 5부 23개, 왜의 화살촉 없는 전 2부 11개, 왜 화로伐爐[340] 1, 왜 솥鼎 1, 왜 궤 1.

우리나라 장전 9개, 낫鎌子 1자루, 지자총통 2자루, 현자총통 2자루, 대완구大碗口 1, 조피彫皮[341] 1령.

● 4차 출전에서의 사상자 현황

구분	철환					화살		기타 사망(대철환)	합계
	사망		부상		소계	부상			
이순신 배	0		3	절 노비 1, 포작 2	3	2	수군 1, 포작 1	0	5
영(본영) 거북선	0		2	토병 2	2	0		0	2
영(본영) 우후선	0		1	진무 1	1	0		0	1
영(본영) 한후선	2	노비1 포작1	3	수군 1, 격군 2	5	0		0	5
여도선	1	수군	2	토병 1, 사부 1	3	0		0	3
방답 1호	1	수군	2	노비 2	3	0		0	3
방답 거북선	0		3	노비 2, 수군 1	3	1	신선 1	0	4
보성	0		1	무상	1	0		0	1
사도 1호	0		4	군관 1, 수군 3	4	0		0	4
사도 3호	1	수군	0		1	0		0	1
흥양 1호	0		1	포작 1	1	0		0	1
녹도	0		0		0	0		1(만호)	1
합계	5		22		27	3		1	31

335 "왜두구"는 「편수회본」, 「전서본」에서는 "倭兜鍪"로, 「충무공계본」에서는 "倭頭口", 「문화재청본」에서는 "■■■"로 나온다.
336 "大碇"을 홍기문은 "鐙子", 조성도는 "촛대"로 보았다.
337 "於赤"을 홍기문은 "어치"로 보았다.
338 "超床"을 홍기문은 "걸상"으로 보았다.
339 "婆羅"를 홍기문은 "파라"라고 보고, "어떤 것인지 미상"이라고 주석했다.
340 "伐爐"는 「전서본」에서는 "爐"로 나온다. 홍기문은 "화로"로 보았다.

사상자는 모두 이순신 관할 전라 좌수영 부대 명단이다. 원균의 경상 우수영과 이억기의 전라 우수영 소속은 나오지 않는다. 사상자는 총 31명으로 철환 사망 5명, 대철환 사망 1명, 철환 부상 22명, 화살 부상 3명이다. 본영(좌수영) 한후선과 사도 1호선에서 가장 많은 사상자가 발생했다. 거북선의 경우 본영(좌수영) 거북선은 철환 부상 2명, 방답 거북선은 철환 부상 3명, 화살 부상 1명이다. 본영 거북선 돌격장은 이언량이나, 방답 거북선 돌격장은 누구인지 알 수 없다.

12. 「포위당했던 왜적이 도망쳐 돌아간 일을 임금님께 보고하는 장계被圍倭兵逃還狀」(1592년 9월 10일)

전라 좌도 수군절도사. 신하 이(이순신).

삼가 비교하여 살펴볼 일을 보고합니다.

지난 7월 8일, 경상도 한산도 앞바다에서 맞붙어 싸울 때, 전에 맞은 왜적 400여 명이 그 섬(한산도) 땅으로 올라갔습니다. 외딴섬의 땅에 올라갔기에 새장 속에 갇힌 새籠中之鳥와 같아 마땅히 10일이 지나면 굶어 죽을 것이 분명했습니다.

"그 도(경상 우도) 우수사 원균에게 그의 소속 수군을 이끌고 사면을 둘러싸고 포위해 남김없이 붙잡아 베고, 공문으로 보내줄 것"을 약속했습니다.342 신과 우수사 이억기 등은 진을 파하고 군대를 되돌렸습니다.

---

341 "彫皮"를 홍기문은 "조피"로 보고, "어떤 것인지 미상"이라고 주석했다.
342 "공문으로 보내줄 것을 약속했습니다"는 「전서본」에는 나오지 않는다.

그런데 원균은 그 뒤에 "적선이 많이 이르고 있다"는 잘못된 이야기를 듣고, "포위를 풀고 갔습니다. 그래서 땅으로 올라갔던 왜인 등이 나무를 잘라 뗏목을 만들어 거제로 다 건너갔다"고 합니다. 솥 안의 물고기가 끝내 빠져나갔습니다鼎裏之魚 終至脫漏. 아주 원통하고 분합니다.

삼가 갖추어 임금님께 글을 올려 보고합니다.

1592년 9월 10일.

절도사. 신하 이(이순신).

13. 「녹도 만호 정운을 이대원 사당에 함께 배향해주시기를 임금님께 청하는 장계請鄭運追配李大源祠狀」(1592년 9월 11일)

승정원承政院에서 열어보십시오.

자헌대부資憲大夫343 구함具銜344 신 이李.345

삼가 보고합니다.346

녹도 만호 정운은 정성을 다해 맡은 일을 했으며恪謹職事, 용기와 지략을 겸비했기에兼有膽略, 해결하기 어려운 문제를 끊임없이 밝히며 이치를 찾아

---

343 자헌대부는 정2품이다. 자헌대부 이상부터 아랫사람들이 "대감"이라고 부른다. 이순신이 이 장계를 쓰기 전인 1592년 8월 24일에 작성된 「정헌대부에 임명하는 교서授正憲大夫敎書」(1592년 8월 24일)에 이순신을 정헌대부로 제수하는 내용이 나온다. 이순신이 정헌대부 임명장을 받지 못한 상태에서 이 장계를 작성한 듯하다.

344 "구함"은 제출할 원본 문서에 기록 요건인 보고자의 품계·관직명·수결手決이 모두 기록되어 있으나, 그 사본에서는 생략했다는 뜻이다.

345 "승정원에서 열어보십시오. 자헌대부 구함 신 이李"는 「전서본」에는 나오지 않는다.

346 "삼가 보고합니다謹啓"는 「전서본」에 나온다.

낼 수 있었습니다.

전란이 일어난 이래 의로운 기운을 크게 일으켜 나라를 위해 몸을 잊고 마음을 조금도 게을리하지 않았습니다. 변방의 일을 부지런히 하는 것을 오히려 이전보다 배나 더했습니다. 신이 믿고 의지했던 사람은 다만 이 정운 등 두세 사람이었습니다.

세 차례 출전에서 승리했을 때三度戰捷, 매 차례 맨 먼저 나갔으며, 이번 부산에서 큰 싸움을 할 때도 몸을 가벼이 여기고 죽음을 잊고 먼저 적의 소굴에 돌격했습니다. 내내 서로 싸웠어도 있는 힘을 다해 활을 쏘는 것은 오히려 더욱 빨랐습니다. 적이 감히 움직이지 못한 것은 참으로 운運(정운) 의 힘이었습니다. 그런데 배를 돌려 나올 때 철환에 맞아 죽었습니다.

늠름한 기상과 정령이 속절없이 없어진다면 후세 사람들이 듣지 못하게 될까 아주 비참하고 슬픕니다凜氣精靈 空自泯滅 未聞於後世 極爲慘痛. 일찍이 이대 원李大源347의 사당祠室이 아직도 그가 관할했던 포(녹도)에 있습니다. 혼을 불러 같은 제단에서 제물과 음식을 올려 제사를 지내게 해, 한편으로는 의로운 혼령을 위로하고—慰義魂, 한편으로는 다른 사람들을 깨우칠 수 있도록—警他人 해주시옵소서.

방답 첨사 이순신은 변방에서 대비에 온갖 힘을 다했고, 전란이 일어난 뒤에는 더욱 부지런했습니다. 네 차례 적을 무찌를 때 반드시 먼저 떨쳐 일어나 공격했습니다. 당항포에서 맞붙어 싸울 때에는 왜장을 쏘아 베었습니다. 그 공로는 등수를 뛰어넘은 것일 뿐만 아니라, 힘써 쏘아 죽이기만 했

---

347 이대원(1566~1587)은 조선 중기의 무신이다. 1583년에 무과에 급제했다. 1586년 녹도 만호에 임명되었다. 1587년 왜구가 침입했을 때 왜선 20여 척을 격파했다. 다시 왜구가 침입했을 때 손죽도 바다에서 싸우다 전사했다.

기에 머리를 베는 것은 애쓰지 않았던 까닭에, 「특별히 임금님께 상을 주셔야 할 사람이라고 보고하는 글各別褒啓」을 올렸습니다. 그런데 이번에 「상을 주시는 글褒賞之文」에는 순신純信의 이름이 홀로 빠져 있었습니다. 군사들이 마음속으로 터무니없이 여기고 있습니다.[348] 여러 장수 중에서 권준, 이순신, 어영담, 배흥립, 정운 등은 특별히 믿고 의지할 수 있어 함께 죽기를 약속했기에 모든 일을 같이 의논하고 계획을 세웠습니다每事同論畫計. 권준 이하 여러 장수는 모두 당상관堂上[349]으로 품계가 올라갔는데, 오직 이순신만이 임금님의 은혜를 아직 받지 못했습니다. 조정에서 포상 명령을 내려주시길 엎드려 기다립니다.

절차를 갖추어 임금님께 글로 보고합니다.

1592년 9월 11일.

● 참고: 『이충무공전서』에 실려 있는 이순신이 정운을 위해 쓴 제문

「증贈 참판參判 정운鄭運을 위한 제문祭贈參判鄭運文」

아아! 사람의 삶에는 반드시 죽음이 있고, 죽고 사는 것은 하늘의 명령天命이구나. 사람으로 태어나 한 번 죽는 것, 조금도 아까울 것 없으나, 그대만은 가슴이 저미어지오. 나라 운수불행해 섬 오랑캐 재앙 일으켰고, 영남嶺南 여러 성城 소문만 듣고 달아나 무너져, (왜적이) 승승장구 거침없이

---

348 『선조실록』 선조 25년(1592) 8월 16일에는 전공에 따른 표창 내용이 나온다. 이순신은 자헌대부, 흥양 현감 배흥립과 광양 현감 어영담을 통정 대부, 녹도 만호 정운과 사도 첨사 김완은 절충장군, 낙안 군수 신호는 겸 내자시 정, 보성 군수 김득광은 겸 내섬시 정, 우후 이몽구와 전 첨사 이응화 등은 훈련원 첨정, 이기남은 훈련원 판관, 김인영 등 3인은 훈련원 주부, 변존서 등 14인은 부장이 되었다. 그러나 방답 첨사 이순신은 빠져 있다.
349 "堂上"은 당상관堂上官이다. 당상관은 조선시대 문·무관의 18품계 중에서 정3품 가운데 상계上階인 문관의 통정대부, 무관의 절충장군 이상의 품계를 지닌 관리를 뜻한다.

휩쓸고 향하는 곳마다 막을 사람 없었네. 도성都城(서울)은 하룻저녁 흉악한 도적 소굴 되었고, (임금님께서) 천리千里나 먼 관서關西(평안도) 땅으로 피란 가시게 되었으니, (임금님 피란 가신) 북쪽 바라보며 길게 통곡하니 성난 마음으로 간담 찢어지는 듯하구나. 아! 나는 모자라고 서툴러 무찔러 없앨 계책 없었는데, 그대 함께 의논하고 다투노라면 먹구름 걷히고 햇살이 비추듯 했기에, 계책을 세워 검劍을 휘두를 수 있었고, 싸움배戰艘 서로 이을 수 있었구나. 죽음을 결심하고 돛 펼쳤고 칼날을 무릅쓰고 맨 먼저 나아가니, 왜놈 수백 명이 한꺼번에 붉은 피를 흘렸고, 검은 연기가 하늘 덮었고, 걱정거리 먹구름이 날마다 동쪽으로 밀려갔구나. 네 번 출전해 승리를 (임금님께) 아뢸 수 있었던 것, 이는 누가 세운 공로였나. 종묘사직 회복할 날, 눈앞에 다 왔는데 생각지도 않게 신명과 하늘이 돕지 않아 독 묻은 철환 느닷없이 맞게 되었으니, 아! 푸르고 푸른 저 하늘이시여! 마땅한 순리 알지 못하겠습니다. 배를 돌려 다시 돌격해 원수를 갚고자 하늘에 맹세했으나, 해가 저물고 바람 또한 순하지 않았기에 끝내는 소원을 이룰 수 없었구나. 평생에 그 어떤 아픔이 이보다 더할 수 있으랴. 말과 생각 이에 이르니, 살점을 베어낸 듯 아프구나. 믿는 사람 그대였는데, 다시 어찌해야 하나. 온 진陣의 여러 장수 끝없이 가슴 아파하고 안타까워하는구나. 흰머리 (그대) 어머니, 이제는 어느 누가 모시랴. 한恨 맺힌 채 저승에 이르게 되었으니 어느 때나 편안히 눈 감을 수 있을까. 아아! 슬프구나! 아아! 슬프구나! 재능을 세상에 다 펼치지 못했고 벼슬도 덕망에 걸맞지 못했으니, 나라 불행하고 군사와 백성 복이 없구나. 그대처럼 충성스럽고 의로운 사람은 옛날이나 지금이나 드물구나. 나라 위해 그 몸 잊었으니, 죽어서 오히려 살았구나. 세상에 길이 한탄한들 그 누가 내 마음 알 수 있을까. 슬픔을 머금고 정성 다해 멀리서나마 한 잔 술 따라 올릴 뿐이네. 아아! 슬프구나!

14. 「각종 종이를 봉해 올려보내는 일을 임금님께 보고하는 장계封進紙地狀」
(1592년 9월 18일)

승정원에서 열어보십시오.

자헌대부 구함 신하 이(이순신).

삼가 보고합니다.

「당항포 승첩을 임금님께 보고하는 글唐項浦勝捷啓本」[350]을 갖고 올라갔던
전생서典牲署[351] 주부(종6품) 이봉수李鳳壽[352]가 갖고 온 우부승지右副承旨[353]의 서장
은 다음과 같았습니다.

"전쟁이 일어난 이래 여러 장수가 하나같이 패배해 후퇴했는데, 지금 이 당
항포 싸움에서 처음으로 크게 승리했기에 특별히 경卿[354]을 자헌대부資憲[355]
로 품계를 올렸으니, 처음부터 끝까지 힘써 노력하라"고 임금님께서 분부하
셨습니다.

350　이 글은 「당포에서 왜적을 쳐부순 일을 임금님께 보고하는 장계」로 나온다.
351　전생서는 각종 의례에 사용되는 소·돼지 등의 도살을 담당하는 관청이다.
352　이봉수는 1차 출전 장계에서는 "군관 정로위"로 나온다. 2차 출전 장계를 갖고 올라가서
그 공로로 전생서 주부에 임명된 듯하다.
353　우부승지는 승정원 정3품으로 형조의 일을 담당했다.
354　경은 임금이 종2품 이상의 관리를 호칭할 때 쓰는 표현이다.
355　자헌대부는 정2품이다. 정3품 전라 좌수사 이순신은 1592년 1차 출전 뒤에는 가선대부(종
2품), 2차 출전 뒤에는 자헌대부(정2품), 3차 출전 후에는 정헌대부(정2품)에 임명되었다.

더불어 "경(이순신)의 장계를 자세히 살펴보았더니, 각 목장牧場의 말을 몰아 내 길들이고 먹여서 육지 싸움에 쓰려고 했다. 경(이순신)은 그 숫자를 헤아 려 몰아서 잡아 장수와 군사들에게 나누어주고, 그들이 공로를 이루는 것 을 기다려 그대로 영원히 주라"고 임금님께서 분부하셨습니다.

위의 서장 등을 신은 이달 9월 12일 진에서 공손히 받았습니다.

"행재소에서 쓸 각종 종이를 넉넉한 수량으로 올려보낼 일에 대한 명령" 이 있으셨으나,[356] 「임금님께 보고하는 글」을 갖고 가는 사람에게는 산을 넘 고 물을 건너야 할 길이기에 무거운 짐을 지울 수 없어,[357] 우선 장지[358] 10권을 확인하고 봉해 도장을 찍어 올려보냅니다.

절차를 갖추어 임금님께 글로 보고합니다.

1592년 9월 18일.

15. 「전쟁을 위한 곡식을 꾸려 보내는 일을 임금님께 보고하는 장계裝送戰穀狀」 (1592년 9월 25일)

승정원에서 열어보십시오.

구함. 신하 이(이순신).

---

356 "넉넉한 수량으로 올려보낼 일이 있으나優數上送事是白乎矣"는 「전서본」에서는 "넉넉한 수량 으로 올려보낼 일에 대한 명령이 있으셨으나優數上送事有命"로 나온다.
357 "무거운 짐을 지울 수 없어重負不得乙仍于"는 「전서본」에서는 "짊어져 운반하기 어려움이 있 어有難擔運"로 나온다.
358 "장지狀紙"는 「전서본」에서는 "壯紙"로 나온다.

삼가 보고합니다.[359]

순천에 사는 전 훈련 봉사 정사준은 전란이 생긴 뒤, '어버이의 상을 치르고 있다가 나라에 전란이 있어 다시 관직에서 복귀해 일하는 사람起服人'[360]으로 충성스런 마음을 떨쳐 일으켰기에, 경상도와 잇닿은 군사적으로 중요한 땅인 광양현 전탄錢灘의 복병장으로 정해져 보냈습니다. 그 뒤 매복해 적을 방어하는 등의 모든 일에 특별히 따로 기발한 계책을 세워 적이 감히 그 지역에 접근하지 못하게 했습니다.

위의 정사준은 함께 약속한 같은 부(순천부)의 의기를 떨쳐 일어난 선비인 전 훈련 봉사 이의남李義男 등과 자발적으로 각각 군량에 쓸 곡식[361]을 모아 모두 한 배에 싣고 행재소를 향해 출발합니다.

비변사의 공문 내용에, "전죽을 넉넉한 수량으로 올려보내라"고 했었습니다.[362]

359 "삼가 보고합니다謹啓"는 「전서본」에 나온다.
360 "起服"은 「전서본」에서는 "起復"으로 나온다. 『경국대전』에 따르면, "기복起服"은 관리가 부모상을 당했을 때 상중에는 관직에서 물러나야 하나, 나라에 큰일이 있거나 혹은 관할하는 업무와 관련해 기복 중인 사람이 아니면 처리하기 어려운 경우에 왕명으로 관직에 나아가 근무하는 것을 뜻한다. "起復"으로 쓰기도 한다.
361 "자발적으로 각각 군량에 쓸 곡식"의 원문은 "義穀"이다. 『선조실록』 선조 26년(1593) 3월 1일에는, "자원해서 의병에게 납속하는 것을 이름해 의곡이라 하고, 그들에게 영직影職이나 실직實職을 준다"는 내용이 나온다. 정사준과 이의남처럼 군량 등의 물건을 자발적으로 모아 운반한 사람들과 관련해 류성룡이 1592년 8월에 쓴 「請納粟運糧人論賞狀」에는 그와 같은 사람들에게 공명첩을 발급해주거나 혹은 논공행상을 해주어야 한다는 내용이 나온다.
362 전라도의 대나무는 유명했다. 15세기에 전라도 관찰사로 나주를 방문했던 김종직은 「금성곡錦城曲」에서 나주의 화살대를 극찬했다. "삼향三鄕(영산강 하류로 현재는 무안군)의 대나무 전죽竹箭은 천하에 소문이 났다三鄕竹箭聞天下"라고 노래하기도 했다. 윤기尹祁(1535~1606)는 "호남에 오니 큰 대나무가 많아 가는 곳마다 지붕처럼 덮고 있다"고 했다. 백범 김구도 1898년 호남을 여행할 때 "광주·나주·순천·대명(담양) 도처에는 대나무 숲이 있는데 이 역시 서북 지방에는 없는 특산이었다. 나는 열 살 남짓 될 때까지 대나무가 1년에 한 마디씩 자라는 줄 알았고, 실제로 대나무를 본 것은 이때가 처음이었다"고 『백범일지』에 술회했다.

그러나 「부산 승첩을 임금님께 보고하는 글釜山奏捷啓本」363을 갖고 가는 사람(송여종)이 육지 길로 올라갔기에, 산을 넘고 물을 건너야 할 길이기에 갖고 가기 어려운 형편이라 올려보낼 수 없었습니다. 그런데 처음으로 이번에 정사준 등이 올라갈 때 장전과 편전 대나무와 각종 종이 등의 물건을 함께 확인해 봉해 도장을 찍어 같은 배에 함께 실었습니다. 진상 물품 목록 문서364는 따로 첨부해 올려보냅니다.

순천 부사 권준, 낙안 군수 신호, 광양 현감 어영담, 흥양 현감 배흥립 등도 수군의 위부장365으로서 영(전라 좌수영) 앞바다에 진을 치고 비상사태에 대비하고 있습니다. 그런데 각각 문서로 의견을 덧붙여 다음과 같이 보고했습니다.

바닷가 각 고을에서 전란이 일어날 것을 염려해 규정된 군량 외에 별도로 비축해놓은 것이 있었는데, 국운이 불행해져 임금님께서 서쪽으로 피란하신 지 이미 6개월이나 되어 많은 장수와 군사에게 먹거리와 물자를 공급하는 것을 계속하기 어려울 것이기에, 신하된 사람의 마음은 소리 높여 슬피 울부짖는 것을 이길 수 없습니다. 위의 별도로 비축해놓은 군량 등의 물건을 각각 배에 싣고 자발적으로 모인 사람들에게 주어 올려보내려고 생각하고 있으나, 수령들로서는 직접 전달할 길이 없어 낱낱이 열거해 장계에 함께 보고해주시도록 모두 공문을 올려보냅니다.

---

363 이 글은 이순신의 「부산에서 왜적을 쳐부순 일을 임금님께 보고하는 장계釜山破倭兵狀」 (1592년 9월 17일)다.
364 "진상 물품 목록 문서膳狀"는 각 도에서 보름 전후에 진상하는 물품 목록을 적은 문서다.
365 위부장을 장계로 살펴보면, 순천 부사 권준은 대부분 중위장으로 활약했다. 낙안 군수 신호, 광양 현감 어영담, 흥양 현감 배흥립 등도 주로 부장의 임무를 수행했다.

그러므로 권준이 올려보내는 규정된 군량 외의 100섬과 기타 잡다한 물건과 함께 위의 정사준 등이 자발적으로 모은 군량에 쓸 곡식義穀을 운반할 배運船에 합쳐 실어 먼저 올려보냅니다.

신호, 어영담, 배흥립이 봉해 올려보내는 군량과 군기물 등의 물건은 각각 그들의 배에 실어 각 고을에서 자발적으로 모인 사람에게 주어 올려보내기에 또한 각각 진상 물품 목록 문서를 만들어주어 올려보냅니다.[366]

절차를 갖추어 임금님께 글로 보고합니다.

1592년 9월 25일.

16. 「'나라에 대한 의무를 하지 않은 사람의 죄를 가족과 친척에게 연대 책임을 지우는 것을 면제하라는 명령'을 취소해주시기를 임금님께 청하는 장계請反汗一族勿侵之命狀」(1592년 12월 10일)[367]

행行[368] 전라 좌도 수군절도사. 신하 이(이순신).[369]

삼가 비교하여 살펴볼 일을 보고합니다.

흉악한 적이 여러 길에 가득 차 있습니다. 오직 이 호남만은 다행히 하

---

366 "각각 진상 물품 목록 문서를 만들어주어 올려보냅니다各各膳狀成給 上送爲白去乎"는 「전서본」에서는 "膳狀成給"으로 나온다.

367 이 장계는 「충무공계본」에도 나온다. 『임진장초』처럼 『이충무공전서』와 달리 이두 표기가 되어 있다.

368 '行'은 행수법行守法으로, 품계가 높은 사람을 낮은 관직에 임명할 때 '行'을 관직 앞에 붙이고, 품계가 낮은 사람을 높은 관직에 임명할 때는 관직 앞에 '守'를 붙이는 제도에 따른 것이다. 수군절도사는 정3품이지만, 당시 이순신의 품계는 정2품 정헌대부였기에 높은 품계에 비해 낮은 관직에 있었기 때문에 '行'을 붙인 것이다.

369 「영인본」의 "이李"를 「충무공계본」에서는 "이순신"으로 명기했다.

느님의 도우심에 힘입어 간신히 온전하게 보전되어 한 나라의 근본을 이루고 있습니다唯此湖南 幸賴天佑 粗似保完 獲成一國之根本. 군사를 일으켜 난리를 평정해 나라를 회복하는 것은 모두 이 도(전라도)로 말미암은 것입니다.

그런데 작년 6~7월370 사이에 6만의 군사와 말, 많은 군량을 서울 근처에서 다 잃었습니다. 병사(병마절도사)가 거느린 4만 군사는 다 추위에 얼었고 굶주렸습니다. 지금 순찰사(권율)가 또 정예군사를 이끌고 북쪽으로 올라갔습니다. 다섯 의병장이 서로 잇따라 군사를 일으켜 멀리 달려갔습니다. 그 뒤로는 온 땅이 시끄럽게 들썩였고, 공사 모두가 헛되이 다 써서 없어졌습니다.

비록 늙고 약한 백성이 있었으나, 무기를 나르고 군량을 운반할 때 언제나 심한 채찍질이 뒤따랐기에, 엎어지고 넘어지며 죽어서 도랑이나 골짜기에 버려지는 사람이 흔했습니다. 게다가 소모사가 내려와 내지와 바닷가를 구분하지 않고 군사의 수를 부과시켜 아주 심하게 재촉했기에 각 고을에서는 수를 충당하기 어렵게 되었기 때문에 변방을 지키는 군사371를 또한 많이 뽑아갔습니다. 게다가 체찰사(정철)372의 종사관373 9명이 여러 고을을 나누어 검사해 남아 있던 장정을 독촉해 징발했고, 변방 진의 군기물 또한 많이 옮겨 날라갔습니다. 복수의병장復讐義將 고종후高從厚 등 또한 따라 일어나

---

370 「충무공계본」에서는 "6"이 빠져 있다. 연말에 쓴 장계라 '작년'으로 기록한 듯하다.
371 "변방을 지키는 군사防邊之卒"가 「충무공계본」에서는 "防備之卒"로 나오나 오류다.
372 『선조실록』 선조 25년(1592) 7월 29일에 따르면 체찰사는 정철이다. 그 후 1592년 12월 4일 류성룡이 체찰사에 임명되었다. 『쇄미록』 1592년 9월 3일 일기에 수록된 「호남과 호서 군민들에게 교유하는 글兩湖敎諭軍民等書」(1592년 7월 22일)에는 "인성부원군 정철을 충청·전라 등의 도의 도체찰사를 겸하게 해 군무를 다스리게 했다"는 기록이 나온다. 조정의 일기 1592년 12월 15일에는 체찰사 정철과 부체찰사 김찬이 언급되어 있다.
373 종사관은 각 군영 등의 주장을 보좌하던 종6품의 관리다.

내시노비[374]를 남김없이 뽑아 징집했습니다. 소모관召募官[375]이 지금 또 내려와 번갈아 서로 찾아내 모으는 것이 하루도 멈추지 않는 날이 없었습니다. 백성이 근심하고 원망하는 소리가 끝없이 귓전을 때리니民生愁怨之聲 屬耳不絶, 국가(조정)가 회복할 시기에 그 소망을 크게 잃고 있습니다.[376] 바다 한 귀퉁이에 있는 외로운 신하는 북쪽을 바라보며 길게 통곡하니, 마음은 죽었고 껍질만 남아 있습니다一隅孤臣 北望長痛 心死形存.

작년에 임금님께서 분부하신 서장 내용에, "각 고을에서는 흩어져 떠도는 군사나 적의 침탈을 당한 사람들과 그들의 가족과 친척, 가까운 이웃에 대해서는 전란이 평정될 때까지 한정해 모든 연대 책임을 면제하라"는 분명한 임금님의 분부가 있었습니다. 신하된 자 누구나 감동이 일어나 눈물을 주르르 흘리지 않을 사람이 없을 것입니다. 그러나 이처럼 위태롭고 어려운 날을 맞았을 때에 입대한 군사 1명은 평상시 100명과 같습니다.[377] 그럼에도 한번 '나라에 대한 의무를 회피해 죄를 지은 사람의 가족과 친척, 가까운 이웃에게 연대 책임을 면제하라는 명령勿侵之令'이 들리자, 모두들

---

374 내시노비內寺奴는 내수사 및 각 궁에 소속된 내노비內奴婢와 중앙 관청 소속의 시노비寺奴婢를 지칭한다. 내노비와 시노비는 역에 소속된 역노비, 향교에 소속된 교노비, 지방 각 읍과 감영·병영에 소속된 관노비와 함께 공노비다. 내노비와 시노비의 두 부류가 공노비의 대부분을 차지하고 있었기 때문에 내시노비라 하면 곧 공노비를 말한다.
375 소모관은 군사를 모집하기 위해 중앙에서 각 지방에 파견한 소모사 아래의 관리다.
376 "크게 잃고 있습니다大失"는 병법서인 『육도六韜』「무도武韜」「문계文啓」에 나온다. "성인聖人은 백성의 삶을 안정시키고 현인賢人은 백성을 바르게 만듭니다. 그러나 어리석은 사람은 백성을 바르게 만들지 못해 다툼이 일어나게 합니다. 윗사람이 피로해지면 곧 형벌이 빈번하게 행해지고, 형벌이 잦으면 곧 백성은 걱정이 많아집니다. 백성이 걱정이 많아지면 곧 살 곳을 잃고 유랑하게 됩니다. 상하 사람들의 삶이 불안해지면 몇 세대가 지나도 쉴 수 없습니다. 이를 크게 잃는 것, 대실大失이라고 말합니다."
377 "입대한 군사 1명은 평상시 100명과 같습니다戍卒一人 可適平時百名"는 「전서본」에서는 "戍卒一人 可敵平時百名"으로 나온다. "可適"이 "可敵"으로 되어 있다. 「편수회본」은 "可適[敵]"으로 수정되어 있다. 「충무공계본」도 "可敵"이다. 그러나 문맥으로 보면, 원문 "可適"이 타당하다.

면제받을 계획을 품고 방법을 꾸미고 있습니다.

지난달에 10명이 방비를 위해 복무했던 고을에서 이번 달에는 겨우 3~4명입니다. 어제는 10명이 여러 진에 머물러 지켰는데, 오늘은 4~5명이 채 안 됩니다. 얼마 되지 않아 방비하기 위해 입대할 사람이 나날이 비어 진의 장수들은 손이 묶여 꼼짝할 수 없어 어떤 계책도 세울 수 없게 될 것입니다. 배를 타고 적을 무찌르는 것을 어디에 의지해 제어하며, 성을 지키고 적을 막고 싸우는 것은 어디에 의지할 수 있겠습니까.

만약 전례에 따라 필요한 인원을 책임지고 뽑는다면 임금님의 분부를 위반하게 되고, 만약 내려보내신 글을 받든다면 변방을 지킬 사람이 없습니다. 이 두 가지 사이에서 형편에 맞는 것을 헤아려 조치할 것에 대해 체찰사(정철)에게 문서로 의견을 덧붙여 보고했었습니다.

회답 내용에, "나라에 대한 의무를 하지 않은 사람의 죄를 가족과 친척에게 연대 책임 지우는 폐단」은 백성을 가장 병들게 하는 지나친 것이라는 분명한 임금님의 분부가 있었으니, 마땅히 당장 받들어 시행해야 하겠지만, 보고 안의 내용 또한 일리가 있으니 적을 막고 백성을 어루만지기 위해 양쪽이 모두 편리하게 할 일"이라고 돌려보냈습니다.

그래서 각 고을에 "사고로 죽거나 죄를 지어 죽임을 당해 완전히 자손이 끊긴 집은 잠시 명부都目(도목장)에 올리지 말라"고 공문을 보냈습니다.

대부분의 경우, 나라를 지키는 울타리藩屏를 한 번이라도 잃는다면, 그 독이 배와 심장까지 흘러갑니다. 이는 실로 이미 경험한 것입니다大抵藩屏一失 毒流腹心. 此實已經之驗. 그런데 하물며 이곳 본도(전라도)에 나누어 배치된 방어 군사 수는 경상도의 사례와 같지 않습니다.

매 순번에 국방의 의무를 다하기 위해 방비하러 들어온 군사[378]는 거진은 많아야 320여 명을 넘지 못하고, 나머지 작은 보는 150여 명도 차지 않습니다. 그런데도 그중에는 오랫동안 멀리 흩어져 떠돌거나 사고로 죽거나 죄를 지어 죽임을 당했기에 본래 책정될 수 없는 사람이 10에 7~8을 차지합니다.

당사자가 현재 남아 있는 사람들도 대부분이 늙고 쇠약한 사람들입니다. 만일 명령에 따라 '나라에 대한 의무를 하지 않은 사람의 죄를 가족과 친척에 대해 연대 책임을 완전히 면제한다면', 성을 지키고 배의 격군을 위해 손쓸 방법이 전혀 없어 아주 걱정되고 다급합니다.

게다가 이번에 받은, 비변사가 임금님의 뜻을 받들어 공문으로 보낸 내용 중에, "근래에 적을 무찌른 것을 읽어보니,[379] 바다 싸움과 같은 것이 없으니 전선을 넉넉한 수량으로 추가 건조하라"고 하셨습니다. 전선은 비변사의 공문이 도착하기 전에 신이 이미 영(전라 좌수영)과 진포에 명령해 많은 수를 추가 건조하도록 했습니다. 그러나 배 한 척의 사부와 격군을 합쳐서 130여 명의 군사를 충당해 복무시킬 방법이 없어 더욱 답답하고 염려됩니다.

'나라에 대한 의무를 하지 않은 사람의 죄를 가족과 친척 등에게 연대 책임을 지우는 것'을 전란이 평정될 때까지 한정해 그대로 전처럼 시행하고, 차츰차츰 옳고 그름을 밝혀 백성의 원성을 풀어주는 것이 지금 가장 급한 임무이옵니다. 엎드려 바라오니 조정에서는 더욱더 헤아려 생각하셔

---

378 "매 순번에 국방의 의무를 다하기 위해 방비하러 들어온 군사"의 「영인본」, 「충무공계본」은 "每番立防之軍", 「전서본」은 "每番入防之軍", 「편수회본」은 "每番立【入】防之軍"으로 되어 있다. "入"이 타당하다.
379 "근래에 적을 무찌른 것을 읽어보니近示討賊"는 「전서본」에서는 "近見討賊"로 나온다.

서, 잠시[380] '나라에 대한 의무를 하지 않은 사람의 죄를 가족과 친척에게 연대 책임 지우는 것을 면제하라는 명령—族勿侵之令'을 멈춰 남쪽 변방을 길이 온전하게 해 회복의 기틀로[381] 삼아주십시오.

방비를 하러 들어오는 수군 수가 그처럼 아주 적은데도, 군대를 기피하는 죄를 지은 무리들이 혹은 소모군召募軍 소속으로 들어가거나 혹은 다투어 의병에 붙어 번갈아 나뉘어 소속되고 있습니다.

지금처럼 봄철 방어 준비가 아주 위급한 때에, 방어하는 군사를 다른 곳으로 옮겨 소속시키는 것은 변방을 튼튼하게 하려는 뜻이 전혀 없는 것입니다. 전부 다른 곳으로 옮기지 말도록 또한 특별히 임금님께서 명령을 내려주시옵소서.[382]

겨울 석 달 동안의 네 종류 색군(사색四色)[383]의 입대 면제 군사는 평일에는 그대로 있으나, 전란이 일어났을 때 전적으로 군사로 보충하는 자원입니다. 그러나 이처럼 큰 전란을 맞아 원래의 군사도 많지도 않은데 또 네 종류의 군사를 면제한다면, 더욱 방어하고 지킬 길이 없습니다. 뿐만 아니라 바다에서도 한가할 때는 전선을 수리하여 고치고, 조련하고 무기를 갖추는 등의 일을 오로지 수군 군사들이 책임지고 있으니, 위의 네 종류의 입대 면제 군사들을 육군과 함께 입대를 면제시키지 말고, 남김없이 입대

---

380 "잠시"의 「문화재청본」은 "好"이나, 「영인본」 「전서본」 「충무공계본」에서는 "姑"로 나온다. 「문화재청본」이 오자다.

381 "기틀로"의 「영인본」 「전서본」 「충무공계본」은 "基"이다. 「영인본」에서는 '期'를 수정하고 '基' 로 썼다. 「문화재청본」은 "期基"로 수정을 반영하지 않았다.

382 "특별히 임금님께서 명령을 내려주시옵소서各別宣諭教是白齊"는 「전서본」에서는 "특별히 임금님께서 명령을 내려주시는 것이 사리에 맞을 듯합니다各別宣諭 恐合事宜"로 나온다.

383 색군色軍은 조선시대 군대 편제의 하나다. 평시에는 병역 의무를 지지 않으나 유사시에는 의무를 진다.

시키도록 각 진포에 아울러 점검하고 바로잡도록 했습니다. 순찰사에게도 공문을 보냈습니다.384

삼가 갖추어 임금님께 글을 올려 보고합니다.

1592년 12월 10일.

절도사. 신하 이(이순신).

17. 「전쟁을 위한 곡식과 방물 진상품을 꾸려 보내는 일을 임금님께 보고하는 장계裝送戰穀及方物狀」(1592년 12월 25일)385

승정원에서 열어보십시오.

구함. 신하 이(이순신).

삼가 보고합니다.386

지난 9월쯤, 순천에 사는 '어버이의 상을 치르고 있다가 나라에 전란이

---

384 『쇄미록』 1592년 9월 1일에도 군 입대를 피해 의병으로 가거나, 죄를 짓고 처벌을 피해 의병에 들어가거나, 심지어 이순신의 좌수영 군사가 수군에 입대하기 싫어 의병에 들어간다고 비판하는 내용이 나온다.

385 이순신이 올려보낸 방물 진상품에 대해서는 류성룡의 「전라 수사 이순신이 진상한 전죽을 남겨두어 싸움에 대비하도록 사용하려는 장계, 동파에서留全羅水使李舜臣進上箭竹以備戰用狀, 癸巳三月二十七日 在東坡」(1593년 3월 27일)에 나온다. "전라 좌수사 이순신이 '따로 진상別進上'한 잡다한 물건을 실은 배가 강화에 도착했습니다. 그중 편전 300부, 장전 200부, 전죽 5000통은 모두 전쟁에 관계된 것으로 급하고 절실한 도구입니다. 이곳의 여러 진은 군기물 수량이 적습니다. 전라도 영이 불탄 뒤에는 더욱 임시변통할 곳도 없어 아주 걱정되고 다급합니다. 어쩔 수 없이 도원수 김명원과 의논해 장전과 편전, 전죽을 우선 이곳에 남겨 싸움에 대비해 진에서 사용하고자 합니다. 진상한 물건을 마음대로 편히 이곳에 남겼기에 아주 황공합니다."『경국대전』에 따르면, 매년 경상·전라·충청과 강원도에서는 평안도·함경도 절도사에게 전죽을 보내게 되어 있다.

386 "삼가 보고합니다謹啓"는 원문에는 나오지 않는다. 「전서본」에 나온다.

있어 다시 관직에서 복귀해 일하는起服'387 봉사 정사준은 함께 약속한 같은 부(순천부)의 의기를 떨쳐 일어난 선비로 교생인 정빈鄭儐388 등과 각각 자발적으로 모은 군량에 쓸 곡식을 같이 한배에 싣고 행재소로 올라가겠다고 했습니다. 그래서 영(전라 좌수영) 및 수군 각 고을인 순천·광양·낙안·흥양 등의 고을 수령들도 '따로 진상'389하는 등의 물건을 봉하고, 각각 진상 물품 목록 문서에 열거해 올려보내겠다고 했기 때문에 이치를 따진 장계를 써서 위의 정사준에게 맡겨准授390 올려보냈습니다.

그런데 황해도 물길에서 바람의 기세가 순하지 않았고, 뿐만 아니라 정사준이 가는 도중에 추운 기운에 닿아 병세가 심각히 중해져 나아가지 못하고 되돌아왔습니다. 그래서 우선 그의 동생으로 신의 군관인 정사횡鄭思竑391으로 하여금 위의 군량에 쓰도록 자발적으로 모은 곡식을 갖고 올라가게 했습니다.

신이 '따로 진상'하는 장전·편전 등 여러 물건과 탄신일·동지·설날용의 방물 진상품方物進上392도 모두 위의 정사횡과 영(전라 좌수영) 진무 김양간金

387 "起服"은 「전서본」에서는 "起復"으로 나온다.
388 정빈은 『순조실록』 순조 1년(1801) 1월 26일에 따르면, 이순신 막하에서 활약했던 정사준과 정사횡의 조카다.
389 "따로 진상別上"은 각 지방의 관리들이 임금에게 정례적으로 바치는 물품 이외에 별도로 더 바치는 것이다.
390 "准授"는 「전서본」에서 "準數"로 나온다.
391 "鄭思竑"은 「문화재청본」에서는 "鄭思竑"이나, 「영인본」 「편수회본」 「전서본」에는 "鄭思竑"으로 나온다. 『순조실록』 『동의록』에서도 鄭思竑으로 나온다. 「문화재청본」이 오자다. 「동의록」(조정, 동의록중역간위원회, 1978)에 따르면, 정사횡은 이순신 막하에서 노량대첩에도 참전했다.
392 방물 진상方物進上은 설과 같은 명절날 혹은 임금 등의 탄신일, 행차 때에 지역의 특산물이나 병기·기구 등을 바치는 것이다. 『경국대전』에 따르면 전죽은 매년 평안도에 전라도는 1만 5000개, 충청도는 5000개, 함경도에는 경상도에서 2만5000개, 강원도에서 1만1500개의 전죽을 올려보내도록 되어 있다.

良斡이 한꺼번에 받아准授393 군량에 쓰도록 모은 곡식을 실은 배에 같이 실어 올려보냅니다.

순천 부사 권준이 '따로 진상'하는 것까지 봉하고, 또한 진상 물품 목록에 수결을 하고 관인을 찍어 같이 실어 한배로 올려보냅니다. 광양·흥양·낙안 등의 고을은 전의 장계와 같이 각각 그들의 고을 배로 자발적으로 모인 사람이 받아 올려보냈습니다.394

절차를 갖추어 임금님께 글로 보고합니다.

1592년 12월 25일.

18. 「유황을 내려주시기를 임금님께 청하는 장계請賜硫黃狀」(1593년 1월 26일)

행 전라 좌도 수군절도사. 신하 이(이순신).

삼가 나누어주시게 하실 일을 보고합니다.

영(전라 좌수영)과 각 진포에 있는 화약은 규정된 수량이 넉넉하지 못했습니다. 그런데 전선에 나누어 싣고 다섯 차례395 영남 바다를 정벌하면서

---

393 "准授"는 「전서본」에서는 "準授"으로 나온다. 같은 글자다.
394 『선조수정실록』 선조 25년(1592) 11월 1일에는 호남의 선비와 백성이 의곡을 모아 해로를 따라 의주로 수송했다는 내용이 나온다. 또한 같은 해 11월 24일에는 "전라도 관찰사 권율, 좌도 수사 이순신, 순천 부사 권준, 나주 목사 박광옥朴光玉이 탄일誕日 하전賀箋을 보내왔다. 또 권율이 봉진封進한 탄일·동지冬至 위전慰箋이 이르렀다"는 내용이 나온다.
395 "다섯 차례" 중 1~4차는 1592년 1차 출전에서 4차 부산대첩까지다. 5차는 1593년 1월의 출전이다. 1월 출전은 「왜적이 돌아갈 길을 끊고 죽이라」는 임금님의 분부를 받았음을 보고하는 장계」(1593년 1월 22일)와 「왜적의 돌아갈 길을 막고 바다 싸움으로 남김없이 죽여 나라의 수치를 씻으라는 임금님의 분부를 받았음을 보고하는 장계」(1593년 1월 25일)로 출전 이유를 확인할 수 있다. 그러나 자세한 내용은 알 수 없다.

거의 다 썼습니다. 게다가 본도(전라도)의 순찰사·방어사·소모사·소모관, 여러 의병장, 경상도의 순찰사·수사 등의 요청이 번거로울 정도로 많았기에, 나머지 비축해놓은 것이 아주 적게 되었습니다. 이미 옮겨올 수 있는 곳이 없고, 또한 보충할 길도 없습니다. 온갖 생각을 하고 헤아려봐도 달리 어떤 계책이 없습니다.

영에서 형편에 맞춰 끓여서 얻어낼 때, 신의 군관 훈련 주부 이봉수396가 그것의 교묘한 제조 방법을 얻어내 3달 동안에 염초397 1000근398을 끓여냈기에 그 염초를 (석류황과) 합제合劑하도록399 영과 각 고을과 포에 골고루400 나누어주었습니다.

다만 석류황石硫黃401은 다른 곳에서 나올 곳이 없습니다. 100여 근을 내려보내주시옵소서.

삼가 갖추어 임금님께 글을 올려 보고합니다.

396 이봉수는 「각종 종이를 봉해 올려보내는 일을 임금님께 보고하는 장계封進紙地狀」(1592년 9월 18일)에서는 "전생서 주부"로 나왔었다.
397 염초는 질산칼륨으로 초산이라고도 한다. 염초 원료를 부엌 아궁이나 담장, 화장실 주변의 흙, 바다 흙에서 추출했다.
398 『한국사 27』(국사편찬위원회, 탐구당, 2013, 242쪽)에 따르면, 세종 즉위년(1418) 가을에는 염초 보유량이 3316근이었고, 1년 소비량이 약 8000근이었다고 한다.
399 국방과학연구소 책임 기술원 김기석의 소설 『조선 수군을 만나면 도망처라』에 따르면, 흑색화약은 염초, 유황, 목탄을 75:15:10의 비율로 섞어 만든 것이라고 한다. 한효순의 『신기비결』에는 「화약합제식火藥合製式」이 나온다. 염초 1근, 석류황 1냥, 유회柳灰 5냥을 각각 갈아서 가루로 만들고 볶아 한번에 합치고, 물 한 그릇을 붓고 나무 절구에 넣고 찧는데, 1만 번쯤 해야 하고, 중간에 마르면 물을 한 그릇 더 넣고 반쯤 건조되면 햇볕에 말린 다음에 다시 부수어 콩알만한 크기로 만든다고 한다. 김기석과 한효순의 합제 비율이 다르다.
400 "골고루惠伊"는 「전서본」에서는 "次次"로 나온다.
401 석류황은 일본에서 수입해 사용했었다. 그러나 일본에서 수입하지 않고 우리나라에서 찾아내려 했던 기록도 많다. 『성종실록』 성종 8년(1477) 4월 2일에는 청풍군에서 석류황을 채굴했고, 성종 9년(1478) 2월 28일에는 경주에서 채굴했다. 조선 후기 실학자 조재삼의 『송남잡지』에 따르면, 금성金城(강원도 김화군) 창두리에서 채굴했는데, 중국에까지 수출하기도 했다고 한다.

1593년 1월 26일.

절도사. 신하 이(이순신).

19. 「의승병을 나누어 보내 요해처를 경계하고 지키게 한 일을 임금님께 보고하는 장계分送義僧把守要害狀」(1593년 1월 26일)[402]

행 전라 좌도 수군절도사. 신하 이(이순신).

삼가 비교하여 살펴볼 일을 보고합니다.

영남에 주둔한 적이 본도(전라도)를 침범하려고 계획해 바다와 육지에서 엿보고 있습니다. 신이 비록 바다 싸움을 전담하고 있지만, 육지 싸움을 대비하는 것에도 조금도 마음을 게을리하지 않고 있습니다臣雖曰專委水戰 而於陸戰之備 念不少弛.

호남의 접경 지역인 구례의 석주[403]와 도탄,[404] 광양의 두치[405] 강여울[406]

---

402 『선조실록』 선조 26년(1593) 6월 29일에는 선조가 승려를 참전케 해 일본군을 물리치게 하자고 주장한 내용이 나온다. 이순신은 그 이전에 이미 승려를 동원해 참전을 시키고 있는 모습이 이 장계다.

403 석주는 섬진강 줄기인 전남 구례군 토지면 송정리다. 진주와 경계다.

404 도탄은 섬진강 줄기인 경상남도 하동군 화개면 덕은리에 있던 여울이다. 진주와 경계다.

405 두치豆恥가 「전서본」 속 『을미년(1595) 일기』 5월 11일에서는 「豆峙」로 나온다. 이훈의 「노정: 하동 횡천면 대덕→구례읍(48킬로미터) 상」(『무등일보』 2014. 06. 10)에서는 「난중일기」 「정유년 I」 8월 3일자 일기에 나오는 두치의 위치에 대해 하동읍 두곡리설, 광양군 다압면 섬진리설, 섬진교 바로 아래 원동설이 있다고 소개했다. 이훈은 섬진리설에 대해서는 이순신의 여정상 "하동에서 강 건너 섬진리로 갔다가 다시 이쪽, 화개 쪽으로 건너와야 하기 때문"이라며 맞지 않다고 했고, 『호남읍지』(1895년 제작), 『호남진지』(1895년 제작) 등을 근거로 하동읍설을 주장했다.

406 "강여울"의 원문은 "江灘"이다. "江灘"을 지명으로 보는 견해가 있다. "江灘"을 두치와 연관해 보면, 두치(섬진강) 강여울로 보아야 할 듯하다. 이순신의 보고서에 따르면, 섬진강의 광양쪽 강여울이다. 그래서 위 장계의 바로 아래에도 석주, 도탄, 두치만 언급한 듯하다. 류성룡의 「往視順

등 요해처에 복병을 배치하고 경계하고 지키는 등의 일에 힘을 돕고, 점검하고 바로잡아 적이 끝내 넘어오지 못하도록 하고자 했습니다. 그래서 작년(1592년) 8~9월 사이에 근처 각 고을에 공문을 보내 여러 절에 숨어 있으며 빠져 있는 승려 무리와 병적에 들어 있지 않아 한가히 놀고 있는 자들을 찾아내 남김없이 적발해 위의 석주·도탄·두치 등지를 나누어 지키게 하고, 또한 단단히 타일러 경계하도록 할 때, 승려 등이 소문을 듣고 기꺼이 모였습니다. 얼마 되지 않아 많게는 400여 명에 이르렀습니다.

그중에서 용기와 지략이 있는 순천에 사는 승려 삼혜는 시호별도장豺虎別都將, 흥양에 사는 승려 의능[407]은 유격별도장遊擊別都將, 광양에 사는 승려 성휘性輝는 우돌격장右突擊將, 광주에 사는 승려 신해信海는 좌돌격장, 곡성에 사는 승려 지원智元은 양병용격장揚兵勇擊將으로 모두 임시 임명했습니다.

별도로 더 불러 모을 때, 또한 구례에 사는 진사 방처인房處仁,[408] 광양에 사는 한량閑良[409] 강희열姜姬悅, 순천에 사는 보인 성응지 등이 정의감으로 한탄하며 의기를 떨쳐 일어났습니다. 향도鄕徒[410]를 한데 끌어모아 또한 각

安軍 還到永柔 馳啟狀」(1592년 11월)에도 평양성을 둘러싼 "江灘"이 나오는데, 강여울을 뜻한다.

407 "의능"의 원문 "義能"은 일기와 다른 장계에서는 "宜能"으로도 나온다.

408 방처인(1549~1595)은 『미암일기』 1576년 2월 22일자에 따르면, 2월에 서울에서 있었던 회시에서 조대중曹大中과 함께 합격했다고 한다. 3월 30일자에는 "방호인房好仁, 처인處仁이 남원에서 와서 인사했다. 처인은 새로 진사가 된 사람"이라고 했다. 『고대일록』 1593년 7월 26일에 따르면, 이순신의 장계처럼 도탄 의병장으로 나온다. 또한 1595년 6월 21일 일기에는 "방극지房克智의 부음을 들었다. (…) 극지의 이름은 처인이며, 기유년(1549)에 태어났다. 어릴 때부터 영민했고, 병자년(1576)에 진사에 합격했다. (…) 창응瘡癰에 걸려 6월 18일에 죽었다"고 했다. 김유동은 『조선각도읍지』에서 "남원 출신, 임진년에 창의하여 김천일이 팔도 독운장八道督運將을 맡겼다"고 했다.

409 한량은 무관이 될 수 있는 신분이나, 응시하지 않거나 급제를 하지 못한 사람이다.

410 "鄕徒"는 『한국민족문화대백과』에 따르면, 전통 시대에 여러 공동 목적을 달성하기 위해 결성한 조직체다. 류성룡이 지시한 공문 「移京畿巡察使 通津縣監 及把摠李汝讓文」에서는 "香徒"로 나온다. 鄕徒와 같다.

각 군사를 일으켰기에, "방처인은 도탄, 강희열과 승려 성휘 등은 두치, 신해는 석주, 지원은 운봉의 팔량치八良峙[411]에 보내 모두 요해지를 경계하며 지키게 했고, 관군과 힘을 합쳐 비상사태에 대비하라"고 전령했습니다.

성응지는 본부(순천부)의 성을 지키는 전담 책임을 지워 대비케 했고, 승려 삼혜는 순천의 진[412]에 머물게 했습니다. 승려 의능[413]은 본영(전라 좌수영)에 머물며 방비하게 하고, 마땅히 적 기세의 가볍고 무거움을 자세히 살피고 있다가 육지 싸움이 중요하면 육지로 달려가고, 바다 싸움이 중요하면 바다로 달려갈 뜻[414]을 약속했습니다.

지금 도착한 임금님께서 분부하신 서장 안의 요지는 다음과 같았습니다.

명나라 군사들이 다 무찌르면 남은 적이 도망쳐 돌아갈 것이니, 수군을 이끌고 있으면서 기회를 만날 때까지 (길목을) 잡고 누르고 있다가 길을 끊고 죽여라.

뒤이어 받은 임금님께서 분부하신 서장 내용은 다음과 같았습니다.

명나라 장수 이 제독李提督(이여송)이 기성(평양)을 곧바로 공격해 적의 근거지를 무찔러 뒤집어엎고, 곧 차례로 나아가 무찌를 것이니 기어이 배 한 척, 수레 한 대도 돌아가지 못하게 해야 한다. 경(이순신)은 수군을 정비해 바다

411 "八良峙"는 「전서본」에서는 "八陽峙"로 나온다.
412 "진"의 원문 "陣"은 「전서본」에서는 "鎭"으로 나온다.
413 "의능"의 원문 "義能"은 「영인본」의 다른 장계에서는 "宜能"으로 나온다.
414 "뜻意"은 「전서본」에만 나온다.

싸움으로 남김없이 죽여라.

그러나 도망치는 대규모 적의 길을 끊고 죽이기 위해서는 군대가 외롭고 약하면 안 될 것이기에, 소속 수군을 넉넉히 정비했습니다. 의병장 성응지, 승장 삼혜와 의능 등에게도 전선을 나누어주고 수선시켜, 나누어 타고 함께 바다로 나가도록 명령했습니다.

삼가 갖추어 임금님께 글을 올려 보고합니다.

1593년 1월 26일. 절도사. 신하 이순신李.

20. 「떠도는 백성을 돌산도에 들어가 살게 하고 논밭을 갈고 씨를 뿌릴 수 있도록 명령을 내려주시기를 임금님께 청하는 장계請令流民入接突山島耕種狀」(1593년 1월 26일)

행 전라 좌도 수군절도사. 신하 이(이순신).

삼가 비교하여 살펴볼 일을 보고합니다.

영남에서 피란한 백성이 영(전라 좌수영) 경계까지 흘러와 사는 사람이 많게는 200여 호에 이르기에 각각 임시로 살게 명령해 간신히 겨울을 났습니다. 그러나 당장 앞에는 진휼하고 구호할 물자가 온갖 계책을 짜봐도 방법이 없습니다百無所計.[415] 비록 "전란이 평정된 뒤에 본도(영남)로 되돌아가

---

415 "온갖 계책을 짜봐도 방법이 없습니다"의 「문화재청본」 "百計無所計"는 「영인본」, 「편수회본」, 「전서본」에서는 "百無所計"로 나온다. "計"는 원문에서 삭제 표시된 글자다. 「문화재청본」은 삭제를 반영하지 않았다.

라"고 하긴 했지만, 당장 눈앞에서 굶어 죽어가는 모습은 차마 볼 수 없습니다當在目前 不忍見餓莩之狀.

이전에 받았던 풍원부원군豐原府院君[416] 류성룡의 서장에 근거한 비변사의 공문 내용 요지에, "여러 섬에서 피란할 수 있고 또한 둔전을 할 만한 땅이 있으면, 떠도는 백성이 들어가 살아도 편리할지 아닌지 참작해 시행하라"[417]고 하셨습니다. 그래서 신은 그 피란민이 들어가 살 만한 곳을 헤아려 생각해보았습니다. 돌산도[418]만 한 곳이 없었습니다. 그 섬은 본영(전라 좌수영)과 방답 사이에 끼어 있고, 산이 겹겹이 둘러쌓고 있어 적이 들어올 길은 사방으로 막혔으며, 땅의 형세는 넓고 평평하고, 흙의 품질이 비옥합니다. 그래서 떠도는 백성을 알아듣게 타일러 차츰차츰 들어가 살게 해, 방금 봄갈이를 할 수 있었습니다.

416 풍원부원군은 류성룡의 작호爵號다. 부원군은 왕의 장인이나 정1품 공신에게 준다. 풍원의 "풍"은 류성룡의 본관인 "풍산"을 뜻한다. 류성룡은 1590년에 명나라의 『대명회전大明會典』등에 잘못 기록된 태조 이성계 기록을 시정하는 일에 공로를 세운 광국공신 3등으로 풍원부원군에 봉해졌다.

417 풍원부원군 류성룡의 서장 내용은 류성룡이 1592년 9월에 선조에게 올린 「陳時務箚」과1592년 10월에 올린 「乞措置海島狀」으로 추정할 수 있다. 류성룡은 「陳時務箚」에서는 평안도 선천의 신미도 땅의 형태가 강화도와 비슷하다면서 평안도 육지의 겉곡식을 신미도로 옮겨 보관했다가 1593년도의 종자로 삼자고 했었다. 그는 또한 황해도 풍천의 초도와 다른 섬에도 똑같이적용하자고 건의했다. 「乞措置海島狀」에서는 한 걸음 더 나아가 구체적으로 신미도 등과 같은서해의 섬이나 황해도와 평안도의 섬 목장을 둔전으로 만들고 피란해 있는 백성을 들여보내 농사를 짓게 하자고 건의했다. 류성룡의 건의로 비변사에서 이순신에게도 섬 목장을 활용해 둔전을 검토하도록 했던 듯하다. 류성룡과 이순신의 둔전 건의는 그 후 실제로 집행되어 이순신도 실시했고, 다른 지역에서도 실시되었다. 류성룡의 「勸課耕種 査覈守令勤慢啓」(1594년 4월 5일)에 따르면 황해도 배천 군수 남궁제는 둔전을 실시해 300섬의 씨앗을 뿌렸다고 한다.

418 이순신이 둔전을 한 곳은 현재 전남 여수시 돌산읍 둔전리 일대다. 『중종실록』 중종 33년(1538) 9월 30일에 따르면, "순천의 돌산도 둔전은 소출이 적게는 700~800섬, 많게는 1000여섬인데, 인근의 순천·광양·낙안·흥양 네 고을 백성에게 환상곡으로 지급합니다"라는 기록이있다. 중종 때 이미 둔전을 했던 곳이다.

그런데 「영에서 둔전을 경영할 수 있도록 임금님께 청하는 장계營屯畓請啓」를 올렸을 때, 이전의 어사 홍종록洪宗祿과 감사 윤두수尹斗壽, 수사 박선朴宣, 이천李薦, 이영李英 등이, "담당 관서에서 목장이 있는 곳은 나라에서 필요한 말을 키우고 조달하는 정책에 방해가 된다고 했다"면서 반대 의견을 임금님께 아뢰었습니다.

그러나 지금은 나랏일이 어렵고 위태롭고 백성은 살 곳을 잃었기에國事艱危 民生失所, 비록 의지할 곳 없는 백성이 들어가 농사를 짓게 해도 특별히 말을 기르는 데 해를 끼칠 것이 없습니다. 그렇게 할 수 있다면 말을 기르고 백성도 구할 수 있어牧馬救民, 양쪽 모두 편리하게 될 듯합니다庶使兩便.[419]

외람된 생각이기에 삼가 갖추어 임금님께 글을 올려 보고합니다.

1593년 1월 26일.

절도사. 신하 이(이순신).

21. 「바다와 육지의 장수들이 웅천을 곧바로 공격하도록 임금님께 청하는 장계令水陸諸將直擣熊川狀」(1593년 2월 17일)[420]

승정원에서 열어보십시오.

419 류성룡의 「陳賑恤飢民事宜狀」(1593년 2월)에도 이순신과 비슷한 주장을 한 내용이 나온다. 류성룡은 창의사 김천일이 강화도 목장을 백성이 농사를 지을 수 있도록 장계로 건의했는데 비변사에서 이를 승인해주었다면서, 1593년의 경우는 말에 관한 정책馬政이 중요하지만 때에 따라 처리해야 할 것이 있다면서 평상시의 규정을 고집해서는 안 된다고 했다. 그러면서 섬의 목장을 활용해 백성을 정착시켜 농사를 짓게 하자고 건의했다. 이순신의 장계나 류성룡의 장계는 당시 비변사가 섬 목장에서 백성이 정착해 농사를 짓는 것을 추진했음을 보여준다.
420 2월 17일은 세종의 제삿날이라 공무를 보지 않은 해도 있다.

정헌대부正憲大夫.421 구함. 신하 이(이순신).

삼가 보고합니다.422

선전관 이李가 갖고 온 지난 1월 29일 수결을 하고 관인을 찍은 우부승지의 서장 내용의 요지는 다음과 같은 분부였습니다.

명나라 군사가 이미 평양平壤에서 이겼고, 승승장구하는 기세를 타고 쫓아가니, 겨우 숨만 붙은 흉악한 적이 잇따라 달아나 숨고 있다. 서울의 왜적 또한 반드시 도망쳐 돌아갈 것이다. 경(이순신)은 수군들을 다 이끌고 세력을 합쳐 무찔러 없애고, 기어이 조각배 한 척도 돌아가지 못하게 하라.

위의 서장을 신은 오늘 2월 17일 술시에 경상도 거제도 칠천량 앞바다에서 공손히 받았습니다.

전에 공손히 받은 선전관 채진과 안세걸423 등이 갖고 온, 임금님께서 분부하신 서장에 근거해 지난 1월 30일, 소속 수군들이 도착해 약속한 뒤에, 마침 바람의 기세가 순지 않아 배를 출발할 수 없어 며칠 동안 바람이 자기를 기다렸습니다.

이달 2월 2일424에 길을 떠났습니다. 7일에 거제도 견내량에 도착해 경

---

421 정헌대부는 정2품이다. 정2품 중에서 상위 품계다. 정2품 하위 품계는 자헌대부다. 정2품에 해당되는 관직으로는 우참찬, 지사, 판윤, 대제학 등이 있다.

422 "삼가 보고합니다謹啓"는 『전서본』에만 나온다.

423 채진이 가져온 서장 내용은 『왜적이 돌아갈 길을 끊고 죽이라'는 임금님의 분부를 받았음을 보고하는 장계』(1593년 1월 22일)에 나온다. 이순신은 1593년 1월 22일에 받았다. 안세걸이 가져온 서장 내용은 『왜적의 돌아갈 길을 막고 바다 싸움으로 남김없이 죽여 나라의 수치를 씻으라'는 임금님의 분부를 받았음을 보고하는 장계』(1593년 1월 25일)에 나온다. 이순신은 1593년 1월 25일에 받았다.

424 『난중일기』에는 1593년 2월 6일에 출발했고, 2월 7일 견내량에 도착한 것으로 나온다.

상 우수사 원균과 서로 만났습니다. 8일에는 본도(전라도) 우수사 이억기가 같은 곳으로 뒤따라왔습니다. 모두 모여 약속했습니다.

10일에 웅천 앞바다에 도착했더니, 그 현(웅천현)에 머물러 주둔했던 왜적은 배를 포 깊숙이 감추고 포구는 요새를 만들어놓았고,[425] 많은 근거지를 지어놓았습니다. 그래서 삼도 수군이 세력을 합치고 복병을 배치하고 몰래 엿보며 날마다 유인했으나, 우리 군대의 위세를 두려워해 끝내 싸우러 나오지 않았습니다. 칠천량[426]과 가덕도 앞바다를 오가며 진을 치고 다양한 방법으로 계책을 세워 기어이 다 죽여 없애려고 했으나, 어쩔 수 없었습니다.

이 길목을 움켜쥔 왜적을 다 죽인 다음에, 양산과 김해 길을 끊어야 뒤를 에워싸이게 되는 걱정거리가 없게 됩니다. 그런 다음에야 부산으로 점차 나아가 도망치는 왜적을 저지하고 죽일 수 있는 일이기에 바다와 육지에서 합동으로 공격하려고 합니다. 경상 우도 순찰사에게 "급히 여러 장수에게 명령해 군사와 말을 이끌고 웅천을 곧바로 공격해달라"는 뜻으로[427] 공문을 보내 독촉했습니다.

절차를 갖추어 임금님께 글로 보고합니다.

1593년 2월 17일.

---

425 "요새를 만들다設險"는 『주역』 「감괘」에 나오는 말이다. "하늘의 요새는 오를 수 없고, 땅의 요새는 산과 강과 언덕이다. 왕공王公은 요새를 만들어 그의 나라를 지켰으니, 요새를 때에 맞게 만들어 쓴 것이 위대한 것이다天險不可升也 地險山川丘陵也 王公 設險 以守其國 險之時用 大矣哉."
426 "칠천량"의 원문 "柒川梁"은 「전서본」에서는 "漆川梁"으로 나온다. "柒"은 "漆"의 속자다.
427 "뜻으로意"는 「전서본」에만 나온다.

22. 「왜적을 무찌른 일을 임금님께 보고하는 장계討賊狀」(1593년 4월 6일)⁴²⁸

행 전라 좌도 수군절도사. 신하 이(이순신).⁴²⁹

삼가 적을 무찌른 일을 보고합니다.⁴³⁰

"명나라 군대가 평양을 소탕한 뒤, 적이 도망칠 물길을 끊을 일"로 선전관 채진과 안세걸 등이 5일 동안 거듭 이르렀습니다.⁴³¹

그런데 신은 수군을 독려해 이끌고 지난 2월 6일 배를 출발했습니다. (2월) 8일에 본도(전라도) 우수사 이억기와 경상 우수사 원균 등과 거제 경계 한산도 바다 가운데서 모두 모여 거듭 약속을 밝혔습니다.⁴³² 그 현(거제현) 땅 칠천량과 웅천 경계 가덕 앞바다 등지를 오가며 진을 치고, 명나라 군대가 남쪽으로 내려와 대규모의 적들이 도망쳐 돌아가는 것을 기다렸습니다.

---

428 이 장계는 「충무공계본」에도 나온다. 『임진장초』처럼 『이충무공전서』와 달리 이두 표기가 되어 있다.

429 「영인본」의 "이李"를 「충무공계본」에서는 "이순신"으로 명기했다.

430 『선조실록』 선조 26년(1593) 4월 18일에는 이 장계와 관련해 이순신에게 명령을 내린 상황이 나온다. 류성룡이 쓴 「沈遊擊自賊中出來狀」(1593년 3월 19일)에는, "며칠 전에 길에서 소문을 들었는데 전라 수사 이순신이 왜선을 요격하러 나가 부산포 근처에서 또 승리했고 적선과 군량을 많이 빼앗았다고 했는데 공문이 도착하지 않아 지금은 허실을 알 수 없습니다. 그러나 그 말이 과연 사실이라면 적병이 지금 그곳으로 군량을 운반하고 있으니 흉악한 계획을 실제로 예측할 수 없지만 우리 수군이 적을 또 깨부수었으니 그들의 기세가 꺾였으니 그것은 실로 크게 다행입니다"라는 내용이 나온다. 「선조실록」 기록은 류성룡의 장계를 인용한 내용이다.

431 "5일 동안 거듭 이르렀습니다五日再至"를 이은상, 조성도는 "5일 동안에 두 번이나 왔다", 홍기문은 "5일에 다시 왔다"로 번역했다. 이순신의 장계를 보면, 채진은 1월 22일, 안세걸은 1월 25일에 연달아 도착했었다. 이은상의 번역이 타당하다.

432 "거듭 약속을 밝혔습니다申明約束"를 「문화재청본」은 "【申明】約束"라고 했으나, 「영인본」에는 "申明約束"으로 나온다. 「편수회본」에서는 "■■(申明)"로 나온다. 「전서본」 「충무공계본」에서도 "申明約束"으로 나온다.

웅천의 왜적은 부산 길목을 움켜쥐고 험한 곳을 점거하고 배를 감추고, 근거지를 많이 지어놓았습니다. 어쩔 수 없이 이 왜적을 먼저 제거해야 그대로 부산으로 나갈 수 있기에 2월 10일·12일·18일·20일에 모두, 혹은 복병을 보내 유인했고, 혹은 드나들며 싸움을 걸었으나, 그 왜적들은 일찍이 수군의 위세를 두려워해 바다 가운데로 나오지 않았습니다. 가볍고 빠른 배輕疾之船로 언제나 포구로 갑자기 나타났다가, 뒤쫓아가면 곧바로 그들의 깊숙한 곳으로 되돌아들어갔습니다.

왜적들이 단지 동쪽과 서쪽 산기슭에 보루壘를 쌓고 나누어 주둔하며 긴 깃발을 많이 꽂아놓고, 철환을 빗발치듯 쏘면서 날뛰는 모습을 보였기에 우리 배를 위衛[433]로 나누어 대오를 지어 좌우에서 일제히 나아가며 포와 전을 번갈아 쏘았습니다. 형세가 바람과 천둥 같았습니다我船分衛作綜 左右齊進 砲箭交發 勢若風雷. 그러기를 하루에 두 번 세 번 거듭했습니다. 사살되어 거꾸러진 놈이 얼마나 되는지 알 수 없습니다.

왜적의 기세가 크게 꺾였으나, 그곳의 험한 설비가 의심스러웠기에 포 안쪽으로는 깊이 들어갈 수 없었습니다. 또한 육지로 올라가서 추격해 머리를 벨 수도 없었기에, 항상 정의로운 분노로 한탄하는 마음만 있었습니다.

(2월) 18일 싸움에서는 좌별도장인 신의 군관 주부 이설과 좌돌격 거북선장(귀선장) 주부 이언량 등이 적선 3척을 끝까지 쫓아가 3척에 탄 100여 명의 적을 거의 다 사살했습니다. 그중에 금빛 투구金冑와 붉은 갑옷紅甲을 입은 자가 크게 외치며 노질을 재촉했는데, 역시 피령전에 맞자 곧바로 배

---

433 위는 조선시대 군대 조직 단위다. 조선 문종 때, 군사 제도를 5위, 즉 전·후·좌·우·중위로 개편했다. 이순신의 장계를 살펴보면, 위에는 중위만 나오는 경우, 좌·우·중위의 3위가 나오는 경우가 있다. 부는 전·후·좌·우부가 나온다.

안에 엎어졌습니다. 거의 완전히 붙잡을 수 있었으나, 이미 깊은 곳까지 들어갔고, 형세가 끝까지 추격하는 것은 어려웠습니다. 임치臨淄의 통선이 곁에서 싸움을 도우며 물에 빠진 왜의 머리 하나만 베어냈습니다.

대체로 육군이 아니면, (육지의 일본군을) 결코 몰아내기 어렵기에 그들의 기세가 꺾인 것을 틈타, 바다와 육지에서 합동으로 공격하려고 경상 우순찰사右巡察使[434] 김성일金誠—[435]에게 다시 육군을 요청했습니다. 그랬더니 "명나라 군사를 뒷바라지하는 일이 번거롭고, 또한 남아 있는 군사도 없기에 '첨지 곽재우에게 명령해 먼저 창원을 무찌르고 차츰 웅천으로 나아가라'고 했다"고 했습니다. 그러나 많은 왜적을 적은 수의 세력으로 대적할 수 없어[436] 다 무찌를 수 없습니다.

그달(2월) 22일, 이억기와 여러 장수 등과 약속하며 말하기를, "저 왜적들이 두려워 싸우러 나오지 않고, 또 육군이 뒤를 공격하지 않으니 달리다 죽여 없앨 길이 없다. 그런데 최근 (왜적은) 많은 전상자가 있었고, 기세도 이미 꺾였다氣勢已挫. 또 그 포구를 자세히 살펴보니, 험한 설비가 있지

---

434 "右巡察使"가 「충무공계본」에서는 "右道巡察使"로 나온다. 「충무공계본」의 오류다.

435 김성일(1538~1593)은 조선 중기의 문신이다. 자는 사순士純, 호는 학봉鶴峯, 시호 문충文忠이다. 임진왜란 직전인 1590년 5월에 통신사의 일원으로 일본에 파견되었다가 1591년 2월에 돌아왔다. 1592년 3월 1일, 경상 우도 병마절도사로 임명되었다가 부임 도중인 4월 15일 충주 객관에서 일본이 침략한 사실을 알고 임지로 가던 중 압송 명령을 받고 상경 중 다시 류성룡의 추천으로 경상도 초유사가 되었고, 후에 경상 좌도·우도 감사로 임명되어 경상도에서 활약했다. 전쟁 초기 피폐해진 경상도 지역의 행정을 다스리고 민심을 안정시켰다. 또한 의병 봉기를 유도했다. 김면, 정인홍, 곽재우 등과 함께 진주성을 지키다 전염병으로 진중에서 사망했다. 류성룡과는 퇴계 이황의 문하에서 동문수학했고, 경상도 초유사로 활약할 당시 류성룡이 김성일에게 이순신의 능력을 높이 평가하는 서신을 보내 서로 적극 협력할 것을 요청하기도 했던 관계다.

436 "많은 왜적을 적은 수의 세력으로 대적할 수 없어"의 「영인본」「충무공계본」은 "衆寡不適"이나, 「전서본」「편수회본」에서는 "衆寡不敵"으로 나온다. 「편수회본」은 '適[敵]'으로 수정한 것이다.

도 않는 듯하다. 또한 전선 7~8척은 (포구 안에서) 움직일 만하다. 그런데도 몇 차례[437] 서로 싸웠어도 아직도 무찔러 없애지 못했다. 또 머리를 베지도 못했다. 아주 원통하고 분하다"고 했습니다. 이로 인해 삼도 수군에서 각각 가볍고 튼튼한 배輕完船 5척, 합쳐서 15척으로 적선이 열 지어 정박한 곳으로 번갈아 서로 돌격시켜 싸우게 해 지자·현자총통을 쏘아 절반은 깨부쉈고, 또 많이 쏘아 죽였습니다. 또한 신이 모집해 이끌고 있는 의승병과 삼도의 날쌔고 용감한 사부 등을 배 10여 척에 태워 동쪽으로 안골포, 서쪽으로 제포에 정박하게 하고 육지에 내려 진을 치게 했습니다. 그랬더니 그 왜적들이 바다와 육지에서 교대로 공격받을까 두려워 이리저리 정신없이 달려다니며 싸움에 응했습니다. 의승병 등은 창을 들고 검을 휘두르거나, 혹은 활 혹은 포로 내내 돌격해 싸워 셀 수 없이 쏘아 맞혔습니다. 비록 머리를 벤 것은 없지만, 우리 군사는 다친 사람이 없습니다.

사도 첨사 김완[438]과 우별도장인 신의 군관 훈련 정(정3품) 이기남, 판관 김득룡 등은 적에게 붙잡혀 있던 우리나라 사람인 웅천 수군 이준련李准連, 양인 여자 매염梅染,[439] 염간[440]·윤생允生, 김해의 양인 여자 김개金介,[441] 거제의 양인 여자 영대永代[442] 등 5명을 빼앗아 왔습니다. 죄를 조사하기 위한 심문에서 진술받은 내용은 다음과 같았습니다.

최근에 맞붙어 싸울 때 왜인들이 전과 철환에 맞은 중상자가 아주 많았고,

437 "몇 차례累次"는 「전서본」에서는 "累日"로 나온다.
438 "金浣"을 「충무공계본」에서는 "金完"으로 썼다. 「충무공계본」의 오류다.
439 "梅染"은 「전서본」에서는 "梅艶"으로 나온다.
440 "鹽干"은 「전서본」에서는 "廉隅"로 나온다.
441 "金介"를 「충무공계본」에서는 "今介"로 썼다. 「충무공계본」의 오류다.
442 "永代"는 「전서본」「충무공계본」에서는 "永化"로 나온다.

죽은 자도 많았는데 하나도 빠짐없이 불태웠습니다. 왜의 도장都將이라 불리는 자도 싸우다 죽었는데 왜적 무리가 소리 높여 슬피 울부짖었습니다. 1월 그믐 사이에는 많은 근거지에서 여역(전염병)이 크게 사납게 퍼져 죽은 자가 끊이지 않았습니다.

여러 장수 등 및 이 말을 들은 사람들은 날카로운 기세가 더욱 더해 바다와 육지에서 승리할 기세443가 이날에 있었습니다. 그런데 좌도의 발포 통선장인 그 포(발포) 군관 이응개李應漑444와 우도의 가리포 통선장 이경집李慶集 등이 승리한 기세를 타고 다투어 돌진해 적선을 깨부수고, 돌아 나올 때 두 배가 서로 닿아相觸 방패가 흩어져 떨어졌습니다. 사람들이 적의 철환을 피하려다 한쪽 편에 쏠려 마침내 기울어 뒤집어졌습니다. 배 안에 있던 사람들 얼마는除除445 헤엄쳐 육지로 올라갔습니다. 또 도망쳐 자기 집으로 돌아간 자도 있었기에 지금 수색해 찾아내 연이어 「임금님께 글을 올려 보고啓聞」했습니다. 언제나 승리했기에446 군사들의 마음이 아주 씩씩해져447 적에게 앞다투어 돌격했고, 뒤에 있는 것을 오히려 두려워했기에 기울어져 뒤집어지는 재앙에 이르게 했으니, 더욱 심하게 아프고 답답한 일입니다.

2월 28일과 3월 6일 다시 나아가 싸움을 걸고, 철환과 화살, 돌을 전보

---

443 "승리할 기세勝勢"가 「충무공계본」에서는 "勢勝"으로 글자 위치가 바뀌어 있다.
444 이응개는 「선무원종공신녹권」에서는 부장部將으로 나오고, 선무원종공신 2등이다.
445 "除除"을 「전서본」, 「편수회본」과 이은상은 "徐徐"로 보았다. 「편수회본」은 "除[徐]"로 수정한 것이다. 「충무공계본」은 "除除"로 나온다. 문맥으로 보면 '除除'가 타당하다.
446 "언제나 승리했기에"의 원문을 「영인본」은 "屢決勝捷", 「전서본」은 "屢決勝捷"로 보았다. '決'과 '決'은 같은 글자다. 「충무공계본」은 "屢次勝捷"로 나온다. 즉 '決'을 '次'로 본 것이나, '決'이 맞다.
447 "아주 씩씩해져矯矯"를 「전서본」, 「편수회본」, 「충무공계본」과 이은상은 "極驕"로 보았다. 「편수회본」은 "矯[驕]"로 수정했다. 문맥으로는 둘 다 맞지만, 정황을 보면 원문이 타당하다.

다 더욱 쏘았고, 또 산기슭의 왜적이 주둔한 곳에 진천뢰震天雷[448]를 쏘았더
니, 찢어지고 깨지며 죽고 다쳤습니다. 시체를 끌고 바삐 뛰어다니는 놈을
낱낱이 셀 수 없었습니다. 그런데 그들은 육지에 있고 우리는 배에 있었기
에 역시 머리를 벨 수 없었습니다. 다만 그곳의 왜적들이 모두 근거지를 짓
고 틀어박혀 나오지 않아 다 죽여 무찌를 기약을 할 수 없어 바람을 따라
불로 공격하려고 했습니다.

3월 10일, 사량[449] 앞바다로 진을 물려 화선火船을 조치해 마련했습니다.
그런데 다시 헤아려 생각해보니, 명나라 군대가 오랫동안 멈춰 있기에 헛되
이 그 배들만 불태우면, 반드시 궁지에 몰린 도적의 재앙窮寇之禍을 남길 듯
해 잠시 거사를 멈추고, 웅천에 복병선을 정해 보냈습니다.

3월 22일에 본도(전라도)와 경상도의 복병선장伏兵船將 등이 힘을 합쳐 왜
인 2명을 사로잡고 나와서, "그 왜선 또한 우리 배를 정탐하고 감시하려고
당포 앞바다로 향해 올 때 추격해 잡았다"고 보고했습니다. 왜적 등에 대
해 정해년(1587)에 붙잡혀갔다가 쇄환刷還되어 왜인의 말을 잘하는 영(전라
좌수영)의 진무 공태원[450]을 시켜 적진에서 일어나는 일과 적이 정탐하고 감

---

448 진천뢰는 둥근 쇠 안에 화약과 쇳조각, 뇌관을 넣어 만든 폭탄이다. 류성룡의 『징비록』에
따르면, 군기시 화포장 이장손李長孫이 만들었고, 진천뢰는 대완구에 넣고 쏘면 500~600보를
날아가는데, 땅에 떨어진 뒤 한참 후에 폭발하는 무기라고 했다. 경상 좌병사 박진이 경주성을
탈환할 때, 진천뢰를 활용했다고 한다. 『융원필비』에 따르면, 대완구뿐만 아니라 중완구로도 진
천뢰와 단석을 발사했다. 이강칠의 『한국의 화포』(동재, 2004, 55쪽)에는 1978년 3월 경남 통영군
산양면 미남리 앞바다에서 발굴된 중완구中碗口 1점이 나온다. 보물 제859호로 현재 해군사관
학교 박물관에 소장되어 있다. 이강칠에 따르면 형태가 선조 23년(1590)에 제작된 중완구와 동일
하기에 주조 시기를 임진왜란 전후로 추정할 수 있고, 특히 임란 시 수군의 근거지인 통영 앞바
다에서 인양되었다는 것으로 보아 해전에서 사용됐다고 보았다.
449 "사량"은 『충무공계본』에는 "사도"로 나오는데 이것은 오류다.
450 이순신의 「부산에서 왜적을 처부순 일을 임금님께 보고하는 장계釜山破倭兵狀」(1592년
9월 17일)에는 정해년(1587)에 붙잡혀갔다가 도망쳐 돌아온 영(전라 좌수영) 수군 김개동, 이언세

시하는 절차 등을 아울러 내내 따져 묻게 했습니다.

왜인 송고로宋古老는 나이 27세로 글자를 조금 알고, 요사여문要沙汝文은 나이 44세입니다. 모두 일본에 살고, 일본국 이조문伊助門 사람입니다. 이달 18일 소선을 함께 타고 바다에서 고기를 낚다가 바람을 만나 표류하다 그대로 잡혔다고 합니다. 나머지 다른 적이 하는 절차는 상세히 알지 못하나, 본국의 약속에 "다른 나라에 오래 머문 것이 2년으로 많은 수가 죽임을 당했기에 일을 이루든 이루지 못하든 3월 안으로 들어오라"고 했으나, 위로 올라간 왜적들이 아직 내려오지 않아 모두 도착하기를 기다려 돌아갈 생각이라고 했습니다. 그러나 교활하게 속이고[451] 반복하는 말을 믿을 수 없어 다시 상세히 바른 대로 알리도록 엄하게 형벌을 가하고 추궁했지만 다시 다른 말을 하지 않았습니다. 아주 흉악해 사지를 찢고 머리를 베었습니다.[452]

대부분의 경우, 이런 때를 맞아서는 비록 임금님의 분부가 분명하지 않아도 신하된 자는 마땅히 그 적이 도망치는 것을 자세히 살펴 돌아갈 길을 끊어 배 한 척, 노 한 개도 돌아가지 못하도록 맹세해야 합니다誓使隻櫓不返. 그러나 지금 바다에 있은 지 이미 두 달이 지났는데도 명나라 군대 소식은 아득해 듣거나 알 수 없고, 여러 곳에 머물러 주둔한 적은 전과 같이 틀어박혀 있습니다.

등이 언급되어 있으나, 공태원은 나오지 않는다.
451 "교활하게 속이고詰詐"를 「전서본」, 「편수회본」에서는 "點詐"으로 보았다. 「편수회본」은 '詰【點】'로 수정했다. 「충무공계본」에는 "巧"로 나온다. "點詐"의 "點"이 문맥으로 타당한 듯하다.
452 이순신의 처벌 중에서 "사지를 찢고 머리를 베었습니다四裂斬頭"와 같이 심한 사례는 명량대첩 때 적장 마다시를 '촌참寸斬(마디마디를 자르는 것)'한 것 외엔 거의 없다. 이분의 『이충무공행록』에는 이순신의 막내아들 면을 죽인 일본을 "저미어 죽이도록 명령했다命剉斫之"는 내용이 나오기도 한다.

그런데 지금은 바로 농사철이고 비가 두루 풍족해도, 바닷가 각 진의 군사가 총동원되어 바다에 나가 있습니다. 좌우의 수군 4만여 명이 모두 농민이지만 농사[453]를 완전히 폐하면 다시 가을의 추수西成를 바랄 수 없습니다. 더욱이 우리나라 팔방八方 중에서 오직 이 호남이 간신히 온전하여 군량이 모두 이 도(전라도)에서 나오는데, 도(전라도) 안의 젊은 군역이나 부역 대상자들丁壯은 다 바다와 육지의 전쟁터에 나갔고, 늙고 약한 자들은 군량 운반으로 인해 경내에는 남아 있는 사람이 없습니다. 봄 석 달이 이미 지났는데도 남쪽 들판은 고요하고 쓸쓸합니다.

백성이 생업을 잃은 것뿐 아니라, 전쟁에 쓸 물자도 의지할 수 없어 아주 답답하고 염려됩니다非但民生失業 軍國之資 亦無所賴 極爲悶慮. 배의 격군 등을 비록 서로 번갈아 돌려보내 농사를 짓게 하고자 하나 그들을 대신할 사람이 없습니다. 모든 생물이 생기고 살아가는 자연의 이치가 영원히 끊어지고永絶生生之理, 더하여 여역(전염병)이 교대로 사납게 퍼져 죽는 사람이 잇따르고 있습니다. 명나라 군대가 남쪽으로 내려오는 날, 이렇게 병들고 굶주린 군사를 이끌고 도망치는 적을 끊으려고 도모하는 것은 형편상 어려운 듯합니다.

우선 서로 번갈아 돌려보내 농사를 짓게 하고, 겸해서 병든 군사를 치료하고, 군사를 훈련하고 군량을 마련하며, 배를 정비하고 수리해, 명나라 군대의 소식을 자세히 살펴 듣고 기회를 타서 달려가 끊고자 합니다.

이달 4월 3일 이억기와 약속하고 본도(전라도)로 되돌아왔습니다.[454] 맞붙

453 "농사"의 원문은 "耒耜"이다. "쟁기"를 뜻하는 한자다. 그러나 뜻이 확장되어 농사라는 뜻으로 쓰이기도 한다. 『육도』 「농기」에 나온다. 『육도』에서는 "쟁기耒耜는 전쟁에서 사용하는 목책이나 마름쇠"라고 했다.
454 이 부분은 「이순신이 초유사 겸 경상 우도 감사인 김성일에게 보낸 편지」(1593년 4월 1일, 한

어 싸울 때 철환에 맞아 다친 사람들은 발포 통선의 전사자와 한꺼번에 함께 기록해 장계로 올립니다.[455]

삼가 갖추어 임금님께 글을 올려 보고합니다.

1593년 4월 6일.

절도사. 신하 이(이순신).

23. 「통선統船 1척이 전복된 죄에 대해 임금님의 처벌을 기다리는 장계統船─艘傾覆後待罪狀」(1593년 4월 6일)

승정원에서 열어보십시오.

국학중앙연구원, 한국고문서자료관)에도 나온다. "1593년 4월 1일. 순찰사巡察使道에게. 비장裨將을 파견해 편지와 더불어 불로 공격하는火攻 일을 일러주셔서 아주 위안이 되고, 아주 고맙습니다. 처음 의도는 부산으로 가는 길에 있는 웅천에 흉악한 적이 험한 곳을 점거하고 나오지 않기에 명나라 군대天兵가 남쪽으로 내려오는 날, 수군을 이끌고 곧바로 부산으로 간다면, 적들이 뒷일을 염려해 꺼리는 걱정顧後之이 생기게 만들어 그때 불로 공격하고자 했습니다. 그런데 최근의 상황은 명나라 군대天兵가 오래 멈춰 있습니다. 그 배들을 불태우는 것은 다 해낼 수 있지만, 왜구를 잠깐 멈추게 할 뿐입니다. 영감令監께서 생각한 계책籌을 이런 상태에서 어떻게 가벼이 시행할 수 있겠습니까. 게다가 우리나라 팔방八方(팔도) 중에서 호남이 간신히 온전합니다. 그런데 도道(전라도) 안의 군역이나 부역 대상자丁壯는 다 바다와 육지 싸움에 나갔고, 늙고 약한 자들은 또한 군량을 운반하는 일에 지쳐 있습니다. 봄 세 달三春이 이미 지났는데도 남쪽 들판南畝은 고요하고 쓸쓸해闃然 전란을 겪은 땅보다 더 극심합니다. 백성은 군대와 먹거리를 하늘로 여기기에民天兵食 훗날 걱정이 크게 있고, 회복할 계책策 또한 의지할 곳이 없습니다. 걱정입니다. 걱정입니다. 가까운 날에 관할하는 땅으로 돌아와 각 배艦의 군사를 시켜 밭 갈기에 힘쓰게 하고, 명나라 군사의 소식을 들으면 곧바로 바다로 내려가려고 계획하고 있습니다. 나머지는 소탕蕩掃하는 날 말씀드리겠습니다. 군사를 돌려 돌아오는 길에 나아가 뵙기를 바랍니다. 영감께서 살펴 읽어주십시오. 삼가 답하여 감사히 글을 올립니다."

455 전사자와 부상자 명단은 장계 내용과 달리 따로 나오지 않는다. 그 명단은 장계로 보고는 되었지만, 「영인본」 자체에서는 누락된 듯하다.

구함. 신하 이(이순신).

삼가 올립니다.[456]

보잘것없는 신이 외람되게 중책을 맡아 밤낮 근심하고 두려워하며日夜憂懼, 티끌만 한 공적이라도 세워涓埃之效 보답하려고 생각했었습니다. 작년 여름과 가을에 흉악한 적들이 독기를 부리며 바다와 육지로 침범해 들어올 때, 다행히 하느님의 도우심에 힘입어幸賴天佑 언제나 승리했습니다屢致勝捷. 거느린 군사들은 승리한 기세를 타고 교만한 기운이 날로 더해 앞다투어 돌격해 싸우고, 뒤에 있는 것을 오히려 두려워했습니다領下之軍 莫不乘勝驕氣日增 爭首突戰 唯恐居後.[457]

신은 두 번 세 번 거듭 단단히 타일러 경계하게 해再三申飭, "적을 가벼이 여기면 반드시 패배輕敵必敗하는 것이 이치다"라고 했습니다. 그런데도 오히려 이를 경계하지 않아, 통선 1척이 끝내 기울어 뒤집어졌고, 많은 사망자가 생겼습니다.

이는 신이 군사를 다스리는 방법이 좋지 않고, 지휘하는 방법이 어그러진 까닭입니다臣用兵不良 指揮乖方之故. 지극히 황공하여 섶자리에 엎드려 처벌을 기다립니다.

절차를 갖추어 임금님께 글로 보고합니다.

1593년 4월 6일.

---

456 "삼가 올립니다"의 원문 "謹"은 「전서본」에서는 "謹啓"로 나온다.
457 한효순의 『신기비결』에 따르면, 전쟁터에서는 명령이 없는 상태에서 돌격해 적의 머리를 베거나 말을 빼앗아도 명령을 위반한 것이기에 군법에 따라 처벌을 받는다고 한다.

24. 「수군에 소속된 고을의 수령들을 바다 싸움에 전속시켜주기를 임금님께 청하는 장계請舟師屬邑守令專屬水戰狀」(1593년 4월 6일)

운운.458

삼가 비교하여 살펴볼 일을 보고합니다.

신에게 소속된 수군은 다만 5고을邑과 5진포입니다. 그런데도 흥양 현감 배흥립은 순찰사가 육지 싸움을 위해 부하로 데려갔고, 보성 군수 김득광은 일찍이 두치의 복병장으로 정해 보냈다가 이제야 돌아와 수군에 속했습니다. 녹도 만호 송여종은 군량 운반 인솔 차사원으로 올라가 아직 돌아오지 않았습니다. 그 나머지 순천·광양·낙안·보성 등의 고을 수령과 방답·사도·여도·발포 등의 진장鎭將은 여러 장수로 나누어 정했기에 오히려 부족합니다. 그런데도 도(전라도) 안에 있는 왕명을 받은 장수 등이 위 수군의 여러 장수를 혹은 육지 싸움을 이유로 육군으로 옮겨 임명하거나, 혹은 명령을 들었다는 것을 핑계로 어지럽게 전령을 보내 찾아내 붙잡아가고 있습니다.

그렇게 되면 특히 바다와 육지를 나누어 정한 뜻이 없을 뿐만 아니라, 이리저리 정신없이 달려 다니니, 어느 것을 따라야 할지 모르게 됩니다. 명령이 여러 곳에서 내려져 지휘하여 명령하는 것이 시행되지 않습니다. 극악한 도적을 아직 없애지도 못했는데 지휘하는 방법이 어그러졌습니다. 아주 답답하고 염려됩니다.

지금 이후로 수군 소속 수령과 변방의 장수 등을 다른 곳으로 옮겨갈

---

458 "운운"은 말·글의 인용 혹은 생략 시 사용하는 표현으로, 이순신의 직함을 생략했다는 의미로 쓴 것이다.

수 없게 해주시고, 전적으로 바다 싸움만 할 수 있도록 본도(전라도)의 감사監使(권율), 병사(선거이), 방어사(이복남), 조방장(조의趙誼)에게 조정에서는 특별히 단단히 타일러 경계하게 해주시기를 엎드려 바랍니다.[459]

삼가 갖추어 임금님께 글을 올려 보고합니다.

1593년 4월 6일.

절도사. 신하 이(이순신).

25. 「광양 현감 어영담의 유임을 임금님께서 청하는 장계請光陽縣監魚泳潭仍任狀」 (1593년 4월 8일)

행 전라 좌도 수군절도사. 신하 이(이순신).

삼가 여쭙고 의견을 기다리는 일을 보고합니다.

이번에 제출된 광양에 사는 김두金斗 등 126명이 이름을 잇달아 쓴 등장連名等狀[460]은 다음과 같은 소지였습니다.

본현(광양)은 고을 수령이 아주 자주 바뀌어, 신임을 맞고 후임을 보내는 일로 백성이 그 고통을 감당할 수 없어 장차 고을이 버려졌습니다. 그런데 현감(어영담)이 부임하자마자 백성의 고통을 물어, 낡은 행정 규칙과 제도를 바로잡아 새롭게 고쳤습니다.[461] 무기를 보수하고 준비하며, 나라를 걱정하

---

459 「전서본」에는 "伏願"가 있다.

460 등장等狀은 조선시대 여러 사람이 연명해 관청에 올리는 소장이나 청원서·진정서다. 소지와 같으나, 여러 사람의 이름으로 올린다는 점이 다르다.

461 "낡은 행정 규칙과 제도를 바로잡아 새롭게 고쳤습니다莅革弊政"는 「전서본」에는 "釐革敝政"

는 것을 집안일처럼 했기에 예전에 도망쳐 흩어진 사람들이 소문을 듣고 돌아와 모였고, 경내가 평안해졌습니다.

그런데도 작년 4월쯤, 영남 접경에서 전란이 생기자 하동·곤양·남해 등지의 인민들 대부분이 다 바삐 도망쳤기에 사람들의 마음이 흔들려 모두 뿔뿔이 흩어질 마음을 품고 짐을 지고 나섰습니다. 그때 만약 침착하고 지혜가 있는 사람이 아니었다면 진정시키기 어려웠습니다.

그러나 현감은 성품과 생각이 고요하고 무거워, 의심하지도 않고 유혹당하지도 않았습니다. 성을 지키고 바다 싸움을 대비하고 막을 계책을 상세히 연구하지 않은 것이 없었습니다. 두치의 강여울을 경계하여 지키는 일을 한꺼번에 함께 했고, 적과 대항하는 이치를 다정하고 친절하게 알아듣게 타일러[462] 위로하고 평안히 살게 했습니다. 게다가 수군 여러 장수와 여러 번 싸움에 나가 몸을 잊고 먼저 돌격해 바다의 적을 다 죽여 없앴기에 공로가 이미 최고로 우수해 당상관으로 품계가 올라갔습니다.

지난 1월 27일 바다로 나간 뒤에, 독운어사督運御史(임발영)가 여러 고을을 순찰했습니다. 각 고을의 창고 곡식을 일일이 뒤적이며 장부와 대조하고 검사反庫해 수량을 파악한 뒤에, (현감이 곡식을) 옮겨두기만 해놓고, 굶주린 백성은 구휼하지 않은 것이라고 말했습니다.[463]

본현(광양)에는 장부[464]에 기록된 출납 기록에 집계된 수량 이외의 쌀·콩·벼 모두 600여 섬이 있었습니다. 평상시에 예비로 저축해놓고 혹은 군량을 보

로 되어 있다.

462 "다정하고 친절하게 알아듣게 타일러諄諄開諭"는 「전서본」에서는 "開諭"로만 나온다.

463 『쇄미록』 1593년 4월 8일에도 독운어사가 군량 징수와 운반을 독촉하는 과정에서 백성과 지방 관리들을 괴롭혔다는 내용이 나온다. 그 때문에 한 마을 열 집 중 아홉 집이 비게 되었다고 한다.

464 "장부"의 원문은 "重記"이다. 관아의 전곡을 출납하던 장부다. 수령이 교체될 때마다 인계했다.

조하는 데 쓰거나, 혹은 고을에 사는 백성을 구휼했습니다. 유위장은 그 쌀·콩·벼 등을 오로지 종자벼種租나 구호용 먹거리로 쓰기 위해 물품 목록에 기록하지 않았습니다.

그 독운어사가 현감(어영담)이 없을 때, 현(광양현)에 와서 일일이 뒤적이며 장부와 대조하면서 검사할 때, 물품 목록 밖의 예비로 저축한 정해진 수량 이외의 곡식이라고 지적하며, 현감이 사적으로 사용하는 것이라고 장계를 올리고, 곧바로 구례 현감을 차원(차사원)으로 임명해 창고를 밀봉封庫465하게 했습니다. 그러므로 종자벼나 구호용 먹거리도 더불어 기대할 수 없게 되었습니다. 농사철은 번개처럼 지나가고 있고, 논밭도 황폐해져 올해와 내년에 실어 보낼 곡식을 마련할 방법이 전혀 없습니다. 아주 답답하고 염려됩니다. 뿐만 아니라 현감(어영담)은 또한 임금님께서 서쪽으로 피란하신 뒤에, 물자와 곡식이 끊길 것을 걱정해 정해진 수량 외에 백미 60섬과 기타 여러 물건을 아울러 배에 실어 올려보냈습니다.

현감(어영담)이 사사로운 이익을 꾀하지 않고, 나라를 위해 정성을 다한 것은 그것에서도 더욱 드러납니다. 그럼에도 지금 죄가 되지도 않은 일에 걸려 장차 벼슬을 내놓고 물러가게 되었습니다. 온 땅의 선비와 백성은 부모를 잃은 것과 같았습니다. 그런데도 순찰사(권율)가 멀리 서울 근처에 주둔해 있어 바닷가 백성은 답답함을 하소연할 곳이 없어 도에 와서 호소문을 올리니 신속히 전달해 아뢰어466 군사와 백성의 원통함을 풀어주십시오.

광양현은 땅이 영남에 닿아 전란이 생긴 뒤에 사람들의 마음이 두려움

---

465 "封庫"는 관아 창고의 문을 잠그고, 열쇠 구멍을 종이로 막고 도장을 찍는 것을 뜻한다.
466 "신속히 전달해 아뢰어斯速轉啓"의 "轉啓"는 다른 사람을 거쳐서 임금에게 보고하는 것이다.

에 덜덜 떨며 모두들 달아나 흩어질 계획만 품고 있었는데, 위의 어영담이 진정시키고 평안히 살 수 있게 했습니다. 마침내 온 땅의 백성은 옛날처럼 마음을 놓을 수 있었습니다. 게다가 여러 번 양쪽 남쪽(경상도와 전라도)의 변방 장수를 맡았었기에 물길 형세를 아주 잘 알고, 헤아려 생각하는 것이 뛰어난 사람이었기에水路形勢 無不慣知 計慮過人, 신이 중부장으로 임시 임명해 함께 계획하고 의논했습니다. 여러 번 적을 무찌를 때는 죽음을 무릅쓰고 맨 먼저 나갔기에 큰 승리를 이룰 수 있었습니다. 호남 한쪽이 온전하게 보존될 수 있도록 의지했던 사람은 이 사람(어영담)의 작은 도움을 받지 않은 사람이 없습니다湖南一方 尚賴保完者 無非此人一分之力. 그런데도 지금 독운어사의 장계로 인해 본직(현감)을 내놓게 되었다고 합니다.

창고 곡식이 증가하고 감소한 것은 신이 능히 알 수 없지만, 대체로 어영담은 지난 2월 6일, 신이 바다로 나갈 때 이끌고 나갔고, 거제·웅천 등지에서 진을 치고 있었습니다. 때문에 독운어사가 그 현(광양)에 들어가 각종 곡식을 일일이 뒤적이며 장부와 대조하면서 검사할 때 거론한 안건 등은 본현(광양현)의 유위장이 전담해 작성해 올린 문서입니다. 그러므로 그 수량이 증가하고 감소한 것이 있다면, 실제로는 영담泳潭(어영담)이 잘못한 것이 아닙니다.

비록 작은 실수가 있어도 이같이 어렵고 걱정스러운 때에 의기를 떨쳐 일어난 장수 한 사람을 잃는다면, 적을 막는 일에 방해됩니다. 또한 바다 싸움 능력은 모든 사람이 지닌 재능이 아닙니다水戰非人人所能. 그런데도 장수를 임의로 바꾸는 것은 또한 병가의 좋은 계책이 아닙니다臨機易將 亦非兵家之良籌. 백성의 마음도 그와 같으니 전란이 평정될 때까지라도 한정해 잠시 동안 그대로 그 직책에 남아 있게 해 한편으로는 물길의 적을 방어하

고, 다른 한편으로는 불쌍한 백성의 소원에 응답했으면 합니다一以防水路之
賊 一以答殘民之願.

외람된 생각으로 엎드려 바라오니,[467] 조정에서 헤아려 생각해 조치해
주십시오. 이는 마땅히 신이 글로 여쭈어야 할 일이 아닙니다. 그러나 순찰
사(권율)와 도사가 각각 먼 곳에 있습니다. 도망치는 대규모 적을 가로막는
것이 오늘의 급한 일이며, 불쌍한 백성이 울부짖으며 호소하는 것 또한 방
치할 수 없습니다殘民號泣之訴 亦不可置之. 엎드려 직분을 뛰어넘는 죄를 무릅
쓰고, 죽음을 무릅쓰고 감히 여쭙니다.

삼가 갖추어 임금님께 글을 올려 보고합니다. 엎드려 임금님의 명령을
기다립니다.

1593년 4월 8일.

절도사. 신하 이(이순신).

26. 「'나라에 대한 의무를 하지 않은 사람의 죄를 가족과 친척에게 연대 책임 지우는 것을 면제하라는 명령'을 취소해주시기를 임금님께 거듭 청하는 장계申請反汗一族勿侵之命狀」(1593년 4월 10일)

행 전라 좌도 수군절도사. 신하 이(이순신).

삼가 비교하여 살펴볼 일을 보고합니다.

전에 「나라에 대한 의무를 하지 않은 사람의 죄를 가족과 친척에게 연
대 책임 지우는 폐단을 전란이 평정될 때까지 한정해 연대 책임을 면제할

---

467 "엎드려 바라오니伏乞"는 「전서본」에만 나온다.

일에 대한 임금님의 분부」에 근거한 관찰사의 공문을 받았습니다. 그래서 대략 이익과 해로움에 대해 먼저 체찰사(류성룡)에게 보고하고, 회신을 받은 뒤에 그 내용을 낱낱이 열거해 장계로 올렸습니다.

대체로 수군은 육군과 같지 않아 1호를 구성하는 장정 4명[468] 중에 흩어져 떠도는 자가 절반이 넘습니다. 폐단을 줄이고 형벌이나 조세 등을 감면하는 등 백성을 관대하게 하면,[469] 군대에서 복무할 사람이 없습니다. 예전의 규칙에 따라 변방을 튼튼히 하려 한다면 백성의 삶이 피폐해지는 것이 아주 심하게 됩니다.[470] 이 두 가지 사이에서 형편에 맞는 것을 아무리 생각해봐도 어렵습니다.

어쩔 수 없는 상황이었기에 '나라에 대한 의무를 하지 않은 사람의 죄를 가족과 친척에게 연대 책임 지워' 충당해 복무시켜 방어에 실질적으로 힘쓰게 했습니다. 그 유래는 오래된 것입니다. 그러나 각 고을에 "사고로 죽거나 죄를 지어 죽임을 당해 완전히 자손이 끊어진 집에 대해서는 '당사자 및 그들의 가족과 친척, 가까운 이웃에게는 연대 책임을 면제하라'고 했지만, 그것을 이유로 부당하게 회피한 자는 전례에 따라 명부(도목장)에 넣고 붙잡아 보내라"고 공문을 보냈습니다.

---

468 "1호를 구성하는 장정 4명一戶四丁"은 군복무 시 장정 4명을 1호라는 단위로 묶어 1명의 군입대자를 다른 장정 3명이 지원하는 것을 뜻한다. 김성일의 『학봉집』「황해도 순무巡撫 때 올린 소, 계미년黃海道巡撫時疏 癸未」에는 "수군은 4정이 1호가 된다四丁爲一戶. 1년에 4달 마다 번갈아 교대하면 1년에 1차례 군복무를 한다. (…) 가령 한 번番이 100호면, 1호가 4정이니 합쳐 400명假如一番一百戶 則合四丁四百人"이라는 기록이 있다.

469 "폐단을 줄이고 형벌이나 조세 등을 감면하는 등 백성을 관대하게 하면欲減弊寬民"은 이이의 『율곡전서』「군정책」에 나오는 "군병의 인원수를 삭감하여 백성을 너그러이 하려 하면欲減額以寬民"과 비슷한 내용이다.

470 "피폐해지는 것이 아주 심하게 됩니다凋瘵已極"에서 "凋瘵"는 두보의 「장유壯遊」에 나오는 표현이다.

그런데 이번에 독운어사 임발영이 내려온 뒤, 모든 군사 업무에 대한 일과 '나라에 대한 의무를 하지 않은 사람의 죄를 가족과 친척에 연대 책임 지우는 일'을 오로지 단단히 타일러 경계하도록 한 명령만 받들고 있습니다. 이로 말미암아 각 고을 등에서는 이것에 근거해 의견을 덧붙여 문서로 보고하면서 방비를 하러 들어올 군사를 보낼 뜻이 없습니다. 게다가 각 고을의 군사와 관리들도 그것을 이유로 속이고 감추며 교묘하게 회피할 계획을 만들었습니다.

"현재 있는 사람을 도망쳤다"고 하고, "살아 있는 사람을 죽었다"고 하면서[471] 군령을 크게 어지럽혀 수습할 길이 없습니다. 군사의 수가 날로 줄어들어도 군사를 뽑아낼 수 없습니다.[472] 끝내는 바닷가의 중요한 지역이 한꺼번에 텅 비고, 큰 진의 원문轅門(군대의 문)마저도 곧 문을 지킬 군사가 끊겨 방어의 허술함이 전란을 겪은 땅보다 심합니다. 이렇게 저렇게 생각해봐도 어떻게 해야 할지 모르겠습니다.

이는 평시에도 결코 이렇게 해서는 안 될 일입니다. 하물며 이렇게 큰 전란을 당한 때, 아직까지도 극악한 도적을 제거하지 못하고 곳곳에서 서로 대치하고 있습니다. 그런데도 도망치는 대규모 적의 길목을 끊는 것을 어디에 의지할 수 있으며, 성을 지키고 지원하는 것을 또한 어디에 의지해 조치할 수 있겠습니까.

일에는 가볍거나 무거운 것이 있고, 때에는 느리거나 급한 것이 있습니

---

471 "속이고 감추며 교묘하게 회피할 계획을 만들었습니다. '현재 있는 사람을 도망쳤다'고 하고, '살아 있는 사람을 죽었다'고 하면서蒙蔽 遽生巧避之計 以存爲逃 以生爲死"는 율곡 이이의 『율곡전서』 「군정책」에 나오는 "蒙蔽 以存爲逃 以生爲死者有之"와 비슷한 내용이다.
472 "군사의 수가 날로 줄어들어도 군사를 뽑아낼 수 없습니다軍日縮而兵無從出"는 『율곡전서』 「군정책」에 나오는 "民日散而兵無從出歟 兵日縮而民受其害歟"과 비슷한 내용이다.

다事有輕重 時有緩急. 진실로 한때라도 폐지해서는 안 되는, 끝없이 후회가 생기게 하는 것을 이미 경험했습니다. 호남 한쪽을 오늘날까지 보전할 수 있던 것은 오로지 수군의 큰 세력에 힘입은 것입니다. 게다가 회복할 날을 기약하는 것도 지금입니다. 그렇기 때문에 '나라에 대한 의무를 회피해 죄를 지은 사람의 가족과 친척, 가까운 이웃에게 연대 책임 지우는 폐단'을 개혁하는 것은 전란이 평정된 뒤에 해도 늦지 않을까 합니다.

죽음을 무릅쓰고 외람되게 아룁니다. 엎드려 바라오니,[473] 조정에서는 전후의 장계를 헤아려 생각하셔서 적을 막고 백성을 보호禦敵保民할 수 있도록 양쪽이 모두 편리하도록兩得其便 해주십시오.

삼가 갖추어 임금님께 글을 올려 보고합니다.

1593년 4월 10일.

절도사. 신하 이(이순신).

27. 「충청도 수군이 뒤따라와서 지원할 수 있도록 임금님께 요청하는 장계(1)請湖西舟師繼援狀一」(1593년 5월 10일)

승정원에서 열어보십시오.

정헌대부. 구함. 신하 이(이순신).

삼가 보고합니다.[474]

선전관 고세충이 갖고 온 우승지右承旨의 서장 안의 내용의 요지는 다음

---

473 "엎드려 바라오니伏願"는 「전서본」에만 나온다.
474 "삼가 보고합니다謹啓"는 「전서본」에만 나오는 내용이다.

과 같은 분부였습니다.

접반사 윤근수의 서장에 근거해, 전선과 수군을 전부 불러 모아 정비해 부
산 바다 입구에서 가벼이 움직이지 말고, 경략(명나라 경략 송응창)의 명령을
듣고 협력해 적을 없애 나라의 치욕을 씻으라.

위의 서장[475]을 신은 오늘 5월 10일 진시에 경상도 거제 경계 견내량 바
다 가운데서 공손히 받았습니다.

본도(전라) 좌·우 수군은 이전의 숫자로 이달 5월 8일에 견내량에 도착
했습니다. 왜적의 세력을 자세히 살펴보았는데, 웅천의 적은 전처럼 틀어박
혀 있습니다. 때문에 부산의 바다 입구로 가서 길을 끊으려면 웅천의 왜적
이 길목을 움켜쥐게 됩니다. 그러므로 부산으로 깊이 들어간다면, 앞뒤에
적이 있게 됩니다. 온갖 생각을 하고 헤아려봐도 수군만으로는 끌어낼 길
이 전혀 없습니다. 어쩔 수 없이 육군과 합동으로 공격해 쫓아내야 바다와
육지에서 다 죽여 없앨 수 있습니다. 먼저 길목을 움켜쥔 왜적을 없애기 위
해 체찰사(류성룡)와 순찰사(권율)에게 급히 보고했습니다. 조정에서도 특별
히 단단히 타일러 경계하도록 해주십시오.

경상도는 재물이 다 없어졌고, 또 명나라 군사를 뒷바라지하느라 격군
을 충당해 복무시킬 길도 없습니다. 게다가 겨우 전선을 정비했으나 사부
와 격군들이 거의 다 굶주리고 지쳐 노를 저어 배를 제어할 형편도 못 됩

---

475 『선조실록』 선조 26년(1593) 5월 3일에는 명나라 송 경략의 주장에 따라, 이순신에게 바다
로 나가 일본군의 퇴로를 끊고 적선을 불태우라는 명령이 내려졌다는 내용이 나온다.

니다.[476] 그럼에도 당장 도망치는 대규모 적의 길을 끊고 싶어도 군사의 위세가 아주 외롭고 약해 지극히 답답하고 염려됩니다. 또한 적이 도망쳐 돌아가는 것이 늦을지 빠를지도 예측하기 어렵습니다.

충청도 수군이 모두 밤낮 가리지 말고 뒤따라와서 지원하고 협력해 적을 멸망시켜, 하늘까지 닿은 치욕을 씻을 수 있도록 해주십시오.

절차를 갖추어 임금님께 글로 보고합니다.

1593년 5월 10일.

절도사節度.[477] 신하 이(이순신).

28. 「충청도 수군이 뒤따라와서 지원할 수 있도록 임금님께 청하는 장계(2)請湖西舟師繼援狀(二)」(1593년 5월 14일)

승정원에서 열어보십시오.

정헌대부. 구함. 신하 이(이순신).

삼가 보고합니다.[478]

선전관 박진종朴振宗이 갖고 온 동부승지同副承旨[479]의 서장 안의 요지는 다음과 같은 분부였습니다.

---

476 『난중일기』 1593년 5월 8일에는 원균이 군사를 모으지 못해 배를 타지 못했고, 5월 9일에는 원균이 전선 2척을 이끌고 왔다는 내용이 나온다.
477 「영인본」에서는 "절도사"의 "사"가 빠져 있다. 「편수회본」에는 "사"가 빠져 있다고 나온다.
478 "삼가 보고합니다謹啓"는 「전서본」에만 나온다.
479 동부승지는 승정원의 정3품으로, 여섯 승지 중에서 최하위 자리로 공방工房의 일을 맡았다.

송 경략宋經略(명나라 경략 송응창)의 명령에 근거해, 양쪽 남쪽(경상도와 전라도) 수군과 전선을 한꺼번에 모두 모아 먼저 부산 등지에 머물러 정박해 있는 적선을 불태워 없애라. 또한 거느린 수군과 전선, 전투 도구가 얼마인지 먼저 명나라 장수에게 보고하라. 조각배 한 척도 돌려보내지 않게 하되, 만일 형세가 불편해 불태워 없애지 못해도 거짓 보고는 하지 말라.

위의 서장을 신은 오늘 5월 14일 경상도 거제 경계 견내량 바다 가운데서 공손히 받았습니다.

신은 전선 42척과 사후소선 52척을 거느렸고, 우수사 이억기는 전선 54척과 사후소선 54척을 거느렸고, 전투 도구는 배의 수에 맞춰 정비했습니다. 그런데 웅천의 왜적은 전과 같이 틀어박혀 있으면서 배를 깊숙한 곳에 숨겨놓았습니다. 뿐만 아니라 양쪽 산골짜기가 바다 입구를 굽어보며 누르고 있고, 땅의 형세가 끼어 있고 얕아,[480] 판옥대선이 마음대로 드나들며 깨부술 수 없습니다.

창원·김해·양산의 적은 움직일 생각이 없고, 숨겨놓았던 많은 배는 가덕 앞바다로 나와 주둔하고 있습니다. 더불어 웅천의 왜적과 함께 남쪽과 북쪽으로 나뉘어 부산으로 가는 길목의 군사적으로 중요한 지역을 지키고 경비하고 있습니다.

그러므로 이 도적의 소굴을 내버려두는 형세로는 부산으로 깊숙이 들어갈 수 없습니다. 어쩔 수 없이 육군이 웅천을 곧바로 공격해 왜적을 바다 가운데로 몰아내야 무찔러 없앨 수 있고, 부산으로 통행할 수 있습니다.

480 "끼어 있고 얕아俠淺"는 「전서본」, 「편수회본」에서는 "狹淺"으로 나온다. 지형 상황을 보면 양쪽에 끼어 있다는 "俠淺"이 맞다. "狹淺"으로도 볼 수 있다.

그래서 선전관 고세충이 갖고 온 서장을 공손히 받은 뒤에 이런 사연을 간략히 아뢰었습니다.

대개 "명나라 장수가 왜적을 죽이지 말라"는 것을 들은 뒤, 여러 장수와 관리, 군사는 모두 아프고 답답해 이를 갈고 속을 썩였습니다. 경략(송응창)이 「제독(이여송)에게 추격하라'고 명령한 글」을 보고는 기운을 가다듬고 용기 내, 감히 죽기를 결심하고 보복하려 했습니다.

그러나 창원·웅천·김해·양산 등지에 틀어박혀 길목을 누르던 세력이 지금은 더욱 왕성합니다. 육군이 아니라면, 수군만으로는 결코 끌어내기 어렵습니다. 아주 답답하고 염려됩니다. 육군陸兵을 독촉했는데도 보내지 않았기에 도원수(김명원)와 체찰사(류성룡), 순찰사(권율) 등에게 이미 긴급 공문을 보냈습니다.

간신히 숨만 쉬는481 잔당들이 명나라 황제의 위엄에 겁을 먹고 다투어 서로 바다를 건너갈 때, 왜적이 이 길목을 눌러 막은 것으로 인해 방해가 되어 제때 앞으로 나갈 수 없게 된다면 하늘까지 닿고 땅끝까지 이른 치욕窮天極地之辱을 씻을 수 없습니다.

밤낮으로 속만 태우고 있으니日夜煎悶, 조정에서도 특별히 급히 단단히 타일러 경계하도록 해주십시오.

당장에 대규모 적의 길을 끊으려고 해도 군사의 위세가 전보다 배나 더 외롭고 약합니다. 충청도 수군 모두가 밤낮 가리지 말고 뒤따라와서 지원할 수 있도록 해주십시오.

절차를 갖추어 임금님께 글로 보고합니다.

---

481 "간신히 숨만 쉬는假氣"은 진나라 손초의 「爲石仲容與孫晧書」에 나오는 표현이다. 손권과 유비가 "간신히 숨만 쉰 채 떠돈 지 48년이 되었다假氣游魂 迄于四紀"라고 한 말에 나온다.

1593년 5월 14일.

29. 「왜적의 배를 쫓아낸 것을 임금님께 보고하는 장계逐倭船狀」(1593년 7월 1일)

승정원에서 열어보십시오.
정헌대부. 구함. 신하 이(이순신).
삼가 보고합니다.[482]
선전관 유형이 갖고 온 동부승지 서장 안의 요지는 다음과 같은 분부였습니다.

지금 송 경략(송응창)의 명령을 들으니, "부총副總 유정에게 정예를 이끌고 급히 왜적을 무찌르라"고 독촉했다고 한다. 그러니 경(이순신)도 군사와 배를 정비하고 수리해, 부총(유정)의 지휘를 받아 아주 급히 무찔러 없애라. 혹시라도 머뭇거리거나 어긋나지 않도록 하라.

위의 서장을 신은 오늘 7월 1일 거제 경계 한산도 바다 가운데서 공손히 받았습니다.
신은 지난 5월 7일에 바다로 나왔습니다. 본도(전라도) 우수사 이억기와 경상 우수사 원균 등의 수군과 합세해 거제 경계 흥도[483] 바다 가운데에

---

482 "삼가 보고합니다謹啓"는 「전서본」에만 나온다.
483 "흥도"의 원문 "胸島"는 「전서본」에서는 "曾島"로 나온다. 같은 글자다.

진을 쳤습니다. 명나라 군대가 남쪽으로 내려오기를 몹시 기다리고 있습니다. 육군이 창원과 웅천으로 들어가 무찌르면, 틀어박혀 있는 왜적을 바다 가운데로 몰아낼 수 있습니다.

바다와 육지에서 합동으로 공격해 먼저 길목을 누르던 왜적을 제거한 다음에, 부산으로 나아가 후퇴해 바다를 건너가는 적을 무찔러 없애자고 거듭 약속을 밝힌 것이 곧 두 달484이 다 되어가고 있습니다.

지난 6월 15일에 창원의 왜적이 함안으로 옮겨간 뒤인 16일에는 물길에 적선 무려 800여 척이 부산과 김해에서 웅천·제포·안골포 등지로 옮겨 정박했습니다. 기타 오가는 배가 아주 많습니다. 왜적이 바다와 육지에서 함께 일어나는 것은 서쪽을 침범할 뜻을 드러낸 것이기에, 이억기와 원균 등과 함께 온갖 계책을 세웠습니다百爾籌策. 왜적이 다니는 길로 군사적으로 중요한 곳인 견내량과 한산도 바다 가운데서 중요한 지역을 지키고 경비하면서 열을 지어 진을 쳤습니다.

6월 23일 밤사이에 위의 웅천·제포에 나누어 정박했던 왜적의 배들이 전부 거제 경계 영등포永登浦·송진포·하청河淸·가이加耳 등지로 옮겨 정박했습니다. 바다를 가득 뒤덮고 꽉 차 있습니다. 동쪽 부산부터, 서쪽 거제까지 지원하는 배들이 잇따라 끊이지 않고 있습니다. 아주 원통하고 분했습니다.485

지난 6월 26일에 선봉 적선 10여 척486이 곧바로 견내량을 향해 오다가

---

484 "두 달二朔"은 「전서본」에서는 "三朔(석 달)"로 나온다. 5월 7일에 출동한 것을 기준으로 보면 "二朔"이 맞다.

485 『난중일기』 1593년 6월 24일에는 적선 500여 척이 23일 밤중에 소진포蘇秦浦로 들어와 모였고, 선봉은 칠천량에 도착했다고 나온다.

486 "10여 척"을 「문화재청본」에서는 "百有餘隻"으로 보았으나, 「영인본」「전서본」「편수회본」에는 "十有餘隻"으로 나온다. 「영인본」에서 "百"은 "十"으로 수정되어 있다. 「문화재청본」이 오자다.

신 등의 복병선에 쫓겨 갔습니다. 다시 나오지 않고 있는데, 반드시 우리 수군을 유인해 좌우와 뒤에서 에워쌀 계략입니다. 신 등의 생각은 중요한 길을 군게 지키고堅守要路, 편안히 있으면서 피로한 적을 상대해以逸待勞, 먼저 선봉을 깨뜨리면先破先鋒 비록 백만 명의 무리라도 기운을 잃고 마음이 꺾여氣喪心挫 물러나 숨기 바쁠 것입니다.

게다가 위의 한산閑山의 모든 바다는 작년에 대규모 왜적을 능히 다 죽인 땅입니다. 이 땅에 군사를 주둔시켜 그들의 움직임을 기다려 한마음으로 협력해 공격同心協攻할 뜻으로 죽기를 결심하고 맹세했습니다決死誓約.

명나라 유 부총劉副總(유정)487이 보낸 당보아塘報兒488 왕경489과 이요 등이 지난 6월쯤에 선산善山에서 진으로 두 번이나 도착해 수군의 수를 파악해 갔습니다.490 그 뒤로는 의령과 진주 등지로 통하는 길이 막혀 있습니다.

절차를 갖추어 임금님께 글로 보고합니다.491

1593년 7월 1일.

『난중일기』 1593년 6월 26일에는 "적의 중선과 소선 각 1척"으로 나온다.

487 "劉副總"을 「편수회본」에서는 "劉綎總"으로 보았다. 「전서본」은 "劉副摠"으로 보았다.

488 당보아의 당보塘報는 『신기비결』에 따르면, 척후병이다. 그러나 여기서는 왕경의 직책으로 보면 "참모"로 보아야 할 듯하다.

489 『난중일기』 1593년 6월 13일자에는 "왕경"으로 나온다. 왕경은 유정의 막하 장수로 수영사 독隨營査督으로 유정 휘하의 토한군土漢軍을 감독했다.

490 『난중일기』 1593년 6월 13일에 명나라 사람 왕경과 이요가 왔다는 내용이 나온다.

491 이 장계의 일부 내용은 『선조실록』 선조 26년(1593) 7월 20일에도 나온다.

행 전라 좌도 수군절도사, 신하 이(이순신).[493]

삼가 왜적의 정황에 대한 일을 보고합니다.

"흉악한 무리[494]들이 강화하고 남쪽으로 온다"고 들은 이래, 신은 아프고 분한 것[495]이 쌓여 그 마음을 이길 수 없었습니다. 비록 경략(송응창)의 「전투 금지 패문禁牌」이 있었으나, 군사와 전선을 정돈하고 경계시켜, 돌아가는 길목을 끊고 적과 함께 죽자고 맹세했습니다誓欲與賊同死.

지난 5월 7일 본도(전라도) 우수사 이억기와 한꺼번에 배를 출발해 경상도 거제 경계 견내량에 이르렀습니다. 9일에 그 도(경상도) 우수사 원균과 서로 만나 진을 하나로 합치고, 거제현 앞바다에 머물러 주둔했습니다. 충청 수사 정걸도 6월 1일에 도착했기에 또한 진을 합쳤습니다. 적의 형세를 자세히 살펴보았더니, 웅천의 왜적은 전과 같이 틀어박혀 있고, 팔로八路(팔

---

492 이 장계 날짜를 「편수회본」과 이은상은 모두 8월 10일로 보았다. 그러나 장계 내용으로 미루어 8월 10일로 볼 수 없다. 『난중일기』 8월 16일에 제만춘이 일본에서 어제 나왔다는 이야기가 있고, 이 장계에도 제만춘을 심문한 내용이 나온다. 또한 장계 내용 중에 진신귀를 심문한 내용에는 8월 19일 이야기가 나온다. 「영인본」에서는 "八月 十 日"로 "十"과 "日" 사이에 한 칸이 비어 있다. 이로 보면 8월 19일 가능성이 가장 높다. 이 번역본에서는 "8월 19일"로 표시했다. 이 장계는 「충무공계본」에도 나온다. 『임진장초』처럼 「이충무공전서」와 달리 이두 표기가 되어 있다. 다만, 날짜가 「충무공계본」에는 "5월 14일"로 나오는 차이가 있다. 5월 14일은 완전히 잘못된 날짜다.

493 「영인본」의 "이李"를 「충무공계본」에서는 "이순신"으로 명기했다.

494 "흉악한 무리群兇"는 「전서본」에서는 "羣兇"로 나온다. 같은 글자다. 「충무공계본」에서는 "屛兇"으로 나오나, 오류다. "群兇"은 본래 두보의 시, 「傷春五首」 중 1수 "서경은 백번 싸움에 지쳤고, 북쪽 궁궐北闕은 흉악한 무리가 맡았구나西京疲百戰 北闕任群兇"에 나오는 말이다. 두보가 말한 흉악한 무리는 당나라에 침략자 토번吐蕃의 군사를 유도한 고휘高暉, 왕헌충王獻忠 등의 무리를 뜻한다.

495 "아프고 분한 것痛憤"이 「충무공계본」에서는 "慎憤"로 나온다. 「충무공계본」의 오류다.

도)에 있던 흉악한 도적들이 모두 한곳으로 모였으나, 아직은 바다를 건너지 않았습니다. 동쪽으로는 부산, 서쪽으로는 웅천까지 100여 리를 서로 바라볼 수 있게 보루를 쌓고 울타리를 치고, 벌떼와 개미떼처럼 모여 있어 아주 아프고 답답했습니다.

육지에서 싸우는 여러 장수에게, "소굴에 있는 왜적을 먼저 무찔러 바다로 가운데로 몰아내 합동으로 공격해 다 죽여 없앤 다음에 부산으로 나가자"는 사연을 서로 공문으로 보냈고, 출전할 날을 몹시 기다리고 있었습니다. 그런데 지난 6월 14일, 육지의 창원에 있던 왜적이 함안으로 곧바로 돌격했기에 함안에 머물러 주둔했던 각 도의 여러 장수가 의령 등의 고을로 진을 물렸습니다.

(6월) 15일, 물길에 있던 적선 대·중·소 모두 무려 700~800여 척[496]이 부산·양산·김해에서 웅포[497]·제포·안골포 등지로 옮겨 정박하는 것이 날마다 잇따르고 있습니다. 바다와 육지로 나누어 침범할 상황을 드러낸 것입니다.

그러나 수군 등이 거제도 안쪽 바다에 진을 치면, 바깥 바다로 이동해 침범하는 왜적에 대해서는 달려가[498] 끊기 어렵습니다. 바깥 바다에 진을 치면, 안쪽 바다의 적을 기다려 공격하기 어렵기 때문에 위의 거제 경계의 안팎 바다 양쪽이 갈라지는 군사적으로 중요한 곳으로 작년에 크게 승리했던 견내량·한산도 등지에서 진을 합쳐 중요한 지역을 지키고 경비해[499]

---

496 "700~800여 척七八百餘隻"이 「충무공계본」에서는 "七八十餘隻"으로 나온다. 「충무공계본」의 오류다.

497 "웅포"의 원문 "熊浦"는 「전서본」에서 "熊川"으로 나온다.

498 "달려가馳"가 「충무공계본」에서는 "致"로 나온다. 「충무공계본」의 오류다.

499 "중요한 지역을 지키고 경비해把截"를 「영인본」은 "把■", 「전서본」 「충무공계본」은 "把截", 「편수회본」은 "把■【截】"로 보았다.

안팎에서의 비상사태를 함께 대응하고자 합니다.

그달 23일 밤사이에 그곳 웅포 등지에 떼 지어 모여 있던 아주 많은 적선이 거제 경계 영등포·송진포[500]·장문포·하청·가이[501] 등지로 옮겨 정박했습니다. 물고기를 꼬치에 꿴 것처럼 열 지어 정박해 앞뒤가 서로 이어져 있습니다. 그래서 수군은 한산도 등지를 굳게 지키고 움직이지 않았습니다. 그런데도 저 왜적들은 일찍이 우리 수군 위세에 겁먹었기에 감히 와서 침범하지 못했습니다. 육지 길로 견내량 강변에 도착해 진을 치고 위세를 보이기에, 수군 등이 곧바로 그 앞까지 달려가 화살을 빗발치듯 쏘고, 철환을 우박이 떨어지듯 쏘았습니다炮丸如雹. 왜적 무리들은 달아나 흩어졌고 다시는 모습을 드러내지 않았습니다. 그런데 이번에는 위의 장문포 등지에 크게 근거지를 짓고, 배를 포 깊숙이 감추고, 동쪽과 서쪽으로 서로 호응해 입술과 이처럼 서로 돕고 있습니다脣齒相資. 소선으로 하여금 들락날락하며 엿보고 정탐하면서 우리 수군을 유인했습니다. 그런 간사한 꾀를 내고[502] 있으니, 더욱이 흉악한 음모를 헤아릴 수 없습니다.

우리 수군을 정비해 곧바로 돌격해 불태워 없애고자, 한번 죽기를 맹세했었습니다. 그러나 삼도의 판옥전선은 겨우 100여 척이고, 각각 소선을 이끌고 있을 뿐입니다. 많고 적은 세력이 같지 않고, 어렵고 쉬운 형편도 차이가 있습니다. 게다가 이긴 것만 믿고 구석지고 깊은 안쪽 바다로 가볍게 나아갔다가 불행히도 불리해져 왜적에게 얕보이면, 장차 헤아릴 수 없는 재앙을 입게 되어 다시는 의지할 것이 없게 될 일을 아주 걱정했습니다.

---

500 "송진포"의 원문 "松珍浦"는 「전서본」에서는 "松津浦"로 나온다.
501 "가이"의 원문 "加耳"는 「전서본」에서는 "加里"로 나온다. 「逐倭船狀」(1593년 7월 1일)에서는 이 장계처럼 모두 "加耳"로 나온다.
502 "내고售"는 「충무공계본」에는 나오지 않는다.

그래서 그 군사적으로 중요한 곳을 누르고 있다가, 침범해오면 죽기를 결심하고 공격하고, 달아나 숨으면 형세를 살펴 추격하고자 밤낮 의논하고 약속하며日夜謀約 지금까지 버텨왔습니다.

웅천 동쪽은 탐망할 길이 가로막혀 왜적이 떠나고 머무는 형편을 상세히 알 수 없습니다. 붙잡혀 갔다가 도망쳐 돌아온 사람의 말에, "여러 곳의 왜적들은 늘어나기는 하지만 줄지는 않고 있고, 근거지도 이전보다 배나 되니 바다를 건너갈 계획이 없는 것"이라고 했습니다. 그 허실을 알고자 육지로 김해·웅천의 적 형세를 초탐하도록 순천 군관 김중윤金仲胤과 흥양 군관 이진,503 우도 각 포 군관 등 8명을 정해 보냈습니다.

이달 8월 14일 돌아와서 다음과 같이 보고했습니다.

·

8월 9일, 웅천 고음신당古音神堂504에서 밤을 보내고, 10일에 멀리서 살폈더니, 웅천 성안, 남문 밖에 주둔했던 왜적은 절반이 웅포로 옮겨 막을 쳤고, 서문 밖과 북문 밖, 향교동鄕校洞과 동문 밖505에는 주둔한 왜적이 아주 많았으나 움직이지 않고 그대로 있었고, 배는 대·중선,506 합쳐서 200여 척이 그곳 웅포 좌우편에 나누어 정박하고 있었습니다. 안골포는 성507 안팎에 가득 차 있고, 지금 집을 짓고 있었으며, 배들은 선창 좌우편에 대·소선이 함께 아주 많이 열 지어 정박해 있었습니다. 원포는 대발치大發峙까지 집을

---

503 이진은 「선무원종공신녹권」에서는 판관으로 나오고, 선무원종공신 2등이다.
504 "古音神堂"은 「전서본」에서는 "古邑神堂"으로 나온다. 「대전속록」「호전」에는 각 도의 신당 퇴물退物은 귀후서와 활인서에서 예전처럼 납부받는다는 내용이 나온다.
505 "동문 밖"은 「충무공계본」에는 나오지 않는다.
506 "대·중선大中船"은 「전서본」에서는 "大中小船"으로 나온다.
507 "성"은 「충무공계본」에는 나오지 않는다.

짓고 떼 지어 모여 있었습니다. 배는 대·중선508 합쳐 80여 척이 물에 떠 정박해 있었습니다. 제포는 야미산夜味山509 도직항盜直項510에 막혀 있기에, 막을 친 것이 얼마나 되는지는 멀리서 살필 수 없었습니다. 그 포(제포) 선창 남쪽 바다에는 대·중선 합쳐서 70여 척이 물에 떠 정박해 있었습니다. 그 포(제포) 사화랑沙火郎511 망봉望峯 아래 서쪽편 중봉中峯에 성을 쌓았습니다. 영등포는 관혁터貫革基에서 죽전포竹田浦까지 집을 지었고, 배는 선창에서 가다리加多里까지 셀 수 없이 많이 열 지어 정박해 있었습니다. 김해강 가덕 앞바다에서 웅천·거제까지 오가는 배들은 계속되어 끊이지 않고 있었습니다. 멀리서 살핀 뒤에 김해 땅 불모산佛毛山에 도착해 밤을 보냈습니다. 이튿날 장산고지長山高旨512 위로 올라가 살펴보았는데, 김해의 왜적은 멀고 어두워서 자세히 알 수 없었고, 그 부(김해부) 7리쯤에 있는 죽도에는 집을 지었고, 배는 남쪽 편에 열 지어 정박해 있었습니다. 불암창513에 주둔한 왜적 또한 막을 짓고 있었는데 그 수는 정확히 알 수 없었습니다. 배는 그 암(불암) 아래 좌측 편에서 5리쯤에 이르러 열 지어 정박해 있었습니다. 덕진교德津橋에 주둔한 왜적은 복병으로 장막을 40여 곳에 지었고, 배는 20여 척이 다리 아래를 오가며 열 지어 정박해 있었습니다.

---

508 "아주 많이 (…) 배는 대·중선"은 「충무공계본」에는 나오지 않는다.
509 "夜味山"은 「전서본」에서는 "野尾山", 「충무공계본」에서는 "夜未山"으로 나온다. 홍기문은 "뱀이산"이라고 했다.
510 "盜直項"은 「전서본」에서는 "刀直嶺"으로 나온다.
511 "沙火郎"은 「전서본」에서는 "沙花廊"으로 나온다.
512 "長山高旨"는 「전서본」에서는 "長山高峙"로 나온다. 이은상, 조성도는 전서를 바탕으로 "상장산 높은 마루"로 번역했다. 홍기문은 원문대로 "장산고지"로 보았다.
513 "불암창"은 경남 김해에 있던 조창漕倉인 불암창佛岩倉으로 보인다.

게다가 붙잡혀 갔다가 도망쳐 돌아온 고성 수군 진신귀陳新貴를 심문해 진술받은 내용은 다음과 같았습니다.

8월 8일 왜선 3척이 제 집 앞에서 육지에 올랐기에 형 진휘進輝와 한꺼번에 붙잡혔습니다. 거제도 영등포로 돌아갔었는데, 그 포(영등포) 관혁터, 선창 가船滄邊,514 북봉 아래 3곳에 집을 지었습니다. 많게는 200여 채에 이릅니다. 또한 북봉에서 나무를 잘라내고 땅을 깎아 평평하게 해 토성을 쌓았습니다. 둘레가 아주 넓고, 그 안에 지금 집을 짓고 있습니다. 왜인 3분의 1은 우리나라 사람과 서로 뒤섞여 일을 하고 있으며, 그들 나라에서 군량과 겨울을 지낼 솜옷襦衣515 등을 배에 실어 2~3일 사이로 잇따라 날라왔습니다. 그 포(영등포)에 머물러 정박한 배는 시도 때도 없이 드나들었는데 때로는 50여 척이 있기도 했습니다. 한 줄기로 잇닿은 장문포·송진포516 등지도 산봉우리를 깎아 평평하게 해 나란히 토성을 쌓았고, 성517안에 집을 지었습니다. 배는 대·중 합쳐서 혹은 100여 척, 혹은 70여 척이 기슭 아래 열 지어 정박했습니다. 뿐만 아니라, 웅포 서쪽 봉우리, 제포 북쪽 산, 안골포 서쪽 봉우리 등지에도 토성을 쌓고, 성안에는 집을 지었습니다. 머물러 정박한 배들은 기슭에 막혀 멀리서 살필 수 없었습니다. 그러나 제포 선창은 대·중선이 셀 수 없이 열 지어 정박해 있었습니다. 기타 본토(일본)와 가덕에서 웅포518·거제를 향한 배가 잇따라 끊이지 않았습니다. 저는 왜인 등이

514 "船滄邊"는 「충무공계본」에서는 "船滄"으로만 나온다.
515 "襦衣"는 무명 안팎 사이에 솜을 넣어 추위를 피할 수 있도록 겨울에 입는 옷이다. 속옷 혹은 저고리로 번역되기도 한다. 조정의 1592년 10월 5일 일기에도 나온다.
516 "松珍浦"는 「전서본」에서는 "松津浦"로 나온다.
517 "성"은 「충무공계본」에는 나오지 않는다.
518 "웅포"의 원문 "熊浦"는 「전서본」에서는 "熊川"으로 나온다.

다만 나무하고 물 긷는 일만 시켰습니다. 그래서 이달 8월 19일[519] 밤사이에 틈타 달아나 숨었습니다.[520]

그런데 "웅천 3곳, 거제 3곳[521]에 성을 쌓고 집을 지었다"는 말은 붙잡혔다가 도망쳐 돌아온 봉사 제만춘[522]이 진술한 것과 거의 딱 들어맞습니다.[523] "본토(일본)에서 군량과 의복 등을 연이어 날라온다고 하는 것"은 속기 쉽고 어리석은 사람의 말이라 비록 다 믿을 수 없지만, 그 왜적들의 세력을 자세히 살펴보면, 겨울을 지낼 뜻이 드러난 것입니다. 더욱 아프고 답답한 것이 끝이 없으나, 왜적이 소굴에 있으면서 명성과 위세를 서로 응원하고 있기에, 수군만으로는 무찔러 없앨 계책이 없습니다. 어쩔 수 없이 바다와 육지에 함께 일어나야만 무찔러 없앨 수 있습니다.

그래서 우리나라 육군과는 서로 공문을 보내 약속했습니다. 그러나 명나라 대군에게는 지원을 요청할 길이 없어 아주 마음이 아프고 가슴이 탔

---

519 「영인본」, 「전서본」은 모두 8월 19일이다.
520 고성 수군 진신귀의 이야기는 「쇄미록」 1593년 8월 25일자에도 나온다. 1592년 9월에 포로가 되었다가 8월 초에 탈출했고, 도요토미 히데요시는 "조선은 자신의 물건이 되었기에 호남을 급히 공격할 필요가 없어 내년(1594년) 3월에 바다를 건너 공격하면 된다"고 했다고 한다. 오희문의 일기 속 내용은 이 장계에는 나오지 않는다.
521 "곳"의 「문화재청본」은 '串庫'이다. 그러나 「영인본」, 「편수회본」을 보면 '串'을 '庫'로 수정한 것이다. 「충무공계본」에서도 '庫'만 나온다. 「전서본」에서는 '處'로 나온다. 「문화재청본」은 수정을 반영하지 않았다.
522 「난중일기」 1593년 8월 17일에 제만춘을 불러 진술을 받았다는 내용이 나온다. 이순신이 올린 제만춘에 대한 장계는 「선조실록」 선조 26년(1593) 12월 5일에, 선조가 명나라에 보내는 사은사 편에 제만춘이 진술한 내용을 보고하도록 하는 장면이 나온다.
523 "거의 딱 들어맞습니다"의 「영인본」은 '刎슴'이다. 「전서본」에서는 "吻合", 「충무공계본」은 '吻'과 같은 글자인 "脗"으로 나온다. 「편수회본」은 "刎【吻】"로 수정했다. 문맥으로는 "吻合·吻슴"이 타당하다.

습니다. 또한 수군은 바람의 힘이 아직 세지 않은 8~9월 전[524]이라야 적
을 제압하기 위해 운용할 수 있습니다. 그런데 날마다 점점 바람이 거세지
고[525] 산더미 같은 파도로 인해 배를 편히 제어하기 어렵습니다. 아주 마음
이 아프고 가슴이 탔습니다.

대개 수군 등이 먼 바다에 머물러 주둔한 것이 벌써 5개월이나 되었기
에 군사들의 마음이 이미 풀어졌고, 날카로운 사기 또한 꺾였습니다. 여역
(전염병)이 크게 사납게 퍼져 한 진의 군졸들 대부분이 병에 옮아 죽는 사
람이 잇따르고 있습니다. 게다가 쌓아두었던 양식이 떨어져 굶주려도 의지
할 곳이 없고,[526] 굶주림이 아주 심한 데다 병에 걸리니 반드시 죽습니다.
있던 군사의 수도 매일 줄고, 매월 적어지지만 다시 충당해 복무시킬 사람
이 없습니다.

신이 이끄는 수군만 계산해봐도 사부와 격군[527]이 합쳐서 본래의 수는
6200여 명이었습니다. 그중에서 작년과 올해 전사한 수와 2~3월부터 오
늘까지 병들어 죽은 자가 많아 600여 명에 이릅니다.[528] 그런데 무릇 이렇
게 죽은 사람들은 몸이 튼튼하고 씩씩하며 활을 잘 쏘고 바다 일도 익숙
하고 잘 아는 토병과 포작 무리입니다. 겨우 살아남은 군사는 아침저녁 먹

---

524 "전前"이 「충무공계본」에서는 "간間"으로 나오나, 오류다.
525 "바람이 거세다風高"는 두보의 「茅屋爲秋風所破歌」에 나온다. "8월, 가을 거센 바람 불어 우
리 집 지붕 위 세 겹 띠풀 말아갔구나八月秋高風怒號 卷我屋上三重茅."
526 "의지할 곳이 없는"의 「영인본」, 「충무공계본」은 "塡連(~에 묻히는)"이다. 「전서본」에서는 "顚連
(가난해 의지할 데가 없는)"으로 나온다. 「편수회본」은 "塡【顚】"으로 수정했다. 문맥으로는 "顚連"이
타당하다.
527 "사부와 격군射格"은 「충무공계본」에서는 "射炮格"으로 나오나, 오류다.
528 「한국사 30」(국사편찬위원회, 탐구당, 2013, 328쪽)에 따르면, 선조 즉위년부터 선조 32년까
지는 봄~여름철에 발생률이 높았고, 임진왜란이 여름철에 발발해 장티푸스나 이질 같은 수인성
水因性 전염병과 모기로 인한 학질 병이 많았다고 한다.

는 것이 2~3홉도 되지 않아 굶주림과 피곤함이 번갈아 극에 달해 활을 당기고 노를 젓는 일을 결코 능히 감당할 수 없습니다. 당장 대규모의 적을 마주하고 있는데, 세력이 이토록 극심하게 되었습니다. 답답하고 염려되는[529] 사연을 도원수(권율)와 순찰사(이정암) 등에게 두 번 세 번 거듭 문서에 의견을 덧붙여 보고했습니다. 순천·낙안·보성·흥양 등의 고을에 있던 군량 680여 섬을 지난 6월쯤 날라와 나누어 먹였으나 다 썼습니다.[530]

본도(전라도)도 겉으로는 보전되었다고 하지만, 전란이 생긴 지 2년입니다. 물자와 힘은 고갈되어 빈껍데기입니다. 그런 뒤에도 남은 것도 또 그대로 명나라 군사를 뒷바라지했기에 시들고 병든 것이 이미 극심해 난리를 겪은 땅보다 더 심각합니다. 지금은 명나라 군대가 남쪽으로 내려와서 백성이 살고 있는 마을을 드나들며 재물을 강제로 빼앗고 들판의 곡식을 망쳤습니다. 지나간 곳마다 무너져版蕩[531] 어리석은 백성은 소문만 듣고 달아나 흩어져 다른 지역으로 옮겨가고 있습니다.

지난 7월 4일에는 광양 경계 두치 복병장이었던 장흥 부사 류희선柳希先 등은 함부로 움직이며 뜬소문을 따랐고, 광양·순천·낙안·보성·강진 등지

529 "답답하고 염려되는悶慮"은 「전서본」에서는 "萬萬悶慮"로 나온다. 강조된 표현이다.
530 "아침저녁 먹는 것이 2~3홉"은 하루의 식사량이다. 위의 6월쯤 가져온 군량 680섬을 이 장계를 작성할 때인 8월 19일을 기준(1섬 15말/1일 1인당 3홉/60일 동안 공급)으로 추정해보면, 5600명에게 공급했다. 군사들에게 하루에 많으면 3홉, 적으면 2홉을 공급했다. 그런데 류성룡이 1592년 8월 2일 쓴 「有旨祗受後 査報軍糧見在數狀」에는 우리나라에서 명나라 군대에 공급해주는 하루 양식이 3되라고 나온다. 또한 류성룡이 1594년 4월에 쓴 「陳時務箚」에도, 군사들에게는 하루 식량으로 1인당 3되를 공급했다. 이순신의 이 장계 속 수군의 경우는 그 10분의 1에 불과할 정도로 열악했다. 그러나 1594년에는 군량 상황이 호전되었는지, 「군량을 조처해주시기를 임금님께 청하는 장계請措劃軍粮狀」(1594년 3월 10일)에서는 "아침저녁 각각 5홉(총 10홉, 하루 두 끼)"을 공급하는 모습이 나온다.
531 "무너져版蕩"는 「전서본」, 「충무공계본」에서는 "板蕩"으로 나온다. 「편수회본」은 "版【板】"으로 수정했다.

의 해안가 지역 고을 백성은 그들의 수령 등이 바다로 나가 관청을 비웠을 때, 서로 소문을 전하며 시끄럽게 들썩이고 서로 난동을 피우며 관청 창고를 깨부수고 곡물과 노비 공포貢布[532]를 훔쳤고, 모든 문서는 잿더미가 되어 남은 것이 없습니다. 불태우고 재물을 빼앗는 모습은 또한 전쟁의 재앙이 있었던 땅보다 심했기에, 그 뒤로는 수군 군량을 대는 것을 의지할 곳이 전혀 없습니다.

명나라 군사에게 공급하기 위해 배로 운반하는 군량이라도 형편에 맞춰 변통해 날라다 쓰려고 생각하고 있습니다. 영남에 있는 많은[533] 명나라 군사의 먹거리와 물자를 공급하는 것 등의 일을 전담했는데도, 명나라 군사들은 한가로이悠泛[534] 세월만 보내고 끝내 나아가 무찌른다는 소식[535]이 없습니다. 왜적의 세력은 전보다 배나 활활 불타올라 도망쳐 돌아갈 계획이 조금도 없습니다. 그런데도 군량을 끝까지 계속 공급해 쓸 길이 없습니다.

이렇게 물 위에서 굶주리고 지친 군사로 저 소굴에 있는 왜적을 공격하는 것은 아무리 계책을 짜봐도 방법이 없습니다. 부질없는 울분만 지극히 치밀어 올라, 걱정되고 다급한 사정을 먼저 간략히 보고합니다.

엎드려 바라오니,[536] 조정에서는 특별히 잘 다스려 처리해 알맞게 조치해주십시오.

---

532 공포는 국가 소속 공노비가 소속 기관에서 일하는 대신 몸값으로 매년 일정 몫의 베를 바치던 것이다.
533 "많은許多"이 「충무공계본」에는 빠져 있다.
534 한가롭다, 게으르다는 뜻의 원문 "悠泛"은 「주자대전朱子大全」 「답증무의答曾無疑」에 나오는 표현이다. "시간이 가니 세월은 나를 기다려주지 않는다. 뜻이 있는 장부가 어찌 마땅히 한가롭게 일없이 돌아다니고 머뭇거려 그 몸을 늙게 만들 것인가日月逝矣 歲不我與 丈夫有志者 豈當爲此悠悠泛泛 徘徊猶豫 以老其身乎."
535 "소식奇"은 「충무공계본」에서는 "期"로 나오나, 오류다.
536 "엎드려 바랍니다伏願"는 「전서본」에만 나온다.

외람된 생각인 만큼 삼가 갖추어 임금님께 글을 올려 보고합니다.

1593년 8월 19일.

절도사. 신하 이(이순신).

31. 「화포(조총)를 봉해 보내는 일을 임금님께 보고하는 장계封進火砲狀」(1593년 8월 일)[537]

운운.

삼가 올려보내는 일로 보고합니다.

신은 여러 번 큰 싸움을 하면서 왜인의 조총[538]을 아주 많이 얻었습니다. 그래서 항상 눈앞에 두고 그 교묘한 이치를 실험했더니常伴目前 驗其妙理, 몸체가 길기에 그 총구멍이 깊고, 깊기 때문에 철환이 나가는 기세가 맹렬해 닿는 것은 반드시 부서집니다. 우리나라 승자와 쌍혈雙穴[539] 등의 총통은 몸체가 짧아 총구멍이 얕아 그 맹렬함이 왜의 총통倭筒과 같지 않고, 그 소리도 웅장하지 않습니다.

그러므로 이 조총을 늘 만들려고 했는데, 신의 군관 훈련 주부 정사준

---

537 이 장계는 『난중일기』 1593년 9월 2일, 3일, 4일자를 보면, 최초의 작성 시기는 8월 말이었고, 최종 완성은 9월 4일이었다고 추정된다.

538 조총은 1543년 포르투갈 상인에 의해 처음 일본에 전해졌고, 1575년 오다 노부나가와 도쿠가와 이에야스의 연합군이 나가시노 전투에서 조총으로 대승한 이후 일본의 주력 무기가 되었다.

539 쌍혈총통은 쌍자총통으로 보인다. 동아대 석당박물관에는 1583년에 제작된 보물 제599호 쌍자총통이 소장되어 있다. 승자총통의 재장전 시간과 조준 사격 문제를 보완하기 위해 총신 2개를 병렬한 총통으로 여섯 차례에 걸쳐 연속 사격이 가능한 총통이다(동아대 석당박물관, 『2014 동아의 국보·보물』, 2014, 114~118쪽 참조).

이 교묘한 방법을 생각해 대장장이治匠540 낙안 수군 이필종李必從, 순천 사노비 안성安成, 피란해 영에 사는 김해 절 노비 동지同之,541 거제 절 노비 언복彦福 등을 거느리고 정철正鐵을 두드려 만들었는데, 몸체가 아주 정교하게 만들어졌습니다. 포의 철환이 세차서 조총542과 똑같습니다.

그 실구멍線穴에 꽂아 불을 붙이는 도구는 사소한 차이가 있으나, 며칠 안으로 완성됩니다. 만드는 일도 아주 어렵지는 않기에, 수군 각 고을과 포에서 먼저 같은 모양을 만들게 했습니다.

또한 한 자루는 전 순찰사 권율에게 운반해 보내, 각 고을에서 같은 모양으로 만들도록 했습니다. 마땅히 지금 적을 막을 준비로 이를 넘어설 것은 없습니다.

위의 정철조총正鐵鳥銃 다섯 자루를 확인하고 봉해 도장을 찍어 올려보냅니다.

엎드려 바라오니,543 조정에서 각 도와 각 고을로 하여금 같이 제조하도록 명령을 내려주십시오.

그리고 감독하며 제조한 군관 정사준과 대장장이 이필종 등에게 특별히 논의해 상을 주신다면, 감동하는 사람들이 크게 생겨나感動興起 다투어 서로 본받아 만들게 될 것입니다.544

---

540 "대장장이"의 「문화재청본」은 "治匠"이나, 「영인본」, 「전서본」, 「편수회본」에서는 "冶匠"으로 나온다. 「문화재청본」이 오자다.
541 "同之"는 「전서본」에서는 "同志"로 나온다.
542 『한국사 30』(국사편찬위원회, 탐구당, 2013, 545쪽)에 따르면, 선조 26년(1593) 8월에 정부가 단천은광을 개발해 조총의 철환인 연환鉛丸의 제조 원료인 연철鉛鐵을 충분히 공급할 수 있었다고 한다.
543 "엎드려 바랍니다伏願"는 「전서본」에만 나온다.
544 "될 것입니다爲宜"는 「전서본」에만 나온다.

외람된 생각인 만큼 삼가 갖추어 임금님께 글을 올려 보고합니다.[545]

1593년 8월 일.

절도사. 신하 이(이순신).

32. 「'적에게 붙잡혀갔던 사람이 보고하는 왜적의 정세에 대해 중요한 사실'을 임금님께 보고하는 장계登聞被擄人所告倭情狀」(1593년 8월 일)[546]

행 전라 좌도 수군절도사. 신하 이(이순신).[547]

삼가 왜적의 정세에 대한 일을 보고합니다.

경상도 고성에 사는 훈련 봉사 제만춘이 붙잡혀 일본국에 들어갔다가 도망쳐 돌아왔습니다. 이달 8월 15일 진에 도착했습니다.

---

545 류성룡의 「再乞練兵 且倣浙江器械 多造火砲諸具 以備後用狀」(1593년 5월 25일)에 따르면, 조정에서도 조총 제조를 위해 노력하고 있었다. 즉 1593년 초에 교서관의 이자해李自海가 개성부에 있을 때 조총을 감독해 제조했는데, 일본 조총처럼 정교했다고 한다. 조응록의 『죽계일기』 1592년 11월 13~14일에 따르면, 군관 이흡李洽이 왜의 조총을 잘 만들었기에 여산 수령 정설鄭渫이 조응록에게 하루 더 머물러 배우기를 요청했다고 한다. 이원익의 「引見奏事」(1624년 3월 14일)에서는 조총 한 자루 제작 기간은 5~6일 정도라고 한다.

546 『난중일기』 1593년 9월 2일과 3일, 4일 일기를 보면, 원문의 최초 작성 시기는 8월 말이었고, 최종 완성은 9월 4일이었다고 할 수 있다. 이 장계는 「충무공계본」에도 나온다. 『임진장초』처럼 『이충무공전서』와 달리 이두 표기가 되어 있다. 다만, 날짜가 「충무공계본」에는 "9월 초 일"로 나온다. 이순신이 올린 제만춘에 대한 장계는 『선조실록』 선조 26년(1593) 12월 5일 기록에 나온다. 또한 「脇坂記」(磧保己一 編, 『續群書類從(第20輯ノ下 合戰部)』, 續群書類從完成会, 大正12)에도 제만춘으로 보이는 인물 이야기가 나온다. 「脇坂記」에 따르면, 한산대첩으로 크게 패한 와키자카 야스하루는 어느 날 조선 수군 순찰선을 발견해 배에 타고 있던 조선 수군을 모두 죽이고, 대장으로 보이는 사람을 사로잡았는데, 그 사람이 얼마 뒤에 탈출했는데, 뒤에 거제도 앞바다 해전(1597년 7월 칠천량해전) 때 적군 8만 명의 대장이 되어 나타났다고 한다.

547 「영인본」의 "이李"를 「충무공계본」에서는 "이순신"으로 명기했다.

죄를 조사하기 위한 심문에서 진술받은 내용은 다음과 같았습니다.

경상 우수사 군관으로 작년(1592년) 9월쯤 휴가를 얻어 집으로 돌아갔다가 돌아올 때, 웅천의 왜적 세력을 체탐(정탐)해 와서 보고할 일로 소선을 타고 웅포 앞바다에 도착했습니다. 그런데 왜적의 대선 16척이 각각 소선을 거느리고 김해강에서 웅천으로 향했습니다. 그래서 멀리서 살피고 돌아왔습니다. 그런데 왜적의 중선 6척이 웅포 선창에서 처음으로 나와 영등 앞바다까지 쫓아와 붙잡혔습니다. 격군 10명과 더불어 모두 묶여 배에 실렸습니다. 웅천성 안의 왜장 협판중서脇坂中書548라고 불리는 왜 앞에 체포되어 넘겨졌습니다. 제 몸은 목과 발에 쇠사슬을 채웠고, 많은 왜인이 지켰습니다. 다른 격군 등은 각 왜적에게 나눠주었습니다.

11월 13일, 저와 붙잡혀온 창원 어린아이가 몰래 도망칠 계획을 의논했는데, 꾸몄던 일이 새어나가 위의 어린아이는 머리가 베어졌습니다.

12월 19일, 또 웅천 어린아이와 몰래 약속했습니다. 그런데 위의 어린아이가 그대로 왜말을 하는 사람을 통해 왜의 통사(통역관)에게 거꾸로 알렸습니다. 그 뒤에는 지키는 것이 배나 엄해져 도망쳐 돌아올 계획을 하지 못하고 그대로 겨울을 지냈습니다.

올해(1593년) 2월쯤, 우리나라 수군이 여러 차례 웅천 앞바다를 곧바로 공격했을 때 왜의 장관 1명이 목전木箭549에 맞아 죽었습니다.

548 「문화재청본」의 "脅坂中書"는 「영인본」「편수회본」, 「전서본」에서는 "脇坂中書"로 나온다. 같은 글자다. 다른 사례도 같다.
549 목전을 최두환은 "화살과 다르고, 총통에 쓰이는 화살로 몸통은 나무이며, 날개는 쇠깃 또는 가죽이며, 촉은 쇠이다. 총통 크기에 따라 대장군전, 장군전, 피령전 등 그 이름이 다르다"고

그달(2월) 22일, 수군이 한편은 육지로 오르고 한편은 전선으로 정박한 곳을 돌격하자, 성안에 있던 왜적들이 모두 늙고 병들어 성을 지킬 계책이 없어 분주히 뛰어다니며 갈팡질팡했습니다. 왜장 12명은 모두 물에 뛰어들어 스스로 죽을 생각이었습니다. 뿐만 아니라 우리나라 판옥선 2척이 서로 닿아 뒤집혀 엎어질 때 왜 부장이라고 불리는 자가 우리 배에 뛰어올랐으나, 우리 배 사람이 긴 창(장창)으로 가슴을 찔렀기에 곧바로 죽었습니다.

그달(2월) 26일 왜장은 저를 그날 패배한 배의 장수로 가정(하인) 800명을 부리는 높은 관리인 것처럼 문서를 꾸며 배에 실어 평수길(도요토미 히데요시)이 있는 곳으로 들여보냈습니다.

10일째인 3월 5일, 수길이 머물러 주둔하고 있는 낭고야郞古也(나고야)에 도착해 정박했는데, 수길은 처음에는 저를 불태워 죽이려고 했는데, 또한 글을 읽을 줄 안다는 소식을 듣고, 그의 서사書寫인 왜 반개半介에게 맡겨 지키게 했습니다. 반개 집에서 5~6일을 지낸 뒤에 머리카락을 자르고 왜인 옷을 입혔습니다. 그 뒤로 저는 그대로 풍습風濕으로 온몸이 부었는데,550 반개가 승려로 의원인 사람을 불러와 여러 가지 약으로 치료해 뒤에야 그 병이 나았습니다. 그러나 몸이 다른 나라에 있어 새장에 갇힌 새와 같아, 고국을 그리워하는 정551으로 가슴이 답답한 것을 참기 어려워 동지와 기약하고 날마다 도망쳐 돌아오기를 바랐습니다. 조선 사람이 붙잡혀온

보았다(최두환, 『충무공 이순신전집 3』, 우석, 1999, 175쪽, 주6).
550 "부었는데"의 「영인본」은 "胕動", 「전서본」 「충무공계본」은 "浮動"이다. 「편수회본」은 "胕【浮】"로 수정했다. "浮動"으로 번역했다.
551 "고국을 그리워하는 정情"의 「영인본」 「전서본」은 "懷土之情"이나, 「충무공계본」은 "懷抱之情"으로 나온다.

곳을 찾아다녔습니다. 큰 집에는 20여 명, 중간 집에는 8~9명, 작은 집에는 3~4명씩이 없는 곳이 없었습니다. 그래서 함께 도망칠 뜻을 남몰래 물었습니다. 어떤 사람은 참된 마음으로 승낙하기도 했고, 어떤 사람은 가정을 이뤄 돌아갈 생각이 없었습니다. 오랑캐 속에 있어 은밀한 계획이 샐까 두려워 마음속으로만 되뇌었습니다.

4월 초에[552] 김해·창원·밀양·울산 등의 고을에서 붙잡혀온 사람들과 창원의 교생 허영명許泳溟 등과 편지를 보내 함께 의논하거나, 사람을 시켜 떠보기도 했습니다. 그러나 만날 기회가 드물어 꾸몄던 일이 어그러져 그 뜻을 실현하지 못했습니다.

7월 초에야 동래에 사는 성돌시成乭屎,[553] 절 노비 망련亡連,[554] 봉수군 박검손朴檢孫, 목자 박검실朴檢失,[555] 절 노비 김국, 김헌산金軒山, 노비 돌이乭伊,[556] 절 노비 윤춘允春, 양산 사는 강은억姜銀億, 박은옥朴銀玉, 김해 사는 갑옷 만드는 장인甲匠 김달망金達亡,[557] 사노비 인상仁上[558] 등 12명이 밤낮으로 오가며 의논하고 약속했습니다.

7월 24일 밤중에 저와 함께 13명이 배 1척을 훔쳐 타고 노질을 하여 육기도六歧島에 도착해 정박해 밤을 보냈습니다. 25일에 바람을 따라 돛을 펼쳤는데, 일본국의 군량을 실은 배 300척을 만났습니다. 간신히 피해 육기도로 돌아와 정박했습니다. 양식 쌀이 떨어졌기에 입고 있던 왜 저고리橋衣

552　"4월 초에四月初生"가 『충무공계본』에는 "4월 초4일"로 나온다.
553　"成乭屎"는 『전서본』에서는 "成突"로 나온다.
554　"亡連"은 『전서본』에서는 "望連"으로 나온다.
555　"朴檢失"은 『전서본』에서는 "朴檢實"로 나온다.
556　"乭伊"는 『전서본』에서는 "突伊"로 나온다.
557　"金達亡"은 『전서본』에서는 "金達望"으로 나온다.
558　"仁上"은 『전서본』 『충무공계본』에서는 "仁尙"으로 나온다.

1벌, 홑옷單衣 1벌 등을 팔아 쌀 27말과 중간 크기 솥 1개 등을 받아왔습니다.

9일째인 8월 3일에 경상 좌수영 앞바다 육지로 올라왔습니다. 위의 성돌이成乭伊[559] 등은 살던 곳인 동래 땅 주련리主鍊里에 이르러[560] 각각의 사람들은 각기 그들 집으로 돌아갔습니다. 저는 그 리(주련리)에 사는 황엇걸黃於叱乞[561]의 집에 머물렀습니다. 그런데 그 동네에는 우리나라 사람들이 많이 살고 있었고, 적과 교류하고 소통하는 것을 조금도 어렵게 여겨 꺼리지 않았습니다. 저는 머물던 이튿째에 양산 땅 사대도蛇代島[562]에 사는 사람 등이 갖고 있는 배를 타고 건너 사대도에 도착했는데, 천성·가덕의 방비를 하러 들어온 수군이 무려 400여 호가 살고 있었고, 왜 20여 명을 추장(우두머리)[563]이라 부르며 농사짓고 수확하는 것이 평일과 같았습니다.

8월 10일에 웅천 땅 적항역赤項驛 앞을 건너 육지로 올라왔습니다. 13일에 본가에 도착했습니다.

대개 평수길은 언제나 대합大閤[564]이라 불렸고, 그의 큰아들은 관백關白[565]이

---

559 "成乭伊"는 「충무공계본」에서는 "성돌시"로 나온다.

560 "이르러至到"에서 "到"는 「충무공계본」에서는 "則"으로 나온다.

561 "황엇걸黃於叱乞"은 「전서본」에는 "黃乙傑"로 나온다.

562 "蛇代島"는 「충무공계본」에서는 "蛇伐島"로 나온다.

563 "추장酋長(우두머리)"은 일본 각 지역의 군소 영주로 보인다. 『대전속록』「예전」에서는 "여러 주州 추장"이라는 표현이 나온다. 『경국대전주해 후집』(안위, 1555)의 '거추巨酋' 어휘 풀이에서는 '추酋'를 '장長'이라 하고 '거추'는 수괴를 지칭한다고 했다.

564 정희득의 『해상록』, 「왜국풍물기」에도 "대합"이라고 나온다.

565 "관백"은 『한서漢書』「곽광전霍光傳」의 "모든 일은 다 먼저 자신(곽광)을 거친 뒤에 천자에게 아뢰라凡事皆先關白"라는 것에서 유래했다. 일본에서는 천황을 대신해 국정을 다스리는 최고 책임자로 사용되었다. 히데요시는 1590년에 자기 자신을 관백으로 칭했다. 정탁의 『용사일기』 1592년 8월 17일에 실린 '왜적의 정황을 대략 살핀 글倭情考略'에 따르면, "일본의 관백關白은 중국의 대장군大將軍 호칭과 같은 것"이라고 한다.

라 불렸습니다. 수길이 주둔한 낭고야는 일본과 잇닿은 땅으로 일본 서쪽에 있고,[566] 떨어진 거리는 육지 길로는 21일 거리, 물길로는 12일 거리이고, 대마도와는 3일 거리[567]라고 합니다.

작년(1592년) 5월쯤에 수길이 20만 군사를 이끌고 낭고야에 도착해 전란을 준비한 뒤, 그곳에同處良中 세 겹으로 성을 쌓았고, 6층의 누각을 세웠습니다. 6층의 누각은 성안 가운데에 있는데, 수길은 항상 그 위에 거주했습니다. 세 겹의 성 머리城頭에는 모두 계단으로 된 사격대射臺를 설치했습니다. 그 총 쏘는 장치와 방비 시설의 준비는 말로 다할 수 없습니다. 성안에는 창고와 관사만 있고, 성밖에는 마을이 빽빽이 늘어서 있었습니다.

지난 5월쯤에 명나라 사신 2명二員이 낭고야에 도착했습니다. 그런데 처음에는 성밖 여염집에 있었고, 3일을 머문 뒤에야 수길은 가까이에서 시중들던 두 승려를 시켜 혹은 편지로 혹은 찾아가 물어보다가 또 며칠이 지난 뒤에 명나라 사신을 중성中城 안으로 들였습니다. 수길은 그대로 내성內城 가운데 6층 누각 위에 있었고, 그 관하의 왜를 시켜 명나라 사신을 대접하게 했습니다. 그때 왜는 6칸의 정교한 누각을 높이 짓고, 붉은 비단으로 처마를 둘러놓고 안에는 엄숙한 금병풍金屛風을 설치했습니다. 그런데 명나라 사신이 앉은 곳은 저급한 임시 거처였습니다. 초가 두 칸으로 짓고, 네면에 발을 드리웠고, 가운데 긴 상을 놓았습니다. 그 사이의 거리는 10여 걸음이었습니다. 그 밖에는 시장처럼 구경하는 사람들이 있었습니다. 모든 주연酒宴의 예를 행했지만 서로 만나지 않았습니다. 다만 왜가 마당에 가득

---

566 "일본 서쪽에 있고"의 「문화재청본」은 "左日本之西"이나, 「영인본」, 「편수회본」, 「전서본」에서는 "在日本之西"로 나온다. 「문화재청본」이 오자다. 성해응은 여기서 "일본"을 "국도國都", 즉 일본의 수도로 보았다(성해응, 「研經齋全集」 「李忠武開山記畧」).

567 "대마도와는 3일 거리"는 「충무공계본」에는 나오지 않는다.

차서 광대놀이優戱를 하는 것을 보고, 또 적을 부는 소리만 들을 수 있었습니다. 예가 끝난 뒤, 위의 명나라 사신을 비로소 내성內城 가운데로 청했고, 서쪽 관사의 임시 거처에 있게 했습니다.

소인을 맡았던 왜인 반개는 수길과 관련된 글을 기록하는 왜로 무릇 명나라 사신 앞에서 문답한 글을 모두 갖고 있었는데, 제게 펼쳐 보여주었습니다. 그래서 다행히 도망쳐 돌아갈 수 있게 된다면 임금님께 의견을 보고할 뜻으로 종이에 가득 옮겨 적었는데,[568] 배를 훔쳐 달아나 숨을 때 전부 잃어버렸습니다. 천만번 죽을 고비를 넘기고 오늘에 이르렀으나, 마음과 정신이 흐리고 어지러워 자세히 기억할 수 없습니다.

대략 두루 알았던 것을 논한다면, 명나라 사신이 수길에게 준 글에서 말하기를, "조선국이 먼저 전라도와 경상도 길을 열어 왜의 군대를 끌어들인 뒤에 길을 막았으니, 조선은 거짓되고 믿을 수 없다. 조선은 대명大明에게 사실을 말하지 않았으니, 조선 국왕을 어찌 처벌하지 않을 수 있겠는가. 대합은 명나라 조정의 참된 신하다. 두 사신은 명나라 황제의 참된 신하다. 두 사신의 말을 믿고 듣지 않겠다면, 보검寶劍을 빌려주기를 요청한다. 배를 갈라 그 마음을 보이고, 죽을지라도 후회가 없다. 두 나라가 화친和親하는 일은 천만년 동안 아름다운 것이다. 대합 소속 사신인 삼성三成, 양사兩司, 길계吉繼, 행장(고니시 유키나가) 네 명의 말을 들었는데 한입에서 나온 것 같았는데, 화친하는 일은 대합 개인이 결단해 명나라와 관백 등에게 급히 보고하면 될 것이다"라고 운운했습니다. 게다가 명나라 사신이 또한 편지 한 통을 수길에게 보냈는데, 그 편지에서 말하기를, "일본日域 무장武將이 명나라漢郡를 연이어 침략하고 싶어한다는데, 참으로 모기의 발로

568 "종이에 가득 옮겨 적었는데滿紙傳書"에서 "傳書"는 「충무공계본」에는 빠져 있다.

바다를 건너려는 것 같으니 어짊이 다해 멀리 생각하지 않는 것이다. 최근에 백번 싸워 백번 이겼으니, 한 번 참으면 천만 가지 일을 더욱 편안해지도록 계획하는 것과 같다"고 말했습니다. 그런데 명나라 사신이 말하기를, "이 편지는 명나라 황제가 조선 국왕에게 내린 글이다"라고 운운했습니다. 위의 두 명나라 사신이 나올 때, 수길이 군대의 위세를 성대히 하고[569] 배위에서 서로 만났습니다. 검과 창 10자루, 은 30근[570]을 선물로 주어 보냈다고 합니다.

처음에 제가 웅천에서 붙잡혔을 때, 왜장 협판중서脇坂中書는 저희에게 더불어[571] 물으며 말하기를, "작년(1592) 7월 한산도에서 맞붙어 싸울 때, 너희도 반드시 배 안에 있었을 것이다. 그런데 일본 조총과 검, 갑옷 등의 물건을 그때 얼마나 많이 얻었느냐"고 했기에, '모른다'고 대답했습니다. 저는 반개의 집에 도착해 반년이나 계속 머물렀기에 모든 군량을 보낸 목록을 비교하고 살펴볼 수 있었는데, 협판중서의 이름도 그 장부에 있었고, 그 아래에 쓰여 있기를, "처음에 1만 군사를 이끌었는데, 패배해 거의 다 쪼그라들어 지금은 1000여 명이 있다"고 장부에 기록되어 있었습니다.

위의 평수길은 낭고야에 있으면서, 군사를 징집하고 계책을 세워 대응하는 일을 했습니다. 그런데 "진주와 호남 등지를 다시 침범하려고 또 정예군사로 3만 군사를 뽑아 보냈다"고 했습니다. 진주성을 함락시킨 뒤로 왜장 등은 "진주와[572] 전라도 장흥까지[573] 불태우고 재물을 빼앗았다"고 급히

---

569 "군대의 위세를 성대히 하고盛陣軍威"는 「충무공계본」에서는 "盛陳軍威"로 나온다.

570 "30근"의 「문화재청본」은 "二十斤"이나, 「영인본」, 「편수회본」, 「전서본」에서는 "三十斤"으로 나온다. 「문화재청본」이 오자다.

571 "더불어茂火"는 이두다.

572 "진주와晉州及"는 「충무공계본」에는 빠져 있다.

573 "장흥까지長興至"는 「충무공계본」에서는 "장흥 땅長興地"으로 나온다.

보고했으며, 진주 목사(서예원)와 판관(성수경),574 병사(최경회) 등의 잘린 머리首級를 들여보냈는데, 수길은 지금은 더 할 일이 없다면서 일본으로 되돌아가려고 날짜를 가려 뽑아 8월 15일과 21일로 정했고, 그의 큰아들 관백을 내년 3월에 처음으로 낭고야575로 내보내 비상사태에 대비하라고 했다고 합니다.

"조선에 머물러 주둔한 왜는 기장·울산·동래·좌수영·양산·김해, 웅천 3곳, 거제 3곳, 당포 3곳576에 성을 쌓고 집을 지은 뒤에 반은 성을 지키게 하고, 반은 들어오게 하고, 성을 지키는 왜는 내년 3월에 교대를 내보낸 뒤에 들어오게 하라"고 했다고 합니다.

제가 지나온 좌수영(경상 좌수영)은 적의 수와 배의 수가 많지 않았습니다. 부산포는 곳곳에 배가 가득 차 있었습니다. 배가 바다577를 가득 채워 아주 많았습니다. 우리나라 사람과 서로 뒤섞여 살고 있었습니다. 다만 수길이 그 성격이578 거칠고 사나워 일본 사람들은 지금 "나라가 망하지 않는다고 탄식"579하고 있을 뿐만 아니라, 왜인 등이 모두 "무릇 사람으로 어느 누가 부모

---

574 성수경成守慶(?~1593)은 조선 중기의 문신이다. 임진왜란이 발발했을 때, 초유사招諭使 김성일金誠一에 의해 발탁되어 진주 판관이 되었다. 1593년 2차 진주성 전투에서 전사했다.
575 "낭고야"를 「문화재청본」에서는 "郎吉也"로 보았으나, 「영인본」 「전서본」 「편수회본」에서는 "郎古也"로 나온다. 「문화재청본」이 오자다.
576 "당포 3곳"은 「충무공계본」에는 빠져 있다. 조응록의 「죽계일기」 1593년 6월 15일에는 "왜놈들이 동래부터 10여 리에 걸쳐 성을 쌓았는데, 돌아갈 뜻이 전혀 없다"는 이야기를 들었다는 내용이 나온다.
577 "바다海洋"가 「충무공계본」에서는 "每洋"으로 나오나, 오류다.
578 "성격이"는 「영인본」에서는 "姓"이나, 「전서본」 「충무공계본」은 "性", 「편수회본」은 "姓[性]"으로 수정해놓았다. "性"이 타당하다.
579 "나라가 망하지 않는다고 탄식하다曷喪之嘆"는 「서경」 「탕서湯誓」에 나온다. 걸의 학정을 견디지 못한 백성이, 걸왕을 원망해 "해가 언제 없어질까? 나는 너와 함께 망하리라時日曷喪 予

형제와 처자식이 없겠나. 여러 해를 다른 나라에서 오래 있으면서 고향에 돌아오지 않으니, 이 모든 것이[580] 수길 때문이구나. 수길이 올해 63세이니 죽을 날이 이미 닥쳤다. (수길이) 죽는다면 어찌 홀로 조선 사람에만 기쁘고 다행이겠는가. 우리도 걱정거리가 없어질 것이다"라고 했습니다.

위의 제만춘은 과거 급제자인 사람으로 나라에서 두터운 은혜를 받았을 뿐만 아니라, 용기와 힘이 보통 사람을 뛰어넘는 사람이고, 활쏘기도 절묘해 못난 무리들과 다릅니다. 마땅히 있는 힘을 다해 적을 쏘고, 죽음으로 나라에 보답해야 하는데도 기꺼이 붙잡혔고, 도리어 왜놈 심부름을 하고, 그대로 일본에 가서 반개와 함께 문서를 담당하는 일을 맡았다고 했는데, 신하의 의리와 절개를 버린 것입니다臣子義節掃地.[581]

그러나 글에 능하고 사리를 아는 사람으로 수길이 있는 곳에서 반년이나 그대로 머물며 교활히 모의하는 정황을 상세히 조사하지 않은 것이 없기에 마치 간첩間諜 임무를 위해 보낸 사람과 같고, 본국(조선)으로 돌아올 생각에 격군 12명을 이끌고 죽음을 각오하고 도망쳐 돌아왔습니다. 정황이 불쌍할 뿐만 아니라 진술을 참고했더니, 붙잡혀 갔다가 도망쳐 돌아온 다른 사람 각각의 진술과 거의 다 비슷했습니다.

나머지 다른 부족한 것은 위의 제만춘을 「임금님께 보고하는 글啓聞」과 한꺼번에 올려보낼 일을 경상 우수사 원균과 함께 의논했습니다.[582]

及汝皆亡"라고 했다.
580 "왜인 등이 모두 (…) 이 모든 것이"는 「충무공계본」에는 나오지 않는다.
581 "버리다掃地"는 소식蘇軾의 「貧家淨掃地」에 나온다. "가난한 집에서는 땅을 깨끗이 쓸고, 가난한 여자는 머리 빗기를 좋아한다貧家淨掃地 貧女好梳"
582 "함께 의논했습니다通議"는 「전서본」에서는 "通諭"로 나온다. "通議"는 "함께 의논하다"란 뜻이고, "通諭"는 상급 관청에서 하급 관청으로 내리는 문서를 뜻한다.

삼가 갖추어 임금님께 글을 올려 보고합니다.

1593년 8월 일. 충청도 수군절도사. 신하 정(정걸).

우도(전라 우도) 수군절도사. 신하 이(이억기).

전라 좌도 수군절도사. 신하 이(이순신).

33. 「바다와 육지 전투 일을 조목별로 임금님께 보고하는 장계條陳水陸戰事狀」 (1593년 9월 일)[583]

운운.

삼가 여쭙고 의견을 기다리는 일을 보고합니다.

바다와 육지에서 대비하고 막는 계책은 각각 어렵고 쉬운 형편이 있습니다. 그런데 최근에 와서 사람들은 모두 바다는 어렵고 육지는 쉽다고 이야기하면서 수군 여러 장수가 다 육지 전쟁터로 나갔고, 바닷가의 군사들도 육지 전쟁터로 나갔습니다.

수군의 장수가 되어 감히 조치하고 통제할 수 없고, 전선의 사부와 격군을 조정할 길이 없습니다. 여러 장수가 용감한지 겁쟁이인지 또한 어찌 가려 뽑을 수 있겠습니까. 신은 수군의 수를 갖춰 여러 번 큰 싸움을 했습니다. 간략히 바다와 육지의 어렵고 쉬운 형편과 오늘의 급한 임무를 외람되게 다음과 같이 진술합니다. 삼가 갖추어 임금님께 글을 올려 보고합니다. 엎드려 임금님의 명령을 기다립니다.

583 이 장계는 『난중일기』 1593년 9월 4일자에 나오는 「잘못된 것이거나 해로운 일에 대해 임금님께 보고하는 글陳弊啓聞」인 듯하다.

하나. 우리나라 사람은 겁쟁이가 10명 중에 8~9명이고, 용감한 자는 10명 중에 1~2명입니다. 그러나 평상시에 같고 다름을 가려놓지 않아 뒤섞여 서로 모여 있습니다. 그래서 소문이라도 들리면, 문득 도망칠 마음이 생겨 헛되이 놀라 시도 때도 없이 엎어지고 넘어지며 다투어 달아납니다. 그러므로 비록 용감한 사람이 있어도 그 사람 홀로 많은 칼날을 무릅쓰고 죽을힘을 내어 돌격해 싸울 수 있겠습니까. 만약 정선된 군사를 여러 용감하고 지혜로운 장수勇智之將에게 맡겨 그 형세를 바탕으로 이롭게 이끌었다면,584 오늘의 비상사태가 반드시 이렇게 극도에 이르지는 않았을 것입니다. 바다에서의 싸움은 많은 군사가 모두 배 안에 있기에 적선을 보고 비록 도망쳐 달아나려고 해도 그 형편에서는 방법이 없습니다. 하물며 노 젓는 것을 독촉하는 북소리가 급할 때는 명령을 위반하는 자가 있을지라도 군법이 따르기에 어찌 온 정성과 힘을 다하지 않을 수 있겠습니까.

거북선이 먼저 돌격하고 판옥선이 다음에 나아가며龜船先突 板屋次進, 연이어 지자·현자총통을 쏘고, 또 철환과 화살과 돌을 뒤따라 빗발치듯 우박이 떨어지듯 쏘게 하면, 왜적의 기운을 쉽게 빼앗아,585 떨어져 죽기 바쁩니다. 이것이 바다에서의 싸움의 쉬운 형세입니다.

584 "그 형세를 바탕으로 이롭게 이끌었다면因其勢而利導之"은 『사기』 「손자 오기열전」과 류성룡의 「전수기의십조戰守機宜十條」, 『세조실록』 세조 6년(1460) 3월 13일에도 각각 나온다. 『사기』에서는 제나라의 손빈孫臏이 계책을 이용해 위나라를 공격할 때, "잘 싸우는 사람은 그 형세를 바탕으로 이롭게 이끈다善戰者 因其勢而利導之"라고 했다. 류성룡은 "잘 싸우는 사람은 그 형세를 바탕으로 이롭게 이끈다. 장점을 오히려 단점으로 만들기도 하고, 단점을 오히려 장점으로 만들기도 하니 이것이 병가의 묘법이니 어찌 살피지 않을 수 있겠는가善戰者 因其勢而利導之 長者或反爲短 短者或反爲長 此兵家之妙 不可以不察也"라고 했다. 『세조실록』에서는 세조가 함길도 조전 원수 홍윤성에게 보낸 글에 "병법에서 말하기를, '잘 싸우는 사람은 그 형세를 바탕으로 이롭게 이끈다'고 했으니 나는 경 등을 믿는다兵法曰 善戰者 因其勢而利導之 予恃卿等"고 했다.
585 "왜적의 기운을 쉽게 빼앗아賊氣已奪"는 「전서본」에서는 "賊氣易奪"로 나온다.

그러나 전선 수가 적고, 수군 군사들이 흩어져 떠도는 것이 최근에 더욱 심해지고 있습니다. 만약 전선을 많이 갖추고, 또 격군을 충당해 복무시킬 수 있는 길이 열린다면, 비록 대규모의 적이 셀 수 없이 침범해와도 충분히 당해낼 수 있고, 충분히 다 죽여 없앨 수 있습니다. 지금 왜적의 형세를 관찰해보면 남쪽으로 도망쳐온 뒤, 아직도 바다를 건너가지 않고 영남의 변방 진을 다 소굴로 만들었습니다. 그들이 한 짓을 추적해보면 흉악한 계획을 헤아리기 어려운데, 만약 바다와 육지에서 합세해 한꺼번에 갑자기 돌격해오면, 이처럼 외롭고 약한 수군 세력으로는 방어하기 어렵습니다. 군사들의 식량이 끊어진 것을 이어대는 것 또한 어렵습니다.

이것이 신이 자나 깨나 답답해하고 염려하는 것입니다. 신의 외람된 의견은 수군 소속 바닷가 각 고을의 '제색에서 모집한 장정壯丁 군사諸色括壯軍'586를 수군에 전속시키고, 군량 또한 수군에 속하게 하고, 전선 수를 배로 추가 건조한다면, 전라 좌도 5고을과 5포에서는 60척을 정비할 수 있고, 우도(전라 우도)의 15고을과 12포는 90척을 정비할 수 있습니다. 경상 우도는 난리를 겪은 나머지 조치하고 통제할 방법이 없지만, 그래도 40여 척을 정비할 수 있습니다. 충청도 또한 60척은 만들어낼 수 있습니다. 합친다면 250여 척이 됩니다. 그렇게만 된다면 앞으로 이런 군대의 위세로 적이 가는 곳마다 '남의 도'나 '우리 도'를 따지지 않고 즉시 응원하고, 형세를 살펴 추격한다면相勢追擊 가는 곳마다 대항할 적이 없게 될 것입니다.

게다가 왜적이 거침없고 드세도587 그들의 배는 바다에 있기에 우리 배

---

586 『선조실록』 등으로 살펴보면, "諸色"은 "각 부류部類", "諸色軍"은 "다양한 신분에 속하는 사람들로 구성된 군대", "括壯軍"에서 "括"은 "모집하다", "壯"은 "장정"을 뜻한다. "諸色括壯軍"은 "다양한 신분에서 모집한 장정 군사"로 보인다.
587 "거침없고 드세다蕩蕩"는 『서경』 「요전」, 『논어』 「태백」 등에 나오는 말이다.

가 앞뒤에서 서로 호응해 몰아친다면,588 반드시 살고자 뒷일을 염려해 꺼리는 생각必生顧忌之念으로 또한 제멋대로 육지에 오르지는 못할 것입니다.

엎드려 바라오니 조정에서는 충분히 헤아려 생각하셔서 전란이 평정될 때까지라도 한정해 바닷가 각 고을에서 모집한 장정 군사括壯軍 및 군량 등을 다른 곳으로 옮기지 말고 수군에 전속시켜주시고, 수군의 여러 장수 또한 자리를 옮겨 이동시키지 않도록 하는 일을 외람되게 생각합니다.

하나. 군병의 식량이 가장 급한 임무입니다. 그러나 호남 한쪽이 겉으로는 비록 보전되었으나, 물자와 힘을 모조리 써서 조정할 방법이 없습니다.

신의 뜻으로는 본도(전라 좌도)의 순천과 흥양 등지와 같이 비어 있고 넓은 목장과 여러 섬의 농사를 지을 수 있는 곳이 많이 있으니 혹은 관의 둔전官屯589으로, 혹은 백성에게 주어 농사를 짓게 한 뒤 생산된 농작물을 관청과 반반씩 나누게 하거나並作, 혹은 순천과 흥양의 방비를 하러 들어온 군사로 하여금 들어가 경작에만 완전히 힘쓰게 하다가 비상사태 소식이 들리면 나가 싸우게 한다면, 싸우고 지키는 것에 해로움이 없고, 군대에서 쓸 물자에도 이익이 있습니다. 이는 조나라의 이목李牧,590 한나라의 조충국趙充國591이 일찍이 경험한 계책입니다. 다른 도 또한 이런 사례같이 내년 봄부터 논과 밭으로 개간하는 것을 시작하도록 하면 어떨지에 관한 일입니다

---

588 "앞뒤에서 서로 호응해 몰아치다猗角"는 『춘추좌전』 「양공 14년」에 나오는 말이다.
589 이순신은 1587년 함경도 녹둔도 둔전관으로 둔전을 경험했다.
590 이목(?~기원전 228)은 중국 고대 전국시대 조나라 명장이다. 기원전 245년경, 흉노의 침입을 막기 위해 안문군에 파견되었을 때, 둔전을 했다.
591 조충국(기원전 137~기원전 52)은 중국 한나라의 명장이다. 시호는 이순신처럼 충무다. 기원전 61년, 강羌족 반란이 일어났을 때 둔전을 실시했다.

何如事.[592]

하나. 전선 수를 배로 추가 건조하면, 지자·현자총통을 모두 갖추는 것이 가장 어려우니, 내지의 각 고을의 총통을 신속하게 수군에게 옮겨 보내야 할 일입니다.

하나. 수군 대장으로서 수사가 무릇 지휘하여 명령하고 시행케 해도[593] 각 고을 수령 등은 소속된 관리가 아니라고 핑계 대고, 제멋대로 받들어 행동하지 않습니다. 군사 행정의 중요한 일마저도 내버려두고 잘못하는 일이 많이 있습니다. 일마다 게으르거나 느슨하면 이렇게 큰 변란을 당해서는 결코 일을 이루기 어렵습니다.

592 이순신의 둔전 실시는 이순신의 「떠도는 백성을 돌산도에 들어가 살게 하고 논밭을 갈고 씨를 뿌릴 수 있도록 명령을 내려주시기를 임금님께 청하는 장계請令流民入接突山島耕種狀」(1593년 1월 26일)에 따르면, 류성룡의 서장에 근거한 비변사의 공문을 바탕으로 추진했던 듯하다. 둔전과 관련된 류성룡의 기록으로는 1592년 9월에 선조에게 올린 「陳時務箚」과 1592년 10월에 올린 『乞措置海島狀』 등이 있다. 그 후 「陳屯田事宜啓」(1593년 11월 23일)에서는 이순신의 둔전 방법과 같은 내용이 나온다. "둔전에는 3가지 방식이 있는데, 하나는 변방의 땅에서 주둔한 군사들이 싸우지 않는 틈에 그곳에 머문 군사들이 힘을 합쳐 농사를 짓는다면 내지에서 군량을 운반하는 폐단이 없어지는 것으로, 이는 옛날에 조충국과 제갈무후(제갈공명)가 한 것이고, 둘째는 전쟁 뒤에 논밭과 들이 황폐해져 떠도는 사람이 아주 많아지는데 이들을 한곳에 불러모아 논밭을 나눠주고 씨앗도 주고, 농사를 짓는 기간에 양식, 농기구, 농사를 짓는 데 쓸 소를 주고, 사람을 정해 주관케 하는 것으로, 이는 조조曹操가 조지棗祉를 시켜 허창 아래에서 둔전을 시켜 곡식 수만 곡斛을 얻어 마침내 이것으로 천하를 병탄한 것이며, 셋째는 들판과 습지의 농사 가능성을 헤아려 백성이 스스로 경작하게 해 그 세稅를 받는 것으로 최근에 백성에게 농사를 짓게 허락한 사례와 같이 하는 것입니다. (…) 전날에 보고한 해도海島의 농사가 가능한 곳 또한 함께 헤아려 처리해 관청의 규정을 만든 뒤 다시 신 등이 함께 참작해 헤아린 것을 임금님께서 결정해주시면 어떻겠습니까." 이순신의 장계와 류성룡의 장계를 비교해보면, 이순신이 올린 이 장계의 둔전 방법이 곧바로 류성룡의 장계에도 반영된 것으로 볼 수 있다. 둔전과 관련된 이순신과 류성룡의 기록들을 보면, 서로 아이디어를 주고받으며 발전시키고 있음을 확인할 수 있다.
593 "지휘하여 명령하고 시행하다發號施令"는 『서경』 「경명冏命」에 나온다.

전란이 평정될 때까지 한정해 감사·병사의 사례에 의해 수령들을 더불어 지휘할 수 있게 하는 일을 외람되게 생각합니다.

1593년 9월 일.

절도사. 신하 이(이순신).[594]

34. 「왜적의 조총을 봉해 올려보내는 일을 임금님께 보고하는 장계封進倭銃狀」 (1593년 윤11월 14일)[595]

승정원에서 열어보십시오.

구함. 신하 이(이순신).

지난 10월 3일에 수결을 하고 관인을 찍은 우부승지의 서장 내용은 다음과 같은 분부였습니다.

서울에 남아 있는 왜적의 총통은 수가 적을 뿐만 아니라 명나라 장수도 구하고 있다. 경(이순신)이 얻은 조총에서 정교하고 좋은 것을 골라 올려보내라.

---

594 이순신은 류성룡의 제안에 따라 둔전을 실시했으나, 그 후 조정에서는 둔전 실시에 대한 논란이 있었던 듯하다. 그럼에도 이순신의 둔전 성공은 인상적이었던 것 같다. 『선조실록』 선조 26년(1593) 10월 17일에는 이 장계와 관련한 내용이 나온다. 비변사에서 선조에게 "전에 병사와 수사가 둔전하게 할 일을 이미 이순신의 장계에 따라 각도各道에 공문을 보냈습니다"라고 하면서 둔전 실시 확대를 건의한 내용이 나온다. 또한 선조 26년(1593) 12월 30일에도 비변사에서 "지난번 전라 수사 이순신이 바다의 섬에 둔전을 설치하기를 청했는데 이는 매우 원대한 생각입니다"라고 극찬하며 둔전의 확대를 건의한 내용이 나온다.

595 「전서본」의 「封進倭銃狀」에서는 "왜적의 조총 중에서 정교하고 좋은 것 30자루를 골라 확인하고 봉해 도장을 찍어 올려보냅니다倭鳥銃中 擇其精好者三十柄 監封上送"라는 부분만 나온다.

더불어 지난 11월 7일에 수결을 하고 관인을 찍은 좌부승지의 서장 내용은 다음과 같은 분부였습니다.

박진의 말을 들으니, "경상도 사람은 비록 조총을 얻었어도 쏘는 방법을 알지 못한다"고 했다. 서울에서 지금 가르치고 훈련시키고 있으니, 경(이순신)은 그 조총을 올려보내라.

왜적의 조총 중에서 정교하고 좋은 것 30자루를 골라 확인하고 봉해 도장을 찍어 올려보냅니다.
절차를 갖추어 임금님께 글로 보고합니다.
1593년 윤11월 14일.

35. 「전라 좌수영으로 돌아가는 것을 임금님께 보고하는 장계還營狀」(1593년 윤11월 17일)

겸 삼도 수군통제사三道水軍統制使. 행 전라 좌도 수군절도사. 신하 이(이순신).
삼가 비교하여 살펴볼 일을 보고합니다.
악인596이 아직도 변방 지역을 점거하고 있기에 흉악한 계획을 참으로 헤아리기 어렵습니다. 내년 봄에는 바다를 방어하는 것을 전보다 백배를 해

---

596 "악인"의 원문은 "老賊"이다. 『한국고전용어사전』에 따르면, "늙은 도적"이란 뜻으로, 악인惡人을 욕하는 말이라고 한다.

야 합니다. 그런데 한 해가 다 되도록 오랫동안 바다 가운데 주둔했기에 굶주린 군졸들은 병까지 앓게 되었고, 야위고 허약한 것이 극도에 이르렀습니다. 겨우 숨만 붙어 있고, 죽은 자도 거의 절반입니다. 앞으로 구제하기 어려운 형세입니다. 지금은 날씨가 아주 추워 귀신 모습으로 변했습니다. 참혹함을 차마 눈뜨고 볼 수 없습니다慘不忍見. 그러므로 어찌 그들 모두 목숨이 끊어지지 않을 것이며, 앞으로 어떻게 활을 쏘고 배를 제어하겠습니까. 말하고 생각하는 것이 여기까지 이르니, 살점을 베인 듯 아픕니다痛若割肌.

그런데 뜻하지 않게 지금 「삼도통제사를 겸하라는 명령兼三道統制之命」이 보잘것없는 신에게 느닷없이 닥치니 놀랍고 두려워 떨려서 죽고 싶은 마음을 감당할 수 없습니다. 신처럼 어리석은 재목庸短之材은 결코 감당할 수 없는 것이 분명합니다. 신은 입이 마르고 괴로운 것이 이로 말미암아 더욱더 답답해졌습니다.

지난 10월 9일에 공손히 받은, 내려보내신 글의 내용은 다음과 같은 분부이셨습니다.

경(이순신)은 통제사의 책임으로 삼도 장수와 관리, 수군을 두 부대로 나눠 번갈아 집으로 돌려보내 쉬게 하고, 더불어 옷과 양식을 갖추게 하라.[597]

---

597 통제사 임명장인 「삼도통제사에 임명하는 교서授三道統制使教書」는 1593년 9월 12일에 작성된 것이다. 그 임명장을 이순신이 받은 것은 「수군 소속 고을을 육군에 배정하지 말도록 임금님께 청하는 장계請舟師所屬邑勿定陸軍狀」(1593년 윤11월 21일)의 앞부분에 따르면, "계사년(1593) 10월 1일. 겸 삼도 수군통제사兼三道水軍統制使 교서를 받았기에 처음으로 쓴다"는 내용이 나온다. 「전라 좌수영으로 돌아가는 것을 임금님께 보고하는 장계還營狀」(1593년 윤11월 17일)와는 날짜가 차이 난다.

경상도는 재물이 다 없어진 나머지 배의 격군이 더욱 심하게 틀어져 어긋났을 뿐만 아니라, 진을 친 곳이 처음부터 본도(경상도) 땅 안이었기에 상황을 보아 오고 가며 시도 때도 없이 번갈아 쉬게 했었습니다. 전라 좌도도 아주 멀지 않기에 잇따라 나누어 번갈아 쉬게 했습니다. 그런데 우도(전라 우도)는 물길이 멀리 떨어져 바로 바람이 센 날을 당하게 되면 위험한 파도를 무릅쓰고 건널 수밖에 없어 가고 오는 것이 쉽지 않습니다. 이동하는 데도 한 달이나 걸립니다. 그 도(전라 우도)의 수사 이억기에게 명령해 전선 31척을 이끌게 해, 이미 지난 11월 1일에 먼저 움직이게 해 출발시켜 보냈습니다.

"설날이 되기 전에 전투 도구를 수리하고 바꾸고, 또한 군사들을 쉬게 하며, 전함도 추가 건조하고, 격군과 수졸 및 모집한 장정 군사 등을 하나하나 정리하고 점검해 미리 먼저 정비했다가 1월 15일 전에 남김없이 거느리고 오라"고 했습니다.

진에 머무는 전선 50여 척은 항상 머물러 비상사태에 대비하게 했습니다.[598] 다만 각 고을의 수졸 중에서 흩어져 떠도는 자가 10에 8~9입니다. 군 복무를 할 차례임에도 군대에 복무하는 자는 10에 1~2도 안 됩니다. 더하여 마을이 비었고 밥 짓는 연기와 불빛도 없습니다. '나라에 대한 의무를 회피해 죄를 지은 사람의 가족과 친척, 가까운 이웃의 연대 책임族鄰之責' 또한 의지할 수 없습니다. 그런데도 처음에 배를 탄 군사들 중에서 기한이

---

598 「충청도 수군이 뒤따라와서 지원할 수 있도록 임금님께 청하는 장계(2)請湖西舟師繼援狀(二)」(1593년 5월 14일)에서 이순신은 판옥선 42척과 사후소선 52척, 전라 우수사 이억기는 전선 54척과 사후소선 54척이 있었다. 또한 「왜적의 정황을 임금님께 보고하는 장계陳倭情狀」(1593년 8월 19일)에 따르면, 전라 좌우도 판옥선 100여 척이 있었다. 원균의 부대는 『난중일기』 1593년 8월 30일에는 25척이 있다가 7척만 남아 있는 모습이다. 이 장계의 진에 머문 50여 척은 절반을 휴식을 위해 돌려보내고 남은 절반인 듯하다. 경상 우수영의 전선은 제외된 수다.

끝나도 교대할 수 없어 장기간 물 위에 머물며 굶주림과 추위에 시달리거나, 역려疫癘(전염병)가 번지는 것이 또 봄여름보다 심합니다. 죄 없는 군사와 백성이 잇따라 넘어져 죽고 있습니다. 군사의 수는 날로 줄어들고, 군사력은 날로 외로워져 앞의 일이 아주 걱정됩니다.

대체로 무지한 군졸은 한때의 편안함만 생각하며 원망하는 말을 자주 합니다. 그래서 신은 다음과 같이 이치로 깨우쳐 타일렀습니다以理論論.

명나라 군사는 만 리 밖에서 와 군대 생활을 하며 이슬을 맞고 모진 고생을 하는데도, 오히려 근심하고 걱정하지 않고 온 정성을 다해 왜적을 무찌르기 위해 죽음을 약속하고 있다. 그런데도 다만 우리나라 사람은 왜적의 재앙과 피해를 아침저녁으로 당하고 있으면서도 분풀이를 할 뜻이 없이 스스로 편안히 살려는 계획이니, 너희의 생각은 아주 잘못된 것이다.[599] 임금님께서 수군의 고생을 걱정하셔서, 특별히 상으로 포 12동[600]을 내려주셨다. 그러니 끝없는 임금님의 은혜는 만 번 죽어도 갚기 어려운 것이다.

그리고는 한 자 한 자 잘라서 똑같이 나누어주었습니다.

신에게 소속된 전라 좌도 바닷가 5고을과 5포에서 전선을 추가 건조하고, 모집할 군사를 찾아내 점검하고, 군량을 대조해 검열하고 공평하게 골고루[601] 군사 배치를 개편하는 것을 미리 조치하는 일이 가장 급합니다. 처

---

599 "아주 잘못된 것이다極爲無謂"의 「문화재청본」은 "極爲無意謂"이나, 「영인본」 「편수회본」에서는 "意"가 "謂"로 수정된 것으로 나온다. 「전서본」에서도 "極爲無謂"로 나온다. 「문화재청본」은 수정을 반영하지 않은 것이다.
600 "동"은 단위로, 포목 1동은 50필이다.
601 "공평하게 골고루惠伊"는 이두다. 「전서본」에서는 "次次"로 나온다.

음으로 최근에는 매서운 추위가 더욱 심해져 소굴에 있는 왜적에게 갑자기 돌격하는 것에 어렵고 쉬운 점이 있습니다.[602]

경상 우수사 원균과 전라 좌상全羅左廂(전라 좌도)[603] 중위장 순천 부사 권준, 우상右廂(전라 우도) 중위장 가리포 첨사 이응표李應彪 등에게 "부 소속 여러 장수를 점검하고 바로잡아 경계하여 지키며 비상사태에 대비하라"고 엄격하고도 명백하게 거듭 약속했습니다嚴明申約.

그 뒤에 군졸 중에서 특히 오래 머물러 허약하고 병든 자를 교체해 거느려 이끌고 잠시 본도(전라 좌도)로 돌아가 점검하고 바로잡고, 진으로 돌아올 생각입니다.

삼가 갖추어 임금님께 글을 올려 보고합니다.

1593년 윤11월 17일.[604]

통제사. 신하 이(이순신).

36. 「사로잡은 왜가 보고한 '왜의 정황에 대해 중요한 사실'을 임금님께 보고하는 장계登聞擒倭所告倭情狀」(1593년 윤11월 17일)[605]

---

602 「영인본」, 「편수회본」의 '갑자기 돌격하는 것에는 어렵고 쉬운 점이 있습니다難易衝突'는 「전서본」에서는 "難衝突"로, 이은상은 "難以衝突"로 보았다.

603 좌상左廂과 우상右廂은 좌우 측을 뜻하는 것으로 보인다. 『국조보감國朝寶鑑』 11권 「세조조」에 "주상께서 전관평箭串坪에 행행하여 장사將士들을 대대적으로 사열하였다. 좌상과 우상으로 나누어 진법陣法을 익혔는데, 승지로 하여금 법온法醞을 가지고 가서 장사들을 위로케 하였다"라고 했다. 이은상은 주석에서 "구역을 이름이다. 이쪽저쪽의 쪽을 말함도 된다"고 했다. 홍기문은 "전체 군대를 크게 몇 부대로 나누는 단위"라고 보았다.

604 「문화재청본」 "十七一日"은 「영인본」에서는 "17일"이다. 「문화재청본」이 오자다.

605 이 장계는 「충무공계본」에도 나온다. 「임진장초」처럼 「이충무공전서」와 달리 이두 표기가 되어 있다. 『사대문궤』 「倭情奏文」(1594년 2월 16일)에도 이 장계의 일부가 나온다. 그러나 이순신

운운.606

삼가 비교하여 살펴볼 일을 보고합니다.

흉악한 도적의 남은 무리가 바닷가로 물러나 점거하고, 오래 죽치고 있는 상황입니다. 물러나 숨으려는 흔적은 없습니다. 그 하는 짓을 보면607 흉악한 계획을 짐작할 수 없습니다. 게다가 거제에 있는 적은 수가 늘어나지만, 줄지는 않고 있습니다. 근거지는 더욱 많아졌고, 배를 포 깊숙이 정박해놓고 시도 때도 없이 드나들고 있습니다. 기회를 타서 갑자기 돌격해 올 걱정거리를 생각하지 않을 수 없습니다. 그러므로 견내량의 군사적으로 중요한 곳이 되는 길목要衝之路에 장수를 정해 매복시켜놓았습니다.

이달 윤11월 3일에 복병장인 신의 군관 주부 나대용이 엿보며 정탐하는 왜인 1명을 산 채로 사로잡아 신에게 묶어 보냈습니다.

죄를 조사하기 위한 심문에서 진술받은 내용은 다음과 같았습니다.

이름은 망곳지亡古叱之이며, 나이는 25세608이고, 살던 곳은 일본국 동쪽에서 13일609 거리로 지명은 시거구施巨丘입니다. '작년 12월쯤 조선국朝鮮國으로 나온 왜장 조승감鳥乘監이 이끄는 군사 3000여 명이 결딴났다'고 해서 군사 600명을 추가로 뽑아 보낼 때 저는 활 쏘는 군사로 뽑혔습니다. 영장 온눗

이 올린 것이 아니라, 경상 우수사 원균이 1593년 12월에 올린 장계다.
606 「충무공계본」에는 "운운" 앞에 "통제사 신하 이순신"이 나온다.
607 "그 하는 짓을 보면視其所以"은 「논어」 「위정」에 나온다. 공자가 한 말이다. "그 하는 행동을 보고, 그 행동을 하도록 마음먹은 것을 관찰하며, 그 결과를 편안히 여기는 것을 살핀다면, 사람이 어찌 숨길 수 있겠는가, 사람이 어찌 숨길 수 있겠는가視其所以 觀其所由 察其所安 人焉廋哉 人焉廋哉."
608 "나이는 25세年歲段二十五"는 「문화재청본」에서는 "年歲卒三段二十五"로 나오나, '卒三'은 '六十三'의 오독이고, 「임진장초」에서 쪽 수를 표시한 숫자로 장계 본문과는 관계없다.
609 "13일"은 「충무공계본」에서는 "15일"로 나오나, 오류다.

기온노비기溫老叱起가 이끌고 올해 2월 2일 시거구에서 배를 탔습니다. 8척이 대오를 지어 같은 달 28일 웅천 앞바다에서 육지에 올랐습니다. 양산에 도착해 조승감과 서로 만났고, 서너 달을 잇따라 머물렀습니다. 날짜는 기억나지 않는데 6월쯤 양산·마산馬山·밀양密陽 등지의 배 500여 척이 거제 땅永登浦·장문포·원포 등지로 옮겨 정박했습니다.

왜장은 6명입니다. 우단둔右丹屯과 대은둔大隱屯 등은 각각 군사 1000여 명을 이끌고 영등포 봉우리에 성을 쌓고 견고하게 점거했습니다. 심아손둔沈我損屯은 군사 1300여 명을 이끌고 영등포 성안을 견고하게 점거했습니다. 조승감은 군사 900여 명을 이끌고, 아로감미阿老監未는 군사 3000여 명을 이끌고 장문포에 성을 쌓고 견고하게 점거했습니다. 가사연둔加思然屯은 군사 1200여 명을 이끌고 원포에 성을 쌓고 견고하게 점거했습니다. 중선 100여 척이 11월 4일 병든 왜인을 싣고 본토(일본)로 돌아 들어갈 때, 왜장 아노감미는 눈병에 걸려 앞을 제대로 볼 수 없었습니다. 대은둔은 국왕의 조카라고 해 같은 배로 돌아갔습니다. 또한 100여 척은 군량을 싣고 올 일로 같은 달 27일에 부산포로 돌아갔습니다.

군량은 본토(일본)에서 잇따라 실어왔고, 30여 칸의 곳집을 가득 채우고도 남았으나 쓰지는 않습니다. 졸병인 왜인에게는 창고 밖의 곡식을 형편에 따라 주어 먹이고 있습니다. 붙잡혀온 조선 사람 중에서 여자는 하나도 빠짐없이[610] (본토로) 들여보냈고, 남자는 혹은 배를 태워 고기를 잡게 하거나, 혹은 부산 등지를 출입시켜 장사로 생계를 잇게 하거나, 배의 격군으로 충당해 복무시키기도 했습니다. 저는 졸병 중의 졸병인 왜인이기에 다른 나머지 일은 자세히 알 수 없었습니다. 저는 본래 왜인의 노비로 활 쏘는 재주가

---

610 "하나도 빠짐없이這這"는 이두다. 「전서본」에서는 "次次"로 나온다.

조금 있습니다. 처음에 본토(일본)에서 뽑힐 때, 조선국과의 전쟁에서 공을 세운다면, 노비의 역을 면할 수 있고, 또한 상으로 금과 은, 보물을 준다고 했기에 이곳에 이르게 되었습니다.

그러나 먹는 것은 적고 일이 많았습니다. 그 고통을 견딜 수 없어 같은 부류인 왜 야삼화로也三火老와 서로 함께 몰래 약속하며 말하기를, "여기서 이렇게 굶으며 일하는 것은 조선에 항복해 들어가는 것만 못하다"라고 말했습니다. 그리고 이번 윤11월 1일[611] 한꺼번에 도망쳐 풀 속을 기어 숲에 들어갈 때, 같은 진의 왜가 흔적을 찾아 쫓아와서 야삼화로는 붙잡혔고, 저는 그대로 달아나 숨어 곧바로 강변으로 향했는데, 마침 조개를 캐던 여자 3명을 만났습니다. 그 여자들이 저를 붙잡고 소리를 지를 때, 조선 전선이 뜻하지 않게 달려와 묶어서 실려왔습니다. 부산 등 각 진의 왜장 이름은 하나하나 기억하고 알지는 못합니다. 그러나 부산포는 도심만둔都甚萬屯, 웅포는 즉묵감둔卽墨甘屯, 김해·양산은 심안둔甚安屯(시마즈 요시히로)이 모두 머물러 있습니다.

거제에 사는 정병 김은금金銀金, 양인 여자 세금世今, 금대今代, 덕지德只 등에 대해 왜인을 만나 붙잡던 절차를 조사해 진술받은 내용은 다음과 같았습니다.

피란한 사람들로 이달 윤11월 3일 간도艮島 근처 강변에서 조개를 캘 때, 그

---

611 "1일"은 「충무공계본」에서는 "11일"로 나오나, 오류다. 이 장계 뒤에 11월 3일에 붙잡혔다는 내용이 나오기 때문이다.

왜놈이 오양역烏楊驛[612]에서 달려와 혹은 일어서거나 혹은 앉으며 소리를 지르고 가지 않기에 저희가 힘을 합쳐 붙잡고 복병선을 소리쳐 불렀더니, 복병하는 사람 등이 노질을 재촉해 달려와 묶어서 배에 실었습니다.

간사한 왜놈이 감히 은밀한 계획으로 나무가 우거진 곳을 드나들며 허실을 엿보면서 정탐한 정황과 흔적이 뚜렷합니다. 그런데도 제가 이미 붙잡혔기에 목숨을 보전하기 어려운 것을 알고, 우리나라에 항복해 의지하겠다고 말하는 것이 더욱 흉악하고 거짓되어 잠시도 미루어 머물게 할 수는 없습니다. 또한 진짜든 거짓이든 적의 형세를 대체로 진술받았고, 반복해서 끝까지 심문할 단서도 있을 듯해 위의 왜놈 망곳지를 도원수 권율에게 목을 묶어 호송해 보냈습니다.[613]

거제 양인 여자 세금 등 3명은 피란해 굶주리고 지친 여자들인데도 적을 만나서 피하지 않고 힘을 합쳐 붙잡았고, 복병장을 불러 묶게 했습니다. 그들은 소문만 듣고 달아나는 숨는 사람과는 차이가 아주 큽니다. 특별히 깨우쳐 타이르고, 더불어 곡식을 지급해 다른 사람들에게도 장려하고자 하오니, 먹거리를 지급하는 일을 본도(경상도) 감사에게 임금님께서 분부해 주시기 바랍니다.

삼가 갖추어 임금님께 글을 올려 보고합니다.

1593년 윤11월 17일.

통제사. 신하 이(이순신).

---

612 "烏楊驛"은 「충무공계본」에서는 "烏壤驛"으로 나온다.
613 항복한 왜인 중에서는 거짓으로 항복한 경우도 있었기 때문이다. 오희문의 『쇄미록』 1594년 7월 23일에 따르면, 항복한 왜적이 끊이지 않아 여러 진영에 속해 있었고, 그들의 행패도 심했다고 한다.

37. 「어영담을 조방장으로 삼게 해주실 것을 임금님께 청하는 장계請以魚泳潭爲助防將狀」(1593년 윤11월 17일)

승정원에서 열어보십시오.

정헌대부. 구함. 신하 이(이순신).

이달 윤11월 5일에 받은 광양의 임시 수령假官 김극성金克惺614의 공문 내용은 다음과 같았습니다.

좌의정左議政(윤두수)과 도원수(권율)가 같이 의논한 관리 임명장 내용에,615 "이번에 광양 현감(어영담)을 임금님께 글을 올려 파직했고, 광양의 임시 수령으로 임시 임명했으니, 인신과 병부를 인수받아 공무를 집행하고, 두치의 군사적으로 중요한 지역을 지키고 경비하는 등의 일을 가벼이 하지 말고, 단속해 비상사태에 대비할 일"이라는 임명장이었습니다. 그래서 이달 윤 11월 2일에 본현(광양)에 부임했는데, 현감(어영담)이 이미 바다에 나가 있어 인신과 병부를 인수받을 수 없었고, 다만 공사의 창고를 잠가 폐쇄하고 공무를 집행하겠습니다.

위의 전 현감 어영담은 이미 파직되어 떠났다고 합니다. 그러나 나고 자란 곳이 바닷가이기에 바다 일에 익숙하고 잘 알고 있습니다. 경상도와 전

---

614 김극성金克惺은 『선조실록』 선조 26년(1593) 12월 9일에는 선전관직에서 사헌부의 탄핵을 당한 기록이 나온다.

615 『선조실록』 선조 26년(1593) 10월 30일 기록에 따르면, 선조는 지방의 수령들이 명령을 듣지 않는다며 지방을 통제하기 위해 좌의정 윤두수를 지방에 파견했다. 공로자를 즉시 포상하고, 전투에서 죄를 지은 사람들은 군법에 따라 조치하라고 명했다.

라도의 물길의 구부러진 것과 곧은 것迂直, 크고 작은 섬의 형세를 분명하고 상세히 알고 있습니다. 게다가 적을 무찌르는 일에도 있는 힘을 다하고 온 정성을 다했기에極力盡心, 작년에 싸워 무찌르던 날에는 매번 선봉으로 여러 차례 큰 공로를 세웠습니다. 여러 다른 사람과 비교해 조금 더 따져봐야 할 인재인 만큼 위의 어영담이 이미 그 직책에서 파직되었을지라도, 우선은 수군 조방장으로 임시 임명해, 시작부터 끝까지 계책을 세우게 해 큰 일을 이룰 수 있게 하는 것이 어떻겠습니까終始畵策 以濟大事何如. 외람된 생각을 감히 여쭈옵니다.

절차를 갖추어 임금님께 글로 보고합니다.

1593년 윤11월 17일.616

---

616 이 장계와 관련한 내용이 『선조실록』 선조 26년(1593) 12월 19일에 나온다. 류성룡은 바닷길에 익숙한 어영담으로 하여금 이순신을 돕게 하자고 건의했다.

38. 「관청에 철을 납부한 것에 대한 대가 공문과 유황을 내려보내주실 것을 임금 님께 청하는 장계請下納鐵公文兼賜硫黃狀」(1593년 윤11월 17일)[617]

승정원에서 열어보십시오.

구함. 신하 이(이순신).

이번에 추가 건조한 전선에 실을 지자·현자총통을 만들 방법이 없어 마련할 수 있는 대책을 조목별로 아뢰는 장계를 올렸습니다. 겸 순찰사 이정암에게 장계에 따른 '임금님의 물음에 신하들이 자세히 답변한 글回啓' 안에 적힌 사연을 낱낱이 열거해 이미 공문으로 보냈습니다.

지자총통 한 자루의 무게는 많게는 150여 근에 이르며, 현자총통 한 자루의 무게 또한 50여 근에 이릅니다.[618] 그런데 지금은 물자와 힘이 남김없이 모두 소모된 때이기에, 관청이 강제로 힘을 쓸지라도 갑자기 마련하는 것은 어렵습니다.[619] 배를 건조하는 일은 거의 끝났으나, 무기와 도구는 제대로 갖추지 못했습니다.[620] 아주 답답하고 염려됩니다.

신이 승려를 모아 특별히 '화주化主'[621]라 부르게 하고, 권문勸文[622]을 작성해

---

617 제목 중 "下納"은 나라에 바치지 않고 자의적으로 하급 지방 관아에 바치게 하는 것이다. 이 장계는 이순신이 중앙 관청이 아닌 자신의 관청에서 직접 철을 받을 수 있게 요청하는 것이므로 이렇게 썼다.

618 류성룡의 「移黃海道巡察使文」(1595년 10월 26일)과 「移龍津別將文」(1596년 6월 28일)에 따르면, 총통을 만들 때 화력을 높이기 위해 탄석炭石을 사용했던 듯하다.

619 "갑자기 마련하기 어렵다難易卒辦"는 『맹자』 「이루장구상」에 나온다.

620 "갖추지 못하다不齊"는 『맹자』 「등문공상」에 나온다.

621 『고대일록』 1592년 12월 21일에 따르면, 경상 우도 순찰사 김성일은 총통을 제조하기 위해 여러 고을에 전령해 산에 있는 절의 동철로 된 물건을 찾아내게 했다고 한다. 이순신이 승려를 이용한 방법과는 차이가 난다.

622 권문은 사찰에서 신자들에게 절이나 부처를 위하여 재물을 바칠 것을 권하는 일 또는 그 취지를 쓴 글을 말한다. 권선문勸善文이라고도 한다.

주고, 곳곳의 마을을 돌아다니며 구해오도록 권유했습니다.[623] 그렇게 해서라도 만분의 일이나마 보충하려 했으나, 백성이 가난하고 재물도 다해 또한 쉽게 되지 않았습니다. 밤낮 생각해도 어찌할 바 모르겠습니다. 듣기로는 멀고 가까운 여러 고을에서 혹은 철을 관청에 바치고 그 대신 의무적

623 장계 속의 "철"은 일반적인 철이 아니라 구리다. 조선시대 총통은 구리로 제작되었다. 『이충무공행록』에서는 '동銅'으로 나온다. 『명종실록』 명종 10년(1555) 6월 17일에는 절의 종을 부수어 총통을 만들고자 했으나 임금이 허락하지 않았는데, 천자·지자총통은 잡철雜鐵로는 만들 수 없다며 총통을 만들 재료로 절의 종을 활용할 수 있도록 요청하는 내용이 나온다. 『선조실록』 선조 29년(1596) 1월 28일에도 비변사에서 천자·지자 이하의 대포를 만들기 위해 종루鍾樓의 깨진 종을 사용하자는 건의가 나온다. 류성룡 또한 1596년 4월 11일에 올린 계사에서는, "서울과 지방에 유철鍮鐵(놋쇠)이 없어 화기를 주조하려고 해도 할 방법이 없습니다. 예전에 종루에 있었던 깨진 종을 흙 속에 파묻어두었는데, 남겨두어도 쓸데가 없고, 게다가 일의 형편의 가볍고 무거움과 느리고 급하게 해야 할 것을 말하자면 대포를 주조하는 것이 종을 만드는 일보다 급하니 청컨대 이 깨진 철로 급히 시기에 맞게 대포를 주조해 여러 곳에 나눠주면 어떻겠습니까"라고 했었다. 그 후 류성룡이 1596년 5월 15일에 올린 계사에는 "종루의 깨진 종 8300근도 서울에는 탄석이 없어 강화에서 주조하고자 한다"는 내용이 나온다. 총통을 만들기 위해 놋쇠로 된 종을 활용하고자 한 것이다. 이순신이 승려를 활용했던 이유도 절에 있는 종을 확보하기 위한 방법이었던 듯하다. 박재광의 「조선 중기의 화약병기에 대한 소고」(『육군박물관 학예지』 제19집, 육군사관학교 육군박물관, 2012, 47쪽)에 따르면 서울시 신청사 부지에서 발굴된 불랑기 자포(보물 861호)의 성분은 구리 81.08wt.%, 주석 9.95wt.%, 납 8.05wt.%, 비소 0.93wt.%으로 구성되어 있다. 이순신의 장계나 일기 속 화포 제작을 위한 철은 대부분 '구리'를 뜻하는 것으로 보아야 한다. 이순신의 조카 이분이 쓴 『이충무공행록』에서도 동철銅鐵이라고 나온다. 또한 이때 이순신이 모은 동철은 8만여 근에 이르렀고, 총통을 만들어 여러 배에 나누어주었는데, 다 쓸 수 없을 만큼 많았다고 한다. 『선조실록』 선조 32년(1599) 12월 8일에 따르면 총을 만드는 구리가 가장 부족한데 10여 척의 전선에 실어야 될 분량은 동철 6000여 근이 있어야 했기에 절에서 많은 양을 거두었다는 내용이 나온다. 이는 전선 1척당 지자총통 4자루 혹은 현자총통은 12자루를 싣는 정도다. 『이충무공행록』의 기록처럼 이순신이 거둔 동철이 8만 근이라면, 이는 류성룡이 총통 제조를 위해 활용한 종루에 있던 깨진 종 크기의 종 10개 정도를 모은 것이다. 또한 이는 지자총통 150근 기준으로는 533자루, 현자총통 50여 근 기준으로는 1만6000자루를 생산할 수 있는 규모다. 임진왜란 당시 거북선에 설치된 총혈 수(용머리와 선미, 좌우에 총혈 6개)와 거북선에 실린 총통 종류인 천자·지자·현자총통 기록으로 추측해보면, 거북선에는 최소 천자 총통(450근) 1개, 지자(150근) 혹은 현자총통(50근) 13개가 실려 있던 듯하다. 지자총통이 13개인 경우에는 거북선 1척의 총통에 사용되는 동철은 2400근, 현자총통 13개인 경우에는 1100근이 소요된다. 8만 근은 2400근인 경우에는 거북선 33척, 1100근인 경우에는 72척에 총통을 적재할 수 있는 양이 된다.

으로 부담해야 할 병역이나 노역을 면제받기를 원하는 사람이 있다고 합니다. 그러나 아랫사람이 감히 멋대로 처리할 수 있는 일이 아닙니다.

이에 감히 여쭙니다. 그 철물鐵物의 가볍고 무거움에 따라서 혹은 상으로 관직을 주거나, 혹은 관직에 오를 수 없는 천인이나 서얼 등을 관직에 오를 수 있도록 허가해주시거나, 병역 면제나 노역을 면제해주시거나免役, 천민 신분을 벗어나게免賤 해주시는 나라의 공문을 만들어 내려보내주신다면, (철을) 모아 (총통을) 주조할 수 있어 군대에 필요한 중요한 기계를 갖출 수 있을까 외람된 생각을 합니다.624

전란이 생긴 이래 염초焰焇는 많이 끓여 만들었으나, 함께 섞어야 할 석류황은 달리 많이 생산할 수 있는 곳이 없습니다. 엎드려 바라오니 옛 창고에 있는 유황硫黄 200여 근을 꺼내 내려보내주십시오.625

절차를 갖추어 임금님께 글로 보고합니다.

1593년 윤11월 17일.

---

624 『난중일기』 1594년 2월 3일, "원식元埴은 남해 현령에게 「쇠를 바치고 천민 신분을 면제시켜주는 공문」 한 장을 받아 갔다", 1596년 2월 18일에는 "황득중이 쇠를 실어와 바쳤다"는 내용이 나온다. 류성룡이 종사관에게 지시한 공문 「移從事官文」(1596년 1월 30일)에도 철환의 재료가 되는 연鉛과 총통의 재료가 되는 철을 자원해 바치는 사람들에게 공명고신첩을 주라고 지시한 내용이 나온다. 정경달의 「入侍時與兩相公問答記」(1597년 7월 26일)에도 이순신이 공명첩空名帖으로 쇠를 얻어 총통을 만든 사례가 언급된다.
625 류성룡의 「再乞練兵 且倣浙江器械 多造火砲諸具 以備後用狀」(1593년 5월 25일)에 따르면, 전쟁 전에 군기시에 저장된 2만7000근의 화약이 있었는데, 류성룡이 2만 근은 서울에 남겨두고 7000근은 경상도와 전라도에 보내 왜구에 대비하자고 했으나, 이를 비판하는 사람이 서울의 화약을 남용해 써서는 안 된다고 했기에 다만 수십 근만 나눠 보냈고, 끝내 왜적이 다 갖게 되었으며, 바닷가의 방비처에는 1~2근도 저장하지 못했다고 한다.

39. 「문신 종사관을 임명해주시기를 임금님께 청하는 장계請以文臣差從事官狀」
(1593년 윤11월 17일)[626]

승정원에서 열어보십시오.

정헌대부. 겸 삼도 수군통제사. 구함. 신하 이(이순신).

신이 이미 통제사의 임무를 겸했기에 삼도의 수군, 장수와 관리 모두가 부하가 되었으니, 점검하고 바로잡아 조치하고 통제할 일이 한두 가지에 그치지 않고 있습니다. 신은 영남 바다에 있기에 길이 멀어 공문을 보낼 수밖에 없어 많은 군사에 관한 업무가 제때 실행되지 못하고, 도원수(권율)와 순찰사(이정암)에게 보고하고 결재를 받아야 할 일 또한 많습니다. 그러나 서로 거리가 멀리 떨어져 있기에 가끔가다 기한에 미치지 못해 일마다 어긋나고 있습니다. 아주 걱정입니다.

신의 외람된 생각으로는 문관 1명을 순변사의 사례에 의해 종사관이라 부르게 하고, 오고 가면서 함께 의논하고, 소속 바닷가의 여러 고을을 순시하면서 검사해 조치하고, 사부와 격군, 군량을 계속해 조달한다면, 앞으로 다가올 큰일을 만분의 일이라도 구제할 수 있을 듯합니다.

여러 섬 목장의 비어 있는 넓은 땅을 논과 밭으로 개간할 곳[627] 또한 살펴 검사할[628] 일을 해야 하겠기에 외람된 생각으로 감히 여쭙니다.

---

626 이 장계는 정경달의 『반곡유고』 1594년 1월 기록에, "그 이듬해인 갑오년(1594) 1월 13일, 통제사 이순신이 나를 종사관으로 삼았다. 이공은 이때 순천의 수영에서 한산도로 옮겨가 있었는데, 그 장계는 다음과 같다"고 하면서 이 장계 전체가 거의 똑같이 나온다.
627 "논과 밭으로 개간할 곳耕墾處"은 정경달의 『반곡유고』 1594년 1월 기록에서는 "논과 밭을 갈고 우물을 팔 곳耕鑿處"으로 나온다.
628 "살펴 검사할審檢"의 「문화재청본」은 "巡審檢"이나, 「영인본」에서는 '巡'가 삭제된 표시가 있다. 「문화재청본」은 삭제를 반영하지 않았다.

엎드려 바라오니 조정에서는 충분히 헤아려 생각하셔서 만약 이 일의 이치와 정황이 해롭지 않다면, 처음으로 장흥에 사는 전 부사 정경달이 지금 본가에 있다고 하오니 특별 명령으로 임명해주시기 바랍니다.[629]

절차를 갖추어 임금님께 글로 보고합니다.

1593년 윤11월 17일.

629 정경달의 『반곡유고』 1593년 7월 5일에는 선산 부사 정경달이 경상북도에 체류 중인 체찰사 류성룡에게 병으로 인해 면직시켜줄 것을 요청했다는 내용이 나온다. 또한 7월 10일에는 류성룡이 정경달에게 "기다리라"는 답장을 보냈다는 내용이 나온다. 정경달은 8월에 선산 부사에서 물러났고, 9월 10일에 상산霜山(전남 장흥 서리산)의 본가에 도착, 10월에는 회령會寧(전남 장흥의 한 지역)의 별장에 도착해 병을 치료했다. 그 후 이순신이 장계를 올려 정경달을 종사관에 임명케 했던 것이다. 『선조실록』 선조 27년(1594) 6월 18일에 따르면, 선조가 "이순신의 호령이 수령에게 시행되지 않고, 여러 장수가 서로 화합하지 않는다고 하니, 명망이 있는 문관으로 종사관을 삼아 보내야 하지 않겠는가?"라고 하자 류성룡이 전 부사 정경달이 내려갔다고 했다. 이에 선조는 다시 "명망이 있는 문관을 정하여 보내야 여러 읍列邑을 호령할 수 있을 것이며 군중軍中에 외람한 일이 있더라도 반드시 그를 꺼려 진정이 될 것이다. 병판兵判의 뜻은 어떠한가?"라며 물었고, 심충겸은 "이 계책이 매우 타당합니다"라고 했다. 또한 그와 관련해 류성룡의 「條列戰守機宜啓」(1594년 6월 26일)에는 "지금 통제사(이순신)의 종사관이 장차 내려가려고 하니 급히 이런 뜻을 통제사에게 비밀로 분부해 임기응변해 형세를 살펴 처리하고 수군을 징발하는 일은 전에 임금이 명령을 내리신 것에 따른 공문에 의거해 시행해 군대의 위세를 장엄하게 하는 것이 어떻겠습니까?"라는 내용이 나온다. 류성룡의 「措置防守事宜啓」(1595년 1월)에는 정경달 이외에 이순신의 다른 종사관으로 심원하가 나온다. 『선조실록』에 따르면 심원하는 1593년 6월 사간원 정언, 9월 사헌부 장령에 임명되었고, 1594년 7월에도 사헌부 장령으로 나온다. 1595년 7월에 다시 사헌부 장령으로 임명되었다고 나온다. 이로 보면 1594년 8월 이후 1595년 7월 사헌부 장령으로 재임명되기 전까지 이순신의 종사관으로 한산도에 머물렀던 듯하다. 그런데 『난중일기』에는 심원하가 명시된 사례는 나오지 않는다.

40. 「바닷가의 군사와 군량, 군대 기물을 수군에 전속시켜주시기를 임금님께 청하는 장계請沿海軍兵糧器全屬舟師狀」(1593년 윤11월 17일)

겸 삼도 수군통제사. 행 전라 좌도 수군절도사. 신하 이(이순신).

삼가 비교하여 살펴볼 일을 보고합니다.

신이 전에 '삼도에 선함船艦(전선과 사협선)을 추가 건조하게 하고 바닷가에서 모집한 장정 군사와 군량, 군기물을 모두 수군에 소속하도록 명령을 내려주시기를 청한 사연'은 이미 장계로 올렸습니다. 방금 (배를 만드는) 노역을 독촉해 새해 전에는 건조를 끝마치고, 1월 안에 한곳에 합쳐 모이게 해 바다를 덮을 진을 이루어 곧바로 부산 바다를 끊고, 북소리 한 번으로 다 죽일 일의 기회를 잃지 않도록 이미 삼도의 수사들과 거듭거듭 약속을 했습니다再三申約.

그러나 이른바 삼도 바닷가에서 모집했다는 장정 군사括出壯軍가 이름은 비록 군대 명부에 실려 있지만, 여러 가지 이유를 들어 면제된 사람이 절반 이상으로 그 실제 수는 아주 적습니다. 육지의 여러 장수가 바다 싸움을 돌아보지 않고, 또 임금님의 분부로 '수군을 육군으로 자리를 옮겨 바꾸지 말라고 하신 말씀勿令遷移之旨'을 생각지 않고, 계속해서 상급 관청에서 하급 관청으로 공문을 보내며 시도 때도 없이 징발해가고 있습니다.

게다가 혹은 명나라 군사의 훈련이나 혹은 복병으로 삼아 경계하여 지키게 하거나, 혹은 의병의 군사로 번갈아 서로 징발하기를 전보다 배나 더하고 있습니다. 군량 같은 것도 전란이 일어난 처음부터 육군에서 계속 실어 날라 가져갔고, 또 명나라 군사 뒷바라지로 인해 남겨 저축해놓았던 것도 거의 없어졌는데, 육지 싸움을 하는 크고 작은 여러 진에서 마음대로 실어가는 것이 끊이지 않습니다.

바닷가 지역의 백성은 바다와 육지 양쪽의 명령을 받기에 견디기 어려워 아내와 모든 가족을 데리고 다른 지역으로 이사하는 사람의 행렬이 길에 잇따르고 있습니다. 아주 걱정입니다. 전라도 바닷가 각 고을 중에서 좌도 5고을과 우도 14고을에 대해, 이번에 관찰사 이정암이 "군사 배치를 개편 하면서, 좌도(전라 좌도)의 광양·순천·낙안·흥양·보성과 우도(전라 우도)의 장흥·강진·해남·영암·진도의 각 5고을만 수군에 옮겨 소속시키고, 기타 바닷가 고을630은 육군의 여러 장수에게 전속시켰다"고 공문을 보냈습니다.

그런데도 위의 전라 좌·우도 각 5고을의 군량까지 각 처에서 징발하고 있습니다. 좌·우도(전라)에서 추가로 건조한 전선은 모두 150척, 사협선伺挾 舡631은 150척입니다. 사부와 격군이 모두 무려 2만9000여 명이 필요하지 만, 정돈하고 가지런히 할 방법이 없어 아주 답답하고 염려됩니다.

경상 우도 바닷가 여러 고을은 재물이 거의 다 없어졌기에 군사를 조달 하고 군량을 운반하는 것을 의지할 곳이 전혀 없습니다. 조금 온전하게 보 전한 곳은 다만 남해 한 개 현이나, 수군과 육군이 번갈아 징발해 약간 남은 백성632도 버티기 어렵습니다. 고성·사천·곤양·하동 등의 고을은 전쟁 의 재앙을 겪은 뒤로 모두 바삐 도망쳤고, 남은 백성은 물고기를 잡고 해

---

630 "기타 바닷가 고을"은 「바닷가 고을에 대해 수군과 육군이 번갈아 침해하는 폐단에 대한 일 을 금지시켜주시기를 임금님께 청하는 장계請禁沿邑水陸交侵之弊事狀」(1594년 1월 16일)에 따르 면, 나주·무안·함평·영광·무장·흥덕·고부·부안·옥구로 9고을이다.

631 "伺挾舡"은 「문화재청본」에서는 "伺挾般"이나, 「영인본」에서는 "伺挾舡"으로 나온다. '舡'은 '船'의 속자다. 「전서본」 「편수회본」에서도 "伺挾船"으로 나온다. 「문화재청본」이 오자다. 홍기문은 "伺挾船"을 "사후선과 협선"으로 보았으나 확실치 않다.

632 "약간 남은 백성子遺之民"의 "子遺"는 「시경詩經」 「대아大雅」 「운한雲漢」의 "주나라에 남아 있 는 백성이 한 명도 없다周餘黎民 靡有子遺"에 나온다.

산물을 채취해 목숨을 잇고 있으면서 수군의 사부와 격군으로 뽑혔습니다. 그런데도 이번에는 육군에서 군사의 수를 정해 부과시켜 서로 징발하고 있습니다. 그 도(경상 우도)에서 추가로 건조한 전선 모두 40여 척, 사협선 40척입니다. 사부와 격군이 모두 무려 6000여 명이 필요하지만, 정돈하고 가지런히 할 방법이 없습니다.[633]

충청도는 우도[634] 바닷가 고을이 적에게 땅을 침범당하지 않았으나, 전 수사 정걸이 홀로 말을 타고 내려와 신과 함께 같은 진에 있으면서, "전선을 밤낮을 잊고 돌아와 정박할 것"을 그 도(충청도) 우후(원유남)와 소속 각 고을 포에 두 번 세 번 거듭 전령해 독촉했습니다. 그러나 끝내 돌아와 정박하지 않고 있습니다.

정걸이 자리에서 물러난 뒤에는 신임 수사 구사직에게 "추가로 건조할 전선 모두 60여 척, 사후선伺候船 60척을 기한 안에 건조하도록 독촉하고, 군량과 전쟁 기구를 많이 정돈하고 가지런히 해 1월 안으로 모두 한꺼번에 달려오라"고 두 번 세 번 거듭 공문을 보냈고, 신의 군관 부장 방응원方應元에게 경고서까지 주어 이미 출발시켜 보냈는데, 길이 멀고 조치해 마련할 여러 가지 일 때문인지 아직 돌아와 보고하지 않고 있습니다.

배가 많이 있어도 격군이 함께 갖춰지지 않는다면 앞으로 배를 어떻게

---

633 전라 좌·우도 전선 150척, 사협선 150척, 2만9000명이라는 것은 사협선 승선 인원 5명을 기준으로 하면, 전선의 경우 1척당 약 188명이 승선한다고 볼 수 있다. 경상 우도 전선 40척, 사협선 40척, 6000명은 사협선 승선 인원 5명 기준으로, 전선 1척당 145명이 승선하는 것으로 볼 수 있다. 전라 좌·우도와 경상 우도 전선의 크기에 차이가 있는 듯하다. 그러나 공통적으로 보면, 경상 우도 기준으로 전선 1척당 최소 140명이 승선한다고 추정할 수 있다. 또한 이 전선 및 사협선 추가 건조 기록은 전쟁 이후 전선 건조를 강력하게 추진하고 있었음을 보여준다.
634 태조太祖 때에 충청도를 서부와 동부로 나누어 서부를 충청 우도, 동부를 좌도라고 불렀다. 서울에서 볼 때 우측, 즉 서해안 지역이 우도다. 지금의 충청남도 지역이다.

부릴 수 있으며, 격군이 비록 갖춰진다 해도 군량을 공급할 수 없다면, 앞으로 군사들을 어떻게 먹일 수 있겠습니까. 무릇 이 두 항목에서 한 개도 뺄 수 없습니다. 그런데도 군사를 징발하고 군량을 옮겨 내는 것이 모두 이렇게 심해졌으니, 변두리 바닷가 백성의 고통은 내지의 백성보다 배나 되기에 그들은 결코 배를 몰거나, 군사들의 군량을 감당할 수 없습니다. 아주 답답하고 염려가 됩니다.

이처럼 아주 중요하고, 게다가 급한 임무를 주선하고 조치하는 것이 하루가 급한데도 신은 영남에 있고, 각 도순찰사道巡察使635 또한 먼 지방에 주둔하고 있어 쉽게 의논하지 못하고, 다만 공문으로 서로 묻는 것만 왔다 갔다 하는 사이에 놓친 것도 많습니다. 올해도 이미 저물어 봄철의 방어 시기가 마침내 닥쳤는데도 일마다 반드시 서로 차이가 나니636 어찌할 바를 모르겠습니다.

대개 바다와 육지에서 적을 무찌르는 것이 모두 급한 임무이나, 최근에 와서는 논의가 일치하지 않고 다 달라 시끄럽습니다. 수군이 계책을 세워 대응하고자 한 모든 조치 열 가지 중에서 한 개도 시행되지 못합니다. 전란이 일어난 뒤, 수년 동안 온갖 계획을 세워 경영했어도百爾經營 처음부터 끝까지 한결같이 염원했던 것이 도리어 헛일이 되었습니다.

신처럼 미련하고 모자란 사람은 만 번 죽어도 참으로 달게 여길 수 있습니다萬死固甘. 그러나 이처럼 국가(조정)를 다시 세울 날에도當國家再造之日 오로지 임시 땜질에 매달려 하나같이 이렇게 되었으니, 뒷날에 후회해도 소

---

635 "道巡察使"는 「문화재청본」에서는 "都巡察使"로 나오나, 「영인본」 「편수회본」 「전서본」에서는 "道巡察使"로 나온다. 「문화재청본」이 오자다.
636 "일마다 반드시 서로 차이가 나니事與必違"는 「전서본」 「편수회본」에서는 "事與心違(일마다 마음과 다르니)"로 나온다.

용없어637 결코 해결할 수 없을 것입니다. 자나 깨나 생각해도寤寐思惟 무엇을 할 수 있을지 모르겠습니다. 마음이 아프고 가슴이 타는 것이 끝이 없습니다.

엎드려 바라오니 지금 이후로는 삼도 수군에 소속된 각 고을에서 모집한 장정 군사壯丁, 군량, 군기물을 모두 수군에서 육군으로 자리를 옮겨 이동시키지 말고, 수군에 전속시키도록 도원수(권율)와 삼도순찰사三道巡察使에게 모두 다시 특별히 단단히 타일러 경계하도록 임금님께서 분부해주시기를 외람되게 생각합니다.

삼가 갖추어 임금님께 글을 올려 보고합니다.

1593년 윤11월 17일.

통제사. 신하 이(이순신).638

---

637 "후회해도 소용없다噬臍"는 『춘추좌전』「장공 6년」에 나온다.
638 이 장계와 관련된 내용이 『선조실록』 선조 26년(1593) 12월 19일에 나온다.

41. 「둔전을 설치할 수 있도록 임금님께 청하는 장계請設屯田狀」(1593년 윤11월 17일)

운운.

삼가 비교하여 살펴볼 일을 보고합니다.

여러 섬 목장의 비어 있는 넓은 땅을 내년 봄에 처음으로 논과 밭으로 개간하려 합니다. 농사를 지을 군사는 순천과 흥양의 군사상 중요한 진에 배치된 군사留防之軍[639]입니다. 나가서는 싸우고 들어와서는 농사를 지을 수 있도록出戰入作 하고자 이미 장계로 요청했었습니다. 그에 따라 허락해주신 사연을 낱낱이 열거해 감사와 병사에게 공문을 보냈습니다.

그런데 순천부의 군사상 중요한 진에 배치된 군사留防軍에 대해 순찰사 이정암의 장계에 근거하면, "광양 경계 두치[640]에 새로 설치된 첨사진僉使鎭으로 이동시켜 방비하게 할 생각"이라고 했습니다. 그렇게 되면 돌산도를 논과 밭으로 개간해 농사를 지을 군사를 조달할 수 있는 방법이 없습니다.

신의 생각으로는 각 도에서 피란해 떠도는 사람들은 이미 일정한 곳에 머물러 살 곳이 없고, 또한 생계를 이을 수 있는 직업도 없습니다. 보기에 참혹하고 측은합니다. 그 섬(돌산도)으로 들어가 살도록 불러서 타일러, 힘을 합쳐 농사를 짓게 하고 그 절반을 나누면 공사 양쪽이 모두 편리하게

---

639 "군사상 중요한 진에 배치된 군사"는 "유방군"이다. 조선시대 지방군은 수도에 올라와서 군사 임무를 담당하는 번상군番上軍, 자기 도가 아닌 다른 도에 가서 근무하는 부방군赴防軍, 자기 도의 군사전략 요충지인 진에 남아서 복무하는 부류인 유방군으로 나뉜다. 유방군은 각 진에 최소 125명(1려旅)에서 최대 500명(4려)이 상시 복무했다. 4교대로 1개월 동안 복무한 뒤 교대했다. 육군이 주둔하는 지역은 관방關防, 수군이 주둔하는 지역은 해방海防이라 한다. 복무 기간은 1년이다.

640 "豆恥"는 「전서본」에서는 "豆峙"로 나온다.

됩니다公私兩便.

흥양현興陽縣의 군사상 중요한 진에 배치된 군사留防軍도 도양장에 들여보내 농사를 짓게 하고, 그 나머지 빈 땅은 백성에게 주어 농사를 짓게 한 뒤 생산된 농작물을 관청과 반반씩 나누게 하고並作, 말들은 절이도折尒島로 옮겨 합치면 말을 기르는 데 해가 없고, 군대에서 쓸 물자에도 보탬이 됩니다無害於牧馬 有補於軍資.

우도(전라 우도) 강진 경계 고이도古尒島, 해남641 경계 황원목장黃原牧場642은 토지가 기름져 농사를 지을 수 있는 땅이 무려 천여 섬지기石落只643라고 하는데, 철에 맞춰 논밭을 갈고 씨를 뿌리면 그 이익이 끝이 없습니다. 그런데 농사를 지을 군사를 뽑을 곳이 없으니, 백성에게 주어 농사를 짓게 한 뒤 생산된 농작물을 관청과 반반씩 나누게 하여, 관청이 절반을 받아 군량으로 보충하고자 합니다.

군량을 공급할 수 있으면, 앞날의 큰일에 군량이 떨어지는 급한 일은 거의 없을 것입니다. 바로 지금의 급한 과제에 부합한 것입니다. 그러나 군사상 중요한 진에 배치된 군사留防軍에게 일을 시키는 것은 신이 멋대로 할 수 있는 것이 아닙니다. 감사와 병사가 스스로 마땅히 기한에 맞춰 시행해야 합니다. 그런데도 봄 농사가 멀지 않은데, 아직도 실행하겠다는 소식이 없

641 「영인본」, 「문화재청본」, 「편수회본」의 "南海"는 「전서본」에서는 "海南"으로 나온다. 海南이 맞다.
642 『해남군지 (상)』(해남문화원 군지편찬위원회, 해남군, 2015, 308쪽)에 따르면, 조선시대 전라도 소재 말 목장은 다음과 같다. 흥양의 도양장, 절이도, 소록도, 시산도, 녹도, 이질도, 순천의 내나로도, 성두곶, 외나로도, 화태도, 개도, 제리도, 백약곶, 돌산도, 백야도, 묘도, 낭도, 검모도, 낙안의 장도, 해남의 황원곶, 진도의 지력산과 남도포, 강진의 신지도와 고이도, 영광의 다경곶과 임자도, 고이도, 임치도 등이다.
643 섬지기는 논과 밭의 면적 단위다. 1섬지기는 벼 한 섬(20말)을 심을 수 있는 땅이다.

습니다. 아주 답답하고 염려됩니다.

그러므로 엎드려 바라오니,[644] 조정에서 본도(전라도) 순찰사(이정암)와 병사(선거이)에게 다시 허락하신 것을 거듭 밝혀주십시오.

돌산도의 국둔전國屯田은 오랫동안 버려둔 황무지인 곳이었기에, 논과 밭으로 개간해 군대에서 쓸 물자를 보충하고자 장계를 올렸었습니다. 앞의위 지역에서 농사를 지을 군사는 여러 곳에서 방비를 하러 들어온 군사 중에서 적당하게 헤아려 방비에서 제외시키고 농사를 짓게 뽑아서 들어가 농사를 짓게 하려 했었습니다. 그런데 이번에는 곳곳을 방비하고 지켜야 했기에 제외시킬 사람이 없어 논밭을 갈 수 없어 버려둔 황무지같이 되었습니다.

영(본영)의 둔전 20섬지기가량은 늙고 약한 군사를 방비에서 제외시키고 뽑아내 농사를 짓게 해 그 밭의 품질을 시험하게 했는데, 수확량이 중정조中正租 500섬이었습니다. 종자로 쓸 목적으로 영(좌수영) 성안의 순천창順天倉에 들여놓았습니다.

삼가 갖추어 임금님께 글을 올려 보고합니다.

1593년 윤11월 17일.

통제사. 신하 이(이순신).

---

644 "엎드려 바라오니伏願"는 「전서본」에만 나온다.

42. 「수군 소속 고을을 육군에 배정하지 말도록 임금님께 청하는 장계請舟師所屬邑勿定陸軍狀」(1593년 윤11월 21일)

계사년(1593) 10월 1일. 「겸 삼도 수군통제사 교서」를 받았기에 처음으로 쓴다.645

겸 삼도 수군통제사 행 전라 좌도 수군절도사 신하 이(이순신).

삼가 비교하여 살펴볼 일을 보고합니다.

수군 소속 바닷가 각 고을 군사의 군량을 육지 싸움을 하는 여러 진에서 차례차례 징발해간 사연은 다른 장계로 이미 간략히 보고드렸습니다.

이번 윤11월 17일에 받은 겸 순찰사 이정암의 공문 내용의 요지는 다음과 같았습니다.

총병(명나라 총병 유정)의 명령에 근거한 도원수(권율) 공문에, "조선 군사麗兵 3만 명을 모두 본도(전라도)에 부과시켰는데卜定,646 지금 징집을 독촉하고 있다. 소속 각 고을을 3위三衛647로 나누어, 방어사·병사는 각 5000명, 좌·우 수사(이순신, 이억기)는 각 2000명을 나누어 책정했다"고 하니, 소속 각 고을

---

645 삼도 수군통제사 임명과 관련해 「전라 좌수영으로 돌아가는 것을 임금님께 보고하는 장계還營狀」(1593년 윤11월 17일)에서는 10월 9일에 받은 임명장을 받은 것처럼 나온다. 이 장계의 기록과는 차이가 있다.

646 『선조실록』 선조 26년(1593) 윤11월 9일에는 이 내용이 나온다. 좌의정 윤두수가 총병과 협의를 한 뒤에, 경상도 1만5000, 충청도와 전라도 1만600, 평안도 1000, 황해도 600, 경기·강원도에서 각각 400을 선발하도록 도원수가 전령했다는 내용이다.

647 위는 조선시대 군대 조직 단위다. 조선 문종 때, 군사 제도를 5위, 즉 전·후·좌·우·중위로 개편했다. 이 보고서에서의 3위는 그와 같은 군대 조직이다. 이순신의 장계에도 좌·우·중위의 3위가 나오는 사례가 있다.

과 포에도 공평하게 골고루 나누어 배정해 독려하는 명령에 따라 정돈하고 가지런히 하고 원수(권율)의 전령을 기다리라.

바닷가의 사부와 장정 군사壯軍를 계속 징발하는 일조차도 오히려 답답하고 염려되는 것인데, 좌·우도(좌·우도 수군)까지 더불어 정예 군사 4000명을 부과시켜 징집을 독촉하고 있습니다. 수군의 사부와 군사를 비록 명령에 의해648 남김없이 뽑아내도 4000명이란 수가 채 안 됩니다.

대개 방어사·병사는 육지 싸움의 대장으로 언제나 육지에 주둔하고 있어 각각 5000명의 군사를 정비하는 것은 이치에도 마땅하다고 하겠습니다. 그러나 수군은 바닷길의 군사적으로 중요한 지역을 지키고 경비하고 있어 방어하는 것이 각기 차이가 있습니다. 그런데도 바다에서 옮겨 육지로 가게 하는 것은 실로 좋은 계책이 아닙니다.

최근 적의 형세를 자세히 살펴보면, 육지의 웅천 등지에 있는 왜적이 거제를 오가며 시도 때도 없이 모이고 흩어지고 있어 흉악한 음모와 은밀한 계획을 참으로 헤아리기 어렵습니다. 수군 소속 정예 군사 1명은 100명을 상대할 수 있기에, 결코 뽑아내서는 안 됩니다. 그런 까닭을 먼저 이치를 따져 회답했습니다.

엎드려 바라오니,649 조정에서도 위의 순찰사 이정암과 도원수(권율)에게 함께 특별히 단단히 타일러 경계하게 해주십시오. 다만 수군을 징집하는 일이 그처럼 의견이 일치하지 않고 다 달라 시끄럽게 되면, 신이 직접 관할하는 수군 군사를 통제할 길이 없어, 바다를 방어하는 모든 일도 손쓸 방

648 "비록 명령에 의해雖令"는 「전서본」에만 나온다.
649 "엎드려 바라오니伏願"는 「전서본」에만 나온다.

법이 전혀 없게 됩니다. 수군 군대의 세력이 날로 외롭고 약해져 바다 위에서 핍박하고 침범하는[650] 적을 저지하기 어렵게 되기에 밤낮 속만 태우고 있습니다日夜煎悶.

삼가 갖추어 임금님께 글을 올려 보고합니다.

1593년 윤11월 21일.

통제사. 신하 이(이순신).

43. 「진에서 과거시험을 볼 수 있도록 임금님께 청하는 장계請於陣中試才狀」 (1593년 12월 29일)

갑오년(1594) 1월 17일, 확인하고 봉해 도장을 찍었다.

겸 삼도 수군통제사. 행 전라 좌도 수군절도사. 신하 이(이순신).

삼가 여쭙고 의견을 기다리는 일을 보고합니다.

이달 12월 23일[651]에 받은 겸 순찰사 이정암의 공문 내용은 다음과 같았습니다.

이번에 도착한 무군사[652]의 공문은 다음과 같습니다.

650 "핍박하고 침범하다憑陵"는 「문화재청본」에서는 "憑陸"이나, 「영인본」 「편수회본」 「전서본」에서는 "憑陵"으로 나온다. 「문화재청본」의 오자다.
651 "12월 23일"은 「전서본」의 「진에서 과거시험을 볼 수 있도록 임금님께 청하는 장계」에서는 11월 23일로, 「편수회본」에서는 12월 23일로 나온다. 내용으로 보면 12월 23일이 타당하다.
652 무군사는 임진왜란 중인 1593년 윤11월에 명나라 군대의 요청으로 설치되었다. 동궁(광해군)의 행영이다. 왕세자인 광해군은 군사와 관련된 업무를 먼저 처리하고 선조에게 후보고를 했다.

"이번 동궁(광해군)께서 전주로 나와 머물며 과거시험장을 설치해 하삼도(충청·전라·경상)의 무사들을 시험 보아 인재를 선발하려고 계획하고 있다. 시험 규칙은 일반적인 규칙에 따른 초시·회시會試·전시殿試의 3차에 걸친 시험을 줄여 평안도의 사례에 따라 1차 시험으로 인재를 선발한 뒤에 그대로 전시를 시행해 많은 인원을 선발할 계획이다. 길일인 12월 27일에 시험을 보아 인재를 선발할 생각이나 사정을 헤아려 확정하지는 않았다. 날짜가 아주 임박하니, 시험에서 많은 사람을 선발하려는 뜻을 급히 달려가 문서로 알려, 보석 같은 인재를 버리는 재앙이 없게 하라"는 공문이었으니, 공문 안의 사연을 비교하여 살펴 시행하십시오.

전란이 생긴 2년 동안 남쪽 지방에 있는 무사들은 오래 전쟁터의 진에 있었으나, 위로하고 기쁘게 할 것이 없었습니다. 이제와 들으니 동궁(광해군)께서 완산(전주)에 머무시어 크고 작은 신하와 백성이 감동하지 않은 사람이 없다고 했습니다.

또한 들으니 12월 27일에 전주부全州府에 과거시험장을 설치하라는 명령이 있어, 바다 진의 장사와 군사가 모두 즐겁게 달려가고자 합니다. 그러나 물길이 까마득히 멀어 기한 안에 도착할 수 없을 뿐만 아니라, 적과 서로 대적하고 있어 뜻밖의 걱정거리가 없지 않아 정예용사精軍勇士를 한꺼번에 내보낼 수 없습니다.

수군 소속 군사들은 경상도의 사례653에 따라 진에서 시험을 보아 인재를

653 무과시험과 관련된 경상도의 사례는 정경운의 『고대일록』 1593년 8월 28일에 따르면, "적을 무찔러 없애는 데 무사만 한 것이 없다고 하여 임금이 하삼도에 영을 내려 무사를 뽑았는데, 철전 5시 3순에 1중 이상인 사람을 선발했으며, 거창·합천·의령의 세 고을에 과거시험장을 설치해 시험을 보았다"는 내용이 나오는 것으로 보아, 그 사례를 말하는 듯하다. 조익의 「진사일기」

선발해 군사들의 마음을 풀어주셨으면 합니다. 그러나 시험 규칙에 말을 타고 활을 쏘는 것騎射이 있는데, 먼 바다 외로운 섬에서는 말을 타고 달릴 수 있는 땅이 없습니다. 말을 타고 활을 쏘는 과목騎射本은 편전으로 대신해 재능을 시험하는 것이 편리하고 유익할 듯합니다.654

외람된 생각으로 감히 여쭈옵니다. 엎드려 바라오니,655 조정에서 선처해 주시도록 삼가 갖추어 임금님께 글을 올려 보고합니다.

엎드려 임금님의 명령을 기다립니다.

1593년 12월 29일.

1593년 2월 3일에는 "진에는 과거시험을 응시할 사람이 있었는데 과거시험 기한이 정해졌기에 되돌아갔다. 조정에서는 정예 군사를 얻기 위해 특별히 널리 선발할 길을 열어 호남에서는 5000, 충청에서 3000, 영남에서 4000을 뽑으려 했고, 영남 좌우도는 각각 2000이다. 영남 우도는 3곳에서 시험장을 열었는데, 상주는 명나라 군대가 가까이 와서 적을 무찌를 일이 임박해 급히 잠시 중지하고 미뤘다"고 한다. 조경남의 『난중잡록』 1593년 12월 25일에는 광해군이 전주에서 12월 27일에 과거시험을 주최해 문신 11명과 무신 1600명을 선발했으며, 도원수 권율도 무과시험 주최를 명령받았기에 합천에서 무과시험을 개최해 900명을 선발했다는 내용이 나온다.

654 『쇄미록』 1594년 2월 2일에는 당시 전주에서 치렀던 무과시험 내용이 나온다. 철전 5시 2순(총 10발)에 두 발을 명중한 사람과 기사 1차에 두 발 이상을 명중한 사람을 선발해 1782명을 급제시켰다고 한다. 이순신의 「무과 별시를 치른 것을 임금님께 보고하는 장계設武科別試狀」(1594년 4월 11일)에서는 1594년 4월 6일, 한산도에서 무과시험을 치렀고, 이 장계의 내용처럼 말을 타고 활을 쏘는 과목은 제외된 상태에서, 철전 5시 2순에 두 발 이상 명중한 사람과 편전 5시 1순에 한 발 이상 명중한 사람 100명을 선발했다고 한다. 조응록의 『죽계일기』 1593년 12월 26일에는 "문무과 시험을 내일 치르기로 정했다"는 내용이 나온다. 12월 27일에는 조응록이 시험관으로 무과시험장에 있었고, 광해군도 무과시험장에서 참관했다고 한다.

655 "엎드려 바라오니伏願"는 「전서본」에만 나온다.

44. 「바닷가의 군사·군량·군기물을 다른 지역으로 바꾸어 옮기지 말도록 임금님께 청하는 장계請沿海軍兵糧器勿令遞移狀」(1593년 12월 29일)

겸 삼도 수군통제사 행 전라 좌도 수군절도사 신하 이(이순신).

삼가 비교하여 살펴볼 일을 보고합니다.

작년에는 다행히 종묘사직宗社의 위엄 있는 신령에 힘입어 여러 번 수군이 싸움에서 승리했습니다. 그러나 올해는 흉악한 왜적들이 험한 곳을 점거하고 곳곳에 소굴을 만들어놓고 두려워하며 싸우러 나오지 않아 한 해가 저물 때까지 군사적으로 중요한 지역을 지키고 경비했으나 아직도 죽음으로 보답하지 못해 분하고 원통한 것이 끝이 없습니다.

매번 여러 장수와 계책을 토론하고 의견을 모았으며, 전선 수를 배수倍數로 추가 건조하고, 바닷가에서 모집한 장정 군사를 남김없이 뽑아 사부와 격군을 정비했습니다. 1월에 처음으로 세력을 합치고, 부656를 나누어 "곧바로 부산 바다를 끊고, 죽음을 맹세하고 한번 결전하겠다"는 이유를657 낱낱이 열거해 논한 장계를 올렸습니다.

최근에 와서 논의가 일정하지 않습니다. 수군에 소속된 제색군諸色軍 및 군량, 군기물을 육지 싸움을 하는 여러 곳에서 차츰차츰 옮겨 가기에 바닷가의 백성은 바다와 육지에서 번갈아 침범했기에 이리저리 명령을 받들기에 바빠 어느 것을 따라야 할지 모르게 되었습니다. 길 위를 떠돌아 열 집에서 아홉 집이 비어 있을 뿐만 아니라, 전라 우도 수군 소속 바닷가 14고을 중에서 장흥·해남·강진·진도·영암 등 5고을은 수군에 다시 소속케 하

---

656 부는 군대 조직 단위로 위아래의 조직이다. 이순신의 장계에도 전·후·좌·우·중부가 나온다.
657 "이유를由"은 「전서본」에만 나온다.

고, 기타 9고을658은 육지 싸움으로 소속을 옮겼기에 전선을 추가 건조하던 것이 또한 정지되었습니다.

국가(조정)의 위태로움이 계속 극한 상황인데, 바다 싸움에 관한 일에 계책을 세워 대응할 길이 없습니다. 위로는 "대대적으로 배를 만들어라"라고 하신 임금님의 명령聖明659을 어겼고, 아래로는 미천한 신하가 해가 다 가도록 경영했던 뜻經營之志을 잃어버렸습니다.

수군들도 전란이 생긴 뒤, 군복무를 교묘하게 회피할 계획으로 서로 간에 바꾸어 옮겨다니며 살고 있습니다. 양심 없는 수령은 "도망쳤다는 핑계"를 대며 끝내 찾아내지 않습니다. 전란이 생긴 뒤, 남원 등과 같은 곳의 수군은 군복무를 기피한 수가 많게는 1000여 명에 이르고, 옥과·남평·창평·능성·광주 등의 고을은 혹은 700~800여 명, 혹은 300~400여 명입니다. 추가로 건조하는 전선의 사부와 격군은커녕 원래 규정된 전선의 사부와 격군 중에서 죽은 사람을 그 본가에서 또한 충당해 복무시킬 사람이 없습니다. 비록 수백 척의 전선이 있어도 끝내 적을 무찌를 방법이 없습니다. 아주 답답하고 염려됩니다.

앞으로는 바닷가의 군사와 군량, 군기물을 「임금님께 보고했을 때, 임금님께서 분부해주신 것」에 따라 수군에 전속시켜주시고, 수군을 육군으로 자리를 옮겨 바꾸지 않도록 명령해주십시오. 우도(전라 우도) 바닷가 고을까지도 더불어 수군에 돌려주시고, 수령에게 명령해 군복무를 기피한 수군을 빠짐없이 체포해 넘길 일을 충청·전라·경상 삼도의 순찰사에게도 모두

658 "9고을"은 「바닷가 고을에 대해 수군과 육군이 번갈아 침해하는 폐단에 대한 일을 금지시켜 주시기를 임금님께 청하는 장계請禁沿邑水陸交侵之弊事狀」(1594년 1월 16일)에 따르면, 나주·무안·함평·영광·무장·흥덕·고부·부안·옥구이다.
659 이 내용은 「선조실록」 선조 26년(1593) 9월 17일에 나온다.

특별히 단단히 타일러 경계하게 해주십시오.

외람된 생각이기에 동궁께660 글로 의견을 보고합니다.

1593년 12월 29일.

45. 「왜적의 정황을 동궁께 보고하는 장달陳倭情狀」(1594년 1월 5일)661

운운.

삼가 왜의 정황에 대한 일을 동궁께 보고합니다.662

이번에 받은, 경상 우수사 원균의 긴급 보고 공문牒呈663 내용은 다음과 같았습니다.

거제 경계 둔덕屯德·사등沙登·고을 안邑內 등지에 왜적이 혹은 100여 명이 대오를 짓고 있고, 여러 곳의 산으로 다니는 적도 아주 많다고 했습니다. 그래서 거제의 사부 군사 제득호諸得浩 등이 지난(1593년) 12월 13일에 밤을

---

660 "동궁께"는 원문에서 '啓達'이다. 즉 '啓'를 삭제하고 '達'로 수정했다. '達'은 임금이 아니라 동궁에게 보고하는 문서 형식이다. 이 장계의 처음은 임금에게 보고하는 '啓'로 시작했지만, 마지막은 '達'로 되어 있어, 원문에 따라 번역했다.

661 「전서본」에서는 임금에게 보내는 장계로 보이나, 「영인본」의 내용을 보면 동궁에게 보내는 장달이다. 「영인본」을 기준으로 제목을 번역했다.

662 "동궁께 보고합니다謹達"는 「전서본」에서는 "謹啓"로 나온다. 세자에게 보고한다는 뜻의 "達"과 임금에게 보고한다는 "啓"의 차이이다. 「전서본」은 동궁에게 보고하는 장달을 임금에게 보고하는 장계로 수정한 것이다.

663 "첩정牒呈(공문)"이 「문화재청본」에서는 "關牒呈"이라고 나오나, 「영인본」을 보면 '關'이 삭제되어 있다. 「전서본」에서도 "牒呈"으로만 나온다. 「문화재청본」은 삭제를 반영하지 않았다.

틈타 몰래 가서 주산봉主山峯664 산봉우리에 도착해 멈춰 멀리서 살폈는데,
"지세포와 옥포성玉浦城 안팎에 왜적 100여 명이 막을 치고 틀어박혀 있었
고, 장문포에서 고을 안까지, 율포에서 지세포까지 길가의 요해처와 여러 들
판에 막을 친 수가 혹은 4~5개이거나 혹은 서로 이어졌는데, 낮에는 나누
어 흩어져 거리낌 없이 멋대로 다니고, 밤에는 불을 밝혀 서로 호응했고, 수
치秀峙와 삼기리三歧里665 등지는 50여 명씩 무리지어 왕래했다"고 했으며,
16일에 명진포明珍浦에 도착해 멀리서 살폈는데, "왜적 100여 명이 내내 진
을 치고 있었다"고 나와서 보고했습니다. 그래서 사부 군사를 많이 뽑아 다
시 적의 형세를 살피기 위해 들여보냈습니다.

뒤따라 받은 위 수사(원균)가 올려보낸 긴급 보고 공문 내용은 다음과
같았습니다.

고성 현령의 긴급 보고에서는, "(1593년) 이달 12월 23일에 왜선 3척이 춘원
포春元浦 선암先嵒에, 6척은 솟소포김叱所浦와 당항포에 이르러 정박하고, 산
속에 임시로 지은 집에 숨어 있던 사람들을 수색하고 살피고 있다"고 긴급
보고를 했습니다. 거제현 초탐장哨探將인 영(경상 우수영) 군관과 매복장埋伏
將인 제득호 등은 "영등·소진所珍·장문長門의 세 곳에 있는 적이 산과 들에
가득하고, 서면西面 명진明珍, 산촌山村·조라포김羅浦·지세포·삼거리三㠭里 등
지의 왜적은 무려 100여 명이 떼 지어666 제멋대로 다니고, 고을 안 삼대문 밖

---

664 "주산봉"의 "주산"에 대해 홍기문은 "주산主山=여러 산줄기가 뻗치어 있는 중의 주된 산줄기"
로 보았고, 이은상은 "主山"으로 보았다.
665 "三歧里"는 「영인본」 「전서본」에서는 "三歧里"로 나오나, 「편수회본」에서는 '三歧里'로 나온다.
666 "떼 지어"의 「영인본」은 "作倘"이다. 「편수회본」도 같다. 「전서본」에서는 "作黨"으로 나온다.

에 막을 친 수는 100여 개이며, 배는 6척이 정박해 있고, 옥포성 안팎, 아주鵝州·관전官田 등 같은 곳에는 빽빽이 열 지어 막을 친 것이 아주 많았습니다. 산과 들에서 나무를 잘라 지금 짓고 있을 뿐만 아니라, 고을 안에서 장문포까지 길가와 산 중턱 각 곳에는 고기비늘처럼 나란히 막을 쳤습니다. 산역山役을 위해 밝힌 불과 포 쏘는 소리가 가득했습니다. 좌도(경상 좌도) 부산포·동래에서 창원·진해까지 바닷가 일대는 불빛이 늘어섰습니다"라고 나와서 보고했습니다.

흉악하고 교활한 적667들이 외딴섬에 틀어박혀 산과 들을 멋대로 다니니 아주 원통하고 분합니다. 봄 몇 달 동안에 수군을 크게 일으켜 온 섬을 둘러싸고 남김없이 다 죽여 없앨 생각이었으나, 삼도 수군이 100척도 채 안 되어 군사의 위세가 외롭고 약합니다. 그래서 이미 삼도 수사에게, "전함의 추가 건조를 독려하고 명령해 겨울 전까지 끝내라"고 명령을 내렸습니다.

신 소속 각 고을과 포의 전선은 또한 이미 건조를 끝냈으나, 바닷가에서 모집한 장정 군사와 사부, 격군을 조정하는 일은 명령이 여러 곳에서 나와 떠들썩하고 정돈되지 않아 기회가 이미 닥쳤는데도 정돈하고 가지런히 할 길이 없어 아주 답답하고 염려됩니다.

신이 잠시 본도(전라 좌도)로 돌아가 직접 점검하고 정리해 인솔하여 모두 한꺼번에 돌아와 정박하려고 이치를 논해 장계를 올린 뒤, 지난 12월 12일에 영(본영)으로 돌아왔습니다.668 지금 점검하고 바로잡으며 정돈하고 가지

문맥으로는 "作黨"이 타당한 듯하다.

667　"흉악하고 교활한 적"의 「영인본」은 "兇彼之賊"이나, 「전서본」「편수회본」에서는 "兇狡之賊"으로 나온다. "兇狡之賊"이 문맥으로 타당한 듯하다.

668　1593년 12월 12일 전라 좌수영 복귀는 「전라 좌수영으로 돌아가는 것을 임금님께 보고하

런히 할 것을 독려하며 명령했습니다. 전라 우수사 이억기와 충청 수사 구
사직에게도 모두 그 소속 수군을 기한 안에 이끌고 달려 나오게 또한 전령
했습니다.

삼가 갖추어 동궁께 글을 올려 보고합니다.

1594년 1월 5일.

**46. 「'나라에 대한 의무를 하지 않은 사람의 죄를 가족과 친척에게 연대 책임 지
우는 것을 면제하라는 명령'을 취소해주시기를 동궁께 다시 청하는 장달更請反汗一
族勿侵之命狀」(1594년 1월 5일)**

운운.

삼가 비교하여 살펴볼 일을 동궁께 보고합니다.[669]

지난 12월 25일에 공손히 받은 겸 사서司書[670] 서장 내용의 동궁(광해군)
의 분부는 다음과 같았습니다.

는 장계還營狀」(1593년 윤11월 17일)에서 좌수영 복귀 계획을 보고했으나, 실제로는 거의 한 달 후
인 1593년 12월 12일에 복귀한 것이다. 「진으로 돌아가는 일을 동궁께 보고하는 장달還陣狀(一)」
(1594년 1월 17일)에서도 1593년 12월 12일에 복귀했다고 나온다.
669 "동궁께 보고합니다"의 원문은 "謹達"이다. 「전서본」에서는 임금에게 보내는 장계, "謹啓"로
나온다. 세자에게 보고한다는 뜻의 '達'과 임금에게 보고한다는 '啓'의 차이다. 동궁에게 보고하
는 장달을 「전서본」에서는 임금에게 보고하는 장계로 수정한 것이다. 본문 내용 중의 '司書'도 동
궁 소속이다. 이 번역에는 「영인본」을 기준으로 번역했다.
670 사서는 세자시강원의 정6품 관직으로 정원은 1명이다. 세자에게 경사經史와 도의道義를
가르쳤다. 이 시기에는 『선조수정실록』 선조 26년(1593) 9월 1일 기록에 따르면, 사서는 황신이었
다. 겸은 겸직을 했기 때문이다.

나라에 대한 의무를 회피해 죄를 지은 사람의 가족과 친척, 가까운 이웃에게 연대 책임 지우는 폐단族鄰之弊은 백성을 가장 해치는 것이다. 임금님께서 평양에 계실 때, "작년(1593) 1월 이전의 나라에 대한 의무를 하지 않은 사람의 죄를 가족과 친척에 연대 책임을 지우는 것을 모두 면제하라"고 하신 일은, 이미 조정에서 명령하기도 했다. 그런데도 겉으로만 면제했고, 실제는 모두 징발을 독촉하고 있어 조금 남은 백성도 모두 도망친다[671]고 하니, 듣기만 해도 아주 불쌍하고 가엽다. 지금부터는 나라에 대한 의무를 회피해 죄를 지은 사람과 관계된 가족과 친척, 가까운 이웃에 대해 연대 책임을 모두 면제해 백성의 고통스러운 일을 조금이라도 덜어주도록 하라.

근년 이래 흩어져 떠도는 것이 더욱 심해 수군 1호를 구성하는 장정 4명에서 남아 있는 자는 100명 중에 1~2명도 안 되고, 혹은 장정 4명이 모두 도망갔거나, 혹은 장정 2~3명이 도망쳐 군복무를 기피한 수가 아주 많습니다. 평상시에도 오히려 모두 갖춰지지 않았는데, 하물며 전란이 생긴 2년 동안 군사를 징집하고 군량을 운반하는 침해가 거의 없는 날이 없으며, 군복무를 하러 달려가야 하는 고통 또한 쉴 날이 없습니다. 전날 실제로 있었던 자 또한 떠돌아다니는 사람을 따라 잠시 이웃 지역으로 피해서 지켜보며 때를 기다리고 있습니다. 변방을 방어하는 사람은 텅 비었고, 성을 지키고 전쟁터에 나갈 사람을 의지할 곳이 전혀 없습니다. 이처럼 겨울과 여름과 관계없이 적을 상대해 진을 치고 있는 때를 맞아 사부·격군을 충당해 복무시킬 방법이 없습니다.

671 "모두 도망친다載胥"는 『시경』 「상유桑柔」에 나온다. "그 누가 착하다 할 수 있는가. 서로가 멸망당하게 될 것이다其何能淑 載胥及溺."

이전에 "'나라에 대한 의무를 하지 않은 군사의 죄를 가족과 친척에게 연대 책임 지우는 것을 전란이 평정될 때까지 한정해 모두 면제하라凡軍士一族限事定蠲除'고 하신 임금님의 분부"가 계셨습니다. 나라에 대한 의무를 회피해 죄를 지은 사람의 가족과 친척, 가까운 이웃에게 연대 책임 지우는 폐단族鄰之弊은 백성을 가장 병들게 하는 고통이기도 합니다.

그러나 만일 폐단을 줄이고 형벌이나 조세 등을 감면하는 등으로 백성을 관대하게만 한다면, 방어할 수 있는 방법이 없습니다. 또한 전례에 따라 필요한 인원을 책임 지워 뽑는다면, 백성이 편안히 살 수 없게 됩니다. 그러므로 이 두 가지 사이에서 형편에 맞는 것을 때에 맞게 처리할 수 있도록 두 번이나 논해 장계로 올렸습니다.

이에 "이처럼 위태롭고 어려운 날을 맞아 수군 등이 그들의 군 입대 의무를 피하려고 현재 있는 사람을 도망쳤다고 하고 살아 있는 사람을 죽은 것으로 꾀한다니, 통제하고 감독할 책임을 게을리하거나 느슨하게 해서는 안 될 것이다. 임시로 편리한 방법으로 조치하라"고 분부하신 「임금님의 물음에 자세히 답변한 글」이 공문으로 왔습니다.

그러므로 "나라에 대한 의무를 회피해 죄를 지은 사람의 가족과 친척 중에서 아주 깊은 관계가 아닌 사람과 사고로 죽거나 죄를 지어 죽임을 당했거나 늙어서 면제가 본래 예정된 자는 각각 그들의 수령이 직접 신문해, 참고할 만한 문서를 비교해 살핀 뒤 차츰차츰 옳고 그름을 밝혀 군사와 백성의 부담을 해제해 조금이나마 혜택이 되게 하라"고 이치를 논한 공문을 보냈습니다.

이번에 수군 각 고을 수령이 올려보낸 공문의 내용은 다음과 같았습니다.

동궁(광해군)의 명령에 근거한 체찰사의 공문 내용에, "나라에 대한 의무를 회피해 죄를 지은 사람과 관계된 가족과 친척, 가까운 이웃에 대해 연대 책임을 모두 면제하라凡干族鄰 一切勿侵"고 했습니다. 그러므로 수군으로서 흩어져 떠도는 사람의 가족과 친척, 가까운 이웃을 명부에서 모두 제외시켜 동궁께서 분부하신 글의 뜻에 부응하겠습니다.

그러나 만약 그 보고처럼 한다면, 어제 10명이었던 방비를 하러 들어올 군사는 오늘은 두세 명도 채 안 될 것입니다. 대규모의 적을 앞뒤에서 서로 호응해 몰아쳐야 할 때에, 온갖 생각을 다 해보았지만 군사를 징집하는 일을 조치하고 정비할 길이 전혀 없습니다. 아주 답답하고 염려됩니다.

우선은 전례를 따르고, 형편에 맞게 조치한다면先可因循從便處置, 백성을 보살피고 적을 막을 수 있어恤民禦敵 양쪽이 거의 편리할 듯합니다庶似兩便.

외람된 생각이므로, 삼가 갖추어 동궁께 글을 올려 보고합니다.

1594년 1월 5일.

통제사. 신하 이(이순신).

47. 「흥양 목장 감목관을 교체해주시기를 임금님께 청하는 장계請改差興陽牧官狀」
(1594년 1월 1일)[672]

운운.

삼가 비교하여 살펴볼 일을 보고합니다.

순천 돌산도, 흥양 도양장, 해남 황원곶黃原串,[673] 강진 화이도花尒島 등지에 둔전을 설치해 논밭을 갈고 씨를 뿌려 군사들의 식량을 보충하려는 사연을 전에 이미 장계로 청했습니다. 이번에 다시 이치를 논해 장계를 올렸습니다.

그런데 마침 받은 비변사의 공문 내용은 다음과 같았습니다.

비변사가 장계[674]에 근거해 임금님께 요점만 보고한 글 내용은 다음과 같았습니다.

"옛날부터 전쟁이 일어나 해를 넘기게 되면, 군량을 계속 공급하는 것이 가장 어렵다고 했습니다. 늙고 약한 군사를 방비에서 제외시키고 농사를 짓게 뽑아서, 그 땅 형세에 편리하고 적절하게 둔전을 설치해 논밭을 갈고 씨를 뿌리면, 내지에서 군량을 공급하는 고통을 없앨 수 있고, 게다가 군사들의 식량을 해결할 방법이니, 이것이 바로 원대하게 경영하는 계책입니다. 지금은 아직 전쟁이 그치지 않았으니, 군량 부족은 곳곳이 다 그렇습니다. 둔전

672　원문에서 날짜는 "十　日"로 되어 있어 한 칸이 비어 있다. 날짜가 정확하지 않아 "1 일"로 했다.

673　『여지도서』에 따르면, 해남 황원의 황원곶에는 목장이 있었고, 감목관이 목장을 관리했다.

674　비변사가 인용해 임금에게 보고한 장계는 위 내용 중 "500섬"을 보면, 이순신이 올린 「둔전을 설치할 수 있도록 임금님께 청하는 장계請設屯田狀」(1593년 윤11월 17일)다.

을 설치해 곡식을 얻는 것을 조금도 늦출 수 없습니다. 올해 농사를 지어 얻은 소득이 정조 500섬으로 내년 종자를 충분히 갖추었습니다. 다시 충분히 조치해 사람의 힘이 닿는 데까지 논과 밭을 개간하고 그 시기를 잃지 않게 해 군수 물자를 공급하는 일에 대해 공문을 보내는 것이 어떻겠습니까"라고 했는데, 이를 임금님께서 허락하셨으니, 비교하고 살펴 시행하십시오.

위의 돌산도에는 신의 군관 훈련 주부 송성, 도양장은 훈련 정 이기남을 모두 농감관農監官(농사 감독관)으로 임명해 보냈습니다. 농사꾼은 백성에게 땅을 주어 농사를 짓게 한 뒤 생산된 농작물을 관청과 반반씩 나누게 하거나幷作, 혹은 떠도는 백성이 들어가 농사를 짓게 하고 관청에서 절반을 받거나, 혹은 순천과 흥양의 군사상 중요한 진에 배치된 군사留防軍나 혹은 늙고 약한 자를 방비에서 제외시키고 뽑아내 농사를 짓게 했습니다. "보습犁口·영자鑠子675·쟁기 등은 각각 해당 지역이 속한 고을에서 갖춰 보내라"며 이미 공문을 보냈습니다.

우도(전라 우도) 화이도와 황원곶 등지는 신의 종사관 정경달에게 "둔전의 형편을 돌아다니며 점검하고 바로잡아 제때에 시행할 수 있도록 하게 하라"고 출발시켜 보냈습니다.676

그런데 마침 받은 호조戶曹의 공문에 근거한 순찰사 이정암의 공문 내용에, "둔전관屯田官은 이미 그 돌산도 등의 감목관이 겸임하게 했다"고 했습

---

675 "鑠子"는 「문화재청본」에서는 "錄子"로 나온다. 「영인본」 「편수회본」 「전서본」에서는 "鑠子"로 나온다.
676 「반곡유고」 1594년 5월 15일에는 이 장계 내용에 있는 정경달과 관련된 부분이 나온다. 류성룡의 「措置防守事宜啓」(1595년 1월)에도 이순신이 1594년에 올린 장계 내용에 정경달로 하여금 둔전을 관리하게 했다고 나오며, 류성룡은 1595년에도 정경달로 하여금 계속 둔전을 관리할 수 있게 하자고 건의했었다.

니다. 그러나 순천 감목관 조정은 이미 그 직에서 교체되었고, 본직에 임명되어야 할 사람은 아직 내려오지 않았습니다.

"흥양 감목관 차덕령車德齡은 부임한 지 이미 오래되었으나, 제멋대로 직위를 남용해 목자들을 침해하고 해쳐 편안히 살 수 없게 만들었기에, 온 고을 백성이 원망하며 울부짖지 않는 사람이 없다"고 합니다. 신이 멀지 않은 땅에 있기에 소문을 들었습니다. 이번에 농사를 짓는 모든 일을 이 사람에게 맡기면 이로 인한 폐단까지 생기게 되어 백성의 원망은 더욱 늘어나게 될 것입니다.

엎드려 바라오니,677 위의 차덕령을 신속하게 교체해주시고, 다른 청렴하고 일 잘하는 사람廉幹人을 뽑아 임명해 가까운 시일 안으로 내려보내주셔서 함께 힘써 농사를 감독하게 해 그 때를 잃지 않도록 했으면 합니다.

외람된 생각이므로 삼가 갖추어 임금님께 글을 올려 보고합니다.

1594년 1월 10일.

---

677 "엎드려 바랍니다伏願"는 「전서본」에만 나온다.

48. 「승장의 위조문서를 임금님께 봉해 올리는 장계封進僧將偽帖狀」(1594년 1월 일)[678]

삼가 비교하여 살펴볼 일을 보고합니다.

작년에 순천 의승장義僧將 삼혜와 홍양 의승장 의능[679] 등이 바닷가 각 고을에서 수군으로 종군할 승려水軍僧를 모두 많이 모았습니다. 스스로 원했기에 소속을 수군으로 옮겨 각각의 전선을 타게 했고, 거느리고 적을 무찌르게 했습니다. 그러나 겨울철이 닥쳐 군량을 공급하기 어려워 모두 풀어 보내며, 봄이 오는 즉시 기한 내에 달려오라고 했습니다.

이번에 도총섭都總攝 승려 유정惟晶[680]이 인수印綬[681]를 차고 남쪽 지방으로 내려와 전라도와 경상도 각 절의 승려를 바다와 육지의 의병 승려를 막론하고 남김없이 찾아내 붙잡아가고 있습니다. "좌도총섭左道總攝[682] 승려 처영處英[683]이라 불리는 사람이 순천부 송광사松廣에 내려와 위의 의병장 삼혜와 의능 등이 거느린 군인을 모두 위협해 빼앗았을 뿐만 아니라, 혹은 병역이나 노역을 면제免役하거나 천민 신분을 면제免賤해준다는 공문을 마음대로 작성해주면서 군량 부담량을 결정해 갖다 바칠 것을 독촉하고 있다"고 합니다. 어리석은 백성에게 있지도 않은 일을 꾸며 속이는 것이 이렇

---

678 『난중일기』 1594년 1월 14일에는 "임금님께 보고하는 글啓聞에 수결을 하고 관인을 찍었다. 「의능의 천민 신분을 면제해주는 공문」도 함께 봉해 올려보냈다"고 나온다. 이로 보면 1월 14일 즈음에 작성된 장계인 듯하다.

679 "의능"의 원문 "宜能"은 "義能"으로도 나온다.

680 「영인본」·「전서본」에 모두 "惟晶"으로 나오는데, 사명당 "惟政"이다.

681 인수는 신분 혹은 관직을 증명하는 관인을 몸에 차기 위한 끈이다.

682 총섭은 임진왜란 때 생겨난 승직이다. 선조 때 총섭은 도총섭 아래 직책으로 도총섭을 보좌했다. 8도에 각각 2명의 총섭을 두었다.

683 『선조수정실록』 선조 25년(1592) 7월 1일에는 호남의 승려 처영이 의승장으로 나온다.

게까지 되었으니, 아주 놀랍고 경악할 일입니다.

도총섭 승려 유정[684]은 승장 의능의 천민 신분 면제 공문을 체찰사가 발급하는 문서 모양으로 만들어 보냈는데, 문서의 형식도 정해진 규칙과 맞지 않았고, 서명한 것[685] 또한 달라 위조한 것이 분명합니다.[686]

병역이나 노역을 면제免役하거나 천민 신분을 면제免賤하는 것은 작은 일이 아니라 중요한 일인데, 이런 시대의 분위기를 타고 멋대로 위조문서를 만들었으니 아주 제멋대로이고 엉망인 일입니다. 이것을 따지지 않으면[687] 반드시 막기 어려운 폐단이 있을 것이기에 위의 위조문서를 확인하고 봉해 도장을 찍어 올려보냅니다. 엎드려 바라오니,[688] 조정에서 비교하여 살펴 조치해주십시오.

삼가 갖추어 임금님께 글을 올려 보고합니다.

1594년 1월 일.

---

684 "유정"은 「문화재청본」에서는 "有正惟晶"으로 나온다. 그러나 「영인본」, 「편수회본」에서는 "有正"을 삭제하고 "惟晶"으로 수정한 것으로 나온다. "惟晶"은 사명당 "惟政"이다. 「문화재청본」에서는 수정을 반영하지 않았다.
685 "서명한 것着署"이 「문화재청본」, 「편수회본」에서는 "著籌"으로 나온다. 그러나 「영인본」, 「전서본」에서는 "着署"로 나온다. 문맥으로 보면 "着署"가 타당한 듯하다.
686 『전율통보』 「형전」에 따르면, 절제사의 문서 위조의 경우 장 100에 유 3000리에 처한다. 1품·2품 관리의 명령을 거짓으로 전한 자는 장 100에 도 3년형에 처한다.
687 "따지지 않다不徵"는 「춘추좌씨전」 「은공 11년」에 나온다. 식息나라가 정鄭나라와 논쟁을 하다가 전쟁을 벌였고 패배한 원인에 대해, "덕을 헤아리지 않고, 힘을 헤아리지도 않고, 친한 것을 친하게 여기지 않았고, 말을 따져보지도 않았고, 죄가 있는 것을 살피지 않았다不度德 不量力 不親親 不徵辭 不察有罪"라고 5가지 잘못을 꼽았다.
688 "엎드려 바랍니다伏願"는 「전서본」에만 나온다.

49. 「배경남을 수군에 소속시켜주시기를 임금님께 청하는 장계請以裵慶男屬舟師狀」(1594년 1월 일)[689]

승정원에서 열어보십시오.

정헌대부. 겸 삼도 수군통제사 행 전라 좌도 수군절도사 신하 이(이순신).

이번에 받은, 강진에 사는 전 첨사 배경남의 소지 내용은 다음과 같았습니다.

전란이 생긴 처음에 부산 첨사에 임명되었습니다.[690] 내려오자마자 본도(경상 좌도) 유격장에 임시 임명되어 군사를 거느리고 적을 무찔렀습니다. 왜머리 36급을 베었고 소와 말 68필을 빼앗아 돌아왔습니다. 하나도 빠짐없이 순찰사에게 보고해 처분 내용이 기록된 문서書目[691]를 받았습니다. 그런데 그 순찰 사또巡察使道가 "왜적을 잡는 데 신중하지 않았다"는 것처럼 장계를 올려 그에 따라 중한 죄를 덮어썼습니다. 그 뒤에도 왜 머리 1급을 벤 것을 도원수(권율)와 순찰사가 임금님께 글을 올려 보고하기도 했습니다. 작년

---

689 『난중일기』 1594년 1월 일기 중 장계가 언급된 일기는 1월 14일과 17일밖에 없다. 1월 14일 혹은 17일에 올려보낸 장계인 듯하다.
690 정경달의 『반곡유고』 1592년 10월 19일에는 "부산 첨사 배경남이 와서 말하기를, '저는 좌도 조방장입니다. 그런데 군위 수령이 저에게 공을 청해오게 해 군위에서 모여 술을 마시자고 했습니다'라고 했다"는 내용이 나온다. 배경남은 정경달의 일기처럼 전쟁 초기에 부산 첨사로 경북 지역에서 활약했던 듯하다.
691 "서목(문서)"은 하급 관리가 상급 관리에게 올리는 본문서原狀에 첨부된 문서다. 서목을 받은 상관은 그 여백에 본문서에 대한 처분을 써서 본문서와 함께 돌려주고, 하급 관리는 서목에 적힌 처분을 시행한다.

4월쯤에 상한傷寒692으로 병이 생겨 나날이 점차 심해지고 깊어졌고, 이질 증세까지 함께 생겨 전혀 먹고 마실 수 없었습니다. 앉고 일어서는 것도 다른 사람의 힘을 빌려야 했기에 군대를 따라 출정할 길이 전혀 없어 답답하고 염려하는 사연을 도원수 사또都元帥道(권율)에게 소지를 올리고, 본가로 물러나와 몸조리를 했습니다.

나라에서 두터운 은혜를 받았는데 이처럼 어렵고 위태로운 날을 맞아 몸의 병이 조금 나았으니 차마 물러나 있을 수 없어 다시 활과 칼에 힘써 전쟁터로 달려갈 생각이었습니다. 그러나 큰 병에 걸린 나머지 기력이 다 떨어져 걸을 수 없고 말을 타고 달리는 것은 결코 감당할 수 없어 아주 답답하고 염려됩니다. 처음부터 저는 바닷가 강진현에서 태어나고 자란 사람으로 배를 조금 알고 있기에 몸의 병이 다 나으면 수군에 소속되어 죽음으로써 적을 무찌르겠습니다.

위의 배경남은 일찍이 육지 싸움에서 여러 번 (적을) 베어 죽인 공로가 있었는데 마침 몸에 병을 얻어 집으로 물러나 몸조리를 하고, 아직 다 낫지 않았지만 이처럼 대규모의 적을 맞아 오랫동안 편안히 제 집에 있을 수 없어 수군에 소속되기를 원하고, 죽을힘을 다해 일할 것을 맹세했습니다.

그 마음이 기특할 뿐만 아니라, 바닷가에서 나고 자랐기에 배에 대해 잘 알고 있습니다. 잠시 그의 소원에 들어주어 추가 건조하는 전선에 여러 장수가 비어 있으니 그 자리에 충원시켜 이끌어 적을 무찌르고자 합니다.

외람된 생각이므로 절차를 갖추어 임금님께 글로 보고합니다.

1594년 1월 일.

692 "상한"은 추위로 인해 생긴 병이다. 감기나 폐렴 같은 것이다.

50. 「수군과 육군을 맞바꾸어 방어하게 하는 일을 헤아려 조치해주시기를 임금님께 청하는 장계請量處水陸換防事狀」(1594년 1월 일)[693]

운운.

삼가 여쭙고 의견을 기다리는 일을 보고합니다.

이번에 받은, 겸 순찰사 이정암이 장계로 올렸다는 공문 내용은 다음과 같았습니다.

수군은 마땅히 바닷가 각 고을 사람으로 정해야 하는데 지금에 와서는 수군으로 육지 고을 사람이 많습니다. 그런데도 공문을 보내 독촉하고 가포價布[694]를 함부로 징수해서 다른 지역으로 떠돌아다니기에 그들의 가족과 친

---

693 『난중일기』 1594년 1월 일기 중 장계가 언급된 것은 1월 14일과 17일밖에 없다. 1월 14일 혹은 17일에 올려보낸 장계인 듯하다. 정약용의 『목민심서』 「병전兵典」 「연졸練卒」에 위의 장계와 이정암의 주장이 나온다. 순찰사 이정암이 주장하길, 수군은 본래 연해에 있어야 하는데 지금은 육지 고을山郡에 많아 공문으로 독촉해 가포(역 대신 바치는 베) 징수를 남용하면서 사람들이 다른 지역으로 옮겨 떠나고 가족과 친척, 이웃이 연대 책임을 지는 피해를 입고 있으니 연해 지방에 있는 육군과 육지 고을에 있는 수군을 서로 교체해야 한다고 했다. 이에 대해 비변사에서는 수군과 육군 배정을 그렇게 한 이유는 바닷가 백성은 작은 변이 생겨도 바닷가가 고향이라 도망치기 쉬워 육지 고을 사람들을 수군으로 정한 것인데, 육지 사람들은 배에 익숙하지 않은 데다 먼 곳에 가서 군 복무를 해야 하기에 고생을 하고 있고, 또 선조가 해주에 머물 때 백성에게 힘든 것을 묻자, 백성이 이 문제를 제기했고, 그것에 대해 비변사가 바닷가 사람을 수군으로, 육지 사람을 육군으로 정하되, 해당 백성에게 물어 실시하는 것이 좋겠다고 하자 선조가 승인한 것이라고 했다. 이정암은 수군의 역이 대대로 전해지기에 천역賤役이 되었는데, 육군이 수군이 되는 것을 좋아하지 않을 거라며 수군과 육군을 서로 바꾸면 소란스러워질 거라고 했다. 병마사 선거이는 공문으로 수군과 육군을 서로 바꾸어 방어하는 일의 편리함과 부적당함을 충분히 고려해 회답하라고 했다. 이순신도 이정암처럼 전쟁 시기에 수군과 육군을 함부로 바꿀 수는 없다고 주장했다.
694 가포는 『한국고전용어사전』에 따르면, "품삯이나 물건값, 공물 대신에 치르는 포목 혹은 일정한 신역을 치러야 할 사람이 역에 나아가지 아니하고 그 역의 대가로 바치는 포목"이라고 한다. 이 장계에서는 후자의 뜻이다.

척, 가까운 이웃이 연대 책임을 지게 되는 것이 이런 사연 때문입니다. 신의 어리석은 생각은 각 진에서 복무하러 들어가는 수군의 수를 헤아려 파악해 바닷가에 있는 육군과 맞바꾸어 정하되, 하룻길 이내 거리로 하면, 배를 모는 일을 잘 알기에 위태롭고 급할 때에 쓸 수 있고, 비상사태가 있을 때 징발하면 반드시 시간이 늦지 않게 됩니다. 그러므로 육군은 육지 길을 나누어 방어할 수 있으니 양쪽이 편리할 듯해 신속하게 보고하고 결재를 받아 시행해주십시오.

그런데 마침 받은 비변사의 공문 내용은 다음과 같았습니다.

수군과 육군을 맞바꾸어 정한 일의 처음의 본래 목적은 바다 가까운 곳에 사는 백성이 조그만 전란에도 놀라 각기 고향 마을을 그리워해 바삐 도망치기 쉽기에 먼 곳인 육지 고을 사람으로 수군이 되도록 정한 뜻이 있었던 듯합니다. 그런데 산골의 어리석은 백성은 배를 모는 것을 배우지 않았는데, 하루아침에 수군의 땅으로 내몰면 직무가 바뀌게 되어 일이 실패될 뿐 아니라, 탄식하며 멀리서 군복무를 하니 힘들고 고생스러운 것이 다른 사람에 비해 배[695]나 될 것입니다.

지난날 임금님께서 해주海州에 머무르실 때,[696] 백성에게 고통을 물으셨을 때, 도의 모든 백성이 "이것이 제일 큰 폐단"이라고 했기에, (비변사에서) "만약

---

695 "倍"가 「문화재청본」에서는 "培"로 나오나, 「영인본」 「편수회본」 「전서본」에서는 "倍"로 나온다. "倍"가 타당하다. 「문화재청본」이 오자다.
696 『고대일록』 1593년 9월 1일에는 "임금께서 해주에 계신다"는 내용이 나온다. 또한 1593년 10월 15일자에는 임금이 서울로 돌아왔고, 동궁(광해군)은 해주에 계신다는 내용이 나온다. 일기에 부연된 기록에는 선조가 10월 3일에 서울로 돌아왔다고 한다.

바닷가 사람으로 수군을 정하고, 육지 고을 사람을 육군으로 맞바꾸어 정한다면 양쪽이 편리할 듯합니다. 형편에 맞춰 변통할 때, 복무 지역을 옮기는 것은 각각 그 소원하는 것에 맞게 해주고, 우선 감사에게 명령하셔서 먼저 본도(황해도)에서 시험하고, 편리한지 여부를 함께 살펴 임금님께 장계로 보고하도록 하시는 것이 어떻겠습니까"라고 했었습니다.

임금님께서 답해 말씀하시길, "장계로 보고한 것에 따라 실시하라"고 하신 일이 있었기에, 임금님께 보고드렸던 내용과 같이 비교하여 살펴 시행하라는 공문이 있었습니다. 그러므로 분부하신 내용의 사연에 대해 빠짐없이 자세히 임금님을 명령을 받들어 바닷가 사람으로 육군에 소속된 사람과 육지 고을 사람으로 수군에 소속된 사람의 수를 뽑아내 옮겨 바꾸기가 편리한지 여부, 길의 멀고 가까움을 함께 헤아려 참고하고, 병사와 수사가 서로 함께 의논해 적합하도록 공문을 보내도록 하십시오.

처음에 조종조祖宗朝에서 수군과 육군을 나누어 정한 목적은 반드시 그렇게 한 이유가 있으며, 임금님께 보고한 내용처럼 바닷가의 백성은 조그만 변란697에도 놀라 바삐 도망치기 쉽기에 육지 고을 사람으로 수군이 되도록 정했던 그 뜻이 깊을 뿐만 아니라, 수군은 대대로 그 병역이 세습되기에 사람들이 모두 낮은 신분의 사람이나 하는 의무賤役라고 말합니다. 육군은 비록 훌륭한 집안門閥의 후예裔일지라도 정군이나 보인이 되는 것으로 규례가 정해져 있는데,698 하루아침에 갑자기 수군 군사의 역을 지도록 정

697 「문화재청본」, 「편수회본」에서 "변란"은 "邊"이나, 「전서본」에서는 "變"으로 나온다. "變"으로 번역했다.

698 "정군이나 보인保人이 되는 것으로 규례가 정해져 있는데"는 조선시대에는 백성이 일정한 연령이 되면, 군복무를 할 의무가 있었다. 군역의 종류에는 정군과 보가 있다. 정군은 직접 군 복

해 배의 격군으로 내몰면, 그것을 원망하지 않을 사람이 없을 것입니다. 그런 데다가 하물며 한번 그 역(수군)을 지게 되면 자손에게 전해져 끝없는 고통을 면할 수 없기에 진에서는 걱정하고 한탄하는 소리를 차마 들을 수 없게 됩니다.

그런데도 육군 중에서 수군으로 배정할 만한 사람에 대해 그 명문가世族를 구별하지 않고 낮은 신분의 사람들이나 하는 의무를 하도록 지정한다면 과연 원통하고 답답한 일이 될 것입니다. 또한 이처럼 전란이 아주 심한 때를 맞아 수군과 육군이 각각 전쟁터의 진에 나가 있는 때에 그들의 복무 지역을 옮겨 맞바꾼다면 시끄럽게 들썩이게 하는 폐단이 있게 됩니다.

처음에 (비변사가) 임금님의 물음에 자세히 답변한 글 내용에서도, "복무 지역을 옮기는 것은 각각 그 소원하는 것에 맞게 하라"고 하셨습니다. 그러므로 "수군과 육군 양쪽이 서로의 군대 사정을 찾아가 살피고 조용히 조치하는 것이 딱 맞을 듯하다"는 외람된 생각을 했습니다.

병사 선거이의 공문 내용에서 또한 "수군과 육군 군사가 각 진에 나누어 소속되어 지금 적의 보루를 상대하고 있고, 더하여 각 곳의 군량과 명나라 군사의 훈련을 받은 군사를 지금 함께 들어내면 도(전라도) 전체 백성이 거처하는 곳이 안정되지 않습니다. 이 사이에서 그들을 옮겨 맞바꾸는 것이 방어에 편리한지 어떤지를 충분히 헤아려 회답하겠습니다"라고 공문을 보냈습니다.[699]

수군과 육군을 맞바꾸어 방어하는 것은 작은 일이 아니라 중대한 일입

무를 하고, 보는 주로 군복무를 하는 정군의 생활을 돕는 역할을 했다. 보는 봉족奉足·보인·보정保丁이라고도 했다. 1보는 2정이다. 즉 정군 1명에게 1보를 정해주면, 즉 정군 1명에 보인 2명을 배정해주는 것이다.

699 "공문"의 원문은 "移文"이다. 「전서본」에서는 "言"으로 나온다.

니다. 수군과 육군이 적을 상대하고 있는 상황에서 가볍게 조치할 수 없는 일입니다. 엎드려 바라오니,[700] 조정에서 다시 상세히 헤아려 조치해주십시오. 외람되이 생각하므로 삼가 갖추어 임금님께 글을 올려 보고합니다.

엎드려 임금님의 명령을 기다립니다.

1594년 1월 일.

51. 「군복무 기피자들이 많은 곳의 수령을 군법으로 처벌해주실 것을 임금님께 청하는 장계關防守令依軍法決罪狀」(1594년 1월 일)[701]

운운.

삼가 죄의 유무를 조사할 일을 보고합니다.[702]

전란이 일어난 뒤, 영과 각 진포의 방비를 하러 들어온 수군 중에서 군 입대 기피자의 수가 남원 1856명, 남평 591명, 옥과 313명인데 모두 명부도 함께 전혀 보내주지 않았습니다. 한 해가 저물 때까지 경계하여 지키는 배의 격군은 끝내 교대할 사람을 얻지 못했기에 공문을 보내 독촉하는 사람의 행렬이 길에 서로 잇닿고 있습니다.

남원 부사 조의, 옥과 현감 안곡安鵠, 남평 현감 박지효朴之孝 등은 전부 염두에 두지도 않고[703] 독촉해 보낼 뜻도 전혀 없기에 신이 전령 군관을 보

---

700 "엎드려 바랍니다伏願"는 「전서본」에만 나온다.
701 「난중일기」 1594년 1월 일기 중 장계가 언급된 일기는 1월 14일과 17일밖에 없다. 1월 14일 혹은 17일에 올려보낸 장계인 듯하다.
702 "삼가 죄의 유무를 조사할 일을 보고합니다謹啓爲推考事"는 「전서본」에서는 "삼가 비교하여 살펴볼 일을 보고합니다謹啓爲相考事"로 나온다.
703 「선조실록」 선조 27년(1594) 7월 17일에는 선조가 남원 부사 조의가 수어守禦의 임무에 적

내 죄의 유무를 조사하려고 찾아내 붙잡아오도록 했습니다. 그러나 남원 부사 조의는 곧바로 순찰사 이정암에게 보고했고, 옥과 현감 안곡은 차사 원이라고 핑계를 댔고, 남평 현감 박지효는 몸에 병이 있다고 거짓으로 핑 계를 대며 모두 끝내 와서 나타나지 않았습니다. 군령의 중대한 일이 아이 들의 장난 같아 대규모 적을 맞은 때에 지휘하고 명령할 방법이 없습니다. 아주 놀랍고 경악할 일입니다.

위의 남평과 옥과의 유위장, 향소의 색리, 남원부의 도병방 등은 죄의 가볍고 무거움에 따라 처벌했습니다. 평상시에도 그와 같이 군복무 기피 자가 10명 이상이면 수령은 직책에서 물러나게 하는 것이 관청 규칙의 본 래 목적입니다. 더구나 대규모의 적과 서로 대치하고 있는데, 군복무를 기 피한 수가 많게는 1800여 명, 작게는 400~500여 명입니다. 그 게으르고 소홀한 죄는 본래 그에 해당되는 규율이 있습니다. 위의 세 고을 수령 등 이 죄를 지은 사실에 대해 엎드려 바라오니[704] 조정에서 특별히 조치해주 십시오.

그러나 그들을 직책에서 물러나게만 한다면 오히려 달갑게 여길 이치이 니, 그런 일이 잇따르는 것을 걷잡을 수 없게 만들 수 있으니, 군령에 따라 죄를 처벌하되, 잠시 그대로 그 직책에 두어 힘써 일하게 해야 합니다. 기타 광주·능성·담양·창평 등의 관리들도 전란이 생긴 뒤에 군복무 기피자[705]

합하지 않다는 이야기를 들었다고 하자, 류성룡이 합당하지 않는 인물이라고 답했다는 기록이 나온다. 안곡에 대해서는 『선조실록』 선조 32년(1599) 윤4월 1일에 서적전에 임명된 안곡이 공무 를 빙자해 사익을 취하고, 도피하는 백성을 부역자로 받고, 근처의 군사들도 받아들이게 했는데, 수령들이 그들을 처리하지 못하게 하고 있다며 파직을 건의하는 내용이 나온다.
704 "엎드려 바랍니다伏願"는 「전서본」에만 나온다.
705 "군복무 기피자關防"는 「문화재청본」에서는 "關"으로 나오나, 「영인본」 「편수회본」 「전서 본」에서는 "關防"으로 나온다. "關防"이 타당하다. 「문화재청본」이 오자다.

수가 많게는 200여 명에 이르는데, 나태하고 게으른 것이 습관이 되었고 또한 붙잡아 보내지 않았습니다. 공문을 보내 재촉했으나 내버려두고 거론도 하지 않습니다. 위의 네 고을 관리도 모두 죄의 유무를 조사해 죄를 다스려 그 나머지가 경계하도록 해주십시오.

대개 신은 본래 보잘것없는 사람으로 외람되게 중한 책임을 맡았으나 지휘하여 명령하고 시행하는 것이 이렇게 엄하지 않아 도(전라도) 안의 수령들이 업신여기는데도 그대로 막중한 소임을 맡고 있는 것이 아주 두렵고 무섭습니다.

삼가 갖추어 임금님께 글을 올려 보고합니다.

1594년 1월 일.

통(통제사).

52. 「바닷가 고을에 대해 수군과 육군이 번갈아 침해하는 폐단에 대한 일을 금지시켜주시기를 임금님께 청하는 장계請禁沿邑水陸交侵之弊事狀」(1594년 1월 16일)[706]

운운.

삼가 보고하고 결재를 받을 일을 보고합니다.

신의 장계에 근거해 비변사가 「임금님의 물음에 자세히 답변한 글을 공문」으로 보낸 내용의 요지는 다음과 같았습니다.

---

706 「난중일기」 1594년 1월 17일에는 "이날 「임금님께 보고하는 글」을 내보냈다"는 내용이 나온다. 이 장계는 16일에 작성해, 17일에 올려보낸 듯하다.

적의 군대가 지금 거제에 있어 앞으로의 걱정이 지난해보다 배나 심해졌으니, 수군 소속 바닷가 각 고을에서는 수군을 육군으로 자리를 옮겨 바꾸는 것을 다시는 하지 말라고 전에 이미 글로 내려보냈습니다. 그런데 "순찰사 이정암이 군사 배치를 개편하면서 다만 좌·우도 각 5고을만 그대로 수군에 소속시키고, 그 나머지는 육지 싸움에 다시 소속시켰고, 또한 좌·우도 각 5고을에서도 다른 곳으로 징발해가고 있다"고 했습니다.[707] 이것은 반드시 경상도에서 군사를 아주 많이 뽑기에 숫자를 충당하기 어려워 그럴 것입니다. 다만 수군과 육군은 각각 소속이 있는데, 수군을 육군으로 자리를 옮겨 바꾸면 서로 간에 군대가 반드시 안정되지 않고, 지휘하고 명령하는 것이 여러 곳에서 나와 수군에 방해가 될 뿐 아니라, 또한 육지 싸움도 반드시 다르지 않을 것입니다.[708] 그러므로 군량과 군기물까지 모두 징발한다면 비록 이미 배를 마련했더라도 일을 이루기 어렵습니다. 대부분의 경우, 왜적과 진을 마주해 성공하고 실패하는 것이 숨 한 번 쉴 때인데, 수군과 육군에 소속된 군사를 아직까지 한쪽으로 결정하지 못해 이처럼 뒤섞여 어지럽다면 기회를 그르칠까 두렵습니다. 지금 잠시 임금님의 분부에 따라, "수군을 육군으로 이동시키는 일을 하지 말라"고 순찰사 이정암과 이순신에게[709] 모두 공문을 보내는 것이 어떤지 임금님께 보고드렸는데, 임금님께서 허락하셨습니다.

---

707 "좌·우도 각 5고을"은 「바닷가의 군사와 군량, 군대 기물을 수군에 전속시켜주시기를 임금님께 청하는 장계請沿海軍兵糧器全屬舟師狀」(1593년 윤11월 17일)에 따르면, 좌도(전라 좌도)는 광양·순천·낙안·흥양·보성이고, 우도(전라 우도)는 장흥·강진·해남·영암·진도다.

708 "또한 육지 싸움도 반드시 다르지 않을 것이다亦必無異於陸戰"가 「전서본」에서는 "亦必無益於陸戰"로 나온다. "異"와 "益"의 차이다.

709 "이순신에게"의 「영인본」 "李 處"는 「전서본」 「편수회본」에서는 "李舜臣處"로 나온다.

위의 좌도(전라 좌도) 5고을, 우도(전라 우도) 5고을은 그대로 수군에 소속시키고, 추가로 배정한 전선에 대해 독려하며 명령해 정비하게 해 기한 내에 돌아와 정박하도록 했습니다. 우도(전라 우도)의 나주를 포함한 9고을은 본래 수군에 소속된 고을이니 이번에 추가로 건조하는 전선을 마찬가지로 부과시켜 건조하도록 했습니다.

그런데 나주 목사 이용순李用淳이 올려보낸 공문 내용은 다음과 같았습니다.

순찰사의 공문 내용에, "본주本州(나주)를 포함해 무안·함평·영광·무장·흥덕·고부·부안·옥구 등 바닷가 9고을은 육지 싸움으로 소속을 옮겼으니, 전선을 추가로 건조하는 일을 모두 멈추라"고 했습니다. 그러므로 건조할 수 없게 되었습니다.

최근 들어 영남 좌도의 왜적이 우도(경상 우도)를 향해 이동해 모두 거제에서 모였는데, 그 형세가 반드시 호남으로 갑자기 돌격하려는 것이기에, 수군을 정비해 거느리고 세력을 합쳐 가로막는 것이 지금 아주 급합니다. 한 척의 전선도 이런 때에는 중요한데, 위의 9고을은 추가로 배정한 배 20여 척을 건조하는 일을 한꺼번에 멈추었습니다. 바다를 방어하는 모든 일이 아주 걱정이 됩니다. 특히 임금님께서 분명히 해주신 분부의 뜻이 없어졌습니다.

그러므로 그 9고을에 이미 명령으로 새로 건조하도록 했던 전선을 기한 안에 정비해 (진으로) 돌아와 정박하게 할 일을 이정암에게 다시 단단히 타일러 경계하도록 임금님께서 분부해주십시오. 수군의 위용을 장엄하게 해주시고, 바닷가 각 고을 군사와 백성이 수군과 육군으로 번갈아 징집되는 침해를 당하는 고통을 면할 수 있도록 해주십시오. 감히 외람된 생각을 아뢰옵니다.

삼가 갖추어 임금님께 글을 올려 보고합니다.

1594년 1월 16일.

통제사. 신하 이(이순신).

53. 「진으로 돌아가는 일을 동궁께 보고하는 장달還陣狀一」(1594년 1월 17일)[710]

운운.

삼가 진으로 돌아가는 일을 동궁께 보고합니다.[711]

본도(전라 좌도)에서 추가 건조하는 전선을 직접 살피고 조정하려고 장계를 올린 뒤, 지난 12월 12일 본도(전라 좌도, 전라 좌수영)로 돌아와 점검하고 바로잡았습니다.

소속 수군은 5고을[712]로, 순천은 원래 수량과 추가 건조하는 것 모두 10척이고, 흥양은 10척, 보성은 8척, 광양은 4척, 낙안은 3척이었는데 모두 이미 건조가 끝났습니다. 그러나 많은 사부와 격군을 한꺼번에 충당해

710 동궁(광해군)에게 보낸 이 장계의 작성 일자는 원문에서 "十　日"로 되어 있어 한 칸이 비어 있다. 날짜가 정확하지 않지만, 이 장계의 내용은 1594년 1월 17일에 작성된 임금에게 보낸 장계인 「진으로 돌아가는 일을 임금님께 보고하는 장계(2)還陣狀(二)」와 내용의 거의 일치한다. 따라서 이 장계의 불분명한 날짜는 1월 17일로 보았다.

711 "동궁께 보고합니다謹達"는 「전서본」에서는 "謹啓"로 나온다. 동궁에게 보고한다는 뜻의 "達"과 임금에게 보고한다는 "啓"의 차이다. 동궁에게 보고하는 장달을 「전서본」에서는 임금에게 보고하는 장계로 수정한 것이다.

712 "5고을"은 「바닷가의 군사와 군량, 군대 기물을 수군에 전속시켜주기를 임금님께 청하는 장계請沿海軍兵糧器全屬舟師狀」(1593년 윤11월 17일)에 따르면, 광양·순천·낙안·흥양·보성이다.

복무시킬 수 없어 이들 모두를 한꺼번에 돌아오게 해 정박시키기에는 형편이 어려워, 순천 5척, 광양 2척, 흥양 5척, 보성 4척, 낙안 2척을 먼저 검사하고 독려하여 거느려 이끌고, 이번 1월 17일에 거제 경계 한산도 진을 향해 출발하겠습니다. 정비가 되지 않은 전선은 "뒤를 따라 밤낮을 가리지 않고 돌아와 정박하라"고 전령했습니다.713

우도(전라 우도)는 전선 수가 좌도(전라 좌도)에 비해 배나 되기에 많은 사부와 격군을 반드시 기한 내에 정비할 수 없기 때문에, 신의 종사관 정경달에게 순시해 검사하고 조치하도록 우수사 이억기와 만나기로 약속한 곳으로 독려해 보내며 또한 단단히 타일러 경계하도록 했습니다. 엎드려 청하오니 순찰사714 이정암李廷馣에게 아울러 특별히 독려하여 명령해 (한산도 진으로) 들여보낼 일을 담당 관청에 명령해 단단히 타일러 경계하도록 공문을 보내도록 해주십시오.

삼가 갖추어 동궁에게 글을 올려 보고합니다.715

---

713 「난중일기」 1594년 11월 28일자 뒤에 있는 메모에는 "영(좌수영) 전선 7척 안에 새로 건조한 5척은 이미 정비해 왔고, 전에 건조한 것은 2척이고, 그중 1척은 의병, 1척은 개조한 것이다. 순천 10척 안에 새로 건조한 것은 3척, 전에 건조한 것은 1척, 영선 1척, 방답 5척이 있다. 흥양 10척 안에 본현(흥양현)에서 새로 건조한 것은 2척, 전에 건조한 것은 2척, 영선 1척, 사도 5척이 있다. 낙안은 3척 안에 본군(낙안군)에서 새로 건조한 것은 1척, 전에 건조한 것은 1척, 영선 1척이 있다. 광양은 4척 안에 본현(광양현)에서 새로 건조한 것은 2척, 전에 건조한 것은 1척, 영선 1척이 있다. 보성은 8척 안에 본군(보성군)에서 새로 건조한 것은 2척, 전에 건조한 것은 2척, 녹도 2척과 발포 2척이 있다. 방답 4척 안에 새로 건조한 것은 4척이다. 여도 3척 안에 새로 건조한 것은 3척이다. 발포 3척 안에 새로 건조한 것은 3척이다. 사도 4척 안에 새로 건조한 것은 4척이다. 녹도 3척 안에 새로 건조한 것은 3척이다"라는 전선 건조 현황이 나온다. 이 장계의 내용은 그 메모 내용과 같다.
714 "단단히 타일러 경계하도록 했습니다. 엎드려 청하오니 순찰사"의 원문은 "亦■■■■■■■"이다. 판독 불능 글자가 있다. 「편수회본」은 "申飭伏請 兼巡察使"로, 「전서본」에서는 "事申飭 伏請巡察使"로 나온다. 「편수회본」과 「전서본」을 기준으로 판독 불능 글자 부분을 번역해 넣었다.
715 "단단히 타일러 경계하도록 공문을 보내도록 해주십시오. 삼가 갖추어 동궁에게 글을 올려

1594년 1월 17일.

54. 「진으로 돌아가는 일을 임금님께 보고하는 장계(2)還陣狀(二)」(1594년 1월 17일)[716]

운운.

삼가 진으로 돌아가는 일을 보고합니다.

전에 추가 건조한 배의 사부와 격군을 직접 살피고 정리하려고 잠시 본 도(전라 좌도)로 돌아가려는 사연을 임금님께 긴급 보고한[717] 뒤, 지난 12월 12일 본도(전라도) 돌아와 점검하고 바로잡았습니다. 그러나 바닷가 5고을 [718]에서 모집한 장정 군사들은 일찍이 육지 싸움으로 징발해갔기 때문에 대부분이 흩어져 떠돌아 이름만 있고 실재는 없습니다. 수군도 각 고을의 수령들이 게으르고 풀어진 것이 습관이 되어 점검해 보낼 생각이 없습니다.[719]

보고합니다"의 원문은 "■■■■■■■■達■"이다. 판독 불능 글자가 있다. 「전서본」에서는 "申飭行移", 「편수회본」에서는 "申飭爲白只爲謹具達聞"으로 나온다. 「편수회본」과 「전서본」을 기준으로 판독 불능 글자 부분을 번역해 넣었다.

716 이 「진으로 돌아가는 일을 임금님께 보고하는 장계還陣狀」는 내용이 동일한 장계가 두 개가 있다. 1594년 1월 17일에 작성된 것으로 추정되는 「還陣狀(一)」과 1월 17일로 작성 날짜가 명기된 「還陣狀(二)」이다. 1월 17일에 작성된 「還陣狀(二)」는 임금에게 보낸 것이고, 날짜가 불분명한 「還陣狀(一)」은 동궁에게 보낸 것이다. 그 때문에 「還陣狀(一)」을 1월 17일에 작성된 것으로 보았다.

717 "임금님께 긴급 보고한馳啓"의 「문화재청본」은 "馳"이나 「영인본」, 「편수회본」, 「전서본」에서는 "馳啓"이다. 「문화재청본」이 오자다.

718 "5고을"은 「바닷가의 군사와 군량, 군대 기물을 수군에 전속시켜주시기를 임금님께 청하는 장계請沿海軍兵糧器全屬舟師狀」(1593년 윤11월 17일)에 따르면, 광양·순천·낙안·흥양·보성이다.

719 "점검해 보낼 생각이 없다無意點送"는 「문화재청본」에서는 "無意點迭"이나, 「영인본」, 「편수회본」, 「전서본」에서는 "無意點送"으로 나온다. 「문화재청본」이 오자다.

게다가 지금은 "'나라에 대한 의무를 회피해 죄를 지은 사람의 가족과 친척, 가까운 이웃의 연대 책임을 면제하라族鄰勿侵'는 순찰사 이정암의 공문이 있었다"는 논리로 공문을 올려보내며 전혀 정비하지 않고, 현재 있는 사람도 붙잡아 보내지 않는 것이 더욱 심합니다. 관리에게 찾아내 붙잡아 오도록 전령했지만 특별한 사정에 의해 면제된 것이라는 핑계를 대고 오지 않고 있습니다.

전선은 이미 추가 건조되었으나, 격군을 충당해 복무시킬 길이 없어 아주 원통하고 분합니다. 전라 우도는 신의 종사관 정경달로 하여금 순시해 검사하고 정돈하고 경계시키도록 우수사 이억기와 만나기로 약속한 곳으로 달려 보냈습니다. 신에게 소속된 각 고을과 포의 전선은 간신히 정비했습니다. 오늘 1월 17일 진을 향하여 돌아가겠습니다.

삼가 갖추어 임금님께 글을 올려 보고합니다.

1594년 1월 17일.

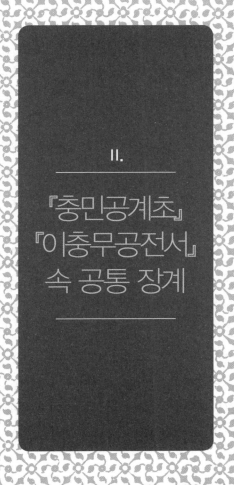

II.

『충민공계초』
『이충무공전서』
속 공통 장계

1. 「충청도 수군절도사가 진에 도착하도록 독촉해주시기를 임금님께 청하는 장계請忠淸水軍節度使催促到陣狀」(1594년 2월 25일)

운운.

삼가 죄의 유무를 조사할 일을 보고합니다.

전라 우수사 이억기는 1월 25일, 충청 수사 구사직은 2월 5일까지 관할하는 여러 장수를 모두 한꺼번에 이끌고 오도록 기한을 정해 전령했습니다.

그 뒤에 이억기가 올려보낸 공문에, "나주·무안·영광 등 고을은 방비를 하러 들어올 수군 명부조차 모두 전혀 뽑아 보내지 않아 많은 전선에 격군을 충당할 길이 없습니다. 기한이 이미 닥쳐 아주 답답하고 염려됩니다"와 같이 두 번 세 번 거듭 문서에 의견을 덧붙여 보고해왔습니다.

그래서 신 또한 각 고을에 공문을 보냈더니, 이달 2월 17일에 전선 22척을 이끌고 진에 도착했습니다. 먼저 온 전선과 합쳐 모두 46척입니다. 위의 우도(전라 우도)에 부과한 전선은 원래 수량과 추가 건조할 것을 합쳐 90척인데, 그 안에 나주를 포함해 9고을[1]에 부과한 전선 27척은 전혀 정비되지 않았습니다. 일이 아주 놀랍고 경악할 일이기에 사연은 일찍이 이미 장계로 올렸습니다. 이번에 다시 별도로 장계(별계)를 올렸습니다. 그 나머지 21척의 전선은 모두 새로 건조되었습니다. 그러나 격군이 없어 제때 이끌고 오지 못하고 있습니다. 그러므로 위의 수군을 붙잡아 보내지 않은 각

---

1 "9고을"은 「바닷가 고을에 대해 수군과 육군이 번갈아 침해하는 폐단에 대한 일을 금지시켜주시기를 임금님께 청하는 장계請禁沿邑水陸交侵之弊事狀」(1594년 1월 16일)에 따르면, 나주·무안·함평·영광·무장·흥덕·고부·부안·옥구이다.

고을에 다시 전령을 보내 독촉했습니다.

대체로 위의 우수사 이억기는 이렇게 흉악한 적이 계략을 꾸밀 때를 맞아 기한에 미치지 못했기에 '기한을 놓친 죄失期之罪'를 면하기 어렵습니다. 그러나 다만 격군이 없어 기한에 미치지 못했고, 고민을 잇따라 보고했습니다. 게다가 각 고을에서 수군을 전혀 붙잡아 보내지 않는 것이 최근에는 더욱 심해 각 진포의 전선은 조절하여 정비할 수 없는 것이 도(전라도) 안이 다 같습니다. 그러므로 우선 행수군관과 훈도訓導를 군령에 따라 죄를 처벌했습니다.

충청 수사 구사직은 기한이 이미 한 달이 넘었는데도 아직도 진에 도착하지 않았습니다. 기한을 정해 모이는 중대한 일을 게을리하고 느슨한 것이 이렇게 심하니 조정에서 특별히 독촉해주십시오.

외람된 생각인 만큼 삼가 갖추어 임금님께 글을 올려 보고합니다.

1594년 2월 25일.

2. 「지체해 머물러 있는 여러 장수를 처벌해주시기를 임금님께 청하는 장계請罪遲留諸將狀」(1594년 2월 25일)

운운.

삼가 죄의 유무를 조사할 일로 보고합니다.

이번에 받은, 전라 우수사 이억기가 올려보낸 공문의 요지는 다음과 같았습니다.

이 도(전라 우도) 소속 각 고을과 포의 원래 수량과 추가 건조한 전선 등을 1월 20일 안으로 도(전라 우도)의 위 지방은 영(우수영) 앞바다로, 도(전라 우도)의 아래 지방은 가리포 앞바다로 모이도록 군관을 모두 보내 독촉했는데 도 각 고을에서는 방비를 하러 들어올 수군을 전부 온전히 보내지 않아 격군을 정비할 수 없어 제때 모이지 못했습니다. 기한이 이미 지났기에 아주 답답하고 염려되어, 먼저 도착한 수군 22척을 이끌고 이달 17일에 진(한산도)²에 도착했습니다.

그런데 나주·무안·함평·영광·무장·장흥³·흥덕·고부·부안·옥구 등의 고을은 추가로 부과한 전선을 정비해 보내기는커녕 원래 규정된 전선까지도 정비해 보내지 않았습니다. 뿐만 아니라 각 진포에서는 마땅히 새로 복무하기 위해 입대할 수군의 명부도 전혀 뽑아 보내지 않았습니다. 배와 격군이 갖추지 못했으니 아주 답답하고 염려되는 것이 이와 같습니다. 각 포에서 오는 보고가 끊이지 않지만, 군산포 만호 이세환李世環, 법성포 만호 조대지曹大智, 다경포 만호 이식⁴ 등은 가장 중요한 소속 관하 변방 장수인데도 격군이 없다는 핑계로 지금까지도 오지 않고 있어 더욱 놀랍고 경악할 일입니다. 위의 각 고을과 포 수령, 변방 장수를 군령에 따라 무겁게 다스려 그 나머지가 경계하도록 해주십시오.

칠로七路(전라도를 제외한 7도)에 가득 차 있던 왜적들이 모두 한쪽에 모여 흉악한 음모와 교묘한 계책으로 못하는 짓이 없기에 침범해올 걱정거리가

---

2 "진"의 원문은 "津"이나, 「전서본」에서는 "陣"으로 나온다. "陣"이 맞다.
3 "장흥"은 위의 9고을과 달리 본래 수군에 소속된 고을이다.
4 이 다경포 만호 이식은 『만력 11년 계미 9월 초3일 별시 방목萬曆十一年癸未九月初三日別試榜目』에 나오는 1552년 출생, 1583년 무과 별시에 급제한 이식으로 보인다.

숨 한 번 쉬는 사이에 닥쳤습니다. 그런데도 수군 소속 나주를 포함한 9고을 수령 등은 추가로 정한 전선은커녕 본래 규정에 따른 전선까지도 정비해 보낼 뜻이 없고, 각 진포에 방어를 위해 들어와야 마땅할 새로 복무를 하기 위해 입대할 수군을 한 명도 뽑아 보내지 않아 각 진포의 전선 또한 정비할 수 없게 되었습니다. 군령의 중대한 일을 게을리하고 느슨하게 하는 것이 이렇게 되었으니, 나아가 공격하고 물러나 수비할 길이 전혀 없어 아주 놀랍고 경악할 일입니다.

대체로 임진년(1592년)에 왜적 세력이 새로워 날카로웠던 날을 맞았을 때, 영남의 여러 성이 소문만 듣고 산산조각 났고, 바닷가 지역은 집에서 나는 연기가 끊어졌습니다. 고성·사천·하동·남해는 호남과 잇닿은 땅으로 적선이 무려 200여 척이 연이어 들어왔지만, 우리 수군은 30척이 채 안 되는 배로 온갖 위험을 무릅쓰고 돌격해 무찌르고 다 죽였습니다. 한 척도 빠뜨려 돌아가지 못하게 했기에 그 날카롭고 민첩한 기운을 꺾었습니다— 無漏還 挫其鋒銳.

그 뒤에 전선5을 차츰차츰 더 갖춰 전라 좌·우도는 모두 80여 척이 되었고, 매번 삼도의 수사와 여러 장수와 함께 다 죽여 무찌를 계획을 세웠고, 죽음을 맹세하는 약속을 하고, 바닷길을 가로막아 옮겨서 침범하지 못하게 한 것이 이제 3년이 되어가고 있습니다.

호남이 온전하게 보전된 것은 수군에 힘입은 듯합니다. 그러나 최근 들어 의견이 일치하지 않고 다 달라 시끄러워 수군 소속 좌·우도 모두 19고을 중에서 9고을이 육지 싸움으로 옮겨 소속되었을 뿐만 아니라, 본래 규정된 방비를 하러 들어올 수군도 모두 뽑아 보내지 않아 수군이 외롭고 약

---

5 "전선"의 원문에서는 "戰船"의 "船" 자가 빠져 있다. 「편수회본」에는 나온다.

한 것이 전날보다 더 심각합니다. 아주 답답하고 염려됩니다.

　나주를 포함해 9고을 중에서 더욱 심한 곳은 나주·무안 등으로 부과된 전선을 기한이 지나도 보내지 않고, 방비를 하러 들어올 수군도 모두 뽑아 보내지 않은 죄를 지은 사실이 있고, 군산포 만호 이세환, 법성포 만호 조대지, 다경포 만호 이식 등은 가장 중요한 수군의 변방 장수인데도 거듭거듭 독촉해도 끝내 나오지 않았습니다. 군율을 크게 해쳤으니, 함께 조정에서 조치하셔서 그 나머지가 경계할 수 있도록 해주십시오. 그리고 위의 전선 등이 낮과 밤을 잊고 달려 보내게 할 일을 순찰사 이정암에게 특별히 단단히 타일러 경계하도록 해주십시오.

　외람된 생각인 만큼 삼가 갖추어 임금님께 글을 올려 보고합니다.

　1594년 2월 25일.

3. 「여러 의병장에게 상을 주시기를 임금님께 청하는 장계請賞義兵諸將狀」 (1594년 3월 10일)

　운운.

　삼가 비교하여 살펴볼 일을 보고합니다.

　수군을 자발적으로 모은 의병장 순천 교생 성응지, 승장 수인과 의능 등은 이런 난리에 편안함을 탐할 생각 없이不思偸安 의로운 마음으로 떨쳐 일어났습니다. 군병을 모아 각각 300여 명을 이끌고, 나라의 치욕을 씻으려고 했으니 아주 기특하며, 바다의 진에서 2년 동안 군량을 스스로 준비해 여기저기를 다니며 나누어주면서 끊기지 않도록 잇기에 고생했는데,6 그 애를 쓰고 고생하는 모습은 군관보다 배나 더했습니다.

그런데도 오히려 힘든 것을 꺼리지 않았고 더욱 부지런한 것이 지금까지 이르고 있습니다. 일찍이 싸우고 무찌를 때에도 많은 뚜렷한 공로가 있었으며, 그들이 나라를 위해 의로운 마음을 떨친 것은 처음부터 끝까지 게을리하지 않았으니始終不怠 더욱 기특합니다.7

위의 성응지, 승장 수인과 의능 등을 조정에서는 특별히 칭찬하고 장려해 뒷사람에게 권장하게 해야 합니다. 순천에 사는 전 만호 이원남李元男은 이번에 의병을 모아 이끌고 전선을 타고 와서 수군에 소속되기를 원했기에 지금 장수로 정해 적을 무찌르게 했습니다.

삼가 갖추어 임금님께 글을 올려 보고합니다.

1594년 3월 10일.

통제사. 신하 이(이순신).

4. 「군량을 조처해주시기를 임금님께 청하는 장계請措劃軍粮狀」(1594년 3월 10일)

운운.

삼가 비교하여 살펴볼 일을 보고합니다.

전라 좌·우도 바닷가 19고을에서 10고을은 전부 수군 소속이었는데, 전

---

6 "끊기지 않도록 잇기에 고생했는데艱以繼絕"의 繼絕은 『논어』 「요왈堯曰」에 "멸망한 나라를 일으키고 끊어진 대를 이어주다興滅國 繼絕世"에 나오는 말이다.
7 "더욱 기특합니다加于可嘉"가 「전서본」에서는 "極爲可嘉"로 되어 있다. 의미는 같다.

란이 생긴 뒤, 육지의 진 여러 곳에서 군량을 실어 나르기를 하루도 멈추지 않는 날이 없어, 이미 재물이 모두 다 없어졌습니다.

좌도 4고을과 우도 1고을은 또한 스스로 불을 지르는 재앙을 겪었기에 더욱 무너졌습니다.[8] 좌·우도 전선은 원래 수량과 추가 건조한 전선에서 먼저 모인 것이 110척, 사후선은 110척입니다. 사부와 격군은 모두 무려 1만7000여 명입니다. 매 1명에게 아침저녁朝夕 각각 5홉씩 나눠주면(총 10홉),[9] 하루에 먹는 것이 적어도 100여 섬이며, 한 달이면 3400여 섬이나 됩니다.[10]

경상 우도는 재물이 다 없어진 나머지 더욱 군량을 마련할 길이 없습니다. 또한 전라도 10고을에 의지해야 하지만, 10고을에 남겨둔 군량에서는 백성을 구제할 곡식을 제외하고, 수군 군량을 계산해보면 겨우 5월 15일까지 이을 수 있을 뿐입니다.

그 전에 만약 흉악한 무리를 모조리 없애지 못한다면, 이후의 군량은 손쓸 방법이 전혀 없습니다. 아주 답답하고 염려됩니다. 조정에서 헤아려 생각해 조치해주십시오.

삼가 갖추어 임금님께 글을 올려 보고합니다.

---

8 좌도 4고을과 우도 1고을의 재앙은 『난중일기』 1593년 8월 19일과 「왜적의 정황을 임금님께 보고하는 장계陳倭情狀」(1593년 8월 19일)에 따르면, 좌도는 광양·순천·부안·보성이고, 우도는 강진이다. 진주를 점령한 일본군이 전라도를 공격한다는 소문으로 인해 생긴 폭도들의 약탈 때문이었다.
9 『선조실록』 선조 28년(1595) 5월 19일에 따르면, 격군 1명에게 하루에 쌀 5홉, 물 7홉을 주었다고 한다. 이는 이 장계를 올린 1594년의 절반 정도다. 1595년에는 군량 사정이 더욱 악화된 듯하다.
10 "1만7000명에게 아침저녁으로 각각 5홉(총 10홉, 하루 두 끼)을 주면, 하루에 100여 섬, 한 달이면 3400여 섬"이라고 했는데, 이 숫자를 곡식 수량을 재는 평석(15말/1섬)으로 계산해보면, 1만7000명의 1일 두 끼 군량은 113섬, 1월/30일은 3400섬이 된다.

1594년 3월 10일.

5. 「왜적의 정황을 임금님께 보고하는 장계陳倭情狀」(1594년 3월 10일)[11]

운운.[12]

삼가 왜의 정황에 대한 일을 보고합니다.[13]

이달 3월 6일, 거제읍巨濟邑 앞바다 가운데에 있는 흉도凶島에서 받은, 남해 현령 기효근의 긴급 보고 내용은 다음과 같았습니다.

11　이 장계의 일부 내용은 정탁의 「壬辰記錄 上」(국사편찬위원회 한국사료총서 제36집, 「壬辰記錄/龍灣聞見錄」, 1993) 속 「삼도 수군통제사 이순신 장계초三道水軍統制使李舜臣狀啓草」(이하 「정탁본」)에도 거의 동일하게 나온다. 이는 이순신이 이 장계를 한 부는 동궁(광해군), 한 부는 선조에게 별도로 작성해 보냈기 때문으로 보인다. 정탁은 당시 동궁이 지휘하는 분조에서 일하고 있었다. 장계 내용은 거의 같으나, 차이점도 있다. 가장 큰 것은 이순신의 장계에는 명나라 도사 담종인의 「왜적을 무찌르는 것을 금지하는 일에 대한 패문禁討倭賊事牌文」의 내용이, "당신들 각 병선은 본래 있던 지방으로 빨리 돌아가고, 일본군 주둔지에 가까이 머물러 시빗거리가 생기지 않도록 하십시오"로만 간략히 언급된 것인데, 「정탁본」에는 담종인의 패문 전문이 나온다. 이 번역본에서는 「전서본」을 기준으로, 「정탁본」에 있는 담종인의 패문과 「정탁본」의 내용도 함께 넣어 보완했다. 이 장계는 또한 「충민공계초」「충무공계본」에도 나오기 때문에 「충민공계초」「충무공계본」과도 비교해 보완했다. 그런데 「선조실록」 선조 27년(1594) 10월 10일과 류성룡의 「陳賊情奏文」(1594년 6월)에는 이 장계와 관련된 내용이 간략히 나오는데, 이 장계 및 「난중일기」의 기록과 달리 이순신 명의가 아닌 원균이 올린 장계로 나온다. 「난중일기」 1594년 3월 6일에도 담종인의 패문에 대한 기록이 나온다.

12　"운운"은 「정탁본」으로 보면, "겸 삼도 수군통제사. 행 전라 좌도 수군절도사. 신 이순신"이다. 「충무공계본」에서는 "만력 22년 3월 초10일 이순신"으로 나온다.

13　"삼가 왜의 정황에 대한 일을 보고합니다謹啓爲倭情事"는 「정탁본」에서는 "삼가 불태워 없앤 일을 동궁께 보고합니다謹達爲焚滅事"이다. 제목의 차이와 받는 대상의 차이가 있다. 즉 임금에게 보고하는 "啓"와 동궁에게 보고하는 "達"의 차이이다. 이 때문에 정탁의 「壬辰記錄 上」에 나오는 것이 동궁에게 보낸 문서였다는 것을 알 수 있다.

"당일(6일) 낮 12시쯤에[14] 왜 소선 1척이 고성 건너편 육지로 올라가서[15] 우리 배를 부르기에 그 모습을 자세히 살폈더니, 혹은 붉은 옷을 입었거나 혹은 푸른 옷을 입은 명나라 사람 2명과 왜인 8명이었습니다"라는 긴급 보고를 했을 뿐만 아니라,[16] 또한 패문[17]을 지닌 명나라 사람을 함께 실어 보냈습니다. 그래서 신이[18] 일일이 조사하고 살펴보았더니, 명나라 도사부[19] 담(담종인)[20]이 「왜적을 무찌르는 것을 금지하는 일에 대한 패문」[21]으로 선유하는 글이었습니다.[22]

14 "당일(6일) 낮 12시쯤에當日午時量"는 「정탁본」에만 나온다.
15 "고성 건너편 육지로 올라가서固城越邊下陸"는 「당항포에서 일본군을 부순 것을 아뢰는 장계唐項浦破倭兵狀」(1594년 3월 10일)에서는 "영등에서 처음 나와 건너편 육지로 올라갔는데永登始出 越邊下陸"로 나온다.
16 "라는 긴급 보고를 했을 뿐만 아니라是乎所馳報爲白沙餘良"는 「충민공계초」「충무공계본」에 나온다. 이 번역본에서는 이후부터는 「충민공계초」「충무공계본」의 이두 문장 중 중요한 의미가 있는 경우에만 번역해놓았다.
17 패문은 상급 관청에서 하급 관청에 내리는 통문通文 혹은 중국에서 조선에 사신을 파견할 때, 사신 파견 목적과 일정 등에 관한 사항을 기록해 사전에 보냈던 통지문을 뜻한다. 여기서는 명나라 측에서 조선 측에 보낸 통지문을 뜻한다.
18 "신이"는 「정탁본」에만 나온다.
19 도사부의 도사都司는 「한국고전용어사전」에 따르면, 명나라에서 성省의 군사 문제를 담당하던 관직으로, 도지휘사사都指揮使司의 약칭이다. 그런데 「전서본」「충민공계초」「충무공계본」에서는 도사부에 대해 天朝宣諭都司府(천조 선유도사부)로 나온다. 때문에 대부분의 번역본에서는 "명나라 선유도사부"라는 특정한 부서로 번역하고 있다. 그런데 「정탁본」에는 이 부분이 "天朝都司府譚爲宣諭事(명나라 도사부 담이 선유하는 일)"로 되어 있다. '선유도사부'라는 특정 부서가 아니라, 도사부에서 선유했다는 것을 뜻한다. 이 번역에서는 「정탁본」에 따랐다.
20 담종인은 1592년 임진왜란이 일어난 뒤 제독 이여송을 따라 조선에 들어온 명나라 관리다. 1593년 12월부터 가토 기요마사의 진영에 머물러 있었다.
21 "왜적을 무찌르는 것을 금지하는 일에 대한 패문禁討倭賊事牌文"은 「전서본」「충민공계초」「충무공계본」에 나오는 내용이다. 「정탁본」에는 "宣諭事(선유하는 일)"로만 나온다.
22 명나라 도사 담종인의 패문과 관련된 내용은 「당항포에서 왜적을 쳐부순 일을 임금님께 보고하는 장계唐項浦破倭兵狀」(1594년 3월 10일)에도 나온다. 「선조실록」 선조 27년(1594) 4월 2일, 10월 10일에도 나온다. 4월 2일의 내용은 접반사 김찬의 보고로 이순신의 조선 수군이 웅천의 일본 전선 31척을 격파했는데, 담종인이 패문을 보내 전투를 금지시켰다는 것이다.

「왜적을 무찌르는 것을 금지하는 일에 대한 패문」

(명나라 도사 담종인)[23]

조사한 바에 따라, 본부(명나라 도사부)는 황제의 분부를 받들어 앞서 알립니다.

일본의 여러 장수가 마음을 기울여 복종하지 않는 자가 없고, 충직하고 양순하게 정성을 다하고 있습니다. 어제 이미 모든 표문表文을 갖추어 황제에게 보고했으며, 책봉冊封하는 황제의 명령을 기다리고 있으니, 모든 큰일을 위임받아온 것입니다.

일본의 각 장수는 모두 무기를 거두고 전쟁을 중지하고[24] 본국으로 다 돌아가려고 합니다. 당신들의 조선 또한 전쟁의 혼란을 면해 태평성대의 즐거움을 얻는다면, 어찌 두 나라에게 이익이 되지 않겠습니까.

최근의 정보 보고에 따르면, 당신들 조선 병선이 일본 영에 가까이 주둔하고, 게다가 땔나무를 자르는 사람을 죽이고, 배를 불태우니, 일본의 여러 장수가 모두 군사를 출전시켜 당신들과 서로 죽기로 싸우고자 했으나, 본부

---

23 명나라 도사부 담종인이 작성해 보낸 「왜적을 무찌르는 것을 금지하는 일에 대한 패문」의 실제 내용은 「전서본」 「충민공계초」 「충무공계본」에는 나오지 않고, 「정탁본」에만 나온다. 패문 내용을 이 번역본에 넣었기에, 「전서본」 「충민공계초」 「충무공계본」의 「禁討倭賊事牌文」를 제목으로 달아놓고, 그 아래 패문 내용을 실었다. 전체 패문 내용 중에서 "당신들 각 병선은 본래 있던 지방本處地方으로 빨리 돌아가고, 일본 진영 요새營寨에 가까이 머물러 시빗거리가 생기지 않도록 하십시오爾各兵船 速回本處地方 毋得近駐日本營寨 以起釁端云"는 「전서본」에도 나오는 내용이나, 「정탁본」에는 "당신들 각 병선은 본래 있던 지방本處地方으로 빨리 돌아가고, 일본 진영 요새에 가까이 머물러 시끄러운 일이 생기는擾擾生事 시빗거리가 생기지 않도록 하십시오"라고 문장 중에 "시끄러운 일이 생기는"이 추가되어 있다. 그 외 나머지 문장은 모두 「정탁본」에만 나온다.

24 "무기를 거두고 전쟁을 중지하고捲甲息兵"는 「이충무공전서」 「담종인 도사의 '적을 무찌르는 것을 금지하는 패문'에 대한 답장答譚都司宗仁禁討牌文」에서는 "卷甲息兵"으로 나온다.

(명나라 도사부)와 고니시 유키나가 장군이 거듭 금지하고 군사를 일으키지 않았습니다. 전투를 금지하는 패문牌禁을 보내니 마땅히 부합해야 합니다. 이 패문을 조선의 각 관리는 받들어야 할 것입니다.

당신들 각 병선은 본래 있던 지방으로 빨리 돌아가고, 일본 진영 요새에 가까이 머물러 시끄러운 일이 생기는25 시빗거리가 생기지 않도록 하십시오. 만약 당신들이 나무와 대나무를 자르기 위해 돌아온 것이고, 더불어 다른 뜻이 없는 것이라면 잘 잘라 빨리 돌아가십시오.

만약 고집하면서 반성하지 않고 이곳에 머물러 그대로 다시 왜인들을 남김 없이 죽이고 배를 뺏는다면, 본부(명나라 도사부)는 곧바로 송 경략(송응창), 고 총독군문顧總督軍門(시랑 고양겸), 이 제독(이여송)과 유 총병劉總兵(유정)에게 공문을 보낼 것입니다. 당신들의 국왕에게까지 공문이 전달되어 엄격한 조사가 이뤄지게 된다면, 각 관군은 재앙을 부른 분란을 일으킨 죄를 피할 수 없게 될 것입니다.26

당신들 조선의 각 관리는 모두 글과 이치에 능통하고 세상일에 밝은 사람들입니다. 그러므로 본부(명나라 도사부)에서 삼가며 타이르니, 패문이 도착하면 곧바로 문서로 답장을 하십시오.

패문을 가진 사람이 도착하면 조선의 각 신하는 위의 패문을 받들고, 이것에 의하여 패문과 같이 시행하십시오.

그래서 명나라 군사를 불러 그 이유를 물었더니 다음과 같이 말했습니다.

25 "시끄러운 일이 생기는攪擾生事"은 「정탁본」에만 나온다.
26 「쇄미록」 1594년 5월 5일에는 "들으니, 우리 군사(조선 수군)가 왜적을 치고 벤 일로 고시랑 顧侍郞(고양겸)이 유 총병(유정)을 시켜 도원수(권율)를 붙잡아다가 장을 치고, 마음대로 적을 치지 못하게 했다고 한다. 이는 반드시 강화를 하려고 하기 때문이다"라는 기록이 나온다.

작년 11월쯤에 도사27 담譚 노야老爺28 등이 웅천에 도착해 지금까지 그대로 머물며 명나라 조정으로부터 강화和를 승낙받는 명령을 기다리고 있는데, 최근29 왜인 등이 조선 수군의 위세가 두려워 겁을 먹고 정신이 나가고 간이 떨어져 도사 노야 앞에서 온갖 방법으로 애처롭게 빌었기에 패문을 작성해 보낸 것입니다.

간사한 왜놈들이 갖은 간교한 꾀를 내어 그곳에 있는 명나라 군사들과 함께 스스로 패문을 지어 명나라 사람에게 부탁해 보낸 것이 뚜렷하고, 만약30 "왜놈을 베는 것을 금지하라"고 했다면, 경략(송응창), 제독(이여송), 총병부摠兵府에서 아직까지도 분부한 명령이 전혀 없을 수 없습니다. 그러나 위의 패문을 명나라 군사 두 사람이 이미 갖고 왔고, 남해 현령 기효근이 공문을 작성해 한꺼번에 실어 보냈기에 거절하고 받지 않는 것 또한 온당치 않을 듯하고, 게다가 수군이 모두 다 도착하지도 않아 군사의 위세가 외롭고 약할 듯했기에, 패문에 대한 회답을 작성해주면서 거짓으로 싸움을 중지할 뜻을 보이고, 다시 적의 정황을 살펴 기회를 타서 나아가 무찌를 생각입니다. 위의 패문을 확인하고 봉해 도장을 찍어 올려보냅니다.

그들에게 다음과 같이 회답했습니다.

「담종인 도사의 '왜적을 무찌르는 것을 금지하는 패문'에 대한 답장」

---

27 "도사"는 『충민공계초』에서는 "도사부"로 나온다.
28 노야는 상대방을 높여 부르는 호칭이다. 정경달의 『반곡유고』 1594년 2월 26일에는 정경달이 이순신을 "이야李爺"로 표현한 기록이 나온다.
29 "최근近日"은 『충무공계본』에서는 "今日"로 나온다.
30 "만약若"은 『충민공계초』 『충무공계본』은 "實寫"로 나온다.

(삼도 수군통제사 이순신)[31]

조선국 신하 등은[32] 삼가 명나라 선유도사宣諭都司 대인大人[33] 앞으로 답장을 올립니다.

왜인은 스스로 시빗거리[34]를 만들고 군사를 일으켜 바다를 건너와 우리의 죄 없는 백성을 죽이고, 또한 서울京都을 침범했습니다. 흉악한 짓을 일삼는 것은 끝을 헤아릴 수 없습니다. 온 나라 신하와 백성은 아픔이 뼛속에 사무쳐 이 적과는 한 하늘을 이고 함께 살지 않겠다고 맹세했습니다. 각 도의 배를 수없이 정비해 곳곳에 주둔하고 동쪽과 서쪽에서 계책을 세워 대응하고, 육지의 신장神將들과 계획해 바다[35]와 육지에 합동으로 공격해 남아 있는 흉악한 무리의 배 한 척, 노 한 개도 돌려보내지 않게 해隻櫓不返 국가(조정)의 원수에 대한 원한을 씻고자 했습니다雪國家之讎怨.

이번 달 3일에 선봉선先鋒船[36] 200여 척을 이끌고, 거제로 곧바로 들어가 근거지를 모조리 없애고, 차례로 다 죽여 없애 씨를 남기지 않게 하려고 했습니다. 그런데 왜선 30여 척이 고성에서 진해 땅으로 몰려들어[37] 여염집을 불태

---

31 이순신이 담종인에게 회답한 문서 내용은 「전서본」에서는 「答譚都司宗仁禁討牌文」으로 나온다. 이순신의 이 장계와는 사소한 차이가 있을 뿐 거의 일치한다. 이 번역본은 「答譚都司宗仁禁討牌文」을 기준으로 번역했다. 장계에는 본래 회답 문서의 제목이 없으나, 이 번역본에서는 「전서본」의 「담종인 도사의 '적을 무찌르는 것을 금지하는 패문'에 대한 답장答譚都司宗仁禁討牌文」을 제목으로 삼았다.

32 "조선국 신하 등은朝鮮國陪臣等"이라고 쓴 것은 답장을 이순신이 홀로 썼지만, 담종인에게 보낼 때는 이순신, 원균, 이억기가 연명해 보낸 문서였기 때문이다. 그러나 「이충무공전서」 「答譚都司宗仁禁討牌文」에서는 이순신 단독 명의로 되어 있다.

33 대인은 이 글에서는 중국의 관료를 높여 부르는 말이다.

34 "시빗거리釁端"에서 '釁'은 「충민공계초」에는 나오지 않는다.

35 "바다水"는 「충무공계본」에서는 '슈'으로 나오나, '水'의 오자다.

36 "先鋒船"의 '船'은 「전서본」에만 나온다.

37 "몰려들어闌入"는 「정탁본」에서는 "聞入"으로 나온다. '聞'은 오자다.

우고 재물을 빼앗고, 남아 있던 백성을 마구 죽였고, 또 많은 사람을 잡아
갔고, 기와를 가져가고 대나무를 잘라 그들의 배에 가득 실었습니다. 그 정
상을 따져보면 더욱더 원통하고 분했습니다. 그 배들을 깨고 불태우고 그
흉악한 무리를 쫓기 위해 수군이 도수부都帥府(도원수부)에 급히 보고하고,
대군을 이끌고 세력을 합쳐 곧바로 공격하려 할 때, 도사 대인께서 선유하
시는 패문이 뜻하지 않게 진에 도착했습니다.

받들어 두 번 세 번 읽었는데, 자상하고 간절함이 지극했습니다. 다만 패문
에서 말하시길, "일본의 여러 장수가 마음을 기울여 복종하지 않는 자가 없
고, 모두 무기를 거두고 전쟁을 중지하고 본국으로 다 돌아가려고 합니다.
당신들의 각 병선은 본래 있던 지방으로 빨리 돌아가고, 일본 진영 요새에
가까이 머물러 시빗거리가 생기지 않도록 하십시오"라고 하셨습니다.

왜인들이 견고하게 점거한 거제·웅천·김해·동래 등의 지역은 모두 우리 땅
입니다皆是我土. 그런데도 이른바 "우리가 일본 진영 요새를 가까이한다"고
하신 것은 무슨 말입니까. 이른바 "우리에게 본래 있던 지방으로 빨리 돌아
가라"고 하셨는데, '본래 있던 지방'[38]이 어디를 말씀하시는지 모르겠습니다
本處地方 亦未知在何所耶.

시빗거리를 일으킨 자도 우리가 아니라, 왜입니다. 일본 사람들은 이리저리
속이는 것이 끝이 없어 옛날부터 신의를 지켰다는 말을 들어보지 못했습니
다. 흉악하고 교활한[39] 무리들이 아직도 사악한 행동을 거두지 않고[40] 바닷

---

38 "본래 있던 지방本處地方"에서 "本處"는 「충무공계본」에는 나오지 않는다. "地方"은 「충무공
계본」에는 나오지 않고, 「충민공계초」에는 나온다.
39 "교활한狡"은 「충무공계본」, 「충민공계초」에서는 "彼", 「편수회본」에서는 "彼【狡】"로 수정해놓
았다.
40 "사악한 행동을 거두지 않고不斂惡"가 「정탁본」, 「충무공계본」, 「충민공계초」에서는 "사악한
행동을 쌓지 않고不稔惡"로 나온다.

가로 물러가[41] 점거하고 해가 지났어도 물러가지 않고, 앞뒤 가리지 않고 여러 곳에 밀어닥쳐 사람과 물건을 겁탈하고 강제로 빼앗기가 전날보다 배나 됩니다. 무기를 거두고 바다를 건너간다는 뜻이 과연 어디에 있겠습니까. 지금 강화를 한다는 것은 실제로는 거짓으로 속이는 것입니다.

그러나 대인의 가르침을 감히 어길 수 없으니, 잠시 일정한 기간[42]까지만 자세히 살펴보겠습니다. 우리나라 왕세자께도 급히 보고하겠습니다.[43] 삼가 엎드려 바라오니 대인께서도 이 뜻을 널리 알려[44] 하늘을 거스르는 길과 하늘을 따르는 길逆順之道을 알게 해주시면 천만다행입니다.

삼가 죽음을 무릅쓰고 답합니다.[45]

41 "물러가退"는 「정탁본」에서는 "退去"로 나온다.
42 "기간限"은 「정탁본」에서는 "其限"으로 나온다.
43 "왕세자께도 급히 보고하겠습니다馳達"는 「정탁본」에서는 "임금님께 급히 보고하겠습니다馳啓"로 나온다.
44 "널리 알려遍諭"는 「정탁본」에서는 "通曉"로 나온다.
45 "삼가 죽음을 무릅쓰고 답합니다謹昧死以復"는 이 장계에는 없고, 『이충무공전서』「答譚都司宗仁禁討牌文」에 나오는 내용이다. 이분의 『이충무공행록』에는 이 답장을 다음과 같이 인용하고 있다. "영남 바닷가는 우리 땅 아닌 곳이 없다. 그런데 이른바 '우리가 일본 진영 요새를 가까이한다'고 한 것은 무슨 말인가. 우리는 본래 있던 지방으로 빨리 돌아가고 싶지만, 소위 본래 있던 지방은 어느 방향을 가리키는 것인가. 왜적은 믿을 수 없고, 강화를 하고 싶다는 것은 거짓이다. 나는 조선 신하의 정의로서 이 적과는 한 하늘을 이고 함께 살지 않겠다嶺南沿海 莫非我土 而謂我近日本營寨者 何也 欲我速回本處地方 所謂本處地方 指何方也 倭賊無信 欲和者 詐也 吾爲朝鮮臣子 義不與此賊共戴一天." 이순신의 답장 내용은 그가 1598년 일본군에게 뇌물을 받고 일본군의 철수를 도우려던 명나라 수군 도독 진린과의 논쟁에서도 나타난다. 이순신은 진린이 일본의 철수를 방관하고 또 강력히 반대하자, "대장으로는 화친을 말할 수 없고, 이 원수를 놓아 보낼 수 없소大將不可言和, 讎賊不可縱遺"라며 응징을 단호히 주장했다. 이 장계에서 "삼가 죽음을 무릅쓰고 답한다"고 했던 것은 당시 명나라 장수들의 조선 장수를 대하는 태도에서도 엿볼 수 있다. 오희문의 『쇄미록』 1594년 5월 5일에 따르면, 조선군이 일본군을 공격하자, "명나라 시랑 고양겸이 이 유 총병(유정)을 시켜 도원수(권율)를 붙잡아 장을 치고, 마음대로 적을 공격하지 못하게 했다고 한다. 이는 반드시 강화 목적 때문일 것이다. 흉악한 적들이 지금도 변방의 우리 땅을 점거하고 제멋대로 드나들면서 백성의 집을 불 지르고, 도둑질하는데도 명나라 장수는 우리가 무찌르지 못하게 하고 있으니 더욱 탄식할 일이다"라고 기록하고 있다.

신과 원균, 이억기가 함께 이름을 적은 공문을 작성해 보냈습니다. 위의 담 도사譚都司라고 불리는 사람이 어느 달 어느 날 사이에 웅천으로 내려왔는지 여부를 도원수 권율에게 사실을 물으며 회답해줄 것을 공문으로 보냈습니다.

위의 명나라 군사와 한꺼번에 나왔던 우리나라 사람으로 붙잡혀 있었던 사람인 상주에 사는 사노비 희순希順은 왜의 말을 잘해 통역通事을 겸해 나왔습니다. 그런데 명나라 군사에게 함께[46] 있던 "위의 희순을 이끌고 되돌아갈 수 없다"며 일을[47] 이치를 들어 알아듣게 타일렀습니다. 그랬더니 의심하고[48] 결심하지 않기에, 또 타일러 말하기를, "항복을 빌려 여기에 온 것인데, 우리나라 사람을 그곳으로 이끌고 되돌아갈 수야 있겠는가" 등등을 말했습니다. 명나라 군사는 말이 막혀 대답하지 않고, 그대로 버려두고 돌아갔습니다.

그러므로 (희순에게) 적의 형세와 명나라 군사가 나오게 된 근본 원인을 더불어 조사하기 위한 심문에서 진술받은 내용은 다음과 같았습니다.

상주尙州 서문 밖[49]에 사는 사람으로 작년(1593년) 4월쯤에 서울에서 내려오던 왜적에게 붙잡혀 부산에 도착했습니다. 그 뒤에 왜놈 등이 진주성을 함

46 "함께"의 원문은 "茂火"이다. 기존의 몇몇 번역본에서는 사람 이름으로 보았다. 그러나 장세경의 『이두자료 읽기 사전』(한양대출판부, 2001, 60쪽)이나 배대온의 『역대 이두사전』(형설출판사, 2003, 132쪽)에 따르면, "茂火"는 이두문에 쓰이는 문구로 "더불어, 다려"라는 뜻이다. 무화는 이 장계의 다른 부분에서도 문맥으로 보면 사람 이름이 아니다.
47 "명나라 군사에게 함께茂火 있던 '위의 희순을 이끌고 되돌아갈 수 없다고 일을"은 「전서본」에서는 "唐兵茂火處以希順不可還率去事", 「정탁본」에서는 "唐兵茂火同希順不可還率去事", 「충무공계본」에서는 "唐兵茂火同希順乙不可還率去事"로 나온다.
48 "의심하고疑"는 「정탁본」에서는 "搖"로 나온다.
49 "서문 밖"은 「정탁본」에만 나온다.

락시키고, 부산으로 되돌아왔고, 같은 해 7월쯤에 명나라 군사 15명이 한꺼번에 웅천으로 옮겨왔습니다. 그곳의 적장은 바로 묵감둔墨甘屯 진이었는데 지금까지 진에 머무르고 있습니다. 또한 명나라 군사 30여 명이 있는데, 지난 11월쯤 뒤따라 도착했습니다. 이번에 명나라 군사가 패문을 갖고 온 일은 우리나라 수군이 바다를 덮고 일제히 나아가 왜선을 깨뜨리고 불태웠기 때문에, 적장 곧 묵감둔[50]은 자신들을 곧바로 공격할까 두려워해 명나라 장수 앞에서 간절히 빌어 문서를 작성해 내보내게 된 것입니다. 그때 왜장이 저에게[51] "너는 조선 진으로 가서 말하기를, 일본 사람은 싸우려고 하지 않는데, 조선은 왜 싸우러 나왔는가? 등등의 일을 말하라"고 보냈기에 나왔습니다.

웅천의 적은 세 개의 진으로 각 진에 혹은 1000여 명, 혹은 800~900명입니다. 병들어 죽은 자가 많을 뿐만 아니라 토목 부역에 지쳐 본토(일본)로 도망쳐 돌아가는 자가 얼마나 되는지 알 수 없습니다. 배는 세 개의 진에 중·소선 모두 300여 척으로 보이고, 대선은 다만 2척입니다. 장수는, 한 진은 바로 묵감둔이고, 한 진은 바로 사고여문둔沙古汝文屯이고, 한 진은 바로 아리만둔阿里萬屯입니다. 작년 11월쯤, 늙은 명나라 장수(심유경) 1명이 웅천 진에[52] 도착해 그대로 머물렀는데, 왜인 3명을 이끌고 서계를 갖고 중원(명나라)을 향해 출발했습니다. 그 왜인들이 되돌아오면, 왜적들이 전부 본토(일본)로 돌아간다고 말했습니다.

우리나라 남자와 여자는 혹은 일본으로 들여보냈고, 혹은 심부름꾼으로 있

---

50 "묵감둔"의 원문 "墨甘屯"은 「정탁본」에는 "默甘"으로 나온다.
51 "저에게小人"는 「정탁본」에서는 "矣身茂火"로 나온다.
52 "웅천 진에熊川陣中"에서 '웅천'은 「정탁본」에만 나온다. 「충민공계초」「충무공계본」에서는 "陣川"으로 나온다. 「편수회본」에서는 '川【中】'으로 수정했다.

으며, 본토(일본) 여자들을 또 많이 심부름꾼으로 이끌고 왔습니다. 왜적이 매일 하는 일은 혹은 철환을 두들겨 만들거나, 혹은 성을 쌓고 집을 짓고 있습니다. 군량은 이달 초순에 중선 6척이 가득 실어왔습니다. 새로운 왜는 혹은 20명, 혹은 30명이 실려왔고, 나머지 다른 일은 속기 쉽고 어리석은 사람이라 정확하게[53] 알지 못합니다.

위의 노비 희순은 적에게 붙잡혀 오랫동안 적 속에서 머물러 있어 교활히 모의하는 실정을 상세히 알지 않는 것이 없음에도 반복해 다그쳐 물으면 조금도 바르게 보고하지 않으며, 적에게 돌아가고 싶은 생각이 말과 얼굴 표정에 드러나기에 엄한 형벌을 내릴 기구를 갖춰 그 앞에서 대략 진술을 받았으나, 꾸미는 모습이 많이 있었습니다. 비록 적의 무리 아래에 있었다고 할지라도[54] 이미 본토로 돌아왔는데도 그대로 머무를 계획이 조금도 없으니 그가[55] 나라를 배반한 죄를 잠시도 기다려줄 수 없습니다. 그러나 다시 물어볼 실마리가 있을 듯한 생각이 들어 흥양현으로 옮겨 가두었습니다. 조정의 명령을 기다립니다.[56]

1594년 3월 10일.

통제사. 이순신.

---

53 "정확하게的"는 「정탁본」에서는 "明"으로 나온다.
54 "비록 적의 무리 아래에 있었다고 할지라도"는 「정탁본」, 「충민공계초」, 「충무공계본」에만 나온다.
55 "그가"는 「정탁본」에만 나온다.
56 「정탁본」에는 "조정의 명령을 기다립니다" 뒤에 "대조에도 같은 긴급 장계를 올렸습니다大朝以一樣馳啓爲白臥乎事"라는 내용이 추가되어 있다. 대조大朝는 선조가 있는 행재소로 본 조정이고, 분조分朝는 세자 광해군이 지휘했던 무군사다. 이 내용으로도 이순신이 각각 선조와 광해군에게 같은 내용의 장계를 올렸음을 확인할 수 있다.

6. 「당항포에서 왜적을 처부순 일을 임금님께 보고하는 장계唐項浦破倭兵狀」 (1594년 3월 10일)[57]

운운.

삼가 불태워 없앤 일을 보고합니다.[58]

거제·웅천의 왜적이 많이 대오를 지어 진해·고성 등지를 제멋대로 드나들며 여염집을 불태우고 재물을 빼앗고, 사람들을 죽이고 재물을 약탈했습니다. 그래서 그들이 오가는 기회를 타서 형세를 살펴 무찌르고 사로잡으려고, 삼도의 여러 장수에게 "배를 정비하는 데 힘쓰고, 기구를 엄히 훈련시키고,[59] 한편으로 여러 곳을 볼 수 있는 봉우리 꼭대기로[60] 높은 곳에서 정탐하는 장수를 정해 보내 적선을 감시하고 살피고 즉시 달려와 보고하라"고 단단히 타일러 명령했습니다.

이달 3월 3일 미시에 도착한 고성 경계 벽방碧方의 높은 곳에서 정탐하는 장수 제한국 등이 급히 달려와 보고한 내용에, "당일 동틀 무렵에 왜

---

57 이 장계는 『충민공계초』와 「전서본」에 전체가 나온다. 그러나 둘 사이에도 차이가 있는데, 가장 큰 것은 이 장계 끝부분에 있는 여러 장수의 공로 기록이 『충민공계초』에는 나오지 않고, 「전서본」에만 나온다는 점이다. 또한 「정탁본」에도 이 장계의 일부분이 거의 동일하게 나오지만, 『충민공계초』처럼 장수들의 공로는 나오지 않는다. 이 장계는 『충무공계본』에도 나오는데, 『충민공계초』처럼 「이충무공전서」와 달리 이두 표기가 되어 있다. 번역은 『충민공계초』를 기준으로 했고, 「전서본」 「충무공계본」과 비교해 보완했다.

58 이 장계에서는 "삼가 불태워 없앤 일을 보고합니다謹啓爲倭情事"라고 되어 있지만, 「정탁본」에서는 "삼가 불태워 없앤 일을 동궁께 보고합니다謹達爲焚滅事로 나온다. 받는 대상의 차이를 엿볼 수 있다. 즉 임금에게 보고하는 "啓"와 동궁에게 보고하는 "達"의 차이다. 이 때문에 정탁의 『壬辰記錄 上』에 나오는 것이 동궁에게 보낸 문서였음을 알 수 있다.

59 "삼도의 여러 장수에게 '배를 정비하는 데 힘쓰고, 기구를 엄히 훈련시키고'"는 「정탁본」에는 나오지 않는다.

60 "볼 수 있는 봉우리 꼭대기로望峯頭"가 「충무공계본」에서는 "望烽頭"로 나온다.

대선 10척, 중선 14척, 소선 7척[61]이 영등포에서 처음 나왔는데 21척은 고성 경계 당항포로, 7척은 진해 경계 오리량吾里梁으로, 3척은 저도로 모두 향했습니다"라고 했습니다.

신은 곧바로 경상 우수사 원균, 전라 우수사 이억기 등에게 전령해 다시 더욱 엄격히 거듭 약속하고更嚴申約, 한편으로는 순찰사[62] 이빈에게 이전의 약속에 따라 "군대와 말을 거느리고 달려 나와 육지에 오른 적을 무찌르고 사로잡을 일"을 공문으로 보낸 뒤에, 같은 날(3일) 술시에 삼도의 여러 장수를 남김없이 이끌고 거느려 한산 바다 가운데서 배를 출발시켜 어둠을 틈타 몰래 갔습니다. 이경에 거제 안쪽 면의 지도紙島 바다 가운데서 밤을 보냈습니다.

4일 이른 새벽에 전선 20여 척을 견내량에 머무르게 해 예상치 못한 일을 대비하게 하고, 또한 삼도[63]의 가볍고 날쌘 배輕銳船를 뽑았고, 선발한 장수 31명은 다음과 같았습니다.[64]

전라 좌도의 장수는 다음과 같았습니다.

좌척후장 사도 첨사 김완,[65] 1영장一領將 노천기盧天紀, 2영장 조장우曹將宇,[66] 좌별도장 전 첨사 배경남, 판관 이설, 좌위좌부장左衛左部將 녹도 만호

---

61 「정탁본」에는 "왜 대·중선 31척倭大中船幷三十一隻"으로 합계로 나온다.
62 "순찰사"의 원문 "巡察使"는 「전서본」에서는 "巡邊使"로 나온다. 당시 이빈은 경상도 순변사였다. 이 장계 뒷부분에서도 순변사로 나온다.
63 "삼도三道"가 「정탁본」에서는 "三邑"로 나온다.
64 「충민공계초」와 「전서본」에는 장수 명단과 전체 31명이라고 나오지만, 「정탁본」에는 "배 30척"만 언급되어 있다. 「난중일기」 1594년 3월 3일에도 "30척"으로 나온다.
65 "좌척후장 사도 첨사 김완"이 「충민공계초」 「편수회본」에서는 "우척후장 사도 첨사 김완"으로 나온다. 그러나 이 장계 내용 중 전라 좌도의 "우척후장"으로 여도 만호 김인영이 나오기에, 「충민공계초」 「편수회본」은 오류다. 「충무공계본」은 「전서본」처럼 "좌척후장"으로 나온다.
66 "曹將宇"는 「전서본」에서는 "曹長宇"로 나온다.

송여종, 보주통장步駐統將 최도전, 우척후장 여도 만호 김인영, 1영장 윤붕
尹鵬, 거북선 돌격장龜舡突擊將(우돌격장)67 주부 이언량.

전라 우도의 장수는 다음과 같습니다.

응양별도장鷹揚別都將 우후 이정충, 좌응양장左鷹揚將 어란 만호 정담수,
우응양장右鷹揚將 남도포 만호 강응표, 조전통장助戰統將 배윤襄胤, 전부장
해남 현감 위대기, 중부장 진도 군수 김만수, 좌부장 금갑도 만호 이정표,
통장 곽호신郭好信, 우위중부장右衛中部將 강진 현감 유해, 좌부장 목포 만호
전희광, 우부장 주부 김남준金南俊.

경상 우도의 장수는 다음과 같습니다.

미조항 첨사 김승룡, 좌유격장左遊擊將 남해 현령68 기효근, 우돌격도장
右突擊都將 사량 만호 이여념, 좌척후장 고성 현령 조응도, 선봉장 사천 현
감 기직남, 우척후장 웅천 현감 이운룡, 좌돌격장 평산포 만호 김축, 유격
장 하동 현감 성천유, 좌선봉장左先鋒將 소비포 권관 이영남, 중위우부장中
衛右部將 당포 만호 하종해.

인솔 장수로 수군 조방장 어영담을 정해定將69 당항포와 오리량 등의 적
선賊舡이 정박한 곳으로 몰래 군사를 달려 보냈습니다.

---

67 "龜舡"의 "舡"은 "船"의 속자다.
68 "남해 현령南海縣令"을 「편수회본」에서는 "南海縣監【令】"으로 수정해놓았다. 즉 '監'이 아니라
'令'이 맞다고 보았다. 그러나 남해는 현령이 최고 수령이다.
69 「난중일기」 1594년 3월 3일에는 어영담을 인솔 장수로 정했다는 이야기가 나온다. 이 장계
에서는 "定將"으로 나오는데, 인솔 장수로 정했다는 뜻이다.

신과 이억기, 원균 등은 대군을 지휘해 영등과 장문場門의 적 진을 친 앞 바다에 있는 증도 바다 가운데에 학익열진을 치고 온 바다를 가로막았습니다. 앞으로는 군대의 위세를 보이고, 뒤로는 적의 길을 끊을 때, 왜선 10척[70]이 진해 선창에서 나와 기슭을 끼고 배를 모는 것을 조방장 어영담이 여러 장수 등을 이끌고 한꺼번에 돌격해 나아가, 좌우에서 협공했더니, 6척은 진해 경계 읍전포邑前浦, 2척은 고성 경계 어선포於善浦, 2척은 진해 경계 시굿포柴仇叱浦에서[71] 모두 배를 버리고 육지로 올라갔습니다. 모든 배를 남김없이 깨부수고 불태웠습니다.

녹도 만호 송여종은 왜선에 붙잡혀 있던 사람인 고성 정병 심거원沈巨元,[72] 진해 관청의 계집종 공금孔今,[73] 함안 양인 여자 남월南月 등을 빼앗았습니다. 또한 붙잡혀 있던 2명은 왜적이 머리를 베고 버리고 갔습니다. 당항포에 들어가 정박했던 왜선 대·중·소 모두 21척이 연기 속에서 타오르는 불길을 멀리서 보고 마음이 꺾이지 않은 자가 없었습니다. 세력이 궁한 것을 알고, 육지로 올라가 진을 쳤기에, 순변사 이빈에게 다시 독촉하는 공문을 보냈고, 또한 어영담에게 명령해 그가 인솔한 여러 장수를 거느리고 곧바로 그곳을 향하게 할 때, 마침 저녁의 썰물이 이미 빠져나갔고, 해도 저물어 진격할 수 없어 그 당항포 포구의 군사적으로 중요한 지역을 지키고 경비하면서 밤을 보냈습니다.

이튿날인 5일 이른 새벽에 신과 이억기는 큰 바다에 진을 치고, 밖에서

---

70 이 왜선 10척은 이 장계에 나오는 "7척은 진해 경계 오리량으로, 3척은 저도로 모두 향했습니다"의 그 10척인 듯하다.
71 「정탁본」에는 "6척은 진해 경계 읍전포, 2척은 고성 경계 어선포, 2척은 진해 경계 시굿포에서"는 나오지 않는다.
72 "沈巨元"은 「정탁본」에서는 "沈居元"으로 나온다.
73 "孔今"은 「정탁본」에서도 같지만, 「전서본」에서는 "禮今"으로 나온다.

의 비상사태를 대응하고, 어영담은 장수들을 거느리고, 곧바로 그 포(당항포)로 들어갔습니다. 같은 날(5일) 미시에 받은 어영담 등의 긴급 보고 내용에, "왜적이 다 달아나 숨었고, 왜선 21척은 기와와 왕죽王竹을 가득 싣고 열 지어 정박해 있기에 깨부수고 불태워 없앴다"고 했습니다. 전라 우수사 이억기도 그의 여러 장수가 보고한 것에 근거해 같은 내용을 보고했습니다.

간신히 숨만 쉬는 잔당들은 감히 대항해 싸우지 못하고 배를 버리고 밤에 도망쳤습니다. 이런 때를 맞아 바다와 육지에서 서로 호응해 한꺼번에 합동으로 공격한다면, 거의 다 죽여 없앨 수 있습니다. 그러나 바다와 육지에 주둔한 군대가 서로 멀리 떨어져 있어 쉽게 소통하기가 어려워 새장 속에 갇힌 적籠中之賊을 완전히 붙잡지 못해 아주 원통하고 분했습니다. 그러나 고성과 진해를 거리낌 없이 멋대로 다니던 왜적은 이후부터는 거의 뒷일을 염려해 꺼리는 걱정을 하면서 제멋대로 드나들지 못할 것입니다.

같은 날(5일) 수군 전체가 전부 합세해 큰 바다를 가득 채우고, 포 쏘는 소리는 하늘을 진동시켰습니다. 동쪽과 서쪽으로 진을 변화시키면서 기습 공격할 모습掩擊之狀을 보였습니다. 그랬더니 영등·장문·제포·웅천·안골포74·가덕·천성 등지에 틀어박혀 있던 왜적은 그들을 곧바로 공격할 것을 두려워해 복병했던 임시 장막을 전부 스스로 불태웠고, 무서워 소굴로 움츠러들어 그림자가 아주 끊어졌습니다.

6일에는 고성 경계 아자음포阿自音浦에서 출발해 바람을 따라 돛을 펼치고, 앞뒤를 서로 이어가며 거제읍 앞 흥도 앞바다를 향할 때, 남해 현령 기

---

74 "안골포"의 '포'가 「편수회본」 「충민공계초」에는 나오지 않는다.

효근이,[75] "왜선 1척이 영등에서 처음 나와 건너편 육지로 올라갔는데, 명나라 군사 2명과 왜놈 8명이었습니다. 패문을 지닌 명나라 군사를 함께 실어 보냅니다"라고 했습니다. 그 패문에 회답한 사연을 별도 장계로 갖추어 논해 장계로 올립니다.

대개 전체 진의 장수와 군사는 승리를 타서[76] 펄쩍펄쩍 뛰며 모두들 죽고 사는 것을 결심하고 곧바로 돌격했을 뿐만 아니라, 굶주리고 지쳐 숨이 끊어질 듯한 군사들도 모두 즐겁게 출전해 왜선 30여 척[77]을 전부 불태워 없앴습니다. 한 척도 빠져나간 것이 없습니다. 그대로 장문과 영등의 적을 무찌르고, 차례로 남김없이 무찔러 없앨 생각이었습니다.

그런데 수군 소속 나주를 포함한 9고을에서 추가 건조한 전선은커녕 원래 규정된 전선까지 모두 지금까지 돌아와 정박하지 않고 있습니다. 그 도(전라 우도) 각 진과 포에서는 각 고을이 수군을 붙잡아 보내지 않아 정비하지 못하고 있고, 충청 수사 구사직은 아직도 진에 도착하지 않았기에, 군사의 위세가 외롭고 약할 듯해 다시 형세를 살피고 나아가 무찌르려고, 이달 3월 7일 한산도 진으로 되돌아왔습니다.

삼도의 여러 장수가 적선을 불태워 없앤 수는 이억기와 어영담의 보고에 따라 상세히 공로의 등급을 나누어 결정해 뒤에 자세히 조목조목 기록했습니다.

왜의 물건은 노략질하던 왜적이었기에 특별히 중요한 물건은 없고, 다만

---

75 「정탁본」에는 "당일 낮 12시쯤當日午時量"이 나와 있다.
76 "승리를 타서乘勝"가 「충무공계본」에서는 "勝勝"으로 나온다.
77 "30여 척"은 이 장계에 따르면, 정확히 31척이다. 대선 10척, 중선 14척, 소선 7척으로 영등포에서 나온 것으로 당항포로 간 21척, 오리량으로 간 7척, 저도로 간 3척이다. 그런데 이 장계에 첨부된 장수들의 공로 속 불태워 없앤 일본 전선 수는 30척으로 대선 12척, 중선 14척, 소선 4척이다.

옷과 식량, 가마솥,[78] 나무그릇 등의 잡다한 물건이 있었는데, 찾아낸 군졸 등에게 공평하게 나누어주었습니다.

그러나 다만 "경상 우수사 원균은 적선 31척을 그 도(경상 우도)의 장수들만이 홀로 맞서서 불태워 없앤 것처럼 공문을 작성해 실어 보냈다"고 했기에, 전체 진의 장수와 군사가 터무니없이 여기지 않은 사람이 하나도 없습니다. 조정에서 헤아려 생각해 시행해주십시오.

삼가 갖추어 임금님께 글을 올려 보고합니다.

1594년 3월 10일.

여러 장수의 공로는 다음과 같았습니다.[79]

전라 좌·우도 여러 장수의 공로는 다음과 같았습니다.

절충장군折衝將軍 수군 조방장 어영담은 왜 대선 2척 불태워 없앴습니다.

우척후장 훈련 부정(종3품) 겸 여도 만호 김인영은 왜 대선 1척, 중선 1척을 불태워 없앴습니다.

우부장 서부西部 주부 겸 녹도 만호 송여종은 왜 대선 1척, 소선 1척을 불태워 없앴습니다.

우돌격장(거북선 돌격장) 훈련 주부 이언량은 왜 중선 2척을 불태워 없앴습니다.

좌척후장 절충장군 사도 첨사 김완은 왜 중선 1척을 불태워 없앴습니다.

좌별도장 전 첨사 배경남과 훈련 판관(종5품) 이설은 힘을 합쳐 왜 대선 1척을 불태워 없앴습니다.

---

78 "가마솥釜鼎"이 「충무공계본」에서는 "鼎釜"로 나온다.
79 이 공로 부분은 「충민공계초」 「충무공계본」 「정탁본」에는 나오지 않는다. 「전서본」에만 나온다.

좌부 보전통장步戰統將 전 훈련 봉사(종8품) 최도전과 좌척후左斥候 1영장 정병 보인保 노천기盧天紀, 2영장 정병 보인保 조장수曹長守[80]는 힘을 합쳐 왜 소선 1척을 불태워 없앴습니다.

계원장繼援將 수군 우후 이정충은 왜 대선 1척을 불태워 없앴습니다.

전부장 해남 현감 위대기는 왜 중선 1척을 불태워 없앴습니다.

좌응양장 훈련 판관 겸 어란 만호 정담수는 왜 대선 1척을 불태워 없앴습니다.

우응양장 훈련 판관 겸 남도포 만호 강응표는 왜 중선 1척을 불태워 없앴습니다.

중위 좌부장 훈련 판관 겸 금갑도 만호 이정표는 왜 중선 1척을 불태워 없앴습니다.

좌위 좌부장 훈련 판관 겸 목포 만호 전희광은 왜 소선 1척을 불태워 없앴습니다.

우위 중부장 강진 현감 유해와 우부장 주부 김남준은 힘을 합쳐 왜 중선 1척을 불태워 없앴습니다.

우척후 1영장 겸사복 윤붕과 우응양 조전장右鷹揚助戰將 충순위忠順衛 배윤과 중위 좌부 보주통장 정병 보인保 곽호신은 힘을 합쳐 왜 소선 1척을 불태워 없앴습니다.

경상도 여러 장수의 공로는 다음과 같습니다.

우수사 원균은 왜 중선 2척을 불태워 없앴습니다.

좌척후 1선봉장一先鋒將 사천 현감 기직남은 왜 대선 1척을 불태워 없앴

---

80 「전서본」의 "조장수曹長守"는 2영장이라는 점에서 「충민공계초」의 "曹將字" 혹은 「전서본」의 장계 본문에 나오는 "曹長字"의 오자인 듯하다.

습니다.

좌돌격장 군기시 부정 겸 고성 현령 조응도는 왜 대선 1척을 불태워 없앴습니다.

좌척후 선봉도장先鋒都將 웅천 현감 이운룡은 왜 대선 1척을 불태워 없앴습니다.

유격장 하동 현감 성천유와 우부장 당포 만호 하종해는 힘을 합쳐 왜 중선 1척을 불태워 없앴습니다.

좌선봉장 훈련 판관 겸 소비포 권관 이영남은 왜 대선 2척을 불태워 없앴습니다.

우돌격도장 훈련 정 겸 사량 만호 이여념은 왜 중선 1척을 불태워 없앴습니다.

전부장 거제 현령 안위는 왜 중선 1척을 불태워 없앴습니다.

우유격장 진해 현감 정항은 왜 중선 1척을 불태워 없앴습니다.

7. 「기한을 넘긴 여러 장수를 처벌해주실 것을 임금님께 청하는 장계請罪過期諸將狀」(1594년 4월 2일)

삼가 죄의 유무를 조사할 일로 보고합니다.

충청 수사 구사직에게 "관할하는 여러 장수를 모두 한꺼번에 거느려 이끌고 지난 2월 5일 안으로 진으로 돌아와 정박할 일"을 기한을 정해주었으나, 전선 10척을 이끌고 지난 3월 16일에 진에 도착했습니다.

위의 수사(구사직)가 올린 공문 내용은 다음과 같았습니다.

도(충청도) 소속 전선 40척에게 군량과 군기물을 넉넉히 정비해 좌도(충청 좌도) 각 고을과 포는 원산元山, 우도(충청 우도) 각 고을과 포는 개야소도開也召島[81]로 모두 지난 1월 27일까지 한꺼번에 준비해 도착할 일을 4~5번 공문을 보내 점검하고 바로잡았습니다.

수사(구사직)는 2월 2일 아침에 수영 본진水本鎭(충청 수영) 수군을 거느려 이끌고 바다로 나가 원산도元山島에 도착해 정박해 며칠을 머무르며 기다렸습니다. 그러나 결성 대장 서복천徐福千만 전·병선戰兵船 각 1척[82]을 이끌고 왔고, 나머지 다른 각 고을과 포는 모이기로 약속한 곳에 없었기에 우도(충청 우도)가 모이기로 약속한 개야소도로 내려왔으나, 배가 한 척도 도착해 온 것이 없어 군산포 앞바다에 머물러 정박하고 바람이 자기를 기다렸습니다. 소근 첨사 박윤,[83] 마량 첨사 강응호, 서천포 만호 소희익, 비인 대장 안훈安訓, 안흥 대장 최대관崔大寬, 서천 대장 김홍金弘 등이 전·병선 각 1척을 이끌고 뒤따라 도착했기에, 더불어(본진 판옥선 3척을 합쳐 10척을)[84] 거느려 이끌고 이달 3월 16일에 진에 도착했습니다.[85]

81 "開也召島"는 「전서본」에서는 "伽倻召島"로 나온다. 개야소도開也召島는 국립중앙도서관 소장 「여지도」(한 貴古朝61-3)의 「서천」 지도에서도 개야소도開也召島로 나온다. 현재는 개야도로 불린다. 조선시대에는 충청남도 서천군에 속해 있다가 일제 강점기 이후 전북 군산에 편입되어 현재 전라북도 군산시 옥도면 개야도리에 있는 섬이다.

82 "전·병선 각 1척"은 「전서본」에서는 "판옥선과 협선 각 1척板屋挾船各一隻"으로 나온다. 아래의 경우도 같다.

83 박윤은 1588년 1월, 여진족 토벌 작전인 시전부락 전투 상황을 그린 「장양공정토시전부호도」에는 좌위 부대에서 한후장 현신교위 영건보 병마 만호(영암인)로 참전했다. 이순신은 우위에서 우화열장으로 참전했다.

84 "더불어並"는 「전서본」에서는 "본진 판옥선 3척을 합쳐 10척本鎭板屋船三隻並十隻"으로 나온다.

85 충청 수사 구사직이 실제로 이끌고 온 전선은 「충청도 전선이 기한 안에 돌아와 정박할 수 있도록 임금님께 청하는 장계請忠淸刻期回泊狀」에 따르면, 11척이다. 위 장계 내용 중 "본진 판옥선 3척을 합쳐 10척"은 구사직이 직접 탄 전선은 제외된 숫자다.

각 고을이 방비를 하러 들어올 수군을 1명도 붙잡아 보내지 않아 이렇게 사부와 격군을 정비할 수 없어 기한에 미치지 못했습니다. 아주 놀랍고 경악할 일입니다. 군사를 붙잡아 보낼 뜻이 없는 각 고을, 수군을 아직 정비하지 않은 고을 중에서 더욱 심한 한산·임천·홍주·서산·남포·태안·보령·해미·병영·파지도 등의 관리는 군율에 따라 엄하게 다스리고, 수군이 아직 도착하지 않은 곳은 아주 급히 독촉해 낮과 밤을 잊고 내려보내도록 해야 합니다.

칠로(전라도를 제외한 7도)에 가득 차 있던 적들이 모두 한쪽에 모여 흉악한 음모와 교묘한 계책으로 못하는 짓이 없기에 침범해올 걱정거리가 숨 한 번 쉬는 사이에 닥쳤습니다. 그런데도 한산 등 8고을 수령은 각 포에 방비를 하러 들어올 수군을 한 명도 뽑아 보내지 않아 각 포의 전선이 정비될 수 없었습니다. 각각 그 본 고을의 수군까지도 정비해 보내지 않았습니다.

군령의 중대한 일을 게을리하고 느슨하게 하는 것이 이렇게 되었으니, 아주 원통하고 경악할 일입니다. 앞의 한산 등[86]의 고을 수령들은 전선을 기한을 넘겨서도 보내지 않았고, 방비를 하러 들어올 수군을 전혀 뽑아 보내지 않은 죄를 지은 사실이 있고, 파지도와 병영은 수군을 거듭거듭 독촉했어도 끝내 나오지 않았으니 군율을 크게 범한 것입니다.

모두 조정에서 조치해 그 나머지가 경계하도록 해주십시오. 위의 전선 등이 낮과 밤을 잊고 달려올 일을 본도(충청도) 순찰사 윤승훈尹承勳에게 특별히 단단히 타일러 경계하도록 해주십시오.[87]

---

86 "한산 등"은 「전서본」에서는 "韓山, 林川, 洪州, 瑞山, 藍浦, 泰安, 保寧, 海美 等"으로 나온다.
87 "단단히 타일러 경계하도록 해주십시오申飭爲白齋"는 「전서본」에서는 "申飭恐好"로 나온다.

대체로 위의 수사 구사직은 이처럼 흉악한 적이 음모를 일으킬 때를 맞아 만나기로 약속한 것에 미치지 못했으니, '기한을 넘긴 죄'를 면하기 어렵습니다. 그러나 다만 각 고을에서 수군을 전부 붙잡아 보내지 않는 것이 최근에 더욱 심해져, 각 포에서 전선을 쉽게 정비하고 조정할 수 없게 된 것입니다. 각 도가 똑같습니다.

먼저 행수군관과 도훈도는 군령에 따라 죄를 처벌하겠습니다.

삼가 갖추어 임금님께 글을 올려 보고합니다.

1594년 4월 2일.

8. 「무과 별시를 치른 것을 임금님께 보고하는 장계設武科別試狀」(1594년 4월 11일)

삼가 과거시험을 보아 인재를 선발한 일을 보고합니다.

작년(1593년) 12월 23일에 받은, 무군사의 공문에 근거한 순찰사 이정암의 공문은 다음과 같았습니다.

동궁(광해군)께서 전주부로 내려와 머무시면서, "과거 시험장을 설치하라"고 명령하셨습니다.

그래서 다음과 같이 말씀드렸습니다.

"恐好"는 "좋을 듯합니다"라는 뜻이다.

바다 진의 장사와 군사가 모두 즐겁게 달려가고자 합니다. 그러나 12월 27일로 날짜를 정했기에 물길이 까마득히 멀어 기한 안에 도착할 수 없을 뿐만 아니라, 적과 서로 대적하고 있어 뜻밖의 걱정거리가 없지 않아 정예용사를 한꺼번에 내보낼 수 없습니다. 그러므로 수군 소속 군사들은 경상도의 사례에 따라 진에서 시험을 보아 인재를 선발할 수 있도록 해 군사들의 마음을 풀어주셨으면 합니다. 그러나 시험 규칙에 말을 타고 활을 쏘는 시험騎射 같은 것은 먼 바다 외로운 섬에서는 말을 타고 달릴 수 있는 땅이 없으니 말을 타고 활을 쏘는 과목은 편전으로 재능을 시험하는 것이 편리하고 유익할 듯해 외람되게 감히 여쭈옵니다.

그런데 이번에 받은, 병조의 공문 내용은 다음과 같았습니다.

이번에 좌수사(이순신)가 임금님께 품의한 내용의 사연에 대해 임금님의 분부가 있으셨습니다. 병조에서 임금님께 요점만 보고한 글을 덧붙여, 임금님의 분부를 내려보냅니다.

"(병조에서 임금님에게) 전주에서 시험 친 문·무과文武科는 이미 합격자를 발표했는데, 계속해서 과거시험을 보게 하는 것은 마땅치 않은 듯합니다. 그러나 수군이 몇 년을 애쓰고 고생했는데, 홀로 과거를 볼 수 없었으니, 마음이 아주 안타깝고 찜찜할 뿐만 아니라, 영남의 원수진元帥陣(권율 진영)에서 본 과거시험은 전주에서 한꺼번에 합격자를 발표할 수도 없어 나누어 시험을 보아 인재를 선발하는 것이 거기나 여기나 차이가 없으니, (이순신의) 장계에 따라 말을 타고 활을 쏘는 시험은 제외하고, 편전과 철전으로 시험을 보아 인재를 선발하되, 제멋대로 많이 선발하면 정예하지 않을 걱정거리가 있을 우려가 있으니, 100명을 정원으로 시험을 보아 뽑는 것이 어떻겠습니까"라고 보고했습니다. 그런데 만력 22년(1594) 2월 7일에, 우부승지 신 이광정李光庭을 담당자로 해서 임금님의 허락이 있으셨습니다. 비교하여 살펴 시행하십시오."

그러므로 위의 무과 별시를 치르기 위해, "명망 있는 문관을 참시관參試官으로 임시 임명해 뽑아 보내주실 일"을 도원수 권율에게 공문으로 보냈더니, 삼가 현감 고상안을 참시관으로 임시 임명해주셨습니다.

시험관은 신과 전라 우수사 이억기, 충청 수사 구사직, 참시관은 장흥 부사 황세득, 고성 현령 조응도, 삼가 현감 고상안, 웅천 현감 이운룡 등입니다. 이달 4월 6일에 과거시험장을 열고, 철전 5시 2순(총 10발)에 두 발 이상 명중한 사람과 편전 5시 1순(5발)에 한 발 이상 명중한 사람으로 하되, 군관이 활을 쏘는 방식에 따라 나누어 시험을 치게 했습니다.

합격자 100명은 1, 2, 3등으로 구분하고, 사는 곳과 하는 일, 성명, 아버지 이름과 나이 등을 함께 별도의 장계에 나열해 기록해 올려보냅니다.[88]
1594년 4월 11일.

---

88 오희문의 『쇄미록』 1594년 2월 2일에는 세자 광해군이 실시한 전주에서의 무과시험에 대한 이야기가 나온다. 철전 5발 2순에 두 번 명중한 사람과 말을 타고 활을 쏘는 시험 1차에 두 번 이상 명중한 사람을 선발해 1782명을 급제시켰다고 한다. 육군과 달리 수군은 이순신의 장계로 무과시험 규정을 바꿔 시행했다. 조경남의 『난중잡록』 1594년 10월 23일에는 이순신이 한산도에서 무과시험을 시행해 100명을 선발했고, 이를 주사급제舟師及第라고 칭했다는 내용이 나온다. 조응록의 『죽계일기』 1596년 10월 28일에는 서울에서 치른 무과 정시에 대한 내용이 나온다. 무과에서는 55명이 합격했고, 합격 기준은 조총과 편전은 각각 1순에 3발을 쏘고, 1발 이상을 맞춘 경우였다. 이 시기에는 조총도 무과시험 과목에 들었던 듯하다.

9. 「왜적을 정찰한 것을 임금님께 보고하는 장계哨探倭兵狀」(1594년 4월 19일)

삼가 비상사태에 대비하는 일을 보고합니다.

이달 4월 18일에 받은 거제 현령 안위의 긴급 보고 내용은 다음과 같았습니다.

이달 4월 15일[89]에 적의 형세를 정찰哨探하려고 사부와 군사를 거느리고 경계 안의 국사당國祀堂 봉우리 꼭대기에서 멀리 살폈는데, 옥포 앞바다 양주암揚州岩에 있던 왜선 6척 중에서 3척은 전처럼 정박해 해산물을 채취하고 있었고, 2척은 가덕으로 향했고, 1척은 영등포로 향했습니다. 현(거제현) 경계 안쪽의 동쪽과 서쪽 각지의 땅으로 적들이 다니며 곳곳에서 포를 쏘았습니다. 같은 날(15일) 멀리 바라보니, 왜선 100여 척이 각각 대나무 돛을 펼치고, 본토(일본)에서 처음으로 나와 한 부대는 부산 앞바다,[90] 한 부대는 김해강과 웅포[91]로 향했습니다. 그런데 안골포항安骨浦項 북쪽에 전에는 보이지 않았던 아주 성대한 큰 진 한 곳이 확실하게 직접 보였습니다. 영등포와 장문포場門浦에 주둔한 적은 더해지거나 줄지 않았습니다.

"새로운 왜적이 많이 나왔다"고 하니, 흉악한 음모를 헤아리기 어렵습니다. 그러므로 도원수(권율)·순찰사·병사의 각 진에 공문을 보내 여러 장수를 점검하고 바로잡게 해 매일 새롭게 비상사태에 대비하도록 했습니다.

---

89   "이달 4월 15일今四月十五日"은 「전서본」에만 나온다.
90   "부산 앞바다釜山前洋"는 「전서본」에서는 "釜山前絶影島"로 나온다.
91   "웅포"의 원문 "熊浦"는 「전서본」에서는 "熊川"으로 나온다.

삼가 갖추어 임금님께 글을 올려 보고합니다.

동궁에게도 같은 장달을 써 보냈습니다.

1594년 4월 19일.

10. 「왜적의 정황을 임금님께 보고하는 장계陳倭情狀」(1594년 4월 20일)[92]

운운.[93]

삼가 왜의 정황에 대한 일을 보고합니다.

이달 4월 18일에 받은 전라 우도 중위장 수군 우후 이정충이 올린 공문 내용은 다음과 같았습니다.

(4월) 17일 유시에 받은 견내량 복병장 진도 대장 이세희의 공문 안의 요지 는 다음과 같았습니다.

소속 통선을 거느려 이끌고 복병하는 곳에서 비상사태에 대비했는데, 당일 (17일) 낮 12시쯤, 정체불명의 소선 1척이 거제 장문포에서 처음으로 나와 복병한 곳을 향해 오기에, 무장茂長의 협선 1척, 병영의 협선 1척을 출발시 켜 보내 추격해 붙잡게 했습니다. 거제에 사는 겸사복 김응지金應之 등 남자

---

92 이 장계는 「충무공계본」에도 나온다. 「충민공계초」처럼 「이충무공전서」와 달리 이두 표기가 되어 있다. 이 장계의 번역은 「충민공계초」를 기준으로 했고, 「전서본」 「충무공계본」을 비교해 보 완했다.

93 「충민공계초」의 "운운"은 「충무공계본」에서는 "통제사 이순신"으로 나온다. 「전서본」에는 나오 지 않는다.

와 여자 모두 16명이 우리나라 물고기를 잡고[94] 해산물을 채취하는 배를 훔쳐 타고 나오는 것이었기에 모두 붙잡아 보냅니다.

위의 김응지 등 16명을 올려보내니 죄를 조사하기 위해 심문을 실시해주십시오.

위의 사로잡혔다가 도망쳐 돌아온 거제현에 사는 겸사복 김응지, 같은 현(거제현) 정병 허능련許能連, 김가응손金加應孫, 별시위 조윤신趙允信, 수군 유응상劉應上 등에게[95] 붙잡혔다가 도망쳐 돌아오게 된 절차, 적진에서 한 일에 대해 죄를 조사하기 위한 심문에서 진술받은 내용은 다음과 같았습니다.

김응지는, "거제현 동면에서 살았고, 교생 허응규許應奎, 신세영辛世英 등과 힘을 합쳐 적을 무찌르다가 허응규는 적에게 죽임당했으나, 저는 살아남았습니다.[96] 작년 7월 19일, 왜적 7명에게 사로잡혀 묶어서 장문포로 끌려갔습니다. 그곳에 머물러 주둔한 적장 돈단둔頓丹屯이라고 불리는 왜적이 있던 곳으로 넘겨져 5일을 머문 뒤에 왜장 조승감과 우단둔의 진으로 보내져 각각 5일 동안 머물렀고, 또 영등포 왜장 심아손둔沈我損屯 진에 옮겨져

---

94 "물고기를 잡고漁"의 「충민공계초」는 "魚", 「편수회본」은 "魚【漁】"로 나온다.
95 "거제현에 사는 겸사복 김응지, 같은 현(거제현) 정병 허능련, 김가응손, 별시위 조윤신, 수군 유응상 등에게"는 「충무공계본」에 나온다. 「전서본」에서는 "김응지 및 그 현 정병 허능련, 김가응손, 별시위 조윤신, 수군 유응상", 「충민공계초」에서는 "거제현 사는 겸사복 김응지, 그 현 정병 허능련巨濟接兼司僕金應之 同縣正兵許能連 등"으로만 나온다. 「충무공계본」이 상세하다.
96 "김응지는, '거제현 동면에서 살았고, 교생 허응규, 신세영 등과 힘을 합쳐 적을 무찌르다가 허응규는 적에게 죽임당했으나, 저는 살아남았습니다'"는 「전서본」, 「충무공계본」에만 나온다. 「충민공계초」에는 나오지 않는다.

또 5일을 머물렀고, 웅천 입암立巖의 평의지 진에 실려 보내져 5일을 머물 렀습니다. 부산포의 이름을 알지 못하는 왜적의 진으로 차례로 옮겨져 그 곳에서 연이어 머무르다가 틈을 타 웅천으로 달아나 숨었습니다. 오가며 장사하는 왜선을 타고 웅포로 되돌아왔다가 장문포에 도착했는데, 우리나 라의 붙잡힌 사람들이 많이 머물러 있었습니다. 그곳(장문포)에 연이어 머 물며, 물고기를 잡고 해산물을 채취하면서 목숨을 이으며 언제나 나오려 고 생각했으나, 지키는 왜놈 등이 떨어져 있지 않아 도망칠 수 없었습니다. 마침 지키던 왜놈 2명이 밖에 나갔을 때, 허능련, 김가응손, 조윤신, 김응 상 등[97]과 거제에 사는 여인 11명, 저를 포함한 16명이 이달 4월 16일 밤사 이에 배를 타고 나왔을 때 수군 복병이 나왔습니다. 왜적의 형편은 장문포 에 머물러 주둔한 적장은 3개의 진입니다. 돈단둔[98] 진의 왜적은 300여 명 으로 보였는데, 우리나라 사람이 3분의 1 정도 뒤섞여 있었습니다. 중·소 선 모두 50여 척이 있었고, 군량은 30칸으로 지은 창고 2개를 가득 채웠 습니다. 조승감[99] 진의 왜적은 400여 명인데 우리나라 사람은 5~6명이 있 었고, 중·소선 모두 37척이 있었고, 군량은 30칸으로 지은 창고 2개를 가 득 채웠을 뿐만 아니라, 포구는 길고 큰 나무로 많은 뗏목을 만들어 배가 다니는 것을 막고 있고, 포구 양쪽 기슭에 담장을 쌓고, 우리나라 천자·지 자총통을 많이 설치해놓았습니다. 우단둔 진의 왜적은 400여 명이고, 우 리나라 남녀 30여 명이 있었습니다. 중·소선 모두 30여 척이 머물러 정박

---

97 "허능련, 김가응손, 조윤신, 김응상 등"은 「전서본」 「충무공계본」에 나오고, 「충민공계초」에 서는 "김응지 등 4명"으로 나온다.
98 "頓丹屯"은 「전서본」에서는 "損丹屯"으로 나온다.
99 「충민공계초」의 "鳥乘監"은 "조승감"의 잘못이다. 「전서본」 「충무공계본」도 '조승감'으로 나 온다. 이하 반복 등장하는 경우도 같다. 이 번역본에서는 '조승감'으로 통일했다.

해 있고, 군량은 3칸집三間家[100] 창고 2개를 가득 채웠습니다. 심아손둔 진의 왜적은 300여 명이고, 우리나라 남녀 30여 명이 있습니다. 그 진의 군량과 각 진의[101] 군기물 수량은 알지 못합니다. 당시 드나드는 왜적은 환도와 총통을 갖고 있습니다. 웅천 입암의 적장 평의지 이외 다른 진의 적장 이름은 알지 못합니다. 그리고 웅천 입암 1진, 웅포 2진, 안골포 3진, 가덕 1진, 김해 1진, 죽도 1진, 두모포·동래·부산 등지에 5진, 영등·장문 모두 18개 진이 현재 머무르고 있습니다"라고 했습니다.

김응지는, "지난 3월 초순 사이에 조승감 진의 중선 17척, 돈단둔 진의 중선 5척, 우단둔 진의 중선 6척, 모두 28척과 영등에 주둔한 진의 왜적이 보낸 배, 모두 30여 척이 진해와 고성의 여염집 기와와 중죽을 가져왔고, 게다가 우리나라 사람을 잡아가고 재물을 빼앗으려 할 때, 우리나라 수군 300여 척이 진해와 고성을 향하다가 그 적선 등을 깨뜨리고 불태웠기에, 그 군사의 위세를 두려워한 장문포에 주둔한 적 등은 허겁지겁 넘어졌고, 군기물 등의 물건과 본국(일본)의 전투용 말 등을 그들의 배에 가득 실어 놓거나 혹은 산골로 들어가기도 했습니다. 5일 전에 내보냈다가 패배한 왜적들이 돌아와 말하는 내용에, '조선 병선 300여 척이 군대의 위세를 성대한 진으로 갖추어 둘러싸고 포위했기에 적을 당할 수 없어 육지로 올라가 있는 동안에, 배는 혹은 불태워 없애거나, 혹은 끌어갔기에 간신히 밤을 틈타 도망쳐 웅포에 도착해 배를 타고 들어왔다'고 설명해 말했습니다. 그들 무리가 항상 하는 일은 집 지을 재목을 베고, 다듬어 그들의 대선에 실

---

100 "三間家"이나 「전서본」 「충무공계본」에서는 "30칸三十間"으로 나온다. 위의 다른 사례를 보면, 30칸이 맞는 듯하다.
101 "군량과 각 진의"는 「전서본」 「충민공계초」에는 나오나, 「충무공계본」에는 나오지 않는다.

어 본토(일본)로 들여보내는 것이었습니다. 새로운 왜적이 교대하러 나온다고 해서 저희끼리 서로 좋아했으나, 도착해 정박한 형편은 눈으로 보지는 못했습니다. 대체로 각 진의 왜적은 전과 마찬가지로 틀어박혀 있고, 기타 나머지 일은 알지 못합니다"라고 했습니다.

허능련은, "거제읍 안에 사는 정병으로, 작년(1593년) 7월 24일에 처와 함께 4명이 한꺼번에 적에게 붙잡혔고, 장문포 조승감 진에 넘겨졌으며, 12살 난 딸은 다른 왜가 있는 곳에 넘겨져 팔렸기에 간 곳을 알지 못합니다.[102] 저희(허능련) 부부와 7살 된 딸은 부산포[103]로 옮겨져 주둔해 있던 왜적에게 팔려가 계속 머무르다가 마침 맡았던 왜적들이 술을 사는 일로 밖에 나간 것을 보고 그 틈을 타서 배를 훔쳐 웅포에 도착했습니다. 겸사복[104] 김응지가 적에게 붙잡혀 그곳(웅포)에 머물고 있었기에 한마음으로 몰래 의논해 장문포로 건너가 물고기를 잡고 해산물을 채취해 생계를 잇다가, 이번에 김응지 등과 의논하고 약속해 나왔습니다. 그리고 적진에서 한 일은 김응지의 진술과 마찬가지입니다"라고 했습니다.

유응상은 "경상 우수영 취라치吹螺赤[105]로 거제에 살았는데, 날짜는 기억나지 않으나, 작년 7월에 적에게 붙잡혀 돈단둔 진으로 넘겨져 이리저리 떠돌다가 부산포의 왜적에게 옮겨져 팔려 부산에 도착했고, 틈을 타 도망쳐 본현(거제)으로 되돌아왔는데, 돈단둔이 있는 왜적들에게 다시 붙잡혔습니다. 김응지 등과 함께 의논해 나왔습니다. 적진에서 한 일은 김응지와 마찬

---

102 "허능련은, '거제읍 안에 ~ 간 곳을 알지 못합니다'"는 「전서본」, 「충무공계본」에만 나온다. 「충민공계초」에는 나오지 않는다.
103 "부산포"의 "포"는 「전서본」, 「충무공계본」에만 나온다. 「충민공계초」에는 나오지 않는다.
104 "겸사복"은 「충무공계본」에만 나온다. 「전서본」, 「충민공계초」에는 나오지 않는다.
105 취라치는 취라군吹螺軍이라고도 한다. 군대에서 소라螺, 螺角, 角를 불었다.

가지입니다"라고 했습니다.

조윤신은, "거제에 살았고, 지세포로 방비하러 들어간 별시위입니다. 날짜는 기억하지 못하는데, 작년 7월에 산골로 피란 갔다가 왜놈 10명이 뜻하지 않게 돌진해 붙잡혀 이리저리 떠돌다 부산포에 옮겨져 팔려서 계속 머물다 간신히 도망쳐 본현(거제현)으로 돌아오다가 또다시 장문포 조승감 진의 왜적에게 붙잡혀 그곳에 계속 머물다가 김응지 등과 함께 의논해 나왔습니다. 적진에서 한 일은 김응지와 마찬가지입니다"라고 했습니다.

김가응손은, "거제의 정병으로 형 응지應之와 한마음으로 비상사태를 대비했는데, 형 응지가 작년 7월 먼저 붙잡혔고, 저는 날짜는 기억하지 못하지만 같은 해에 웅포에 머물러 주둔한 왜적에게 또한 붙잡혔습니다. 웅포에서 5일을 머문 뒤, 틈을 타 배를 훔쳐 타고 본현(거제현) 장문포로 돌아왔다가 조승감 진의 왜적에게 붙잡혀 물고기를 잡고 해산물을 채취해 생계를 잇다가 형 응지와 함께 의논해 나왔습니다. 적진에서 한 일은 응지의 진술과 마찬가지입니다"라고 했습니다.[106]

위의 김응지, 허능련, 김가응손, 조윤신, 유응상[107] 등은 붙잡혀 있던 여자 11명을 불러 모아 배를 훔쳐 나왔습니다. 아주 기특한 일입니다. 김해에서 나온 사람의 사례에 의해 약간의 양식과 물건을 주도록 본도(경상도) 관찰사에게 임금님께서 분부하셔서 다른 사람들에게 권장했으면 합니다.

외람된 생각이기에 삼가 갖추어 임금님께 글을 올려 보고합니다.[108]

---

106 "'유응상은 (…) 응지의 진술과 마찬가지입니다'라고 했습니다"는 「충민공계초」에는 나오지 않고, 「전서본」 「충무공계본」에만 나온다. 그런데 「충무공계본」에는 「전서본」과 달리 이두가 있다.
107 "김응지, 허능련, 김가응손, 조윤신, 유응상"은 「전서본」 「충무공계본」에 나온다. 「충민공계초」에서는 "위의 김응지 등"으로만 나온다.
108 "외람된 생각이기에 삼가 갖추어 임금님께 글을 올려 보고합니다"는 「충무공계본」에만 나온다. 「충민공계초」에서는 그 부분이 "운운"으로 끝난다.

1594년 4월 20일.

11. 「수군 소속 여러 장수에게 최전방 복무를 쉬게 한 일에 대해 동궁께 보고하는 장달舟師所屬諸將休番狀」(1594년 4월 20일)[109]

삼가 비교하여 살펴볼 일을 보고합니다.

이달, 4월 2일에 공손히 받은, 사서의 서장 내용의 동궁(광해군)의 분부는 다음과 같았습니다.

남쪽 변방의 수군들이 오랫동안 바다 위에 있기에 소속 수령들이 각각 소속 부대를 이끌고 배舟를 고을로 여기며 관청으로 되돌아갈 기약을 전혀 하지 못하고 있다. 봄도 이미 다 지나 농사일이 급하다. 씨앗이나 식량, 굶주린 백성을 구제하는 등의 일이 완전히 폐지되어 실시되지 못하고, 성과 해자, 갑옷과 무기를 수선하는 일도 품관[110]에게 전부 위임해 본 고을의 일이 날이 갈수록 허술해진다고 하니 아주 걱정된다. 지금부터 수군에 소속된 수령들은 각자 대리 장수를 두고, 때로는 교대로 쉬거나, 서로 번갈아 관청으로 돌아가 본래 임무를 함께 살피라.[111]

109 　장달 내용에 사서가 나오는 것으로 보아 동궁인 광해군에게 보낸 것이다. 또한 동궁에게 보고한다는 뜻의 "謹達"도 나온다. 『충민공계초』 원문은 동궁에게 보낸 장달이기 때문이다.
110 　품관은 지방 유향소의 좌수·별감·유사와 같은 관리를 뜻한다. 혹은 품계를 지닌 관직자의 총칭이다.
111 　류성룡의 「處置全羅道沿海郡邑守令啓」(1594년 5월 추정)에도 선조가 내린 명령에 비슷한 내용이 나온다. 전라도 해변 지역 수령들이 수군에서 오래 복무하고 있어 관할 고을의 일이 허술하고, 백성의 농사를 권장시키지 못하고, 환곡의 출납도 제때 못하고 있다며 수령들을 고을로 복귀

수군 소속 좌도(전라 좌도)의 광양·순천·흥양·보성과 우도(전라 우도)의 강진·해남·진도·장흥 등의 고을 수령은 바다로 나가 비상사태에 대비하고 있습니다. 좌도의 낙안과 우도의 영암 수령은 파직되어 떠난 뒤에 새 수령이 진에 도착하지 않았습니다.

그런데 농사를 짓고, 진휼하고 구호할 일이 아주 급했기 때문에 지난 3월 5일에 고성 경계 당항포 등지에서 적선 31척을 세력을 합쳐 깨뜨리고 불태운 뒤, 곧바로 "순천·광양·흥양·보성·강진·해남·진도 등의 고을 수령 등은 다른 사람으로 대리 장수를 정하게 하고, 농사를 권장하고, 굶주린 백성을 구제하는 등의 일을 온 정성을 다해 단속하면서 다시 전령을 기다렸다가 달려오라"고 해서 이미 내보냈습니다.

1594년 4월 20일.

12. 「군복무 기피자들이 많은 여러 장수의 죄에 대해 처벌을 임금님께 청하는 장계請罪闕防諸將狀」(1594년 4월 20일)

삼가 비교하여 살펴볼 일을 보고합니다.

작년(1593) 2월부터 시작해 전라 좌·우도와 경상 우도의 사부와 격군을 정비해 한곳에 합쳐 모이게 해서 한 해 내내 경계하여 지켰어도, 병들어 죽은 사람이 많지 않았습니다. 그런데 올해(1594) 1월에 처음으로 진에 여

시켜 다스리게 하도록 하고 그들 대신 다른 사람을 정해 전쟁터의 진에서 수군을 지휘하도록 해야 하나 그로 인해 수군 지휘에 어려운 문제가 생길 수 있는 것을 고려해 편의에 따라 시행하라는 내용이다.

역(전염병)이 크게 사납게 번져 병으로 누운 사람이 즐비합니다. 약물을 많이 준비해 온갖 치료를 했으나 효과가 있는 사람이 아주 적고, 죽은 사람이 아주 많습니다. 그들 중에서 오래 아픈 사람은 배로 실어 내보냈습니다.

1월부터 2, 3, 4월까지 삼도의 사망자 수는,

전라 좌도 606명[112]이고 현재 앓아누운 사람은 1373명입니다.

우도(전라 우도)의 사망자는 603명이고, 앓아누운 사람은 1878명입니다.

경상 우도의 사망자는 344명이고, 앓아누운 사람은 222명입니다.

충청도의 사망자는 351명이고, 앓아누운 사람은 286명입니다.

삼도의 합친 사망자 수는 1904명[113]이고, 앓아누운 자는 3759명입니다.[114]

---

112 "606명"이다. 「전서본」에서는 "406명"으로 나온다. 「전서본」의 숫자가 잘못된 것이다.

113 「편수회본」의 「충민공계초」 판독문에는 "一千三百四名(1304명)", 「전서본」에는 "1704명"으로 나온다. 이 장계에 언급된 사망자 수를 합쳐 1904명으로 번역했다. 「충민공계초」의 1304명은 오자다.

114 전염병에 따른 사상자 발생에 대한 다른 기록으로는 「왜적의 정황을 임금님께 보고하는 장계陳倭情狀」(1593년 8월 19일)가 있다. 1593년 8월 19일 장계에 따르면, 이순신의 전라 좌수군은 본래 6200여 명이었으나, 1592년과 1593년 8월까지 전사자, 병으로 사망한 군사가 600여 명에 이른다고 했다. 이순신의 1~4차 출전 장계에서 전체 전사자는 19명, 부상자는 65명이었다. 1593년 8월까지의 전사자와 부상자 수는 알 수 없다. 1592년과 같은 규모로 가정했을 때, 1592년 1차 출전 이후부터 1593년 8월까지 사망 40명, 부상 120명 정도가 된다. 그런데 전사자와 사망자가 600여 명이라고 한 것, 1593년 2~3월에서 8월까지 전염병이 번성했다는 것으로 보면, 1593년 2~3월에서 8월까지 전염병 사망자는 500여 명으로 추정할 수 있다. 500여 명은 위의 장계의 숫자와 비슷하다. 이순신의 수군 기준으로 보면, 1593년 8월 19일의 장계나, 위의 장계나 모두 전체 수군의 10퍼센트 정도가 전염병으로 사망했고, 20퍼센트가 전염병에 걸린 상태로 볼 수 있다. 당시 수군의 상황에 대해 「선조실록」 선조 27년(1594) 6월 18일에서는 수군에 전염병이 돌아 "이순신도 손을 쓸 수 없다", 10월 3일 기록에는 "한산도에는 백골이 쌓여 보기에 참혹하다"는 내용이 나올 정도였다. 이순신의 수군은 전투로 죽거나 다친 사람보다 전염병으로 죽고 다친 사람이 10배에 달했다. 약으로 치료를 시도했지만 실효가 없었고, 전염병 감염자들도 거의 사망한 것으로 보인다. 이로써 실제로는 조선 수군의 30퍼센트가 전염병으로 사망했다고 볼 수 있다. 이 때문에 이순신은 「여역(전염병)을 구제할 수 있도록 의원을 보내주시기를 임금님께 청하는 장계請送醫救癘狀」를 올려보내기도 했다.

죄 없는 군사와 백성이 이렇게 죽기에 수군의 사부와 격군은 날마다 점점 줄어 많은 여러 배를 용감하고 빠르게 운용하기 어렵습니다. 최근에는 새로운 왜적이 많이 나오기에 침범해올 걱정거리가 당장 숨 한 번 쉬는 사이에 있어 아주 답답하고 염려됩니다.

대개 수군이 있는 각 고을 수령 등이 위급한 상황을 생각지 않고, 싸우러 갈 수군 군사를 전혀 뽑아 보내지 않아 공문으로 독촉하는 것이 길 위에 잇따르고 있으나 조금도 마음을 쓰지 않아 전령을 지닌 군관을 파견해 찾아내 붙잡아오도록 하면, 다른 곳에 부탁해,[115] (보낸 군관을) 잡아 가두니, 전령하는 군관이 발을 붙이지 못해 헛되이 오갈 뿐입니다.

어쩔 수 없이 이리저리 떠돌아다니며 빌어먹는 무리를 잡다하게 모아 격군에 충당했지만, 오래 굶주린 사람들이라 심한 병이 아니더라도 얼마 안 되어 곧바로 죽으니 더욱 원통하고 분합니다.

전날에 더욱 심하게 붙잡아 보내지 않은 수령의 죄에 대해 처벌을 요청했었습니다. 전라 좌도의 남원 부사 조의, 옥과 현감 안곡, 우도(전라 우도) 나주 목사 이용순, 무안 현감 고봉상高鳳祥 등을 먼저 법으로 처벌해 그 나머지가 경계하도록 해주십시오.

군복무를 기피한 수군에 대해서는 기한 안으로 독촉해 징발해 수령이 직접 거느리고 와서 인계하도록 해서, 한편으로는 군대의 위세를 성대하게 하고, 다른 한편으로는 오래 머물러 병든 군사를 교체하도록 할 일을 특별히 거듭 명확히 임금님께서 분부해주시기 바랍니다.

1594년 4월 20일.

---

115 "다른 곳에 부탁해囑于使命"는 「전서본」에서는 "囑耳使命"으로 나온다.

III.

『임진장초』에만
있는 장계

『임진장초』에만 있는 장계에는 제목이 없는 경우가 대부분이다. 장계 본문에 맞게 임의로 정했다.

1. 「'왜적이 돌아갈 길을 끊고 죽이라'는 임금님의 분부를 받았음을 보고하는 장계」(1593년 1월 22일)

승정원에서 열어보십시오.

구함. 신하 이(이순신).

지난 임진년(1592) 12월 28일 수결을 하고 관인을 찍어 선전관 채진이 갖고 온, 우부승지 서장 내용은 다음과 같은 분부였습니다.

명나라 대장 이 제독(이여송)이 수십만의 정예 군사를 이끌고 장차 난리를 평정할 것을 도모해 기성(평양)·해서海西(황해도)·서울을 곧 차례로 수복할 것이다. 많은 수의 군사가 나아가 무찌르면 나머지 적들이 도망쳐 돌아갈 테니 돌아가는 길을 끊고 죽이지 않으면 안 된다. 경(이순신)은 수군을 거느려 이끌고 기회를 만나면, (길목을) 잡고 움켜쥐고, 힘을 합쳐 무찌르고 죽여라.

위의 서장을 신은 오늘 1월 22일 사시에 진에서 공손히 받았습니다.

절차를 갖추어 임금님께 글로 보고합니다.

1593년 1월 22일.

2. 「'왜적의 돌아갈 길을 막고 바다 싸움으로 남김없이 죽여 나라의 수치를 씻으라'는 임금님의 분부를 받았음을 보고하는 장계」(1593년 1월 25일)

승정원에서 열어보십시오.

정헌대부. 구함. 신하 이(이순신).

선전관 안세걸이 갖고 온 좌부승지의 서장 내용은 다음과 같은 분부였습니다.

명나라 장수 제독부提督府 제독 이여송이 50명의 장수와 관리, 수십만의 정예 군사를 거느리고 기성(평양)을 곧바로 공격해, 이달(1월) 8일에 적의 근거지를 무찔러 뒤집어엎고, 왜장을 사로잡아 머리를 베었다. 천둥이 치고 바람이 몰아치는 듯했고,[1] 맹렬한 기세로 인해 적은 감히 대항할 수 없었다. 곧 차례로 나아가 무찌를 것이니, 기어이 배 한 척, 수레 한 척도 돌아가지 못하게 해야 한다. 경(이순신)은 수군을 정비하고 사기를 진작시키고 명령을 기다려 그들이 돌아가는 길을 막고 바다 싸움으로 남김없이 죽여 나라의 수치를 크게 씻으라.

위의 서장을 신은 오늘 1월 25일 진시에 진에서 공손히 받았습니다.

절차를 갖추어 임금님께 글로 보고합니다.

1593년 1월 25일.

---

1 "천둥이 치고 바람이 몰아치는 듯했고雷厲風飛"는 한유韓愈의 「潮洲刺史謝上表」에 나온다. "폐하가 즉위하신 이래 직접 듣고 결단하셔서 하늘과 땅을 움직이시고, 기관을 열고 닫으시니 천둥이 치고 바람이 몰아치는 듯했고, 해와 달이 맑게 비춥니다陛下卽位以來 躬親聽斷 旋乾轉坤 關機闔開 雷厲風飛 日月清照."

3. 「'부산과 동래의 왜적을 공격하라'는 명령을 받은 것을 임금님께 보고하는 장계」(1593년 5월 2일)

승정원에서 열어보십시오.

정헌대부. 구함. 신하 이(이순신).

선전관 이춘영李春榮이 갖고 온, 지난 4월 17일에 수결을 하고 관인을 찍은 좌승지左承旨[2]의 서장 내용은 다음과 같은 분부였습니다.

지금 접반사 이덕형 등의 장계를 보니, 경상 좌감사左監司 한효순韓孝純의 보고에, "부산과 동래 사이에 많은 수의 왜선이 도착해 정박해 현재 군사를 증가시키는 형편입니다"라고 했다. 아주 걱정스럽다. 경(이순신)은 수군을 정비해, 오고 있는 배를 깨부수어 제멋대로 육지에 오르지 못하게 하라.

위의 서장을 신은 오늘 5월 2일 진에서 공손히 받았습니다.

절차를 갖추어 임금님께 글로 보고합니다.

1593년 5월 2일.

전라 좌도 수군절도사. 신하 이(이순신).

---

2 "左承旨"는 「문화재청본」에서는 "承旨"로 나오나, 「영인본」 「편수회본」에서는 "左承旨"로 나온다. 「문화재청본」이 오자다.

4. 「명나라 자문에 따른 명령을 받았음을 임금님께 보고하는 장계」(1593년 5월 14일)[3]

승정원에서 열어보십시오.

정헌대부. 구함. 신하 이(이순신).

선전관 영산령寧山令 복윤福胤[4]이 갖고 온 우승지 서장 안의 요지는 다음과 같은 분부였습니다.

지금 송 경략(송응창)이 보낸 명나라의 공문咨[5]을 보니, "비록 대부분의 왜적이 성(서울)을 나갔으나, 아직도 왕자王子(임해군, 순화군)와 수행하던 신하들을 돌려보내지 않고 있으니 우리가 지휘하고 명령하는 것을 위반한 것입니다. 이미 이 제독(이여송), 이여백李如柏[6], 장세작張世爵[7]에 명령해 많은 군사를 이끌고 앞으로 나가도록 했습니다. 또한 신속히 지휘하고 명령을 내리셔서 경상도와 전라도 등에서 수군과 육군 군사를 정돈하게 하고, 각 배는 부산과 동래의 각 진을 포위하고 각각 차례로 정박하게 하도록 하십시오. 그와 같이 할 배는 많을수록 좋겠습니다"라고 했다. 경(이순신)은 명나라 공문咨文 안의 사리에 비추어 배와 군사를 정비하고, 기회를 엿보아 무찌르고 죽여라.

---

3 이 장계와 관련된 내용이 『선조실록』 선조 26년(1593) 6월 29일에도 나온다.
4 "福胤"은 『난중일기』 1593년 5월 14일에서는 "禮胤"으로 나온다.
5 "명나라의 공문"은 조선과 중국이 왕복했던 외교 문서의 한 형식인 자문이다.
6 이여백은 이여송의 동생이다. 이여송과 함께 평양성을 공격해 탈환했다.
7 장세작은 이여송의 막하 장수로 출전했다. 뒤에 명나라로 돌아가 요동 총병에 임명되었다.

위의 서장을 신은 오늘 5월 14일 경상도 거제 경계 견내량 바다 가운데서 공손히 받았습니다.

절차를 갖추어 임금님께 글로 보고합니다.

1593년 5월 14일.

절도사. 신하 이(이순신).

5. 「'나라에 대한 의무를 회피해 죄를 지은 사람의 가족과 친척, 가까운 이웃의 연대 책임을 모두 면제하고, 형장을 함부로 쓰지 말라'는 동궁의 명령을 받았음을 보고하는 장달」(1593년 12월 25일)

동궁에게 올리는 장달.

시강원(侍講院)[8]에서 열어보십시오.

정헌대부. 겸 삼도 수군통제사. 행 전라 좌도 수군절도사. 신하 이(이순신).

이달 12월 4일에 수결을 하고 관인을 찍은, 겸 사서(황신)[9] 서장 안의 요지에는 동궁(광해군)의 다음과 같은 분부가 있으셨습니다.

나라에 대한 의무를 회피해 죄를 지은 사람과 관계된 가족과 친척, 가까운 이웃의 연대 책임을 모두 면제해 백성의 고통을 조금이라도 덜어주도록 하라.

---

8 시강원은 왕세자 교육을 담당한 관청이다. 고려 때인 1068년에 세자에게 경서經書를 교육한 것이 시초다. 정식 명칭은 세자시강원이다.

9 이 시기의 사서는 『선조수정실록』 선조 26년(1593) 9월 1일 기록에 따르면, 황신이었다.

같은 날 수결을 하고 관인을 찍은, 문학(유몽인)[10]의 서장 안의 요지에는 동궁(광해군)의 다음과 같은 분부가 있으셨습니다.

형장刑杖[11]을 함부로 쓰는 것을 모두 엄히 금지하라.

위의 서장 2통을 오늘 12월 25일, 신은 진에서 공손히 받았습니다.
절차를 갖추어 동궁께 글로 보고합니다.
1593년 12월 25일.

6. 「진에서 과거시험을 볼 수 있도록 동궁께 청하는 장달」(1593년 12월 29일)

시강원에서 열어보십시오.
정헌대부. 겸 삼도 수군통제사. 행 전라 좌도 수군절도사. 신하 이(이순신).
이달 12월 22일에 받은, 겸 순찰사 이정암의 공문 내용은 다음과 같았습니다.

이번에 받은, 무군사 공문에, "이번 동궁(광해군)께서 전주로 나와 머물며 하삼도(충청·전라·경상)에 대해 과거시험장을 설치해 시험 보아 인재를 선발

---

10 문학은 세자시강원에 소속된 정5품~정6품 관직이다. 세자에게 글을 가르쳤다. 이 시기에는 『선조수정실록』 선조 26년(1593) 9월 1일 기록에 따르면, 문학은 유몽인이었다.
11 형장은 죄를 지은 사람들을 처벌하는 몽둥이다. 죄의 정도에 따라 형장의 크기와 횟수 등이 다르다.

하고자 계획하고 있습니다. 그러나 시험 규칙은 아직 보고하고 결재를 받지 않았으나, 일반적인 규칙에 따른 초시·회시·전시의 3차에 걸친 시험을 줄여 평안도의 사례에 따라 1차 시험으로 인재를 선발한 뒤에 그대로 전시를 시행해 많은 인원을 선발할 계획입니다. 길일인 12월 27일에 시험을 보아 인재를 선발할 생각이나, 사정을 헤아려 확정하지는 않았습니다. 날짜가 아주 임박하니, 시험에서 많은 사람을 선발하려는 뜻을 급히 달려가 문서로 알려 보석 같은 인재를 버리는 재앙이 없게 하십시오"라는 공문이었습니다. 공문 안의 사연을 비교하여 살펴 시행하십시오.

전란이 생기고 2년 동안 남쪽 지방에 있는 무사들은 오래 전쟁터의 진에 있었으나, 위로하고 기쁘게 할 것이 없었습니다. 이제와 들으니 동궁(광해군)께서 완산(전주)에 머무시어 크고 작은 신하와 백성이 감동하지 않은 사람이 없다고 했습니다. 또한 들으니, "12월 27일에 전주부에 과거시험장을 설치하라"는 명령이 있으셨기에, 바다 진의 장사와 군사가 모두 즐겁게 달려가고자 합니다.

그러나 물길이 까마득히 멀어 기한 안에 도착할 수 없을 뿐만 아니라, 적과 서로 대적하고 있어 뜻밖의 걱정거리가 없지 않아 정예 용사를 한꺼번에 내보낼 수 없습니다. 그러므로 수군 소속 군사들은 경상도의 사례에 따라 진에서 시험을 보아 인재를 선발해 군사들의 마음을 풀어주셨으면 합니다. 시험 규칙에 '말을 타고 활을 쏘는 것騎射'이 있는데, 먼 바다 외로운 섬에서는 말을 타고 달릴 수 있는 땅이 없습니다. 말을 타고 활을 쏘는 과목은 편전으로 대신해 재능을 시험하는 것이 편리하고 유익할 듯합니다. 외람된 생각으로 감히 여쭈옵니다.

조정朝廷(무군사)[12]에서 선처해주시도록 절차를 갖추어 동궁께 글로 보고합니다.

1593년 12월 29일.

7. 「'적을 무찌르라'는 명령을 동궁께 받았음을 보고하는 장달」(1594년 1월 15일)[13]

시강원에서 열어보십시오.

정헌대부, 겸 삼도 수군통제사, 행 전라 좌도 수군절도사, 신하 이(이순신).[14]

이달 1월 7일 수결을 하고 관인을 찍은 겸 사서(조유한)의[15] 서장 안의 요지에는 동궁(광해군)의 다음과 같은 분부가 있으셨습니다.

지금 경상 감사(한효순)의 서장을 보니, "좌도(경상 좌도)의 적들이 모두 거제에 모였다"고 했다. 그 세력은 반드시 먼저 호남의 관곡館穀[16]을 삼킨 뒤에 올라갈 것이다. 본도(전라도)의 형세가 영남에 비해 만 배나 위급해졌다. 경(이순신)은 수군을 격려해 이끌어, 끊고 저지하며, 나아가 무찌르라.

---

12 이 장달에서 "조정朝廷"은 광해군이 있던 분조, 무군사다.
13 국사편찬위원회 소장 『충민공계초』 사진 자료에도 있다. 『임진장초』와 중복되는 장계다.
14 "정헌대부, 겸 삼도 수군통제사, 행 전라 좌도 수군절도사, 신하 이(이순신)"는 『충민공계초』에서는 "구함. 운운"으로 나온다.
15 이때 시강원 서사는 조유한趙維韓이다. 『선조실록』 선조 26년(1593) 12월 26일에 임명 기록이 나온다.
16 관곡은 접대를 위해 제공하는 숙소와 식량 혹은 관청의 곡식을 뜻한다.

위의 서장을 신은 오늘 1월 15일에 진에서 공손히 받았습니다.
절차를 갖추어 동궁께 글로 보고합니다.

1594년 1월 15일.

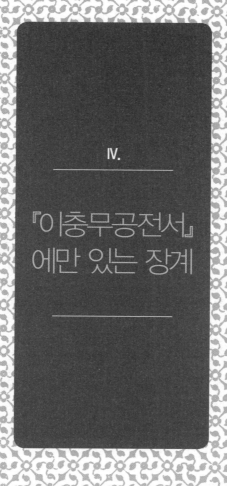

IV.

『이충무공전서』
에만 있는 장계

『이충무공전서』에만 있는 장계에는 날짜가 기록되어 있지 않다.

1. 「여도 만호 김인영에게 상을 주시기를 임금님께 청하는 장계請賞呂島萬戶金仁英狀」[1]

삼가 비교하여 살펴볼 일을 보고합니다.

전라 좌도 소속 여도 만호 김인영은 전란이 시작된 처음부터 떨쳐 일어나 제 한 몸을 돌아보지 않았습니다. 여러 번 큰 싸움에서 매 차례 맨 먼저 나아가 베어 죽인 것도 많았습니다.

그런데도 훈련 부정에 승진했을 뿐입니다. 다른 사례와 같지 않습니다. 앞뒤의 군공을 비교하여 살펴주십시오. 발포 만호 황정록의 사례처럼, 상을 내려주셔서 그 나머지 사람들이 힘쓰게 해주십시오論賞以勵其餘.

2. 「왜적의 조총을 봉해 올려보내는 일을 임금님께 보고하는 장계封進鳥銃狀」[2]

조총 30자루를 전에 이미 올려보냈습니다. 지금 공손히 받은 임금님의 분부에 따라 30자루를 골라내 고치고 수리하고 보완했습니다. 확인하고 봉해 도장을 찍어 올려보냅니다.

---

1 홍기문은 1594년에 작성된 장계로 보았다. 『난중일기』의 전쟁 직전과 직후의 여도 지휘관은 '권관'이고 김인영이다. 1593년 2월 18일부터 '여도 만호'가 나오고, '여도 만호 김인영'이라는 기록도 있다. 1592년의 전공으로 권관에서 만호로 승진했던 듯하다.

2 홍기문은 1594년에 작성된 것으로 보았다. 『난중일기』 1594년 4월 22일에는 "임금님께 보고하는 글」을 봉했고, 조총과 동궁(광해군)께 바칠 긴 창을 봉해 올렸다"는 내용이 나온다.

3. 「방답 첨사를 선발해 임명해주시기를 임금님께 청하는 장계請防踏僉使擇差狀」[3]

새로 임명된 방답 첨사 어영담이 여역(전염병)에 걸려, 이달 4월 10일 진에서 죽었습니다. 그를 대신할 사람을 특별히 선발해 임명해주시고, 부임을 독촉해주십시오.

4. 「충청도 전선이 기한 안에 돌아와 정박할 수 있도록 임금님께 청하는 장계請忠淸刻期回泊狀」[4]

이순신이 충청 수사로 새로 임명되었습니다. 그런데 임명하시는 임금님의 분부가 아직 내려오지 않았습니다.

그 도(충청도)에 부과한 전선 60척 중에서 20척은 그 도(충청도) 관찰사 윤승훈이 무군사에 보고해 감소되어 제외되었고, 그 나머지 40척 중에서 11척은 전 수사 구사직이 지난 3월 16일 거느리고 왔습니다. 29척은 아직도 돌아와 정박하고 있지 않습니다. 새로운 왜적이 많이 나와서 군사의 위세가 아주 외롭고 약합니다.

신임 수사 이순신이 "잘못하는 사람을 조사하고 적발하는 일이 급하다"고 했기에, "그 도(충청도) 여러 장수의 잘못을 조사하고 적발해 비상사태

---

3 이 장계는 날짜가 기록되어 있지 않다. 『난중일기』에 따르면, 어영담은 1594년 4월 9일 사망한 것으로 나온다.
4 이 장계는 날짜가 기록되어 있지 않다. 『난중일기』에 따르면, 1594년 4월 18일에 신임 충청 수사가 나온다. 또한 「기한을 넘긴 여러 장수를 처벌해주실 것을 임금님께 청하는 장계請罪過期諸將狀」(1594년 4월 2일)에는 충청 수사 구사직이 11척을 이끌고 왔다는 내용이 있다. 이로 보면, 위의 장계는 1594년 4월 중순 이후에 작성된 듯하다.

에 대비할 일"로 전령을 해놓았습니다.

방답의 임시 장수로 신의 군관을 선발해 정하고 점검하고 바로잡도록 했습니다. 충청도에서 아직 도착하지 않은 전선을 기한 안에 돌아와 정박할 일을 그 도(충청도) 관찰사 윤승훈에게 청했습니다. 거듭 명확히 임금님께서 분부해주십시오.

5. 「여역(전염병)을 구제할 수 있도록 의원을 보내주시기를 임금님께 청하는 장계請送醫救癘狀」[5]

삼도의 수군이 한 진에 합쳐 모여 있는데, 봄부터 여름까지 여역(전염병)이 크게 사납게 퍼졌습니다. 약물을 많이 준비해 온갖 치료를 했으나 효과가 있는 사람이 아주 적고, 죽은 사람이 아주 많습니다.

죄 없는 군사와 백성이 날마다 점점 줄어가니 많은 여러 배를 운용해 움직이기 어렵습니다. 위험이 임박하고, 급한 때를 맞아 아주 답답하고 염려됩니다.

조정에서 충분히 헤아려 생각해주셔서, (전염병을) 해결할 수 있는 의원醫

---

5 이 장계는 날짜가 기록되어 있지 않다. 장계 내용에 봄부터 여름까지 전염병이 퍼졌다고 한다. 「왜적의 정황을 임금님께 보고하는 장계陳倭情狀」(1593년 8월 19일)에는 바다에 주둔한 지 5개월이 되었고, 전염병이 번져 죽는 사람이 잇따르고 있고, 전라 좌수군 6200여 명 중 1592년과 1593년 2~3월까지 전사 혹은 병사자가 600여 명에 이른다는 내용이 나온다. 이로 보면, 위의 장계는 1593년 8월 말에 작성된 것으로 보인다. 혹은 「군복무 기피자들이 많은 여러 장수의 죄에 대해 처벌을 임금님께 청하는 장계請罪闕防諸將狀」(1594년 4월 20일) 이후에 작성된 것일 수도 있다. 『난중일기』 1594년 7월 5일에는 "심약審藥이 내려왔다"는 기록이 나온다. 『선조실록』 선조 27년(1594) 6월 18일에는 수군에 전염병이 돌아 "이순신도 손을 쓸 수 없다", 10월 3일 기록에는 "한산도에는 백골이 쌓여 보기에 참혹하다"는 내용이 나온다.

員을 특별 명령으로 내려보내주셔서 치료할 수 있도록 해주십시오.

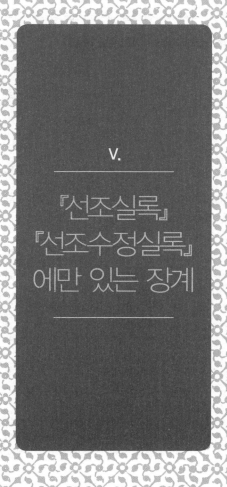

v.

『선조실록』
『선조수정실록』
에만 있는 장계

실록에 있는 직접 혹은 간접 인용된 장계들이다. 제목은 내용을 기초로 임의로 정했다.

1. 「수군을 폐지하고 육지에서 전쟁을 대비하라는 명령에 대해 임금님께 청하는 장계」(『선조수정실록』, 선조 25년(1592) 4월 14일)

"바닷가 도의 수군을 폐지하고, 장수와 군사들은 육지로 올라가 전쟁을 대비하라"고 명령했다. 그런데 전라 수사全羅水使 이순신이 급히 보고하기를,

"전쟁을 대비해 지키는 것은 바다와 육지, 어느 한쪽도 폐지해서는 안 됩니다水陸戰守 不可偏廢"라고 했다. 이런 이유로 호남의 수군만 홀로 온전할 수 있었다.[1]

---

1 1591년 일본군의 침입이 예상되자 조정에서는 대비책을 수립하기 시작했다. 류성룡의 『서애선생문집』 중 「백관百官이 사司 천사天使 헌에게 올리는 진정문陳情文」(1593년 겨울)에 따르면, 1591년에 일본의 침입을 예상하고 순찰사 김수를 경상도, 이광을 전라도, 윤선각을 충청도, 순변사 신립과 이일을 경기도와 황해도에 파견해 군정軍丁을 점검하고 무기를 만들며 성과 해자를 수리하게 했다. 오극성吳克成의 『문월당선생문집』 「임진일기 上壬辰日記 上」 1591년 5월에서는 특히 조정에서 신립의 재능이 대장을 감당할 능력이 있었기에 성과 해자를 보수하고 무기를 갖추도록 했고, 또한 경상도는 왜적을 앞에서 맞을 땅이라 열읍에 성을 새로 수축하거나 기존의 성을 보수하도록 해 방비 대책으로 삼았다는 내용이 나온다. 『국조보감』 선조 25년(1592) 2월 기록에는 대장 신립을 경기도와 황해도, 이일을 충청도와 전라도에 파견해 병기 시설을 순시하도록 했다는 내용이 있다. 이들 기록은 모두 조정에서 육지 싸움 중심의 전략을 세웠다는 것을 보여준다. 그러나 「전서본」에 인용된 「선묘중흥지宣廟中興志」에 따르면 이순신만이 육지 싸움 중심 전략을 반대한 것으로 나온다. 즉 1591년 7월에 비변사는 왜적의 장기가 바다 싸움이기에 육지에 오르면 불리하다고 여겨 다만 육지에서 방어하고 지키게 하자고 청했고, 대장 신립은 수군을 해산하자고 청했기에 호남과 영남의 큰 고을에 성을 수축하고 보수하게 했다. 그러나 전라 좌수사 이순신이 장계를 올려 말하기를, "바다의 도적을 막는 데는 바다 싸움만 한 것이 없으니, 수군을 결코 폐지해서는 안 된다遮遏海寇 莫如水戰 水軍決不可廢也"고 했기에 임금이 따랐다고 한다. 이 내용이 『선조수정실록』의 이순신의 수군 존속 장계다. 당시 상황에 대해 류성룡도

2. 「도망쳐 돌아온 사람들을 적극 배려해주실 것을 임금님께 청하는 장계」(『선조실록』 선조 28년(1595) 6월 14일)

통제사 이순신이 임금님께 긴급 보고하기를,

경상도 수군 윤업동尹業同 등 4명이 적에게 투항해 들어갔다가 도망쳐 본진(경상도 진영)으로 되돌아왔습니다. 죄를 조사하기 위한 심문과 적의 정황에 대해 진술받은 내용은 다음과 같았습니다.

"저희는 창선도昌善島에 살며 물고기를 잡고 해산물을 채취하는 사람인데, 굶주림을 이길 수 없어 지난 2월에 가덕에 있는 (왜적의) 진의 막을 친 곳으로 갔습니다. 그러나 모든 드나드는 것이나 음식이 자유롭지 않았습니다. 혹은 집안의 재물을 빼앗거나, 혹은 아내와 아이들을 붙잡아 일본으로 옮겨 보냈고, 조금이라도 뜻과 다르면, 죽이는 것이 잇따랐기에 어쩔 수 없어 이달 4월 6일 밤사이에 아내와 아이를 이끌고 도망쳐 돌아왔습니다. 적의 상황, 즉 기타 나머지 계획은 상세히 알 수 없습니다. 우리나라 사람은 최근에 적의 세력을 보고, 모두 되돌아 나올 뜻이 있었습니다. 그런데 처음에 투항해 들어갔던 죄가 있기에 의심하며 걱정하면서 주저하고 있습니다."

영남의 포작 무리들이 오로지 이익을 탐해 아내와 자식을 데리고 잇따라 투항해 들어갔기에 그 정상을 따져보면 아주 아프고 답답합니다. 그런데 윤

「條陳四方形止 處置失宜狀」(1592년 10월)에서, "왜놈은 바다 싸움에 단점이 있는데, 처음에 생각이 얕은 사람이 바다 싸움이 편리하지 않다고 망언을 해서 왜적으로 하여금 육지에 마음대로 오르게 했다. (…) 지금 전라도 수군은 아주 성대하나, 경상도는 거의 다 없어졌다"고 하고 있다. 이는 임진왜란 직전에 전라도 지역을 제외하고 경상도 수군이 사실상 없어진 상태였다는 것을 뜻한다.

업동 등 4명은 다른 사람들이 그들의 아내를 빼앗기는 것을 보고, 혹은 죽임을 당하는 해까지 본 뒤에야 탈출해 도망쳐 돌아왔으니 그들의 죄는 참으로 용서하기 어렵습니다. 다만 투항하고 부역했던 백성이 잇따라 도망쳐 나오고 있는데, 마침 이런 때를 맞아 갑자기 무거운 군율로 다스린다면 실로 좋은 계책이 아닐 것입니다. 그러므로 본래 살던 땅으로 돌려보내 잠시 어루만져 편안하게 해주려는 뜻을 보였습니다.

(이순신의 장계에 대해) 임금이 비변사로 의견을 묻기 위해 내려 보냈다. 비변사가 「임금님의 물음에 자세히 답변한 글」에서 말하기를, "수군 윤업동 등은 나라를 배반하고 적에게 투항해 마음대로 갔다가 왔는데, 아주 놀랍고 경악할 일입니다. 무거운 군율을 시행해야 합니다. 그러나 이렇게 투항한 무리들이 참으로 많지만 '탈출하고 싶어도 죄를 지었기에 두려워 주저하고 있다'고 한다면, 무거운 처벌로 다스리는 것은 그 마음을 바꿔 고향으로 돌아오려는 뜻을 저해하게 됩니다. 순신舜臣의 조치가 과연 타당하다고 하겠습니다. 지금부터는 탈출해 오는 사람 등은 이 사례에 의해 본래 살던 땅으로 돌려보내고, 특별히 어루만지고 구휼할 뜻을 더하도록 각 기관에 공문을 보내 알리는 것이 어떻겠습니까"라고 하니, 임금이 따랐다.

3. 「영(좌수영 본영)을 한산도로 옮길 것을 임금님께 청하는 장계」(『선조수정실록』, 선조 26년(1593) 7월 1일)

전라 좌수사 이순신이 영(본영)을 한산도로 옮기기를 임금님께 청했는데,

임금이 따랐다.

섬(한산도)은 거제 남쪽 30리에 있는데, 산의 형세가 빙 둘러 있기에 배를 숨기기에 편리하고, 왜선이 호남을 침범하고자 한다면 반드시 이 길을 거쳐야 했다.

순신의 본진(전라 좌수영)이 왼편에 치우쳐 공격하고 방어하는 것이 어렵기에 이렇게 임금님께 청한 것이다.

4. 「수군을 거느리고 부산 근처로 출전할 것을 임금님께 청하는 장계」(『선조수정실록』, 선조 30년(1597) 1월 1일)

통제사 이순신이 임금님께 긴급 보고해 말하기를, "'명나라 사신이 이미 일찍이 소식을 통하며 오고 갔는데, 흉악한 적이 그대로 변경을 점거하고 있으면서 아직도 틈을 엿보며 침략해 삼키려는 계획을 품고 있다'고 합니다. 참으로 울분이 지극히 치밀어 오릅니다. 신이 수군을 뽑아 거느리고 부산 가까운 땅으로 나아가 주둔하면서 적이 오는 길목을 끊고 한 번 죽을 결심을 하고 싸워 하늘까지 닿은 치욕을 씻고자 하오니決一死戰 欲雪窮天之辱, 지휘하실 일이 있으면 급히 분부를 내려주시기를 임금님께 청합니다"라고 했다.

듣는 사람이 장하게 여겼다.[2]

---

2 실록의 이 장계와 같은 내용인지는 알 수 없으나, 조응록의 『죽계일기』 1597년 1월 27일에는 비슷한 시기에 작성한 것으로 보이는 이순신의 장계 내용이 나온다. "통제사(이순신)의 서장에 남원 부사 최렴崔濂이 약속한 기간이 지나도 오지 않았기에 어쩔 수 없이 군율에 따랐으며, 경상 좌수사에게 선봉군을 거느리게 해 거제로 보내는 일을 장계했다."

5. 「부산의 왜적 진영을 불 지른 사람들에게 상을 주시기를 임금님께 청하는 장계」(『선조실록』 선조 30년(1597) 1월 1일)

(1596년) 12월 27일에 수결을 하고 관인을 찍은, 통제사 이순신의 서장은 다음과 같았다.

"신의 장수 중에서 헤아려 생각할 줄 알고 담력과 용기가 있는 사람有計慮膽勇之人과 군관, 아병으로 활을 잘 쏘고 용기와 힘이 있는 사람들能射勇力者이 있는데, 언제나 진에 머물며, 함께 아침저녁으로 계책을 의논하고, 혹은 그들의 성실한 마음을 시험하거나, 혹은 함께 비밀리에 약속하거나, 혹은 적의 정세를 정탐하도록 했습니다. 그런데 거제 현령 안위와 군관 급제 김난서, 군관 신명학 등이 거듭 비밀리에 계획해 몰래 박의검朴義儉을 불러 함께 비밀리에 의논했더니, 의검이 아주 기뻐하며 반가워했기에, 다시 김난서 등과 함께 분명하게 지휘하고 죽음을 맹세하며 굳게 약속했습니다.

같은 달(1596년 12월) 12일에 난서 등이 밤사이에 약속한 시간을 기다릴 때, 마침 서북풍이 크게 불기에 바람을 따라 불을 지르니, 불꽃이 크게 번져 적의 집 1천여 호, 화약이 쌓여 있는 창고 2개, 군기물, 잡동사니, 군량 2만6000여 섬이 쌓여있는 곳집이 한꺼번에 다 탔고, 왜선 20여 척 또한 이어서 불에 탔습니다. 왜인 34명이 불타 죽었습니다. 이는 하느님께서 도와주신 것입니다. 그러나 대체로 김난서가 통신사 군관으로 스스로 응모해 일본을 오가며 죽고 사는 것을 돌아보지 않았기에, 이번 일을 마침내 이룰 수 있었던 것입니다. 안위는 항상 계책을 논의할 때, 하는 말이 원수 같은 적에 미치면 정의감으로 한탄하며 크게 분노해 한 번도 살려고 계획하지 않았습니다. 그의 군관 김난서, 신명학 등을 이끌고 적 속으로 들어가 온 갖 계획을 꾸미고 의논해 흉악한 적의 소굴을 한 번에 다 불태웠습니다. 군량·군기물·화포 등 여러 기구, 배와 왜적 34명을 불태워 죽였습니다. 부산에 있는 대규모의 적을 비록 모두 불태우지는 못했으나, 적의 간담을 꺾었습니다. 이 또한 하나의 계책입니다. 일본을 오가는 경상 수영慶尙水營 도훈도 김득金得이 부산에 머물고 있었는데, 같은 날 밤 불난 모습을 보고, 이달(1596년 12월) 12일 이경에 부산의 왜 진 서북쪽에 불을 질러 적의 집 천여 호와 군기물, 잡동사니, 화포, 기구, 군량, 곳집이 남김없이 잿더미가 되었습니다. 왜적 등은 서로 모여 발을 구르며 울부짖으며 말하기를, '본국에서 지진이 있었을 때에도 집이 무너져 죽은 사람이 아주 많았는데, 지금 이 땅에서 또 불난리가 나서 이렇게 되었으니, 우리가 어느 땅에서 죽을지 모르겠다' 등등이라고 했다고 합니다. 이 말은 비록 다 믿을 수 없으나, 또한 그럴 까닭도 없지 않습니다.

안위, 김난서, 신명학 등이 성심으로 힘을 다해 마침내 일을 이뤘으니 아주 기특합니다. 앞으로도 비밀리에 할 일이 한두 가지가 아니니, 특별히 논해 상을 주셔서 앞날에도 장려할 수 있게 해주십시오"라고 했다.[3]

---

3 이 장계와 관련하여 『선조실록』 선조 30년(1597) 1월 2일에는 부산 일본군 진영을 불태운 사람이 이순신의 부하들, 즉 안위 등이 아니라, 도체찰사 이원익의 조방장인 정희현 등이라고 이조좌랑 김신국이 보고하는 내용이 나온다. 안위 등은 통신사의 짐배를 운반하기 위해 부산에 갔다가 불이 난 것을 보고, 자신들이 계획한 것으로 이순신에게 보고했고, 이순신은 안위 등의 말을 믿고 선조에게 보고했다.

6. 「명량대첩을 임금님께 보고하는 장계」(『선조실록』 선조 30년(1597) 11월 10일)[4]

"겸 삼도 수군통제사 이순신이 임금님께 긴급 보고한 것에 따르면,

'한산도가 무너져 패한 뒤, 병선과 기계器械가 거의 다 흩어지고 잃어버리게 되었습니다. 신과 전라 우도 수군절도사 김억추 등이 전선 13척, 초탐선哨探船 32척[5]을 수습해 해남현 바닷길의 중요한 입구를 지키고 경비하고 있었습니다.

그런데 전선 130여 척이 이진포梨津浦를 따라 앞바다를 향해 오기에 신이 수사 김억추, 조방장 배흥립, 거제 현령 안위 등과 독려해 각각 병선을 정돈해 진도 벽파정 앞바다에서 적과 죽음을 무릅쓰고 힘써 싸웠습니다.

대포로 적선 20여 척을 깨부수었고, 사살한 것도 아주 많았습니다. 적들은 바닷속으로 빠졌고, 머리를 벤 것은 8급입니다. 적선 중에서 대선 1척이 있었는데, 흰색 햇빛 가리개와 붉은 깃발를 세우고 푸른색 비단 휘장을 둘러치고 여러 적을 지휘해 우리 배를 에워쌌는데 녹도 만호 송여종宋汝宗, 영등 만호 정응두가 잇따라 와서 힘껏 싸워 또 적선 11척을 깨뜨렸습니다. 적의 기세가 크게 꺾여 나머지 적들도 멀리 후퇴했습니다.

진(이순신의 배)에는 항복한 왜인이 있었는데, 붉은 깃발의 적선을 가리켜

---

4 명량대첩에 대한 이 이순신의 장계는 『임진장초』와 『충민공계초』 등에는 나오지 않는다. 특히 이 『선조실록』 11월 10일의 장계 기록은 『사대문궤』 「回咨」(1597년 10월 25일)에도 거의 똑같이 나온다. 명량해전 날의 일기인 1597년 9월 16일과 비교해보면 크고 작은 차이가 있다. 『선조실록』 과 『사대문궤』의 장계 기록이 같다는 점에서 『선조수정실록』 선조 30년(1597) 9월 1일에 있는 장계보다는 신뢰성이 높다고 볼 수 있다. 『난중일기』 1597년 9월 16일에는 실록 속 장계 내용보다 명량대첩 상황이 자세히 나온다. 또한 실록 속 장계와 차이가 나는 부분도 있다.
5 "전선 13척, 초탐선 32척"은 『난중일기』에는 나오지 않는다.

안골의 적장 마다시인 줄 알게 되었습니다. 빼앗은 적의 물건은 무늬가 그려진 옷·비단옷·옻칠한 함·옻칠한 나무 그릇와 긴 창 두 자루입니다'라고 했습니다.

7. 「명량대첩을 임금님께 보고하는 장계」(『선조수정실록』, 선조 30년(1597) 9월 1일)[6]

통제사 이순신이 진도 벽파정 아래에서 적을 깨뜨려 그 장수 마다시를 죽였다.

순신은 진도에 이르러 병선兵舡을 수습해 10여 척을 얻었다. 이때 배를 타고 피란해 있던 바닷가의 선비와 백성이 순신이 이르렀다는 말을 듣고는 기뻐하지 않는 사람이 없었다. 순신은 길을 나누고 불러 모은 뒤, 군사의 위세를 돕도록 군대의 뒤에 있게 했다.

적장 마다시[7]는 바다 싸움을 잘한다고 이름이 났는데, 그가 이끄는 배 200여 척으로 서해를 침범하고자 했다가 벽파정 아래에서 서로 만났다. 순신은 12척의 배에 대포를 싣고 아침에 들어왔다가 나가는 물을 타고乘潮

6 명량대첩에 대해 『선조실록』 선조 30년(1597) 11월 10일에도 이순신의 명량대첩 장계가 별도로 나온다. 이 『선조수정실록』 속 기록은 류성룡의 『징비록』과 똑같다.
7 임진왜란 때 수군 장수로 참전했던 도도 다카도라의 전기인 『高山公実録』(上野市古文献刊行会, 1998)에서는 물살이 느린 곳에서 아침 5시부터 유시까지 조선 수군 전선 13척과 전투를 했는데, 일본군은 세키부네せき舟, 즉 관선關船으로 조선 수군을 공격했으며, 그 과정에서 구루시마 미치후사來島出雲/來島通總가 배 위에서 앉은 채 전사했고, 도도 다카도라도 팔에 화살을 맞았다. 모리 다카마사毛利高政는 바다에 떨어졌지만 구출되었고, 그 외 많은 일본 수군이 잡히거나 전사했다고 한다.

순류順流가 되자 공격해 적이 패배해 도망쳤다. 우리 군사의 함성이 천지를 들썩였다.

8. 「도망친 군관 현응신을 처벌해달라고 임금님께 청한 장계」(『선조실록』 선조 31년(1598) 2월 9일)

병조에서 임금님께 보고하기를,

"(…) 통제사 이순신의 장계 내용에, '주부 현응신은 어란 앞바다에서 맞서 싸운다는 소식을 듣고, 밤을 틈타 도망쳤으니, 군율로 다스려 다른 사람들이 경계하도록 해야 합니다'"라고 했다.[8]

9. 「진을 보화도에서 고금도로 옮기고, 둔전을 실시할 일을 임금님께 보고하는 장계」(『선조실록』 선조 31년(1598) 3월 18일)

통제사 이순신의 서장에,

"고니시 유키나가는 예교를 점거하고 있고, 2월 13일에는 같은 곳으로 평수가平秀可가 그의 군대를 이끌고 옮겨 와서 합쳤습니다. 수군은 멀리 나주 경계 보화도(고하도)에 있어, 낙안·흥양 등의 바다를 드나드는 적이 마음 놓고 제멋대로 하니 아주 원통하고 분합니다.

---

8 이순신의 이 장계와 관련해 『선조실록』 선조 31년(1598) 4월 20일에는, 도망친 군관 체포와 관련된 내용이 다시 나온다.

바람이 날로 따뜻해지기에 이는 바로 흉악한 적이 어지럽힐 때이니, 2월 16일에 여러 장수를 거느리고 보화도에서 배를 끌고 나가 (1598년 2월) 17일에 강진 경계 고금도로 진을 옮겼습니다.[9]

고금도 또한 호남 좌·우도의 안쪽과 바깥 바다를 장악해 통제할 수 있고, 뾰쪽한 산봉우리로 겹겹으로 둘러싸여, 정찰하고 높은 곳에서 감시하는 것을 서로 연결할 수 있어, 형세가 좋은 것이 한산(한산도)보다 배나 됩니다. 남쪽에는 지도, 동쪽은 조약도助藥島가 있고, 농장農場이 많아 한가한 사람이나 잡다한 신분의 사람이 거의 1500여 호에 이르기에 농사를 짓게 했습니다.

흥양·광양은 계사년(1593)부터 둔전을 했던 곳이기에 군사와 백성을 불러 모아 농사를 짓게 하려고 생각하고 있습니다"라고 보고했다.

10. 「왜적이 순천 예교에 성을 쌓는 것을 임금님께 보고하는 장계」(『선조실록』 선조 31년(1598) 3월 18일)

통제사 이순신의 서장에,

흥양 현감 최희량崔希亮의 긴급 보고 내용에, "정탐인偵探人 조언방趙彦邦이 나와서 보고하기를,

9   이순신이 보화도(고하도)에서 고금도로 진을 옮긴 것에 대해, 『선조실록』 선조 31년(1598) 3월 18일의 전라 우수사 안위의 장계에 따르면, 안위는 3월 14일, 전라 우수사로 보화도에 부임했는데, 3월 16일에 이순신과 함께 고금도로 진영을 옮겼다고 한다. 조경남의 『난중잡록』에는 1598년 2월 8일에 고금도로 진을 설치했다고 나오나, 2월 17일이 맞다.

'순천 삼일포三日浦에 진을 쳤던 왜적이 우리나라 수군이 진을 옮겼다는 소식을 듣고, 2월 24일에 예교로 옮겨 합친 뒤에 방금부터 성을 쌓고 있습니다. 왜장 평수가는 2월 7일에 여역(전염병)으로 죽었고, 10일에 배에 실어 본국으로 들여보냈으며, 현재 병에 걸려 누운 왜놈들이 적의 소굴에 흩어져 있고, 죽은 자들이 서로 베개를 베고 있다'고 합니다"
라고 했습니다.

라고 했다.[10]

11. 「납속미를 바치고 병역을 기피하는 일에 대해 임금님께 청하는 장계」(『선조실록』 선조 31년(1598) 4월 18일)

(선조가) 어제 통제사 이순신 장계를 보았는데,
'쌀을 바치면 벼슬을 주도록 했던 명령納米令이 내려진 뒤에 무사들이 더욱 거리낌이 없이 행동한'고 했다.[11]

---

10 「최희량 임란첩보서목崔希亮壬亂捷報書目」(보물 660호)에는 1598년 3월에서 8월까지의 이순신의 동향을 알 수 있는 7통의 기록이 나오나, 『선조실록』에는 기록이 없다.
11 이날의 『선조실록』 기록에 따르면, 당시에 곡식을 바치면 관직을 얻을 수 있기에 전투에 참가하지 않는 사람이 많다고 했다.

12. 「고금도에서 왜적을 크게 부순 것을 임금님께 보고한 장계」(『선조수정실록』, 선조 31년(1598) 8월 1일)

통제사 이순신이 적의 군사를 강진 고금도에서 크게 부수었다.

순신과 진린이 연회를 하려고 할 때, 적이 기습하려고 한다는 소식을 듣고, 여러 장수를 정비하고 약속한 다음에 대비했다. 얼마 뒤에 대규모의 적선이 이르렀는데, 순신이 스스로 수군을 거느리고 적 속으로 돌격해 들어가 화포를 쏘았다. 50여 척을 불태우자 적이 도망쳤다.

13. 「명나라 진린 도독이 왜적의 머리를 벤 것을 빼앗은 것을 임금님께 보고하는 장계」(『선조실록』 선조 31년(1598) 8월 13일)

통제사 이순신이 임금님께 긴급 보고해 말하기를,

"지난날 바다 싸움[12]에서 우리 군대가 총포를 한꺼번에 발사해 적선을 깨부수었습니다我軍銃砲齊發 撞破賊船. 적의 시체가 바다에 가득했으나 어찌할 틈이 없이 급했기에 갈고리鉤로 끌어내 머리를 다 벨 수 없었습니다. 다만 70여 급을 베었습니다.

명나라 군대는 멀리서 적선을 바라보고는 먼 바다로 피해 들어갔기에 한 개도 얻을 수 없었습니다. 우리 군대가 벤 수를 보고, 진 도독(진린)이

---

12 이 전투는 절이도해전이다. 이 해전이 미친 영향에 대해 『선조실록』 선조 31년(1598) 8월 23일에는 경상도 관찰사 정경세가 선조에게 보고한 내용이 나온다. 정경세는 일본 수군이 호남을 공격할 우려가 있었는데, 이순신이 격파했기에 왜적이 앞으로는 주저할 것이라고 했다.

뱃전에 서서 발을 구르며 그 부하들을 꾸짖으며 물리쳤습니다.

신 등을 위협하며 못하는 짓이 없었기에, 신 등은 어쩔 수 없이 40여 급을 나눠 보내주었습니다. 계 유격(계금) 또한 부하를 보내 (왜적의) 수급을 구하기에 신이 5급을 보내주었습니다."[13]

14. 「명나라 진린과 함께 순천 예교의 일본군을 공격할 계획을 보고하는 장계」 (『선조실록』 선조 31년(1598) 8월 24일)

우의정 이덕형이 임금님께 긴급 보고하며 말하기를,

"예교의 적이 성을 수축하고, 송진이 달라붙은 소나무 가지를 많이 갖춰 밤에 불을 밝히고 총을 쏠 계획을 하고 있습니다. '(왜적이) 진을 철수한다'는 이야기는 모두 잘못된 보고입니다.

'통제사 이순신이 명나라 장수와 함께 기회를 엿보아 적을 무찌르려고, 수군을 정돈해 바다로 내려갔다'고 합니다."

---

13   진린의 왜적 머리 탈취와 관련하여, 『선조실록』 선조 31년(1598) 10월 4일에는 비변사가 선조에게 상황을 보고한 내용이 나온다. 그에 따르면, 이순신은 절이도해전에서 왜적의 머리 71급을 베었는데, 명나라 진린이 40급을 빼앗고, 계금이 5급을 빼앗았다고 한다. 그러나 진린이 이순신을 협박해 26급만 벤 것으로 허위 장계를 쓰게 했기에, 26급으로 된 장계를 쓴 뒤에, 다시 별도로 사실을 정확히 보고하기 위해 진짜 장계를 작성해 보냈다는 내용이다.

15. 「명나라 진린 도독이 왜적 토벌 작전을 방해하는 것을 보고하는 장계」(『선조실록』 선조 31년(1598) 9월 10일)

통제사 이순신이 임금님께 긴급 보고하며 말하기를,

진 도독(진린)이 신을 불러 말하기를,
'육군은 유 제독(유정)이 총괄해 지휘하고, 수군은 내가 마땅히 총괄해 지휘해야 합니다. 그런데 지금 들으니, 유 제독이 수군을 관할하려고 한다고 합니다. 사실입니까'
라고 물었기에, 신은 '모른다'고 대답했습니다. 신이 수군을 정비해 바다로 나가 기회를 틈타 적을 무찌르려고 했으나, 매번 도독이 강제로 중지시키니 답답하고 염려되는 것을 이길 수 없습니다.

라고 보고했다.

16. 「순천 예교성 전투 결과를 임금님께 보고한 장계」(『선조실록』 선조 31년(1598) 10월 13일)

수군통제사 이순신[사람이 충성스럽고 용맹했다. 온 정성을 다해 적을 무찔렀다. 군율을 분명하게 했고, 장사와 군사를 사랑했다. 사람들이 모두 즐거이 따랐다]이 임금님께 긴급 보고하며 말하기를,
"(10월) 2일 수군이 세력을 합쳐 적을 무찔렀는데, 육군은 지켜보기만 하

고 나오지 않은 것을 알았으나, 수군만은 오로지 온 힘을 다했습니다. 우리 군대가 죽음을 무릅쓰고 싸워 적의 시체가 언덕 아래에 어지럽게 흩어졌으며, 혹은 서로를 베고 누워 쌓여 있었습니다.

우리 군사는 철환에 맞아 29명이 죽었고, 명나라 군사는 5명입니다"라고 했다.

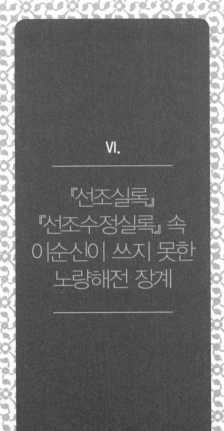

VI.

『선조실록』
『선조수정실록』 속
이순신이 쓰지 못한
노량해전 장계

이순신이 참전했지만, 전사했기 때문에 작성할 수 없었던 노량해전 기록들이다. 당시 관리들이 작성한 장계 혹은 기록이다. 제목은 내용을 바탕으로 임의로 정했다.

1. 『선조실록』 선조 31년(1598) 11월 25일. 「이순신이 전사하다」

진 도독(진린)이 계첩揭帖에서 말하기를,

"19일 인시에서 사시까지 부산과 사천 등의 왜적의 배와 노량도에서 크게 싸웠습니다. 모든 장수와 군사가 목숨을 바쳐 싸운 것은 귀국(조선)에서도 널리 전해졌으니, 번거롭게 군더더기로 말할 필요가 없습니다. 그러나 통제사 이순신이 몸소 군사들 앞에서 싸우다가 철환에 맞아 전사했습니다."

2. 『선조실록』 선조 31년(1598) 11월 27일. 「아! 그가 안타깝다!」

좌의정 이덕형이 긴급히 보고했다.

이달(11월) 19일 사천·남해·고성에 있던 왜적 300여 척이 합세해 노량도에 도착했을 때, 통제사 이순신이 수군을 거느리고 곧바로 나아가 싸웠고, 명나라 군사 또한 합세해 나아가 싸웠습니다. 왜적은 크게 패해 물에 빠져 죽은 자는 셀 수도 없었고, 왜선 200여 척이 부서져 침몰했으며, 죽고 다친 자는 수천 여 명입니다. 왜적의 시체와 부서진 배의 나무판자, 무기, 의복이 바다를 덮고 떠 있어 물이 흐를 수 없었고, 바닷물이 다 붉었습니다.

통제사 이순신과 가리포 첨사 이영남, 낙안 군수 방덕룡, 흥양 현감 고득장高得蔣 등 10여 명이 철환에 맞아 죽었습니다. 나머지 왜적 100여 척은 남해로 물러나 도망쳤고, 소굴에 머물러 있던 왜적은 왜적의 배가 크게 패배하는 것을 보고, 소굴을 버리고 왜교로 도망쳐 돌아갔으며, 남해 강 언덕에 옮겨 쌓아놓은 양식 쌀도 모두 버리고 도망쳤습니다. 고니시 유키나가 또한 왜적의 배가 크게 패배하는 것을 멀리서 보고, 바깥 바다로 도망쳤습니다.

사신史臣은 말한다. 이순신은 충성스럽고 용기가 있는 사람이다. 게다가 재주와 전략이 있었고, 기율을 밝히고 군사를 사랑했기에 사람들이 모두 기꺼이 따랐다. 전날의 통제사 원균은 비교할 것이 없이 탐학해 군사들의 마음을 크게 잃어 사람들이 모두 그를 배반해 정유년(1597) 한산에서 패전에 이르게 되었다.

원균이 죽은 뒤에 순신이 대신했을 때, 순신은 처음에 한산에 이르러 남은 군사를 수습하면서 기계를 조치해 갖추며 넓은 땅에 둔전을 개척했다. 물고기와 소금을 팔아 군량을 풍족하게 하니, 몇 달 안에 군대의 명성이 크게 진동했다. 호랑이와 표범이 산에 있는 형세였다.

지금의 예교 싸움에 이르러 육군이 바라만 보고 나오지 않았으나, 순신과 명나라 수군은 밤낮을 피를 흘리며 싸워 왜적의 머리를 많이 베었다. 어느 날 저녁 왜적 4명이 배를 타고 나갔는데, 순신이 진린에게 알리며 말하기를, "이는 반드시 구원병을 요청하는 왜적일 것이다. 나간 지가 지금 이미 4일째이니, 내일 사이에 많은 군사가 반드시 도착할 것이다. 우리 군대가 먼저 가서 맞아 싸운다면 거의 성공할 수 있다."

진린은 처음에는 허락하지 않았는데, 순신이 조용히 눈물을 흘리며 굳게 요청하자 진린이 그대로 허락했다.

명나라 군사와 함께 밤새 노질을 하며 나아가 하늘이 밝기 전에 노량에 도착했더니, 왜적이 과연 많이 도착했는데, 그들이 뜻하지 않게 나아가 오래 피를 흘리며 싸웠다. 순신이 직접 왜적에게 활을 쏘다가 적의 철환에 가슴을 맞아 배 위에 쓰러졌다. 그의 아들이 곡을 하려고 하자, 군사들은 당황하고 혼란에 빠졌다. 곁에 있던 이문욱李文彧[1]이 곡을 멈추게 하고, 자신의 옷으로 시신을 가리게 하며, 북을 치고 싸우러 나가게 하니, 모든 사람이 순신이 죽지 않았다고 생각하고 용기를 내 열심히 싸워 적들이 크게 패배했다. 사람들이 모두 "죽은 순신이 살아 있는 왜적을 부수었다死舜臣破生倭"고 말했다.

(이순신의) 전사 소식이 전해지자, 호남의 모든 사람이 슬퍼하며 큰소리로 울었다. 늙은 노파와 아이들일지라도 모두 슬피 흐느껴 울었다. 그의 나라를 위한 충성과 몸을 잊고 의리를 위해 죽은 것은 비록 옛날의 훌륭한 장수일지라도 이 사람보다 더한 사람이 없겠구나.

안타깝구나! 조정에서 인재를 잘못 써서 순신이 그 재능을 다 펼치지 못했구나. 만약 병신년(1596)과 정유년(1597) 사이에 순신의 통제사직을 벗기

1 이문욱은 『선조실록』 선조 30년(1597) 4월 25일의 경상도 관찰사 이용순의 서장에, 임진왜란 때 포로가 되어 일본에 잡혀갔고, 글을 잘하고 용맹이 뛰어나 관백(도요토미 히데요시)이 양자로 삼았으며, 히데요시를 암살하려는 반란군을 무찔러 총애를 입다가 시기를 받아 고니시 유키나가 小西行長의 부장이 되어 부산에 와서 일본군 정세를 전했다고 한다. 『선조실록』 선조 31년(1598) 9월 23일에는 전라도 방어사 원신이 보고한 내용에 이문욱은 "남해의 적에 빌붙은 유학"으로 나온다. 이문욱을 실록에 나오는 "손문욱孫文彧"과 동일인으로 보는 견해도 있다. 정경달의 『반곡난중일기』 1597년 5월 1일에는 "우리나라 사람으로 일본군에 포로가 되었던 이문욱李文旭이 왜놈의 전함 150척을 거느렸는데, 중간에 배반해 남만南蠻으로 들어갔다"는 이야기를 들었다는 내용이 나온다.

지 않았다면, 어떻게 한산의 패전이 있었으며, 충청과 호남이 왜적의 소굴이 될 수 있었겠는가. 아! 그가 안타깝구나.

3. 『선조수정실록』 선조 31년(1598) 11월 1일. 「내가 죽었다는 말을 절대로 하지 마라!」

명나라 제독 유정劉綎이 순천의 적 진영을 다시 공격하고, 통제사 이순신은 수군으로 바다 가운데서 왜적의 구원병을 크게 패배시켰는데, 순신은 전사했다.

그 당시, 고니시 유키나가는 순천 왜교에 성을 쌓고 단단히 지키면서 물러나지 않았다. 유정이 다시 나아가 공격하고, 순신과 진린은 바다 입구를 막고 압박했다. 고니시 유키나가가 사천의 왜적 심안돈오沈安頓吾(시마즈 요시히로)에게 구원을 요청하자, 돈오가 바닷길로 와서 구원했다. 순신이 나아가 무찔러 크게 부수었는데, 왜적의 배를 불태운 것이 200여 척, 죽이고 빼앗은 것은 셀 수도 없다.

남해 경계까지 추격했고, 순신은 직접 화살과 돌을 무릅쓰고 힘써 싸웠는데, 그의 가슴을 철환이 날아들어 맞혔다. 좌우에서 부축해 막 안으로 들어갔다. 순신이 말하기를 "지금 싸움이 급하구나. 내가 죽었다는 말을 절대로 하지 마라戰方急 愼勿言我死"라며 말을 마치고는 숨이 끊어졌다.

순신의 형의 아들인 완이 그의 죽음을 감추고, 순신의 명령처럼 해서 더욱 급하게 싸움을 독려했기에 군사들은 알 수 없었다. 진린이 탄 배가 적에게 에워싸이자 완이 그의 군사를 지휘해 구출했고, 적은 흩어져 갔다.

진린이 순신에게 사람을 보내 구출해준 것에 감사 인사를 하다가 처음으로 그의 전사 소식을 듣고는 놀라서 의자에서 떨어졌다. 가슴을 두드리며 크고 서럽게 울부짖었다.

우리 군대와 명나라 군대는 순신의 전사 소식을 듣자, 진영마다 연달아 큰소리로 서럽게 울부짖었다. 영구가 도착하는 곳마다 인민들이 모두 제사를 지내고, 수레를 붙잡으며 곡을 했기에 수레가 나갈 수 없었다. 조정에서는 우의정으로 추증했고, 바닷가의 사람들은 서로 솔선해 사당을 짓고 충민사忠愍祠라고 불렀다.

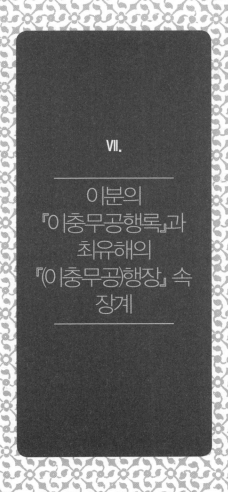

VII.

이분의
『이충무공행록』과
최유해의
『(이충무공)행장』속
장계

이순신의 조카 이분이 저술한 이순신의 전기인 『이충무공행록』과 최유해가 쓴 이
순신의 『(이충무공)행장』[1]에 있는 장계다. 1597년 8월 혹은 9월 초순 작성된 것으
로 보인다. 같은 내용이나 사소한 차이가 있다. 제목은 임의로 정했다.

1. 「신에게는 아직도 12척의 전선이 있습니다」(이분, 『이충무공행록』)

임진년(1592)부터 5~6년 동안, 적이 감히 전라도와 충청도로 곧바로 돌
격할 수 없었던 것은 수군이 그 길목을 누르고 있었기 때문입니다. 지금 신
에게는 전선이 아직도 12척이 있습니다今臣戰船尙有十二. 죽을힘으로 막고 싸
운다면, 오히려 해낼 수 있습니다出死力拒戰 則猶可爲也. 지금 만약 수군을 전
부 없앤다면, 적은 이를 행운으로 여길 것입니다. 그렇게 된다면 전라·충
청의 오른쪽(서해안)을 거쳐 한강에 이를 것입니다. 신은 이것을 두려워할
뿐입니다. 전선의 수가 비록 적을지라도 미천한 신微臣이 죽지 않는다면, 적
은 감히 우리를 업신여기지 못할 것입니다戰船雖寡 微臣不死 則賊不敢侮我矣.

2. 「신에게는 전선이 또한 12척이 있습니다」(최유해, 『(이충무공)행장』)

임진년 이후 적들이 감히 남쪽을 위협할 수 없었던 것은 실로 수군이

---

1 박재연 등에 따르면, 최유해가 쓴 『(이충무공)행장』은 최유해가 승지직에 있던 1641년경에 저
술된 것으로 추정되며, 최유해의 행장은 이분의 『이충무공행록』을 참고해 저술했을 가능성이 있
다고 한다(박재연, 이상덕, 김영, 『충무공 이순신전』, 역락, 2014, 15쪽 주 2 참조).

그 세력을 막았기 때문입니다. 지금 만약 수군을 폐지한다면, 적은 반드시 호남·호서湖를 거쳐 한강에 이를 것입니다. 다만 한 순간에 질풍을 타게 되니 신은 이를 두려워할 뿐입니다壬辰後賊不敢南犯者 實以舟師沮其勢也 今若撤舟師 則賊必由湖達漢 只憑一飄風 此臣所懼也. 지금 신에게는 전선이 또한 12척이 있습니다. 신이 죽지 않는다면, 적 또한 감히 우리를 업신여기지 못할 것입니다 今臣戰船 亦有十二 臣若不死 則賊亦不敢侮我矣.

VIII.

『난중잡록』
속 장계

임진왜란 때 남원 의병장이었던 조경남의 기록인 『난중잡록』에 인용되어 있는 3건의 장계다. 이 장계 내용은 『임진장초』나 실록 등에도 나오지 않는다. 제목은 임의로 정했다.

1. 「각 고을 수령이 군사를 보내지 않는 것에 대한 장계」(『난중잡록』 1595년 1월 11일)

통제사統制使 이순신李舜臣이 장계狀啓하기를, "각 고을 수령 등이 적을 막을 뜻이 없어 수군의 군사들을 전혀 들여보내지 않고 있습니다" 등등이라고 했다. (임금이) 각 도의 감사監司에게 명해 부지런하고 게으른 것을 조사하고 살피게 해 죄와 벌을 시행케 했다. 이로 인해 남원 병사兵使 양순세梁順世, 이승서李承緖 등은 통제영統營으로 잡혀가 잇달아 참형斬에 처해졌다.

2. 「가토 기요마사를 바다에서 막고자 수군을 보내줄 것을 요청하는 장계」(『난중잡록』 1596년 12월 28일)

통제사 이순신이 장계하기를, "신臣은 당연히 힘을 다해 가토 기요마사清正가 오는 길을 막으려고 하오니, 각 도의 수령으로 하여금 수군 등을 온 힘을 다해 들여보내도록 해주십시오" 등등이라고 했다. 조정에서는 부찰사副察使 한효순韓孝純으로 하여금 수군의 일을 전담토록 시켜 삼도의 수군과 격군, 격군의 군량을 낮이나 밤이나 모아 들여보내고, 병선兵船과 기계를 급히 수리·보충하도록 하게 해 이순신이 적을 막을 형세를 돕도록 해주었다.

3. 「가토 기요마사의 상륙에 대한 책임과 남원·광주 수령 효시를 위한 장계」(『난중잡록』 1597년 2월)

2월. 이순신李舜臣이 장계狀啓하기를, "신臣이 힘을 다해 바다를 건너는 적을 막으려 했으나, 끝내 군사를 움직일 때軍機를 놓쳐 상륙하게 했습니다. 신이 죽음을 받을지라도 남는 죄가 있습니다. 다만 각 고을 수령 등이 수군의 일에 전혀 마음을 쓰지 않고 있습니다. 그들 가운데 남원·광주의 수령은 더욱 게으르고 소홀했습니다. 원하오니, 군대에서 효시케 명령해주십시오. 한 명을 징벌해 백 명이 힘쓸 수 있게 해주십시오" 등등이라고 했다. 임금이 비변사에 "부찰副察(한효순)을 시켜 두 고을 태수太守(수령)를 붙잡아 심문케 하라"고 했다. 그 뒤에 부찰사副察使가 순천에 있으면서 두 쉬(남원·광주 수령)를 잡아다 죄를 다스렸다.

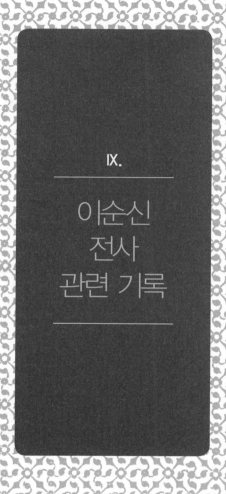

IX.

이순신
전사
관련 기록

이순신 전사 상황 관련 사료

사료명	격전지(전사 장소)	시간	피격 상황	피격 후 처리 담당	이순신의 유언
선조실록	노량도 노량해상 노량	사시巳時 (09~11시)	- 진린/이덕형: 철환을 맞음 - 사신: 가슴에 적의 철환을 맞음賊丸中胸	- 이문욱(손문욱) (1598년 11월 27일) - 손문욱 (1598년 12월 18일) - 송희립이 주도 손문욱은 곁에 있었음 (1599년 2월 8일)	-
선조수정실록	남해 경계		가슴에 철환을 맞음	조카 이완 (1598년 11월 1일)	"지금 싸움이 급하구나. 내가 죽었다는 말을 절대로 하지 마라戰方急 慎勿言我死."
초본 난후잡록 (류성룡)	남해 경계	-	철환이 가슴을 맞추고 등으로 나감	이순신 아들	"지금 싸움이 급하구나. 내가 죽었다는 말을 절대로 하지 마라. 다만 힘써 싸워 적을 다 죽여라戰方急 慎勿言我死 但力戰殲賊."
초본 징비록 (류성룡)	남해 지역	-	철환이 가슴을 맞추고 등으로 나감	이순신 조카 완	戰方急 慎勿言我死
승정원일기				이순신의 둘째 아들 이열	"왜적과 진을 마주하고 있다. 내가 죽었다고 절대로 발표하지 말라與賊對陣 慎勿發喪."
이충무공행록 (이분)	노량	동틀 무렵 黎明	철환에 맞음	아들 회와 조카 완, 노비 금이가 있었고, 회와 완 중의 한 사람이 기를 휘두름	戰方急 慎勿言我死
백사집 (이항복)	노량	동틀 무렵 黎明	철환에 맞아 넘어짐	-	오히려 공은 사람들에게 경계하여, 죽음을 말하지 못하게 하면서 말하기를, "우리 군사들의 사기가 꺾일까 두렵구나猶戒衆諱言死曰 恐我師熠也." (「統制使李公露梁碑銘」)
		사경四更			"내 죽음을 숨겨라. 군중을 놀라게 하지 말라諱言我死 勿令驚軍." (「故統制使李公遺事」)
난중잡록 (조경남)	관음포	날이 밝았을 무렵 日已明矣	철환을 맞고 인사불성 中丸不省人事	아들 회	-
백호집 (윤휴)	-	-	이마를 관통	조카 완	"지금 싸움이 급하니. 내가 죽었다는 말을 하지 말라戰方急 勿言我死."
은봉전서 (안방준)	관음포	날이 밝기 전	철환이 가슴 아래를 관통	부하 장수 몇 사람과 아들 회, 송희립이 알았고, 송희립이 주도	
고대일록 (정경운)	-	-	철환을 머리에 맞아 전사	아들 아무개	-
선묘중흥지	관음포	-	왼쪽 겨드랑이	부하 장병들	
상촌집 (신흠)	관음포	25일	철환에 맞아 죽음	휘하 군사들	
성호전집 (이익)					"내 죽음을 숨겨라. 군중을 놀라게 하지 말라諱言我死 勿令驚軍"

이순신 전사 당시 시대와 관계된 인물, 혹은 이순신과 직간접적으로 관계된 인물들이 남긴 기록이다.

1. 초본 『난후잡록』(류성룡)

이순신은 몸소 화살과 돌을 무릅쓰고 힘써 싸웠다. 철환이 날아와 그의 가슴을 맞히고 등 뒤로 나갔다. 좌우에서 부축해 장막 안으로 들어가자 순신이 말하기를, "지금 싸움이 급하구나. 내가 죽었다는 말을 절대로 하지 마라. 다만 힘써 싸워 적을 다 죽여라戰方急 愼勿言我死 但力戰殲賊"라고 했다. 말을 마치자 숨이 끊어졌다. 순신의 아들이 죽음을 발표하지 않고, 순신의 명령에 따라 싸움을 더욱 급하게 독려했기에 군중에서는 알지 못했다.

2. 초본 『징비록』(류성룡)

이순신은 몸소 화살과 돌을 무릅쓰고 힘써 싸웠다. 철환이 날아와 그의 가슴을 맞히고 등 뒤로 나갔다. 좌우에서 부축해 장막 안으로 들어가자 순신이 말하기를, "지금 싸움이 급하구나. 절대로 내가 죽었다는 말을 하지 마라戰方急 愼勿言我死"라고 했다. 말을 마치자 숨이 끊어졌다. 순신의 형의 아들 완이 평소에 담력이 있어 그의 죽음을 비밀로 하고, 순신의 명령처럼 싸움을 더욱 급하게 독려했기에 군중에서는 알지 못했다.

3. 『승정원일기』(인조 9년(1631) 4월 5일)(이원익)

왜란 때, 이순신이 장차 죽음에 이르게 되자 아들 열이 부둥켜 안고 흐느껴 울었는데, 순신이 말하기를, "왜적과 진을 마주하고 있다. 내가 죽었다고 절대로 발표하지 말라與賊對陣 愼勿發喪"등등이라고 했습니다. 곧바로 아들 열은 죽음을 발표하지 않고, 언제나처럼 싸움을 독려했습니다.

4. 『쇄미록』(오희문)

1598년 12월 16일. 조보朝報를 보니 흉악한 왜적이 이미 모두 바다를 건 너갔는데, 명나라 수군과 우리 수군이 뒤쫓아가서 무찔러 많은 수를 베었다고 한다. 그러나 통제사 이순신이 철환에 맞아 죽었고, 수령 및 첨사·만호로 죽은 사람이 10여 명이니, 군사로서 죽은 자가 반드시 많을 것이다. 한탄스러운 일이다. 명나라 장수 등 총병鄧摠兵 자룡子龍 또한 철환을 맞고 죽었다고 한다. 이순신은 우의정에 추증되었다. 전쟁이 일어난 시작부터 호남의 보장이었는데, 지금은 왜적의 철환에 죽었으니 안타깝다.

5. 『태촌선생문집』「鄭藥圃爲相伸救李統制」(고상안)

무술년(1598)의 싸움에서 불행히도 철환에 맞았다. 장차 죽음에 이를 때, 그의 아들 회를 불러 다음과 같이 말했다. "여러 배의 눈과 귀가 내 깃발과 북소리를 주목하고 있다. 내가 비록 이미 끝이 났으나, 절대로 죽었다고 말하지 말라. 깃발을 휘두르는 것이 멈추고, 북소리가 끊어질 것이다. 모두들 힘내고 분노해, 나라의 은혜에 보답하고 아버지의 원수를 갚는데, 너는 네 있는 힘을 다해라諸船耳目 在吾旗鼓 我雖已矣 愼勿擧哀 旗不輟麾 皷不絶聲 並力齊憤 則國恩可報 父讎可復 爾其勉之."아들은 그의 명령을 따랐고, 큰 승리를 거두었다.

6. 『난중잡록』(조경남)

1598년 12월 19일. (…) 적의 군사들이 목숨을 걸고 피를 흘리며 싸웠으나, 형세가 버틸 수 없었기에, 바로 물러나 관음포로 들어가니 이미 날이 밝았다. 순신이 직접 북채를 잡고 선봉에 서서 뒤쫓아가서 죽였는데, 적의 조총 쏘는 군사가 배의 뒤에 엎드려 있다가 한꺼번에 이순신을 향해 쏘았다. 이순신은 철환에 맞아 인사불성이 되었다. 급히 부하 장수에게 명령해 방패로 몸을 버티며 비밀로 하게 하고, 죽었다는 이야기를 발표하지 못하게 했다. 그때 그의 아들 회가 배에 있었는데, 아버지의 명령에 따라 북을 치고 기를 휘둘렀다.

7. 『이충무공행록』(이분)

그날 밤(11월 19일) 자정(밤 12시)에 공(이순신)이 배 위로 올라가 손을 씻고 무릎을 꿇고 하늘에 빌었다. "이 원수를 무찌를 수만 있다면, 이 몸이 죽을지라도 하늘에 그 어떤 서운함도 없을 것입니다此讎若除 死即無憾." (…) 19일 새벽에 공이 한창 독전하다가 문득 지나가는 철환에 맞았다. "지금 싸움이 급하구나. 내가 죽었다는 말을 절대로 하지 마라戰方急 愼勿言我死." 공(이순신)은 말을 마치고 세상을 떠나셨다.

8. 『잠곡유고』「통제사 이충무공 신도비명」(김육)

공(이순신)이 도독과 함께 밤 이경(21~23시)에 출전하면서 하늘에 기원드리며 말하기를, "이 원수를 없앨 수 있다면, 죽어도 여한이 없을 것입니다此讎若除 死亦無憾"라고 하자, 갑자기 큰 별이 바닷속으로 떨어졌다. 이를 본 사람들은 모두 놀라 이상하게 생각했다. 이어 남해 경계까지 뒤쫓아가서 화살과 철환을 무릅쓰고 직접 싸움을 독려하던 가운데 날아든 철환에 맞았다. 좌우에서 공을 부축해 장막 안으로 들어갔을 때, 공이 말하기를, "지금 싸움이 급하구나. 절대로 내가 죽었다는 말을 하지 마라戰方急 慎勿言我死"라고 했다. 말을 마치자 숨이 끊어지니, 나이는 54세였다.

9. 『백호전서』 「통제사 이충무공유사」(윤휴)

이날 밤(11월 19일) 삼경(밤 12시)에 순신이 배 위에 나와서 향을 불사르고 축원하기를, "이 적들을 빨리 무찌를 수 있도록 하늘에 기원 드립니다. 적을 물리치는 날, 신은 죽음으로써 나라에 보답하겠습니다." (…) 막 안으로 부축해 들어갔다. 순신이 말하기를, "지금 싸움이 급하니, 내가 죽었다는 말을 하지 말라戰方急 勿言我死" 하고는 그대로 숨이 끊어졌다.

10. 『백호전서』 「제장전」(윤휴)

순신이 철환을 맞아 이마가 관통되어 곧 죽게 되자, 완에게 군대 일을 부탁해 말하기를, "힘써 해라. 다만 내가 죽었다는 말을 하지 말라勉之哉 第無言我死"하였으므로, 완이 감추며 전사 소식을 발표하지 않고, 순신의 명령처럼 해서 군악을 울리고 장군기를 휘둘러 더욱 힘써 싸움을 독려했다. 적선을 뒤쫓아 거의 다 불태우니, 나머지 적은 혹은 남해로 도망쳐 들어가기도 했고, 혹은 노량을 따라 달아나기도 했다.

11. 『재조번방지』(신경)

밤 삼경(23~01시)에 이순신이 배 위에서 꿇어 앉아 하늘에 빌기를, "오늘 진실로 죽기를 결심했습니다. 하늘에 기원드리오니, 이 적을 반드시 없애게 해주십시오今日固決死 願天必滅此賊."(…) 이튿날(20일) 사경(01~03시)에 적이 도독을 에워싸 아주 급해졌을 때, 순신이 정예 군사를 거느리고 나아가 적선 200여 척을 태웠다. 한창 싸울 때, 순신이 직접 북을 쳤는데 갑자기 날아온 철환이 그의 가슴을 맞히고 등 뒤로 나갔기에 넘어졌다. 좌우에서 막 안으로 부축해 들여왔다. 숨이 끊어질 때, 부하 장수를 돌아보며 말하기를, "지금 싸움이 급하구나. 절대로 내가 죽었다는 말을 하지 마라. 군사들을 놀라게 하지 말라戰方急 慎勿言我死 毋令驚軍"고 하고, 말을 마치자 죽었다.

12. 『선조실록』(선조 31년(1598) 11월 25일, 명나라 수군 도독 진린의 보고서)

19일 인시에서 사시까지 부산과 사천 등의 일본군과 노량도에서 크게 싸웠고, 이순신은 직접 군사들 앞에서 싸우다가 철환에 맞아 전사했다.

13. 『성호전집』(이익)

1598년 11월 18일. (…) 이날 삼경(23~01시)에 공(이순신)이 배 위에서 하늘에 기원하며 말하기를, "오늘 진실로 죽기를 결심했습니다. 하늘에 기원드리오니, 이 적을 반드시 다 없앨 수 있게 해주십시오今日固決死 願天必殲此賊"라고 했다. 몸소 정예 군사를 거느리고 먼저 노량으로 나아갔다. 19일 사경(01~03시)에 적군이 도독(진린)을 에워싸 아주 급해졌을 때, 공이 곧바로 앞으로 나아가 구출했다. 화살을 무릅쓰고 직접 북을 치고 독려하다가 갑자기 철환에 맞아 쓰러졌다. 공은 부하들을 돌아보고 말하기를, "내 죽음을 숨겨라. 군중을 놀라게 하지 말라諱言我死 勿令驚軍"라고 했다.

14. 『호남기문』

이순신이 죽은 뒤, 남쪽 사람들로 고기 먹는 사람이 없었고, 흰 옷을 안 입은 사람이 없었다. 그것이 풍속이 되어 결혼식 때가 아니면 색깔이 있는 옷을 입지 않았다.

15. 『오리집 부록』 「일사장」(이원익)

이순신은 충성심과 용기, 지략이 있었고李舜臣忠勇有智略, 류성룡 공이 추천해 현감에서 수군통제사에 발탁되었다. 여러 번 큰 공로를 세웠으나, 기뻐하지 않은 사람이 있어서 그를 망쳤다. 원균이 그를 대신해 임명되려 할 때, 공(이원익)은 긴급히 장계를 올려 원균을 기용해서는 안 되며, 순신은 파직시켜서는 안 된다고 조정에 거듭 조사할 것을 사유를 갖추어 보고했다. 임금이 다시 공(이원익)에게 묻자 공은 정성을 다해 지극히 변호했다. 그러나 원균이 마침내 대신하게 되었으나, 임금의 뜻은 아니었구나. 원균이 온 뒤에 한산도에서 크게 패배해 이로 인해 처음에는 모두 다 파괴되었다. 순신이 임금의 명령을 받아 다시 부임했으나, 적병이 또 대규모로 이르렀다. 순신은 때에 따라 대처하고臨機制變 귀신이 나타난 듯, 귀신이 숨는 듯神出鬼秘 하면서 사졸들이 모두 다 죽을힘을 다하게 해 큰 공로를 거의 다 세웠으나, 갑작스럽게 날아온 탄환에 맞았다舜臣臨機制變 神出鬼秘 士卒盡死力 大功垂成 而忽爲流丸所中. 숨이 끊이질 때, 그의 아들 열莚에게 경계해 말하기를, "시끄럽게 하지 말라臨絕 戒其子莚曰 勿驚動"고 했다.

제3부 서한첩

이순신의 편지

- 시인 이순신, 친구 이순신, 장수 이순신의 편지 -

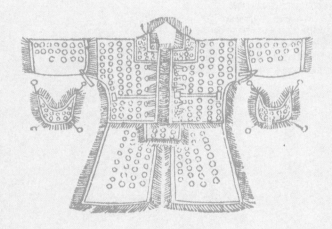

차 례

제3부 서한첩 이순신의 편지

일러두기

1. 현충사 소장 「(초서본) 서한첩」의 원문 판독문은 다음의 자료를 바탕으로 했다.

1) 현충사 소장 「(초서본) 서한첩」을 판독한 문화재청 국가기록유산 홈페이지(http://www.memorykorea.go.kr/)에 게재된 판독문(2017년 7월 10일 기준, 이하 「문화재청본」).

2) 이은상, 『국역 주해 이충무공전서(하)』, 충무공기념사업회, 1960.

3) 홍기문, 『리순신장군전집』, 국립출판사, 1955.

4) 이인섭, 『이순신 한묵첩』, 이화문화출판사, 2000.

5) 서장석 엮음, 『이충무공전서 속편』, 1934.

2. 이 「서한첩」과 별개로 이순신이 쓴 「체찰사 이원익 공에게 올리는 편지上體察使完平李公元翼書」도 있다. 『이충무공전서』에 수록되어 있다. 이순신의 어머니에 대한 그리움이 담긴 편지로, 「서한첩」과 별개이나 함께 실었다. 원문은 고전번역원 한국고전종합 DB의 것을 사용했다. 이 원문을 번역하기 위해 참조한 기존 번역문으로는 홍기문의 『리순신장군전집』, 이은상의 「충무공忠武公의 서한書翰: 특特히 관찰사觀察使 이원익 공李元翼公에게 보내는 편지를 읽어본다」(『민족문화』 제4권 제1호 (1959년 1월))가 있다.

3. 「진린 도독에게 보내는 답장答陳都督璘書」과 「진린의 편지」도 실었다. 『이충무공전서』에 수록되어 있다. 원문은 고전번역원 한국고전종합 DB의 것을 사용했다. 진린이 천문 등을 보고 이순신의 생명이 얼마 남지 않았다고 예견하고, 『삼국지연의』에 나오는 제갈공명의 운명 연장 기도법을 권한 것에 대한 이순신의 답장이다.

「(초서본) 서한첩 해제」

현재 현충사에 소장된 이 서간첩은 1962년 12월 20일 『난중일기』 『서간첩』과 함께 국보 제76호로 지정되었다. 이순신이 친척인 현건과 현덕승에게 보낸 편지, 조카에게 보낸 편지, 아들 이회가 현건에게 보낸 편지, 후손 이규대가 서간첩의 유래를 밝힌 글로 구성되어 있다. 현건과 현덕승에게는 각각 3통을 보냈다. 이순신의 편지는 총 7통이다. 번역 순서는 발송 대상별 날짜 순서로 했다. 이 편지 중에서 「현덕승에게 보낸 편지」(1593년 7월 16일)에는 "호남은 국가(조정)를 지키는 최후의 보루입니다. 만약 호남이 없어진다면 이는 국가(조정)가 없어지는 것입니다湖南國家之保障 若無湖南 是無國家"라고 하면서 이순신이 한산도에 진을 친 이유가 나온다.

1. 「현건에게 보내는 편지(1)」(날짜 미상)

여행 중이신[1] 현玄 감역監役(현건)[2]께서 즉시 받아보십시오.

아침에 받은 편지로 잠시 위안이 되었습니다. 여행 중에 평안하십니까.

순영巡營(순찰사영)에서 들으니, 존형尊兄[3]께서 제 관아에 머물고 계시다고 했습니다. 이렇게 편지로 즉시 와줄 수 있는지 물으시니[4] 답장을 보내드립니다.

남은 이야기는 손잡고 회포를 푸시는 것이 어떻겠습니까. 우선은 다 쓰지 못했습니다.

즉시, 순신[5] 척제戚弟[6]가 올립니다.

---

1 "여행 중이신"의 원문은 "여탑旅榻"이다. 여탑은 여행 중에 사용하는 의자를 뜻한다. 이 편지에서는 "여행 중인 현건에게"란 의미다.
2 "감역"은 선공감繕工監에 두었던 종9품 관직이다. 궁궐·관청의 건축과 수리 공사를 감독했다. 현 감역은 현건玄健(1572~1656)이다. 이은상의 『국역 주해 이충무공전서(하)』(443쪽)에 따르면, 고향은 전남 영암이고, 이순신의 어머니 초계 변씨의 친척인 듯하나, 그 관계에 대해서는 자세히 알 수 없다고 한다.
3 "존형"은 친구 사이에 상대를 높여 부르는 말이다.
4 "이렇게 편지로 즉시 와줄 수 있는지 물으시니"의 「문화재청본」은 "有此書問 須卽字臨"이다. 「문화재청본」의 "字"를 이은상·이인섭은 "무"로 보았다. "무"가 맞다.
5 "순신"은 편지 원문에서는 "순순舜"으로만 나온다.
6 "척제戚弟"에서 "戚"은 인척관계를 뜻하고, "弟"는 자신을 낮춰 부르는 표현이다. 이 「서한첩」에는 "척하戚下"라는 표현도 나오는데, 같은 의미다(하영휘 외 엮음, 『옛편지 낱말사전』, 돌베개, 2011, 18~19쪽).

2. 「현건에게 보내는 편지(2)」(1585년 1월 13일)

현 감역(현건)에게 올립니다.

격식은 생략합니다.

상중에 있는 죄인이 병으로 눈까지 어두워졌기에 사람들과의 관계를 끊었습니다. 평소에 쓰던 편지도 참으로 이미 그만두었습니다. 하물며 천 리나 떨어진 땅에 있으니 소식을 여쭙는 것도 어려웠습니다. 생각만 하면서 마음속으로 슬퍼하고 있는데, 뜻밖에 편지를 보내주셨습니다. 별도로 적은 글로 위로하신 것을 엎드려 받들었습니다.

말씀하신 뜻을 거듭 펼쳐보니 직접 뵙고 있는 듯합니다. 위안이 되어 걱정이 씻기는 것이 어떠하겠습니까. 게다가 살펴보니 몸과 마음을 편안히 하셔서 더욱 건강해지셨다니 기쁘기가 이루 말할 수 없습니다.

각종 물건으로 부의해주신 것이 이처럼 넉넉하니, 어진 마음에 깊이 감동했으나 은혜를 갚을 방법을 모르겠습니다.

순신이 어리석어 구차히 목숨을 잇다가 해까지 바뀌었습니다. 하늘과 땅에 부르짖으며, 스스로 피눈물만 흘릴 뿐입니다. 장례를 지낸 산이 가까이 있어 사람의 정과 도리가 조금은 만족스럽기에 지금 죽는다 해도 응어리진 것은 없습니다. 남쪽을 바라보니 아득하기만 해 소리치며 호소할 길도 없습니다.

이 생애 어느 때 다시 뵈올 수 있을지 모르겠습니다.[7] 생각하면 슬프고

---

7 「문화재청본」의 "이 생애 어느 때 다시 뵈올 수 있을지 모르겠습니다未知此失 其有再逢於何時耶"의 "此失"을 이은상·이인섭은 "此生"으로 보았다. "此生"이 타당하다.

답답해 할 말은 많지만, 병이 심해[8] 쓰기 어려워 다 쓰지 못합니다.

다만 몸을 받들어 보호하시길 기원드립니다. 멀리서 바라는 이 마음에 부응해주십시오.

삼가 엎드려 바라오니 살펴주십시오.

상중이라 마음이 아파 정신이 어지러워 조리 있게 쓰지 못한 채 삼가 올립니다.

1585년[9] 1월 13일.

어버이가 돌아가신 사람,[10] 이순신이 올립니다.

3. 「현건에게 보내는 편지(3)」(1598년 2월 19일)

현 감역(현건) 댁으로 답장을 올립니다.

어제 겨우 이곳에 다다랐습니다.

계신 곳이 서로 아주 멀지 않아 소식을 들을 길이 있을까 했는데, 마침 먼저 안부를 묻는 편지를 주셨습니다. 편지가 비록 오래전에 발송된 것이지만, 그리움은 더욱 새로워집니다. 하물며 봄기운이 화창한 때이니 몸과

---

8 "병이 심해"의 원문 "病甚"을 「문화재청본」은 "병들어 누워 있어病伏"로 보았다. 이은상 역시 "病甚"으로 보았다.

9 「문화재청본」에는 "기유년己酉"으로 나오나, 원문 사진을 보면, "을유乙酉"다. 이은상도 을유년으로 보고, 선조 18년(1585)으로 부연 설명했다. 기유년은 1546년 혹은 1606년으로 이순신의 부친 이정이 사망한 시기와도 맞지 않다. 이순신의 부친 이정은 1583년에 사망했고, 1585년(을유년)까지는 이정의 사망으로 인한 휴직 시기였다. 「문화재청본」이 오자다.

10 "어버이가 돌아가신 사람"의 원문은 "罪人"이다. 부모상을 당한 사람이 편지에 쓸 때 사용하는 표현이다.

마음을 편안히 움직이고 멈추셔서 몸을 아끼십시오.

척제(이순신)는 오랫동안 전쟁터에서 있어 머리카락과 수염이 다 하얗게 되었습니다久在兵間 鬚髮盡白. 다른 날에 서로 마주한다면 옛날에 누구였는지 구분하지 못하실 것입니다.

어제 진을 고금도로 옮겼습니다. 장흥과 순천의 왜적[11]과는 100리 사이에 진이 있기에, 걱정되는 상황을 어찌 다 쓸 수 있겠습니까.[12]

지난 신묘년(1591)에 옥주 수령沃州(진도 군수)으로 나갈 때, 가는 길에 귀댁[13]을 지나쳤습니다.[14] 언제나 서호西湖와 월악月岳[15]의 연기 같은 구름, 나무와 대나무의 경치가 그리워 마음속으로 달려가지 않은 적이 없습니다.

전쟁 중에도 세상의 두터운 우정을 잊지 않으시고, 사람을 보내 편지로 안부를 물으시고 더불어 각종 물건을 보내주시니, 이 모든 것은 진에서는 귀한 것입니다. 그러나 정은 물건에 있는 것이 아닙니다情非在物.

존형께서 옛날 평상시에 배움에 힘쓴 공을 지금 이렇게 볼 수 있으니, 깊이 감동되는 것이 끝이 없습니다.

아주 바빠 대략 이렇게 씁니다. 답장을 위한 예의를 갖추지 못했습니

11 「문화재청본」의 "순천의 왜적順天之倭賊"을 이은상은 "興順天之倭賊", 이인섭은 "與順天之倭賊"로 판독했다. 「문화재청본」에서는 "興" 혹은 "與"가 누락되었다. 원문 사진을 보면, "興" 혹은 "與"로 보이는 글자가 있다. "興"으로 보면, "장흥長興"의 "興"으로 보인다. 또한 1598년 7월 절이도해전의 사례로 미루어도 "장흥長興"을 뜻하는 것으로 보인다.
12 「문화재청본」의 "어찌 다 쓸 수 있겠습니까何可盡旣"의 "旣"를 이은상은 "記", 이인섭은 「문화재청본」처럼 "旣"로 보았다. "記"가 맞다.
13 "귀 댁"의 원문은 "仙庄"이다. 상대방의 집에 대한 높임말이다.
14 「문화재청본」의 "가는 길에 귀 댁을 지나쳤습니다路至仙庄"에서 "至"를 이은상·이인섭은 "過"로 보았다. "過"가 맞다.
15 "월악"은 월출산이다. 전라남도 영암군의 영암읍과 강진군 성전면의 경계에 위치한 산이다. 고경명高敬命(1533~1592)이 지은 「遊月出紀行 贈靈祐大」에서도 월출산을 월악산으로 기록하고 있다.

다.[16]

1598년 2월 19일.

척제 순신이 편지를 쓰고, 편지에 인사를 올립니다.

4. 「현덕승에게 보내는 편지(1)」(날짜 미상)

여행 중이신 현효 정랑正郎(현덕승)[17]께 즉시 답장 올립니다.

잠시 소식이 막혀 서글펐습니다.[18] 날마다 여행하시는데 건강은 평안하신지요.

절을 두루 구경 다니시니[19] 즐거워 돌아오실 것을 잊으셨는지요. "산이 높아 하늘에 닿는 것이 멀지 않고, 물이 맑아 신선을 만날 날이 멀지 않다"고 하셔서 아주 깊이 감동했습니다.

꽃과 버들이 만발할 때와 단풍과 국화가 필 때 중에서 어느 때가 가장 좋으신지요. 저와 같은 세속의 관리는[20] 바쁘고 바쁘며, 일이 많아 함께 감상할 길이 없습니다. 제게 "신선이 될 인연이 없는 사람"이라고 나무라셨던 것은 참으로 정확한 말씀이셨습니다. 껄껄 웃습니다.

16 「문화재청본」의 "답장을 위한 예의를 갖추지 못했습니다不宣謝例"의 "例"를 이은상·이인섭은 "禮"로 보았다. 의미는 같다.

17 정랑正郎은 조선시대 정5품 관직이다.

18 「문화재청본」의 "잠시 소식이 막혀 서글펐습니다久阻瞻悵"의 "久"를 이은상·이인섭은 "作", 서장석은 "乍"로 보았다. "乍"가 맞다.

19 「문화재청본」의 "절을 두루 구경 다니시니儵儵 蕭寺遍觀" 중 "儵儵"와 "遍"을 이은상·이인섭은 "溯溯"와 "遊"로 보았다. "儵儵"와 "游"가 맞다.

20 「문화재청본」의 "저와 같은 세속의 관리는如我衙吏"의 "衙"를 이은상·이인섭은 "俗"으로 보았다. "俗"이 맞다.

조금 전에 조지朝紙[21]를 보니, 즉[22] 장동長洞 윤 정승尹台께서 이조의 관리가 되었다고 합니다. 다행입니다. 남은 이야기는 일이 어수선하여 다 쓰지 못합니다.[23]

척하 순신이 나아가 올립니다.

5. 「현덕승에게 보내는 편지(2)」(1589년 9월 19일)

현 정랑(현덕승) 댁에 삼가 올립니다.
정읍 수령井邑宰이 안부의 글을 올립니다.[24]

남쪽으로 내려온 뒤 소식이 오랫동안 막혀[25] 우러르는 마음이[26] 배나 간절합니다. 흰 이슬은 서리가 되었으며[27] 국화꽃이 떨어지고 있습니다. 몸과 마음을 편안히 움직이고 멈추는 것을 신령께서 지켜주셔서 평안하시길 삼

---

21 "조지"는 조보朝報다.
22 「문화재청본」의 "즉則"을 이은상은 판독에서 누락했으나, 이인섭은 넣었다.
23 「문화재청본」의 "남은 이야기는 일이 어수선하여 다 쓰지 못합니다餘撓不宣"의 "撓"를 이은상은 "懊", 이인섭은 "擾"로 보았다. "撓"가 맞다.
24 「서한첩」영인본을 보면, "현 정랑 댁에 삼가 올립니다. 정읍 수령이 안부의 글을 올립니다玄正郎宅 入納 井邑宰 上候狀"는 편지 상단에 종이를 덧붙인 부분에 기록되어 있다. 이은상의 『국역 주해 이충무공전서(하)』 448쪽에서는 이 편지가 전라 관찰사 이광의 막하에 있던 1589년 9월 19일에 썼기에 정읍 현감 시절에 쓴 것으로 볼 수 없다고 했다. 또한 이순신은 12월에 정읍 현감에 임명되었다. 때문에 이은상은 이 부분을 번역하지 않았다. 덧붙인 기록에 착오가 있는 듯하다.
25 「문화재청본」의 "소식이 오랫동안 막혀聲問久阻"에서 "阻"를 이은상은 "沮", 이인섭은 「문화재청본」과 동일하게 보았다. 의미는 같다.
26 "우러르는 마음이"의 「문화재청본」은 "瞻瞻之懷"다. "瞻瞻"을 이은상·이인섭은 "瞻仰"으로 보았다. 「친필본」은 "仰瞻"이다.
27 "흰 이슬은 서리가 되었고白露成霜"는 『시경』「겸가蒹葭」에 나오는 말이다.

가 엎드려 바랍니다. 우러러 그리운 마음 간절합니다.[28]

척하(이순신)는 날마다 나랏일로 시름을 덜어낼 틈이 없어 스스로 불쌍히 여긴들 어찌하겠습니까. 이곳에 부임한 뒤, 즉시 어찌 지내시는지 안부를 살펴 묻고자 했으나, 나랏일을 하는 사람이기에 이리저리 정신없이 뛰어다니느라 이제 겨우 안부를 여쭙게 되었으니, 오히려 아주 부끄럽게 되었습니다.

어른[29]께서는 가만히 앉아 세속과 떨어져 벼슬을 하지 않고 평안히 사시는 복을 누리는 분이시니[30] 반드시 세속 관리가 늘 하는 태도라고 책망하며, 큰소리로 껄껄대며 웃으시겠지요.

변卞을 따라 도착한 관아 하인 편에 써 보내신 편지를[31] 뜯어보니 마땅히 위안이 되어 걱정을 씻을 수 있었습니다. 길이 가깝고 멀지 않으니[32] 혹시라도 찾아주셔서 산처럼 쌓인 회포를 풀어주실 수 있겠는지요. 앉으실 의자를 깨끗이 닦아놓고 간절히 바라고 있습니다.[33]

---

28 『문화재청본』의 "우러러 그리운 마음 간절합니다仰傃區區之至"의 "仰傃"를 이은상은 "仰溯", 이인섭은 "仰勝"으로 보았다. 의미는 같다.

29 "어른"의 원문은 "執事"다. 상대방을 높여 부르는 호칭이다.

30 "가만히 앉아 세속과 떨어져 벼슬을 하지 않고 평안히 사시는 복을 누리시는 분이시니坐享淸福"의 "淸"은 『옛편지 낱말사전』에 따르면 벼슬하지 않고 맑게 지낸다는 뜻이다. 정약용은 『다산시문집』「兵曹參判吳公大益七十一壽序」에서 세상의 복은 대체로 두 가지가 있는데, 하나는 출세하는 "열복熱福"이고, 다른 하나는 세속을 초연해 사는 "청복淸福"이라고 했다. 다산은 이 두 가지 복중에서 선택은 각자의 성품에 따른 것이나, 청복은 하늘이 아껴서 주지 않으려 하는 복이기에 청복을 누리는 사람이 많지 않다고 했다.

31 『문화재청본』의 "써 보내신 편지를"의 원문은 "開折相簡"이다. "折相簡"을 이은상·이인섭은 "便折簡"으로 보았는데, 원문 사진을 보면 이은상·이인섭의 판독이 맞다. 『문화재청본』이 오자다.

32 "길이 가깝고 멀지 않으니"의 『문화재청본』은 "道途不遐"다. "道途"를 이은상·이인섭은 "道邇"로 보았다. 문맥으로는 "道邇"가 타당하다.

33 "앉으실 의자를 깨끗이 닦아놓고 간절히 바라고 있습니다"의 『문화재청본』은 "掃榻仙仙耳"다. "仙仙"을 이은상·이인섭은 "企企"로 보았다. 문맥으로는 "企企"가 타당하다.

남은 많은 이야기는 뒤로 미루기에 잠시 다 쓰지 않았습니다.

삼가 엎드려 바라오니 어른께서 살펴주십시오.

삼가 안부를 여쭙는 편지를 올립니다.

1589년 9월[34] 19일.

척하 이순신이 편지를 쓰고, 편지에 인사를 올립니다.

6. 「현덕승에게 보내는 편지(3)」(1593년 7월 16일)

현玄 지평持平(현덕승)[35] 책상에 답장을 올립니다.

임금님의 건강이 회복된 것은 신하와 백성의 경사입니다. 기뻐서 축하하
는 것을 어찌 말할 수 있겠습니까. 백성이 떠돌고 나라가 무너진 나머지였
기에 그리운 마음만 간절했습니다.

갑자기 이렇게 사람을 보내주셔서 이달 초에 써 보내신 편지를 받았습니
다. 서둘러 펼쳐 읽어보니 위로가 되고 가슴이 시원해지는 것이 옛날 보통
때보다 배나 더했습니다. 게다가 편지를 가득 채워 말씀하신 뜻은 극진하
십니다. 새로이 서늘한 기운이 들판에 드리우고 있습니다.[36]

---

34 9월의 원문은 "菊月"이다. 음력 9월이 국화꽃이 피는 달이라고 해서 붙여진 별칭이다.
35 지평은 조선시대 사헌부의 정5품 관직이다. 현덕승玄悳升(1564~1627)은 이은상의 『국역 주
해 이충무공전서(하)』(446쪽)에 따르면, 이순신의 어머니 초계 변씨 쪽 친척이다. 25세에 진사,
26세에 예조 정랑에 임명되었다. 광해군 때 천안 용두리로 물러나 살며 관직에는 나가지 않았다.
홍익한 등이 그에게 글을 배웠다고 한다. 조응록의 『죽계일기』 1593년 12월 16일에는 공주에서
현덕승을 만났고, 1596년 10월 23일에는 군자감 주부主簿에 임명, 1596년 11월 8일에는 예조
좌랑으로 임명, 1602년 12월 1일에는 울산 판관으로 임명했다는 내용이 나온다.
36 "새로이 서늘한 기운이 들판에 드리우고 있습니다新凉入郊"는 당나라 시인 한유의 「符讀書
城南」에 나오는 구절이다.

삼가 엎드려 생각하니, 고요한 가운데 사시는 것이 더욱더 편안하시다니 마음에 위로가 되고 홀가분해 어떤 말씀을 드려야 할지 모르겠습니다. 척하(이순신)는 전쟁터에서 많은 고생을 하고 있으나, 나라의 은혜가 끝이 없어 정헌대부正憲37에 올랐으니 감사한 마음 끝이 없습니다.

가만히 생각해보면, 호남은 국가(조정)를 지키는 최후의 보루입니다湖南國家之保障. 만약 호남이 없어진다면 이는 국가(조정)가 없어지는 것입니다若無湖南 是無國家.38 이 때문에 어제 한산도로 나아가 진을 쳤고, 바닷길을 끊고 저지할 계획입니다.

이런 난리 속에서도 옛정을 잊지 않고 멀리서까지 위로해주시고 더불어 각종 물건으로 은혜를 베풀어주시니, 진에서는 귀한 물건이 아닌 것이 없습니다. 깊이 감동되는 것이 끝이 없습니다.

어느 날에야 오랑캐를 다 쓸어 없애고, 옛날 평상시에 함께 놀던 마음을 다 풀 수 있을까요. 편지를 쓰다보니 그저 간절해져 마음이 답답할 뿐입니다.

남은 말은 아주 바빠39 답장을 위한 예의를 갖추지 못하고 대략 썼습니다.

1593년 7월 16일.

척하 이순신이 편지를 써서 인사를 올립니다.40

---

37 정헌대부는 정2품이다. 정2품 중에서 상위 품계다.
38 「서한첩」에서는 '國'이 '吐'로 되어 있으나, '國'과 같은 글자다.
39 「문화재청본」의 "남은 말은 아주 바빠餘極撓"에서 "撓"를 이은상은 "慢", 이은섭은 "攪"로 보았다. "撓"가 맞다.
40 "편지를 써서 인사를 올립니다拜手"는 본래 손을 들어 읍하고 절하는 것으로, 편지를 써서 다른 사람에게 보낼 때 그 편지를 상 위에 올려놓고 받는 사람을 위해 절을 한 뒤에 보내는 것을 뜻한다.

7. 「어떤 조카에게 보내는 편지」(1598년 8월 6일)[41]

서남쪽에 멀리 떨어져 있어 항상 마음이 아프고 간절한 것이 더하구나.

지금 조카 온蘊[42]을 만나고, 또한 네 편지를 읽어보니, 서럽고 슬픈 것이
더욱 더하구나. 네 형 등은 고향에 돌아오고 싶어하지 않더냐.

나는 비록 겨우 숨을 쉬고 있으나 명나라 장수가 연달아 와서 독촉하며
요구하는 것이 귀찮을 정도로 많아 하나하나 대응해 대답할 수도 없어 어
찌할 수 없구나. 어찌할 방법이 없구나.

너는 고향 땅에서 무엇을 하며 지내고 있느냐. 반드시 빨리 내려오는 것
이 아주 좋겠다.

이 편지를 회(이순신의 장남)에게 보여주어라.

나머지는 다 쓸 수 없구나.

(1598년)[43] 8월 6일.

작은아버지가.

---

41 이 편지는 『이충무공전서』에 「어떤 조카에 보내는 편지與某姪書」로 실려 있는 편지다.
42 「문화재청본」에서는 "蘊"이나 『이충무공전서』에서는 "薀"으로 나온다. 같은 글자다.
43 이 편지는 연도가 기록되어 있지 않다. 그러나 서남쪽과 명나라 군대 이야기를 보면 1598년
8월 6일경에 쓴 것으로 여겨진다.

8. 「아들 이회가 현건에게 보낸 편지」(1598년 12월 13일)

현 감역(현건)께 올립니다.

특별히 알리신 것에 답장을 올립니다.

어버이(이순신)께서 돌아가셨기에 꿇어 엎드려 이마를 땅에 대고 절을 두 번 드리며 말씀드립니다.

길을 가시던 중에 직접 들러서 곡을 하시며 제문과 제물로서 애도해주셨습니다. 슬퍼하시는 마음이 이미 지극하셨는데 지금 또 위문하시는 편지를 엎드려 받게 되었고, 게다가 부의賻儀와 더불어 약물까지 받았습니다. 은혜와 슬픈 마음이 번갈아 드니 평생 동안 보살피며 사랑해주신 정을 문득 깨달을 수 있었습니다.

회는 어리석은데도 죽지 않아 슬픔을 참아가며 시절을 지켜보고 있습니다. 사림士林의 보살핌에 의지해 상여 행렬은 무사하게 편히 도착했습니다. 그러나 피눈물을 흘리고 가슴이 무너지는 것은 스스로 억제할 수 없었습니다. 남은 많은 이야기는 마음이 아파 조리 있게 말씀을 드릴 수 없어 다 쓰지 못했습니다.

삼가 엎드려 편지를 바칩니다.

1598년 12월 13일.

어버이가 돌아가신 사람罪人, 이회가 글을 올립니다.

9. 「서간첩 전래기(이순신의 후손 이규대)」(1888년 3월 13일)

옛날에 우리 할아버님께서 영암靈巖의 수령으로 나갔을 때, 우리 선조 충무공께서 생전에 쓰신 글씨가 이 영암군 현씨玄氏 집안에 있다는 이야기를 듣고, 나아가 받들어 보니, 과연 선조(이순신)의 손때가 묻은 것이었다.

공(이순신)은 일찍이 그들의 선조 현 지평(현덕승)[44]과 도덕과 의리로써 친구가 되었고, 이에 더하여 친척이기도 했기에 이 때문에 주고받으신 편지가 있었다. 흠모하고 감탄해 추모하기 위해 별도로 본뜬 것을 만들어 현씨에게 주고 사례를 하며, 그 진본眞本은 집에 서첩으로 보관했다.

대개 그것을 얻게 된 까닭에 스스로 특별한 운수가 있어 그 사이에도 남아 있었다. 신명이 도와주신 것은 내 할아버지의 지극한 효성 때문이다. 그것을 보관하고 지킬 책임을 누가 감당할 수 있었겠는가. 그러므로 오늘날까지 전해오고 있는 것이다.

오호라! 못난 나는 300년 뒤에 태어나 선조가 마음으로 쓴 글씨를 받들고 보니 슬픔에 잠긴 채 선조를 다시 뵙는 듯하다.

그때 일을 논해보면, 즉 공은 국가(조정)를 위해 왜적을 무찌르며 방패에 먹을 갈던 날에도 글의 기운이 평온하고, 두터운 우정도 넉넉히 갖춰져 그 글들에는 넓고 큰 정성이 없는 곳이 없었다.

가만히 엎드려 생각해보니, 우리 집안에서 대대로 전할 귀하고 귀한 글씨로 이보다 큰 것이 없다. 사가에서 보관하는 것은 종가宗家 사당에 보관하는 것만 못하다.

그러므로 지금 종가에 받들어 헌납했으니 본손本孫이나 지손支孫이나 모

---

44 「문화재청본」의 "玄持平"을 이인섭은 "玄指平"으로 보았으나, "指"는 오자다.

두 함께 길이 우러러야 한다.

선조의 뜻을 더욱 널리 우러러 사모해야 할 것이다

1888년 3월 13일.[45]

10세손 부호군副護軍 규대奎大[46]가 삼가 기록한다.

10. 참고: 「체찰사 이원익 공에게 올리는 편지」와 「체찰사 이원익의 답장」[47]

「체찰사 이원익 공에게 올리는 편지」

엎드려 올립니다. 일에는 형세가 있고, 정情에는 더할 수 없이 급한 형편도 있습니다. 더할 수 없이 급한 정으로 인해 그칠 수 없는 일을 만났기에, 형세상 어쩔 수 없이 나라를 위한 의리忘家之義에 죄를 짓게 되었습니다. 어버이를 위한 사적인 행동으로 나라에 대한 의리를 굽혔기 때문입니다. 모

---

45 "1888년 3월 13일"의 원문은 "崇禎五 戊子春 三月 甲子"이다.

46 이규대는 전남 영암 영보리에 있는 「이규대 행적비」에 따르면, 1875년 영암 군수, 1877년 진도 군수, 1883년 창원 부사 등을 역임했다고 한다.

47 이 편지는 『이충무공전서』에 날짜가 기록되어 있지 않다. 이은상은 체찰사 이원익이 진주에 와 있던 것, 『난중일기』 1596년 윤8월 5일의 하천수가 체찰사에게 간 것, 윤8월 8일의 하천수가 진주에서 온 것, 윤8월 12일의 이순신의 어머니 찾아뵙는 모습을 바탕으로 윤8월 5일에 체찰사 이원익에게 편지를 보낸 것으로 추정했다.(이은상, 「忠武公의 書翰: 特히 觀察使 李元翼公에게 보내는 편지를 읽어본다」, 『민족문화』 제4권 제1호(1959년 1월)). 그러나 편지 내용에 이순신이 어머님을 뵙지 못한 지 3년이 되었다는 내용이 있고, 『난중일기』 1592년 1월 1일에는 "어머님과 떨어져 남쪽에서 두 번이나 설을 보냈다"는 기록, 『난중일기』 1594년 1월 11일과 12일자에 기록된 이순신이 배를 타고 고음천에 가서 어머니를 찾아뵙는 내용, 이듬해인 1596년 1월 1일자에 기록된 어머니를 찾아뵈었다는 것을 참조하면, 이 편지는 1593년 말에 쓴 것으로 볼 수 있다. 다만, 편지 제목 「체찰사 이원익 공에게 올리는 편지上體察使完平李公元翼書」와 편지 내용 중 어머니의 연세가 81세라는 점과 1595년 1월 1일 일기의 80세를 기준으로 하면, 1596년으로 볼 수 있다. 1593년에 쓴 편지라면, 『이충무공전서』의 편지 제목과 어머니 연세가 잘못 기록된 것일 수 있다.

(이순신)에게는 늙은 어머님이 계십니다. 올해 81세이십니다. 임진왜란이 일어난 초기에 모두들 재앙을 당할까 두려워했습니다.[48] 운 좋게라도 구차히 몸이라도 보존하고자,[49] 마침내 온 가족이 배를 타고 남쪽으로 내려와 순천 땅에 임시로 머물게 되었습니다. 그때는 어머님과 아들이 서로 만날 수 있다는 것만도 영광으로 여겼고 다른 것은 계획할 틈이 없었습니다. 다음 해인 계사년(1593)에 명나라 군대가 왜적들을 소탕하자 추악한 무리들은 달아나 숨었습니다. 바야흐로 이렇게 떠도는 백성이 고향에 돌아갈 때였습니다. 그러나 교활한 오랑캐는 속임수가 많고 갖은 음모를 다 내기에, 한 모퉁이에 모여 주둔하고 있을지라도 무릇 어찌 헛되이 여길 수 있겠습니까. 만약 다시 밀어닥친다면, 즉 이는 어머님을 굶주린 호랑이의 입에 그대로 두는 것이나 마찬가지이기에 돌아가시는 것을 결정하지 못하다 오늘에 이르렀습니다.

비록 모(이순신)는 못나고 어리석은 재주로 외람되이 막중한 임무를 맡고 있기에 할 일을 소홀히 할 수 없는 책임이 있어,[50] 몸이 자유롭지 못합니다. 한갓 어머님을 그리워하는 마음만 더하며 우리를 뿐徒增陟岵之瞻,[51] 자식

---

48 "모두들 재앙을 당할까 두려워해怯於俱焚"의 "모두들 재앙을 당하다俱焚"는 『서경』「하서夏書」「윤정胤征」에 나오는 "곤륜산이 불타면 옥석도 다 함께 탄다火炎崑岡 玉石俱焚"에 나오는 표현이다. 전쟁의 참혹함을 뜻하는 말이다.

49 "운 좋게 구차하게 몸이라도 보존할 수 있어幸於苟全"의 "구차하게 몸이라도 보존하다苟全"는 구전성명苟全性命의 준말이다. 제갈공명의 「전출사표」에 "신은 본래 벼슬이 없는 사람으로 남양에서 직접 농사를 지으면서 어지러운 세상에서 구차하게 몸을 보존하며 지냈고, 제후들에게 알려지거나 영달을 구하려고 하지 않았습니다臣本布衣 躬耕南陽 苟全性命於亂世 不求聞達於諸侯"에 나온다.

50 "할 일을 소홀히 할 수 없는 책임이 있고事有靡盬之責"에서 "靡盬"는 『시경』「당풍唐風」「보우鴇羽」와 『시경』「소아小雅」「녹명지십鹿鳴之什」의 「사모四牡」와 「체두杕杜」의 "나랏일은 끝이 없다王事靡盬"란 구절에 나온다.

51 "한갓 어머님을 그리워하는 마음만 더하며 우리를 뿐입니다徒增陟岵"에서 "陟岵"는 『시경』

을 걱정하시는 마음을 위로해드리지 못하고 있습니다.[52] "어버이는 자식이 아침에 나가 돌아오지 않으면, 언제나 문밖에 서서 자식이 돌아오는지 어떤지 바라본다'고 했습니다.[53] 그런데도 하물며 어머님을 뵙지 못한 지 3년이나 되오니 어떻겠습니까. 최근에 집안의 심부름꾼이 왔습니다. 어머니께서 다른 사람을 시켜 편지를 써서 보내셨습니다. 편지에서 말하기를, "늙은 병이 날로 깊어지니 얼마나 더 살 수 있으랴. 죽기 전에 네 얼굴을 다시 한번 보는 것이 소원이다"라고 하셨습니다.

아아! 다른 사람이 들어도 펑펑 눈물을 흘릴 이야기인데, 하물며 그 어머니의 자식인 사람의 마음은 어떻겠습니까. 그 말씀을 읽은 뒤부터는 마음이 더욱 어지러워져 해야 할 일에 관심이 일지 않았습니다.

모(이순신)는 계미년(1583)에 함경도 건원乾原의 권관으로 가 있었습니다. 그해에 모의 아버님께서 돌아가셔서, 모는 상을 치르기 위해 천릿길을 달려갔습니다.

아버님께서 살아 계실 때 약 한 첩 올리지 못했고, 돌아가실 때는 곁에

「국풍」「위풍魏風」「척호陟岵」에 나온다. 척호는 군대에 간 자식이 부모를 그리워하는 것을 뜻한다.
52 "자식을 걱정하시는 마음을 위로해드리지 못하고 있습니다莫慰嗟季之心"는 『시경』「패풍邶風」「개풍凱風」에 나오는 "일곱 명의 자식이 있어도 어머님 마음 하나 위로해드리지 못하는구나有子七人 莫慰母心"의 "위로해드리지 못하다莫慰"와 『시경』「국풍」「위풍」「척호」에 나오는 "어머님께서 말씀하시길, 전쟁터로 가는 내 사랑하는 막내아들아母曰 嗟予季行役"의 "내 사랑하는 막내아들아嗟予季"를 합친 표현이다. 차계嗟季는 척호와 반대로 부모가 군대 간 자식을 그리워하는 것을 뜻한다.
53 "어버이는 자식이 아침에 나가 돌아오지 않으면, 언제나 문밖에 서서 자식이 돌아오는지 어떤지 바라본다朝出不還 尙有倚閭之望"는 『사기』「왕손가전」과 『전국책』「제책齊策」「王孫賈年十五事閔王」, 『자치통감』「주기4 난왕 32년」에 나오는 표현이다. 제나라 왕손가의 어머니가 연나라의 공격으로 도망치던 민왕閔王을 따르다가 중간에 민왕을 놓치자 아들인 왕손가를 질책하며 한 말이다. "네가 아침에 밖에 나가 저녁 늦게 돌아올 때면, 나는 집 대문에 기대어 네가 오는지 어떤지 바라보았다. 네가 저녁에 나가 돌아오지 않으면, 나는 동네 앞까지 나가 네가 오는지 어떤지 바라보았다女朝出而晚來 則吾倚門而望 女暮出而不還 則吾倚閭而望."

서 지켜보지도 했습니다. 그 때문에 언제나 하늘이 무너지는 듯한 슬픔이 맺혀 있습니다. 지금은 어머니께서 이미 연세를 많이 드셨습니다. 오늘은 또한 해가 서산에 기운 듯합니다.[54] 만약 하루아침에 또 느닷없이 어머님께서 돌아가시는 비극을 당하게 된다면,[55] 이는 모가 또다시 불효를 저지르는 자식이 되는 것입니다. 어머님 또한 황천에 가셔서도 눈을 감지 못하실 것입니다.

　모(이순신)가 삼가 속으로 생각해보니, 섬나라 오랑캐가 강화를 요청하는 것은 말하자면 속셈이 없을 리 없는 주장입니다. 명나라 조정의 사신이 이미 내려와 있는데도 적들은 바다를 건너갈 형세가 전혀 없습니다. 앞날에 일어날 재앙이 지난날보다 더욱 심할까 염려됩니다. 이번 겨울에 어머님께 가서 뵙지 못하면歸寧於母,[56] 봄철의 방어 준비가 또한 급하기에 결코 진을 떠날 수 없게 됩니다.

54　"해가 서산에 기운 듯합니다迫於西山"는 『진서』「이밀열전」과 『고문진보』 등에 나오는 「진晉 이밀李密의 진정표陳情表」에서 "숨이 곧 끊어지실 듯, 해가 서산에 이른 듯했다氣息奄奄 日薄西山"를 응용한 표현이다.
55　"어머님께서 돌아가시는 비극을 당하게 된다면風樹之悲"은 『공자가어孔子家語』「관사觀思」에 나오는 "나무는 고요히 있고자 하나 바람이 그치지 않고, 자식은 부모님을 받들어 모시고자 하나 부모님은 기다려주지 않는다樹欲靜而風不止 子欲養而親不待"에서 유래한 말이다. 『공자가어』에서 공자가 제자들과 떠돌 때 고어皐魚란 사람이 울고 있어 그 이유를 물었더니, 고어가 공부를 한다고 집을 떠났다가 고향에 돌아왔을 때 부모가 세상을 떠나 있었기에 한이 맺혀 울면서 했던 말이다. 그 말에 감명받은 공자의 제자 13명이 효도를 하기 위해 공자 곁을 떠났다고 한다. 한자의 뜻은 "바람과 나무의 한탄"이지만, 부모가 돌아가셔서 효도를 할 수 없게 된 자식이 뒤늦게 후회하며 탄식하는 슬픔을 뜻한다.
56　"이번 겨울에 어머님께 가서 뵙지 못하면不以是冬歸寧於母"에서 "어머님께 가서 뵙다歸寧於母"는 『시경』「국풍주남國風周南」「갈담葛覃」의 "돌아가 부모님을 찾아뵐 것이다歸寧父母"에 나오는 표현이다.

어머님의 은혜에 보답하려는 저의 아주 작은 정성[57]을 합하閤下(체찰사)[58]께서 살펴주시면 다행이겠습니다. 며칠 동안 휴가를 주시면 배를 타고 가서 어머님을 한번 뵐 수 있습니다. 그렇게 할 수 있다면 늙으신 어머님의 마음이 조금은 위로가 될 듯합니다.

만일 긴급한 일이 생긴다면, 어찌 합하의 휴가 명령이라고 감히 일의 기회를 잘못되게 하겠습니까.

「체찰사 이원익의 답장」

지극한 정이 일어나는 것은 그대나 저나 마찬가지입니다. 보내신 편지가 사람의 마음을 감동시킵니다. 그러나 공적인 의리와 관계된 것인 까닭에 감히 경솔히 임금님께 보고하고 결재를 받을 수 없습니다.[59]

---

57 "어머님의 은혜에 보답하려는 저의 아주 작은 정성寸草之情"은 당나라 시인 맹교孟郊가 쓴 「유자음遊子吟」에 나오는 표현이다. "어느 누구라서 한 치 풀만 한 작고 작은 마음으로, 봄볕과 같이 엄청나게 큰 어버이 은혜를 갚을 수 있나誰言寸草心 報得三春暉."
58 합하는 정1품의 관리를 높여 부르는 호칭이다. 당시 체찰사 이원익은 우의정이었다.
59 『경국대전』의 휴가 규정에 따르면, 관리의 가족 중에서 누군가 죽었을 때 임금에게 보고하고 휴가를 받았다.

11. 참고: 「진린 도독에게 보내는 답장」과 「진린의 편지」[60]

「진린 도독에게 보내는 답장答陳都督璘書, 청산도에 있는 진린 도독의 비문에 있음見靑山島陳都督碑文」

"저는 충성심이 무후武侯(제갈공명)에 미치지 못합니다. 덕도 무후에 미치지 못합니다. 재능도 무후에 미치지 못합니다. 이런 세 가지가 모두 무후에 미치지 못하니 비록 무후의 방법을 쓴다 하더라도 하늘이 어찌 응답해주겠습니까." 다음 날 과연 큰 별이 바다에 떨어지는 이변이 있었다.

「첨부. 진린이 이순신에게 보낸 편지附原書」

저는 밤에 하늘의 형상을 자세히 살폈고, 낮에는 사람의 일을 살폈습니다. 동방의 장군별이 바야흐로 시들어가고 있습니다. 공(이순신)에게 재앙이 곧 닥칠 듯합니다. 공이 어찌 모르시겠습니까. 그런데도 왜 무후의 운명 연장법禳法을 시도하지 않으십니까.

---

60 이순신이 명나라 수군 도독 진린에게 보낸 편지와 진린이 이순신에게 보낸 편지는 『이충무공전서』에 실려 있다. 『이충무공전서』에서는 청산도靑山島에 있는 진린 도독의 비문에 새겨져 있다고 했으나, 현재까지 확인된 것은 없다. 그러나 편지 내용으로 보면, 이 편지는 1598년 11월 15일 전후 노량해전 직전에 진린과 이순신이 주고 받은 편지로 추정된다. 진린이 말한 제갈공명의 운명 연장법은 나관중이 쓴 『삼국지연의』에 나온다. 제갈공명이 위나라 사마의와 오장원에서 대결하던 중 혜성이 나타나 정승의 별(제갈공명을 상징하는 별)인 삼태성三台星을 침범하자, 제갈공명과 사마의 모두 제갈공명의 운명을 예감했다. 제갈공명은 자신의 과업인 위나라 정벌을 위해 생명을 연장하고자 군막 안에 촛불을 켜고 북두칠성에 기도를 올렸다. 7일 동안 촛불이 꺼지지 않으면 기도에 따라 하늘이 생명을 연장시켜줄 수 있었으나, 부하 장수였던 위연의 실수로 촛불이 꺼졌고 기도는 허사가 되었다. 기도에 실패한 제갈공명은 결국 곧바로 죽었다고 한다.

제4부 이충무공행록

조카 이분이 저술한 최초의 이순신 전기

- 탄생부터 노량의 별이 될 때까지, 삶의 모든 기록 -

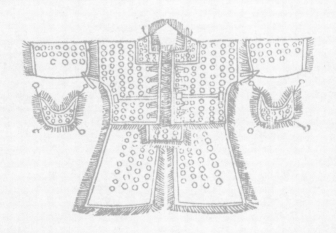

일러두기

1. 『이충무공행록李忠武公行錄』은 이순신의 조카 이분李芬(1566~1619)이 정랑正郎 때 저술한 최초의 이순신 전기다. 이분은 이순신의 맏형인 이희신의 아들이다. 그의 형제들인 뇌蕾(1561~1648), 완莞(1579~1627)과 함께 이순신의 진영을 왕래하면서 이순신을 도왔다. 박재연 등에 따르면, 『행록』은 초판본이 전하지 않고 작성 시기도 알 수 없으나, 이순신의 전사 시기와 이분의 생몰연대를 고려했을 때, 1598년에서 1619년 사이에 작성된 것으로 추정된다.(박재연·이상덕·김영, 『충무공 이순신전』, 역락출판사, 2014, 14쪽)

2. 『이충무공행록』의 원문은 『이충무공가승李忠武公家乘』 『이충무공전서李忠武公全書』 『충무공유사』(규장각한국학연구원 소장 필사본)에도 포함되어 있다.

3. 번역을 위한 원문은 한국고전번역원의 한국고전종합DB(http://db.itkc.or.kr)에 있는 것을 대본으로 삼았다.

4. 번역 시 참고한 기존의 『이충무공행록』 번역본은 다음과 같다.
『이충무공행록』(박태원 역주, 을유문화사, 1948).
『이충무공행록(상)』(이광수 옮김, 『동광』, 1931, 동광사).
『리순신장군전집』(홍기문, 국립문학예술서적출판사, 1959).
『국역 주해 이충무공전서 상, 하』(이은상, 충무공기념사업회, 1960).
『충무공 이순신전』(박재연·이상덕·김영, 선문대 중한번역문헌연구소 역락출판사, 2014).

5. 『충무공 이순신전』에 영인되어 있는 『튱무공힝장』은 조선 후기에 『이충무공행록』을 한글로 번역한 것이다. 『이충무공행록』에 없는 것이 있고 내용에도 차이가 나는 부분이 있어, 비교를 위해 주석에 넣었다.

6. 류성룡의 『징비록懲毖錄』, 윤휴尹鑴의 「통제사 이충무공 유사統制使李忠武公遺事」, 고상안의 『태촌집泰村集』에 있는 이순신 관련 내용도 번역해 주석에 넣었다. 『징비록』은 『이충무공행록』보다 먼저 편찬되었다. 게다가 류성룡은 이순신과는 어릴 때부터 친구였고, 이순신을 전라 좌수사로 발탁했으며, 전쟁 시기에도 수시로 소통했던 사이였기에 『이충무공행록』에는 기록되지 않은 내용이 나온다. 윤휴는 아버지 윤효전의 소실이 이순신의 서녀였기에 어릴 적부터 이순신을 알았고, 윤휴의 스승은 이순신을 적극 도왔던 이원익이다. 그런 까닭으로 이순신을 존경해 이순신의 전기인 「통제사 이충무공 유사」를 저술했다. 고상안은 임진왜란 시기에 한산도에서 이순신을 만났던 인물이다. 『징비록』 「통제사 이충무공 유사」 『태촌집』은 이순신과 직접 관계가 있는 사람들이 남긴 기록이다. 『이충무공행록』과 내용 면에서 크고 작은 차이가 있기도 하고, 또한 새로운 이야기들이 들어 있기도 하다.

가정嘉靖[1] 을사년(1545) 3월 8일[2] 자시에 공은 한성(서울) 건천동[3] 집에서 태어났다. 점치는 사람이 말하기를, "이 아이는 나이 50이 되면 북쪽 지방에서 군대를 지휘할[4] 운명"이라고 했다.

공이 처음 태어났을 때, 어머니의 꿈속에서 참판공參判公(이순신의 조부 이백록)이 알리며 말하기를, "이 아이는 반드시 귀하게 될 것이니 이름을 순신이라고 지어야 한다"라고 했다. 어머니는 덕연군德淵君(이순신의 아버지 이정)[5]에게 알리고, 그에 따라 (순신이라고) 이름을 지었다.

<hr />

1 가정은 명나라 제11대 황제 세종世宗 주후총朱厚熜의 연호다. 1522년부터 1566년까지 45년 동안 사용되었다.

2 날짜는 모두 음력이다.

3 건천동乾川洞은 오늘날 서울 중구 인현동이다. 이순신, 류성룡, 원균, 허균 등이 모두 같은 시대의 건천동 인물이다. 허균의 『성소부부고』 「성옹지소록하惺翁識小錄下」에 따르면, "나의 친가는 건천동에 있었다. 청녕靑寧 공주 저택 뒤로 본방교本房橋까지 겨우 서른네 집뿐인데, 이곳에서 나라가 세워진 이래로 저명한 사람이 많이 나왔다. 김종서, 정인지, 이계동이 같은 시대였고, 양성지, 김수온, 이병정이 같은 시대이며, 유순정, 권민수, 유담년이 같은 시대였다. 그 후에는 노수신과 나의 아버님(허엽), 변협이 같은 시대 인물이었다. 최근에는 류서애柳西厓(류성룡)와 나의 형님(허봉), 덕풍군 이순신, 원성군 원균이 있다. 서애는 나라를 중흥시킨 공로가 있고, 원(원균), 이(이순신) 두 장군은 나라를 구원한 공이 있었다"고 했다. 유희춘의 『미암일기』에는 허균의 아버지 허엽, 원균의 아버지 원준량, 퇴계 이황 등이 모두 건천동에 거주했던 것으로 나오기도 한다. 이순신과 류성룡이 만나고 친했던 것은 사실이지만, 그들이 처음 만난 시기는 확실히 알 수 없다. 또한 이순신과 원균, 허균, 허봉이 건천동에서 만났는지도 알 수 없다.

4 "군대를 지휘한다"의 원문은 "杖鉞"이다. '鉞'은 큰 도끼를 뜻하고, 출전하는 대장 또는 중요한 군사 업무를 맡아 가는 사람에게 임금이 주는 생살권生殺權, 병권兵權을 상징하는 도구다.

5 류성룡의 『징비록』에는 이순신의 증조부 이거李琚가 성종을 섬겼고, 연산군이 세자일 때 스승이었는데, 연산군을 엄히 가르쳤기에 연산군이 불편해했다고 한다. 그는 일찍이 장령掌令(사헌부 소속 종4품)이었는데, 엄격했기에 "호랑이 장령"으로 불렸다고 한다. 또한 이순신의 아버지 이정은 벼슬을 하지 않았다고 했다. 그러나 『징비록』과 달리, 이순신의 작은형 이요신의 진사시험 합격자 명부인 「1573년 사마방목」에는 병절교위(종6품)로, 이순신의 무과 급제 관련 합격자 명부인 「1576년 무과 방목」에는 창신교위(종5품)로 무신 관직이 나온다. 또한 윤휴의 『통제사 이충무공 유사』에도 이순신의 할아버지 이백록李百祿, 아버지 이정이 모두 음서蔭敍로 벼슬을 했다고 나온다. 『통무공힝장』에서는 이순신의 아버지 이정을 "풍암楓巖 선생"이라고 칭했다.

아이들과 놀 때면 매번 진을 치고 전쟁놀이를 했는데, 아이들이 반드시 공(이순신)을 장수로 받들었다.6 처음에 두 형을 따라 유학 공부를 했는데, 성공할 만한 재주와 총기가 있었으나, 매번 무인이 되고 싶은 뜻이 있었다. 22세 겨울에 무예를 배우기 시작했는데, 팔 힘과 말을 타고 활을 쏘는 것은 같이 공부했던 사람들이 (공의) 경쟁 상대가 되지 못했다. 공의 성품이 고결했기에 같이 놀던 무인들은 서로가 종일 장난치는 말을 했지만, 공에게만은 감히 '너' '나'라고 하지 못하고 언제나 더욱 존경했다.7

6　류성룡의 『징비록』에는 이순신이 "어렸을 때, 영특했고 얽매이지 않았으며, 아이들과 나무를 깎아 활과 화살을 만들어 동네에서 놀았는데, 자신의 생각과 다른 사람을 만나면, 그 사람의 눈에 화살을 쏘려고 했기에 어른들도 혹은 꺼려해 감히 문 앞을 지나가지 못했다. 자라서는 활을 잘 쏘았기에 무과시험을 거쳐 출세했다"는 내용이 나온다. 또한 『선조실록』 1597년 1월 27일 기록에는 선조와 류성룡이 이순신과 관련해 대화한 내용이 나온다. 그때 류성룡은 "순신은 같은 동네 사람이기에, 신(류성룡)이 어릴 때부터 알고 있고 직무를 능히 잘 살필 수 있다고 여겼습니다. 평소에 반드시 대장이 되겠다고 희망했습니다"라고 했고, 선조가 "(이순신은) 글을 능히 아는가?"라고 묻자, 류성룡은 "(이순신은) 성격이 강하고 굳세어强毅 다른 사람들에게 굽히지 않습니다. 신이 수사로 추천해 임진년(1592)에 공로를 세워 정헌대부로 승진했으니, 아주 지나치게 되었습니다. 무릇 장수가 뜻을 얻어 기고만장해지면 반드시 교만하고 게을러집니다"라며 이순신의 어릴 적과 그 후의 모습을 언급한 내용이 있다. 이식이 쓴 『시장諡狀』에는 "어릴 때는 영특하고 얽매이지 않았다. 아이들과 놀 때면 언제나 진을 치고 전쟁놀이를 했는데, 아이들이 원수로 추대했다. 동네에서 마음에 들지 않는 사람이 있으면 갑자기 달려들어 창피를 주었기에 동네 사람들이 조심했다兒時英爽不羈 與羣兒戱 常作戰陣狀 羣兒推爲 閭里有不快意 輒陵挫之 里人畏之"고 나온다. 『통무공항장』에서는, "소경 아이가 공에게 청하여 말하기를, 모인의 집에 동과가 많이 열려 있으니, 밤에 가 도적질하자 하니, 공이 허락하고 밤에 소경 아이 손을 이끌어 서너 번 두루 돌아 소경의 집에 가 이게 동과가 있는 집이라 하니, 그 아이 급히 올라 동과를 딴 후에 공이 버리고 돌아오니, 소경의 어미 도적이 왔다 하고 불을 들고 보니 과연 제 자식이 집 위에 올라 있는지라, 이는 그 아이로 하여 그 마음을 스스로 부끄럽게 하기 위함이라"와 "8세에 참외밭을 지나다가 참외를 달라고 했는데, 참외밭 주인이 주지 않자, 공이 집에 돌아와 말을 타고 참외밭을 달리니 참외밭 주인이 간절히 빌었기에 그쳤다. 그 후 공이 지나가는 것을 보면 반드시 마중 나와 참외를 드리더라"가 추가되어 있다. 이 내용은 해군사관학교 박물관에 소장된 1797년 기록된 『선조충무공행장先祖忠武公行狀』에도 나온다. 『이충무공행록』에는 없는 어린 시절 일화다.

7　이식이 쓴 『시장』에는 "커서는 몸을 낮추고 공손하고 삼갔다. 책을 읽었으나 큰 뜻만 알려 했고 학업을 우습게 여겨 마음에 두지 않다. 마침내 무인의 길을 따랐는데 말을 타고 활을 쏘는 것

임신년(1572, 28세) 가을, 훈련원 별과別科 시험에 참여했다.[8] 말을 타고 달리다가 말이 넘어져 왼쪽 다리뼈가 부러졌다. 지켜보던 사람들이 공이 이미 죽었을 것이라고 했는데, 공이 한쪽 발로 일어나서 버드나무 가지를 꺾어 껍질을 벗겨 감싸니 과거시험장에 있던 사람들이 장하게 여겼다.

병자년(1576, 32세) 봄, 식년式年[9] 시험에서 병과丙科[10]로 합격했다. 무경[11]

이 아주 탁월했다及長 折節恭謹 讀書通大義 然不屑佔業 逐從武擧 騎射絕倫. 무인들과 같이 놀았지만, 고상하면서도 수수하게 대했고, 조용히 침묵을 지키며 비속한 말을 하지 않았다. 또래의 같은 무리들이 모두 아래 수준이었기에 함께하기를 꺼렸다雖遊於武人 高簡靜默 口無褻言 儕流咸憚出其下"라고 나온다. 윤휴의 「통제사 이충무공 유사」에는 "성장해서는 몸을 낮추어 공손하고 삼갔으며, 책을 읽어 큰 뜻을 통달했고, 붓글씨도 뛰어났다折節爲恭謹 讀書通大義 精書法"라고 나온다.

8 『경국대전』에 따르면, 훈련원 시험은 무과 식년 시험의 예비시험, 무과 초시의 한 종류다. 무과시험은 초시로 훈련원 시험(70명 선발)과 지방 시험(병마절도사 주관, 경상도 30명, 충청도와 전라도 각 25명, 강원도 기타 각 10명 선발)이 있다. 무과 2차 시험은 1차 시험 합격자 중에서 28명을 선발했다. 3차 시험(전시)은 말 타고 활쏘기, 달리며 활쏘기, 격구로 등수를 매기는 것이다. 훈련원 별과 시험은 훈련원에서 치른 비정규 시험이다.

9 식년式年試는 정기적으로 과거시험을 실행한 해다. 자子·오午·묘卯·유酉가 들어 있는 해로 3년에 한 번씩 시행했다.

10 병과丙科는 조선시대 문무과 시험 성적의 한 등급이다. 성적에 따라 갑과·을과·병과로 나뉘었다. 『경국대전』에 따르면, 문과는 갑과 3인(1~3등), 을과 7인(4~10등), 병과 23인(11등 이하)으로 총 33명을 선발했다. 무과는 갑과 3명, 을과 5명, 병과 20명, 총 28명을 선발했다. 이순신이 본 무과시험에서는 29명을 뽑았다. 이순신은 29명 중 12등(병과)으로 합격했다. 갑과 1등은 종6품, 2~3등은 정7품, 을과는 정8품, 병과는 정9품의 품계를 받았다.

11 무경은 무과 복시의 시험 과목이었던, 「무경칠서」인 「육도」 「삼략」 「손자」 「오자」 「위료자」 「사마법」 「이위공문대」를 뜻한다. 『황석공소서』는 기존의 여러 연구에 따르면, 무경 시험 과목이었는지는 확실치 않다. 대개 무과 복시에서는 「무경칠서」 중 한 권, 「사서오경」 중 한 권, 「통감」 「병요」 「장감박의」 「무경」 「소학」 중 한 권을 택해 책을 읽고 해설하는 방식講이었다.

을 읽고 해석講하는 데 모두 통通[12]했다. 『황석공[13]소서黃石公素書』[14]에 이르러 시험관이 물었다. "장량[15]이 적송자赤松子[16]를 따라가 놀았다고 한다.[17] 그러면 장량은 정말로 죽지 않았을까?"

(공이) 대답하여 말하기를, "삶에는 반드시 죽음이 있습니다.[18]『강목編

12 "통通"은 과거시험의 복시에서 선택한 책을 읽고 해설講한 성적을 뜻하는 용어다. 과거시험에서 성적 등급은 5등급 방식인 "대통大通·통통·약통略通·조통粗通·불통不通" 혹은 4등급 방식인 "통通·약略·조粗·불不"이 있다. "통通"은 정확히 읽고 해석하는 경우다. 『미암일기』 1573년 12월 21일에는 무신武臣 8명에게 『장감』 『통감』을 읽고 해석講하게 했는데, 5명은 약略, 2명은 조粗, 1명은 불통不通했고, 1명만이 『통감』에서 통通을 얻었다는 내용이 나온다.

13 황석공黃石公은 중국 진나라 말의 병법가다. 한 고조 유방劉邦을 도운 장량에게 병법책을 전해주었다고 한다. 그것이 『황석공소서』다.

14 박철상에 따르면, 『황석공소서』는 조선시대에 세종이 세자인 문종에게 직접 전해줄 정도로 일찍부터 중요시되었다고 한다. 그러나 자주 간행되지는 않았다. 1550년에 간행된 목판본과 임진왜란 이후에 간행된 목판본 2종만 있고, 나머지는 필사본이라고 한다. 박철상은 또한 1404년 제주도에서 간행된 목판본의 존재를 최근 찾아냈다.(박철상, 「조선 最古의 兵書 제주도판 '황석공소서'의 출현과 의미」 『문헌과 해석』, 문헌과해석사, 2008, 45호 참조)

15 장량張良(?~기원전 189)은 고대 중국의 한 고조 유방의 공신이다. 자는 자방子房이다. 기원전 218년 박랑사에서 진시황을 암살하려다 실패해 숨어 지낼 때 황석공에게 책을 얻어 최고의 책사가 되었다고 한다. 한나라 창업 공로로 유후留侯에 책봉되었다.

16 적송자는 선농禪農 때 우사雨師로 훗날 곤륜산崑崙山에 들어가 신선이 되었다고 한다.

17 『황석공소서』에 이르러 시험관이 물었다. '장량이 적송자를 따라가 놀았다고 한다'는 『황석공소서』를 중국 송나라 장상영張商英(1043~1121)이 주해한 『황석공소서』 서문에 나오는 내용이다. 또한 이것은 조선왕조실록에 나오는 『황석공삼략黃石公三略』과는 다른 책이다. 『황석공삼략』은 흔히 『삼략三略』이라 불리고, 『육도六韜』와 함께 황석공이 저술했다고 전해지는 책이다. 『황석공소서』는 병법서라기보다 자기 수양서, 처세술, 삶의 자세와 관련된 책이라고 볼 수 있다. 노자의 영향이 강하고, 저술자도 황석공, 태공망, 혹은 수隋나라 때 저술된 것이라는 설이 각각 있다.

18 "삶에는 반드시 죽음이 있습니다有生必有死"는 사마광이 『자치통감』에서 장량이 신선이 되었다는 이야기를 부정하고 장량의 처세술을 높이 평가할 때 쓴 표현이다. 사마광은 "무릇 삶에는 죽음이 있다夫生之有死"는 것은 비유를 한다면, 밤과 아침이 반드시 있는 것과 같다"고 했다. 그와 같은 이순신의 사생관으로는 『행록』의 1597년 의금부 감옥 투옥 시 이순신이 말한 "죽고 사는 것은 천명이다. 죽게 되면 죽는 것이다死生有命 死當死矣", 『이충무공전서』에 실려 있는 1592년 9월 부산대첩에서 전사한 정운 장군을 위해 이순신이 쓴 「증 참판 정운을 위한 제문祭贈參判鄭運文」 속의 "사람의 삶에는 반드시 죽음이 있고, 죽고 사는 것은 반드시 하늘의 명령天

目』[19]에도 '(한나라 혜제) 6년인 임자壬子년[20]에 유후留侯 장량이 죽었다'고 쓰여 있습니다.[21] 그러므로 신선을 따라갔다고 해도 어떻게 죽지 않았을 까닭이 있겠습니까? 다만 말에 기댄 것뿐입니다"라고 했다. 시험관들은 서로를 돌아보면서 감탄하고, 이상히 여기며 "이런 것을 무인武人이 어찌 능히 알 수 있을까?"라고 했다.

공이 막 과거에 급제한新恩[22] 영광으로 선영先塋에 인사를 올렸는데, 무덤 앞에 세워져 있는 사람 모습의 돌石人이 땅에 쓰러져 있었다. 하인 수십 명으로 하여금 붙들고 일으켜 세우게 했으나, 돌이 무거워 어쩌지 못했다. 공이 하인들에게 큰소리로 나무라며 물러나게 하고, 청포靑袍[23]를 벗지 않고 그대로 등에 짊어지고 돌을 갑자기 일으켜 세웠다. 지켜보던 사람들이 "힘만 쓴다고 된 것이 아니겠구나!"라고 했다.

(공은) 성격이 여기저기 바삐 다니며 아부하는 것을 좋아하지 않았다. 그래서 서울洛에서 태어나고 자랐지만, 능력을 알아주는 사람이 드물었다. 서애 류 상(류성룡) 혼자만이 같은 동네의 소년 시절 친구였기에 매번 장수

命이다. 사람으로 태어나 한 번 죽는 것은 조금도 아까울 것이 없다人生必有死 死生必有命 爲人一死固不足惜" 등이 있다.

19 『강목』은 『자치통감강목』이다. 본래의 『자치통감』은 주나라 위열왕 23년(기원전 403)에 시작해 진秦, 한漢, 위진魏晉, 수, 당, 오대를 거쳐 후주後周 세종 현덕 6년(959)에 이르기까지 16왕조 1362년간의 역사를 시간 순으로 기록한 총 324권의 역사책이다. 그러나 『자치통감』의 엄청난 분량으로 다양한 참고도서나 요약본이 출현했고, 우리나라 사대부들도 주희가 정리한 『자치통감강목』, 강지가 편찬한 『통감절요』를 많이 보았다. 특히 『통감절요』는 율곡 이이가 말한 것처럼 문리文理를 통하게 하는 데 좋은 교재로 인식되어 서당을 비롯한 여러 곳에서 초학교재로 활용되었다.

20 임자년은 한나라 혜제惠帝 6년이다. 기원전 189년이다.

21 "『강목』에도 '(한나라 혜제) 6년인 임자년에 유후 장량이 죽었다'고 쓰여 있습니다"는 『자치통감』과 『통감강목』의 「한기4」 「혜제 6년」에 "여름에 유문성후留文成侯 장량이 죽었다"고 나온다.

22 이순신은 1576년 무과시험에 합격했다.

23 청포는 『경국대전』에 따르면 당하관이 입던 관복이다.

將帥 재목이라고 인정했다.

율곡栗谷 이이李珥 선생이 이조 판서였을 때, 공의 이름을 들었고, 게다가 같은 가문 출신[24]인 것을 알고 있었기에 서애에게 부탁해 한번 만나기를 요청했다.[25] 서애가 (이이를) 만나러 가라고 권유했다. 그러나 공이 말하기를, "나와 율곡은 같은 가문 출신이니 서로 만날 수 있습니다. 그러나 이조 판서 자리에 있는 때에 만날 수는 없습니다"라고 하면서 끝내 만나러 가지 않았다.[26]

그해(1576) 겨울, 함경도 동구비童仇非[27] 권관이 되었다. 그때 청련靑蓮 이후백李後白[28]이 감사에 임명되었는데, 각 진을 시찰하면서 변방 장수들의 활쏘기 시험을 치렀다. (시험 결과로) 장을 맞는 것을 면제받은 변방 장수가 드물었다. 그러나 동구비보에 이르러서는 평소에 공의 이름을 들었기에 아주 정성스럽게 대우했다. 그에 따라 공이 조용히 말하기를, "사또의 형장이 매우 혹독해 변방 장수들이 두려워해 몸을 둘 곳이 없습니다"라고 했다. 감사가 웃으며 말하기를, "그대 말이 맞다. 그러나 내가 어찌 옳고 그른 것 없이 했겠는가?"라고 했다.

기묘년(1579, 35세) 봄, 임기가 만료되어 돌아와 훈련원에서 근무했다.[29]

24 이순신과 이이는 모두 덕수 이씨다.
25 이식이 쓴 『시장』에는 류성룡의 이야기가 나오지 않는다.
26 율곡 이이와 관련된 이야기는 1582년 이순신이 전라도 발포 만호였다가 파직된 직후로 보인다.
27 동구비는 함경도 삼수에 있던 여진족을 막던 전진 기지인 동구비보童仇非堡다.
28 이후백(1520~1578)은 조선 중기의 문신이다. 호는 청련이다. 대사간·병조 참의·이조 판서·호조 판서·관찰사를 역임했다.
29 훈련원은 군사들의 각종 재능 시험과 훈련, 무경(병법서) 학습을 관장했다. 진법에 능통한 사람을 주부(종6품)에 임명했다.

그때 병부랑兵部郎(정5품 병조 정랑)30인 자가 그와 사적으로 관계있는 사람을 관직 순서를 뛰어넘어 참군參軍(정7품)으로 임명하고자 했다. 공은 주무 관리로서 허가하지 않으며 말하기를, "아래 직급인 사람을 순서를 뛰어넘어 임명하게 되면 마땅히 승진해야 할 사람이 승진할 수 없게 되어 이는 공정하지 않습니다在下者越遷 則應遷者不遷 是非公也. 게다가 법을 바꿀 수는 없습니다且法不可改也"라고 했다. 병부랑이 위협하고 강요했지만, 공은 굳게 고집하며 따르지 않았다. 병부랑이 비록 화가 잔뜩 났어도 감히 멋대로 임명할 수 없었다. 온 훈련원 사람들이 서로 일컬어 말하기를, "모(서익)31는 병부랑이지만, 훈련원의 봉사(종8품) 한 사람(이순신)에게 굴복했다"고 했다. 그는 깊이 앙심을 품었다.

공이 훈련원에서 일할 때,32 병조 판서 김귀영金貴榮33은 (자신의) 서녀庶女

30　병부랑은 정5품 병조 정랑이다. 이 시기의 병조 정랑은 대부분 서익으로 본다. 그러나 『이충무공행록』에서는 서익이 명시되어 있지 않다. 류성룡의 『징비록』, 윤휴의 『통제사 이충무공유사』, 이식의 「통제사 증 좌의정 이공李公(이순신) 시장統制使贈左議政李公諡狀」에는 서익徐益 (1542~1587)으로 나온다. 서익은 조선 전기의 문신이다. 1569년 문과 별시에서 급제해 병조·이조 좌랑, 안동 부사·의주 목사를 역임했다. 이이와 정철, 조헌과 교류했으며, 의주 목사 시절 정여립이 이이와 정철을 탄핵하자 변호해 파직되었다. 이식의 『시장』에는 그 당시 서익이 명령을 거부한 이순신을 감옥에 넣고 법률에 따라 처리하려 했다고 나온다. 그때 이순신에게 서리胥吏 한 사람이 뇌물을 바치면 죽음을 면할 수 있다고 조언하자, 이순신은 "죽게 되면 죽을 뿐이다. 어찌 구차하게 모면하려 하겠는가死則死耳 何可苟免"라며 분노해 질책했다고 한다. 이식은 이어서 "그가 스스로를 지키며 아부하지 않는 것自守不阿이 이와 같았기에 반평생을 불우하게 살아야 했고, 세상은 능히 알아주지 않았다. 전쟁이 일어나 등용되어 진실한 품격이 위아래에 알려졌어도 오히려 세상 사람들의 의논에는 받아들여지지 않아 모함 속에서 형벌을 받고 옥에 갇힌 것 또한 이 때문이다"라고 했다.

31　"모"를 대부분 서익으로 본다. 이식의 『시장』에서는 서익이 언급되어 있지 않고, 다만 경차관에게 미움을 받아 탄핵당해 파면되었다고만 나온다.

32　이식이 쓴 『시장』에서는 이순신이 "권지權知 훈련원 봉사"로 나온다.

33　김귀영(1520~1593)은 조선 중기의 문신이다. 1547년에 문과에 급제했다. 춘추관 기사관으로 『중종실록』 편찬에 참여했다. 1555년 을묘왜변 때 이조 좌랑으로 도순찰사 이준경李浚慶의 종사관으로 파견되었다. 1581년 우의정, 1583년 좌의정에 임명되었다. 1592년 임진왜란 발발 후 임해

를 공에게 첩으로 주려고 했다. 그러나 공이 말하기를, "관직의 길에 처음 나선 내가 어떻게 권력자의 집안에 몸을 기댈 수 있나吾初出仕路 豈宜托跡權門"라고 하면서 그 자리에서 중매하는 사람에게 사양했다.34

그해(1579년) 겨울, 공은 충청 병사의 군관에 임명되었다. 머물던 방 안에는 물건을 한 개도 두지 않았고 오직 옷과 이불밖에 없었다.35 부모님을 뵈러 고향에 돌아갈 때에는 반드시 남게 될 양식과 반찬을 기록해놓고, 양식을 담당한 사람을 불러 (남은 것을) 돌려주었다. 병사가 듣고는 (공을) 사랑하고 존중했다. 어느 하루 해 질 무렵, 병사가 술에 취해 공의 손을 끌고 군관인 어떤 사람의 방에 가고자 했다. 그 사람은 대체로 병사와 평소에 친했기에 군관에 임명되어 와 있던 사람이다. 공은 '대장이 군관에게 사적으로 찾아가 방문해서는 안 된다'는 생각으로 취한 척하고 병사의 손을 붙

군을 모시고 함경도로 피란했다가 국경인의 반란으로 일본군의 포로가 되기도 했다.
34 류성룡의 『난후잡록』에는 이순신이 무과에 급제한 뒤 병조 판서 김귀영이 서녀를 이순신에게 시집보내려고 했는데, 이순신이 "내가 겨우 관직의 길에 나왔는데 어찌 감히 재상 집에 붙어서 출세를 꾀할 수 있겠나吾纔出仕路 豈敢依附宰相家以媒進耶"라면서 거절했다고 나온다.
35 『통무공힝장』에는 "비액費額(지출 비용)을 한곳에 두었으며, 일찍이 뜻을 굽혀 그른 일은 따르지 않았고, 주장이 또 잘못한 일이 있으면 말을 다하여 바로잡았을 뿐 아니라, 마음을 청약淸約(검소)하게 하고 몸을 법도 있게 처신하여"라는 내용이 추가되어 있다. 윤휴의 「통제사 이충무공 유사」에는 이순신의 성격에 대해, "순신은 어려서부터 품은 뜻이 컸는데, 항상 말하기를 '대장부로 세상에 태어났다. 세상에 쓰인다면 죽을힘을 다하고, 그렇게 되지 않는다면 들에서 농사지으며 사는 것이 분수를 지키는 것이다. 권력자에게 알랑거려 한때의 부귀영화를 훔치는 것은 내가 아주 부끄러워하는 것이다丈夫生世 用則效死 不然則耕於野足矣 若媚權貴以竊一時之富貴 吾甚恥之'라고 했다. 그러므로 과거에 급제해 관직에 들어갔을 때부터 대장이 될 때까지 이 도리를 변함없이 지켰다. 훈련원의 낮은 관직은 업무가 하찮고 멸시당하기에 혹은 서로 꺼렸으나 순신은 의젓하게 취임했다. 순신은 사람들이 알아주는 것을 바라지 않았고, 다른 사람을 거스르지 않는 것을 좋아하지 않았다舜臣不求人知 不喜軟熟. 이로 인해 오랫동안 낮고 고생스러운 자리에 있으면서도 초연했다. 그 스스로는 기율이 늠름해 모든 일에 자신을 속이면서 다른 사람을 따르지는 않았다其自律凜凜 一切未嘗詭己徇人. 그의 천성이 그랬다"고 했다.

잡고 말하기를, "사또! 어디를 가시려고 합니까?"라고 했다. 병사가 (잘못임을) 깨닫자마자 털썩 주저앉아 말하기를, "내가 취했네. 내가 취했네"라고 했다.[36]

경진년(1580, 36세) 가을, 발포 만호에 임명되었을 때, 감사 손식孫軾이 (공을) 헐뜯는 말을 듣고는 공을 기어이 벌주려고 순시해 능성綾城에 도착해 공을 불러 영접케 하라 하고, 진서陣書를 끝까지 읽고 해석하게 하고, 진형陣形을 그리게 했다. 공은 붓을 쥐고 진도陣圖를 매우 정교하게 그렸다. 감사는 책상 앞에 구부리고 자세히 살펴보고 말하기를, "어떻게 이토록 붓을 쓰는 것이 정밀할 수 있는가?"라고 했다. 그러고는 공의 선대 어른들에 대해 묻고는 말하기를, "내가 처음부터 제대로 알지 못했던 것이 후회스럽네"라고 했다. 그 뒤부터 소중히 대접했다.

좌수사 성박成鏄이 발포에 사람을 파견해 객사 마당 가운데 있는 오동나무를 잘라 금(거문고의 한 종류)을 만들고자 했다. 공이 허락하지 않으며 말하기를, "이것은 관가의 물건입니다. 심어진 지 여러 해가 되었는데 어떻게 하루아침에 자를 수 있겠습니까此官家物也 栽之有年 一朝伐之 何也"라고 했다. 수사(성박)는 크게 화가 났으나 또한 감히 잘라 가져갈 수는 없었다.

이용李軏이 수사에 임명되었는데, 공이 부드럽고 원숙하게 섬기지 않는 것을 싫어해 (공이) 하는 일을 이유로 벌을 주고자 했다. 즉 소속 5포五浦의 군대를 갑자기 점고했다. 4포四浦는 결원이 매우 많았는데, 본포(이순신이

---

36 이식이 쓴 『시장』에는 "낮고 고생스러운 자리에 이리저리 떠돌면서도 언제나 뜻을 꺾으면서 사람을 따르지는 않았다棲屑卑厄 未嘗屈意徇人. 주장이 잘못하는 일이 있으면 항상 정성을 다해 말해 바로잡도록 했다主將有非違 輒盡言規正. 자기 몸을 청렴하게 했고 규율을 지켰으며 티끌만큼도 사적인 욕심을 부리지 않았다淸約律己 一芥無所私"가 추가되어 있다.

관할했던 발포)는 다만 3명이었다. 그런데도 수사는 오히려 공의 이름을 거론해 처벌을 요청하는 긴급 장계를 올렸다. 공은 그 사실을 알고는 4포의 결원자 명단을 베낀 것을 미리 갖고 있었다. 영(좌수영) 편비編裨(막하 부장) 이하의 사람들이 줄 서서 수사에게 말하기를, "발포는 결원이 가장 적고, 이모(이순신)가 또한 4포의 결원자 명단을 갖고 있으니, 지금 만약 긴급 장계를 올린다면 후회할 일이 있을까 두렵습니다"라고 했다. 수사(이용)도 그렇게 여겨 달리기를 잘하는 사람을 시켜 급히 뒤쫓아가게 해 되돌아오도록 했다.

수사와 감사[37]가 서로 모여 관할하는 지역의 하급 관리들의 인사평가를 논의했는데, 공을 기필코 가장 낮은 등급下下으로 매기려고 했다. 그때 중봉重峯 조헌趙憲[38]이 도사로 있었는데, 붓을 쥐고 있다가 쓰기를 거부하고 말하기를, "이모(이순신)가 무리를 통솔하고 군대를 다스리는 것을 상세히 들었는데, 온 도에서 으뜸이었습니다. 비록 다른 여러 진을 최하下下로 매길지라도 이모는 깎아내릴 수 없습니다"라고 했기에 마침내 중지했다.

---

37 당시 전라 감사(관찰사)는 조헌의 기록을 보면, 송강 정철일 가능성이 높다. 조헌은 1581년에 공조 좌랑으로 임명되었다가 전라도 도사로 부임했고, 그때 송강 정철이 전라 감사였다. 『선조실록』에서는 1581년 정철이 강원 감사, 1582년 전라 감사. 1582년 9월 13일 도승지로 발령 난 것으로 나온다.

38 조헌(1544~1592)은 조선 중기의 문신이며 의병장이다. 경기도 김포 출신으로 이이·성혼成渾·이지함李之菡의 제자다. 1567년 식년 문과에서 급제했다. 명나라에 다녀와 『동환봉사東還封事』를 지었다. 1575년부터 호조 좌랑 등을 역임하고, 전라도 도사를 지냈다. 1591년, 일본 사신단이 왔을 때는 일본 사신의 목을 벨 것을 상소하면서 도끼를 곁에 두고 자신의 상소를 들어주지 않을 거라면 그 도끼로 자신을 죽여달라고 하기도 했다. 1592년 임진왜란이 일어나자 의병을 모아 청주성을 수복하고, 700명으로 금산에서 고바야가와小早川隆景가 지휘하는 일본군과 싸우다 전사했다.

임오년(1582, 38세) 봄, 군기경차관軍器敬差官[39]이 발포에 도착해 군기물이 보수되어 있지 않다고 장계를 올려 파직당했다. 사람들이 말하기를, "공이 기계를 수리하고 갖춘 것이 그토록 정확하고 엄격했는데도 끝내 처벌을 받은 것은 공이 예전에 훈련원에 있을 때 굴복하지 않았던 데 대한 앙심 때문이다"라고 했다.

그해(1582) 여름, 다시 등용시키는 명령이 있어 공은 훈련원으로 복직했다. 정승 류전柳琠[40]은 '공이 좋은 화살통箭筒을 갖고 있다'는 말을 듣고 공이 활쏘기 시험을 볼 때, 공을 불러 (화살통을) 달라고 했다. 공이 엎드려 말하기를, "전통을 바치는 것은 어려운 일이 아닙니다. 그러나 사람들이 대감[41]께서 받으시는 것을 알면 어떻게 생각하겠습니까. 또 제가 바친 것을 알면 어떻게 생각하겠습니까. 그렇게 되면 화살통 하나 때문에 대감과 제가 모두 이름을 더럽히고 욕될 것이기에 미안한 마음만 깊이 남게 될 뿐입니다"라고 했다. 류 정승(류전)이 말하기를, "그대의 말이 옳구나"라고 했다.

계미년(1583, 39세) 가을, 이용이 남병사南兵使[42]에 임명되었는데, 임금께

---

39 경차관은 중앙 정부에서 임시로 특수 임무를 주어 지방에 파견한 관리다. 군기경차관은 군대의 각종 기계나 물건과 관련한 특수 임무를 부여받아 파견된 관리다. 『이충무공행록』의 내용으로 보면, 1579년의 병조 정랑이 이때 경차관으로 내려온 것이다. 따라서 대부분 경차관을 서익으로 본다. 그러나 『이충무공행록』에서는 서익이 명시되어 있지 않다. 또한 이식의 「統制使贈左議政李公諡狀」에서도 서익이 명시되지 않고, 다만 경차관에게 미움을 받아 탄핵을 당해 파면되었다고만 나온다.

40 류전(1531~1589)은 조선 중기의 문신이다. 1556년 문과에 급제했다. 1583년 한성부 판윤, 1585년 우의정, 1588년 좌의정, 1589년 영의정에 임명되었다.

41 대감은 정2품 이상의 관료에 대한 존칭이다.

42 남병사는 함경도 북청에 있던 남병영의 병마절도사다. 이문건의 『묵재일기』 1537년 5월 2일

아뢰어 공을 군관에 임명했다. 아마도 예전에 공을 알아보지 못한 것을 깊이 후회하고 교류하고 싶었기 때문일 것이다. 공을 만나고 매우 기뻐하며 다른 사람보다 친밀하기를 배나 더했다. 크고 작은 군대 일을 반드시 의논했다. 하루는 병사가 군대를 움직여 북쪽으로 나가려고 했는데, 병방 군관인 공은 군대를 움직여 서쪽 문으로 나갔다. 병사가 크게 화가 나서 말하기를, "나는 서쪽 문으로 나가고 싶지 않았는데, 그대로 서쪽 문으로 나갔구나. 왜 그랬는가?"라고 했다. 공이 대답해 말하기를, "서쪽은 금金의 방위입니다. 지금 계절은 가을이고, 가을은 금의 계절이며, 금은 죽임을 뜻하기에, 군대가 출동하는 것은 죽여서 승리하는 것이므로 금을 뜻하는 방향인 서쪽을 택해 나간 것입니다"라고 했다.[43] 병사가 크게 기뻐했다.

그해(1583) 겨울, 건원의 권관에 임명되었다. 그때 여진족 울지내鬱只乃가 변방의 큰 걱정거리가 되었다. 조정에서는 걱정했으나 사로잡고 무찌를 수 없었다. 공이 부임해 계책을 세워놓고 유인하여 울지내와 여진족이 와서 이르자 공의 군사를 숨겨놓고 사로잡았다.[44] 병사 김우서金禹瑞(함경북도 병마절도사)[45]는 공이 홀로 큰 공로를 세운 것을 시기해 공이 주장(김우서)에게

에는 "함경남도咸鏡南道 병사"라는 표현이 나온다.

43 정도전의 『삼봉집』 「조선경국전 하朝鮮經國典 下」의 「군기軍器」에는 "하늘이 오재五材(금金·목木·수水·화火·토土)를 낳았을 때, 금金은 그중 하나를 차지한다. 금은 계절로는 가을로 생명을 죽이는 것과 같고, 사람에게는 군대와 같아 죽임을 뜻한다天生五材 金居其一 在時則爲秋主肅殺 在人則爲兵主殺戮"는 내용이 나온다. 또한 오행설에서 금은 서쪽 방향이기도 하다. 이순신은 정도전의 이야기와 오행설을 합쳐 의미를 확장했다. 즉 가을=금=서쪽 방향으로 생각한 것이다. 가을에 군대가 출전하는 상황에서 서쪽 방향으로 출전해야 승리할 수 있다고 오행설까지 활용했다. 이 기록은 이순신이 역학까지 공부했다는 사실을 보여준다.

44 윤휴의 「통제사 이충무공 유사」에서도 권원보 권관 시절에 여진족 우을기내于乙其乃를 잡았다고 나온다. 류성룡의 『징비록』에는 이순신이 여진족 울지내를 사로잡은 것을 조산보 만호 때(1586)라고 했다.

45 김우서(1521~1590)는 조선 중기의 무신이다. 1536년에 무과에 급제했다. 함경도 갑산·부

보고하지 않고 제멋대로 큰일을 저질렀다며 장계를 올렸다. 조정에서는 곧 큰 상을 주려고 했으나, 주장의 장계로 멈추고 상을 주지 않았고 공은 건원에 있어야 했다.[46]

훈련원에서 임기를 채우고 참군(정7품)으로 승진했다. 공이 비록 이름은 널리 알려졌으나, 벼슬을 높이기 위해 인사 담당자나 권세가에게 찾아다니는 것을 좋아하지 않았고, 법을 위반하는 등의 방법으로 출세하려 하지 않았기에, 생각 있는 사람들은 안타깝게 여겼다.

그해(1583) 겨울 11월 15일, 덕연군(아버지 이정)이 아산 땅에서 세상을 떠났다. 다음 해(1584) 1월에 공은 처음으로 부음을 들었다. 그때 정승相公 정언신鄭彦信(함경도 순찰사와 도체찰사 겸임)[47]이 함경도를 순찰하고 있었는데, 공의 아버님이 돌아가셨다는 소식을 듣고 집으로 급히 돌아간다는 소식을

령·경원·회령 등에서 근무했고, 1569년 이후에는 북병사를 세 차례나 역임하면서 여진족의 침입을 방어했다. 충청·전라 병사도 역임했다. 1583년 여진족 니탕개尼蕩介의 난 때 도순찰사 정언신, 남병사 이용, 북병사 이제신李濟臣과 함께 방어사로 활약했다고 한다. 『선조실록』 선조 16년(1583) 2월 7일에 따르면, 니탕개의 반란이 일어났을 때, 북도 병사는 이제신, 남도南道 병사는 김우서였다. 조정에서는 김우서를 방어사에 임명하고, 남도 병사에는 이용을 임명했다. 『선조실록』 선조 16년(1583) 2월 24일에 따르면, 북도 병사 이제신을 파직하고, 방어사 김우서를 북도 병사에 임명했다.

46　최유해의 『(이충무공)행장』에는 다른 일화가 나온다. "건원에 있을 때, 북쪽 지방에 와서 군복무를 하는 무사 한 명이 상을 당했다는 소식을 듣고 돌아가려 했으나 타고 갈 말이 없었다. 공이 말하기를, '내가 비록 그 사람을 알지 못하지만, 급한 것을 구제해주는 데 서로 아는 것이 어떤 관계가 있겠나吾雖素昧 何間相知爲'라면서, 마침내 타던 말을 내주었다." 윤휴의 「통제사 이충무공 유사」에도 "건원에 있을 때, 어느 군사가 어버이가 돌아가셨다는 소식을 듣고도 말이 없어 가지 못하고 있다는 소식을 듣고 자신이 타던 말을 부의로 주었다"고 나온다.

47　정언신(1527~1591)은 조선 중기의 문신이다. 1566년 문과 별시에서 급제했다. 1571년에는 춘추관 기사관으로 『명종실록』 편찬에 참여했다. 함경도 병마절도사에 임명되었을 때는 녹둔도에 둔전을 설치했다. 1582년 여진족 니탕개尼湯介의 난 때 함경도 도순찰사에 임명되어 진압했다. 이때 막하 장수에는 이순신·신립·김시민金時敏·이억기 등이 있었다. 1589년 우의정으로 정여립 사건을 처리했으나, 정여립의 친척인 까닭에 탄핵당해 유배되었고, 유배지 갑산에서 사망했다. 1586년 이순신은 정언신이 설치한 녹둔도에서 둔전관을 겸직했다.

듣고는 혹시 공의 몸이 상할까 우려해 길을 가던 중 몇 차례나 사람을 파
견해 공에게 상복을 입고 가라고 요청했다. 그러나 공은 조금도 지체할 수
없다며 계획대로 집에 이르러 상복을 입었다. 이때 조정에서는 장차 공을
크게 쓰려고 의논하고 있었기에 겨우 소상을 넘겼는데도 상복을 벗는[48] 날
짜를 거듭거듭 물었다.

병술년(1586, 42세) 1월, 삼년상을 끝내자 즉시 사복시司僕寺 주부(종6품)
에 임명되었다. 근무한 지 겨우 16일 만에 조산造山[49] 만호 자리가 비어 조
정에서는 여진족의 난리가 한창 심해지고, 조산이 여진족 땅에 가까웠기에
마땅히 사람을 잘 뽑아 보내야 한다면서 공을 만호로 천거했다.

정해년(1587, 43세) 가을, 녹둔도鹿屯島[50] 둔전관을 겸했다.[51] 그 섬은 외롭
고 멀었으며, 게다가 방어하고 지키는 군사 수가 적어 우려되는 곳이었다.
몇 차례 병사 이일(함경북도 병사)에게 군사를 보충해줄 것을 요청했으나, 이

48 "상복을 벗다"의 원문 "服闋"은 상복을 입는 기간喪期이 끝나는 것을 뜻한다. 조선시대에는
상기가 끝나지 않은 사람에겐 일체의 사회활동이 금지되었다.
49 조산은 함경도로 귀양 갔던 유의양에 따르면, 함경도 경흥에서 동쪽으로 35리(14킬로미터)
에 있었고, 녹둔도는 조산보에서 30리(12킬로미터)에 있었다. 『세종실록지리지』에 따르면, "조산포
造山浦로 병선이 머무르며, 만호가 거느리는 선군 90명이 방어하고 지킨다"고 나온다. 『경국대
전』에는 함경북도 진군에 조산포가 있고, 만호가 지휘하는 수군이 배치되어 있었다. 『중종실록』
중종 4년(1509) 4월 29일 기록에는 조산보造山堡의 수군을 언급하고 있다. 조산보는 두만강 위
쪽의 여진족이 바다를 넘어 공격하는 것을 방어하는 수군 중심의 전진 기지였다. 이순신으로서
는 두 번째 수군 지휘관을 경험한 곳이다.
50 양태진에 따르면, 녹둔도는 1860년(철종 11) 러시아와 청나라의 북경조약으로 인해 청나라
에 의해 러시아 땅으로 귀속되었다고 한다(양태진, 『우리나라 영해 관리·경략사』, 백산출판사, 2016,
133쪽).
51 류성룡의 『징비록』에는 이순신을 녹둔도 둔전관으로 겸임시킨 이가 순찰사 정언신이라고 나
온다.

일은 들어주지 않았다. 8월, 적이 과연 군사를 일으켜 공의 나무 울타리를 에워쌌다. 붉은 털옷을 입은 자 몇 명이 앞에서 지휘하며 나왔다. 공이 활시위를 가득 잡아당겨 연이어 그 붉은 털옷을 입은 자들을 맞혀 모두 땅에 떨어지게 하자 적은 물러나 달아났다. 공과 이운룡 등이 뒤쫓아가 그들이 붙잡았던 군사 60여 명을 빼앗아 돌아왔다. 그날 공 또한 여진족의 화살에 맞아 왼쪽 넓적다리를 다쳤으나 부하들이 놀랄까 걱정해 몰래 스스로 화살을 뽑아버렸다.[52]

　병사는 공을 죽여 입을 막아 자신의 죄를 면하고자 공을 가두고 형벌을 가하려고 했다. 공이 (형장에) 들어가게 되었을 때, 병사의 군관 선거이[53]는 평상시에 공과 가까웠는데, 손을 붙잡고 눈물을 줄줄 흘리며 말하기를, "술이라도 마시고 들어가는 것이 좋을 듯하오"라고 했다. 공은 정색하고 말하기를, "죽고 사는 것은 하늘의 명령에 있소死生有命. 술을 마신들 무엇하리오飮酒何也"라고 했다. 선거이가 말하기를, "술은 비록 마시지 않더라도, 물이라도 마셨으면 좋겠소"라고 했으나, 공이 말하기를, "목이 마르지 않으니 어찌 반드시 물을 마실 까닭이 있겠소"라고 하고는 그대로 들어갔다. 이일은 군대가 패배한 것에 대한 진술서를 받으려 했으나, 공이 거부하며 말하기를, "제가 군사의 수가 적다고 몇 번이나 군사 보충을 요청하지 않았습니

52　당시 녹둔도를 공격한 여진족은 골간올적합骨看兀狄哈이었다. 『징비록』에는 여진족의 녹둔도 기습 사건과 관련해 이순신의 부상과 이운룡의 이야기가 나오지 않는다. 『이충무공전서』「附錄五ㅇ紀實[上]」「制勝方略」에도 녹둔도 시절 이야기가 나온다. 1587년 9월, 경흥 부사 이경록李景祿이 연호군煙戶軍을 이끌고 녹둔도에 들어가 이순신과 함께 수확할 때, 추도에 있던 여진족 마니웅개와 사송아沙送阿 등이 인근의 여진족과 더불어 대거 공격했다. 이로 인해 오형吳亨은 화살에 맞아 전사했고, 이경록과 이순신, 급제 이몽서 등이 함께 싸웠다. 이순신과 이경록은 군사를 이끌고 후퇴하던 여진족을 추격해 붙잡혀가던 농민 50여 명을 되찾았고, 여진족의 머리 3급을 베고, 말 1필을 빼앗았다고 한다.
53　이식이 쓴 『시장』에는 "군관 어떤 사람"으로 나온다.

까. 그런데도 병사께서는 허락해주지 않으셨습니다. 이것이 제가 병사께 올렸던 보고서입니다. 조정에서 만약 이 주장을 안다면 제게는 (책임을 물을) 죄가 없다고 할 것입니다. 게다가 제가 힘써 싸워 적을 물리치고 적을 뒤쫓아가 우리나라 사람을 되찾아왔습니다. 그런데도 군대가 패배했다며 따지시려는 것이 있을 수 있는 일입니까?"라고 말하면서, 몸이나 목소리를 조금도 떨지 않았다. 이일이 한참 동안 대꾸하지 못하다가 가두어놓게 했다. 사건을 들은 임금(선조)이 말하기를, "이모는 군대를 패배케 한 경우가 아니다. 백의종군白衣從軍하게 해 공로를 세우게 하라"고 했다. 그해 겨울, 공로를 세워 백의종군에서 풀려났다.[54]

무자년(1588, 44세) 윤6월, 집으로 돌아와 있을 때, 조정에서는 무인으로 관직 서열과 관계없이 선발해 관직에 임용할 만한 사람을 천거했다. 공은 2등에 들었으나, 임용 명령이 내려지지 않아 관직을 얻을 수 없었다.[55]

기축년(1589, 45세) 봄, 전라 순찰사 이광이 공을 군관에 임명하면서 탄식하며 말하기를, "그대의 재능으로도 이토록 발탁되지 않고 있으니 안타까울 뿐이다"라고 했다. 그대로 임금께 아뢰어, 본도(전라도)의 조방장을 겸직하게 했다. 공이 순천에 도착했을 때, 부사(순천 부사) 권준과 술을 마셨는데 공에게 말하기를, "이 부(순천부)는 아주 좋은 곳입니다. 그대가 나를 대신해 다스릴 수 있겠소?"라고 했다. 상당히 (자신의 지위를) 자랑하며 거만

54 1588년 1월에 있었던 여진족 부락인 시전부락 공격 작전에 이순신은 백의종군 상태에서 우화열장(우측 화포 부대 장수)으로 참전했고, 승리한 공로로 백의종군에서 해제되었다. 이식이 쓴 「시장」에는 "반역한 여진족을 공격해 머리를 베어 바치고 풀려서 돌아왔다"고 나온다. 윤휴의 「통제사 이충무공 유사」에서는 "여진족을 공격해 머리를 베어 바쳐 사면되었다"고 나온다.
55 윤휴의 「통제사 이충무공 유사」에서는 형조 판서 류성룡이 추천했다고 나온다.

한 얼굴빛이었지만, 공은 다만 웃고 말 뿐이었다.

(1589년) 11월, 무신으로 선전관을 겸직武兼宣傳官하면서 서울로 올라왔다.

(1589년) 12월, 정읍 현감에 임명되었다. 일찍이 태인 현감도 겸직했기에 태인현泰仁縣에 갔을 때, 태인에서는 오랫동안 수령이 없어 관청의 장부와 문서들이 쌓여 있었다.[56] 공은 물이 흐르듯 판결해 눈 깜짝할 사이에 다 처리했다. 그곳 백성이 둘러서서 듣고, 옆에서 지켜보다가 탄복하지 않는 사람이 없었다. 어떤 사람은 어사御使에게 진정서를 올려 공을 태인 현감에 임명해달라고 청하기도 했다.

한때 조대중曹大中이 도사(전라도 도사)[57]로 있었는데, 일찍이 공에게 편지로 안부를 묻기도 했고, 공도 본도(전라도)의 도사의 편지에 답장을 하지 않을 수 없어 편지를 써서 보냈다. 그 뒤, 조대중이 역적과 관련된 옥사(정여립의 난)에 연루되었기에 그의 집 서적이 다 수색당했다. 공이 마침 차사원差員으로 서울에 올라가던 중 길에서 우연히 금오랑(의금부 도사)을 만났는데, 공과 서로 알고 지내던 사람이었다. 공에게 말하기를, "공의 편지도 압수품에 있습니다. 제가 공을 위하여 빼내고자 하는데 어떻겠습니까?"라고 했다. 공이 말하기를, "예전에 도사가 제게 편지를 보내왔기에 저 또한 답장을 한 것입니다. 다만 서로 안부를 물었던 것뿐입니다. 게다가 이미 압수품에 들어 있으니, 사적으로 빼내는 것은 마땅치 않습니다"라고 했다.[58] 얼

---

56 1589년 5월, 전라도 태인에서 간행된 이행의 문집인 『용재집』 '간기刊記'에는 태인 현감으로 황언黃鷗이 나온다. 그 후 이순신이 정읍 현감에 임명되는 12월 사이에 황언이 교체되고 태인 현감 자리가 비어 있었던 듯하다.

57 『용재집』의 '간기'에서 조대중은 전라도 도사로 나온다. 당시 전라 감사는 이광이었다.

58 이식이 쓴 『시장』에는 이순신이 정여립 사건에 연루되어 죽은 조대중에 대한 의리를 지킨 내용이 추가되어 있다. "대중의 시신이 정읍을 지날 때, 공은 제사 음식을 갖추어 제사를 지내고

마 되지 않아 공은 만포滿浦[59] 첨사에 임명되었는데, 이를 말하는 사람들은 "임금께서 공의 문장과 글씨文筆를 보고 사랑했기 때문이다"라고 했다.

공이 차사원으로 서울에 들어갔을 때, 우의정 정언신이 옥에 갇혀 있었다. 공이 옥문 밖에서 안부를 물었는데, 금오랑이 당상堂上에서 서로 모여 술을 마시며 놀고 있는 것을 보았다. 공은 금오랑에게 말하기를, "죄가 있든 없든 관계없이 한 나라의 대신大臣[60]이 옥에 갇혀 있는데, 당상에서 놀고 있다면, 어찌 온당한 일이라고 할 수 있겠소"라고 했다. 금오랑은 얼굴빛을 바꾸며 사과했다.[61]

공의 두 형님이 일찍 세상을 떠나 그들의 자녀가 모두 어렸기에 대부인(어머니 초계 변씨)께서 기르고 계셨다. 공이 정읍 현감이 되었을 때, 두 형님의 자녀들과 어머니를 모시고 함께 내려갔다. 어떤 이는 남솔濫率[62]이라며 비난했다. 공은 눈물을 쏟아내며 말하기를, "내가 남솔의 죄를 지을지언정 이 의지할 곳 없는 아이들을 차마 버릴 수는 없다吾寧得罪於濫率 不忍棄此無依"고 했다. 듣는 사람들이 의롭게 여겼다.[63]

곡을 하며 보냈다. 어떤 사람이 비난했는데, 공이 말하기를, '조공曹公은 자백을 하지 않고 죽었다. 그가 죄가 있는지 어떤지 알 수 없다. 본도(전라도)의 사객使客(관리)을 지낸 지 얼마 되지 않았기에 업신여길 수 없다'라고 했다. 이 내용은 윤휴의 「통제사 이충무공 유사」에도 나온다.

59 만포는 평안도 강계도호부에 있는 진이다.

60 대신은 재신宰臣과 같은 의미로, 중앙 관청의 정승이나 판서 등과 같은 고위 관리를 뜻한다. 정2품 이상의 관리다.

61 『시장』에는 정언신에 대해 이순신이 "옛 스승舊師"으로 표현한 것으로 나온다.

62 남솔은 수령이 부임지에 제한된 인원을 넘겨 가족을 데려가는 것이다. 『속대전』에 따르면 남솔죄는 파직에 해당된다.

63 이순신의 아산 친구였던 홍익현이 쓴 「행록」에는 이순신이 "수군에 10년 동안 있으면서 집안일을 조금도 생각하지 않아 자녀들의 결혼 시기를 때때로 놓치는 일이 있었다. 공의 형님 두 분이 공보다 먼저 돌아가셨는데, 공이 조카들을 어루만져 길렀고, 무릇 물건을 얻기라도 하면 반드시

경인년(1590, 46세) 7월, 고사리高沙里[64] 첨사에 임명되었으나 대간臺諫들이 수령을 옮기는 것에 대해 비판하여 그대로 그 현(정읍현)의 현감에 있게 되었다.[65] 8월에 당상관[66]으로 승진시켜 만포 첨사에 임명했는데, 또 대간이 고속 승진이라고 했기에 본래 직급으로 바꾸고 그대로 있게 했다.

신묘년(1591, 47세) 2월, 진도 군수(종4품)로 자리를 옮기게 했으나, 부임하기도 전에 가리포[67] 첨사로 임명했다. 그 또한 부임하기도 전인 같은 달 13일, 전라 좌도 수사에 임명했고, (공은) 정읍에서 (좌수사로) 부임했다.[68]

공이 처음 수사(전라 좌수사)에 임명되었을 때 공의 친구가 꿈을 꾸었는데, "큰 나무를 보았는데, 높이가 하늘에 닿았고, 가지가 그 사이에 가득 차 있었으며, 그 위에 몸을 기댄 인민들이 몇천만 명인지 알 수 없을 만큼 많은 사람이 있었다. 그런데 그 나무뿌리가 곧 뽑혀 쓰러지려고 할 때, 어

먼저 조카들에게 주고 그 뒤에 자녀에게 주었다在舟師十年 一不顧念家事 子女嫁娶 頗有過時者 公之二兄先公亡 公撫育諸孤 凡有得物 必先諸孤而後己子"며 조카들을 배려하는 모습이 나온다.

64 고사리는 평안도 강계도호부에 있던 진이다.

65 『속대전』에 따르면, 당하관인 수령은 30개월, 당상관인 수령은 20개월, 변방 지역 수령은 1년이 지나야 다른 직위로 옮길 수 있었다. 12월에 정읍 현감에 임명되었기 때문에 규정 위반에 해당돼 대간이 반대했던 것이다.

66 당상관은 문관인 경우 정3품 통정대부 이상, 무관은 절충장군 이상의 관직을 뜻한다.

67 가리포는 전남 해남 완도에 있던 진이다.

68 류성룡의 『징비록』에서는 이순신이 "용기와 지략이 있고 말을 잘 타며 활을 잘 쏘는" 사람이었는데, 왜적이 침략한다는 소문이 커졌을 때, 선조가 비변사에 명해 재능이 있는 장수감을 추천하라고 하여 류성룡이 추천해 정읍 현감 이순신이 전라 좌수사에 임명될 수 있었다고 한다. 윤휴의 『통제사 이충무공 유사』에는 "이때 통신사 황윤길 등이 일본에서 돌아왔고, 변방의 소식이 매우 급해 임금이 비변사에 명령해 각각 장수감을 추천하게 했기에, 좌의정 류성룡이 임금에게 순신을 힘써 추천하여 마침내 정읍 현감에서 직위를 뛰어넘어 임명되었다"고 나온다. 이식이 쓴 『시장』에는 비변사에서 무신을 발탁할 때 이순신도 포함되었는데, 류성룡이 한 동네 살아 이순신의 현명함을 알았기에 힘써 추천했다고 기록되어 있다. 『경국대전 주해』 「이전」에 따르면, 절도사(병마절도사, 수군절도사)는 추천이 없으면 물망에 오르지 못한다.

떤 사람이 몸으로 떠받치고 있어 바라보니, 즉 공이었다"라고 했다. 뒷사람들은 그 꿈을 문천상文天祥[69]이 하늘을 떠받친 꿈과 같다고 했다.

공(이순신)이 수영(여수 좌수영)에 계실 때, 왜적이 틀림없이 쳐들어올 것이라며, 여수 본영과 소속 진에 있는 무기 및 각종 기계를 모두 보완하고 수선했다. 쇠사슬鐵鎖도 만들어 앞바다에 설치해 가로막았다. 다른 한편으로 새로운 전선을 만들어냈다. 크기는 판옥선과 같았고, 위에 판자를 덮었다. 판자 위에는 십자 형태의 좁은 길을 내, 사람들이 올라가 다닐 수 있게 했지만, 그 나머지 부분에는 모두 칼과 송곳을 꽂아 발 디딜 틈이 없게 했다. 앞에는 용머리를 만들어 붙였는데, 그 입에는 총구멍銃穴이 있었다. 뒤는 거북이의 꼬리龜尾처럼 만들어놓았는데, 그 꼬리 밑에도 총구멍이 있었다. 좌·우편에도 각각 6개의 구멍이 있었다. 대체로 배의 모양이 거북이 같았기에 거북선이라고 불렀다. 나중에 전쟁이 일어났을 때, 배 위의 칼과 송곳이 보이지 않도록 짚단 같은 것을 덮어놓았다. 거북선이 선봉으로 나아가 싸울 때, 왜적들이 배 위로 올라탔다가 숨겨진 칼과 송곳에 찔려 죽었다. 또 왜적의 배들이 거북선을 포위해 공격해도 거북선의 전후좌우에서 한꺼번에 총을 발사하여, 적선이 비록 바다를 덮고 구름처럼 모여 있어도 이 배가 거리낌 없이 드나들었기에 지나가는 곳마다 패해 흩어져 달아나지 않는 것이 없었다. 그러므로 앞뒤의 크고 작은 싸움에서 이 배로 인해 언제나 승리할 수 있었다.[70]

---

69 문천상(1236~1282)은 송나라의 문신이다. 침략자 원나라에 저항하다가 체포되었다. 원나라 세조가 그의 재능을 아껴 전향을 권유했으나 거절했고 이로써 그는 사형당했다.

70 거북선에 대해서 이순신이 남긴 기록은 「당포에서 왜적을 쳐부순 일을 임금님께 보고하는 장계唐浦破倭兵狀」(1592년 6월 14일)다. 류성룡이 거북선에 대해 남긴 기록은 「1597년 류성룡 대통력 정유」『징비록』『난후잡록』의 세 가지로 『난후잡록』은 『징비록』과 같다. 「대통력(1597)」이 최초이고 『징비록』은 내용을 수정한 것이다. 『선조실록』 선조 29년(1596) 11월 7일 기록에는 거북선이

조정은 신립[71]이 올린 장계로 인해 수군을 없애고 오로지 육지 싸움만을 계획했다. 공이 긴급히 장계를 올리기를, "바다의 도적을 막고 저지하는 데는 수군만 한 것이 없습니다. 바다와 육지에서의 싸움 어느 한쪽도 없앨수는 없습니다以爲遮遏海寇 莫如舟師 水陸之戰 不可偏廢"라고 했다. 조정에서는 그 건의를 받아들였다.[72]

임진년(1592, 48세) 4월 16일,[73] 왜적이 부산을 함락시켰다는 말을 듣고 공은 급히 여러 장수를 불러 본영에 모두 모아 나아가 무찌를 일을 의논했다. 모두들 '본도(전라 좌도) 수군은 당연히 본도를 지켜야 하고, 영남의 적을 무찌르러 가는 것은 자신들의 임무가 아니'라며 두려워했다. 군관 송희립이 홀로 말하기를, "대규모의 적이 국경을 침입해 그 세력이 승승장구하고 있는데도 앉아서 외로운 성을 지킨다고 홀로 지킬 이치가 있겠습니까? 나아가 싸우는 것만 못합니다. 다행히 승리한다면 적의 기세가 꺾이고, 불행히 싸우다 죽는다 해도 신하인 사람으로서의 의리에 부끄러움이 없게됩니다"라고 했다. 녹도 만호 정운이 말하기를, "신하인 사람이 평상시에

돌격선으로 일본 전선과 충돌하는 방식의 전투를 한 것으로 볼 수 있는 내용이 나온다. 판옥선의 경우도 충돌 전술을 일부 사용한 듯한 기록이다. 남이공은 『난중일기』 1596년 5월 30일자에 따르면, 이순신이 편지를 보냈던 인물이고, 체찰사 이원익의 종사관으로도 활약했다. 따라서 남이공의 말은 직접 보았거나, 이순신에게서 들은 이야기일 가능성이 아주 높다. 조선의 거북선과 판옥선은 화포 공격을 위주로 했지만, 상황에 따라 일본 전선과 직접 부딪쳐 일본 전선을 파괴하기도 했던 듯하다.

71 윤휴의 「통제사 이충무공 유사」에서는 신립이 순변사로 나온다.

72 『선조수정실록』, 선조 25년(1592) 4월 14일에는 이순신이 그와 관련해 올린 장계 내용이 나온다. "바닷가 도의 수군을 폐지하고, 장수와 군사들은 육지로 올라가 전쟁을 대비하라"고 명령했다. 그런데 전라 수사 이순신이 급히 보고하기를, "전쟁에 대비해 지키는 것은 바다와 육지, 어느 한쪽도 폐지해서는 안 됩니다"라고 했다. 이런 이유로 호남의 수군만 홀로 온전할 수 있었다.

73 『난중일기』에서는 4월 15일에 일본군의 침략 사실을 안 것으로 나온다.

나라의 은혜를 입고 나라의 녹을 먹었는데, 이런 때에 죽을힘을 다해 일하지 않고 어찌 감히 앉아서 지켜보기만 할 수 있겠습니까?"라고 했다. 공이 크게 기뻐하며 준엄한 목소리로 말하기를, "사납게 날뛰는 적의 세력으로 나라가 위태로워졌는데, 어떻게 다른 도(전라도)의 장수라고 핑계를 대면서 물러나 자기의 경계만 지키고 있을 수 있겠는가. 내가 시험해보려고 물은 이유는 여러 장수의 의견을 먼저 살펴보기 위함이었다. 오늘 해야 할 일은 오직 나아가 싸우다 죽는 것뿐이다. 감히 싸우러 나가지 말자고 하는 사람이 있다면, 마땅히 목을 벨 것이다今日之事, 惟在進戰而死 敢言不可進者 當斬之"라고 했다. 온 군대가 두려워 다리를 떨며 그 뒤로는 다들 떨쳐 일어나 죽을힘을 다하고자 했다.

(1592년) 5월 1일, 멀고 가까운 지역의 여러 장수가 영(좌수영) 앞바다에 모두 모였다. 전선은 24척이었다. 여도의 수군 황옥천이 달아나 피하려 했기에 목을 베고 돌려 보였다.74

4일, 여러 장수를 거느리고 나아가 당포에 이르렀다. 사람을 시켜 경상우수사 원균이 있는 곳을 찾게 했다. 그때 원균은 전선 73척을 다 적에게 패해75 오직 남은 것은 옥포 만호 이운룡, 영등 만호 우치적이 탄 배 각각

74 『난중일기』에서는 5월 3일에 황옥천의 머리를 베고 효시했다고 나온다.
75 『징비록』에는 "원균이 적의 세력이 큰 것을 보고 감히 나가 공격하지 못하고 그가 관할하는 전선 100여 척과 화포, 군대 기물을 모두 바다에 침몰시켰다"고 나온다. 『통제사 이충무공 유사』에서는 "원균이 자신의 군대를 버리고 가벼운 배를 타고 호남 바다 입구에 이르러 육지로 올라가 달아나려고 했다. 비장(대장·장수·주장을 보좌하는 부장) 이영남이 원균에게 말하기를, '공은 임금에 의해 수군절도사에 임명되었는데, 적이 방금 바다를 건너왔는데도 수군 1만여 명을 흩어 보내고, 전함 100여 척을 가라앉혀 버리고 적을 보고도 싸우지 않아 이렇게 까지 되었으니, 다른 날에 있을 질책을 어떻게 해명할 수 있겠습니까. 이웃 도에 군사를 요청해 적과 한 번 싸우는 것만 못합니다. 이기지 못한다면 다른 계책을 세워도 늦지 않습니다'라고 했다. 원균도

한 척이었고, 원균은 단지 1척의 작은 배로 걸망포傑望浦에 있었다. 공이 원균에게 영남의 바닷길에 익숙하다고 여겨 맞아들여 전선 1척을 주고 함께 일할 것을 약속했다.[76]

7일, 옥포에 도착해 왜선 30여 척이 바다 입구에 열 지어 있는 것을 보고, 공이 깃발을 휘두르며 진군했다.[77] 장수들은 기뻐서 펄쩍펄쩍 뛰며 앞장섰고, 다 사로잡고 없애버렸다. 뒤에 이 공로로 가선대부(종2품)로 승진했다.

8일, 고성 월명포[78]에 이르러 진을 치고 군사를 쉬게 했는데, 전라도 도사 최철견의 보고로 인해 임금(선조)이 서쪽으로 피란 갔다는 소식을 듣고, 공은 서쪽을 향해 소리 높여 슬피 울부짖었다. 잠시 군대를 본영(전라 좌수영)으로 되돌렸다.

29일, 공이 꿈을 꾸었는데, "머리카락이 하얀 어른白頭翁이 공을 발로 차면서 말하기를, '일어나라. 일어나라. 적이 왔다'"고 했다. 공이 일어나 즉시 여러 장수를 거느리고 나아가 노량에 도착했더니, 적이 과연 오고 있었다. 공을 보고 도망쳤기에 뒤쫓아 사천에 이르러 13척[79]을 불태워 부수었다.

그렇게 여기고 영남을 시켜 순신에게 같이 출전하자고 요청했다"고 나온다. 『선조실록』 선조 25년(1592) 6월 28일, 경상 우도 초유사 김성일이 보고한 내용에는 민심을 잃은 고성 현령 김현이 배반한 백성 때문에 "수사와 함께 바다로 나갔다"는 내용이 나온다. 이때 수사는 원균이다.

76 「옥포에서 왜적을 쳐부순 일을 임금님께 보고하는 장계」에 따르면, 이순신은 5월 4일 경상도 바다로 판옥선 24척, 협선 15척, 포작선 46척을 거느리고 출전했다. 원균과는 5월 6일에 만났다.

77 「통제사 이충무공 유사」에는 "순신이 깃발을 휘두르며 진군하니, 우장右將 정운이 가장 먼저 힘써 싸우자 여러 군사가 좋아서 뛰며 함께 나아가 다 붙잡고 없앴다"라고 나온다.

78 월명포는 윤휴의 「통제사 이충무공 유사」에는 월포月浦로 나온다.

79 『튱무공힝장』에는 "적선 30여 척"으로 나온다. 윤휴의 「통제사 이충무공 유사」에는 "적선 40여 척"으로 나온다.

전에 맞거나 물에 빠진 적이 백 수십 명이었다. 이날 공 또한 철환에 맞았다. 왼쪽 어깨를 뚫고 등까지 박혔다. 피가 발뒤꿈치까지 흘러내렸으나, 공은 오히려 활과 화살을 움켜쥐고 내내 싸움을 독려했다. 싸움이 끝난 뒤 칼끝으로 살을 갈라 철환을 빼내게 했는데, (철환이) 들어간 깊이가 몇 치나 되었다. 군사들이 비로소 알고는 놀라지 않은 사람이 없었다. 그러나 공은 편안히 이야기하고 웃으며 담담하게 있었다.[80]

공은 싸울 때마다 여러 장수와 약속하며 말하기를, "(적의) 머리 하나를 베는 동안 여러 명의 적을 쏠 수 있다. 머리를 많이 베지 못할 것을 걱정하지 말라. 다만 쏘아 맞히는 것만을 우선하라. 힘써 싸웠는지 어떤지는 내가 직접 눈으로 보고 있다—馘斬時 可射累賊 勿憂首級之不多 惟以射中爲先 力戰與否 吾所目見." 이로 인해 싸울 때마다 오직 많이 쏘아 죽였으나, 머리를 벤 공로를

---

80 이순신이 철환에 맞은 내용은 류성룡의 『징비록』과 윤휴의 「통제사 이충무공 유사」에도 거의 똑같은 내용으로 나온다. 윤휴의 「통제사 이충무공 유사」에는 이순신의 군대에서의 모습과 전투할 때의 모습이 다음과 같이 나온다. "그는 장수로서는 간편하게 다스렸고, 법도가 있어 한 사람도 헛되이 죽이지 않았다. 그래도 삼군에서는 감히 명령을 위반하는 사람이 없었고, 비록 귀한 신분이라며 복종하려 하지 않는 사람이라도 그를 바라보면 스스로 굴복했다. 일을 처리할 때는 과단성이 있고, 조금도 흔들리지 않았다. 형벌과 상을 줄 때는 언제나 신분의 귀천이나 친소 관계 때문에 그 의도를 가볍게 하거나 무겁게 하지 않았다. 그런 까닭에 대부분의 아랫사람은 두려워하면서도 사랑했다. 그가 진영에 있을 때에는 먼 곳에 척후를 보내 경계하고 지키기를 엄하게 했다. 항상 갑옷을 입고 부월鈇을 베고 누워 있었는데 적이 오면 반드시 먼저 알아차렸다. 매일 밤 군사를 쉬도록 해주었고, 스스로는 반드시 전의 깃을 가지런히 해놓았고, 싸울 때는 활 쏘는 군사에게 빈 활을 주었다가 적이 가까이 온 뒤에야 반드시 전을 나눠주었다. 더하여 말하기를, '먼저 적을 많이 죽이되, 머리를 베는 일은 하지 말라. 너희가 힘써 싸우는지 아닌지는 내가 직접 눈으로 보고 있다姑多殺賊 勿以斬馘爲事 爾之力否 吾所目見'라고 했기에, 군사들이 모두 스스로 분발했으나 공로가 높은 것을 자랑하지 않았다. 매번 싸움에 임해서는 장수 및 군사들과 함께 활을 쏘았기에, 장수와 군사들이 거꾸로 그가 철환에 다칠 것을 걱정해 그의 겨드랑이를 붙잡고 간곡하게 말하기를, "왜 그렇게 나라를 위해 자신의 몸을 사랑하지 않습니까?"라고 하면, 순신은 하늘을 가리키며 말하기를, "나의 운명은 하늘이 결정한다. 그런데 어찌 너희만 홀로 적과 상대하도록 하겠느냐舜臣指天曰我命在彼 豈可令爾輩獨當賊乎"라고 했다.

자랑하지 않았다.[81]

(1592년) 6월 1일, 나아가 사량 뒤에 진을 쳤다. 2일 아침, 당포 앞에 이르러 적선 20여 척[82]을 만났다. 그중 대선 하나 위에는 충루가 있었는데, 높이는 2장[83] 정도였고, 네 면에는 붉은 비단으로 된 막이 쳐져 있었다. 누각 위에는 왜장이 금관을 쓰고 비단옷을 입은 채 당당히 앉아 싸움을 독려하고 있었다. 우리 군대가 어지럽게 쏜 편전에 맞아 왜장이 누각 아래로 떨어졌다. 여러 적이 화살에 맞아 거꾸러진 자가 얼마나 되는지 알 수 없었다. 마침내 모두 무찔렀다. 화려한 금부채[84] 한 자루를 얻었는데, 오른쪽에는 "우시축전수羽柴筑前守", 왼쪽에는 "구정유구수승"[85]이 쓰여 있었고, 가운데에는 "6월 8일 수길"이라는 서명이 있었다. 싸움을 끝내니 해는 이미 한낮이 되어 있었다. 군사들에게 겨우 한숨을 돌리게 하고자 했으나, 갑자기

81 최유해의 『이충무공)행장』에서는 "나중에 대장이 되었을 때, 형벌과 상을 줌에 있어 반드시 믿음이 있었다刑賞必信. 친하든 친하지 않든, 계급이 높고 낮음 다르지 않았기에 휘하 사람들이 두려워하면서도 복종했다不以親疎上下之 羣下畏服. 매번 여러 장수와 약속하며 말하기를, '(적의) 머리 하나를 베는 동안 여러 적을 쏠 수 있다. 적의 머리를 벤 것을 공로의 으뜸으로 삼지 않겠다. 오직 쏘아 승리하는 것을 권할 뿐이다'라고 했다. 여러 차례 공로를 세운 것이 이런 까닭이다斬一馘 可射累賊 不上首功 惟督射捷'라고 했다. "적의 머리를 벤 것을 공로의 으뜸으로 삼지 않겠다不上首功"는 『사기』 「노중련전魯仲連傳」에 나오는 "저 진에서는 예의를 버리고 전쟁터에서 머리를 베는 것만 으뜸으로 여기는 나라다彼秦者 棄禮義 而上首功之國也"에서 유래한 말이다.
82 「통제사 이충무공 유사」에는 "적선 10여 척"으로 나온다.
83 1장丈은 약 10척이다. 2장은 주척 1척(약 21센티미터) 기준 4.2미터, 영조척 1척(약 31.5센티미터) 기준 6.3미터, 포백척 1척(46센티미터) 기준 9.2미터다.
84 이 금부채는 일본의 군배단선의 한 종류로 보인다. 최상수의 『한국 부채의 연구』(성문각, 1988)에 따르면, "군배단선은 조선 후기 실학자 정동유의 『주영편』에 따르면, 일본의 접이식 부채로, 군대에서 쓰는 '군선'이다. 전투가 벌어질 때는 두 손에 부채를 들고 어지럽게 흔들어 사람의 눈을 현란케 할 목적으로 쓰는 것이라고 한다. 또한 『오주연문장전산고』에서는 이를 방선이라고 하여 대장이 이 부채를 지니며 예물로 사용하기도 하고, 군사의 진퇴를 지휘하기도 하며, 화살과 돌을 피하기도 하고, 모기와 파리를 쫓기도 하며, 철이나 풀로 만들었으며, 조그마한 구멍이 있어 그 구멍으로 적진의 상황을 엿보는 데 쓰였다"고 한다.
85 「당포에서 왜적을 쳐부순 일을 임금님께 보고하는 장계」에서는 "구정유구수전"으로 나온다.

적이 오고 있다는 보고가 들어왔다. 공은 못 들은 체했는데, 또 긴급히 보고해 말하기를, "적이 셀 수 없이 오고 있습니다"라고 했다. 공이 분노하여 말하기를, "적이 오면, 편을 나누어 싸우면 될 뿐이다"라고 했다. 그때는 장수와 군사들이 싸웠기에 피곤했고, 기력이 다했기에 대단히 당황하는 기색을 보였기 때문이다. 공은 아침에 사로잡은 적장이 탔던 누선樓船을 끌고 오게 해 앞바다로 나가 적과의 거리를 1리 남겨두고 불태웠다. 불이 배 안에 붙어 쌓여 있던 화약이 한꺼번에 폭발하니 천둥소리가 허공에 울리고 시뻘건 불꽃이 하늘에 날리자 적은 둘러보다가 기운을 잃고 나오지 않다가 물러갔다. 그날 밤, 군대 안에서 한밤중에 소동이 일어나 요란함이 그치지 않았다. 공이 굳게 누워 꼼짝도 하지 않고 한참 뒤에 사람을 시켜 방울을 흔들게 했더니 그대로 진정되었다.[86]

4일, 당포 앞바다로 나가 주둔했는데, 전라 우수사 이억기가 전선 25척을 이끌고는 돛을 펼치고 소라(각)를 불며 왔다. 여러 배의 장수와 군사들이 연이은 싸움으로 피곤할 때였기에, 지원군을 얻은 것을 보고 온 군대의 사기가 높아졌다. 공은 이억기에게 말하기를, "왜적이 사납게 날뛰어 국가 (조정)의 위급함이 하루저녁에 놓여 있는데, 영공은 어떻게 이렇게 늦게 오셨습니까?"라고 했다.

---

86 "그날 밤, 군대 안에서 한밤중에 소동이 일어나 요란함이 그치지 않았다. 공이 굳게 누워 꼼짝도 하지 않고 한참 뒤에 사람을 시켜 방울을 흔들게 했더니 그대로 진정되었다是夜, 軍中夜驚, 擾亂不止, 公堅臥不動, 良久使人搖鈴, 乃定"는 『사기』 「강후주발세가絳侯周勃世家」와 『한서』 「주발전周勃傳」에 나오는 고사와 거의 같다. 한나라 장수 주아부周亞夫가 한 경제景帝 때 전란이 일어나자 군대를 이끌고 출전했는데, 한밤중에 군대 안에서 소동이 일어나 소란스러웠으나 주아부는 그대로 누워서 일어나지 않았는데, 잠시 뒤에 소란이 진정되었다고 한다. 『한서』에는 "밤에 군대 안에서 소동이 일어나 서로 공격하며 요란한 것이 장막 아래에까지 이르렀는데, 아부는 굳게 누워 일어나지 않았으며 얼마 뒤에 다시 진정되었다夜軍中驚 內相攻擊擾亂 至於帳下 亞夫堅臥不起 頃之 複定"고 나온다.

5일, 공은 이억기와 이른 아침에 함께 출발해 고성의 당항포唐項浦에 도착해 적과 서로 만났다. 3층 누각이 있는 대선 한 척이 있었는데 바깥에는 검은색 얇은 비단으로 된 막을 드리웠고, 앞에는 푸른 햇빛 가리개를 세워놓았다. 적장이 그 안에 앉아 있었기에 쏘아 죽이고 목을 베었다. 중선 12척, 소선 21척을 그때 깨부수고 머리를 7급 베었다. 쏘아 죽인 것이 셀 수 없었다. 남은 적들은 배를 버리고 육지로 올라가 달아났다. 군대의 위세가 크게 진동했다. 이 공로로 인해 자헌대부로 승진했다.[87]

7일, 아침에 영등포에 이르렀는데, 율포에 있던 적이 우리 군대를 멀리서 바라보고 남쪽 바다로 도망쳤다. 공이 여러 배에 명령해 뒤쫓아가 사로잡게 했다. 사도 첨사 김완, 우후 이몽구, 녹도 만호 정운이 각각 1척을 완전히 사로잡았고, 왜적의 머리를 벤 것이 합쳐서 36급이었다.

9일, 공은 이억기, 원균과 여러 배를 이끌고 곧바로 천성·가덕 등지로 가서 적을 수색하고 검사했는데 적이 도망쳐 숨었기에 그림자도 볼 수 없어 마침내 군사를 거느리고 돌아왔다. 14일, 본영에서 장계 두 본本을 썼다. 그 내용에, "이제 신은 전선 수만 척을 이끌고, 비장군飛將軍 모를 선봉으로 삼아 곧바로 일본국을 치겠습니다. 몇 월 며칠에 군사를 출발시킬 것입니다" 등등의 내용이 있었다. 군관에게 그 장계 1부를 주면서, 경성(서울) 가는 길에 던져놓고, 적이 보게끔 했다.

(1592년) 7월 8일, 공은 이억기, 원균 등과 적이 양산에서 장차 호남으로 갈 것이라는 이야기를 듣고 각각 여러 배를 거느리고 나아가 고성의 견내량에 이르렀다. 적의 선봉 30여 척이 과연 오고 있었고, 그 뒤의 셀 수 없

87 자헌대부는 정2품이다.

이 많은 배가 바다를 덮고 있었다. 공이 말하기를, "이 땅의 바다는 좁고 항구가 얕아 싸움하기에는 적당하지 않다. 큰 바다로 유인해 부수자"고 했다.[88] 여러 장수에게 거짓으로 후퇴하는 체하게 하니, 적이 승리한 기세를 타고 뒤쫓아 한산도 앞에 이르렀다. 바다가 아주 넓었고, 적선이 모두 모여 있었다. 공은 깃발을 휘두르고 북을 치며 재촉해 배를 돌려 싸우게 했다. 여러 배는 돛을 걸고 바로 앞에서 포와 전을 천둥처럼 쏘았다. 연기와 불꽃이 하늘에 가득 찼고, 눈 깜짝할 사이에 바다가 피비린내와 함께 붉어졌다. 적선 73척은 배 한 척 노 한 개도 돌아가지 못했다. 사람들은 일컬어 한산의 승리라고 했다.[89] 이 싸움에서 사로잡혀 갔다가 돌아온 사람이 말하기를, "용인에서 패해 도망친 뒤 서울에 있던 적장은 모두 '조선에는 사람이 없다. 그러나 다만 수군이 어렵다'고 했습니다. 평수가平秀家(와키자카 야스하루)란 자가 있는데, 팔을 걷어붙이고 큰소리 치면서 '내가 맡지!'라고 했기에 여러 적이 수가를 수군 장수로 삼았습니다. 한산의 적이 그 자입니다"라고 했다. 그 뒤에 웅천 사람 제말諸末[90]이 일찍이 사로잡혀 일본국에 갔다가 서기書記로 있을 때, 대마도에서 보낸 일본의 공문을 봤는데, "일본

---

88 『징비록』에도 이 이야기가 나온다. 그때 원균이 화를 이기지 못해 곧바로 앞으로 나아가 싸우려고 했는데, 이순신이 "공(원균)은 병법을 알지 못합니까? 그와 같이 한다면 반드시 패배할 것입니다公不知兵 如此必敗"라며 만류했다고 한다. 「통제사 이충무공 유사」에도 같은 내용이 나온다.

89 「통제사 이충무공 유사」에는 "여러 군대가 돛을 펼치고 곧바로 앞으로 나갔으며, 별장 정운이 힘써 싸우니 적은 감히 저항하지 못했다. 순신이 거북선으로 하여금 돌격해 나가게 하니, 종횡으로 형세를 떨치고 하늘을 날 듯 드나들며 적선을 만날 때마다 대포로 쏘아 부수었다. 포와 전이 함께 발사되어 연기와 불꽃이 하늘에 가득했고, 눈 깜짝할 사이에 비린 피가 바다에 가득했다. 깨부순 적선은 70여 척이다. 붉은 융단 무늬가 있던 배 또한 대포로 부쉈는데, 적의 우두머리 평수가는 몸을 빼내 도망쳤다. 왜적들은 크게 놀랐다. 사람들은 일컬어 한산의 승리閑山之捷라고 했다"라며 거북선의 활약을 기록하고 있다.

90 원문 "제말"은 이분이 잘못 기록한 것이다. 『난중일기』와 『임진장초』 등을 보면, "제만춘"이다.

과 조선의 수군이 서로 싸웠는데, 패배해 죽은 자가 9000여 명 등등이라고 했다"고 한다.[91] 이 싸움의 공로로 정헌대부로 승진했다.[92]

9일, 왜선 한 무리가 안골포에 주둔하고 있다는 이야기를 듣고, 공은 이억기, 원균 등과 군대를 거느리고 한꺼번에 도착했는데, 적은 쇠로 배를 휘감고 물을 적신 솜으로 덮어놓았으며, 우리 수군을 보고는 나와서 죽기로 싸울 계획이었고, 어떤 자들은 조총을 갖고 기슭으로 올라갔으며, 어떤 자들은 배에서 힘써 싸웠는데, 우리 군대가 날카로운 기세를 타고 사기를 꺾어버렸기에 적은 견디지 못했고, 기슭에 있던 자들은 달아났고, 배에 있던 자들은 죽었다. 42척[93]을 불태우고 부수었다.[94]

91   이 한산대첩에 대해 류성룡은 『징비록』에서 "이보다 먼저 적장 평행장(고니시 유키나가)이 평양에 이르러 글을 던졌는데, 말하기를 '일본 수군 10만여 명이 또한 서해를 따라 올라올 것이다. 알 수는 없겠지만, 임금이 이제 어디로 갈 수 있겠는가?'라고 했다. 대개 적은 본래 바다와 육지에서 합세해 서쪽으로 올라오려고 했다. 그러나 이 한 번의 싸움에 의지해 마침내 적의 한쪽 어깨를 잘랐다. 행장이 비록 평양을 빼앗았지만, 세력이 외로워졌기에 감히 다시 나아갈 수 없었다. 국가에서는 전라도와 충청도를 지킬 수 있었고, 황해도와 평안도 바닷가 일대까지 보존할 수 있어 군량을 조달하며, 명령과 지휘를 전달할 수 있게 되어 나라를 중흥케 할 수 있었다. 그러므로 요동의 금(금주)·복復(복주)·해(해주)·개蓋(개주)·천진 등의 땅이 적에게 침략으로 인한 놀람을 당하지 않게 되었으니, 명나라 군사가 육지 길로 와서 지원해 적을 물리칠 수 있게 되었다. 모두 이 한 번의 싸움의 공로다. 오호라! 이 어찌 하늘이 도운 것이 아니겠는가! 이로 인해 순신은 삼도의 수군을 이끌고 한산도에서 머물러 주둔하며 적이 서쪽을 침범하려는 길을 막을 수 있었다"라고 평가했다. 「통제사 이충무공 유사」에도 비슷한 내용이 나온다.
92   정헌대부는 정2품이다. 정2품 중에서 상위 품계다. 정2품 하위 품계는 자헌대부다. 정2품에 해당되는 관직으로는 우참찬, 지사, 판윤, 대제학 등이 있다. 1592년 8월 24일에 작성된 「정헌대부에 임명하는 교서授正憲大夫教書」(1592년 8월 24일)는 이순신을 정헌대부로 제수하는 내용이다.
93   『통무공행장』에서는 "40여 척"으로 나온다. 「통제사 이충무공 유사」에도 "40여 척"으로 나온다. 이순신의 관련 장계에 따르면, 일본군 전선 42척 전체를 격파한 것이 아니다. 일본군 전선 일부는 전투 이후 밤에 탈출했다고 한다.
94   「통제사 이충무공 유사」에는 "그날 밤, 적이 또 우리 수군을 기습하려고 계획했는데, 순신이 알고 여러 군사로 하여금 호포號砲를 쏘게 하고 소리를 지르게 했더니, 적이 대비가 되어 있는 것을 알고 감히 침범하지 못했다. 다음 날 또 군대를 진격시켰는데, 적은 이미 밤에 도망쳤다"는

(1592년) 9월 1일,[95] 공은 이억기, 원균, 조방장 정걸 등과 의논하며 말하기를, "부산이 적의 뿌리이니 그 소굴을 무찔러 뒤엎어야 적의 간담을 부술 수 있을 것입니다"라고 하고, 드디어 함께 부산으로 나갔다. 적은 여러 번 패전한 나머지 우리 군대의 위세를 무서워해 감히 나오지 못했다. 오직 높은 곳에 올라가 철환만 쏠 뿐이었다. 빈 배 100여 척을 깨부수었다. 녹도 만호 정운이 철환에 맞아 죽었기에 공은 통곡을 그치지 않았고, 직접 글을 지어 제사 지냈다.

공은 특별히 아주 좋은 쌀精米 500섬을 한곳에 저장해두고 봉해놓았다. 어떤 사람이 어디에 쓰려는지 묻자, 공이 말하기를, "임금께서 용만龍灣(의주)으로 피란을 가 계시는데, 기성(평양)에 있는 적이 만약 또 서쪽으로 돌격하게 되면 임금님은 장차 바다(압록강)를 건너실 수밖에 없다. 내 직분으로는 당연히 임금님께서 타실 배를 가지고 가서 임금님을 모셔야 한다. 하늘이 명나라를 망하게 하지 않는다면, 회복을 도모할 수 있고, 비록 불행한 일이 생긴다 하더라도 우리나라 땅에서 임금과 신하가 함께 죽는 것이 옳지 않겠나君臣同死於我國之地 可也? 게다가 내가 죽지 않는 한 적은 반드시 감히 침범할 수 없을 것이다且吾不死則賊必不敢來犯矣"라고 했다.

계사년(1593, 49세) 2월 8일, 공은 이억기와 함께 나아가 무찌를 계획을 의논하고, 배를 출발시켜 부산으로 나아갔다. 웅천의 적은 부산의 길목을 누르고 있었다. 험한 곳에 틀어박혀 있었고 배는 감춰놓았다. 소굴도 많이

내용이 추가되어 있다.
95 「통제사 이충무공 유사」에는 9월 1일 앞에 "8월에 다시 군대를 출전시켜 천성에 있는 적을 공격했다"는 내용이 추가되어 있다.

지어놓았다. 공이 복병을 보내 유인하거나, 드나들며 싸움을 걸어도 적은 군대의 위세를 무서워하고 겁냈기에 바다 가운데로 나오지 않으며, 다만 가볍고 빠른 배로 포구에서 불쑥 엿보다가 재빨리 소굴에 들어갔다. 동쪽과 서쪽 산기슭에 깃발을 많이 세워놓고 높은 곳에 올라가 철환을 쏘고 교만한 모습을 보이기만 했다. 우리 군대는 정의감으로 한탄이 나오는 것을 이길 수 없어 좌우에서 한꺼번에 나아가 포와 전을 번갈아 쏘았는데, 형세가 바람과 천둥 같았다. 그렇게 하기를 내내 했기에 엎어져 죽은 놈이 얼마나 되는지 알 수 없었다. 좌별도장 이설과 좌돌격장 이언량은 수백 명의 적이 탄 왜적의 배 3척을 끝까지 뒤따라갔다. 그들 중에서 금 투구를 쓰고 붉은 갑옷을 입은 적장이 큰소리로 노질을 재촉했는데, 우리 군대가 피령전으로 적의 우두머리를 쏘았더니 바다 가운데로 거꾸러졌다. 남은 적도 모두 쏘아 죽였다.

(1593년 2월) 22일, 공은 이억기 및 여러 장수와 의논하며 말하기를, "적들이 우리 군대의 위세를 무서워해 나오지 않으니 며칠을 서로 싸웠어도 반드시 다 죽일 수 없다. 만약 바다와 육지에서 함께 공격한다면 적의 사기를 꺾을 수 있다"라고 했다. 즉시 삼도의 수군에 명령해 각각 가볍고 완전한 배輕完船 5척을 뽑아서 적선이 열 지어 정박해 있는 곳으로 돌격해 싸우게 하고, 또한 의승병과 삼도의 날쌔고 용감한 사부 등을 배 10여 척에 태워 동쪽으로는 안골포에 정박하게 하고, 서쪽으로는 제포에 정박하게 해 육지로 올라가 진을 치도록 했다. 적은 바다와 육지에서 그렇게 번갈아 공격하는 것을 겁내 이리저리 정신없이 달리면서 싸움으로 대응했다. 바다와 육지의 장수 및 군사들이 좌우에서 돌격하며 마주치는 것마다 깨부수니 왜적 무리들은 발을 구르며 소리 높여 슬피 울부짖을 뿐이었다. 이때 이응

개李應漑와 이경집李慶集 등이 승리한 기세를 타고 다투어 돌진해 적선을 깨부수었다. 그러나 배를 돌려 나올 때, 두 배가 서로 부딪쳐 마침내 기울어 뒤집어졌다. 공이 즉시 장계를 올리며 말하기를, "보잘것없는 신이 외람되게 중책을 맡아 밤낮 근심하고 두려워하며, 티끌만 한 공적이라도 세워 보답하려고 생각했습니다. 작년 여름과 가을에 흉악한 적들이 독기를 부리며 바다와 육지로 침범해 들어올 때, 다행히 하느님의 도우심에 힘입어 언제나 승리했습니다. 거느린 군사들이 승리한 기세를 타고 교만한 기운이 날로 더해 앞 다투어 돌격해 싸우고, 뒤에 있는 것을 오히려 두려워했습니다. 그래서 신이 두 번 세 번 거듭 단단히 타일러 경계하도록 해, '적을 가벼이 여기면 반드시 패배하는 것이 이치輕敵必敗之理'라고 했습니다. 그런데도 오히려 이것을 경계하지 않아, 통선 1척이 끝내 기울어 뒤집어졌고, 많은 사망자가 생겼습니다. 이는 신이 군사를 다스리는 방법이 좋지 않고, 지휘하는 방법이 어그러진 까닭입니다. 지극히 황공하여 섶자리에 엎드려 처벌을 기다립니다"라고 했다.[96]

(1593년) 7월 15일, 공은 본영(전라 좌수영)이 호남에 치우쳐 있어 공격하고 제어하는 것이 어려워 마침내 진을 한산도로 옮기기를 요청했고, 조정에서도 승낙했다.[97] 섬(한산도)은 거제 남쪽 30리에 있다. 온 산이 바닷가를

---

96 이 내용은 「통선統船 1척이 전복된 죄에 대해 임금님의 처벌을 기다리는 장계統船一艘傾覆後待罪狀」(1593년 4월 6일)에도 똑같이 나온다.
97 한산도로 진영을 옮기게 해달라고 요청한 내용은 「본영(본영)을 한산도로 옮길 것을 임금님께 청하는 장계」(『선조수정실록』, 선조 26년(1593) 7월 1일)의 내용이다. 이순신이 현덕승에게 보낸 편지(1593년 7월 16일)에는 "호남은 국가(조정)를 지키는 최후의 보루입니다湖南國家之保障. 만약 호남이 없어진다면 이는 국가(조정)가 없어지는 것입니다若無湖南 是無國家. 이 때문에 어제 한산도로 나아가 진을 쳤고, 바닷길을 끊고 저지할 계획입니다"라며 한산도로 진을 옮긴 이유가 나온다. 이와 비슷한 내용이 이항복의 『백사집』「故統制使李公遺事」에서는 "공(이순신)은 국가의 군수물자를 모두 호남에 기대고 있어, 만약 호남이 없어진다면, 이는 국가가 없어지는 것이라고 하

감싸고 있어서 안으로는 배를 감출 수 있고 밖에서는 그 속을 엿볼 수 없게 되어 있었다. 그런데 왜선이 호남을 침범하려면 반드시 이 길을 거쳐야만 했기에, 공이 매번 땅의 형세가 험하고 견고한 요해지로 여겼는데, 이때에 이르러 진을 쳤다. 그 뒤에 명나라 장수 장홍유가 (섬에) 올라가 오랫동안 바라보며 말하기를, "정말로 진을 치기 좋은 곳이구나"라고 했다.

(1593년) 8월, 조정에서는 삼도의 수사들(이순신, 원균, 이억기)이 서로 간에 전체를 다스릴 수 없기에 반드시 주장이 있어야 좋겠다고 해서 공에게 본래 직책(전라 좌수사)은 그대로 두고 삼도 수군통제사를 겸직하게 했다.[98] 원균은 자신이 먼저 관직에 들어섰는데도 공에게 지휘를 받는 것을 부끄럽게 여겼기에, 공은 매번 넉넉하게 포용했다.[99]

면서 계사년(1593) 7월 15일, 나아가 한산도에 진을 치고 바닷길을 막았다公以爲 國家軍儲 皆靠湖南 若無湖南 是無國家也 癸巳七月十五日 進陣于閑山島 遮遏海路"라고 나온다.

98 통제사 임명장인 「삼도통제사에 임명하는 교서授三道統制使敎書」는 1593년 9월 12일에 작성된 것이다.

99 최유해의 『(이충무공)행장』에서는 "일찍이 원균과 틈이 벌어졌을 때, 터무니없는 소문이 어지럽게 퍼지자, 공이 자식들에게 경계하여 말하기를, '만약 사실 여부를 묻는 사람이 있다면, 용서할 수 있는 죄라고만 말해라'라고 했다. 자식들이 일찍이 공이 사람을 처형하려는 것을 보고 말하기를, '이 사람의 죄는 느슨하게 해서는 안 됩니다'라고 했다. 공이 천천히 말하기를, '죄에 따른 법률이 있으니 사람들의 말에 따라 낮추고 높일 수 없다. 하물며 내 아들로서는 마땅히 사람을 살릴 길로 구할 방법을 찾아야 하는데 무거운 형벌을 주장하는 말을 해서는 안 된다刑罰自有律 不可以人言低仰 況子弟之道 當以生道救人 不可以重刑贊言也'고 했다." 홍익현이 쓴 「행록」에는 "형벌과 상을 정확히 주었기에 장사와 군사들이 두려워하면서도 사랑하여 능히 큰일을 이루었다刑賞得中 故士卒畏而愛之 能濟大事也. 공이 통제사일 때, 어떤 사람이 처형당할 죄를 지었다. 곁에서 공을 모시고 있던 아들들이 말하기를, '이 사람의 죄가 무거우니 가벼이 할 수 없습니다'라고 했다. 공이 천천히 말하기를, '죄에는 그에 따른 법률이 있기에 사람들의 말에 따라 가볍게 하거나 무겁게 할 수 없다. 또한 내 아들로서 마땅히 사람을 살릴 길로 구할 방법을 찾아야 하는데 무거운 형벌을 요청해서는 안 된다'고 했다刑罰自有其律 不可以人言輕重也 且爲子弟之道 當以生道救之 不可以重刑請也. 윤휴의 「통제사 이충무공 유사」에는, "일찍이 원균이 그를 미워했으나 그는 원균의 단점을 전혀 말하지 않았고, 비록 흠을 보고 헐뜯는 것이 날마다 심해졌어도 조금도 자신을 변명하지 않았다. 그가 의리를 좋아하고 용서하는 것이 그와 같았다"는 내용이

공이 진에 있으면서 언제나 군사들의 식량을 걱정했기에 백성을 모아 둔
전에서 농사를 짓게 하고, 사람들로 하여금 고기를 잡게 하며, 소금을 굽
고, 질그릇을 굽게 했다. 할 수 있는 일이라면 다 했다. 배에 실어 팔아오
게 해 몇 달 되지 않아 쌓인 곡식이 몇만 섬이나 되었다.[100]

공은 진에 있을 때, 여자를 가까이하지 않았고未嘗近女色,[101] 매일 밤 허리
띠를 풀지 않고 잠을 잤으며每夜寢不解帶, 겨우 2~4시간―二更 자고 언제나
사람들을 불러 날이 밝을 때까지 묻고 의논했다. 또한 먹는 것은 아침저녁
5~6홉뿐이었다.[102] 지켜보는 사람들이 적게 먹고 일을 많이 하는 것[103]을
깊이 걱정했다. 공은 정신력이 다른 사람들보다 더욱 강해서 때로는 손님
과 한밤중까지 술을 아주 많이 마시고도 닭이 울 때면 반드시 일어나 촛

나온다.

100 『통무공힝장』에서는 "고기를 잡아 젓갈을 담고"라고 나온다. 윤휴의 「통제사 이충무공 유
사」에는 "상 받은 것을 다 흩어 여러 장수에게 주었고 자신에게는 남겨놓지 않았다. 사람들을 어
루만져 편안하도록 힘썼고, 농사를 가르쳐 곡식을 저축하게 했으며, 물고기를 잡고 소금을 구어
이익을 크게 얻게 하는 근본적인 계책에 힘썼다. 그렇게 했기에 군량이 풍족했고 끊어지는 일이
없었다. 남쪽 백성이 의지해 생명을 유지했던 사람 또한 수만 가구나 되었다"고 나온다.

101 「(이충무공)행장」에서는 "그가 군사 요충지重鎭에 있을 때는 여자를 가까이하지 않았다. 잘
때도 허리띠를 풀지 않았다其在重鎭 色無所近 寢不解帶"고 나온다. 「통제사 이충무공 유사」에는
이순신이 "7년 동안 군대에 있으면서 마음고생을 하고 몸이 피로했기에 일찍이 여자를 가까이하
지 않았다"고 나온다.

102 "아침저녁 5~6홉뿐이었다"는 하루에 전체 먹는 식사량을 뜻한다. 당시는 하루에 두 끼를
먹었고, 한 끼 평균 2.5~3홉을 먹은 것이다.

103 "적게 먹고 일을 많이 하는 것食少事煩"은 『삼국지연의』에 나온다. 제갈공명이 「후출사표」
를 쓴 뒤에 위나라를 정벌하려고 출전했다가 사마중달과 대치했을 때, 사마중달이 제갈공명이
보낸 사신에게 제갈공명의 상태를 묻자 사신이 "승상(제갈공명)은 새벽부터 밤까지 직접 일을 처
리하고 먹는 것은 아주 적다"라고 대답하자, 사마중달은 "제갈공명이 적게 먹고 일을 많이 한다
면 어찌 오래 평안히 버틸 수 있겠는가孔明食少事煩 豈能長久"라고 했다. 제갈공명은 결국 54세
의 나이로 오장원에서 병으로 죽었다. 이순신도 54세에 노량에서 전사했다. 두 사람 모두 시호
가 충무다.

불을 밝히고, 글이나 책을 보거나看文書,[104] 전략전술을 강론했다講籌策.[105]

갑오년(1594, 50세) 1월 11일,[106] 배를 타고 바람을 따라 모부인(어머니)이 임시로 머무시는 집에 가서 뵙고, 이튿날 돌아가겠다고 인사를 드렸다. 모부인이 이르시기를, "진으로 잘 가서 나라의 치욕을 크게 씻어라"라고 두 번 세 번 거듭 간절하게 타일렀다. 헤어지는 마음으로는 조금도 안타까워하지 않으셨다.

(1594년) 3월, (명나라 관리) 담담譚 도사都司라는 사람이 있었는데, (일본과의) 강화와 관련된 일로 명나라에서 와서 웅천 적진에 이르렀다. 공에게 패문을 보내 말하기를, "일본의 여러 장수가 모두 무기를 거두고 전쟁을 중지했으니, 당신들은 마땅히 본래 있던 지방으로 빨리 돌아가고, 일본군 주둔지에 가까이 가서 시빗거리가 생기지 않도록 하십시오"라고 했다. 공이 답장을 써서 말하기를, "영남 바닷가는 모두 우리 땅인데嶺南沿海 莫非我土, 이른바 '우리가 일본 진영 요새를 가까이한다'고 한 것은 무슨 말입니까. 우리

---

104 전쟁터의 진영에 있던 이순신은 실제로는 병법과 관련된 책을 일부 갖고 있었을 것이다. 반면에 신양선에 따르면, 퇴계 이황은 장서가 1700여 권, 허균은 1만 권, 유희춘은 1575년에 3500여 권이 있었다고 한다(신양선, 『조선중기 서지사 연구』, 혜안, 2012, 47쪽 참조).

105 최유해의 『(이충무공)행장』에는 "닭이 새벽을 알리면 즉시 일어나 사람들과 전략전술을 논의하거나運策 혹은 옛날의 일을 헤아려보았기에 자신에게는 아주 야박해 아무 관심이 없었다難戒卽興 或與人運策 或稽古事 而自奉甚薄 淡如也. 전투에서 승리해 받은 상은 반드시 여러 부대에 나눠주었다戰勝之賞 必散諸部曲. 11년 동안 군대에서 막중한 지위에 있으면서도 아주 작은 물건조차 집안일에 쓰는 것을 마음에 두지 않았다十一年掌重兵 不以秋毫屑家事"고 나온다. 『이충무공행록』 속의 "전략전술을 강론했다講籌策"와 『(이충무공)행장』에 나오는 "전략전술을 논의하거나"는 모두 『사기』 「장량전張良傳」에 나오는 장량이 "장막 안에서 전략전술을 짜서運籌帷幄之中決 千 리 밖의 승리를 결정지었다運籌帷幄之中決 勝千里之外"고 말한 데서 유래한 표현이다. 이순신의 운주당도 같다.

106 『난중일기』에는 같은 내용이 1594년 1월 12일에 나온다.

도 본래 있던 지방으로 빨리 돌아가고자 하나, 이른바 본래 있던 지방이 어느 지방을 가리키는 것입니까所謂本處地方 指何方也. 왜적은 신의가 없습니다. 강화를 하려 한다는 것은 속이는 것입니다. 나는 조선 신하인 사람의 의리로 이 적과는 한 하늘을 이고 있을 수 없습니다吾爲朝鮮臣子 義不與此賊共戴一天"라고 했다.107

이때 공은 전염병染病症에 걸려 매우 위태로웠는데, 오히려 하루도 눕지 않았고, 예전과 같이 일을 처리했다. 아들들이 쉬어야 한다고 간청했으나, 공은 말하기를, "적과 맞서고 있다. 승리와 패배가 한 번의 숨에 결정된다. 대장인 사람은 죽지 않았다면 누워 있어서는 안 된다與賊相對 勝敗決於呼吸 爲將者不之死則不可臥"라고 했다. 병에도 불구하고 일어나 있기를 12일이나 했다.108

계사년(1593)과 갑오년(1594) 사이에 전염병癘氣이 크게 번져 진 안의 군사와 백성 중에서 죽는 자가 잇따랐다.109 공은 차사원을 정해 유골을 수습해 묻게 하고, 글을 지어 제사를 지내게 했다. 하루는 또 글을 지어 여제癘祭110를 지내게 했는데, 제삿날 새벽에 공이 꿈을 꾸었다. 꿈에서 한 무리의 사람이 앞으로 와서 원통하다며 호소했다. 공이 그 이유를 묻자 공에게 말

107 『난중일기』 1594년 3월 6일과 7일자에 이 내용이 나온다. 또한 「왜적의 정황을 임금님께 보고하는 장계陳倭情狀」(1594년 3월 10일)에는 담종인의 패문과 이순신의 답장이 나온다.
108 『난중일기』 1594년 3월 24일자에 따르면, 24일에야 몸이 회복된 것으로 나온다.
109 이순신의 1593년 8월 9일 장계에서는 이순신의 수군 6200여 명 중에서 "작년과 올해 전사한 자와 2~3월부터 오늘까지 병들어 죽은 자가 많아 600여 명"이라고 했고, 1594년 4월 20일 장계에서는 1594년 1~4월까지 사망자 606명, 부상자 1373명이 발생했다고 했다.
110 여제는 『경국대전』에 따르면, 전염병 귀신에게 지내는 제사다. 청명淸明, 7월 15일, 10월 1일에 지낸다. 『경국대전주해 후집』(안위, 1555)에서는 여제란 제사를 받지 못하는 귀신에게 지내는 제사로, 귀신이 돌아갈 곳이 없으면 사람에게 해를 끼치기에 제사를 지낸다고 했다.

하기를, "오늘 제사에서는 싸우다 죽은 사람, 병들어 죽은 사람이 모두 제 삿밥을 먹을 수 있으나, 우리만은 그들과 함께 먹을 수 없습니다"라고 했다. 공이 "너희는 어떤 귀신이기에 그런가?"라고 묻자, 그들이 말하기를 "물에 빠져 죽은 귀신입니다"라고 대답했다. 공이 자리에서 일어나 제문祭 文을 가져다 자세히 읽었는데, 과연 그들은 제문에 적혀 있지 않았다. 마침 내 명령을 내려 함께 제사를 지내주게 했다.[111]

공은 군대 안의 전쟁 기구 중에서 총통보다 더 중요한 것이 없다고 여겼 다. 반드시 동철을 사용해야 했는데 보유하고 있는 것이 없었기에 마침내 민간에서 널리 모아들였는데 한꺼번에 얻은 것이 8만여 근[112]에 이르렀다. (총통을) 주조해 여러 배에 나누어주었는데, 다 쓸 수 없을 만큼 많았다.[113]

공이 일찍이 달밤에 시를 읊은 것吟이 있었다.

"바다 나라에 가을빛 저무는데, 찬바람에 놀란 기러기, 외로운 수군 위 에 높이 떴구나. 시름에 겨워 밤새 뒤척였는데, 어느덧 지는 조각 달빛이 활과 칼을 비추는구나水國秋光暮 驚寒鴈陣高 憂心輾轉夜 殘月照弓刀."[114]

111 여제에 대한 기록은 『난중일기』 1594년 4월 13일, 5월 5일에 나온다.
112 『튱무공힝장』에서는 "8000여 근"으로 나온다.
113 "다 쓸 수 없을 만큼 많았다不可勝用"는 『맹자』 「진심하盡心 下」에 나오는 표현이다. "사람 이 다른 사람을 해치지 않으려는 마음을 채워놓는다면, 다 쓸 수 없을 만큼 어짊이 많아질 것이 다人能充無欲害人之心 而仁不可勝用也."
114 최유해의 『(이충무공)행장』에서는 이순신이 해진海鎭에서 지은 시라고 하며, 시를 본 사람 들은 이순신의 충성심을 느꼈다고 한다. 『이충무공행록』과 『(이충무공)행장』에는 제목이 없지만, 1594년 3월 30일부터 4월 12일까지 한산도에서 치르는 무과시험의 참시관으로 머물렀던 고상안 이 남긴 『태촌집』에서는 「한산도야음閑山島夜吟」으로 나온다. 한산도에서 무과 별시가 끝난 뒤 이순신이 고상안에게 「한산도야음」이란 시를 주었고, 자신도 화답했다고 한다. 『튱무공힝장』에서 는 "가을빛이 수국에 저물어가니 찬 것에 놀란 기러기 진이 높구나. 근심하고 자지 못하는 밤에 쇠잔한 달이 활과 칼을 비추는구나"라고 번역되어 나온다.

또 노래歌 한 곡闋을 지었는데, 가사가 아주 감동적이었다. 노래는 다음과 같다.

"한산섬 달 밝은 밤에 수루戍樓에 혼자 앉아, 큰 칼 옆에 차고 긴 파람 하는 차에, 어디서 일성호가는 남의 애를 끊나니閑山島月明夜上戍樓 撫大刀深愁 時 何處一聲羌笛更添愁."[115]

원균은 공의 지위가 자신보다 위에 있는 것을 원망했다. 사람들을 만날 때마다 공이 자신을 밀쳐낸 것이라며 반드시 흐느끼며 울거나 혹은 싸움을 할 때도 지휘와 명령을 따르지 않았다. 공은 '적과 맞서는 상황에서 반드시 큰일을 어그러뜨릴 것이다'라고 생각했다.

을미년(1595, 51세) 2월, 공은 장계를 올려 관직을 바꿔주기를 요청했으나, 조정에서는 대장을 쉽게 바꿀 수 없다고 여겼다. (그 대신) 마침내 원균을 충청 병사 자리로 옮겨 임명했다. 배설이 원균을 대신해 수사가 되었는데, 배설은 성품이 자신을 뽐내고 다른 사람에게는 오만했다. 일찍이 다른 사람에게 마음을 낮추지 않았는데, 진에 와서 공의 일 처리를 보고, 사람

---

115 이 「한산도가」는 『(이충무공)행장』에는 나오지 않는다. 『통무공힝장』에서는 "한산섬 둘 불근 밤의 수루의 올나 안자, 큰 칼 믄지며 깁픈 시름 ᄒᆞ올 져긔 어듸셔 일셩 강젹羌笛이 깅쳠수更添 愁를 ᄒᆞᄂᆞ니"라고 번역되어 나온다. 『연려실기술』에는 "한산셤 달 발근 밤의 위루에 혼자 안자 일 장검 겻희노코 긴 한숨ᄒᆞ는 밤의 어듸셔 일셩호가는 남의 이를 긋ᄂᆞ니", 『해동가요』(김수장 편, 경 성제국대학, 1930)에는 "閑山셤 둘볽은 밤의 戍樓에 혼자 안자 큰 칼 녑희 ᄎᆞ고 깁흔 시름ᄒᆞ는 적 의 어듸셔 一聲胡笳는 나의 애를 긋ᄂᆞ이"로 한글 「한산도가」가 나온다. 『반곡유고』 1593년 4월 4일에는 "밤에 창으로 달빛이 들고 두견새가 피를 토하듯 울기에 끝내 눈물을 흘리며 노래했다" 라고 하면서 정경달이 지어 부른 한시가 인용되어 있는데, 후손이 편찬하면서 "본래 한글이었으 나, 지금은 이처럼 한자로 번역했다"고 나온다. 한글로 시를 지어 노래를 부르고, 후에 한자로 번 역된 경우다. 조경남의 『난중잡록』 1593년 10월 27일에는 이순신이 한산도에서 지은 시구의 일 부인 "바다에 맹세하니 용과 물고기가 감동하고誓海魚龍動 산에 맹세하니 나무와 풀도 알아주 는구나盟山草木知"가 나온다.

들에게 말하기를, "이 섬에서 호걸豪傑을 만날 것이라고는 상상도 하지 못했다"고 했다.

(1595년) 8월, 완평完平 이 상공李相公(이원익)이 도체찰사에 임명되어 영남과 호남으로 내려왔다. 부체찰사(김륵)와 종사관(남이공) 등이 수행했다. 상공(체찰사 이원익)이 호남에 도착했을 때, 수군으로 민원 서류를 올리는 사람이 매우 많았는데, 상공(이원익)은 판결하지 않고 모두 둘둘 말아 축을 만들어 진주로 갈 때 갖고 갔다. 공을 불러 일을 의논하고, 그대로 아전을 시켜 수군의 민원서류를 가져다가 공 앞에 쌓아놓게 했다. 몇 백 장인지 셀 수 없었다. 공은 오른손으로 붓을 쥐고 왼손으로는 종이를 끌어당겨 분명하게 판결하는 것이 물이 흐르는 듯했다. 잠깐 사이에 다 끝냈다. 상공과 부체찰사(김륵)가 가져다 살펴보았는데, 모두 그 이치가 맞았다. 상공이 깜짝 놀라 말하기를, "우리도 능히 할 수 없는 일인데, 지금 공은 어찌 그리 능히 할 수 있습니까?"라고 했다. 공이 말하기를, "이는 모두 수군의 일입니다. 그러므로 듣고 본 일들이라 익숙했기에 그런 것입니다"라고 했다. 상공과 부체찰사, 종사관 등이 함께 공의 배를 타고 한산도 진으로 들어갔다. 진의 형세를 두루 살펴보고, 조용히 머물러 묵었다. 되돌아가려고 할 때 공이 청하며 말하기를, "군사들은 마음속으로 반드시 상공께서 잔치를 베풀어주시고, 상을 주실 것이라고 여길 것입니다. 그런데 지금 그렇게 해주시지 않는다면 실망하게 될 터이니, 걱정이 됩니다"라고 했다. 상공이 말하기를, "이는 아주 옳은 말씀입니다. 그러나 내가 처음부터 준비해오지 못했으니, 이를 어찌 하겠습니까"라고 했다. 공이 말하기를, "제가 상공을 위하여 이미 마련해놓았습니다. 상공께서 허락해주신다면, 마땅히 상공의

명령으로 음식을 먹이도록 하겠습니다"라고 했다. 상공이 매우 기뻐했고, 마침내 큰 잔치가 열렸다. 온 군사가 발을 구르며 기뻐했다. 공이 전사한 뒤에 상공이 이 일을 이야기할 때, 그대로 한탄하며 말하기를, "이 통제사 (이순신)는 재주와 도량이 큰 사람이었다大有才局"라고 했다.116

[『오리집梧里集』에 따르면, 인조 때에 이 상공(이원익)이 궁궐에 들어가 임금을 뵙고 아뢰기를, "신이 체찰사로 영남에 있을 때, 순찰하다가 한산도에 도착해, 이모(이순신)의 진영을 돌아보았습니다. 그가 일을 처리하는 것을 자세히 살펴보니, 규모가 아주 컸고, 신이 돌아오려고 출발하려 할 때에는 이모가 몰래 신에게 말하기를, '대신이 여기까지 왔으니, 임금님의 뜻과 말씀을 널리 전해야 하고, 또한 상을 주어 격려해야 합니다'라고 했습니다. 신이 그 말을 듣고 크게 깨달아 즉시 군대에 명령을 내려 한편으로는 무예를 시험하고, 다른 한편으로는 상을 주었습니다. 소 30여 마리를 잡아 사졸士卒에게 먹여 위로해주게 했습니다"라고 했다. 임금(인조)이 말하기를, "이모는 참된 장군眞將軍이었구나. 그 마음과 지혜 또한 기특하구나"라고 했다.]117

원균은 충청도에 있었는데 항상 공이 하는 일을 헐뜯었기에 날마다 조

---

116 이원익의 「사도도체찰사시상계四道都體察使時狀啓」(1596년 2월 10일)에는 "남쪽의 여러 장수 중에서 우도 수군은 비록 군사력이 외롭고 약했으나, 통제사 이순신이 사무를 처리하는 것이 조리가 많았기에 비록 그의 막하 장수들의 우수함과 열등함이 일정하지 않지만, 오히려 모양이 있었다"고 평가하는 모습이 나온다.

117 『오리집』은 이원익의 문집이다. 「이충무공행록」의 이 부분은 『오리문집梧里文集』「梧里先生別集卷」「引見奏事」(1624년 3월 8일)에 나온다. 1691년에 원집이 편집·간행되었고, 1705년에 속집이 편집·간행되었다. 『이충무공행록』을 저술한 이분(1566~1619)의 생존 시기와 이원익의 생존 시기(1547~1634), 그리고 『오리문집』의 출간 시기를 보면, 「이충무공행록」에도 표시된 것처럼 이 부분은 이분이 저술한 것이 아니라 뒷사람이 추가한 것임을 확인할 수 있다.

정에 비방하는 말이 전해졌다. 그러나 공은 조금도 변명하지 않았다. 또한 원균의 단점에 대해서는 입을 닫고 한마디도 하지 않았다. 그때의 많은 공론은 원균을 바르게 여겼고, 공을 쓰러뜨리고자 했다.[118]

병신년(1596, 52세) 겨울, 왜장 평행장(고니시 유키나가)의 진이 거제에 있었는데, 공의 위엄과 명성을 두려워해 온갖 계책을 꾸몄다. 그의 부하 요시라란 자로 하여금 반간계反間[119]를 실행케 했다. 요시라는 경상 좌병사 김응서를 통해 도원수 권율에게 말하기를, "평행장이 청정淸正(가토 기요마사)과 사이가 좋지 않아 반드시 그를 죽이고자 합니다. 청정은 지금 일본에 있는데 머지않아 다시 올 것입니다. 제가 (청정이) 오는 때를 마땅히 적절하게 알아내 청정의 배를 찾아 가르쳐드리겠습니다. 조선에서는 통제사로 하여금 수군을 거느리고 바다 가운데로 가서 마주치게 한다면 수군은 백번 승리한 위세를 붙잡아 목을 벨 수 있으니 조선의 원수를 갚을 수 있고, 행장의 마음도 즐거울 것입니다"라고 했다. 거짓으로 충성과 신의를 보이면서 간절하게 권유하기를 그치지 않았다. 조정에서 듣고는 청정의 머리를 얻을 수 있다고 여겼다. 임금님이 공에게 명령을 내려, "요시라의 계책을 따르라"고 했다. 그러나 그것이 실제로는 계략에 빠진 것임을 알지 못했다.[120]

118 윤휴의 「통제사 이충무공 유사」에는 원균이 이순신을 비방한 내용이 추가되어 있다. "원균이 또한 유언비어를 퍼뜨리며 말하기를, '순신이 해도海道에 오래 주둔하면서 군사와 백성의 마음을 얻었는데, 사람들은 그를 일컬어 바다의 왕海王이라고 부르니, 국가(조정)에 이롭지 못할까 두렵다'고 했다. 이로 인해 임금 또한 의심하고 체찰사 이원익李元翼에게 몰래 기미를 살피게 했는데, 이원익이 거듭 비밀 장계를 올려 순신의 충성심을 아뢰었다."
119 반간계는 적이 음모를 꾸며 아군을 이간시키는 전략전술이다. 『손자병법』에 나온다.
120 「통제사 이충무공 유사」에 따르면, "순신은 적의 말이 거짓되고 속이는 것이라 여기며 타당한 것을 지켜 움직이지 않았다. 그러면서 아뢰기를, '한산도에서 부산으로 가는 길에 반드시 적의 진영을 거쳐야 하기 때문에 기필코 우리의 형세가 알려집니다. 적이 우리를 가볍게 여기고 업

정유년(1597, 53세) 1월 21일, 원수 권율이 한산도 진에 이르러 공에게 말하기를, "왜적 청정이 가까운 날에 다시 온다고 하니, 수군은 마땅히 요시라의 약속을 따라 부디 기회를 잃지 않도록 하라"고 했다.[121] 이때 조정에서는 바야흐로 원균을 신뢰하고, 공을 비방하는 것이 그치지 않았기에, 공은 비록 마음속으로는 요시라가 속이는 것을 알고 있었으나, 감히 함부로 그 앞에서 물러날 수 없었다. 원수가 육지로 돌아간 뒤 겨우 하루 만에 웅천에서 보고하기를, "이번 1월 15일에 청정이 장문포에 와서 정박했다"고 했다. 조정에서는 청정이 바다를 건너왔다는 소식을 듣고, 공이 사로잡고 무찌르지 못했다고 꾸짖었다.[122] 대간臺(사헌부·사간원)은 공론을 크게 일으켜 적을 놓아준 죄를 처벌하자고 청했기에, 체포해 심문하라는 명령이 내려졌다. 그때 공은 수군을 거느리고 가덕 바다에 가 있었는데 체포해 심문하라는 명령을 듣고 본진(한산도)으로 돌아왔다. 진의 물건들을 계산해 원균에게 넘겨주었다. 군량미는 9914섬이었고, 다른 곳에 있는 곡식은 계산에 함께 넣지 않았다. 화약은 4000근이었고, 총통은 각 배에 나누어 실은 수를 제외하고도 300여 자루[123]가 있었다. 기타 물건들도 그렇게 자세히 파악해주었다. 완평 이 상공(이원익)이 도체찰都體察로 영남에 있다가 공의

신여기는 마음을 갖게 될 것이며, 게다가 부산에 도착하면 바람이 거꾸로 불기에 불편합니다. 하물며 어떻게 도적의 말을 믿고 싸울 일을 시험하겠습니까嘗試戰事'라고 하면서 명령을 따르지 않았다"며 부산 출전을 반대했다고 한다. 이순신이 말한 "시험하겠습니까嘗試"는 『맹자』 「양혜왕 상梁惠王 上」의 "내가 비록 불민하나, 시험해보기를 청합니다我雖不敏 請嘗試之"에 나온다.

121 『퉁무공힝장』에는 "그러나 공은 '왜적들의 말이 본래 간사하니, 가히 미루어 짐작할 수 없다' 하며 평상시대로 진만 지키며 수일을 지냈더니"가 추가되어 있다.

122 「통제사 이충무공 유사」에는 "1월에 적장 청정이 큰 비바람을 틈타 바다를 건너왔다. 순신이 마침 군사를 모으러 진영을 떠나 있었기에 이를 알지 못하니 조정의 의론은 미워함이 더욱 심했다"는 내용이 추가되어 있다.

123 『(이충무공)행장』에서는 "400자루"로 나온다.

체포 명령 소식을 듣고, 긴급히 장계해 말하기를, "왜적이 무서워하는 것이 수군입니다. 이모(이순신)를 바꾸면 안 됩니다. 원균을 보내서도 안 됩니다" 라고 했다. 조정에서 들어주지 않자 상공이 한탄하며 말하기를 "나랏일을 다시 어쩔 방법이 없게 되었다"라고 했다.

(1597년) 2월 26일,[124] 길을 떠났는데, 큰길에서 남녀노소의 백성이 **빽빽** 이 둘러싸 길을 막고 목 놓아 서럽게 울부짖으면서 말하기를, "사또! 어디 를 가십니까. 이제 우리는 죽었습니다使道何之 我輩自此死矣"라고 했다.

(1597년) 3월 4일, 저녁에 감옥[125]으로 들어갔다. 어떤 사람이 말하기를, "임금께서 화가 나신 것이 지금 매우 심하고, 조정의 공론 또한 엄중하기에 일이 앞으로 어떻게 될지 예측할 수 없으니 어찌하랴"라고 했다. 공은 평온 하게 말하기를, "죽고 사는 것은 하늘의 명령天命에 있다. 죽게 되면 마땅히 죽을 뿐이다死生有命 死當死矣"라고 했다.[126] 이때 임금께서 어사(남이신南以信)

---

124 『통무공힝장』에서는 "16일"로 나온다. 조응록의 『죽계일기』에 따르면, 선조의 명령으로 2월 7일 금부도사 이결李潔이 이순신을 체포하러 내려갔다고 한다. 이순신은 2월 26일, 한산도에서 포박되어 서울로 압송되었다.

125 감옥문의 원문은 "圓門"이다. 이 원문은 우리나라 전통 옥인 원형옥圓形獄의 옥문으로 보 인다.

126 『징비록』 초고에 해당되는 『난후잡록』에는 『징비록』에도 나오는 이 내용을 이때로 기록하고 있다. 순신이 한산도에서 체포되어 의금부 감옥에 갇혔을 때, 조카 이분이 자신을 찾아와 어떤 옥리獄吏가 몰래 말하기를, "뇌물을 쓰면 풀려날 수 있다"고 했다며 상의했는데, 류성룡은 대답 하지 않고, "이 일을 내게 왜 묻는가"라고만 했다고 한다. 이분은 말없이 돌아갔다가 며칠 뒤에 다시 찾아와, '숙부가 (그 이야기를) 듣고는 크게 분노해 말하기를, '죽게 되면 죽을 뿐이다. 뇌물 을 써서 구차하게 모면할 수 있겠는가死則死耳 不可行賂苟免'라고 했습니다. 그래서 뇌물을 쓰려 는 것을 멈추고 감히 어떤 것도 할 수 없었습니다"라고 이순신이 말했다면서, 류성룡은 "그가 위 기에 닥쳤을 때에도 정도를 지킴臨危守正이 이와 같았다"고 평가했다. 『징비록』에서는 정확한 시 기는 언급되지 않았으나, 이순신이 감옥에 갇혔을 때의 일화로 비슷한 이야기가 나온다. "순신이 막 감옥에 갇혔을 때, 일을 예측할 수 없었다. 옥리가 순신의 조카 이분에게 몰래 말하기를, '뇌

물을 쓰면 처벌을 면할 수 있다'고 했다. 순신이 듣고는, 조카 분에게 화를 내면서 말하기를, '죽
게 되면 죽을 뿐이다. 어찌 도리를 어기고 삶을 구하겠느냐死則死耳 安可違道求生!'라고 했다.
그는 이와 같이 지조와 고집이 있었다. 순신의 사람됨은 말을 많이 하거나 많이 웃지 않았다. 단
정하고 삼가는 용모였기에 수양하는 선비 같았다. 그러나 마음속에는 담력과 용기가 있어 몸을
돌보지 않고 나라를 위해 몸을 바쳤으니 이는 그가 평상시에 이런 자세를 쌓았기 때문이다舜臣
爲人寡言笑 容貌雅飭 如修謹之士 而中有膽氣 忘身殉國 乃其素所蓄積也." 윤휴의 「통제사 이충
무공 유사」는 이순신의 모습에 대해 다음과 같이 기록하고 있다. "나의 아버님先人께서 공의 딸
을 외부外婦(소실)로 취하셨기에 나는 오히려 공의 문지기와 노비 및 공을 모셨던 사람을 만날
수 있었으니 공의 용모와 기호, 자세가 어떤 사람이었는지를 물을 수 있었다. 공은 키가 크고 용
기가 뛰어났다. 수염이 붉었고 두려움이 없는 사람膽氣人이었다. 평소에도 본래 몹시 분노하고
탄식하고 있었기에 적을 죽이면 반드시 간을 꺼냈다公長軀精勇赤髭膽氣人也 平居素憤慨 殺
賊必取肝." 고상안의 『태촌집』에도 이순신의 용모가 나온다. 고상안은 임진왜란 때 삼가 현감을
지냈는데 1594년 3월 말 한산도에서 실시하는 무과에 참시관으로 참가했다. 그때 이순신을 비롯
한 여러 사람의 인상을 보고 기록을 남긴 것이다. "내가 삼가 현감으로 있으면서 수군의 시험관
을 맡았던 적이 있었다. 그때 이순신은 통제사였고, 원균은 영남 우수사, 이억기는 호남 우수사,
구사직은 호서(충청) 수사였다. 보름 동안 머물면서 그들의 사람됨을 살펴보니 원 수사는 천하고
경솔하고, 무모한 데다 대중의 마음까지 잃고 있었다. 이 수사는 허황하고 진실되지 못하며 정기
가 제 위치에 있지 않아 훗날 패전하거나 혹은 단절할 염려가 있었다. 구 수사는 다소 침착하고
안정된 모습으로 지금까지 탈이 없으며 수복도 겸비해 온전하다. 통제사 이순신은 같은 해 과거
에 합격했다. 며칠을 함께 지냈다. 그의 말솜씨와 말하는 방법은 지혜로웠다. 참으로 난리를 평
정할 만한 재능이 있었다. 그러나 살집이 없고, 덕스럽게 보이지는 않았다. 관상相은 또한 입술
이 뒤집어져 있었다騫脣. 나는 마음으로 '복이 있는 장수가 되지는 않을 것이구나'라고 생각했다
其言論術智 固是撥亂之才 而容不豐厚 相又騫脣 私心以爲非福將也. 그런데 불행히도 붙잡아 죄
를 조사하라는 임금님의 명령이 있었고, 복직했으나 1년이 지나지 않아 철환에 맞아 제대로 운
명을 마치지 못했다. 한탄할 일이다." 이순신의 아산 친구였던 홍익현이 쓴 「행록」에는 "공은 천성
이 맑고 충직하고 강하고 부드러운 덕을 갖춰 집에서나 밖에서 화가 나도 지나치게 어지러워지지
않았고, 기뻐도 지나치게 넘치는 행동을 하지 않았다公賦性淸忠 德備剛柔 居內處外 不以怒淫
不以喜溢"고 나온다. 최유해의 「(이충무공)행장」에서는 "공은 엄하고 진중해 위엄 있는 풍모였다公
嚴重有威風. 사람을 사랑하고 선비에게 자신을 낮추었으며 은혜와 신의에 분명했다愛人下士 恩
信著明. 식견과 도량이 깊고 아름다워 기뻐하고 분노하는 것을 드러내지 않았다識量淵懿 不色
喜怒. 대장부로 세상에 태어났으니, 세상에 쓰인다면 충성에 죽을힘을 다하고, 쓰이지 않는다면
농사를 지으며 사는 것이 분수를 지키는 것이다丈夫生世 用則效死以忠 不用則耕野足矣. 권력자
에게 알랑거려 뜬구름 같은 영화를 훔치는 것은 내가 부끄러워하는 것이다若媚要人竊浮榮 吾恥
也"라고 했다. 이순신의 키는 상대적으로 컸던 것으로 보인다. 『대전후속록』에 따르면, 왕의 호위
부대였던 내금위內禁衛(금군)는 키가 8척 이상인 양반 자제 중에서 선발했다. 키가 작으면 활쏘
기 실력이 탁월한 사람일 때 뽑혔다.

를 파견해 한산도로 내려가 몰래 사정을 조사해오게 했다. 어사도 공을 모함하려 했기에 돌아와 아뢰기를, "들으니 왜적 청정이 바다를 건너오다가 암초에 걸려 7일 동안이나 움직일 수 없었는데도 이모(이순신)는 무찌르고 붙잡지 못했다고 합니다"라고 했다. 이날 경림군慶林君 김명원이 궁궐에 들어가 임금을 모시고 경연經筵을 할 때 말하기를, "왜적은 뱃일에 능숙한데, 암초에 걸려 7일이나 있었다는 말은 거짓된 말인 듯합니다"라고 했다. 임금이 말하기를, "내 생각 또한 그렇다"고 했다.[127]

그 뒤에 원균이 패배하고, 공이 다시 통제사에 임명되어 큰 공로를 세우자, 어사였던 사람이 옥당玉堂(홍문관)에서 당직을 설 때, 동료가 물으며 말하기를, "암초에 걸려 7일이나 있었다는 말을 어디에서 얻어 들었는가? 나도 그때 호남을 순찰하며 살피고 있었으나 전혀 들어보지 못한 것인데"라고 하자, 그 사람(남이신)은 부끄러운 얼굴빛이 있었다.

12일, 범죄 사실에 대한 진술을 해야 했다. 처음에 공이 체포되어 왔을 때, 수군의 여러 장수의 친척으로 서울에 있던 사람들 가운데 공이 다른 여러 장수에게 죄를 씌울까 염려해 두려워하지 않는 사람이 없었다. 공이 문초를 당할 때 다만 일의 처음과 끝을 진술하면서 차례로 논리정연하게

---

127 『징비록』에서는 김명원의 이야기 대신, 판중추부사 정탁이 이순신을 변호한 내용이 나온다. "홀로 정탁이 말하기를, '순신은 명장입니다. 죽여서는 안 됩니다. 군대의 기밀, 이로움과 해로움은 멀리서는 헤아리기 어렵습니다. 그가 싸우러 나가지 않은 것은 반드시 어떤 뜻이 있었기 때문일 것입니다. 너그러이 용서해주시길 청합니다. 뒤에 공로를 세워 책임지게 해주십시오'라고 했다. (이순신에게) 고문을 한 차례 한 뒤에 사형에서 감형하는 대신, 관직을 빼앗고 군대에 복무하게 했다削職充軍'고 나온다. 윤휴의 「통제사 이충무공 유사」에도 비슷한 내용이 나온다. 이식이 쓴 『시장』에서는 "체찰사 이원익은 잘못이 없다고 밝혔으나, 류 정승(류성룡)은 의심해 감히 구하려 하지 않았다體察使李元翼 明其不然 柳相嫌不敢救. 이 당시에 이미 조정의 논의가 갈라져 있었기 때문이다. 임금이 곁의 신하를 보내 사실을 묻게 했는데, 그 신하 또한 원균의 당黨이었기에 사실과 반대로 보고를 했다"라고 했다.

말할 뿐 조금도 끌어들이는 말을 하지 않았다. 모든 사람이 감탄했는데, 어떤 사람은 그의 얼굴이라도 보기를 원할 정도였다. 공이 옥에 있을 때, 우수사 이억기는 사람을 보내 글을 바치고 공의 안부를 묻게 했다. 그 사람을 보낼 때 울면서 말하기를, "수군은 머지않아 반드시 패배할 것입니다. 우리는 어디에서 죽을지 알 수도 없습니다"라고 했다. 이때 북도(함경북도)의 토병 몇 사람이 마침 과거시험을 보러 서울에 왔다가, 공이 옥에 갇혀 있다는 소식을 듣고, 정의감에 한탄하며 임금님께 청해 공을 풀어주고 북병사(함경도 북병영 병마절도사)에 임명해줄 것을 요청하려고 했다.

(1597년) 4월 1일, 원수(권율) 막하에서 백의종군白衣해 공을 세우도록 사면 명령이 내려졌다. 11일, 모부인(어머니)께서 돌아가셨는데, 압송해가는 의금부 도사에게 간청해 상복을 입고 길을 떠났다. 공이 서럽게 울부짖으며 말하기를, "나라에 충성을 다하려고 했으나 죄가 이미 이 지경에 이르렀고, 어버이에게 효도를 하고자 했으나 어버이 또한 돌아가셨다竭忠於國而罪已至 欲孝於親而親亦亡"라고 했다.[128]

---

128 『통무공행장』에는 "원균이 통제사 교대한 후에 공의 하시던 군정을 변역하고 공이 운주당을 지어 장사로 더불어 그 가운데서 모두 용무를 의논하는 것을 좋아했다. 스스로 동하여 다니더니, 균이 기첩에게 그 집의 주고酒庫 바깥을 울타리로 막고 술만 취하며 일을 살피지 아니하고, 형장을 잔학하게 하니 일군이 이심하여 다 이르되, '도적이 오면 달아나리라' 하더라. 요시라가 또 이르되, '대군이 바야흐로 바다를 건너오므로 가서 칠 것이라' 하니, 조정이 또 원균에게 명하여 바삐 가서 싸우라 하므로 균이 임의 공을 해하던 것인 까닭에 어려움을 알아 감히 이르지 못하고, 이해 7월에 전선을 거느리고 부산 전양으로 나아가니 왜적이 좌우로 유인하여 스스로 곤케 하다가 밤을 타 엄습하므로 군사가 궤산하여 균이 달아나다가 죽고 이억기는 전망함에 삼도수사가 일시에 함몰한지라. 한산도가 마침내 함락되어 공이 그동안 비축해놓은 군량과 무기가 수년은 족히 버틸 수 있었던 것이 모두 불에 타 재가 되었다. 적들이 호남에서부터 상륙하여 남원을 함락하니 전라도와 충청도는 또 텅비게 되었다"는 내용이 추가되어 있다. 『징비록』에는 이순신을 대신해 통제사가 된 원균이 칠천량에서 패전한 사실 뒷 부분에 『통무공행장』의 운주당

(1597년) 7월 16일, 원균이 과연 패배했고, 이억기는 전사했고, 삼도 수군은 적에게 완전히 함락되었다. 공은 그때 초계에 있었는데, 원수(권율)가 공을 진주로 급히 파견해 흩어진 군사들을 수습해 모으게 했다.

(1597년) 8월 3일, 한산도에서 패배했다는 보고가 이르자 조정과 백성은 두려워 떨었다. 임금이 비국備局(비변사)의 여러 신하를 불러 만나고 물었으

이야기가 다음과 같이 나온다. "순신이 한산도에 있을 때, 집堂을 짓고는 '운주'라 이름을 붙이고, 낮과 밤을 그 안에 있으면서, 여러 장수와 함께 군대에 관한 일을 같이 논의했는데, 비록 낮은 계급인 사람일지라도 군대와 관련된 일에 대해 이야기하고 싶어하는 사람이 있다면 와서 이야기하도록 했기에 (이순신은) 군대 사정에 통달할 수 있었다. 싸우러 나갈 때는 언제나 모든 장수를 불러 계략을 묻고, 전략과 전술을 짠 뒤에 싸우러 갔기에 패배하지 않았다. 그러나 원균은 운주당에 애첩을 데려다 살게 하고 안팎에 이중의 울타리를 쳐서 막아놓았기에 장수들까지도 원균의 얼굴을 드물게 보았다. 또한 술을 즐겨 날마다 술주정을 했고 화를 냈으며, 형벌의 기준이 없었다. 군대 안에서 몰래 서로 말하기를, '적과 만난다면 오직 달아날 뿐이다'라고 했다. 장수들도 사적으로는 서로 비웃었고, 또 건의를 하거나 복종하지도 않았기에 군대의 명령과 지휘가 실행되지 않았다." 또한 류성룡의 『징비록』에는 원균의 칠천량해전에 대해서 『퉁무공항장』보다 더 자세히 나온다. 윤휴의 「통제사 이충무공 유사」에는 다음과 같이 나온다. "한산도에 있을 때에 집堂을 짓고 운주라 이름 붙이고, 낮과 밤을 그 안에 머물며 있으면서 장수와 함께 군대에 관한 일을 논의했는데, 비록 낮은 계급인 사람일지라도 군대와 관련된 일에 대해 이야기하고 싶어하는 사람이 있다면 즉시 와서 이야기하도록 했기에 군대 사정에 통달했다. 군대에 있을 때는 언제나 밤이 이슥해도 반드시 촛불을 밝히고 일어났다. 비록 병이 심했어도 일을 처리하는 것을 멈추지 않았다. 좌우의 사람들이 휴식을 취하도록 요청해도 공이 말하기를, '적과 대적해 승패가 숨 한 번 쉴 틈에 결정되기에, 장수가 된 사람의 도리로 병으로 죽을 지경이 아니라면 어찌 스스로 편안히 있을 수 있겠나與賊相對勝敗 決于呼吸 爲將之道病不至死 則不可自安也'라고 했다. 싸움을 하려 할 때는 부하 장수들을 두루 불러 계책을 묻고 전략전술을 정한 뒤에 싸웠기에 마음이 아주 편안하고 한가로워 언제나 여유가 있었다問計謀定而後戰 故臨戰意思安閒 常有餘地. 널리 계획했고 좋은 방법을 취했으며博謀私善 용맹을 떨치고 승리의 기회를 결정지었기에 사람들은 쓰이기를 즐겼다. 매번 싸움에서 승리할 때마다 항상 여러 장수들에게, '승리를 탐하면 반드시 교만해진다狃勝必驕'며 경계시켜 장수들은 신중했고, 승리가 가능한 것을 보고 나아가고, 어려운 상황을 알게 되면 물러나되 물러날 때는 반드시 세 번 소라(각)를 불고 북을 쳐三吹打 군사들이 신속하게 돌아오도록 했다. 그가 전사한 날에도 기율과 지휘가 오히려 자연스러웠기에 그가 전사했어도 승리를 얻을 수 있었다."

나 신하들은 두려워 어쩔 줄 모르며 어떻게 대답할지를 알지 못했다. 경림군 김명원金命元과 병조 판서 이항복李恒福이 조용히 아뢰기를, "이는 원균의 죄입니다. 오직 마땅히 이모(이순신)를 기용해 통제(통제사)에 임명할 수밖에 없습니다"라고 했다. 임금이 따르자 공은 또 통제사에 임명되었다.[129] 장수와 군사들이 소식을 듣고 차츰차츰 모여들었다. 공은 즉시 군관 9명, 아병 6명을 거느리고 진주에서부터 옥과玉果까지 달려갔는데,[130] 피란하는 선비와 백성이 도로를 가득 메우고 멀리서 보고 있었다. 장정들은 모두 그의 아내와 자녀들에게 말하기를, "우리 공께서 오셨으니, 너희는 죽지 않을 것이다我公至 汝不死. 천천히 찾아오너라. 나는 공을 따라 먼저 가야겠다徐徐訪來 我則先往從公"고 했다. 그런 사람이 많이 있어서 순천에 이르자 정예 군사 60여 명을 얻었다. 순천의 비어 있는 성에 들어가서는 무기와 갑옷을 갖추고 갈 수 있었고, 보성에 도착했을 때는 120명이 되었다.

18일, 회령포에 도착했을 때 전선은 10척만 있었다.[131] 공은 전라 우수사 김억추를 불러 병선을 거두어 모으게 하고, 여러 장수에게 나누어주고 군

<hr>

129 「통제사 이충무공 유사」에는 다음 내용이 추가되어 있다. "원균이 패배한 뒤에 도원수 권율이 소식을 듣고 달려가 순신을 만났는데, 놀라서 어쩔 줄 몰랐다. 순신이 말하기를, '제가 오늘이라도 몸소 바닷가 지역으로 가서 형세를 자세히 살피고, 편리함을 택해 다시 도모한다면 패배에서 구해낼 방법이 있을 듯합니다'라고 했더니 권율이 크게 기뻐했다. 순신이 마침내 장수와 군사 몇 명과 함께 진주로 달려가 흩어진 군사를 모으니, 장수들이 차츰차츰 모여들었다. 이때 체부體府(체찰사부)에서 이순신을 임시통제사로 부르고, 행재소에 아뢰었다. 8월, 조정에서는 순신을 통제사로 다시 임명하는 교지를 내렸다." 그러나 통제사 임명 날짜는 이분이나 윤휴의 기록과 다르다. 『선조실록』 1597년 7월 22일에는 이순신을 "전라 좌도 수사 겸 삼도통제사"로 임명한 기록이 있고, 통제사 임명장인 「상 중임에도 삼도통제사의 관직에 임명하는 교서起復授三道統制使教書」는 1597년 7월 23일에 작성된 것이다.

130 『징비록』에는 "군관 한 사람과 더불어 경상도로부터 전라도로 들어갔다"고 나온다.

131 최유해의 『(이충무공)행장』에서는 이순신이 회령포에서 경상 수사 배설의 전선 8척과 녹도배 1척을 인수했다고 했으나, 16일의 명량대첩 때는 10척으로 나온다. 이식이 쓴 『시장』에는 "순천에서 10여 척을 거두었다"고 나온다.

대의 위세를 돕도록 거북선龜艦 모양으로 꾸미게 했다. 약속하며 말하기를,
"우리는 모두 임금의 명령을 받았으니, 의리로 함께 죽는 것이 마땅하다.
그런데 일이 이 지경에 이르렀으니, 나라의 은혜에 보답하기 위해 한 번 죽
을 것이 어찌 아까울 것이냐? 오직 죽은 뒤에야 끝날 뿐이다吾等共受王命 義
當同死 而事已至此 何惜一死以報國家乎 惟死而後已"132라고 하자 감동하지 않은 장수들
이 없었다.

24일, (조선 수군을 이끌고) 나아가 어란포於蘭浦 앞에 이르렀다.

28일, 적선 8척이 우리 수군의 배를 습격하려고 했기에 공이 소라(각)를
불고 깃발을 휘두르자 적이 달아났다.133

29일, (조선 수군을 이끌고) 나아가 진도의 벽파진碧波津에 진을 쳤는데, 배
설이 군대를 버리고 도망쳤다.134

132 "죽은 뒤에야 끝날 뿐이다死而後已"는 『삼국지연의』 제97회 「위나라를 토벌하기 위해 제갈
공명이 다시 출사표를 올리다討魏國武侯再上表, 破曹兵姜維詐獻書」에 나오는 제갈공명의 「후출
사표」에 나온다. "무릇 일이란 이와 같이 미리 알기는 어렵습니다. 신은 온 힘과 마음을 다해 나
라에 보답하다가 죽은 뒤에야 끝날 뿐입니다. 성공과 실패, 이익과 해로움 같은 것을 신의 재주
로는 밝게 미리 헤아릴 수 없습니다凡事如是難可逆見 臣鞠躬盡力 死而後已 至於成敗利鈍 非臣
之明所能逆睹也." 또한 이 제갈공명의 「후출사표」의 문장의 일부분은 이순신의 『경상도를 구
원하기 위해 출전할 일을 임금님께 보고하는 장계(2)赴援慶尙道狀(二)』(1592년 4월 30일 미시)의
마지막 문장의 내용이기도 하다. 이순신은 "한번 죽을 것을 기약하고 호랑이의 굴을 곧바로 공
격해 요사스러운 기운(일본군)을 다 쓸어 없애 나라의 부끄러움을 만분의 일이라도 씻기를 원합
니다. 그러나 성공과 실패, 이익과 해로움 같은 것은 신(이순신)이 미리 헤아릴 수 없습니다願以一
死爲期 直擣虎穴 掃盡妖氣 欲雪國恥之萬一 而至如成敗利鈍 非臣之所能逆料"라고 했다.
133 『통무공행장』에는 "28일"이 없다.
134 『통제사 이충무공 유사』에는 경상 우수사 배설과 관련해 다음과 같은 내용이 추가되어 있
다. "이때 수군이 막 패배했는데, 경상 수사 배설만 남은 전선 10여 척을 이끌고 도망쳐 호남 바
닷가에 정박해 있었다. 순신이 배설을 만나 설에게 계획을 물으니, 배설이 말하기를 '방법이 없습
니다'라고 하면서 순신에게 편리한 것을 택하자고 권유했다. 그러나 순신이 호응하지 않자 배설
은 자신의 군사를 버리고 도망쳤기에, 순신이 군사를 거두어 이끌고, 배설의 머리를 베었다." 그
러나 배설은 이 기록과 달리 이순신이 붙잡아 벤 것이 아니라, 후에 권율이 붙잡아 서울로 압송
시켜 서울에서 사형당했다.

(1597년) 9월 7일, 적선 13척[135]이 우리 수군 진을 향해 왔으나 공이 맞아 격퇴해 적은 물러나 달아났다. 이날 밤 이경에 적이 다시 포를 쏘며 와서 우리 군대를 놀라게 하려고 했다. 공 또한 포를 쏘게 했더니, 적은 동요시킬 수 없음을 알고 또 물러갔다. 대부분이 밤에 기습을 해 한산도에서 이익을 얻은 자들이었다고 했다.[136]

이때 조정에서는 수군이 아주 적어 적을 막을 수 없다고 여겨 공에게 육지에서 싸우라고 명령을 내렸다.

공은 장계를 올려 말하기를,

"임진년(1592)부터 5~6년 동안, 적이 감히 전라도와 충청도로 곧바로 돌격할 수 없었던 것은 수군이 그 길목을 누르고 있었기 때문입니다. 지금 신에게는 전선이 아직도 12척이 있습니다.[137] 죽을힘으로 막고 싸운다면, 오히

---

135 『통무공행장』에서는 "30척"으로 나온다.
136 『징비록』에는 이순신이 일본군의 야간 기습을 막아낸 이야기가 전한다. "통제사(이순신)가 군대에 있을 때 밤낮으로 엄하게 경계하면서 일찍이 갑옷을 벗지 않았다. 견내량에 있으면서 적과 대치했다. 여러 배가 닻을 내리고 있었고, 밤의 달빛이 매우 밝았다. 통제사가 갑옷을 입은 채 북을 베고 누워 있다가 갑자기 일어나 좌우의 사람을 불러 소주를 가져오게 해 한 잔 마시고 마침내 여러 장수를 불러 앞으로 오게 하며 말하기를 '오늘밤 달빛이 매우 밝다. 적은 거짓 꾀가 많아 달이 없을 때에는 당연히 기습해 왔지만, 달이 밝을 때 또한 기습할 수 있다. 경비를 엄하게 하지 않으면 안 된다'고 하면서 드디어 소라(각)를 불게 하고 여러 배에 명령해 모두 닻을 들게 하고 또 척후선에 전령을 보냈다. 척후하는 군사가 마침 곯아떨어져 있었기에 깨워 일으키고 비상사태에 대비하도록 했다. 오래지 않아 척후선이 달려와 적이 오고 있다고 보고했다. 이때 달이 서산에 걸려 있어 산 그림자가 바다에 드리워 바다의 반쪽은 어슴푸레하게 그늘이 져 있었다. 많은 적선이 그늘의 어둠을 따라오면서 장차 우리 수군의 배로 가까이 올 때, 중군에서 대포를 쏘고 고함을 치자, 여러 배가 모두 호응했다. 적은 대비가 되어 있는 것을 알고 한꺼번에 조총을 쏘았기에 소리가 바다를 흔들었다. 날아오던 철환이 바닷속으로 떨어지는 것이 비가 내리듯 했으나, 마침내 감히 침범하지 못하고 달아났다. 여러 장수가 (이순신을) 신神으로 여겼다."
137 이 12척은 『사대문궤』 속의 기록인 「本國咨報倭賊攻破閑山」(1597년 7월 27일)과 「回咨」(1597년 8월 5일)에 따르면, 칠천량해전에서 후퇴한 경상 우수사 배설이 지휘하는 경상 우수군 전선이다.

려 해낼 수 있습니다. 지금 만약 수군을 전부 없앤다면, 적은 이를 행운으로 여길 것입니다. 그렇게 된다면 전라·충청의 오른쪽(서해안)을 거쳐 한강에 이를 것입니다. 신은 이것을 두려워 할 뿐입니다. 전선의 수가 비록 적을 지라도 미천한 신微臣이 죽지 않는다면, 적은 감히 우리를 업신여기지 못할 것입니다自壬辰至于五六年間, 賊不敢直突於兩湖者, 以舟師之扼其路也. 今臣戰船尙有十二, 出死力拒戰, 則猶可爲也. 今若全廢舟師, 則是賊之所以爲幸. 而由湖右達於漢水, 此臣之所恐也. 戰船雖寡, 微臣不死, 則賊不敢侮我矣."

라고 했다.138

(1597년 9월) 16일 이른 아침, 적이 바다를 덮고 명량을 거쳐 우리 진을 향해 왔다. 공은 여러 장수를 거느리고 나아가 막았다. 적은 10겹으로 에워싸고, 군대를 나누어 번갈아 싸웠는데, 공이 닻을 내리고 배를 멈추었다. 적이 대장선(이순신의 배)을 알고 마침내 333척139이 나와 둘러쌌다. 그

---

138 『통무공행장』에는 그 뒤에 "이때 공이 우수영 앞바다에 진을 치니 호남의 피란민들이 공에게 의지하였는데, 여러 섬으로 흩어져 정박했던 배가 100여 척이나 되었다. 공이 더불어 약속하고 진 뒤에 한데 모아 의병이 되게 하였다"라는 내용이 추가되어 있다. 최유해가 쓴 『(이충무공)행장』에는 "임진년 이후 적들이 감히 남쪽을 위협할 수 없었던 것은 실로 수군이 그 세력을 막았기 때문입니다. 지금 만약 수군을 폐지한다면, 즉 적은 반드시 호남과 호서를 거쳐 한강에 이를 것입니다. 다만 한순간에 질풍을 타게 되니 신은 이것을 염려할 뿐입니다. 지금 신에게 전선 또한 12척이 있습니다. 신이 죽지 않는다면, 즉 적은 감히 우리를 업신여기지 못할 것입니다壬辰後賊不敢南刼者 實以舟師沮其勢也 今若撤舟師 則賊必由湖達漢 只憑一飄風 此臣所懼也 今臣戰船亦有十二 臣若不死 則賊亦不敢侮我矣"라고 나온다.
139 『징비록』에서는 이순신이 12척의 전선으로 200여 척과 맞서 싸웠다고 나온다. "순신이 진도에 이르러 병선을 수습해 10여 척을 얻었다. 이때 바닷가에 배를 타고 피란하는 사람이 많았는데, 순신이 왔다는 소식을 듣고 기뻐하지 않는 사람이 없었다. 순신이 길을 나누고 불러 모았는데 먼 곳에서까지 나와 구름처럼 모였다. 그들로 하여금 군대 뒤에 위치하도록 했는데, 싸움을 돕는 형세로 보이게 했다. 적장 마다시는 바다 싸움을 잘하기로 이름이 있었는데, 그가 이끄는

형세가 아주 위급했는데, 여러 장수를 공이 다시는 벗어날 수 없을 것이라 여기고 각각 1리쯤 물러났다. 공이 한 명의 머리를 베고 효시하며, 깃발을 휘둘러 진격을 독려했다. 첨사 김응함金應緘이 배를 돌려 들어왔고, 거제 현령 안위 또한 이르렀다. 공이 뱃머리에 일어서서 큰소리로 안위를 부르며 말하기를, "네가 군법에 죽고 싶으냐?", 다시 부르며 말하기를 "안위야! 진실로 군법에 죽고 싶으냐? 네가 물러나 도망간들 살 수 있겠느냐?"라고 했다. 안위는 몹시 당황해 말하기를, "어찌 감히 죽을힘을 다하지 않겠습니까?"라고 하고 돌격해 들어가 서로 싸웠다. 적선 3척이 개미처럼 달라붙어 안위의 배가 거의 함락되려고 할 때, 공이 배를 돌려 구출했다. 안위 또한 죽기를 각오하고 싸웠다. 적선 2척을 무찌르자 적의 사기가 조금 꺾였고, 눈 깜짝할 사이에 적선 30척을 잇따라 깨부수었다. 죽은 자는 셀 수 없이 많았다. 적은 버티지 못한 채 포위를 풀고 달아났다.[140] 공이 한산도에 있

배 200여 척으로 서해를 침범하고자 했다가 벽파정 아래서 서로 만났다. 순신이 12척의 배에 대포를 싣고 아침에 들어왔다가 나가는 물을 타고 순류가 되자 공격하니 적이 패배해 도망쳤다. 우리 군사의 함성이 천지를 들썩였다." 『징비록』의 이 기록은 『선조수정실록』 선조 30년(1597) 9월 1일에도 똑같이 나온다. 윤휴의 「통제사 이충무공 유사」에는 이순신의 수군이 10여 척, 일본군 전선은 300여 척으로 나온다. 이항복의 『백사집』「고 통제사 이공의 유사」에서는 이순신의 수군이 13척, 일본군 전선이 500~600척으로 나온다. 이식이 쓴 『시장』에서는 "피란민이 배 100여 척을 모아 군대 뒤에 벌려 세우고 군대의 위세를 돕게 했다. 겨우 10여 척으로 진도 벽파정 아래로 나가서 적에 맞섰다. 적선 수백 척이 몰려와 형세가 산을 누르는 듯했다. 공은 동요하지 않고 일자로 진을 정돈해一字整陣 포와 화살을 사방으로 쏘아 적병을 휩쓸었다"고 나온다. 『충무공유사』(규장각한국학연구원 소장 필사본, 연대 미상)에는 133척으로 나온다.

140 『통무공행장』에서는 "16일 아침에 조수를 타고 적선 50여 척이 명량을 향해 오는데, 명량은 바닷목이 좁고 물살이 빨라 왕래하는 배들 중에서 치패致敗하는 것이 많았다. 공이 수로에 익숙하기에 마주 나가 치다가 거짓으로 후퇴해 돌아가는 듯이 급히 명량을 지나 바다 가운데로 돌아와 배를 돌려 방진을 정제하고 도적 방비하기를 엄숙하게 했더니, 적이 이 기회를 타 일시에 돌진하다가 명량에서 복몰覆沒(뒤집혀 가라앉는)한 배가 많았다. 적선이 매우 많았기 때문에 우리 진을 열 겹으로 에워싸고 좌우에서 충돌하는 형세가 매우 급박해졌다. 장수와 군사들은 생기가 없는데, 공의 기개는 더욱 씩씩하거늘, 거제 현령 안위가 조금 물러나자, 공이 크게 호령하기를,

을 때, 왜인 준사란 자가 있었다. 안골포 적진에서 죄를 짓고 항복해와서 진에 머물러 있었다. 이날 준사는 공이 탄 배 위에 있었는데, 바다에 떠 있는 적의 시체 가운데 무늬가 그려진 붉은 비단옷을 입은 놈이 있는 것을 내려다보았다. 준사는 손가락으로 가리키며 말하기를, "저놈이 곧 안골포의 왜장 마다시입니다"라고 했다. 공이 갈고리鉤로 낚아 뱃머리에 올려놓게 했더니, 아직은 죽지 않았다. 준사가 기뻐서 펄쩍 뛰며 말하기를, "이놈은 진짜로 마다시입니다"라고 했다. 공이 머리를 베도록 명령했다.[141] 그날 피란한 사람들이 높은 봉우리에 올라가 지켜보면서 적선이 오는 것을 다만 300까지 세고 나머지는 다 셀 수도 없었다. 큰 바다를 가득 채웠기에 바다에는 물이 보이지 않았다. 우리 수군의 배는 단지 10여 척이었기에[142] 눌린 새알 신세와 같았고, 장수들은 금방 패배한 뒤에 갑자기 대규모 적을 만나 마음이 죽고 넋이 빠져 모두 물러나 도망치려고 했다. 공만이 홀로 반드시 죽을 결심必死之志을 하고 중류에 닻을 내렸다. 적이 에워싸자 구름에 묻힌 듯, 안개가 뭉친 듯했다. 다만 많은 칼날이 허공에 번뜩이고, 포가 천둥이 치듯 했고, 바다가 흔들렸다. 피란민 등은 서로 소리 높여 슬

'안위야, 네가 군법에 죽으려 하느냐' 하며 좌우를 명하여 안위의 머리를 베어 군중에 회시回示하려고 하니, 첨사 김응함이 즉시 배를 돌려 죽을 각오로 싸우고, 안위도 황겁하여 들어와 역전力戰하니 적선이 안위의 배에 개미떼처럼 달라붙자, 공이 배를 돌려 구하고 적선 2척을 무찔렀다. 또 잠깐 사이에 적선 30여 척을 불 질러 살라버리고 또 두르려 파하니 포화가 진동하고 바닷물이 끓어올랐으며, 물에 빠져 죽은 자가 이루 헤아릴 수 없었다. 적들은 결국 지탱하지 못하여 포위망을 뚫고 달아났다"라고 나온다.

141 『퉁무공힝장』에서는 이 뒤에, "진 뒤에서 의병이 되었던 피란 제선이 완전히 있고, 아국 전선 10여 척이 온전하여 적선 수백 척을 초멸하니 적이 패주한 뒤에 이르기를, '조선 군사가 오히려 강성하다' 하고 감히 다시 와 범치 못하더라"라는 내용이 추가되어 있다.

142 『퉁무공힝장』에서는 "적선 500~600척이 바다에 가득하여 그 수를 헤아릴 수가 없었고, 우리 전선은 겨우 10여 척뿐이었다"라고 나온다.

피 울부짖으며 말하기를, "우리가 온 것은 다만 통제사를 의지했기 때문인데, 지금 이렇게 되었으니 우리는 앞으로 어디로 가야 하나?"라고 했다. 얼마 뒤에 보니 적선이 차츰 물러났고, 공이 탄 배는 아무 탈 없이 우뚝 서 있었다. 적이 종일토록 군대를 나누어 번갈아 싸웠는데, 적은 크게 패배해 달아났다. 이 이후로 남쪽의 백성은 공을 더욱 깊이 의지했다.

공이 다시 통제사에 임명되었을 때는 군대와 무기가 다 없어진 뒤였으나, 지치고 흩어진 군사와 무기를 거두어 모았다. 그러나 군량과 기계는 초라했다. 시기 또한 계절이 가을이었기에 바다 날씨가 상당히 차가웠다. 공이 걱정하다가 몇백 척이나 되는 피란선이 와서 정박하는 것을 보고는 마침내 명령을 내려 말하기를, "대규모 적이 바다를 덮고 있는데, 너희는 왜 여기에 있는 것이냐?"라고 물었다. 대답하여 말하기를, "우리는 오직 사또만 바라보고 여기에 있는 것입니다我等惟仰使道在此耳"라고 했다. 공이 다시 명령하며 말하기를, "내 명령을 따른다면, 곧 내가 살아날 길을 가르쳐줄 것이다. 그러나 그렇게 하지 않는다면 어쩔 수가 없다"라고 했다. 모두 말하기를, "어찌 감히 명령을 따르지 않겠습니까"라고 했다. 공이 명령하며 말하기를, "장수와 군사들이 굶주렸고 게다가 옷도 없어 장차 모두 죽을 상황이다. 하물며 어떻게 적을 막을 수 있겠는가. 만일 너희에게 남은 옷과 양식이 있어 나눠주어 우리 군사를 구해준다면, 곧 이 적을 무찌를 수 있고, 너희도 죽음을 피할 수 있을 것이다"라고 하자, 모두 명령을 따랐다. 드디어 군량미를 얻어 여러 배에 나누어 실을 수 있었고, 옷이 없는 군사도 없었기에 승리할 수 있었다.

그 전에 공은 피란민들에게 명령해 왜적을 피해 배를 옮기게 했다. 그러나 그들 모두 공을 버려두고 가려 하지 않았다. 명량의 싸움에서 공은 그들의 여러 배로 하여금 먼 바다에서 열을 지어 있으면서 도우러 올 것처럼 보이게 했다. 그런 뒤에 공이 바로 앞에서 힘써 싸웠기에 적은 크게 패배했고, 우리 수군이 오히려 성대하다고 여기고 감히 다시 침범하지 못했다. 그날 해 질 무렵, 진을 당사도로 옮겼는데, 피란한 사람이 모두 와서 축하했다.

「승리했다는 글」이 이르자 임금이 아주 기뻐했다. 곧바로 명령하며 여러 신하에게 타일러 말하기를, "이 장계를 양 경리(양호)에게 보여주라"고 했다. 경리는 남별궁[143]에 있었는데 임금이 보낸 공문을 보고 말하기를, "최근 들어 이런 승리가 없었습니다. 제가 (이순신의 배에) 붉은 비단을 걸어주고 싶지만, 거리가 멀어서 할 수 없습니다. 지금 붉은 비단과 은자銀子 약간을 보내오니, 모름지기 이런 뜻으로 포상해주셨으면 합니다"라고 했다. 임금이 칭찬하는 글을 내려보내며 숭정대부(종1품)로 승진시키려고 했다. 그러나 언자言者(대간)들이, "공의 품계가 이미 높기에 전란이 끝난 뒤에는 다시 보답할 방법이 없다"고 하니 그대로 멈추고 여러 장수만 승진시켰다.

(1597년) 10월 14일, 공은 우수영에 있었다. 아들 면이 죽었다는 소식을 들었다. 면은 공의 막내아들이다. 용기와 지략이 있고 말타기와 활쏘기를 잘했다. 공이 자신과 닮았다며 사랑했다. 이해 9월, 어머니(상주 방씨)를 모시고 아산의 집으로 갔는데, 왜적이 여염집을 불태우고 약탈한다는 소식

143 남별궁은 서울시 중구 소공동 조선호텔 자리에 있던 궁궐이다. 처음에는 태종의 둘째 딸 경정慶貞 공주가 시집가서 살던 집으로 소공주댁小公主宅으로 불렸다. 1592년 임진왜란이 일어난 뒤 일본군 장수 우키타 히데이에宇喜多秀家가 서울에 주둔했을 때 사용했고, 이후 명나라 장수 이여송이 머무르기도 했다. 1593년 선조가 서울로 돌아온 뒤에 이곳에서 명나라 장수들을 만나면서 왕의 거소居所를 의미하는 별궁別宮으로 불리기 시작했다. 1897년에 환구단圜丘壇을 건립했다가, 1913년에 없애고 조선호텔이 건축되었다.

을 들고 달려가 싸우다가 길에 숨어 있던 적의 칼에 찔려 죽었다. 공이 전
사 소식을 듣고 슬퍼하다가 기절했다. 이 뒤로부터 정신이 날마다 무너졌
다. 그 뒤에 공이 고금도 진에 있을 때, 낮에 선잠이 들었다. 꿈속에서 면
이 슬프게 울부짖으며, "예전에 저를 죽인 적을 아버님께서 죽여주십시오"
라고 했다. 공이 말하기를, "네가 살아 있을 때 장사였다. 그런데도 죽어서
는 홀로 능히 적을 죽일 수 없느냐?"라고 했다. 대답해 말하기를, "저는 적
의 손에 죽었기에 무서워서 감히 죽일 수 없습니다"라고 했다. 공이 깨어
일어나 앉아 사람을 불러 말하기를, "내가 이런 꿈을 꾸었는데, 무슨 일이
겠는가?"라고 하면서 슬픔을 스스로 누르지 못했다. 그대로 팔베개를 하
고 눈을 감았는데, 어렴풋한 가운데 면이 또 흐느껴 울면서 말하기를, "아
버지가 자식의 원수를 갚는 것이 이승이나 저승이나 무슨 차이가 있을 수
있겠습니까? 원수가 진영에 있는데도 제가 드리는 말씀을 무시하시고 죽
일 수 없다니요?"라고 소리 높여 슬피 울부짖으며 사라졌다. 공이 크게 놀
라 물었더니, 새로 사로잡아 온 왜적 한 명이 있었는데 배 안에 갇혀 있었
다. 공이 명령해 도적질을 한 처음부터 끝까지의 과정을 물었더니, 과연 면
을 죽인 놈이었다. 자세히 시험했는데 틀림없었기에 저미어 죽이도록 명령
했다命剉斫之.[144]

(1597년) 12월 5일, 나주의 보화도[145]에 있을 때, 임금의 유지가 내려왔
는데, "경이 아직도 상중의 몸이라 하여 권도權道를 따르지 않는다고 들었
다. 개인적인 정이야 비록 간절하겠지만, 나랏일도 한창 걱정이다. 옛사람
이 말하기를, '전쟁터에서 용기가 없으면 효도가 아니다戰陣無勇 非孝也'라고

144 최유해의 『(이충무공)행장』에서는 "베어 죽이도록 명령했다命斫之"라고 나온다.
145 보화도는 오늘날의 전남 목포 고하도다.

했다.[146] 전쟁터에서 용기는 거친 음식을 먹어 기력이 피로한 사람은 능히 지닐 수 없다. 예의에도 언제나 변해서는 안 되는 것經과 상황에 따라 변할 수 있는 것이 있다. 평일에나 지켜야 하는 예법을 고집스럽게 지켜서는 안 될 것이다. 그러한 나의 뜻을 좇아 빨리 권도權(생선과 고기를 먹는 것)를 따르라"고 했다. 더불어 고기를 보내왔기에, 공은 슬프고 서러운 마음을 그치지 못했다.[147]

무술년(1598, 54세) 2월 17일,[148] 고금도로 진을 옮겼다.[149] 섬은 강진 남쪽 30여 리에 있었다. 뾰족한 산봉우리가 겹겹으로 둘러싸여 형세가 더욱 특이했다. 곁에는 농장이 있어 아주 편리해 공은 백성을 모아 농사를 짓게 하고 군량을 공급받았다. 이때 군대의 위세는 이미 성대했기에 남쪽의 백성 중에서 공에게 생명을 의지한 사람들이 또한 수만 가구에 이르렀다. 군대의 위엄이 장엄해 한산도 진보다 10배나 되었다.[150]

146 선조가 말한 "전쟁터에서 용기가 없으면 효도가 아니다戰陣無勇 非孝也"는 『예기』에 나오는 말이다.
147 이 내용은 『난중일기』 1597년 12월 5일에도 나온다.
148 최유해의 『(이충무공)행장』에서는 1598년 3월 17일에 고금도로 진을 옮겼다고 나온다.
149 이순신이 고금도로 진영을 옮기고 둔전을 한 것은 「진을 보화도에서 고금도로 옮기고, 둔전을 실시할 일을 임금님께 보고하는 장계」(『선조실록』 선조 31년(1598) 3월 18일)에도 나온다.
150 『통무공행장』에서는 "백성을 모아 농사를 짓게 하고 군량을 공급받았다"는 부분이 "공은 백성을 불러 모아 경작시켜 둔전을 했다. 공은 늘 군량을 염려하여 소금을 굽고, 고기를 잡아 젓갈을 담그고, 쇠를 녹여 농기구를 만들어 민간에 내놓고 뭍에 가서 팔아 곡식을 모았다. 한산진에서는 진주 두치강에 창고를 지었고, 이곳에서는 나주 당곶에 창고를 두었는데, 두 곳 모두 한쪽으로 강을 접하고 있어, 사고팔며, 양식을 운반하기가 편리했다. 이후부터 군량이 넉넉하여 6~7년간 모자라지 않았다"라고 자세히 나온다. 『징비록』에는 이순신이 고금도로 나가 주둔했을 때, 해로통행첩海路通行帖(통행증명서)을 발행해 군량을 모은 일이 별도로 나온다. "이때 순신에게는 이미 군사가 8000여 명이 있었는데, 군대가 고금도로 나아가 주둔한바 군량을 걱정해 해로통행첩을 만들어 명령해 말하기를, '삼도 바닷가의 공적인 배나 사적인 배를 막론하고 통행첩이

(1598년) 7월 16일,[151] 명나라 수병(수군) 도독 진린이 수군 5000명을 거느리고 왔다.[152] 공은 진린의 군대가 곧 도착할 것이라는 소식을 듣고, 술과 고기를 풍성하게 차려놓고, 또한 군대 의식을 갖춰 멀리까지 나아가 맞아들이고 큰 잔치를 벌여주었다. 여러 장수는 물론 아래 군사까지도 흠뻑 취하지 않은 사람이 없었다. 군사들이 서로 전하며 말하기를, "과연 훌륭한 장수입니다"라고 했다.[153] 진린은 사람이 거칠고 사나웠기에 임금도 걱

없는 배는 간첩으로 여겨 통행을 금지한다'고 했다. 이로 인해 모든 배를 타고 피란하는 사람들이 모두 와서 통행첩을 받아 갔다. 순신은 크고 작은 배의 크기에 따라 차이를 두고 통행첩을 받는 대가로 쌀을 내게 했다. 대선은 3섬, 중선은 2섬, 소선은 1섬이었다. 피란하는 사람은 모두 배에 재물과 곡식을 싣고 바다로 나왔기에 쌀을 내는 것을 어렵게 여기지 않았으니 통행을 금지하지 않은 것을 기뻐했다. 10일 만에 군량이 1만여 섬이나 되었다. 또한 백성으로부터 동철을 모아 대포를 주조했고, 나무를 베어 배를 건조했는데 하는 일마다 힘써 대비했다. 멀고 가까운 곳에서 피란한 사람이 순신에게 가서 의지해 집을 짓고 막사를 만들고, 장사를 하면서 살았는데 섬 안에 다 수용할 수 없었다." 「통제사 이충무공 유사」에도 『징비록』의 이야기가 나오는데, 윤휴는 장소를 언급하지 않고 이순신이 "일마다 힘써 일하니 민심이 더욱 튼튼해져 섬 안이 시장처럼 붐볐다民心益固 島中成市"고 이순신 진영을 평가했다. 『선조실록』 선조 31년(1598) 6월 24일에는 이순신 부대의 군량 부족 문제가 나온다. 비변사에 따르면, 이순신은 떠도는 사람을 수습해 군사로 만들고, 황폐한 곳에 주둔하면서도 간신히 물력을 자급했는데, 명나라의 많은 장수와 관리가 이순신 부대로 내려와 함께 있으면서 군량을 독촉하고 지휘도 어렵게 해 이순신의 수군은 수군 군량까지도 육지의 명나라 군대에 먼저 공급해야 할 정도였다고 한다. 실록에 따르면 당시 같이 있던 명나라 장수는 계 유격(계금)이었다. 『경국대전』에 따르면, 행상(돌아다니며 장사하는 사람)은 세금을 내고 통행증路引을 발급받아야 한다. 육지로 다니는 행상은 매달 저화楮貨 8장, 물길로 다니는 사람은 대선은 100장, 중선은 50장, 소선은 30장을 내야 했다.

151 『통무공행장』에서는 "8월"로 나온다. 그러나 7월이 맞다.

152 해군사관학교 박물관 소장 1598년 7월 8일 자 이순신의 편지에 따르면, "진 도독(진린)은 며칠 뒤에 진에 도착한다고 하며, 저와 계 대인(계금)이 함께 강진에 가려 합니다"라는 내용이 나온다. 7월 8일자 편지를 한영우는 당시 양호염철양향총관사兩湖鹽鐵糧餉摠管使였던 한효순에게 보낸 것이라고 추정했다(한영우, 『나라에 사람이 있구나』, 지식산업사, 2016, 136~139쪽).

153 이순신이 높은 사람을 접대한 방식과 이유를 알 수 있는 다른 사례로는 윤휴의 「통제사 이충무공 유사」에 나오는 다음과 같은 이야기가 있다. "심총沈摠에게 들은 것은 다음과 같다. (이순신이) 통제사에 다시 임명되었을 때, 그의 외대부外大父(외할아버지와 같은 항렬의 친척)인 추포秋浦 황공黃公(황신, 1560~1617)이 호남 관찰사에 임명되었는데, 통제사를 섬 안에서 만난바 오두막집 수십 칸을 짓고, 공장工匠을 모아 집기를 만들게 하고 있었다. 황공이 말하기를, '무엇

정해 공에게 유지를 내려보내, "도독을 후하게 대접해 화가 나게 하지 말라"고 명령했다. 도독의 군대가 처음 왔을 때, 힘으로 재물을 빼앗는 것이 몹시 심했기에 군사와 백성이 힘들어했다.[154] 하루는 공이 군대에 명령을 내려 크고 작은 군대의 임시 막사를 한꺼번에 부수고 치워버리게 했다. 공은 또한 옷과 이불을 배로 날라다놓도록 했다. 도독이 곳곳에서 집이 부서지는 것을 보고 이상하게 여겨 가정을 보내 공에게 이유를 묻게 했다. 공은 대답하며 말하기를, "작은 나라의 군사와 백성은 명나라 장수가 온다는 소식을 듣고, 부모를 우러르듯 했습니다. 지금 명나라 군사가 오로지 폭력과 약탈에만 힘쓰고 있으니, 사람들이 앞으로는 견딜 수 없기에 각자 피해서 달아나려고 합니다. 대장인 제가 어찌 홀로 남아 있을 수 있겠습니까我爲大將 不可獨留. 그래서 또한 배를 타고 다른 곳으로 가려고 합니다"라고 했

때문에 이런 것을 만들고 있소?'라고 했다. 통제사가 웃으며 말하기를, '사람으로서 마땅히 해야 할 일을 하는 것뿐입니다'라고 했다. 황공은 그것들이 남쪽 지방을 순시하는 조정의 높고 귀한 사람들에게 선물하려는 뜻이었음을 알고는 이순신과 서로 한바탕 웃었다. 통제사를 헐뜯는 일이 생기자, 추포(황신)가 힘써 구하려고 했다. 사람들이 말하기를, '이 사람 또한 이모(이순신)의 말안장을 받은 무리였구나' 등등이라고 했다. 그렇다면, '남쪽 순시 때문이었다'라는 말은 조정의 높은 사람들에게 도움을 받으려고 했던 것이 아니라, 그들이 냉혹한 말로 해치지나 않게 만들려고 했던 것이었구나. 그러나 나는(윤휴) 그것이 이순신이 자기 자신을 위해서 그랬던 것이 아니라, 자신을 해치려는 사람들로 인해 위로는 나라에게까지 해를 끼치지 않게 하려고 했던 것으로 여겨진다." 또한 『성호사설』 「두예·이순신杜預李舜臣」에는 이순신이 조정의 고위 관료를 대하는 방식을 보여주는 다른 사례가 나온다. "우리나라의 충무공 이순신은 임진왜란을 맞아 수군을 통제했는데, 또한 틈만 있으면 장인을 모아 부채扇篁 같은 물건을 만들어 조정의 대신들에게 널리 선물로 보내어 마침내 나라를 중흥시키는 공로를 세웠으니, 이는 천고에 이르기까지 뜻있는 선비들로 하여금 눈물을 흘리게 하는 행동이었다." 이익의 이야기 역시 이순신이 승리를 위해 조정의 방해를 받지 않으려는 전략으로 조정의 고위 관료들에게 부채를 선물해 마음을 얻었다는 것이다.

154 류성룡의 『난후잡록』에는, 명나라와 일본군에 대한 당시 조선 사람들의 평가가 나온다. "왜놈은 얼레빗이고, 명나라 군대는 참빗이다倭子梳子 天兵篦子." 일본군도 약탈을 했지만, 명나라 군대가 더 심했다는 이야기다.

다. 가정이 돌아가 그대로 보고했다. 도독이 크게 놀라 즉시 넘어지면서도 달려와 공의 손을 잡고 멈춰달라고 하면서, 가정 등에게 명령해 공의 옷과 이불을 다시 날라 오게 하고 간절히 요청하기를 그치지 않았다. 공이 말하기를, "대인이 만약 내 말을 따라준다면 그렇게 하겠습니다"라고 했다. 도독이 말하기를, "어찌 따르지 않을 이유가 있겠습니까"라고 했다. 공이 말하기를, "명나라 군사들이 우리를 속국의 신하라고 여겨 조금도 거리낌이 없으니, 만약 편의에 따라 꾸짖을 수 있도록 허락해주신다면, 곧 모두가 서로를 보호할 수 있습니다"라고 했다. 도독이 말하기를, "승낙합니다"라고 했다. 이 뒤로부터 도독의 군대에 범죄를 저지른 사람이 있으면, 공이 법으로 다스렸기에 명나라 군사는 도독보다 심하게 무서워했고, 군대 안이 편안해졌다.

18일, 적선 100여 척이 녹도를 침범해 오고 있다는 소식을 듣고, 공과 도독은 각각 전선을 거느리고 금당도金堂島에 이르렀다. 적선이 다만 2척이 있었는데,[155] 우리 군대를 보고 도망쳐 달아났다. 공과 도독이 밤을 지내고 그대로 돌아왔다. 공은 녹도 만호 송여종을 머물게 하고, 8척을 거느리고 절이도에 숨어 있게 했고, 도독도 그들의 배 30척을 남겨 비상사태에 대비하게 했다.

24일, 공은 도독을 위해 운주당에 술자리를 마련하고, 바야흐로 취할 즈음에 도독 휘하의 천총千摠 직에 있는 사람이 절이도에서 와 보고하기를, "새벽에 적을 만났는데, 조선 수군이 다 붙잡았고, 명나라 군대는 바람이 순탄하지 않아 서로 싸우지 못했습니다"라고 했다. 도독이 크게 화가 나서 끌어내라고 소리치고, 술잔을 던지고 소반을 밀쳐내며 분풀이를 했다. 공

155 『(이충무공)행장』에서는 "3척"으로 나온다.

은 그의 의도를 알고, 화가 난 것을 풀어주려고 말하기를, "노야께서는 명나라의 대장으로 바다의 도둑들을 무찌르려고 오셨으니, 진에서의 승리는 곧 노야의 승리입니다. 우리는 당연히 왜적의 머리를 벤 것을 전부 드려야 합니다. 노야께서 진에 도착하신 지 얼마 되지 않았는데, 명나라 조정에 큰 공로를 보고한다면, 어찌 좋은 일이 아니겠습니까." 도독이 크게 기뻐했다. 곧바로 공의 손을 잡고 말하기를, "명나라 조정에 있을 때부터 공의 명성을 많이 들었는데, 지금 보니 과연 헛된 것이 아니었습니다." 술을 따르고 취하기를 내내 했다. 이날 송여종이 붙잡아 바친 배는 6척, 적의 머리는 69급이었다.[156] 도독에게 보내고, 그대로 임금님께 장계를 올렸다.[157]

임금은 공이 명나라 장수를 빛내게 해준 것을 칭찬하는 유서諭書를 내렸다. 도독은 오래 진에 있으면서 공이 지휘하고 명령하며, 통제하는 것을 익숙히 보았고, 게다가 그들의 배가 비록 많았지만 적을 막기 어렵다고 생각하고 싸움에 임해서는 번번이 우리 수군의 판옥선을 타고 공에게 지휘를

---

156 『(이충무공)행장』에서는 "대선과 69급"으로 나온다.
157 절이도해전에 대해 『선조실록』 선조 31년(1598) 8월 13일에 따르면, 이순신의 수군이 일본군 수급 70여 급을 베었고, 명나라 군대는 멀리서 지켜보다 먼 바다로 피했으며, 그 소식을 들은 진린이 협박을 했기에 40여 급을 나눠주고, 유격 계금도 수급을 원했기에 5급을 보냈다고 한다. 『선조실록』 선조 31년(1598) 10월 4일에는 비변사에 절이도해전을 보고하기를, 이순신이 71급을 베어 진린에게 40급, 계금에게 5급을 빼앗겼고, 진린이 이순신을 협박해 이순신이 26급만 벤 것으로 거짓 장계를 쓰게 했기에 이순신이 이를 따른 뒤 별도로 진실을 보고하는 장계를 써서 보고했다는 내용이 나온다. 『선조수정실록』 선조 31년(1598) 8월 1일에는 강진 고금도에서 진린과 잔치를 하던 중 일본군이 습격하자 이순신이 수군을 이끌고 나가 화포를 쏘아 50여 척을 불태웠다고 나온다. 류성룡의 『징비록』에서는 "왜적의 머리 40여 개를 모두 진린에게 주었다"고 나온다. 윤휴의 『통제사 이충무공 유사』에는 녹도 만호 송여종이 명나라 전선과 함께 일본군을 공격해 머리 70개를 베었는데, 이순신이 이를 진린에게 모두 주었다고 나온다. 이 절이도해전의 의의는 『선조실록』 선조 31년(1598) 8월 23일에 나오는 경상 관찰사 정경세가 이순신의 장계를 인용해 보고한 내용처럼, 즉 호남을 침략할 일본군의 예봉을 부러뜨렸기에 호남 침략 계획에 주저하게 만드는 승리였다.

받기 원했다. 모든 군대의 명령과 지휘를 양보했다. 공을 호칭할 때는 반드시 "이야李爺"라고 부르며, "공은 제후국에 어울리지 않는 사람이니, 명나라 조정에서 벼슬을 해야 합니다"라고 몇 번이나 권유했다.[158]

(1598년) 9월 15일, 적들이 장차 철수해 돌아간다는 소식을 듣고 공과 도독은 수군을 거느리고 출발했다.

19일, 좌수영 앞에 이르렀다.

20일, 나아가 순천의 예교에 진을 쳤는데, 적장 평행장(고니시 유키나가)의 진 앞이었다. 적이 장도에 양식을 쌓아놓았기에 군사를 보내 빼앗아 왔고, 나머지는 다 불태웠다.[159]

---

158 『튱무공횡장』에는 이 뒤에 "또 인조대왕에게 글을 올려 아뢰기를, '이모가 경천위지經天緯地의 공이 있고 보천욕일의 능력이補天浴日之才 있다' 하니 대개 마음에서 탄복해 나온 말이다. 드디어 황조皇朝의 주문하니 황제가 심히 아름답게 여겨 공을 도독인都督印을 주시니 즉금 통영의 장치藏置하였더라"라는 내용이 추가되어 있다. 『사대문궤』 속의 「陳都督揭」(1598년 8월 추정)에는 진린이 이순신에 대해 "수군통제사 이순신은 가슴에는 충성심과 절의가 가득하고, 뱃속에는 정예 군사를 가득 채워 위태로운 세상을 구하고 위급한 시절을 이겨낸 위대한 공로가 있다水軍統制使李舜臣 一腔忠義 滿腹精兵 有補天浴日之功"라고 했다고 나온다. 류성룡의 『징비록』에는 "진린이 임금(선조)에게 글을 올려 말하기를, '통제사는 하늘과 땅을 경영하고 다스릴 수 있는 뛰어난 능력이 있었고, 위태로운 세상을 구하고 위급한 시절을 이겨낸 위대한 공로가 있었습니다有經天緯地之才 補天浴日之功'라고 했다. 대체로 마음으로 탄복했기 때문이다"라고 나온다. 『징비록』의 내용은 윤휴의 「통제사 이충무공 유사」에도 똑 같이 나온다. "경천위지經天緯地"는 「국어國語」 「주어하周語 下」에 나오는 "하늘을 날줄로, 땅을 씨줄로 삼는다經之以天 緯之以地"에서 유래된 말이다. 천하를 경륜할 만한 탁월한 능력을 뜻한다. "보천욕일補天浴日"은 『열자列子』 「탕문湯問」에 나오는 표현이다. 여와女媧가 구멍 난 하늘을 꿰매補天 비가 새지 않도록 했고, 희화羲和는 감연甘淵에서 해를 목욕시켰다浴日고 한다. 이로부터 보천욕일補天浴日은 위급한 상황을 극복하는 큰 공로를 세운다는 뜻으로 사용되었다.

159 윤휴의 「통제사 이충무공 유사」에는 예교 전투 때의 일화가 나온다. 예교에서 싸움이 급해지자 공은 뱃머리로 나와 싸움을 독려했는데, 장수와 군사들이 겨드랑이를 붙잡으며 힘써 간청했으나 듣지 않고, 그대로 말하기를, "적을 죽이고 죽을 수 있다면 그 어떤 서운함도 없다. 적이 물러가면 내가 죽을지라도 너희는 편안할 것이다殺賊死無憾 賊退我死 爾輩安矣"라고 했다. 허성許筬은 「時弊疏」에서 "이순신 같은 사람은 대장의 재목이었다고 말할 수 있다"면서, 나라에서 유능한 인재를 제대로 발탁하지 않고, 발탁해도 시기와 미움을 받기에, "일찍이 이순신이 말하기

21일, 공은 해남 현감 류형柳珩 등을 보내 나아가 적진을 두들기게 했더니 적 8명을 죽이고, 바닷물이 물러나 물이 얕아져 되돌아왔다. 그날, 명나라 육군 제독 유정이 묘병苗兵 1만5000명을 거느리고 와서 예교 북쪽에 진을 쳤다.

24일, 적장 평의지(소 요시토시)가 정예군사 100여 명을 이끌고 남해에서 예교로 도착했는데, 대체로 행장과 철수해 돌아갈 방법을 의논하려는 것이라고 했다.

(1598년) 11월 2일,[160] 육군과 협격挾擊을 약속하고, 공과 도독은 수군을 진격시켜 싸우다가 (승리를) 결정짓지 못했는데, 사도 첨사 황세득이 철환에 맞아 죽었다. 세득世得은 공의 처종형妻從兄이었다. 여러 장수가 들어가 조문했는데, 공이 말하기를, "세득은 나랏일로 죽었다. 그의 죽음은 영광이다世得死於王事 其死也榮"라고 했다. 유 제독(명나라 제독 유정)이 나와 싸우려 하지 않았기에 도독이 분노하고 원망하기를 그치지 않았다.

3일, 공과 도독은 군대를 보내 한창 치열하게 싸웠는데, 공은 바닷물이 물러나는 것을 보고, 잠시 도독에게 배를 돌리게 했으나, 도독이 듣지 않았기에 사선(명나라 배의 한 종류) 19척이 끝내 얕은 물에서 땅에 닿았기에 적에게 둘러싸이게 되었다. 공은 "그대로 보고 있을 수 없다"고 하면서 7척에 전쟁 도구와 무사를 많이 싣게 하고 장수를 선발해 내보내며, 경계시켜 말하기를, "적들은 배가 땅에 닿으면 반드시 기회를 틈타 빼앗으려 할 것이

를, '적이 물러가는 날, 이날이 내가 죽음을 얻을 때이다賊退之日 是我得死之時'라고 했다"며 비판했다.
160 『(이충무공)행장』에서는 "10월 2일"로 나온다. 『이충무공전서』에 수록할 때 '11월'을 '10월'로 잘못 쓴 듯하다.

다. 너희는 다만 힘껏 싸우되 스스로를 지키고, 썰물이 되면 즉시 되돌아오라"고 했다. 조선 수군 7척은 하나같이 공의 명령을 따라 마침내 온전하게 돌아왔으나, 명나라의 사선은 적에게 다 깨졌다. 6일, 적에게 붙잡혀 갔던 변경남邊敬男이란 사람이 적진에서 도망쳐 돌아와 하는 말이, "지난 8월에 일본에서 나왔는데, 왜적의 우두머리 평수길(도요토미 히데요시)이 이미 죽었고, 다른 여러 우두머리가 그 자리를 다투고 있는데, 아직 확정되지 않았기에, 여러 적이 급히 철수해 돌아가려는 것입니다"라고 했다.

14일, 평행장(고니시 유키나가)은 빨리 돌아가고 싶어했으나, 수군이 길을 막고 있는 것을 걱정해, 도독에게 많은 뇌물을 주고 진을 뒤로 물러나게 해달라고 요청했기에 도독은 싸움을 중지하는 것을 허락하려고 했다. 이날 초저녁에 왜적의 하급 장수가 왜적 7명을 이끌고 배를 타고 도독부에 몰래 들어가 멧돼지 고기와 술을 바치고 돌아갔다.

15일, 왜적의 사신이 또 도독부에 갔다.

16일, 도독이 그의 막하 장수 진문동을 왜적의 영으로 보냈는데, 잠시 뒤에 왜적 오도주五島主란 놈이 배 3척에 말과 창칼 등의 물건을 싣고 도독에게 바치고 돌아갔다. 이후로는 왜적의 사신이 도독부를 오가는 것이 끊이지 않았다. 도독은 공의 싸움을 중지시키려고 했다. 그러나 공이 말하기를, "대장이 되어 강화를 말할 수 없고, 원수인 적을 풀어주어 돌려보낼 수는 없습니다大將不可言和 讎賊不可縱遣"라고 했기에 도독은 부끄러워 얼굴을 붉혔다. 적의 사신이 또 오자 도독이 말하기를, "우리는 너희 왜적을 위해 이미 통제사에게 말했으나, 거절당했다. 지금부터는 다시 말할 수 없다"라고 했다. 행장(고니시 유키나가)이 공에게 사람을 보내, 총과 칼 등의 물건을 바치며 간청했으나, 공은 거부하며 말하기를, "임진년(1592) 이후 너희 왜적을 셀 수 없이 붙잡았기에 총과 칼을 얻은 것이 산더미처럼 쌓였다. 원수인 도적 사신이 어찌 여기에 올 수 있느냐?"라고 했다. 왜적은 변명도 못하고 물러갔다. 행장이 사람을 보내 또 말하기를, "조선 수군은 마땅히 상국(명나라) 수군과는 진을 다른 곳에 쳐야 하는데, 지금 같은 곳에 있으니 왜 그렇습니까?"라고 했다. 공이 말하기를, "우리 땅에 진을 치는 것은 다만 우리 마음대로다. 적들이 알 일이 아니다陣於我地 只任我意 非賊所知也"라고 했다. 그런데 도독은 적에게 많은 뇌물을 받고 그들이 갈 길을 열어주고자 공에게 말하기를, "나는 잠시 행장을 버려두고 먼저 남해의 왜적을 무찌르고자 합니다"라고 했다. 공이 말하기를, "남해에 있는 사람은 모두 적에게 붙잡혔던 우리나라 사람입니다. 왜적이 아닙니다"라고 했다. 도독이 말하기를, "이미 왜적에 부역을 했으니 이들 또한 적입니다. 지금 가서 무찌른다면, 즉 쉽게 많은 머리를 벨 수 있습니다"라고 했다. 공이 말하기를, "황상皇上(명나라 황제)이 적을 무찌르라고 명령한 것은 우리나라 사람의 생명을 구하고자 한 것입니다. 그런데 지금 그들을 구출해 돌아오게 하지 않고 거꾸로 죽이려 한다면 이는 황상의 진짜 뜻과 다른 것입니다"라고 했다. 도독이 화를 내며 말하기를, "황상이 내게 장검長劍을 내려주셨습니다"라며 협박했다. 공이 말하기를, "한 번 죽는 것은 아깝지 않소. 나는 대장으로 결코 적을 버리고 우리나라 사람을 죽일 수 없소一死不足惜 我爲大將 決不可舍賊而殺我人也"라고 하면서 오래 다투었다.[161]

17일 초저녁, 행장(고니시 유키나가)은 봉화를 올려 남해에 있는 적들과

---

161 『선조실록』 선조 31년(1598) 6월 27일에 따르면, 명나라 수군 도독 진린이 조선에 들어와 선조를 만나고, 이순신의 수군 진영으로 출발할 때, 자신이 명나라 조정의 명령을 받고 수군을 지휘하기 때문에, 조선 수군도 함께 지휘해야 한다고 주장했고, 이에 선조도 동의했다고 한다.

서로 호응했는데, 대략 행장이 구원을 요청하는 것이었기에 곤양과 사천의 적이 노량으로 와서 대응할 것이라고 했다. 공은 여러 장수를 단단히 타이르며 명령을 내리고, 군대를 엄격히 준비하고 기다리도록 했다.[162]

18일 유시에 적선이 남해에서 셀 수 없이 나와 엄목포嚴木浦에 정박했고, 또 노량으로 와서 정박한 것도 얼마나 되는지 셀 수 없었다.[163] 공은 도독과 약속하고, 그날 밤 이경에 같이 출발해 사경에 노량에 도착했는데,[164] 적선 500여 척과 만나 아침까지 크게 싸웠다.[165] 그날 밤 삼경에 공은 배 위에서 손을 씻고 꿇어앉아 하늘에 기도하며 말하기를, "이 원수를 무찌를 수만 있다면, 이 몸이 죽을지라도 하늘에 그 어떤 서운함도 없을 것입니다"라고 했다.[166] 그때 갑자기 큰 별이 바닷속으로 떨어졌는데, 이를 본 사

---

162 『통무공힝장』에는 이 뒤에 "이날 도독이 공에게 글을 보냈는데, 그 글에, '내가 밤에 천문을 보고 낮에는 인사를 살피는데, 동방의 장성이 병들어 희미해져갔소. 공에게 화가 미치는 것이 멀지 않은 듯하니, 공이 어찌 이를 알지 못하리오. 어찌 제갈 무후의 비는 법을 쓰지 않으시오. 하니 공이 답장을 써 이르기를 나의 충성이 무후에 미치지 못하고 재주도 무후에 미치지 못하니 비록 무후의 비는 법을 쓴다 한들 하늘이 어찌 응하겠습니까' 하였다"가 추가되어 있다. 그런데 이 부분은 『이충무공전서』에서는 「답진도독린서」에 나오는 내용이다.

163 『(이충무공)행장』에서는 "곤양과 사천에 있던 적이 노량으로 왔다"고 나온다.

164 『(이충무공)행장』에서는 "공과 도독이 밤에 공격할 것을 은밀히 계획하고, 이경二更에 묘도猫島에서 출발해 사경四更에 노량에 도착해 소리가 나지 않게 조용히 하고 몰래 군사를 적에게 나아갔다. 적은 아직 대비하고 있지 않았다"고 나온다.

165 『징비록』에는 일본군의 배 200여 척을 불태웠다고 나온다.

166 『(이충무공)행장』에서는 "공이 향을 태우며 축원하며 말하길, '이 원수를 무찌를 수만 있다면, 이 몸이 죽어도 하늘에 그 어떤 서운함도 없을 것입니다此讎若除 死且無憾'라고 했다. 갑자기 큰 별이 바닷속으로 떨어졌는데, 본 사람들이 기이하게 여겼다"고 나온다. 「통제사 이충무공 유사」에는 "이날 밤 삼경(밤 12시)에 순신이 배 위에 나와서 향을 불사르고 축원하기를, '원컨대 하늘이시여! 이 적들을 빨리 무찌를 수 있도록 해주시옵소서. 적을 물리치는 날, 신은 죽음으로써 나라에 보답하겠습니다願天速滅此賊 賊退之日臣以死報國'라고 나온다. 이항복의 「고 통제사 이공 유사」에서는 "이날 밤 삼경(밤 12시)에 공이 배 위에 꿇어앉아 하늘에 말하기를, '오늘 진실로 죽을 결심을 했습니다. 원컨대 하늘이시여! 반드시 이 적들을 다 죽여주시옵소서今日固決死 願天必殲此賊'라고 했다"고 나온다. 이순신의 기도와 유사한 사례로는 고려의 명장 정지鄭地의

람들이 기이하게 여겼다.

19일 새벽,[167] 공이 한창 독전하다가 문득 지나가는 철환에 맞았다. 공이 말하기를, "지금 싸움이 급하구나. 내가 죽었다는 말을 절대로 하지 마라戰方急 愼勿言我死"라고 했다. 공은 말을 마치고 세상을 떠났다. 그때 공의 맏아들 회와 조카 완은 활을 쥐고 곁에 있었는데, 울음을 그치고 서로에게 말하기를, "일이 이렇게 되었으니, 한없이 슬프구나. 한없이 슬프구나. 그러나 만약 돌아가셨다고 알리면 온 군대가 놀라 동요할 것이고, 저 적들도 그 틈을 탈 것이다. 그러면 시신 또한 온전히 돌려보낼 수 없게 된다. 싸움이 끝날 때까지 참아야 한다"고 했다. 그리고 그대로 시신을 안고 방으로 들어갔다. 오직 공을 모시던 사내종 금이와 아들 회, 조카 완 3명만이 알았다. 공이 친히 믿었던 송희립 등의 무리 또한 알 수 없었다. 그리고 그대로 깃발을 휘두르고 싸움을 독려하기를 전처럼 그치지 않았다. 적이 도독의 배를 둘러싸고 거의 함락시킬 때, 여러 장수는 공의 배에서 깃발로 독촉하는 것을 보고 다투어 달려가 구출하면서 포위를 풀게 했다. 도독이 급히 배를 옮겨 서로 가까워졌을 때 말하기를, "통제사! 어서 나오십시오. 어서 나오십시오!"라고 했다. 뱃머리에 서 있던 완이 울부짖으며 말하기를, "작은아버님께서는 돌아가셨습니다"라고 했다. 도독이 배 위에서 세 번이

기도가 있다. 홍양호의 『해동명장전』에 따르면, 1383년, 왜적 대선 120척이 경상도를 침범하자 정지 장군은 전함 47척을 거느리고 출전하던 중 비가 내리자 지리산의 신사神祠에 사람을 보내 "나라의 존망이 이 한 번의 싸움에 걸려 있습니다. 삼가 바라오니 저를 도와주셔서 신의 수치가 될 일을 하지 마소서國之存亡 在此一擧 竊冀相子 無作神羞"라고 기도 드리게 하자 비가 그쳐 정지가 왜적을 대파할 수 있었다고 한다.

167 『선조실록』 선조 31년(1598) 11월 25일에 기록된 명나라 도독 진린의 보고서에 따르면, 11월 19일 인시에서 사시까지 부산과 사천 등의 일본군과 노량도에서 크게 싸웠고, 이순신은 직접 군사들 앞에서 싸우다가 철환에 맞아 전사했다고 했다.

나 쓰러지면서 큰소리로 서럽게 울부짖으며 말하기를, "돌아가신 뒤에도 능히 나를 구출해주셨구나!"라고 했다. 또한 슬픔으로 가슴을 치면서 오랫동안 울부짖었다. 도독의 군대 또한 모두 고기를 던지고 먹지 않았다.

영구柩(이순신의 시신)는 고금도에서 출발해 아산으로 돌아왔다. 온 길의 백성 남녀노소가 모두 목 놓아 서럽게 울부짖으면서 따라갔다. 선비들은 술과 제물을 차렸고, 제문을 지어 곡을 하면서 친척이 죽은 것처럼 슬퍼했다. 도독의 장수들도 모두 애도하는 글을 지어 슬퍼했다. 철수해 돌아갈 때 도독이 신창현新昌縣에 들어서면서 제사를 지내겠다는 뜻을 미리 알렸다. 그러나 때마침 형 군문(형개)의 차관이 서울로 올라가기를 재촉했기에 도독은 다만 백금白金 수백 냥을 선물로 보냈다. 아산현牙山縣에 이르렀을 때, 공의 여러 자녀를 만났는데, 장남 회가 가서 길에서 만나 말에서 내려 인사를 하니, 도독 또한 말에서 내려 손을 맞잡고 소리 높여 슬피 울부짖었다. 물으며 말하기를, "자네는 지금 어떤 관직에 있는가?"라고 했다. 아들 회가 말하기를 "아직도 아버님의 장례를 끝마치지 못했으니, 관직에 있을 때가 아닙니다"라고 했다. 도독이 말하기를, "중국에서는 비록 초상 기간일지라도 공로에 대해 상을 주는 것은 가리지 않는데, 너희 나라는 느리구나. 내가 당장 임금에게 말해야겠다" 등등이라고 했다. 임금이 예관을 보내 제사를 지내게 하고, 의정부의 우의정으로 추증했다.[168]

이듬해인 기해년(1599) 2월 11일, 아산 금성산錦城山 아래 유방酉方[169]에 위치한 언덕에 묘를 세웠다.[170] 덕연군(이순신의 아버지 이정)의 묘소에서 서

168 추증贈은 종2품 이상의 관료가 사망한 뒤에 관직을 올려주는 것이다.
169 유방은 24방위의 하나다. 정서正西를 중심으로 15도 내 범위의 방향이다.
170 언덕 위의 묘는 금성산錦城山 묘소다. 『온양 아산 마을사 제2권』(온양문화원, 2001, 452쪽)에서는 현재 음봉면 산정리 산소말 뒷산에 있는 후손들 묘역 자리, 『아산의 옛길과 고개』(115쪽)

쪽으로 1리쯤에 있다. 그 뒤로 16년이 되는 갑인년(1614)에 어라산於羅山의 임방壬方[171]에 위치한 언덕으로 묘소를 옮겼다. 덕연군의 묘소에서 북쪽으로 1리다.[172]

공의 직속 부하部曲들이 공을 위해 사당을 세워줄 것을 요청하자 조정에서 따랐고, 좌수영 북쪽에 건립하고, 임금은 '충민忠愍'이라는 편액을 내리고 봄과 가을에 제사를 지냈다. 이억기도 함께 배향했다. 호남의 군사와 백성도 추모하는 것을 그치지 않았는데, 그들은 다투어 재물을 내서 사적으로 비석을 세우고, 방백(관찰사)에게 글을 새겨줄 것을 요청했다. 방백은 진안鎭安 현감 심인조沈仁祚를 보내 '이장군 타루비李將軍墮淚碑'라고 써서 동령東嶺 고개에 세우게 했는데, 좌수영을 오가는 길목이다. 호남의 절 승려들은 공을 위해 절에서 공의 명복을 비는 불공을 드렸는데 모든 절에서 그렇게 했다. 자운이라는 사람은 공의 진을 따라다녔고, 언제나 승려 군대의 장수로 꽤 많은 공로를 세웠는데, 공이 전사한 뒤에 쌀 600섬으로 노량에서 수륙재水陸齋[173]를 크게 개최했다. 또 충민사에서 제물을 성대히 갖춰 제사를 지냈다. 옥형玉洞이란 사람도 있었는데, 또한 승려였다. 공을 위해 군량을 모아 지원해 공의 신임이 자못 두터웠는데, 이때에 이르러 공에게 스스로 보답한 것이 없다고 생각하고, 충민사에 가서 지키며 날마다 쓸고

에서는 "(이순신의) 둘째 손자 이지석의 묘" 자리로 특정했다.

171   임방은 24방위의 하나다. 정북正北에서 서쪽으로 15도 각도 안의 방향이다.

172   『신정아주지』에는 이순신의 묘소와 관련된 내용이 나온다. 이순신이 노량 관음포에서 전사한 뒤 영구를 아산 월곡月谷(현재 현충사 고택 지역)으로 옮겨 빈소를 마련했는데, 명나라 도독 진린이 회군해 북상하던 중에 신창에 도착해 이순신의 장남 이회를 만났고, 그때 진린이 막하의 두사충杜思忠으로 하여금 묘소 자리를 잡게 했는데, 그때 두사충이 금성산 아래 한곳을 정해주어 묘를 썼고, 그 뒤 어느 때인가 이순신의 자손들이 풍수지리 술수로 이름난 아산 사람 박이인朴履仁의 말을 믿고 이장했다고 한다.

173   수륙재는 본래 땅과 물에서 헤매는 영혼을 위로하기 위해 절에서 지내는 제사다.

닦았는데 죽을 때까지 떠나지 않았다.[174] 함열 사람인 박기서朴起瑞는 그의 부모가 적에게 죽임을 당했는데, 자신은 앉은뱅이였기에 군대에 입대해 부모에 대한 복수를 할 수 없어 늘 응어리를 품고 있다가 공이 여러 번 승리했다는 소식을 듣고 언제나 마음으로 받들고 있었는데, 공이 전사했다는 소식을 듣고는 상복을 지어 입고 삼년상을 치르며 연상練祥[175]에 모두 와서 제사 지냈다. 영남의 바닷가 백성은 사적으로 착량에다 초가로 된 사당草廟을 짓고, 드나들며 반드시 제사를 지냈다. 대체로 착량은 한산도에서 가깝다.[176] 이운룡이 통제사에 임명되었을 때, 민심에 따라 거제에 사당을 크게 짓고, 무릇 전선이 출발할 때는 언제나 반드시 아뢰었다.

갑진년(1604) 10월, 전쟁 때의 공로를 평가했는데, 공은 일등이었다. 「효

174 「통제사 이충무공 유사」에서는 이수광의 『지봉유설』을 인용해 다음과 같이 옥형玉泂의 이야기를 전하고 있다. "승평(순천)의 승려 옥형이라는 사람이 일찍이 통제사 이순신을 따랐는데, 수군으로 있으면서 공로를 세웠다. 통제사가 전사한 뒤에 그대로 충민사에서 수십 년을 지내면서 스스로 제물을 준비해 제사를 지냈다. 올해 80여 세라고 한다. 게다가 바다에 비상사태 소식이 있기라도 하면 즉 통제사가 그 전에 반드시 꿈에 나타났는데 어긋남이 없었다"고 했다. 정경세의 『우복일기』 1611년 12월 30일자 다음의 메모에는 "충민사는 좌수영에 있다. 지키는 승려를 온전히 구휼해줄 일"이라는 내용이 나온다.
175 연상은 소상과 대상을 함께 뜻한다. 소상은 삼년상은 13개월에, 일년상은 11개월에 지내는 제사다. 대상은 삼년상은 25개월에, 일년상은 13개월에 지내는 제사다.
176 중촌영효中村榮孝의 「충무공 이순신의 유보忠武公 李舜臣の遺寶」(『조선朝鮮』, 조선총독부, 1928, 13쪽)에 따르면, 中村榮孝가 1928년 초에 이순신 종가를 방문했을 때, 이순신의 영정은 없었고 "통영 혹은 해남의 절에는 승려가 진에서 그렸다는 화상畫像이 있다는 이야기를 들었으나, 사실인지는 알 수 없다"고 하는 기록이 있다. 이순신 전사 직후에 막하 승려에 의해 그려진 초상화가 전해져온 듯하다. 현재 동아대 박물관에 소장된 「이순신 초상화」의 소장 유래에도 같은 이야기가 구전으로 전해온다. 서장석이 1934년에 편찬한 『이충무공전서 속편』 「卷之十五」 「附錄」 「祠院錄(後孫 敏復)」에는 이순신의 초상화가 소장된 다섯 곳影堂五處이 나온다. 첫째, 『이충무공전서』에도 언급되어 있는 통영 착량의 초묘. 둘째, 전남 순천군 동쪽 30리에 있는 신성포. 셋째, 여수군 남쪽 5리에 있는 장군도將軍島. 넷째, 통영군 한산도. 다섯째, 충남 아산군 이충무공 옛마을. 그중 통영과 아산에 있는 것은 근세에 그려진 초상화로 보인다.

충장의적의협력선무공신效忠仗義迪毅協力宣武功臣 대광보국숭록대부大匡輔國崇

祿大夫 의정부 좌의정左議政 겸 영경연사領經筵事 덕풍부원군德豐府院君」으로

추증했고, 공의 돌아가신 부모 이상의 선조들에게도 나라에서 은전을 베

풀어주었다.[177] 마을 앞에는 정문旌門[178]을 세우게 했다. 인조 때인 계미년

(1643)에 나라에서 '충무忠武'라는 시호諡號[179]를 내려주었다. 공의 부인 상

주 방씨尙州方氏는 정경부인貞敬夫人[180]으로 봉했는데, 보성 군수 진震의 딸이

고, 영동 현감 중규中規의 손녀이며, 평창 군수 홍弘의 증손녀이며, 장사랑

將仕郎 홍윤필洪胤弼의 외손녀였다. 공은 아들 셋과 딸 하나를 두었는데, 장

남은 이름이 회였고 현감이었다. 둘째는 이름이 열이었고 정랑이었다.[181] 막

177 "나라에서 은전을 베풀어주었다"의 원문은 "推恩"이다. 임금이 신하와 백성에게 관직을 높

여주거나, 곡식을 주는 것이다.

178 정문은 충신, 효자, 열녀를 표창하여 그들의 집 앞에 세운 홍살문이다.

179 시호는 임금과 정2품 이상의 관직을 지낸 사람들에게 국가에서 내려주는 이름이다. 이순

신은 인조 21년(1643)에 "충무忠武"라는 시호를 받았다. 시호에 쓰이는 글자는 일반 한자와 의미

가 다른 특별한 뜻이 부여되어 있고, 같은 글자라도 시호를 받는 사람마다 글자에 부여하는 뜻

이 다르기도 하다. 또한 같은 시호를 받은 사람들도 많다. 이순신의 "충무忠武"에서 "충忠"은 "자

신의 몸이 위태로울지라도 임금을 위해 몸을 바친다危身奉上", "무武"는 "적의 창끝을 꺾어 나라

의 욕됨을 막는 것折衝禦侮"의 의미가 부여되어 있다. 1906년에 발표된 『청선고淸選考』에 따르

면 충무라는 시호를 받은 인물은 고려시대 장수 조문주趙文柱와 조선시대의 조영무趙英茂, 이

준李浚, 이순신李舜臣, 김시민金時敏, 이수일李守一, 정충신鄭忠信, 구인후具仁垕, 김응하金應

河가 있다. 고려 1명, 조선 8명으로 총 9명이다. 그러나 『청선고』 이후인 순종 4년(1910)에 충무 시

호가 내려진 남이南怡(1441~1468)를 포함하면 모두 10명이 된다. 언론 보도에 언급된 고려시대

의 다른 충무공으로는 최필달崔必達, 박병묵朴炳默, 지용수池龍壽가 있고, 홍위洪暐가 저술한

『서담선생문집西潭先生文集』에는 신라 문성왕 때 인물인 홍신제洪愼濟가 충무공으로 나온다.

조선시대의 충무공은 이순신을 비롯해 조선 말기에 시호가 내려진 남이를 포함하여 모두 9명이

있다. 중국의 경우에는 삼국시대의 제갈량과 당나라 때의 곽자의와 이성李晟, 송나라 때의 악비

와 문천상文天祥 등이 충무라는 시호를 받았다.

180 정경부인은 정1품·종1품 관료의 부인에게 주던 품계이다.

181 『(이충무공)행장』에서는 아들 열의 직책이 "사과"로 나온다. 이식이 쓴 『시장』에는 "정랑"으로

나온다.

내 면은 이미 죽었다. 딸은 선비인 홍비洪棐에게 시집갔다. 소실의 아들은 둘이었는데, 이름은 훈薰과 신藎이었다. 딸도 둘이 있었다.[182] 손자는 둘인데 이름이 지백之白과 지석之晳이다.[183] 손녀는 하나로 윤헌징尹獻徵에게 시집갔다. 외손자는 넷으로 이름이 홍우태洪宇泰, 홍우기洪宇紀, 홍우형洪宇逈, 홍진하洪振夏이다. 외손녀는 한 명이다.[184]

182 『(이충무공)행장』에서는 "서출 아들 훈薰과 신藎"으로 나온다. 이식의 「統制使贈左議政李公 諡狀」에는 "서출 아들 둘, 이훈李薰과 이신李藎이 있었는데, 모두 무과에 급제했으나, 관직은 얻지 못했다"고 나온다. 서녀는 나오지 않는다.

183 「보물 제1001-6호. 양산이씨 종가 고문서-선무원종공신녹권梁山李氏 宗家 古文書-宣武 原從功臣錄券, 1605년」을 보면, 선무원종공신 3등 명단에는 이순신의 아들 열과 면, 사위 홍비·임진·윤효선, 이순신의 서자인 훈·신, 이순신의 손자인 이지백이 나온다. 또한 이순신의 형제들인 이희신, 이요신, 우신, 조카인 뇌, 봉, 해, 분, 번, 완도 3등으로 나온다.

184 『시장』에서 이식은 이순신을 다음과 같이 총정리했다. "그가 군대를 다스릴 때는 간편하면서도 법도가 있었고, 한 사람도 헛되이 죽이지 않았다其治軍簡而有法 不妄殺一人. 그러므로 삼군의 뜻이 하나가 되었고, 감히 군령을 위반하지 않았다三軍壹志 莫敢違令. 비록 호기를 부리며 거만하게 굴던 사람도 명성을 듣고 스스로 굴복했다. 그가 싸움에 임해서는 조용히 생각하면서 항상 여유를 가졌다其臨戰 意思從容 常有餘地. 기회가 보이면 나아갔고, 어려운 상황에서는 물러났다見可而進 持難而退. 반드시 세 번 소라(각)를 불고, 북을 쳐서 군대의 위세를 보인 뒤에 돌아왔다. 그러므로 전사하던 날에도 기율과 절도가 한결같았기에 죽어서도 승리를 얻을 수 있었다. 그가 진에 있을 때는 멀리 척후를 내보내 경계를 엄격하게 했다. 적이 오면 반드시 먼저 알 수 있었기에 장사와 군사들은 그가 신처럼 밝게 안다고 탄복했다其在陣 遠斥候 嚴警衛 賊來必先知之 士卒服其神明. 매일 밤 군사들이 쉴 때면 반드시 스스로 화살깃을 수리했다. 활 쏘는 군사들에게는 언제나 화살 없이 활만 주고는 반드시 적선이 바짝 다가왔을 때를 기다린 뒤에 화살을 나눠주었으며, 또한 스스로 활을 들고 활 쏘는 군사들과 함께 나란히 쏘았다. 장사와 군사들은 공이 다시 철환에 다칠까 걱정하면서 붙들고 멈추길 간청하며, '왜 나라를 위해 몸을 아끼지 않으십니까'라고 했다. 공은 하늘을 가리키며 말하기를, '내 운명은 저기에 달려 있다. 그런데 어찌 너희에게만 홀로 적과 싸우도록 시키겠느냐公指天曰 我命在彼 豈可令汝輩 獨當賊乎'라고 했다. 그가 죽음을 각오하고 일을 부지런히 하겠다고 평소에 결정한 것이 이와 같았다其以死勤事 素定者如此. (…) 자신의 몸을 세운 절개立身之節, 전쟁에서 목숨을 바친 충성심死亂之忠, 군대를 움직이고 전략전술을 활용하는 절묘함行師用兵之妙, 온갖 사람을 다스리고, 각종 사무를 처리하는 지혜綜務辨事之智는 이미 시험된 것이라 누구라도 알 수 있다. 비록 각 시대에 한두 명밖에 나오지 않는다는 옛날의 저명한 장수나 지혜로운 장수들이라도 그 이상은 될 수 없다."

제 5 부

참고 자료

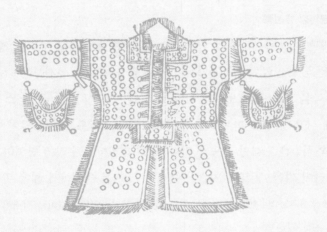

1. 이순신에 대한 평가

1) 영의정 류성룡

통제사(이순신)는 군중에 있을 때면, 밤낮으로 엄하게 주위를 경계하면서 갑옷을 벗지 않았다. (…) 달빛이 아주 밝을 때였다. 통제사는 갑옷을 입은 채 북을 베고 누워 있다가 갑자기 일어나 앉아 좌우를 불러 소주를 가져오게 하고 한 잔을 마시고는 여러 장수를 불러, "오늘 밤은 달이 아주 밝구나. 왜적들은 간사한 음모가 많다. 달이 없었다면 우리를 당연히 기습했지만, 달이 밝을 때 또한 기습할 듯하다. 경비를 철저하게 해야 한다"라고했다. (…) (그날 밤, 이순신의 예측처럼 일본군이 기습했고, 대비를 철저히 했던 이순신의 수군은 일본군을 격퇴했다.) 여러 장수가 말하기를, (이순신을) 신神으로여겼다.

_『징비록』

2) 명나라 수군 도독, 진린

통제사(이순신)는 "하늘과 땅을 경영하고 다스릴 만한 능력이 뛰어났고,

위태로운 세상을 구하고 위급한 시절을 이겨낸 위대한 공로가 있었습니다

有經天緯地之才 補天浴日之功.

_『징비록』

3) NATO 사령관, 버나드 로 몽고메리Bernard Law Montgomery

일본은 육지에서 승리했으나, 바다에서는 큰 피해를 당했다. 조선 사람들은 항해 능력이 뛰어났고, 이순신이라는 아주 뛰어난 장군이 있었다. 이순신은 전략가이자 전술가였으며, 뛰어난 능력을 가진 리더였고, 기계를 제작하는 재주가 우수했다. 당시 아시아의 해군 전술은 화살을 쏘거나 배를 부딪치고 상대방의 배에 기어 올라가는 것이었고, 배에는 대포가 실려 있지 않았다. 이순신은 어떤 공격에도 버티면서 적을 막아내는 배를 창안했다. 그 배는 빨랐고, 움직이면서 작전을 할 수 있었다. 갑판 위에는 마치 거북이 등과 같이 쇠가 덮여 있어 불화살과 총탄이 뚫을 수 없었다. 그리고 큰 못을 박아 적군이 올라탈 수 없게 해놓았고, 뱃머리는 적선을 부딪쳐 공격하도록 튼튼했고, 배의 옆 전체에 대포를 설치했다. 일본 수군이 아무리 용감히 싸워도 쇠로 덮인 전선을 상대할 수 없었다. 조선군이 바다에서 연달아 승리했기에 일본 육군은 마비될 수밖에 없었다. 도요토미 히데요시는 1597년 다시 조선을 침략했지만, 바다에서는 또다시 패배했다.

_A History of Warfare

4) 미국 상원의원, 알렉산더 와일리Alexander Wylie

세계에서 일본인을 이긴 나라는 조선뿐입니다. 조선과 일본 사이에 여러 차례 전쟁이 있었는데, 1592년에 조선 해군 대장 이순신이 철갑선을 창조

하여 일본 해군을 함몰시켰습니다. 그후 조선은 350여 년 동안 무사히 지 냈습니다.

_1943년 4월 22일, 미국 상원 연설 중, 『국민보』 1943년 6월 2일.

5) 미국의 해군 역사가, 조지 해거먼George M. Hagerman

이순신으로 인해 일본의 동아시아 정복이 300년이나 미뤄졌다.

_'Lord of the Turtle Boats', *United States Naval Institute Proceedings*, 1967년 12월.

6) 미국의 리더십 전문가, 짐 프리드먼Jim Freedman

1592년에서 1598년까지 침략자 일본에 대한 이순신의 연승은 1588년 영국이 스페인의 무적함대를 격파한 것과 같은 역사적 비중이 있다. (…) 우리 서구인은 아시아 사람들 가운데 몽골 제국의 칭기즈칸을 비롯해 몇 몇 위대한 스승과 지도자를 알지만, 일반적으로 이 위대한 바다의 영웅이 이룬 업적에는 무관심하다. 그러나 이 한국의 다윗(이순신)에게 얻어야 할 리더십 교훈이 있다. 그가 어떻게 히데요시의 골리앗 일본 해군을 패배시 켰는지 배울 만하다. 어떻게 이 무명의 장수가 세계에서 가장 위대한 해군 에 대항할 수 있었고, 일본 침략자의 거센 공격을 받아치며 6년 동안 전쟁 을 계속 이끌어갈 수 있었을까. 우리는 어떻게 그의 삶에서 이 시대에 적 용할 만한 리더십과 우리가 계발할 리더십을 배울 수 있을까. 다행히 이순 신 장군은 자세한 기록을 남겼다. 그의 일기와 그가 조선 정부에 올린 장 계는 특별하다. 게다가 그의 개인적 기록을 보완해줄 만한 객관적인 역사 적 증거도 있다.

_'Leadership Under Fire?', *The Morris Institute Weekly Wisdom*, 2012.

7) 영국 역사가, 아서 코터렐Arthur Cotterell

도요토미 히데요시가 이끄는 일본군이 패하게 된 것은 조선의 육군이나 명나라의 원군이 아닌 조선의 해군 때문이었다. 조선의 수군 제독이었던 성웅 이순신 장군을 바다에서 맞닥뜨렸던 데서 이유를 찾아야 한다. (…) 이 조선의 장군은 획기적인 전투함인 거북선을 손수 고안했다. 반면 일본의 도고 헤이하치로는 영국산 전함으로 자신의 함대를 꾸몄다.

_아서 코터렐, 『아시아 역사』, 김수림 옮김, 지와사랑, 2013, 404쪽, 687쪽.

8) 張鐵牛·高曉星, 『中國古代海軍史』

노량 해전은 지금으로부터 약 400년 전에 중국과 조선 수군이 연합해 일본의 해상 퇴로를 끊을 목적으로 해상에서 싸운 것이다. 조선을 침략한 일본군은 이 전투로 섬멸될 만큼 중대한 타격을 당했다. 전투 이후 조선은 200년 동안 평화를 유지했다.

_張鐵牛·高曉星, 『中國古代海軍史』, 八一出版社, 1993, 246쪽.

9) 정경달

○ 진법陣法이 신神과 같아 소수의 수군을 이끌고 백만의 강한 도적을 제압했다陣法如神, 提偏小之舟師, 制百萬之強寇. 우리나라가 지금까지 버틴 것은 모두 이 사람이 힘쓴 공로 때문이다.

_「명나라 관리를 접대할 때 명나라 장수에게 대답한 것接伴時答天將」

○ 나라를 위한 정성과 적을 다스리는 재능은 옛날의 그 누구와도 비교할 수 없다爲國之誠, 御賊之才, 古無其儔.

_「임금님을 뵈었을 때 대답해 한 말入侍時陳對」

2. 판옥선

판옥선은 1521년 5월 7일, 서후徐厚가 왜적과의 전투를 위해 큰 배를 만들자고 건의한 뒤 정걸이 발명하고, 을묘왜변이 일어난 1555년, 한강 망원정에서 시험을 거쳐 성공한 다음 탄생했다. 정걸은 임진왜란 때 이순신의 조방장으로도 활약했다. 1571년 11월 29일 유희춘의 일기에 따르면, 판옥선은『경국대전』에 규정된 대맹선, 소맹선을 대체해 조선 수군의 주력 함선이 되었다. 유희춘의 기록에 따르면, "판옥선 한 척을 만드는 것은 집 50칸을 짓는 것과 같다"고 할 정도로 규모가 컸다. 왜적이 기어오르기 어려운 반면, 아군은 높은 위치에서 다양한 화포와 활을 편리하게 사용해 전투에 나설 수 있다. 임진왜란 당시 영의정을 역임했던 이산해의『아계유고』「시폐를 진달하는 차자」에서도 판옥선은 "바다에서 마치 산과 같아 적의 뾰쪽한 배나 소선은 당할 수 없고, 신포神砲와 비포飛礮 소리는 천둥 치듯 하며, 적의 짧은 총이나 편환片丸으로는 감히 대적할 수 없다"라며 임진왜란 때의 활약상을 기록하고 있다. 『난중일기』에는 판옥선과 전선이 각각 나오나, 이때의 전선은 판옥선을 가리키는 것으로 보인다.

『선조실록』 선조 39년(1606) 12월 24일 기록에 따르면, 판옥선의 탑승 인원은 125명 정도였다. 그러나 『난중일기』 1595년 3월 17일의 충청 수사 이계훈의 배에서 발생한 실화 사건과 관련된 기록을 보면, 수사가 탔던 판옥선의 정원은 140명이었던 듯하다. 또한 『선조실록』 선조 30년(1597) 3월 18일에는 경상 감사 이용순의 장계가 인용되어 있는데, 고성 현령이 고성 판옥선에 사수, 격군 등 하솔 140여 명을 싣고 바다로 나갔다가 3월 9일 조라포의 경계인 고다포에서 왜적과 접전하다가 고성 현령이 전사했다는 내용이 나온다. 계급에 따라 판옥선의 규모에도 차이가 있었던 듯하다. 『선조실록』 선조 39년(1606) 11월 12일 통제사 이운룡이 대마도에 보내는 사신선의 상선과 관련해 "상사, 부사가 타고 갈 배는 규모가 상당히 커서 각각 9개의 좌우의 노 하나당 격군 3명씩 배정한다"는 내용이 나온다.

3. 조선과 일본의 주력 함선 전투력 비교

구분	판옥선	아다케
선체와 화포 적재	두터운 판자로 튼튼하게 건조된 바닥이 평평한 배다. 이로 인해 배의 회전이 자유롭고, 화포의 반동을 흡수할 수 있다. 선체가 높아 일본군이 기어오르기 어렵고, 적선을 아래로 내려다보며 화포와 활을 쏠 수 있다. 크기가 커서 많은 전투 인원과 대형 화포를 수용 가능하다.	얇은 판자로 된 첨저형 선체로 속력은 빠르나, 판옥선에 비해 배의 회전이 어렵고, 선체가 약하며, 화포의 반동을 흡수하기 어려워 화포를 많이 싣기 어렵다. 정탁의 『용사일기』 1592년 8월 17일에 실린 명나라 관료가 쓴 「왜적의 정황을 대략 살핀 글倭情考略」에는 "왜선은 면이 넓고 밑은 뾰족해闊面尖底 옆으로 기울어져 안정되지 않아欹側不定 사람들이 모두 요란히 흔들리고 움직여 어지럽게 된다搖眩蕩暈. (…) 어선으로 그들의 좌우를 협격하고 창鎗과 포砲로 함께 공격하면 왜놈을 짓이길 수 있다"는 일본군 배의 특징이 나온다.
크기	길이 52.4m, 폭 7.6m	길이 38m, 폭 12m
승조원	125~140명	90여 명
노	16~20개	80개 이상(세키부네 40~80개)
속력	3노트	3노트 이상
주요 무기	천자·지자·현자·승자총통 (대장군전·장군전·피령전·철환 발사), 대완구(비격진천뢰 발사), 활(장·편전, 화전 발사)	조총, 활
무기 사거리	류성룡의 「論報賊勢狀」(1592년 11월)에 따르면 "활과 화살은 참으로 편리한 무기이지만 100보 밖에서는 조총의 철환을 당할 수 없다"고 했다. 총통의 발사 거리는 총통에 따라 크게 차이가 났으나, 『병학지남』에 따르면, 발사 거리는 200보(약 240미터) 정도였다고 한다.	일본군의 화살은 길이 1.5미터로 한 명이 화살을 24~36개 휴대했고, 사정거리는 100미터이나 유효 사거리는 20~30미터였다. 임진왜란 때, 일본군은 활을 조총 장전 시 보조적으로 사용했다. 조총은 철포鐵砲라고 불렸는데, 총의 구경보다 철환의 무게에 따라 2문匁 반半 통筒(총신)이라든가 50문 통으로 불렸고, 2문 반짜리는 저격용, 30문·50문짜리는 대철포로 성을 공격하는 데 사용했다. 사정거리는 100~200미터였으나 야전에서는 50미터 내외로 접근해서 사용하는 것이 일반적이었다." 1문匁은 약 3.75그램이다(『日本の戰史 -朝鮮の役-』, 舊參謀本部 編纂, 德間文庫一, 1995, 324~327쪽 참조). 또한 『선조실록』 선조 26년 1월 7일에 따르면, 3발 이상 연속으로 쏠 수 없었다고 한다.

공격술	1단계: 총통(선체 파괴, 인명 살상) 2단계: 화살(인명 살상) 3단계: 화공(선체 소각) * 1592년 5월 29일 사천해전 이후부터는 거북선이 선봉으로 출전해 적의 대장선 공격, 이후에는 판옥선이 전투 참여	1단계: 조총(인명 살상) 2단계: 화살(인명 살상) 3단계: 선체 접근, 선체 점령

주요 자료 출처

* 정진술, 「임진왜란 해전에서 조선 수군의 승리의 원인과 역사적 의의」, 『학예지』19집, 육군 사관 학교 육군 박물관, 2012, 24~25쪽.

* 정진술, 「한산도해전 연구」, 『임란수군활동연구논총』, 해군 군사 연구실, 1993, 191~193쪽.

* 박재광, 「조선 중기의 화약병기에 대한 소고」, 『학예지』19집, 육군 사관 학교 육군 박물관, 2012, 38~39쪽.

* 김일상, 「명량해전의 전술적 고찰」, 『임란수군활동연구논총』, 해군 군사 연구실, 1993, 214쪽.

* 舊參謀本部 編纂, 『日本の戰史 -朝鮮の役-』, 德間文庫—, 1995.

4. 이순신의 주요 해전 일람표

해군 사관 학교 제장명 교수는 이순신이 참여한 해전을 총 45회라고 분석했고, 그중 40승 5무를 거두었다고 평가했다. 다섯 번의 무승부는 1595년 9월 29일부터 10월 4일까지 있었던 장문포 전투 가운데 1차 장문포 전투, 영등포 전투(10월 1일), 2차 장문포 전투(10월 4일), 1598년 9월 20일부터 10월 4일까지 있었던 순천 예교성 전투 중 9월 22일과 10월 3일 전투다.

* 자료 출처

1. 이순신의 장계

2. 제장명, 『이순신의 파워 인맥』, 행복한 나무, 2008.

3. 제장명, 「이순신 정론 I −해전횟수, 면사첩, 배의종군 −」, 『이순신 연구논총』, 2012년 봄·여름호.

4. 이민웅, 『임진왜란 해전사』, 청어람미디어, 2005.

5. 『고려선전기』, 『大日本海志編纂資料』, 東京大學駒場圖書館.

날짜	해전명	참전 전선		분멸 혹은 파손된 일본 전선	피해
		조선	일본		
1592.4.13.	전쟁 발발				
1592.5.4.	전선 28척, 협선 17척, 포작선 46척 출동. 이순신의 전라 좌수영 전선 24척, 협선 15척, 포작선 46척, 원균의 경상 우수영 전선 4척, 협선 2척. 전라 좌수영 수군 최소 3600여 명. 경상 우수영 최소 500명. 총 4100명.				

1차 출전

날짜	해전명	참전 전선 (조선)	참전 전선 (일본)	분멸 혹은 파손된 일본 전선	피해
1592.5.7.	거제 옥포		30여 척	26척	* 부상 3명(1명은 일본군에 의해, 2명은 원균 부대의 이순신 부대 공격으로 생긴 부상자). * 일본군 대선 31척, 중선 8척, 소선 3척, 총 42척 격파. * 『선조실록』 선조 25년(1592) 6월 21일에는 "이순신의 전선 80척"으로 나오지만, 이순신의 장계가 더 정확하다.
1592.5.7.	거제 합포	전선 28척, 협선 18척, 포작선 46척.	5척	5척	
1592.5.8.	적진포		13척	11척	

2차 출전

날짜	해전명	참전 전선 (조선)	참전 전선 (일본)	분멸 혹은 파손된 일본 전선	피해
1592.5.29.~6.1.	사천	전선 28척, 협선 18척(추정). (* 이순신 24척, 원균 4척, 거북선 포함)	13척	13척	* 거북선은 첫 전투인 5월 29일, 사천해전에서 첫 출전. * 사천해전 중 이순신은 어깨 관통상 당함. * 전라 좌수군: 전사 13, 부상 37명. * 이억기 합류 전 34척, 6월 5일 이억기 부대 합류 후 38척 격파. 일본군 전선 총 72척 격파.
1592.6.2.	당포		21척	21척	
1592.6.5.	당항포	전선 54척 (거북선 2척 포함), 협선 50여 척 (추정). (* 6월 4일, 이억기 전선 26척 합류)	30척	29척	
			1척	1척	
1592.6.7.	율포		8척	8척	

	1592.7.8.	한산대첩		73척	59척	* 조선 전선과 거북선의 수는 『장계』 『기재사초』와 『고려선전기』 기준. * 전라 좌수군: 전사 19명, 부상 115명. * 한산대첩에서 일본군 사상자는 9천여 명(「'적에게 붙잡혀갔던 사람이 보고하는 왜적의 정세에 대해 중요한 사실'을 임금님께 보고하는 장계登聞被擄人所告倭情狀」 (1593년 8월 일)). * 3차 출전에서 총 100여 척 격파. 안골포해전에서는 일본군 전선 일부가 밤에 탈출했음. * 『선조실록』 선조 25년(1592) 6월 21일에는 7월 8일 한산대첩에서 63척을 격파한 것으로 나옴. * 일본군 수륙 병진 전략 붕괴.
3차 출전	1592.7.10.	안골포	전선 58척 (거북선 포함), 협선 50여 척 (추정). *이순신 24척 (거북선 3척)	42척	40여 척	
	1592.8.29.	장림포	전선 82척 (거북선 포함), 협선 92척 이상. (* 이순신 · 이억기 전선 74척과 협선 92척, 원균 부대는 전선 8척 추정)	6척	6척	
4차 출천	1592.9.1.	화준구미 등		화준구미 5척, 다대포 8척, 서평포 9척, 절영도 2척, 초량항 4척		* 전라좌수군: 전사 6명, 부상 25명. * 일본군 전선 총 134척 이상 격파. * 녹도 만호 정운 전사.
	1592.9.1.	부산포		470여 척	100여 척	

　* 1592년 1~4차 출전 종합 결과 일본 전선은 최소 349척 이상 분멸되었다. 이순신의 전라 좌수군은 사망 38명, 부상 180명이 발생했고, 격침된 전선은 없다. 그러나 원균의 경상 우수군과 이억기의 전라 우수군의 사망자 혹은 부상자 현황은 알 수 없다.

날짜	해전명	참전 전선		분멸 혹은 파손된 일본 전선	피해
		조선	일본		
1593.2.6 ~3.10.	웅포	전선 89척	100여 척	50여 척 격파, 수군 상륙 작전 병행, 포로 5명 구출	일본군 전선을 유인했으나, 일본군의 회피로 성과가 없었음. 그에 따라 육지 상륙 작전을 병행. 또한 조선 수군 전선 2척이 충돌해 1척이 전복되고, 사망자 다수 발생.
1593.6.23. ~6.26.	견내량	전선 100여 척, 협선 100여 척	10여 척	격퇴	없음
1594.3.4. ~3.5.	어선포 등	전선 100여 척 출전, 30척의 선봉 전선으로 공격	10척	10척	없음
	당항포		21척	21척	
1594.9.29. ~10.4.	장문포	전선 140여 척, 상륙군 운용	100여 척	2척	전선 1척, 사후선 3척 * 곽재우, 김덕령 등 의병과 관군 육군 참전
1597.8.28.	어란포	전선 13척	8척 기습	격퇴	없음
1597.9.7.	벽파진		12척 기습	격퇴	없음
1597.9.16.	명량대첩		세키부네 133척	31척 격침	다수 전사
1598.7.19.	절이도	전선 80여 척	100여 척	50척	없음 * 명나라 수군은 관망
1598.9.20. ~10.4.	예교성	조선과 명나라 수군 및 육군 합동 공격		다수 사살	* 명나라 전선 39척 침몰 * 조선 수군은 일부 사망 및 부상
1598.11.19.	노량대첩	조선군 60여 척 명군 400여 척	500여 척	200여 척 분멸 및 격침	조선 전선 4척, 전선 2척 침몰 * 이순신 전사. 명나라 부총병 등자룡 및 조선의 여러 장수 (고득장, 김덕방, 김두홍, 김연옥, 김례의, 김말동, 나득용, 남병, 박은춘, 박응수, 박인겸, 방덕룡, 신인수, 오극성, 윤인흥, 이덕경, 이영남, 이원, 이덕수, 정기수, 정응, 정진, 정득량, 황수동 등)도 전사.

5. 거북선

1) 거북선의 모습에 대한 기록

● 이순신 장계, 「당포에서 왜적을 쳐부순 일을 임금님께 보고하는 장계唐浦破倭兵狀」 (1592년 6월 14일)

"신이 일찍이 섬나라 오랑캐에 의한 전란을 걱정해 특별히 거북선을 만들었습니다. 앞에는 용머리를 설치해 입에서 대포를 쏘고, 등에는 쇠 화살 촉을 꽂았고, 안에서는 밖을 잘 살필 수 있으나 밖에서는 안을 살필 수 없습니다. 비록 적선이 수백 척일지라도 돌격해 들어가 포를 쏠 수 있는데, 이번에 출동할 때 돌격장이 타도록 했습니다. 먼저 거북선에 명령해 그 적선에 돌진하게 하고 천天·지地·현玄·황黃의 각종 총통을 쏘게 했습니다.

● 이순신의 조카 이분의 『이충무공행록』

"공(이순신)이 바닷가 진영水營에 계실 때, 왜적이 틀림없이 쳐들어올 것이라며 여수 본영과 소속 진에 있는 무기와 각종 기계를 모두 보완하고 수선했고, 쇠사슬도 만들어 본영 앞바다에 설치해 가로막았다. 그리고 새로운 전선을 만들어냈다創作戰船. 크기는 판옥선과 같았고, 위에 나무판자를 덮었다. 나무판자 위에는 십자 형태의 좁은 길을 내, 사람들이 다닐 수 있게 했지만, 그 나머지 부분에는 모두 칼과 송곳을 꽂아 발 디딜 틈이 없었다. 앞에는 용머리를 만들어 붙였는데, 그 입에는 총구멍이 있었다. 뒤는 거북이의 꼬리처럼 만들어 놓았는데, 그 꼬리 밑에도 총구멍이 있었다. 좌우편에도 각각 6개의 구멍이 있었다. 대체로 배의 모양이 거북이 같았기에 거북선龜船이라고 불렀다. 나중에 전쟁이 일어났을 때, 배 위의 칼과 송곳이 보이지 않도록 짚단 같은 것을 덮어놓았다. 거북선이 선봉으로 나아가 싸울 때, 왜적들이 배 위로 올라탔다가 숨겨진 칼과 송곳에 찔려 죽었다. 또 왜적의 배들이 거북선을 포위해 공격해도 거북선의 전후좌우에서 한꺼번에 총을 발사했고, 비록 적선이 바다를 덮고 구름처럼 모여 있어도 이 배는 거리낌 없이 드나들었기에 지나가는 곳마다 흩어져 달아났다. 그러므로 앞뒤의 크고 작은 싸움에서 이 배로 인해 언제나 승리할 수 있었다.”

● 류성룡의 기록

「1597년 류성룡 대통력 정유」(『고문서집성 18』, 국학진흥연구사업운영위원회, 한국정신문화연구원, 1994, 564쪽)에 있는 메모

“순신이 거북선을 만들었다. 그 배는 배 위에 판자를 펼쳐 활등처럼 휘어져 거북이 모습이었다. 사람은 그 아래에 있다. 천자·지자 대포를 안에 넣고 전후좌우에 구멍을 뚫어놓았다. 적진을 종횡으로 드나들며 포화를 쏘니, 소리가 하늘과 땅을 흔들었기에 적이 버틸 수 없었다舜臣創龜船 其船以板鋪船上 穹隆如龜狀 人在其下 左右前後 鑿穴以安天地大砲 縱橫出入賊陣 砲火放發 聲震天地 賊不能支.”

『징비록』(1604년경 초본 집필)

"순신이 거북선을 창조했다. 그 위에는 판자를 펼쳐놓아 그 모습이 활등처럼 휘어져 거북이 같았다. 싸우는 군사와 노를 젓는 사람이 모두 그 안에 있었다. 전후좌우에 화포를 많이 실었다. 종횡으로 드나드는 것이 북 같았다. 적선을 만나면 잇달아 대포로 부수었다舜臣創造龜船 以板鋪其上 其形穹窿如龜 戰士擢夫皆在其內 左右前後 多載火砲 縱橫出入如梭 遇賊船 連以大砲碎之."

● 『선조실록』 선조 29년(1596) 11월 7일의 남이공의 기록

"유영경이 말하기를, '왜선은 졸렬하고, 우리나라 배의 건조 방식과 같지 않아 가볍고 빠르나, 우리나라 배와 부딪치면 여지없이 부서집니다'라고 했다. 남이공은 '우리나라 대선이 적선에 부딪히면 항상 2~3척을 부숩니다'라고 했다. 선조가 '거북선은 어떻게 만드는가?'라고 묻자, 남이공이 '네 면을 판옥으로 장치했고, 모양은 거북이 등처럼 생겼으며, 쇠못을 옆과 머리 두 곳에 꽂았는데, 왜선을 만나면 부딪쳐 모두 부숩니다. 바다 싸움의 도구로 이것보다 좋은 것이 없습니다四面飾以板屋 狀若龜背 以鐵釘揷於傍兩頭 若與倭船遇 則所觸皆破 水戰之具 莫良於玆"라고 했다.

● 『사대문궤』 중 「回咨」(1595년 3월 21일)

해적海賊은 바다 싸움에 익숙치 않은 것은 아니었으나, 그들의 배 크기가 작고, 무기 또한 조총 하나이며, 대포와 화전 등의 기계는 싣고 있지 않았다. 우리나라 배는 크고 왜적의 배에 비해 몇 배나 될 정도였다. 전쟁이 일어난 뒤 여러 장수들이 거북선을 창조하자고 건의했다. (거북선의) 전후좌우에 천자포와 지자포 등으로 불리는 대장군포를 싣고서 적선을 만나면

모두 부쉈다.

● 일본 측 기록인 『고려선전기』(東京大學駒場圖書館, 『大日本海志編纂資料』 「第四部門 外交·海防」 「一 外交」, http://gazo.dl.itc.u-tokyo.ac.jp/kaishi/pages/4-1-13.html)

안골포해전에 관한 기록에 거북선이 등장한다. "(조선 수군의) 대선 가운데 3척은 눈이 먼 배目クラテ舟(장님배)였고 쇠로 요해되어 있었는데, 석화시·봉화시·대수오를 쏘아 일본 수군 전선의 요해要害를 깨부수었다."

2) 거북선은 이순신이 처음 만들었을까?

임진왜란 때 이순신이 거북선을 만들었지만, 같은 이름의 배로는 처음이 아니다. 우리 역사에서 거북선은 『태종실록』에 처음 나온다. 태종 13년(1413) 2월 5일, 태종이 임진도를 지나다가 거북선과 왜선이 싸우는 상황을 구경했다고 한다. 또 태종 15년(1415) 7월 16일에는, "좌대언 탁신이 거북선은 많은 적과 충돌해도 적이 해치지 못하므로 싸워 이기는 데 좋은 계책이라며 이것을 다시 단단하고 교묘하게 만들자고 건의"한 기록이 나온다. 그러나 태종 이후, 거북선은 우리 역사 기록에서 사라졌다. 그러다 거의 180년 뒤에 이순신에 의해 다시 역사에 등장해 임진왜란 때 일본군에게 공포의 대상이 되었다. 태종 시대의 거북선과 이순신의 거북선이 같은 것인지는 알 수 없지만, 이순신 자신의 말과 류성룡의 기록 등을 참고하면 이순신이 창의적으로 개발한 것만은 확실하다. 거북선을 직접 만드는 데는 훈련원 봉사 나대용 등의 도움이 컸다고 한다.

3) 임진왜란 때, 거북선은 몇 척이나 있었을까?

『난중일기』와 이순신의 보고서, 기타 자료 등을 살펴보면, 임진왜란 전체 기간에는 최소 2척, 최대 5척 정도였던 듯하다. 그러나 1594년 초까지는 2척이 있었던 듯하다. 거북선이라는 명칭으로 기록된 것 가운데 전쟁 초기부터 참전했던 전라 좌수영의 거북선, 방답 소속 거북선이 있다. 또한 『난중일기』에서도 1594년 2월 15일에 거북선 2척이라는 기록이 있다. 이로 보면 1594년 초까지는 본영 거북선과 방답 거북선만이 있었다고 추정할 수 있다. 1594년 봄 이후부터는 거북선 수가 증가한 듯하다. 『사대문궤』에 들어 있는 명나라 측의 「査問本國軍兵」(1595년 1월 10일)에 대한 조선 측의 「回咨」(1595년 3월 4일)에는 당시 조선 수군의 병력과 전선 및 거북선의 수가 나온다. "수군통제사 이순신은 경상 우도 수군절도사 배설, 전라 우도 수군절도사 이억기 등을 지휘해 거느리고 있으며, 궁포수弓砲手와 초수梢水 등을 포함한 전체 군사 6838명과 전선 60척, 거북선 5척, 초탐선 65척으로 거제현 서쪽 바다 한산도에 주둔하고 있으며, 경상 좌도 수군절도사 이수일은 궁포수, 초수 등 군사 모두 271명과 전선 3척, 초탐선 3척으로 장기현 바다 입구에 주둔하고 있다." 또한 구체적으로는 이순신은 궁포수 등 717명과 초수 등의 군사 3072명, 전선 26척과 거북선 5척, 초탐선 31척을 거느렸고, 경상 우수사 배설은 궁포수 등 55명과 초수 등의 군사 398명, 전선 10척과 초탐선 10척을 거느렸으며, 전라 우수사 이억기는 궁포수 등 425명과 초수 등의 군사 2171명, 전선 24척과 초탐선 24척을 거느렸고, 경상 좌수사 이수일은 무거武擧, 아병牙兵, 포수 31명과 초수 등의 군사 240명, 전선 3척과 초탐선 3척을 거느리고 있었다. 이 사료로 보면 1595년 3월 경 이순신의 전라 좌수군에만 거북선 5척이 있었다. 결국 임진왜란 초기에는 2척, 이후에 추가로 건조해 1595년경에는 5척 정도가 있었던 듯하다. 그런데 박동량의 『기재사초 下』「임진일록 3壬辰日錄三」의 1592년 7월 기록에는 "(이순신이) '우리의 거북선은 가벼워서 빠르게 갈 수 있고, 또한 철환을 피할 수 있으니 만약 두세 척의 거북선으로 하여금 적진으로 곧바로 뚫고 들어가게 한다면 적의 머리를 벨 수 있으니 나머지 적들은 반드시 스스로 무너질 것이다'라고 한 뒤 드디어 장사 100여 명을 선발해 3척의 거북선에 나눠 타게 하고 적선 사이를 드나들게 하니 그 빠르기가 마치 베틀에서 날실의 틈으로 왔다 갔다 하면서 씨실을 푸는 북이 나는 듯했기에 적이 감히 가까이하지 못했다"는 내용이 나온다. 박동량의 기록에 따르면 한산대첩에는 거북선이 3척이 있었던 것으로 볼 수도 있다.

4) 거북선은 철갑선인가

『고려선전기』의 안골포해전에 관한 일본 측 기록에 거북선이 등장한 거북선은 이렇게 묘사되었다. "(조선 수군의) 대선 가운데 3척은 눈이 먼 배目クラテ舟(장님배)로, 석화시·봉화시·대수오를 쏘아 일본 수군 전선의 요해要害를 깨부수었다." 그런데 이항복의 『백사집』「경자년(1600), 도체찰사로 전라도에서 올린 차자」에 따르면 판옥선에 방패를 둘렀다고 했고, 『선조실록』 선조 39년(1606) 12월 24일에는 삼도통제사 이운룡이 나대용의 창선鎗船 건조 건의를 보고하면서 창선 선체가 협소해 화살과 돌을 막을 수 있는 좌우 방판防板 설치할 수 없을 가능성을 지적했다. 또한 조익의 「수군을 논하며 어떤 사람에게 쓴 글論舟師與人書」에서 전선은 두꺼운 널빤지全木로 만들었기에 두텁고 단단했고, 방패도 아주 두터워 철환으로 뚫지 못해서 왜적이 어쩔 수 없었는데, 최근에는 매년 새로 색칠하려고 방패를 깎아내

얇아져 철환을 막을 수 없다고 비판한 것으로 보면, 판옥선을 개량한 거북선에도 방패가 있었고, 그 방패는 나무 재질일 가능성이 높다. 그러나 민유중의 「송희립 후손을 등용할 것을 요청하는 장계請末希立後孫錄用事狀」에서 전라 좌수영을 점검할 때 보았던 전선에 대해 "방판 밖에 쇠밧줄로 매달아놓은 쇠 방패鐵防牌가 없거나 제대로 설치되어 있지 않아 불랑기포의 구멍을 막고 있어 포를 사용하기 어렵다"는 것을 보면 쇠 방패도 있었던 듯하다. 쇠로 만들어진 방패가 거북선을 보호하고 있었다면, 『고려선전기』의 기록도 맞다.

5) 거북선의 활약

거북선의 첫 출전은 이순신의 2차 출동인 1592년 5월 29일이다. 3차 출동인 7월 8일의 한산대첩, 4차 출동인 9월 1일의 부산대첩에도 참전했다. 거북선은 선봉 돌격선으로 함대의 선봉으로 활약했다.

6. 조선시대 관직표와 오늘날 관직 비교

품계		문 · 무신 관직	이순신	오늘날 기준	
				공무원	군인
1품	정	대광보국숭록대부, 보국숭록대부: 영의정, 좌의정, 우의정/영사領事/감사		국무총리, 국회 의장, 헌법 재판소장, 대법원장	
	종	숭록대부, 숭정대부	좌찬성, 우찬성/판사判事	부총리, 국회 부의장, 감사원장	
2품	정	정헌대부, 자헌대부	좌참찬, 우참찬/지사/판서/판윤判尹/대제학/도총관	정헌대부, 자헌대부	장관, 서울시장, 검찰 총장, 국정원장, 국회 의원, 대법관, 헌법 재판관	대장, 합참 의장, 참모 총장, 군사령관
	종	가정대부, 가선대부	동지사/참판/좌 · 우윤/대사헌/유수留守/제학/관찰사/부총관/병마절도사	가선대부	차관, 차관보, 교육감, 대학총장, 고검 검사장, 광역시장, 도지사	중장, 군 작전 사령관, 해병대 사령관
3품	정	통정대부 (당상관)	참의參議/도승지, 좌 · 우승지, 좌 · 우부승지, 동부승지/대사간/부제학/절충장군/수군절도사/병마절제사	목사	수군절도사	1급, 관리관, 대사, 구청장, 치안정감	소장, 준장
		통훈대부 (당하관)	직제학/어모장군/상호군			
	종	중직대부, 중훈대부	집의/사간/도호부사都護府使/건공장군 · 보공장군/대호군/병마첨절제사/병마우후/수군첨절제사		2급, 이사관, 공사, 치안감, 시장	대령
4품	정	장령/진위장군 · 소위장군/호군/수군우후			3급, 부이사관, 정교수, 경무관, 군수	중령
	종	첨정/경력/군수/정략장군 · 선략장군/부호군/병마동첨절제사/수군만호				

품	정/종				
5품	정	정랑/지평/교리/별좌/문학/ 과의교위 · 충의교위/사직		4급, 서기관, 부교수, 총경	소령
	종	도사/판관/부교리/별좌/현령/ 현신교위 · 창신교위/부사직			
6품	정	주부/좌랑/감찰/교수/수찬/ 전적/별제/돈용교위 · 진용교위/사과	사복시 주부	5급, 사무관, 교장, 장학관, 교감, 조교수, 경정	대위
	종	부수찬/별제/찰방/현감/여절교위 · 병절교위/ 부장 · 부사과/병마절제도위/감목	정읍 현감		
7품	정	참군/박사/적순부위		6급, 주사, 경감	중위, 원사
	종	직장/분순부위			
8품	정	저작/부직장/승의부위		7급, 주사보, 평교사	소위, 준위
	종	봉사/수의부위	훈련원 봉사		
9품	정	부봉사/훈도/효력부위/대장		8급, 서기	상사, 중사
	종	참봉/전력부위/권관	함경도 건원보 권관	9급, 서기보, 순경	하사

7. 이순신의 척자점擲字占

이 자료는 이순신 장군을 비롯한 옛사람들이 미래가 궁금하거나 어떤 결정을 할 때 사용했던 「척자점」이다. 『난중일기』 속에 나타난 척자점 사례를 2010년에 고문서에서 찾아 정리했다. 현대인들도 『난중일기』 속 이순신의 자세로 마음을 다스리고, 불확실한 미래를 철저히 준비할 수 있도록 참고 자료로 소개한다.

1) 이순신 장군의 점치는 자세

『난중일기』에 기록된 점을 치는 이순신의 모습을 보면, 그의 정성과 순수한 마음을 느낄 수 있다. 수없이 고뇌하면서 절박한 마음으로, 하늘에 간절히 호소하는 마음으로 점을 쳤다. 1594년 7월 13일자를 보면, 그 전부터 아들 면의 병을 계속 걱정하다가 부모로서 답답하고 아픈 심정으로 조용히 앉아 점을 쳤다. 9월 28일 일기에서도 앞으로 벌어질 전투를 걱정하면서 새벽에 홀로 촛불을 밝히고 점친 기록이 나온다. 이순신의 마음은 하늘을 감동시킬 만큼 순수하고, 또 고요했으며 그는 염원을 담아 점을 쳤다. 불의한 마음, 사악한 마음, 사욕으로 친 점이라면, 그 어떤 결과가 나오더라도 결국에는 하늘로부터 그 벌을 받을 뿐이다.

2) 점괘를 얻는 방법

어떤 방식이든 숫자를 만들어내야 하며, 만든 숫자를 4로 나누고 그 나머지 숫자만 있으면 된다. 세 번 해서 나온 숫자 차례로 나열해 괘의 점사를 본다.

① 책을 활용한 방법: 책을 세 번 펼쳐 숫자를 얻는 방법

첫 번째 숫자는 왼손 혹은 오른손으로 책을 펼친 후, 책을 펼친 손 쪽의 책면에 있는 쪽수를 4로 나눈다. 나머지 숫자가 1이면 1, 2는 2, 3은 3, 0은 4로 기록한다. 두 번째 숫자는 처음 펼친 손과 반대 손으로 책을 펼치고 1에서 4까지의 숫자를 얻는다. (먼저 책을 펼친 손이 오른손이었다면, 이번에는 왼손으로, 첫 번째가 왼손이었다면 다음은 오른손으로 치면 된다.) 세 번째 숫자는 왼손이든 오른손이든 마음 가는 대로 아무 손으로나 책을 펼쳐 다시 숫자를 얻는다.

첫 번째 숫자, 두 번째 숫자, 세 번째 숫자를 순서대로 놓고, 점괘 숫자를 찾아 점사와 점사 해설을 읽고, 자신이 던진 질문이나 자신의 상황을 대입하면 된다.

예) 첫 번째 오른손 226쪽→나머지 2, 두 번째 왼손 169쪽→나머지 1,

세 번째 오른손 184쪽→0, 0은 4다. 연속된 나머지 숫자는 214. 214를 찾아 읽으면 된다.

② 윷을 던져 숫자를 얻는 방법

윷의 도는 1, 개는 2, 걸은 3, 윷은 4이다. 모가 나오면 한 번 더 던진다. 모가 나오지 않을 때까지 반복한다. 세 번 던져 나온 것을 각각 기록하고, 그 결과를 괘에서 찾으면 된다.

예) 처음 던져 개가 나오면 개(2), 다시 던져 윷이 나오면 윷(4), 세 번째 던져 걸이 나오면 걸(3)로 기록한다. 나온 숫자 243(개윷걸)을 찾아 읽으면 된다.

3) 이순신 장군의 해석 방법: 직관적 해석과 유추 해석 방법

직관적 해석은 대개 점사 자체가 질문의 답을 그대로 보여주는 경우에 가능하다. 『난중일기』에서 이순신 장군이 비가 많이 올까 걱정하면서 친 점의 결과가 대표적이다.

"1594년 7월 13일. 비가 올지 맑을지 점을 쳤다. 결과는 '뱀이 독을 토하는 것과 같다如蛇吐毒'는 괘를 얻었다. 장차 큰비가 내릴 것이다. 농사가 걱정이다. 농사가 걱정이다. 밤에 비가 퍼붓듯 내렸다."

이순신 장군이 비가 올 것인지 알아보려고 점을 쳤는데, "뱀이 독을 토하는 것과 같다如蛇吐毒"는 괘를 얻었다. 뱀이 독을 토하는 것은 그것 자체로도 비가 연상된다. "독=비"가 되기 때문이다. 비가 내릴 것이며, 특히 뱀의 독이기 때문에 더 많은 비가 오리라고 예상할 수 있다. 그래서 이순신 장군도 큰비가 내릴 것으로 해석했다. 이튿날인 7월 14일자에서 이순신 장군은 "비가 계속 내렸다. 어제 저녁부터 삼대 같은 빗발이 쏟아졌다. 집이 새어 마른 곳이 없었다. 간신히 밤을 보냈다. 점괘를 얻은 그대로였다. 아주 묘하다. 아주 묘하다. (…) 밤 12시에 또 비가 내렸다"라고 했다.

유추해서 해석해야 하는 경우도 많다. 이순신 장군은 같은 날인 7월 13일에 비에 관한 점뿐만 아니라 몇 가지 점을 더 쳤다. 그중 하나는 아들 면의 병에 대한 걱정 때문이었다.

"1594년 7월 13일. 홀로 앉아 아들 면의 병세가 어떤지 생각하며 척자점을 쳤다. 결과로 '임금을 만난 것과 같다如見君王'는 괘를 얻었다. 아주 좋다. 다시 던져보니 '밤에 등불을 얻은 것과 같다如夜得燈'였다. 두 괘가 모두 좋다. 걱정을 덜었다. 걱정을 덜었다."

아들 면의 병세에 대한 걱정으로 점을 쳤는데 "임금을 만난 것과 같다"는 점괘가 나왔다. 직관적으로는 연결이 잘 되지 않는다. 그래서 이순신 장군은 다시 점을 쳤다. 그랬더니 "밤에 등불을 얻은 것 같다"는 괘나 나왔다. 캄캄한 밤에 등불을 얻었으니 길을 갈 때 편하고 좋을 것이다. 아들 면의 병세가 좋아질 점괘라고 예상할 수 있다. 이순신 장군은 좀더 확실한 답을 얻으려고 다시 점을 친 것이다.

점의 해석은 질문자의 심리 상태나 사회적인 상황에 따라 해석이 다를 수 있다. 직관적인 점괘가 편리하지만, 세상의 모든 문제에 답을 줄 수 없기에 점사에서는 상징과 비유를 활용한다. 점사를 충분히 숙고하고 음미하는 자세가 올바른 해석을 위한 지름길이다.

4) 척자점 괘와 해설

111(도도도) 여아득모如兒得母 아이가 어미를 얻은 것과 같다. - 좋은 결과가 예상됨.

112(도도개) 여어실수如魚失水 물고기가 물을 잃은 것과 같다. - 나쁜 결과가 예상됨.

113(도도걸) 여암득정如暗得灯 어둠 속에서 등불을 얻은 것과 같다. - 어려운 상황이 지나감.

114(도도윷) 여초봉춘如草逢春 풀이 봄을 만난 듯하다. - 때를 만남.

121(도개도) 여옥무하如玉無瑕 옥에 티가 없는 것과 같다. - 좋은 결과가 예상됨.

122(도개개) 여죄성공如罪成功 죄가 있는데 공을 세우는 것과 같다. - 어려운 상황이 예상됨.

123(도개걸) 여형부정如螢赴灯 개똥벌레가 등불에 가까이 가는 듯하다. - 좋은 일이 생김.

124(도개윷) 여송대설如松帶雪 소나무가 눈으로 띠를 두르다. - 좋은 상태가 더 좋아짐.

131(도걸도) 여홍실소如鴻失巢 기러기가 그 둥지를 잃은 듯하다. - 상황이

어려워짐.

132(도걸개) 여기득식如飢得食 굶주린 자가 먹을 것을 얻은 것과 같다. ─
행운이 찾아옴.

133(도걸걸) 여룡입수如龍入水 용이 물속으로 들어가는 것과 같다. ─ 어려
움이 지나감.

134(도걸윷) 여귀입롱如龜入籠 거북이가 대바구니로 들어가는 것과 같다.
─ 힘겨운 고난이 시작됨.

141(도윷도) 여부무근如桴無根 뗏목에 쓸 나무에 뿌리가 없는 것과 같다.
─ 안성맞춤의 성과를 냄.

142(도윷개) 여사환생如死還生 죽은 뒤 다시 살아나는 것과 같다. ─ 힘든
시간이 끝남.

143(도윷걸) 여한득의如寒得衣 추운 날에 옷을 얻은 것과 같다. ─ 어려움
이 지나고, 행운이 옴.

144(도윷윷) 여빈득보如貧得寶 가난한 자가 보배를 얻은 것과 같다. ─ 좋
은 일이 생김.

211(개도도) 여일입운如日入雲 해가 구름 속에 들어가는 듯하다. ─ 일시적
인 어려움이 생김.

212(개도개) 여매득휘如霾得輝 흙비가 밝음을 얻은 것과 같다. ─ 일시적인
어려움은 극복됨.

213(개도걸) 여궁득전如弓得箭 활이 화살을 얻은 것과 같다. ─ 일을 할 수
있는 여건이 형성됨.

214(개도윷) 여조무익如鳥無翼 날개가 없는 새와 같다. ─ 기다려야 함.

221(개개도) 여마부중如馬負重 무거운 짐을 실은 말에게 짐을 더 싣는 것

같다. − 고난이 시작됨.

222(개개개) 여창미수如倉米輸 창고로 쌀을 옮기는 것 같다. − 행동으로 실천해야 함.

223(개개걸) 여응득식如鷹得食 매가 먹이를 구한 것과 같다. − 원하는 일이 잘됨.

224(개개윷) 여거무륜如車無輪 수레에 바퀴가 없는 것과 같다. − 어떤 일도 스스로 할 수 없음.

231(개걸도) 여아득유如兒得乳 아이가 젖을 먹는 것과 같다. − 힘든 시간이 지나감.

232(개걸개) 여질득의如疾得醫 병에 걸렸을 때 의사를 만난 것과 같다. − 도움이나 행운을 얻음.

233(개걸걸) 여풍기랑如風起浪 바람이 풍랑을 일으키는 것과 같다. − 의외의 풍파를 만남.

234(개걸윷) 여궁무전如弓無箭 활은 있지만 화살이 없는 것과 같다. − 준비가 덜 된 상태.

241(개윷도) 여소성친如疏成親 친하지 않은 사람과 친해지는 것과 같다. − 의외의 만남.

242(개윷개) 여사토독如蛇吐毒 뱀이 독을 토하는 듯하다. − 어려움을 당함.

243(개윷걸) 여수상문如水上紋 물 위에 물결이 이는 것과 같다. − 작은 도움을 얻을 수 있음.

244(개윷윷) 여해득선如海得船 바다에서 배를 만난 것과 같다. − 순조로움.

311(걸개개) 여왕득신如王得臣 왕이 신하를 얻은 것과 같다. − 좋은 사람을 만나게 됨.

312(걸도개) 여하득선如夏得扇 여름에 부채를 받은 것과 같다. ― 어렵지만 일이 잘 풀릴 것.

313(걸도걸) 여응무과如鷹無爪 매가 발톱이 없는 것과 같다. ― 열심히 노력해도 성과가 없음.

314(걸도욧) 여주투강如珠投江 구슬을 강에 던지는 듯하다. ― 갑자기 일이 어렵게 됨.

321(걸개도) 여룡득각如龍得角 용이 뿔을 얻은 것과 같다. ― 오랜 기다림 속에서 좋은 성과를 냄.

322(걸개개) 여착장어如捉長魚 큰 물고기가 잡힌 것과 같다. ― 갑자기 힘든 일을 만나게 됨.

323(걸개걸) 여한득림如旱得霖 가뭄 속에서 풍족한 비를 만나는 듯하다. ― 꼬인 일이 풀림.

324(걸개욧) 여묘규서如猫窺鼠 고양이가 쥐를 엿보는 것과 같다. ― 끊임없이 노력해야 함.

331(걸걸도) 여호투우如虎鬪牛 범이 소와 싸우는 것과 같다. ― 예상치 못한 어려운 일이 생김.

332(걸걸개) 여산부동如山不動 산이 움직이지 않는 것과 같다. ― 성과가 없음.

333(걸걸걸) 여화득과如花得果 꽃이 열매를 맺는 것과 같다. ― 기다리던 일이 이뤄짐.

334(걸걸욧) 여승환속如僧還俗 승려가 환속하는 것과 같다. ― 자신의 자리로 돌아올 때.

341(걸욧도) 여옥득개如屋得蓋 집에 지붕을 덮는 것과 같다. ― 결정적인

마무리가 필요한 때.

342(걸윷개) 여마탈륵如馬脫勒 말을 통제하는 재갈을 벗는 것과 같다. - 물거품이 될 수 있음.

343(걸윷걸) 여행득로如行得路 험한 길을 가다가 편한 길을 만난 것과 같다. - 좋은 일이 생김.

344(걸윷윷) 여화봉춘如花逢春 꽃이 봄을 만난 듯하다. - 좋은 일이 생김.

411(윷도도) 여부득자如父得子 아비가 아들을 얻은 것과 같다. - 뜻밖의 행운이 생김.

412(윷도개) 여공득재如工得才 장인이 재주를 가진 것과 같다. - 고생 끝에 좋은 일이 생김.

413(윷도걸) 여전득우如電得雨 우레가 비를 만난 것과 같다. - 좋은 일이 계속 일어남.

414(윷도윷) 여맹득안如盲得眼 눈 먼 사람이 눈을 얻은 것과 같다. - 막힌 것이 뚫림.

421(윷개도) 여야득명如夜得明 밤에 밝음을 얻은 것과 같다. - 긴 어둠이 물러감.

422(윷개개) 여인무수如人無手 사람이 손이 없는 것과 같다. - 고생만 하고 성과가 없음.

423(윷개걸) 여우득지如愚得智 어리석은 자가 지혜를 얻은 것과 같다. - 반성하고 깨달을 때.

424(윷개윷) 여궁무현如弓無弦 활이 활시위가 없는 것과 같다. - 겸손해야 할 때.

431(윷걸개) 여롱득명如聾得明 귀머거리가 소리를 듣게 되는 것과 같다. -

적극 경청할 때.

432(윷걸개) 여의득희如意得喜 의심하다 기쁨을 얻은 것과 같다. - 굳은 의지가 필요함.

433(윷걸걸) 여득실노如得失奴 잃어버린 노비를 되찾은 듯하다. - 다른 사람의 도움 받음.

434(윷걸윷) 여행대노如行待奴 길을 가다가 노비를 기다리는 것과 같다. - 기다려야 할 때.

441(윷윷도) 여리박빙如履薄氷 살얼음을 밟는 듯하다. - 돌다리도 두드릴 때.

442(윷윷개) 여어함구如魚含鉤 물고기가 낚싯바늘을 머금은 것과 같다. - 욕심을 덜어낼 때.

443(윷윷걸) 여조출롱如鳥出籠 새가 새장에서 나오는 것과 같다. - 오랜 시련이 끝날 때.

444(윷윷윷) 여창득의如瘡得醫 종기로 고생하던 차에 의사를 만난 것과 같다. - 고난 속에 도움을 얻음.

8. 불멸의 삶, 이순신의 날들

연도	월일	나이	주요 내용
1511년			아버지 이정 출생, 1583년 사망
1535년			큰형 이희신 출생, 1587년 사망
1542년			둘째 형 이요신 출생, 1580년 사망. 자는 여흠汝欽, 호는 율리栗里.
1545년	3월 8일 (양력 4월 28일)		이순신 출생(서울 건천동, 오늘날 서울 중구 인현동 1가 근처).[1] 자는 여해汝諧[2], 호는 기계器溪·백암白巖[3]이다.
	청소년기		문인文人 집안의 가풍에 따라 문과 공부
1565년	8월	21세	보성 군수 방진의 딸, 상주 방씨와 결혼 (상주 방씨와는 3남 1녀를 낳음: 회, 열, 면, 홍비. 홍비는 사위의 이름으로, 이 시기에는 딸의 이름을 족보에 적지 않고 사위의 이름을 적었음. 홍비는 홍가신의 아들. 홍가신은 이순신과 함께 아산 출신으로, 임진왜란 당시 홍주 목사로 전란 중에 발생한 '이몽학의 난'을 평정해 청난공신 1등에 책록됨) * 상주 방씨는 우리한글박물관 소장 『퉁무공힝장』에 따르면, 70여 세, 2월 16일에 사망했다고 한다.
1566년	10월	22세	무인 출신이던 장인 방진의 영향으로 무과 공부를 시작한 것으로 추정됨
1567년	2월	23세	맏아들 회 출생
1571년	2월	27세	둘째 아들 열 출생. 본래 이름은 울이었으나, 1597년 5월 3일에 이순신이 열로 바꾸었음.
1572년	8월	28세	훈련원 별과시험에 응시했으나 시험 중 말에서 떨어져 낙방

1 박태원이 번역한 『이충무공행록』에서는 건천동을 오늘날의 삼청동으로 보았지만, 이는 고증이 잘못된 것이다. 건천동은 오늘날 서울 중구 인현동 1가 근처다.

2 이순신의 자인 여해汝諧는 『서경』의 「순전」에 나오는 "왕자여해往哉汝諧"에서 가져온 것이다. 순임금이 공업을 관장할 인재를 찾자, 사람들이 수垂가 잘할 수 있다고 했기에 순은 수에게 공업을 관장하게 했다. 그러나 수는 백여伯與가 잘 한다고 양보했다. 이때 순이 수와 백여 모두에게 "가서 함께 화합해 맡아라往哉汝諧"라고 했다. 또한 순이 산림을 다스릴 인재를 찾자, 사람들이 백익伯益이 잘할 수 있다고 했기에 순은 익에게 담당하게 했다. 익은 주호朱虎와 웅비熊羆에게 양보했다. 그때 순이 익과 주호, 웅비 모두에게 "가서 함께 화합해 맡아라往哉汝諧"라고 했다. "해諧"는 "함께"라는 뜻이다. 국가기록유산 DB 「보물 제160-10호 류성룡비망기입대통력 갑오柳成龍備忘記入大統曆 〈甲午〉」 중 3월 26일자에 기록된 류성룡의 메모에서는 "여해의 편지를 보았다見汝偕書"는 내용이 나온다.

3 이순신의 호에 대해, 일제강점기 김기환의 『이순신 세가』에서는 기계器溪·백암白巖으로 나온다. 그러나 조선시대 기록 중에는 이순신의 호에 대한 기록이 없다.

1574년		30세	소실 해주 오씨로부터 서자 훈이 태어남. 다른 서자녀인 신과 딸 둘을 해주 오씨와의 사이에서 낳았는지는 알 수 없음. 서녀의 사위 중에서 윤효전은 조선 중기의 문신이며, 백호 윤휴의 아버지.
1576년	2월	32세	식년시 무과에서 병과 4등으로 합격 (29명 중 12등)
	12월		함경도 동구비보(함경북도 삼수) 권관(종9품) 임명
1577년	2월	33세	셋째 아들 면 출생
1579년	2월	35세	임기 만료. 서울로 돌아와 훈련원 봉사(종8품) 임명
	10월		충청 병마절도사의 군관에 임명
1580년	7월	36세	전라 좌수영 관할 발포(전남 고흥)의 수군 만호(종4품) 임명
1582년	1월	38세	군기경차관 서익의 모함으로 수군만호 파직(이순신이 훈련원 봉사였을 때 서익의 인사 청탁을 거부했었음). * 류성룡이 이순신에게 이조 판서 이이를 찾아가라고 했으나 거절.
	5월		서울 훈련원 봉사 복직(종8품)
	7월		함경도 남병사 이용 군관 임명
1583년	10월	39세	함경도 건원보(함경북도 경원) 권관 임명. 여진족 울지내를 유인해 격퇴 * 여진족 니탕개의 난 발생. 함경도 순찰사 정언신이 신립 · 이순신 · 원균 · 이억기 · 김시민 등의 무관을 거느리고 격퇴.
	11월		서울 훈련원 참군(정7품) 임명
	11월 15일		아버지 이정 사망
1584년		40세	아산에서 3년상, 휴직.
1586년	1월	42세	서울 사복시 주부(종6품) 임명
			함경도 조산보(함경북도 경흥) 만호(종4품) 임명
1587년	8월	43세	함경도 녹둔도(동해에서 두만강으로 들어가는 입구에 있던 섬) 둔전관 겸직
	9월		녹둔도를 기습한 여진족을 격퇴했으나, 패전의 책임을 지고 사형 위기를 맞았다가 파직. 첫 번째 백의종군.
1588년	1월	44세	여진족 부락인 시전부락 공격 작전에 우화열장(우측 화포 부대 장수)으로 참전. 승리 공로로 백의종군 해제.
	윤6월		아산으로 낙향. 조정의 인재 선발 계획인 불차탁용 정책으로 추천되었으나, 임용되지 못함.

1589년	2월	45세	전라 감사 이광의 조방장 임명	* 3월: 히데요시가 대마도주 소 요시토시에게 조선 국왕 입조 재촉. * 6월: 소 요시토시가 겐소 등과 함께 조선으로 건너옴. * 9월: 조선에서 일본에 통신사 파견 결정.
	11월		임금의 호위 부대 군인인 선전관 임명	
	12월		전라도 정읍 현감 겸 태인 현감(종6품) 임명	
1590년	7월	46세	평안도 고사리진 병마첨절제사(종3품) 임명되었으나, 임명 반대론으로 취소	* 3월: 통신사(황윤길, 김성일, 허성)가 일본으로 출발. 11월: 통신사와 히데요시 만남.
	8월		평안도 만포진 수군첨절제사(종3품) 임명되었으나 반대론으로 취소	
1591년	2월	47세	전라도 진도 군수 임명(종4품). 가리포(완도) 수군첨절제사 임명(종3품). 2월 13일: 전라 좌수사 임명(종3품, 좌의정 류성룡 추천)	* 1월: 황윤길 등 부산으로 돌아옴. * 4월: 히데요시, 조선을 침략하기 위한 배 건조 명령.
1592년	4월 12일	48세	거북선 최종 테스트 완료	* 7월: 명나라 요동 부총병 조승훈 참전, 1차 평양성 전투에서 패전, 요동 복귀. * 12월 25일: 이여송의 명나라 군대가 압록강을 건너옴
	4월 13일		임진왜란 발발	
	5월 4일		전라 좌수영의 전선 24척 거느리고 경상도 해역으로 1차 출전	
	5월 7일		옥포해전(26척 격파), 합포해전(5척 격파).	
	5월 8일		적진포해전(11척 격파), 가선대부(종2품) 임명.	
	5월 29일		2차 출전, 사천해전 (거북선 출전, 이순신은 왼쪽 어깨 관통상, 13척 격파).	
	6월 2일		당포해전(21척 격파)	
	6월 5일		당항포해전(30척)	
	6월 7일		율포해전(8척 격파), 자헌대부(정2품) 임명	
	7월 8일		3차 출전, 한산대첩(59척 격파), 정헌대부(정2품) 임명	
	7월 10일		안골포해전(40여 척 격파)	
	8월 26일		4차 출전, 부산대첩(최소 134척 격파) * 녹도 만호 정운 전사	

1593년	1월 22일	49세	영남 피란민 200여 호를 목장지인 흥양 돌산도로 입주케 해 농사를 짓게 함	* 1월 6일~8일: 제2차 평양성 전투, 이여송 · 김명원의 조명 연합군이 승리. 고니시 유키나가 후퇴 * 1월 27일: 이여송, 벽제관에서 패전 * 2월 12일: 권율의 행주대첩 * 3월 8일: 심유경과 고니시 유키나가가 강화협상 * 3월 10일: 히데요시는 서울에서 철수 및 남해안에 왜성 구축, 진주성 공격 명령 * 6월 29일: 제2차 진주성전투, 일본군 진주성 함락시킴
	2월 6일		5차 출전	
	2월 10일~ 3월 6일		웅포에 의병과 승병 부대를 상륙시켜 수륙합동 공격 작전 시행	
	5월 7일		6차 출전	
	5월 10일		충청 수군 지원 요청	
	6월 1일		충청 수군 합류 (수사 정걸)	
	6월 21일		한산도 망하응포로 진영 옮김	
	7월 14일		한산도 두을포에 전진 기지를 설치하고 주둔	
	8월 15일		삼도 수군통제사 임명 (임명장은 10월 9일 받음)	
	9월		둔전 경영, 어업 · 소금 제조, 조선의 조총인 정철총통의 제작에 성공	
	10월		각 섬의 목장과 미개척지를 둔전으로 활용할 수 있도록 조정에 승인 요청	
	12월		한산도에서 무과시험을 볼 수 있도록 요청	
1594년	1월	50세	전염병으로 장졸 사망(1월 21일 214명, 22일 217명)	
	3월 4일~5일		당항포해전(31척 격파)	
	3월 12일		명나라 선유도사 담종인의 「일본군 토벌 금지 패문」을 받고, 그에 대한 항의 답서인 「명나라 도사 담종인의 일본군 토벌 금지 패문에 대답하는 글」을 작성, 송부	
	4월		한산도에서 진중 과거 실시. 조방장 어영담 병사. 시험 감독관으로 왔던 삼가 현감 고상안은 이순신을 만나고, 훗날 이순신의 얼굴 모습을 기록으로 남김	
	9월29일~ 10월 8일		육군과 연계한 장문포 수륙합동 공격 작전 (권율, 곽재우, 김덕령 등의 관군 및 의병 육군 참전)	
1595년	2월	51세	원균과 불화로 사직서 제출. 이순신 유임, 원균은 충청병사로 전출	
	2월		둔전 점검 및 우수영 점검	
	5월		소금을 구워 팔아 곡식을 마련하는 등의 진중 경영 실시	
1596년	5월	52세	전쟁 소강기로 진중 경영 실시 * 9월 3일 명나라 양방형, 심유경이 히데요시와 만남. 강화협상 결렬 및 일본군의 재침략 결정	

	1월		정유재란 발발
	2월 26일		부산포 출전 지연 및 거부 등의 이유로 파직, 서울로 압송. * 원균 삼도 수군통제사 임명. * 2월 11일: 명나라, 조선에 지원군 파병 결정
	3월 4일		의금부 감옥에 갇힘. * 정탁, 「신구차」를 써서 선조에게 이순신 구명 요청
	4월 1일		특사로 석방 및 백의종군 처벌 받음
	4월 11일		어머니가 여수에서 뱃길로 아산 본가로 상경하다가 배에서 사망. * 「행록」에 기록된 날짜
	7월 15일		원균과 조선 수군은 칠천량에서 대패
	8월 3일		삼도 수군통제사 재임명 교서 받음
1597년	8월 18일	53세	장흥 회령포에서 경상 우수사 배설이 지휘하던 경상 우수영 전선 인수받음
	8월 20일		이진으로 진영 옮김
	8월 24일		어란포로 진영 옮김
	8월 29일		진도 벽파진으로 진영 옮김
	9월 16일		명량대첩(조선 수군 13척, 일본 수군 133척) 해전 직후 당사도로 진영 옮김
	9월 21일		고군산도로 진영 옮김
	10월 11일		안편(발음도)으로 진영 옮김 * 9월 말 ~ 10월 초: 셋째 아들 면이 아산에서 후퇴하던 일본군과 전투 중 전사
	10월 29일		목포 고하도로 진영 옮김
	11월 28일		장흥해전(적선 16척 격파) * 8월경: 일본군의 조선인 코 베기 시작 * 9월 17일경: 히데요시는 교토에 조선인 코무덤(귀무덤) 만듦
	2월 17일		고금도로 진영 옮김
	7월 16일		명나라 수군도독 진린과 명나라 수군 5천 명, 이순신 부대에 합류
	7월 24일		고흥 절이도해전(적선 6척 격파) * 8월 18일: 도요토미 히데요시 사망
	9월20일 ~ 10월9일		조·명 연합군, 순천 왜교성을 수륙 합동 공격 작전 실시
1598년	11월 9일	54세	명나라 수군과 순천 지역 해상 봉쇄 작전 시작
	11월 19일		* 노량해전. 이순신 전사, 류성룡 파직
	11월 21일		고금도로 유해 운구
	12월 4일		우의정 추증
	12월		류성룡 관직 삭탈. * 1598년 12월 23일: 일본군의 마지막 군대가 부산을 떠나 일본으로 돌아감

1599년	2월	조경남의 『난중잡록』을 보면, 이순신의 영구는 전사한 뒤에 남해에 임시 안치되었다가 1598년 12월 22일부터 고금도, 1599년 1월 2일에는 고금도에서 다시 육지로 상륙해 육로로 아산으로 이동했고, 2월 11일에 아산 금성산에 안장한 것으로 보임. 그러나 『이충무공행록』을 보면, 1598년 12월에 고금도를 거쳐 아산으로 올라왔고, 진린은 그 뒤에 고금도를 거쳐 상경하는 중에 아산에 들린 듯함
1614년		이순신의 묘소를 아산 어라산으로 이장
1643년	3월	이순신에게 시호 '충무' 내려짐
1706년		아산 현충사 건립
1795년	9월	정조의 명령으로 『이충무공전서』 발간

9. 참고문헌

1. 「난중일기」 관련

  1) 『친필본 난중일기』 원문

문화재청 국가기록유산(http://www.memorykorea.go.kr/)(2017년 7월 10일 기준)에 있는 원문 사진과 판독문.

『난중일기초본』(조선사편수회, 임경호 등사·홍희 교정·나카무라 히데타카 검열, 1930, 국사편찬위원회 소장)

『조선사료총간 제6집-난중일기초, 임진장초-』(조선사편수회 엮음, 조선총독부, 1935)

『이충무공 난중일기-문화재연구자료 제1집-』(문교부, 1960)

『난중일기』(문화재관리국, 50질 한정판 영인본, 1968)

『이순신의 일기초』(박혜일, 최희동, 배영덕, 김명섭 엮음, 조광출판인쇄, 2007)

『亂中日記』(北島万次, 일본어 번역판, 平凡社, 2001)

  2) 『이충무공전서』 속 일기 원문

고전번역원 한국고전종합DB(http://db.itkc.or.kr/)

『李舜臣全集 全』(靑柳綱太郞, 朝鮮硏究會, 京城, 1917)

『조선사료총간 제6집-난중일기초, 임진장초-』(조선사편수회 엮음, 조선총독부, 1935)

『이충무공전서』(성문각, 1992)

『국역 주해 이충무공전서(상·하)』(이은상, 충무공기념사업회, 1960)

  3) 『충무공유사』

『재조번방지초』(문화재관리국, 50질 한정판 영인본, 1968)

「이순신의 일기」『일기초』의 내용 평가와 친필초본 결손부분에 대한 복원』(박혜일 외, 『정신문화연구』, 봄호 23권 1호, 2000년)

『이순신의 일기초』(박혜일, 최희동, 배영덕, 김명섭 엮음, 조광출판인쇄, 2007)

『충무공유사 국역·영인 합본』(노승석 옮김, 문화재청 현충사관리소, 2008)

『이순신의 일기』(박혜일, 최희동, 배영덕, 김명섭 엮음, 시와진실, 2016)

4) 번역 시 참고한 기존의 『난중일기』 번역본

『민족의 태양』(설의식·이충무공기념사업회 엮음, 교문사, 1951, 교문사)

『난중일기초』(설의식, 수도문화사, 1953)

『리순신장군전집』(홍기문, 국립출판사, 1955)

『리순신장군전집』(홍기문, 국립문학예술서적출판사, 1959)

『국역 주해 이충무공전서(상·하)』(이은상, 충무공기념사업회, 1960)

『난중일기』(이은상 역주, 현암사, 1968)

『난중일기』(이석호, 지문각, 1968)

『NANJUNG ILGI』(하태형 영역, 손보기 엮음, 연세대 출판부, 1977)

『새번역 난중일기』(최두환, 학민사, 1996)

『이순신의 일기』(박혜일, 최희동, 배영덕, 김명섭 엮음, 서울대출판부, 1998)

『충무공 이순신 전집(2)』(최두환, 우석출판사, 1999)

『난중일기』(송찬섭, 서해문집, 2004)

『난중일기 완역본』(노승석 옮김, 동아일보사, 2005)

『이순신의 일기』(박혜일, 최희동, 배영덕, 김명섭 엮음, 서울대출판부, 2005)

『충무공 이순신 전서(1~4)』(박기봉 엮음, 비봉출판사, 2006)

『교감완역 난중일기』(노승석 옮김, 민음사, 2010)

『이충무공 진중일기 1』(임기봉 역주해, 범우사, 2007)

『이충무공 진중일기 2』(임기봉 역주해, 범우사, 2010)

『평역 난중일기』(김경수 엮음, 돋을새김, 2011)

『난중일기』(고정일 역해, 동서문화사, 2014)

2. 『임진장초』 관련

1) 『임진장초』 원문

문화재청 국가기록유산(http://www.memorykorea.go.kr/)(2017년 7월 10일 기준)

『임진장초』(문화재관리국, 50질 한정판 영인본, 1968)

『임진장초』(이충무공문헌간행사업회, 햇불사, 1976)

『임진장초』(中村榮孝 검열, 1932, 국사편찬위원회 소장)

『조선사료총간 제6집-난중일기초, 임진장초-』(조선사편수회 엮음, 조선총독부, 1935)

『국역 주해 이충무공전서(상·하)』(이은상, 충무공기념사업회, 1960)

2) 『이충무공전서』 원문

고전번역원 한국고전종합DB(http://db.itkc.or.kr/)

『조선사료총간 제6집-난중일기초, 임진장초-』(조선사편수회 엮음, 조선총독부, 1935)

『국역 주해 이충무공전서(상·하)』(이은상, 충무공기념사업회, 1960)

『이충무공전서』(성문각, 1992)

3) 『충민공계초』 원문

『충민공계초』(조선사편수회 촬영, 국사편찬위원회 소장 사진)

『임진장초』(이충무공문헌간행사업회, 햇불사, 1976)

『조선사료총간 제6집-난중일기초, 임진장초-』(조선총독부, 1935)

4) 『선조실록』 『선조수정실록』 등 각종 실록

국사편찬위원회 조선왕조실록 홈페이지(http://sillok.history.go.kr/)

5) 『壬辰記錄/龍灣聞見錄』(정탁, 국사편찬위원회, 1993)

6) 번역 시 참고한 기존의 『임진장초』 번역본

『리순신장군전집』(홍기문, 1955, 국립출판사)

『리순신장군전집』(홍기문, 1959, 국립문학예술서적출판사)

『국역 주해 이충무공전서(상·하)』(이은상, 충무공기념사업회, 1960)

『임진장초』(조성도, 동원사, 1973)

『충무공 이순신 전집(3)』(최두환, 우석출판사, 1999)

7) 『충무공유사』(규장각한국학연구원 소장 필사본) 중의 「충무공계본」

3. 『서한첩』 관련 원문 및 번역문

『현충사 소장 서한첩』(국가기록유산 판독문, 2017년 7월 10일 기준)

이은상, 『국역 주해 이충무공전서(하)』, 충무공기념사업회, 1960.

홍기문, 『리순신장군전집』, 국립출판사, 1955.

이인섭, 『이순신 한묵첩』, 이화문화출판사, 2000.

고전번역원, 한국고전종합DB(http://db.itkc.or.kr/)

이은상, 「忠武公의 書翰: 特히 觀察使 李元翼公에게 보내는 편지를 읽어본다」, 『민족문화』 제4권 제1호(1959년 1월).

서장석 엮음, 『이충무공전서 속편』, 1934.

4. 기타 참고 문헌

1) 조선시대 일기

김종, 『임진일록』, 최연숙 옮김, 한국국학진흥원, 2012.

남평 조씨, 『병자일기』, 박경신 역주, 나의시간, 2015.

노인, 『금계일기』, 이백순 옮김, 나주목향토문화연구회, 1999.

박계숙·박취문, 『부북일기』, 우인수 옮김, 울산박물관, 2012.

박내겸, 『서수일기』, 조남권·박동욱 옮김, 푸른역사, 2013.

──, 『북막일기』, 조남권·박동욱 옮김, 글항아리, 2016.

송재명, 『청강일기-부산박물관 역사자료총서Ⅱ-』, 부산박물관, 2013.

오희문, 『쇄미록』, 이민수 옮김, 海州吳氏楸灘公派宗中, 1990.

유희춘, 『미암 일기(제1집~ 제5집)』, 담양향토문화연구회 옮김, 1992~1996.

──, 『조선사료총간 제8집』, 조선사편수회 엮음, 1936~1938.

이문건, 『묵재일기(상·하)』, 국사편찬위원회, 1998.

이탁영, 『역주 정만록』, 역주 이호응, 의성군, 2002.

이항억, 『연행일기』, 국립중앙도서관 전자도서관.

작자 미상, 『향병일기』, 신해진 옮김, 역락, 2014.

정경득, 『호산만사록』, 신해진 역주, 도서출판 보고사, 2015.

정경달, 『반곡난중일기(상·하)』, 신해진 역주, 보고사, 2016.

정경운, 『고대일록』, 남명학연구원 옮김, 태학사, 2009.

──, 『고대일록』, 문인해·문희구 옮김, 서해문집, 2016.

정희득, 『해상록』, 함평군향토문화연구회·진주정씨월봉공종중회, 1986.

정탁, 『약포 용사일기』, 이위응 역주, 부산대 한일문화연구소, 1962.

조익, 『진사일기』, 풍양 조씨 호군공파 가휴공종중, 대보사, 2015.

조응록, 『죽계일기』, 조남권 옮김, 태학사, 1999.

조정, 『조정선생문집 全』, 이현종 엮음, 조정선생문집간행위원회, 1977.

2) 문집 및 조선시대 문헌

『승정원일기』

『역대병요』

『조선왕조실록』

『충무공유사』(규장각한국학연구원 소장 필사본)

『해남삼강록』(목판본, 1895년판)

『후광세첩』

고상안, 『태촌선생문집』

고정헌, 『호남절의록』

김성일, 『북정일록』

─── , 『학봉전집』

김육, 『잠곡유고』

유윤룡, 『겸암집』

성대중, 『청성잡기』

성해응, 『연경제집』

송병선, 『연재집』

신경, 『재조번방지』

심상규, 『만기요람』

류성룡, 『서애집』

─── , 『징비록』

유중림, 『증보산림경제』

윤휴, 『백호전서』

이분, 『이충무공행록』

이익, 『성호전집』

이항복, 『백사집』

이황, 『퇴계집』

정탁, 『약포집』

조경남, 『난중잡록』

조식, 『남명집』

조재삼, 『송남잡지』
차천로, 『오산집』
허균, 『성소부부고』

3) 중국 고전 문헌
『논어』
『대송중흥통속연의』
『맹자』
『사마법』
『삼략』
『서경』
『송사』
『순자』
『시경』
『악무목유문』
『육도』
『주역』
『춘추좌전』
『회찬송악악무목왕정충록』
구우, 『전등신화』
나관중, 『삼국지연의』
손자, 『손자병법』
진수, 『삼국지』
오자, 『오자병법』

4) 사전
남광우, 『고어사전』, 동아출판사, 1960.
남영신 엮음, 『국어대사전-개정2판-』, 성안당, 2003.
대한한사전편찬실 편, 이가원·안병주 감수, 『교학 대한한사전』, 교학사, 2003.
배대온, 『역대 이두사전』, 형설출판사, 2003.

세종대왕기념사업회 외, 『한국고전용어사전(1~5)』, 세종대왕기념사업회, 2001.

장삼식, 『한자대사전』, 성안당, 2003.

장세경, 『이두자료 읽기 사전』, 한양대출판부, 2001.

하영휘 외 엮음, 『옛편지 낱말사전』, 돌베개, 2011.

5) 단행본

강병수·손용택, 『성호사설의 세계』, 푸른길, 2015.

강영환, 『새로 쓴 한국주거문화의 역사』, 기문당, 2002.

강응천 외, 『16세기 성리학 유토피아』, 민음사, 2014.

강제윤, 『걷고 싶은 우리 섬』, 호미, 2013.

강준만 외, 『우리도 몰랐던 우리문화』, 인물과사상사, 2014.

강희안, 『양화소록』, 서윤희·이경록 옮김, 눌와, 2012.

경기도, 『경기향토사료집 제4집』, 1989.

경상대학교박물관·진주시, 『진주, 진주성: 진주의 강역변화와 진주성도』, 2013.

계승범, 『우리가 아는 선비는 없다』, 역사의아침, 2011.

───, 『조선시대 해외파병과 한중관계』, 푸른역사, 2009.

곽재우 외 8인, 『임진년 난리를 당하매』, 오희복 옮김, 보리, 2005.

광주광역시립민속박물관, 『길에서 남도를 만나다』, 2013.

국립광주박물관·고흥군, 『국립광주박물관 특별전, 남도문화전Ⅴ-고흥-』, 2014.

국립기상연구소 기획, 『한국 기상기록집2』, 기상청, 2012.

국립김해박물관, 『뼈! 고인골, 개인의 삶에서 시대의 문화를 읽다』, 2015.

국립문화재연구소, 『독일 라이프치히 그라시민속박물관 소장 한국문화재』, 2013.

───, 『영국 빅토리아 앨버트 박물관 소장 한국문화재』, 2013.

국립제주박물관 편, 『조선시대의 중앙과 지방』, 서경, 2004.

국립진주박물관, 『2014년 특별전, 고성』, 2014.

───, 『2015년 특별전, 사천』, 2015.

───, 『충무공 이순신』, 2003.

국립해양문화재연구소, 『전통선박 조선기술 3』, 2011.

───, 『조선시대 수군진조사 2: 전라 좌수영편』, 2014.

───, 『진도 명량대첩로 해역 수중발굴조사 보고서』, 2015.

국방군사연구소, 『병학지남연의 3』, 1997.

국방부 전사편찬위원회, 『동국병감』, 1984.

──, 『조선시대 군사관계법: 경국대전, 대명률』, 1986.

국사편찬위원회 편저, 『농업과 농민, 천하대본의 길』, 두산동아, 2009.

──, 『삶과 생명의 공간, 집의 문화』, 국사편찬위원회, 2010.

──, 『쌀은 우리에게 무엇이었나』, 두산동아, 2009.

──, 『음악, 삶의 역사와 만나다』, 국사편찬위원회, 두산동아, 2011.

──, 『전쟁의 기원에서 상흔까지』, 국사편찬위원회, 두산동아, 2006.

──, 『한국사 24』, 탐구당, 2013.

──, 『한국사 27』, 탐구당, 2013.

──, 『한국사 29』, 탐구당, 2013.

──, 『한국사 30』, 탐구당, 2013.

국사편찬위원회·조선통신사 문화사업회, 『조선시대 통신사 행렬』, 2005.

규장각한국학연구원 엮음, 『놀이로 본 조선』, 글항아리, 2015.

기타지마 만지, 『도요토미 히데요시의 조선 침략』, 김유성·이민웅 옮김, 해군사관학교 한국해양사 편찬위원회, 2008.

김기석, 『조선 수군을 만나면 도망쳐라』, 한가람, 1994.

김기환, 『이순신 세가』, 현충사관리소, 2011.

김남일, 『한의학에 미친 조선의 지식인들』, 들녘, 2011.

김대현, 『충무공 이순신: 삶, 시대 그리고 그의 자취』, 예맥, 2014.

김동수 교감·역주, 『호남절의록』, 경인문화사, 2010.

김상규, 『우리말에 빠지다』, 젠북, 2007.

김상보, 『우리음식문화 이야기』, 북마루지, 2013.

김석진, 『대산 주역점해』, 대유학당, 2007.

김성준, 『배와 항해의 역사』, 혜안, 2010.

김세곤, 『정유재란과 호남사람들』, 온새미로, 2014.

김수희, 『근대의 멸치, 제국의 멸치』, 아카넷, 2015.

김영연, 『한지의 발자취』, 원주시, 2005.

김영진 역주, 『조선시대 전기 농서』, 한국농촌경제연구원, 1988.

김영희·임정교, 『한국전통식품』, 2007.

김용섭, 『김용섭 회고록: 역사의 오솔길을 가면서』, 지식산업사, 2011.

김유동 엮음, 『全鮮名勝古蹟(全)』, 동명사, 1929.

———, 『朝鮮各道邑誌』, 조선박문사, 1929.

김인호, 『원균 평전』, 평택문화원, 2014.

———, 『칠천량의 백파: 원균이야기』, 경인문화사, 2015.

김재근, 『거북선』, 정우사, 1997.

———, 『우리 배의 역사』, 서울대학교출판부, 1989.

———, 『한국선박사연구』, 서울대학교출판부, 1986.

김정현, 『상상 밖의 한국사』, 북마당, 2012.

김종성, 『조선 노비들, 천하지만 특별한』, 위즈덤하우스, 2013.

김주식 외 3인 공편, 『조선시대 수군관련사료집3-1』, 신서원, 2000.

김준형, 『이매창 평전』, 한겨레출판, 2013.

김진식, 『임진왜란과 천주교』, 대건인쇄출판사, 2014.

김천일 엮음, 『풍류인』, 어드북스. 2012.

김현영·이영춘 외, 『조선시대 사회의 모습』, 집문당, 2003.

김형국, 『활을 쏘다』, 효형출판, 2006.

김호종, 『서애 류성룡 연구』, 새누리, 1994.

나오연 편, 『거북선을 만든 과학자 체암 나대용 장군』, 체암나대용장군기념사업회, 2015.

남도현, 『잊혀진 전쟁』, 플래닛미디어 2013.

노기욱, 『명량 이순신』, 전남대출판부, 2014.

노기욱·이수경·정현창, 『보성 이순신: 금신전선 상유십이』 전남대학교출판부, 2015.

대한궁도협회, 『한국의 궁도』, 대한궁도협회, 1987.

대한문화재연구원, 『여수의 관방유적』, 대한문화재연구원, 2014.

동북아역사재단, 『明史 外國傳 譯註·1-外國傳·上』, 동북아역사재단, 2011.

동아대학교석당박물관, 『东亞의 국보·보물』, 2014.

동월, 『조선부』, 김영국 옮김, 심미안, 2013.

류성룡, 『서애집·징비록』, 허선도·김종권 공역, 대양서적, 1973.

류승훈, 『법으로 풀어 가는 역사여행』, 법률출판사, 2015.

류정월, 『오래된 웃음의 숲을 노닐다』, 샘터, 2006.

문병우, 『조선군사제도사: 고대~고려편』, 사회과학, 2012.

문소영, 『못난 조선: 16~18세기 조선·일본 비교-』, 나남, 2013.

문숙자, 『68년의 나날들, 조선의 일상사』, 너머북스, 2009.

문중양, 『우리역사 과학기행』, 동아시아, 2006.

문화공보실 엮음, 『와룡산의 정기』, 삼천포시, 1983.

문화재청 국립해양유물전시관, 『동해안의 목선』, 2008.

문화재청, 『문화재대관 보물 지도·천문·무기』, 문화재청 유형문화재과, 2014.

미야지마 히로시, 『미야지마 히로시, 나의 한국사 공부』, 너머북스, 2013.

민관동·장수연·김명신, 『한국 소장 중국통속소설의 판본목록과 해제』, 학고방, 2013.

민승기, 『조선의 무기와 갑옷』, 가람기획, 2004.

바실 홀, 『10일간의 조선 항해기』, 김석중 엮음, 삶과꿈, 1991.

박경신 역주, 『병자일기』, 남평 조씨 지음, 나의시간, 2015.

박광수, 『한옥을 말한다』, 일진사, 2011.

박대현, 『한문서찰의 격식과 용어』, 아세아문화사, 2011.

박병선, 『한국의 인쇄』, 한국고인쇄사출판준비위원회, 2002.

박성래, 『다시보는 민족과학 이야기』, 두산동아, 2002.

박성의, 『송강·노계·고산의 시가문학』, 현암사, 1985.

박진욱, 『남해 유배지 답사기』, 알마출판사, 2015.

박현규, 『임진왜란 중국 사료 연구』, 보고사, 2018.

박혜정, 『국악과 세시풍속, 춘하추동』, 민속원, 2012.

방성혜, 『조선, 종기와 사투를 벌이다』, 시대의창, 2012.

백남대·정문탁, 『제·의례학』, 자미원, 2013.

백승종, 『역설: 백승종의 한국사 에세이』, 산처럼, 2013.

백영자·최정, 『한국 복식문화의 흐름』, 경춘사, 2014.

백지원, 『조일전쟁』, 진명출판사, 2009.

법제처, 『전율통보 하권』, 법제처, 1972.

법제처편, 『經國大典全』, 부산일보사, 1965.

보성선씨재경종친회, 『보성선씨 오세 충의록』, 문운당, 1970.

부경대학교 해양문화연구소, 『조선전기 해양개척과 대마도』, 국학자료원, 2007.

사명당기념사업회 엮음, 『사명당 유정』, 지식산업사, 2000.

사회과학원 민족고전연구소 편찬, 『조선고전문학선집 7-한시집(3)-』, 문예출판사, 1985.

산림청, 『우리나라의 봉수』, 산림청, 2013.

서긍, 『고려도경』, 조동원 외 4명 옮김, 황소자리출판사, 2005.

서애선생기념사업회, 『서애 류성룡의 경세사상과 구국정책 상』, 책보출판사, 2005.

──, 『서애 류성룡의 경세사상과 구국정책 하』, 책보출판사, 2007.

서울특별시 시사편찬위원회, 『서울의 누정』, 서울특별시 시사편찬위원회, 2012.

서유구, 『산수간에 집을 짓고』, 안대회 옮김, 돌베개, 2005.

서윤영, 『집宇집宙』, 궁리출판, 2005.

서호수 지음, 『해동농서 I』, 노재준 외 2명 옮김, 농촌진흥청, 2008.

성범중 외 6명 역주, 『역주 경상좌병영 관련 문헌 집성』, 울산광역시 중구, 2014.

성현, 『악학궤범』, 김명준 옮김, 지식을만드는지식, 2013.

손병규, 『호적』, 휴머니스트, 2007.

손태룡, 『한국의 전통악기』, 영남대학교출판부, 2003.

손혜리·이성민, 『연경재 성해응의 초사담헌』, 사람의무늬, 성균관대학교출판부, 2015.

송봉선, 『조선시대에는 어떻게 정보활동을 했나?』, 시대정신, 2014.

송재용, 『미암일기 연구』, 송재용, 제이앤씨, 2008.

수원대 출판부, 『동고 이준경 선생 문집(1,2)』, 1991.

순천대학교 남도문화연구소, 『승평지─남도문화연구자료총서 제1─』, 1988.

신동원, 『조선 사람 허준』, 한겨레신문사, 2001.

신병주, 『조선 평전』, 글항아리, 2011.

신양선, 『조선중기 서지사 연구』, 혜안, 2012.

신영훈, 『우리문화 이웃문화』, 문학수첩, 1997.

──, 『증보 한옥의 정심』, 광우당, 1985.

신정일, 『대동여지도로 사라진 옛고을을 가다 1』, 황금나침반, 2006.

쑨 잉퀘이·양이밍 지음, 『주역』, 박삼수 옮김, 현암사, 2007.

안동 장씨, 『음식디미방 주해』, 백두현 역주, 글누림, 2006.

안동상공회의소 지식재산센터·의성김씨 청계공파 종택, 『온주법: 의성 김씨 내앞 종가의 내림술법』, 안동시, 2012.

안방준, 『은봉야사별록』, 김사원·김종윤 옮김, 일출, 1996.

──, 『은봉야사별록』(1663년 흥양 향교 간행본을 1850년에 일본에서 다시 간행)

──, 『호남의록·삼원기사』, 신해진 역주, 역락, 2013.

안위, 『경국대전주해 후집』, 1555.

안정헌 외, 『서해5도민의 삶과 문화』, 보고사, 2015.

양철원, 『오리 이원익 전傳』, 광명문화원, 2002.

양태진, 『우리나라 영해 관리·경략사』, 백산출판사, 2016.

여수해양문화연구소 외, 『임진왜란과 전라 좌수영, 그리고 거북선』, 경인문화사, 2011.

염치읍향토지편찬위원회, 『염치읍 향토지』, 2012.

옛길박물관 엮음, 『길 위의 역사, 고개의 문화 옛길박물관』, 대원사, 2014.

오만·장원철 역, 『임진왜란과 도요토미 히데요시』, 국립진주박물관, 2003.

오종록, 『여말선초 지방군제 연구』, 국학자료원, 2014.

──, 『조선 초기 양계의 군사제도와 국방』, 국학자료원, 2014.

오진근·임성채, 『해군 창설의 주역 손원일 제독(상)』, 한국해양전략연구소, 2007.

오호성, 『조선시대의 미곡유통시스템』, 국학자료원, 2007.

온양문화원, 『온양 아산 마을사 제1권』, 2000.

──, 『온양 아산 마을사 제2권』, 2001.

우리음식지킴이회, 『주방문』, 교문사, 2013.

원인호, 『임란 대장군 원균 통제사』, 개벽공론사, 1995.

원중거, 『화국지和國志』, 이우성 편, 『栖碧外史海外蒐佚 30: 화국지』, 낙성대경제연구소, 1990.

──, 『와신상담의 마음으로 일본을 기록하다』, 박재금 옮김, 소명출판, 2006.

유몽인, 『유몽인 작품집』, 문학예술출판사, 2010.

유중림, 『증보산림경제』, 윤숙자 옮김, 지구문화사, 2005.

윤국일 옮김, 『신편 경국대전』, 신서원, 2005.

윤국일, 『경국대전 연구』, 과학백과사전출판사, 1986.

이규태, 『이규태 코너 2002~2003』, 월간조선사, 2008.

──, 『재미있는 우리의 옷 이야기』, 기린원, 1991.

이기동, 『하늘의 뜻을 묻다』, 열림원, 2005.

이기환, 『흔적의 역사』, 성안당, 2014.

이덕일, 『설득과 통합의 리더 류성룡』, 역사의아침, 2007.

이도열·김성호, 『탈, 신화의 역사』, 예나루, 2014.

이민웅, 『이순신 평전』, 성안당, 2012.

──, 『임진왜란 해전사』, 청어람미디어, 2014.

이봉수, 『한려수도 이순신이 싸운 바다』, 새로운사람들, 2004.

이상규·강이경, 『한글 고목과 배자』, 경진, 2013.

이석린, 『임진왜란과 청주 의병』, 서경문화사, 2014.

이성규, 『UFO가 놀고 트랜스젠더 닭이 울었사옵니다』, 살림출판사, 2010.

──, 『조선과학실록』, 책세상을굴리다, 2014.

이성무, 『선비평전』, 글항아리, 2011.

──, 『조선시대 인물사 연구』, 지식산업사, 2015.

이성재, 『재미있는 우리 국악 이야기』, 서해문집, 2007.

이성훈, 『해녀 노젓는 소리 연구』, 학고방, 2010.

이수광, 『지봉유설 上·下』, 남만성 옮김, 을유문화사, 1994.

이숙인 외 4명, 『선비의 멋 규방의 맛』, 글항아리, 2012.

이승철, 『한지: 아름다운 우리 종이』, 현암사, 2012.

이영권, 『조선시대 해양유민의 사회사』, 한울, 2013.

이영호·이라나 옮김, 『임진왜란의 명장, 일옹 최희량』, 문자향, 2008.

이옥, 『완역 이옥 전집 1』, 실시학사 고전문학연구회 옮김, 휴머니스트, 2009.

이은상, 『성웅 이순신』, 햇불사, 1969.

──, 『태양이 비치는 길로 上·下』, 삼중당, 1973.

이이화, 『놀이와 풍속의 사회사─이이화 한국사이야기 14─』, 한길사, 2004.

이익, 『성호사설정선 상』, 정해렴 편역, 현대실학사, 1998.

이재언, 『한국의 섬: 목포시·무안군·영광군·해남군』, 지리와 역사, 2015.

이재호 역주, 『忘憂先生文集』, 집문당, 2002.

이종호, 『과학 삼국사기』, 동아시아, 2011.

이중연, 『책의 운명』, 혜안, 2001.

이중화, 『21세기에서 바라본 조선의 궁술』, 김이수 옮김, 한국학술정보, 2010.

이지우 외 지음, 『통영 그리고 이순신의 발자취』, 통영시, 2009.

이충무공기념사업회, 『성웅 이순신사전』, 이충무공기념사업회, 1960.

이태진, 『새 한국사』, 까치글방, 2012.

이하곤, 『18세기 초 호남기행』, 이상주 편역, 이화문화사, 2003.

이하상, 『기후에 대한 조선의 도전, 측우기』, 소와당, 2012.

이한수, 『세종시대 '家'와 '國家'』, 한국학술정보, 2006.

이홍직, 『독사여적』, 일조각, 1960.

이훈, 『외교문서로 본 조선과 일본의 의사소통』, 경인문화사, 2012.

이희권, 『조선의 자랑스런 전주 사람들』, 신아출판사, 2015.

이희근, 『백정, 외면당한 역사의 진실』, 책밭, 2013.

이희재, 『번역의 탄생』, 교양인, 2009.

임선빈 외 5인, 『조선 전기 무과 전시의 고증 연구』, 충청남도·아산시·충남발전연구원, 1998.

임원빈, 『이순신 병법을 논하다』, 신서원, 2005.

─────, 『이순신 승리의 리더십』, 한국경제신문, 2008.

장학근, 『조선, 평화를 짝사랑하다』, 플래닛미디어, 2008.

─────, 『조선시대해양방위사』, 창미사, 1989.

전남문화재연구원, 『여수 묘도요망유적』, 전남문화재연구원, 2014.

─────, 『여수 봉수·둔전유적』, 전남문화재연구원, 2013.

전상운, 『한국과학사』, 사이언스북스, 2000.

전승민, 『한국 미라』, Human&Books, 2015.

전인평, 『우리가 정말 알아야 할 우리 음악』, 현암사, 2007.

전태영, 『세금 이야기』, 생각의 나무, 2005.

전형대·박경신 옮김, 『병자일기』, 남평 조씨 지음, 예전사, 1991.

전호근·김시천, 『번역된 철학 착종된 근대』, 책세상, 2010.

정구복, 『고문서와 양반사회』, 일조각, 2002.

정길수 편역, 『나는 나의 법을 따르겠다: 허균 선집』, 돌베개, 2012.

정도전, 『삼봉집』, 민족문화추진회 편역, 솔출판사, 1995.

정명섭, 『조선백성실록』, 더난콘텐츠그룹, 2013.

정연식, 『일상으로 본 조선시대 이야기 1』, 청년사, 2001.

정영래, 『약무호남 시무국가』, 완도문화원, 2013.

정진명, 『개정판 우리 활 이야기』, 학민사, 2013.

정진술 외 3인, 『다시 보는 한국해양사』, 해군사관학교, 2007.

정찬권, 『홀로 벼슬하며 그대를 생각하노라』, 사계절출판사, 2003.

정탁, 『약포 용사일기』, 이위응 역주, 부산대 한일문화연구소, 1962.

─────, 『壬辰記錄/龍灣聞見錄』, 국사편찬위원회, 1993.

정판성, 『임진왜란의 명장 정걸 장군 연구』, 가람문화사, 2014.

제장명, 『이순신 파워인맥 33: 조일전쟁을 승리로 이끈 이순신의 사람들』, 행복한미래, 2012.

———. 『이순신의 파워인맥: 7년전쟁을 승리로 이글다』, 행복한나무, 2008.

조강환, 『역사의 고전장』, 삼조사, 1977.

조규익, 『17세기 국문 사행록 죽천행록』, 박이정, 2002.

조병로, 『조선시대 경기지역의 관방과 교통 연구』, 국학자료원, 2013.

조식, 『남명문집』, 오이환 옮김, 지식을만드는지식, 2012.

조원래, 『남도의 백성이 지킨 나라』, 국립순천대박물관, 2016.

조인복, 『이순신 전사 연구』, 명양사, 1964.

조재삼, 『송남잡지 1~9』, 강민구 옮김, 소명출판, 2008.

조정, 『동의록』, 동의록중역간위원회, 1978.

조헌, 『조천일기』, 동아시아비교문화연구회 옮김, 서해문집, 2014.

주강현, 『관해기 1』, 웅진지식하우스, 2006.

진경문, 『섬호집』(온양문화원 소장 목판본)

———. 『섬호집』, 김경태 외 옮김, 국립광주박물관, 2016.

진단·소옹 지음, 『하락이수 上·下』, 김수길·윤상철 옮김, 대유학당, 2004.

차미희, 『조선시대 과거시험과 유생의 삶』, 이화여자대학교출판부, 2012.

척계광, 『기효신서 上·下』, 유재성 옮김, 국방부 군사편찬연구소, 2011. 2013.

천경석, 『곡교천의 역사와 문화』, 온양문화원, 2014.

———. 『아산의 나루와 포구』, 온양문화원, 2015.

———. 『아산의 옛길과 고개』, 온양문화원, 2015.

천득염·전봉희, 『한국의 건축문화재』, 기문당, 2002.

최관·김시덕, 『임진왜란관련 일본 문헌 해제: 근세편』, 문, 2010.

최두찬, 『승사록, 조선 선비의 중국 강남 표류기』, 박동욱 옮김, 휴머니스트, 2011.

최두환 외 3인, 『충무공 이순신』, 대한출판문화협회, 1998.

최상수, 『한국 부채의 연구』, 성문각, 1988.

———. 『韓國의 衣食住와 民具의 硏究』, 성문각, 1988.

최석기, 『조선 선비의 마음공부, 정좌』, 보고사, 2014.

최영희, 『한국사기행: 그터』, 일조각, 1987.

최완식 옮김, 『주역』, 혜원출판사, 1996.

최익한, 『조선 사회정책사』, 송찬섭 엮음, 서해문집, 2013.

최종학, 『서울대 최종학교수의 숫자로 경영한다』, 원앤원북스, 2009.

최창림, 『고악기』, 문예출판사, 1996.

표정훈, 『나의 천 년』, 푸른역사, 2004.

한교 지음, 『역주 연병지남』, 정호완 옮김, 세종대왕기념사업회, 2012.

한국고문서학회, 『의식주, 살아있는 조선의 풍경』, 역사비평사, 2006.

──, 『조선시대 생활사』, 역사비평사, 1997.

──, 『조선의 일상, 법정에 서다』, 역사비평사, 2013.

한국고전번역원 승정원일기번역팀 엮음, 『후설』, 한국고전번역원, 2013.

한국문화재조사연구기관협회, 『성곽 조사방법론』, 사회평론아카데미, 2013.

한국어내용학회, 『모국어와 에네르게이아』, 국학자료원, 1998.

한국역사연구회, 『조선시대 사람들은 어떻게 살았을까 1』, 청년사, 2003.

한국정신문화연구원, 『고문서집성 15 ─하회 풍산유씨편─』, 1994.

한국학중앙연구원, 『고힝녹: 17세기 서울 사대부가 여인의 고난기』, 한국학중앙연구원 2014.

한남대학교 중앙박물관, 『왕의 뜻을 전하다』, 2012.

한문종, 『조선전기 향화·수직왜인 연구』, 국학자료원, 2001.

한영우, 『나라에 사람이 있구나』, 지식산업사, 2016.

한일관계사학회, 『1590년 통신사행과 귀국보고 재조명』, 경인문화사, 2013.

한일관계사학회·한일문화교류기금, 『『조선왕조실록』 속의 한국과 일본』, 경인문화사, 2004.

한효순, 『神器秘訣, 陣說, 當初記』, 일조각, 1995.

──, 『신기비결』, 유재성 옮김, 국방부 군사편찬연구소, 2011.

함규진·이병서, 『오리 이원익 그는 누구인가』, 녹우재, 2013.

해군본부 전사편찬관실, 『한국해양사』, 1953.

해남문화원 군지편찬위원회, 『해남군지: 자료집』, 해남군, 2015.

헨드릭 빌렘 반 룬, 『배 이야기: 인간은 어떻게 7대양을 항해했을까?』, 이덕열 옮김, 아이필드, 2006.

현충사관리소, 『충무공 장검 제작 7주갑 기념 특별전』, 2014.

홍대용 지음, 『주해 을병연행록』, 소재영 외 3인 주해, 태학사, 1997.

홍사중, 『아름다움을 보는 눈』, 아트북스, 2006.

홍춘표, 『후송 유의양 그날의 유배기』, 한누리미디어, 2012.

화순전통문화진흥회·조선대학교 한국학자료센터, 『화순충의록』, 화순군, 2014.

황수영 외 4인, 『일제기 문화재 피해 자료』, 국외소재문화재재단, 2014.

舊參謀本部 編纂, 『日本の戰史 -朝鮮の役-』, 德間文庫-, 1995.

羅貫中, 『三國演義』, 陳文新 評注, 北京大學出版社, 2011.

張鐵牛·高曉星, 『中國古代海軍史』, 八一出版社, 1993.

6) 논문

강경호, 「『심양장계』의 이두에 대한 연구」, 전남대학교 국어국문학과 석사학위논문, 2001.

강성문, 「조선의 역대 화차에 관한 연구」, 『학예지』 제9집, 2002.

강신엽, 「조선 중기 이일의 관방정책」, 『육군박물관 학예지』 제5집, 1997.

고광섭, 「정유재란 시기 선조의 출전 명령과 이순신의 출전 의지 및 출전 불가 사유에 대한 연구」, 『한국해군과학기술학회 논문지』 제4권 1호, 2021.

고용규, 「전라 좌도지역의 조선시대 수군진보성 연구」, 해양유물연구과 기획편집, 『조선시대 수군진조사 2: 전라 좌수영편』, 국립해양문화재연구소, 2014.

권태연, 「조선시대 기녀의 사회적 존재양태와 섹슈얼리티 연구」, 박용옥 엮음, 『여성: 역사와 현재』, 국학자료원, 2001.

김강식, 「임진왜란 시기 상주 지역의 전투」, 『충의공 정기룡장군 탄신 제451주년 기념 국제학술대회 자료집』, 2013

김경숙, 「16세기 사대부가의 상제례와 여묘생활」, 『국사관논총』 제97집, 2001.

김경태, 「임진전쟁기 강화교섭의 결렬 원인에 대한 연구」, 『대동문화연구』, 성균관대학교 대동문화연구원, 2014.

김동진, 「16세기 중엽 성주지방 이문건가의 수전농업」, 『지방사와 지방문화』 제4권 1호, 2001.

김문기, 「明末淸初의 荒政과 王朝交替」, 『중국사연구』 제89집, 중국사학회, 2014.

김문자, 「秀吉의 病死風聞과 朝日交涉」, 『일본역사연구』, 제8집, 1998.

———, 「豐臣政權 末期의 자연재해와 정치적 상황」, 『동양사학연구』, 제99집, 2007.

———, 「豐臣政權期에 있어서 자연재해와 대외관계」, 『일본연구』, 제14집, 2010.

김병륜, 「절제방략과 제승방략」, 『육군박물관 학예지』 제19집, 육군사관학교 육군박물관, 2012.

———, 「조선시대 수군 진형과 함재 무기 운용」, 『군사』 제74호, 국방부 군사편찬연구소, 2010.

———, 「조선시대 화약무기 운용술」, 『학예지』 제13호, 육군사관학교 육군박물관, 2011.

김성수, 「16세기 향촌의료 실태와 사족의 대응」, 『한국사연구』 제113권, 2001.

김소은, 「16세기 양반가의 혼인과 가족관계」, 『국사관논총』, 제97집.

김시덕, 「고려해전기」, 『문헌과 해석』 57호, 문헌과해석사, 2011.

———, 「와키사카기 上」, 『문헌과 해석』 61호, 문헌과해석사, 2012.

———, 「와키사카기 下」, 『문헌과 해석』 62호, 문헌과해석사, 2013.

———, 「요시노 진고자에몬 비망록」, 『문헌과 해석』 63호, 문헌과해석사, 2013.

김윤정, 「조선 중기의 세화 풍습」, 『생활문화연구』, 제5호.

김일상, 「명량해전의 전술적 고찰」, 『임란수군활동연구논총』, 해군군사연구실, 1993.

김주식, 「바다에서 역사를 보다」, 『해양담론』 창간호, 문헌, 2014.

나카노 히토시, 「임진왜란과 상주」, 『충의공 정기룡장군 탄신 제451주년 기념 국제학술대회 자료집』, 2013.

노기욱, 「이순신의 조선수군재건과 남도해상 진출 양상」, 『제28회 향토문화연구 심포지움: 이순신과 남도해상 전략』, 전남문화원연합회, 2016.

노영구, 「이시발의 '수성조약(守城條約)'과 임진왜란 이후 새로운 성제(城制)의 확립」, 『문헌과 해석』 36호, 문헌과해석사, 2006.

류속영, 「16세기 사대부 계층의 탄금 취미와 거문고」, 『민족문화』 제43집.

———, 「16세기 성주 지역 기생과 악공의 존재 양상」, 『한국문화논총』 제60집, 2012.

민정희, 「16세기 野祭의 실태와 그 의미」, 『역사민속학』 제36호.

박선이, 「임진왜란 시기 狀啓에 나타난 朝鮮式漢文연구」, 고려대학교 국문과 석사학위논문, 2014.

박성종, 「吏讀文에서 韓國漢文으로의 변형: 『壬辰狀草』와 『李忠武公全書』 啓文의 대비」, 『대한민국학술원논문집』 제56권 2호, 2017.

박성호, 「고문서 패자에 관한 고찰」, 『국학연구』 15, 한국국학진흥원, 2009.

박성훈, 「단위어의 뜻과 쓰임」, 『민족문화』 제14집, 민족문화추진회, 1991.

박재광, 「임진왜란기 조선 수군의 화약병기」, 『진도 명량대첩로 해역 수중발굴조사 보고서』, 국립해양문화재연구소, 문화재청외, 2015.

———, 「조선 중기의 화약병기에 대한 소고」, 『학예지』 제19집, 육군사관학교 육군박물관, 2012.

백옥경, 「조선전기 향화인에 대한 혼인규정과 여성」, 『역사학연구』 제34집, 호남사학회, 2008.

변동명, 「조선시기 여수의 석보와 석(보)창」, 호남사학회, 『역사학연구』 제33집, 2008.

신윤호, 「임진왜란 중 이순신일가의 동태와 이순신이 효의」, 『이순신연구논총』 제8호, 순천향대학교 이순신연구소, 2007.

심승구, 「조선시대 무과에 나타난 궁술과 그 특성」, 『학예지』 제7집, 육군사관학교 육군박물관, 2000.

우다가와 다케히사, 「조선시대 활의 제작과 궁재의 확보」, 서영식 옮김, 『학예지』 제7집, 육군사관학교 육군박물관, 2000.

우인수, 「『부북일기』에 나타난 무인의 활쏘기 훈련」, 『학예지』 제18집, 육군사관학교 육군박물관, 2008.

──, 「조선 후기 군관의 병영 생활 기록, 『부북일기』」, 『기록인』 제11호, 국가기록원, 2010.

──, 「조선 후기 북변지역 기생의 생활 양태」, 『역사와 경계』 제48집, 부산경남사학회, 2003.

이민주, 「『미암일기』를 통해 본 복식의 유통 양상과 그 특징」, 『역사민속학』 제23호, 한국역사민속학회, 2006.

이상훈, 「『당포전양승첩지도』에 대한 일고찰: 노씨본과 신씨본을 중심으로」, 『학예지』 제10집, 육군사관학교 육군박물관, 2003.

──, 「임진왜란 중 전라 좌수영과 이순신」, 『조선시대 수군진조사 II: 전라 좌수영편』, 해양유물연구과 기획편집, 국립해양문화재연구소, 2014.

이선희, 「『愚谷日記』를 통해 본 17세기 수령의 일상업무」, 『역사민속학』 제18호, 한국역사민속학회, 민속원.

이성임, 「16세기 양반 관료의 外情: 유희춘의 『미암일기』를 중심으로」, 『고문서연구』 제23집, 2003.

──, 「조선시대 양반의 축첩현상과 경제적 부담」, 『고문서연구』 제33호 한국고문서학회, 2008.

이수경, 「임진왜란 시기 이순신의 삼도수군통제사 임명 일자 검토」, 『이순신연구논총』 제32호.

이정수, 「『묵재일기』를 통해 본 지방 장인들의 삶」, 『지역과 역사』 제18호.

이종서, 「고려~조선전기 상류 주택의 방한 설비와 취사도구」, 『역사민속학』 제24호, 한국역사민속학회, 2007.

장정룡, 「교산 허균의 세시풍속」, 『역사민속학』 제12호, 한국역사민속학회 민속원.

정구복, 「조선시대 일기의 사료적 가치」, 『일기에 비친 조선사회』, 한국학중앙연구원 장서각, 2012.

정주호, 「『임진장초』를 중심으로 한 전후기 이두 어휘 대비 연구」, 한양대학교 국어국문학과 석사학위논문, 1992.

정진술, 「임진왜란 해전에서 조선 수군의 승리의 원인과 역사적 의의」, 『학예지』 제19집, 2012.

───, 「한산도해전 연구」, 『임란수군활동연구논총』, 해군군사연구실, 1993.

정해은, 「임진란 시기 조선의 군사력 강화와 명 무기의 도입」, 사단법인 임진란정신문화선양회, 『임진란연구총서(1)』, 2013.

제장명, 「명량해전시 조선수군의 승리요인」, 『역사와 설화를 통해서 본 명량대첩』, 해남군, 2006.

───, 「이순신 정론I: 해전횟수, 면사첩, 배의종군」, 『이순신 연구논총』, 순천향대 이순신연구소, 2012년 봄·여름호.

조선사편수회, 『조선사료총간 제7집: 事大文軌』, 조선총독부, 1935.

조성도, 「명량해전연구」, 『명량대첩의 재조명』, 해남문화원·해남군, 1987.

조신호, 「이순신의 시작(詩作)과 문학치료(Literary Therapeutics)에 관한 고찰」, 『이순신연구논총』 제17호, 순천향대 이순신연구소, 2012.

───, 「충무공 이순신의 시(詩)에 관한 판본 연구」, 『이순신연구논총』 제14호, 순천향대 이순신연구소, 2011

조원래, 「임란해전의 승인과 전라연해민의 항전」, 『명량대첩의 재조명』, 해남문화원·해남군, 1987.

조희열, 「임진왜란과 상주지역 의병활동」, 『충의공 정기룡장군 탄신 제451주년 기념 국제학술대회 자료집』, 2013.

주영하, 「한 사대부 집안이 보여준 다채로운 식재료의 인류학」, 『선비의 멋 규방의 맛』, 글항아리, 2012.

中村榮孝, 「忠武公 李舜臣의 遺寶」, 『朝鮮』, 조선총독부, 1928.

최덕경, 「조선의 동지 팥죽과 그 사회성」, 『역사민속학』 제20호, 한국역사민속학회, 2005.

최봉영, 「퇴계학의 바탕으로서의 한국말」, 『조선의 옛 사람들에게 우리를 만나다』, 푸른사상사, 2011.

팡즈위안, 「임진왜란 참여 명군의 將士와 군대 계통」, 『충무공 이순신과 한국해양』, 해군사관학교 충무공연구소, 2015.

한명기, 「임진란 시기 조선의 대명 외교관계」, 『임진란연구총서(1)』, 2013.

───, 「임진란 칠주갑의 역사적 의미」, 『임진란연구총서(1)』, 2013.

한명기·이상훈, 『임진왜란사료총서 1-11: 대명외교』, 국립진주박물관, 2003.

한문종, 「임진란 시기 항왜의 투항 배경과 역할」, 『임진란연구총서(1)』, 2013.

허남린, 「조선과 근세 일본 사이의 교차하는 역사에의 기억: 임진왜란과 '귀무덤'」, 『임진란연구총서(2)』, 2013.

황패강, 「몽참고(夢讖考)-미암일기초 연구(2)-」, 『국문학논집 2』, 단국대, 1968.

7) 언론 기사 및 블로그

http://blog.naver.com/gohongik/80206986994 (2014.02.08.)

경남일보, 2014. 09. 04.

경향신문, 1973. 12. 01.

동아일보, 1927. 04. 14.

───, 1928. 07. 21.

───, 1974. 04. 25.

무등일보, 2014. 06. 10.

───, 2014. 11. 11.

조선일보, 1958. 06. 10.

───, 1958. 06. 12.

───, 1974. 04. 25.

───, 1974. 04. 27.

───, 1974. 12. 15.

───, 1976. 04. 29.

───, 1988. 03. 24.

중도일보, 2011. 04. 27.

한겨레신문, 2015. 01. 09.

───, 2015. 01. 12

───, 2015. 01. 12.

8) 디지털 아카이브

국립중앙도서관 www.nl.go.kr/

국사편찬위원회 한국사 데이터 베이스 http://db.history.go.kr/

국회도서관 www.nanet.go.kr/

서울대학교 규장각한국학연구원 www.e-kyujanggak.snu.ac.kr/

일본국회도서관 www.ndl.go.jp/

천문우주지식정보 음양력 변환계산 http://astro.kasi.re.kr/

한국 역대 인물 종합정보시스템 http://people.aks.ac.kr/index.aks/

한국고전번역원 「한국고전종합DB」 http://db.itkc.or.kr/itkcdb/

한국금석문 종합영상정보시스템 http://gsm.nricp.go.kr/

한국민족문화대백과사전 http://encykorea.aks.ac.kr/

한국학 중앙연구원 장서각 디지털 아카이브

9) 일본 측 고문헌

東京大學駒場圖書館, 『大日本海志編纂資料』

1. 『高麗船戰記』(http://gazo.dl.itc.u-tokyo.ac.jp/kaishi/pages/4-1-13.html)

2. 『高麗船戰記 全』(http://gazo.dl.itc.u-tokyo.ac.jp/kaishi/pages/4-1-14.html)

3. 『寧波船·高麗船圖』(http://gazo.dl.itc.u-tokyo.ac.jp/kaishi/pages/7-3-55.html)

日本國會圖書館 디지털 이미지

「脇坂記」(塙保己一 編, 『続群書類従(第20輯ノ下 合戦部)』, 続群書類従完成会, 大正12)

난중일기

ⓒ 박종평

1판 1쇄	2018년 3월 30일
1판 4쇄	2021년 8월 27일

지은이	이순신
옮긴이	박종평
펴낸이	강성민
편집장	이은혜
편집	곽우정
마케팅	정민호 김도윤 방선영
홍보	김희숙 함유지 김현지 이소정 이미희 박지원
독자모니터링	황치영

펴낸곳	(주)글항아리	출판등록 2009년 1월 19일 제406-2009-000002호
주소	10881 경기도 파주시 회동길 210
전자우편	bookpot@hanmail.net
전화번호	031-955-1936(편집부)	031-955-2696(마케팅)
팩스	031-955-2557

ISBN	978-89-6735-507-4 93900

geulhangari.com